渤海小吏
的封建脉络百战
——之——
两汉风云 上

渤海小吏 ◎ 著

开明出版社

图书在版编目（CIP）数据

两汉风云 . 上 / 渤海小吏著 . —北京：开明出版社，2023.1（2025.1 重印）

ISBN 978-7-5131-7785-6

Ⅰ . ①两… Ⅱ . ①渤… Ⅲ . ①中国历史—汉代 – 通俗读物 Ⅳ . ① K234.09

中国版本图书馆 CIP 数据核字（2022）第 220700 号

责任编辑：卓　玥　张慧明

书　　名	两汉风云（全三册）
出 版 人	陈滨滨
著　　者	渤海小吏
出 版 社	开明出版社（北京市海淀区西三环北路25号青政大厦6层）
印　　刷	保定市中画美凯印刷有限公司
开　　本	710mm×1000mm　1/16
成品尺寸	170mm×240mm
印　　张	72.75
字　　数	1020千字
版　　次	2023年1月 第1版
印　　次	2025年1月 第9次印刷
定　　价	168.00元（全三册）

印刷、装订质量问题，出版社负责调换。联系电话：（010）88817647

目录

········ 第一战 ········

白登之围：疑雾重重的汉初顶级大案

一、皇帝和七个小地主 ································ 002
二、北境的阴谋 ···································· 008
三、云梦泽 ······································ 016
四、擅长投机的刘邦 ································· 023
五、史上最少人数谋划的篡权演出 ························ 029
六、刘邦到底是怎么下山的 ···························· 035
七、游牧与农耕的战争成本 ···························· 041

········ 第二战 ········

灭诸王：既然离别难免，今生何必相会

一、神秘大咖陈豨登场 ······························· 050
二、韩信的最后谋划真的可笑吗？ ························ 056
三、"兵仙"谢幕 ···································· 064
四、定陈豨，杀彭越 ································· 070
五、最后的倔强 ···································· 077
六、曲终人散 ······································ 083

第三战

诸吕之变：摄政女皇的伟大与悲哀

- 一、那些风雨的花，在记忆中发芽 ······ 090
- 二、非同寻常的神秘外戚家族 ······ 096
- 三、"白马之盟" ······ 104
- 四、为什么周勃也叛变了 ······ 110
- 五、吕后之治 ······ 116
- 六、吕后的临终安排 ······ 124
- 七、八月庚申日 ······ 131
- 八、为什么都叛变了 ······ 140

第四战

七国之乱："文景之治"的缺憾美

- 一、新上司如何空降虎狼单位 ······ 148
- 二、釜底抽薪 ······ 155
- 三、土地问题 ······ 162
- 四、众建诸侯少其力 ······ 169
- 五、景帝削藩 ······ 175
- 六、文帝钦点的真将军 ······ 181
- 七、始皇大业终磨成 ······ 188

第五战

马邑阴谋：儒教、长城、草原的逻辑

- 一、释放天性的刘彻 ······ 198
- 二、"天人三策" ······ 204
- 三、王恢上书 ······ 210

四、匈奴的权力结构⋯⋯⋯⋯⋯⋯⋯⋯⋯⋯⋯⋯⋯⋯⋯⋯⋯⋯216

　　五、伟大的长城⋯⋯⋯⋯⋯⋯⋯⋯⋯⋯⋯⋯⋯⋯⋯⋯⋯⋯⋯223

　　六、功亏一篑⋯⋯⋯⋯⋯⋯⋯⋯⋯⋯⋯⋯⋯⋯⋯⋯⋯⋯⋯⋯234

┈┈┈第六战┈┈┈

漠南无王庭：跨时代的伟大战术革命

　　一、平阳府视察工作⋯⋯⋯⋯⋯⋯⋯⋯⋯⋯⋯⋯⋯⋯⋯⋯⋯242

　　二、"先登"的重要意义⋯⋯⋯⋯⋯⋯⋯⋯⋯⋯⋯⋯⋯⋯⋯248

　　三、李广的前半生⋯⋯⋯⋯⋯⋯⋯⋯⋯⋯⋯⋯⋯⋯⋯⋯⋯⋯254

　　四、定河南⋯⋯⋯⋯⋯⋯⋯⋯⋯⋯⋯⋯⋯⋯⋯⋯⋯⋯⋯⋯⋯260

　　五、提早四百年出现的"突骑"战术⋯⋯⋯⋯⋯⋯⋯⋯⋯⋯267

　　六、大漠孤城⋯⋯⋯⋯⋯⋯⋯⋯⋯⋯⋯⋯⋯⋯⋯⋯⋯⋯⋯⋯273

　　七、草原民族的最致命弱点⋯⋯⋯⋯⋯⋯⋯⋯⋯⋯⋯⋯⋯⋯280

　　八、阴山大决战⋯⋯⋯⋯⋯⋯⋯⋯⋯⋯⋯⋯⋯⋯⋯⋯⋯⋯⋯286

┈┈┈第七战┈┈┈

打通河西走廊：匈奴梦魇的冠军侯

　　一、大漠第一"越狱高手"⋯⋯⋯⋯⋯⋯⋯⋯⋯⋯⋯⋯⋯⋯292

　　二、万骑卷河西⋯⋯⋯⋯⋯⋯⋯⋯⋯⋯⋯⋯⋯⋯⋯⋯⋯⋯⋯299

　　三、荡平河西⋯⋯⋯⋯⋯⋯⋯⋯⋯⋯⋯⋯⋯⋯⋯⋯⋯⋯⋯⋯306

　　四、伟大的丝绸之路⋯⋯⋯⋯⋯⋯⋯⋯⋯⋯⋯⋯⋯⋯⋯⋯⋯315

┈┈┈第八战┈┈┈

漠北大决战：农耕民族的荣耀之巅

　　一、天价军费从哪来？⋯⋯⋯⋯⋯⋯⋯⋯⋯⋯⋯⋯⋯⋯⋯⋯322

　　二、空前绝后的一战⋯⋯⋯⋯⋯⋯⋯⋯⋯⋯⋯⋯⋯⋯⋯⋯⋯341

第九战

定南疆，征朝鲜：万国衣冠，四海宾服

- 一、十万大山第一次被推倒·············352
- 二、治世能臣，乱世枭雄·············359
- 三、收东南·············365
- 四、平西南诸夷·············372
- 五、无厘头的缘起·············378
- 六、闹剧般的征朝之战·············383

第一战

白登之围：
疑雾重重的汉初顶级大案

一、皇帝和七个小地主

天下太平了，至少眼下看起来是这样的。

在几乎耽误所有人升官发财、享受创业成果的项羽死后，所有人都陷入了狂欢。但是只有一个人现在仍然欢喜不起来，因为他面临着一个天大的抉择。这个人就是全国最大的地主——刘邦。

项羽作为刘邦的一生之敌，在死后依然恶心着刘邦。因为项羽太牛了，刘邦的这份家业，是多方力量豁出老命才帮着打下来的。刘邦面临的现状是，合伙人太多，他只不过占有着一份大股份而已。

来看一下，除了刘大地主之外，还有几个小地主：楚王韩信、梁王彭越、淮南王英布、赵王张敖、燕王臧荼、长沙王吴芮、韩王信。前三位都是我们熟悉的面孔，也是灭项羽项目中，股份占得较多的。后四位很有必要交代一下。

赵王张敖，新面孔，但他爹我们都很熟悉——张耳。这位张敖后来娶了刘邦的闺女鲁元公主，成了刘邦的女婿。

燕王臧荼，原本是燕王韩广手下的大将，当初带着燕国子弟兵在巨鹿城外作壁上观（看密室逃脱真人秀），结果惊人地发现了"天王巨星"项羽。随后，换大腿抱了。

项羽分封后，将燕国一分为二，令臧荼当燕王，而老燕王韩广则被扔到了极北苦寒的辽东，做辽东王。这就好比自家的伙计，出去跟别人溜达了一趟，回来后伙计就带着人要把东家的铺子给分了。人家东家当然不干了，于是，伙计臧荼和东家韩广干了起来。

结果是伙计臧荼砸碎了东家的锁链，得到了整个燕国。可怜的东家被伙计杀掉了。

不过，韩广的底子也不干净，他最早是武臣（陈胜派去略赵地）的手下，武臣派韩广去攻略燕地，攻占下来之后，韩广就脱离武臣的统领了。冥冥之中，也算是报应，而且是现世报。

当然，这位臧荼，最终也得到了他的现世报。在杀掉韩广后，燕国和辽东国一股脑地归到了伙计臧荼的手里。没有项羽，臧荼这个伙计也就永远谈不上翻身，所以对于项羽，臧荼是很感恩的。不过这份感恩，在另一个中国北方头号"兵仙"韩信的威慑下，也没太好使。臧荼很明智地选择了背叛。

史上最家喻户晓的叛徒吕布被称为"三姓家奴"。其实大家不知道，吕布的三叛在中国的历史长河中，仅仅是小儿科。三叛算什么？比他牛的有很多，比如这位臧荼就能跟他平起平坐。先叛韩广，再叛项羽，这就两叛了，而且这并不是他的最后一次叛变。

臧荼反楚归汉，随后在自己的地盘两耳不闻窗外事，用"不作为"为自己的前程投了一票。

长沙王吴芮，这个人我们之前提过，他作为秦朝的南疆基层官员，在天下大乱后马上变成社会不安定因素，并迅速造反。他还有位好女婿，就是淮南王英布。在灭秦后，项羽分封吴芮为衡山王。在楚汉战争中，他和臧荼，一个最南头，一个最北头，由于两个人远离中心纠纷地带，所以也没人找他们的麻烦。

这哥儿俩也乐得不表态、不参与，直到打出了结果后，吴芮才上表，肯定刘邦的领导地位，被刘邦封为长沙王。他和女婿英布，也都被刘邦改了名字，由原来项羽封的衡山王和九江王变成了长沙王和淮南王。

给孩子起名字，可以看作是每一个当爹的，对自己的孩子宣称从属权的巨大权利。

看到这里，你还认为让算命先生帮着起名字是好事吗？要知道，古往今来，无数英雄好汉打来打去的重要目的，其实就是争一个冠名权而已。

最后一个，韩王信。

韩信应该是个好名字，因为秦朝失鹿，群雄逐之，在天下打成了一锅粥后，最终产生的屈指可数的几个王里面，居然有两个韩信。但也应该不算个好名字，因为这俩韩信的下场都挺可悲。

这个韩王信，一直被另一个韩信的巨大光芒所掩盖，而且他也一直没干出什么能在历史舞台上闪光的事情，所以，整个楚汉战争中就一直没怎么提过他。

这位韩王信，是韩国王族，在刘邦西进时就跟着刘邦混了，后来还跟着刘邦去了汉中。

真是站队要趁早啊！

韩王信在跟随刘邦平定项羽所封的韩王郑昌时有功，后来也一直跟在刘邦身边。项羽攻破荥阳后，他降了项羽，后来又逃了出来，再度归顺刘邦。要感谢那个时代，"忠"并非最被人看中的元素。这个"忠"字，没有多长时间，就该正式登上历史舞台了。在当时，无论你境遇如何，哪怕投降别人了，只要没干出特混蛋的事，只要还能回来，当权者往往就不会太在意。

韩王信的识时务，帮助他获得了汉初的最后一个异姓王位。

看着这七个小地主，大地主刘邦心中很不是滋味，因为他虽然是天下最大的地主，但这七位爷中却有几个很不好惹。

"大力娃、铁皮娃、喷火娃"三合一的项羽虽然被干掉了，但还是有"水娃"韩信、"隐身娃"彭越，以及低配版的"大力娃"英布。

项羽作为楚国贵族后裔，之前我们说过，他对于秦帝国的那一整套制度，极度不认同并产生了过激反应。但就像当初的胜利者项羽认为失败者秦帝国的那一套不行一样，今天的胜利者刘邦，同样认为项羽搞的那一套分封制也是不行的。

封建制，是已经回不去的从前了。谁说地方大了管不了？谁说就一定得分封出去才能消停？我打项羽时靠着半个中国当"奶牛"，人家温顺着呢！从刘邦撺掇所有人帮他当皇帝时，就可以看出来，他在骨子里是非常认同秦帝国的那一套制度的。不过他认同，不代表和他一同创业的那七个小地主也认同。

这七个地主还是认为，刘邦和项羽是一个意思，刘邦的这个皇帝，不过就是另一个霸王而已。只不过这个"霸王"，本事没项羽那么大，出手却比项羽大方。在七个小地主眼里，"霸王"可以是村长，但绝不是爹。我自己在家怎么玩，随便，只要在我自家的院子里，无论是什么派对，只要我没祸害到别人家，别的地主和村长就不能拿我怎么样。

可刘邦不光想当爹，他还想当爷。但现实却是，由于大量功臣宿将的制衡，他在自己家都只能当爹。村里还有七个小地主，别说在这七家当爹了，他连腿都伸不进去。而且，如果他非得强势地要求当所有人的爹，这帮人就会合起伙来坑他这个爹。

所以，看似面临巨大抉择的刘邦，其实选择并不多。他是个明白人，所以他选择了眼下最合适的半封建半郡县制度。中国历史上又一个比较特殊的阶段开始了。

虽然眼下刘邦选择了妥协，但他却始终没忘了自己的目标——当所有人的爹。当所有人都山呼万岁时，他们不知道，刘邦之所以封他们为诸侯王，只是因为没有办法一下子掌控全国而已。

在刘邦当皇帝之后，他选择了一个很有意义的地方作为都城——洛阳。选择周朝的都城作为自己的新都，刘邦也在宣示着自己的政治意图：都把眼擦亮了，我是天下共主。

在刘邦刚刚定都洛阳之后，晚年的他遇到了可以说是最重要的一位谋士。这个人对三件极其重要的大事，都提出了正确的策略。刘邦听了其中两个，都泽被后世了很多年，而没听的那个策略，差点儿害他死在了外面。

这个人叫娄敬，是齐国人。他到陇西戍守边塞，路过洛阳，听说汉家皇帝在这里，就对自己的老乡，同样是齐人的虞将军说："我想见皇帝谈谈国家大事。"

对于这种身份的人提出这种要求,一般将军的做法基本上就是上去给一鞭子,然后吼一通。但娄敬很幸运,他所托付的这位虞将军并没有轻视他,而是吩咐手下人给娄敬找一件干净的衣服再去。

不过,这位娄敬却说:"我穿着丝绸衣服来,就穿着丝绸衣服去拜见;穿着粗布短衣来,就穿着粗布短衣去拜见,我是决不会换衣服的。"

虞将军进宫把娄敬的请求报告给刘邦,刘邦从娄敬的气概和造型中,看到了当年高阳酒徒郦食其的影子。这位故人死在了齐地,眼下又一位齐人以这个套路前来觐见,刘邦触景生情,似是故人来啊。

刘邦召娄敬进宫来见,还赐了饭给他吃。

见也见了,饭也吃了,刘邦该验货了。

娄敬的第一句话就让刘邦觉得很像知己:"陛下建都洛阳,难道是要跟周朝比试一下谁更持久吗?"

刘邦说:"没错!就是拼拼咱爷们儿能不能比他的时间长!"

娄敬说:"甭拼了,陛下取得天下跟周朝是不同的。

"周朝的先祖从后稷开始,积累了德政善事十几代,做了很多众望所归的事后才能成为秉受天命统治天下的人,贤能之士吕望、伯夷自海边回来归附于他。

"周武王讨伐殷纣时,八百诸侯不约而同地到孟津会盟,大家都说殷纣可以讨伐了,于是就灭掉了殷。

"周成王继位,周公等人辅佐他,就在洛邑营造成周城。之所以把洛阳作为天下的中心,是因为四方各地的诸侯来交纳贡物、赋税时的道路都是均等的。

"那个时代,还是靠德行号召天下的。凡是建都于此的,都想要像周朝一样,务必用德政来感召百姓。

"在周朝鼎盛时期,天下和睦,四方各族心向洛邑,归附周朝,仰慕周天子的道义,感念他的恩德,依附并一起侍奉周天子。

"周天子不驻一兵防守，不用一卒出战，八方大国的百姓没有不归顺臣服的，都来进献贡物和赋税。但到了周朝衰败的时候，天下没谁再来朝拜，周室已经不能控制天下。这不是他的恩德太少，而是形势太弱了。

"如今陛下从丰邑、沛县起事，招三千士卒，经数十战，席卷蜀、汉，平定'三秦'，与项羽在荥阳交战，争夺成皋之险，大战七十次，小战四十次，使天下百姓血流大地，父子枯骨曝露荒郊之中，横尸遍野不可胜数，悲惨哭声不绝于耳，伤病残疾欲动不能。

"这种情况却要同周朝成王、康王的兴盛时期相比，我个人认为是不能同日而语的。

"秦地有高山被覆，黄河环绕，四塞之固，即使突然有了危急情况，百万之众的雄兵还是可备一战的。

"借着秦国原来经营的底子，又有肥沃的土地为依托，陛下进入函谷关把都城建在那里，山东地区（崤山以东）即使有祸乱，秦国原有的地方也是可以保全占有的。

"与别人搏斗，得掐住他的咽喉，打他的后背。

"如果陛下进入函谷关内建都，掌控秦国原有的地区，这就是掐住了天下的咽喉而击打它的后背啊！"

娄敬一口气跟刘邦说了一大段话，核心思想就是：建都洛阳，要靠德行。您没什么德行，打天下也没靠德行。现在世道不一样了，还是要务实一点，选块进可攻、退可守的好地方才能立于不败之地。

面对娄敬指出的那块好地方，刘邦是很有感情的，毕竟自己就是从那个地方混出来的，所以他把娄敬的这个想法当作正式预案提上了朝堂。结果这成了扔进茅坑里的炸弹。

二、北境的阴谋

一听说要定都关中,所有功臣宿将的态度惊人的统一:不合适,洛阳这地方就挺好!

反对声中一个比较核心的论调就是:周朝建都在洛阳,称王天下几百年;秦朝建都在关中,只到二世就灭亡了,在那儿建不吉利。

面对满朝的风水论调,刘邦很是犹疑不决。不过,他也明白,之所以阻力大,是因为自己的这帮手下都是山东人,不愿意再往西跑到关中。如果换个提案往东走,大家就该说:"吾皇英明,周亡于此,实在不祥!老家沛县就挺好,咱赶紧挪地方。"

问他们等于白问。

大事不决问张良,是刘邦一直以来的最后一道保险,这次也不例外。从没让他失望过的张良,最后帮他进行了分析。

张良更加实在,他敏锐地提出了洛阳的一个巨大弱点:土地贫瘠,腹地太小,非用武之地。这是很厉害的一句话,得细说说。

什么叫土地贫瘠呢?

"著名挑拨离间者"张仪先生就曾经说过:"韩地险恶,五谷所生,非麦即豆,一年不收,老百姓就得吃糟糠,地方不满九百里,两年的粮食储备都没有。"

洛阳东西的一条豫西通道,基本上就是过去的韩国,靠这个地方是没办法供给一个全国性都城所需要的粮食的。

国都,要饲养皇权"吞金兽",皇宫就是一个日费千金的"大托儿所"。除此之外,还有庞大的官僚系统与功臣集团,还会衍生出巨大的"得道鸡犬军团",还得配备大规模精良的卫戍部队来保护。当然,还有乌泱乌泱的都城百姓。

这一切的一切,都需要粮食!

那么接下来你会说,可以从全国调啊!只能回复你张良说的那句"腹地太小,非用武之地了"。

下图显示了洛阳附近的几个粮食产区。洛阳北面是黄河,南面是群山,东西是狭长的豫西通道。从物资供给上讲,主要是本土的可怜产出与河内地区的供应。西面的关中平原和运城盆地运粮食过来的成本非常高,原因我们说过,黄河这段的"脾气暴",代表地点是三门峡,往往只能走豫西通道的陆运,但陆运的成本就太高了。

但是还有河内地啊!河内可了不得,户口殷实,人民富足,后来东汉的成功可是号称"光武据河内"啊。话是不错,但问题又来了,虽然河内地是产粮大户,但它的粮食都要进敖仓作为战略物资储备的。

为啥呢?

因为洛阳此时已经处于前线了，整个中原的膏腴之地已全被诸侯王分完了。这也就意味着这么多异姓王，全都不会再把粮食运到总枢纽敖仓。

但是，敖仓、荥阳、成皋这个防卫体系仍然是汉王朝此时的重中之重，一旦有任何风吹草动，必须还得采用当年的思路，主力顶在荥阳，控天下咽喉。粮草就只能指望豫西通道的陆运和河内地的就近供应了。

刘邦死活要把河内地拿在自己手里，也是因为此地能在战时成为最指望得上的粮草基地。

所以说，此时的国情跟洛阳自身的经济实力，都决定了根本没法在这里建都！

如果迁都长安呢？

关中和整个山西最值钱的晋西南连为一片，人家还自带静静流淌的渭河与汾河。无论钱粮还是物流成本，都没得挑。最重要的是，关中处于刘邦目前地盘的最中央！

关中是四塞之固，这个强调很多遍了，除此之外，还有被忽视的一点。由于此时武都还没发生大地震，重要的天池大泽还存在，所以汉中平原乃至下游的江汉平原产粮区的钱粮也能够走水路，低成本地送到关中。

看下图，人家是连成一片的！

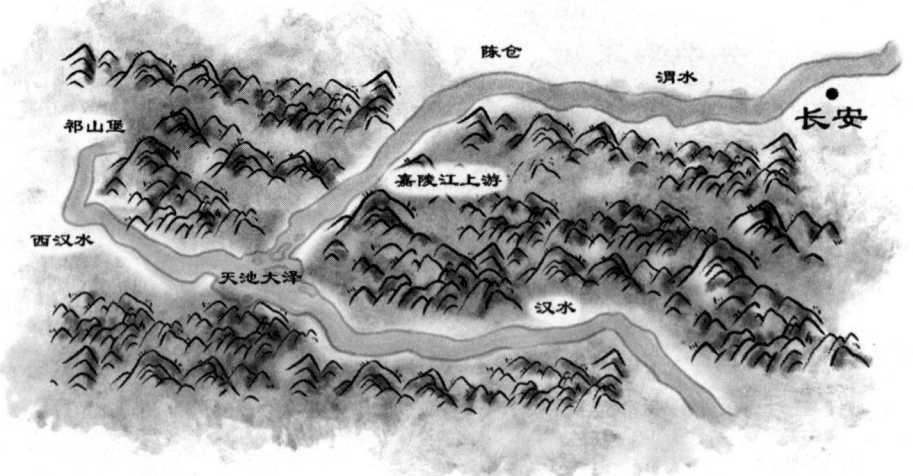

关中经济带、晋西南经济带、汉中乃至江汉经济带，跟洛阳经济带这么一比，高下就出来了。

刘邦还惦记着跟周朝比谁的国祚时间长。时间长有啥用？你看最后都成啥样了？虽然刘邦的脑子总是不清醒，但明白人踢他一脚就能给他踢清醒了，张良一说他就明白了。刘邦下定了决心，定都关中。

娄敬因此被刘邦赐姓"刘"，授给他郎中官职，称号叫"奉春君"。

此次迁都，看上去无足轻重，实际上深层的意义巨大。

如果刘邦此时定都洛阳，看似在天子守国门，实际上几代之后就真成天下之中了，届时中原就能反哺洛阳了。但是，关中此时看似的天下之中，在几代之后，却变成了天子守国门。

关中周边少数民族混杂，汉、胡、羌关系微妙。

作为对比，后面东汉定都洛阳后，整条西线就处在被逐渐蚕食的状态，关中更是变成了汉、羌杂居之地，弃凉（放弃凉州）的声音基本上贯穿了东汉中后期。

国都意味着全国的重心所在，如果不是此时定都关中，很有可能有一条传奇的通道，将来就打不开了。这将给中国与世界带来无可估量的损失。

从某种意义上来讲，这是一次改变整个世界的迁都，它的"蝴蝶效应"震撼非凡。

在迁都的同时，刘邦还干了几件利民的大事。

第一件事，安抚过去的诸侯遗族。过去的诸侯子弟，愿意留在关中的，免十二年赋役，愿意回归故乡的，免六年赋役。

第二件事，安抚出生入死的将士们。军吏卒有罪者赦免，无罪者各阶层皆有封赏，复员军人返乡后，按功劳分予田宅。

第三件事，天下大赦。秦末战乱以来，不少人上山当土匪，现在都赶紧回来踏踏实实地过日子吧，过去的事都既往不咎了。

总体上来说，刘邦在天下大定之后，在政治与体制上全盘接过了秦朝的郡县制度。

毋庸置疑，想要建立一个大一统的政治体制，秦朝那一套还是最科学、最靠谱的。秦朝并非亡在这套制度上，而是死在自己的纵欲上。

鉴于此，刘邦也吸取了秦朝失败的教训，开始休养生息，积蓄民力，团结一致向前看了。

刘邦折腾了这么多年，也打算歇歇了，但他没有想到，树欲静而风不止。他一直看着不顺眼的这帮小地主，开始一个个地冒出头来了。

第一个冒出来的，是他从来也没正眼看过的臧荼。这个实力倒数的诸侯王，居然在这个天下大定的祥和年份，仿佛出头鸟一般地跳了出来，举起大旗，造反了。

公元前202年（七月），燕王臧荼造反。此时，距离汉高祖刘邦登上皇位仅仅过去了五个月。

关于臧荼的谋反，史书中留给我们的信息很离奇。战火纷飞，在整个天下都打散了的时候，这位燕王选择了坐山观虎斗。但如今天下都已经平定，刘邦占据着绝对优势，他却跳出来了，实在是让人看不明白。要知道，他可是一位非常识时务的人，当年韩信威震华夏，臧荼马上就乖了。

有一种论调说，是因为刘邦大举逮捕过去的"亲项分子"，所以臧荼作为过去的"亲项分子"慌了。

这是不靠谱的。因为我们并没有看到刘邦怎样屠戮项羽的老臣，项羽的葬礼还是刘邦亲自主持，项家有头有脸的人物也都封了侯。项羽这边叛逃过去的人，刘邦都用得好着呢，除了逃往韩信处的钟离眛之外，并没有看到刘邦找碴儿。

那么到底是为啥呢？

《史记·韩信卢绾列传》：汉五年冬，以破项籍，乃使卢绾别将，与刘贾击临江王共尉，破之。七月还，从击燕王臧荼，臧荼降。

《史记·高祖本纪》：十月，燕王臧荼反，攻下代地。高祖自将击之，得燕王臧荼。

《资治通鉴》：秋，七月，燕王臧荼反；上自将征之。九月，虏臧荼。

从上述史料中看，有三条有价值的信息。

第一，臧荼真的造反了。

第二，臧荼攻下了代地。

第三，时间有出入，但有一点，臧荼造反最早在公元前202年（七月），也就是秋天。这个年份和季节都很重要。

我们挨个分析。

第一，臧荼不是被冤枉的，不是被告发的，这一点跟后面的韩信、彭越等人的描述完全不一样，史书中涉及谋反，但凡有什么枝节都会交代得很清楚。这回就明确说臧荼反了。

第二，他攻打了代地，这个听上去没什么，但实际上非常无厘头。因为自燕地，也就是东北方向发兵来的，基本上第一战都会选择冀州。

为什么呢？

因为居高临下，一马平川，财富多，粮草辎重不用愁，只要军力强，很顺利就能拿下冀州平原。

随后靠着太行山脉和黄河，能很容易形成割据的状态。后来的刘秀跟袁绍都是靠这片土地发家的。

但自燕地去拿下代地，无论是物质层面还是战略角度，收益都微乎其微，那个时代又不烧煤。拿下代地的战略价值基本上只有南下一条路，而且要经过重镇太原。

太原有多抗造，我们之前说过了。臧荼不选此时明显的"软柿子"张敖去捏，反而要直接攻打刘邦的领地（此时代郡尚未被分封），这就给出我们这道谜题的一个关键因素了。

我们来想一想令无数"宋朝粉"伤心的一件事。

著名的"燕云十六州"。后来让北宋北方根本无险可守，脑袋上始终端盆水的燕云十六州，其实跟此时的燕、代两地是基本重合的。

"燕云十六州"基本囊括了中国北方的形胜之地，居高临下，山势环绕，易守难攻，下山则摧枯拉朽。但是，这个地形对于汉族政权往南打，夺天下的意义不是很大。

因为虽然形胜,但是资源的动员能力弱,一般自保有余,进取艰难。中原政权打仗,排在第一位的永远是资源!

但是,这片土地如果在游牧民族的控制下,就会变成中原王朝的噩梦了。人家有马,战争成本低,撒丫子就能抢一通!你无险可守!只能干看着!后来,金灭北宋,就是自燕、代两地而来,除了在太原费了半天劲,基本上就是一路平推。

臧荼的出兵思路,其实已经把他背后的大哥隐隐约约地暴露出来了。

我们再来看上述史料的最后一个关键,公元前202年秋。为什么是公元前202年才造反呢?楚汉争霸那么热闹时怎么没动静呢?

很凑巧,公元前205年到公元前202年,匈奴取得了对西面大月氏的第一轮胜利,彻底完成了对北方草原的统一。

臧荼背后的那位大哥在楚汉争霸阶段也很忙,也在着手统一大业。

那为什么是入秋后,臧荼才造反?

又有一个很凑巧的地方。

这基本符合游牧民族的出兵时间特点,因为游牧民族是春夏忙,又是打狼,又是接羔,又是贴膘,而入秋后,套马的汉子们终于有空威武雄壮了。(具体到汉武大帝时代再详细讨论。)这个季节也是战马最有劲的时候。

再来看最后一条线索,臧荼被平定后,他的儿子逃亡去了匈奴,还得到了一定的重用。

上述四点一汇总,我们基本上可以进行一个很大胆的猜测:臧荼跟匈奴混得很熟,他的造反是在匈奴势力的力挺下,有计划地进行的。他要是跟匈奴不熟,他不会自发地去攻打刘邦的领地,然后帮助刘邦保卫边疆。

那么长的北境长城,你守它干啥?

唯一合理的解释是,臧荼跟匈奴谈好了,人家成一家子了,他把北部边境蹚平,让匈奴不用再担心长城和平城(今山西省大同市)等一道道险关要塞,然后方便匈奴支援与出兵,哥儿俩一块发财。所以,臧荼出兵的路线跟时间，都是为匈奴而设计的。

但是，接下来问题来了。

刘邦听说臧荼反了以后，抱着武装旅游的态度，带着周勃、樊哙、夏侯婴、灌婴等百战名将前往大汉的东北，轻松地平定了臧荼。

匈奴外援呢？

这一年整个汉帝国的北疆风平浪静，好多年没打仗的臧荼被刘邦两脚就踢死了。

臧荼被晾在那里有两种可能：一是匈奴在剿大月氏的尾声又出了突发状况；二是发生了天灾，看过《狼图腾》的朋友可能比较理解草原上的白毛风对于游牧民族是什么样的影响。

总之，这次匈奴人的迟到，使得臧荼成为中国历史中被轻描淡写的无厘头角色。

但实际上，这已经是一个比较明确的信号弹了。人家游牧民族，也完成大一统了，而且对中原很有想法！

三、云梦泽

平掉臧荼后，刘邦随即将卢绾封为新燕王。这位卢绾是谁？他时任太尉，也就是当时的"全国兵马总司令"。这个位置，可是在周勃、樊哙等人之上。

可是，奇怪的事情又发生了。整个秦末纷争和楚汉战争中并没有看到这位卢绾有什么闪光的地方，但为什么这样一个不声不响的人，却能够闷声发大财呢？

卢绾和刘邦是老乡。

老乡有很多种，离着上千公里，这种老乡的含金量就不大。人家卢绾和刘邦不但是一条街上的老乡，而且是从小一起光屁股长大的，这种老乡就很值钱。而且，更巧合的是，卢绾和刘邦是同一天出生的。

刘邦和卢绾从小就非常要好，不仅如此，他们还算两代之好，即两家的大人，卢绾的父亲和刘太公的关系也很不错。

两个人一起长大，一起上学，混成了铁哥们儿。刘邦是一介平民的时候，经常因为吃官司而东躲西藏，即便这样，卢绾还是追随他，替他打掩护。对于这位着三不着两的兄弟，卢绾始终没有瞧不起，无论刘邦干出什么事，卢绾始终无条件地力挺刘邦。

说到底，对于卢绾来说，刘邦是他的好兄弟，这份纯粹的友谊一直延续到两人四十九岁的时候。在这一年，刘邦起义了，卢绾自然也跟上了。

谁承想，刘邦在几年后成了皇帝，卢绾因为从龙有功，自然也就变成了卢太尉。

中国人是有着严重的乡土情结的，往往认为到了最关键的时刻，只有自己的家人和从小光屁股长大的兄弟是靠得住的。

平掉臧荼之乱后的刘邦，在脑子中反复思考着一个问题：卢绾当燕王，肯定不会叛变，这样的兄弟不信，还能信谁？

但刘邦没有想到的是，人是会变的。无论是卢绾，还是他自己，都是会变的。

臧荼是九月被平定的，很快，就在十月，刘邦又收到了一个令他五雷轰顶的消息：有人报告楚王韩信要谋反。

刘邦最害怕的一件事发生了，这颗没人能控制的炸弹要炸！

刘邦向诸将征询对此事的意见。诸将们听了义愤填膺，都说："赶紧发兵，活埋了这个忘恩负义的小子！"

刘邦没有吭声，其实心里已经骂上了：谁埋谁啊？你们这帮人谁能埋得了韩信？

刘邦在此时非常想念一个人——张良。他的这位知心哥哥此时已经功成身退，随赤松子修仙去了。朝里的事，人家不掺和了。

这位运筹帷幄之中、决胜千里之外的天下奇才，明白一个道理：可同患难，不可同安乐。

对比"汉初三杰"中的另外两位，萧何作为后世丞相楷模的高洁之士，在晚年也需要靠刻意地欺负老百姓、自污名誉来保全自己；韩信更是死得窝囊至极。张良早早地就看明白了这一切。

从当初那个破落的韩国贵族，到散尽家财暗杀秦始皇的愤青，到天泉桥下的那个拾鞋后生，到鸿门宴中刘邦的救命恩人，再到指出"灭楚三英"的那个天机神算，直至云游归隐的传奇谢幕。张良的这一生，精彩之至，传奇之至，更加智慧之至。他选择了在与刘邦相交的最高点悄然离去，给彼此都留下了念想。

我相信，刘邦的晚年，一直在脑海中不断想起的会有三个人：一个是项羽，这个梦魇令他敬佩之至；一个是张良，这份知心让他感恩之至；最后一个是韩信，让他羞愧之至。

为什么？

因为他真的对不起人家。

张良内退后，刘邦的身边，有脑子、能商量合计阴谋大事的人就只剩下陈平了。

这位大汉主抓情报的陈平，对待此事很小心，毕竟韩信算天下的二号人物，老大和老二之间，分寸的拿捏是很重要的。陈平始终支支吾吾，不肯正面回答刘邦。

直到搞明白老大是真想搞死老二，刘邦说出了"我打算亲自带兵前去讨伐他，你看怎么样"的话之后，陈平才张嘴说出了自己的看法。

陈平先是反问道："这次上书告发韩信造反的这件事，还有人知道吗？"

刘邦道："除了几个最亲近的大将外，没人知道。"

陈平问："那韩信自己知道吗？"

刘邦道："应该也不知道。"

陈平低头沉思了一会儿，又问："陛下的军队比韩信的军队厉害吗？"

刘邦回答："不如。"

陈平又问："陛下手下的战将中，有谁在战场上能敌过韩信？"

刘邦想了想，回答："没人是他的对手。"

陈平说："军队实力不如韩信，手下将领又不是韩信的对手，现在您反而要出兵去打韩信，胜负难以预料啊！对于您的这个决断，我真是很为陛下担心啊！"

刘邦已经很愤怒了，陈平也是多余，刘邦问他的事情基本上都是到了山穷水尽的地步，但刘邦还是耐着性子，问："你说该怎么办呢？"

陈平说："古时，天子常常巡行九州，会见各地的诸侯。您也走一趟吧！南方有一个地方叫云梦泽，景色不错，陛下可以装作出游云梦泽，要在陈县会见各路诸侯。陈县就是大名鼎鼎的陈邑，在楚地。韩信听到天子出游，又到了他的地盘上，他这个小弟当然会来拜见陛下。当他拜见陛下的时候，您便可以把他抓起来，这样不用派兵，只需一个武士就足够了。"

刘邦依计巡游云梦泽。这回轮到韩信心里打鼓了：陛下到底是怎么个意思？

我们来仔细分析一下，韩信是不是真的要谋反。

关键人物一：告韩信谋反的人。

这个人是谁，史料中没有记载；韩信将要采取怎样的措施谋反，史料中也没有记载。我们仅仅只是知道，有一个人告发韩信要谋反。

一般来说，像诸侯谋反这种兹事体大，是需要大量举证的，需要进行多方证伪的，需要得到对方整军备战、打造兵器这种明确信号时，才能进行公开讨论，毕竟造反不是过家家。

现在是，有一个人举报韩信要谋反，没有任何证据，要有的话，史书中应该会大书特书。但在目前已知什么都没有的情况下，刘邦就已经坐不住了。这只能说明一个问题，韩信造不造反其实无所谓，主要是刘邦非常害怕韩信。

关键人物二：刘邦。

刘邦为什么害怕韩信，要办他？

因为刘邦觉得局势失控了。

刘邦从最开始，就对韩信不放心。原因我们之前讨论过，韩信自带战略威慑，刘邦对他始终无法控制，所以韩信最终的悲惨结局是早就注定的博弈结局。

刘邦趁着有人告发韩信而进行迅速反应，是正确的选择。

关键人物三：韩信。

如果韩信现在筹备谋反，其实也是最优解。

前几年，有一部科幻小说叫《三体》，以科幻小说为载体，加入了深刻的哲学层面的讨论。里面有一个非常棒的推理，叫作"黑暗森林法则"。这条法则的大致意思是：宇宙中，一定要尽最大可能地保护好自己的宇宙坐标不被其他文明知道。如果你知道了其他宇宙文明的存在，一定要第一时间动用所有资源去消灭它，都不用一言不合，上来就得开干！还得往死里干！

为什么呢？

举个例子，小说中的三体星在知道地球后，立马就要开干。一经测算，现在动身去消灭地球，需要四百年。它们做了模拟，虽然它们现在的科技水平远远地领先地球，但四百年之后的地球却已经远远地超越了它们。这又是为什么呢？

科技爆炸的速度是超出人类的想象的，想想这一百年的变化吧，这其中最大的问题就在于时间差。去往地球的这四百年的时间差中，会发展成什么样，谁也不知道。这也就意味着，谁也没有把握能够控制谁。万一这四百年地球又出现了一万个爱因斯坦，人家彻底逆袭了怎么办？

由此推导出，你不知道对方会有什么想法，同样你也没有任何能控制对方的手段时，你能做的就是把一切往最坏的方向想。而且，你只能往最坏的情形去猜测，所以必须先下手为强！信息了解得越少，对方的实力越深不可测，你就越需要从最坏的情形去设想并进行准备。

刘邦和韩信的关系，此时已经处于"黑暗森林法则"的适用范畴。韩信对于刘邦，就是一颗定时炸弹，也许一辈子都不会炸，但也有可能随时会炸。这个时候，刘邦的最优解就是第一时间拆了它。

韩信呢，他是怎么想的？他到底要不要造反，我们不知道，我们只能站在他的角度进行理性地分析。

他的最优解，其实就和当初蒯通的劝谏一样，在项羽还没死的时候自立门户，三分天下。

不过，即便项羽已经死了，他再筹备造反，其实也不晚。因为刘邦什么时候会灭他，他也拿不准，也控制不了，所以他的最优解就是往最坏处想：刘邦肯定要灭他，他要趁刘邦灭他之前干掉刘邦。

所以，"黑暗森林法则"对这两位都适用。

此时，刘邦扔出了他的选项，他要搞领地巡游，要看韩信来是不来。

用了一辈子间谍的韩信，却始终没在刘邦身边安插间谍，这是他最失策的地方。不过，即便如此，韩信还是有得选。

在不知道刘邦是什么意图的时候，由于不知道对方的底细，无法控制事态的发展，根据"黑暗森林法则"，要先下手为强，趁着刘邦远离老巢，调动所有兵力进行兵变，直接灭了刘邦。这就是韩信的最优解。

但是，韩信是如何选的呢？

他将所有的赌注压在了自己所控制不了的刘邦那边。他在赌，赌刘邦此行的目的不在他，仅仅是"旅游"，顺便找他要点当地土特产。但心虚的韩信还是交上了一份投名状——钟离眜的人头。

项羽死后，由于之前钟离眜和韩信同在项羽手下，关系还不错，于是钟离眜投奔了韩信。

不知韩信是因为自己在政治上白痴，和钟离眜私交太过于亲密，还是在为造反做准备，总之他收留了这名骁将。

但现在，刘邦"旅游"来了。

刘邦是不是因为钟离眜的原因怀疑我呢？韩信一直在揣测这个问题，最终他选择了用钟离眜的人头换自己的平安。

其实，这种功高震主的"韩信难题"一直在中国历史中不断地出现，后面我们还会看到很多。

除了自己被干掉之外，"韩信们"还是有很多选择的：取而代之，像曹操；功成身退，像张良；自我去势，像曾国藩。

韩信的错，并不在于他欲望大，想当王。他的错在于，自己明明是天下第一，明明想当王，却不想当天下霸主。

韩信带着钟离眜的人头前去陈县，面见刘邦后，被做出了最佳选择的刘邦一举拿下。空有天下第一武功的韩信，就此成了西湖牢底的"任我行"，告别江湖了。

在临别感言时，韩信说道："狡兔死，走狗烹；飞鸟尽，良弓藏；敌国灭，谋臣亡；如今天下平定，我固然该死。"

此时什么都活明白了的韩信被刘邦一句话噎回去了："别废话了，有人告你谋反！"

刘邦下令大赦楚地，安抚局面，并将韩信带回，"旅游"的事也不提了，将其贬为淮阴侯，留在了身边。

刘邦的天下，实际上大半个都是韩信打下来的，无论他的选择是多么正确，他都是对不起韩信的。但是，在权力的游戏中，谁又能对得起谁呢？

四、擅长投机的刘邦

韩信被拿下后,刘邦长舒了一口气,现在他是真真正正的天下第一了。刘邦开始盘算自己下一步的政治计划:将异姓王全部干掉,然后尽量都换上自家人。

我们会感到有些意外,刘邦没有收回这些诸侯国,也没有继承让他无往不利的秦制。因为他认为,完全走周朝的老路不太可行,但完全走秦朝的那一套似乎也不太靠谱。毕竟秦二世而亡,把它当作榜样不靠谱。

刘邦这个人,一辈子都在投机,谁强就跟谁。他起义后不久,陈胜就完了。紧接着他又联系景驹;景驹被项梁踩死后,他又抱了项梁的大腿。

更神奇的是,在项梁死后,项羽突然被夺权,楚怀王对刘邦恩宠有加,让他走西路入关。虽然无证据,但在某种意义上,项家不灵后,刘邦又抱上了怀王的大腿。

刘邦东一榔头西一棒子地接着走,直到张良归队,郦食其张嘴,他才算走上正轨。

总之,最开始的那段野蛮生长时期,算是纯生存主义至上——谁来都是爷,谁能带我过河,我就抱谁大腿。

随后的整个楚汉争霸时期,基本上就是"郭靖"听各种"黄蓉"的话。谁的话对,刘邦就听谁的,摸着路一步步往前走。

张良一直让他在汉中练肌肉,等练成拳王时再出去。

韩信说您现在已经可以了，对面的几个王他们都打不过您。

那就试试呗。

一试还真灵，把他们都打沉后，刘邦一直往东打，到彭城被反杀，他琢磨明白了，自己还打不过这个项羽。

刘邦继续摸着走，直到英布垫场、自己死扛、彭越游击、韩信勾拳的战略思路，是提前规划好的吗？

其实并没有，张良只是指出了这三个人必须得单独参赛，人家可没规定动作、打法。全是靠刘邦一步步摸索出来的。最终，刘邦站在了华山之巅。

涉及最终的土地产权分配时，项羽等所有诸侯的观点都认为，秦朝那套制度不能沿用，但刘邦并不认同。

因为自从汉中以霹雳手段打出来后，他就迅速地将秦国几百年的故地攥在手上了，再经秦制一运转，太好用了！

谁说天下必须回到诸侯国的时代？谁说的？

谁说地方太大没法管，怎么我就能占着半个天下，连顶级大神都被我耗死了呢？

少瞎扯，多迈步！是骡子是马，得拉出来遛遛。这一遛了不得，秦国这匹大马真好骑。

但是，再走一遍秦朝的老路就对了吗？

也不见得。

它行怎么还灭亡了呢？肯定还是有不行的地方，那么哪里不行呢？

咱们现在可以打开上帝视角，但当时的人是看不明白的。

由于刘邦没什么文化，所以他从来不异想天开，从不搞战略规划，只看眼前运转状况。行就贯彻，不行就赶紧换人。这种人生心法再配上高明的参谋，会产生极其智慧的效果。

刘邦认为秦朝的大一统，是不牢固的。他死前导演了非常著名的"白马之盟"，杀了一匹白马，并表示这件事的级别很高。他跟功臣宿将们盟誓："非刘姓而王，天下共击之。"

他在最后几年，一直在贯彻一个思路：让全天下的王都姓刘。

我们现在看会觉得，这是一套很弱智的系统。但是，我们还是要回到当时，用刘邦的角度去看这件事。

刘邦前面有两个例子：秦国完蛋和项羽完蛋。

这让他得出了两个结论。第一个结论：大一统不靠谱。帝国太大，秦朝控制不了山东六国。第二个结论：不是自家人不靠谱。项羽作为顶级大耍都打不过这帮外姓诸侯，非我之姓，其心必异。

那怎么办呢？

只能拿半个天下攥在手里，然后将另外半个天下分给刘家人。这是刘邦在当时能给出的最佳答案。要知道，从0到1的过程是很难的。

你知道马镫是经过多少年才发明出来的吗？上千年。骑兵出现了上千年，最终在南北朝时期才成型。今天的你可能会纳闷，没有马镫怎么骑马呢？这样骑得多累啊，根本使不上劲啊？古人怎么这么傻呢？

其实，不是傻不傻的事，而是这层窗户纸根本没那么好捅破。

举个例子，在古代，中国的马力要比欧洲的马力大三倍。为什么呢？不是中国的马有多么猛，而是因为中国的马具是套在马肩上的，而欧洲的马具是卡在马脖子上的。这样一个小小的区别，就导致了欧洲的马力与中国的马力天差地别。

再举个例子。在乔布斯推出苹果手机前，谁知道原来手机可以没有键盘？我五岁的侄子看见之前的老款手机，都说过去人真老土，这个破手机都能用？而过去的我们会觉得吗？不会，我们反而用得好着呢！

当时的刘邦也一样。在他眼中，秦国那一套是自己亲身实践过的，其间遇过天灾，遇过逃荒，遇过"大魔王"项羽。在如此严峻的考验下，秦国各种逃荒大串联，荥阳前线各路关中子弟兵。好用！

烂根的是山东六国，太乱了！东部疆域还是采用诸侯国策略吧，坏分子太多，得我们老刘家齐上阵，分开挨个治，一步步拱！

此时的刘邦，就是在继续探索。秦朝的那套不行，项羽的那套也不行，但目前老秦国这套很行,那么我就顺着"姓刘的当王"这条路走。

结果就是,七个小地主此时已经打倒了两个,刘邦却并没有收回这两块分封出去的土地,而是将它分封给了更亲近的人。

最远的燕地封给了见过世面的兄弟卢绾;韩信的楚地被一分为二,封给了刘邦的堂兄刘贾和弟弟刘交,后来还封了私生子刘肥当齐王。

我们无法说,如果此时刘邦将天下完全变成郡县制就一定会成功。历史是无法假设的,历史是需要时机的。

距齐、楚等国被灭也仅仅二十多年的时间,大量的遗老与暗流仍然存在,谁知道此时天下变成郡县后,大汉会不会是第二个大秦。

在当时刘邦的眼中,就是天下太大,没法消化。

我们也无法说后来发生的"七国之乱"就一定是刘邦采用的制度造成的。只能说,他在他的那个时代,做了可以说是最好的一个选择。不凭空设计,结合前人的教训,趋利避害地往前走。

很多错误是必须要犯的,很多进程是无法一蹴而就的。

刘邦在封了亲人们当王后,又想起了之前自己走过的一块地方——颍川。这是个好地方,地势险要,有钱人多,离荥阳前线还近。用得好,就得拿在手里。办完楚王韩信,他马上又办了韩王信。

韩王信被刘邦由兵家必争的韩地,迁到了晋北。作为补偿,刘邦把太原郡划给了韩王信,让他防备匈奴。

韩王信很知趣,再次表忠心,表示不怕苦不怕累,要为大汉事业再立新功!我要将都城迁到更北边的抗匈一线——马邑(今山西省朔州市)。我为国家戍边疆!跟这帮匈奴人势不两立!

刘邦欣然同意。

刘邦的心思很缜密。因为晋北一线总是有匈奴边患,防守成本高、麻烦大。把韩王信扔在那,如果他扛住了,刘邦落了个消停;如果他扛不住,刘邦就找碴儿办他。正所谓打死敌国平外患,打死诸侯平内乱。你俩去"零和博弈"去吧。

刘邦的如意算盘打得噼啪直响，但有一点他没有算到，万一人家诸侯和敌国好上了呢？

半年后，公元前201年（九月），韩王信献出马邑，投降匈奴。冒顿单于率大军自马邑南下，攻击太原郡，兵锋直指晋阳。

这些事本来是可以避免的，都怨刘邦，因为刘邦逼反人家的信号过于明显了。或者说，刘邦对匈奴来犯准备不足。

韩王信在表忠心去马邑后发现，现实与理想之间是有差距的，而且差距还很大。他认为，自己什么阵仗没见过啊！项羽怎么样，当年老子和刘邦守荥阳时，这么多年不也就才投降了一次嘛！区区匈奴，叫事儿吗？能比项羽还厉害吗？

但韩王信去了以后发现，匈奴确实没开化，确实很落后，但人家打你才真的不叫事。和项羽比怎么样不知道，但足够让你再投降一次。

韩王信北上赴任后发现，匈奴的实力并非想象得那么简单。大规模的骑兵武装，经常到他的领地不断骚扰，而且不是抢了就跑，对方不仅抢，还围你、灭你。

自打一入秋，韩王信基本上就处于半神经质的状态，跟1944年的日本侵略者一样，天天蹲工事里，根本就没法出门，出门就得死在外面。冒顿单于还率大军亲自包围了马邑。

韩王信在看清现实后，决定双管齐下。一边找刘邦要救兵，大哥我撑不住了；一边跟冒顿单于那边秘密谈判，咱要不别打了，你有啥需求你提，咱们谈就完了，动刀动枪的没必要。

刘邦在发兵的同时，知道了韩王信和冒顿单于秘密通使的情况，于是刘邦抓到了韩王信的小辫子，致书信谴责韩王信："蛮夷们攻马邑，你真的守不住吗？你就是不卖力气罢了！"

这封信把刘邦的心思表露出来了："你小子有二心，别以为我不知道。"

韩王信没办法了，怎么都是死，我来完成臧荼哥哥未完成的事业吧！

刘邦在消灭两个天下第一后，认为自己就是天下第一了，所以他也是带着蔑视心态看待北方匈奴的。他认为韩王信偷奸耍滑，而不认为韩王信搞不定北方的匈奴，他认定这小子准备里通外国。

为啥刘邦会这样想呢？匈奴啥样，他之前没见过。他只知道当年匈奴让秦朝"长城军"打跑了，"长城军"让项羽打趴下了，项羽让我耗死了。

刘邦这样想没错，但他不应该写那封信，这样做只会导致一个后果，把人家逼反。或者说，刘邦根本就不害怕韩王信被逼反，因为很快他就出动了三十万大军，而且还亲征。这哪里是救援来了，分明是踢场子来了。

韩王信，这位臧荼的接班人，开始南下跟刘邦打擂台。

从后面的剧本走向来看，匈奴把本该在前一年就上演的剧本，拿到此时慢慢上演。

五、史上最少人数谋划的篡权演出

公元前200年（十月），刘邦又带领周勃、灌婴等功臣宿将武装"旅游"去了。

刘邦出征再次异常的顺利，先是大破韩王信的部队，杀掉了他的大将王喜，收复太原郡，随后又收复了马邑，并再破韩王信与匈奴的联军。

收复失地后，代表两个文明的强大势力终于碰到了一起，农耕文明与游牧文明之间长达几百年的恩怨情仇，就此正式拉开了帷幕。

刘邦所处的时代，可以说是整个东亚板块文明大一统的时代。不仅文明一统，英雄人物更是辈出。短短几十年间，各种不世出的人物，扎堆地登上了历史的舞台。

刘邦、项羽这边，我们介绍很多了，下面该详细地说一下代表着草原游牧文明的匈奴了。

这时，匈奴出现了一个第一次将北方草原统一的强大霸主，他就是冒顿单于，他有点儿像草原的"秦始皇"。

当年秦始皇统一中国后，因为匈奴逐渐势大，以及"亡秦者胡"的预言，他派大将蒙恬率大军三十万北征。蒙恬打跑匈奴后，秦始皇在今天河套以南地区（今内蒙古自治区鄂尔多斯高原与陕北地区）设置了四十四个县，并移民实边，从内地强征刑徒到"河南地"屯垦。

当时的匈奴首领，叫头曼单于。单于就是匈奴人对于王的叫法，这个头曼单于，就是匈奴王的意思。名字挺响亮，但匈奴在当时还不是一个强大的部落，他们无法抵御强大的秦军，头曼单于只得率众北徙。

后来天下大乱，诸侯并起反秦，被强征戍边的士卒纷纷逃走，原先戍边的秦朝正规军也被调走，在王离的带领下四处平叛去了。头曼单于趁着这个机会，几年后率部南下，重新夺取了黄河九曲、唯富一套的"河南地"。

我们要说的这位冒顿单于是头曼单于的儿子，曾是后者的继承人，不过后来他被亲爹抛弃了。因为头曼单于所钟爱的阏氏（汉代匈奴单于、诸王妻的统称）生了少子，于是头曼打算废掉冒顿，改立少子。不过，头曼单于并没有那么直接，他的做法很艺术。

当时匈奴并没有统一整个草原，东邻是东胡，西邻是月氏，都十分强大。头曼单于与月氏结盟，把冒顿作为质子送到月氏。由此可以看到，当时并不仅仅是中原的诸侯们将公子互相为质，押儿子这件事属于那时通用的外交招数。甭管在哪个时代，押儿子都是坦诚相见的重要方式。

头曼单于把冒顿送到月氏为质后不久，就发兵攻打月氏。这真是一举两得，趁你不备，占你便宜，你肯定猜不到我连儿子都不在乎，顺便你再帮我干掉我儿子。草原上的头曼单于可谓心狠手辣。

不过，后来的事可以证明，头曼单于的儿子不仅继承了这份心狠手辣，还青出于蓝而胜于蓝。

身在月氏的冒顿在知道亲爹偷袭月氏后，知道等待自己的将会是什么结果，于是他选择先下手为强，偷了一匹月氏宝马逃回了匈奴。

冒顿逃归后，头曼单于觉得他这个儿子有两把刷子，爱才之心大起，拨给了他一万骑兵统领，希望再观察一段时间。估计是准备再让儿子以一万人去打十万人。

对于父亲不喜欢自己，甚至花这么大心思想搞死自己，现在又拿自己做实验这件事，冒顿觉得自己不能再这么被牵着鼻子走了。

在中原正统中，父让子死，子不得不死。父亲对于儿子来说，就是天。在权力的中心地带，儿子不招老爹待见，只有玩命表现和干掉自己兄弟两条路可以走。但到了匈奴，还有第三条路。冒顿决定，干掉自己的亲爹。我不能指望你的心情决定我的命运！我要将命运掌握在自己手里！

先下手为强的"黑暗森林法则"再度起作用，冒顿开始了自己的计划。

史上，最少人数参与谋划的篡位大戏，就此上演。

冒顿的弑父篡位，确实是有史以来的孤例。因为从设计思路，到陆续实施，再到最终的一锤定音，只有他一个人知道。

冒顿打算弑父后，制作了一种叫鸣镝的箭，这种箭射出去之后会发出声响，起到声音上的信号弹作用。他命令自己的部队在练习骑射时，均以他的鸣镝为号，鸣镝所射的目标就是诸军射杀的目标，有不从者立斩。

在照着鸣镝的规则操练了一段时间后，冒顿玩了一把邪的。在一次训练时，他突然以鸣镝射向自己的宝马。草原上的人，爱马如命，尤其是宝马。因此有很多犹豫的士兵，结果全都被杀了。

在射马后，过了一段时间，冒顿再出神招数，他把鸣镝射向自己的爱妻，又淘汰了一帮临阵爱思考的人。

在两轮淘汰之后，瞎琢磨的人都被杀了，剩下的这帮都是不爱琢磨的人，他们能够达到冒顿的要求。

冒顿在不断练兵时，将这颗篡位的心按捺得很深，深到自己的亲爹从未有所怀疑。直到有一天，头曼单于召冒顿随同他一起出猎时，冒顿的机会终于来了。冒顿在狩猎途中突然把鸣镝射向自己的父亲，一直紧盯冒顿鸣镝的部下们也毫不考虑地将箭统统地射向了那个方向。匈奴的最高统治者、冒顿的父亲，一瞬间被这支鸣镝武装射成了刺猬。

杀死头曼单于之后，冒顿靠着鸣镝武装立即夺取了匈奴的统治权，并根除后患，除去了那位头曼单于所心爱的阏氏及其所生的少子。夺权现场，凡不听命者，尽数杀之。

这一年，是公元前209年。

冒顿、项羽、刘邦，三个左右东亚格局的男人，全部都在这一年登上历史舞台。

历史真的很有趣。一场血腥的政变，在冒顿一人的谋划下，成功实施。心狠手辣是整个政变中，冒顿让我们看到的过人之处。

冒顿单于登位后，正是东胡强盛时期，东胡听说冒顿杀父登位，便打算试探一下这位新单于的脾气，于是派使者对冒顿说："头曼单于死了，听说他那匹马是千里马，给我们吧。"

冒顿单于装模作样地征求大臣们的意见，大臣们表示："咱们是草原上的民族，哪有把宝马送给别人的？"

冒顿单于说："奈何与人邻国而爱一马乎？"

于是，他把头曼单于的千里马送给了东胡。

东胡一看这小子是个窝囊废，要马就给，决定再狠点儿，不久又提出了新要求，想得到冒顿的一个阏氏。

冒顿单于又装模作样地问群臣，左右大臣都愤怒地说："东胡无理！竟然索要阏氏，请您派兵攻打他们！"

冒顿单于说："奈何与人邻国而爱一女子乎？"

于是，他又把一位自己宠爱的阏氏送给了东胡。

无论在哪个时代，美女和千里马（超跑）都是男人的心头肉，但冒顿用实际行动告诉东胡："我厌了。"

在摸到匈奴的底后，东胡越来越瞧不起冒顿单于，愈发骄横起来，马和女人不过瘾，我得找你要地。东胡和匈奴之间有一千多里的荒芜地区，无人居住，双方各自在自己的边界处建立了哨卡。

东胡派使者对冒顿单于说："两国之间的缓冲地带，也没什么用，我们想占有它，你说呢？"

冒顿单于再次询问群臣的意见，大臣们认为这只是一块荒弃之地，给或不给都可以。

其实，经过之前两次事情后，所有人都已经无所谓了，你爱咋地咋地，媳妇都能送，你什么事干不出来？跟我们又没关系！

但这次，冒顿单于突然大怒，说："地者，国之本也，奈何予之！"之后便把主张给东胡土地的大臣都杀了。

人间处处有冤骨啊！摊上这样一位主子，你的命完全就是随机的。谁知道他是怎么打算的，这位爷又特别爱下大盘棋，最后出杀招之前，你根本不知道那步棋是什么意思，你跟着一步走错了，脑袋就没了。

冒顿单于发兵袭击东胡，下令全国士兵，后退者皆斩！

东胡认为匈奴软弱可欺，渐渐放松了警惕，但这正是前面两次冒顿单于的退让所起到的效果。等到冒顿单于引兵来犯，整个东胡惊慌失措。

匈奴大败东胡，斩杀东胡王，掳掠了他的百姓和牲畜，吞并了整个东胡部落。

灭东胡后，匈奴又向西打败了月氏；向北征服了浑庾、屈射、丁零、鬲昆、薪犁等部落，尽使北方各族服从冒顿单于的统治；向南吞并了楼烦部落，还收回了当年蒙恬所夺取的所有匈奴土地。

横扫整个蒙古草原后，匈奴开始侵入燕、代两地。

短短不过八九年的时间，冒顿单于成为草原第一大势力，完成了整个草原前所未有的大统一功业，手下能弯弓射箭的骑兵多达三十余万，设左右贤王、二十四长，称雄于大漠南北。

恰巧在这个时候，刘邦也完成了中原的角逐，成为整个华夏民族角逐的最终胜出者。

历史神奇地在同一时间，将中原与草原两大势力、农耕与游牧两大文明全部攒成了一个整体，摆在了擂台上。在这个时刻，两个文明、两个民族之间的斗争，正式成为后面上百年的主旋律。

刘邦北伐，第一次汉匈大战，正式拉开了序幕。

汉军对于韩王信和匈奴联军的节节胜利，印证了刘邦先前的假设，如今我是天下第一，于是更加轻敌。

到达晋阳后，刘邦听说匈奴驻兵于代谷（今山西省繁峙县一带），于是派出探马侦察冒顿单于的虚实。

冒顿单于的用兵思路和"兵仙"韩信其实很像，大体上都是先骄兵示弱，再出其不意，不过韩信的套路更加复杂精细。这两个人，都是《教父》中所说的"让敌人高估自己"的典型代表。

冒顿单于将其精锐士兵、肥壮牛马等隐藏起来，只显露出了年老弱小的士兵和瘦弱的牲畜。

刘邦也是"老司机"，他怕匈奴不按套路出牌，连间谍带使臣派出了十多批，回来后得出的结论都是：这帮匈奴很弱小，可以一举歼灭。只有一个人例外，这个人就是先前建议迁都关中的娄敬，现在赐"国姓"后叫刘敬了。

刘敬的观点很不一般："两国交兵，这时该炫耀显示自己的长处才是。现在我去匈奴，只看到瘦弱的牲畜和老弱的士兵，这一定是敌人故意显露自己的短处，他们准备埋伏奇兵来争取胜利。我认为匈奴是不能攻打的。"

这时，汉朝军队已经越过了勾注山，三十万大军已经出征。刘邦听了刘敬的话非常恼怒，骂道："齐国孬种！凭着两片嘴捞得官做，现在竟敢胡言乱语阻碍我的大军！"

大骂之后，刘邦还将刘敬拘禁起来，押在广武县，准备凯旋后再进一步给予处罚。

此时已经深冬，在茫茫的北方边境，北风那个吹啊！史书记载，汉军当时被冻掉手指的人数已经达到了十之二三。

实际上，此时刘邦的用兵条件已经很不利了。他就像后来穿着夏装进攻苏联的德国人一样，只不过区别在于，对面的匈奴人准备更加充分。

意得志满，一心歼灭匈奴主力的刘邦率精锐部队先到达了平城，此时汉军步兵主力还未赶到。

刘邦已经很轻敌冒进了，他没有进入平城等待大军齐聚，而是来到了平城东北三十公里处的白登山，准备登高望远，观察匈奴的动态。

不远处，一道睛光寒意袭来。

终于把你等来了！

六、刘邦到底是怎么下山的

刘邦豪迈地登高欣赏北国风光，正欲与天公试比高呢，山下面来人了。

冒顿单于看到刘邦掉进了包围圈，你别登高看了，直接杀过来让你面对面地好好看看。冒顿单于这次是倾国而来，四十万大军包围了白登山。此时的刘邦，手中仅仅几万人。

围定后，冒顿单于下令四面齐攻。

刘邦在白登山上肠子都快悔青了，他这辈子就从没见过这么多马。马的种类那叫繁多，匈奴骑兵西面的是清一色白马，东面是清一色青马，北面是清一色黑马，南面是清一色红马，四色马队齐发，企图将汉军冲散，形势很危急。

接下来，在传统观念中，刘邦算是碰见"草原项羽"了，他将再次变成"丑角"了。

实际上，根本不是那么回事。

冒顿单于打算将刘邦的军队在白登山包饺子。

这时候，在尸山血海中拼杀了几百年的中原民族，让匈奴人见识了啥是大汉民族的血性，并顺便让冒顿单于知道了啥叫先进生产力。

事实上，汉朝正规军对匈奴士兵的战损比例，是优于对方的，甚至碰上汉军精锐时，匈奴士兵往往会被大汉的士兵追得满处跑。

虽然匈奴人是天生的战士，但实际情况却是汉族小伙子扔下锄头拿上武器,也并不尽。除了当时的民族血性尚武之外,更重要的原因在于,汉军的军用装备在当时已经是非常先进的了。

由于生产力不发达,匈奴在这上面吃了大亏,他们的很多箭镞原材料还是兽骨呢!防护上基本只能靠兽皮,最多再配个简易盾牌,还不方便射箭。

来看一下汉军的装备。

步兵的长戟和弩的穿透杀伤力极强,而且汉军的护甲和盾牌制作也已经很精良了。此战并没有涉及骑兵对打,相关的汉军骑兵介绍等到汉武帝时代再细做讲解。所以,在战场上经常会出现,匈奴士兵射出的箭穿不透汉军的铠甲,而汉军的兵器可以轻松砍断匈奴马刀的情况。

匈奴的打法基本上就是远射,所谓"利则进,不利则退,不羞遁走"。但是,在攻坚战中,尤其在汉军占据制高点,利用盾牌和护甲进行防护时,匈奴那些质量不达标的箭根本占不到便宜。要是肉搏,匈奴又不敢。

毫不夸张地说,近距离攻山的话,匈奴士兵基本上就是个死。

后来在汉武帝时代,肉搏的冲击战术成型后,卫青和霍去病的汉军精锐进了大漠,跟大屠杀没啥区别。

匈奴士兵的防护和兵器差得太远了。

而且,刘邦带出来的是帝国精锐部队,整个汉军当时的兵尖子都在这里了,所以冒顿单于虽然占了先手,但刘邦依托白登山布置的防御阻击,使得匈奴根本没占到什么便宜。

所以,这次战役并不像后世一般认为的那样,匈奴多么牛,汉军多么尽,刘邦都吓死了,还是靠吹枕边风,才活着出来的。事实并非如此。

真实的情况是,汉军和匈奴在白登山一照面,真刀真枪地大战了几天后,双方的心都虚了。

刘邦这边没有想到,匈奴实力是如此强大,居然有如此庞大规模的骑兵部队。好家伙,好几十万的兵力,这个势力不能惹!

冒顿单于那边也心虚了:我倾国之力,打不下来汉军的这几万人,而且别看人家人少,打我们好像还挺轻松。据说后面还有好几十万人没到呢!这个国家不同于之前的那些，不可小瞧啊！

双方都对对方产生了尊重与忌惮，这是当时两个势力最高层统治者的一致看法。

汉军组织了几次突围，没有成功。匈奴同样进行了多次攻山，也没有什么成果。七天七夜，双方都没有任何实质性的进展。

刘邦最大的危机并非军事上的，而是粮草上的，时间越久，断粮的风险就越大。此时此刻，大汉帝国"情报局"的陈平又站出来了，对刘邦说："陛下，把所有钱都拿出来吧，还是我去花钱买平安吧。"

刘邦觉得陈平简直太好了，每次只要给钱，就从不让人失望。刘邦打心底里觉得还是这个套路好，成功率高，战果丰富，于是将此时所有的钱都给了陈平。

而后面史书中的记载很有意思。关于这场战役的结局，《史记》中在汉高祖和陈平这两个最关键当事人的纪传中全没写，反而在韩王信那里记载了一段。

《高祖本纪》中是这么写的："会天寒，士卒堕指者什二三，遂至平城。匈奴围我平城，七日而后罢去。令樊哙止定代地。立兄刘仲为代王。"

《陈丞相世家》中是这么写的："高帝用陈平奇计，使单于阏氏，围以得开。高帝既出，其计秘，世莫得闻。"

《韩信卢绾列传》中是这么写的："上出白登，匈奴骑围上，上乃使人厚遗阏氏。阏氏乃说冒顿曰：'今得汉地，犹不能居；且两主不相厄。'居七日，胡骑稍引去。时天大雾，汉使人往来，胡不觉。护军中尉陈平言上曰：'胡者全兵，请令强弩傅两矢外乡，徐行出围。'入平城，汉救兵亦到，胡骑遂解去。"

《匈奴列传》中又增加了部分内容："冒顿与韩王信之将王黄、赵利期，而黄、利兵又不来，疑其与汉有谋，亦取阏氏之言，乃解围之一角。"

《资治通鉴》与《汉书》基本上也是参照了《韩信卢绾列传》与《匈奴列传》，在这里就不举例了。

咱们来看一下。

《高祖本纪》中的字面意思是：匈奴围平城，七日而后自己走了。表达的意思是：皇帝也是人，要给他留面子，都别问了。

《陈丞相世家》中的字面意思是：陈平找人办事，找的是冒顿的女人，具体用的是什么计策，全世界都不知道。表达的意思是：这个计策肯定是上不了台面的，实在是没法说。

《韩信卢绾列传》中的字面意思是：人找的是冒顿单于的媳妇，他媳妇说，咱拿了汉地也住不了，两个君主是不能互相围困的。七天后，包围开始有所缓解，又下了"大雾"，汉军派出了小分队来回做试探，匈奴没反应。陈平安排部队拉满弓搭上箭，慢慢地整军逃出包围。回到平城，救兵也到了，匈奴彻底散了。

《匈奴列传》中又增加了冒顿单于怀疑韩王信，所以自动解围一角，放刘邦走人。

后面两文中，介绍得比较详细。

为什么要从韩王信和匈奴的角度去说这件事呢？因为此时韩王信已经背叛大汉了，他是知道这件事的，从背叛者和敌人的角度说这里面的情况，是不用负责任的，大家可以随意解读。但当时最关键的两个当事人不能评说，因为里面有事，还不是小事！

除了这次下"大雾"再次显示出了刘邦的"龙背景"之外，史书中透露出来三个非常重要的信息。

第一个是对于陈平的那段描写，"其计秘，世莫得闻"。史书中很少有这样描写的，史官不知道的事情往往也不会提。太史公此地无银三百两地加了这么一句，基本透出了一个重要信息：就是这件事是没法说的。

第二个是对于韩王信的那段描写，"阏氏劝"通篇全是站在汉朝的角度说话。像什么"两主不相厄"的说辞，基本就是个幌子，听听就好。尤其以冒顿单于的性格和作风，他不会听从任何人的建议，尤其是女人的。所有人都是棋子！他只相信自己的判断。

所谓的"汉地不能居"就更可笑了。古往今来，游牧民族可没少居"汉地"。而且，更重要的是，游牧民族对"汉地"的喜爱往往要远超对自己草原老家的喜爱。再加上冒顿单于此次绝对是为了弄死刘邦来的。

再结合之前"无厘头"的臧荼，以及韩王信叛变后迅速就南下去打太原了，冒顿单于大概率是对入主中原有想法。

这段"阏氏劝"基本上就是一个托词，陈平立功的关键谈判另有内幕。

第三个是"入平城，汉救兵亦到，胡骑遂解去"。这点非常重要。这里透出了一个关键，汉朝的援兵到了，就在刘邦撤回去时前后脚赶到的。

结合前面七天的战斗，综合上面说的，我们可以推断出下面的场景：双方开打后，互相见识到对方的厉害，匈奴拿不下，刘邦走不了；时间拖得越久，粮草就越成问题，陈平开始活动，许下了根本没法往外说的条件；冒顿单于在权衡，仍然不打算放刘邦走，毕竟杀了刘邦，中原大乱对他的好处更多，还是围山饿死刘邦吧。七天了，下"大雾"了，情报人员说汉朝的援军到了，冒顿单于决定见好就收，答应前面的条件放刘邦走。

说到底，此次"白登之围"刘邦能顺利下山，有三个关键。

第一个关键，也是最重要的。

汉军的强大武力，才是有资格谈判的关键。"弱国无外交"是句真理。任何时候，城下之盟都是没得谈的，这七天七夜的浴血拼杀，对于刘邦能够最终走下白登山至关重要。阏氏所说的那些，即便再有说服力，那也都是利弊。冒顿单于亲眼所见的汉军精锐，则是他内心深处权衡的最主要原因。

第二个关键，汉军主力抵达。

因为汉军主力如果不到，匈奴大可以接着围刘邦，如果陈平那么厉害谈拢了的话，当时就该放人啊，还抻着干什么呢？

这里面有两个原因：别看陈平都"其计秘，世莫得闻"了，但冒顿单于觉得陈平的出价还是低，满足不了自己的胃口；嘴里答应的不靠谱，亲手拿到的才实在，冒顿单于的整个人生就是在笃定践行这句话。

第三个关键，陈平的谈判。

陈平的谈判算是间接拿刘邦的财宝,给冒顿单于报销了此次的出兵军费,并许下了巨大的利益承诺,起到了软化冒顿单于"围死刘邦"想法的作用。但是,陈平是怎么谈的,咱就不知道了。

从后面事情的发展来看,我们大概可以猜到他开的是什么条件。我们暂且不表。

刘邦逃回平城,冒顿单于兵威解除,撤回草原,汉军班师,只留下樊哙平定代地民变。

刘邦行至广武,赦免刘敬,并道歉认错,封刘敬两千户,号"建信侯"。其余那十多个说可战的人被全部处斩。

刘邦将代地封给了自己的哥哥。两个月后,匈奴再次来犯代地,代王直接跑路,让匈奴大抢大杀了一通。刘邦大怒,将自己这个不争气的哥哥贬为侯,封自己的幼子刘如意当代王。

经过白登一役,匈奴的兵强马壮给刘邦留下了深刻的印象,频繁的边患也让刘邦陷入了沉思,怎样处理匈奴问题,成为新生的汉帝国迫在眉睫的大事。

经过深入了解后,刘邦发现,对游牧民族要尽量避免开战。因为人家天生占据成本上的巨大优势。

以匈奴为例,这个时候可以算是匈奴的极盛时期,总人口数百万。听起来不算多,还没有汉朝一个大郡的人口多。但你要是听到他们能动员的兵员人数,会惊掉下巴。冒顿单于此时可以征调的大军达到了惊人的四十万,而且全是骑兵。

这是什么原因呢?这就得从草原的生活方式说起了。

七、游牧与农耕的战争成本

草原上的民族,打起仗来是不需要国家专门征兵、练兵的。人家天生全民皆兵。他们不从事农业耕作,不进行工业生产,他们的生计来源于放牧和打猎。这两项吃饭的营生都锻炼了一种能力:战斗捕杀能力。

你可能会问,打猎确实需要好箭术,放牧怎么还能锻炼战斗力呢?《史记·匈奴列传》中是这么描写匈奴人的生活的:"儿能骑羊,引弓射鸟鼠;少长则射狐兔,用为食。士力能毌弓,尽为甲骑。"人家的生活就是战斗。

在这里为大家推荐一本书,它已经再版了多次,这本书叫《狼图腾》。如果我们看过这本书的话,就会对草原上的生活状况有比较系统的了解。

这本书为我们展示了极其壮丽的草原生活,比如你在草原上放羊,就要提防狼抓走你的羊。狼为了吃你的羊,会动用各种心机,耍各种手段,加注百般耐心。你为了驱赶越来越精的狼,就要时刻保持高度警惕,日夜练好弓箭,选拔最快的战马。

狼与人,在草原上打了上千年,彼此都在不断地进化。所以,只要是在大草原上长大的孩子,经过十几年的训练熏陶,长大后都是合格的战士。这就解决了匈奴的兵源问题。

更厉害的是,中原政权面临的粮草问题,游牧民族天生就能自动屏蔽。农耕民族种植粮食,游牧民族放牧牛羊。中原的农作物变成能吃的饭会很复杂,这也就导致了中原政权的军粮制作工序较多,还不省心。人家游牧民族就轻松多了，将大牲畜杀死后，利用风干技术，制成肉干，将牛奶做成奶酪，骑在马上就能吃，既方便，又耐储存。

除此之外，匈奴的军粮还有另一个巨大优势：高蛋白质和高热量。

对比一下，想想我们现在一天吃的饭菜，你可能会说："我吃得不多啊！"没错，但我们吃得够杂。我们要吃米、面、肉、蛋、奶等。所以，看上去我们吃得并不多，但总体需求达到了。

我们也可以做这样一个实验，一天到晚别的都不吃，就光吃大米饭就咸菜。半个月后，你会惊人地发现，自己的饭量莫名其妙地变大了，但天天仍觉得饿。这就像老话说的，"肚子里没油水了"。

因为粮食的热量低，蛋白质含量低，所以需要多吃，才能满足身体消耗的需求。同样是体力消耗大的士兵，一个匈奴士兵，一天一斤肉干就保质保量了；而一个汉族士兵，可能四五斤的粮食都吃不饱。

匈奴士兵的肉干可以随身携带，牛羊满地跑，后勤问题就解决了。但汉军士兵的粮食没法随身带，带了也带不多，需要调动大量的后勤资源进行供应。供应的还都是死沉死沉的粮食，而粮食根本不禁吃，需要源源不断地运输。

草原与中原之间，存在着巨大的战争成本差距，其实说到底，就是后勤问题。

不仅如此，除了兵源与后勤优势外，游牧民族还具有一个极大的装备优势，就是马。马在当时不仅有天然的战力优势，还有更重要的一点，马增加了部队的战略投放能力。

一个人两条腿，按正常来说，一天也就走五十公里路。国都在长安，有人在即墨造反，那么造反的人最起码有三个月的时间无忧无虑，敢打敢杀。为什么呢？

消息传回去，再开始军事动员，理顺粮草供应问题，再杀过来，这上千里的路就走去吧！

所以，造反的人就放纵吧，反正有大把时光。

但如果有了马，你的战略投放能力就能提升五至十倍。朝发夕至，千里之行将不再遥远。而且，骑兵更厉害的地方在于，当你调大军来打我时，我根本不担心，我可以跑，你又追不上；我还可以跑到你防守薄弱的地方搞破坏，让你疲于奔命。面对上千公里的边防线，你能面面俱到吗？

不可能。

所以，兵源、后勤、战略投放能力，这三大劣势使得中原政权在面对北方的草原政权时，天生就有巨大的不足。

话虽如此，但草原民族不见得真能靠着这几十万骑兵征服中原。草原民族的维度升级实际要靠中原和西域的反哺，再过几十年，他们才会具备少量能和中原文明正面对打的军事装备。

但是，很遗憾，那个时候他们又碰上了自己民族的梦魇。

此时，他们碰上攻坚战是没戏的，再亮的马刀也砍不了城墙，再快的骏马也爬不了城墙。我们之前说过，在两晋之前，真正硬碰硬地打仗，草原民族的那些优势是不灵的！但草原民族的百姓打中原汉族的百姓却是很灵的。草原民族的百姓就是军队，而中原汉族的百姓却并不具备军人的属性。

草原民族南下的成本极小，随便抢抢就回本了，但是中原民族防被抢的成本却太高了。所以说，刘邦现在面临的最大问题是自家的日子得过，但总有流氓骚扰。你要是光防着流氓，日子就别过了。你要是想出门打流氓，流氓骑着马就跑了，没几天，又在你家门口吹口哨了。

刘邦回来后，匈奴就没完没了地在边境上骚扰。这让刘邦焦头烂额。

这时候，刘敬又送上了迁都、慎战后的第三个建议——和亲。再次扔出了锦囊妙计的刘敬说："汉朝天下刚刚安稳，士兵们被搞得疲惫不堪，对匈奴是不能用武力制服的。冒顿单于杀父后收编他爹的后宫，凭武力树威势，这种人是不能跟他讲仁义道德的。"

刘邦问："那该讲什么呢？"

刘敬回答说："陛下如果能把皇后生的大公主嫁给冒顿单于做妻子，给他送上丰厚的礼物，他知道这是汉帝和皇后的亲生女儿，我们还给公主陪送丰厚的嫁妆，再粗野的外族人也一定会把大公主作为正妻，生下的儿子将来必定是要接替单于位的。

"陛下拿一年四季汉朝多余而匈奴少有的东西，多次抚问赠送，顺便派能言善辩的人用礼节来开导启发他。只要冒顿单于在位，他就是汉朝的女婿，他死了，您的外孙就是单于。哪里听说过外孙敢同姥爷分庭抗礼的呢？咱们的大军不出战，便可以让匈奴臣服。如果陛下不派大公主去，而让皇族女子或是嫔妃假冒公主，他也会知道，肯定不会尊敬亲近她，那样对我们就没什么好处了。"

刘敬的这个外交策略点中了草原与中原之间的最大利益纠纷点——汉民族的产品。不是说和亲真的能够让两家罢兵，像外孙子不敢打姥爷这种话绝对是瞎扯。秦、楚通婚十几代，照样误不了秦国不断地欺负楚国。

史书中是这样记载的："高帝乃使刘敬奉宗室女公主为单于阏氏，岁奉匈奴絮缯酒米食物各有数，约为昆弟以和亲，冒顿乃少止。"

真正起作用的是，亲戚不重要，利益很重要。

中原王朝必须"天无二日，国无二主"的原因在于，中原各势力的利益关注点都是土地。

我打你，是为了你的那块地，你的那块地到我手里就能变成财富，我想当大地主，就容不下你这个小地主。

但草原与中原这两股文明对峙时，利益关注点就变了，地已经不是最主要的了。对中原人来说，你的地不能耕种，一开垦就沙漠化，我们中原人不稀罕。对草原人来说，你的地我们倒是挺喜欢，你们那里暖和，钱还多，但我们不会种庄稼，你们人又那么多，所以进入中原，我们也玩不转。但是，你的锅碗瓢盆，这堆东西我们很需要。你们有的东西，我们自己没本事做，但我们有的东西，你们全能做，所以我们只能抢你的。更开心的是，我抢了你，你还逮不着我。这就是草原民族的朴素想法。

货物，生活的必需品，才是两个民族之间最大的利益点。通过和亲，让两家的血脉不断地融合；通过赐给你生活必需品，缓和矛盾。这两味药，尤其后一味，算是直达病灶。

但是，刘敬出的这个主意，真正有价值的在哪里呢？

在"和亲"的这个借口上。没有这个借口，根本没办法花钱买安稳！

古往今来，几乎所有单方面的利益输送，基本全是在军事战争后达成的。一个国家输了、服了，立城下之盟时，才会宣布每年给胜利的一方进贡。这是国耻。

大家千万不要以为"白登之围"中刘邦败了，其实并没有，而是冒顿单于没打下来，是刘邦扛得住，后面他的大军来了，冒顿单于拿不准了，才放他出来的。没有输赢一说。明面上，谁也没服谁。

但是，陈平那次秘密谈判谈了什么，通过刘敬的这次"和亲"，我们大概可以猜测出来，应该是类似于定期给你们送钱送东西，咱当哥们儿，你放我们一马。但这些是没法往外说的。

最终，在《史记·匈奴列传》中记载了一句非常有意义的话："冒顿遂引兵而去，汉亦引兵而罢，使刘敬结和亲之约。"

这个"约"是哪来的呢？应该是当初陈平约的呗，肯定是答应每年给人家上供了。结果，刘邦自走了之后就没再提这茬儿了，匈奴就开始没完没了地骚扰，你怎么说话不算话呢？

越是巨著，就越得抠细节，也才越能体会出作者的伟大。太史公的记载并没丢大汉的面子，但是所有的事情还是都给后人交代清楚了。刘敬提议的"和亲"，给了大汉一个非常体面的台阶下：让匈奴当姑爷。你这个汉朝老丈人给点儿陪嫁，哄他不哭。通过和亲，两个民族缔造为盟友关系。

台阶一给出来，刘邦马上就从善如流了。

当然，刘邦并没有真的送上亲女儿，而是找了个宫女当作大公主，送给了冒顿单于，同时两国订立了议和联姻盟约。

冒顿单于真的不知道这个"公主"是个冒牌货吗？他肯定知道。但他在乎吗？不在乎，因为每年有各种东西源源不断地送过来。在白登山下的这七天，他也看出来了，入主中原是彻底没戏了，还是拿钱过日子吧。

"白登之围"前后这一年多的时间里,在种种机缘巧合下,算是为后面两千多年来中原政权与草原政权的共处开了个好头。

刘邦的轻敌其实产生了意想不到的巨大反差效果。两个民族因此面对面地展示出了自己的实力。在那七天中,双方都产生了尊重与忌惮。

刘邦如果自身不硬,让冒顿单于直接灭了,中原很有可能会再次陷入混乱之中。此时是匈奴的极盛时代,"五胡乱华"也许会提前五百年上演。

冒顿单于如果不一次性地把四十万扯地连天的阵势给刘邦拉出来,刘邦是不会踏踏实实、规规矩矩、没有怨言地定期交好处费的。

最后,刘敬提出"和亲",为两个文明的和谐共处指出了一个很有建设性的共同发展的方向——花钱买太平。

看上去没面子,糟蹋钱,实际上成本极低,收效极大。后面的一些朝代在这方面做得非常好。尤其是两宋,直接给"岁币",结果发展成了当时世界经济的巨头。

两千年来,草原政权的威胁一直都在,但在很多朝代却并没有成为时代的主旋律,就是因为政策对路。"和亲、岁币、互市"等一系列围绕着"要买卖不要杀害"而展开的外交政策,催生了许多没有喊打喊杀的太平盛世。

面子不重要,日子很重要;发火不重要,发展才重要。

我的日子越过越好,你也别眼红,想要什么,咱做买卖;你要是不想掏钱也没关系,我每年送你点儿,咱都好好过日子。这是种极高的政治智慧。

但看不懂这种智慧,或成心搞对立的政权也不是没有。最终扬眉吐气的,比如后面即将出场的汉武帝,只是属于杀敌一千自损一万的惨胜。最终国破家亡的也有,明朝最硬最爷们儿,自始至终不承认蒙古跟女真,在北疆没完没了地打,最终碰见了概率极小但终究会出现的灭亡结局。

"白登之围"是个需要我们记住的历史战役。它在某种意义上,为汉初的"黄老之治"奠定了基础。

刘敬从匈奴回来后,还建议刘邦:"匈奴在河南地的白羊、楼烦两个部落,离长安最近的只有七百里路,轻装骑兵一天一夜就可到达关中地区。此时关中战后凋敝，人丁稀少，而土地肥沃，可以加以充实。

"当初各地诸侯起兵发难时，若不是有齐国的田氏各族，以及楚国的昭、屈、景三大宗族参加，联军是不能兴盛的。

"如今虽然陛下把都城建在关中，但实际缺少人口。北边靠近匈奴敌寇，东边有六国的旧贵族，宗族势力很强，一旦有什么变故，陛下是不能高枕无忧的。我建议把齐国的田氏各族，楚国的昭、屈、景三大宗族，燕、赵、韩、魏等国的后裔以及豪门名家都迁移到关中居住。咱们还是把这帮人搁在眼皮底下看着吧。既心里踏实，又充实人力。"

刘邦又按照刘敬提出的意见，把十万多的人口迁到了关中。

刘敬的一系列谏言，展现出了一个大政治家、战略家的良好素养。"和亲"与"移民"的政策，也将目前最大的匈奴忧患和过去的贵族威胁暂时都稳定了下来。

"攘外必先安内"这句话早在两千多年前，就非常有市场了。刘邦本人就是先驱倡导者。

臧荼和两个韩信，已经都被刘邦打倒在地了。剩下的几个，留给他们的时间也不多了。历史的车轮滚到这里，注定一地鸡毛。

第二战

灭诸王：
既然离别难免，今生何必相会

一、神秘大咖陈豨登场

这一战,注定凄凉伤悲。

没办法,历史的车轮碾压到了这里,异姓诸侯注定要成为被历史淘汰的"史前动物"了。他们什么也没做错,只是历史的车轮无情地启动了。

这一群当初扛起反秦大旗的难兄难弟,这一群和前天下第一的男人鏖战九州的战友,最终,除了极个别的,都没有当初那个"世界最强反派"的下场好。项羽这个"公敌",虽然脑袋悬赏万户,但死后排场宏大,一生之敌亲自主持丧事,项氏多人封侯,那是真叫"死亦为鬼雄"!如果他知道,后面这几位当初没有站在他这一边的人的下场,他应该会含笑九泉的。

在上一战中,臧荼被杀,两个韩信一个逃往敌国,一个被软禁在长安。剩下几个异姓王,我们来一个个看一下他们的最终结局吧。

第一个,是赵国的老张家。

公元前200年,也就是"白登之围"后,刘邦回国时,从平城走赵国一线视察,女婿张敖自然要好好表现一番,从早到晚亲自侍奉刘邦的饮食起居,态度很谦卑。

不过,刘邦这个老丈人却席地而坐,两条腿支开,像个大簸箕一样,这在当时是很失礼的动作。不仅如此,在白登受了一肚子气的刘邦还将情绪都撒在了姑爷身上。他的态度傲慢,横挑鼻子竖挑眼,但人家张敖从小受过良好的教育,涵养很高,就一直听着。

姑爷涵养高，不等于姑爷的手下涵养高。赵国的国相贯高、赵午等人都已六十多岁了，原来是张耳的宾客，这帮人性格豪爽、易冲动，看到刘邦这副德行马上就怒了："咱们赵王太懦弱了！"

这帮老前辈们一起对张敖说："您侍奉陛下那么恭敬，而陛下对您却粗暴无礼，请让我们替您杀掉他！"

张敖高低是个明白人，知道这帮老家伙可能会误国，先是把手指咬出血来表姿态，然后怒道："你们怎么能说出这样的话？当年先父亡了国，是依赖陛下才能够复国，恩德泽及子孙，没有我老丈人，哪有我们的今天？这种话今后别再说了！"

绝大多数时候，最可恨的是这帮打着"对你好"旗号，却使劲坑你的人！张敖他爹养的这帮门客，就是这路货色，一把胡子了，还很傻很天真。

贯高、赵午等十多人开始进行讨论："我们的大王有仁厚长者的风范，不肯背负恩德，这是他的原则。但我们也有我们的原则，咱们绝不能受侮辱！如今汉帝侮辱我王，他活不了了！谁说这事一定要玷污我们大王的手呢？咱们自己也可以谋划啊！事情成功了，功劳归大王所有；失败了，咱们自己承担罪责！"

这话说得挺漂亮，但实际上产生的后果却是，如果成功了，你们大王必死；如果失败了，你们根本担不起这个责任。

就这样，这帮人"过家家"般地开始筹划天底下最危险的活动。

当年张耳作为一国之主，被陈馀用三县之兵就打跑了的原因终于在十多年后浮现了：他的手下是一群"神经病"，打得过陈馀才怪。

公元前199年，刘邦率大军扫清韩王信在北方的余孽，途经赵国。日头西落，刘邦准备留宿，问手下此处何地。

左右回答："柏人。"

刘邦皱眉道："柏人和迫人发音相似，不吉利，换个地方。"

刘邦神奇地躲过了一次暗杀，因为此时赵国的国相贯高，在柏人的驿馆中埋伏了杀手。

这一次应该不是刘邦的运气好，而是张敖的运气好。因为古往今来基本上没有听说过皇帝被刺客刺杀了的。皇帝的安保力量是个杀手就能搞定的吗？要是这么容易，楚汉双方打成那样，项羽和刘邦怎么没派刺客互相杀来杀去的呢？

刘邦的一转念，留下了他女婿的一条命，因为这帮人的小把戏露馅后，张敖作为东道主肯定百口莫辩，必死无疑了。

再转过年来，阴谋败露了，贯高的仇人告发了他的阴谋。刘邦大怒，下令将以张敖为首的赵国君臣一网打尽。

比较搞笑的是，在被逮捕后，这十多个人都争相要自杀。大家都是明白人，知道后面等待他们的酷刑，会让他们后悔出生过，还不如赶紧来个痛快的。这就是他们当初说要承担罪责的方式。在这个时候，唯一还没死的贯高怒骂道："谁让你们自杀了！如今这事，大王没有参与，却受到了牵连，你们都死了，谁替大王辩白？"

这伙人被押送到了长安，贯高表现出了讲义气的一面，出庭受审后，他们自始至终反复表态：只有他们这些人参与了，赵王确实不知。

但现实却是，无论赵王知不知，刘邦都希望把他牵连进去。

在这种司法授意下，贯高被严刑鞭打了几千下，用烧红的铁条刺遍全身，身上没有一处好地方。但即便这样，他也始终没有屈打成招。

在这个过程中，吕后也好几次替女婿说情："张敖这孩子一直敦厚，再说自家的女婿，怎么会做出这种事？"

但刘邦却表现出了政治家的一面，怒道："若是让张敖当了皇帝，难道他还会在乎你的女儿吗？"

吕后估计浑身一哆嗦，又回忆起当年在楚营做俘虏，公公被按到菜板子上的场景了。

在不断的大刑伺候下，廷尉始终没有突破，于是把贯高的硬汉状态和供词报告给了刘邦。

刘邦在听说后感叹道："够爷们儿！别再打他了，谁了解他，通过私下交情去套话吧。"

中大夫泄公说:"我和他是同乡,我了解他,我去吧。"

见到泄公后,贯高说:"人都有感情,有谁不爱自己的父亲、妻子呢?如今我的三族都因为这件事已经被杀,难道我会用我亲人的性命去换赵王吗?赵王确实没造反,只有我们这些人参与了啊!"

贯高详细地说出了之所以要谋杀刘邦,是因为刘邦的无礼行为,而张敖根本不知内情。于是泄公进宫,把了解的情况详细地做了报告,刘邦下令赦免了张敖。

死罪可免,活罪难饶,王位是不要再想了。不过,因为娶了鲁元公主的缘故,张敖被封为宣平侯。

赵国被刘邦除掉了。

张敖算是幸运的了,他的深厚修养与德行,护佑他在这场汉初诛杀异姓王的政治风暴中能得到善终。

接下来的故事,愈发悲凉。

又有一个人反了。

我们还是要从"白登之围"后说起,刘邦自平城回归后,封了一个叫陈豨的人做赵国国相,负责督统赵国、代国的边防部队。陈豨的职能类似于帮韩王信填补边防空缺。

当时的赵王是张敖,刘邦封他哥刘喜为代王。张敖那边是一群老家伙,刘邦他哥就是一个高级富农,让一个富农去当国王,就跟开玩笑一样。

刘喜也确实有喜感,刚上任就被吓得逃回来了。

刘邦也知道这俩人靠不住,所以派了陈豨做赵国的国相,督赵、代的边防兵。这个人牵出了汉初一个巨大的历史疑团。

首先他的身世就存疑,陈豨到底是谁?

这个人在整个汉初的历史中,就像秦始皇时代的昌平君一样,很重要,却被掩盖了。而且,非常有意思的是,汉初的"昌平君"比秦始皇时代的可多多了。

又到了破案的环节了。

涉及陈豨时，《史记》中又玩了玄机，说根本就不知道他是什么时候加入刘邦这边的。（陈豨者，宛朐人也，不知始所以得从。）《汉书》中更是简简单单地在卢绾的传记中捎带了几句。

从篇幅上看，陈豨就是个路人甲。但这个人重要到什么程度？韩信、韩王信、彭越、卢绾四个王的被灭，都因他而起！他堪称汉初最大的"爆破手"。

陈豨这个汉初最大的"爆破手"是如何操作的，我们还是一点点地从仅有的史料中抽丝剥茧吧。

《史记》中记载："陈豨者，宛朐人也，不知始所以得从。及高祖七年冬，韩王信反，入匈奴，上至平城还，乃封豨为列侯。以赵相国将监赵、代边兵，边兵皆属焉。"

太史公的开篇压根儿就没提陈豨在整个反秦和楚汉战争中的表现，他就好像武侠小说中的大反派人物一样，前面怎么样不知道，但这哥们儿一出场就很厉害。

"以赵相国将监赵、代边兵，边兵皆属焉。"这句话的分量有多重呢？

举个例子，刘邦把长子刘肥封为齐王时，他知道自己的这个私生子没本事，于是派军功第一的曹参当齐国的国相。

虽说东面的齐地更为重要，在刀刃上用的肯定是最好的钢，但客观来说，赵、代二地是老赵国的底子，并不比齐地差到哪里去，而且还有北方匈奴窥伺。所以，一个能够托付边境军事大权的人，绝不可能是一个无名小辈，绝对是资历老、能力强、得到皇帝信任的人。最起码他的分量不会比曹参轻。

太史公"不知始所以得从"后，在《高祖功臣侯者年表》做了如下注释："以特将将卒五百人，前元年从起宛、朐，至灞上，为侯。"这句话把辈分给公布出来了！陈豨的资历很老，在刘邦刚刚闹起义时，他就入伙了，而且还带来了五百人！当时刘邦在沛县仅仅有三千人！

更重要的是，刘邦在入关后的第一波小范围封侯时就有他。后来在正式的开国分封中，这位陈豨被封为阳夏侯，具体封了多少户，被删除了。不过无所谓，从后面看，我们就能知道，他的来头不小。

陈豨有个偶像，魏国的著名公子信陵君魏无忌。他对这位偶像是真爱，从各方面都在致敬自己的偶像。他的交友范围极广，影响很大，可以说是继承了信陵君的衣钵，成为汉初唯一一个"公子"级别的政府官员。

陈豨休假回乡时，路过赵国，他的随行宾客就坐满一千多辆车，这帮人把邯郸所有的官舍全部住满，排场就大到这个份儿上。

不仅如此，人家还有高人做衬托。天下第一的那位"兵仙"——韩信非常看好他。终于回到"兵仙"这里了。终于轮到他的最后一出戏上演了。

二、韩信的最后谋划真的可笑吗？

陈豨在赴任代地为国守边之前，向韩信辞行。韩信拉着他的手避开左右侍从，在庭院里漫步，仰望苍天叹道："你是可以推心置腹的人吗？我有话要对你说。"

陈豨说："一切听将军吩咐！"

韩信说："先生所管辖的地区，是天下精兵聚集的地方；而先生又是陛下信任、宠幸的臣子。如果有人告发说先生反叛，陛下一定不会相信。再次告发，陛下就怀疑了。三次告发，陛下必然大怒而亲自率兵前来围剿。与其这样，不如我为先生在京城做内应，天下就可以取得了。"

陈豨回答："谨奉教。"

能够得到韩信的青睐，是极罕见的。我们来说一下，韩信在刘邦的政治集团中是什么分量。他被刘邦软禁之后，一直郁郁寡欢，经常称病不上朝，史载"羞与绛、灌等列"。

什么意思呢？

"绛"是周勃，跟韩信没有从属关系，但周勃在最后封赏时得到的，是仅次于曹参的万六百户和张良的万户，得到了八千一百户。萧何被刘邦夸了一通，真论功时分了八千户，后来增封才凑到了万户。"灌"是灌婴，刘邦麾下的骑兵总司令，当年的老下级，跟樊哙、陈平都是五千户级别。

这二位，韩信嫌他们掉价儿。这是韩信的自我定位，也算是侧面给陈豨做了衬托。

一次，韩信闲来无事去樊哙家串门。樊哙行跪拜礼恭迎恭送，并说："大王竟肯光临臣下家门，真是臣下的荣耀。"（言称臣，曰："大王乃肯临臣。"）韩信出门后，自嘲笑道："唉！没想到我这辈子居然混到了与樊哙为伍！"

韩信的自嘲，仅仅说明了他对自己江湖地位的认可，没有什么意义，重要的是樊哙的表现。"跪拜"和"称臣"，这两个词的分量实在是太重了。

樊哙是谁？刘邦的妹夫，汉军第一先锋，战功无数，在鸿门宴上敢怼项羽。而且，更重要的是，这位猛人跟韩信从来不是从属关系，自始至终他都是刘邦的心腹。这样一个皇帝身边的亲信，对韩信是如此的态度，足以说明韩信的威望之高。

这就好比樊哙虽然啥妖怪都打，也只是孙悟空的级别，而刘邦和韩信则是如来佛祖和弥勒佛祖的级别。《西游记》中，弥勒佛祖在收他下界装佛祖的童儿时，对孙悟空说了一句话："悟空，认得我吗？"就这一句话，吓得孙悟空说道："弟子失回避了，万罪！万罪！"一句"认得我吗"，就把一向嘴上没把门的孙悟空吓得连说"万罪，万罪"。

"失回避了"是什么意思呢？是最高级别的恭敬。

看到上司时，不是磕头、鞠躬、作揖就表明尊敬了，最高级别的尊敬是你要先回避，给上司让出地方，上司喊你时，你才能过来。

"万罪"这个词从孙悟空嘴里说出来，不觉得落差极大吗？

弥勒佛祖在收黄眉怪时，跟对孙悟空说的一样，问了一句："认得我吗？"真正的牛人，是从来不说狠话的！吴承恩用了两句普普通通的话，就把弥勒佛祖的崇高地位给凸显出来了。

太史公也一样，他选的"孙悟空"，是威猛的樊哙。樊哙跪拜是"表姿态"，称臣是"万罪万罪"，"大王乃肯临臣"是"失回避"。这就是此时，韩信这只被去了势的老虎的分量。就是这么重！

刘邦和韩信这两位大佬有一次盘道时，坐而论道谁更能打。刘邦问韩信："像我的才能，能统率多少兵马？"

韩信说:"陛下能统率十万。"

刘邦说:"你怎么样?"

韩信回答说:"我是越多越好。"

刘邦笑道:"你越多越好,怎么还被我拿下了?"

韩信说:"陛下不善于统领士卒,而善于统率将领,这就是我被陛下辖制的原因。况且陛下是上天赐予的,不是普通人能做到的。"

这段话是什么分量呢?还是要举个《西游记》中的例子。

《西游记》中的最难关卡在狮驼岭,要抓最牛妖怪大鹏鸟时,如来佛祖出动了如下阵容:"三个精即驾云来赶。行者将身一闪,藏在佛祖的金光影里,全然不见。只见那过去、未来、现在的三尊佛像与五百阿罗汉、三千揭谛神,布散左右,把那三个妖王围住,水泄不通。"

过去、未来、现在三尊佛全来了,堪称史上最强阵容!

最后,拿下大鹏鸟后,原文是这样写的:"妖怪说:'你若饿坏了我,你有罪愆!'"

唯一一个被抓了还敢向人龇牙的妖怪就是大鹏鸟,还是被如来佛祖亲自抓住的。

如来佛祖收大鹏鸟时是这样的:"佛祖不敢松放了大鹏,只教他在光焰上做个护法,引众回云,径归宝刹。"

如来佛祖惩罚孙悟空时是这样的:"把这猴王推出西天门外,将五指化作金木水火土五座联山,唤名'五行山',轻轻地把他压住。"

一个是"不敢"放松,一个是"轻轻地"怕给拍死。差距体现出来了吧?就说这只鸟的能耐有多大吧!

同理,天下自成一档的两位,"兵仙"韩信和"大龙"刘邦在盘道,已经被抓进笼子的"兵仙"仍然可以如此傲骄地跟"大龙"这么说话,而且"大龙"并没有什么实质性的反驳。此时的韩信就是"大鹏金翅鸟"。

这已经不仅是韩信的自信问题了,而是从侧面显示出来他在江湖上的辈分有多么高了。

这两段是《史记》中，为后面韩信要造反，埋下的重要伏笔。还是那句话，太史公基本上是没有闲笔的。

《史记》中，在"樊哙称臣叩拜"和"两大佬论兵多多益善"这两段话之后，就是我们开篇时说的韩信跟陈豨的那段对话了。在给陈豨衬托完后，我们来到了韩信的最后篇章。这一章，基本都在破案，因为疑点太多，所以我们必须得看原文。

汉十年，陈豨果反。（果然反了。）

上自将而往，信病不从。（刘邦亲征了，韩信得病了。）

阴使人至豨所，曰："弟举兵，吾从此助公。"（韩信给陈豨传信了，放心打你的，我从中央帮你。）

信乃谋与家臣夜诈诏赦诸官徒奴，欲发以袭吕后、太子。（韩信与家臣打算晚上用假的诏书赦免罪犯，打算靠这支力量袭击吕后和太子。）

部署已定，待豨报。（部署已经完成，等待陈豨的消息。）

其舍人得罪于信，信囚，欲杀之。（韩信的门客得罪韩信了，韩信囚禁他并打算杀了他。）

舍人弟上变，告信欲反状于吕后。（门客的弟弟向吕后告发韩信。）

吕后欲召，恐其党不就，乃与萧相国谋。（吕后打算办韩信，怕弄不过他，于是找来了萧何。）

诈令人从上所来，言豨已得死，列侯群臣皆贺。（萧何给出好点子，说前方来报，陈豨已死，要办联欢会，都得来。）

相国给信曰："虽疾，强入贺。"（萧何亲自骗韩信说："虽然得病了，你也得过来装装样子。"）

信入，吕后使武士缚信，斩之长乐钟室。（韩信刚来，吕后就在长乐钟室宰了韩信。）

韩信就这么死了。

后世人一直在怀疑，韩信为什么手握重兵时都没反，被软禁后却联络别人造反了？这是一个合理的怀疑，毕竟造反不是打游戏，可以存档重来。你只有一次机会，而且成功率极低。

此时韩信已经没有本钱了，有可能是被泼了脏水，被人找碴儿杀了。而且，很多人开始嘲笑韩信，打算赦免罪犯，然后当作武装力量去造反，脑子不正常了。

真的是这样吗？

没那么简单。我们要展开一个比较深入的冷门讨论了。

在古代，造反成功需要什么条件？

在古代的造反，往往是两种方式：一是中央政变，一是地方造反。

我们印象中的"造反"，往往是那种拉大旗，扯虎皮，占山为王的那种。其实那种造反的成功率极低，想要成功必须要赶到王朝末年，在一大堆造反派中最后厮杀出一个胜出者。

在太平盛世时，地方造反的唯一成功案例是燕王朱棣篡了他侄子建文帝朱允炆的位。这是不可复制的，是祖孙三代联手打造的剧本，将来讲到明朝时，我们再讲。

综上所述，在一个王朝彻底崩坏之前，地方造反的成功率基本为零。因为最简单的道理，就是中央实际上是在以全国敌一隅，你有多大的能耐也很难翻天。

想要造反成功率高，其实是在权力中枢搞政变。哪怕国家机器正常，也有一定的概率彻底把权力中枢给拿下。虽然说概率仍然小，但比在地方闹事的概率高多了。

韩信无兵无权进中央后，从造反的成功率上讲，并不意味着就比在全副武装的楚地低。

在权力中枢搞政变需要什么要素？

首先，我们需要明确一点，在权力中枢搞政变，跟在外地造反，实际上是两种完全不同的概念。地方造反说白了，就是一台小机器在和中央的大马力机器比输出，这个好理解。

权力中枢政变，则比较复杂。

为了方便大家理解，我先简要说一下中国历史上比较具有代表性的一次著名政变作为参考：令司马家族咸鱼翻身的"高平陵之变"。

咱们先看司马家篡权的几个关键步骤：

第一步，司马懿"奥斯卡影帝"级别的长期装死表演。曹爽带班子去"春游"。

第二步，司马师（二号人物）召集自己当"中护军"时培养的"死士三千"。（这个"中护军"类似于汉代的"北军"，具有选拔、提拔下级武官的权力，知道为啥人家能"阴养三千死士"了吧？）

第三步，政变当天，司马懿上来直奔武库（军火库）。

第四步，司马师、司马孚（司马懿三弟，司马家三号人物）占领司马门，火拼当天的当班宿卫禁军，随后屯兵宫中，切断皇宫内外联系。

第五步，司马昭（四号人物）占领内宫，拿下太后，取得政治合法性。

第六步，找老臣们出来，靠着太后文件拿下曹爽兄弟们的禁军。

第七步，陈兵洛水桥，忽悠曹爽。

这是司马家的整个政变流程，里面有几个关键点。

第一，武库，也就是军火库，平时只是由少量精锐部队看守，这是重中之重。

所谓的禁军（南、北军），别看人数多，听着挺厉害，但除了当天当班的担任宿卫宫禁的士兵之外，剩下的禁军基本都是没有兵器的，兵器全在武库中。里面给下批文，才能领兵器动武！只要占领了武库，外面有多少人也没办法，没有兵器怎么杀人？

第二，司马门。

在古代，控制了这里，基本上所有的政治权力就全都被拿下了。因为所有的重要印鉴、玉玺、虎符等全在这里，文件要从这里出来才能生效！在汉初，相权大，当然会比司马懿那个时候更复杂一些，主要方便大家理解。

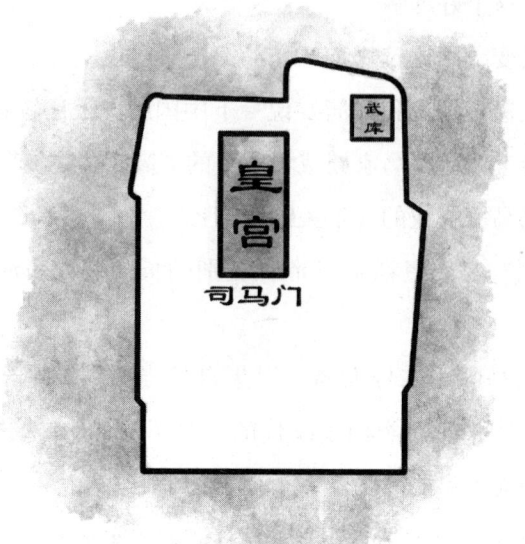

控制了这里,外面的人就进不去了,你要是擅闯就是杀头的罪,外面的武装部队只能干看着。里面的人出不来,皇权只能被胁迫。这就是禁军看起来实力不强大,人数并不多,但极其重要的原因!古往今来,全都是皇帝最为信任的人,才能干这个工作!

在后面的"灭诸吕"时,我们会详细地讲"南军"和"北军"。

第三,控制里面的皇族。

司马门被拿下来之后,基本标志着大局已定,所以司马懿派出的是还不成器的司马昭进宫。最后,派高柔等老臣,拿下了没有武装的曹爽掌握的全部禁军。

看出来古代政变的关键点、主次了吗?武器＞截断政令＞政令中枢＞军队。绝不是大多数朋友想象的:军队＞武器＞政令中枢＞截断政令。

看到没有,最重要的是军火库!只有控制军火库,你才能源源不断地武装部队,你才能断绝别的武装部队跟着瞎掺和的可能性。这叫开源节流!

次重要的,是截断政令!只有截断了政令通道,你才能保证没有别的政治势力瞎掺和。这叫确保政权的唯一合法性!

这两个是重中之重！

拿下这两个关键的"杠杆支点"，并不需要太多的人。

此时此刻，禁军主力都让刘邦带走，打陈豨去了。看完这个，你还认为韩信政变需要很多人吗？

这是些硬件要求，看着已经很惊心动魄了，但实际上，后面才是真正重要的！政变不是控制了皇宫就算成功了，你还得是那块众望所归的料！

三、"兵仙"谢幕

在帝国中枢搞政变,除了前面说的"武库"和"司马门"这种关键支点外,还需要一个关键要素——威望!这是比阴养多少死士都重要的无形因素!威望是什么呢?是你能顺利接管中央政权,并使国家机器继续运转的关键因素。

司马懿站出来后,很多朝中老臣都纷纷出山来帮着他搞政变。当然这里有曹爽当政十年比较作的助攻,但是,这跟司马懿四朝元老的巨大威望,也有巨大的关系!

著名虚构桥段"空城计"中,有一句司马懿形容诸葛亮的话,"孔明一生不弄险"。实际上,这句话是在现实中,司马懿搞政变后,所有人心里念叨的,"仲达一生不弄险"。

所有人觉得你这人靠谱,你这个从"不弄险"的老家伙,豁出老命搞这一下子,肯定没问题,人家才会站出来,毕竟这是杀头的罪过。而且,这些人都是事先并没有参与政变预谋的。

每场戏都是现场直播!每个人都是被临时通知参演的!

司马家的谋国剧本,直到政变的前一天,自始至终都只有司马懿和司马师父子两个人看过!

所有人在突然接到重大抉择的消息后,第一反应永远是判断你这个人是否靠谱!到韩信这里也一样。

当所有的禁军看到是司马懿派人来接管后，才会认厥，接受太后的临时诏书！哪怕最后是司马懿前面全都没走错，他在控制了禁军后，也不是发兵去逮曹爽，而是去骗。他有底气去骗，是因为自身的巨大威望和如此威望下指着洛水发的那个誓。

司马家拿下曹家的权力中枢后，除了司马懿几十年官场生涯没涉及过的淮南战区外，剩下的荆州战区、幽州战区、关中"铁票仓"，都乖得很。

荆州和关中，司马懿都作为最高军政长官，干了七八年。幽州此时不重要，但平辽东时，司马懿还是亲自走了一趟。威望，是司马家侥幸得手后篡夺天下的关键因素！

再看看韩信，哪怕他被去了势，但仍然具有颠倒天下的能量。太史公描写的"樊哙跪拜"和"多多益善"，都说明了韩信是具有巨大威望的，除了刘邦之外，谁看见他都哆嗦。

再次重申一下，太史公写樊哙这个人物很用心，这个人是被精挑细选出来帮韩信的威望站台的。从来没有过隶属关系的皇帝妹夫，大汉军界前几名的实力担当，这么厉害的人都对韩信跪拜、称臣，别人会是什么态度呢？

权力这东西，说白了，很多时候也是信心。

当所有人都害怕你时，你就能控制住局势！

当所有人都服你时，你就可能完成蛇吞象！

韩信的巨大威望，他的不败神话，就是他最大的资产。虽然是无形的，但影响巨大。

再来看一下太史公关于韩信政变的部署："信乃谋与家臣夜诈诏赦诸官徒奴，欲发以袭吕后、太子。"这句话的信息量很大。他有家臣。"诈诏赦诸官徒奴"是他计划中政变的潜在力量。"袭吕后、太子"是他的出手方向。

这里面没提武库的事，但是既然敢"袭吕后、太子"，说明已经要打皇宫和东宫了，肯定将兵器的来源算到了。

"舍人弟上变，告信欲反状于吕后。吕后欲召，恐其党不就，乃与萧相国谋。"这是一句一直被忽略的话。

吕后收到告密后"欲召",但已经"恐其党不就"了。这五个字非常重要!尤其是那个"党"字!

这说明"舍人弟"在向吕后告密时,已经把韩信此时手中的兵力告诉吕后了;说明韩信此时并非是光着屁股的;说明韩信并非要全部指望那帮被赦免的囚犯做主力;说明此时韩信手中已经有像司马家那样的"阴养死士"了,而且规模还不小!

吕后觉得突然拿下他已经不太可能了。韩信要是孤家寡人,吕后是不会绕一大圈,无可奈何地找当初韩信的推荐人萧何去谋划计策的。

此时刘邦又带着所有能打的嫡系出去了,韩信突然掌握中央权力的消息一旦传来,第二天整个长安城的人就会趋向于默认,根本无力反抗。因为在整个政治集团中,韩信的威望太高了。只要他手里还有兵,就没人认为他会失败!

很多人会有疑问,大部分将领都是刘邦亲自封的,他们会害怕韩信吗?

这看上去是个问题,而实际上却是,只要韩信控制了长安城,谁的人、谁封的功臣宿将就都没什么意义了!因为几乎所有功臣宿将的家属全都在长安城!这一点对于此时跟随刘邦出去平叛的所有功臣宿将的信心打击是毁灭性的!

曹爽当年是隐形皇帝,但他最终被什么击垮了呢?

家眷!房子和地!

司马懿对他的那句评价"驽马恋栈豆",其实适用于绝大多数人。

这个时候就跟刘邦的威望有多高,已经没有多大关系了!因为人性会表现得更现实。

试想下,如果韩信侥幸占领中央,刘邦的平叛部队在收到消息后会是什么心理状态?

"还打什么打?谁打得过?天下都是人家打下来的!"

"当初这货背水都把赵国团灭了,如今又背着我们把长安城包饺子了!太吓人了!"

"我媳妇、孩子、老娘都在人家手里,还好我没怎么得罪过韩信,赶紧找后路吧!"

我说了这么一大堆,是为了回答两个问题。

第一,韩信是真反了,因为在所有的史书中都有明确的记载,韩信并非是被吕后找碴儿杀的。

第二,韩信的造反谋划有一定的可行性(我并没有说很高),而并非当初有兵有将不反,被逮起来后,脑子犯病了。

最后说一下韩信的动机。

虽说韩信即便政变成功了,最终成功的可能性也不一定很大,因为还是那话,综合实力相差悬殊,但这却是韩信最后一次拯救自己的机会!

因为刘邦绝对不会放心这个年纪轻轻的,与他同等威望的"核武器"走在自己后头,刘邦迟早会下手的!

韩信在被坑了很多次之后,终于琢磨明白,并也选择使用"黑暗森林法则"了!

如果韩信想造反,找外援就成了一件很重要的事情。必须要有一个够分量的人,将中央的大部分力量调动出去。尤其是在刘邦被调出去之后,韩信的威望和预谋才能起作用。就好比曹爽等曹氏宗亲和重臣都出去打猎,司马懿才敢发动政变一样!

陈豨就是韩信选中的一个实力派。

更何况,每次刘邦走后,整个关中的大当家萧丞相,跟他有着巨大的渊源。如果韩信政变成功后,萧丞相会是怎样的态度呢?

永远不要相信人被刀架在脖子上时说的话。人性永远是经不起考验的。

韩信政变成功后萧丞相的态度,我们永远不会知道,因为我们只看到了萧丞相在政变之前的态度。

吕后在知道消息后,在第一时间找到了萧何谋划。为什么要找萧何呢?难道她不知道当初是萧何给韩信按的灯、转的身吗?

在生死存亡时刻,"政审"可是最关键的一个环节!

吕后是个高明的政治家,她不会不知道。她喊萧何来说是谋划,其实是两个意思:既出主意,又当人质。

萧何根本没得选,直接站队皇家。

我并没有怀疑萧丞相的忠诚度,只是就事论事地说一下萧丞相的处境。

站在形势的角度,他已经站在吕后面前了,根本没得挑。这就好比,如果韩信政变成功后,一群兵围住了萧何,让他配合打刘邦,届时,萧丞相会做怎样的选择,说什么话呢?

是大骂韩信反贼,还是对不起刘邦呢?真不好说!

评论一个人的动机,永远要看当下他所处的形势。萧何在立场上站得稳、政治上不动摇之后,一手设局导演了干掉韩信的最终剧目。

这位秦末、楚汉的旷世"兵仙",起步绚丽如夏花,终了却没能洁白如冬雪,他谢幕的过程颇为屈辱。

这位传奇人物不仅生前功绩人间第一,武略天下无二,而且他的起点与终点是那么具有对称之美。"成也萧何,败也萧何",亲手将你带上历史的舞台,也亲手将你接引而下。

当年在月下,这位忠厚长者对韩信说:"跟我回去!你是要角逐天下的人!我一定帮你不负平生!"

十几年间,韩信声名鹊起,威震神州,秦、魏、代、赵、燕、齐、楚,几乎一手打下了整个天下。有吞天之能,无雄霸之志,最终他全都想明白了,却也失去了最好的时机。

刘邦在对陈豨战事大局已定后,返回了长安。回来后,他知道了韩信被杀的消息。刘邦的态度是"见信死,且喜且怜之"。

为什么"喜"呢?他早晚要解决的头疼问题,他的吕后帮他搞定了。

至于为什么"怜",我相信只有刘邦自己最能体会当时的那种感觉。

《史记》中,韩信死后,太史公给出了自己的点评:"吾如淮阴,淮阴人为余言,韩信虽为布衣时,其志与众异。其母死,贫无以葬,然乃行营高敞地,令其旁可置万家。余视其母冢,良然。假令韩信学道谦让,不伐己功,不矜其能，则庶几哉，于汉家勋可以比周、召、太公之徒，后世血食矣。不务出此，而天下已集，乃谋叛逆，夷灭宗族，不亦宜乎！"

韩信当年为布衣时，志向就异于常人。他母亲死后，没钱安葬，仍然找到了一块高处宽敞之地，将来旁边是可以安置一万座坟来为她守墓的。如果韩信能够谦让不显摆，他于汉家的功勋是堪比周公、召公、姜子牙的！他没选择走这条路，而是在天下统一后决定谋逆，宗族被杀，不也是应该的吗！

在太史公最后的评价中，有两个关键点：一个是韩信最终成为"兵仙"，是人家生来就志存高远；另一个是韩信的功勋对于汉朝，堪比周公、召公、姜子牙。

秦灭，太史公把功归给了项羽："然羽非有尺寸，乘势起陇亩之中，三年，遂将五诸侯灭秦，分裂天下而封王侯，政由羽出，号为霸王，位虽不终，近古以来未尝有也。"重点是"将五诸侯灭秦"和"位虽不终，近古以来未尝有也"。

在《淮阴侯列传》中，司马迁算是比较隐晦地把汉兴的一部分功劳归给了韩信，毕竟谁都知道周公和姜子牙是谁。

而在《高祖本纪》中，太史公是这么给刘邦做总结的："故汉兴，承敝易变，使人不倦，得天统矣。"

说到底，非人力所及，不过是"得天统矣"。

在太史公司马迁的笔下，秦末楚汉这段波澜壮阔的历史，一个实录的伟大史学家给出了他客观公允的最终评价。

四、定陈豨，杀彭越

韩信离去了，但他倒下的整个过程都与陈豨有着直接的关系。一个如此厉害的人物倒下了，把陈豨这个汉廷想要掩盖的历史人物，重新带到了历史舞台上。

我们看看陈豨造反的经过吧。

从那次上千宾客住满旅馆的风光返乡后，陈豨被刘邦派给自己的三小子赵王刘如意的国相周昌给盯上了。周昌打了小报告，说陈豨宾客众多，又独掌兵权，恐怕会有变故。

随后，刘邦就命人追查陈豨，查到了很多陈豨的宾客在财物等方面违法乱纪的事，其中不少事情的最终矛头都指向了陈豨。

陈豨听到了风声，开始感到害怕，于是暗中和他需要剿灭的韩王信流亡政府进行勾结。

公元前197年（七月），刘邦的父亲刘太公过世。刘邦征召陈豨回长安，陈豨称病。

九月，又是一个长天一色秋马肥的日子，陈豨自立为代王，联合了组建流亡政府的韩王信举兵反叛。

韩王信南攻马邑方向，陈豨自东垣南下，两路进兵。代、赵皆危。

刘邦这边知道陈豨造反后，一面令周勃、柴武自晋阳向北反击；一面自己亲率樊哙、郦商、夏侯婴、灌婴等往赵国赶，并广征诸侯兵。

刘邦再次使出自己打群架的套路，命所有能调动的士兵都去打仗。

十一月，刘邦疾驰至邯郸。赵国第一重镇邯郸，此时仍然属于汉帝国控制。刘邦大悦道："陈豨不据守邯郸，阻击漳水，由此可知他不会有什么作为了。"

刘邦这话说得非常有水准，打了一辈子仗的他，此时也已经升级到战略家的层面了。

接下来要说说赵国在华北平原上的这片土地了。

你可能会产生疑问，这一片大平原，有什么可说的？其实，还是很有代表性的。

我们详细地讲过关中的四塞之固，函谷关、武关、潼关和蒲坂渡口，这些地方基本意味着八百里秦川的归属。

我们讲过秦岭对于汉中和关中之间的关键作用，讲过汉水对于连接这两个地区的潜在意义；讲过荥阳虎视关东，总扼中原咽喉。这些都是中国非常著名的兵家必争之地，属于一地系千里兴亡的"大争地"。除了这些地点，每个省、郡，也有"小争地"。

比如赵国。

赵地南部是大平原，唯一的天险就是漳水和黄河，只要拿下漳水这条线，整个赵国平原往北就再无险可守。

邯郸是赵地第一大城，经济实力强，人口数量多，算是整个黄河以北最重要的物资补给地点。邯郸就卡在关键大动脉上！

更为有意思的是，不光在秦汉时期，时至今日，华北平原上的主要城市也仍然是包括邯郸在内的太行山边上的这一串城市。在当时，这条线不仅有秦驰道，实际上也是整个华北最值钱的地方。自陈豨造反后，只能从北往南一路啃下来，东边那一大片平原的意义反而不是很大。

为什么河北的这些大城市要紧贴着太行山呢？原因比较多，最重要的原因是，我们的母亲河太摇摆了。

黄河母亲脾气大、泥沙多，所以整个华北平原总是不定期地要接受"洗礼"，"江河横溢，人或为鱼鳖"。

而靠着太行山的这一大串城市呢，由于地势高，所以水往低处流的母亲河就横溢不到那里去。尤其在对天灾没有抵抗能力的古代，太行山麓天然自带避险属性。谁家过日子都是奔着天长地久去的，谁也不想天天提心吊胆地当鱼鳖，所以太行山麓这条线逐渐就发展成了华北经济带。

除此之外，还有气候原因。南边的暖风到了太行山脉就过不去了，上升凝结成云，导致这个地方空气湿润、爱下雨。另外西伯利亚冷气流南下，有太行山阻挡，导致太行东麓经济带，不仅比山西高原暖和得多，还比东边的大平原更温暖。藏风聚气好风水啊！

刘邦对战争形势进行判断后，又施展用人艺术了。

周昌上奏把反情严重的常山郡守、郡尉斩首，理由是：常山有二十五座城，陈豨一反叛迅速就丢了二十座城。

刘邦问："那郡守、郡尉反了吗？"

周昌说："那倒没有。"

刘邦说："不怨人家，他们力量不足，陈豨是领边防军的大将，打不过正常。"

随后，刘邦赦免了他们，并恢复了官职。之后，刘邦又询问了陈豨的将领都有谁。

左右回答说："有王黄、曼丘臣等。"

紧接着，参谋们还附加了一句额外的情报："陈豨的帮手们大多以前是商人。"

刘邦说："我知道该怎么办了。"

刘邦派出间谍，展开了金钱攻势，贿赂陈豨的部将们，并开出了大额赏金，悬赏王黄、曼丘臣等人。

紧接着刘邦又问周昌："赵国还有能带兵打仗的人吗？"

周昌说："我这里还有四个。"随后让那四位将领来拜见刘邦。

刘邦继续使用欲扬先抑的老招数，一见到他们便一通大骂："你们这几个人也能为将？"

就在四个人瑟瑟发抖之时，刘邦又给每人封了千户。巨大的反差又显现出效果来了，这四个"备胎"被彻底慑服，他们准备豁出去了。

刘邦左右的近臣谏劝道："您这不是胡来吗，无功怎么能乱赏呢？"

刘邦说："你们知道什么？陈豨叛后，邯郸以北都丢了，我急令天下兵往这里赶，都还没到呢！现在就指着邯郸兵呢！何必吝惜千户而不抚慰赵国子弟呢？"

正式开打后，汉军与陈豨叛军交锋了一年。汉军在曲逆城下攻击并斩杀了陈豨的大将侯敞、王黄，又在聊城把陈豨的大将张春打得大败，斩首一万多人。

另一路，太尉周勃进军平定了太原和代郡，在攻打马邑时遇到了巨大的阻碍。周勃大怒，再次发动了猛烈攻击，攻陷后展开了报复性的屠城。马邑的老百姓实在是倒霉。

十二月，刘邦亲自率军攻打陈豨的老窝东垣，但未能攻克，大量的叛军士卒辱骂刘邦。

刘邦都敢骂，胆儿太大了。

不久，东垣投降，凡是骂刘邦的士卒一律斩首，其他没骂的士卒被处以黥刑（在额头上刺字）。

刘邦余怒后把"东垣"改名"真定"，估计大意是"真龙搞定"。后来，这个地方因为一个名人而享誉全国——七出七入的常山赵子龙。"真定"这个名字一直沿用了一千多年，直到公元1723年，为了避清朝皇帝大名鼎鼎的四爷胤禛的"禛龙"名讳，"真定"被改名为"正定"。

东垣被拿下的同时，曼丘臣被刘邦的金钱攻势所扰，他的部下杀了他，投降汉军，陈豨的造反也因此宣告大势已去。

另一路同样有了重大突破，在周勃拿下马邑后，柴武在参合（今山西省阳高县）斩杀了韩王信，这是第三个被干掉的诸侯王。

两个韩信，基本上是同一时间离开了刘邦。

韩信死后一年，打了很久游击的陈豨，被樊哙追到灵丘斩杀。这是在刘邦开国后的数次平叛中，遇到的时间最长、抵抗最顽强的一次。本来应该有很多细节的，但在史书的记载中却寥寥数笔。

为什么汉史要掩盖一个这么重要的人物呢，有三个原因。

第一，陈豨和当年造反、让李信背了黑锅的昌平君一样，都是皇帝亲自提拔、寄予厚望的人。当得知陈豨造反后，刘邦说了这么一句话："豨尝为吾使，甚有信。代地吾所急也，故封豨为列侯，以相国守代。"陈豨是刘邦非常信得过的人，所以伤害他非常深。

第二，陈豨造反的前后，涉及两个韩信的死，尤其是那位"千古无二"的韩信，需要掩盖的事情太多了。

第三，陈豨跟吕家的关系非常不一般。而吕家，又是汉史中被重点抹去的那一部分。

下一战中，我们将提到一个我们并不熟悉的重量级人物，这个人将再次刷新我们的认知。

刘邦的这个天下，并非仅仅因为"一个好汉三个帮"拿下来的。

陈豨的反叛告一段落，但作为汉初最大"爆破手"的他，在牵连死了两个韩信之后，又波及了另外两个人。

这个死亡游戏，还在继续。

刘邦在讨伐陈豨时，曾经向彭越征兵，但彭越说自己有病，只派出将领带部队到了邯郸，自己并没有去。

彭越病得很不是时候，这个表姿态的紧要关头，你说你病了，但皇帝并不一定相信。刘邦很不高兴，还是像前面对韩王信那样，派人去责备彭越。

此时的刘邦，心态有点儿过于膨胀了，因为这样的做法是会逼反彭越的。您还没从北边拔出腿来呢！现在这个时候，惹"天下第一游击队长"是很不明智的行为，毕竟当年彭越是怎么恶心项羽的，刘邦是知道的。

但所幸是，彭越真的不想反，他很害怕，打算亲自去谢罪。

刘邦前面的所作所为已经昭告天下，卧榻之侧，是不允许他人酣睡的。

彭越的部将扈辄就说："大王当初不去，被他责备了才去，去了就会被捕。不如就此出兵造反。"毕竟已经有先例了，韩信就是这么死的啊，但是彭越并没有听从部下的意见。

不过，问题还是出在彭越自己这儿。彭越的太仆得罪了他，彭越准备杀掉他。但这位太仆比较了解新闻时事，他知道现在汉王朝的第一大方针就是打击不姓刘的人，于是他逃到了刘邦处，控告彭越谋反。

彭越冤吗？挺冤的，但冤又有什么用呢？

刘邦一听有人告彭越造反，十分兴奋，派出了"特种小分队"潜入梁地，实施"斩首行动"。汉使趁彭越没有准备，在他的地盘将其逮捕，并押回了洛阳。（于是上使使掩梁王，梁王不觉，捕梁王。）

由于整个秦末汉初就是一笔烂账，后面的诛灭诸吕更是乱得一塌糊涂，这帮刘家所谓的"乱臣贼子"在历史中的定位是反派，所以里面的很多问题都不好说。

再次让人诧异不已的剧情上演了。

"天下第一游击队长"，最擅长敌进我退、避实击虚的彭越，居然被控制了！对方可是诸侯国的国王啊！

韩信也是被刘邦调出大本营后才拿下的，而且拿下韩信后，刘邦马上安抚楚地，并麻溜儿地跑回到了自己的地盘。

彭越被拿下的这段历史，可信度太低！因为去对方势力稳固的中心，去拿下人家的老大，其中的变数太多！最大的可能就是根本没拿下，人家当时就反了！即便拿下了，人家的儿子也会反。这其中应该有很多细节。

很有可能问题出在彭越的权力核心上，他那边的官员构成肯定有大文章。很多梁国关键岗位的官员都有问题！但具体人事资料实在找不到，期待将来有能够捋清这个悬案的论文出现。

彭越被立案审查后，经多方会审，"不出意外"，彭越的谋反罪证具备，等待刘邦依法判处。

刘邦大度地赦免了他，毕竟此时已经没有威胁了，彭越被贬为平民，流放到蜀地青衣县。

彭越埋头西去，走到郑县，正赶上吕后从长安来，打算前往洛阳。彭越看到了当年的刘大嫂，认为长嫂为母，小叔子是儿，也许她能帮帮自己。于是对着吕后大哭一场，诉说自己没有罪行，自己老了，富贵也不要了，只希望回到故乡昌邑终老。

吕后答应了，带着他向东去了洛阳。

见到刘邦后，吕后露出了冷酷的嘴脸，说："彭越，壮士也，如今把他流放蜀地，这是给自己留下祸患，不如杀掉他，你看，我把他带回来了。"

蜀地可比梁山泊更容易打游击战，经这么一提醒，刘邦斩草除根的心再次被搅动了。什么过往的交情，都烟消云散吧！杀彭越，夷三族。

五、最后的倔强

在这短短五个月中，韩信、韩王信、彭越，全部被杀。

"灭楚三英"被吕后亲手干掉了其中两个。这个女人非常不简单，记住吕后这个人，下一战是她的专场。

彭越不仅没有得到善终，连尸身都没能保全，他被刘邦剁成了肉酱，装在罐里当作"恐怖礼品"，分发给了各诸侯。

其实主要是给两个人看的，淮南王英布、长沙王吴臣（吴芮之子，此时吴芮已死）。或者说其实应该就是给一个人看的——英布。

人家长沙王老吴家，特别明白怎样保全自己。吴家被封王后，就一直低调行事，把自己大部分领地让给了刘氏宗族，又将自己的一部分精锐亲兵分到荆王刘贾（刘邦堂兄）帐下，表明自己没有威胁。

英布在收到这个"恐怖礼物"时正在打猎，当他看到昔日的一方英雄豪杰，如今被装在了罐里，在那一刻，他已经下定了决心！

既然英雄末路，索性就再燃烧一次吧！无论结局如何，终归要像个男人一样迎接自己命运的结局！

英布下定造反的决心后，开始暗中部署，集结军队，侦察邻郡。

虽然英布事事小心，但还是走漏了风声。他也折在了一个小人物的身上。起因是英布宠幸的爱妾病了，于是被一个叫贲赫的小官给盯上了。

英布的爱妾多次去大夫家治疗，正好这个贲赫住在那个大夫家对面。他是个比较会钻营的人，认为这个拍马屁的机会不能放过，于是总在英布的爱妾看病时，送去丰厚的礼物，还陪上司的女人在大夫家喝酒。

但这个贲赫比较倒霉，马屁拍到了马蹄子上。他投资的那位爱妾在侍奉英布时，开始说贲赫的好话，称赞贲赫是忠厚老实的人。但不知是这位爱妾平时就桃花外露让人不放心，还是贲赫的名声不好，抑或是赶上英布那几天心情不好，总之英布听后暴怒。你怎么知道有这么个王八蛋的？

虽然这位爱妾告诉英布说贲赫好话是因为收了人家礼，但英布仍然疑心她和贲赫有私情。

贲赫听到风声后大恐，称自己有病不去上班。

英布听说后更加恼怒，派人逮捕贲赫，贲赫展开了逃亡。贲赫一路向北，直奔长安而去，英布派出追杀的人没能赶上。贲赫到了长安，上书告变，说英布要造反。

一向对于造反事件跳脚的刘邦，看了贲赫的报告，突然斯文起来，找来萧何商量。

萧何说："英布不应该会这样，恐怕是有怨仇诬陷他。还是先把贲赫关押起来，派人暗中试探淮南王吧。"

英布的心理素质不好，看到汉使前来，就杀了贲赫全家，起兵造反。

英布造反的消息传到长安，刘邦释放了贲赫，然后召集将领们，问道："英布造反，咱们该怎么办？"

和当初有人告韩信谋反时一样，将领们还是那个套路："出兵打他，活埋了这小子，还能怎么办！"

夏侯婴回家后和自己的门客谈论此事，门客薛公说："他本来就当造反。"

夏侯婴说："小点声！不要命啦！陛下给他裂土封王，赐爵显贵，面南听政，立为万乘之主，他为什么反呢？"

薛公说："彭越、韩信都死了，这三个人当初都有功劳，自然会惹怀疑，所以肯定会反。"

夏侯婴把这些话告诉了刘邦，并说："我的门客原楚国令尹薛公，这个人很有韬略，您可以见见他。"

于是，刘邦召见了薛公。薛公说："英布造反不值得奇怪。假使英布计出上策，山东地区就不归陛下所有了；计出中策，谁胜谁败就很难说了；计出下策，陛下就可以安枕无忧了。"

刘邦问："什么是上策？"

薛公回答说："向东夺取吴国，向西夺取楚国，吞并齐国，占领鲁国，传一纸檄文，叫燕国、赵国固守本土，山东地区就不再归陛下所有了。"

刘邦再问："什么是中策？"

薛公回答说："向东攻占吴国，向西攻占楚国，吞并韩国，占领魏国，占有敖仓的粮食，封锁成皋的要道，谁胜谁败就很难预料了。"

刘邦又问："什么是下策？"

薛公回答说："向东夺取吴国，向西夺取下蔡，把辎重财宝迁到越国，自己跑到长沙，陛下就可以高枕无虑了。"

刘邦问："你觉得英布将会选择哪个计策？"

薛公回答说："选择下策。"

刘邦问："为什么？"

薛公回答说："英布原先本是骊山的刑徒，自己奋力做到了万乘之主，都是为了自身的富贵而不顾及当今百姓，不为子孙后代考虑，所以说他会选用下策。"

刘邦说："说得好。"下令赐封薛公为千户侯。

每个异姓王在造反时，总会有几个搭上封侯末班车的人，像薛公说"不为子孙后代和百姓"都是瞎扯。不过，薛公开头说得还是挺对的，出身决定了英布的见识。

我们来分析一下，薛公这三个计策的区别。

上策和中策，相同的地方都是取吴下楚。这个好理解，巩固南方的地盘。区别在于上策是并齐取鲁，中策是并韩取魏。

之前我们说过，韩地是天下之中，中国的"咽喉"啊！为什么不如齐地呢？关于这一点，刘邦是比较感同身受的。

采取中策，英布顶多就是下一个项羽。

英布采取上策就不好说了，至少他不会速败。

别看韩、魏的中原土壤可能比齐鲁大地更肥沃，但两者的经济实力和防御成本是不可同日而语的。

齐国北边有黄河、济水，西边有泰山，南边有泗水，东边是一望无尽的东海。所以从地势上，一直有"东秦"的说法。关中是四塞之国，齐地其实也差不多，整个边境都有天险守护，而且南可击楚，北可伐燕，西取赵、魏，此地具有极高的战略价值。

这个地方还产盐，经济实力强劲，从管仲时代就是经济发达地区。刘邦把整个山西高原全分了，但唯独死死地攥着晋西南的河东地，也就是运城平原。因为那里有当时中国最大的盐池。

关羽之所以后来被封神，拥有"神仙中的'帝'级编制"，跟最开始作为老家守护神，守护运城盐池有着很大的关系（讲到北宋时我们会有涉猎）。盐，就是那个时代的石油。

当年齐国靠着这片土地称王称霸了七八百年，韩信打下了这么多国家，全都没正眼瞧，直至打到齐国，才下定决心威胁刘邦。

项羽豪气干云，睥睨天下，北边打成什么样都没当回事，但当韩信拿下齐地之后，竟然放下身段，开始恭维韩信。

这片土地，就是这么重要！

无论英布那边选择上策还是中策，刘邦都不好办。但英布真的就选了那个下策。下策的东取吴越，西取下蔡，身归长沙，实际上就是想凭淮河之险，搞地方割据。这种战略五百年以后可以实行，此时却不行，因为此时淮河以南的综合实力太弱了，而且北面也远不是摸索阶段、拎不清的"五胡"。

中央以全国敌一隅，英布也不是项羽、韩信，所以无论怎样，这都是一个可以预见的败局。

当你自己没有战略眼光的时候，需要身边有高人帮你分析、谋划；当你身边没有明白人时,你只能没头苍蝇似的乱撞,最终的结果也好不到哪里去。就像薛公所说,说到底,英布就是个骊山囚徒,眼界就在那里。

刘邦进行预判时,英布也进行了战前预测。造反之初,英布对将领们说:"陛下老了,打仗也打烦了,肯定不会亲自带兵,只会派遣将领来。诸将中我只害怕韩信、彭越,如今他们都死了,其余的人没什么可怕的。"

英布在给属下们打气,其实差点儿真让他猜中了,此时刘邦生病了,一开始并不想来的,但他家的吕后真不是个简单的女人。

吕后再次出场。

刘邦一开始打算让太子刘盈代替他出征,但吕后知道后,又开始找刘邦沟通去了。她很清楚,自己的儿子哪里见过那种阵仗,而且作为太子赢了无可赏,输又输不起,于是找刘邦哭诉:"英布天下猛将,诸将又跟您平辈,小孩子哪里控制得了您那帮虎狼之将,英布一听说太子出征会大受鼓舞的。您虽然身体微恙,但仍请勉力一行。您躺在车上指挥,那帮将领就不敢不尽力。您虽劳苦,可却是为了妻子儿女啊!"

刘邦听后大骂:"这小子什么都不会,最后还得我亲自上阵!"骂归骂,但吕后说得确实有道理,刘邦在一通臭骂后,再次御驾亲征了。

英布那边上来向东攻打荆国,荆王刘贾出逃,死在富陵。英布合并了荆国之兵,又北上攻打楚国。楚国调动军队在徐、僮(今安徽省宿州市)之间和英布作战,楚国分兵三路,想采用相互救援的掎角之势。

有人劝告楚将说:"英布擅长用兵打仗,百姓们一向畏惧他,况且兵法有云,咱们现在是在'散地'作战,一旦士卒危急就会四散奔逃。如今咱们兵分三路,他们只要打败我们其中的一路军队,其余的就都吓跑了,怎么能互相救援呢?咱们应该合兵一处,与他决战。"

这是个读过兵法的人说出来的话!

什么叫"散地"呢?

《孙子兵法·九地篇》中是这么说的,"诸侯自战其地者,为散地"。在自家国境内作战的,叫作"散地"。为什么叫"散地"呢?在自家的这片土地上，人心容易散，队伍就不好带了。

你可能会纳闷，不对啊，在自家门口不是更应该同仇敌忾吗？不是应该更容易激发斗志吗？在很多体育比赛中营造出来的主场氛围，威力可是相当的大。

这么说其实也对，但只能说万事万物皆有特例。

关于主场作战，在别的事情上可能有优势，但真到了生死关键的时刻，就不是那么回事了。真打起仗来，当你一看见血，可能马上就崩溃了。这个时候，你的第一个反应就是跑！对于国家和将领来说，在本土作战最可怕的情况就出现了：作战士兵不仅知道怎么跑、往哪里跑，还因为老婆、孩子非跑不可！你跑我跑大家跑，这个仗就没法打了！所以《孙子兵法》中说"散地则无战"。

那么，"散地"就真没法打了吗？

本国打防御战时，如果必须进行埋伏战或野战，这种带有攻击性的战斗，要尽量用外乡人！用我在"背水一战"时说的那句话：你跑不了了，意识到拼命才能活下来，才会激发战斗力，爱拼才会赢！

那是不是本乡人守本土就不行呢？也不是，另有妙招。

本土人守"散地"时，压根儿就不能带队伍出去打！要迅速坚壁清野，将所有人跟粮食、财富聚拢到城里，凭城死守！

为啥这就行了呢？

因为这相当于把他全家的后路断了，全家现在跟他在城里共存亡了！他保卫的还是自己的媳妇，城破了媳妇就没了！只能玩命了！

老话讲"慈不掌兵"，什么叫"掌兵"呢？真是带着队伍，指哪儿打哪儿，挥斥方遒，无限风光啊？心不狠是干不了这个活儿的！

古时候，所谓"掌兵"，就是断了你的所有退路！毁灭了你的所有念想！调动起你心中的全部恐惧！激发出你身体内的全部兽性！再给你一把刀，让你杀出个未来！珍惜我们今天有各种各样退路的美好生活吧！

六、曲终人散

前面我们说了什么叫"散地",接下来我们还要讲一下什么叫"轻地"。永不过时的《孙子兵法》中说:"入人之地不深者,为轻地。轻地则无止。"进入敌国国境不深的地区,叫"轻地"。你处在"轻地"时,队伍不能停,得赶紧往敌国深处走!

又一个打破我们认知的地方,不是得步步为营、稳扎稳打吗?

其实原因跟前面的"散地"是一样的。离家近,你知道怎么跑回去。刚刚进入敌国境内,这个时候士兵的心理状态最脆弱,最容易伤感。那怎么安慰呢?就是让他彻底找不到回家的路啊!

那是不是"轻地"就一定没办法待呢?也不是,还是需要具体问题具体分析的。

如果你突然进入并拿下敌国的"轻地",而且还是险要之地,比如你出门没走多远就拿下了函谷关,你就可以踏踏实实地守在那里,等敌人来打,消耗他们,这样还能减轻本国的物流成本。因为只要你守着险要之地,兄弟们心里就有底,待下去大概还能捡人头、立军功。

有利可图、危险小,就不怕他们跑了。

如果你是进攻方,在"轻地"要迅速通过,深入敌国境内二三百里,让所有人都迷路,没办法逃跑时,再停下来。这时士兵的心就踏实下来了,能跟着你豁出命去了。

同理，如果防守方在"轻地"看到敌人后，应该怎么办呢？赶紧跟他打呀！最好死磕！

这个时候，进攻士兵还没进入状态，正是提心吊胆、想家乡的时候，有个风吹草动的都非常容易情绪崩溃。

英布打楚国时，那个三处布防的楚将就没有听劝，在"散地"跟英布玩分兵，还梦想着一方有难八方支援。结果，英布先拔一路据点后，其他两路军队还没打，楚兵就全都被吓跑了。

轻松肃清楚地后，英布继续前进。

那边刘邦自率主力前来，令曹参带领齐国子弟兵南下助战，在蕲县西（今安徽省宿州市），双方的部队相遇了。

英布的军队很是精锐，加上刚灭两国，气势如虹，刘邦先是采取了守势，在庸城深沟高垒，坚守不出。英布则摆开阵势，准备进攻。刘邦看到英布列阵颇有当年项羽的风范，比较闹心，和英布遥望相见，隔空喊道："你何苦要造反呢？"

英布没有说那堆"对得起、对不起"之类的片汤话，而是比较直接地说："我想当皇帝呀！"

刘邦大怒，开始标志性大骂，随即两军大战。

刘邦在正面扛住英布的同时，先令曹参率军占领蕲北高地，然后令灌婴率骑兵与曹参同攻英布北部侧翼，斩杀了英布侧翼的副将和三个楼烦将领外援。击破北部军后，汉军又继续击破了英布的上柱国和大司马的部队。

刘邦看到英布军阵已乱，派郦商从正面开始对英布进行冲击。

英布大败，率残部渡淮水南走，汉军不停追击。英布在撤退中，组织了几次阻击战，但都没起什么作用，最终仅剩百余骑，逃到了长江以南。

整个过程，我们不详细分析了，真没什么可说的，就是大块头打死了小块头。

绝望中的英布收到了自家亲戚的邀请，长沙王吴臣伸出了援手。吴臣是英布的大舅哥，英布很感动，但他很快就体会到了什么是世态炎凉。亲戚算什么，这个世界是看实力的！前往投靠的英布被吴臣在兹乡（今江西省鄱阳县）诱杀。

自此，所有和刘邦打天下的功臣宿将，除了听话无害的吴家和自己的女婿张家以外，全都被刘邦剿灭，斩草除根。

当年汉军"七龙珠"中的"灭楚三英"，全部身首异处，下场各有各的悲惨。还有一位，后来上位的刘邦那位异姓兄弟——卢绾。

之前我们就说过，人是会变的，当年是兄弟，现在还会是兄弟吗？

问世间权力为何物，直教人生死相许。

我们还是要从陈豨造反说起，他是异姓王的死亡关键。

刘邦在邯郸攻打陈豨时，燕王卢绾也率军攻打陈豨的东北部。陈豨派王黄向匈奴求救，与此同时，卢绾也派部下张胜出使匈奴，声称陈豨等人的部队已被击败，不要助纣为虐。

张胜到匈奴以后，看到了前燕王臧荼的儿子臧衍。臧衍也在匈奴流亡，见到张胜后说："您之所以在燕国受重用，是因为您熟悉匈奴事务。燕国之所以能长期存在，是因为诸侯多次反叛，战争连年不断。现在您想为燕国尽快消灭陈豨等人，但陈豨等人被消灭之后，接着就轮到燕国了，您这帮人也会成为俘虏。您为什么不让燕国延缓攻打陈豨，而与匈奴修好呢？战争延缓了，能使卢绾长期为燕王，如果汉朝有紧急事变，也可以借此安定国家。"

这番兔死狗烹的话打动了张胜，于是没有来得及回禀卢绾，便暗中做主，促使匈奴帮助陈豨攻打燕国。

没看到陈豨势微，却等来了匈奴兵，卢绾开始怀疑张胜和匈奴勾结，于是上书皇帝请求把张胜满门抄斩。

但是没过多久，张胜回来了，还把从匈奴带回来的"好点子"向卢绾进行了科普。卢绾听后觉悟了，原来这帮匈奴兵是幌子，他觉得张胜从北国带来的点子真是棒。于是找了一些替死鬼冒充张胜的家属处死了，然后派张胜作为来往匈奴的长期间谍。

没多久，陈豨兵败了，卢绾又暗中派遣手下范齐到陈豨那儿，帮助他长期叛逃在外，时不时地恶心刘邦一下，使得战争连年不断。

但好景不长，没过多长时间，刘邦东征英布时，樊哙在代地将陈豨斩杀。陈豨一员投降的副将为了好好表现、重新做人，供出了燕王卢绾经常派范齐到陈豨处，互相交通情报。

卢绾养寇自重的把戏被揭穿了。

刘邦听后很伤心，觉得自己六十多年的友谊被背叛了，于是派使臣召卢绾进京，卢绾称病推托不往。听说好兄弟病了，刘邦又派高规格代表团辟阳侯审食其、御史大夫赵尧前去迎接燕王，并顺便追问燕王部下。

卢绾更加害怕，干脆闭门不出。私下里，卢绾对自己宠信的臣子说："不是刘姓而被封为王的，只有我卢绾和长沙王吴臣了。去年春天，韩信被满门抄斩；夏天，刘邦又杀掉了彭越，这都是吕后的主意。这个女人太阴险了，在沛县老家时我就看出来了，现在皇帝重病在身，把国家大事全部交给了吕后，但吕后总想找个借口杀掉异姓诸侯王和功高的大臣，我不能前往。"

卢绾还是称自己患病，拒绝进京。派出查卢绾手下的审食其，根本就没有找到燕国的公务人员。

不过，卢绾的话还是泄露了一些并被审食其知道了，他连同这一次的燕国闭门羹之行，报告给了刘邦。

刘邦此时生病了，听到汇报后更加愤怒，但仍然没有什么动作。有可能是刘邦病得太严重了，也有可能是刘邦在心底还是在乎这位兄弟的，他们可是光屁股的情谊啊！

再后来，汉朝接收了一些投降的匈奴人，这帮人说当年的"燕奸"张胜根本就没死，而是逃到匈奴，成了燕王的使者。

多方取证确凿无误后，刘邦终于捅破了最后一层窗户纸，下定决心派樊哙、周勃攻打燕国。

樊哙在中途被调走，原因我们在下一战时再讲。独自指挥的周勃三破燕兵，卢绾率领数千部众逃往匈奴，匈奴封他为东胡卢王。过了一年多，卢绾在匈奴逝世。

至此，七年间，曾经分封的八个诸侯王，除了长沙吴家，全部被刘邦剿灭。他终于安心了，天下全是他们刘家的了。没有对手的他，也该谢幕了。

在击破英布的战斗中，刘邦人生中第二次中箭。第一次中箭时，项羽差点射死他，但他缓过来了。剧本没完，你也不能走！第二次虽是小伤，但架不住他本来就有病，年岁也高了。最主要的是，属于他的所有戏份已经全部演完了。

回长安的途中，刘邦的箭疮开始恶化。少年夫妻老来伴，结发妻吕后找到了一位名医，前来给刘邦医治。

刘邦似乎也预知了天命，秦末天下大乱，他的时代开启，剧本波澜壮阔地开始上演，如今群雄皆死，他的剧本已经全部演完了，是该谢幕了。刘邦对那位医者说："我本布衣，提三尺剑取得天下，此难道不是上天之意吗？我的命自由天注定，甭费劲啦！"

吕后知道刘邦时日不多，就询问当家的后事："你百岁之后，萧何也会去世，到时谁接替相位？"

刘邦说："曹参。"

吕后问："曹参后面呢？"

刘邦说："王陵，不过这个人有点儿憨，要请陈平帮扶他。陈平虽然智慧超群，但缺乏魄力，无法担事。"刘邦顿了顿，"周勃也是人选之一，虽然他憨厚不善言辞，但他日护佑我们刘家天下的必然是这个人，可以让他当太尉（兵马总司令），作为梯队准备。"

吕后问："那谁接替周勃呢？"

刘邦叹息道："再之后的事，你就不用操心了。"

刘邦最后的托付证明了他之所以能够最终获得天下，真的并非偶然。他所指出的这些接班人，在他走后真的帮助他们刘家王朝，冲破了一个个开国初期的艰难险阻，扶大厦之将倾，挽乾坤于既倒。

在托孤之后，公元前195年（四月二十五日），刘邦于长乐宫中驾崩，享年六十二岁。

刘邦的一生，算是大器晚成。命运最终用极其绚烂、果报丰厚的十三年，酬劳了他前面碌碌无为、看不到希望的四十九年。

这个从出生就和龙的故事缠绕在一起的神话般的男人；这个四十九岁酩酊大醉的斩蛇亭长；这个走运打进关中的沛公；这个鸿门宴上卑躬屈膝的老头；这个打回"三秦"的"胡汉三"；这个被项羽追到穷途末路，把儿女都扔了的汉王；这个老爹被按在菜板上，仍嘻嘻哈哈地要汤喝的人；这个被群臣奏表称帝的大汉皇帝；这个屠灭异己的传家老翁，终于谢幕了！

六十二年，时光匆匆过，从战国到汉朝，从秦始皇到汉高祖，多少英雄豪杰登场，多少雄健男儿谢幕。群雄逐鹿，谁知最后胜出的，会是刘邦！

当然，历史的编剧埋剧情线是非常高妙的，谁说当年没有人能看出刘邦将来能凌驾九霄？当年他除了一身痞气一无所有时，有一个男人看到了他惊为天人的潜质，并将女儿嫁给了他。当年的吕太公没有看错，他的女儿确实是要嫁给大人物的，但这位相面之神却并不知道，他只猜到了开始，却没有猜到结局。

第三战

诸吕之变：
摄政女皇的伟大与悲哀

一、那些风雨的花，在记忆中发芽

这一章的主角是中国历史上第一位当权主政的"女皇"。

春秋战国时期也屡有太后摄政的事情发生，但那时候还属于邦国时代，影响并没有后来这么大。

吕后，自汉高祖刘邦驾崩开始，直到她追随刘邦而去，在长达十五年的时间里，她都是整个大汉帝国的实际控制者。

当年的"相面爱好者"吕太公并没有看错自己选的女婿，也没有看错自己的这个闺女。他这个闺女比自己这个女婿主政的时间更久。

在历史中，很多时候并不是我们想象的那样，男人具有绝对的话语权。有很多女人，凭借自己独特的政治手腕，特殊机遇，如孩子年幼、少不更事以及一系列的因缘际会，而手握权柄，甚至独断朝纲。比如，两汉历史中，太后及其衍生出来的外戚力量，将占据权力游戏很大的篇幅。

历史长河中的很多皇帝，由于爱好众多，而且很多爱好往往对身体消耗比较大，那个年代又没有发明出来保健品，很多猛药又都有毒，所以很多时候折腾不了多长时间就累死了。这就导致了继位的皇子年纪往往非常小，大臣们又没法完全信任，所以在中国的历史中，后宫干政这样的事情实际上经常发生。

但即便是高频率出镜，这帮太后们留给我们的印象却并不多。在几千年的中国历史中，我们脑子里能够留下的太后的名字，加起来应该超不过五个，这还得益于电视剧的效果。

因为能干好的太少了，干砸了的倒有的是，而且太后们往往只要有一点干得不怎么样的地方，就会出现"一胖毁所有"的效果。

政治这个东西，比较考察理性和平衡能力。在任何时刻，都不能由着性子来，你得仔细地评估多方力量，了解各个利益集团的关注点，满足上中下三个人群的基本诉求，等等。

作为一名政治家，你就要像一个有着神奇口袋的机器猫，总能变出来一些东西，来满足各方面的利益需求。或者说，你要牺牲掉一些可以被牺牲的群体，去安抚不能得罪的群体。

什么时候要妥协，什么时候要强硬，什么时候必须演戏，这些都是贯穿一个政治家一生的课题。不要认为皇帝想怎么样就可以怎么样，这样的皇帝是当不到一个月的。

最大的权力往往也意味着最大的反噬，你为所欲为，没两天刀就架在脖子上了。代表人物就是被霍光废掉的傻冤家刘贺。他从上位到被废，前前后后不过二十七天。这就是拿皇位当大托儿所的下场。

总体来说，主政做主，尤其是当最高决策者，这是一个脑子里时时刻刻需警醒、勤算计的工作。但是，脑子要始终保持清醒、理性，这其实是非常难的。因为我们是人，并不是机器，总会有自己的好恶与需求，总会受到各种各样的诱惑和影响。这个活儿往往男人都干不好，更别提并不以理性见长、情感容易外露的女人了。

中国历史上从秦始皇开始到袁世凯窃国，一共四百九十四个皇帝，但有道的明君是一分钟就能数得过来的。

不过，面对这么一份绝大多数人干不好的工作，刘邦的妻子吕雉，却做得相当不错。

整个汉初，由于刘邦本人统治以及帝制磨合新时期的特殊环境，所以他死后的政局并不稳当。虽然异姓王都被扫干净了，但还有一帮老人呢！一大堆的功臣宿将，过去都是和老皇帝喝酒打哈哈的主，光是给刘邦磕头就学了很多年。这帮人服不服你,你镇不镇得住,对于年轻的汉政权来说很重要。

刘邦总是喊着"这天下是马上打下来的",这种话说起来往往特别过瘾,对别人也会起到榜样的作用:毕竟当初你不就是个亭长嘛!既然你可以打,为什么我不能呢?你确实很牛,总是有大龙护体,但你的儿子可不一定行。

关于刘邦的接班人的问题,各种史书中写得比较热闹,"换太子"的桥段也有很多,但实际上即便是刘邦自己非常想,但在真正落实时,他却并没有什么选择。因为他只要想到自己有一天会过早地离开大汉百姓,他就会想明白,在他死后,只有他的正妻吕后,或者说以吕后为首的吕家,才有能力镇得住刘家江山。但是吧,吕家的这几个兄妹太有能耐了,这也成为困扰刘邦人生最后几年的头疼事。

人生岂能尽如意啊!

吕后从刘邦创业的那一天起,就将自己定位成了"老板娘""贤内助"。以吕后哥哥吕泽为首的吕家集团,则是刘邦定鼎天下一个无法忽视的重要因素。可以说,刘邦纵有千般无奈,最终还是托孤给了自己的这个媳妇。

刘邦一辈子识人没打过眼,可见吕后无论是从能力上,还是在立场上,都能够让他放心。

下面我们就要来看看,吕后的人生修炼历程了。

吕后的本名叫吕雉,吕太公当年相中刘邦后,为了表达自己对多年都没有看到过的奇葩面相的喜爱之情,就将自己的亲女儿送了出去,认为自己不平凡的女儿终于找到了正主。由此吕雉开始了不平凡的一生。

所谓不平凡的一生,就是上半辈子劳身,下半辈子劳心。她的人生前半段,并没有像自己爹说的那样,显露出什么大富大贵的模样。日子一天一天过,美女变成老太婆,吕后望穿了秋水,却依然没有看到什么转机,更不要说富贵了,自己简直被当成了老爷们儿使。

由于刘邦亭长经常满世界跑,也不干活儿,挣得那点钱又不够他自己败的,所以吕后只能一手抓生产,一手带儿女,亲自带着孩子们下地干活儿。

那个时候,吕雉在内心深处对她爹应该是很不满的,因为她爹看走了眼，刘邦都成糟老头子了，还天天吊儿郎当的，哪里会是什么贵人！

不过，这也让我们看到了，吕太公的家庭教育是多么到位，因为即便并没有过上好日子，吕后依然日日夜夜地为家操劳，帮衬刘邦，无怨无悔。吕太公养了一个相夫教子、贤惠持重、任劳任怨的好女儿。

守得云开见月明，人生很长，只要不死就会出头，但迎接大福报的前提是，你自己的内功修炼得要够深厚。

吕雉还不知未来等待她的是什么，但生活却一直在往她身上加砝码，似乎就是要看看这个女人到底是个什么器量！

受了半辈子累的吕雉，在刘邦四十几岁、黄土都埋到脖子的时候，又迎来了人生下限的新挑战。由于刘邦私放了囚犯，逃入了芒砀山，他自己倒是跑了，吕雉却因此被抓进了大牢。在牢里，人往往是没有什么尊严的，尤其是女人，有时候还会受到很多不堪的侮辱。吕雉在里面，受了不少苦。

不过，刘邦有个好哥们儿，叫任敖，在监狱中当差。有一次，任敖看见自己的同事在虐待吕雉，一怒之下打伤了那个狱卒，并高调宣称，这个女人今后谁也不能再碰！这份恩情吕雉一直记在心里。掌权后，她将当初的这位恩公任命为御史大夫，算是为当年急公好义的这份情谊开了一张大支票。

后来，天下大乱，吕雉被放了出来，她不仅没有恼怒刘邦牵连了自己，反而经常去芒砀山中给成为"原始人"的刘邦送吃的、穿的，还经常为自家男人做公关工作。她告诉沛县的父老乡亲："因为我家老头儿脑袋上总顶着云彩，所以我才能找到他。"刘邦的很多广告宣传，都是出自吕雉之手。

是啊！不是自家的男人，谁会这么细心地观察呢？不拿这个男人当成自己的性命，又怎么会如此地无怨无悔呢？不是将自己的一生和这个男人绑在一起，又怎么会找机会就往自家老爷们儿脸上贴金呢？

吕雉是一个好妻子、贤内助，这一点刘邦是知道的。

事实上，刘邦这辈子掏心窝子商量事情的对象就两个人，一个是张良，另一个就是自己的妻子吕雉。

长年的坎坷与风霜让吕雉渐渐通达人性，在不断摔打与跌倒后，她明白了一个道理：永远不要把自己的好挂在嘴边。面对感恩的人，他们自会心中有数；面对不感恩的人，说再多也没用，反而会害了你。

这么多年来，直到刘邦驾崩，吕雉从来没有喊过自己当初吃了多少苦、受了多少累。哪怕是刘邦后来准备换太子时，吕雉也从没有提过自己当年咬牙流泪忍过来的岁月。她明白，过去的都过去了，想保住自己儿子的地位，还得靠自己。

作为一个妻子，吕雉有一肚子的委屈，从开始到最后，这一点从来没有改变过。

天下大乱，刘邦提着脑袋造反，终于混出来了。在汉中当汉王时，没有派人回来接吕雉；在项羽老家醉生梦死时，没有找吕雉；直到被项羽打得屁滚尿流时，才想起来接自己的这位结发妻子。早干啥去了呢？

吕雉和刘太公被项羽抓走了，这一抓走就是三年。直到荥阳和谈，吕雉才被放了回来，但回到自家男人的身边时，刘邦早已宠妃成云，最受宠的那个妃子叫戚夫人。

时光如流水，女人的好时光就这么流逝了，此时的吕雉，已经快四十岁了。自家男人的心，是再也拽不回来了，但好在有一双儿女，还有这份家业可以经营。老爹当初的预言实现了，虽然经历了如此长的时间，但自家男人打下了天底下最大的一份家业，这是她没有想到的。谁都不是开始干什么就能成什么的，但她却开始学着帮刘邦操持这份家业。

虽然吕雉是一个女人，但她将自己的影响力不断地扩大到了随刘邦打天下的这帮功臣宿将之中，这在历朝历代的开国皇后中，是唯一的一个。

她导演了杀韩信、剁彭越的故事，手段狠辣。杀韩信时，她心思缜密地先扣了萧何，或者说是萧何主动投诚选边，站在了她这边；杀彭越时，是彭越亲自哭着送上门来的。如果她没有足够大的影响力与政治筹码，彭越是不会走她这条门路的。

戚夫人自恃得宠，总希望自己的儿子赵王刘如意能够继承皇位，没事就跟刘邦哭，史书中记载，甚至到了"日夜啼泣"的地步。她的这种小法，就特别妇女化，总认为跟自家老爷们儿哭闹，就能获得自己想要的东西。但女人不是孩子，会哭并不意味着就有奶吃。

对男人提要求时，一定要说他还能从你这得到什么，尤其你面对的还是刘邦。区区一个戚夫人，能指望刘邦从你这得到什么呢？

第三战 诸吕之变：摄政女皇的伟大与悲哀

二、非同寻常的神秘外戚家族

不过,即便戚夫人不作,刘邦也有换太子的想法。有两个原因:一个是太子刘盈性格柔弱,子不类父;另一个更重要的是,吕家的势力太大了。

先来说第一个原因,接班人的性格问题。

刘邦豪气干云,兴之所至可以砍大蛇,也可以把读书人的帽子扔地上,还可以回老家泪流满面地唱"大风起兮云飞扬",但他这个儿子却不是性情中人。

刘邦认为,自己这个嫡子实在是太没出息了!子不类父,咋看咋碍眼!

刘邦在看着太子皱眉时,却忽略了自己就是儿子性格柔弱的始作俑者。刘盈从小就没有感受过父爱,因为刘邦总是三天两头不见人影。后来在刘盈几岁的时候,父亲刘邦成通缉犯了。在一场兵荒马乱中,他和姐姐看到了父亲,他们兴奋地大喊大叫,觉得终于得救了。

不过屁股还没有坐稳,自己和姐姐就被踹下了车。夏侯婴叔叔将他们救了回来,但他们的父亲又把他们踹下了车。

拍着满身的泥土,刘盈从父亲凶狠的眼神和不停的咒骂声中明白了,原来父亲是怕他和姐姐拖累了自己。父亲不应该是孩子最坚强的臂膀吗?

好在有夏侯婴,顶着压力又将他们救了出来,但后来他知道了一件事,一直陪伴他的母亲被抓走了。母子这一别,就是三年多。

刘盈在青少年阶段缺乏父爱,突经大变,唯一的依靠母亲,又离他远去，自己的亲爹又是个连自己孩子都不要的主，这一切让他的性格变得柔弱且缺乏安全感。但好在，他的母亲回来了。

青春流逝，再也回不来了，吕雉知道不能指望自己的男人怜惜她，还是靠自己吧。

刘邦经常出去平叛，后方主要就靠吕雉和萧何。吕雉在不断处理政务的过程中，慢慢地积累着经验，慢慢地积蓄着能量。这些不断积攒的势能，慢慢地在不同的层面散发着热量。

刘邦曾经在大庭广众下试探过讨论换太子的问题，但效果就像惹了马蜂窝，让人怼的啊！

朝中的元老们全都旗帜鲜明地站在刘盈这边。

叔孙通说："太子，国之本也，根本一动，天下震动！"

周昌更是直接，急得直结巴，满脸通红，蹦出几个字："不可以！"

除了是嫡子之外，刘盈的沛县籍贯和他母亲的政治影响，帮助他渐渐夯实了太子之位的根基。

刘邦的这帮功臣宿将，大多起于淮泗，很多还与吕后久识。比如，夏侯婴，如果他不是从小看着这俩孩子长大的，是很难有勇气在那种紧要的关头，迎着刘邦拔剑、破口大骂的时候，铁着心护着这俩孩子的。

吕雉母子，对很多大臣来说，除了君臣的关系之外，还有另一层关系，就是乡情。咱们战火中结交，斗争中成长，共同打下了这份家业，不挺我们的刘大嫂，我们挺谁？

除了吕雉本身极具政治手腕之外，她的娘家也成为刘邦在做储君大位决断时的关键因素。

刘邦的心情比较复杂。复杂在于他不必担心自己这位柔弱的儿子坐不稳皇位，但他非常担心自己这辈子最终为谁辛苦为谁忙。因为吕家的势力实在是太大了！

吕家在古往今来的外戚集团中属于比较特殊的，他们家并非一人得道、鸡犬升天的那种因女而贵的暴发户家族。人家吕家对于汉王朝的军功贡献非常巨大。

由于吕家后来被汉朝功臣集团给团灭了，所以大量的史实也被销毁掩盖了，史书中仅能找到些许蛛丝马迹。但即便是蛛丝马迹，也足够震撼吓人了。

比如，汉初功侯封赏的阳都侯丁复，封了七千八百户，仅次于萧何的八千户，排名第五；曲成侯蛊逢（虫达），封了四千户，陈平不过五千户。这都是明确从属于吕泽的大将。

再如，刘邦的铁杆亲信，封了四千六百户的靳歙，起于宛朐的上一战中的关键"爆破手"陈豨，这些重量级人物都跟吕泽有着千丝万缕的联系。

我们来看一下吕泽在史书中留下的片段吧。

以吕后兄初起以客从，入汉为侯。还定三秦，将兵先入砀。汉王之解彭城，往从之，复发兵佐高祖定天下，功侯。（《史记·高祖功臣侯者年表》）

是时吕后兄周吕侯为汉将兵居下邑，汉王间往从之，稍稍收其士卒。（《史记·项羽本纪》）

吕后兄周吕侯为汉将兵，居下邑。汉王从之，稍收士卒，军砀。（《史记·高祖本纪》）

吕后兄周吕侯将兵居下邑，汉王从之。稍收士卒，军砀。（《汉书·高帝纪》）

这些里面有几个关键点。

第一，"客从"。

什么叫"客从"呢？就是带着一定的股本、领着自己的一套班子加入，类似于"股东"。举几个大家熟悉的例子：萧何、郦食其、王陵。郦食其和王陵，我们不会感到意外，他们都是一方豪杰，带着队伍加入的，但没想到萧何也有班底。

整个《高祖功臣侯者年表》中的一百四十三个封侯者,"客从"的侯有十二个,其中包括吕泽、吕释之这哥儿俩。

第二,入汉为侯。还定三秦,将兵先入砀。

刘邦集团的最早一拨儿封侯中有他,还定"三秦"中有他,反攻中原后,他率先打进了当年的老根据地砀郡。

为什么要单独说一下"砀"呢?

因为吕家老家是砀郡单父县的,当初避仇到泗水郡沛县时是"重客"。吕家在还没天下大乱时,就属于砀郡非常有势力的家族了,人家这次是来拿回自己的地盘。砀郡人加入起义封侯的,高达二十三人,其中多人都跟吕家有关系。

因为雍齿突然叛变,最开始刘邦在丰邑各种吃瘪时,却轻松拿下砀,还收编了体量当时是自己一倍的砀郡子弟兵(收五六千人)。这其中的原因,史书中无载,颇有玄机。

第三,也是最关键的一件事。

《高祖功臣侯者年表》《项羽本纪》《高祖本纪》《汉书·高帝纪》中,在吕泽的史料全部被抹除后,只保留了一件事。因为如果这件事不留下,整个剧情就无法衔接了!当年刘邦在彭城大屠杀中抛儿弃女,差点儿被项羽追死的时候,逃到了吕泽那里,是吕泽发兵帮他东山再起的!

　　汉王之解彭城,往从之,复发兵佐高祖定天下,功侯。(《史记·高祖功臣侯者年表》)

　　是时吕后兄周吕侯为汉将兵居下邑,汉王间往从之,稍稍收其士卒。(《史记·项羽本纪》)

　　吕后兄周吕侯为汉将兵,居下邑。汉王从之,稍收士卒,军砀。(《史记·高祖本纪》)

　　吕后兄周吕侯将兵居下邑,汉王从之。稍收士卒,军砀。(《汉书·高帝纪》)

这些史料中,非常一致地使用了几个词:"居下邑""从之""稍收士卒""军砀"。

什么意思呢?

"居下邑"(今安徽省砀山县)和"从之",说明刘邦一无所有后,去投奔了这位大舅哥。刘邦并非去了自己的下属大将那里,而是去投奔!这位大舅哥在下邑算是"独立武装",并非完全从属于他!

"稍收士卒"和"军砀",说明刘邦在这里才算稍微立住脚。

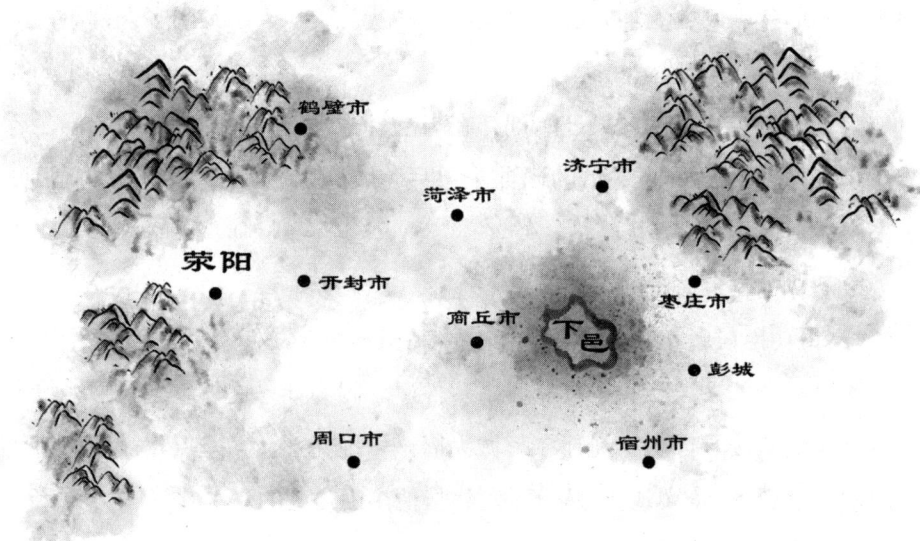

这个位置离彭城大本营并不远,是项羽一通摧枯拉朽后没打动的地方,刘邦要是没有吕泽在这拦一脚,根本逃不回荥阳。

《高祖功臣侯者年表》中"复发兵佐高祖定天下",这句话的分量极重。其中"佐"和"天下"的字眼,在一百四十三位功侯表中,分别只在另外三位"大神"的功劳簿上出现过。

"佐上定诸侯",这是对萧何的评语。

"常计谋平天下","出六奇计,定天下",这是对张良和陈平的评语。

萧何对国家操作系统的那种输出帮助,叫"佐"。

张良和陈平那种挽救起义级别的算无遗策，叫"定天下"。

吕泽至少是跟"汉初三杰"平级的，而且只高不低！

然后再来看一下他的弟弟吕释之的功劳簿："以吕后兄初起以客从，击三秦。汉王入汉，而释之还丰沛，奉卫吕宣王、太上皇。天下已平，封释之为建成侯。"

前面跟他哥哥一样，"客从，击三秦"，中间这一句非常有意思，"奉卫吕宣王、太上皇"。吕宣王是他爹，太上皇是刘邦他爹。吕宣王不仅排在太上皇前面，而且真打起来后，太上皇和儿媳妇被项羽抓走了，倒是吕宣王无病无灾地安享天年。

更重要的是，吕泽所居的下邑，这个刘邦能站住脚的地方，离刘邦的老家丰邑（今江苏省丰县）仅仅四十公里。说明什么呢？

吕家集团并非完全从属刘邦的！不然不可能对上司的爹不上心，或者说他自己的爹要远比上司的爹重要！这一大串联起来后，会怎样呢？

第一，吕家兄弟在刘邦起义时，最开始是加盟"股东"。

第二，吕家手下有一帮很厉害的将领，比如丁复、陈豨、蛊逢等。

第三，最早一拨儿封侯时，就有他们哥儿俩。

第四，能打，在"还定三秦"的关键战役中是主力，打出山东后先回了老家。在项羽核心地不远处，率先占领了砀郡根据地。后来项羽大杀四方反攻时，没打动他家。

第五，吕家并不完全从属于刘邦。

第六，在刘邦后面的征战中，吕家至少拥有和萧何、张良一样"佐""定天下"的关键性功劳。

从这些只言片语中，已经很能说明吕家的功劳和势力了。吕家的这兄弟俩有势力、有人脉、有军功、有资历，对于刘邦集团举重若轻。因此，刘邦对于立不立刘盈为太子很矛盾。

他不用犹豫的原因在于，刘盈的这个姥爷家肯定能帮他坐住江山，而且吕雉这个太后的政务能力还是加分项。

但刘邦犹豫的原因在于，吕家这一家子，从媳妇到舅子们太厉害了，万一吕家把这个外甥给踢一边去了呢？别最后我全扫平了，倒给吕家做嫁衣裳了。这才是汉初的太子位归属大戏频出的真正原因！

刘邦一个劲儿地扫平异姓王，不把地收回来，而是安排给自己的亲戚们，一个很关键的原因，也在于他要防着吕家。最好的齐地，刘邦给了大儿子刘肥，配了最好的国相曹参。这不得不说是一个用心的安排。

刘邦的重大困扰在高祖八年（公元前199年）时，其实散了一大部分。吕家的掌门人吕泽在这一年死了。但是，刘邦对于太子大位仍然没有拿定主意。他对吕家仍然不放心，老大死了，老二吕释之还在，再加上有个当皇后的妹妹，这个势力依然强大。

关于太子之争，曾经一度闹得比较凶，吕雉还派吕释之去威胁已经不问世事的张良。原文比较让人目瞪口呆。

吕释之"劫"张良，说："现在陛下要换太子，你能置身事外吗？"（今上欲易太子，君安得高枕而卧乎？）

吕释之强迫张良："赶紧帮我想办法！"（强要曰："为我画计。"）

这里透露出两点：第一，吕释之也非常厉害；第二，张良跟吕家有联系和往来，尤其是那句"君安得高枕而卧乎"？

张良对吕释之说："炮火狼烟中，陛下听我的，现在对于陛下的家事，我就递不上什么话了。"但"强要画计"后，张良又说："在商山中，有四位高士，陛下一直仰慕，但人家却一直不出山，江湖上人称'商山四皓'，想办法让太子请这四位出山吧。"

吕雉派人带着太子情真意切、言辞谦卑的亲笔信，并配了一份厚礼，前去商山求贤。好在是命中有缘分，四位高士共同出山，成为刘盈太子位的最强背景光。

> 汉十二年，上从击破布军归，疾益甚，愈欲易太子。留侯谏，不听，因疾不视事。（《史记·留侯世家》）

看见没？刘邦重病后，被吕家"强迫"的张良可是主动"谏"了哦！这可是自从修仙后，啥都活明白了的子房兄的首次发声！涉及吕家，张良的修仙过程可真不那么清静。

看到张良在帮吕家使劲儿了，刘邦人生中第一次没有听张良的话。这说明刘邦很可能早就知道张良跟吕家有关系了。

在不久后的一次朝宴上，"商山四皓"这四位老人终于使上劲儿了。宴会上，刘邦发现太子身边有四位毛发全白的老人侍立，衣帽考究，飘飘若仙。刘邦很奇怪，问道："你们是谁？"

四位老人上前自报姓名：东园公、甪里先生、绮里季、夏黄公。

刘邦听后大为吃惊："我请了你们多年，你们却总是逃避我，为何现在反而要跟随我的儿子呢？"

四位老人回答道："陛下轻视读书人，又爱骂人，我们坚决不愿受辱，所以才因为恐惧而逃亡。如今听说太子仁孝恭敬，爱护天下读书人，天下人都愿意为太子效死力，所以我们就来了。"

刘邦长叹一声，道："烦请诸位好好替我照顾太子吧。"

刘邦是天下最会看事的人，他明白这是一种怎样的政治信号：太子羽翼已丰。

吕家是刘邦一直提防、担心的隐患，但"商山四皓"却从侧面说明了一件事：太子有能力打造自己的班底。刘盈并非一个被摆布的软弱之辈。刘邦自己都没请来的四位老爷子，吕家也不可能请到，倒是刘盈这个孩子此时的政治符号是好使的，市场是认可的。

自此，纠结了好几年、马上要走人的刘邦终于放弃了挣扎，再也不提废立太子的事了。

在这一系列的连环博弈下，刘盈最终坐稳了将来的皇位，吕雉也迎来了自己主政的十五年。

三、"白马之盟"

公元前195年，刘邦驾崩，刘盈继位，大汉帝国的第二任皇帝汉惠帝登台了。

很多人从这个时候开始，将吕后彻底地看成了一个老巫婆般的大反派。原因在于，她很不大气地杀了一些人。个中原因很多，有多年的怨恨，当然更有巩固儿子帝位的利益驱动。

她将当年抢她吕家命根子的戚夫人虐待成了"人彘"。出来混肯定得还，戚夫人但凡聪明点，刘邦死的时候，她就应该抓紧时间千古相随。

吕后怎么可能会饶了你！你抢的不是小孩子的棒棒糖，而是全世界诱惑力最大、杀伤力最强的权力与家业。人家抛家舍业蹲监狱，你就知道一哭二闹三上吊，你也配？

吕后残忍地对待戚夫人后，还杀掉了儿子的最大竞争对手刘如意。而且，她还打算杀刘盈的哥哥——刘邦的私生子刘肥。谁让你齐国是大"东秦"呢！只要有威胁，都得死！

但刘肥经高人指点，不断让出自己齐国的封地给吕后的利益集团，终得善终。

吕后的所为，确实私德欠缺，尤其是杀戚夫人，三尺白绫即可，何必如此残虐呢！不赖后世给她们家泼粪时，拿此做文章。

但是，除了上述作为外，我们并没有看到吕后还有什么过分的动作。于私,这个女人狠毒不大气。于公,对于这个国家,她的一系列执政举措却善莫大焉。

此时,刘盈还小,吕后这个实际的国家操纵者并没有过多地干预朝政。她顺从了刘邦的遗命,先是继承萧丞相的理政路线,在萧何死后,让曹参当丞相,听从刘邦生前定下的最佳政治接班人方案。

这套政治接班方案,为后世留下了著名的成语——萧规曹随。

曹参继任丞相后,对所有的事全部遵循萧何所制定的法令与制度,没有丝毫的变化。曹丞相(好吓人的称谓)所选的相府官员全是拙嘴笨腮的,谁跟他提建议他就灌谁酒,整个丞相府就如同一个大酒吧。

刘盈认为这是曹参对他这届政府的蔑视,太不拿我当回事了!于是,惠帝刘盈派曹参的儿子曹窋去给他爹提意见。曹窋回家刚一张嘴,就让曹参打了一顿,大骂道:"你懂什么?天下事轮不到你这个小子插嘴!"

转过天来,刘盈问曹参:"你儿子和你说的话是我让他说的,你这是什么意思?"

曹参脱帽致歉,却答非所问道:"陛下,您认为您的能力相比先帝如何?"

刘盈道:"我哪里比得上先帝!"

曹参再问道:"陛下觉得臣的能力比得上萧何吗?"

刘盈道:"你似乎不如萧何。"

曹参道:"先帝和萧何共同平定天下、制定法规,已经十分完善。如今陛下袖手高坐,我们尽忠职守,谨慎遵循,莫出差错,这难道不是最正确的方法吗?"

刘盈思索再三,道:"你说得有理。"

史书中关于刘盈当政的这七年,基本上只在吕后报复他那帮兄弟时着了些笔墨,突出了刘盈是个厚道孩子,至于政绩方面,则乏善可陈。

刘盈在当政的这七年中,确实没有干出什么政绩。但不可否认的是,这没有政绩的七年却为西汉王朝后面的二百多年,开了一个好头。

整个刘盈政府的"无为而治",给已经战乱了几百年的中原百姓带来了雨露般珍贵的休养。刘盈也许能力弱，但绝不怠政。懒政怠政之人是不会拐弯抹角地费半天劲，就为了点拨一下自己的丞相的。

刘盈这七年的平稳，还要感谢他的母亲。吕后放手让自己的儿子历练，并没有给他什么压力，也没有强加什么欲望，就是在背后作为一个隐形的操盘手，默默地观察着，守护着，克制着。

为什么要说克制？因为总有一些她忍不了的事情。

刘邦死后三年，北方的老对手冒顿单于派使臣送来了一封内容极其傲慢、猥亵的信。信的内容大致是：我是一个寂寞的北方一哥，你丈夫刚死，想必你也是空房难耐，既然我们都不快乐，不如你来跟我过日子吧，咱俩凑合凑合。

冒顿单于的信很有杀伤力，生生地在汉朝的伤口上疯撒盐！

吕后看完信当时就怒了，于是迅速召开御前会议，准备打击报复！

妹夫樊哙说道："我愿率十万大军，扫平匈奴，看前面，黑洞洞，定是那贼巢穴！"

但季布马上呛火道："就凭这句话，樊哙就该处斩！当年先帝被围在平城，樊哙作为上将在当时都无法解围，现在去了就能扫平匈奴？匈奴就是蛮夷，他们歌颂我们的话，不值得高兴；恶心我们的话，也没必要气恼，您还是别跟他一般见识了。"

吕后听完，思索再三，咽下了这口气，并回信道："感谢你夸奖，我年老色衰，去了估计你也不会高兴的，不过既然你张嘴了，我们还是会选一名公主前往和亲的。"这种克制，这种以天下为重，不是一般人能做到的。因为接到这种侮辱性的外交文书的国家，全部都开战了。

吕后咽下了这口气，并优雅地化解了这次外交尴尬。窝火吗？肯定窝火，忍字头上可是一把刀呢！

吕后的理智与大局观，让她成为历史长河中的极少数女政治家，也挽救了整个大汉帝国。

为什么要说挽救？因为凭当时的条件，根本无法支撑新生的大汉帝国打这场战争！形势不允许，这是需要正视的，而不是满肚子的义愤填膺。

公元前190年，曹参逝世，吕后继续遵循刘邦的遗命，命王陵当右丞相，陈平为左丞相，周勃封为太尉。

多年后，刘邦的识人之智，依然在闪耀着光辉。但若没有吕后这个忠心的妻子，他只能人亡政息。

如果历史就这样继续下去，也许吕后除虐待情敌、杀赵王刘如意这两件事之外，不会在历史上留下什么记号，取而代之的将是"惠帝之治"。这个平静的二代政府，将完美地完成继老子打天下后，儿子守江山的过渡衔接。但人皆有定数，刘盈只有七年的皇帝命。二十三岁的刘盈英年早逝。

吕后在面对自己孩子受到的威胁时反应过度，杀伐太狠，手段阴毒。从某种意义上说，她得到了自己的报应。

在几千年的历史中，太多这种机关算尽，最终却被打脸的故事了。

凡事做尽，事必与愿违！

吕后受了一辈子的委屈所换来的希望之花，仅仅开了七年。

刘盈的逝世，也直接导致了吕后后面一系列更加过激的反应，最终害了与她有关的所有人。

在惠帝的葬礼上，吕后根本顾不上悲伤，未来该怎么办，对她来说太难了。母以子贵，如今子已经没了。刘盈的正宫皇后也没有生下太子。虽然庶出小老婆们生出了孩子，不过年龄都太小了。如何保存自己以及刘盈这一脉血缘，成了吕后面临的最大问题。

因为刘邦还有很多血脉在世，他们身上都流淌着汉高祖的血，野心都不小。刘盈的英年早逝，激发出了很多人的想象。

吕后在思前想后中，做出了一个决断，命令惠帝皇后收养的庶子刘恭为帝，并杀掉了刘恭的亲生母亲，自己作为太皇太后临朝听政。

这是有史以来，中华民族历史上的第一次，一个女性走到了台前，亲自控制一个庞大的国家。

因为惠帝的英年早逝，吕后出于极大的不安全感，走到了台前。这份不安全感，促使吕后在后面干下了很多败笔之事，结果就好像抱薪救火，愈演愈烈。

心中极度不安的吕后，准备扩大自己的势力，封自己的娘家亲戚吕姓为王。她询问了百官之中地位最高的三个人——国家的三公，刘邦临终前钦点的王陵、陈平、周勃。

王陵的态度很干脆："高祖当年斩白马为誓，非刘姓王者，天下共击之，而今吕姓为王，不合当年盟誓。"这就引出了历史上非常著名的"白马之盟"。

当年刘邦，在平定英布、废掉卢绾后，和这帮功臣宿将们曾经斩白马为誓："非刘氏不得王，非有功不得侯，不如约，天下共击之！"

这个颇为江湖气的盟誓，既没有写进汉法，也没有昭告天下，而是像开香堂、立血誓一样，众兄弟拿马血抹过嘴唇，干了这碗马血酒，就都得遵守这个誓言。

一般来说，在传统理解中，刘邦的这个帮会性质的临终盟誓，既堵死了这帮老将们的非分之想，又给这帮老将们布置了一个最后的使命。总之一句话，兄弟们，保我老刘家的江山！

仅仅是这个意思吗？还真没那么简单。

说"白马之盟"前，要先说名气不那么大的另一个誓言——"封爵之誓"。

当年刘邦在开国大封侯时，史书是这么总结的："使河如带，泰山若厉，国以永宁，爰及苗裔。"

什么意思呢？

当黄河变成了裤腰带，当泰山变成了磨刀石，只要咱们打下来的这个国家在，咱们的后人们就永远端着这碗饭！

这相当于刘邦亲口给了这帮打天下的兄弟们永久性的股权认证。

在汉初所有的一百四十三个封侯者中，刘邦只杀了两个——韩信和陈豨。这哥儿俩是谋反的罪过，剩下的人，刘邦全都没动，很够义气。这个"封爵之誓"最重要的是什么呢？兄弟们，大哥我封的这个侯是直到海枯石烂的！封地的收益让子子孙孙有饭票，都踏下心来好好地跟我过吧！

这个"封爵之誓"承诺的是列侯世袭！

再看刘邦临死前的"白马之盟"是什么意思呢？

"非刘氏不得王，非有功不得侯，不如约，天下共击之！"

前半句大家都知道，不是我们老刘家的人，不能当王！其实后半句也同样重要，没有军功的，不能封侯！这是刘邦死前跟这帮老兄弟们做出的互相承诺！

前一句话堵死了外姓人当王的可能性，保证了刘家皇权、王权的纯洁性。这是第一个排他性规定！

兄弟们，你们都见证，谁将来要是威胁我刘家的皇权，谁敢在诸侯王这个层面上动心思，大伙儿一块帮我打死他！

后一句话基本堵死了非打天下的家族当侯的可能性，保证了军功阶层们侯爵的纯洁性。这是第二个排他性规定！

兄弟们，你们也见证，我刘家的后世皇帝如果敢随便乱封侯，你们就搞死那个被封的人！

侯爵的意义是什么呢？不仅仅是封地、饭票，更代表着高级官位的门槛，是大汉官僚体系的VIP入场券！

皇位、王位、官位，都是稀缺性的，都是零和博弈的权力大饼。"白马之盟"是个双向的承诺与利益划分。

你老刘家生生世世做皇帝、当王爷没问题，我们这帮军功家族也得祖祖辈辈做大官！

再深一个层次的潜规则是什么呢？

皇权和相权，这个国家的两个权力大饼，刘家人和打江山的军功集团永远平分！这层潜规则含义也成为后面剧情走向的关键钥匙！

四、为什么周勃也叛变了

由"白马之盟"衍生出来的问题有很多。首先,就是刘邦得天下的法统问题。

太史公的最终评价是"得天统矣"。把刘家的江山说成是天命所归,这个理念其实是董仲舒把老天加入皇权解释后的思潮。在刘邦的那个时代,还未成气候。

所谓皇帝,是个新生事物,前面只有秦始皇一个蓝本。但嬴政的法统合理性,刘邦根本没办法复制。嬴政之所以可以把天下当成橡皮泥般随便揉搓,有两个原因。

第一,我的法统是世袭继承而来,我家祖祖辈辈就是秦王。现在我升级为了最厉害的贵族,最大的王!

第二,我消灭了其他世袭的王权,我将他们的贵族法统全部加到了我的身上。那六国就是六块皇权碎片宝石,被我集齐后拿到皇冠。

综上所述,嬴政这个皇帝,从法理上讲,是相当合理的。甭管原来谁是你的王,现在都成皇帝的碎片了,老老实实地跪着吧。

从上千年的进化角度上讲,人家是"奋六世之余烈"后,毋庸置疑的天下之主。那么,刘邦的这个皇帝后来上位的理论是什么呢?

第一,是天下最大的军功和虚无缥缈的所谓最厚的德性。

根本没有血缘的加成!根本没有祖上能够让你继承的积淀!没错,天下是你"提三尺剑打下来的",但这也暴露出了你这个政权的一个巨大短板。你不过就是个平民,而且是目前为止第一个造反成功的平民!也因此,刘邦并不具有始皇帝那样,让人从心底害怕且仰望的家族底蕴!

第二,是所有诸侯王"民主"推荐的。

你并没有消灭所有王权。和始皇帝相反,你是联合了那堆诸侯王,消灭了你所根本无法独自消灭的项羽!而且,你这辈子的那个梦魇,还仅仅是位自封的霸王!

这也就意味着,别看你通关的难度级别是地狱档,但从法理上看,却并没什么分量。没有血缘继承,暴露你无底蕴,缺少威仪;联合诸王,暴露你能力有限,"股东"众多。所以,你这个"皇",撑死了就是个大"王"。

刘邦整个打天下的过程,其实也在于早早就明白并贯彻了这个法理。刘邦分大头,韩信们分中头,兄弟们分小头。

兄弟们这个小头,就是"列侯"。汉初这个"列侯"的含金量可不是一般的高:第一,可以世袭;第二,列侯治国,治民,自置吏,自纪年,具有着该片土地完整的统治权。其实就是缩小版的王国。

为什么刘邦打下天下后会这么大方,或者说做出如此多的妥协呢?原因就在于前面说的,当年的项羽太过于生猛。几乎是当世全体人杰铆足了劲儿,有钱的出钱,有力的出力,团结一致向前看,才集体干掉了他。

这也就意味着,干掉"大魔王"分红的时候,"驱魔小分队"的全体成员自上而下地都认可每一个人的贡献价值的。天下是大家团结在刘邦麾下共同打下来的,人人都有份!所以,汉初是中国历史中非常神奇的一个阶段。

最大的是汉帝国,受益人是功最大、"德"最厚的刘家;其次是诸侯国,受益人是功次大、"德"次厚的"韩信们";最后是列侯国,受益人是刘邦集团的军功阶层们。这就是土地所有权的"三权分立"。

除了土地之外,还有权力的分配权。也就是说,皇权以及相权。皇权代表着最终裁决权和最高军事权,也就是决定"这事行,或者不行",以及"这人抽,或者不抽"的权力。相权代表着行政处理权,也就是提出"这事儿该怎么办的各种各样的建议"，以及"这人该怎么抽的各种各样的方案"和后勤工作。

在这两个权力中，皇权是至高无上的，为什么呢？因为我掌握着决策权和兵权。很多事，你丞相无论怎么说，我就是不同意，你一点办法也没有。

韩信"造反"时，我们说过，你手里得有兵器，才能形成战斗力。丞相再牛，但没有皇帝的盖章文件，是领不出来兵器的；太尉再牛，大将手中不拿到虎符，同样是调不动兵的。

说到这里，皇权看似已经掌握所有了，那为什么还要单独有相权呢？因为国家在真正运转时，皇权真正说"不"的时候是很少的。

比如，在人事任免上，所有大官底下这帮真正干活的官员任免，皇帝基本不伸手。他只能在所谓的"三公九卿"身上动动脑筋。基层官员的表现状况，所有政府的复杂事务，他根本伸不上手。

再如，黄河这边闹灾了，丞相府给出一份救灾抗洪方案，拨几百万石粮食，从哪几个郡拨、派哪个官员去负责抗洪，需要皇帝指派吗？提拔一帮基层官员，丞相府报上来一堆名单，皇帝亲自拒绝一个试试，第二天就全罢工，告诉你没人干活了。

所以，除非是特殊情况，皇权对相权发过来的文件，基本上是照单全收、直接盖章的。

轮到皇权和相权博弈时，比较厉害的皇帝如刘邦，对萧何说："老萧，我要打英布了，赶紧给我搞后勤、调士兵！"然后一通盖章。不太厉害的皇帝如刘盈，对曹参说："曹大爷，你给我动弹起来！新年新气象！"曹参说："动弹个什么！"刘盈说："哦。"

涉及具体岗位时，皇帝对于"九卿"级别，尤其像奉常（掌管宗庙礼仪）、郎中令（掌管宫殿警卫）、卫尉（掌管宫门警卫）等服务皇权的关键部门，有着绝对的掌控权。

但是，如治粟内史（掌管租税、钱谷和财政收支）和廷尉（掌管司法审判），这种国家运营的岗位，以及丞相府的"十三曹"（丞相秘书）等，皇帝基本是指导不上的。

这也就意味着，从权力上，打下天下后，刘家和军功阶层的分工是这样的：刘家具有最终决策权和军权，以及高级干部任免权。这就是此时"皇权"的定义，通俗点讲，就是树干。

军功阶层具有实际运营整个国家的操纵权和除少量高级岗位外的官僚系统人事任免权。这就是此时相权的定义，通俗点讲，就是树枝和树叶。

再来看一下吕后提出要封吕家为王的要求后，军功阶层的反应吧。

"一把手"王陵如同当年刘邦临终前判断的一样，有些愚直，既然当年喝过老大的酒，老大说的话就永远算数！吕家没资格！

"一把手"右丞相王陵表态后，该"二把手"左丞相陈平说话了。陈平作为整个汉初最高段位的审时度势者，他平稳地度过了一次又一次的政治危机，并在一次次的权力洗牌中越混越强大。每一次大的政治变化后，他都是受益者，都能准确判断正确的方向。这次也不例外。陈平说："高祖当年定天下，封王子弟，今天太后打算封王诸吕，没什么不行的。"

陈平表态后，周勃也跟着附议，认为吕姓可以为王。

关于周勃，刘邦当年说对了一半，这个被他寄予厚望的"浓眉大眼"也叛变了。也许他看起来憨厚，却并不意味着他是个笨人，这是刘邦看走眼的地方。

但另一半，刘邦还是说对了。

几天后，王陵被架空，明升暗降，变成了太傅。王陵也明白，直接称病回家了。走之前，王陵质问陈平与周勃："当年我们都曾歃血为盟，如今你们背叛誓约，死后有何面目与高祖相见？"

陈平回答得很狡猾："当庭反对，公开指责，我们不如你，但日后保住刘家的江山，你不如我们。"

这是个不靠谱的回答。因为如果不是后来吕后走错了棋，以陈平为首的这帮人根本谈不上什么保全刘家江山。吕家把刘家取代了又能怎么样呢？

我们来分析下，为什么陈平、周勃会背盟？因为跟他们没关系。他们的土地与权力,并没有受到丝毫损害!吕后要封王,动的是刘家的土地和刘家宗族的权力。跟军功集团有关的,无论是侯国的土地,还是政府的操控权力,吕后可是一丁点儿都没动。

因此,陈平、周勃为什么要反对呢?

刘邦算计了半辈子,临了立了这么大的一个盟约,结果里面却有着巨大的权力逻辑错误。

非刘姓当王的时候,军功阶层没有任何约束的意愿,因为只有义务,没有利益。只有真到非功臣为侯的时候,也就是有人掺和到相权(运营整个国家的操纵权和除少量高级岗位外的官僚系统人事任免权)时,军功阶层才会"天下共击之"!

陈平与周勃的这个组合,其实并不瓷实。

周勃是最早起义的,陈平是半路出家的;周勃是自己一刀一枪打出来的,陈平是自己一阴一谋算出来的,这俩人平时总是不对付。不过,这两个人在大事上却知道家里外头,默契非凡。原因就在于,这俩人都是聪明人。

当年刘邦病重,有人诬陷在燕国平叛的樊哙也要反,已经病糊涂的刘邦一怒之下命令陈平、周勃前往燕地,就地处决樊哙。

陈平和周勃在中途就达成了共识:樊哙绝对不能杀。

为什么呢?因为他是冤枉的?因为他和他们俩有战友情?这些都是虚的。原因在于樊哙资历深,要杀只能刘邦亲自杀,而且樊哙还是吕后的妹夫。因为这两个原因,我们是绝对不能动的。

到达燕地后,周勃接替樊哙继续平叛,陈平将樊哙押回长安。走到一半,陈平听到了一个惊人的消息:刘邦死了。陈平发现自己的处境非常危险,老皇帝让杀的人在自己手上,但这个人是现在太后的妹夫、皇帝的姨夫,是军队的老一辈,这样回去一定会受到迁怒。

陈平十万火急地要先行跑回长安,但此时他已经接到了诏书,要让他和灌婴屯兵荥阳,防止天下有变。

陈平机警,知道这件事必须现在说清楚,就没有接诏书,而是一路飞车跑到了刘邦灵柩前，一通大哭，并要求为刘邦守灵。吕后很感动，陈平趁此机会说了樊哙的事，说他冒着违背高祖命令的危险，将樊哙带了回来。

吕后再次感动，让他做了刘盈的老师。

后来，樊哙自然被无罪释放，同样他也记得陈平与周勃的不杀之恩。

一系列的大坑，被高水平"杂技演员"陈平接连躲过。陈平、周勃这对组合为吕后封王开了头，最后也是他们收的尾。

五、吕后之治

会同"三公"开会后,吕后开始了自己巩固权势的运作。

吕后先是在公元前187年追封了两个死去的哥哥,大哥吕泽为悼武王,二哥吕释之为赵昭王,以此作为封立诸吕的开端。

随后,吕后做了很多试探。第一步,她先恢复了张家的王位。她的外孙张偃被封为鲁王(封地割楚国刘交处而来)。第二步,封了一批刘姓的王。封刘强(惠帝子)为淮阳王(原国王是刘友,改封赵王后遭软禁),刘不疑(惠帝子)为常山王(割赵国而来),惠帝另外三子分别为侯。最后,封了吕泽子吕台为吕王,后传至她的侄子吕产(割齐国济南郡而来),吕释之的儿子吕种为沛侯,封外甥吕平为扶柳侯。

吕后四年(公元前184年),又封其妹吕媭为临光侯(史上第一位女侯爷),侄子吕他为俞侯,吕更始为滕侯,吕忿为吕城侯。

吕后八年(公元前180年),封吕禄为赵王(赵王刘恢死后易主吕氏),吕通为燕王(燕王刘建死后易主吕氏)。

从时间上看分为三个梯队,吕后先后分封吕氏家族十几人为王为侯。

继非刘姓为王后,非军功封侯的规矩也被打破了。

但是,由于此时的吕家如日中天,于是所有人都选择了沉默。这些小问题尚可忍受,因为大局并无变化。

为什么吕后封吕家和刘家的人为侯后,仍然可以和军功集团相安无事呢？因为她并没有动相权。

看一下整个惠帝和吕后执政期间的"三公九卿表"①。

	氏名	官位	爵位	阶层	任期	
1	周勃	太尉	绛侯	军层	惠六年	~文元年
2	萧何	丞相	酂侯	军层	汉元年	~惠二年
3	曹参	丞相	平阳侯	军层	惠二年 七月	~五年 八月
4	王陵	丞相	安国侯	军层	惠六年 十月	~吕元年 十一月
5	陈平	郎中令	曲逆侯	军层	高十二年	~惠五年
		丞相			惠六年 十月	~文二年 十月
6	审食其	典客	辟阳侯	军层	惠七年	~吕元年
		丞相			吕元年 十一月	~七年 七月
		丞相			吕八年 九月	~后九年
7	吕产	丞相	洨侯	宗亲—军层	吕七年 七月	~八年 九月
8	赵尧	御史大夫	江邑侯	军层	高十年	~吕元年
9	任敖	御史大夫	广阿侯	军层	吕元年	~三年
10	曹窋	御史大夫	平阳侯	军层	吕四年	~八年
11	夏侯婴	太仆	汝阴侯	军层	汉元年	~文八年
12	阳成延	少府	梧侯	军层	高五年	~吕七年
13	叔孙通	奉常		军层—儒吏	高十二年	~惠六年
14	戚鳃	中尉	临辕侯	军层	高十一年	~惠四年？
15	△育	廷尉		不明	高十二年	~吕七年
16	刘泽	卫尉	营陵侯	宗亲—军层	惠元年	~吕四年
17	冯无择	郎中令	博城侯	军层	惠六年	~吕三年
18	△贾寿	郎中令		不明	吕四年	~吕八年

① 李开元：《汉帝国的建立与刘邦集团》，生活·读书·新知三联书店，2000年版。

（续表）

	氏名	官位	爵位	阶层	任期	
19	△免	奉常		不明	惠七年	~吕六年
20	卫无择	卫尉	乐平侯	军层	吕四年	~六年?
21	足	卫尉	关内侯	军层	吕六年	~文元年
22	△围	廷尉		不明	吕七年	~八年
23	△根	奉常		不明	吕七年	~文元年
24	刘揭	典客	阳信侯	军层	吕七年	~文二年

基本上全是"军层"背景。

中间的吕产最后单说，最下面五个画三角的，除了郎中令贾寿明确非军层外，其余四位并没有查到名字，但这并不意味着这四位无名氏就不是军功集团的。唯一那个有据可查、非军功集团的郎中令，还是属于服务皇权的贴身"保安队长"。这个位置安插自己人无可厚非。

再来看一下诸侯国的国相表①。

	氏名	国名	爵位	阶层	任期	
1	曹参	齐	平阳侯	军层	高六年	~惠二年
2	傅宽	代	阴陵侯	军层	高十一年~惠五年	
3	张苍	淮南	北平侯	军层	高十一年~吕八年	
4	陈婴	楚	堂邑侯	军层	高十二年~吕四年	
5	宣义	燕	土军侯	军层	惠初年	
6	利昌	长沙	轪侯	军层	~惠二年~吕二年	
7	齐受	齐	平定侯	军层	~吕元年~	
8	王恬启	梁	山都侯	军层	~吕四年~	

---

① 李开元：《汉帝国的建立与刘邦集团》，生活·读书·新知三联书店，2000年版。

(续表)

	氏名	国名	爵位	阶层	任期	
9	徐厉	常山	松兹侯	军层		~吕四年~
10	朱进	吕	中邑侯	军层		~吕四年~
11	召平	齐	子黎侯	不明		~吕八年
12	越	长沙	醴陵侯	军层	吕三年	~ 四年~
13	吕更始	楚	滕侯	宗亲+军层	吕四年	~ 八年
14	吕胜	淮阳	赘其侯	宗亲	吕四年	~ 八年
15	蔡兼	常山	樊侯	军层		~文元年

除了淮阳和齐、楚三国外，也全都是军层阶级为国相。

不得不说，吕后做得非常克制且聪明。她给吕氏封王封侯的举动，并没有刺痛功臣集团这个群体，顶多算是"温水煮青蛙"。

但最终，她还是有两步棋走错了。她封的那些刘姓王都是刘盈的孩子，这个无可厚非。但是，她不该动刘家诸侯王的蛋糕，更不该杀其他刘姓王，这直接造成了刘姓集团彻底地跟她站在了对立面。后来被她薅羊毛的齐、楚，在她刚一死就蹦出来了。这是她走错的第一步棋。

刘邦的第六子刘友，本来先是被封为淮阳王。惠帝元年（公元前194年），吕后毒杀赵王刘如意后，改封刘友为赵王，并让他娶了吕家的姑娘为王后。她本来是要拉拢刘友的，但是这个刘友不太会做人，他跟被推销过来的吕家姑娘关系没处好。

吕后七年（公元前181年），刘友的吕家王后，因刘友宠爱其他姬妾，心生妒忌，向吕后诬告刘友想谋反。

吕后最恶心的就是这个，于是大怒，召刘友进京把他软禁起来，后来活活地把他饿死了。吕后打算杀鸡儆猴，但鸡宰了，猴们却没当回事。

刘邦的第五子刘恢，先是被封为梁王，刘友死后被迁换成赵王。赵国是块好地，迁往赵地的王都是吕后打算重点培养的对象，他也是包办婚姻，娶了个吕姓闺女当王后。

吕后的心思比较简单，咱们是亲家，你将来生的孩子会继承王位，也有吕家的血脉，咱们就是一家子了。

结果，吕家的闺女也确实有问题，吕家之女到岗后，就毒杀了刘恢的宠妃。刘恢比较爷们儿，于同年六月，殉情自杀，不活了！

吕后知道后很愤怒。窝囊废，因为个女人自杀！于是裁撤掉了这一支的王位资格。

至此，从刘如意开始，到刘友、刘恢，刘邦的三个儿子都被吕后或直接、或间接地干掉了。

赵王这个位置的死亡游戏还在继续，赵王位后来给了吕后的侄子吕禄。

吕禄没有想到，这个王位不祥，他也参与了击鼓传花的游戏。

刘邦的第八子燕王刘建算是熬到了善终，但由于没有嫡子，仅与姬妾生有一子，于是吕后派人将他杀害，并裁掉了燕国王位，随后又封给了吕通。

同样是吕家的女婿刘泽，辈分比较大，是刘邦的堂兄弟，由于刘吕两家的关系，刘泽一直担任卫尉的关键岗位。吕后后来看出这个刘泽不简单，怕将来她死后，刘泽搞动乱，所以又以封他为琅琊王作为安抚，被派到了地方去。这个琅琊之地怎么来的呢？又是割的齐国的地。

齐国在刘肥时代，就被割走了城阳郡，做鲁元公主的汤沐地；后来又被割走了济南郡变成了吕国；这又划走了琅琊郡，成立了琅琊国。齐王刘襄在心中对吕家充满了怒火。

对于刘邦的这些孩子和血脉，吕后真的是不客气，她的过激反应也透露出了她的恐惧心理。这些高祖的血脉，在理论上都是有竞争皇位资格的，她不希望自己的这一支血脉受到威胁。她所做的一切，都是为了自己的血脉能够得到延续。但她的这种激进做法，却彻底地激怒了这群高祖的余脉。

天道好轮回，任何一厢情愿的计划，无论你的初衷是怎样，老天都会以另一种方式让你明白，什么是造化弄人。

不过，即便如此，我们还是要肯定吕后的历史功绩。她杀了几个刘姓王，封了不少吕姓王，这些其实都是统治上层的利益划分，她的污点也就仅此而已了。而她的历史功绩，在于给了全天下黎民百姓一条活路。

吕后执政的这十五年，最大的功绩在于执行了"与民休息"之国策，倡导黄老之学的"无为而治"。在民生上，她鼓励生产，推行的授田与民，让"耕者有其田"的经济政策充分调动了百姓的生产积极性。

惠帝一朝时，便已诏令郡国"举民孝悌、力田者复其身"，以免除徭役为优惠措施，来鼓励百姓从事生产。后来又"减田租，复十五税一"，以减轻百姓负担。

整体上，提倡勤俭治国、严厉治理铺张浪费的风气。

除"重农"国策之外，吕后还有步骤地逐渐放宽经商政策。刘邦统治后期，曾下达"抑商"法令，惩治不法商人。农民出身的刘邦似乎对商人有刻骨的仇恨，下令"商人不得衣丝乘车，重租税以困辱之"。

刘邦认为，商人就是整个世界的"蛀虫"，这帮人太可恨了。这一套商鞅的做法，其实已经不符合一个大一统帝国的发展要求了。这并不代表先进生产力的发展方向，并不符合广大百姓的根本利益。

刘邦的这套做法打击面过大，严重挫伤了商人的经商积极性，也因此激化了社会矛盾。

老百姓过日子并不是做农奴，商人是整个社会的润滑剂，中国的劳动人民再心灵手巧也造不出所有的东西，没有商人老百姓也是不干的。

在惠帝、吕后时代，虽然仍有"市井子孙，亦不得仕宦为吏"的诏令，但朝廷还是"为天下初定，复弛商贾之律"，解除了商人在经济上的重负，以及对商人的社会性歧视。

惠帝六年（公元前189年），朝廷还兴建长安西市，使长安成为汉朝经济活动的中心，也为后来长安成为世界性大都市奠定了基础。这也是整个吕后时代所动工的唯一工程。

吕后二年（公元前186年），朝廷又分别采取"行八铢钱"和"行五分钱"的措施，运用国家权力对货币经济进行管理调控，对稳定币值、平衡物价和促进商品流通起到了非常积极的作用。

不仅在经济上，吕后知道刹车；在法律制度上，她同样也进行了减负，放宽刑罚，修改了汉律。

在她执政期间，除了刚刚所说的长安西市之外，未见她实施过一项皇家工程，没看到她干一件伤耗民力之事。除了象征性的对南越禁运铁器外，没有动过一次刀兵干戈。

每年的巴菲特"拍卖"午餐，这位全球最知名的"股神"从来不告诉这帮花大价钱请他吃饭的老板们该做什么，而是告诉他们，人生不该做什么。比如，永远不投自己不懂的股票；股票长期看永远会上涨，所以不要做空股票；永远不要冒险加杠杆买卖股票等。大多都是浅显易懂的道理。但正是这些看上去是"废话"的话，却往往包含着永恒的智慧。

于治理国家来讲，就是少提政策，与民休息，不轻动刀兵，不大搞非民生工程。

听起来很简单，但做起来却极难。因为人天生就有欲望，尤其是男人，总希望自己的名字写遍天涯海角，传遍千秋万代。爱折腾的人，大多落不下什么好名声。每个朝代的转折点，也往往喜欢从折腾的那个人开始。

吕后尊崇黄老之学，自"萧规曹随"开始，为整个国家刹住了车。上行下效，上司懂得克制自己，下面的人就没有办法去借题发挥。总体上，这是一段罕见的太平岁月。

为什么说吕后执政的十五年如此成功呢？什么也不干就伟大吗？还是举个例子吧。

吕后下调了田租，老百姓们手中的余粮相应就多了，对灾年和人口增加的抵抗力就变强了。她放宽了法律束缚，整个社会的弹性就上来了，民间的活力就被激发出来了。她不上马工程，整个国家的徭役就没有了。她不妄动刀兵，国家的最大开支就没有了，加税、兵役、徭役、抚恤金等一系列的负担，就都不会压到老百姓的身上。老百姓不用每年挤出时间去给国家无偿干活儿和打仗，省下来的精力就全都能投入到日常生产和人口增长上。

慢慢地，老百姓在清静的日子里，也有余粮了。灾年来了，没关系，有去年的底子；闹洪灾了没关系，旁边的村能救济。抗洪时，由于没有徭役，整个黄河两岸的老爷们儿都生猛有劲。

在这样的大环境下，整个社会的抵抗力变得无比强大。这样的王朝是打不垮的！

民无扰，衣食足，中华大地上，老百姓们经历了几百年的杀伐战争和徭役劳苦，终于暂时按下了暂停键。

经历了战国纷争、始皇暴政、秦末纷乱、楚汉争霸、屠灭功臣等历次劫难的中华大地上民生凋敝，刘邦当年出行都凑不齐四匹毛色相同的马，将相出门只能乘坐牛车。而吕后顺应了时代的呼唤，用一种最原始的方式，让华夏大地自我修复疗伤，也为后面的文景二帝开了个好头。"文景之治"，源始于"吕后治国"。

有良心的史官太史公最终给出了他的评语："政不出房户，天下晏然。刑罚罕用，罪人是希。民务稼穑，衣食滋殖。"封建社会中，在当朝对"反动派"的盖棺定论，从未有过如此客观的评价。一码归一码，是一个伟大史官的最重要品质！

汉初七十年，开创了中国第一个治世，其模式很简单：统治者只需减少税收、轻徭薄赋。也就是常听到的，"无为而治"、藏富于民。

道家经典《道德经》中说："治大国如烹小鲜。"这并不是说，治大国要像做麻辣小龙虾一样，大火猛料，而是要像做小鲜一样，少折腾。总拿铲子翻那些小鱼小虾，它们就都烂了。老百姓们就是"小鲜"。

吕后当政的八年，在前七年中，唯一走错的一步棋，就是对刘邦的孩子杀伐太狠。她临终时，又走错了第二步棋。

六、吕后的临终安排

公元前180年（七月），吕后病重。在弥留之际，她做了临终前的最后一次人事任命，把赵王吕禄封为上将军，统御长安城内的北军，让梁王吕产统领南军。

吕后在病榻前，撑着最后一口气，对吕禄和吕产说了最后一段话："当年高祖与大臣们约过'白马之盟'，吕氏为王，大臣们只是表面服从，只因我在，所以他们不敢有所动作。我去世后，皇帝年纪尚小，大臣们必会作乱，你们必须牢牢控制住军队，守卫好宫门，千万不要为我送葬，以防为他人所制！"

每个卓越的政治家，临终前的话都具有极大的预见性和对策性。这是经过一生的历练，所获得的见识！这是经过一生的腥风血雨，所嗅到的信号！这是一生政治智慧所绽放迸发出的最后光芒！

吕后准确地预测了她死后的政治风暴，再三叮嘱自己的这两位侄子一定要牢牢地攥住军权。她说了三点预测：第一，大臣们会作乱；第二，据兵卫宫，这个是最重要的；第三，连送葬都不要，以防被人所制！

除了这三个预测外，老太后还重申了"白马之盟"，为什么？很快，我们就在吕后的遗诏中看到了原因。

七月三十日，吕后逝世，遗命吕产为相国，吕禄之女为皇后。吕后非常明白自己的这道遗命是什么分量！她抢了相权！相当于吕家在不到一个月的时间里，不仅把持了军权，还抢夺了相权，更可恨的是，连下一任的皇后也变成吕家的了。

吕家露出了极其丑陋的吃相，要霸占整个天下！这触碰了所有军功阶层的底线！

所以，吕后做出了上述三点判断，并再三嘱咐吕产和吕禄，千万把好军权，护卫好皇宫！

为什么吕后这个一生几乎不出错的老政治家，会在生命的最后一刻，走这样一步险棋呢？最关键的一个原因，是吕后患病太突然。史载，三月中旬，吕后祈福祓祭后，在回来的路上，一只"苍犬"撞在了她的腋下。再一转眼，这只狗就不见了。

一占卜，占卜师说是刘如意的鬼魂索命。随后吕后就开始得病了，而且迅速恶化，越来越严重。

这些年吕后的身体向来硬朗，按照吕后执政的路数，她应该会逐渐将手中的皇权过渡到吕家第二代这里，安排吕家女人接班皇后的位置。她本想巩固住吕家权力局势，并不想挑战军功集团。

这些年她把皇权和相权界限划得很清，而且政治手腕极高，从来都是采用最稳妥的蚕食路线。所谓的吕家封王在她当政的前七年，也仅仅封了一个吕王。赵王和燕王是吕后在当政的第八年患病前才封的。但这突如其来的患病，打乱了吕后的一切部署。最终，吕后决定抢夺相权，与军功集团开战，归根结底是因为不自信。

先来看一下吕后安排的重头戏，掌握帝国命脉的南北军吧。

所谓"南军"，是护卫宫廷的，也就是护卫未央宫的。准确讲，应该叫"郎卫"和"兵卫"。"郎卫"负责护卫宫殿，是皇帝的最贴身禁卫军，人数非常少，主管将军叫作"郎中令"。"兵卫"负责护卫宫门，是相对外围的部队，人数较多，总编制不超过两万，主管将军叫作"卫尉"。

所谓"北军"，就是护卫整个长安城的部队。主管将军叫作"中尉"，人数一般不超过五万，也是对外的中央野战军，刘邦满世界打架时带的就是这支部队。

这两个哪个重要呢？

看上去北军人数多，还是负责京城治安以及对外征战的，最为精锐，应该是最厉害的。但是，实际上并非如此。

第一，从官职上讲，南军将领的级别要比北军高。郎中令和卫尉，全都是"九卿"级别的官员，但北军的主管中尉却不是。

第二，从战斗力上来讲，当天宿卫皇宫的南军部队手中是有兵器的。但北军手中除了巡城治安的军队外，却并没有兵器。武库是属于皇帝直辖管理的。还是那句话，你没有兵器，就谈不上有战斗力！所以，也许北军战时是精锐部队，但日常是长安的"警察叔叔"。南军才是京城第一战斗力！

第三，从归属来看，南军归皇权直辖，因为这支部队直接负责的就是皇族的安全。北军归相权统领，因为这支部队日常负责京师治安。

所以，综上所述，可以得出以下两点结论。

第一，南军的战略价值高于北军。

第二，北军战争潜力大，属于相府直辖。

南军和武库的掌控权，这些年一直在吕家手里，但北军却没有。北军的巨大潜力与威胁是吕后所不放心的。也因此，吕后在最后部署令吕产、吕禄分掌南北军的时候，尤其涉及北军的掌控权时，主管的相府又是绕不过去的一关。这是吕后夺相权的第一个原因。

第二个原因是相权太大，吕后对自己的这些子侄的水平根本不放心。如果说吕家这帮孩子能够有几个像她这样水平的，她大可以按照此时的政治结构继续走下去。如果说那些老家伙们都死她前头了，她也不会在死前弄这么一出。所以，归根结底，就是老家伙们谁先走的问题！吕家和军功集团拼到最后，其实拼的是寿命！

知子莫若父，吕后知道自己的这帮后人是什么德行。这些孩子和那群老家伙们比起来，差得太远了。自己前面得罪了刘家太多人，军功派又是一帮老狐狸，她无法放心相权这样一股无法控制的巨大力量掌控在别人的手里。

由于突然患病，使得吕后最终下定了决心，硬夺军功集团的权力大饼，通过军事高压让他们哑巴吃黄连般的接受既定事实。

还记得先下手为强的"黑暗森林法则"吗？这是此时此刻，吕后权衡再三后的最优解。

当初吕后在把吕氏家族带入这个权力的游戏，独占皇权时，就已经无可避免地最终要走这条路了。因为权力的滋味，是世上最大的诱惑！也因此，无论吕后怎么选，都是错的！因为德不配位，必有灾殃！没有金刚钻，就揽不了瓷器活儿！

吕后用一生的智慧与经验，总结出来的最后三句"其言也善"，却并没有被子侄当成金科玉律那样挂在嘴边与心上。

更重要的是，她人生中的最后一次盘算，忽略了牌桌下各利益集团间的暗潮汹涌。她忽略了自己这杆政治大旗倒下后，每一个人的操作系统都会重新启动。这些汹涌的暗潮，将最终颠覆她整个人生的奋斗果实。

此时此刻，军功集团和非吕氏血脉的刘姓皇族，坚定地站到了一起。他们要"天下共击吕"了。

吕后刚死，她的遗言就被两个侄子忘了。吕禄与吕产并没有听懂姑姑的临终遗言，没有看懂姑姑为什么一定要让他们据兵卫宫的人事安排。这两位虽然跟随吕后多年，但并没有耳濡目染。

政治交锋是世上最高深的智慧，需要自身历练、需要上司领路、需要高人开悟等。但更重要的是，自身要有政治天赋。没有历练、领路、开悟，你的政治天赋再高，也就是个井底之蛙。但历练这堆后天的东西，却像天赋后边的那一堆"0"，而天赋则是那个"1"。你必须自身是那块材料，才能让后面的那些努力起到作用。你不是那块材料，无论多么努力，肯定会被淘汰，无法站到巅峰的台面上。

官职中，五、六品跳三、四品，是一个坎；三、四品跳一、二品，又是一个坎。最终站到最高层次上的，都是人中之龙。不是人尖子，你跳上不去；不是精英中的精英，你根本躲不过那些明暗考验。

当然，这里面还有一个最关键的因素——你的出身。也就是说，你只有根正苗红，才具备通往最高权力场上参赛的资格，比如吕产和吕禄。这哥儿俩就是纯靠出身，并没有经过筛选，就站到了最高权力的舞台上。但出身只能帮他们到这里了，真到交锋的时候，等待他们的对手，将拥有他们根本无法想象的段位。

按说这哥儿俩也在吕后身边耳濡目染了很多年啊，怎么会这样呢？还是我们刚才提到的那个最重要的维度，自身的政治天赋。

开国的皇帝往往很厉害，手下的人也很厉害。但开国皇帝死后，继承人往往就没有开国之君那样的天赋异禀、洪福齐天，此时就容易被层层选拔的官僚系统牵着鼻子走。

但汉初的情况还比较特殊，不是像后面的朝代那样，皇帝的水平往往跟经历了层层选拔的官僚系统没法比，而是皇权和官僚系统都是"二代"们继承的体制。这是一个两边都会退化的体制。

皇权这边，此时第一代统治者刘邦和吕雉两口子都退场了，第二代的吕产、吕禄被推向了台前。但是，功臣集团的第一代老狐狸们，却是不简单的几个寿星佬儿。像陈平、周勃这种从尸山血海中杀出来的具有极高天赋的人精，再配合几十年的沧桑积淀，吕家的后生们很快就将体会到什么叫"娃娃抱着个金疙瘩"了。

公元前180年（七月三十日），吕后逝世。

先蹦出来的，是娶了吕禄女儿的朱虚侯刘章（刘肥次子）。吕后通过联姻笼络了不少刘家后裔。但通过死的那几个王来看，效果并不好。别看刘章的侯是吕后封的，但这家伙却一点也不感恩。

刘章在吕后生前就不是一个稳定分子。有一次入宫侍奉吕后喝酒时，他居然因为一位吕氏成员不遵守酒令，而将其追到宫门外杀掉，吕后竟没有拿他怎么样，他就认为吕氏怕他。他忘了完全是因为自己是吕家的女婿，才保住这条命的。

吕后一去世，刘章就给自己的哥哥齐王刘襄写了封密信："我从你弟妹那得知，诸吕想要作乱，大哥你快发齐国之兵来长安，我充当内应，待诛尽诸吕后，拥你为帝。"

刘襄就是这些年一直被吕家薅羊毛的那位。忍了很多年的刘襄，开始密谋发兵。

吕家要是碰到的是这种"二代"对手，也就不用担心了，就那点可笑的实力，还想造反？

这两只出头傻鸟开始了行动，刘襄先是忽悠了自己爷爷辈的琅琊王刘泽（刘邦的堂兄弟），说爷爷你的辈分大，孙子愿意将齐国托付，拥立他当皇帝，希望他来齐国，共商大事。

刘泽来了之后就被扣了，刘襄吞并琅琊之兵，然后西攻济南。同时，他送信给各个同姓王，列举诸吕的罪状，怂恿大家举兵讨伐。

第一个弱智出手后，第二个弱智也出来了。

吕产得到齐王造反的消息后，派灌婴率大军前往平叛。

从这一件事就看出了吕产的政治水平到底有多差。在这个节骨眼上，在这个关键时期，军权决不能假手他人，只能吕家人亲自上。

灌婴是刘邦的老臣，无论他给你的感觉是怎样的，他终究是外人。外人，自然就不会和你是一条心的。果然，人家灌婴走到荥阳后，就不动了。他先是派人跟刘襄说："诸吕现在没有叛乱的迹象，您贸然举兵难服天下，倒不如我们大家谁都不动，等诸吕叛乱一发生，再联合起来进军长安，平定叛乱。那时，谁是匡扶社稷的功臣，天下一目了然。"

刘襄同意了他的建议，率军回到了齐国。刘襄再次暴露出了自己的智商。你当过家家啊！造反这件事是开弓没有回头箭的！

但这帮"二代"们谁也没比谁强哪儿去，继续菜鸡互啄。紧接着，吕产继续全方位无死角地展示自己的智商。他不仅没有怪罪灌婴不攻齐王，看到齐王退兵后，竟然没有继续追究齐王造反的罪名，就在一边看着。

人家都明明白白地杀出来了，即便现在回家了，你也应该知道，这是一颗已经探出头来的炸弹了，一定要及早拆除，万不能姑息养奸。灌婴对于造反势力有所犹豫,也证明了他并不和你一条心。这俩人都得办!一个也不能少!尤其是灌婴!第一时间就应该派人上前线替代他!

这是两道非常好做的判断题,但凡政治素养过关的,都会采用这种处理方式。吕后亲自任"教授"的执政培训班,营业长达十多年,但吕产并没有毕业。他不知道自己释放了一个怎样的政治信号。

长安城中暗潮涌动。

刘家和吕家的两个傻瓜都已经登台亮相了,该军功集团上场了。

如果说吕家动了相权,掌管北军,是他们最大的动力。那么,齐王的举兵就是对吕家的最好试探。而吕产的不作为以及糊涂的军事任命,则让军功集团摸到了吕家的底牌!吕家的这帮后生,真的比吕后差太远了。

吕家的这几个抱着金子的后生娃娃,让所有的路人开始琢磨,怎么抢下这块大金子。一个潜伏了八年的默契组合,终于再一次站到一起,开始谋篇布局了。这个组合,是当年捧诸吕的陈平和周勃。

周勃做太尉十多年了,太尉名义上是军事最高首领,但手中却没有军权。吕后一直牢牢抓着军权,周勃也就蔫了十多年。

陈平那边继王陵后就当上了丞相,按理说在别人眼中算是吕家这一党的。但是,陈平还有另一个标签——"顶级骑墙师"。

这两位老爷子在一通谋划之后,定下了政变的方案。

七、八月庚申日

我们来到西汉第一场政变的现场。

看这场政变前,先回想一下,还记得我们前面说到古代政变的优先级排序吗?

武器＞截断政令＞政令中枢＞军队。

第一,最重要的,是武库。(下页图中标①的圆圈区域)

无论用哪种方式,合法或不合法,都需要在第一时间占领这里。这样才能保证自己的军事武装安然无恙,也能阻止别人的武装部队。

关键:开源节流。

第二,要占领未央宫的宫门,干掉或拿下此时宿卫宫门的卫尉武装,截断政令。(下页图中标②的方块区域)

关键:拿下政治唯一合法性。

第三,是进去控制郎中令的部队,控制皇帝,拿下全部印符。(下页图中标③的方块区域)

关键:占领政治制高点。

最后,是剩下的南军和城外的北军。(下页图中标④的上下两个圆圈区域)

关键:兵源并非最重要。

这是政变的正常流程。

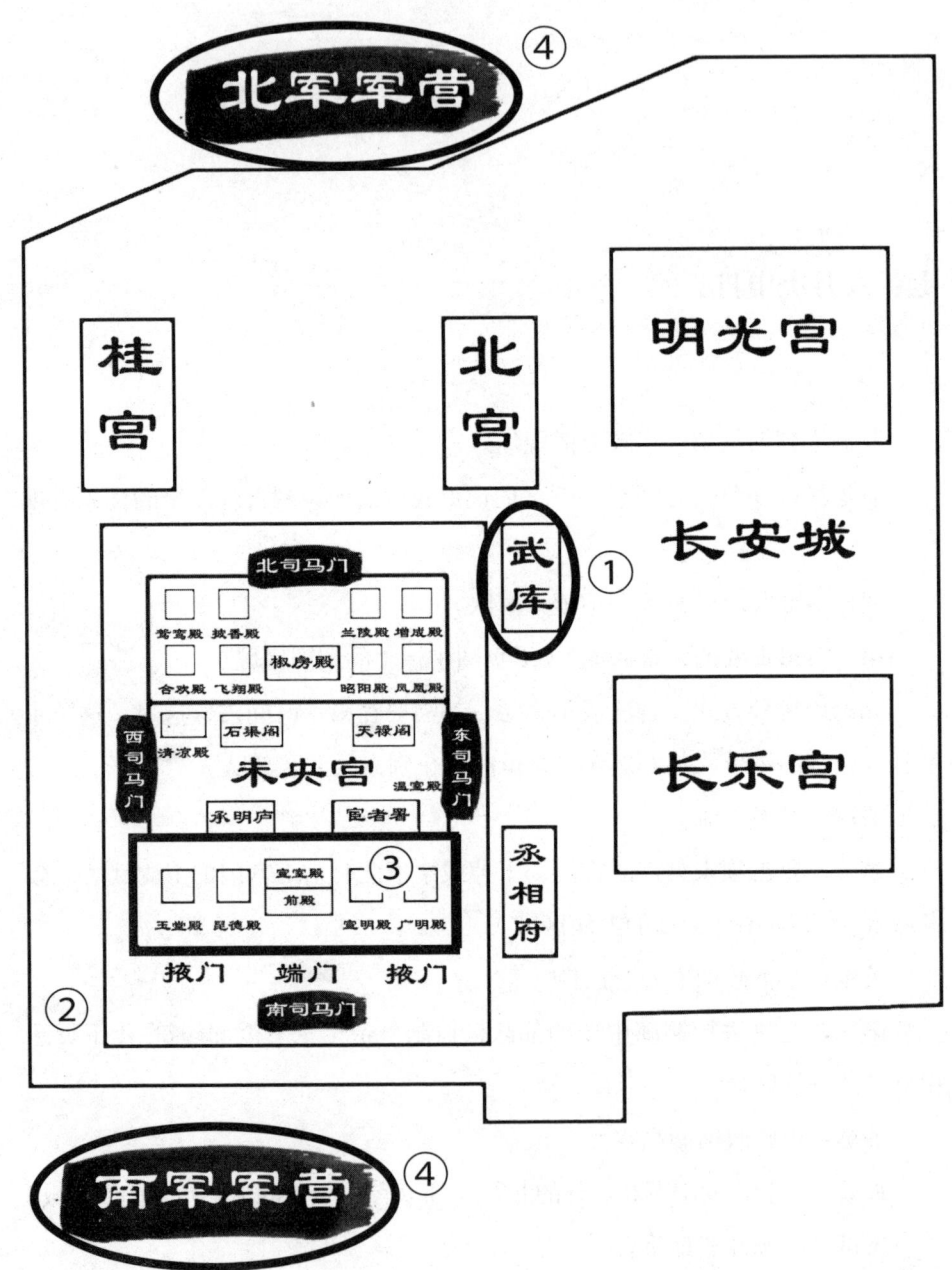

但最后回首时才发现，此次政变可以说是历史上非常无厘头的一次政变，全都没按套路来。

军功集团出现了重大失误。吕家更是在很多关键的人事部署上，全都出了问题。

我们来看看这场政变的过程吧。

已经修炼成精的陈平，做了人生中最冒险的一次试探。他居然从一个小角度切入，完成了历史上罕见的"张嘴释兵权"。他首先派手下劫持了曲周侯郦商。

郦商是开国元勋。陈平说是劫持，其实就是吓唬。陈平有他的目的，郦商的儿子郦寄与控制北军的吕禄交情很深。老爹被扣下后，郦寄没费多大劲儿做思想斗争，就去坑自己这位铁哥们儿了。或者说，郦商很有可能也是谋局者之一，在为政变演戏。

从后来的表现看，郦寄是军功派早有预谋，放在吕家的第一个卧底，不过总是意志不坚定。之所以劫他爹，是帮他下决心。

郦寄见到吕禄后是这么说的："兄弟，你知道齐王为什么会反吗？"

吕禄道："为什么呢？"

郦寄道："因为您已经被封为赵王，就应该去赵地，可现在居然留在长安不走，还控制着军队，这就是齐王为什么要举兵的原因。想要杜绝诸王举兵的事情再次发生，就应交出军权，到封国去。如此，那些大臣才能安心，大家彼此和谐，可谓万世之利。"

这是一番特别儿戏的言辞，甭管多么不中看，却真的中用。因为吕禄居然答应了！

生活中，总会出现这样一种现象，就是自家人说的话永远不听，八竿子打不着的人说的话反而就听。估计此时此刻吕后能从地底下气得跳起来，我就说了三句话啊！都没人听！

不过，哪怕吕禄答应了，其实到现在为止，吕家还是有机会翻盘的，因为吕禄针对这件事召开了家族会议。

吕禄的姨母,也就是樊哙的媳妇,听到这件事后鼻子都气歪了,怒斥吕禄:"你个倒霉孩子!身为将军却要离开军队,这是大祸临头之事啊!吕家必死无葬身之地!"

交权与不交权,吕家在这次家族会议中并没有达成共识,但事情的发展速度却超出了所有人的想象。

八月庚申日早晨,出使齐国探听情况的吕家心腹郎中令贾寿,归来见到了吕产,说了一个重要情报:灌婴已经与齐国、楚国合谋,准备倒戈,诛杀诸吕。咱们得赶紧入宫谋大事!

贾寿催吕产先下手为强,对灌婴和齐、楚等国开战。

这个没有问题,你现在是具有最强政治合法性的,你就应该调集所有资源干掉冒头的造反者。但是,这个关键消息却被御史大夫曹窋(曹参之子)知道了。他此时正在吕产这里合计政事。

这透露出了一个什么信息呢?曹窋是吕家非常放心的人,是铁杆的吕党!不然贾寿不会当着他的面,说出这件关系如此重大的事。

曹窋自惠帝时代就是惠帝心腹,他也算是此时"军二代"当中官衔最大的。没有吕家的首肯,他这个"军二代",此时不会超越很多"军一代"的老前辈,干到御史大夫这个官职的。但这位被吕家视为自己人的曹窋,却是军功派放在吕家的第二个卧底。

曹窋甚至可以说是整场政变最关键的总调度!他第一时间就把这个重要情报报告给了陈平和周勃。

"庚申政变"的大幕拉开了!

陈平和周勃知道这个情报后,觉得不能拖了,要迅速动手。因为如果吕产先动手了,第一时间就会发布对灌婴和齐、楚的"治定性文件",然后控制全部军队一级战备戒严。他们政变的机会就没有了!

于是,周勃火速奔往北军,但是根本就进不去门。(太尉欲入北军,不得入。)

这是军功派的第一次疏漏!

周勃肯定不会像愣头青那样闯北军的！他之所以敢去，是因为他肯定之前在北军布置了卧底，安排好了进北军的计划！

但政变当天也许是因为太过突然，当班将领轮换、卧底不在岗等种种原因，第一次行动就失败了。失败来得太突然，原计划全被打乱了。

但是，没关系，还有"B计划"预案。

这时候，军功派启用了第三个卧底。周勃启用了保管皇室符节的纪通（尚符节），派人持符节假传圣旨，说皇帝命令周勃掌管北军。

与此同时，军功派的第四个卧底也上阵了！

周勃开始去拿北军虎符，那边一号卧底郦寄和四号卧底典客（皇权直辖的九卿，掌管王朝对属国之交往等事务）刘揭，再次对吕禄展开游说："少帝已委任太尉暂行北军指挥之职，想要您去封国。您还是马上交出将印，离开这里吧！否则将大祸临头！"

情势急转直下，突然的变故砸向了吕禄，前面是皇帝的圣旨，后面的是好友的怂恿。吕禄在内心挣扎中，认为郦哥哥不会骗他。（吕禄以为郦兄不欺己。）匆忙之中，终于铸成大错，吕禄交出了北军军印。

等周勃拿到虎符赶到北军时，吕禄已经交印离去。周勃对将士们说："挺吕家的露出右臂，挺刘家的露出左臂！"将士们全部扬起左臂，周勃虎符、军印齐聚，由此完全掌控住了北军。

军功阶层首开纪录，拿下了吕禄的北军。此时此刻，军功派已经算是摊牌了。

根据前面我们说的"武器＞截断政令＞政令中枢＞军队"的重要性，军功阶层这是走了步错棋啊！怎么上来就扑最不重要的北军呢？

此时此刻，如果吕产要是狗急跳墙、图穷匕见，你仍然没办法！因为武库、皇帝、南军仍然在吕家手里！

军功派确实忽略了武库的重要性，这是他们此次政变最关键的疏忽！

但是，剩下的环节，其实人家并没有走错！先来抢北军，只是因为南军早就有谱了。

刚才我们看到了，皇权心脏部位的、非常重要的看管符节的官员被策反了，或者说早有预谋。而且潜伏在吕家的心腹卧底，远不仅仅是那个"尚符节"那么简单。

陈平收到曹窋示警吕家有变的情报后，派了刘章去周勃那里。

周勃在拿下北军后也明白，此时吕家实力尚存，因为吕家最厉害的是掌控着皇帝、南军和武库的相国吕产，他才是真正的关键。

周勃拿下北军后，发布了此次政变最被忽视的一个命令！他下令曹窋对卫尉说："别让吕产进入殿门。"这句话非常重要。

因为单看这句话，我们往往认为周勃仅仅是告诉卫尉，不让吕产进入宫殿门。但这句话的真实含义是：他令卫尉杀掉吕产。为什么呢？

先来看原文，史书这段的原文是："令平阳侯告卫尉：'毋入相国产殿门。'吕产不知吕禄已去北军，乃入未央宫，欲为乱，殿门弗得入，裴回往来。平阳侯恐弗胜，驰语太尉。"

所以，当时的情节是这样的。

周勃说："让曹窋去告诉卫尉，别让吕产进殿门！"此时吕产不知道北军已经丢了，并不知军功派已经政变拿下北军了，他进入了未央宫，到了内宫殿门时进不去了，开始边溜达边琢磨。曹窋怕胜不了，再报周勃。

周勃仅仅说让卫尉别让吕产进门后，就没有动作了，而后面曹窋又怕赢不了，马上再次飞报周勃。

这就很无厘头了，你不让他进门仅仅能阻止他，"胜"是哪里来的啊？而且，更重要的是，"殿门"是不归卫尉管的，卫尉所控制的宫门是未央宫宫门。

周勃下令不让吕产进，而且此时吕产也确实没进去殿门。后面杀吕产的全部动作，全是在未央宫内进行的。

周勃早有把握吕产进不去殿门，因为早有人封锁了最后一道防线！那么这个殿门是谁给关的呢？是军功派的第二道保险，刚刚和郦寄游说吕禄的大忙人刘揭。

《史记·惠景间侯者年表》中写出了这个刘揭的贡献："以典客夺赵王吕禄印，关殿门拒吕产等入。"

这也说明了，不仅截断政令最关键的"兵卫"老大卫尉本人被军功派拿下了，连郎中令所控制的"郎卫"环节也失守了。这并不是说此时的郎中令贾寿就有问题，因为明确说最终组织关门行动的是刘揭。这说明郎中令的下属佐官出问题了，被渗透了。刘揭这个外部门官员，成功地指挥了对最后一道门的守卫，拦住了吕产！

所以，周勃说的那句话"毋入相国产殿门"，不是让卫尉去关门，而是周勃已经策反了卧底卫尉，让他发动兵变杀吕产。这个卫尉，是军功派布置的第五个卧底，也是最关键的一个卧底。这个核心岗位是突然杀吕产、灭诸吕的关键。

但是，这个计划又出问题了。

原本军功派的部署是这样的：第一时间迅速地拿下北军，北军最没有把握。与此同时，封锁皇宫大殿，在未央宫内由卧底卫尉突然进行"斩首行动"，别让吕产活着进殿！但是，不知是什么原因，卫尉迟迟没有动手！

吕产像条鱼儿在荷塘里自由地游荡，马上就要等到皎白月光了！

所以，曹窋越看越不对劲儿，越等越看不到卫尉要下手的意思，才会"恐弗胜，驰语太尉"。

在周勃收到卫尉没动手的消息后，知道刘揭关殿门后支撑不了多长时间，于是放出了最后的总预备队——令刘章去保护皇帝。

周勃派给刘章一千多人，这基本上是此时北军所有有兵器的武装了，也就是平时维护长安治安的那支部队。因为已经到图穷匕见的时刻，必须出动所有力量去搞死吕产！

这个时候，暴露出来了此次军功派政变的最大风险：未占领武库，军力不足。而且，更关键的是，此时卫尉环节出了问题，周勃根本不知道具体的情况。

卫尉是临阵反水又倒向吕产了？还是想下手，但没有机会？还是想再观察观察形势，最后押注？全都不好说！

如果说此时此刻，卫尉是个双面间谍，又摆了军功派一道，那么此次政变就将失败。因为宫门全是卫尉控制的"兵卫"把守的，刘章这一千来人根本就打不进去。此时此刻，主动权已经不在军功集团手里了。

所以，周勃非常心虚，"太尉尚恐不胜诸吕，未敢讼言诛之，乃遣朱虚侯谓曰：急入宫卫帝"。他派出了刘章当这支枪，这是在给未来如果兵变失败找台阶下。

这边刘章不知情，义无反顾地往未央宫赶，那边的吕产却在殿门前左右徘徊。

这其实是老天在给吕产最后一次机会！

军功派之所以没有在第一时间打武库的主意，就是因为他们不希望动静弄得太大，让吕产有防备，因为武库离相府和皇宫太近了！

军功派认为是有办法暗杀掉这个南军"总司令"的。但是，这个布置失效了。这是老天给吕家的最后一次机会！

你这个南军"总司令"此时却进不去殿门，已经是个非常不同寻常的信号了！这表明至少"郎卫"环节出大问题了！吕产此时应该立刻逃回南军大营，随后第一时间攻占武库，攻打未央宫控制皇帝，发动政变。但他在未央宫前开始犹豫不决。这一犹豫，就错失了最后的翻盘机会。

事情发展到最后，说明卫尉至少不是双面间谍，并没有倒向吕产，大概率是没有找到合适的机会刺杀吕产，或者说是在最后观望。因为刘章根本没有遇到阻拦，就进入了未央宫。

当时吕产并未带领所有看守宫门的"兵卫"部队，去攻打打不开的殿门，而是在"裴回往来"，根本不知道此时的北军已经被人拿下了。他并没有意识到此时很危险。所以，所有守卫宫门的人员，仍然在执行原岗位的任务，也就是在护卫宫门。

刘章一个跟南军没有任何关系的人，带着一千多武装人员擅闯宫禁，根本不可能进去，直接就会在东阙和东司马门前被灭。

最终，刘章带着一千多人来了，他还进去了！他来到未央宫内，正看到吕产在殿门前徘徊进不去，于是一言不合就开打。

吕产带亲兵卫队开始撤退。此时，吕产仍然没有失败。如果让吕产逃回南军军营，刘章这点儿力量仍然不够。

但是，老天爷开始帮忙了，突然间狂风大作。吕产的卫队被吓傻了，全都不敢动了。(天大风，从官乱，莫敢斗者。)刘章终于在郎中令府的厕所中，斩杀了吕产。

至此，刘氏宗族和军功集团联手的诛诸吕行动尘埃落定了。吕家最终一败涂地。

八、为什么都叛变了

吕产被杀后,皇帝命人持节安抚刘章。(帝命谒者持节劳朱虚侯。)小皇帝此时才八九岁,什么都不知道。说明皇帝身边的很多人都被策反了。

结果,刘章打算抢符节,但持节者没撒手。凭什么让你抢功劳!于是,刘章就跟持节官员乘一辆车,凭其手中的符节在宫中策马奔腾,心中激荡。他们又迅速赶到长乐宫,突然袭击斩杀了长乐卫尉吕更始。

至此,吕家的所有武装都被消灭了。

在得知吕产伏诛后,周勃彻底放下了悬着的心,派出人马搜捕吕氏宗族,无论男女老幼,全部诛杀。

吕后的妹妹吕媭活活地被鞭子抽死了。怎么说也是当年的樊大嫂,怎么就这么狠心呢?

大嫂算什么,大哥我坑的就是傻弟弟!吕禄被抓到杀了,不知死前有没有想他的郦哥哥。

在这次全体台面上的权力人员的合谋下,诸吕尽灭。那真叫"看前面,黑洞洞,定是傻吕巢穴,咱们爷们儿赶上前去,杀他个干干净净"!此时距离吕后去世,仅仅一个月。

史书中云,这次行动原因是:"诸吕用事擅权,欲为乱。""欲"字用得好,我们从头到尾看完后知道了,从头到尾出招的都不是吕家人。只不过就是一场处心积虑的政变而已。

吕后过世后，权力大饼在重新分配的过程中，吕家人德不配位，或者说能力不配位，从而被淘汰出局。

吕家的这两位后人，因为本身的能力太过欠缺，犯下了一系列的错误。如果吕产与吕禄坚守自己的政治底线，哪怕就是牢牢地攥住军权，这种屠杀或许就可以避免。但两个人都忘了吕后在临死前的谆谆告诫！

吕家曾先后两次将军权交给了外人，一次给了灌婴，一次给了周勃。

与此同时，吕产与吕禄在政治上的一系列拙劣举措，让周围早就红了眼的饿狼们摸透了虚实，群狼最终一拥而上。出头鸟刘襄喊打喊杀，老将灌婴按兵不动，周勃、陈平进行设计，核心间谍曹窋暗中报信，一号卧底郦寄碎碎狂念，暗牌"尚符节"关键输出，典客刘揭及时关闭殿门。卫尉环节失效后，刘章一线冲杀，一锤定音。

军功集团和皇族之间配合默契，分工明确，将虚弱的猎物扑倒在地。而这次合作之所以能取得成功，主要原因还是因为他们的对手太弱了。

除了事先埋好的各种卧底外，军功派出错也不少。

第一，忽略了武库的重要性，导致最终政变紧急预案时，仅仅有千余人的武装队伍。

第二，陈平和周勃在这场军事政变最关键的北军和南军环节，安排得非常冒险。拿下北军是利用了对手对亲信的过度信任，原因在于吕禄本身迟钝的政治神经。拿下南军时，对卫尉下了太大的赌注，差点满盘皆输。

第三，至于刘章，完全就是一个愣头青，带着一千多人就敢去追杀尚掌有南军的吕产。

总体来讲，军功派的运气成分很大。跟后世很多高级别政变相比，差距比较大。

吕禄的脑子不太好，吕产是个反应慢的犹豫病患者。说到底，还是他们经事少，突然的变故一砸来，被砸蒙了。

当然，吕家最后崩盘，也并不是全赖这俩孩子。这俩孩子在整个八月庚申日的灾难表现，仅仅是浮在水面上的冰山一角。悲剧产生的直接原因，是在太多关键岗位上,吕家全部失守了。要命的卫尉和殿门看守职位,全都出问题了。身边认为靠得住的曹窋和郦寄,还有刘揭,竟是军功派最终能成功的最关键的三个人物!

这就完了吗?还要再往下深挖。更深层次的原因是吕后的寿命。吕后在临终前不久才令吕禄统北军,吕产做相国,兼掌南军。面对这么庞大的权力架构,两个孩子根本没有时间消化,她本应该扶上马再送一程的。

但是,还是那句话,吕后重病太突然,一切都是被逼到那里没办法了。

吕后走得太突然,成为吕家最终悲剧的总开关。吕家既然上了路,就不能回头,只能在这条集权的路上跑下去。既然吕后愿意赌,最终在九泉下,就得服输!

但吕后的寿命最后还牵出来一个关键问题,叫作"权力的信心"。

再来回顾一下非常关键的那一点,卫尉的那个岗位。这个卫尉是谁,史书无载。但如果在吕后死后,及时将长乐卫尉吕更始这个自家人调整到未央宫做卫尉,也许最终的结果就会不一样。吕家将控制住未央宫自带"截断政令"的关键助力。哪怕北军丢了,刘章那一千多人根本连门都进不去!

吕后死前,她的居所长乐宫是汉帝国的中心,吕更始当这个最关键的长乐卫尉是正确的。

但吕后死后,未央宫卫尉就变成了帝国的最关键安保岗位。哪怕吕产是南军总司令,哪怕未央宫卫尉这个位置是他们放心的人,但还是灌婴出征时说的那句话:关键时刻,你只能信任自己家人!更何况吕禄的脑子不太好使,专门坑自己人!再说哪有什么自己人啊!

所谓的心腹,在你大权在握、八方臣服时,全都是乖宝宝,全都指哪儿打哪儿。但是,你不行了呢?

吕后一死,吕家哥儿俩暴露出政治幼稚行为后,之前的所有心腹同党一瞬间就全部重新启动程序,自己找退路了。

曹参和郦商的那两个儿子,都是标准的"吕党"。要是吕后能够活到一百二十岁,这哥儿俩绝对能在吕家祖坟旁继续站岗。但吕后一走,他们一看这兄弟俩不行，第一个要这兄弟俩命的就是他们！

管印符的纪通、典客刘揭，还有最关键的那个卫尉，他们都曾是最铁杆的"吕党"。吕家整整执政了十五年，不是铁杆根本不可能坐到那个位置上！

但是，为什么最后都倒戈了呢？是吕家看走眼了吗？真谈不上，因为人性就是这样，换谁可能都一样！

归根结底，在权力场上，你必须要有足够的能力，差一点儿都不行！

司马懿死后，为什么那帮心腹没有叛变呢？而且，司马家后来效力的很多核心人物，全都是当年曹爽征辟的！史册中，对于后来司马师接班的那五年，有着极高的评价！因为他让所有人看到，这小子不比他们家老爷子差！跟着他有未来，不跟他会死得很惨！

也有过密谋政变的事情发生，但司马师最终还是废了皇帝！最凶险的淮南第二叛时，哪怕眼上长了瘤子，司马师也是亲自抓住军权去平叛的！

所有人在仔细琢磨后，在把算盘打了无数遍后，觉得还是对司马家是真爱。这不是司马家强迫的，我们就是为爱鼓掌，司马家的小伙儿威武雄壮，哪儿哪儿都棒！

所以，当你决定掺和权力的事时，就已经走上了一条不归路。越高段位的权力斗争，要求的能力值越强，你所要付出的代价也就越惨重。

你要强，你的儿孙要强，你的世世代代都要强！但是，自古无不灭之朝，月盈哪有不亏的道理？等待你的下场，基本上是灰飞烟灭。

后来三代谋国的篡权典范司马家，最终司马懿这一支的所有后代，于六十多年后在自相残杀中被团灭，在异族入侵下被挫骨扬灰。

这是黑色幽默吗？万事万物，皆有代价！每个人都有自己的剧本，千万别强求。知足常乐看淡些，一切都随缘吧！

战后分割利益大饼，周勃成为帝国官僚一把手，右丞相；陈平依然当着二把手，左丞相；灌婴成为太尉。剩下的跟从者各有封赏。

刘姓宗族中，出力最多的刘襄、刘章却没有笑到最后，有两方面的原因：一是之前被刘襄阴了的琅琊王刘泽，作为刘家仅剩的少数长辈，率先不同意；二是刘襄不仅自己过于强势，家中还有强势的背景团。

吕后给大家留下的印象太过于深刻，群臣们以防止第二个吕氏家族诞生为借口，排除了刘襄的继位资格。最终的幸运大奖砸在了谁的身上呢？刘恒，刘邦的第四子。

刘邦一共有八个儿子，此时尚在世的仅剩下两个。一个是刘长，吕后收养后抚养长大的。另一个是刘恒，自始至终最为低调的。

刘恒的母亲薄姬，如果大家有印象的话，我们曾在韩信登陆三晋时讲过。魏王魏豹当年听说这个女人将来会诞下天子，所以奇货可居地打算努力耕耘，结果他是没这个命了。

在刘邦打败魏国后，将魏豹的后宫集体收编了，结果当年魏豹非常看重的薄姬，却根本不招刘邦待见。

薄姬后来在好姐妹的帮助和自己的故事营销下（说梦见大龙盘她肚子），才有幸得到了刘邦的一次临幸。

人各有命，该是你的剧本，哪怕只有一次机会，你也会上场的。

公元前202年，刘恒出生，此时魏豹已经死了两年多了。刘恒这个四皇子不是三年才生下来的"哪吒三太子"，怀疑的朋友就不要多想了。

刘邦一直不喜欢薄姬，直到刘邦死，她的地位和待遇也一直没提上去。

母亲不受待见，让刘恒从小做事就非常小心，从不惹是生非。低调行事给了他人生中最大的一笔财富，绝大多数人对这个孩子的印象都很好。

刘恒八岁时，三十多位大臣共同保举他做了代王。后来，吕后曾经让他当赵王，但刘恒表示愿意为祖国守边疆，谢绝了吕后的好意。他躲开了这个谁沾谁死的可怕王位。

刘恒的从不出错，让他非常幸运地熬过了吕后时代，并靠着深厚的"内功"，等来了自己的春天。

最后要交代一下吕后立的后少帝刘弘（前少帝刘恭的异母弟），他和另外几个惠帝生的孩子刘太、刘武等，全部被秘密地诛杀了。原因是，这帮孩子都不是惠帝亲生的，是吕后抱的野孩子。

我为什么特别崇拜太史公呢？因为人家是实录。

> 诸大臣相与阴谋曰："少帝及梁、淮阳、常山王，皆非真孝惠子也。吕后以计诈名他人子，杀其母，养后宫，令孝惠子之，立以为后，及诸王，以强吕氏。"

自此，吕后殚精竭虑、苦心孤诣经营的"吕氏帝国"宣告破灭，无论是刘家还是吕家，她的所有血脉被全部连根拔起。

两千多年后，有一个被苹果砸过的英国科学家发现了一个定律，叫作"牛顿第三定律"。

这个定律厉害到无以复加，它给出了作用力与反作用力的解释：你给出了一个作用力，相应地，就会有一个相反的同等大小的作用力给你推回来。你给出的力越大，回来的力也越大。

这条定律算是通智，可以应用到任何我们能想到的领域。它告诉了我们一个很有意义的哲理：尽量多使出正确的力，就当是为了将来能够收回来一个同样正确的力。

虽然是牛顿发现了这条定律，不过在很久很久以前，中国人就早已将这种现象做了一个无法量化的总结，叫作因果报应。

种什么因，得什么果。吕后在诛杀刘邦其他儿子时，就应该做好自己的后代被他人团灭的准备。吕后前脚走人没多久，看到后面紧跟上来的、一个没落下的自己这一大家子，不知会是怎样的心情。

"贺万钱！"当刘邦顶着众人或嘲笑，或惊诧，或不屑的目光吹牛的时候，所有人的命运就已经定好了。

吕太公看到了此人贵不可言，算是猜到了开始，但他并没有猜到，等待他吕家的会是这样灰飞烟灭的结局……

第四战

七国之乱：
"文景之治"的缺憾美

一、新上司如何空降虎狼单位

这场战争水平不高,但名气不小。

在人们对西汉历史的印象中,似乎刘邦一死,就是吕后虐情敌,然后大忠臣周勃、陈平挽救大汉,后来就是周勃的儿子周亚夫,再次拯救刘家危局。说得跟刘家要全员灭亡一样。

周勃跟周亚夫,这爷儿俩给人的印象就是"社会我周哥,人狠话不多"。也因此,这爷儿俩在汉初的名声着实响亮,远超当时的文帝、景帝。

涉及刘家的文帝、景帝时,我们脑海中仅仅是一个"文景之治"。大概印象是,这爷儿俩在位的这些年,老百姓的日子过得不错。实际上,这个概念是不准确的。老百姓心中的那个"之治",应该叫作"吕文之治",主力是吕后跟文帝,而"文景之治"则另有玄机。

所谓"文景之治"的真正含义,是指文、景二帝在四十年的统治期中,击败了军功阶层对相权的控制,并肢解了同姓王的封国势力,使皇权在真正意义上开始独大,也为后面那位爷满世界扑腾,奠定了权力基础。

我们来看看这不显山不露水的四十年吧,先来说说率先登场的这个有大福气的皇帝。

纵观整个西汉,这个人的福气可算两百年来第一名,超过了他威猛的老爹和饱受争议的孙子。这个人就是汉文帝刘恒。之所以说他有福气,第一是因为福气拼的是一个综合指数,包括运气、国力、国民幸福指数、自身执政质量等因素。

有人会产生疑问，刘邦作为开国皇帝，难道不是福气最大的吗？没有祖宗哪来的后面这一大串啊？

刘邦那叫"大运气"。哪怕放宽到整个两汉，乃至魏晋南北朝，刘邦的运气都毫无疑问地排在第一。他的一生自带神龙护体，有很多条命，无论让项羽挤兑成什么样，他都能逢凶化吉。十战九不胜还能拿下天下的，古往今来就只有他了。注意，是唯一的。

虽如此，刘邦的福气却算不上最大，毕竟混沌了大半辈子，晚年又活在马上，天天提心吊胆，算不上享了什么大福气。而他当年看不上眼的这个儿子，却当真是洪福齐天。

首先，在汉初的一系列政治风暴中，刘恒不声不响、稳如磐石地当了十六年王爷，最终摘了整个平吕政变的丰厚成果中最大的桃子。之后，他又顺顺当当地做了二十三年的太平天子。

而且，他的大福气在于，无论他怎么做，哪怕是错的事，最终都阴差阳错地变成了对的。记住这句话，后面有大篇幅论述。这种怎么做怎么都是对的，我们通常称之为"大福大报"。

但人家刘恒这"命"能好上二十多年，却跟自身的素质有着极大的关系。

上一章中，我们说了吕家后生德不配位的灾难表现和可悲下场。下面，我们来看看这位好命的汉文帝，是如何完成"大干部空降虎狼单位"的人事难题的。

刘恒在继位之初，其实是充满疑惑与风险困境的。当推举他当皇帝的消息传来时，人们普遍的看法是一场风暴正在袭来。他曾经就是否去长安继位的问题，和代国大臣们反复讨论，除心腹宋昌外，没人赞成。

反对者的理由是，朝廷中的那帮人都是高祖时的大将，熟习兵事，多谋善诈，如今他们刚刚诛灭诸吕，血染京城，此时来接咱们当皇帝，谁知道又有什么阴谋！

宋昌持赞成意见的原因则是："吕氏不得人心，天下归心于刘家，那帮老家伙是主持公道，尤其大王是现存的高皇帝最长之子，勿疑！"

最后，众人还是烧龟甲、占卜，听天由命。占卜结果是"大横"，类似于上上签、极乐香。

大吉后，刘恒派出自己的舅舅薄昭前去长安，问问到底什么情况。薄昭回来把政变的来龙去脉讲了，刘恒听后，权衡之下决定动身。到了高陵后，刘恒再派宋昌去长安打探动静。宋昌回来后说没问题，刘恒才敢又接着走。

从这几件事上，就能看出来刘恒是个什么样的人。

刘恒在"天底下第一的大馅饼"砸过来时，人家先分析，听听身边人的意见，听听老天爷的意见，这是己方多维度分析。随后，多方面求证，他先是派舅舅去长安打探消息，后来走到了长安近郊时，仍然不忘派人去看看长安的动静。

看看我来了，你们是不是真想对我不利。如果想把我骗来宰了，此时一定会有征兆。这种谨慎程度，就是我们上一章中所说的"政治天赋"。此时的刘恒，仅仅二十三岁。

一百年后，有一个基本类似的情况：帝位空悬权臣猛。有一个二十多岁的傻冤家，听说自己要当皇帝后，第一时间就兴奋地跑了一百三十里地，骑死了很多匹马，随后仅二十七天就被废了。

历史不会重复，只是会惊人的相似。

当考卷突然扔过来时，你在这浩如烟海的历史长河中，是否储备了足够的底蕴，帮你回答那份考卷呢？

接下来的这段过程，值得被每一个立志走向管理岗位的朋友记住，以备将来不时之需。

到了灞桥时，以周勃为首的百官赶来拜见他。刘恒懂规矩，下拜还礼。这个时候，周勃站出来说了句："咱借一步说话。"刘恒的心腹宋昌上前拦住，高声道："您要是说公事，就在这大大方方地说；要是说私事，王者是没有私事的！"

周勃跪上天子玺。

九月己酉日，刘恒进入长安，在之前的代国办事处接受群臣拥戴，即皇帝位。

当天晚上，刘恒要入未央宫。有十个卫士在端门说："你是谁？知道这是哪里吗？"

刘恒再次派人找周勃，周勃把这十个卫士领走后，入未央宫。当夜，刘恒拜宋昌为卫将军，镇抚南北军；以心腹张武为郎中令，行殿中，然后下诏书大赦天下，宣布继位。

继位后，刘恒第一时间对"诸吕之变"的功臣们论功封赏，最具代表性的是大功臣周勃拿回了军功派最看重的相位，而且刘恒对这位老前辈的待遇是"上礼之恭，常目送之"。

对刘家这帮人，过去被吕后除国的刘友子刘遂，被封回了赵王（原吕禄）；由赵分出的常山国，还给了人家赵国。被齐王刘襄绑架的琅琊王刘泽，被封为燕王（原吕通）；废刘太（惠帝子）的济川国，将琅琊和济南全都还给了齐国；废鲁国（吕家女婿），将薛郡还给了人家楚国。

这是刘恒从一个蒙圈王爷，到大汉皇帝的空降过程。

一个新上司去一个从来没去过的"庙大妖风更大，池深王八更多"的混乱单位时，你要怎么上岗呢？

复盘下刘恒的这一整套做法。

到了"新单位"后，第一轮过招，人家来接你，你拜谢还礼，说明你尊重人，懂规矩。

当这个"单位"的领头者对你试探，说咱哥儿俩说说悄悄话的时候，要迅速立威，划清界限：我这个人大公无私！而且做法很艺术，给周勃难堪和下马威的不是刘恒，伤人的话是宋昌说的。

宋昌的这段话是在表明刘恒的立场："我不是个软弱听摆布的人。"

当文帝要入未央宫时，周勃跟他开始第二轮过招，那十个"道具人"不让刘恒进宫，表明：你小心点儿，这都是我们的人！但刘恒当天晚上第一时间宣布：我的心腹张武当郎中令，护卫宫殿；宋昌总管南北军，还封出来个

"卫将军"。这是什么意思？刘恒真的掌控"郎卫"和南北军了吗？还差得远呢！

除了这俩光杆司令外，没有一个是刘恒的自己人，人家要想弄死你，还是分分钟的事！

但是，人家把你接来当上司，不会因为几件事就跟你翻脸的。

刘恒摸准底线玩造型，是在释放一个信号：我很强硬！我是不会任人摆布的！

我们到了新单位并非要以忍为上，甚至面对挑衅也要逆来顺受，不动声色，那样做会严重削弱你的威严！你要尽最大的可能表现出来：我不会被你们牵着鼻子走，所有人都要围着我来转！

再重申一次：权力这东西，最重要的是看信心。

吕家那帮人怎么就众叛亲离了呢？因为让人看出来他们不是那块料了！

你的第一次出场表现，会给所有人留下极其重要的印象。人们会对你迅速地形成一个判断：你是一个怎样的人，好说话还是不好说话，软弱还是强硬。当你被人判定成窝囊废后，你的所有后续举措，哪怕全都正确，也容易被人看成笑话。你的政令就出不了办公室了。

千万记住，下属绝对不会因为跟上司一见面时，上司态度不热情，而抵触你的。下属之所以造反的最关键点，是利益分配！

前途上，我干了所有的脏活、累活，你十年不提拔我！

奖励上，我拿下了一千万元的单子，你给我一张购物卡！

既得利益上，我的利益大饼，你这个外来人想要插一手！

这是下属捅上司刀子的三个关键原因。

我们在刘邦对待英布时也说过，在管理岗位上，第一印象尽量不要春风拂面，要绷着点儿！此时树立"威严"，极其重要！后面能不能顺利地开展工作，跟你刚露面的这几天，关系极其密切！

刘恒在继位过程中的这一整套流程里，都是在释放一个信号：我不是好惹的。

但是，紧接着刘恒在主持"分红"时，又完全尊重了老爹的"白马之盟"。而且，除了那两个安全部门任命了自己人外，他在第一时间并没有大封心腹，而是给这帮军功派进行封赏。他将相权还给了军功派，对首功的周勃给予足够的尊重；将吕家原来侵占宗族们的地，又都还了回去；对齐、楚这两个诸侯国，都给予了尊重和安抚。

刘恒在恢复秩序。这对我们有什么启发呢？

空降到一个复杂的新单位，当上司时，你要"面冷、手稳、尊重人"。

面冷，是要让所有人知道，你这个人不好糊弄，你有自己的一定之规。你一定要在第一次见面时，就给人这种感觉。这是你培养"敬畏"的最关键一步。

手稳，是指你一定不要新官上任三把火。一定要遵循现有规矩，先走下去；一定要在全都摸透了之后，再做动作。在此期间，可以有变化、有调整，但一定要记住"温水煮青蛙"。复杂单位的问题永远都是人的关系问题！你要释放一个信号：你不是推翻者，不是搅局者，而是合作者。

"尊重人"，是指在利益上，对贡献者和关键位置要给别人希望，明确待遇，千万不要贸然动别人的奶酪。一定不要在还没弄清状况前，就调整利益大饼！最好能寻找到这个单位混乱前的利益状态，接着恢复它。

所有工作的开展，都要等到这个单位的所有事情都被你理顺了之后，再去抽丝剥茧。你的第一要务，是能在这摊浑水中先待下去，然后再看清这摊浑水背后的门道。

刘恒在登基坐殿后，迅速安定了所有的利益集团。

新上司不好惹，但够意思，都歇着吧。

再回想下吕家，但凡有一个刘恒，吕后至于死前整那一出吗？

对了，说个令人无限遐想的事，关于牺牲。

《史记》中在写文帝皇后窦后时，有这么一句话："代王王后生四男。先代王未入立为帝而王后卒。及代王立为帝，而王后所生四男更病死。"

意思是，刘恒原来的代国王后生了四个男孩。刘恒还没当皇帝时，这个王后就死了。等到刘恒当上皇帝后,这个王后生的四个男孩就全病死了。

这一年刘恒二十三岁,他的王后应该岁数也不大。九月底,刘恒当的皇帝,正月立刘启(景帝)为太子。仅仅两个月的时间,原皇后的这四个男孩就全都病死了。

好巧!

这个代王后是谁,史书无载。但这些年,吕后对刘家这堆诸侯王,基本上都配了吕家的闺女。

欲戴王冠,必承其重。权力下的那些妥协,血泪斑斑,伤痕累累!

二、釜底抽薪

刘恒继位稳定政局后不久，体现他命好的第一个环节出现了，他遇到了一个人，这个人叫贾谊。

这个人，可以说是西汉最终成功转型的规划师。

贾谊英年早逝，只活了三十三年，但他把有限的生命，都投入到为文帝服务中去了，他活着的目的就是为了忧国忧民。他给文帝提了很多建议，包括"重农抑商，倡导儒家，不忍匈奴"等。

这些建议在贾谊得势时不停地提，在他失宠后依然不停地提，不管文帝搭不搭理他，他永远保质保量、无怨无悔。从经济到民生，从司法到国防，没有他不掺和的领域。

这些建议，文帝有的听了，有的没听。反正不管你爱听不爱听，我就要不停地说。

在贾谊的诸多策论中，有两项建议入选了大汉"金点子"工程，成为解决军功集团势力和诸侯王势力的关键切入点。

先来说说他是怎么帮文帝处理军功集团"尾大不掉"问题的。人家那些招数那真叫——低调得让你说不出话来。

文帝二年（公元前178年）冬十月，下诏："朕闻古者诸侯建国千余，各守其地，以时入贡，民不劳苦，上下欢欣，靡有违德。今列侯多居长安，邑远，吏卒给输费苦，而列侯亦无由教训其民。其令列侯之国，为吏及诏所止者，遣太子。"

意思是说：我曾经听说，古时候诸侯国有一千多个，诸侯们各自守着自己的一亩三分地，定期朝贡，王与诸侯脸上都好看。现在列侯们都在长安待着，不去自己的封国，每年的利润都要让吏卒们千里迢迢地给运过来，列侯们也都不好好管理自己的子民，太劳民伤财了。现在，列侯们都回自己的封国吧，在中央任官职或我明确不让走的，派太子去。

什么意思呢？

该上班的还在这上班，退休或赋闲的诸侯就回国去当老大，教化自己的臣民，你们天天在这待着劳民伤财，还增加百姓的负担。

没动任何人的利益，相反，还摆出了高大上的字眼帮你省钱。

贾谊帮刘恒点出了军功集团强悍的原因：在权力中心密结的网络。

刘邦打下天下后，这帮老兄弟们得到了封地，谁也不愿意回去，都在长安享受大都会的繁华，自己的封地就是个输血的钱袋子。

军功集团之所以能称为"集团"，也是因此而来。一帮老兄弟都在长安，有的本人在任职；有的子孙在任职；有的虽然全家赋闲，但后台却依然很硬。因为大家你中有我，我中有你。我家小子娶了你家闺女，我跟你爹是一起打过仗的弟兄，你母亲的妹妹是我们儿子的三婶。归根到底，这帮打下江山的布衣功臣，全都是一家子。一旦战友情和联姻走到了一起，几乎就是这世界上最坚不可摧的力量！

军队是一个很神奇的地方，五湖四海的人进去，像一块大铁板似的走出来。到现在，我爸最好的兄弟，仍然是当年的战友。

西汉这帮老兄弟在打下江山后，动不动就要串个门，搞个联欢，回忆一下往昔的峥嵘岁月，彼此消磨时间，联络感情，谈论时事。也因此，当吕家动了相权时，所有人才会如此义愤填膺。

一帮人一边遛弯串门，一边议论："听说了吗？吕后把老陈罢免了，让她外甥干了。今后都是他们吕家的天下了！咱们打下来的江山啊！这还能忍啊！太拿咱们不当人了！咱们千万不能坐以待毙！得整死他们！"

周勃和陈平两个大佬最终发动政变时，可以派亲信在极短的时间内，把所有能找来的人手全都聚拢起来。

所以，我们能看到管印的纪通、郦商家那个吕禄的兄弟郦寄、管外交的刘揭，如此源源不断的弹药，最后都向吕家倾泻。因为他们住得都不远，因为他们打断了骨头还连着筋。

这个集团的最关键力量，来自老一辈的情感纽带。陈平当丞相，周勃是太尉，我家小子当你的"西曹"，曹家那大小子是御史大夫……

这些台面上能看到的事情，仅仅是冰山一角，背后还有大量的摇鼓助威和建言献策，以及出人出力的事情。这个庞大的势力织就的整个网络，是一股几乎无所不在的力量。

在贾谊的这招釜底抽薪后，军功集团的后援团被打掉了。大量的老军功派们要去乡下当财主了。大家没办法再在一起"大风起兮云飞扬"地烤串、搞春游、传闲话了。

很多关键纽带，也因此被割裂了。比如，我儿子是张家女婿，我闺女是王家媳妇。王家和张家就通过我联系在一起了。哪怕我的家人全部没有任官任职，我也是有着巨大价值的，王家、张家因为我被联系在一起了。我这一走，这两家就热乎不了了。

大量的列侯归国，汉朝中央的压力要减轻很多。

虽然说所有权力仍然是台面上任职的那些官员的，这些官员并不会回老家，但是这帮人的联系，由过去的"你中有我，我中有你"的盘根错节一大堆，变成了很多断线稀疏的小堆。

虽然仍然会形成网络，但降维度了。只要人际关系复杂的几何数量降下来了，各个击破的难度就大幅度降低了。

更关键的是，由于大量列侯归国，从"军三代"开始，军功集团的新一代彼此之间将不再熟识。这就属于把根儿断了，军功集团的势力也因此会随着时间的流逝而终将枯萎！

干掉一个集团的最好办法，就是减少他们彼此之间的联系。如果核心弄不动，至少也要把家属和观众清场。

除了让列侯们去封地外，文帝还有相辅相成的组合拳。中央把在别的王国中的封国，迁到了中央管辖的境内。但不白折腾你，中央给的新侯国比你之前的封国还大。

表面上是文帝吃亏，实则他在继续"温水煮青蛙"。不仅让你去封国，我还把你控制在我的辖区，省得你跟诸侯王们勾搭。

这招的效果有多好呢？

周勃在长安时，谁看到他谁哆嗦，皇帝都"目送之"。后来，他卸任到了封国后，仅仅一年多的时间，河东守尉路过他的地盘时，周勃就"自畏恐诛，常被甲，令家人持兵以见之"。

一个小小的守尉路过，就让大功臣周勃心虚成这样了。为什么呢？情报信息来源不及时、不准确，他拿不准了。

当你远离了权力中心时，你也就被剪去了翅膀。

手法太高级了，但人家后面的手法更高级。

文帝在令军功集团回老家后，终自己一朝，也没有动相权。人家釜底抽薪后，歇了二十年。人家是太太打麻将，慢条斯理地吃一张牌，吐一张牌。优雅！

二十多年一过，汉初剑拔弩张的军功集团，在被釜底抽薪后，渐渐地失去了那股谁也碰不得的戾气，也为后面景帝终结"白马之盟"铺平了道路。

关于文帝对诸侯王的出手，我们后面再详细说，下面要说一下他的执政功绩了。

刘恒，他被后世谥号为汉文帝。"文"这个谥号不得了。

评功定调时，"文"的意思是：经天纬地、道德博闻、愍民惠礼，都是些高大正派的字眼。

刘恒是怎么"经天纬地"的呢？

总体来说，刘恒这二十三年的皇帝生涯，延续了吕后治国开的好头，几乎无战乱，百姓有饭吃，君王无欲望。再加上吕后执政的那十五年，近四十年的时间，成为中国古代历史上和华夏大地上非常罕见的一段人人都安稳的岁月。

亚当·斯密在《国富论》中，非常推崇"小政府"。所谓"小政府"，就是政府的财政与税收应该遵循"小而简单"的原则。税收不要过量，财政支出也应最小化，只承担一些安保事务与没人愿意做的公共事业就可以了。尤其政府应该避免参与具体的经济活动，用不着没事瞎指导。

不过，哪怕亚当·斯密作为西方经济学教父级别的人物，他的《国富论》指导了整个西方社会二百多年，但这种所谓的"小政府"也没出现过。

无论东西方，政府都在变得越来越"臃肿"，各种力量干预的力度也越来越大。在说到秦朝的政治制度时，我们就说过，"大有大的难处"。国家机构的"臃肿"与政治干预的力度，都属于大国与强国所必须承受与面对的现状。"小政府"往往只能存在于想象中。正所谓，大国就别指望会是"小政府"，这是个难以解开的结。

不过，历史上，有没有过"小政府、大国家"的时期呢？

还是有的，而且就出现在我们的古老中国，就出现在我们的上一章和这一章所探讨的汉初六十年。

"小政府"是现代叫法，我们的老祖宗对它有一个非常优美的哲学概括，叫作"黄老之术"。所谓"黄老之术"，比"小政府"更加超脱，综合思想就是采取休养生息的政策，政府几乎全盘从经济事务中退出，放手让社会力量去发展经济。再精练点，就是我们上一章中讲的"不折腾"。

刘恒继位后，能够延续吕后执政的道家"无为"的整体思路，这点就很难得。爷们儿哪有不爱折腾的？而且，不仅皇帝不折腾，汉初的官僚制度还是中国古代最具有简约之美的。

这套官僚制度，分为中央与地方两级。

中央是"三公九卿制"，"三公"分别是丞相，主管行政；太尉，主管军事；御史大夫，主管监察，辅助丞相来监察官僚系统。"九卿"是从九个方向与领域辅佐皇帝的官员，以及他们的部属。

地方上采取郡、县两级制度，从中央到地方只经过郡和县两个级别，所需官员的数量也不多。

就是这种中央、郡、县的简单连接，给整个社会生态带来了巨大的喘息空间。

总体而言，汉代初期的官僚人数少，制度简单，政府没有整体干预经济的想法，所以超级省钱。养活当时的整个官僚系统，每年所需的粮食不过几十万石。哪怕按一百万石算，也只用全国大约八百分之一的土地，就可以养活整个官僚系统。

这是整个中国古代历史上，政府运营成本自成一档的优秀存在。

这套体制虽然简约，但并不简单。

中央对于局势的控制力度一点也没有弱化。这段时间，反而是整个汉朝刑事案件与社会矛盾最少的年代。

《道德经》里曾经讲过这么一句话："太上，下知有之。其次，亲而誉之。其次，畏之。其次，侮之。"

最厉害的水平是，下面的人仅仅知道有这么个上司。

水平差点儿的是，下面的人赞美、夸奖这个上司。

再差点儿的是，所有人都害怕这个上司。

最差劲儿的是，所有人都在骂这个上司。

比较意外，"亲而誉之"并不是高水平的上司。大家可以品一品这里面的道理。

这段时间的西汉政府，就做到了"太上"的阶段。下面只知道上面有皇帝、有政府，但具体是什么样，不是很清楚。他们只知道每天都能吃饱，徭役摊派很少，日子过得挺舒服。

不仅百姓的日子好，中央的日子过得也很好，因为国库开始充盈。在《史记》中，太史公对当年的富裕是这样深情描述的："至今上即位数岁，汉兴七十余年之间，国家无事。非遇水旱之灾，民则人给家足，都鄙廪庾皆满，而府库余货财。京师之钱累巨万，贯朽而不可校。太仓之粟陈陈相因，充溢露积于外,至腐败不可食。众庶街巷有马,阡陌之间成群,乘牸牝者傧而不得聚会。"

太有钱了!家家能自足,钱多得串钱的绳子都烂了,粮仓的小米都搁坏了,马到处都是。要知道当年刘邦上朝时,连四匹纯色的马都找不到,萧何出门都得坐牛车。

这就是"文景之治"的后期,整个国家的经济状况富裕成这样。

这种富足是怎么来的呢?那就要说说汉初的税收政策了。

三、土地问题

当时汉初的政府有两大项收入，一个是土地税，一个是人头税。人头税就是从十五岁到五十六岁的成年人，每年必须缴纳一百二十钱。土地税就是每年土地上的粮食产出，要按一定的比例给国家交租。

刘邦时期，名义上的土地税是十五分之一。不过，由于他看谁都不放心，没事总是打来打去，这点税就不够了，无论是徭役，还是地税，都大为攀升。到了吕后执政时期，土地税又被调整回十五分之一。

到了刘恒时期，为了减轻百姓的负担，在他登基的第二年将土地税再次减半，从十五分之一变成了三十分之一。而且，人头税也做了调整，减为三分之一，每年只需缴纳四十钱，丁男每三年才出一次役。

在越来越少的进项下，汉王朝却出现了民富国强的神奇盛况。这是需要特殊历史机遇的。

一般来说，古代政府的财政支出基本上是四个方面：官僚成本、欲望消费、苍天示警、军队支出。

前面我们说过汉初官僚系统简约，文帝本人更是出了名的节俭，既不盖宫殿，也不扩后宫，更不玩各种艺术，所以官僚成本、欲望消费等支出，全都被很大程度地削减。但有两项是不能省的，军队开支和苍天示警。

大炮一响，黄金万两；十万之众，日费千金。黄河改道，千里蝗灾，随便来一个，就够中央政府十几年缓不过来的。历来战争就是名将的福音，财政的悲哀。不过，之所以说文帝有大福气，也在于在他长达二十三年的任期内，一直风调雨顺，而且几乎没有遇到什么战端。上至老天爷，下至北方的匈奴和分封的诸侯，这段时间都安静得出奇。

刘氏的宗族们被文帝调理得很好，除不知好歹的侄子刘兴居和太过于猖狂的弟弟刘长外，全都变成了乖宝宝，而那两个人也并没有掀起什么风浪。

匈奴那边除偶尔挑衅一下外，也没有什么大动作。只有一次闹得比较大，匈奴人打到了长安边上，但也没出什么大岔子。之后，文帝也没做深究，该和亲继续和亲，匈奴也没再折腾。

对了，匈奴的那次大规模武装行动，让文帝发现了一名年轻的将领，他叫周亚夫。这个小伙子后来被他提拔重用，或者说没法不重用（周勃之子）。人家最终用实际行动报答了他的慧眼识才。

这是文帝的第一个大福气：康宁。

夸了这么多，我们接下来要翻转一下，说一下"黄老之术"的劣势，以及文帝在这背后的一系列行动逻辑。

并不是每个帝王都有福气能够不折腾的，因为往往树欲静而风不止。

战争决定着你是否有执行所谓"黄老之术"治国方针的关键土壤。因为"黄老之术"与"小政府"，在诸多美好外，存在着一个巨大的弊端。这个弊端就是财政弹性不足，整个国家对于突发事件缺乏应对能力。

举个例子，一个家庭每年能收上来一千斤粮食，每年自己吃和各种消费是五百斤，然后一年就攒下来五百斤。但是，这就有一个问题，就是这五百斤粮食会坏掉，所以并不意味着，一味节省就可以永远地保有这笔财富。

而且，更关键的是，这还是最理想的状态，因为中央政府往往都是挣一个恨不得花俩的，不找你多收就不错了。但有一年，你家的房突然塌了，你需要五千斤粮食才能重新建起来，这时你就急眼了，因为一年最多就是一千斤粮食的进项。

你家的房塌了，就是国家遇到战争的时候。

当战争打起来后，物资会以惊人的速度消耗，原有的"小政府"状态就会捉襟见肘。因为"大政府"即便有诸般不好,但它的战时动员机制却是非常靠得住的。只要国家有了突发状况,哪怕危机旷日持久,"大政府"都会有足够的政治力量与官僚资源,将各方面的资源不断抓上来。但"小政府",就没这个本事。

"小政府"征税,由于征得少,老百姓的负担轻,所以官员不怎么费劲儿,因此官员也少。一旦要突然干大事后,老百姓们就不配合了,而且就那俩基层官员,根本不够用。用现在我们比较流行的一句话说,就是没有"一竿子插到底"。

少缴税容易,多加税就该骂街了。

和平时期,你好我好大家好,但一到国家有难,资源抓不上来,老百姓大难临头各自飞,中央政府就傻眼了。

所以,"黄老之术"是一种非常脆弱的、理想化的政治体制,有点类似于温室中的花朵,经不起风吹雨打。它并没有过久地存在于历史长河中,其实是有深刻道理的。文景二帝之所以名垂青史,在于他们康宁的大福气。这种福气,是可遇而不可求的。

之前我们说过,无论文帝干什么事,哪怕是错的,最后都会变成对的,但很快他就犯了一个大错。

此时政府开支的大头是用于防备匈奴。

大臣晁错看到了,此时通过休养生息,民间已经涌现出一批富人,他建议文帝采取买卖爵位的办法,允许富人通过捐献来获得一定的爵位,或者免除罪过。只要富人想办法把粮食运到边关,交给守军,就可以从皇帝这里获得爵位。

这种爵位带有免人头税、免徭役、减罪免罪的特权,但不减免土地税,只减免与人身有直接关系的税收,也没有一系列的政治特权。换句话说,就是个荣誉称号,类似于今天网络游戏、手机游戏中的各种"皮肤"或"光环"。它虽然带有炫酷属性,但没有什么实质性的意义。

不过,晁错的做法却是收到了惊人的效果:富人们对于这种奢侈光环很买账。

很快，在富人的帮助下，边关军队的粮食有了保证，不仅不再匮乏，反而变得充足。之后，晁错又趁热打铁，建议文帝卖爵位，让富人把粮食直接上缴到中央政府在各地的仓库。富人的捐献因此成为中央政府财政的一项可观收入。

文帝很快发现，富人的捐助再加上一定的税收，已经足够维持中央政府运转了。于是在公元前166年，文帝做了一件令所有人瞠目结舌的事情：宣布不再收土地税了。

这种我有收土地税的能力，但我放弃了的情况，属于世界古代历史上的孤例，没有之一。这件事成为"文景之治"下夜空中最亮的星，文帝也因此跻身古代圣君排行榜的最前列。

这样真的好吗？不见得。

对于百姓来说，免税这种事肯定好，谁少交钱都会说好。但往深远想一下，我们就会知道，在古代取消土地税，其实是一个误国的方针。因为当时的财政主力就是土地税。

货物和货币可以藏起来，而且人随时可以跑，猫腻太多，收商业税的难度太高。（后来被汉武帝刘彻绕道攻克了。）唯独跑不了的，就是土地。所以，商业税对于政府来说，是不牢靠的，只有土地税是实实在在、稳定可靠的。据估算，土地税和人头税在当时占了政府财政收入的约九成。

当然，文帝不收土地税有一个重要原因，就是汉初的这种"小政府"的官僚体制，不太容易将土地税收上来。因为官员少嘛！土地丈量、粮食清算等问题，搞起来都很困难。

在当年，所谓的土地税并非我盯着你家收了多少粮食，然后我收走三十分之一，哪有那么多时间盯着你。而是你家有十亩地，我按经验估算，估计能打九百斤小米，最终就找你要三十斤小米吧。

基层官员们只能粗略地算出每家要交的粮食，然后再挨家挨户去要。你打九十斤粮食，我要三十斤；你打九千斤粮食，我还要三十斤。但是，还是那句话，土地税属于主动税收，费人工，痛点高。你是青天大老爷，我交粮食时也是不愿意的。这就造成了很多麻烦。

但是，不能因为麻烦和此时国家财政充裕，就放弃了带来稳定收入的税收来源啊！现在是运营一个国家，不是过家家。

文帝靠着卖爵位的收入，直接就说不要土地税了，往好了说，是真仁慈之主；往坏了说，就是断自己的后路！灾、兵、疫、旱，碰上一个就让你够呛！这就相当于开着上千万元的车，却不买车险。

不过，人家文帝之后又裸开了十多年的车，什么事也没有。不光老司机技术好，命好也很重要。

但是，你命好仍然无法掩盖影响深远的弊端。当年商鞅干的那些事，那堆费了极大精力整理出来的土地造册，都没用了。

还是举个例子，你们村有一千亩地，你这个当官的每年往中央报税数目就是一万斤小米。由于你每年都进行收税，所有的民间土地交易、易主以及新开垦的荒地，你心中都是有数的。

但是，你把土地税免了，官员们十年都不用再去征税了。这片土地十年后的归属、地力等系统的数据就全不准了。

比如，原来全村有四百亩地，赵钱孙李四家一人一百亩，收税时你都很清楚。转过年来，你收税时，发现孙家落魄了，开始卖地了。

赵家100亩	钱家100亩
孙家100亩	李家100亩

由于变化并不是很大，你相应做一些调整，这没什么问题。

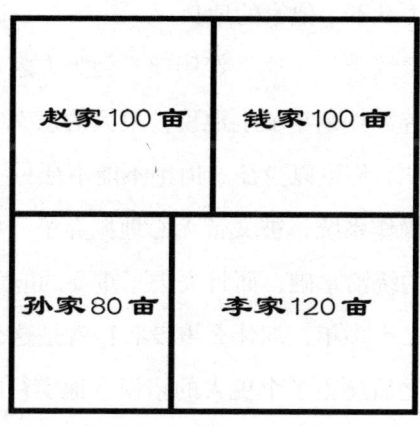

但如果你十年不收税，土地就变成了这个样子。

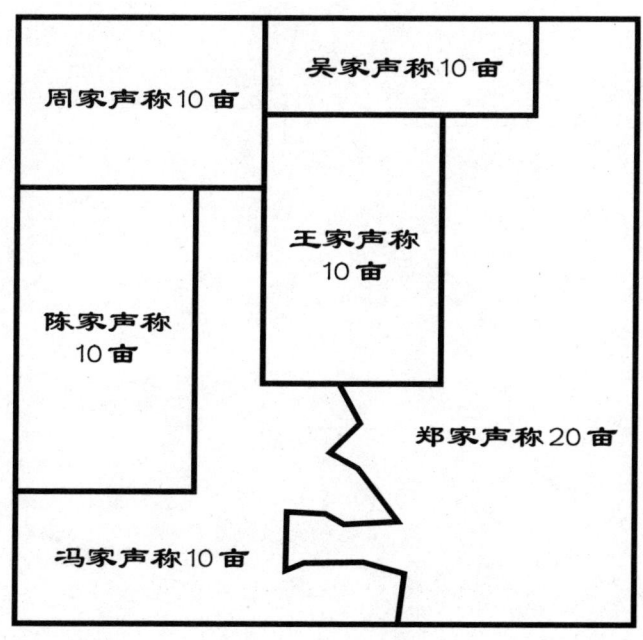

地主也许全都换了，而且各家的土地边界错综复杂，全都说自己只有十亩地。你知道是骗人的，但你要是真想弄明白各家的土地有多少，就需要重新丈量。这就极其考验基层官吏的能力和数量了。

后面为什么豪族起来后,国家的地就越来越少了呢?因为你说不清楚他家的地有多少,你还丈量不了他家的地!

商鞅的国家操作系统为什么这么好用呢?因为人家对整个国家的资源动员能力,做到了心中有数!每年征土地税,最大的意义实际上就是对国家的操作系统进行日常维护。你可以少征,但绝不能不征!

这么宝贵的国家操作系统,被文帝无心地抛弃了。放弃土地税,在古代几乎就是放弃了国家的统治基础,而且失去了重要的应急手段。

但是,文帝在位二十多年,却什么事没有!就是这么好命!服不服?

不仅如此,文帝之后还犯了个更大的错误。他实行的货币政策出现了大问题。

四、众建诸侯少其力

无论古今中外，货币的供给都是要牢牢地攥在中央政府手中的。因为货币的供应对整个国家意义重大，必须中央政权统一抓。

涉及钱的事，从来没有小事！

不过，在文帝一朝，却再次让人瞠目，他干脆把货币的发行权都给让出去了。

前无古人，后无来者！

谁有矿谁就能铸钱，铸出来钱我就认，在市场上就能流通。

从此连货币都得去自相竞争，这就造成了历史上一个非常罕见的现象：良币驱逐劣币！

如果你家造出来的钱缺斤短两，广大劳动人民是不会用的，必须足斤足两才有口碑！

当时市场上有两个大的私钱贩子，一个是邓通，一个是吴王刘濞。

邓通是谁呢？是文帝的"梦郎"。

有一天晚上，文帝做梦要上天，但死活上不去，有一个"黄头郎"从后面推了他一把，他就飘飘然地上天了。就像现在很多鸡汤文中说的：帮了我一把的人，我一辈子也不会忘。

这种漂亮话很多人会说，但很少有人会去做。不过，文帝一觉醒来却当真了，开始留意寻找。

后来在河边碰巧见到一个正在划船的、头戴黄帽的年轻人，穿着与容貌都很像他的那位"梦郎"，这个人就是邓通。

文帝极其宠爱这个邓通，宠爱到什么地步呢？文帝把蜀郡的严道铜山赐给了邓通，允许他自己铸钱。再加上白来的矿不心疼，邓通就开始超标打造自己的产品。也因此，不差分量的"邓氏钱"遍布天下。

至于赠邓通铜山的原因，比较无厘头。因为看相的人对文帝说：这个邓通是贫贱之相，将来必被饿死。文帝和这个看相的怄气，我的"梦郎"还能饿死？于是直接赏了座铜山给邓通，他要看看邓通怎么会被饿死。

但这位邓通最后真的被饿死了，因为文帝的儿子景帝很痛恨他。

文帝脚上流脓，"梦郎"二话不说就直接上嘴，结果作为儿子的景帝在旁边就显得很尴尬。为了显得孝顺，景帝也只能勉强用嘴给老爹吸脓。邓通的过度表现堵死了自己的后路，景帝上台后，就把他饿死了。

另一个货币大佬，是刘恒的叔伯兄弟——吴王刘濞。

刚才的邓通是家里有矿，而刘濞这位爷不光有矿，人家是全方位地不差钱。吴国当地不仅产铜，而且还靠着海，刘濞一边铸币，一边卖盐，小日子过得那叫一个清爽。

这种好日子让很多人眼红，但文帝就是不管。

吴国也渐渐成为在财力上，甚至可以和中央抗衡的地方政权，这也为后来的"七国之乱"埋下了伏笔。

宠信近臣到了这个地步，无视隐患势力肆意膨胀，这都说明文帝并没有英明伟大到什么程度。

不过还是那句话，架不住人家命好。

大量的放手私人与地方势力扰乱货币供应，这种在任何时候都有百害而无一利的政策，却在当时误打误撞地成为盘活经济的妙招。原因就在于，在当时的整个金融系统中，几乎就没有货币。

商鞅变法之后，整个秦国的思路就是打击经济，将整个国家的百姓变成农奴，经济活动几乎不存在。

随着秦的不断强大，吞并六国后，这套制度被覆盖到了华夏大地上。当一切只认粮食时，货币的存在价值就不高了。

秦始皇的三功之一是统一度量衡，统一货币很晚才实行，但这不重要。这从侧面说明了，在当时很多最基础的规范，还没有拓展到商业领域。

刘邦拿下天下后，几乎就是继承了秦制，经济上也承袭了那套"重农抑商"的做法。直到吕后时代，开始纠偏，经济活动才开始有所抬头。

下面就是经济学问题了，我会尽量说得明白些。

经济活动中，什么最重要？货币。或者说，是被大家认可最放心的结算方式。货币作为交易的媒介，起到的最大好处就在于，它可以让经济交易的成本降下来。

以物易物的交易成本非常高，而且一切都拿粮食结算，有极大的局限性。因为粮食太沉了，这也就导致了交易额不会太大，交易地点也不会太远。而想要经济发展起来，交易必须频繁，地点必须遥远。频繁才会盘活经济，遥远才能互通有无。

上述这两个关键点，最重要的就是需要有大量被认可的货币做保障。

文帝的放手铸币，恰巧顺应了那个时代的呼声与浪潮，往已经干涸了很多年的金融系统中注入了大量的货币。随即经济活力被激发了出来。

虽然货币被大量的、没有管控与规划地释放到了市场上，并便宜了私人与地方的诸侯，但最终都还是填充到了各阶层无处不在的经济活动中。这就好比当年的西班牙人，从美洲抢夺了大量的黄金与白银，但最终一大半却都流入了中国，换成了茶叶与瓷器，帮助中国实现了货币的升级换代和经济大发展，并最终左右了明朝的国运。

只有放了水，才有可能养鱼。只有有了钱，才有可能去盘活经济。

之前所说的，晁错说发现了很多富起来的人，卖他们爵位，其中最大的原因也在于，货币在大量产生后，交易频繁发生，富人群体的这群大鱼开始出现。

文帝的昏招，在这个独特的时代背景下，再次变成了大招。

在土地和货币政策之后，贾谊再次帮文帝升级。贾谊根据"大都强者先反"的历史教训，提出了"众建诸侯而少其力"的方针。这就是后来著名的"推恩令"的框架原型。

贾谊建议，在原有诸侯王的封地上，分封更多的诸侯，从而分散削弱他们的力量。老诸侯王死后，将他的封地分割为若干块，分封给他的几个儿子。这样，除了得罪嫡长子之外，所有的人都会和中央站在一起。诸侯王的封地一代代这样分割下去，将越分越少，直到"地尽嗣绝而止"，力量也就越来越弱了。

这招让诸侯的势力越来越小，让他们失去反抗的能力，中央也会因此越来越稳固。贾谊的这套"肉烂在锅里"的办法，算是找到了解决诸侯王势力"尾大不掉"的最佳途径。朱允炆要是多读读历史，也就不至于让他的藩王叔叔成功"靖难"了。

贾谊抓住了两个关键。一个关键就是，人的欲望大小与实力大小是成正比的；另一个关键则是，有权继承人与无权继承人之间的利益矛盾。

当你兜里有十个亿时，你就总想着在北京买个院子玩玩。当你有一个亿时，也许你就打算在二环弄套大房子了。当你有一千万时，你会谨慎地选择地段，在五环买一套还算过得去的，然后精打细算地生活。这就是实力在欲望上的体现。

另一个关键更好解释。我们常常在一些综艺节目中见到，一个看热闹不怕事大的主持人帮别人调解矛盾。矛盾的主体，绝大部分都是兄弟、妯娌、大姑姐，很少见到两个陌生人之间有什么深仇大恨的。

原因就在于，陌生人之间没有太多的利益纠葛，即便有纠纷，法院也好解决，该说说，该判判。但亲人之间就不同，因为亲人之间根本没法讲理。利益与情感早就纠缠到了分不清的地步！

你可能会说：我从来没看见过什么伦理仇恨，顶多是咬耳扯袖、红脸出汗的事情，家庭惨剧、伦常惨案哪怕有，也是极少数！

那是因为我们看到的家庭大多是没有什么利益可以争的（其实照样打得

血肉横飞），但凡算得上是大户望族的，在分家时几乎是没有什么亲情可言的。利益牵扯越多，在分家产时就越是八仙过海各显神通。

贾谊的"众建诸侯而少其力"，帮文帝指出了一条光明大道。

其实早在文帝刚上位不久，对诸侯国的调整就开始了。文帝二年（公元前178年），文帝对诸侯国进行第一次调整。

首先，将他本人出生之地代国，分为代和太原二国，封子刘武为代王，刘参为太原王，同时恢复梁国，以皇子刘揖为王。（封自家孩子用的是自己的地，吕家的试错真管用！）

由于刘襄没多久就死了，齐国也被分为了齐、城阳和济北三国。齐国由刘襄子刘则继承，两个兄弟刘章和刘与居，变为了城阳王和济北王。

分赵国为赵和河间二国，原赵王刘遂不变，立他的兄弟刘辟强为河间王。

汉之诸侯王国由八国增至十三国，这已经颇显"众建诸侯少其力"的雏形了。

后来就这样维持了很多年，其中刘长和刘肥那一支的刘兴居闹过事，但被文帝轻松抹平。

贾谊在出大招后，文帝开始了他肢解诸侯王的计划。

齐王刘则死后，文帝将齐国一分为七，都分给了刘肥这一支的子嗣。

刘友死后，赵国也被一分为二，大的给长子，小的给少子。

淮南国在刘长死后被一分为三，成了淮南、衡山、庐江三国。

除了嫡长子之外，几乎每个利益既得的庶子，都是翻了身的。

贾谊对于汉文帝的意义还不仅于此，他在死前就像穿越过来的一样，给汉文帝提了最后一个重要建议。

汉文帝十一年（公元前169年），梁怀王刘揖入朝，骑马摔死了。

当时贾谊因为文帝要缓和矛盾，被踢到梁国做太傅。（贾谊这辈子光得罪人了。）贾谊深深地自责，经常哭泣，心情忧郁。但尽管如此，他还是不忘心系文帝，对梁国的未来提出了建议。

因为刘揖没有儿子，按惯例他的封国就要撤销。贾谊认为，如果这样做将对整个局势不利，不如将这片封国用来加强文帝的两个亲儿子——淮阳王刘武和代王刘参的地盘。因为在当时的封国中，文帝这一支的势力太弱，诸侯王中都是别支兄弟，真到了关键时刻，还是亲儿子靠得住。

文帝听从了贾谊的建议，因代王封地北接匈奴，十分重要，没有加以变动，于是迁淮阳王刘武为梁王，另迁城阳王刘喜为淮南王。梁地作为天下之中，在后来的那场大战中，为拱卫中央起到了巨大作用。

汉文帝就这样怎么做怎么对地做了二十三年的皇帝。他的伟大在于完成了中国历史上的第一次大一统帝国的平稳巩固过渡。在他的统治下，喧嚣了上千年的华夏大地，第一次由内到外全都消停了。

在中华民族的第一次大帝国的搭建中，始皇帝完成了总工程的百分之六十。"揭竿大泽乡"那章的最后五千字，我一直在骂秦始皇，但前面充满着货真价实的佩服。华夏大地后面两千年的整体框架毕竟是人家搭出来的！

刘邦和大小"股东"们通力合作，完成了总工程的百分之二十。高皇帝带队，再度缝合了天下，并创造性地发表了"白马之盟"政策性纲领。

吕后和文帝各完成了最后的百分之十。吕后开创了"黄老之术"，为华夏大地疗伤，并用整个吕家作为反面教材，帮文帝试错，指出了"白马之盟"的突破方向。没有吕后，前面的百分之八十再度崩盘也有可能！没有吕后，最后的百分之十能否收尾也不一定！

文帝则踩在吕家的尸体上，通过前面的试错指引，打通了一个大一统帝国"任督二脉"的最后两大穴道（"列侯之国"与"众建诸侯少其力"）。至此，中华大地终于拢住了松散了几千年的诸多相互冲撞的"内力"，开始导气归海，真气游走奇经八脉，再无滞塞。

五、景帝削藩

文帝死后,已经持续了近四十年的休养生息政策,仍在释放着强大的惯性。因为他将"黄老之术"交棒到了他的皇后手中,即窦太后。窦太后不像当年的吕太后那样强势,她对于政策的影响力是依靠持续教育获得的。

老太后在皇室办起了"黄老培训班",要求所有宗室子弟都必须学习,并以此为治国指导思想。从中央到地方,无论是官吏还是学生,都要学黄老理论,学老子思想,争取做合格的政治家。在这样的大环境下,"黄老之治"一直在延续。

文帝的儿子刘启,在这个大环境中上台了,他就是"文景之治"的另一位皇帝。这位和父皇分享英明的景帝,比他爹差得太远了。本不该闹起来的"七国之乱",就是在他的治理下爆发的。

如果按照文帝的政策一直这么下去的话,后来的那场大乱根本就不会发生,所有的刘家诸侯王都将被实施安乐死,最终中央可以极其优雅地完成政治整合。之所以会爆发大乱,原因在于景帝的"黄老培训班"学习效果并不显著。他并没有理解时间的伟大,干了一件非常不靠谱的事——正式削藩。

有一个人在其中起了很重要的作用,之前主张卖爵位的"经济大师"——晁错。晁错深得景帝的欣赏。表面上,晁错服从"黄老"的核心思想,但他的骨子里却崇尚儒家学说。

在先秦的思想高地上,曾经"百家争鸣",不过整个江湖最终随着秦灭六国，最终被法家一统。在法家独大了上百年后，道家接过了思想的权杖。但这个权杖并没有握稳，儒家一直在摩拳擦掌，跃跃欲试，因为这套操作系统渐渐听到了市场需求的呼唤。

道家在本质上讲"无为"，是把时间当朋友，相信只要方法对，时间会让一切水到渠成。

而儒家在本质上则是讲"有为"，是把时间当磨炼，总希望在自己大有作为之时，把时间老人的活儿自己都给干了。

儒家在经历了上百年的白眼、遭受各种不待见后，终于在大一统的政体下，迎来了它的机遇。因为，儒家的两个内核强烈地驱动了最高统治者对人生的美好追求：一个是"等级制度"，一个是"仁政有为"。

通过"等级制度"，把社会的各个群体进行分级，让各个等级的人各安天命。强调"克己复礼"，所有人凡事从自身找原因，克制自己的欲望，这样统治者统治起来就方便。通过"有为"的政治手段，来达到自己的目标，这样会让统治者的存在感爆棚，名留青史。

总跟皇帝们讲"无为"，那么千百年之后，谁又还能记得谁呢？这就让皇帝们很不高兴。想让每个后世子孙千万年仰望我，这是每个人主的共同心愿。

法家的本质，是让这个世界功利起来，为统治者驱使。

儒家的本质，是让整个世界安定下来，为统治者服务。

道家的本质，是让世界与统治者安定下来，为自然规律服务。

在天下大乱时，所有思想全要靠边站，谁法家理论贯彻得好，谁就胳膊粗、拳头大，就能哪里不服怼哪里。但天下平定后，道家与儒家凭借具有的"安定"药效，开始登上了历史舞台。

道家先是拔了头筹，并成功地完成了它的历史使命，救了上千年烽火的华夏大地。但儒家凭借着对统治者服务的整体优势配套方案，开始一次次地冲击着顶层头部大佬的思想。

什么都不做，太难了！什么都静水深流，太难了！什么都交给时间老人，那我干什么呢？

我是天选之子，上天下地，唯我独尊！我非凡人，自然亦有超凡脱俗的能力！

景帝上台后，内心深处在思虑，正好晁错提供了方案。景帝二年（公元前155年），晁错向景帝再次陈述诸侯的罪过，请求削减封地，收回旁郡，上疏《削藩策》。

刚刚继位的景帝，动手干了两件大事，一个是恢复了地租，另一个就是着手削藩。

一方面，恢复土地税，算是纠正了老爹文帝厚道的错误，给大汉帝国上了保险。

想干事情毕竟是需要拿钱说话的，现金流不稳定，很多项目就不能上马；再不巡查土地，国家就彻底完蛋了！不过，景帝还算仁慈，将土地税仍然规定为三十税一，这个税率一直延续到了西汉末年，算是功在当代，泽被后世子民。

另一方面，景帝开始了自己的霹雳手段。

景帝三年（公元前154年）冬，楚王来朝，晁错借机说楚王刘戊为薄太后服丧时，偷偷淫乱，请求诛杀他。景帝下诏赦免死罪，改为削减东海郡作为惩罚。

随后，一连串的削藩行动正式开始，赵王刘遂有罪，削去其河间郡；胶西王刘昂因为售卖爵位时舞弊，削减其六个县。

在景帝一系列的动作下，诸国震动。

你爹"众建诸侯"还不够，你小子改抢了是吧！

所有诸侯王中，辈分最高、年岁最长、实力最强的吴王刘濞，对于景帝的怒火，已经喷薄欲出。刘濞和景帝，之前就有大仇。这个仇是三大不能忍之一，杀子之仇。曾经吴国太子刘贤进宫朝拜文帝，有一次在与当时还是太子的刘启下棋时，两个人闹了些不愉快，结果刘启干了件特别血腥的事情，拿棋盘直接把刘贤给拍死了。

刘启这小子一言不合就动手，下的还是死手，拿棋盘把人拍死，换在今天的动作电影大片中，会被剪进片花，做吸引投资的卖点。再结合后面的很多事，我们可以看出来，刘启这个孩子心胸狭隘、性格阴冷，跟他爹完全是两个极端。

刘贤这个孩子命比较苦，不输房子不输地的，下棋较什么真儿啊！把命都下没了！

文帝随后敕命将尸体送回吴国埋葬，到了吴国，刘濞大怒："天下都是刘家的，死在哪儿就埋在哪儿！何必送回来！"

主家不签收，送灵队掉头又把尸体送回了长安。儿子被人家杀了，但这个仇又没法报，刘濞一腔怒火，从此便不遵守诸侯对天子的礼节，再也不去长安朝拜了。

刘濞的公然不朝影响很不好，文帝先是拘押了吴国使者敲打敲打刘濞，但后来想到，错是在自家这边犯的，于是赐给了刘濞几案和手杖，表示体谅他年老，可以不再朝觐。

文帝传递了两个信号：我这有错，给你道歉；你也老了，差不多得了，拿好拐棍别再闹了。

文帝在时，贾谊和晁错分别建议过文帝，吴国又铸币，又晒盐，实力太强会出乱子，不如先下手为强。文帝却始终没有动刘濞，一方面在于文帝知道自家理亏，另一方面在于文帝已经找到了消灭诸侯威胁的办法，就是之前我们所说的"众建诸侯少其力"。

在文帝给出了大台阶后，刘濞就没再闹什么动静。

由于"众建诸侯"是将矛盾全都指向了诸侯内部，所以诸侯王们有苦说不出。哪怕想反，自家内部也是困难重重。除嫡长子外，所有的儿子都会说："没有中央，就没有我们的封地，谁造反就是逆时代的潮流，要自绝于朝廷！"实际上就是中央的政策把诸侯王间接地架空了。

但景帝的"有为"举动，再次将所有的诸侯国，由内到外的利益群体统一了起来。中央不是要分我们的地，而是要拿走我们的地！所有诸侯的孩子都明白了，别梦想分地了，土地眼瞅着都要没了。

刘濞作为所有诸侯王中胳膊最粗的，在国仇家恨的共同引爆下，亲自出使胶西，与胶西王刘昂约定反汉，事成后吴与胶西分天下而治。刘昂同意谋反，并与他的兄弟、齐国旧地其他诸王相约反汉。同时，吴王刘濞还派人前往楚、赵、淮南诸国，通谋相约起兵。

这帮被景帝集体薅过羊毛的诸侯们组成了"复仇者联盟"，就差一条导火索了。不久，景帝点燃了引线，降诏削夺吴王刘濞的豫章郡、会稽郡。

诏令传到吴国，吴王刘濞立即杀了吴国境内中央所置二千石以下的官吏，联合串通好的楚王刘戊、赵王刘遂、济南王刘辟光、淄川王刘贤、胶西王刘昂、胶东王刘雄渠六国诸侯王，公开反叛。

刘濞征募了封国内十四岁以上、六十二岁以下的全部男子入伍，聚众二十余万人，又派人与匈奴、东越、闽越贵族勾结，以"请诛晁错，以清君侧"的名义，举兵西向，发动了历史上著名的"七国之乱"。

景帝听说削藩给人削急眼了，有些始料未及，他们怎么还敢反呢？每一个熊孩子惹祸之前，都没想过这祸会惹得有多大。眼下景帝也找不到家长了，于是匆忙找主张削藩的晁错商量对策。结果，晁错给景帝摆出了一个很作死的方案：建议景帝御驾亲征，自己留守京城。

晁错估计是个汉史研究者，很是倾慕当年刘邦与萧何的那段君相搭配的组合，希望自己能像萧丞相那样包办一大摊子事，景帝能像刘邦那样，看谁不服就撸袖子自己上。不过，他有些天真了。

晁错并不是萧何，萧何从来不会指手画脚，只会默默地擦屁股。景帝也不是刘邦，刘邦在韩信眼中还是能带十万人的，可这位爷生平只拿棋盘杀过人而已。

计划是你提的，最后你自己怂了，把我推到前面去。景帝对晁错很不满意，于是他又召见了袁盎。袁盎曾当过吴国国相，景帝希望听听这个曾经的"敌后工作者"是什么意思。

晁错很不走运，这个袁盎是他的政敌。晁错这个人的想法多，而且总是不满足于自己做头脑风暴，总是喜欢雷厉风行来真的，这就容易得罪既得利益群体，树敌非常多。

袁盎先是请求景帝屏退旁人，然后说："吴、楚叛乱目的在于杀晁错，恢复原来的封地，只要斩晁错，派使者宣布赦免七国，恢复被削夺的封地，就可以消除叛乱。"于是，景帝封袁盎为太常，令他秘密整治行装，出使吴国媾和。

十多天后，丞相陶青、中尉陈嘉、廷尉张欧非常默契地联名上书，弹劾晁错误国，提议将晁错满门抄斩。景帝批准了这道奏章，此时的晁错还毫不知情。

景帝派中尉到晁错家，下诏骗晁错上朝议事。车马经过长安东市时，中尉突然停车，向晁错宣读诏书，当街腰斩尚穿着朝服的晁错。晁错就这么一脸蒙地被当街拦腰斩杀，场面血腥恐怖。

晁错之死，既冤又不冤。

冤在于他真的是一心为公。纵观他的一生，算是习得文武艺，卖与帝王家。他并没有为自己谋什么私利，所想皆为刘家天下，还因此干了很多得罪人的事，即便是当替罪羊，也不该是这种凄凉的死法。

不冤则在于，"七国之乱"是他挑起来的，自然也应该由他结束。你既然敢下手，也就应该有办法平这件事，既然无法负责，就只能以死谢天下。只不过他伺候的这位主子阴暗冷血，他的死实在让人冷汗涔涔。

晁错已死，但七国联军并未因此撤兵。

六十二岁的刘濞知道，开弓就没有回头箭，既然翻脸了，退回去将来也是个死，直接自称"东帝"，根本就不见袁盎！这是向景帝摆明了态度：跟你拼了！

国难显忠良，景帝想到了一个人，老爹曾经遗嘱过他，国家有难时用此人。这个人，就是周勃的儿子——周亚夫。

六、文帝钦点的真将军

文帝后元六年（公元前158年），匈奴大举入侵边关。文帝命宗室刘礼为将军，屯军灞上，祝兹侯徐厉驻军棘门，河内郡守周亚夫驻守细柳。三军警备，以防匈奴入侵。

文帝比较厚道，总喜欢亲自去劳军。到了灞上和棘门，文帝一行直接驱车而入，在军营中进行了一系列活动，并讲了很多慰藉将士们的话。这些举措令士兵们很是感动。

到了细柳军营，文帝却并没有得到鲜花、掌声、夹道欢迎的热烈场面，而是看到营中将士个个披坚执锐，刀出鞘，箭上弦，弓拉满，精神饱满地处于战备状态。

文帝的先锋驱车不得入，于是说："赶紧开门，天子就要到了！"

守卫军门的都尉说："进不去！谁来也不好使！我家将军有令，军中只听将军命令！"

过了一会儿，文帝到了，都尉还是表示谁来也不好使。于是，文帝派使者手持符节诏告周亚夫："我要入军营慰劳军队。"

得到周亚夫的传令，都尉才打开营门。开门后，车夫刚一扬马鞭，都尉又对文帝的御者交代说："刹车！将军有令，军营中不准车马奔驰！"于是，文帝的车只能控着缰绳，慢慢溜达，超跑变成了三蹦子，以二十迈的速度挪到了指挥部。

到了指挥部，周亚夫手持兵器向文帝拱手说："末将甲胄在身，不能施以全礼。"文帝被这一整套军容军纪震撼得感动了，靠在车前的横木上向军队敬礼，郑重地向细柳全体将士致敬。

劳军仪式结束后，文帝称赞道："真将军也！之前看到灞上和棘门的军队，好像小孩子玩游戏，真打起来根本靠不住，但这个周亚夫却真的是难以侵犯！"

周亚夫的治军方式给文帝留下了深刻的印象，临死时，文帝告诫刘启："国家若有急难，周亚夫可担重任。"

周勃父子，算是与刘家有宿世的大缘分。这对父子先后被刘邦与刘恒父子像锦囊妙计般地遗命重任，并最终各自在风云动荡中力挽狂澜。

周亚夫出征平乱之前，和景帝大致说了一下自己的用兵方针。总体来说，就是先占据荥阳这个战略要地，自率主力进击闹腾最大、最有钱的吴、楚，另派有力之军击赵、齐。不过，楚人骁勇，要先拿景帝的兄弟刘武当肉盾，正面死扛吴、楚，然后再伺机断叛军的粮道，大事可成。

周亚夫的这个计划，从战略的层面上讲，是上上选。先是找准了天下的总枢纽，荥阳一线，守住此处就保证自己输不了，然后在梁军吸引吴、楚主力后，自己再伺机而动。

但这个计划，从政治层面来说，不太正确。因为他犯了一个方向性的错误，他拿当今天子的亲兄弟做挡箭牌，无论胜败，他将来都没有好果子吃。这就好比明知道天子御驾亲征，三军的士气最高，但绝大多数时刻不能这么做一样。除非天子像刘邦那样强烈要求亲征，否则千万别怂恿。万一天子戾了呢？（刘启）万一陷在外头了呢？政治错误是不能犯的。

其实，周亚夫就应该率中央军，规规矩矩地帮梁王去守梁地，同进退。也许无法速胜，但将来绝对稳当。

景帝在很多地方都继承了他爷爷刘邦的神韵，在听了作战方案后表示，牺牲我弟弟算什么，我爷爷当年连我大爷、大姑都不当回事，你放心去打，只要能赢，剩下的都不叫事儿！

景帝派太尉周亚夫率三十六位将军抵御吴、楚联军，派曲周侯郦寄领兵攻打赵国，栾布攻击齐地诸叛国，并以大将军窦婴驻屯荥阳，监视齐、赵的动向。

周亚夫带着作战计划上路了，从他的这个思路就可以大致判断出来，这场战争的下限不会低。

其实，经历过我们讲述的那些历史战役，尤其整个楚汉争霸时期的战役，我们应该能够明显地看出来，叛军是不可能赢的。

中央没乱，你的资源根本拼不过。

吕后、文帝四十年攒下来的底子，你说你怎么跟人家碰。有人会说，吴国不是富得流油吗？有钱能使鬼推磨啊！比较遗憾，在古代，真打起仗来，很多东西是没法用钱来解决的。粮食，你也许可以拿钱买；兵源，你也许可以拿钱招，但那都仅限于和平时期。一旦进入战时，沿途无论国家还是郡县，全部自发坚壁清野，人家全藏起来了，你想交易根本没人搭理你。你所能做买卖的地方，还是你自己的那一亩三分地。

吴国这回下至十四岁孩子，上至六十二岁的老翁全部被强行入伍，总量也不过才二十多万人。

第二，几十年没打仗了，士兵素质拼不过。

人家中央军好歹还时不时地防个匈奴抢粮队，你这些年光放羊了。对面有真将军周亚夫，你有谁呢？在将帅和兵源质量方面，你也根本就没戏。

这场战争在打之前，就已经注定结果了。刘启这孩子没见过世面，一闹腾起来就慌神，把晁错给整死了。这才哪儿到哪儿，而且犯不上啊！

从一开始，除非出现奇迹，否则诸侯王的叛军根本就不可能有希望！唯一的看点，就是叛军能支持多久，能给中央添多大麻烦。结果一看吴、楚的战略汇报，就知道这场仗打不了多久了。吴国那边的大将田禄伯曾经建议自领五万人，沿江淮而上，收淮南、长沙，然后打武关，两路出兵，来个双管齐下。

这个思路比较独特，分兵牵制中央，不过被吴国太子否了，原因是：兵权不可授于外人，咱们造反，也保不准别人会反我们。

田禄伯被否了以后，一个姓桓的少年将军献策："吴国多步兵，步兵利于险阻，中央多骑兵，骑兵利于平原，我们应该过城而不攻，大军直奔洛阳的武库、敖仓的粮库，据山河之险，这样虽然并没有入关，但山东之地却已经尽在我们的掌握之中了。如果大王一座城一座城地打，中央大军赶到，梁、楚之地千里平原，无险可守，咱们就不妙了。"

这位桓将军虽然年轻，但能说出抢敖仓和洛阳武库，算是个明白人。抢下洛阳武库，基本上阻断了中央短时间内向山东用兵的可能。

下面我们要来解释下在大一统时期，洛阳武库是干什么用的。比如，中央收到关东七国造反的消息了，基本上的流程是这样的：所有武装赶紧调动起来，中央及各郡部队集合，往洛阳赶。这个时候，比如北军，是不能从长安的武库拿上家伙、穿上铠甲出发的，那样本来十天的路，一个月也到不了，而是应该各地部队大集结，然后在上司的带领下往洛阳跑。

跑到洛阳，去洛阳武库领兵器，然后再往荥阳前线走，去占敖仓。到达荥阳，占住敖仓，基本上谁来也没戏了，中央军也可以四处进击。

如果吴、楚能够强行军，第一时间抢下洛阳，那么函谷关以东将陷入惶恐。因为中央只能指望所有部队从长安集结，然后再赶过去。

从时间和形势上，都将大大有利于诸侯王联军。

以梁国为前哨阵地，颍川、河内等为山东核心的汉帝国关东缓冲区，将很有可能被吃掉。

这个方案中，最大的问题是吴、楚方的粮道问题。见城绕过而去抢洛阳和敖仓，有非常大的可能是粮食运不过来。因为你的粮道要走水路，中间你要过梁国和中央的防区。

粮道有问题，就意味着你要速战速决，拿下敖仓，否则就会大崩溃。虽然险，但这却是唯一可能出现奇迹的机会。桓将军的建议拿到诸位老将那里讨论时，诸位老将都说："小毛孩子，懂什么？"

老将军们也有道理，万一抢不下来呢？但是，弱者有本钱挑三拣四吗？

随后，诸侯联军在各种战略讨论后，决定步步为营地往前拱。吴楚联军东进，贾谊的遗计开始闪耀光芒，行至梁国，遭到景帝之弟梁王刘武的顽强抵抗。没办法，你反的是我亲哥哥，我必须得跟你拼。

吴、楚联军拼力攻城，攻下了梁国南面的棘壁（今河南省永城市西北）。梁国被叛军轮番急攻，梁王刘武被打得七荤八素，开始派出一批又一批的使者向周亚夫求援：你们中央军赶紧上啊！

接到求救，周亚夫赶紧扭头远走高飞，将军队引向东方，屯兵于梁国以北的昌邑（彭越老家），当起了看客，跟刘武相望于江湖。

无论刘武怎样派人求援，周亚夫就是不发兵，最后逼得刘武写信给景帝："大哥，你再不救我，我就完了，我死了下一个就是你了。"

景帝看到了这种情况，又慌了，将战前答应人家的那些事情抛在了脑后，命周亚夫马上进兵增援："赶紧救我弟弟！再不救他就真死啦！"周亚夫没有搭理，一句"将在外君命有所不受"，将景帝给噎了回去。

景帝如果知道当初老爹劳军，周亚夫都不让超过二十迈的速度，估计也就不会在这位真将军出征后废话了。

死活等不来救兵的刘武，只能寄希望于自己，拼死抵抗，与吴、楚联军僵持。

吴、楚联军虽然步步为营，却连梁国都过不去，旁边还有"专业拳击手"周亚夫一直在候场。僵持逾月，见梁国城池防守严密，吴、楚联军无法西进，于是北上攻向周亚夫的中央军。

周亚夫还是老策略，压根儿就不理你，坚守壁垒，拒不出战。但另一面，却趁机派骑兵南下，夺取了泗水入淮之口（今江苏省淮安市洪泽区），断了叛军的粮道。

吴、楚联军断粮，士兵饥饿，几次挑战未果，于是在一天夜里，他们拼了老本展开了总攻击。吴、楚联军使了一个诈，先是大举进攻军营的东南，声势浩大。但周亚夫却从嘈杂声中判断出了虚实，下令："东南给我顶住！"然后令主力去西北方防御。

果然，在西北方遇到叛军主力的进攻，大战一夜，军营岿然不动，吴、楚联军的最后猛攻宣告失败。

周亚夫在此次平叛的整个过程中，表现出了一个名将的极高素养。从前期战略布置，到执行部署，以逸待劳消耗吴、楚联军的锐气，这都符合名将用兵之道。

我们要单独说一下的，是这个人的"静"。

在吴、楚联军这次总攻前，军中出现了非常棘手的突发情况——"夜惊"。军中莫名其妙地就乱了，甚至到了军士互相攻击的地步，周亚夫的军帐外打成了一片。一般遇到这种突发状况，军队基本上就完蛋了。在史书记载中，遇到这种情况绝大多数都是大将带着亲卫兵骑上马跑了，整个大营也就溃散了。但周亚夫的表现，却堪称教科书级别的。

人家就躺床上不动，任何动作都没有。（太尉终卧不起。）

过了一会儿，军中安定了下来。（顷之，复定。）

每临大事能静下来，是想要有所建树与成就的朋友必须要修的课程。万众惶恐中，你静若处子。沉默是一种巨大的力量！

很遗憾，这一点我无法像前面那样，给大家掰开揉碎地讲怎么修炼这个"静气"。像什么最后一个开口说话啊，像什么要稳住心神啊，像什么你要用眼神震慑全场啊，都是废话！

"修心、养气、练静"，要凭天赋，要靠琢磨，是从一件一件的事情中经年累月磨出来的！这是在克制人类成千上万年演化下来的本能恐惧反应！人生很长，要记住这个目标，终生修炼。

此次周亚夫面临的军中"夜惊"，是非常可怕的军事事故。敌人的袭击与攻打其实并不会给你造成多大的损失，因为你一致对外，有防备，有聚焦的焦点。但军中"夜惊"，莫名其妙地就乱了，会让所有人和事情失去秩序，心中开始惶恐不安。接下来就是自相践踏、手足相残，最终一败涂地。内乱大多数时候比外患可怕得多！

周亚夫的镇静，会让所有人的心神安定下来。没问题！不要慌！大帅那里稳着呢！真要出事了，将军早就跑了！

所有的军中"夜惊"，大概率都是间谍在搞破坏。一旦军心慌了，所有战士的大脑都空白了，信心的崩塌会以裂变的速度传递！破解的唯一方法，也只有通过将帅不动如山来重塑信心。你沉着冷静，这潭水就搅不浑。你自己不乱，任何小规模的试探和破坏就都没有用。

吴、楚联军夜袭时，周亚夫怎么就能知道敌军最终会从西北方向来呢？在各种嘈杂的信号中，你要观一叶而知秋，你要观滴水而知沧海，你要从虚张声势的呐喊声与旌旗数量的对比中，评估出来犯的敌军人数和他们的真正目的。

听声音只有一万人的动静，那其他三万人去哪里了？为什么要如此歇斯底里，动作夸张？

你小子想跟我玩声东击西？这一切的一切，都需要你的心态要稳，这样才能宁心静气地判断出来事实的真相。

每临大事有静气，是衡量一个人能否担当重任的关键性指标！心不静，性不稳者，勿予大任！顺，不妄喜；逆，不惶馁；安，不奢逸；危，不惊惧。胸有惊雷而面如平湖者，可拜上将军！

七、始皇大业终磨成

在周亚夫不动如山的坚守下,叛军绝粮已久,士卒军心涣散,开始四散叛逃。吴、楚联军不得已,开始退兵。

看到叛军败象已现,歇了两个多月的周亚夫终于开始派出精兵展开了总追击,大破吴、楚联军。吴王与其麾下壮士数千人趁夜逃走,楚王自杀,剩余叛军四散被俘。

刘濞渡过淮河逃至丹徒(今江苏省镇江市),希望沿江自守,但汉军追至,防线没有稳固住,再次被冲垮。于是,刘濞又退守东越国,并派人召集残兵。

随后周亚夫派使者以利引诱东越王,东越王骗刘濞出去劳军而杀之。

至此,仅三个月,吴楚之乱被平,南方平定。

东线战场上,当初吴王起兵渡淮河时,胶西、胶东、淄川、济南、赵国也都跟着发兵了,但原先约定的齐与济北两国却没有动静。齐王反悔了,济北王则各种推脱,所以最开始吴王计划的剧本是九国之乱,但实际出兵的只有七国。

齐王的突然反水,在东线战场上对叛军起到了很大的牵制作用。济南王、胶西王、胶东王、淄川王忘了自己的目标,反而去围攻说话不算话的齐国。结果一个临淄,四国就打了两个月,都没有打下来。

这么欢乐的战况令人啼笑皆非,汉将栾布基本没有阻碍地穿过了齐鲁大地的东边险阻。

中央军率军紧逼齐地后,在与齐国内外夹攻下,四国叛军大败,纷纷逃回封国。随后济南、胶东、淄川三王伏诛,胶西王自尽,齐地平定。

北线战场上,赵国作为离洛阳、荥阳最近的一个诸侯国,啥动静都没有。郦寄稳稳当当地领兵进攻赵国,赵王刘遂坚守邯郸,并同时派人向匈奴求援。

其实,抢洛阳、敖仓的关键任务,应该是离得最近的赵国最有可能成功。估计赵国是真没有明白人啊!

郦寄久攻不下后没过多久,传来吴、楚兵败的消息,事先观望的匈奴也没有出兵相助。此时栾布已经平定齐地诸国,还军与郦寄会师,两个方面军水淹邯郸城。邯郸城破,赵王刘遂自杀。

至此,七反王皆死,七个封国,除楚国另封他王外,其余全部废除,归了中央。

所谓的"七国之乱",其实我在给本章起名字时,犹豫了很久,要不要叫"文景之治"。要不是为了讲"周亚夫的不动如山","七国之乱"都没打算讲解。而且,名字最后的这个"乱"字,应该改成大闹天宫的"闹"字。一场大闹而已,真谈不上是一场"乱"。

景帝万万没有想到,这场声势浩大的叛乱以出乎意料开始,又以迅雷不及掩耳之势被迅速平定。借由七国的叛乱,景帝完成了惊人的一跃,提前几十年粉碎了诸侯国对帝国的种种阻碍与威胁,实现了政、财的中央大集权。

在废除六个反国九年后,公元前145年,景帝推出了改革措施,剥夺了诸侯治理国家的权力,诸侯国的官员也都由皇帝任命。这其中最为重要的举措是,剥夺诸侯的财政权和司法权,将诸侯国的少府、御史大夫、廷尉等重要官职直接裁撤。

少府是掌管王室收入,特别是矿产税收的官员。少府被裁撤,意味着皇帝将诸侯国的矿产资源收归中央。从此以后,诸侯国除从规定的封地收取粮食之外,没有了其他的收入,实力大减。与此同时,中央政府增加了矿产收入，财政状况得到了很大的改善。

御史大夫（监察）、廷尉（司法）等官员的裁撤，意味着诸侯王再也没有能力控制国内的官员了。皇帝将中央政府监察权的触角，直接伸进了诸侯国内。

至此，一个大一统帝国基本成型。诸侯国虽然仍存在，但由于诸侯王失去了政治权力，其实际地位已与汉郡无异。

由于本不该出现的"七国之乱"爆发，使得景帝在自己一朝内，完成了很多年才能完成的任务。

景帝着急忙慌地削藩，他做对了吗？按理说没做对，但并不耽误人家得到丰硕的结果。

祸兮福所倚，福兮祸所伏，历史真的没有对错之分，只有国运的昌隆与否和福报的大小之分。文、景二帝，皆是有福之主。文帝怎么做怎么对，景帝也延续了老爹的福气，将政治失误转变为了政治成果。景帝的福气还在于他有一个好兄弟，还有一个好将军。

这二位都是他爹亲自任命与提拔，并最终托付给他的。所以，景帝最大的福气，还是在于自己有一个好爹。

文帝很厚道，景帝不厚道，这爷儿俩对有恩于他们的周家，却实在是谈不上什么知恩图报。

当年周勃因拥立之功，自视甚高，文帝曾经以谋反罪判其下狱。不过，后来薄太后怒骂文帝没有良心，周勃又走了公主儿媳妇的后门，最终得以善终。周勃出狱时留下了那句千古名言："我曾统率过千军万马，但今日方知狱卒的威风！"

文帝对周勃的判罚，我相信内心深处是因为当年"病死"的那四个孩子。但无论怎样的恩怨情仇，文帝到底还算厚道，周勃得以善终。

到了景帝这辈儿，周亚夫就没有老爹那么好的运气了。或者说周亚夫作为废掉"白马之盟"的最后一个阻拦者，成为大汉皇权必须要除掉的那根肉中刺！周亚夫虽然平乱有功，但是因为将梁王当肉盾，还见死不救，从而得罪了梁王和疼儿子的窦太后。尤其是梁王，骂周亚夫将成为他后半辈子的保留曲目。

从头到尾都是我在挨踢，最后仗是你打赢的！当初放弃梁王、拿他当肉盾的战略方案是征得景帝同意的，不过形势好转之后，景帝就不认账了。刘启也在想：周亚夫怎么这么不是东西，坑我可爱的弟弟呢？

景帝前元六年（公元前151年），薄皇后无子被废，后宫开始上演美人心计。景帝的王夫人和景帝的姐姐馆陶公主刘嫖联手击败了栗姬。这位王夫人，就是后面要出场那位爷的母亲。

这场宫斗也因此成为一次决定世界命运的皇后之争。因为栗姬之子为长太子，所以王夫人的最终上位，遭到了以周亚夫为首的军功集团的反对。结果，景帝第一次跟军功派撕破脸，强行废黜了长太子。刘彻正式上位！

这不是周亚夫最后一次得罪王夫人。不久，周亚夫又跟皇权开干了，因为景帝要给皇后的哥哥封侯，而且是窦太后的意思。此时身为丞相的周亚夫作为军功集团的最后掌门人，搬出了"非刘姓不封王"的"白马之盟"！

> 高皇帝约定"非刘氏不得王，非有功不得侯。不如约，天下共击之"，今信虽皇后兄，无功，侯之，非约也。

景帝默然而止。

周亚夫在这一回合艰难地靠曾经的开国封印，将景帝怼了回去。

中元三年(公元前147年)，匈奴王徐卢等五人降，景帝打算封这帮匈奴归降者为列侯。还是要给没有军功的人封侯，但这具有示范意义。

又一个新的棘手题目扔到了周亚夫的面前。周亚夫给出的回答是："背叛主人投降敌国，你要是封了这帮人当侯，将来咱们怎么责备那帮不守臣节的人呢？"

在这次关键对决下，景帝借由民族事务的外交关键风向，终于突破了军功集团的最后一道防线，封了匈奴人徐卢等为列侯。

周亚夫因此谢病辞职。

中元五年（公元前145年），景帝封皇后兄王信为侯，彻底推翻了"白马之盟"。所谓的刘姓掌皇权、军功派掌相权的时代，在这一刻翻篇了。

通过"列侯之国"，军功集团在中央的官僚体制力量，早已经随着时间的流逝而不断地下滑了。而且，军功集团的二代、三代们也不再具有父辈们那样的友谊。这个力量，在"诸吕之变"后散沙化了。仅仅三十多年啊！

诸侯王们也由于文帝当年的"众建诸侯少其力"和景帝时期突然爆发的"七国之乱"，被两代政权彻底地阉割肢解了。曾经的皇权、王权、相权三权分立的力量均势，早已不复存在。

周亚夫凭借着平灭吴、楚的大军功，在这泰山逐渐压顶的局势下，根本无可奈何。浑身是铁能打几根钉子？你不再像父辈那样，身边群策群力地开会密谋撸胳膊上了。得罪了景帝的人，下场都很惨，比如被棋盘打死的刘贤和被腰斩的晁错。

后来，周亚夫被告谋反，原因是他的儿子买了五百甲盾，想要给他将来陪葬用。欲加之罪，何患无辞。廷尉问周亚夫："君侯为什么要谋反啊？"周亚夫道："买的都是丧葬品，怎么会谋反呢？"最厉害的反问来了："你就是不在地上谋反，恐怕也要到地下谋反吧？"

非有上意，司法部门是不会如此嚣张牵强的。周亚夫受此屈辱，绝食五天，吐血身亡。

列侯国除。

在周亚夫死的同月，随着汉建国以来第一位非军功派的代郡人卫绾出任丞相，"白马之盟"代表相权的潜规则，也被板上钉钉地废除了！高祖当年的权宜之计，终于在子孙两代的努力下，彻底解除了封印！

这个当年刘邦和弟兄们的歃血之盟，在完成了它的历史使命后，被景帝挥一挥衣袖，成了天边的云彩。

立国六十多年的大汉王朝，经历了前三代的艰苦创业和阵痛、缓释并举的过渡与磨合，终于达到了喷薄欲出的状态。"秦并天下"的历史进程，其实从这一刻才算真正完成!

自公元前356年,商鞅变法正式开动国家机器,到公元前143年,景帝彻底终结诸侯王与"白马之盟",二百多年的时间里,无数豪杰前仆后继,历史大势潮起潮落,滚滚向前的车轮终于在一次次的你方唱罢我登场后,把一个完整的中华帝国组装完毕,并交到了一位千年一遇的猛人手上。

整个世界将要感受到古老的东方文明所绽放的炙热温度,和前所未见的国家力量所爆发出的轰隆巨响!

还有一位故人要重提一下。

我总说历史颇具对称之美,在景帝解决完诸侯王对于汉帝国的所有威胁后,当年第一个造反的诸侯王臧荼,再一次走进了我们的视野。

臧荼有一个孙女叫臧儿,后来家败隐姓埋名,嫁给了槐里的平民王仲为妻,生一子名叫王信,还有两个女儿,长女王娡,次女王皃姁。王仲死后,臧儿又改嫁给长陵田氏,生下两子田蚡、田胜。

王娡刚成年时,就在其母臧儿的主持下,嫁到一户普通农家金王孙家里。没过多久,王娡便生了大女儿金俗。

臧儿曾经找相士姚翁为自己和子女相面,姚翁告诉臧儿:"你这个闺女是大贵之人,将来会生下天子。"臧儿听完之后觉得使命艰巨,于是把王娡从金王孙家中强行接回来,还托了很多关系把王娡送进了太子宫。

王娡不负母望,当时还是皇太子的刘启对王娡很是宠爱,封其为美人。这位带着生天子指标的女人一上来却连生了三个闺女,王娡也曾怀疑过那位相士的水平。

当王美人第四次有孕后,对刘启说:"我梦到一轮太阳扑入腹中。"这是让每一个君王都兴奋的梦,不过也可能王娡生下来的是个火气很大的公主。但这一次,上天没有再开玩笑,景帝继位当年,王娡生下皇十子刘彻。

刘彻自幼聪明伶俐,而且自带太阳背景,所以很受景帝的重视与喜爱。公元前153年,景帝竟打破太子与他子不能同年而封的旧例,于夏四月己巳日,立长子刘荣为太子,立刘彻为胶东王。并且不顾皇帝仍在世、皇帝妻妾不称太后的世俗忌讳，封王娡为胶东王太后。这是两个很不同寻常的政治信号。

当时景帝的姐姐馆陶公主刘嫖，希望自己的女儿能成为皇后，想把女儿嫁给太子刘荣。不料刘荣的生母栗姬因吃醋馆陶公主屡次给景帝进献美女，拒绝了这桩婚事。这就很不理性了，后果也很严重。

刘嫖十分恼火，嫁不了太子，我就再捧一个太子！于是，刘嫖找到了"梦阳入怀"的胶东王母亲，想把女儿嫁给时年四岁的刘彻。王夫人同意了这桩婚事。

在一系列的政治联姻与利益斡旋后，前元七年（公元前150年）正月，景帝废太子刘荣为临江王，生母栗姬忧惧而死。同年夏四月乙巳日，王娡被立为皇后；同月丁巳日，七岁的刘彻被立为太子。

顺便说一下，刘嫖虽然将她的女儿阿娇顺利地藏到了刘彻的金屋子里，但最终笑到最后的却依然是别家的姑娘。

命里有时终归有，刘邦、刘恒是这句古语的印证者。

命里无时莫强求，吕雉、刘嫖是这句古语的打脸人。

公元前141年，十六岁的刘彻登基继位，后世大名鼎鼎的汉武帝正式执掌权柄，开始了他传奇的一生。此时的刘彻并不知道，他将成为中国历史上争议性最大的皇帝，几乎没有之一。

在他的治下，中国的领土扩大了一倍！在他的治下，中国贯穿后面两千多年的"国企"制，正式诞生！在他的治下，儒家学说正式奠定思想领袖地位，并沿用两千多年，直到辛亥革命的那声炮响！在他的治下，整个中原大地，有史以来的第一次大规模、全国性的极其恶劣的通货膨胀席卷千家万户，民不聊生！在他的治下，中原的农耕民族政权极其罕见地彻底打赢了对北方游牧民族的战争！在他的治下，中国的大名第一次响彻世界各个文明的角落！被彻底打垮的匈奴无奈渐渐西迁，却又改变了欧洲的整个历史格局！在他的治下，"汉"彻底烙印成为一个民族的代号，并开枝散叶，成为世界第一大民族！

这所有的所有，都是源于两个字——匈奴！

经过高祖、吕后、文帝、景帝四代的积累后，带有太阳转世背景的刘彻，将犀利的眼光投向了遥远寒冷的北方。匈奴人并不知道，这个炙热的男人，将用他那无穷尽的熊熊烈火燃烧你我！两汉最大的战争狂人，朝他们杀过来了……

第五战

马邑阴谋：
儒教、长城、草原的逻辑

一、释放天性的刘彻

公元前135年,是需要我们记住的一年。因为在这一年,有一个老太太过早地离开了大汉王朝。她的离去,成为中国历史的重大转折点。这个老太太,是文帝的皇后、景帝的母亲、武帝的奶奶,历经三朝时任太皇太后的窦太后。

在中国历史上,窦太后去世意味着一个执政理念的挥手告别,以及另一个统治思想的高光接棒。这个接棒的思想就是儒家。虽然说这个思想早就存在了,但却是老瓶装新酒,表面上的名字等很多框架还是当初的那个门派,不过实际上已经与时俱进了。

离去的那个执政理念,是道家思想。

窦老太后离去的意义,还不仅止于此。她的离去意味着她的孙子刘彻,彻底被放出了无形的牢笼。这个"魔王般"的男人终于等来了封印力量解除的这一刻,他被彻底释放出来,开始了将近半个世纪的"折腾"。

自此,中华民族今后两千年的诸多旋律,将在他的手中定调。这个男人成为古往今来的"话题男神",并一举超过自己斩白蛇的曾祖父刘邦,成为两汉四百年的第一符号担当。

窦太后就好像如来佛拍在孙悟空身上的那张帖子,不过这张帖子并没有等来唐僧,而是保质期到了。

这一年,是刘彻登基的第六年,二十二岁。

刘彻这孩子和孙悟空一样，从小就有个很特别的出生背景，他母亲梦到太阳钻进了肚子，于是就有了刘彻。不论这个梦是真的还是假的，但有一点算是一语成谶，她生的这个孩子的一生都如同太阳般炙热。在他的有效能动范围内，肆意地挥洒着自己的温度，将整个华夏大地灼烤得水分全无。

刘彻从小就聪明好动、精力充沛、敏学巧思，所以非常得景帝的喜欢。景帝认为刘彻是他的基金大盘中涨势最喜人的，是最有可能将他的事业发扬光大的，再加上原皇后脑残，总是送助攻，以及刘彻的母亲和姑母的种种阴谋，使刘彻最终以第十子的身份摇身一变成为太子，并顺利接班。

这当中，刘彻要感谢的人有很多。野心的姑母，会营销的母亲，脑子转不明白的太子母亲，少了其中任何一个人，他这个皇十子能够上位的机会都不会太大。太子哪有那么容易被废的。

但说到底，他还是要感谢自己的命。刘彻跟他爷爷和父亲一样，也是个有大福气的人。不过他的这份福气，算是创下了个人新高度，并达到了历史巅峰。

刘彻的大福气是建立在当时整个东亚板块中很多人的痛苦之上的。所以在福气上，我们将他爷爷文帝排到了两汉第一。因为他爷爷自己有福气，黎民百姓也有福气。作为国家的最高统治者，最终还是要落脚到广大百姓的根本利益上。

汉初六十年的"无为"而治，到了刘彻的手上，来了个一百八十度的调角转弯。在极速狂飙中，刘彻将手中的这份祖宗积攒了多年的家业玩出了新花样。

有人说，挣钱是水平，花钱是艺术。刘彻则是非常罕见地将挣钱与花钱都上升到艺术水准的人。后面，我们将为大家展示他是怎样令人叹为观止地烧钱与榨敛钱财的。

可以说，刘彻是整个两汉，乃至整个历史长河中，活得最畅快、玩得最潇洒、折腾得最淋漓尽致的一个皇帝。像他这么作的也有，不过大多都身死国灭，比如秦二世、隋炀帝。像他这么能折腾，却依然身后享大名的，可能只有乾隆爷了。

在漫长的皇帝制度中,这两个奇男子在一头一尾、对仗工整地前后呼应,一个拉开了大一统的皇权专制序幕,一个又在封建时代即将落幕前将皇权专制演绎到了古往今来的巅峰。

历史很幽默,更具对称之美。

大家可能都烦了,因为自打进入西汉时期,我就在一个劲儿地强调福气的因素。这真不能怨我,因为有汉以来,接连上位的几个皇帝,就都在深刻地诠释着一个永恒的命题——"富贵有命,成败在天"。

我们刚刚说过,奋发有为、总嫌事不大的皇帝,每个朝代都会出现,但能善终的却太少了。因为你的作为需要一系列的硬性条件:充沛的储备、温顺的老天、能忍的百姓、平静的政局、过硬的寿命。少一个环节,就如同一个木桶中最短的木板一样。你有很多想法,只能在脑子里想想,要是真敢干,就等着突然有一天别人拿刀架在你的脖子上吧。

没有前期的积累,你的启动资金就不足,只能勒紧裤腰带过日子,盖个宫殿、建个庙都得算计来算计去。

没有够意思的老天,在你的治下十年九旱或者黄河两岸水滔滔,你也就只能放下所有的幻想,去当"求雨大使"或"抢险大队长"了。

没有温顺的百姓,你的前任鱼肉天下太久了,老天爷或官员不给老百姓活路,你这个皇帝就得终生和镇压造反与反贪干上了。

没有平静的政局,无论内外全都危机四伏,按倒了葫芦起了瓢,这将让你觉得自己是上辈子缺了大德,才投胎到帝王家的。

最主要的是,你还要有足够长的寿命,不仅要活得长,继位的岁数还要刚刚好。太早继位,容易折在别人手里;太晚继位更不好,"最美不过夕阳红"永远是老人童话,只有在青壮年时期继位才算刚刚好。

这五大影响自身欲望的客观问题,对于绝大多数皇帝来说,全都或多或少地存在着。福气比较大的,仅有一两条需要头疼,点背到极致的,比如崇祯、溥仪,都是五点俱全的。

但在整个历史长河中，在亿万人之中，还是有那么几个人，这五个问题全都是不存在的，比如现在我们说的刘彻。

启动资金不用担心，祖宗给你攒好了；天灾人祸不用担心，几乎风调雨顺了半个世纪（晚期也开始遭"天谴"了）；刁民、土匪不用担心，几十年"黄老"熏陶，每个百姓都处于最抗折腾的阶段；政局的稳定性更不用担心，他爹是帮他将所有亲戚的"武功"全废了，才把"掌门"传给他的；最主要的是，他登基时十六岁，不大不小刚刚好。

这让我们不禁感慨，哪怕是皇帝命，也有好命与坏命之分，刘彻的皇帝命就是好到不能再好了。

不过，刘彻还是有一点点不痛快的。虽然说偌大的一张画纸摆到了刘彻的面前，当他想在上面涂抹作画时，却发现有一个老太太总是在盯着自己，并不时地敲打他："把你那根笔拿远点儿！别瞎琢磨这张自然美丽的大画布！"

这个人，就是他的奶奶窦太皇太后。

窦老太太从小就是在吕后治下的"黄老"社会中长大的，并亲眼目睹了自家男人利用"黄老之术"使这个国家腾飞，看到了自己的儿子继承了这套理论，将国家带向了辉煌。她在心底就是道家学说的铁杆粉丝。她的一生都在亲眼目睹"黄老之术"虽润物无声，但却厚积薄发的伟大力量。

作为家族元老，不仅老太太自己是铁杆粉丝，还在自己家办起了"黄老培训班"，家族的每个孩子都得学习。但上辅导班似乎是每个孩子都非常抵触的事情，她的儿子景帝在上课时就已经三心二意了，后来在"不良青年"晁错的怂恿下，差点儿捅出了大娄子。等到他的孙子刘彻这里，就更是学不进去了。

我这么年轻，我这么多想法，你却总让我歇着，我待得住吗？

道教的思想，是人生的高阶层智慧。没有千帆阅尽，没有品味人生，是很难明白的。此时的刘彻，小年轻一个，迫切地需要一套理论来帮助自己宣泄旺盛的荷尔蒙，更需要一个冠冕堂皇的说法，为自己的作为提供坚实的理论依据。

安静了四百年的儒家，终于等来了它的主人。

刘彻对于儒家学说很有好感，孔子当年将儒家的精华浓缩为"克己复礼"。即百姓克制自己的欲望，上下恢复各阶层的等级与复杂的礼节，这就利于统治者统治。不过，这对于刘彻而言，还是不够的。

刘彻追求的不仅仅是统治，他还要折腾。不过很快就会有人帮他搞出一整套量身定做的操作系统，眼下的儒家虽尚不完全符合刘彻的心意，但总比"黄老之术"要强得多。既然有更好的，就要用起来。

不过，刘彻一回头，看到自己身后的奶奶，总觉得脖梗子发凉。刘彻曾经试探过，在他登基的第二年（公元前139年），赵绾上书，内容大意是不要将政事禀奏给太皇太后。这是一个很不艺术，也很稚嫩的试探，窦太后大怒，给刘彻施压："你小子要疯是不是？"

通过这一轮探底，刘彻发现自己的奶奶还是能量十足的，而自己却还是个孩子。于是，他将挑头的御史大夫赵绾、郎中令王臧下狱，其后二人自杀。当年推荐赵绾的丞相窦婴、太尉田蚡被免职，他们推行的所有新政全部被废除。

刘彻郁闷得只能不断拿狗熊、野猪撒气，他本人非常喜欢亲自和这些猛兽搏斗。司马相如曾经婉言劝谏过他，说人不能总和兽斗，不过刘彻却狗熊照打、野猪照射。他看上了整个关中最好的一块地，要圈地建林苑，将鱼米之乡变成"私家动物园"。东方朔劝谏过他，这块沃土可以打多少粮食，养活多少百姓。不过，刘彻该给他升官升官，但园子该建还是建。

我奶奶什么都不让我动！我不把荷尔蒙撒在狗熊、野猪身上，我发泄在哪儿？老百姓没地方吃饭了那算什么，没看到我都没地方玩了吗？

这不单单意味着他孩子气，从后来的很多方面来看，刘彻一直是个极端自私的利己主义者。

他这个孩子，一直没有长大。整个关中的野生动物碰到了这位"顽主"，默默地在生态链的顶端，增加了一位鼻喷热气、血气方刚的杀手。

公元前135年，整个关中的生态系统为之改善，因为窦太后走了。刘彻终于能把他蓬勃的生命力用在别处了。老太太前脚走，转过年来，公元前134年，董仲舒就提出了流传千古的"天人三策"。董仲舒也因此成为被后世永远铭记的一个人。

二、"天人三策"

董仲舒的"天人三策"说了很多，其中有三个思想成功地为刘彻提供了一个释放自己欲望的"一揽子解决方案"。而且，这三个思想全都在延伸的长度与广度上达到了千年的级别。

第一个思想是"天人感应，君权神授"。董仲舒将君王执政的合法性，从此上升到了一个不同维度、空间的高度。"君权神授"一出来，就再也不是什么"王侯将相宁有种乎"了！君权不再仅仅是胳膊粗、拳头大就能得到了。董仲舒告诉我们，通过他长期的理论研究与各种系统地观察，君主的权力是老天赐予的。题外话的意思是，都别瞎捉摸了，你不是老天选出来的。

我为什么是皇帝？没办法，我是"天选之子"，老天让我干的！我这辈子就是来享福的，就是来统治你们的！

董仲舒的这个"天人感应"说法，帮皇权镶上了一道大金边。自此，这道金边彻底地闪耀了两千多年。

首先是皇帝们的统治成本大幅度降低了，因为百姓一旦认命，所有的麻烦就都减少了。

皇帝榨干我们的血汗钱，我们会认为是皇家应得的，我们生下来就是为皇帝送钱的，能有口饭吃就可以了。

皇帝让我们不停地干苦力、服徭役，我们会认为是为皇家尽义务，我们生下来就是给皇家干活的，累不死就可以了。

皇帝让我们去前线打仗，我们会认为是尽本分，我们生下来就是大汉的子民，为国死是应当的。

"天人感应"的这套说法，最开始的初衷是为了维护皇权的合法性，渲染皇权的至高无上。但后来，这套说法开始不断渗透到整个官僚系统，乃至社会的各个角落。

皇帝，是天子，权力是"神授"的，是天下所有人的主人。大臣，是天子的奴才，臣下的权力是"神授"的天子授予的，所以也是百姓的主人。

在慢慢地不断演化中，"天命"这个词流行起来。再后来，天子是紫微星下凡，大臣是文曲星下凡等诸多说法也都衍生出来了。

其目的就在于，通过一些很玄幻、很高大的东西，将顶层与底层之间的距离感不断拉开，让底层失去念想，放弃抵抗，而更加方便统治。

这套"君权神授"的理论，足足沿用了两千年。自此之后，大凡开国皇帝，都有一个传奇的身世背景，这些都源自于董仲舒的"天人感应"思想，代表人物就是刘邦。

"天人感应，君权神授"，帮助刘彻拿下了法统的制高点，并大大降低了统治的成本，为他后面的花样百出打下了坚实的基础。

但是，由于后来刘彻做得太过火了，儒家又进行了完善。伟大的学派总会与时俱进地自我进化，比如"苍天示警"。既承认了你的合法性，又对你的天命给予了约束。你干得好，会天降祥瑞，一大堆白鸡、白鹿、白虎、白象跑出来。你肆意妄为后的水灾、大旱、蝗灾，就是苍天示警天神发怒。

皇帝无道全国灾，郡守无道全郡灾。老天爷开始出头约束皇权。儒家把"老天爷"拉到人间，出了第一份力。

董仲舒的第二个思想是"大一统"，具体实施思路就是"尊王攘夷"。

董仲舒从《春秋》中找到了这么一段话："大一统者，天地之常经，古今之通谊也！"

真厉害啊！

董仲舒把"封建制度的大一统"说成是天经地义、不容更改之事，从而为"损抑诸侯，尊王攘夷，一统于天子"，提供了理论基础。这个思想的提出，正式标志着持续了近千年的封建分封制度走到了尽头。

过去的功臣思维、王爷思维是"我立有大功"，或者说"我是皇亲国戚，我就应该自己有块地，自己当爷"。但"大一统"正式写入大汉律法后，标志着天下都是皇帝一个人的，不要再有裂土封王的思想，全天下只有皇帝一个人可以搞特殊。

此后，主父偃据此提出了"推恩令"，具体操作方案就是当年贾谊的那一套，有几个儿子，家产分几份，直到生不出儿子，中央就将封地收回。

用"温水煮青蛙"的方法完成中央集权，虽说景帝已经走完了前面的大部分道路，但在最后的盖棺定论上，刘彻还是非常漂亮地收尾。毕竟无论是爷爷还是爹，面对自己这帮亲戚时，总觉得自家是先没有理的。

你家怎么不"众建诸侯"呢？不就是欺负人嘛！不过到了我这里，全变成了你们这帮亲戚缺理。你们这帮亲戚是逆天而行，破坏国家的"大一统"啊！这种"逆天"思想实在要不得！

刘彻没有想到，"大一统"的思想不光帮他解决了自家的历史遗留问题，也随着儒家思想不断开枝散叶，彻底并至今仍在影响着整个中华民族，而且还将一代代地继续影响下去。正所谓"天下大势，合久必分，分久必合"。

自此，"大一统"的思想成为整个中华民族团结巩固的纽带，烙印进了这片土地上每一个人的基因中。

董仲舒的第三个思想，也是他最著名的人生精华言论，叫作"罢黜百家，独尊儒术"。

想法太多，教派太多，你说东，我说西，他说南，结果都找不着北了！思想不统一，怎么能形成合力？怎么能让文明之花更好地开遍城乡？都别废话，以后就听我一个人的！高度的思想统一，才能让整个社会变得安静。

正所谓天下大乱，皆因思想自由、言论不一。诸子百家中，只有儒家最适合作为统治者的统治思想，所以就唯它独尊了！因为儒家从骨子里，是维护君主统治的，儒的纲领是王道，施政为仁政，制度是礼制，治国讲道德。

当年秦始皇，也是大搞统一思想的，但他使用的那一套，还是祖宗传下来的法家学说。

法家学说太冷酷，且缺乏弹性。法家的那一套，就好比拿手直接薅别人的头发，容易给人薅急眼了。

但儒家则不同。儒家维护君主制度是讲道理的，比较有人情味，揪着人家头发但并不直接薅，而是拿推子推。哪怕最后剃了个光头，只要没见血，或者脑袋没掉，老百姓还是能忍受的。哪怕表面上披着儒家的外衣，骨子里干的还是法家那一套也行啊！因为老百姓总是记不住统治者是怎么做的，但总是能被统治者一忽悠就乐了。

哪种统治方式，其实并不重要，但让人接受你的统治，尤其是你怎么说，就很重要。甭管统治者怎么欺负人，只要百姓接受，还能凑合活下去，你的政权就还算稳固。儒家则是统治者与被统治者，这个看似双赢方案的中间人。

儒家帮助对立的两方，达成了一种默契。

英国的哥尔柏曾经这么形容过好的税收："税收这种技术，就是拔最多的鹅毛，听最少的鹅叫。"儒家，就是皇权的最好拔毛方法。

后来，董仲舒又在"独尊儒术"的基础上，非常应景地提出了再次影响两千年的一个纲领——"三纲五常"。

董仲舒在他后来的著作《春秋繁露》中，首次提出了"三纲五常"的概念。"三纲"分别是"君为臣纲，父为子纲，夫为妻纲"。"五常"则是五种伦常：仁、义、礼、智、信。

这并非董仲舒的原创，首次提出"三纲五常"概念的是儒家的开山祖师孔老夫子。孔夫子曾提出了"君君臣臣、父父子子"和仁、义、礼、智等伦理道德观念，然后"亚圣"孟子，又在此基础上提出了"父子有亲，君臣有义，夫妇有别，长幼有序，朋友有信"的"五伦"道德规范。

时光荏苒，岁月穿梭，跨越几百年后，董仲舒则按照他的"贵阳而贱阴"的阳尊阴卑理论，创造性地对"五伦"观念进行了进一步发挥，提出了

"三纲"原理和"五常"之道。

董仲舒是这么解释的：在人伦关系中，君臣、父子、夫妻存在着天定的、永恒不变的主从关系！

君为主、臣为从；父为主，子为从；夫为主，妻为从，也就是所谓的"君为臣纲，父为子纲，夫为妻纲"。君、父、夫，这三位爷的地位就此被正式确立。

为了伺候好这三位爷，董仲舒又指出了"仁、义、礼、智、信"的"五常"之道，是处理君臣、父子、夫妻等一系列关系的基本法则。

遵守"三纲五常"就是修养德行的根本来源。自此，像臣子不服从君王，儿女不孝顺父母，朋友之间说话不算话等，统统被总结成为两个字——"缺德"。"三纲五常"也因此成为中国人的"圣经"，被贯彻了两千多年。

它是好思想吗？在一定程度上是的！

无论什么时候，儿女孝顺父母，朋友之间讲究信义，夫妻之间互亲、互爱、互相忠诚，这都是对的！

我要说但是了，万事万物都不可太过于绝对。好思想加入我们"人生操作系统"后，要把握好一个度。

"三纲五常"由于肩负着为君权站台的使命，在很多方面显得太过于绝对了。比如，我们成立家庭，丈夫阳刚点儿，挑大梁，妻子温顺点儿，操持家，这是"五好家庭"。但男人说什么是什么，女人就是个提线木偶，要无条件地顺从，动不动还使用家庭暴力，这就不对了。比如，在家里我们孝顺父母，以孝为大，以顺为先，这是应该的，爹娘生养你不是为天天看你梗脖子的。但如果你媳妇生不出儿子，你爹让你把媳妇轰走，你就无条件地服从，这也不对了。

"三纲五常"虽然是好东西，但在为君权服务的过程中，很多条款都变味了。这是一把双刃剑。

好的一面在于在绝大多数时刻，它能够帮助我们过好一生。另一面，却是"三纲们"希望达到的最终效果，即整个社会的无条件服从！这是与时俱进的新儒家对君主专制的妥协。

妥协的内容很屈辱，而且完全倒向了统治阶层。但妥协的好处则是今后千秋万代，一统江湖。

为了让这么好的思想永远占据统治地位，刘彻同意了"罢黜百家，独尊儒术"。此时此刻，先秦百家已经被宣判了"死缓"。

但还有救，因为一朝天子一朝臣，一段时间一个学说的异军突起是很容易的。秦始皇也曾罢黜百家，但道家很快就完成了"抢班夺权"。

董仲舒作为新儒家的领路人很好地完成了他的使命，真正给其他学说判下"死刑"的那个人，叫作公孙弘。

三、王恢上书

十年后,时任宰相的公孙弘,上书请为博士设弟子。这个看似非常平常的上书,却影响了后世上千年。

博士并不是指现在的高级别学位,而是秦汉时期的皇帝顾问。他们并没有决策权和行政权,常常列席御前会议,就是一帮提意见的人。不过,这帮提意见的人却很有发言权和影响力,毕竟总在皇帝身边待着,谁知道哪句话稀里糊涂就说到皇上心坎里去了。

此时,由于董仲舒的前期发力,诸子百家的博士都已被罢黜了,皇帝的顾问团只剩下儒家的"五经博士"。《诗》《书》《易》《礼》《春秋》成为帝国的理论教材。

此时为博士设弟子,其实就是动用国家力量和经费,为儒家培养接班人。这无可厚非,毕竟都是"国教"了,还没点便利条件嘛!

但这个儒家接班人计划,却被公孙弘赋予了一个裂变的意义。设弟子,不仅仅是为儒家扩大学员规模,这帮弟子中成绩突出的,还可以做官。

当年的董仲舒,建议设立帝国最高学府太学,用最高学历机构宣称儒家的最高地位。博士不仅是皇帝的顾问,也是太学的教官,博士弟子就是太学生。他们入学后,每年考试一次,成绩优秀的可以做官,成绩一般的可以为吏,不及格的退学。人家名次靠前的"学霸",能保送进官僚体系!

这样一来,董仲舒当年设立的太学,就不仅仅是最高学府了,还成为青年官员的培养基地。

此时，大汉帝国的另一个当官途径叫作"察举制"，由各地郡守推荐，将来我们会讲到。

相比于"察举制"，进入太学读书，将来考出来的概率要更高，而且更容易一些。所以，大批希望当官的年轻人选择了儒家，而接受了儒家教育的年轻人走上管理岗位后，又开始反哺自己得以登堂入室的思想。

博士弟子的名额也由武帝时的五十个，昭帝时的一百个，宣帝时的二百个，元帝时达到千人级别，成帝时竟变成了令人瞠目的三千个。

这样，儒家太学生以惊人的裂变速度，彻底地控制了学术界。

从此，整个帝国的仕途搭出了一个渐渐清晰的轮廓，就是想要富贵、想要做官，是有稳定途径的。不要再动什么歪心思了，只要努力看这"五经"，房子会有的，位子会有的，一切都会有的。

上层与下层之间，开始有了一条虽然很小，但很稳定的通道。中下层民众有了希望。哪怕希望小，但仍然是有的，这就很厉害。

有句话叫作"民不患寡而患不均"，少从来不是问题，不平等、没机会才是问题，不能永远堵死别的阶层向上晋升的空间！既然有希望，就比没有希望强；既然有规则，就比没有规则好。

这一条上升通道，在后来的上千年间被逐渐演化成了非常成熟的科举制，贯穿了此后中华民族的历史。

虽然说整个两汉"察举制"在逐渐"豪族化"，并垄断了上升通道，直到两晋"寒门再难出贵子"，但"察举制"的内核教材，却变成了儒家经典。你对儒家经典教材的掌握程度，是评判你学问高低的唯一标准！

这套操作系统垄断了整个市场！皇权开始通过儒家收买知识分子。

后来，宋真宗赵恒在所作的《劝学诗》中写道，"书中自有黄金屋，书中自有颜如玉，书中自有千钟粟，书中车马多如簇"，算是将这层关系淋漓尽致地写了出来。

当一个文明被一种思想长期统治的时候，腐化与僵化也就成了必然。当新鲜的血液无法生成,流动的河水无法涌入,这个制度与文明也就无法完成自我革新了。

此后的两千年里,除了中间出现过两次大乱世外,皇权被巩固得越来越牢固,百姓的思维被限制得越来越僵化,直到清朝达到了巅峰。

1840年,英国人打进了这个"老大帝国",发现它早已老眼昏花,垂垂老矣。

思想的禁锢,导致了中华文明除人性与农业的研究之外,诸多学术与技艺均没有形成体系化的发展与推广。

在这片神奇的土地上,勤劳灵巧的中国人发明了太多令人叹为观止的世界第一,也失传了太多让人扼腕击节的伟大遗技。大基数、高智商,让中国人在偶然的天纵英才下,收益颇丰,但这些闪光点都没有成为体系并传世推广。

逻辑推理,这个使文明发展能够爆炸的最重要技能,却是这两千年统治者最害怕看到的东西。不允许你推导出自己的东西,让你读"五经"的最大目的就是"不得代圣贤立言"!

在公元前134年,刘彻彻底想明白了这个问题,并付诸实践。孔老夫子从此成为读书人的祖宗。孔家,也成为罕见地跨越两千年不断香火的名门望族。

我们的大成至圣先师,在当初创造这个学说流派的时候,相信他老人家绝对不会希望自己的学说,在未来成为整个中华大地上唯我独尊的学说。

但生命会自己寻找出路,基因的传承在千百年后,慢慢变得对面难识!

董仲舒作为那个时代的牛人,提出了"一揽子皇权服务方案",刘彻照单全收并付诸行动,永远地改变了历史。

董仲舒的这一大堆,我们用了很大的篇幅讲述,但这仅仅是武帝的第一件对后世历史产生决定性影响的举措,后面我们还会讲述他诸多惊天动地的举措。

儒家的"新征程"作为刘彻上位后的第一件大事,之所以要下重笔墨描写，是因为在一个宏大工程开工前，永远要从统一思想开始！用十年完成百年的工程，永远是"吸天地之灵气，夺自然之造化"。这种工程，不提前在内部统一思想，根本没戏！

在"天人三策"开始闪闪放光芒后，那个改变了历史的著名阴谋要出场了。因为这个阴谋，引出了整个时代的一串连锁反应。刘彻没有想到，他的翅膀一震动，一个个巨大的风暴接踵而来。

公元前135年，也就是窦太后刚刚过世的那一年，匈奴再次派出使节向汉室要公主。汉室往常的做法就是找个宗室的公主或者随便找个宫女嫁过去，再搭上些匈奴造不出来的刚需产品，就完事了。

但这一次，刘彻的反应很不寻常。他把这个已经持续了几十年的惯例拿到朝堂上来了，让大臣们议一议。

比较敏感的人马上就听出刘彻的意思了，官任大行令（职责类似于外交部部长，最早称典客，著名关门者刘揭当年的工作岗位，景帝时改称大行令，武帝后期改称大鸿胪，属"九卿"之一）的王恢站了出来，说道："我的老家就是燕地的，而且我还为国戍过边疆、当过边吏，对这帮胡虏算是比较了解。每次和亲，如果满足他们的条件，他们就会老实几年，可这帮匈奴人总是背约入侵，不如这次让他们知道一下咱们的厉害。"

韩安国的思想很前卫，这件事好几十年没人敢提了，但他作为御史大夫再次向刘彻阐明了祖宗们之所以要忍这帮野蛮人的道理：与匈奴为战，跨越千里，难以获利。匈奴居无定所，迁徙不定，你总是逮不着他们，他们待的地方也长不了庄稼，他们部落的人全都四肢发达，你根本惹不起。不管是得了他的地，还是抢了他的人，对咱们都没有什么好处。数千里争利则人马疲，更何况压根就百害而无一利。

大臣们纷纷附议韩安国的说法，刘彻看到了反对力量还很强大，于是作罢，再次和亲。

不过，刘彻并不是那种糊涂蛋，用不着韩安国给他背账本，他也知道打匈奴是亏本买卖。道理我都懂，但我就是想搞他呢！欺负了我们这么多年，我就是想跟他死磕呢！光脚的不怕穿鞋的是没错，不过我这穿鞋的打算也光着脚，打算拿脱下来这鞋扇你的脸呢！

公元前133年，再起波澜。

雁门郡马邑的一个土豪聂壹，通过王恢上书刘彻："匈奴刚刚跟我们和亲，没有什么防备，如果我们此时以重大利益来诱惑他们，让他们深入咱们的国境，咱们提前布下埋伏，必定可以永绝后患。"

这显然不是一个业余军事爱好者能够提出来的建议，背后必定另有其人。而且，即便是这个土豪的爱国诚意之作，理论上他也只会成为垫桌角的。你是谁啊？打仗这件事还轮得到你说话？

不过，刘彻将这个请战上书再次摆上台面，令各方面进行讨论，而且他首先给此次讨论定了调。他说："朝廷不仅与匈奴和亲，还赠送他们大量礼物，但匈奴态度傲慢，屡屡犯边，有人建议使用武力教训他们，请大家讨论可否？"

唇枪舌剑再次在主战派王恢与主和派韩安国之间展开。

韩安国还是老一套，匈奴都是骑兵，来去如风，居无定所，你压根儿就找不着人家，但人家想骚扰你就骚扰你；他们压根儿就不从事生产，活着的目的就是招人烦，如今我们不远千里空国而去，压根儿就没有必要。

王恢则说："如今以国家之盛，拿出百分之一的实力就足以消灭匈奴了，况且这次是诱敌，不往远处跑。大军设伏合围，哪里会有风险？"

双方你来我往，往复三次，你说匈奴不好打，我说匈奴根本不算什么，唇枪舌剑、引经据典。直到王恢第四次发言后，刘彻拍板了："都别吵吵了！给我打！往死里打！朕要彻底灭了这帮蛮夷！"

王恢是个热血的爱国官员，这一点非常值得尊敬。但他作为武帝的第一杆枪，却着实有些可怜，他根本不知道自己撺掇的这件事是什么分量！

不当家不知道柴米贵，御史大夫韩安国说的是成本思维，大行令王恢说的是外交面子。而且，从没有当过家的王恢张嘴就来，抛出了"遣百分之一以攻匈奴，即足以制胜"的荒唐言论。他肯定没有深深地研究过战争的成本,"日费千金"这四个字是区别战略家与业余军事爱好者的最基本标准。很显然,王恢是个业余爱好者。

这个业余爱好者其实并没有什么意义,因为是刘彻想打。

刘彻非得打匈奴有两个原因:第一,和亲比较丢面子;第二,匈奴总是隔三岔五地让刘彻丢面子,还没完没了!

第一点关于面子问题,对此产生情绪很正常,谁家也不愿意总往别的老爷们儿那里送女人。但第二点,刘彻其实有点冤枉匈奴的统治者了。其实,草原政权的军臣单于(冒顿单于的孙子)在心里也不想没完没了的,他也是没办法。

四、匈奴的权力结构

中原政权一般骂草原"土匪"时有一句口头禅,就是:尔等蛮夷,贪得无厌,反复无常。

其实古往今来,"刘彻们"在大骂的时候,对面流水的"军臣单于们"也比较无奈。他隔三岔五地找你张嘴,时不时地还要抢你一次,实在是没办法的事情,因为这关系着他们政权的生死存亡。要是要不来钱,他这买卖就该散摊子了!

当年冒顿单于统一了整个蒙古草原,那么他是否有中原那边的始皇帝嬴政同样高的权威呢?差得很远。

我们看一下匈奴的政权结构。

> 置左右贤王,左右谷蠡王,左右大将,左右大都尉,左右大当户,左右骨都侯。自如左右贤王以下至当户,大者万骑,小者数千,凡二十四长,立号曰"万骑"。
>
> 左右贤王、左右谷蠡王最为大,左右骨都侯辅政。诸二十四长亦各自置千长、百长、什长、裨小王、相、封都尉、当户、且渠之属。(类似于中原的封建邦国制。)
>
> 诸大臣皆世官。(贵族可世袭。)
>
> 诸左方王将居东方,直上谷以往者,东接秽貉、朝鲜。右方王将居

西方，直上郡以西，接月氏、氐、羌。而单于之庭直代、云中。

各有分地，逐水草移徙。（虽然松散，游牧，但各有各的地盘。）

匈奴的政治结构，其实到了冒顿单于时，基本上已经走到了尽头，撞天花板上了。

为什么匈奴进化到"邦国"阶段就再也突破不了了呢？有两个原因。

第一，因为游牧生活的不可控变量太大。

有句话，叫作"家财万贯，喘气的不算"，这是一句形容养殖业的话。一场大规模的瘟疫，你的所有财产就全没了。在两千年前的草原，情况只会更复杂。游牧民族要面临干旱、瘟疫、雪灾、异族入侵等不可控的因素。大自然其实是决定一个游牧民族兴亡的最关键因素。

而且游牧民族的全体成员遭遇天灾的概率是很高的。

中原地区一场大雪不会造成多大的伤亡，但游牧民族一旦碰上数十年一遇的大雪，整个部落就将遭到灭顶之灾！大雪会给草原盖上好几米厚的大被子，会压塌最坚固的帐篷，会冰封所有的牛羊，所有的牲畜使出吃奶的力气，也刨不开厚厚的雪堆去吃草。

草原上一旦闹雪灾了，整个部落要及时根据经验，随时准备到避灾草场避难。什么时候动身，集中多少牛马去前面蹚雪开路，这些都需要每一个部落根据自己的情况，去具体问题具体分析。

在这里，不仅仅是外行指导不了内行了，哪怕都是行家，你一个外地的也根本指导不了本地的！你知道我们这里哪个草场背风势高能逃活命？你知道一片皑皑白雪中，哪里是能走的生命线，哪里是必死的雪湖？

每一个部落在天灾面前都要根据自己的具体情况，对自己部落的生死存亡负责！每一个草原上的战士，都要肩负起自己家庭的生死存亡！这样的生活组织形式，也极大地促进了本部落人与人之间的连接。

每一次天灾的到来，都成为本部落间强化从属观念的好课堂。天长日久下来，每一个部落的首领对自己的部落都有着极高的权威。

天灾的利剑高悬，也就意味着你单于甭管多厉害，你根本掺和不了一个一个具体部落的运营！

第二，税收成本和难度极高。

你去中原收税，地跑不了，种地的百姓在村里住着也跑不了，所以，你税收的成本就不高。一个基层官员就可以把一个村的税都收上来。除给这个官员发工资和沿途的耗费外，大量的结余运到国都都是皇家的利润。

但你要是去草原征税，你就会发现税收的高昂成本和困难程度将让你入不敷出！你派一个基层官员去一个部落征税，你到那里看到的就是十只羊和一群老弱病残。结果你刚走，十万只牛羊和一万匹马就在一千个草原小伙子的驱赶下回来了。物资、人口流动性强，这是草原政权的第一个税收难题。

中原王朝把商人排在四民之末也是这个原因，你的家底我根本摸不透！

再就是征不动。你派官员去部落征税，甭跟我藏着掖着，我就要你的部落出一千只羊！

但人家根本不会理你。凭什么要给你？你要是想暴力征税，人家草原人可不是中原的小羊羔，人家会暴力抵抗！

你只能组织大规模的武装，来保证你的征税能力。但你的大规模武装来了以后，人家部落就会同仇敌忾，跟你开战。这就变成了战争，而非征税了。所以，草原政权的征税类似各个加盟部落集体贸易时给大单于的"抽头"，以及力所能及的"贡"，而并非"征"。

因为财产、人员流动性高且难以计算，所以大单于对于麾下每一个势力，并没有办法像中原政权面对定居在土地上的中原人那样盘算得很清楚。也因此，大单于不可能指望税收养活一个庞大精细的官僚系统。

综上两点，残酷的生存环境导致的部落高度自治，和税收的难度导致的无法产生中央官僚系统，使得草原政权的统治是以独立的各部落为一个个小集体，层层传导至大单于那里的。

这就回到了类似于中原"邦国"阶段的诸侯、大夫、士、百姓，只不过到了他们那里，是王、千长、百长、什长、部众。

各自部落里的战士们，也只有原部落的首领，甚至是自己的上一级长官才能指挥得动！所以，类似于中原的"邦国"制度，已经是草原权力结构的天花板了。

"邦国制"天花板是草原政权的第一个重点。第二个重点，是草原政权从基因中就带有"抢一把"的本能冲动。这就要说到"四百毫米等降雨线"的概念了。

这四百毫米的降水量，是决定农业文明能否发展起来的硬性起步线！降雨每年达不到四百毫米，根本无法完成农业的完整种植周期。这也就意味着草原地区，只能长草从而进行游牧。为什么叫"游牧"而不是"畜牧"呢？

因为微弱的降水量，草原的土地禁不起摧残，放牧时必须打游击战，总在一块地方啃，没俩月就啃秃了。只要一秃，草场就会沙化。沙化再复原，就得经过数十年、上百年。草原脆弱的生态环境，也导致了草原政权在文明进步上具有先天性的巨大短板。

文明的发达程度跟一个民族对于能量的使用，有着极大的关系！总说游牧民族自己造不了东西，为啥呢？物质文明向前推进，有四个极其重要的支柱条件。

第一，需要人口密度。（提供社会分工。）

第二，物质保障。（大量的剩余粮食，养育分门别类的学者和工匠。）

第三，能源原料和技术。（森林、煤矿和冶炼技术，加大能量的使用规模和效率。）

第四，互通有无的商人。（帮助文明快速交流和迭代。）

以上四项，缺一不可。

草原因为贫瘠的降雨和总日照量的短缺，导致它本身产生能量的能力和多雨多光照的中原比起来有着天壤之别！

在获取能量上能力的巨大差距，也使得草原地区在推进文明升级上，上述四个关键点一个也提供不出来。没有人才储备，没有原料能源，没有技术支持，草原生育率还被游牧生活搞得并不高（夭折率高，且养活不了密集人口）。也因此，不要说丝绸这种高级货了，即便锅碗瓢盆这种生活必需品，草原上的部落也是做不出来的。

做不出来，就只有两个办法：一个是贸易，另一个就是抢。无论是贸易还是抢，都标志着草原民族天生是将商品与利益摆在第一位的。

再加上放牧经济所生产的产品（牛、羊、马）品类太过于单一，而且是中原民族的非必需品，进行贸易时还容易被压价。但抢劫的成本跟贸易比起来，可以说是多快好省。所以，很多时候，草原民族因为本能的冲动，选择抢一把。

再来看一下草原政权引以为傲的军事力量。

草原的军事力量就是全体部众。《史记》中是这么描写的：小孩子能骑羊，拿小弓射鸟鼠。长大了就骑马，射狼杀人。所有成年人全都能弯弓上马，打起架来就蜂拥而上，风头不对就赶紧撤退，从来不因为这个产生面子问题。到了分战利品时，壮年吃好的，老弱吃剩下的，从来没有尊老爱幼这一说。作战时，大功者不过得上司赐一杯酒而已。

所以，匈奴人的战斗，是把个人利益放在首位的。看到了有利可图，如鸟之集；看到了困败难敌，则星云散。我的战争利益，不过是为了抢那点东西。抢东西，是为了更好地生活下去，将帅们扯不实际的问题，就调动不起我的能动性。我也分不了地，得不到草场，我为啥要为你去豁出命呢？

在匈奴的法律中，是"战而扶舆死者，尽得死者家财"。谁把战死者带回家乡，谁就继承死者的家财。所以，人家匈奴那边最看重的，就是自己这条命！可得好好活着，要不老婆和牛、羊就都是别人的了！

综上所述，当时匈奴帝国的政权特征就可以总结出来了。

第一，上千年来，草原民族巨大的掠夺性，跟他的生存环境有着极大的互相塑造关系。

第二，部落间联系很松散，类似于中原的"邦国制"。大单于的力量并没有那么大，因为天灾和税收能力，"邦国制"是草原政权的天花板。

第三，匈奴人从个体上就看重利益且惜命，这也就意味着在草原上形成一个庞大政权是不容易的。

请大家记住这三点，之所以大篇幅总结出这三点，是为了方便对照后面汉匈战争的许多行为逻辑。

那么，为什么像冒顿单于这种顶级"杀神"却可以将基因里就松散的整个蒙古高原凝结成一个拳头，把刘邦困在白登山上骂大街呢？人家这个"邦国"怎么比你这个"郡县"还好呢？因为人家冒顿单于完美地解决了两个阶段的利益持续发展问题。

第一阶段，统一草原能"以战养战"。

冒顿单于这个人又猛又狠，武力值爆表，能打仗，去草原上抢劫，消灭别的不服民族（东胡、月氏），可以在利益上引领着各部落共同致富，去抢别的民族。各部落都愿意加盟冒顿单于去进行轰轰烈烈的草原统一大业。

第二阶段，统一草原后，人家冒顿单于能从刘邦那里要来长期"饭票"。

"和亲"输血，给了匈奴帝国维持这个"邦国"体制的物质运转基础。别看我建立不了中原那边的官僚系统，但我有足够的利益让所有的部落来我这里俯首称臣。

自冒顿单于之后的匈奴单于们，更像一个领完"保护费"后分发给各堂口"堂主"的"总舵主"。各堂口拿到生活必需品后，下发到部落维持正常的生活与发展，并给单于进贡马、牛、羊等产品，并服从单于的号召调遣。

匈奴单于不再动不动地召集各部落组织几十万骑大行动，他可以示威汉朝，要更多的筹码去维持自己的"邦国"统治。

这就成为一个正循环。所有的部落在有利可图的情况下，聚集在了以单于为中心的匈奴帝国周围。

所以，刘彻面对的匈奴大帝国，是一个部落众多的"飞车大帮会"。大汉"和亲"的这口奶，是此时此刻匈奴立国的重中之重！所以，匈奴单于才会隔三岔五地往你这里来。

那么，有一个比较朴素的问题来了。

为什么匈奴的小部落们要去投靠单于，去进贡分赏呢？你自己去跟中原贸易或者自己组织抢劫不是也一样吗？不都是"飞车党"抢一把就跑吗？你认他当大哥还得听指挥，被盘剥，你自己抢的东西那完全就是纯利润啊！

这个时候，我们始皇帝时代留下的一个最大的坑，终于登上历史舞台，马上要被填平了。

继能带来利益后，冒顿这个猛人能够成为第一个统一草原的"始单于"的第二个关键因素开始浮现出来。

草原"抱团"的外部原因出现了！伟大的长城！

五、伟大的长城

终于轮到我们的民族符号长城登场了。

上来就说长城有多伟大、它的作用是啥，并不符合我的套路。伟大的工程总是值得去详细说说它的来龙去脉的。

我们更应该关心的是，长城是怎样一步步出现，并在这个过程中起到了怎样的历史作用。

今天我们一提到长城，印入脑海的基本上都是明长城，而且大部分还都是东北部拱卫首都的长城。实际上，最开始的长城并非如此。

咱们印象中的长城，都是青砖砌墙筑成的。那属于造价很高的筑墙办法，仅能供重点地段使用，大部分地段还是就地取材的。最早的长城其实是夯土墙和碎石墙，远没有想象中的那么高级。

最早的时候，在中原大地上，所有的民族都是以狩猎、采集为生的。大约在七千年前，农业技术的文明之光开始闪耀出现在我们的母亲河流域。后来，农业文明经过成百上千年的发展与进化，随着工具的成熟和高产谷物的成功培养，农业耕作相对于狩猎、采集的优势出现了。

这个优势就是农业耕作收获的谷物所带来的能量，能够养活更多的人口，而且更耐储存。养活一个农耕家庭，五亩地就可以了；养活一个游牧家庭，则需要五千亩草场。

这使得农业给人类的发展带来了两个优势：第一，单位土地内养活的人口越来越多；第二，物质开始出现剩余并能够长期储存。

这两个优势又带来了两个巨大的影响：第一，人口数量开始迅速增长，社会分工的条件出现了；第二，人类抵御天灾的能力增强了。

这两个影响，使得农耕文明成为那个时代的伟大进步力量。因为这标志着人类文明开始确定性地走向正循环！也因此，所有的村落与部落，都要向农耕文明靠拢，都要放下采集、狩猎的老思路，去拥抱更辛苦但更稳定的农耕生活。

因为这不是你想不想的问题，而是你不得不的问题。如果你拒绝拥抱新生活，你就面临着一个巨大的竞争问题：落后就要挨打，你的地盘会被别的农耕文明吞并掉！

农耕文明可以创造出更多的人口和武器，人家会欺负你乃至消灭你。因为采集、狩猎根本养活不出和农耕文明一个数量级的人口。

即便你的部落战斗力爆表，但在冲突与战争中，将很难长久地面对数十倍于你的对手和远远多于你的武器。而且，对面这帮人占了你的地就不走了，采集、狩猎的部落因此被渐渐蚕食。

物竞天择的自然规律开始发力，许许多多的村落与部落在农耕文明的发展与推广中，选择了妥协和拥抱，农耕文明开始在中原大地上普及。

直到农耕文明由中原辐射到了北疆，也就是前面我们说过的四百毫米等降雨线。农耕文明发现，再往这条线的北部推进，农耕文明的那一套公式就不管用了。因为降雨和温度（温度也很重要）达不到农作物生长的要求，尤其是降雨，是决定农耕能否进行的唯一硬性标准。农耕文明拓展到这里，就拓展到头了。游牧和农耕的天然分界线也就因此产生了。

我们总是说我们的老祖宗多么多么的聪明，打造的长城恰巧就在四百毫米等降雨线上。实际上，哪里会有这么恰到好处的施工设计啊，都是自然进化与摸索出来的结果。

受自然条件局限造成农牧分界后，慢慢地，生活方式造成的军事差距也开始出现了。

农耕那边的财富总量日益增长，社会分工日益深刻，人们在日渐变得文明（吃饱了有空思考，不用再天天面临生死存亡问题了）。草原那边是原地打转，继续与天斗，与地斗，与牲口斗，其乐无穷。

两个文明的交流基本上是根据自己的特产互通有无，你卖锅碗瓢盆，我给你牛马羊奶，本来是可以把日子就这么过下去的，但是，总会有过不了好日子的时候。

　　我们之前说过，天灾是横在游牧民族头上的"达摩克利斯之剑"。一旦草原闹灾了，游牧民族的牛羊产品大减，活下去都成了问题，不得不南下讨生活，就只能抢了。

　　天生的战士属性和随身马匹，使得游牧民族在面对已经农耕化的中原民族时，抢一把的成功率和收益率极高。人家抢完后，带着财物跑了，农耕民族这边则只能低头郁闷，因为缺少马。

　　说到这里，要简单说一下，为什么中原缺少马。

　　总说中国产马的地方一个西北、一个东北，为啥别的地方不产马呢？不是说咱条件不行，是因为马这种牲畜极其败家！论口感、出肉率、产仔率以及毛皮的商品属性，马远远比不上牛、羊。论运输能力，以及动能转化到庄稼上的力量，更是被牛落下很远。论脾气，更是跟牛、羊没法比。一般我们形容人脾气不好时爱说人家属驴的，其实马也一个德行，还不如驴！马凶起来时连狼都不敢惹。

　　如果说仅仅是这样，每家养匹这种奢侈性的马，其实也是可以承受的，最早中原大地上在狩猎、采集时代，也是都有马的。不过时代一旦变了，马这种生物就不能忍了！因为马有一个最不能被农耕文明忍受的巨大缺点：这货是个直肠子，能吃，能拉，马粪还添乱！

　　一般我们养牛、羊，白天放牧几个小时后，就可以圈回来了，人家不用晚上加餐就能贴膘，自己有好几个胃，能反刍进行食物再吸收，拉出来的粪便还是好燃料和好肥料。所以，养牛、羊在农耕文明是被普及的，只不过是圈养，而且数量没有游牧民族那么大。

　　但马就不一样了，这货一直吃，一直拉，一头一尾从来不闲着！有句话叫作"马不吃夜草不肥"，就是说马得连轴转地吃才能胖。你能吃就算了，更可恨的是马粪的酸性还大，不仅不能起到好肥料的作用，还祸害地！马还随时随地各种拉！用一句话来形容，这货的能量转化水平极低，还糟蹋土地！养活一匹马的草场大约能养活几十只羊，看看人家喜羊羊多么可爱！

而且，如果你想骑马的话，是需要骗的（宫刑），不然依着马的那个脾气，你根本上不去，轻轻松松地踢死你。必须要在小马两岁的早春左右，对其实施宫刑，随后还要有专业的遛马等一系列恢复手段。这就意味着，为了让你能被骑，我还得专门派个劳力去伺候你，那我的地咋办？再说田间地头就那么两步路，谁骑马下地干活儿啊？

所以，不是说中原不能大规模养马，而是谁家也不至于败家到用大好的土地和那么多的人力，去养这么一帮败家玩意儿！

到游牧民族那儿其实也一样，他们也不愿意养马，只是没办法，有打狼、迁徙以及放牧的刚性需求。

游牧民族养马时，也是由马倌将马群赶到草场不好的地方，去单独管理的。好草地要给牛、羊吃，不能便宜这帮赔钱货！

一个刚需，一个非刚需，也就导致了中原马开始渐渐绝迹，而草原却仍然"套马的汉子，你威武雄壮"。

马，也因此成为农耕民族和草原民族最关键的军事不平等资源。

那么，两个文明间的矛盾就变成了摆在农耕民族面前的一个成本问题——怎样应对草原骑兵？最直接的办法是，也找块地养上马，然后组织起骑兵，训练起来，随时准备应对草原民族的抢劫。

但是一扒拉算盘，这活儿没法干：第一，养马糟蹋地，养骑兵糟蹋钱；第二，规模和培训的成本太高。如果想对付从小就长在马上的匈奴人，你的骑兵部队只能在数量上大规模地压他一个数量级，才能起到巨大的震慑作用和战斗效果。但你要是真这样干了，你就被人家从成本上给拖死了。也有极个别拖不死的，比如目前在位的这位皇帝。

智慧的华夏民族开动了脑筋，发现了游牧民族抢劫的一个关键点：马！你厉害不过就是因为你有马嘛！我让你的马过不来，不就完了嘛！

想通了这个问题，华夏民族就开始在农耕、游牧分界线上，根据地形在一些必经之路上修建起了一道伟大的墙，并设立了警戒烽火台和通往内地的驿传等"雷达"系统。

最开始的长城，基本上都是建在平地上的墙。一般是就地取材，直到北魏之前，长城基本上都是以版筑夯土墙为主。

很明显，这道墙拦不住你，你蹬腿就能蹦过来，但你的马爬不了城墙。你随便进，但你没了马就好对付了。

那么，游牧民族可以毁掉这座墙啊？没问题，但代价很高。不要以为土墙就好欺负，具体施工方式我就不说了，总之长城的工程质量棒着呢，不比石头和砖差到哪里去！这道墙的最大对手是时间老人。从这上面打开缺口，是需要巨大如撞锤的专门工具的。但这又是游牧民族南下抢劫时，所根本不可能带的。

即便你带了，费了九牛二虎之力，弄开了这道墙鱼贯而入。这个时候，长城继阻拦后的第二个功能出现了，它会迟滞你的入侵。这个工夫早就被一道道预警系统传到了中原内地和沿线长城，人家可以从容地坚壁清野，让你扑个空，并调人来堵你。李牧就是这样让匈奴人十多年连根毛都抢不到的。

所以，匈奴人在看见这堵可恨的墙后，第一反应是看看哪里还没建墙吧。这就苦了边境线没有建墙的地方百姓，也因此，所有边境沿线的政权与文明都开始了犹如军备竞赛般的建墙。

你不建墙，所有游牧骑兵就都涌到你这里来了。所以，边墙开始连成一片，形成了我们看到的长城前身。

在这里，要和大家解释一下，长城的经济属性。

建长城看上去特别费钱，劳民伤财。实际上，非常省钱！它实际上是在很长的时间纬度中，极大地降低并摊薄了中原政权的军备开支。

长城的出现使得游牧民族开始要面对突然升级的巨大军事威胁。哪怕你再厉害，进入长城都需要毁边墙或者攻要塞，这就意味着你是从这里进来的，还要由此出去，抢劫最重要的是时间和效率，因为很难再毁一道边墙。这就有一个巨大的隐患，你很容易被步兵依托长城堵住归路，被包了饺子。

华夏民族则极大地减轻了军备压力。游牧骑兵即使可以随便进入长城，但我有烽火台的"雷达"系统可以让你空手而归，而且你还得提心吊胆，怕我回头堵死你!

举个例子,过去没有长城,人家可以从四个缺口随意闯进来。甚至可以轻松地连抢你四个地方。

你如果想要拦截这帮抢劫犯,你就得在这四个地方分别常驻一支强大的武装进行警戒,因为你没有马,补位能力不强。

这个成本就太高了。但长城建立起来后,这四个地方就没必要驻军了,而且对骑兵的要求也没有那么高了。

因为你仅仅是打算防守，并不打算追出去。你随便进，我只要保证在你逃跑前，堵住你的归路即可。一支游走在长城边境的正规军，就能满足边防任务需求了。

也因此，长城开始被彻底连成了一个整体。过去在崇山峻岭上是没必要建立城墙的，但现在意义出现了，长城变成了一条"高速公路"。

西边山头发现军情了，东边山头的军队如果想要过去，需要绕山，这路程就远了去了，你得从蜿蜿蜒蜒的山上下去，再从曲曲折折的山路中穿行。

如果你指望绕山去支援的话，烽火台就是个摆设了，因为等你绕过去，人家早就跑了。

但在山岭中建"高速公路"，那效果就不一样了。边防军可以迅速通过长城"高速公路"过去支援。

你那边刚刚毁坏边墙，我的边防军就已经赶到了，开始依托长城工事进行防御了。各地的驻军在收到烽火报警后，要迅速通过长城去出事地方集结。长城这条"高速公路"，只能走步兵，没法跑马，天生就是只供中原民族使用的。

边防军在"长城高速"上各种穿插

所以，现在我们能看到在水上建的九门口长城，也能看到鬼斧神工的各地野长城，费这么大劲儿，重要原因就是要起到能够快速集结的"高速公路"的效果。

第五战 马邑阴谋：儒教、长城、草原的逻辑

　　一旦长城开始连成一个整体,这个时候,普通的草原小部落在中原人眼中就不叫事了!

　　因为游牧民族小规模的入侵,非常容易被边防军,甚至是被当地武装,堵死归路。

　　因此,突然出现的连成一大片的长城,也开始倒逼游牧民族进行自我进化。进化的方式是什么呢?只能是抱团!

　　你一个五百人的小部落,想要打破长城防守,进来抢一把的危险系数开始变得极高。因为你一旦开始攻打要塞,摧毁边墙,边境的烽火台和伸往内地的驿传,就会以每昼夜数千公里的接力速度,把你的入侵规模(有入侵规模的信号规则)传遍整个边境,并被内地的统治者知晓。

这个时候，你大可以继续毁边墙而入，但等待你的将是坚壁清野的百姓和及时赶到堵缺口的边防守军。

小规模的部落将再也无法单独行动去南下抢劫，必须抱团了！只有抱团，你才具有再进来抢一把的资格！这就相当于，农耕民族的边防军是两万人时，游牧民族南下抢劫，最起码也得是这个规模，真被堵上了，才能杀出去。这时长城开始倒逼草原民族抱团成为一个大的"邦国"性质的政权。

到了战国时期，有秦长城、赵长城、燕长城。

而这个时候，草原上林立着如匈奴、东胡、楼烦和月氏等几个较大规模的部落。

再后来，楚汉争霸时期，冒顿统一了草原。但非常神奇的是，这么一个偌大的草原，居然此后没有再分裂。这个松散的"邦国"体制，应该更加容易合久必分啊！人家却散不了摊儿了。

因为对面的嬴政早已经统一了中原，并整合了整个万里长城。西起甘肃临洮，东至辽东，静卧在北疆的蜿蜒巨龙，彻底变成了一个整体！

也因此，除军事压力外，最开始并没有预料到的，长城衍生出来的对草原民族的第二个关键影响，也开始显现出来——恐怖的经济封锁。

六、功亏一篑

当年，在开始修建长城后，农耕民族对游牧民族的经济封锁就已经开始了。草原上的部落发现，在双方没有战事时，也没办法南下贸易了。由于很难再通过正常手段去获得很多的生活必需品，也就进一步加剧了草原上的抢劫之心。

游牧民族因此也如前面说的那样，因为长城的军事威胁，抱团组成了更大的军事体。这个军事体，实际上也是贸易体。

中原农耕民族政权那边，也由于长城的出现，垄断了商业贸易的渠道。但资本是逐利的，长城的出现使得南北的贸易出现了巨大的利差，也因此催生了很多走私商团。

长城间的边防军日常巡查，有两个关键任务：一个是巡视长城的工程质量和敌情；另一个就是打击本国打算走私的商人。长城不仅防外人，后来也开始防自己人。

一旦中原开始垄断商路，游牧民族再想开展贸易，就得看爷的心情！

两个文明在不剑拔弩张的时候，政权之间也开始谈判。

你们长城建起来了，我们知道你们厉害，咱们还是发展贸易吧，现在我想做个好人。我出牛、羊和你们稀缺的马，你拿你们的盐、铁、手工业产品跟我们换。这就形成了政权之间的大宗贸易。

草原上的小部落不能搞自主贸易了，必须要把自己的商品集中到"盟主"那边,由"盟主"统一前往边境互市。这有两个原因:第一,你最紧俏的商品是战马,出口的目标就是对方政府;第二,你必须依托强大的军事实力,才能把你的商品要上价来!你必须有大单于("盟主")谈笑间灰飞烟灭的架势,才能让鬼精的中原政权让出更多的利来。

后来,即便秦、赵、燕的长城全都完善成体系了,游牧民族仍然有余地。因为双方贸易的对手多。比如,匈奴去年闹灾了,抢了赵国一把,赵国跟匈奴打贸易战玩封锁,匈奴还可以跟秦国进行贸易往来。

听说你最近在打赵国,我也在打,你看我又给你提供了这么多匹马,咱哥儿俩赶紧凑一起吧。

过两年,匈奴又跟秦国闹崩了,没关系,他们又找赵国去了,咱哥们儿谁跟谁啊!这一匹匹新出炉的"飞毛腿",赶紧骑上打秦国人去!

但这一切,随着嬴政统一全国后,都作古了!

十多年间,各游牧民族突然发现,这么一条上万里的边境线上,只有一个统治者!这就变成了,一个强大的、统一的、集权的、超级庞大的中原政权与很多草原民族进行贸易往来。

中原开始用自己独家的买家优势地位碾压卖方。

对匈奴人,别废话!一口价,一口锅一匹马,你不卖,我就找东胡去!

对东胡人,那边的匈奴人已经甩卖了啊,你降不降价?我可不是非跟你一个人做买卖啊!

而且,更可怕的是,一旦草原和中原出现了武力冲突,草原将面临上万里的贸易封锁!

没有盐,没有铁,就等死吧!

所以,面对突如其来的这么大体量的唯一对手,无论是对武力的要求,还是对贸易的要求,这一切都使得草原各部落也需要变成一个体量超级庞大的民族。

所有的部落在冒顿统一草原后,没有办法,必须要成为一个整体,去对抗拥有了长城的中原民族!我也得变成只有一个卖方,才能跟你这个买方进行均等博弈!

至此,长城的伟大作用终于说全了。

第一,它以并不高的投入(相对持续的军备支出),几乎是一劳永逸地完成了对北疆的安防任务。

第二,它极大地降低了游牧民族的战争优势(马),极大地提高了中原政权的战争力量("雷达"、"长城高速"、步兵堵骑兵)。

第三,它成为中原政权对草原民族的经济封锁线,也因此有机会成为在草原民族衰落后,趁他病要他命的最关键战略性武器(东汉时我们会讲到)。

由于长城的出现,从此将草原上本来是"邦国制"的松散游牧民族,无可奈何地绑定成了一个整体。

长城的出现,实际上为两个民族都降低了成本。对中原政权,长城降低了政权的运营成本;对草原政权,长城减轻了各部落间的内耗拼斗成本。

但它的出现,也将两个民族之间的战争矛盾,提到了前所未有的高度。再打起来,就是两个文明之间的战斗了。

这种历史脉络的相互塑造,着实美丽,让人着迷!

在这样的历史节点,时间来到了公元前133年。刘彻准备一战干死对面的军臣单于。由于王恢一直蹿前跑后,又自诩是个匈奴"专业观察家",于是被武帝安排为此次灭匈筹划的总体设计者。

王恢策划了一个质量并不算高的阴谋,然后派出了先前上书的聂壹前去诱敌。

公元前133年(六月),汉武帝派遣精兵三十万,命护军将军韩安国、轻车将军公孙贺率主力部队二十多万人埋伏在马邑附近的山谷中,又命将屯将军王恢与骁骑将军李广、材官将军李息,率三万多人出代郡,从侧翼袭击匈奴的辎重并断其退路,欲一举全歼匈奴主力。

大网已经拉开了,就看王恢那边能否诈骗成功了。

聂壹以出塞经商为名,见到了匈奴的一把手——军臣单于。在刘邦和冒顿单于交手后,他们的重孙子和孙子开始过招了。

聂壹欺骗军臣单于说，他有手下数百人，能斩杀马邑县令，举城而降，牲畜财物可尽归匈奴。但匈奴一定要派大军前来接应，一方面搬货，一方面防备汉军。

军臣单于比较犹豫，因为眼前的这个人来得太过突然，但马邑的财物诱惑又实在是太大。仔细盘算后，军臣单于决定做两手准备，一边亲率十万大军进入武州塞（今山西省左云县）随时准备出击；另一边派使者随聂壹先入马邑，探听真伪虚实。

随后，聂壹返至马邑，那边早就做好了全套戏的准备，马邑县令被雪藏，然后杀死一名囚犯，割下首级悬挂在城门之上，伪装成县令的头颅。使者回报军臣单于："没问题！赶紧去吧，马邑现在处于无政府状态。"

军臣单于得到报告后，开始率领十多万大军向马邑方向进军。但草原上的民族，天生就和狼打交道，基因中的警觉性让他觉得很不对劲儿。

刘彻和王恢都是第一次面对战争这项世上最冷酷、最没有犯错机会的复杂事情，他们的实战经验都是零。

要知道，设伏耍诈的地点尽量不要选在城镇，这是一个战争常识。原因在于，以城镇为中心的保密工作实在是太不好做，敌人非常容易从各方面发现不同往常，其中有诈。城镇的经济活动多，人口流动杂，要完全做到保密，几乎不可能，总会有一个环节让你露出马脚。所以，但凡设伏，中心都是在人口密度小的地方，可以以城镇为诱饵，但万不可以城镇为中心。

三十万大军，以马邑为中心，可以进行会战，但把设伏作为战略导向，打算把人家引到马邑瓮中捉鳖，从最开始就已经注定了这次战略目的不会实现。

匈奴大军距马邑百余里的时候，发现沿途有很多牲畜，却无人放牧，这种现象引起了军臣单于的怀疑。军臣单于下令大军停止前进，派出哨探四面巡查，并攻下了一个长城烽燧，俘获了武州尉史。

接下来，我们刚刚讨论的，脆弱的保密环节被攻破，尉史将马邑伏击计划和盘托出，军臣单于听后下令立即撤军。

一个机密度极高的帝国战略计划，被一个边防尉史知道了，而且还在这么重要的时间点出现在前线哨所，汉朝三十万大军的一系列复杂准备就此打了水漂。

此时的王恢、李息率领的三万大军已经出代郡，放过了匈奴主力，准备袭击后方辎重并与汉军主力进行合围。这时传来了消息，匈奴正在以最快的速度全线退兵。

王恢看到自己这三万人由扎口袋的突然变成了阻击主力，觉得自己没什么胜算，于是撤退回了代郡。

韩安国作为汉军"总司令"，埋伏好几天后不见动静，于是改变了原先的作战方案，率军出击，结果匈奴大部队早已撤退回了草原深处。

三十万汉军无功而返。就这么糊里糊涂地献出了自己的第一次，却连个匈奴人都没见到，刘彻大怒。

别跟我扯什么胜败乃兵家常事！爷就是要每次出征都大捷！出动了三十万军队，消耗了大量的粮草辎重，居然让匈奴人跑了，主战者王恢要为这次出师未捷扛责任。

更让刘彻痛恨的是，只有王恢是有机会打匈奴的，但喊打喊杀最凶的这位，面对退军的匈奴人却变得理智起来了。

王恢是这样为自己辩解的：他的人马太少，无法与匈奴主力抗衡，他的撤退保全了大汉的三万人马。但他不知道，他的这位主子并不在意什么成本，并不在意什么人命，他要的是千古之名。王恢还贿赂了时任丞相的刘彻的舅舅田蚡，但面子第一的刘彻却根本不为所动。

我是不会错的！搅了我的头彩，必须有人为此负责任！

马邑之谋最终以王恢自杀而告终。

整场战役过程平淡无奇，也许是我们整个历史系列中，最没劲的一场战役。在这一章中，我们出场了"儒教""匈奴邦国制的原因""伟大的万里长城"这三个大战前最重要的逻辑支柱，但这次没有打响的战役也是中国历史上一个极其关键的转折点。

原因在于，此次马邑之谋，由于刘彻鲸吞的大胃口，让匈奴感受到了寒意。这次阴谋，也意味着汉帝国和匈奴彻底决裂！

此后，匈奴再也不敢相信汉朝，拒绝与汉朝和亲，还开始在边境拦路实施武装劫掠，出兵四处袭击汉朝边郡。刘彻则更是抱着跟他们拼了的态度，开始各种"大炮打蚊子"，连绵不绝的恶战，到最后想停都停不下来了。

一场死亡的游戏盛宴在这两个民族之间展开，直到其中一个清盘离场，几乎永远失去了再上赌桌的机会。

这一系列的国家民族之战，也刷新了整个中国战争史上的成本上限。

古往今来，在冷兵器时代，再也没有任何一场绵延数十年的国家战争，能够比汉匈的这一次巅峰对决烧钱烧得更彻底——几近四海皆荒。

这也是汉民族历史上极其罕见的一次，彻底取得了对游牧民族的根本性胜利。

在那个生产力极其落后的年代，刘彻，也就是伟大的汉武帝，之所以能够完成如此功业，在于两个不世出的"战神"，一连串抽骨吸髓政策的巧取豪夺，以及数千万人如同蝼蚁般卷入了这台根本停不下来的战争机器！

大汉、匈奴的世纪大战，就要打响了！

在马邑阴谋布局时，有一个年轻人的眼中闪出了兴奋和丝丝的寒光。仗一定要那么打吗？如果换一种方式呢？

继楚汉争霸后，名将的时代再次到来了！

第六战

漠南无王庭:
跨时代的伟大战术革命

一、平阳府视察工作

外戚，是中国历史上一个公认的贬义词，就和太监一样。从大数据的统计上看，这是一个几乎就没出过什么靠谱人物的群体，要么吃喝嫖赌，要么祸国殃民。史书中大段的人渣描写，都是出于这两个群体中。

不过，倒也不能完全怪这两个圈子，因为他们的得势本来就没有什么实力做铺垫，且具有巨大的偶然性。要么就是因为家里飞出个"凤凰"，然后一家人也跟着上天了；要么就是挨了一刀后，机缘巧合或者处心积虑地成为皇上身边的人。

这两股势力，其实是有竞争关系的。

因为在皇权、官僚势力之外，往往要有另一股势力做平衡。皇帝们有时一个人琢磨不过这帮鬼精鬼精的官僚们，所以需要在要紧地方安排自己人，比如自己的舅爷们，或者自己的下人们。舅爷跟下人们，分享的都是皇帝的权力。

权力的大饼就这么多，不是你多占，就是我多吃，外戚和太监也经常开干，首次交锋就在东汉中期。在此之前，外戚是政治力量中的大角色，后来因为文官制度越来越成熟，以及皇权对于皇后这一支政治势力的不断规范与打压，太监们才逐渐登上历史舞台。

在两汉的历史中，外戚一个个如同走马灯般的你方唱罢我登场。不过，他们大多也都是吃个青春饭，权力的长度完全要看你家那个丫头的受宠保质期，以及肚子争气不争气。

对于外戚集团，我基本上是本着无足轻重的小把戏一个字也不写，相对重要的写个名字，非常重要的来一两段，极其重要的才会着重笔墨描写。在此之前，我对这个群体基本没怎么介绍过。比如，在讲吕家的那一大堆人时，我仅仅说了掌门的吕产、吕禄，后来窦太后的娘家人我根本没怎么提。武帝他母亲王太后的弟弟田蚡，虽然气焰嚣张，拿着朝廷的编制随便送，甚至让"控制狂"刘彻一度郁闷怒吼："舅爷你的官封够了没有？我也想任免几个看得上的人！"但他的那些权力斗争故事，我还是统统舍掉了，因为有他没他都过年。

外戚的故事当中，能够影响并改变历史走向的并不多。在整个中国古代历史中，加一块也超不过十个。像之前我们说到的秦国舅魏冉，提拔发现白起的秦国重量级外戚，他就属于改变历史走向的人物。

不过，整个战国时期几百年，能和魏冉比分量的还真没有，大多都是吃干饭的。吕不韦也许勉强能挤进去，不过他算投资人，并非属于严格意义上的外戚。

魏冉自己厉害是一方面，大量的外戚自己不成材，也是另外的很大一方面原因。尤其是平民外戚们，毕竟前面多少年都是"蹬三轮"的，突然间让你"开好几百万的车"，没几个人能神志正常地安全驾驶。

不过，外戚还是有黄金年代的！西汉一朝就出了四位大咖级外戚，个个重量级，闪闪放光芒！其中三个出自于武帝一朝，既有帮他争脸的，也有给他擦屁股的，可谓品类齐全。最后一个，人家还篡位当了皇帝。

他们让我们看到了，谁说娘家人都是酒囊饭袋，不见得鸡犬升天后就依然只会下蛋和看门，化凤成龙的精英依然是存在的，只要出自苦寒来，还是能散发出梅花香的。

今天我们要写的这段历史，是中华五千年之中，少数让我们扬眉吐气、畅快淋漓的一段。

两个顶级的军神级外戚，开始登上历史的舞台。

这段历史起源于一次偶然的邂逅。

建元二年（公元前139年）三月，刘彻去灞上祭祀先祖，祈福消灾，回宫时路过已经嫁出去的大姐平阳公主的府邸，于是进去坐了坐。这一坐，就坐出了一次蓄谋已久的"性贿赂"事件。

平阳公主对于弟弟有一天会到来早有准备，之前就广招漂亮姑娘养在家中，希望有一天弟弟来时能够请客送礼一番。刘彻进门刚坐定，姑娘们就都出来了。

不管是出于疼弟弟的角度，还是出于"性讨好"在当时根本就不叫个事的缘故，平阳公主和她姑姑馆陶公主（刘彻现在的丈母娘），都没事总往宫里给他送美女，以维持自己的影响力。

也算是因果报应不爽，当年的馆陶公主如果知道，将来她的女儿也会废在别人送进宫的女人手上，不知会做何感想。

十几个小丫头在精心打扮后来到刘彻眼前。但见过世面的刘彻根本不买账，大手一挥：刚刚祭祖归来，搞这种事情不合适。

第一波弹药没有打出去，平阳公主命令"专业组"退下，继而酒宴开席，派出了第二波"技术人员"前去攻关。这时，府上养着的"女歌星们"开始纷纷登堂献唱。

在这个平阳府"女子天团"上场后，刘彻一眼就盯上了一个"女歌手"，刚刚祭祖的事也扔一边去了。这个姑娘，叫卫子夫。

卫子夫算是出身寒微，她家在当时的平阳侯曹时封邑境内，也就是平阳公主的婆家。她的父亲具体不知道叫什么，只知道她的母亲被称为卫媪（媪是老大娘的意思，刘邦他母亲刘大娘留下来的称呼是刘媪）。

卫媪的工作有说是平阳侯家仆，也有说是在府上做女侍，反正身份比较低。卫媪生了很多孩子，卫子夫上有一兄二姐，长兄卫长君，长姐卫君孺，次姐卫少儿，下面还有弟弟。这个弟弟是卫大娘不甘寂寞，和一个叫郑季的平阳府小吏的私生子，叫卫青。她的二姐卫少儿后来又和一个姓霍的小官私通生下了一个孩子，叫霍去病。

虽然说当时的社会风气比较开放，并没有什么条条框框，但从两代人都有私生子也可以看出，卫家的家风并不是很讲究，毕竟这不是什么光彩的事。

不过，卫媪不知道，她家将露水夫妻做出了品牌，做出了气势，打出了新风格，搞出了大成绩。

私生子作为不合礼法、有伤风化的产物，命运往往如同野草般随风飘散，在整个中国历史上，也没有留下几个有分量的。因为这种不伦产物本来就是计划外的，爹娘会认为他们是累赘，不会倾注太多资源，而且生下来也会受到各种道德指责。尤其是礼教制度逐渐完善后，正常出身的重要性对于一个人的成长几乎是具有决定意义的。别说是私生子了，哪怕是庶出的（非正妻所生），也根本没有上台面的资格！

后面，我们在讲到汉末两晋时期时，大家就会感受到随时随地、无时无刻的门阀眼光和出身的重要性。即便当礼教文化与科举制度逐渐完善并发展到宋明时期，出身高不高贵这个事已经不是很重要了，"朝为田舍郎，暮登天子堂"的事经常出现，但清白的身份却越来越重要。哪怕你是贫民的儿子，只要你不是私生子，社会各阶层的宽容度还是很高的。

卫家的这俩私生子，如短暂但绚丽的烟花一样，趁着礼教制度完善并固化之前的短短瞬间，从夹缝中冲了出来，改变了中国乃至整个世界的格局走向。不过，这一切的一切，还是得益于他们家飞出了一只"凤凰"。

因为母亲的工作地方缘故，卫子夫年少时就在平阳府中帮忙，后来因为姿色不错被挑出来学习歌舞，长大后成为平阳府"讴者"（"女歌手"），并在这一天被刘彻看上，多年辛苦修炼的吹拉弹唱技艺总算没有白练。

武帝把卫子夫带走后，回到宴席上很高兴，赐给了姐姐黄金千两。送礼得手的平阳公主马上奏请将卫子夫送入宫中，武帝欣然答应。

临别之时，平阳公主抚着卫子夫的背说："好好自勉努力，将来若是富贵了，不要忘记我的引荐之功。"这种直击基因深处的贿赂形式，似乎永远难以禁绝。

就这样，卫子夫朝为小歌伎，暮登天子堂，完成了天差地别的人生转变。但她进宫后却发现生活的变化仅仅是不用再卖笑了，取而代之的却是漫长的寂寞与等待。没办法，武帝的爱好众多，女人如云，天天还要各方面搞事情，实在是想不起来从平阳府带来的这个"小歌星"。在卫子夫入宫后的一年多时间中，再也没见过武帝的面。

公元前138年，武帝按照惯例，选择把宫中年迈体弱的宫女释放出宫，卫子夫终于再次见到了武帝，她哭着请求释放她出宫回家。

武帝突然想起了这个"女歌手"，怎么就把你忘了呢？于是补偿般地马上再次宠幸，卫子夫因此受孕。武帝对她的宠爱一天胜过一天，卫家的这帮亲戚也慢慢因此开始命运转舵。

不过，后宫中的事，从来就没有风和日丽的时候。卫子夫受宠之后，皇后陈阿娇很不痛快。

陈皇后是武帝姑姑馆陶公主的闺女，当年刘彻上位，自己的姑姑兼丈母娘馆陶公主是出过大力的。在武帝"创业板上市"成功后，作为"大股东"的姑姑也得到了回报，自己的闺女阿娇被册立为皇后。

武帝的这个阿娇虽然身世无敌，但是有着一个皇后最不该有的功能缺失——生不出孩子来。女人生不出孩子，往往就会生起无名之火。这个阿娇也很傻很天真，她不在武帝身上下功夫，反而开始迁怒于卫子夫。

阿娇将自己被冷落这件事跟自己的母亲说了后，馆陶公主立刻就派人去抓捕卫子夫的兄弟们，打算给这帮不开眼的家伙放放血，让这帮鸡窝里飞出来的人知道知道自己的身份。当时在建章宫当差的卫青，差点儿就被杀手干掉了。所幸卫青工作中交下的好朋友公孙敖带领一干弟兄及时相救，卫青幸运地逃了出来。

外戚不仅会享受到显贵后的好处，政治斗争中也往往会沦为任人宰割的棋子。正所谓不能光看贼吃肉，也要看贼挨打，卫青就差点儿莫名其妙地死在后宫斗争中。

面对这种恐怖暴力行为，武帝很愤怒，我宠个人你就要杀人全家，杀给谁看呢？

随后卫青被武帝报复性地提拔为建章监并加侍中，卫子夫的兄长卫长君亦加为侍中，数日之内，赐给卫家的赏金就累计达到了千金之多。这是一个很不寻常的政治信号，预示着后宫中，馆陶公主这一派的势力已经不再一家独大。

当年的田蚡着实嚣张，不过没嘚瑟几年就死了。自打田蚡死后，武帝开始不再让任何一方势力抬头，唯我独尊成为武帝的第一要务。平衡的君王之术被武帝不断打磨，直至无数人肝脑涂地，换来的仅仅是死而后已。

皇后阿娇并没有看懂武帝的这个信号，而是将另一条道走到了黑。

第六战 漠南无王庭：跨时代的伟大战术革命

二、"先登"的重要意义

公元前130年,阿娇使用"巫蛊之术"诅咒邀宠的事情被告发,武帝非常愤怒,便派御史大夫张欧负责严查。

当时司法部门的一个小官御史张汤展现出了不凡的逼供天赋与过硬的司法功底,他深入案件,追查并坐实了阿娇的"谋逆之罪"。

"巫蛊之术"成为武帝政权首尾相接的两个后宫大案,卫家因此而骤起,也因此而湮没。

张汤作为武帝时代一个非常重要的"多栖技术型人才",我们后面会讲关于他的大事件,现在暂时不表,他一出道就把享后宫大位十一年的陈皇后成功地搞了下去。秋七月,阿娇被废,退居城郊离宫。

一面的股票跌停,另一面开始全线飘红。半年后,卫子夫再次怀孕,并在转过年来的春天,成功为二十九岁的大龄青年刘彻生下了第一位皇子。

事实证明,幸福如果迟来,爆发得就会异常猛烈,武帝又是派东方朔作赋,又是建工程修祠,举朝上下都在庆幸,这个迟来的大汉皇子终于出场了。主父偃更是上书武帝,请立卫子夫为皇后。武帝准奏,大赦天下,卫子夫被立为皇后。

卫子夫母仪天下后的最大受益者其实是武帝,正是因为她的娘家人,帮助武帝完成了前所未有的大功业。

卫青,别琢磨了!该你上场了!

刚刚我们介绍过，卫青是他母亲与同在平阳侯家中做事的小吏郑季私通所生之子。当时一个人带一帮孩子的卫媪，实在是不堪承受抚养重担，于是便将卫青送到了郑季的家里。虽然说也是自己的儿子，但郑季明显对卫青很不待见，让年幼的卫青放羊、做苦工，本家的几个孩子也不把卫青当成兄弟看，想起来就收拾他一顿。

后来，卫青稍微大点后，不愿再在郑家被奴役了，就跑回了母亲身边，成为平阳公主的骑奴。这个岗位很不寻常。并非说这个岗位有什么前途，而是他开始和马朝夕相处。此时的他还不知道，他这辈子将因马这个交通工具而建功立业。

生活在社会最底层的卫青，对于未来其实是没有什么奢望的，曾经有人看到他后说："你这是封侯的面相啊！"卫青苦笑道："我身为人奴之子，只求免遭笞骂已是万幸，哪里谈得上立功封侯呢？"

不过，人并不怕起点低，运气来了是谁也挡不住的。姐姐的受宠让卫青免去了骑奴的身份，并在宫中谋得了一份差事。在幸运地躲过了馆陶公主的暗杀后，卫青被武帝提拔，走进了官僚系统，成为天子的近臣，然后就是长达九年的深沉磨炼。

这九年中，卫青作为侍中，随武帝左右，旁听朝政，不断地磨炼着自己的才干，积聚着能量。这九年，他目睹了儒家与道家的交锋，看到了战与和的争辩。慢慢地，他感觉到了，他正处在一个超大变革的时代。他伺候的这位爷的野心和欲望都非等闲，身边是不养闲人的。

马邑之围中，卫青没有抓住机会，朝中的老前辈们还都在岗位上奋斗。因为走漏了风声，汉朝三十万大军无功而返，汉匈大战拉开序幕，匈奴开始不断地袭扰北方边关。

匈奴问题成为一个越来越大的"定时炸弹"，双方已经谈崩了，随时可能会炸。对于匈奴的问题，常伴武帝左右的卫青是明白的，这两个民族之间的决战，一定会打响的，而且时间越来越近。

在卫青刚入仕的这几年中，他经历了怎样的磨炼，有过怎样的境遇，史书中是空白的。不过，在他们卫家人的血脉中，似乎天生就流着军事天才的血液，卫青很快就将在一个从未见识过的舞台上证明自己。

公元前129年，在三姐恩宠愈隆之时，卫青的机会来了，因为武帝决定对匈奴展开一次试探性的打击。之所以说这次打击是试探性的，原因在于武帝并没有给出很明确的战略目标，只是派出了四路大军，每队都是同样的人数，一万人的部队，各自从四个地方出境作战。这次行动的意义，其实更像是武帝为后面酝酿的大战所做的一次将领考察。考察的对象有四位：卫青、公孙贺、公孙敖、李广。

公孙贺是当年武帝在胶东当太子时的太子舍人；公孙敖是武帝身边的骑郎；卫青更不用说，是武帝的小舅子，一直放在身边锻炼培养。

这四位中，除李广外，其他三个人都是有皇帝近臣背景的。换句话说，一朝天子一朝臣，武帝打算用自己的一套班子，但还是给了李广一次机会。为什么？因为名气太大了。

"飞将军"，也轮到你了。有主角，就会有跑龙套的，舞台就这么大，机会就这么多，毕竟不是每个人都能够有机会把戏唱足的。

李广比卫青年长很多，成名更是早了一代人的时间，不过他却沦为了卫青的背景，他的英雄孤单衬托出了卫青的将星璀璨。

西汉第一"龙套王"出场。

李广的一生，也算是性格决定命运的一个详细诠释。李广是陇西成纪人，祖先是秦末名将李信，就是那个对秦始皇说二十万人就能灭楚，却被昌平君阴了的李信。

李广的家传绝技就是骑射，这在汉族人中绝对是稀罕的技能。文帝十四年，匈奴攻入萧关，李广因善骑射，杀敌多，得封中郎，从此走上仕途。

李广早早就显露出了英武大将之气，在军功方可封侯的"白马之盟"下，"和平爱好者"文帝曾经可惜道："惜哉李广生不逢时，搁高祖的年代，你怎么着也得是个万户侯啊！"

文帝说得好听，万户侯是那么好当的吗？万户侯总共不过三位：萧何、张良、曹参。当然，上司嘛，画饼还是要时刻跟上的，不憧憬未来还怎么领导别人！

文帝没有想到，没过多久，国家的大政方针就已经变得和他的既定路线南辕北辙了，大量的名将迎来了自己的美好时代。

李广进步很快，景帝继位时，李广就已经是陇西都尉了。"七国之乱"时，李广被任命为骁骑都尉，跟随太尉周亚夫前去平叛，并在昌邑城下砍倒叛军帅旗，一举成名。

在战斗中，"斩将""夺旗""先登城"，这些都是大功。比如，周勃在刘邦创业之初，夺取下邑时最先登城，得到了五大夫爵位。刘邦阵营中的第一猛男樊哙，为什么说他最猛呢？不光是因为他在鸿门宴上敢怼项羽，蔺相如也敢怼秦王，怎么没人说他是赵国第一猛男呢？

因为人家樊将军的军功簿上有一大堆"先登"事迹：击章邯军濮阳，攻城先登，斩首二十三级，赐爵列大夫；攻宛陵，先登，斩首八级，捕虏四十四人，赐爵封号贤成君；东攻宛城，先登；从攻雍、䴢城，先登；击章平军好畤，攻城，先登陷阵，斩县令丞各一人，首十一级，虏二十人，迁郎中骑将。

一般在战场中，为将者必须记住"先登""斩将""夺旗"这种标志性事件，取得这些大功后，给的奖励还特别丰厚，基本都是赐爵加重赏。只有少数勇猛的路人甲，因此完成了人生阶层的跃迁。

但是，"先登"值钱，"第二登"就不值钱了，尤其是打仗这件事，你必须当第一！

"先登"就给丰厚待遇，"第二登"的就给个口头表扬呢。为啥差这么多呢？主要还是跟战争时的心理有关。

说白了，就一个道理，谁也不愿意冲上去送死，都恨不得让别人当炮灰。其实，谁能比谁傻呢，每个人心里都是这么想的，让别人当炮灰，我在后面捡脑袋。但这种"靠帮"的思想怎么能有呢？都这样，仗还怎么打？

所以，一般这时候总会出现强制筛选或奖励出来的冲锋队，他们起到的是冲上前打开缺口，猛壮尿人胆的效果！

第一波冲上去的往往是非常容易送死的，因为人家已经做好准备，张开怀抱等你。你一冒头，各种刀枪剑戟就都向你招呼过来了。这个时候，人就比较容易害怕，会退缩不前，心中惶恐，还会不由想起家中的老母亲已是满头的白发。

这时，"先登"的重奖效果就出现了。总会有少数豁出命的，如樊哙壮士般不要命的人，带着大家往前冲！

在少量不要命的二愣子的带领下，部队开始失去意识，行尸走肉般地冲上前砍杀。当血肉横飞后，人就容易麻木，最开始的胆怯心理渐退，血腥的嘴角开始上扬，这场仗就算是正式打起来了。

一般来讲，"先登"开辟滩头阵地的那位壮士肯定是冲在前面的，不怕死而且武功高强，一定会得到重奖的，这样的话，下次才会再出现壮士拼死向前！

有人会问：为什么第二、第三登上去的，就不给奖励呢？有两个原因：第一，资源有限，没那么多奖品；第二，逼着众壮士去"抢沙发"，都去玩命，谁抢上是谁的！要是分出一、二、三等奖，就容易让人产生权衡和犹豫。

在生死关头，最忌讳算计。而且，第一个登上去的战士，肯定是最危险的一个，他面临的是世界上最凶险的孤独。让人家承担最大的危险，也就必须兑现"胜者通吃"的奖励。像李广这种在万马丛中"夺旗"的，也会有这种"先登"的效果。这对己方士气的提升和对方士气的打击是巨大的！

但立下大功的李广却并没有因此而得到封赏，因为李广不知道怎么想的，居然接受了景帝的兄弟梁王授给他的将军印。

梁王虽然也是友军统帅，但面对军印这种从属意义十分敏感的东西，要再三小心。在这片土地上，"忠"仍然是职场中最关键的核心因素！三心二意的人，甭管能力多强，早晚会把自己的路走死！

从私收梁王军印这件事反映出来李广性格中一个很大的缺点：不谨慎。

"七国之乱"平定后，李广并没有因大功受赏，而是调任上谷太守，开始了与匈奴打交道的一生。后来，李广又接连赴任上郡、北地、雁门、代郡、云中等地做太守。汉帝国的几乎整个北疆，都留下了李广的足迹。

李广被高层所知晓，在于一次遭遇战。

三、李广的前半生

　　李广担任上郡太守时，有一次匈奴前来偷袭，恰逢景帝派过来一个比较宠信的宦官，也跟着在那儿监军。有一次，这个宦官带着几十个骑兵出去打猎，遇到了三个匈奴人。几十个人杀了过去，结果就剩下受伤的那个太监自己跑了回来报信。

　　看来太监会"武功"这种事，在西汉时就出现了。

　　李广压根儿就没想那几十个骑兵为什么被杀，而这个太监却能跑回来，只见他眼珠子发光，认为这三个人就是匈奴的绝顶高手，自己一定要和他们过过招，看看到底谁是天下第一，于是点起百名骑兵就追了出去。

　　再见面时，匈奴的三位高手已经没有马了（说是马死了），李广奔袭几十里后就追上了。在大汉绝顶高手与匈奴绝顶高手的较量中，李广成功射杀两名匈奴高手，并生擒一名。这次"草原论箭"的角逐中，李广站在了没多高的草原之巅。

　　但李广刚刚赢得巅峰对决，却发现远方尘土飞扬，几千匈奴兵围了过来，并摆开了阵势。随行的百名骑兵已经都吓傻了，掉转马头就要往回奔，但此时李广却说："不能跑！"

　　喊住众人的李广说道："此时我们离大军数十里路，我们这百十来号如果一跑，人家这几千人射我们跟玩似的。如果我们按兵不动，匈奴人必定认为我们是大军的诱饵，从而不敢攻击我们。"

此时估计李广已经想明白,那三个匈奴人是干什么的了,于是反其道而行之,也玩了一把心跳。李广又命令所有的骑兵不仅不能跑,还要往匈奴人的方向前进,一直走到离匈奴阵地不到两公里的地方才停下来。接着,李广又下令道:"全体下马解鞍!"

手下的人说:"人下马就完了,怎么还得把鞍卸了?人家要是杀过来怎么办?"

李广道:"匈奴人认为咱们会跑,现在咱们偏不跑,把马鞍卸下是为了迷惑他们。别废话!都卸马鞍!"

果然匈奴人如李广所料,没有贸然进攻,而是派了一个骑白马的骑兵出来探虚实。李广看到后,马上备鞍上马带着十几个人冲了出去,射杀匈奴士兵后又回归本阵,再次卸下马鞍。

天色渐晚,越演戏越上瘾的李广又命令所有的士兵把马匹都放了,躺地上睡觉。被李广弄迷魂了的匈奴人,始终搞不清楚眼前这一百多个汉朝人在干什么。

半夜风大,人家匈奴人嫌冷撤了回去。

第二天一早,李广带着一百多刚睡醒的骑兵回到了上郡,这出草原版的"空城计"迅速成为整个军界的美谈。诸葛亮的那一出空城计是罗贯中帮着演义的,但人家李广这出可是自己演出的。

真厉害!连城都没有,就这么裸着唱!

外行人看热闹,内行人看门道,整个舆论在热捧李广孤胆英雄的同时,最高层却并不这么看待这件事情。最高层的态度是:身为主将贸然追击,而且不通知大军,此举万不可取,居然还在生死关头搞"行为艺术"!

李广是一个"大侠",却并非一个好统帅,这一次"空城计"之所以能够唱出来,最大的原因在于他的运气不错。

两军强弱悬殊,野外相遇,无论你要什么花招,离得这么近,吃掉你都是分分钟的事。你自鸣得意的那些小弯弯绕之所以能够成功,完全得益于这个匈奴统帅当时很偶然的一个进退抉择。

身为大将,你的能耐不应该表现在一次又一次地成功演出"空城计",而是要尽最大可能地避免"空城计"上演。

与李广同时代成名的,还有一个叫程不识的将军,这个将军估计绝大多数人都不知道,因为他并没有李广那样的赫赫威名以及惊心动魄的英雄事迹。不过,这个人有个外号,叫"程不败"。这个外号就透露出来了很多信息,程不识之所以不败,在于他谨慎的带兵方法。

程不识曾经这样评价李广:"李广治军松散,并没有那么多规矩,但能和士卒们打成一片,所以士兵们都愿意为他效劳。我治军严谨,注重安营扎寨,哨兵巡查,行动起来全军一起动,驻扎营盘,敌人偷袭不得,军中事务繁忙,所以士兵并不喜欢随我征战。"

程不识这一生压根儿就没怎么和匈奴正式交过手,不是碰不上,而是碰上了一看打不动,匈奴人掉头就跑了。

前面我们说过匈奴人的用兵习气,"利则进,不利则退,不羞遁走","见敌则逐利,如鸟之集;其困败,则瓦解云散矣",人家最在乎的是自己这条命,一看你的眼神不对就赶紧跑。

那么相反,匈奴人跟你玩命打的时候,你在人家眼中基本上就是一盘菜,还是打你更合适,所以就"利则进,如鸟之集了",比如匈奴人每次碰到李广就开打。

《史记》中是这么评价李广的:"广行无部伍行陈,就善水草屯,舍止,人人自便,不击刁斗以自卫,莫府省约文书籍事,然亦远斥候,未尝遇害。"

李广行军没有行军队列、驻营阵势这一说,战士们怎么舒服怎么来,晚上也不打更自卫,参谋部中的各种文书战策,也是越简略越好,但人家却没遇到过什么危险,因为他在远处布置了预警的哨兵、斥候。

总说李广命不好,其实他的命够好的了!

别说真让他碰到卫青、霍去病那样的人,哪怕就是遇到匈奴的大规模偷袭,就他那点警戒,估计还没等反应过来,就让人家围歼了!李广的军队,其实就是一帮汉化了的"弱版匈奴人",无组织无纪律,毫无章法可言。也因此，李广这辈子就别想跟匈奴打下来大胜仗。

别看人家匈奴也是无组织无纪律，但人家天生就是干这个的！人家没有章法，你也没有章法，但人家的单兵素质比你高出一大截，你怎么跟人家打？

程不识的带兵更趋向于《孙子兵法》中所说的："用兵之法，无恃其不来，恃吾有以待也。无恃其不攻，恃吾有所不可攻也。"

打起仗来，不要指望敌人不来，而是要做好充分的战斗准备。不要指望敌人不打我们，而是要让敌人看见我们就一脑门子官司，让他们知道打也打不下来。

程不识的带兵方法和他的不败战绩，也隐隐约约地为中原民族指出了对战草原民族的胜利关键点——纪律！

伟大的战术改革，就在一次次试错和探索中开始渐渐萌芽。

而且要知道，带兵打仗，带出去的都是国家的精锐，都是国家最关键的资产！你可得好好保护国家资产！就好比在赌桌上，最基本的底线就是永远留在牌桌上。程不识就是上司们最喜欢的一类牌手，人家永远小胜不败，而李广则是上司们最头疼的那一类。说他不行吧，眼睁睁地看着他总能打出神奇的精彩案例；说他行吧，只要让他带兵出去，上司就右眼皮狂跳、心脏突突。

让上司不放心，是李广悲剧的一道最强背景光。

爱上一匹野马，可我的家里没有草原。你总让我担心，让我不放心，让我一个劲儿地往嘴里揉"速效救心丸"，那我还是别用你了，最起码落一个心里踏实。归根结底，错的不是上司，而是李广自己。

但是，由于李广驻防过几乎整条北方边境线，在匈奴那边又是大名鼎鼎的人物，武帝还是在这次新一代将领选拔考核名单中，最后加上了这个并不是自己嫡系的"飞将军"。是骡子是马，都给我遛遛吧！

四路军出塞。卫青出上谷（今河北省怀来县），公孙敖出代郡（今河北省蔚县），李广出雁门（今山西省右玉县），公孙贺出云中（今内蒙古自治区托克托县)。四队人马出发,却带回了各自不同的答卷。有打酱油的,有立大功的,也有损失惨重的,这四张答卷以非常丰富的结果覆盖率,给武帝提供了多维度的参考。

先来说打酱油的,公孙贺带着一万骑兵出去进行了武装"观光",在体会了草原的大漠孤烟直后,毫发无损地带着队伍回来了。

再说损失惨重的,惨重也分轻度惨重和中度惨重。轻度惨重的是公孙敖,公孙敖出去就碰到了匈奴正规军,数量不详。不过,一番大战之后,公孙敖最终仅率领三千骑兵突围,战损率高达百分之七十。之所以把死百分之七十叫作轻度惨重,是因为李广比这个结局更惨。

李广出去就遇到了真正的匈奴主力,匈奴单于一听对面是"飞将军"李广带队,马上下令,李广是人才,要活的!在数倍于己的敌人的围攻下,李广军全军覆没,而且李广还被匈奴人逮着了。

不过,由于李广自带"免死金牌"光环,所以兵败后没有被杀,而是受伤被俘,匈奴兵把受伤的李广放在两匹马中间的网袋里。

按说这回再怎么唱"空城计"也没戏了,您都让人装兜儿里了,但李广岂是寻常人物!

人家先是装死,各种吭叽,让匈奴人麻痹大意。在跟着走了十多里路后,李广斜眼瞧见旁边有个匈奴兵骑着一匹好马,他突然纵身一跃,跳上了那匹好马,顺手把那个匈奴兵推下去,抢了他的弓箭,策马扬鞭向南而去。

匈奴单于听说后大怒,于是派出了数百精骑紧紧追赶。李广这边尽显英雄本色,每一箭消灭一个敌人,一边跑一边射杀追兵,再次在一对好几百人的战斗中扬名立万。最终他成功逃脱,一路收敛残兵回到了京师。太感人了!但赔了个底儿掉!

唯一成功的,是卫青那一路。

卫青的这一路也遇到了匈奴的军队,不过这一路的匈奴军队却并不具有另外那两路压倒性的优势,他们被初出茅庐的卫青追着一路杀。而且,更难得的在于,卫青并没有见好就收,而是继续深入险境,直捣了匈奴人的祭天圣地龙城，并斩杀匈奴七百余人。

此次战役的答卷交回后，武帝封卫青为关内侯，李广、公孙敖则被判了死刑，但允许交钱赎罪，回家反省。

论卫青的战功，其实真算不上什么大捷，不过象征性的意义却很重大。虽然他杀敌的数量并不多，不过凡事要有个对比。另外两路直接被人家打死了一万七千人，而卫青则颇有斩获，杀入的还是匈奴人的祭天龙城，这个意义更是不凡。

龙城大捷后，卫青向武帝为李广和公孙敖开脱，说若不是两位将军牵制住敌方主力，他也无法取得胜利。武帝道："真仁义也。"

我们来客观说一下卫青所说的"那两位将军牵制住了敌军主力"是什么意思。

首先要说，这次的军事行动，卫青的运气成分占比很高。比如，公孙贺，人家这运气就很厉害，人家出去公款武装"旅游"一趟，啥也没碰到！再如，李广和公孙敖，他们的运气就很差，他们分到的那个方向，直面阴山，是历来匈奴主力的出没之地。而卫青分到的那一线是草原的"城乡接合部"，属于匈奴本部和左贤王势力范围的交界地带。

在这里，我们要交代一下，对于匈奴来说，他们的龙脉在哪里。

每个民族都有发祥地，比如我们华夏民族把黄河叫作母亲河，后来山东省因为孔老夫子的"加持"，使得这里成为中国人的脊梁之地；满族人将白山黑水视为龙脉，等等。这些圣地，都无一例外地从肉体到灵魂，养育并壮大了这个民族。没有这些地方，这种文明很可能就无从谈起。

对于匈奴人来讲，他们也有自己的圣地，这个地方就是阴山。

四、定河南

阴山的蒙古语名叫作"达兰喀喇",翻译过来就是"七十个黑山头"。顾名思义,这是一大片山脉。

准确地讲,阴山应该称为阴山山脉。从现在的地图上看,它在我国内蒙古自治区的中部地区,主体在黄河的那个大几字的最上面"一横"处,呈东西走向,包括狼山、乌拉山、色尔腾山、大青山等。

阴山山脉的海拔其实并不是很高,四百米到两千米不等,不过这道山脉妙在它的南北落差极其不对称。

它的北坡非常舒缓平滑地伸向了内蒙古高原,但南坡却以一千多米的落差直接砸到河套平原上。这道一千多米的巨大落差,仿佛一座巨大的天然屏障,同时阻挡了南下的寒流与北上的湿气。阴山也因此南北气候差异显著,成为河套平原与蒙古高原的分界线。南麓的雨水较为充沛,农牧两可;而北边则雨量稀少,只能是牧区,但草场的水平就不可与阴山以南同日而语了。

阴山南面这一片就是"黄河九曲,唯富一套"的河套平原了。从严格意义上来讲,河套平原的精华地带分为"三套":"前套""后套"和"西套"。

这"三套"平原因为在四百毫米等降雨线外,所以从天时上来讲,本来是不适合做农耕地的。但因为阴山和黄河的存在,这片土地非常神奇地成为"鱼米之乡",现在仍然是宁夏回族自治区与内蒙古自治区的重要农业区和商品粮基地。

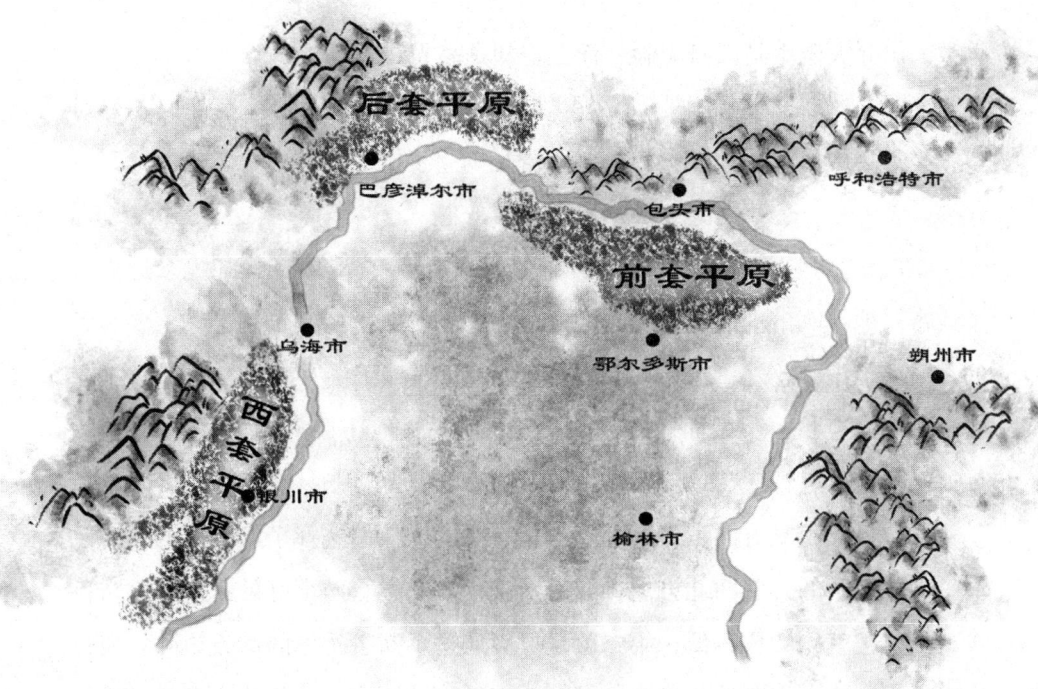

这条长长的阴山山脉自古以来就是匈奴的生命线。

阴山南面,有黄河水的灌溉,千里沃野,宜农宜牧。其北是平缓的山地与半干旱草原,直至大漠。

无论草原民族多么耐苦寒、喜战斗,在物产丰饶、气候宜人的地方生活,是每一个民族所追求的,山南山北两个温度,谁都不愿意去冰天雪地里吃沙子。

尤其到了冬天,阴山山脉阻挡了气象预报中的老朋友——西伯利亚寒流的南下侵袭,使得阴山以南的地区,每年冬季不但西北风远比山北小,而且山南和山北的气温平均相差大约在六摄氏度到十二摄氏度,这相当于一条棉裤的区别。在极端时期,温度相差会更大,达到两条棉裤的差距。

以这条阴山山脉为中心,是匈奴人活动的主要范围,也是匈奴单于的主管地点。

李广与公孙敖的出兵角度,就是直扑阴山方向;而卫青的出兵方向,却是阴山东端,正是匈奴大本营与左贤王的"城乡接合部"。所以,李广与公孙敖的出兵大概率是以身犯险，而卫青却是高光归来。

通过这次试探性攻击，武帝得出了两个基本判断：第一，匈奴不好对付，必须集中优势兵力消灭；第二，就是确立了以卫青为核心的新一代军事代表。

李广，虽然再一次成为孤胆英雄似的"大漠第一高手"，却也永远失去了武帝对他在军事上的期望。自此之后，李广要么干的是牵制工作，要么做的是殿后工作，总之，在大场面上再也没有见过他了。

关于李老将军，后面还有他的戏码，但眼下他还在家闭门思过。不过，匈奴的圣地被卫青武装攻击后，匈奴人的心里极为不爽，他们展开了报复。

匈奴人的报复方向很有意思，也很有头脑，他们选择了汉帝国的东北区域，而非帝国的心脏西北方。匈奴不断骚扰东北方有两个好处：第一是防备少，抢一把就跑的成本低；第二就是可以通过不断袭扰你的远方边陲，使得你的人力、物力不断地往这个方向调，损耗你的国力，让你疲于奔命。折腾你几年你就厌了，到时候还是得乖乖地给我们上贡、送姑娘。

不得不说，这个战略是很有可行性的，深得游击战之精髓。

不过，匈奴人没有想到，他的对手、业余军事爱好者刘彻，已经渐渐摸到了战争的门道，自修了军事学位。这是个大玩家，小打小闹是无法满足他的那颗永远也撑不满的雄心的。

人家从小就受过优良教育，睡前听过"田忌赛马"的高水平小故事，知道要拿自己的优势砸死你的劣势。

武帝追求的并非是一城一地之得失，并非一胜一败之荣辱，他要的是将眼前的这个与中原文明缠斗了几百年的对手彻底地从地图上抹掉。匈奴追求的，是让你认怂，而武帝追求的，是让你消失。

正所谓，取乎其上，得乎其中，立意是否高远，往往决定着最后的功业水准。

匈奴人压根儿就没想到，武帝根本就没拿东北边的死活当回事，他早已经将眼光瞄准了匈奴的胸膛。不过，眼下渔阳（今北京市密云区）已经成为重灾区，在这里我们见到了老朋友——"和平大使"韩安国。

韩安国作为主和派的代表人物，在马邑围剿失败后就因为表错了态而被边缘化了。这位在"七国之乱"中几乎和周亚夫等量齐观的名将，被武帝流放到了东北前线，戍守边疆。

不过，韩安国似乎命里比较招人，这位老将军在哪里，哪里就会遭到各种各样的军事打击。当年在梁王手下为将，赶上了几十年一遇的"七国之乱"，让吴、楚联军围殴得很不体面；如今来到渔阳，又得到了匈奴方面的重点"照顾"。

在卫青他们刚刚班师没多久，入冬后，匈奴就派出了数千骑兵攻打渔阳。韩安国在艰难地扛过这波攻击后，转年的秋天，在丰收农忙之际，那边贴了秋膘的匈奴人又杀过来了。

这次匈奴人兵分三路，东北边出动了两万铁骑，突袭了辽西（今河北省卢东县），杀了辽西太守，并劫掠了几千人口。另一路一万骑兵杀向了渔阳，这次韩安国手边仅仅千余骑，几乎全部战死。就在韩安国即将壮烈殉国之际，燕地救兵赶到，救出了韩安国，保渔阳不失。与此同时，匈奴本部那边出兵雁门，击败雁门都尉，杀千余人。

整个帝国北疆全线告急。

武帝命驻防马邑的卫青救雁门，驻防代郡的李息驰援渔阳，反击匈奴人的暴行。

马邑距离雁门仅仅一百公里，卫青带领着三万精骑不到半天就赶到了雁门战场，斩杀数千匈奴骑兵。匈奴败走，解雁门之围。

另一边的李息则"打了一回酱油"，保持了汉军每出兵必有一路"打酱油"的优良传统。

有韩安国那样天生招人的，也就有李息这样天生"打酱油"的。李息将军后面还有多次精彩的"打酱油"演出，敬请期待。

此次的雁门大捷再次印证了武帝的想法：这个卫青可堪大用。既然如此，武帝开始筹划一出大戏，这次的目标清晰明确——"河南地"。

"河南地"现在的精华地带就是我们所说的河套平原。当年秦始皇曾经派蒙恬率三十万大军将匈奴逐出河套,又迁徙了三万户罪犯到那里戍边,设云中、九原两郡。不过,后来天下大乱,河套地区又被匈奴夺走。

"河南地"之所以重要,在于两方面:一方面土地肥沃,物产丰饶;另一方面,从它的名字也可以听出来,它处在黄河以南,匈奴占据着这块地方,汉朝就无险可守,匈奴势力最近的地方距离长安仅仅七百里。但如果夺回这块地方,凭借着黄河之险,黄河以南就可以被汉帝国抓在手中。

河套平原物产丰硕,不仅是天然牧场,土地同样也适宜农耕。换句话说,这块地方如果被夺回来,是可以被中原汉族人巩固得住的。

武帝动了心思后,匈奴人同样也没闲着。在公元前128年秋的偷袭之后,匈奴人再次出击上谷、渔阳,不过这一次武帝并没有按照匈奴人所出的牌出自己的牌。

武帝直接放弃了对东北二郡的军事支援,任其自生自灭,而令卫青出击西北,目标是"河南地"的白羊、楼烦二部。

公元前127年早春,卫青领五万大军从云中出发,采用"迂回侧击"的战术,并没有直接对距离较近的楼烦部展开袭击,而是向西运动,绕到匈奴军的后方,切断了驻守"河南地"的匈奴白羊王、楼烦王与单于王庭的联系。

在完成"包饺子"的收口后,卫青率军火速南下,形成了对白羊王、楼烦王的包围,并趁两个部落毫无防备之际大开杀戒。

白羊、楼烦二王根本就没有想到,几十年都无敌入侵的河套平原突然出现了这么多凶神恶煞的人,来不及思考就带着自己的亲信开始突围。

汉军一路收割,白羊、楼烦二王北遁,卫青一直追到高阙(今内蒙古自治区巴彦淖尔市杭锦后旗,阴山中的一个缺口,状如门阙得名)才收兵。

此一战纵横两千余里,创下了中国战争史上的奔袭新纪录。卫青居功至伟,战功卓著,而且发了大财。战后清点,汉军斩首两千余级,俘虏三千余人,收获牛羊百余万头,这两个部落经营多年的家底被卫青一股脑儿地打包带走了。

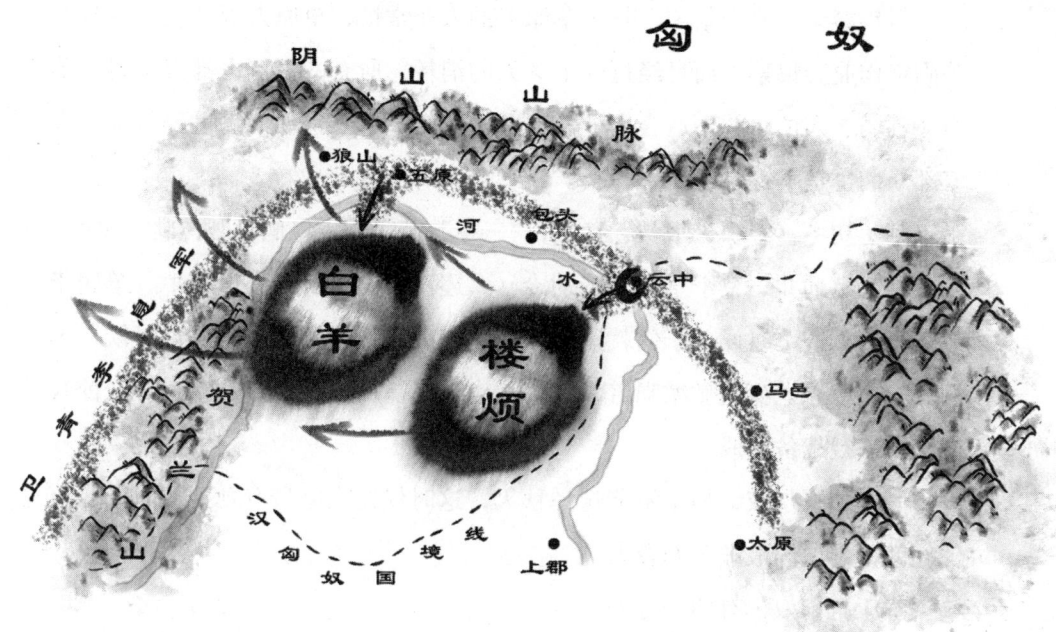

战役的过程极其简短，战役的结果极其丰厚，在这里会产生两个疑问。

第一，为什么在偌大的草原上，卫青可以把两个大部落"包了饺子"？

第二，为什么卫青在接连几次的战斗中，都能打了大胜仗？

因为中原民族终于抓到草原民族基因中的弱点了：季节和兵制！

这次卫青出征河套，时间上正是匈奴最脆弱的时候。对草原人来说，最脆弱的时节就是早春。再往后面，我们会发现，每次武帝打匈奴的时间，基本上全部选在了二、三月。

其实，不光打匈奴的时间慢慢形成了套路，匈奴南下抢劫的时间往往也比较固定，基本都在秋天和初冬。

再后来，这两个国家的出兵时间就跟打明牌一样，两国士兵全都是心照不宣地到了日子就实行一级战备。这是什么原因呢？

这就要说一下游牧民族的生活作息周期了。

游牧民族所有的财产基本上都是牛、羊，交通工具是马，这些牲口使得草原民族的作息变得非常可控。

每年春天羊要产羊羔，整个草原上的人非常忙，草原人因为接羔、分群等固定作业会很累，而且经过一个冬天的消耗，所有的牲口也都很虚弱。羊瘦、马弱、人忙，并不适合出征，这个时候就算单于喊他们满世界打架，人家部众们也是不答应的。

到了初冬，春膘、水膘、秋膘，"三膘"贴完的牲口们膘肥体壮，羊肥、牛壮、马有劲儿，整个草原又特别冷，人还没事干，留在家里吃牛、羊属于败家行为，这个时候单于们就该号召部众们去南方打家劫舍了。这时候，不用动员，草原老少就嗷嗷唱着歌，骑马南下了。所以一入冬，整个北方前线就全得一级战备警戒。

同理，打匈奴，尽量不能选择秋天，这时候是人家最有劲儿的时候，打他们就得选他们最虚弱的春天。

春天打匈奴，有两个好处。

第一，匈奴的牲口繁衍问题将出现灾难。

产羔期的牲口是禁不起折腾的，大军一到，避军逃跑会使大量的母畜流产，大量的牲畜死亡，这就好比在夏天给农民的地里放一把火一样。让人家绝收，这很缺德，但上升到国家战争层面时，这就叫抓住弱点，无关道德。

第二，匈奴的马力跟不上。

草原上的马在经过了一整个冬天的洗礼后，标准的马瘦毛长，此时战马的速度慢、耐力弱。你可能会说，汉朝的马也弱啊，冬天谁的牧草都不行。没错，但农耕民族创造力强，这个优势就体现出来了！

每当春天大战之前，汉朝政府都是要调拨粮食去喂战马的。虽然耗费巨大，但这却能保证战马到了春天不掉膘，有长劲儿。这一来一回，汉朝战马的优势就凸显出来了。

汉朝是如何利用马的优势呢？说到这里，终于来到汉朝骑兵的战术革新专场了。

五、提早四百年出现的"突骑"战术

一提到骑马打仗,我们脑海中可能出现的场景就是《三国演义》中虎牢关前的"三英战吕布",张飞和马超的几百回合挑灯夜战,极其生猛精彩。

但很遗憾,此时此刻,这种马战是没有的。就算真到了三国时期,这种上将回合制的长兵器马战也是没有的,那都是罗贯中先生为了好看而虚构的。因为此时马镫还没有被发明出来。而且,即便马镫被发明出来了,马战中也极少采用这种马上抡兵器、好几十个回合开打的战术,这都是小说演义的。马战基本上全都是高速冲锋一回合,看谁先透心凉。

此时没有马镫,意味着你的腰胯和腿无法在马背上借力使劲儿,你不仅无法挥舞各种兵器,还要腾出一只手去挽缰绳。这也就导致了马战的杀伤性很有限,因为你只有一只手能腾出来做动作,也就只能使用短兵器。

你可能会问,匈奴人也没有马镫,但人家在来去如风的组团抢劫中,杀伤力并不弱啊?活活吓了汉朝七十年。这里有三个原因。

第一,匈奴人组团抢劫时遇到的抵抗并不强烈,并没有遇到大规模的建制军团。真到了两国正规军对垒时,当匈奴面对的是汉军正规步兵团时,匈奴的优势并不大。骑兵对步兵的碾压优势,是在马镫发明后才建立起来的。(包括卫青发明"突骑"战法后,骑兵对步兵的优势仍不大,后面会详解。)

第二,大汉这七十年主抓经济建设,没铁下心跟匈奴互撕。

第三,匈奴人有一手骑射本领,就是骑着马,看到目标后,在颠簸的马背上能迅速解放双手，然后搭弓射箭。

前面两点其实都好说，但这第三点的骑射，成为汉朝骑兵对匈奴骑兵无法逾越的障碍。匈奴人之所以可以在马背上骑射杀敌，来去如风，是因为人家从生下来就和马摸爬滚打，打狼需要骑射，打猎需要骑射，打人更需要骑射，练不好就得饿死。

在匈奴那里，骑射是刚需。但在中原人这里，骑射就并非刚需。骑兵入伍前是拿锄头的，而骑射这项技术没有经过长年累月的练习是搞不定的。因此，在中原骑兵一直被定位成侦察兵，是警戒、偷袭和配合步兵的兵种。

但这样的定位到了武帝一朝就不行了，因为此时的骑兵不能仅配合步兵防守反击，还要能杀出去打歼灭战。

一旦战略目标由"依托长城不让你进来"转变成"跟匈奴死磕"，步兵马上就没用了。

因为匈奴人哪怕打不过你，人家掉头尥蹶子就跑了，两条腿的人永远追不上四个蹄儿的马。

必须要换兵种！这也就需要汉朝的骑兵能够硬碰硬，干掉匈奴的骑兵。

但眼睁睁地看着自己和匈奴人的骑射天赋差距巨大，要是跟人家比远射，你就死定了。比如，李广的一生，就是"拿己之短，磕敌之长"的典型代表。你自己是可以射杀对方的"射雕大侠"，但你的队伍却并没有人家那样全民皆兵的素质！李广的戎马一生，基本上只要过了长城进入草原，就很少带回来好消息。

但与之呈鲜明对比的程不识将军，一生都让匈奴不敢正视。程不识的"程不败"名号，开始让中原民族审视自己的"成"与"败"。

为什么程不识就是例外呢？为什么他就可以永远不败呢？因为匈奴的骑射特长在程不识那里不好使！再往深处探究，是由强大的纪律性组成的军事方阵，放大了中原民族的战争力量。论正规战争，匈奴怎么能和在尸山血海中战斗了成百上千年的中原民族比经验呢？步兵的阵法、谋略、训练方式，在汉朝时就已经很成熟了。

跟你比骑射，我们永远也比不上。但是，跟你比纪律，比总能量的集中调度，你们比我们差了上千年！

我们是治理黄河的民族！

我们是建造长城的民族！

我们是打过上百万人规模战争的民族！

我们是所有适龄男子一声令下驰援长平战场的民族！

在这片土地上，这个民族最令人害怕的战争力量，从来不是个体的天赋异秉，而是成百上千人旗帜鲜明、整齐划一地聚拢到一起，所迸发出的恐怖力量！

你们因为草原基因，天生打起仗来就是一个个松散的个体，各自为战！

你们令人恐怖的地方，不过是追不上的马和高质量的骑射！

如果我们把阵法和纪律由用在步兵身上转移到骑兵身上呢？我们建立在马上的移动军团，将抹平你们的个体优势，摧垮你们民族的生存力量！自卫青开始，汉军的骑兵就不再与匈奴人较量远射，而是将步兵的正面冲锋战术移植过来，跟匈奴人玩肉搏，来抵消掉匈奴人的骑射优势。

所有的骑兵编队，组成冲击方阵，如步兵军团般，成整齐建制地向敌人高速冲击而来！

这是从未见识过老一辈骑兵作战的卫青，对西汉的骑兵部队做出的一次跨时代的关键性战法革命！

在没有马镫的情况下，在关键要素尚不成熟的情况下，提前四百年发明出了"突骑"战法！这场革命，给骑兵赋予了前所未有的战斗力。大汉的骑兵部队由"骑射部队"转变成了"突骑部队"。

之所以说这是跨时代的战法，是因为没有马镫，以"突刺"为主的战法非常困难且受伤率高。正常有马镫的情况下，骑手可以靠双腿和腰发力，双手持矛突刺和砍杀，这样既准又稳，而且不用担心刺杀对手时产生的后坐力冲击。

但卫青时代的"突骑"战法是每个骑兵一只手挽缰绳，一只手将长矛、长戟夹在腋下，手攥住枪杆，利用马的冲击速度，去击杀匈奴人。

大汉骑兵改为"突骑"战法玩肉搏后，有四个好处。

第一，根据动能等于质量乘以速度的平方再除以二，马战的最大杀伤效果，实际上是人马合一增大的质量和速度。在这样的高速度下，依靠强大的惯性，只要你的兵器碰上匈奴人，基本上就会造成致命伤。

第二，汉军的护甲比较先进，这样无论是肉搏，还是冲锋，面对匈奴的马刀和弓箭，都占便宜。

第三，确定战术后，汉军的长兵器就可以派上用场了。匈奴人则是使用马刀这种短兵器，你的兵器在正面肉搏时比他的兵器长，这在战场上非常重要。一寸长，一寸强，骑兵方阵大戟、长枪地正面肉搏冲杀，比匈奴人的马刀厉害多了。

第四，春天时汉军的战马有劲儿，匈奴的马跑不过，这就导致了一旦汉军"突骑"距离匈奴骑兵足够近时，将形成碾压性的优势。

过去的情况是，双方骑兵见面后，隔着一段距离，双方就开始远距离抽射，但汉朝骑兵往往只会踢"定点任意球"，而且脚法较差。但人家对面的匈奴人却可以各种"盘带"后，突然起脚施射，而且脚法还刁钻准确。这就导致了双方在一通爆射后，汉朝骑兵都让人家给射死了。

但改革后，就换了天地。

双方照面后，汉军骑兵根本不再摸弓箭，而是在各种护甲的保护下列阵，全速向匈奴人冲击！只要双方的距离缩小到了几十米内，等待匈奴人的就只剩下上腾格里（草原语"老天爷"的意思）那里报到了。因为你的马跑不过汉马（汉军战马在战前喂粮食，有长劲儿），你的防御手段也不高。

两个民族间的战争，由骑在马上的弓兵互射，变成了骑在马上的步兵打弓兵。其实，道理特别简单，就好比所有的军队在临战布阵时，都是步兵在前，弓兵在后。步兵在前面挡着，后面的弓兵射箭打对方的后援。一旦前面的步兵打没了，军阵散了，后面的弓兵就变成了极其脆弱的兵种。

当然也不能光说好处，这种战法对汉朝骑兵也有两个劣势。

第一，排在前面的汉朝骑兵，在冲锋缩短两军距离时，有可能会被匈奴人射死。这也是为什么这种"突骑"战法，只能被中原民族所使用，而草原民族根本学不会。正如我们前面所说过的，步兵的战法、谋略、训练方法经过了上千年的磨合早已成熟，中原能够通过练兵方法和护具，让步兵成建制、成阵型地去正面搏杀！如今只是将步兵战法换成骑着马。

卫青可以借鉴前人孙武、白起、韩信等千年将魂的练兵智慧，将骑兵部队打造成骑兵方阵，让大汉骑兵在冲锋中甘冒矢石，冒着被射死的危险冲锋到匈奴人面前。而且，这种战法看着挺危险，其实实际损失并不大。因为一旦汉军骑兵决定"突骑"冲锋后，就会将身体很好地和马融为一体，人的身体往往藏在马的身后。

谁也不会张牙舞爪地当活靶子冲过去。而且，这不像过去要张弓射箭时，身体和脑袋往往是完全暴露出来的。其实，更大的风险是马匹的关键部位被射中后，马匹摔倒导致的骑兵摔伤和压伤。

第二，你在全力冲锋刺死对面的敌人时，由于作用力和反作用力，你捅死他的同时，往往也容易被反作用力给顶下来导致摔伤。哪怕有马镫后主流的骑兵对战时，双方大规模骑兵部队对突时，无异于两辆高速小坦克对撞，士兵的伤亡率很高。

这也是为什么此时采用"突骑"战法，真正在中原对战时，并没有多大的优势！因为没有马镫，哪怕你刺杀不移动的步兵时，后坐力导致你自身堕马的概率仍然非常高。这往往就变成了骑兵和步兵一命换一命了。

"突骑"战法发明后，在没有马镫的情况下，往往也只在冲破敌军方阵时，才会派上成本高的骑兵部队。但是，此时大汉的"突骑"战术却变成了专门对付匈奴人的杀星战术！还记得前面我们说的匈奴人的习性吗？

    利则进，不利则退，不羞遁走。
    人人自为趣利，善为诱兵以冒敌。
    故其见敌则逐利，如鸟之集；其困败，则瓦解云散矣。

人家一看不对，第一个反应是跑，是保住自己的这条命！他们并没有中原政权那种拢住步兵方阵不被冲垮的纪律性！这也就导致了当汉军骑兵军团冲锋到足够近的距离时，所有的匈奴人不是迎过来跟你打，而是扭头玩命地跑！但匈奴的"春马"根本跑不过汉军的"粮食马"，这就变成了匈奴兵在前头跑，汉军在后面加速度撵上，一枪扎死。

双方的马都在往前跑，匈奴马的前冲速度抵消了很大的后坐力，汉军扎死匈奴人后并没有产生太大的后坐力，因此汉军骑兵的伤亡率反而不高！所以，此时汉军所谓的"突骑"战法，只对匈奴人有奇效。

有些埋怨我在所谓"不重要"的事情上浪费笔墨的朋友，现在还会有这种感慨吗？

上一章不写匈奴人的习性和草原的逻辑，此时根本就解释不清楚为什么卫青和霍去病会取得如此辉煌的战果。这两个劣势，在中原民族千百年来的练兵方法下，根本不叫个事儿。

我们的奖惩军法以及训练方式，会让士兵们铆足劲儿，视死如归地向前冲。而且，卫青对战法进行改革后，在出兵时机上，也对匈奴形成毁灭性的打击。卫青的出兵时间近似于一种让匈奴断子绝孙的套路。

狂魔级别的卫青上岗了！太可怕了！

六、大漠孤城

匈奴人的游牧习惯，一般是在春秋季节多活动、多搬迁，不容易摸到规律。因为春天的牧草在经历了一个漫长的冬天后还没有长出来，资源匮乏，需要经常转换放牧地点，以防止牲畜把地啃秃。

到了秋天时，需要让牲畜多活动，多动多吃养秋膘，同时打扫春、夏、秋三季剩下的牧草，延缓进入救命的冬草场时间。

到了夏天和冬天时，游牧民族往往就要进入半定居的状态了，而且定居的地方往往是比较固定的。因为草原虽大，但实际适合季节性定居的地方就那么多。

夏天的时候，草原游牧民族往往会选择多山多水的地方，因为夏天温度高，游牧民族需要面对三个巨大的威胁：瘟疫、缺水、蚊虫。选在山区会有风大、融雪多、蚊虫少的优势。尤其是多水的山区更好，但这种地方其实并不多。

到了冬天，游牧民族往往要选择山谷背风处定居。因为冬天草原上会下大雪，南山坡可以避风寒，还因为受风面山坡的雪较薄，牲畜更容易吃到草。所谓的冬季草场，也是指这种具有特殊地理特点的山区草场。

所以，夏冬两季，往往都是游牧民族定居的季节，这个时候他们容易被找到，也容易打歼灭战。

但看似有两个选项，实际上只有一个。

中原人绝对不能在夏天去草原找碴儿。因为在夏天中原人很难到草原里去，大量的蚊虫叮都把你叮死了。而且，夏天的草原马已经缓过劲儿来了，整个游牧民族属于战斗力开始复苏的时候，这个时候不能触霉头。

最完美的时机，就是等到晚冬早春时期。

经历五个月冬季的草原民族，在这个时候极其脆弱，马瘦毛长，光剩蹄子肥了。不仅战斗力差，还因为聚集在一起还没来得及散开，换草场非常容易被"包饺子"打歼灭战。卫青肃清"河南地"，就是在这个时间点完成的。卫青以从来未见过的、恐怖的"突骑"战法，在早春时突然发动袭击，使得白羊、楼烦两个部落几乎被断了根！

这就好比一种前所未见的新型病毒突然出现后，人靠着自身的免疫力根本没能力抵抗！千年来，都是我们打你们，你们怎么突然蹦出来这种打法？

更可怕的是，根本没有"解药"！

也可有两种"解药"，就是中原军队制配的马镫（具体原因我们在两晋时期再讲）以及汉帝国自我老去、崩溃！这两味"解药"，都需要你无可奈何地等下去。

这场战役，卫青尽复昔日蒙恬所获故地，河套平原再次回到了中原文明的手中。而且，更为重要的是，"河南地"的陷落使盘桓在阴山南麓的匈奴本部，失去了原本的战略纵深，心脏腹地被暴露了出来。

为了巩固这个地方，武帝修建了著名的抗匈前沿要塞——朔方城。我们要记住这座城，因为这几次军事战役，再加上为了建这座城，武帝几乎把前面祖宗三代积攒的家底都造光了。

你可能会问：他干啥了？这就都造没了？打仗是一方面，修城是一方面，没有一个能随随便便地成功！

下面我们来仔细分析下武帝这些钱都是怎么造没的。

打仗的成本就不多说了，虽然卫青每次带的兵都不多，但都是精锐骑兵，一个特种兵和一个大头兵的成本是完全不一样的，之前我们也在很多战役中都详细讨论过。先说个结论吧，一个汉朝骑兵的成本至少是十个步兵的挑费。

打仗的成本先不提了，这次我们主要讨论的是前面没说过的一个问题。凭空修建一座城是个什么样的工程？总体来说，有四个要素。

第一，要有人，大量的人。

第二，要有修城的专业工具。

第三，要有修城的工程材料。

第四，要有大量的粮食。

这四样缺一不可。

先来说人，武帝征发了十万多人去修建这座城。再说专业工具，大量的生产工具要从关中与中原地区往朔方调。再说工程材料，材料极度缺乏，无论是石头还是砖，都要现场制作，一切从头来。

说完上述三点后，最可怕的第四点要找你算账了，用多少粮食？这个时候，朔方的地理位置开始无限放大此次工程的高昂成本。为了解释得通俗一些，我想到了一个比较好理解的例子：外卖。

为什么外国的外卖行业发展不起来呢？为什么在北京、上海、广州、深圳等一线城市，某些购物网站可以当天就到货呢？

因为人口密度。

中国的一线大城市中，一幢楼就二三十层，城市人口突破千万，人口密度高导致了外卖员在同一栋楼里也许可以送好几单。大型电商的仓库也可以在当地根据大数据算法，提前把货备足。如此一来，外卖的单价不仅能降下来，外卖人员的总收入还能提上去，这在发达的欧美国家的绝大多数地方都是很难达到的。没办法，人口密度摆在这里了。

"城镇化"的最大意义，就是通过人口的集聚产生高人口密度，从而放大财富的产生效率和规模。

为什么越是高层建筑多的地方，房价也越贵呢？按说高层停车也费劲，物业费也高，上下楼还得等电梯，多累啊！可是你叫外卖、下馆子、逛商场、当白领还方便了呢！

只有人才、人力、资源的总量和密度高，出现集聚效应，经济才能迸发，活力才能显现，各方面的成本才能降下来。衡量一个城市的房产是否具有投资价值有一个硬性指标，就是看新涌入的青壮年人口数量。

说回到武帝修建朔方城，也是这个意思。我们来看看朔方城在哪里吧。

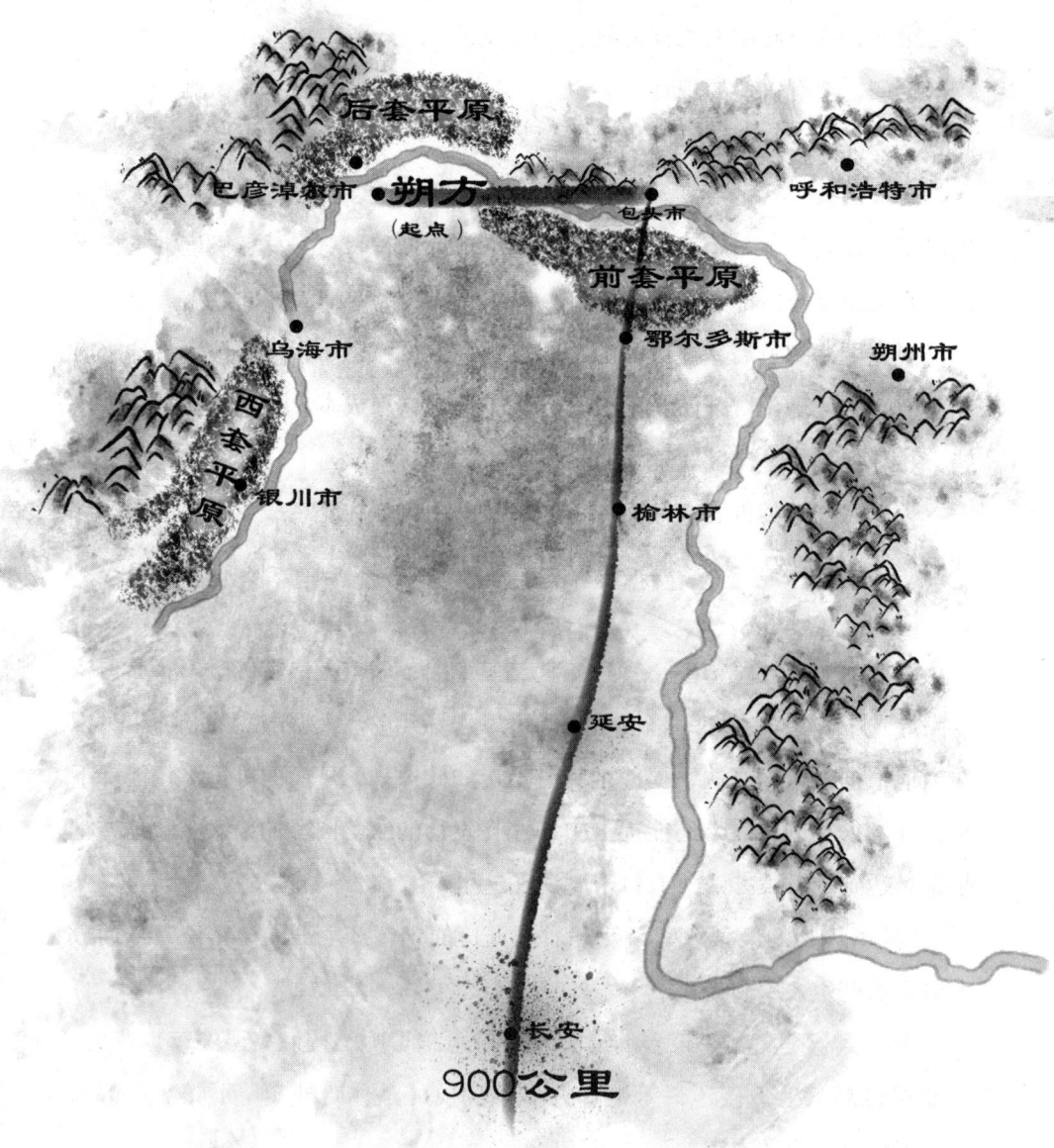

它离咱们的革命圣地延安近七百公里，离关中平原近一千公里。人口总量、人口密度、物资储备等，所有方面全是零！这也导致了在朔方建一座城的成本，与在中原建一座城的成本相比，可以达到惊人的数十倍！

对，你没看错，是数十倍！

人口、器材、原材料、粮食四个方面，中原的人口高密度地区都可以就地取材，而且互通有无的成本也低。张村有铁锹，李村有石材，王村挨着粮仓近，赵村多人口，四个村一攒和，就可以开干了。

但朔方的人口需要调，器材需要调，坏了还不好修，因为工匠也不富裕，原材料也不好找，再加上粮食需要从全国调，所以修建成本呈几何级数放大。

你可能会问，关中也是沃野千里呀，供十万多人的粮食还费劲吗？

很费劲。

虽然关中是产粮大户，但它的消耗也大。因为这里是首都，有常备部队，有官僚机构，有皇室开销。不建朔方城的时候，关中都无法做到自给自足，需要每年经黄河漕运以及豫北通道往关中输血。所以，朔方城这个帝国西北角的工程，成为全国性的运粮大输血目的地。

朔方城在今天的内蒙古自治区巴彦淖尔附近，距离最近的关中平原，按当时的道路来算，也有将近两千里。更不要提距离当时的关东大平原了。

据史书记载，自山东、中原往朔方调粮的成本达到了惊人的二百比一。也就是说，二百斤粮食，才能运给朔方一斤。大量的粮食消耗在了运输的途中。这座城也堪称中国古代史上最奢华的建筑之一了。所以，建千秋之功业，往往会成为黎民百姓的莫大悲哀。

建朔方城有用吗？当然有用，它使得整个河套平原从此牢牢地控制在了汉朝的手中，成为后来进攻匈奴的重要桥头堡。但为了修这座朔方城，武帝却把国库掏空了，别看汉初七十多年的积蓄，根本禁不起这种规模的战役与工程。

按说到此武帝应该停下脚步了，因为大事不能一块干，国家的承受能力是有限的。当年秦始皇就是大事一块上，结果二世而亡了。

不过，武帝却比始皇帝有一点高明的创新之处：始皇帝只花钱，但武帝却满肚子花花肠子地能挣钱。

你可能会纳闷，一样的土，一样的地，都长那些东西，武帝怎么就比秦始皇能挣钱呢？

因为武帝是有史以来第一位将金融玩到登峰造极的皇帝。

武帝是如何成为"金融大鳄"的故事在后面我们会详细地说，先来说此次战役的结尾。

再立大功的卫青被封为长平侯，食邑三千八百户；苏建、张次公随卫青征战有功，分别获封平陵侯、岸头侯。

不过，另一边渔阳方面却着实无奈，韩安国方面本来就是被武帝战略放弃的一个点，兵将啥的什么都没有，于是只能象征性地把烽火台点着，然后固守待援。渔阳再次被匈奴施暴，被劫掠了一千多位边民。

既让马儿跑，又不给马儿吃草的武帝，对于韩安国的战报很愤怒，不过他并没有处罚韩老将军，而是调他去了渔阳的东北、世界的尽头——右北平。韩安国在颠沛流离，以及匈奴的高压之下，也走到了生命的尽头，死在了任上。

韩安国死后，武帝想起了赋闲在家的李广，命他即刻起程，去右北平当太守。

和韩安国形成鲜明对比的是，匈奴方面听说当年抓住了都能跑的李广守边疆了，并结合了各种传言，比如只有李广看不见的，没有看得见还射不死的之类，将整个东北地区看成了军事禁地，纷纷躲着这块地方，能绕道就绕道，实在避不开了就快马加鞭赶紧跑，生怕让李广盯上。

于是，李广就这样在汉匈如此紧张的高压态势下，在抗匈一线当了好多年的太平镇守。其间，他最大的娱乐活动变成了上山打老虎，著名的"李广射石"（拿石头当老虎爆射）也是在这个时间段发生的。

话说回来，令汉朝比较意外的是，在失去了天苍苍、野茫茫的河套平原后，匈奴人并没有及时做出反应，因为此时的匈奴发生了内乱。

公元前127年冬，军臣单于死了，弟弟伊稚斜在权力斗争中打败了自己的侄子——军臣之子於单，自立为单于。於单逃亡到了汉帝国这边，梦想着借助汉朝力量帮助自己复国。

草原的逻辑再次出现了，当你能与大汉和亲，并能从大汉那里要来贡品时，所有人都认你这个老大是没问题的，"父死子继"的那一套还能说得过去。一旦两个民族开战，必须是众望所归的那个英雄，领着我们南下抢劫！

於单跑过来后，武帝封他做了个非常黑色幽默的涉安侯。多么有招降色彩的名字，跑过来就安全了！

不过，武帝还没来得及用这枚棋子，没过几个月，於单就死了。伊稚斜单于那边则新官上任三把火，在转过年来的公元前126年夏天（罕见的夏天出兵），发兵数万攻代郡，杀太守恭，掳掠千余人；同年秋季又攻打雁门，杀掠千余人。

公元前125年夏（又是不按套路出兵的夏天），匈奴本部又出兵九万，分三个梯队攻入代郡、定襄、上郡；与此同时，右贤王部率军向朔方进攻，四路大军进犯，各边郡被杀者数千人。

针对伊稚斜单于接二连三的挑衅，武帝这位出了名的不好惹的人，却并没有什么反应。

武帝一直沉默，因为他又在酝酿一次强力出击。

人家在那儿憋大招呢！

第六战 漠南无王庭：跨时代的伟大战术革命

七、草原民族的最致命弱点

武帝在那儿憋大招的原因在于，中原民族和草原民族之间的战争成本劣势再次显现出来了。

中原政权筹备一场与草原民族间的战役，实在是太过劳民伤财。卫青的这几次出兵，所带者最多不过五万，但这整个过程中的人吃马喂、各种消耗，却是相当惊人的。

组建大规模的骑兵军团，是建立在一整套国家机器系统上的，没有强大的官僚机构，没有足够的民力支持，没有强大的国家财政，想都不要想。

在上次攻略"河南地"成功后，武帝的战略思维又上升了一个层面。小打小闹的没劲，和游牧民族作战，由于战争成本太高，必须打那种毕其功于一役的歼灭战。

武帝是博弈论的高手，我这发一次大招太费劲，不能跟你仨瓜俩枣地逗着玩，我要集中优势一拳打死你！跟他们一年打上二十场仗，场场大炮打蚊子，不伤其筋骨，过两天人家又杀过来了，不值当。得把蚊子都集中在一块儿，集体消灭！

面对着巨大的战争成本劣势，和匈奴人打了多年交道后的武帝，终于发现了匈奴最致命的弱点——成才率低。

不要误会，不是说匈奴人才少，人家那儿的孩子生下来只要能长大，就不用担心不能成长为一个合格的战士。成才率低，是指他们的生育数量低。

草原民族对于战争有着天生的优势，原因在于他们的生活就是在战斗，养牛、养羊就要天天生活在马上，和恶劣的天气斗，和狡猾的狼群斗。自然而然地，战斗力就上去了，而且全民皆兵。

但是，这种生活方式牢牢地制约着匈奴人养育孩子的数量。原因在于养一个草原上的孩子与养一个中原的孩子在成本上有着巨大的差距。

中原农耕民族的孩子长到三岁基本就能帮大人打酱油了，爹娘不用太操心，扔个地方就能和狗剩、二蛋玩上一天，大点儿就能帮着爹娘带孩子、做饭了，好用得很。但是，在草原上的孩子则完全不一样，孩子在能骑马之前，每天都是险象环生的，不是担心被狼叼走了，就是担心被马踢了。

换句话说，两种生活方式成长起来的孩子，需要大人关注的时间和精力不同。

中原农耕民族的家长关注的成本低，生出来也就苦个两三年，慢慢地，孩子就能帮你干活儿了，越大越能干，还能出现大娃带小娃的人口红利。在中原，经常能看到一个母亲身后跟着一大堆孩子，比如说卫青的母亲。

草原游牧民族则不同，他们不可能像中原农耕民族的人那样敞开了生。首先，草原的能量收集能力低，养活不了太多的人口，而且又要养羊，又要放牛，还要打猎，这种生产方式并非孩子所能搭上手的。其次，加上周围常常险象环生，不是地上的狼，就是天上的雕，所以大人还需要腾出精力，经常盯紧自己的娃。这就导致了草原家庭既养活不了那么多的娃，又在很长的时间里指望不上自己的娃。

生活方式和关注成本的双重制约使得他们无法肆无忌惮地生孩子。更何况匈奴的孩子不光成才成本高，而且夭折率也高。

草原不比中原，各种天灾的危险概率也大大超过中原地区。农耕民族遇到大天灾可以逃荒和吃余粮，但草原上一场没顶的大雪，或者旷日持久的大旱，或者莫名其妙的瘟疫，也许一个部落就灭绝了。所以，我们从来看不到草原上出现人口数量激增的情况。

这种较低的成才率也就意味着，如果草原民族的人口遭遇重创，再缓起来的难度就非常高。即便可以重整旗鼓，也需要非常长的时间。

这个问题对于农耕民族来说根本不叫事，没两年就恢复了。秦末都打成什么样了，没多长时间人口数量就又都恢复了，到了武帝年间，比秦初最巅峰时还多了一千多万人口。

但匈奴则不然，极盛时也不过一百万人口，还要算上老弱病残，要是损失个二三十万人，就是元气大伤，多少年都难以缓过来。因为他们人口基数太小了！

正所谓有利必有弊，残酷的生存环境塑造了草原的全民皆兵，但其实草原养活不出来足够多的战士！

农耕民族的弊端在战争成本，游牧民族的劣势在于人口基数。

匈奴已经兴起几百年了，越混越壮大，算是族运昌隆。不过，他们的好运气到头了。他们碰上了一个从来不在乎成本，而且极其能将成本转嫁到百姓头上的汉武大帝！

武帝，是匈奴这个民族的大劫难，他又要玩把大的，这次的目标是歼灭匈奴本部的西方援助，右贤王势力。

公元前124年春，李息、张次公为将军率兵从右北平出发，攻击匈奴左部，起迷惑作用。

卫青率领本部三万骑兵出高阙，苏建为游击将军、李沮为强弩将军、太仆公孙贺为骑将军、代相李蔡为轻车将军，率数万人配合。东西两路军，总兵力有十余万人。

卫青率四将军自朔方出发，经高阙过阴山，展开七百里长途奔袭，目标直指右贤王王庭。

右贤王那边之前得到消息了，但是他成竹在胸，根本没有当回事儿，依旧对酒当歌，人生几何，还举行了春季大"派对"，整个部落都沉浸在欢乐的海洋中。

右贤王之所以没有太拿卫青当回事儿，在于他西迁了本部势力，在他的王庭驻扎地与高阙之间，隔了几百里的戈壁与山地。他认为这段无人区是汉

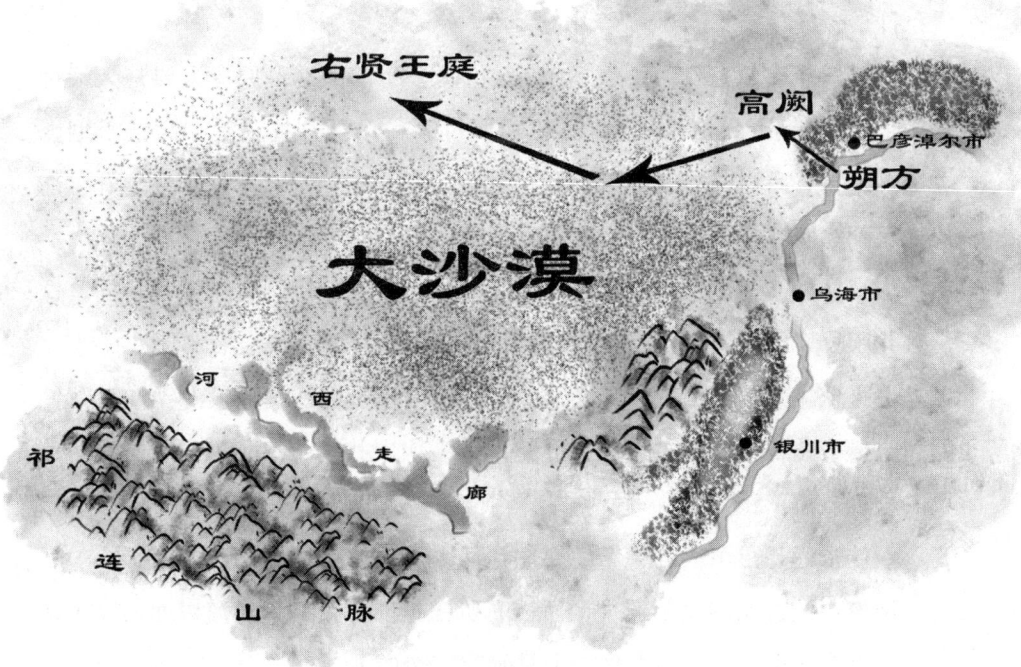

军不可逾越的障碍,不过他肯定没有好好研究过卫青千里奔袭"河南地"的战例。他忽略了此时的汉军骑兵军团,已经具备了长途奔袭作战能力。

而且不得不说,汉军的骑兵战法及水平,在这个时候几乎是整个世界的巅峰。汉军这边是机动化的、训练有素的"突骑"部队,在卫青这种卓越将领的指挥下,堪称冷兵器时代最早的"坦克部队"。

那么,问题来了,所谓"骑兵军团的长途奔袭作战能力",需要什么关键要素呢?

第一,专业的向导。

第二,大量的战马。

右贤王之所以有恃无恐是因为他摸准了什么呢?他并非认为自己藏的这地方没有人能找到,而是他认为隔着几百里大沙漠,汉军不可能杀过来。

第一个关键要素——向导问题,对于汉军并非难处。顶级向导也是有的。在那个时代,"汉奸"还是罕见的,"匈奸"倒是一抓一大把。没办法,没条件谁投降啊?

培养一个"汉奸",匈奴能出什么价码?牛羊肉和草原女人要是天天都送来,谁也受不了。倒是匈奴那边随便过来一个人往往就是"高技术型人才",而且中原这边给点儿好待遇,就能引诱过来"大鱼"。这帮"匈奸"能提供汉朝军队非常稀缺的战争资源:活地图!

去草原旅游过的朋友,在苍茫的大草原上往往会有一种感觉:转向。这是哪儿跟哪儿啊!

但人家本地人却自带"导航系统",哪儿哪儿都认识!没有"匈奸"们的高质量带路,卫青是不可能如此精准地一次次找到匈奴主力的冬季聚居草场的。

叛徒永远是最可恨的,堡垒往往是从内部被攻克的。

匈奴当然也明白这个道理,所以右贤王把队伍带到了大漠以西。这个地方因为是茫茫大漠,所以在理论上是绝对安全的。

在此季节,大漠行军的水源因为有融雪并不是问题,但粮食却是大问题。由于人和马都是没有沿途给养的,这就需要每名战士带着五六匹甚至更多的马,才能装载足够的粮食(人吃肉干,马吃精粮),并以高速横穿大漠(要达到奇袭效果,需要不停换马骑乘,均摊马力)。

右贤王认为汉军不会有如此多的军马,也不会下这么大的血本跨过大漠来打他。所以,他天天喝得很美。也不能赖他,截至这个时代,从来没有人见过并想象得到,会有人动用整个国家的能量,聚集到三万骑兵身上,去打一场收益率极低的战争。

但历史的最迷人之处就在于,一旦拉开数千年的宏大画卷,总会有一些让人想象不到的人和手笔被呈现出来。这种"黑天鹅"的极低概率只要出现,往往就是灭顶之灾。此时的游牧民族代表匈奴人,正处在这极低概率的风口浪尖上。

就在右贤王大排筵宴之际,卫青正率大军不眠不休地急行军七百里,趁着黑夜包围了右贤王的营帐。被围时,右贤王在帐中大醉,忽听帐外杀声震天,火光遍野。右贤王惊慌失措,抱着爱妾和几百贴身侍卫向北逃去。

群龙无首的右贤王部落在挣扎一阵后放弃了抵抗。此次的战果刷新了上次定"河南地"时的战绩,汉军俘虏了右贤王部的小王十余人,高层全部被抓,俘虏部众一万五千余人,牲畜数十万头,几乎消灭了右贤王部的有生力量。卫青趁着早春各部落人马集结,给右贤王部落做"人工绝育"了。

为什么匈奴人扎堆呢?各部落不是都有过冬的草场吗?怎么还让人家几乎打出了灭国性质的战绩呢?

因为右贤王选的这个地方是各部落共识之地。这个地方,从理论上讲绝对安全。上千年的经验告诉他们,从未有中原民族可以跨过这片大漠!

我们要是单独过冬,绝对让人灭了!这艘"方舟"的船票,我们可不能失去!结果没想到,这船票是泰坦尼克号的!说到底,就是谁也没想到!

也因此,当卫青在黑夜中率领三万大汉士兵冲出来时,尚武的匈奴人几乎做不出任何抵抗,只能缴械投降!此乃"神兵",从天而降!匈奴人的心理防线崩溃了。

第六战 漠南无王庭:跨时代的伟大战术革命

八、阴山大决战

得胜后，卫青引兵凯旋至边塞。武帝令使者持大将军印，在军中便拜车骑将军卫青为大将军，诸将皆从属于大将军，加封食邑八千七百户。卫青三个尚在襁褓之中的儿子都被封了侯，随从诸将也跟着沾光，皆被封侯。

要额外交代一下，东北方牵制匈奴的李息作为打酱油专业户，再次将出塞击敌变成了欣赏塞外风光，再次啥也没碰上，安全回国。这种运气，不服都不行。

伊稚斜单于逐渐发现，他名不正言不顺地"篡权"正变得越来越无所谓，所谓的"诸侯王"们对于他的威胁也越来越小。原因并不是因为他这边风景独好，发展得一家独大，而是南边的武帝在不断地帮他"削藩"。眼瞅着他就要被削成光杆司令了。

公元前124年秋天，已经输急眼的伊稚斜单于出兵万骑攻代郡，斩都尉朱英，劫掠千余人作为报复。

武帝已经不在乎这种小打小闹了，胃口越来越大的他，准备趁热再打匈奴。这次他将眼光放到了匈奴的本部——伊稚斜单于的王庭。

伊稚斜没有想到，这次武帝没再帮他"削藩"，而是削他来了。

公元前123年春，又是春天！攒了一年钱的武帝再次上了牌桌，令卫青为大将军，公孙敖为中将军，公孙贺为左将军，赵信为前将军，苏建为右将军，李广为后将军，李沮为强弩将军，分领六路，共十万大军，统一由卫青指挥，从定襄出发，北上找伊稚斜单于决战。

这次的出兵并不如前几次顺利，因为大军刚刚出发，就碰到了数千人的匈奴部队，十万大军不出意外地将这伙匈奴部队歼灭。不过，这让卫青犯了难。突如其来的变故将大军暴露，如此北上是否能完成扫平匈奴王庭、拿下阴山南麓的既定目标呢？谨慎的卫青引大军回定襄，休整了一个多月以麻痹匈奴。

无论你怎样演戏，你的既定目标都很难达成了。因为匈奴有了准备。因为季节也过了最完美的早春。卫青很难再像前两次那样"包饺子、一锅端"了，总不可能永远让你啥啥都占上。

但卫青运气还是不错的，他这趟并没有白来。因为伊稚斜单于从汉军的规模判断出了此次汉朝出兵的目的，他也在调集力量，准备和汉军玩一把大的。他要亲自见识一下汉军近来军事神话的真正底色。

这就好办了。只要你敢赌，你就完蛋了！

一个月后，卫青再次引大军出发，出定襄数百里，在阴山主脉附近遇到了匈奴本部部队，双方终于展开王牌大决战了。

激烈的战斗刚刚打响，令卫青猝不及防的是，左贤王突然从右翼率部加入了战斗。

卫青在主战场听到东北方向有敌增援，便令前军赵信与右军苏建合并，阻击敌军，保卫右翼安全。卫青则率主力和左军、后军与匈奴本部主力展开激战。

大战了一天，汉军的阻击部队率先顶不住了。前将军赵信原本就是匈奴的一个王，因为战败后投诚而被武帝封侯。如今在极度不利的战况下再次反水，带着所剩的本部兵马投降匈奴。

赵信的临阵脱逃，让苏建雪上加霜，本来就薄弱的汉军右翼在鏖战下死伤殆尽，苏建右军骑阵被冲垮。不过，右翼的苦苦支撑并没有白费，苏建扛下来的这一天时间，为卫青争取到了极其重要的战略支持。

卫青率本部兵马大破伊稚斜单于的匈奴主力，共斩杀一万九千余人。伊稚斜单于领略到了汉军精锐的可怕战力，率领主力向北逃遁。左贤王看到主力已去，于是也撤出了战场。

此一战，卫青在匈奴几乎所有军事力量的夹击下取得了大胜。论战损比，汉军与匈奴达到了近一比六（*首虏前后凡万九千余级，而汉亦亡两将军，军三千余骑*），而且还是在左贤王突然率本部主力加入的情况下。如果左贤王部不来，伊稚斜单于很有可能就被卫青打死了。

如果说"定河南"和"灭右贤王"这两次大胜有汉军偷袭的因素在，那么这次的漠南会战则说明了一件事情：汉军此时的骑军战力对匈奴几乎具有压倒性的优势！

不过，前军叛逃，右军被击溃，未竟全功。在料理后事之时，卫青展示了自己为什么可以做到大将军这个位置的另一面。

苏建由于战败，理应获罪。当时汉朝的军法非常不厚道，根本不问原因，只看结果，只要你败了，就要军法从事。

在军帐中，卫青遍问诸将，应该定苏建何罪？

周霸说："大将军出征以来，还未杀过副将，现在苏建弃军而逃，可以斩苏建，立大将军军威。"

军正闳和长史安都说："不可！兵法云，两军交战，兵力少哪怕死战也是打不过兵力多的一方，这次苏建仅以右军抵挡左贤王的数万人马，奋战一天多，军队伤亡殆尽，也不敢对朝廷有背叛之心，自动归来，如今反被杀掉，这不是告诉将士们今后如果打了败仗万不可回朝吗？"

卫青的回答很有水平："我侥幸以皇亲身份在军中当官，不愁没有威严，而周霸劝说我树立个人的威严，大失作为人臣的本意，何况即便我有权可斩有罪的将军，我也不应在国境之外就擅自诛杀，而应将情况呈报天子，让主上裁决。"

于是，卫青将苏建关押起来，送往朝中。后苏建出钱赎罪，武帝饶了他的性命。

这件事表现出了卫青一个非常可贵的品质：谨慎。卫青当场不杀苏建，实际上就相当于饶了苏建，留下后路将来好见面。而交给武帝处理，又尊重了皇帝的最高裁决。这一点对于控制欲极强的武帝来说，卫青算是处理得恰到好处。

而且，卫青虽然战功显赫，权倾朝野，却从不结党，更不养士。这位被饶的苏建曾经劝告卫青应当养士，可以得到好名声与影响力。卫青则认为养士会让天子忌讳，以前窦婴和田蚡大养士人、广招宾客就常让武帝极其不爽。卫青知道自己的权力源于何处，也明白自己伺候的这位爷疑心多重，所以处处谨小慎微，厚德处事。

低贱的出身让卫青将谨慎牢牢地融入血液中，与此相比，类似于李广私收梁王军印的这种事就显得太业余了。

卫青之所以能立下不世功勋，固然有很多可遇不可求的机遇。比如，英武的雄主，强大的国力，再加上自身的军事才能，不过还有一个很重要的方面——深厚的"内功"。"掌大权而主不疑"，这是种非常可贵的能力。卫青在他的一生中，都在用一种厚德载物的姿态应对着人与事。

前半生，是他的姐姐成就了他，但后半生则是他一个人挑起了整个家族的担子。以至于他在世的时候，从无人敢陷害卫家和太子。如果他在，武帝晚年的"巫蛊之祸"，几乎就不可能发生了。

为将如此，卫青算是真正的"国士无双"了。

此次卫青却并没有再次晋爵，因为武帝的战略构想是打算将匈奴王庭势力彻底歼灭，实现对阴山的实质性占领。虽然卫青得胜，却没有完成这一构想，连带着所有随军的将领也没有得到军功奖励。作为后将军参战的李广，再次与封侯失之交臂。

不过，虽然没有将匈奴一棍子打死，但占领阴山的战略目标却意外地达成了。

赵信回到匈奴后，被伊稚斜单于大为看中，封他为"自次王"，又将妹妹嫁给了他。赵信给伊稚斜单于献计说："将王庭迁址漠北，大漠重重，以引诱疲敝汉军，然后我们趁其疲弊而击之，必大胜。"

伊稚斜单于同意了这个计划。

困扰了中原数百年的匈奴，就这样被农耕民族赶出了漠南，整个阴山山脉首次纳入了中原政权的势力范围。

伊稚斜单于在赵信怂恿下的这次北撒，看似是退却的举动，其实是当时匈奴人的最佳选择。因为对面的卫青突然战术升级，配合汉武帝的雄才大略和整合国家资源的超级能力，以及每年早春出兵灭绝人口的时机，使得此时的匈奴政权根本就不再具备与汉朝同等对战的能力了。

只要春天时，卫青再带兵来了，基本上让人逮着就是被团灭！所以此时撤退，虽然不好看，漠北更艰辛，但也没有办法。

从此，大漠以南无王庭。

在不世出的名将卫青的带领下，汉帝国将河套平原与阴山山脉纳入了自己的国家版图，匈奴右翼被打得彻底失去了战斗能力，匈奴本部元气大伤，远遁漠北。在汉匈之间第一阶段的比拼中，汉帝国完胜。

此次阴山决战中，有一个小将的表现异常惊艳。这个十八岁的小将领八百精骑，作为一支奇兵，脱离大军在大漠奔驰数百里，擒匈奴相国、当户等高官，杀伊稚斜单于祖父，擒其叔父，斩杀匈奴两千零二十八人，勇冠三军，受封"冠军侯"。这也成为日后中华民族，对于第一名的称号。

匈奴人并不知道，屡次战胜他们的卫青，其实并非本民族的最大苦主，真正的煞星另有其人！

唉，这是倒了多大的霉，老天才会派这两个人来打你！霍去病，该你登场了。

第七战

打通河西走廊：
匈奴梦魇的冠军侯

一、大漠第一"越狱高手"

有这样一种人，出道即巅峰。

有这样一种人，人家的起点，往往是我们努力了八辈子的终点。

有这样一种人，在极短的时间里就永远地屹立在了一个民族的丰碑上。

有这样一种人，将上述三者合一。

这样的人杰比较罕见，只要出现往往都会成为时代之光。但这样的人，往往也因为过度闪耀璀璨，容易在极度绚烂后被上天召回。老天是让你带着任务来的，就不会让你驻世太久。

你要是没完没了地长期驻场，那天道的平衡就该被破坏了。

阴山决战中，十八岁的霍去病带着八百勇士横绝大漠，直捣匈奴的大后方，斩杀并俘虏诸多匈奴高官、宗亲，斩敌两千零二十八级。

武帝闻之大喜，给此次斩首行动定了个非常好的评语：勇冠三军！霍去病也因此功获封冠军侯。

现在我们往往将各项赛事中的第一名称为冠军，原因就在于两千多年前，有一个天纵奇才的少年将军，在极其有限的时间里，创下了无与伦比的大功业。"冠军"二字，因他，从此与众不同。

也因为霍去病的光芒太过于耀眼，自他之后，这个"冠军侯"的爵位是罕见赏人的。不是皇帝舍不得给，而是给了怕你扛不住。大名独享，这往往是帝王才能享受到的荣耀，比如说李世民的"天策上将"，后来这个官位就彻底没了。

如果说卫青是匈奴的第一苦主，此前已经六战全胜，匈奴人一看到"卫"字旗号就两条腿吓得直哆嗦，那么霍去病，则是整个匈奴民族的第一煞星。在他手里，匈奴被灭了近六分之一的人口。

霍去病是"天选之子"，我很少用这个词。下一个能称得上是"天选之子"的，要再等上一百二十年了。

六百年之后，匈奴的后裔阿提拉大王席卷欧洲；一千三百年后，蒙古人席卷世界，他们都被欧洲人绝望地称为"上帝之鞭"。

草原民族每次席卷南下，都会给诸多文明的人们带来巨大的恐惧与无助。但殊不知，草原民族也曾经被大鞭子狠狠地抽过。

霍去病，就是匈奴人的"腾格里之鞭"（草原老天爷的大皮鞭）。他的降生，似乎就是为了灭匈奴而来的，所有的资源、所有的机会全部自然而然地集聚到他的手上，并由他之手，散发出令人恐惧的光芒。

接下来的故事，用一句第二次世界大战时德国著名的军歌歌词来总结非常合适：闪电部队在前进！

还是先要简单介绍下霍去病这个人。上一章我们提过，霍去病是卫子夫的二姐卫少儿与平阳府中一个姓霍的小官偷情私生的。

霍去病和他舅舅卫青一样，都是一对露水夫妻的产物。不过，他比他舅舅要幸福得多，因为他出生后没多久，他的姨妈就成为天子的宠妃了。

霍去病因为姨妈给力，并没有像他舅舅那样经历痛苦的童年，而且也没有人在意他的出身。因为他的身份变成了外戚，皇后的大外甥，而且他从小聪敏英武，深受武帝喜爱。

你可能会说："这小子是沾了他姨的光，所以才如此少年得志。"不否认有这方面的原因，但我们要正视的是，武帝并非寻常帝王。纵观他的一生，也许他的身边有各种各样的坏人，要么冷酷阴险，要么视贪如命，但甭管是什么德行，却无不是身负大才之人！

武帝是爱才的，因为这个人要是没有本事，是无法帮他达成丰功伟绩、名垂青史的，只靠着裙带关系的酒囊饭袋，是入不了他的眼的。

霍去病必定是散发着耀眼的光芒，才会让阅精英无数的武帝如此看重。但即便如此，我们还是要说，哪怕霍去病是块材料，武帝对这个孩子还是有一种独特的偏爱。

在生活中，我们会发现做长辈的，往往会莫名其妙地宠爱其中一个晚辈，当师傅的往往会特别喜欢其中一个徒弟，也说不出来为啥，就是稀罕。这往往是宿世的缘分，我们管这个叫作"门徒般的宠爱"。

对于武帝来说，霍去病就是他的"门徒"。武帝对于霍去病宠爱到了什么程度呢？此次跟随霍去病出征的八百勇士，都是整个汉帝国精选出来的精英中的精英。

这次霍去病随舅舅卫青直捣阴山，武帝封他的职位叫作"票姚校尉"。"票姚"者，劲疾之意，用大白话解释就是又猛又快。这个职位，有点类似于现在特种部队大队长的职务。

所以，霍去病可以单独脱离大部队去寻找战机，而且带着八百人就敢横绝大漠。这不仅说明霍去病拥有超人的勇气，更说明了这八百人具有非常强悍的战斗力。

将汉帝国精选出来的精英交给一个十八岁、从未上过战场的小将，不是武帝的偏爱，又是什么呢？这就是上司的刻意培养与破格提拔，把你放到那个岗位上，就是为了让你出业绩。

有的部门岗位是糊弄你，给你画大饼的；有的部门岗位则是给你点炮儿，让你往上蹿的。虽说各岗位的发展确确实实各有千秋，但拿资源作为关键衡量点来判断上司的用意，是没错的。

武帝打算再造一个卫青。

霍去病之所以能够在这个岁数拥有这么大的舞台，与他舅舅有着极其重要的间接关系。

此时的卫青，六战匈奴全胜，威望无双，任大将军，统御诸将，权倾朝野。虽然卫青做人谨慎，从不结党，但武帝作为人君依然有自己的打算。

权力不可一家独大。大将功高封无可封之时，于君于臣都是"双输"。所以，武帝需要进行权力平衡，最好的办法就是再提拔一位大将，既是为了搞平衡，也是为了做人才梯队储备。

公司和组织甭管多不缺人，每年还是要定量招一些人的。哪怕少，梯队万不可断！除非你自己就没打算长时间干。

霍去病就是武帝筹划已久的选择。他的才干与岁数都合适，再加上他本来也是卫家的亲戚，重点培养与任用并没有冲突，将来应该能够完成军权的对接。

不过即便大爱，寄予霍去病以厚望的武帝还是展现出了一个优秀政治家的手腕，不盲目降恩，而是逐渐试探他的才干究竟能够撑得起多大的场子。

武帝在霍去病的揭幕战上，给了他八百勇士，是骡子是马，你给我遛一大圈吧！一圈遛下来，霍去病交出了满分的答卷。

接下来，武帝给了他一万人，同样还是千里挑一的精英。不过，这次任务却极其艰巨，霍去病要带着这一万人去攻击河西走廊。

远迁漠北的伊稚斜单于失算了，他以为示弱的匈奴能够诱惑武帝，却没有想到武帝将眼光望向了遥远的河西之地。

因为一个人，带来了更大的诱惑。大漠第一"越狱高手"张骞登场。接下来这段故事将很感人。

话说十八年前（有点像武侠或言情小说的开场），公元前139年，刚刚继位一年的武帝进行了一次人员招标，他的目标很玄幻：前往西天交朋友。他要交的朋友是谁呢？这个朋友叫大月氏。

为什么武帝要特地派外交代表团，不远万里去交朋友呢？原因在于那个古老的命题：敌人的敌人就是我的朋友。

大月氏曾经是一个很强大的国家，居住在敦煌与祁连山之间。秦末，大月氏国力达到顶峰，满世界侵略，攻占了邻国乌孙的领土，还与匈奴开战，两国互有胜负。

不过，后来匈奴迎来了雄主，杀了自己老爹的冒顿单于将匈奴带向了辉煌，不但将刘邦打得和亲认怂，还多次击败大月氏，大月氏的国力也因此每况愈下。到了冒顿单于的儿子老上单于在位时，大月氏被匈奴彻底击败，大月氏国王的头盖骨，变成了老上单于的酒杯。

大月氏人经此国难，觉得祁连山这个地方生存环境太恶劣了，不是咱们爷们儿混的地方，于是举族西迁，跑到了现在的伊犁地区，并赶走原来的土著"塞人"，重新建立了国家。

江湖传言，大月氏一直打算复仇。十七岁的刘彻觉得自己大展宏图的机会来了，早就看匈奴人不顺眼了。于是，武帝准备派出高规格代表团，前往传说中的大月氏，订立共灭匈奴的盟约。

不过，这个代表团并不好组，因为途中要穿过一条狭长的敌占区——河西走廊。

河西走廊东起乌鞘岭，西至古玉门关，南北介于南山（祁连山和阿尔金山）和北山（马鬃山、合黎山和龙首山）间，东西长约一千公里，宽数公里至近百公里，为西北—东南走向的狭长平地，形如走廊，又因位于黄河以西，所以史称河西走廊。

上页图中夹在两座高原之间，就是狭长的生命通道——河西走廊。

你可能会问，又是高原又是沙漠的，就必须走这条小窄道吗？你得到的回答会非常干脆：必须走！

甭管是不是要找大月氏建交，只要世界就那么大，如果你想多看看，从当时人的世界观来看，只能往西北方向走。只要往西北走，这条狭长的走廊就是你永远绕不过去的坎儿！

当时，东、南、北三面全是绝路，西南的横断山脉和西边的青藏高原仍然是交通噩梦，只有向西北由河西走廊走到敦煌后，再向西一路走下去，才能够有幸穿越中间一个个的小绿洲，接触到远方的文明。时至今日，河西走廊这条路仍然是内地通往新疆的唯一主干道。

分析完之后，我们会发现这场国际交流的难度系数有些高，因为在当时，这条通道属于匈奴的占领区。

张骞成为那个勇者，怀着无限崇高的国家使命慨然应聘，出使大月氏。

张骞也许不会知道，此行会有多么困苦艰难。而武帝也不会知道，他天马行空地拍了下脑门，却拍出了谁都没想到的最终改变整个世界的历史之行！他并没有想到，这条通道居然对中华民族后来整整两千年的国运，有着如此重要的意义！

老天开始再次眷顾大汉朝了，却开始折磨张骞了。没有这通折磨，没有后面蹲监狱时的经历，张骞根本不会体会到这条通道的重大战略价值，也就更不会对武帝说出那些字字千金的国际见闻。

张骞使团一行有一百多人，从陇西（今甘肃省临洮县）出发，开始比较顺利。但就在张骞一行人即将穿越河西走廊之际，他们全部被匈奴人抓获了。这么大规模的使团被当地匈奴王押送到了匈奴王庭，见到了当时匈奴的军臣单于。

军臣单于得知了张骞此行的真正目的，然后笑道："你也不想想，我能允许你往那里跑吗？正如你们国家会允许我去勾结南边的越国吗？"

张骞一行人被扣留软禁起来。

第七战　打通河西走廊：匈奴梦魇的冠军侯

匈奴为了软化张骞的思想意志,各种威逼利诱,还给张骞娶了匈奴媳妇,希望他自此以草原为家。张骞这一住,就是十年。

也许是牛羊肉吃不惯,也许是匈奴女人太生猛,但更有强大的使命在不停地召唤他,张骞始终没有放弃自己的理想。

天边飘过故乡的云,总有个声音在对他呼唤:逃跑吧!逃跑吧!浪迹天涯的游子!开溜吧!开溜吧!快点儿去四处漂泊!

十年来,匈奴人对张骞的看押由最初的严防死守变得渐渐松弛,谁也想不到已经娶妻生子的张骞依然想着当年的使命!

就在武帝派出卫青、李广等四路军队试探进攻的那年,即公元前129年,张骞趁匈奴人不备,果断地抛妻弃子,带着随从按照十年来脑海中勾勒了无数遍的那份计划,终于逃出了匈奴王庭。

二、万骑卷河西

十年的匈奴姑爷生活使张骞等人详细地了解了草原的山川地貌，并学会了匈奴的语言，再加上他们穿的是胡服，于是这次他们成功地穿过河西走廊，到达西域。

不过，他们到底是逃出来的，所有的准备工作都不充分。此次前往西域，他们穿过大漠，爬过高山，气候恶劣，补给奇缺，不少人在途中献出了生命。从地图上看着地名挺多，但地区之间全是沙漠。

到达天山脚下时，张骞得到了最新情报，此时天山南北的三十多个小国，全都是匈奴的傀儡藩属，定期交粮交租。他此行的目标大月氏，再次被匈奴打得西迁。无奈之下，张骞再次一路向西。

再往西就出新疆了，张骞来到了西方大国大宛。

大宛国王早就听说东方有一个非常富裕的国家叫作汉国，苦于匈奴阻隔不能结交，于是赠送了张骞很多补给，并配备了向导和翻译，送他们前往大月氏。

张骞跨越上千公里，终于来到大月氏，却发现此时大月氏人早已经乐不思蜀。

大月氏人离开了残酷的东方进入新世界后，发现并非身边的每个邻居都是猛人，大量的"软柿子"随处可见。自己不仅在新大陆随便称王称霸，而且新占的国土十分肥沃，物产丰饶，百姓富足，而且此时距匈奴和乌孙已经很远了，外患全部解除，大月氏人早已不再向往故土，不再渴望复仇了。一切都过去了。

目的就是为了宣传复国思想的张骞看到自己受了十多年罪，最终只得来这么一句话时，他发扬了不抛弃、不放弃的劲头，继续使出各种外交谈判手段，希望能够帮助大月氏人重燃熊熊的仇恨烈火。

怎么就这么没雄心呢？匈奴人都给你踢出多远来了！咱们得踢回去啊！张骞可劲儿地煽乎了一年多，也没有将大月氏人的刻骨仇恨煽动起来。

大月氏人也很无奈，你总跟我们提老国王的头盖骨变成酒杯的事，想想就让我们内心痛苦，你怎么这么讨厌呢？你以后还是少提这件事吧，这都什么年代了！不是每个人都渴望要报深仇大恨的，有几个你们皇帝那样总想着给太爷爷那辈儿复仇的人啊？

武帝当年打算得挺完美，但他没想到老天给了大月氏人一块天府之国作为补偿。已经安定下来的大月氏人此时没有心思再去征战了，张骞失望地踏上了归途。在回去的路上，张骞由于害怕再次被匈奴逮着，于是打算不走河西走廊，自己强行提高难度，去走一条非常难走的路，他爬上了青藏高原。

青藏高原是羌族人的地盘，虽然难走，容易喘不上来气，但应该是安全的。不过，由于张骞这十多年没有了解形势发展变化，不知道羌族此时也是匈奴的附庸了。于是，张骞再次被扣，并被遣返回了匈奴。

此时的张骞满眼绝望，还要再等十年吗？我还有命再等十年吗？

也许是老天看到了这个不忘使命的人，觉得不应该让他的事迹永远埋藏在草原的尘埃中。仅仅过去了一年多的时间，公元前126年，军臣单于死了，匈奴内部爆发了争夺单于大位的内乱。"越狱高手"张骞再次瞅准机会，逃出漠北。

在一番颠沛流离和视死如归的亡命之旅后，张骞终于逃离了匈奴人的势力范围，再次回到了汉朝的怀抱！

此一行，整整十三年，去时一百多人的使团，归国时张骞仅仅带回来两个人。

张骞这次壮烈的西行，虽然没有达成使命，但却产生了极其伟大的历史意义！张骞对广阔的西域进行了实地勘察，他不仅亲自访问了地处西域的各小国，还远赴中亚的大宛、康居、大月氏和大夏诸国，而且从这些地方又初步了解了乌孙（伊犁河流域）、身毒（古印度）等国的许多情况。

回到长安后，张骞将其见闻向武帝做了详细报告，这份报告的基本内容被司马迁在《史记·大宛传》中保存下来。这是中国乃至世界上对于这些地区最早最翔实可靠的记载，至今仍是世界上研究上述地区和古老国家的古地理、历史的最珍贵资料之一。

也正是在这次的汇报当中，武帝渐渐明白了西边的国际形势存在着巨大隐患。因为武帝从张骞的汇报中得知，西域的诸多国家都在给匈奴人输血，这让武帝比较伤感。我在这一个劲儿地给他放血，你们怎么还给他抢救呢？

与此同时，羌族和匈奴这两个游牧民族的同盟，令敏感的武帝更是感到了极大的隐患。

张骞详细地把匈奴和羌族如何穿一条裤子、迫害他人身自由的行径，全部揭露了出来！

一个匈奴就已经够麻烦了，再让他把羌人煽动起来就更难办了，必须让这两家断了联系！天天跟着匈奴，到底想干什么？武帝深感这件事已经上升到国家安全的层面了。

除了这些，对于西域诸国那些美好事物的各种想象，也开始在武帝的脑海中慢慢发酵。

在匈奴本部远遁漠北之后，武帝决定打通河西走廊这条充满了神秘诱惑和具有战略意义的狭长通道，彻底斩断匈奴的右臂！世界那么大，我想去看看！但不把你们打跑了，我怎么看？

羌族你太不老实了，我不把河西走廊拿下来，你就总跟匈奴眉来眼去的！

霍去病，你去给我把这条通道拿下来！

武帝的战略野心很大。不过作为一个成熟的政治家，武帝的思维是现实的，不会因为偏爱霍去病就一下子把家底都交给他。而且，这张考卷的难度极高，只有一万兵力，去摸摸河西走廊的情况，我还要通过这次西征验你的实力。

不过，爱才的武帝还是留了私心，再次将整个帝国军队的兵尖子拨给了霍去病。在此之后，武帝经常偏心于他。

霍去病带领着大汉一万个棒小伙子，开启了传奇之旅。

三月，霍去病从陇西出塞。出塞后，他越过了盛夏飞雪的乌鞘岭，进入了河西走廊，在渡过了狐奴河（今石羊大河）后，一路向西推进。

值得夸奖的是，霍去病仅仅砍杀抵抗不服者，沿途并没有搞屠杀，而是人不停歇、马不解鞍地一路飞奔向下一个目标。

人家并没有贪小便宜，他要比逃兵和报信的跑得更快！

天下武功，唯快不破，霍去病自出道就领悟了这一精髓。

要快到你无法反应！要快到你无法部署！要快到你无法抵抗！要快到你丢盔弃甲！

随后霍去病翻越焉支山，继续一路向西北，六日内挺进千余里，并连续遇到了匈奴在河西走廊的最大武装势力——浑邪王与休屠王的主力。

霍去病率领着汉军对匈奴河西走廊两大部落实施了精准打击，短暂激战后，浑邪、休屠二王逃走。霍去病生擒浑邪王太子及相国、都尉等大小头领，斩首八千九百余级，还缴获了休屠王的祭天金人。

大胜后的霍去病开始回军，行至皋兰山下，遭到匈奴折兰王和卢侯王的阻击。想占便宜的两个匈奴王以为霍去病已经人困马乏，无力再战了，但汉军再发神威，凶猛地斩杀了梦想摘桃的折兰、卢侯二王，以完美的胜利结束了此次征程，回师长安。

经此一战，中原政权军队又一次成功地辗转数千里，霍去病以教科书式的表现，完美地展现了冷兵器时代的"闪电战"打法。

汉军精锐以游戏作弊般的杀敌推进方式，拦者死，挡者毙，六日纵横千里！不休息，不调整，一路平推！以中国历史上从未有过的战法，席卷了整个河西走廊。

这种迅疾刚猛，犹如千钧落大石、秋风扫落叶般的打法，仿佛项羽再世。当年的项羽，靠着三万骑兵就杀得刘邦五十六万人（其实也没那么多）丢盔弃甲，因为当时的项羽阵中，是有大量楼烦骑兵外援的。而且，主要杀伤力其实是制造恐慌，松散的刘邦联盟在项羽的偷袭下只得自相践踏！

如今的霍去病，靠着一万精锐横扫了整个河西走廊。这一万人，全部是大汉的精锐战士！壮哉我大汉！如今完全是两个相同的兵种对抗，却打出了一边倒的优势。

《史记》中对这段历史记录了非常重要的三件事："辎重人众慑慴者弗取；合短兵；诛全甲"。

什么意思呢？

霍去病并没有掠取辎重，杀戮匈奴百姓，这说明了总杀伤人数实打实的都是匈奴士兵。

"合短兵"，说明霍去病并没有跟匈奴人较量远距离抽射，而是采用"突骑"战法，杀过去肉搏。

"诛全甲"，说明霍去病此行别看跑得特别快，但偷袭的效果其实并没有达到，人家是全副武装等着跟你这万人精锐开干的。但是，没干过。

第四，隐藏的一件事，结合每有伤亡太史公基本会记录的情况来看（比如第二次通河西之战，史载伤亡人数占百分之三十），此次万骑卷河西，太史公并没有给出己方的损失人数。这说明汉军的战损率极低。

结合上述四点来看，得出了以下两点恐怖结论。

第一，汉军精锐对匈奴军队的优势是压倒性的！一万精骑在几乎没有伤亡的前提下灭了近九千名匈奴士兵。

第二，上述的优势是在匈奴人使了全力的情况下完成的。

在上一战，我们详细地分析了"突骑"战法的跨时代升级意义，这次又再次给出了武帝对霍去病优中选优的独家偏爱，这是否说明霍去病自身的含金量并没有那么高呢？

其实不是。

任何现实中的组织，只要涉及了大量的人数，就永远不会出现5000+5000=10000的情况。一般来说，规模越大，所产生合力的增量往往会越小。

来看张图吧。

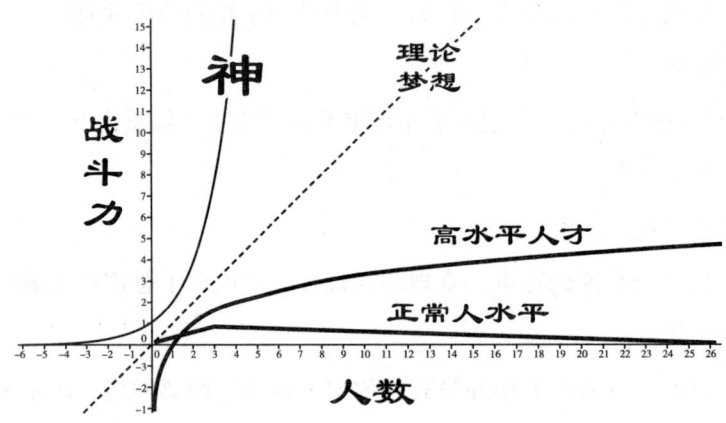

底下那条横线是人数，中间那条竖线是战斗力。

理论上，是随着人越多，战斗力应该成正比地规模性变大，也就是"理论梦想"那条线。但是，人比较复杂，会有自己的欲望、想法、诉求、小心眼、钩心斗角、婚丧嫁娶等。人多力量大这话没错，但人数越多，往往内部拆台的力也跟着变大，更别提带一帮精英分子了！

能将越来越多的人拢在一起，并始终保持正向输出不拆台，就已经非常厉害了。

绝大多数人，是正常人水平的，人越多越完蛋。但有非常少数的一种人，他们带兵就是很神奇，多多益善！比如韩信、项羽，以及此时十九岁的霍去病！他们如上图"神"级别的那条线一样，能够将手中的资源威力发挥到极致！

霍去病在他短暂的一生中，就达到了这种境界，无视上图的理论曲线，甭管后来武帝给他加码多大，他都能如聚宝盆般，给得越多产出越大！

不得不说，这个世界上是有天才的。比如，当年啥也学不进去的项羽。再如，现今年纪轻轻、初经人事的霍去病。

第七战 打通河西走廊：匈奴梦魇的冠军侯

三、荡平河西

武帝看到了霍去病的战果,有种"本打算让你做小买卖,没想到却让你干上市了"的感觉,大喜过望。霍去病不仅一路剿灭匈奴全部的小部落,还大败匈奴主力,顺便杀了两个王,而且抢回来了匈奴祭天的"小金人"。

武帝拿着"小金人"发表获奖感言,下诏颂扬霍去病的战功,又加封霍去病两千两百户,并彻底对霍去病放了心。好小子,是块材料,不枉费我疼你一番。既然霍去病没什么问题,武帝直接扔出了家底,给我彻底打通河西走廊吧!

在霍去病回军三个月后,同年夏天,武帝再次布下大局,东北、西北同时出兵,东北方向派张骞、李广用少量军队牵制匈奴人,西北方向派霍去病、公孙敖率骑兵主力出击河西走廊。

武帝布局的同时,匈奴又派兵报复,入侵雁门与代郡,双方在数千公里的边境线上全面开火。汉匈之间你争我夺,已进入高潮阶段。

还是欲扬先抑,先说说东北那边吧。

李广再次悲催地成为给大戏垫场的,这次他的活儿又是牵制。不过,李广似乎无论给多少兵,给多大的舞台,都能上演超级英雄主义大片的苦情戏码。之前他要么是连杀匈奴高手,要么就是孤胆英雄,从匈奴大军中独骑越狱。这次李广再次成功抢戏,将牵制战打成了生死战,上演了惨烈的喋血孤城。

李广与张骞，是从两个方向出击的。如今武帝对李广已经完全处于不信任的状态了，不是对他的忠诚度有所怀疑，而是压根儿就不对他有啥期望了，这哥们儿的命一向不太好，每次甭管给多少人，都是自己回来报到，太糟蹋人了。

　　从他的兵力配比就可以看出来，武帝给了从来没有带过兵的张骞一万人，但仅仅给了李广四千人。

　　李广带着这四千人出发，再次踏上疆场，一出去就命中率极高地再次碰到了匈奴主力，左贤王带着四万人包围了李广部。再次是十比一的比例，但李广作为当世"第一大侠"，岂会被这种小场面吓到！他再次丝毫不惧，带领着四千人投入了战斗中。作为牵制方，李广明白自己的战斗使命，动静折腾得越大越好。

　　面对来势汹汹的左贤王部，李广再次玩出了新花样，他令其子李敢率领数十骑直冲敌阵，从敌军阵营的左右接合部之间急驰而过，杀出去之后没有跑，又再次杀了进来。伟大的"突骑"战法已经在大汉的所有边防部队中全面铺开了。

　　李敢往返跑杀回来后，大笑道："胡虏易与耳！"

　　正所谓虎父无犬子，在搞了这么一出壮烈英勇的行为艺术后，汉军大受鼓舞。李广下令全军列为圆阵，不再跟匈奴人正面拼杀，而是等着拿弓箭射他们。

　　左贤王部在巨大的人数优势下接连冲击，汉军摆阵定点远射，匈奴跑动抽射，双方箭如雨下。

　　在一整天的战斗后，汉军死伤过半，箭镞即将用尽。黑夜给了汉军光明，随着夜幕降临，匈奴的攻势缓和了下来。面对密不透风的匈奴人，此时孤立无援的李广全军将士，已经面无血色了。

　　但阵中有李广呢！李广依然意气风发，大讲自己当年如何砍瓜切菜般地搞定这帮匈奴人，并帮大伙算账，对我们汉族士兵一般来讲，一个人是可以干掉十个匈奴人的，所以不用怕！

李广的谈笑风生再次大振军中士气,全军拜服。

不过,此时的李广也在骂娘:"张骞你到底跑哪里去了?"

张骞走丢了。

张骞此时正在"圈圈圆圆圈圈"地来回晃悠。不过也不能怪他,他被俘后生活的地方是阴山匈奴王庭地区,在大东北不认识路也正常,谁说导游就必须到哪儿都门儿清啊!本来就是出来虚张声势的,不是每个人都像李广这么招人的。

第二天拂晓,匈奴人再次发动攻势,汉军奋勇拼杀,就在即将全军覆没之际,转蒙圈的张骞终于率万骑赶到了战场。

僵持了两天的左贤王突然看到汉军来援,不知底细,以为招来了汉军大部队,急忙解围北撤,再次错失了擒拿李广的机会。

李广再次几乎全军覆没,不过这次却是功过相抵,没有受到处罚。武帝是个明白人啊,李广这次折腾得够热闹,效果很棒,完成了预定的战略目标,哪怕他这边的人都死绝了,他也是不会受罚的。

跟着高水平的上司干,一定得摸准上司的脉。

张骞就是因为迷路了,效果没达到,被罚回家反省去了。李广再次出演苦情男主,上演习惯性悲催的戏码,不过我们早就不奇怪了。

有习惯性悲催的,就有习惯性成功的,比如小小年纪的霍去病。

西北这边,武帝派出的是霍去病与公孙敖的两路大军(数量不详,史载"数万")。之所以是两路,原因在于武帝计划要彻底消灭河西走廊的匈奴武装势力。

公孙敖从东边往西打,正面进攻匈奴,吸引敌军主力。真正的杀手霍去病要长途绕远奔袭,自西向东执行武帝部署的关门打狗任务。

责任越大,当然配置就得更高。霍去病再次率领优中选优的骑兵精锐出发,开始了极其艰苦的强行军,自灵武(今宁夏回族自治区银川市北)渡河,先是翻越贺兰山,而后穿过了千里无人烟的巴丹吉林大沙漠,绕居延海(今内蒙古自治区额济纳旗)而转向南,沿弱水行军,自酒泉转向东南,深入两

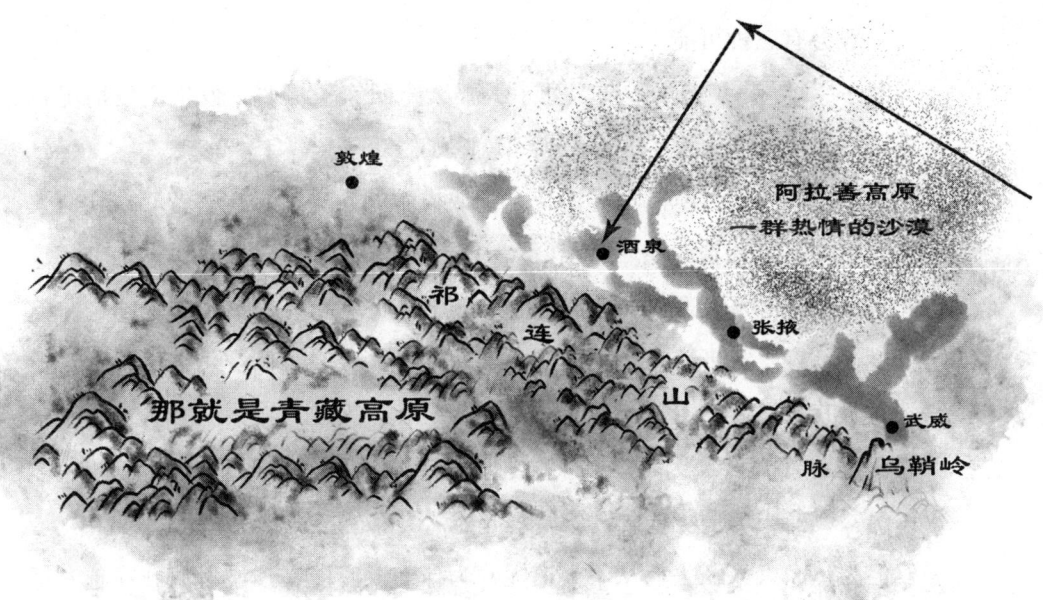

千余里，进至祁连山与合黎山之间的黑河（今弱水上游）流域。

这都没跑丢，真厉害！

到了地方霍去病发现，自己跑了这两千多里，本来是为了搞偷袭，但探马来报，匈奴主力好好的，啥事没有。匈奴的主力怎么没被调走呢？因为公孙敖部出了陇右就走丢了。

由此也可以看出来，哪怕有着专业的高水平配置，仍然是并非硬件给你配足了，就一定能出成绩的。

出塞后缺失标的物，面对大片的草原与戈壁，可以分清楚哪儿是哪儿、现在跑到什么地方了，是一种很奢侈的能力。

在位置导向并不清晰的草原与沙漠地带（尤其是沙漠行军，属于地狱级别难度），纵横千余里，仍然能完成战略部署，率领着全军在指定时间赶到指定地点的，都是神仙级别的人物。

在这种情况下，必须有专业的"导游"，也就是所谓的"匈奸"。

武帝不会不给公孙敖配好"导游"的，毕竟大手笔折腾一次，基本上带出去的都是顶配。但是，像公孙敖这种"失道"的情况，还是会出现。

一般会有三种可能。

第一，"导游"丢了。要么死了，要么跑回家了，要么发生突发情况找不着了。总之，这人没了，几万大军就瞎了。

第二，"导游"使坏。"导游"是匈奴人中的徐庶，身在汉营心在匈，人家是双面间谍，憋着坏呢。

第三，主帅不相信"导游"的话。"导游"说大伙儿跟我咋走咋走，但忠诚度被怀疑，或者有"大明白"在一边瞎说，或者主帅突然来灵感了，觉得还是听我的吧。

反正甭管哪种原因，"导游"被踢一边儿去了。一旦这三种情况发生，汉军出塞就变成了最烧钱的"旅游观光团"，比如公孙敖部。

但为什么人家霍去病从不失道呢？为什么人家能在沙漠里疯狂穿越，每次都使命必达呢？

霍去病本人天赋太优秀是一方面，他们卫家的血液里似乎天生就存在着"自动导航基因"。但从细节中，我们还能看到一些"神迹"的佐证。

在《史记·建元以来侯者年表》中，伟大的太史公又对此次跟随霍去病因功封侯的三人，做了如下记录。

> 以司马再从骠骑将军数深入匈奴，得两王子骑将功侯。（从骠侯赵破奴）

> 以校尉从骠骑将军二年再出击匈奴功侯。故匈奴归义。（宜冠侯高不识）

> 以校尉从骠骑将军二年再出击匈奴，得王功侯。故匈奴归义。（辉渠侯仆多）

除赵破奴外，那哥儿俩全是"故匈奴归义"，也就是匈奴投诚者。

再细看赵破奴，更搞笑。这哥们儿是个汉族降匈者。《史记》中是这么说的："将军赵破奴，故九原人。尝亡入匈奴，已而归汉。"

跟霍去病此次通河西的这三位因功封侯者，几乎就是匈奴人换了军服，开始反戈一击的典型代表。从这次战役开始，出现了大量的匈奴投诚者跟着霍大将军因功封侯。

霍去病从来跑不丢，应该和他对匈奴人的强大驾驭能力及部队中有一定比例的匈奴外援有着很大的关系！匈奴外援在霍去病军中的占比究竟有多少，史书无载。但从大量外援封侯的结果来看，这个比例应该不低。

因为有大量的"匈奸导游"，所以基本上杜绝了上述"失道"的三个可能（丢了、使坏、不相信）。但这也对霍去病的统帅能力，再次有了上一个台阶的要求。

上一章中，我对匈奴人面对中原战术升级的无解药现状分析中，提到一个关键点：中原军制。

汉军的杀伤力大，是因为一整套练兵及冲锋系统。这是草原民族学不来的。一旦草原民族也开始组成中原军阵，开始"汉化"成组织，战斗力马上大上台阶（比如"五胡乱华"时代）。

但这套汉化的体制和整合能力，太难学了，这就再次回到我们"马邑阴谋"那章中讨论的草原民族习性问题了。

后面四百多年，直到"五胡乱华"为止，唯一曾经用好外族人的汉人是谁呢？

曹操。

曹操曾经走绝路般地征乌桓，后面我们会讲到有多惨，但就那样仍然不耽误张辽斩蹋顿（乌桓最高统治者）。随后乌桓骑兵被曹操整编后，迅速闪闪放光芒（在三国时期我们会细讲）。

霍去病是咋练兵、咋整合匈奴外援、咋带兵打仗的，在史书中找不到，我也不敢随便说。

太史公评论霍去病"军亦有天幸，未尝困绝也"，确实不假。但这个人的厉害，除了那些光环和情怀外，很多都是我们看不到的地方。只能用开篇的那个词形容，"天选之子"！

人家绝对当得起！

话说回来，跑了两千多里的霍去病，面对已经严重跑偏的作战计划，豪

气大生，当机立断由偷袭部队变为主战部队，指挥部队绕道匈奴侧背后方，突然发动攻击。

匈奴军大感意外，因为汉军从未有过一年内连续出击两次的情况。每次汉军出击，往往都要在前期进行大量的准备，武帝要攒一大堆钱才能上牌桌，再与匈奴赌一回。但这次武帝玩了一把阴的，先前霍去病的河西之战，战略目的仅仅是试探，只不过霍去病天纵英才，仅仅一万人就将试探打成了团灭战。

匈奴人没有想到，霍去病在获得更大实力的帮助下大杀四方，场面很快就变成了一边倒。

战后清算战果：擒获匈奴单桓、酋涂、稽且、遬濮、呼子耆五王；王母、单于阏氏、王子五十九人；国相、将军、当户、都尉等高官六十三人；国相、都尉临阵率众投降者，二千五百人；斩首数三万二百级！

这是有史以来，中原政权对游牧民族政权歼灭人数之最！

如此动人的战果下，汉军仅仅损失了百分之三十的部队！（师大率减什三。）

霍去病扬威大漠，这个十九岁的小伙子，将不畏艰险、不怕强敌、有困难可劲儿上的精神发扬到了极致！

每次作战，霍去病都是率领先头部队杀入敌阵。榜样的力量是无穷的，整个汉军为之动容，每每必效死力。在这种身先士卒的英雄主义催动下，汉军创下了惊人的战果，并产生了极其深远的影响。

先来说眼前的影响，伊稚斜单于对于河西走廊的两次大败异常恼怒，下令召见河西之地的主要负责人浑邪王与休屠王。

这哥儿俩一合计，去了就是个死啊，于是展开密谋，决定投降大汉。

这要得益于霍去病的一战河西之时"降者无所戮"的仁义举动，也得益于汉军展现出的强大威慑能力。

这里眼看就待不下去了，来了这么个煞星，隔三岔五地就打你一顿，而且每次就杀你几万人，再来两次自己的这点家底就都被打光了。

除此之外，先前武帝宽厚的投降政策，也起到了很大的保障作用，来了宽大处理，高官厚禄能封侯。三者权衡下，二王将想法付诸行动，派使者前来约降。

二王即将投降的消息传到了武帝处，武帝大喜，但又害怕有诈，毕竟几万人的武装过来了，投诚与偷袭往往在一念之间，万一他过来猛砸你一下子咋办？

于是，武帝再次派出河西二王的一生苦主霍去病，前去武装受降。

二王投降途中，休屠王突然反悔，他发现自己的实力受损并不严重。我手里还一大把筹码，你让我下牌桌哪行？但突然琢磨明白的休屠王却被浑邪王暗算杀害。

浑邪王损伤惨重，属于没有了后路的铁心投降派。休屠部众也被忽悠住，一同被浑邪王裹挟着继续往两国边境前进。

虽然休屠王被杀了，但他的部众却没有停止脚步。

前面我们分析过，匈奴这个民族，别的部落的头领是指挥不动本部落的。尤其是浑邪王都快被打成叫花子了，你敢来硬的吗？

唯一的原因，是因为所有人都认为，此时投奔汉朝，未来的生活会比提心吊胆的现在更美好。这也确实是休屠部明智的百年大计。

这次"内附"使得休屠部成为弃暗投明的先驱者，其部落也在整个两汉乃至三国的四百年间，历经起起伏伏却不倒！甚至，"休屠"这个名字，比"汉"这个政权的存活期还长！（后音译成"屠各"。）

而且，更为讽刺的是，后来中华大地的第一次千年未遇的大变局中，一个休屠部的后裔奇男子，居然打起了兴复汉朝的大旗，并神奇地在中原大地建立起了第一个胡人政权！

古今兴亡多少事，真是尽付笑谈中。

四、伟大的丝绸之路

霍去病大军渡过黄河后，与接受招安的浑邪王终于接上了头。

不知是匈奴人被打出了"恐霍症"，还是群龙无首的休屠部被这阵势吓哆嗦了，跟老上司一样又变主意了，现场突然出现了大量的不愿投降者，众多的匈奴士兵开始往回跑，局势极其混乱。

在这个紧要关头，霍去病再次展现了极其冷静果敢的过人素质，先是派精锐突入匈奴军中，控制住了浑邪王，与此同时两路骑兵进行包抄，斩杀了八千多名力战欲逃之人，稳定了局势。

事后浑邪王被护送到长安，被封为万户侯。四万多匈奴移民被各郡县出动的三万辆大车，分别安置到了陇西、北地、上郡、朔方、云中五郡之中。

一场突发的军变被妥善处理好，使这四万多匈奴降军没有再次逃回河西之地，霍去病的雷霆手段使得整个河西走廊从这一刻起真正地被大汉攥在了手中！

此次河西之战，使汉匈双方的力量对比发生了重大变化！从严格意义上说，匈奴彻底失去了所有富庶之地。随后，武帝迅速巩固了河西走廊——这条中原民族的外交生命线。从此，河西走廊就成为中原民族的稳固边疆。

河套平原丢失后，匈奴人再也无法见到黄河以南"天苍苍，野茫茫，风吹草低见牛羊"的壮丽美景了。

河西走廊失去后，匈奴人哀歌："亡我祁连山，使我六畜不蕃息；失我焉支山，使我妇女无颜色。"该地区作为最为肥美的优质牧场之一，之后成为中原政权的重要马源地。

匈奴高产出地区的全部丢失，连年征战的大量人马消耗以及武帝年年春天的绝收计划，使得匈奴一方面人口基数锐减，另一方面产出又上不去。匈奴开始走向短期内不可逆的衰落。

此消彼长，汉朝在扛过最初的经济、战争、边患等不利局面后，开始走上正循环。

随着河西走廊匈奴势力被消灭，再加上"河南地"的巩固，使得大汉帝国西北边陲的百姓得到了难得的喘息时间。

河西之战后的同年，武帝下诏将陇西、北地、上郡的边防军裁减了一半，汉之西北松了一口气。武帝得以继续浓缩力量去死磕匈奴的本部以及从未受到打击的左贤王。

霍去病以此役之功，增封五千四百户。其从属诸将，赵破奴封从骠侯；高不识封宜冠侯；仆多封辉渠侯；其他校尉从者，皆赐爵左庶长。

公孙敖由于迷路，按律当斩，后交钱赎罪回家反省。

通河西的两年后，也就是公元前119年，此战迷路的张骞起复，干回了老本行，第二次奉命出使西域。

不过，此时的张骞再也不用提心吊胆了，大汉帝国已经完全控制了整个河西走廊。张骞率领三百人组成的庞大使团，每人备两匹马，带牛羊万头，金帛货物价值"数千巨万"，展开了西行外交。

影响世界整整两千年的"丝绸之路"，至此正式通车。

到了乌孙，张骞为游说乌孙国王举族返迁，大夸汉族人友好热情，但没有成功。随后，他又分遣副使持节到了大宛、康居、月氏、大夏等国，进行各种外交友好访问。

四年后，公元前115年，张骞带着大量成果归国。乌孙国也派出由几十个使者组成的使团，随同张骞对大汉进行了亲切友好的交流回访。

在此之后，汉朝派出的使者还到过安息（波斯）、身毒、条支（安息属国)等国家，大汉的使团在安息还受到过当地政府专门组织的两万人的盛大恭迎仪式。

西域诸国的使者也开始不断地来长安访问和贸易。在时间的不断见证下，这条道路渐渐清晰起来，成为中华文明与整个世界的连通要道。

由于世界与中国的联系要通过狭长的河西走廊，因此发生了一件改变世界的重大事件！

"丝绸之路"的路况其实非常差，连接陕北高原和西域的那段，实际就是一条狭长的处于戈壁滩边缘的通道。跨出玉门关（西行与东进的总咽喉）再往西走的通道更是险象环生，无论是经过塔克拉玛干大沙漠，还是跨越天山山脉与帕米尔高原，都必须穿涉险要地带，昼夜温差极大，每一个绿洲之间的穿越都十分艰难。

不过，即便在如此艰难的环境下，渐渐地，中国与世界的连接并没有局限于官方的各种使团，各种各样的商队也开始不远万里地来到这个神秘的东方古国。商人是逐利的，茫茫大漠并不可怕，因为古老的中国有一种伟大的产品，自带专利，无法模仿，价格昂贵，耐用易存，只要能够运回去就不愁不被瞬间抢空。

这种商品，就是丝绸。丝绸有三个特点，导致了它在当时世界贸易上是独一无二的"尖货"。

第一，重量非常轻，即便需要漫长的陆运，仍然值得。

第二，比较容易保存，不烂不坏，质量有保证。

第三，价值非常高，当时同等重量的丝绸比黄金还贵。

此时的汉朝，非比寻常的丝绸已经渐渐显示出了它的另一个属性：货币。当时丝绸已经可以与钱币、粮食一样，用作支付军饷了。而且，丝绸的保值与通用效果，要远远地超过钱币和粮食。

在下一章中我们会详细阐述钱币，武帝将通货膨胀的手法转化成了强取豪夺。在武帝一朝，钱币什么都不是，因为根本就没什么信用可言。

不仅在汉代，历朝历代的末期，货币都贬值严重。直到一千六百年后，哥伦布发现美洲，白银被大量挖掘并流向了中国，才算基本解决了实体货币的贬值问题（但又带来了非自主能控制的通货紧缩危险）。

粮食并不能抵御时间的侵蚀，时间长了就都烂了，而且死沉死沉的，所以并不适合作为交易的媒介。

丝绸，在那个时代，担当并传承起了千年的"另类货币"使命。它不仅仅意味着是奢侈品，还意味着四海皆认的货币价值，从此丝绸成为国际货币。这也使它成为世界历史上，三种非金属类的通用货币之一。另外两个后面也会出场，也都是咱们中国出品的，是我们同样很熟悉的瓷器和茶叶。

伟大的中华民族先祖们，用他们勤劳且智慧的双手，创造出了一件件美轮美奂的艺术品，并通过它们，影响并改变了整个世界。

自霍去病打通河西走廊后，古老的东方文明承担起了世界的一项重任：遥远的中国自此成为全世界的奢侈品及"货币"产地。

我们勤劳勇敢，我们爱好和平，我们古老神秘，我们的东西无可挑剔！

上千年来，"中国制造"都代表着全世界的最高艺术与质量标准！

膜拜伟大祖先的同时，我们今天同样有理由相信并在一天天见证，中国制造的质量与艺术水准正在重回时代之巅！

这条堪称世界上最伟大的文明通道，它既拉近又阻隔了中国与世界之间的距离。

拉近，在于有了它的存在，中国与世界得以连接，东西方文明得以贯通，整个世界都感受到了来自东方默默的善意及大大的实惠。

阻隔，在于它崎岖狭长，戈壁峻岭，再加上西域各个不连续的绿洲小世界，阻隔了许多来自外部的危险，使中华文明得以安详发展，绵绵不绝。

我们后面还会细讲"丝绸之路"对于整个世界的巨大影响。由于中亚的小绿洲的特殊地理结构，使得无论是东方还是西方的文明，都无法对中亚进行吞并，只能搞城邦自治，这也就使得各种文明在中亚好像进入了神奇的炼丹炉。各种各样的文明、宗教、技术在这个大熔炉中淬炼、融合，又都在合适的时候去反哺曾经输入进来的文明。

这条通道，千年来一直承载着极其厚重的历史使命。直到后来地理大发现，新航路开辟出来，丝绸之路才开始变为次要的贸易文明通道。

但丝绸之路的影响力，在今天再续前缘。2013年，我国提出"一带一路"倡议，亚洲屋脊上的交流网络正在悄然编织，重新建立起来。丝绸之路正在一个强大的中国的主导下，再次成为整个世界的焦点。

这一切都源于两千一百多年前，一个千古一遇的皇帝，派了一个千古一遇的十九岁小将，彻底地改变历史走向的那一战！

不光是这条丝绸之路，美丽的新疆也在此时成为中华文明不可或缺的西部屏障与能源中心！这片神奇的土地无论是地理气候，还是习俗风貌，都与中原文明迥异。

大胜归来后，武帝赏给霍去病一座豪宅，以显军功及恩宠。霍去病豪迈地说出了那一句千古豪言："匈奴未灭，无以家为！"

伊稚斜单于在漠北感受着凛冽的寒风，慨叹道："大匈奴到了我这辈儿，怎么就完了呢？"

在两个"赌圣"的操盘下，武帝在越来越大的赌局中一次次大胜，赌瘾越来越大的武帝将眼光望向了遥远的漠北。

伊稚斜！

嘿，喊你了！

别琢磨了，该"梭哈"了！

第八战

漠北大决战:
农耕民族的荣耀之巅

一、天价军费从哪来？

这一章可以说是整本书中最重要的一章。因为在这一章中，一次改变整个世界的决定性战役，使得一个曾经凶悍、横霸在整个东亚板块上的强盛民族再也无法站起来，此后永远地变成了无名小卒，并在四百多年后，彻底地退出了历史舞台。

这一战，也作为汉武大帝时代的巅峰之战，改变了今后两千多年的中华民族！之前的连年征战使得四海虚耗，此一战，武帝更是空国而来。

一场场封建王朝本来根本无法承受的战争催生出了一系列的巧取豪夺，并随着这一场巅峰对决悉数登台亮相！在这场战争中，不仅武功达到了农耕民族对战游牧民族的历史巅峰，那些奇思妙想的压榨更是威武绵长！

如果说秦始皇是所有皇帝的祖宗，那么汉武帝就是此后这台国家机器的001号缔造者。之后的两千多年中，出现了各种型号的国家机器，他们或许各有不同，但全都是在武帝型号上做的增减，大体没怎么变。

话说霍去病彻底打通河西走廊后，整个匈奴的所有肥沃之地全部丧失了。伊稚斜这哥们儿晚上睡不着觉的时候估计也喝闷酒，眼睁睁地看着自己啥也没做错，怎么就莫名其妙地完了呢？

因为伊稚斜点儿背，碰上了千年等一回的人物。

当年以皇十子身份登基的刘彻，绝对是整个世界历史上的"黑天鹅事件"，因为这位爷不仅自己舍得一身剐，还有办法将极大概率亡国的作死演出,成功地让千万人乖乖买单,并传唱千古。

自古以来,不乏出现很多如武帝般能折腾的皇帝,但没折腾亡国的,却没有两三个。甚至可以说,折腾成这样还没亡国的,他是唯一的一个。正所谓眼睁睁地看着鹅毛被拔秃了,但大傻鹅们就是不叫,这就是水平。

千古一帝,并不是那么好当的。

说最终之战前,我们先来开开眼,看看武帝是如何"拔毛"的。也就是前面我说过的,人家是怎样打造这台国家机器的。

还记得卫青的漠南之战吗?

其实在那个时候,武帝的钱袋子就已经差不多空了,打仗不光是"大炮一响,黄金万两"的事,战争之外还有很多令人脑仁儿疼的地方。将士们得胜,你得赏;阵亡的家属,你得抚恤;新占下来的土地,你得去移民巩固。每一项,都得伸手找你要钱。

正所谓只要想使唤人风里来雨里去的,都是需要拿钱来的。没钱谈什么理想?

武帝过完战争瘾之后,发现已经拿不出来钱了,于是重拾起了爷爷辈用过的好方法,卖官鬻爵。但爷爷辈时骑自行车就觉得速度很快了,到了孙子这辈却恨不得连飞都看不上眼。武帝重拾起这个好方法时却发现,这个方法其实很一般,并不解渴。

文帝时,卖的官仅仅是个荣誉头衔,免除一些象征性的人头税什么的,有点类似于在网络游戏中花钱买身漂亮衣服,戴个皇冠什么的,看着很威风,并不具有实际意义。现在虽然还是有一定的效果,但卖官的那点钱根本不够武帝用的。在当年,他爷爷觉得是巨款了,而现在连孙子的零花钱都不够。

不过,师父领进门,修行就靠个人了。祖宗给你指出道了,路怎么走,你自己挑嘛!

到了武帝这里,他开始创造性地进行发挥。他先是借鉴了秦时的二十级武功爵,设立了大汉版的十一级功爵制。同样是针对百姓,但获得的方式变了。秦朝的百姓想要获得爵位必须立有军功,而到了武帝时期,钱成为检验爵位的唯一标准。

先甭急着骂武帝，说商鞅那套制度多科学。其实只是时代变了，商鞅的那套到武帝这里，根本帮不上忙。

从这里也可以看出来，在武帝的这个年代，战争的目标不同了，一切围绕战争的配套方式，也发生了巨大的改变。

秦国当初军功立爵，将全体大秦人紧密地团结在了战争的旗帜下，团结一致向"脑袋"看。

那个时候以步兵为主，拼的是人口动员能力和战争火爆意愿，我在短时间内能动员上来好几十万"战场红眼病患者"，我就赢定了。比如，长平之战的后期，人的数量就非常重要。在那个年代打仗打得是规模，而且战争所得的土地红利，可以兑现你的军爵承诺，所以商鞅的那套没问题。

但时代的车轮滚动到了武帝这里，玩法变了。

由于战争的矛头对准了匈奴，兵种的较量由步兵升级成了骑兵，所有的奖励需求就都变了。这个时候，人数已经不是最重要的了。即便你带着一百万大军出征，你只有两条腿，而人家有四个蹄儿，你连跟人家过招的机会都没有。这个时候，培养专业的骑兵部队，就成了刚需。

我们也可以看到，在汉朝对匈奴的这一系列战役中，无论是卫青还是霍去病，最多也就带出去五万骑兵。虽然从数量上看着少，但之前我们说过骑兵费钱，训练这五万骑兵的花费差不多等同于我们今天培养五万个飞行员。

再加上骑兵还需要一系列的地勤后续辅助与配置，所以这个时候，国家已经不需要越来越多的人都加入战争了。只要把这些培养出来的骑兵精英伺候好了，并且想方设法地防止他们减员，并有方向、分批次地继续训练新的骑兵就可以了。

这就得拿钱来了。

所以，武帝的军功爵制度，与时俱进地变成了拿钱说话。

一提到钱，武帝比他爷爷可聪明多了，他爷爷卖爵位，属于"卖整车"，一辆"奔驰"卖一百万。但武帝则明白这样不划算，要把"奔驰"拆成各种零件卖，这样一百万就卖出了三百万。

武帝将军功爵位分成了十一个等级。每往上升一级，你都得拿钱来。这一个小改动，就把卖爵位的利润提高了好几倍。漠南之战后，武帝的卖爵收入高达三十余万金。

不过，武帝将爵位人为地拉开到十一级后，也势必要增加一些有点说服力的项目，老百姓也不都是冤大头，你再漂亮也得拿出点实在的本事。武帝先是在免税、免役之外，又加入了刑法豁免权。轻罪可以减免，重罪可以减轻惩罚，像李广、公孙敖这帮人，打败仗回来按律当斩，但他们可以交钱了事。罚款都是天价，后来伟大的太史公就是因为交不起钱，最后才无奈受如此凌辱。

但是，社会矛盾开始出现了。

没有这种卖爵行为时，其实司法的不公平已经对社会存在的不和谐因素，起到放大作用了。这就好比虽然知道有钱能够脱罪，但还是要喊出来"王子犯法与庶民同罪"。看透但不能说透，民不患寡而患不均，这种明码标价后，社会矛盾开始陡然激化。

不过，这也属于可控范围内的事情。但是到后来，武帝在爵位中加入了一项万不该添进去的服务。这项服务的影响、打击面极大。如果说刑法豁免权是坏了一锅汤的老鼠屎，那么这项增值服务就是被扔进汤里的死老鼠——花钱可以当官了。官员手中是有权力的，只要涉及权力的，波及面就广，就从来没有小事。

当然，一开始武帝的心中是有谱的。他知道官员任命不是小事，不能谁有钱谁上，一帮草包是治理不好国家的，所以他最开始的限定是做吏。

官和吏有啥分别吗？有，还不小。

在我国的官僚系统中，官和吏一直是两个系统，官是方针制定以及地方负责人员，相当于高级官员。吏就是基层干活的，属于基层公务员。在古代，"吏"甭管多能干，到死都是达不到"官"这个级别的。想到那个级别，必须得有国家的"编"！也因此，那个时代的"国家编制"值钱得多，官员基本上是处级起步。

武帝最开始的想法是，底下干活的这帮人，看在你有钱的份儿上，可以不计较素质，但高级干部还是必须凭本事上岗。官爵的权力限定为吏的范围，算是对官僚系统进行了一些保护。

你是这么想的，但不见得能一直执行下去。

到了后来，随着武帝的钱越花越多，什么官啊吏的，也就都顾不上了。吏的限定被解除了，有钱就是爷！越来越多的人花了大价钱后进入了仕途，走向了大舞台，先是当上了郎官（储备干部），然后开始走向正式的官场。

其实无论是吏，还是官，一旦能花钱买权力了，"羊毛出在羊身上"就是个永远无法绕过去的问题。随着越来越多的"汤师爷"进入官僚系统，官场的风气与效能开始迅速败坏。这是武帝放出的第一个"魔鬼"。这第一个"魔鬼"是后面所有巧立名目的放大器！他为后世的皇帝与官僚们做了一个超级烂的示范，并告诉后世的皇帝与官僚们，有这么一种杀鸡取卵的敛财办法，叫作卖官。

当时确实能收上来一大堆钱，但完全是寅吃卯粮，整个政权系统会被迅速腐烂掉。

虽然武帝根本没想到会这样，但这个世界就是这样，一旦向错误方向开了头，就再也收不了手了，事态的演变会大大超乎你的想象。这样的"魔鬼"，武帝还放出了好多个。

很快，武帝放出了第二个"魔鬼"。重税开始出现了。

早在马邑之战后，武帝就重拾起了已经取消了好几十年的商业税。刚开始恢复时的税收政策比较粗犷，仅仅是政府设立关卡对运输载货的车辆收税，叫作"算轺车"。

不过，后来武帝觉得光查大车还不行，来钱还是少，还要收财产税，要把范围搞得大一些。你们在我的土地上搞投机倒把，我一定得抽头！

扩大范围后的武帝干上了"赌场老板"。他开始将税收政策细化，重点打击对象瞄准了商人，开始了全国性的"扒皮运动"：每拥有价值两千钱的资产,就要缴税一百二十钱,叫一算,税率是百分之六。手工业的小商小贩稍微好点儿,税率为百分之三。

听上去好像还可以忍受,但这很快就成了祸害天下的政策。

任何时候,进行财产评估都是极其高难度的活儿,是个唾沫和血肉横飞的行业。

武帝征收财产税,大嘴一张只认钱,但在操作上却具有极大的模糊性。你说我们家值两千钱,我还说就值两百钱呢!我这就剩一个屁帘了,你非说这是一杆大旗!

任何时候,一旦法律尚不完备或者说不清楚,执法的人就都自动变身成了法典圣斗士。

别废话!我说啥就是啥!

后来,武帝据此出台了相关细则,但规定仍然粗暴。对于不好计价的货物,武帝规定按车算,平民有一辆轺车,要缴纳一算的税;有五丈以上的船,也要缴纳一算的税;商人的税收还要加倍。结果,本来百分之六的税可以忍受,但在实际中一系列操作下来,税就变成了百分之几十。

真是狗掀门帘子,全凭那张嘴。

我就两千钱的财产,你非说我有两万钱,我家的玩具车在你嘴里变成了大货车,再加上爵位制下,引进了一帮花钱进来的官吏,回本的动力以及张嘴就是法的硬件配合,让横征暴敛的"魔鬼"被彻底地释放出来了。

灾难的影响还远非如此。由于百姓们不堪其扰,开始大量隐藏财富,全都伪装成了要饭般的凄惨状,说谁家里有钱简直比杀了他还过分。

不过,这仍然难不倒武帝。

武帝发明出了一项非常令人叹服的政策:全民大告发!(这可以被称为第三个"魔鬼")

漠北之战前,由于军需巨大,武帝颁布了《告缗令》。法令的具体表现就是鼓励互相揭发别人的财产,查出来谁家藏匿财产不上报,就强制充公,然后政府和告密者对半分。

百姓的热情一下子就被激发出来了，民间很快就掀起了一股告密热潮，越来越多的人被抄没家产。在迅速弥漫的这种社会风气下，全国有产家庭几乎全部破产，汉初七十年发展的经济生态被连根拔起。

构建一个伟大的良性生态，需要好几代人的时间。但破坏它，一个政策就可以了！每一个政策的出台，都需要经历很多轮的论证探讨，邀请大量的专家和相关人员，进行前期试点等一系列流程。

政策可以缓出台，绝不可以急出来。一笔之下，事关千万人身家性命，万万慎重，儿戏不得！所以很多时候，不要单纯抱怨政策滞后，不时效时新，很多行业和岗位，有它们自己的规则。兹事体大，要慎重！

"有恒产者有恒心"的良性发展被人为地破坏了，自商鞅变法后，中国的经济生态被又一次扼杀了。虽然前面的七十年，汉初的几代皇帝无心插柳地通过"无为"而治，慢慢地培育出了越来越好的社会生态环境，但在武帝的"英明"统治下，一朝全回到了建国前。

这章要说的漠北之战，之所以是具有巨大里程碑意义的一战，是因为为了筹措这一战，武帝搞出了三个跨世纪的敛财大招，刚刚的《告缗令》是最小儿科的。

在消灭国家的巨富与有产阶级后，还是堵不上源源不断、越来越大的烧钱大窟窿。武帝就好像喝了盐水的脱水者，越喝越渴，越渴越喝，很快他就发现来钱的速度已经入不了他的眼了。他需要更快更暴力的敛财方式。

货币，终于被武帝挖掘了出来。

武帝之前，汉代的货币主要是文帝时期推出的四铢钱，钱币六枚重一两。由于汉政府一直允许民间铸造货币，只要铸币达到政府规定的规格，都可以进入市场流通。这样就有一个问题，就是少数占有矿产的人或团体能够获得大量的实力，这对于中央政权是个大威胁。比如，七国之乱时的吴国，吴王刘濞之所以如此嚣张，很大的原因就在于他不差钱。

但私人铸币同样有好处，在讲文帝时我们说过，大量的货币被造出来注入了干枯的经济体中，推动了整个社会的发展速度。这是其一。

还有一个好处当时我们没有详细说,就是为了留到现在。这个好处,是它可以产生"良币驱逐劣币"的经济效应。

举个例子,当所有人都可以造钱的时候,张家造出来的钱足值足两,李家造出来的钱总是缺斤少两,那么时间久了,人们心里都有数了,谁也不愿意接受不好的货币。所以,张家的钱就会统一市场,没有人再接受李家的钱作为结算媒介。

李家为了继续有生意做,避免造出来的钱折腾半天也花不出去,就倒逼着自己要造出足值足两的优秀货币,来与老张家进行竞争,市场由此进入了正循环。

时间久了,市场上就都是足值的货币了,这也为老百姓的各种交易进行了保驾护航。此时,政府做的是仲裁者与收税者。你们爱咋造咋造,我只要保证能收上来钱,收上来的钱能花出去,就可以了。

这是一柄双刃剑。经济会走向正循环,这是利。但从长远角度来讲,国家的控制力会越来越弱,这是弊。

在《货币战争》中,罗斯柴尔德说的一句话还是很写实的:我只要控制了一个国家的货币发行,我根本不在乎法律是谁制定的。

当武帝发现了货币这块新领域时,他觉得自己不掺和一下,实在是太说不过去了。结果就是这块新领域差点儿把武帝搞死。

随后,武帝找来"共犯",在搞掉阿娇的张汤帮助下,先是搞出了"鹿皮币"与"白金币"。这两种货币双管齐下,分别从宗室贵族和黎民百姓处进行强行抽税。

先来说所谓的鹿皮币,基本材料就是一块白鹿皮,一方尺的白鹿皮饰上紫色的花纹。就是这么一块皮子,武帝标价四十万钱。你别嫌贵,不打折,你还必须得买,不买就办你,而且理由充分。

依照汉代的礼仪,诸侯朝觐与祭祀祖先时,需要使用玉璧。但张汤进行了小改动,规定诸侯在使用玉璧的时候,都必须用鹿皮币作为垫子,衬在玉璧下面,以示尊崇。比较可笑的是,主角玉璧才值几千钱,但作为配角的那块破皮子，却达到了四十万钱。

白鹿皮成功抢戏后，武帝就再也不看那块破玉璧了，那块白皮子才是定性你是不是支持者的关键。你要是不用，那么你的罪过大了，你居然敢对祖宗不敬！（其实祖宗就是武帝自己。）我还是废了你的封国吧。

这几乎就是武帝明目张胆地找亲戚们伸手了。白让你们当地主啊，哪有那么好的事？没看我这都忙活飞了，都给我交钱！

鹿皮币是找亲戚张嘴要钱，接下来的白金币则相当于武帝向全体百姓伸手了。所谓"白金"，就是银锡合金。

汉代的法定货币是黄金和铜币，银还不属于法定货币，锡更是从来没成为过货币。武帝官方创造了一种货币，并进行了生硬的推广。

白金货币设计了三种面值。面值最大的叫"龙币"，圆形，上面刻着龙，一枚价值三千钱；中间面值的叫"马币"，方形，上面刻着马，价值五百钱；最小面值的叫"龟币"，椭圆形，上面刻着小乌龟，价值三百钱。

武帝对百姓说："乡亲们，以后这种货币合法了，都去花吧。"

但问题来了，银和锡在当时并不值钱，如果你说银和锡可以列入货币，那么就应该按照市场的等值对这两种金属进行计算，该咋定价咋定价。

但明明小乌龟就值一钱，你非说它值三百钱，画条大龙就说它值三千钱，这不是官方瞎扯吗？这样就只能逼着老百姓往歪路上走。

民间开始用两个拳头反击，一方面在交易中疯狂地抵制这种货币，另一方面又疯狂地偷铸白金币进行套利。

本来是武帝的单方面耍赖，结果变成了全民耍赖，全天下开始制造白金币，然后套利价值更高的黄金与黄铜。

劣币开始驱逐良币了。

漠北之战虽然靠鹿皮币与白金币榨取了足够的军费，却也为后世开了一个巨大的坏头。

武帝的法律规定，只有他自己可以单方面耍赖，民间不能私铸白金币，只能铸有价值的铜币。我抢你们可以，你们要乖乖地躺好，不要反抗，谁要是反抗跟我抢生意，别怪我不客气！

但全国百姓又都不是傻子，利润一旦达到一定程度，全民皆可铤而走险！百姓根本无法抵制住套利的巨大诱惑，结果假币犯开始越来越猖獗。在如此形势之下，武帝震怒，反了你们了！武帝下令私铸白金币者判死刑，并任用了大量的酷吏去整治市场。他为了擦这个屁股，行政编制又膨胀出了一大块。

武帝岂是那种眼里容得下沙子的人，在逮着一个杀一个的严刑峻法下，当时的假币犯居然达到了惊人的百分之五，这还仅仅是抓到的。而且，大量的冤假错案被借题发挥地搞了出来。

五年后，武帝觉醒了，再这么下去种族就灭绝了，于是赦免了牢中的几十万假币犯，并下令前面的事全都既往不咎了。

武帝人生中第一次认栽，白金币被废止了，不过他又从另一个角度去进行货币改革了。

武帝不再从货币的材质上巧取豪夺了，那样太粗暴，而是在缺斤短两上下足了功夫。他也明白了，不能总玩强硬，毕竟自己不是土匪。再怎么说，他也是个受过高等教育的统治者，最起码体面点嘛！

武帝废掉白金币并大赦天下后，也做了妥协后的要求：今后民间不允许再私铸钱币了（之前民间铸铜钱还是允许的），谁再铸钱无论真假，皆严惩不贷。我也按照套路来，不拿乱七八糟的钱币糊弄大伙了。

从此武帝将货币发行权拿到了政府手里。汉初八十年的自由货币，从此打住了。

武帝推出了一种新货币，大名鼎鼎的五铢钱登场了。

武帝在推行五铢钱后又发现了一个大问题——产能不够。这么大的一个国家，需要流通如此多的货币，中央的能力根本就达不到。于是，武帝一边着手扩大中央的铸币产能，一边又下令了：允许各个郡国按照中央的标准来铸造钱币，投放到经济大环境中去。他实在是信不过老百姓，关键时刻要看亲戚们的了。

武帝有他的打算，他想耍心眼，即在垄断铸币权后，偷偷地通过缺斤少两来达到隐形的通货膨胀，五铢钱实际上就出三铢的量。不过，他慢慢地发现，他这帮郡国的亲戚们也都明白了这点小猫腻，而且干得比他还过分。

五铢钱一走向市场，口碑慢慢地就反映上来了，老百姓发现老刘家全不是好东西，全都缺斤短两！

武帝不光挨了骂，他还发现自己吃了亏，郡国五铢钱居然比他的中央五铢钱还缺斤短两！

没有最缺德，只有更缺德！尤其是当郡国五铢钱通过税收回到中央手中时，武帝深深地感到受了伤害。你们怎么能跟我这有文化的耍无赖呢？

千万不要让老奸巨猾的人吃暗亏，不然报复会铺天盖地而来。

武帝想，咱们是亲戚呀！我那么信任你们，你们这帮缺德玩意儿，居然敢跟我玩这个！

于是，武帝又出招了。他又发行了一种钱，在五铢钱上用红铜镶了个边，号称"赤仄五铢钱"。

这些钱的发行权就不授予郡国了。而且武帝规定，他的一个赤仄五铢钱顶五个郡国五铢钱！今后上缴中央的税收必须使用赤仄五铢钱。没有红边的，我不认！别想再拿你们那些乱七八糟的钱糊弄我了！

这其实又是白金币的一个变种，虽然原料也是铜，但这相当于武帝硬性规定了一个虚高的货币价值。

在巨大利益的诱惑下，老实了没多久的老百姓又都走上了犯罪的道路，开始纷纷加入了仿造"赤仄五铢钱"的行列，钱币市场更加混乱。

这个时候，整个中华大地的钱币已经彻底乱套了，市场上充斥着中央五铢钱、郡国五铢钱、赤仄五铢钱以及各种民间假币五铢钱。武帝打击了一次又一次，监狱里再次装满了"或真或冤"的假币犯，却根本消灭不了这种猖獗的做法。

哪里有矿产，哪里就有开干的假币厂，占山为王的各种黑帮组织也随之出现。

在黑白两道的鼎力配合下，民风淳朴的中华大地眼看就要变质了，武帝慢慢开始觉得原来也有自己搞不了的项目。最后，武帝终于进行了限定，将铸币权彻底收归中央政府，各郡国都停了吧，并将全部矿产国有化。

最终，所有人都被清盘了。

民间继续大力进行打击假币活动，亲戚们也都滚一边去吧！不准各个郡国再铸造郡国五铢钱了，我自己的赤仄五铢钱也不用了，今后全天下的钱币只准在上林苑铸造，铸出的钱称为"上林三官五铢"。这就是后来在中国历史上通行了八百年的真正五铢钱。

谁能想得到，就这一枚钱，能让武帝搞出这么多的事情。

武帝的这一整套事情搞下来，令后世的皇帝们明白了一个道理：货币的发行权必须抓在自己手里！并且，中央绝对不能允许地方政府和私人拥有铸币的权力，一旦权力放出去，肯定乱套！只有这样，才能方便皇帝进行通货膨胀操作！

垄断了铸币权及矿产权后，皇帝就没有任何竞争地掌握了最简洁、最直接的抽血手段——通胀造假。他们只需在铸币中偷偷地造假，就可以造出更多的货币，然后用这些货币换来更多的物资或者支付更多的军饷。等到市场发现了假币并不具有如此的购买力时，他们那边早已套利得手。

最终的结果是货币贬值，相当于政府收取了隐形的通胀税。皇帝一点亏没吃，吃亏的是百姓们，越是经济活动中的末端越吃亏。

封建社会历朝历代，掌握铸币权的人都在隐形地抽税，这是一个叫刘彻的皇帝开的头。劣币驱逐良币，开始成为这个世界永恒的定律。

因为在缺乏竞争、一家独大的情况下，货币永远是如此的运行轨迹。比较过分并且玩砸了的，比如宋末的纸币、第一次世界大战后的德国马克、蒋介石的金圆券，全都是这样的。

武帝的金属货币，其实还算厚道，但它并不地道。货币，是武帝放出的第四个"魔鬼"，但已经属于"大魔王"级别了。

别急，还有最后一个"魔鬼"，我们同样会很熟悉。我把它叫作"汉企"。

刚刚说的货币演变，跨越了很多年，我们只是把它放在一起说了。在漠北之战前夕，武帝为了全方位无死角地压榨大汉子民，使出了大神级别的敛财手段——打造"大汉企业"。

为此，武帝还请了一批"金融专家"和"经营教父"前来想办法。

虽然武帝一直打压商人群体，但他却并不排斥这个群体中的有用之人。

客观来说，汉武大帝的那个年代，做到了唯才是举。各行各业有能力的人，只要他能够用得上，就全部能够人尽其才，这其实很难得。

武帝是极少数能够始终将眼光紧盯着自己的目标、一切从事儿上看的皇帝。

万事万物，皆可为我所用。

多盯着事，少盯着人，这是个很可贵的干事业思路。

为了打造天下第一强国，武帝几乎无所不用其极。也正是这个时候，几位发了大财还有着政治梦想的商人摸准了武帝的脉，利用他们的商业手段以及专业知识，弃商从政，成为武帝身边的财政大臣，开启了与民争利的新篇章。代表人物有主管盐业的大农丞东郭咸阳，主管冶铁的大农丞孔仅，以及总管财政的大名鼎鼎的桑弘羊。

自筹备漠北之战一直到武帝驾崩，桑弘羊一直掌管着天下财政大权，为武帝的一个又一个不切实际的梦想，想尽了办法去鱼肉天下。正是在桑弘羊这帮聚敛之臣的手段下，影响中国两千多年的"汉企"模板正式形成。具体的表现是，通过垄断自然资源，进而垄断最能影响百姓生活的产业进行间接收税。

最直接的两个产业，是我们的老朋友，盐和铁。

盐和铁，之前归类到"山海收入"中，这部分钱归少府统筹，属于皇帝的私房钱。在当时，所有的自然资源性的收入，全都称为"山海收入"。

皇帝有小金库，也允许百姓们靠山吃山、靠海吃海、挖矿晒盐，这都是合法的。皇帝只是在产矿与产盐的地区设立了关卡，让百姓们缴纳一定的"山泽税"。这笔钱的比重一直不大，所以归到了皇帝的零花钱中。

当时的国家财政分为国家收入与皇室收入两部分，国家收入基本上就是土地税，归大司农管；皇室收入主要是山泽税和一些其他的边边角角，归少府管。不过，武帝为了完成自己雄霸天下的伟大理想，摆出了高姿态，将山泽税划给了大司农，用于国家开支。

国家的开支越来越大，但农业税都是"死工资"，每年没有什么出入，于是武帝开始动山泽税的脑筋。盐铁商人出身的东郭咸阳和孔仅提议：将盐铁工业全部收归国有，不准私人经营。

这一招可谓"稳准狠"。因为他们，就是这么富起来的。

我们在讲当年魏国的"四个自信"时，强调过魏国之所以经济实力强，在于既能打铁，又能晒盐。在那个时候我们就说过，这两条命脉直接决定着经济民生。

只要人活着，就得吃盐，这是标准的生存刚需。

只要想种地，就得有铁器，不然靠着手刨是出不了产量的，这是地地道道的生产刚需。

一个生存刚需，一个生产刚需，哪个都是要命的。

之前几十年，政府并没有参与争利，哪怕收点税，哪怕少数人先富了起来，出现了让人们心里不平衡的大富翁，但大汉百姓的生活仍然是可以的。

为啥这么说呢？

因为这种行业虽然是刚需，但是由于并非独家垄断，所以竞争非常激烈。市场逼着商人们不断提高产品质量、降低价格，老百姓可以花更少的钱，用上更好的农具与菜刀，吃上更好的盐。

商人们通过不断地提高质量与产量，使得自家产品的影响力越来越大，越来越多的富翁也开始出现。少数人先富了起来。

政府通过收税，使得皇帝的私房钱袋也越来越鼓。

三方共赢的正循环下，大汉百姓幸福地生活着，直到碰上了武帝。

武帝的国营垄断后，因为没有了竞争，盐、铁的价格开始大幅度上涨，但质量却开始大幅度下滑。因为是武帝一家的买卖，你想活着就得买他的盐和铁，所以他压根儿就不用考虑质量与市场需求。

百姓们要么买不到合适的工具，要么就得花大价钱去买残次的农具和掺了土的盐。而且哪怕我上涨十倍的价格，你依然愤怒不起来，因为一把锄头和菜刀可以用上好多年，每顿饭也就只放一点点的盐。价格虽然贵，但你的用量不大，你挤挤腰带还能凑合活着。

温水煮青蛙，明摆着坑你，但你仍然得忍着。

就是这个看似温吞吞的墨迹手段，从此成为政府敛财手段中那条最粗的胳膊！因为体量和基数大！所有的人只要活着，都要被间接地强行征税！

食物的个头太大，吃饭效率就会太低。为啥蓝鲸是世界上最大的动物？因为它们只吃不起眼的浮游生物和磷虾啊！没错，都是小角色，但它一口可以吞食二百万只磷虾。

蓝鲸每天不干别的事，天天搁那张着个大嘴，哪儿浮游生物多就去哪儿。蓝鲸嘴巴上的两排板状的须像筛子一样，肚子里还有很多像手风琴的风箱一样的褶皱，既能扩大又能缩小。靠着这堆大网，它将海水和磷虾一齐吞下，然后嘴巴一闭，再把海水从须缝中排出，滤下小虾、小鱼吞食。这才是高效率的吃法！

吃大型动物的，都长不成顶级块头。因为你的食物来源有限！

武帝时代，每年的土地税大概能收上来四十亿钱，但他的盐铁两项每年却能收上来八十亿钱，占整个国家收入的三分之二。

武帝的盐铁垄断，是他放出来的第五个"魔鬼"。

"汉企"这个魔鬼由于来钱多、抱怨少，也成为日后历朝历代剥削黎民百姓的最大妙招，在之后的历朝历代中，盐铁收入都至少占据了中央财政收入的半壁江山。

太史公作为一个"黄老"治国和武帝盘剥这两大历史事件的亲眼见证者，用优美深刻的笔法在《史记》中专门描写了巨富商贾的《货殖列传》。其中，有良心的司马迁写出了一句点题的千古佳句："故善者因之，其次利道之，其次教诲之，其次整齐之，最下者与之争。"

这是最高级别的讽刺与嘲笑，明摆着就是在打武帝的脸。

我来简要翻译一下这句话：统治者，最高明的办法是顺其自然，然后是用利益诱导他们，其次是教育他们，最后是用典章制度来束缚他们，最低级的办法是与百姓争利。

这个《货殖列传》，几乎可以称之为大汉的《国富论》。

《史记》中留下了"天下熙熙，皆为利来；天下攘攘，皆为利往"，"农不出则乏其食，工不出则乏其事，商不出则三宝绝，虞不出则财匮少"等诸多千古金句。

太史公强调，要相信只要我们顺应时代，顺应经济规律，老百姓是有能力将日子过好的，国家也会因此富足起来的。并非"汉企"不好，但长时间涸泽而渔，国家就该被压散了。这也让我们看到了史官祖宗的秉笔直书和情操气节。

让我们来盘点一下武帝释放出来的几个大"魔鬼"（其中一个也可以被称为"超级放大器"）："魑魅魍魉"分别是资产商业重税、百姓告发检举、通货膨胀、垄断盐铁；"放大器"是"卖官鬻爵"。

结果是个人集体破产，全民劣根自危，国家在经济的源头彻底剥削压榨每一个百姓。

武帝在两千多年前，为所有的后来人详细地演示了，如何将整个天下变成自己的欲望提款机。

孝武皇帝（武帝谥号）说得挺好听，轻徭薄赋，看上去土地税并不是很高，只有百分之三，还写在史书中被万世传唱。只能说明他的水平是真的高。

所有的盐、铁、地租等成本算下来，每个百姓辛辛苦苦地、年复一年地劳作，实际上就是在给皇帝与官僚们打工。辛苦了一年的百姓到年底一看，啥也没剩下。不对啊？今年是丰收年啊，地租也并不高啊？收成和钱都去哪儿了呢？

武帝早已用非常隐蔽且高超的手段，对百姓进行了盘剥。你吃的盐、用的铁全都交着税，辛辛苦苦攒点钱，农具一坏，又全都搭进去了。皇帝拿大头儿，办事的官员们拿小头儿，老百姓们挣扎地活着。

这一切的始作俑者，是汉武大帝。

而且，这些"魔鬼"的影响还不止于此。武帝为了不断满足自己的欲望，尤其是他派出去争利的"汉企"产生了大量的工作人员，导致整个官僚系统开始越来越臃肿，官员的成本开始大幅度上升，社会的总体成本进一步提高，最后买单的还是最可怜的老百姓。

不仅如此，他出台的这些政策，在很多时候都是上不了台面的，甚至是丞相等"三公九卿"所无法理解贯彻的。

武帝比较猛，对于他的想法，丞相等官僚们是不敢反驳的。您这都是跨时代的政策，咱们屯子里的人整不明白啊！

后来，武帝索性就不跟丞相和官员废话了。再加上前面摆平军功集团相权的历史任务让他爷爷和爹干完了，根本用不着跟丞相商量了，你就低头给我干活就得了！

为了让自己的政令通达，武帝组成了自己的小班子团体——尚书机构，也就是尚书台。自此，几乎所有的天下决策大事，全都自这个机构中酝酿而出。尚书机构的出现，也意味着从此往后，作为皇权重要制衡者的丞相，要靠边站了。

刘邦当年建立的"三公九卿"官僚制度中，百官之首是丞相，皇帝负责定方向，丞相则负责整个国家的吏治和日常行政工作。

用现在的话说，皇帝是"董事长"，丞相是"总经理"，丞相手底下是有着一整套行政班子的，很多政策是丞相领着手下制定的。但是，随着武帝越来越能折腾，他总是感觉丞相已经无法领会他的意图了。而且，你丞相手中怎么会有这么多权力呢？我怎么能允许这种情况发生呢？于是，"董事长"开始亲自抓经营了。

尚书台这个机构实际上从秦代开始就存在了，不过那个时候它类似于皇家后勤管理员的角色，隶属于"九卿"之一的少府管辖。但武帝加强了尚书台的权限，使它形成了一个围绕皇帝的决策机构。

从此，皇帝可以不用征求丞相与百官的同意，在尚书台和几个心腹大臣把想干的事情一商量，政策就定下来了。此时丞相虽然仍有其名，但已经无其实了。

尚书的权力，在后面我们会专门介绍。武帝别看现在用得得心应手，挺带劲儿，但他破坏了权力的游戏规则。他想总揽一切，最终他也将被这个创造物反噬。

现在谁也不敢惹你，但你总会有离开大汉百姓的那一天。武帝的身后事，就是托孤给了一个总领尚书事的人。这个人后来在这个职位上干出了千百年来绝少有大臣能干出来的事——废皇帝！

前面所说的这几项"魔鬼政策"，创意多么神奇啊！别急，后面还有俩呢！虽然这俩跟前面几个比起来，算不上一个级别，但也属于全方位包抄的。一点空子也别留下！

这俩政策一个叫作"均输"，一个叫作"平准"。这是桑弘羊提出的，其目的是增强政府的收入和对经济的控制。

所谓"均输"，就是让郡县政府开始做买卖。"均输"政策规定，地方郡县政府可以灵活处理收上来的土地税，也就是百姓交上来的粮食。政府可以当地卖掉粮食换成钱交到中央，或者用钱购买当地的土特产，然后官方拿到外地卖掉，赚取差价。

你说这脑子，是不是都走飞了。

所谓"平准"，就是让地方郡县政府做"保险公司"。"平准"政策是各地郡县在地方上兴建平准仓，当本地丰收时，郡县就收购粮食放入平准仓库；等到本地出现灾害缺粮时，郡县再把仓里的粮食拿出来卖。地方郡县既赚钱，老百姓又有了保险，真好。

这两项政策，看上去简直不要太友好。但最终结果是，"均输"加大了当地郡县的与民争利和不规则竞争；"平准"使得老百姓们不仅没买上保险，还活得更加艰难了。

尤其是"平准"政策，危害更大！

第一，粮食会腐烂，官员看管的"平准"仓往往并不用心，会出现大量的资源浪费。

第二，资源浪费倒是小事，最可怕的是产生了规模性的碾压效应。

由于各地的平准仓属于大体量"玩家"，结果这个"汉办保险公司"起到了类似现在股市中庄家洗劫散户的效果。官员们往往低价强买垄断粮食，哄抬物价，等粮食紧缺时再高抬粮价卖出，洗劫散户。

普通商人和百姓死走逃亡。少数关系户和官员则光明正大地使用官方套利的工具！

卖爵、重税、告密、货币、"汉企"、均输、平准，七大体系全方位地打造了一个密不透风的"大汉国家牢笼"！

武帝一朝，为后世的中央政府定做了一个样板。这个样板就是土地税一定要低，老百姓都看重粮食，避免引起直接冲突。但是，要通过货币造假、官府垄断、重商业税等方式，将老百姓的钱偷偷地征收上来。

一将功成是由万骨枯搭建的，千古一帝的千秋功业，则是由一个硕大无比的抽血网络灌溉浇筑而成的。

说完这些，我们的心情是不是很沉重？这就是历史。我能做的就是把它的来龙去脉以及深刻影响原原本本地展现在读者的面前。

扬民族魂魄、强汉开疆的是他，奠定压榨模板千古基调的亦是他。

定"河南"、逐阴山、通河西，必须要写得荡气回肠。漠北决战前，台面底下的种种为祸千年同样要写得入骨三分。这是对"秦皇汉武"历史地位的尊重！因为这种级别的历史人物，根本就谈不上"好"或者"不好"，更不是什么"圣主"或者"昏君"。所有人世间概括性的词汇，在他们的身上都显得太苍白了。这种级别的千古一帝，复杂到了极致，笔墨难描。是非功过，我们不再过多讨论了。

二、空前绝后的一战

武帝开启了影响两千年的各项政策，目的是想干一番天大的事业。游牧民族不好打，妥协的成本最低，这个道理我都懂，但我就是想灭了他们呢？

自公元前121年，霍去病打通河西走廊后，武帝老实了两年。这两年中，他把所有的家底全归拢到一起，要打一次超级大牌了。几乎是不打算过了的状态，武帝要动用全部的能量，出动帝国的全部骑兵，远赴两千里，去灭掉藏进漠北的所有匈奴主力。

为此武帝动用了多少家底呢？精锐骑兵十万，后勤的步兵、民夫数十万，所有官方的军马，以及从民间能征调上来的十几万民用马匹，还有无法计数的粮草给养。

《孙子兵法》中有关成本的金句"日费千金"，在此已经无法适用，因为现在的成本达到了惊人的日费数十万金。

远赴两千里灭国，这听上去就不靠谱。但不靠谱的事碰到了不靠谱的人，再加上海量的家底，往往就会擦出奇妙的火花。武帝毅然决然地这么做了。他之所以要毕其功于一役，因为他有着中国历史上，任何一位帝王都羡慕得流口水的帝国双璧——卫青和霍去病。

这对中国历史上最传奇的舅舅与外甥，成为整个匈奴的民族梦魇。

此前卫青六战全胜，为大汉夺回了"河南地"与阴山南北。霍去病三战三捷，为大汉以及整个世界打通了传奇的丝绸之路。但仍然有一个小小的遗憾，就是骑兵部队的巨大消耗，使得国家无法支撑两个伟大的将军同时出击。明明有两个"影帝"，却每次只能唱独角戏，多么遗憾！

这次，武帝作为"金牌投资人"通过各种敛财榨取，为这场中国历史上最大规模的骑兵远征，筹足了所有军需。

这场战役之后，历代中原政权再无如此规模、如此远距离的骑兵远征，步兵再次成为战争的主旋律。因为钱不好凑，马不好凑，骑兵更不好凑。

此次武帝扔出了所有家底，十万帝国骑兵，并且对这十万人进行了挑选。五万骑兵中的精锐，武帝给了霍去病，并且给了他一个非常艰巨的任务，彻底地歼灭匈奴本部主力。剩下的五万骑兵，武帝给了卫青，他的任务是彻底歼灭还未受过重大打击的匈奴左贤王势力。

从这里也可以看出，武帝还是更偏爱自己的"门徒"。

两路大军，从两个方向，同时北征。

战前武帝的原计划是由霍去病出定襄，卫青出代郡。不过，在即将出兵之前，武帝从俘虏处得知伊稚斜单于已经率主力东去，于是改变计划，令霍去病出代郡，卫青出定襄。

这次大战，也成为许多传奇将领的最后一战，比如卫青、霍去病，再如"汉匈第一大侠"，传奇的"飞将军"李广。

此时的"飞将军"李广年事已高，本来武帝已经不打算再让他随军出征了。但是，打了一辈子仗的老将军不甘心自己浴血拼杀一世，却永远无法军功封侯，看着一个个小字辈风光无限甚至躺着封侯，他真是不甘心。

李广奋起余勇，央求武帝："再给我一次机会吧！"

武帝看到老将军精神可嘉，想到他奋斗一世，于是动了恻隐之心："你随卫青出征吧。"

做了顺水人情的武帝，之后却喊来了卫青，对他说："李广这个人命不好，不要给他太大的机会，你可别给我搞砸了。"武帝这句话，决定了李广的最终结局。

公元前119年春，以郎中令李广为前将军、太仆公孙贺为中将军、主爵赵食其为右将军、平阳侯曹襄为后将军,由大将军卫青带领,兵出定襄。

骠骑将军霍去病未配备任何副将,所率皆是骁勇敢战之兵,以及大量匈奴降将,宛如一个特大的"特种兵冲锋队"一样,兵出代郡。

齐装满员的汉精锐卫青部,宛如古代"坦克集团军"出征。统御着汉制胡人的骁勇神将霍去病,在某种意义上,更像铁木真提前了一千三百年降临到了这片土地上。

这一战,诸将终将不朽。

两路大军出征千里后,卫青与霍去病均得到了一个消息,先前得到的情报不靠谱,伊稚斜单于的本部主力依然在漠北,左贤王的主力会合了右贤王的残部盘踞在了东部。阴差阳错下,卫青成为剿灭匈奴本部的那一队,而被寄予厚望的霍去病则成为剪去匈奴羽翼的那一支。

虽然有变化,但已经无法更改了。卫青此次深入大漠决战,采取的是步步为营的策略,行军中逐步推进。沿途捕获匈奴俘虏,得知伊稚斜单于驻地后,命令前将军李广与右将军赵食其两部合并,从东路绕道出击匈奴军侧背,自率主力推进前行。

匈奴那边,赵信的构想终于实现了,汉军果然翻越大漠前来了。伊稚斜单于将部众、辎重转移到更远的北方,然后集结了全部的精兵静候于漠北边缘,等待着疲惫的汉军。

卫青大军出定襄一千多里后,穿过了大沙漠,终于在大漠的尽头看到了此次的目标:匈奴的本部主力。

令伊稚斜单于意外的是,他所看到的汉军,并非面无人色、东倒西歪,而是军容严整、杀气腾腾。

不对啊!穿越了没有补给的沙漠戈壁,行进了如此远的距离,他们不应该还能保持战斗力啊?

伊稚斜单于不知道,他的一生之敌武帝筹措了多少物资,来应对这场远征。数百万人力将海量的军需物资运到了定襄前线,几十万步兵与役夫再带着这些军需随军北上。目的,就是为了伺候好这五万骑兵和几十万马匹!

草原雄师很遗憾，碰到了更可怕的庞然大物！

赵信的策略是对的，从来没有任何一个以农业为主的国家可以进行如此难度的远征跋涉。但他们遇到了千年才出一个的汉武大帝！他聚敛四海，压榨万民，就是为了大炮打蚊子来的！汉军，在那条"千年神龙"的炙热火焰下，朝他们杀过来了。

步步为营的四万多骑兵（有几千人被李广领走了）远远地看到匈奴人后，卫青下令，用武刚车（四周及车顶以厚革皮覆盖的战车）环绕为营，站住阵脚，随即以五千骑兵向匈奴发起试探性的冲击。伊稚斜单于也令一万骑兵出动应战。

战至黄昏时分，突然出现了《西游记》中的场面：一时间大风突起，飞沙走石，举首不见旁人。你说不信国运行吗？大汉的国运总是和神乎其神的大风有着玄之又玄的关系。一百四十年后，又是一场狂暴"神风"，为东汉的再续前缘扭转了时代乾坤！

大汉的国运是如此昌隆，在如此重要的大战上，再次莫名其妙地刮起了大风。在"风神"彭城救刘邦，未央灭诸吕后，突如其来的大风再次成为大汉的关键助力！

为什么说刮大风是大汉的关键优势呢？

按说大风起兮沙飞扬，两军谁都看不见谁，那就乱着打呗，谁又能比谁强呢？

还是要回到几章前我们说过的那次军改。匈奴人是"骑射"，汉军骑兵是"突骑"。

大风一来，伊稚斜单于此次以逸待劳、严阵以待、精心布置的箭阵也就失去了意义。但汉军那边却依然是无论风里雨里，大戟搁那玩命地扎你。

起风后，卫青急令大军从左右两翼迅速包抄。"总决赛"的赛点到了！此时不总攻，更待何时！此时此刻，"风神"呼啸的最关键意义出现了：杀人诛心！

漫天黄沙之中，伊稚斜单于的心理防线崩塌了！一次又一次的失败此时再次笼罩在匈奴人心中。伊稚斜单于感到危险在不断地向他袭来，汉军如屠杀动物一样，将自己的本部主力打得人仰马翻。主场优势已经不再，还是跑吧，再不跑就要交待在这里了。伊稚斜单于率领精骑数百，从西北方向突围逃走。

日暮将至，狂风渐止，汉军左校捕到俘虏，得知伊稚斜单于已经逃脱，急报卫青。

与此同时，残存的匈奴军发现群龙无首，阵脚大乱。匈奴主力开始溃散，败象彻底出现，汉军开始总追击。

卫青得知伊稚斜单于逃跑后，立即遣轻骑连夜追击，随后自己率主力推进掩杀。至天明，汉军前锋部队追出两百余里，还是未能追上伊稚斜单于，主力沿途歼敌万余人，进至寘颜山（今蒙古国纳柱特山）赵信城（赵信所建），缴获了匈奴的全部辎重。

在休整补充一日后，卫青烧毁了赵信城与伊稚斜单于的辎重物资，率军南归。

战后清点，此战卫青军歼敌一万九千人。杀伤的人数其实并不算什么，最可怕的是烧城毁物资。等待匈奴民族的，将是漠北最可怕的饥饿长夜。

似乎少了些什么是吧？李广将军呢？

从东路出击的前将军李广和右将军赵食其军，脱离大部队后再次迷路，未能如期抵达漠北战场。卫青打完仗回军漠南后，才遇到迷路的二人。

失道按律当斩，心灰意冷的李广没有再去面对酷吏们的羞辱与拷问，他准备拔剑自杀，临终前道："失道皆我之罪，与他人无关。"一代传奇唏嘘落幕，百姓闻之，知与不知，老壮皆为垂涕。

李广这一生，既有大能力，也有大缺陷。说到底，也许还是武帝的那句最终评语说得比较合适：李广这个人真的命不好。

李广以及很多将领曾经也都按律当斩过，结果都交钱了事，这回和他一起迷路的赵食其就是交钱脱罪的，但李广最终却选择了自杀。

也许是李广家里已经交不起罚款了，但更可能是李广觉得自己这一生实在是太失败了，每一次都不尽如人意，最终才会选择结束这充满各种不甘心的一生。

按说人死为大，我应该再激昂地给他拔高两层才是，但有一段李广的黑材料，我思前想后，还是觉得留在这里说好。

当年李广做陇西太守时，羌人总反，有一次他诱降了八百多人，随后全给杀了。无论信与不信，杀降不祥。

李广难封，成为此后命途多舛、怀才不遇的代名词，但李广跟卫青差的真的只有命吗？

其实皇帝早就人尽其才，给了他最合适的平台。李广这辈子，在他的现有岗位上做得已经很好了，只是他不适合再往上走一步而已。

于己于国，都是大幸。

有一辈子一直命不好的人，也有生下来就一路成功的人。

霍去病就让我们看到了，为啥成功才是成功之母。武帝为霍去病耗巨资准备的各种军需，他压根没用，而是携带少量给养，直接展开了千里奔袭。在他的思维中，认为自己是可以吃匈奴人的！

"因粮于敌"是每个名将的重要素质，但有个前提，你得找得着，你得打得赢。这两点对于霍去病来讲，根本就不叫事！

因为他带领的部队中，就有一群专业的汉制"匈奸"。用来反攻匈奴，疗效不要太精准。

匈奴人无论如何也不会想到，上百年从来只有自己是他人的灾难，大匈奴武运立国，谁知道最可怕的那个"暗夜之王"，却最终出现在了对面的那个民族！他们更想不到的是，屠杀自己的主力居然是这个"夜王"率领的自己的同胞。

霍去病率军出代郡后，北进一千余里，越过大沙漠，与匈奴左、右贤王部遭遇。

霍去病没有像他舅舅那样，又是战车当道，又是前锋试探，而是直接率领五万精锐，向匈奴军发动猛攻。

战果再次一边倒，汉军精锐在"突骑"战法和高科技武器的加持下把左、右贤王打得丢盔弃甲，惨到根本没法看。霍去病一路追杀，不断扩大战果，几乎在东路完成了全歼。

此一战，俘获屯头王、韩王等三人，将军、国相、当户、都尉等高官八十三人，共歼敌七万零四百四十三人，左、右贤王的所有筹码几乎损失殆尽，仅仅逃走了十之一二。

霍去病挥军两千余里，一直追杀至狼居胥山（今蒙古国乌兰巴托东肯特山），在山上祭天，又在姑衍山祭地后，方才得胜而回。

这就相当于匈奴人一路杀到了黄河边上，杀死我们几百万人，还在我们的泰山上封了个禅一样。这家伙给他们高兴的。

汉军凯旋后，武帝加封卫青、霍去病同为大司马，从此两人各号大司马大将军与大司马骠骑将军。

汉武帝对霍去病的战功尤为欣喜，不仅令骠骑将军的官阶与大将军平起平坐，而且再以五千八百户加封霍去病，其随行出征部下多人封侯受赏。卫青则因为未能完全剿灭匈奴本部主力，其本人与随行诸将未获封赏。

漠北决战是汉匈双方多年战争中，规模最大的一战。不仅空前，而且绝后。这一战，匈奴被杀九万多人，除了本部还保留少数火种之外，匈奴几乎所有的分支都被剿灭。

在战争中，匈奴两个主力部落的所有物资辎重，分别被卫青和霍去病全部烧毁，精壮的士兵大量战死，牲畜的直接损失和贫瘠的草原都使得匈奴的恢复能力被无限期推迟！此战后，漠南彻彻底底再无王庭！

汉军这边伤亡近三万人，战损率并不高，但重要的战略物资马匹却损失了十多万匹。再加上这一战是空国而来，整个国家的各方面都透支了太多，元气大伤，所以从硬件上，在短时间内也失去了再次远征的可能。

此一战，不仅彻底打残了匈奴，也是大汉由盛而衰的关键转折点。

刚刚我们说到，此战是诸多传奇将领的谢幕演出，李广已经走了，两年后，大漠"夜王"霍去病也猝然离世。病因不详。

不过，几乎可以肯定的是，绝对不是过于辛苦的远征透支了霍去病的身体。他又不是一直当官，二十岁出头的年轻统帅，又没有媳妇，透支什么！他的死因可能是由于受伤、细菌感染或者瘟疫。

其实直到20世纪中叶，青霉素被发明出来后，人类才从对生命的无常状态中渐渐走出来。

那个时代，遭受致命细菌和病毒的感染，往往就意味着生命的终结。尤其是一个武将，哪怕不打仗，平时训练受伤的概率都是非常高的。只要受伤，就难免会感染，活得久的真都是造化大的。

霍去病这一生，几乎干成了别人几辈子才能完成的大功业。他似乎就是上天派下来收拾匈奴这个民族的。

关于他的死，除了"透支论"外，还有很多种说法。有说他受了匈奴的水源诅咒的，有说他被李广一家索命的（李广之子李敢迁怒卫青让他爹迷路而打了卫青，他为了给卫青出气，射杀了李敢），等等。但绝大多数的推测都离不开四个字：杀戮太重。

霍去病的父亲，那个当年的平阳小吏霍仲孺根本不会想到，自己居然有这么一个能打仗的儿子。他同样更不会想到，自己的另一个儿子，会比他的这个私生子更加厉害，从而名留青史。

霍去病长大后知道了他的父亲，漠北决战出征时顺路到了平阳，便命下属将老爹霍仲孺请到休息的旅舍，跪拜道："去病早先不知道自己是大人子。"没有尽过一天抚养义务的霍仲孺愧不敢应，战栗叩头说："老臣得托将军，此天力也。"

霍去病后来为霍仲孺置办田宅、奴婢，并在领军回朝后，将同父异母的弟弟带回了长安栽培。这个弟弟，名叫霍光。

元狩六年（公元前117年），年仅二十三岁的霍去病过世，陪葬武帝的茂陵，谥封"景桓侯"，取《谥法》中"并武与广地"，彰显其克敌服远、英勇作战、扩充疆土之意。

这个亦臣亦子的孩子的过早离世，使得武帝异常悲伤。这颗绚烂的流星,那样耀眼,那样壮丽,那样令人扼腕叹息。

武帝调来铁甲军,列阵沿长安一直排到茂陵东的霍去病墓为他送葬。他还下令将霍去病的坟墓要修成祁连山的模样,以彰显他打通河西走廊的千古功勋。

去病死,无人再配冠军侯。

这是霍去病的最后一战,同样也是卫青的最后一战。

漠北决战后,由于再无悍勇强敌,大将军卫青一直作为"战神"符号震慑四方。

王牌飞行员最终的归途都是金牌教练,谁也舍不得再让你上天。

十一年后,元封五年(公元前106年),大司马大将军卫青去世,谥号"烈侯",取《谥法》中"有功安民曰烈;以武立功秉德尊业曰烈"之意。

汉武帝命人在自己的茂陵东侧一千米处,特地为卫青修建了阴山形状的墓冢,以象征卫青将匈奴驱逐出阴山,漠南再无王庭的旷世功勋。

同年,汉武帝自登基之初第二次下《求贤诏》。深谙政治信号的武帝寓意十分明显:我想我小舅子了。卫青一死,朝中无贤!在座的都不中用啊!

自公元前140年继位,至公元前119年漠北决战,汉武帝刘彻用了二十一年,彻底取得了对匈作战的绝对优势。在他的手中,彻底打垮了另一个凶悍强盛的民族。这个民族在后来的四百年中,不断地王小二过年般循环着。后来给中原政权做过藩属,变成过工具,多肉麻的话都说出来过。

匈奴其实是个伟大的民族,但最终没有在今天留下符号,而是融入了中华民族的大家庭中。幸,亦不幸。但无论怎样,这都是历史的选择。

历史安排了一个千古一帝和两个千古无二的将军,在这个时间点登上了历史的舞台!在他们的通力协作下,一句极有力量的话,通天彻地地回荡!

犯强汉者!虽强必戮!虽远必诛!

第九战

定南疆，征朝鲜：
万国衣冠，四海宾服

一、十万大山第一次被推倒

提到汉武大帝,我们的第一反应是,他把匈奴打沉了,他把西域打通了,他劳民伤财,他好大喜功,等等。其实除了上述"大高光"与大争议之外,他还有很多"小高光"与小争议,这些"小高光"放在别的皇帝身上恨不得能吹上一辈子。

没办法,人家牛人一辈子顶我们普通人八辈子。武帝不仅将马鞭挥向了北方,在他执政时,汉帝国在东北、西南、东南全部大动干戈。

武帝的人生信条是专治各种不服,也恰巧他在位的时候,东南西北全都不懂得韬光养晦。

正所谓老天看热闹不嫌事大,继秦末纷乱、楚汉相争后,再次将各路调皮捣蛋归拢到一堆扔到了台上,看看你们到底怎么折腾。

武帝虽然虚耗四海,奴役万民,但仍然不能否认他的历史功绩。现在我们的两广地区与福建、贵州以及云南的北部,全都是在武帝的时候正式纳入中国版图的,并且再也没有被分离出去。

一般来说,很多人在取得一些胜利和成功后,就会心满意足了。人对于物质享受普遍没有尽头,但在自我实现上,往往有个够。

绝大多数人都喜欢躺在功劳簿上,忆往昔峥嵘岁月。比如,后来的左宗棠,他在晚年基本就干了两件事,一件事是大骂有大恩于他的曾国藩,另一件事就是大谈"当年我平定新疆"如何如何的。

同样是同时代的帝国大才，有左宗棠这样帮助中华民族收复新疆后不停表功的，也就有活到老干到老的大清裱糊匠李鸿章。两位大才都在靠着一己之力，给病入膏肓的大清朝续命，但两人的历史口碑却大不相同。

绝大多数人，都是见好就收的。不仅是考虑到怕干砸了，毁一世英名的问题，而是人生中的伟大成功往往难以复制。因为能够青史留名的大功绩，都是那种在当时绝大多数人干不成的。

它需要你聚拢大量分散的关键资源；它需要你打通多路窒塞的关节；它需要你自身具有超越时代的见识和格局；它还需要你承担绝大多数人所难以承受的质疑和风险。干成一件往往就像"灭霸"的响指，全方位地消耗了太多的能量和资源。很多人后来干不动，也不想干了。

但很明显，武帝不属于这一路。武帝在漠北之战后，又以惊人的精力投入到无限的折腾当中去了。按说漠北之战打完后，汉帝国已经名副其实地成为整个东亚板块的老大了，还往哪儿折腾呢？

武帝对自己的要求比较高，将自己定位成了"世界之主"。他总觉得自己对所有已知范围内的所有势力，都具有监护权。虽然总有人并不情愿被监护。

这种人往往有以下特点：距离远和见识短。

距离远这个好理解，离长安十万八千里，属于老少边穷地区，总觉得天高武帝远，你再有能耐，手也伸不到这里来。

见识短，可能会引发歧义，和见识有啥关系？

我来为大家解释一下。其实这个见识短，更贴切的含义，应该是"缺乏从一些没有亲身感受的事情中提取重要信息的能力"。

这帮不想被监护的人都犯了一个错误，他们都认为人在巨大的困难和成本下会选择放弃。

也就是刚刚说的第一点，距离远。但那是普通人，总会有不那么普通的人。而且，那位不那么普通的人，已经在匈奴人身上展示了自己是如何不计成本只为争口气的。

如果他们听到了近二十年陆续传来的"大汉不断地在北方轰隆隆大炮打蚊子"的国际时讯,他们就会乖乖地一动不动,并静静地等汉武大帝出殡后,再蹦出来。

但是,他们都没有。因为种种原因,反正全都把武帝给惹怒了。

先来看南面吧,因为南面是最先乱的。

南越国乱了,原因很复杂,得细讲。

这个国家我们一直没提过,因为它的故事是断断续续的,在讲述主流历史时总插不上嘴。直到今天,南越国被灭之前,终于能插上嘴讲讲了。

我们先要回到一百年前。

公元前218年,"作为狂"1.0版本的始皇帝吞并六国,在看到"亡秦者胡"的"仙书"后,将矛头分指南北,北边派出了三十万专业士兵打匈奴,南边派出了五十万罪犯向岭南进军,也就是今天的两广地区。

今天的广州、深圳是繁华的中心,但当时的两广地区还是荒蛮烟瘴之地,道路不通,文明未开化,大多都是原始部落。

其实不止两广地区,当时的整个中国东南沿海都是未开化地区,因为地形太复杂了。可以将之统称为"南方低山丘陵地貌"。

地貌一旦是这个样子,靠土地吃饭的汉民族,依靠个体的力量是无法往南部逐渐推进的,中央政府的蔓延速度也会暂缓,也会被推迟。因为在丘陵中行军是不行的,所有的陆运交通工具都无法适用这种可怕的道路,走不了几公里,车轮子就全坏了。

由于南方遍布丘陵水网,天下无敌的大秦部队开始吃瘪。本地越人土著利用熟悉的地形,深谙水战、丛林战的优势,不断袭扰秦军,结果秦始皇的第一次南征以失败告终。史书记载:"秦军扶尸流血数十万。"估计是夸大,越人土著哪有那么厉害,绝大多数伤亡应该是由于炎热的气候与瘟疫等非战斗原因造成的。

"作为狂"都有一个特征,就是不认栽。

秦始皇在分析此次大败原因后,发现了一个问题:并不是南岭山脉多么的险阻，只是气温太高，路太难走，给养跟不上。

你别看南岭好像是条大山脉，看着挺牛的，但它跟秦岭和蜀地那种"天绝"的地形是不同的。整条南岭山脉非常松散，并没有形成一条气势磅礴的南北分界线，所以进入岭南，在理论上是有很多种选择的。

但大败后的秦军如果想在岭南有所建树，就必须将北粮南调和防暑降温工作提上日程。所以就开始规划水路入岭南了。

当时自中原南下岭南的水路基本有三条，具体见下图。

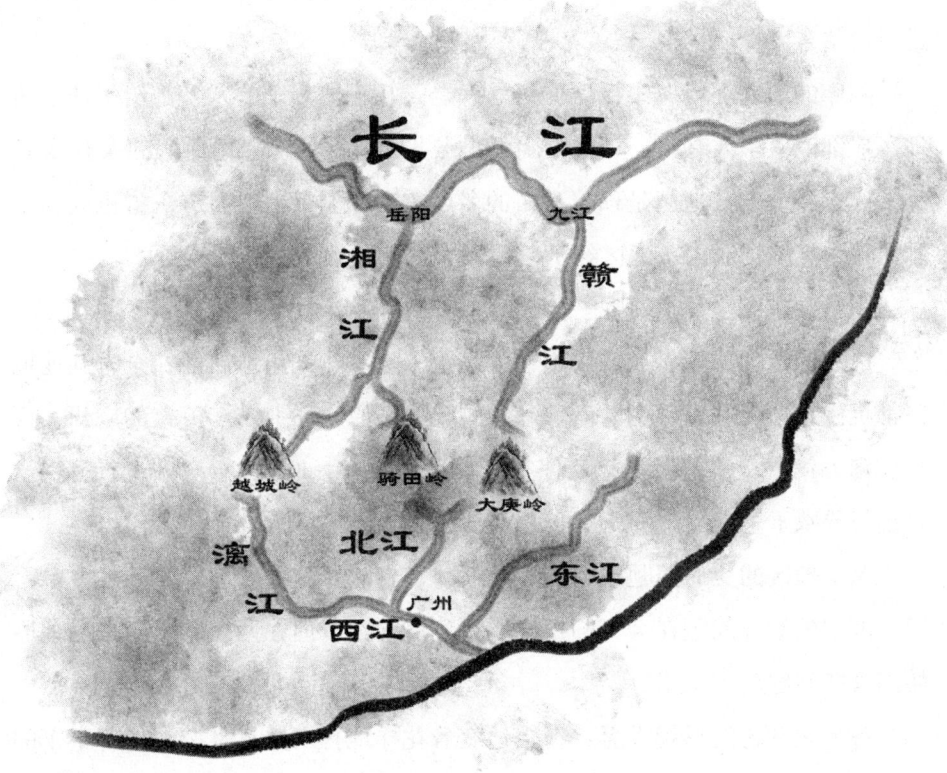

最东边这条水路由赣江南下直杵，杵到头是大庾岭，然后翻个坡进珠江水系的北江，直抵广州。

中间这条水路是由湘江南下直杵，到衡阳后往东拐到头是骑田岭，然后翻个坡进入北江抵广州。

西边这条水路是由湘江南下，到衡阳后，向西杵到头是越城岭，然后翻个坡走漓江，转西江进广州。

这三条路有一个相同点，中间都要翻个坡。攀登珠峰和跨过坟包，在理论上都属于翻坡，但坡和坡之间的差距还是很大的。

这三个坡中，最东边的大庾岭最矮、最可爱，所以在理论上这条路应该是首选的。

打两广选最东边这条走大庾岭的路，直接捅到岭南心脏珠三角地区，就可以了。但在始皇帝时代，事情却并非这么简单。因为此时的两广，还并没进行过整合。

两广的地理环境属于极度偏科的，老天几乎把万千的宠爱都给了珠三角地区。都说广东人有钱，其实范围再小点儿，应该是珠三角地区的人有钱。

广东省大部分地区是顶着富裕的名声，实际上很一般，广东省也成为全国比较少见的辖区内各地区经济落差极大、发展很不平衡的省份。

为啥会造成这种状况呢？

广东的地理位置先天的局限性太高了。除了珠三角地区外，全省其他地区都沉浸在丘陵和山脉中。而珠三角的整块平原，加上三江汇聚的广州，再加上南方第一良港的优势，又使得珠三角的天时、地利、人和都太完美了。这也就导致了整个两广的所有资源全部涌向了珠三角。

剩下地区的交通问题，则极大地限制了当地的发展。

两广的地形问题在今天归根结底是经济问题，但在两千年前则是遍地原始部落的问题。

各地未开化的百越土著，在当地变着花样地打山地丛林游击战，秦军的南征统帅屠睢，就死于当地土人的毒箭。

遍地原始人的现状，也就意味着秦始皇面临的问题是最复杂的。

今后的中原王朝面对两广时只要拿下广州，基本上就意味着尘埃落定。因为汉人群体在珠三角的体量足够巨大，可以养活得起中央政治架构，并让越来越多的汉人到那些不发达地区去。

但始皇帝却需要对当地的所有不合作的土著进行镇压,才能将两广彻底地攥在手中,这有两个原因。

第一,数量众多的原始部落将极大地阻碍秦朝普及郡县制。

第二,当时没有卫星地图,秦朝统治者根本不知道整片珠三角地区是这么一块上好的土地,可以进行地方政府建设和自给自足性的辐射。

这也就意味着秦军要对整个两广展开地毯式清扫。但是,走最省心的那条东边水路,却仅仅能拿下珠三角,然后捎带脚走东江去消灭东边的土著。

大片的西边地域(广西和广东西部地区)完全指望不上。因为西江水流非常大,溯江而上的难度非常高。

所有自长江水系南下的那些江,全都无法无缝对接到珠江水系上,因为要过越城岭、骑田岭、大庾岭。这也就意味着秦朝军队的中原大型船只,是

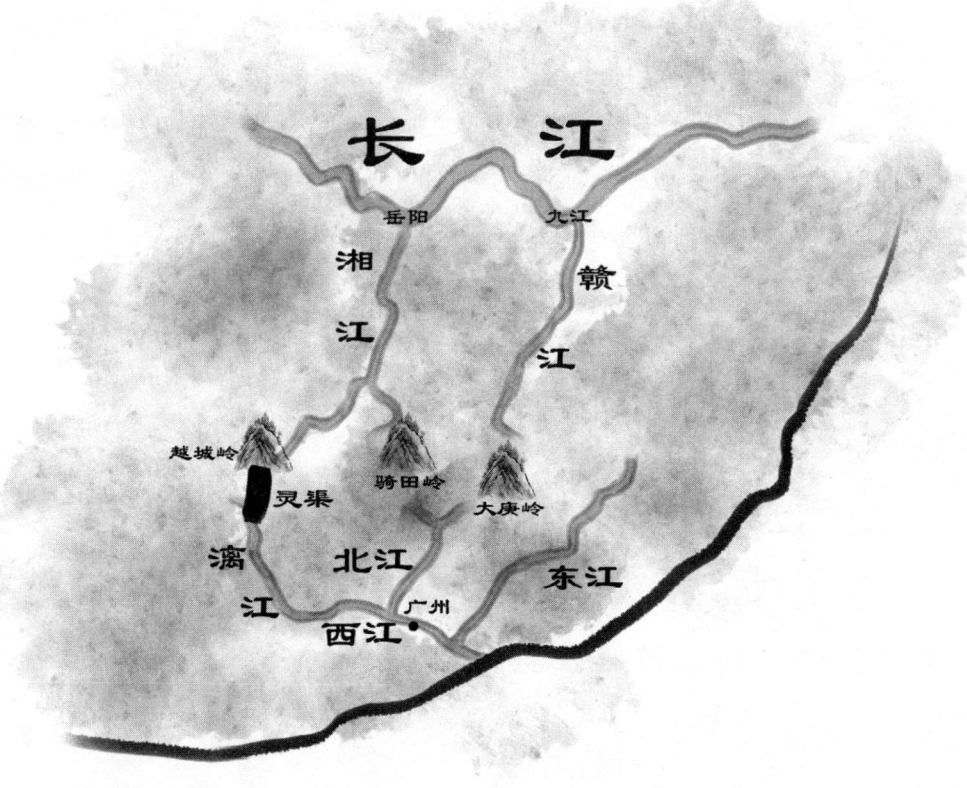

第九战 定南疆,征朝鲜:万国衣冠,四海宾服

投入不到岭南战役的,只能翻越山岭后缴获或者在当地制造小型船只,走北江进入岭南。而小船是上溯不了西江进广西的。这也就意味着最西边走湘江,顺流下西江的这条水路成为非常关键的道路。但中间这道越城岭的翻越难度较高,湘江和漓江间的这段物流通行难度也非常大,并非进入岭南的最好选择。

不过,这难不倒始皇帝。

既然中间断流了,那修通了就完了。秦始皇下令开凿运河,在今广西兴安县开山筑堤,穿越山岭,扩大了漓江上游河道,历经三年,修筑了把湘江和漓江南北贯通起来的灵渠。

灵渠的修建成功,有两个重大的意义。

第一,秦国的大型船只终于能自长江洞庭湖、湘江一线,一路驶入珠江的"史前世界"。

第二,贯通了湘江到漓江再到西江的水系,使得秦军不仅可以顺水沿途一路杀下来,还可以经梧州往西,将手伸到广西的诸多水系。

灵渠的通航,也意味着秦朝的虎狼之师,在两广开始全面开枝散叶。公元前214年,以任嚣为主将、赵佗为副将的南征军,历时四年后终于将岭南地区彻底归入大秦帝国的版图。

二、治世能臣，乱世枭雄

又是五十万人的大手笔，又是三年修渠的大工程，但最终四年的持久战才彻底解决了岭南的产权问题。这并非说明秦军不行了，虎狼大秦可不是闹着玩的。只能说明此时征伐未开化的岭南，也算大炮打蚊子，当时的医疗、军需、粮饷等各方面均不成熟，始皇帝完全就是粗暴强上。

弱小势力在面对不计成本的厉害角色时，只能默默地流下无奈的泪水，因为哪怕你把人家打瞎了，最后你仍然难以避免被推翻的命运。

秦始皇将新征服的岭南地区设为南海郡，首府番禺，也就是今天的广州，下辖番禺、龙川、博罗、四会四个县。平定岭南的主帅任嚣成为郡守，副手赵佗任龙川县令。

虽然地方让你占了，大量捣乱的土著让你消灭了，但这并不意味着你就能在这里待得长久。文化不同，语言不通；你穿衣服，他穿树叶；你吃米面，他吃各种吓死你的东西；你说的话他听不懂，他说话你总觉得是在骂街。总体来说，那些名义上归附你的当地人在心底压根儿就不接受你。

这个时候，能力就看出来了，作为二把手的赵佗，开始进行了一系列堪称巩固化外之邦教科书般的施政。

他巩固了当地重要地点的防务，增设防卫，操练士卒，不让当地人觉得有可乘之机。在武力震慑的同时，他又露出了温柔的一面，开始不断地进行民族渗透，鼓励驻军的士兵和当地妇女结婚生子定居。并上疏始皇，遣送中原人前来岭南大开发,扩充己方的实力。

在做好这些工作之后,赵佗又开始致力于文化的传播,告诉当地人粮食怎么种,哪种铁器更好用,啥叫文字,房子咋盖,汉语咋说,郡县制度多么好……

在赵佗的一系列教化举措下,荒蛮的岭南地区开始闪烁出文明之光,岭南百姓的生产力与幸福指数都得到了提高。

最持久、最伟大的征服,永远是文化。

中华文明在能臣的推动传播下,开始显示出了它的最强大威力:融合万民的伟大力量!

无论多少民族,多少不同的势力,只要给我一定的时间,这块古老的土地与极具包容性的灿烂文化都会把你拉入我们民族的怀抱。渐渐地,我不再是我,你也不再是你,我们都变成了华夏子孙。

机会总是留给有准备的人的。按说秦始皇已经实行郡县制了,早已没有了诸侯,你就是个给朝廷打工的人,但赵佗还是拿出了给自家庄稼地上肥的热情,专注于当地民生发展。他并不知道,老天将要给他一份巨大的回报。他早于曹操,成为"治世之能臣,乱世之枭雄"的典型代表。

没过几年,公元前209年,谁也没想到,陈胜、吴广居然起义了,而且闹腾得还挺大,波澜壮阔的秦末天下大乱,拉开了序幕。

更让人没有想到的是,曾经那么强悍的大秦帝国居然垮得这么快,没多久秦朝就亡了。

紧接着轰轰烈烈的楚汉战争开打,天下乱成了一大锅粥。

岭南成了无主之地,任嚣与赵佗成了没有上级的军阀。

公元前208年,南海郡首任嚣病重,临死前把赵佗召来,对他说:"兄弟,别回去了,组织也没了,这个地方依山傍海,纵横广阔,也立住脚了,咱们就在这里支一个摊吧。"(秦政无道,中原扰乱,番禺,负山险,阻南海,东西数千里,颇有中国人相辅,此亦一州之主也,可以立国。)辛勤的佃农就此突然成了东家。

赵佗这个新东家做得很好，不但无缝衔接了家产，更是在此前的基础上光大了家业。北控五岭，近扼三江，岭南地区具有割据的天然地理条件。当时在这里费了牛劲的赵佗，严密封锁了进出五岭的四道关隘——横浦关、洭浦关、阳山关、湟溪关，断绝了之前修通的四条新道，构筑了围绕番禺的三道防线。

做好防务后，赵佗又以防范勾结中原军队为理由，杀了秦政府委任在南海郡的官吏们。

秦亡后，公元前203年，赵佗在巩固住自身实力后，起兵兼并了同样是帝国边缘，刘邦和项羽都顾不上的桂林郡和象郡。

此时，虽然占的地方中原政权都看不上，但南越国已经成为北、东、西三面分别与淮南、长沙、闽越、夜郎四国交界，南面濒临南海，东西幅员万余里的大势力。

赵佗正式建立南越国，定都番禺，自号南越武王。

与此同时，刘邦在这段时间内成为群雄并起，逐了半天的最终"得鹿者"。但由于此时已经天下凋敝，后继乏力了，刘邦违心地封了好多王，后面的故事大家都还记得吧。

打了十多年仗的刘邦后来发现，在最南边还有一大片秦国的领土，现在怎么姓赵了呢？

公元前196年，刘邦派遣大夫陆贾出使南越，劝说赵佗接受汉王朝的封王，归化中央政权。

刘邦的态度是：我可以不追究你没有参加起义，却分到一大块成果的既成事实，但你还是要归顺我的。

见识过秦朝强大国力的赵佗知道中原与关中所蕴含的巨大实力。你既然不打我，那认老大还是可以的。于是，公元前195年，在陆贾的劝说下，赵佗接受了刘邦赐给的南越王印绶，臣服汉朝，成为汉朝的一个藩属国，向朝廷称臣奉贡。

在秦末的动乱中，刘邦主要矛盾还抓不过来呢，所以也就没顾得上赵佗的海角之南。赵佗和邻居长沙老吴家一样，非常难得地成为没有被干掉的异姓王。

同为幸存者，不过两家的保命哲学却是截然相反的，老吴家是通过不断地自我削弱表明态度："我都混成这个德行了，你还担心我吗？"老赵家则是通过不断地自力更生，进行自我壮大，对汉帝国表明态度："你这个老大我是认的，但不要打我的主意，你我横隔万里，我可不是好欺负的。"

虽然态度很明确，但总归还是容易被人看不起。继任的吕后，就很看不上赵佗总是梗着脖子的样子：你们一帮人，跟我较什么劲呢？吕后禁止了与南越国的贸易。虽然你各方面学得挺快，但我把原材料给你停了，铁器啥的你自己造一个我看看？

由此也可以看出来，吕后看不起赵佗，同样是因为互相看不顺眼，但面对冒顿单于写来的那封打算和她搭伙过日子的无耻外交辞令，吕后却是很理智地回应了。

赵佗被外贸制裁后，开始搞各种小动作，为此，吕后很罕见地动了一次军队。但这次动兵压根儿就不能叫发动战争，因为汉军还没到达南越国边境，就病倒了一大片，不得不退了回来。

赵佗那边也毫不示弱，本着会做人的态度，出兵打了著名的"软柿子"长沙国示威，并没有真正和大汉撕破脸，但人家的名号却变了。赵佗开始自称"南越武帝"，不再藩属于大汉。

公元前180年，吕后过世，帝位落到了更会做人的文帝手中。文帝觉得同一个世界还是同一个皇帝好，不要再搞两个国家了。你也别闹了，都是同种同文的自家兄弟，有啥不好说的呢？他派人重修了赵佗先人的墓地，并设守墓人每年按时祭祀，还给赵佗流落在中原的堂兄弟们赏赐了官职和财物。

接着在陈平的推荐下，文帝任命老朋友陆贾为太中大夫，再次出使南越，讲明政治立场与归汉前途。

有脑子的人最怕讲理，赵佗看到中央又是修坟，又是给台阶，于是再次归顺，每年两次朝拜，聆听中央的指示，但私下里还是没变，该叫皇帝还是叫皇帝。

汉朝中央那边同样也都是明白人，本来就是哄你不哭，面子上过得去就完了，于是也没有追究赵佗的表里不一。岭南与汉朝间的交易与往来，开始越来越密切。中央"无为而治"，赵佗也是个仁厚之主，两个国家都幸福地持续了几十年的好日子。

真是个好年代啊！但再好的日子，也有个头。

赵佗这个人之所以一直没有什么名气，主要是因为他的舞台比较小，所以折腾得不大，但这个人从各方面看，都是人生赢家。首先他是年少得志，征服蛮夷，并在化外之地立住了脚。然后是壮年得时，天下大乱，自己还建立了一个国家。随后是中年得安，天下太平，百姓安居乐业。最后是晚年得寿，一直活到了一百多岁。

赵佗的长寿，使他见遍世事沧桑，最早归属始皇帝的统领，然后躲过了秦末纷争、楚汉争霸、刘邦灭异姓王、看到了吕后当政、"文景之治"，最后还等来了另一个武帝，刘彻。

建元四年（公元前137年），赵佗去世，享年一百余岁，葬于番禺。

这是他人生的最后一次享受大福气，他这个南越的"武帝"非常幸福地和中原的那个武帝擦肩而过。不然就是眼看他起高楼，眼看他楼塌了。要不怎么说"善终"是"五福"中，最关键的一个呢！

赵佗的治国手腕，并不比历史上的任何一个贤君大德差多少。他根据当时的局势，又与时俱进地巧妙学习了汉朝的半分封半郡县制度，在越人土著势力强劲的地方，他就分封；在自己势力强大的地方，就直接实行郡县控制。他还吸收了很多当地人做官，比如越人首领吕嘉颇得岭南越人信服，赵佗就任用他为南越王国的丞相。诸如此类的人事任命，还有很多。在他的平衡下，岭南平稳地完成了汉夷之间的杂居过渡。

此外，赵佗还大力发展经济，将中原的先进耕作技术、打井灌溉技术和冶金、纺织技术，大量引进与传播，使本地的部落改变了之前"刀耕火种"等落后的生产方式，极大地促进了岭南各方面生产力的发展。带领落后民族走向文明，这是大功德。

我们还说过，他除了经济建设是把好手外，还大力发展文化，鼓励汉夷通婚，促进民族融合。这个人，可谓中华民族的超级大功臣。因为他，两广的这片十万大山，终于具备了永远融入华夏大地的土壤。

在赵佗的这番治理下，岭南如同低垂的果实，有人要收割了。这个人是谁，不用说你们也知道。

三、收东南

赵佗死后，继任的王太孙赵胡非常明白自己的地位。他原来不叫这名字，是由赵眜改成赵胡的。直接将自己名字改成"胡"，姿态可谓已经不低了。此时的武帝尚年少，看到这么给面子的人，自然也就保持了对岭南的睦邻友好关系。

一方面，德高望重的岭南老王刚死；另一方面，汉帝国登基的是个半大小子。在这个关键的新老交替节点，有一个不知道自己姓啥的人开始搞小动作了。

南越国的藩属闽越王，对南越国很有想法。闽越国地处现在的福建省福州市，国力很弱，也没办法不弱。

福建省到处都是山，别的省份好歹还是以丘陵为主，这里的山那真是叫多，武夷山、太姥山、洞宫山、玳瑁山，里外好几层各种各样的山。唯一能利用的是沿海的那点可怜的平原，但那里的土壤又是不适宜种粮食的红壤和赤红壤。（祸兮福所倚，这种地形最终又倒逼成就了福建人，未来我们讲"海上丝绸之路"时会用重笔墨描写。）

但是，这看上去挺复杂的地势，对于闽越政府的国防，还占不了多大的优势。因为闽江不仅四仰八叉地躺在闽北，还一路直通你的老窝福州平原，而闽越的核心区又聚拢不出过硬的实力，来应对闽外的大规模入侵。

孱弱的闽越国也因此一直对大汉与南越双重依附。

公元前135年，吃饱了撑的闽越国发兵攻打南越国的边邑。

赵胡继承了赵佗的圆滑，一边加强抵抗，一边上疏武帝，说他和闽越国都是武帝的藩属，如今闽越国不规矩，请武帝决断。

武帝对赵胡的举动表示了高度赞许，好小子，心里有我，于是发动两路大军攻击闽越国。

还没等汉军杀进来，闽越王的弟弟余善便将不懂事的哥哥杀了，请求武帝息怒罢兵。

于是，武帝将闽越国一分为二，分别为东越和越繇，成为汉朝直接控制的诸侯国。

事摆平了，武帝要求赵胡亲自入朝谢恩。

赵胡没有想到，自己如此低调，还是不耽误武帝对自己有想法，该来的冤家还是上门了。

这种事犯不上要他去啊，再加上他的身体又不好，这一路千万里，没准儿就死道上了。于是，赵胡派遣太子赵婴齐去长安，给武帝当"皇宫侍卫"。

武帝看到人家派了接班人过来当人质，也就没再说啥。

武帝一直对南越很有些想法，他总觉得南海要比东海更美，总在琢磨如何吞并南越。后来，他得知南越国和夜郎国（西南小部落，今贵州境内）之间有条水道，杀过去会有出其不意的效果（其实跟修完灵渠后的效果一样，都是走西江进广州）。

夜郎也一直属于墙头草，目前是南越藩属，早先曾经投靠汉朝，不过随着汉朝关注中心的转移，又被南越拉走了。

这个世界永远是谁胳膊粗谁说的话管用，粗胳膊的武帝派人出使夜郎，夜郎马上又倒向了汉朝。

就在武帝准备用武力解决南越问题的节骨眼上，马邑阴谋出场了，王恢抛出了更大的诱饵：别打那帮土著了，打世仇多带劲，我这里有一个配得上你的对手。

武帝被吸引了，南越被匈奴间接地拯救了。就这样，南越又延续了十多年的国祚。

公元前122年，赵胡病死，当了十多年皇宫侍卫的南越太子赵婴齐得到武帝许可，返回番禺继承了王位。

赵婴齐在南越时，已娶越族女子为妻，生下长子赵建德。后来他去当人质十多年，武帝又给他配了一套家室，娶邯郸女樛氏为妻，生子赵兴。通过后来的事态发展，我们很有理由怀疑，赵婴齐的这个新媳妇是带着政治使命上岗的。

老大让你回来做王，继承人的事情是不能马虎的，赵婴齐回去就上疏汉朝，请求立樛氏为王后，立赵兴为太子。

赵婴齐废长立幼，为后面的诸多祸患埋下了祸根。但他没有办法，十多年的皇家侍卫生涯，他太明白自己伺候的这位爷是个什么样人了。

不过，你虽然有苦衷，但废长立幼这种事也不是谁都能体谅的。太子废立在南越国内部掀起了巨大争议，当地的越人势力异常愤慨。你这不是明摆着欺负我们嘛！越族"话事人"丞相吕嘉，就一再力谏，表示不满。

两个民族间通婚产生的皇位继承人，向来是极其敏感的存在！继承者往往意味着两个民族间关键甚至唯一的纽带！

姻亲和血缘，无论何时都是跨越种族的信任纽带。你是否看得起我们家的最直接说明，就是你是否愿意通婚，并确定双方血缘的继承人，别的说破了天都是虚的！

联姻在，"合资出品"的接班人在，荣辱与共的联盟就在！

赵婴齐废掉了象征着南越民族稳定柱石的长子，无异于玩火，但他有自己的苦衷。因为吕嘉等地头蛇和武帝比起来，可怕程度简直太低了。

公元前113年，匈奴成为"植物人"的六年后，赵婴齐病死，第四任南越王由幼子赵兴继位，武帝先前埋下的政治使命起作用了。

赵兴刚刚登基，太后就力劝赵兴向武帝请求回归汉朝的怀抱，"比内诸侯，三岁一朝，除边关"，放弃南越立国以来一直保持的独立地位。

新任太后的稚嫩政治手腕显现出来了，根还没扎牢，就敢搞这么大的动静。这种觍脸上赶着的丑陋外交态度，使得越人势力与刚刚掌权的赵兴母子更加势同水火。

不过，武帝那边也没有矜持（估计是这几年闲的），他看到自己种的树结果了，火速派出使者，给南越国的官员颁发官印，并下旨赵兴到长安朝见天子。考虑到南越内部可能会发生动乱，武帝还派了卫尉路博德率领军队驻守在桂阳郡。

赵兴母子赤裸裸的投诚，以及武帝这种把生米煮成熟饭的猴急态度，使赵佗时代的老丞相吕嘉忍到了尽头。老丞相吕嘉在南越国威望极高，他的宗族中有七十多人为官，而且"男尽尚王女，女尽嫁王子宗室"。

在多年盘根错节的经营下，吕嘉几乎就是南越的"地下皇帝"。吕嘉决定政变，既然赵家不再是当初"和衷共济"的那个亲家了，那就撕破脸吧，反正我跟你这个长安长大的小屁孩没有一丁点儿的情义可言。

吕嘉让掌握军队的弟弟派兵保卫相府，并开始在边境布防，托病不再入宫，不见汉使。

吕嘉称病后，南越太后还摆了一场鸿门宴，把吕嘉和汉使攒到了同一个局，打算借汉使之手干掉这个老顽固。结果汉使怂了。燕赵慷慨悲歌出身的太后在一怒之下自己抄家伙要干掉吕嘉，然而吕嘉成功逃脱，随后双方展开了对峙。

武帝针对南越内部此时动荡的局势，认为南越皇族已经归顺了，现在只有吕嘉是国家统一的绊脚石，干掉他就可以了。哪有那么容易啊？他不知道他的爷爷和爹都是几千年来提着灯笼也难找到的福主。

一个叫韩千秋的官员随后自告奋勇道："给我三百勇士，我去提吕嘉的人头来面见陛下！"

武帝非常欣赏韩千秋的这种气概，但还是觉得三百人太少了，于是派了两千人南下。

武帝跟他太奶奶一样，看不起南越国，想用两千人就把事办了。

汉军动武的消息传到南越国，吕嘉孤注一掷，索性兵变，杀了赵兴和这位太后，立赵婴齐的越人妻子所生之长子赵建德为南越王。

韩千秋攻下几个小城后，在石门要塞被伏兵所杀，两千人全部战死。

韩千秋的丢人现眼给武帝提了个醒：人家南越国到底也是近百年的万里国家，吕嘉好歹也是当地的"总舵主"，还是认真点吧。

吕嘉使出了老主人赵佗的外交手段：一边认怂，把被杀汉使的使节包好，置于汉越交界的横浦关上，并写外交文书，说明自己反叛的理由，请求武帝恕罪；另一边，开始调兵遣将，加强各关隘岭口的防守并联络周边小国，营造反汉气氛。

这要是搁别的皇帝也就算了，荒蛮烟瘴之地，打他都不够费劲的，而且前面也有糊弄成功的例子，像刘邦、刘恒就都打马虎眼过去了。但吕嘉比较倒霉，他碰上了一位从来不马虎的人。

插标卖首！尔比那匈奴如何？

公元前112年秋，武帝派出了十万将士兵分四路平南越。

第一路军，卫尉路博德出桂阳。

第二路军，主爵都尉杨仆出豫章（今江西省南昌市）。

第三路军，归义侯二人（越人，名字不详）出零陵，一路与路博德会师，一路与第四路军会师。

第四路军，驰义侯（越人）发巴蜀罪人及夜郎兵，下牂牁江而来。

四路军中，前面两路中央政府军主力走北江道直捅广州，是主攻方向；后面两路军除了支援路博德之外，都是走西江的，属于辅攻。

时代不一样了，一百年后的西汉中期，就不用再像始皇帝当年那样全境打一遍了，而且走西江的那路也因特殊原因未到。

四路军中，最终是陆行难度最小的东线杨仆军，沿北江最先蹚了下来。

这仗一打就是一年多，大半时间耽误在准备和路上。战争的转折点在楼船将军杨仆率精兵攻陷番禺城北不远的石门要塞（今广东省广州市北，具体位置不详）。石门要塞一破，番禺门户洞开。杨仆还缴获了大量的南越给养，汉军兵势大盛。

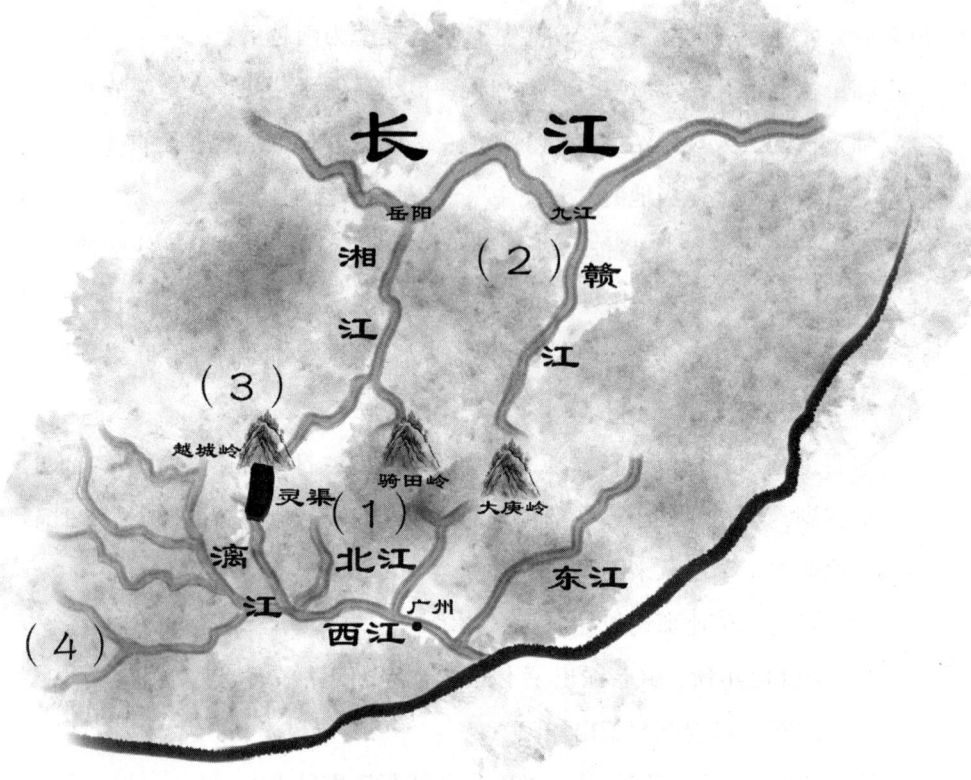

路博德率领的罪犯军团未能如期会师,在杨仆拿下石门后才派了数千先锋赶到,随后两路联军向番禺发起进攻。

汉军兵临番禺后,四面围城,吕嘉开始闭门坚守,路博德后军也陆续抵达。集合全部人手的汉军开始轮番猛攻。

番禺城依山傍水而筑,经过赵家四代经营,城大壕深,汉军久攻不下。杨仆改变了思路,他看到周边丰富的自然景观,下令烧城。

番禺城的生态环境特别好,树林茂密,属于天然氧吧,大量的民居都是纯生态无公害的草木竹楼。在一个大风的日子,汉军放火,整个番禺城外变成了火海。那一天,风很大,然后火从城外吹进了城内。

杨仆一边放火,路博德一边高挂招降旗,大喊招降政策。

火光冲天,番禺守军终于动摇,放下了抵抗,出城投降。次日黎明,番禺城陷落。

吕嘉带着残兵突围逃走，退到城南百里之外的石瓮、金斗二城。此处是吕嘉的故乡，他希望借此继续抵抗，但被路博德的追兵继续打垮，吕嘉和赵建德以及数百亲信流亡大海。

这是史上的第一次政权南海流亡，但不是最后一次。一千多年后，会有闻者伤心、见者流泪极其壮烈的殉国演出。

最终吕嘉被南越国大将孙都擒杀，末代王赵建德被擒获献给武帝，武帝砍掉了他的头颅悬挂在城墙上，建国九十三年的南越国至此灭亡。

平定南越后，杨仆又在武帝的授意下找碴灭掉了旁边的东越国，并捎带脚地废掉了越繇，将当地百姓迁至江淮，吞并了福建。

自此，整个两广地区与福建，正式划入了大汉的版图，并永远地融入了这片古老的土地，成为华夏大地与中华民族的一部分。

赵佗兴建大利，厚土培德，属于两广地区接触到文明之光的大恩人，只是在培育得有模有样之时，被不怕麻烦的武帝摘了桃子。

只能说时运如此，这片土地注定属于中华民族。

四、平西南诸夷

吞并东南沿海后,武帝又顺手扫平了西南夷诸国。

早在十多年前,武帝就着手对西南方面进行渗透,也是在这个时候,他接触到了夜郎等西南诸国,也自此留下了夜郎王那句千古大笑话,"汉孰与我大"?

后来,夜郎在普及地理知识和拿了汉朝好处后,答应归附汉朝。随后,武帝在夜郎及其周边地区设立犍为郡,又命司马相如出使,陆续收服邛(今四川省西昌市)、笮(今四川省汉源县)、冉駹(今四川省茂县、汶川县)等部落,隶属蜀郡。

为更好地开发西南诸夷,武帝派唐蒙修路,路一旦难走,就无法把手伸过去。但问题还是来了,大西南地区气候潮热,道路艰难,而且各种烟瘴毒虫,再加上人家也知道你修路过来不是为了帮人家致富的,所以时常反叛、恶心汉朝。几年下来,成果不大却耗费巨大。

再后来,因为修朔方弄得天下疲敝,通西南夷的事也就被暂时搁置了,之前归附的夜郎等国也纷纷脱离武帝的统治。

不过此时,武帝也顾不上这点事儿了,因为他正在和匈奴血拼,这个太刺激了。在习惯了大手笔后,就很容易看不上小把戏,西南这帮部落就是小把戏。

不过,后来又有人把武帝的兴趣勾起来了。

打通河西走廊后，公元前119年，张骞再次出使西域。在途中，即中亚的大夏国居然见到了蜀锦，仔细一盘问才知道，蜀锦是从东南方的身毒传过来的。再一打听，身毒在蜀地的西方两千里之外。

慢慢地，张骞从脑补中绘出了世界的模样，并在回去后，将这个神奇的发现汇报给了武帝。武帝听后又兴奋了，觉得自家宅基地小，马上又遣使西南，一方面寻找身毒国；另一方面，了解一下撂下了好多年的西南诸夷现在都是啥动态。

但武帝的十几拨使者，全都被拦在了一个叫滇国的西南大国那里。

使者回报，滇国是西南重邦，身边一堆小弟。而且，这个滇国和夜郎是一个师傅教的，也问出了"汉孰与我大"的幼稚问题。

重点被锁定了，武帝知道了这个"小可爱"。

收拾滇国之前，武帝先得摘下岭南的桃。随后南越之战打响，汉出使曾经归顺的西南小国且兰，命它也发兵助战，也就是前面说的四路出兵方向中，沿牂牁江进西江的那一路。但且兰国拒绝了，理由是自己和邻居们关系不太好，害怕自己出兵后，被别的部落偷袭。而且更恶劣的是，他不仅拒绝，居然还杀了汉使。

他倒是没惹小邻居，结果惹了个大麻烦。

武帝派出了蜀地的罪犯组成的兵团，会合刚刚灭掉南越的军队，轻松地灭了且兰国，变成了牂牁郡。

南越、且兰相继被灭，贵州"巨头"夜郎马上服软，到长安报到，倾听武帝的教诲，夜郎算是勉强躲过一劫。

灭两国之后，携大胜之威，武帝开始着手平灭西南诸夷，尤其是前面锁定的那个"小可爱"。

公元前109年，武帝发巴蜀兵使郭昌为将，攻灭诸夷，沿路灭了劳深、靡莫两国。

近几年汉军攻击的形势愈演愈烈，让西南夷中最大势力的滇国虑了，滇王投降了。武帝仍封其为滇王，并其地置为益州郡。

西南诸夷看到大旗被轻易砍倒，于是树倒猢狲散般地各种归顺。西南遂平。

武帝此次的平灭西南诸夷，其实并没有打什么硬仗，基本上就是走到哪儿，哪儿就反了，双方并没有大动干戈。

武帝自海角之南一路向西的这种平叛顺序所造成的恐怖氛围，无意间成为这次成功解决西南问题的最关键因素。

古往今来，想要打服云南地区，基本上不太可能，必须得是西南诸夷主动归化。如果武帝自西南往东南打，极有可能出现陷在西南根本拔不出腿来的情况。这点他很快就会明白。

西南平定后，武帝再次使出巩固大招，开始向该地区大规模移民，同时改善交通出行环境，增强经济、文化交流。但他发现过去百试百灵的大招这回不好使了。

当地的少数民族不仅非常排外，而且云南地区非常神奇地成为汉族人并不容易落脚的一片土地。这里资源稀少，原住民人口饱和，民族风俗习惯迥异，几乎没有任何能让迁移人口生根的资源和土地，就因为那片横断山脉。

气势磅礴的喜马拉雅山脉，在即将东下四川时非常神奇地猛拐了一个弯，硬生生地将山势由东西向拧成了南北向。这片南北向的山脉地区就叫作"横断山脉"。

横断山脉产生的原因是大约在五千万年前，印度板块轰隆隆地向亚洲板块撞来，随后哥儿俩在一阵巨响后，焊成了一体。那道焊接后的大伤疤，就是喜马拉雅山脉。

青藏高原硬扛了印度板块的冲撞后，开始全线剧烈大颤抖，最东边的云南地区在受到巨大冲击波后，非常倒霉地又遭到了扬子板块寸土不让的强烈抵抗！

就这样，印度板块跟扬子板块又对上掌了！在双方高手的"内力"比拼下，云南省成为世界上地貌非常神奇的一个地区。

横断山脉的海拔多在4000~5000米，平均在4000米往上，这种海拔高

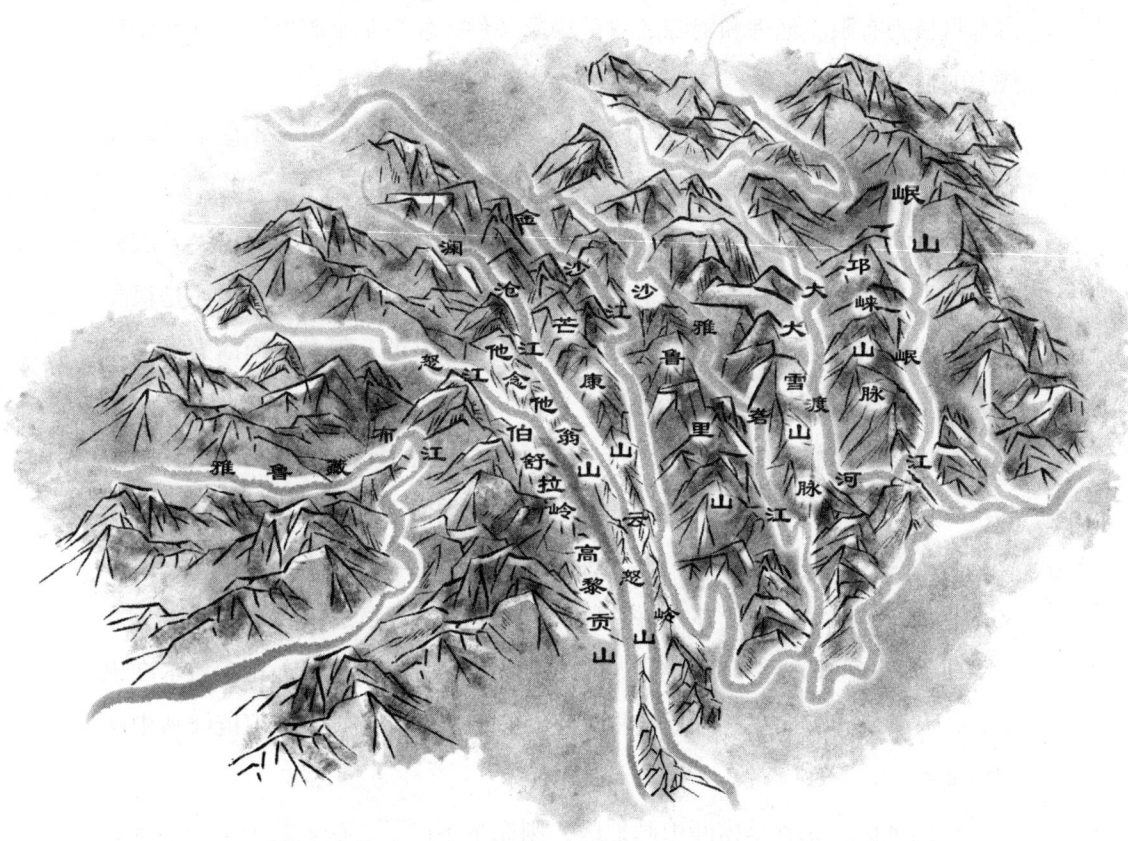

度就不适合汉族人，锄头根本抡不开。而且，山势巨险，岭谷高度差一般在1000~2000米以上，很多高度落差都赶上泰山的海拔了。山间小盆地、小湖泊众多，日常有高原"三灾"——山崩、滑坡、泥石流常伴，时不时还频繁地赠送"地震大礼包"。不仅没法落脚，就连军事征伐都是地狱级别的难度。陆运根本别想，险峻的山势又让横断山脉里的河流流速极快，基本上没办法在内河航运。

就这么个硬件条件，在那个时代，中央政权是很难渗透进去的，就算西南夷本土的每个部落之间，也有着难以克服的交通阻碍。

西南夷各小国、部落，根据各自狭小"生存区"的气候、土壤特质，具体问题具体分析地从事着简单的农耕以及放牧活动，这也导致了资源产出和占有量极为有限。地理和资源的双重局限条件，使得某个族群统一其他族群势力的情况十分罕见。

这就有点类似于西北"丝绸之路"上的沙漠小国了，但是本质上又和他们有着很大的不同。

西北"丝绸之路"也是狭小地区，养活的人口少，大规模政权无法完整统治。实际上，虽然西北各小国高度自治，但中原政权的渗透力还是很高的。中原政权的通商和名义上的统治效果还是很好的，但在西南诸夷这里则完全不是这么回事儿。

绝大多数时候，中央政府在西南地区根本无法达到对西北小国的控制与利用程度。因为西北"丝绸之路"上的各国，类似于珍珠，被一整条干线串联起来。在这条"珍珠项链"上，各种各样的货物辗转数千里，沿途的所有文化、物产和技术，都能够在每一颗"珍珠"上留下痕迹。

所以，"丝绸之路"上的各小国文明程度普遍较高，心态和生活水准也更好，有钱且包容。虽然中原政权无法对它们进行完整控制，但能够从中获得所需。

西南地区，尤其是横断山脉地区，则完全不同了。这里的一个个小区域几乎就是闭塞的，虽然不是平行线，但也永远不相交。西南地区并没有像一条项链似的串联起这一个个部落。

横断山脉险峻的山势导致的闭塞环境，以及错综复杂的山脉丛林，直接阻碍了民族之间的兼并与融合。

在这里，自己的风俗语言独立发展，互不相通，即便原本为同一祖先的不同村落，经过长久的地理隔绝，也逐渐分化成了不同的民族。

总说咱们中国"五十六个民族，五十六枝花，五十六个兄弟姐妹是一家"，实际上，咱们这一大家子有一半的少数民族都在云南。云南就有二十八个少数民族！

再举个形象点的例子吧。现在咱们中国的大部分野生动植物物种，基本上都在横断山脉地区。横断山脉地区的地貌，以今日的科技水平，人仍然很难进去！换别的地方，这些动植物根本不可能活下来，还不够被人吃的呢！

由于横断山脉的千沟万壑，现在我们去云南旅游，仍然会被各种各样的盘山道绕晕。所以，在两千多年前，汉朝的势力始终无法对当地进行大规模的渗透。再加上武帝每年派出十多个使团去探险，这帮使团都不是什么省油的灯，沿途各种扰民。因此少数民族百姓对大汉政府非常不满，当地的各个部落虽被平定，但还是一反再反。

中央的大部队来了，要么就认怂，要么鸟兽逃散似的跟你玩丛林游击。中央的势力一走，当地部落就又都占山为王，此路是我开，留下买路财。

也有死活不服的，比如已经投降的滇国，后来又反了。滇王下令封锁国门，屠杀使者，武帝则再次以罪犯组成的兵团前往征讨，据说滇国随后被屠杀数十万人（水分很大，整个国家估计也没那么多人）。但这次滇国却死活不投降了，跟武帝打起了持久游击战。武帝的西南"丝绸之路"，也就始终没有打通。

这条路还要等上一百多年才能够打通。不过，武帝的攻略西南，还是有重要历史意义的。他将川蜀的势力向南大大地延伸了，中原文明的势力触角伸到了今天的云南北部。

写这段的意义，也在于让大家了解，前面讲西北"丝绸之路"是陆运的唯一选择时，其时祖国的西南和世界在某种意义上是隔绝的原因。

三百多年后，在这片土地上会上演水分极大的"七场"神奇的擒纵大戏，两个主角都千古留名。其中一个主角，因此成为西南少数民族的知名担当。另一个主角，是中国历史上最感人的丞相。距离讲这段故事，还有一段时间。

公元前109年是个很神奇的年份，因为各种小角色纷纷跳了出来。眼下，又有一个冒头了。这个地方我们比较熟悉，是东北方的朝鲜半岛。

终于到你们了。

五、无厘头的缘起

该介绍一下朝鲜半岛这片土地了。

对于这片土地的记载,最早要追溯到商末周初时期。武王伐纣灭殷商后,纣王的叔叔箕子带着五千部众东迁到了朝鲜半岛北部,建立了"箕氏侯国",史称"箕子朝鲜"。这是朝鲜半岛第一次接触到中原文明,殷商的礼仪与制度也因此又延续了八百多年。

由于朝鲜半岛地处偏远地区,土地贫瘠,再加上总是天寒地冻的,所以接壤的燕国统治者一直没太拿这块地方当回事儿,也就一直没去征服这片土地。燕国与箕子朝鲜的国境分界在浿水(今鸭绿江)。

后来,秦灭六国,项羽灭秦,汉又灭西楚。刘邦将与朝鲜半岛接壤的辽东,分给了自己的好兄弟卢绾。再后来,卢绾耍心眼与匈奴搞阴谋,被戳穿后逃亡匈奴,他手下的一个部将卫满便率领了一千多人东逃到了箕子朝鲜。

卫满率领部属刚来朝鲜时,获得了当时的朝鲜王箕准的礼遇。箕准拜他为博士,还将西部方圆百里的地方封给他安身立命。箕准希望见过世面的汉朝大将卫满能够领他的容身之情,帮他守护住汉、朝之间的边境,然后靠收留凝结成的友情万古长青。但忘恩负义的故事都有着相似性,羊是不能把狼引入室的。

卫满利用这百里的土地不断地吸纳汉人流民,积聚自己的力量。公元前194年(刘邦刚死),卫满派人向箕准假传汉朝要入侵的谎言,借此请求拱卫王都，然后顺利地进入了王都王险城（平壤），并发动了兵变。

近千年没有经历过战乱的朝鲜，在卫满翻脸后根本无法保护自己，领土被侵占，卫满自立为王，这就是历史上的"卫氏朝鲜"了。

后来，卫满成为汉朝的藩属，名义上是为汉朝保卫塞外，阻挡朝鲜半岛小部落侵扰大汉，实际上，只有他欺负别人的份儿。卫满很快就拿下了朝鲜半岛的绝大部分土地，小部落们被挤压到了朝鲜半岛的最南边。

时间流逝，转眼间卫氏朝鲜已历三世，传到了卫满的孙子卫右渠手上。

卫右渠是个很有野心的人，但有时野心得跟着实力走，不能不识时务。他不知道，他们家族努力奋斗的最好结果也就是占领整个朝鲜半岛。他爷爷就很清楚自己的实力，一边可劲儿欺负土著，一边对大汉俯首称臣。说到底，因为他爷爷知道汉朝有多广大，并见识了楚汉战争的波澜壮阔。

到了卫右渠这里，同样不知"汉孰与我大"的他总想跟大汉平起平坐。这就犯了路线错误了。更遗憾的是，他雄起的年份比较悲催。啥时候嘚瑟不行，非赶上武帝一朝，何况此时匈奴已经被打成"植物人"了。

卫右渠一边宣布优惠移民政策，不断吸纳汉朝边民（武帝虚耗天下开始产生大量流民了），另一边不再向汉朝通商朝贡，而且限制了所有周边乃至半岛部落，都不许再和汉朝有联系。

很意外，武帝并没有像往常一样点火就着，而是派出了涉何作为使节前往朝鲜。

从武帝的反应我们也能看出来，他根本就没生气，因为他就没把卫右渠当回事儿。难道你没发现有些年没看见匈奴人了吗？

但人要是膨胀了，八匹马都拉不回来。卫右渠看到汉朝来使后很愤怒，对涉何的外交辞令根本不屑一顾。涉何也很愤怒，真不知道死活吗？因此出境之时，涉何杀掉了送他出境的朝鲜代表以表明自己的态度。

涉何的做法很不讲究。

但武帝听了之后不但没有责怪涉何，还任命他做辽东郡东部都尉。

即便到了此时，卫右渠仍然是安全的，因为武帝还没有动他的意思。

但是，卫右渠在吃了亏后并没有咽下这必须要咽下的委屈，而是发兵突袭辽东，还杀死了涉何（活该）。这就是公开打武帝的脸了。

武帝再次派出了罪犯组成的军队（假币犯太多了，参考上一章内容），兵分两路前去讨伐卫右渠。

自汉匈世纪系列会战后，武帝非常高明地又挖掘出了新兵源——罪犯。这又成为一举两得的划算买卖。罪犯打死敌国平外患，敌国打死罪犯减负担。这种兵源极大地减轻了政府的财政负担。

武帝时代，很大一部分罪犯都是假币犯，关在监狱里的往往都是被生活所迫犯法，或因为投机倒把红了眼，本质上并非什么穷凶极恶之人，重新融入社会的意愿还是很高的。你在牢里关着他，得费粮食，得派人看着他，还不如让他打仗去。死在战场上给牢里腾地方，给国家省粮食，还不用给家属抚恤金。没死在战场上算戴罪立功，同样不用给奖励，大不了给你自由。国家啥也没付出，让好几十万假币犯为主的兵源到处去修路开疆。

你在中原犯了罪，给你条路，去岭南、西南、朝鲜打仗吧。表现得好就赦免你，你在新征服的地方，也许还能混上土地和女人；表现得特别好，要是获得军功，也许你还能吃上军官的饭。

从某种意义上讲，这种让罪犯当兵的方式既减轻了此时政府的巨大压力，又将罪犯这个群体的怒气宣泄出去了一些。

虽然武帝这个人一天也没在基层待过，但他的所有用人，仔细琢磨其实都极其科学，甚至堪称艺术。打匈奴，他从来不用罪犯当兵。汉与匈奴对战是需要极大地放大主观能动性的，更需要勇气、团队、专业训练、高级配置，这种事是不能让罪犯干的。

这种需要极大荣耀感、使命感的事情，必须要用整个帝国选拔出来的尖子选手。所以，卫青、霍去病每次出征前总有一个前提——"优中选优"。你不是这块料，都没机会上这种级别的战场！

国家让你加入这种骑兵部队去创造历史，去得军功发大财，是你八辈子修来的福！因此，这种士兵的战斗力极强。当然花费也极大，士兵死了要抚恤，赢了要奖励，军需更是宇航员级别的，整个东亚板块也因此几乎被榨成了焦土。但武帝花这种钱，从来不眨眼睛，而且永远是倾其所有。

到了打定居型的小政权时，武帝基本用的都是罪犯，往往连正规军都舍不得动，顶多派点边防军跟着，主力全是罪犯。因为这种战争技术含量不高，往往都是凑人数、拼规模。

武帝是时代的人生赢家。他总认为自己可以操控全盘。他活着的时候，确实能一个锅盖，盖十口锅，人家也确实有这个本事！但他不知道，在不远的将来，等待他后人的，却是他一手打造的怎么也拽不回来的社会大转型。

武帝的这两路出兵很有个性，为海陆并进：命左将军荀彘率领五万罪犯（少量燕代边防军）跨过浿水；命平南越国的功臣杨仆率领楼船大军五万（少量齐地边防军）自齐地跨海作战，南北两路夹击卫右渠。

中国有史以来的第一次跨海作战，在武帝手上诞生了。牛人就是占据着各种"第一次"。

由于武帝的各种看不上，导致了此次的战略部署非常匆忙，武帝犯了很多兵家大忌。

第一，日子选错了，选在了秋天。

一般农历九月时，东北就开始下雪了，那里的冬天是闹着玩的吗？但是，在这次战役中，汉军并没有受到气候太大的影响，有可能是公元前109年东北的第一场雪来得比以往更晚一些，也有可能是大汉罪犯军队入朝时加了棉衣棉裤。总之，朝鲜半岛历朝历代最大的帮手——西伯利亚冷空气，并没有使上劲儿。

因此，对于大东北地区的地理和气候，我将留在讲司马懿和"大业八年"的杨广时进行科普，敬请期待。

第二，武帝并没有设立总指挥官，谁听谁的没有前期确立。而且，荀彘与杨仆之前并没有共过事，双方都是第一次合作。办事最重要的是首先要明确谁领导谁，要是没有确定，这件事基本上就砸了一半了。

第三，不光谁也不服谁，作战计划也根本就没定。怎么打，谁主攻，谁牵制，全都不知道。

　　第四，荀彘是武帝近臣，多次以校尉职务随从卫青征战，杨仆是平岭南首功的大汉水军统帅。双方将领都认为这是皇帝栽培，是皇帝给前途，纷纷把朝鲜半岛当成了"软柿子"。再加上两人之前都是一直打胜仗的主，结果没有一个拿此次出征当回事的。

　　上述四点也就意味着，此次远征朝鲜，注定不顺利。

六、闹剧般的征朝之战

荀彘与杨仆在实际表现上，他们就没认为这是去攻打一个国家，而是抱着去晚了就没了的心态前去抢功。

"海军"还是要比"陆军"快。杨仆率领着七千人的先头部队赶到后，压根儿就没等后续部队赶来，就火速带着这七千人灭国去了。

杨仆的先头部队扑向了朝鲜的王都王险城。一开始卫右渠不知汉军数量，闭门紧守，后来看清楚之后就很气愤，这么点人就敢来啊？忒拿我不当回事了！于是出城迎敌。

杨仆大败，后续到来的部队由于看到了前面逃跑的败兵，也跟着四散奔逃，后队改前队地奔入了山中十余日，才逐渐收敛齐了败兵。

这下消停了，杨仆准备等荀彘来了再进行军事合围。

杨仆的这次冒失的探头很不明智，而且影响极坏，首先是折了汉军的士气，其次卫右渠战无不胜的威信开始树立。影响更为恶劣的是，他让王险城内的军队看到了希望。什么天兵天将啊，不过如此嘛！都给你们打跑了！

荀彘那边跟杨仆一个德行，都把朝鲜当作了送人头的，再加上听说皇上还派了友军，于是全都急不可待地往朝鲜赶，生怕去晚了朝鲜就投降了。

不光两位将军玩命地往朝鲜赶，荀彘所率的犯罪兵团中有一部分是当地的辽东驻防部队，这帮人听说皇上让打朝鲜了，也不待主力集结，就在领头军官的带领下率先展开了攻击。

先头部队和杨仆军的下场一样，也被朝鲜军击溃，抢上司功、失了头彩的领军将校后被荀彘斩首，以正军法。

荀彘比杨仆靠谱，待陆军集结完毕后，来到两国分界的浿水，展开渡河攻击，结果被驻防的朝鲜边防军再次击败。

这是很罕见的军事事故，战无不胜的汉帝国被朝鲜三次击败，武帝愤怒了。

吃了朝鲜三连瘪后，武帝开始调兵遣将，派卫山率大军支援。十二月，卫山率主力到达朝鲜后，利用大军压境之势，展开了外交施压，对卫右渠发出最后通牒：不要再做无谓的抵抗，早早归降，不失王侯之位，继续玩火，必被天兵所灭。

这个时候，卫右渠却表现出了很耐人寻味的反应。他先是表态：没问题，早就想投降了，为了表现我的诚意，我愿意派太子跟随卫将军回长安谢罪，并献出战马五千匹。

条件不可谓不优厚，又是出人质，又是献战马，但他在最后提出了一个附加条款，"以兵万余送之"。这就值得商榷了，从来也没有例子说派一万人的军队进京投降的。

有两种可能：一种是卫右渠怕他的宝贝儿子被荀彘这帮人半道给宰了，于是派了个规模盛大的保镖队；另一种是存有偷袭的心。

但无论他怎么想，这个想法就很幼稚。因为这是外交红线，压根儿就不能碰，更别提您这是投降了。而更神奇的是，这最关键的外交红线，卫山却没有提出什么异议，而且他也没有跟此时驻朝的两位将军商量。也许卫山觉得这一万朝鲜兵算不了什么，但很快他就会为他的外交不敏感付出代价。

就这样，朝鲜方面按照谈好的条件踏上了行程。在走到两国边界的浿水时，双方出现分歧了，荀彘不同意那一万人渡江入境。荀彘的理由很充分："既然太子已经投降了，那带这么多兵过来是什么意思？我知道他是来投降的，还是来偷袭的？"

朝鲜太子一看突然生变，之前卫山答应得好好的，如今我兵也带出来了，马也牵出来了，突然来这么一下子，搞什么？不知是心虚，还是闹情绪，总之朝鲜的那位太子也不通知他老爹卫右渠，直接就领兵回去了，我还不投降了！

汉、朝之间的无厘头外交谈崩了，双方的选手都很业余。

卫山回去就让武帝砍了，太丢人了！堂堂的上国受降，给我谈成了小孩过家家！朝鲜方面在太子罢约回归后，卫右渠也没有再申请外交复议，而是黑不提白不提地继续和汉军僵持着。

武帝杀掉了卫山，前线的两位将军终于意识到事态的严重性了。

朝鲜方面不投降了，荀彘开始发兵渡江攻朝。这次正式拉开架势后，一番大战之下，朝鲜边防军被打败，汉军一路突破到了朝鲜王都王险城下。

北面形成突破后，南面的杨仆军也集合部队往北推进。两个方面军在轻敌兵败与外交闹剧后，终于在王险城下会师了，但这一出军事闹剧仍然没有演完。由于南北两军没有统一的统帅，将来功劳就没有办法分，双方各怀异志，根本无法产生合力。

荀彘那边曾经是卫青手下的人，仗着有武帝的恩宠，又自认为手中的燕代兵和罪犯强悍，压根儿就瞧不上杨仆的"海军"，所以主张死磕拿下王险城。而杨仆的"海军"因为先前被朝鲜所败，损失比较大，再加上兵种并不适合攻坚，他还怕自己这边牵扯了朝鲜的军力，让荀彘抢了头功，所以一直是主张约降，攻坚方面虚张声势即可，根本就不用搞实际的。

一连又拖了几个月，王险城依然没有攻下。

卫右渠一看，汉朝的两支军队是两个政策，慢慢地琢磨出来了门道，于是也耍起了心眼。他用全部的军力去死扛荀彘那一边，然后暗中和杨仆眉来眼去地谈投降，希望能把汉军耗走。

武帝眼瞅着一座城打了几个月，师老无功，调查后发现这两个人离心离德，终于意识到此次军事行动的最大败笔出在了自己这里，于是调遣济南太守公孙遂为平朝鲜方面军最高统帅。终于来统帅了！

公孙遂来到朝鲜后，先是约见了荀彘，荀彘便将这半年来出师不利的所有罪过全都推到了杨仆身上。

也不怪荀彘背后捅刀子,上司视察工作,看见荀彘那边卖了大力气,即使总是功亏一篑,但杨仆那光出工不出活儿,什么业绩都没有,所以公孙遂对杨仆的印象非常不好。

紧接着荀彘又扔出了阴谋论调,怀疑杨仆里通外国,要和朝鲜军共同消灭汉军。

公孙遂经荀彘这么一吓唬,也没有展开进一步的调查,就先斩后奏,派人持节传杨仆来左将军营议事,然后捆了杨仆,回报武帝。

公孙遂以为通过自己的霹雳手段找到了师老无功的关键症结,这要是在不明白的上司那里,也许就糊弄过去了,但他的主子是大局观极强的武帝。

武帝看到回报后,再次大怒:是让你同心同德地团结两组势力并力攻城的,你现在阵前夺将,万一杨仆的楼船军兵变了呢?尤其是杨仆军的主力还是罪犯,万一这帮人反水,你这等于白给人家送去了五万人!我得再费多大劲,再派几十万人上去平息这件事?

于是,武帝派出了特使,阵前将公孙遂斩首正法。

武帝向全军有了交代,杨仆军劳苦功高,受了委屈,大坏蛋是公孙遂,现在坏蛋被宰了,两路军暂时在荀彘的指挥下全力攻城。

荀彘这只猴子,看到了"第二只鸡"公孙遂的下场,吓得指挥两路军急攻王险城。事实证明,军中只能有一个头,王险城被攻危急,城破在即。

眼看城破,朝鲜的内部高官也有了各自的想法,还有很多不想和卫右渠一条道走到黑的,国相路人、韩阴、尼谿相参等就一起谋划:当初是打算投降楼船军的,现在杨仆被抓起来了,看眼下的形势,城破只是时间问题了,王又不肯降,咱们只能"帮帮"王了。

元封三年(公元前108年)夏,朝鲜尼谿相参派人暗杀了卫右渠,出城来降。

首犯虽死,王险城却依然被卫右渠的大臣成巳所坚守,于是荀彘派出了已经投降的卫右渠之子去告谕城中之民,并诛杀了反抗到底的成巳。王险城拿下，朝鲜之乱就此被平定。

这一场闹剧终于结束了，朝鲜方面始于不自量力，终于意外内叛。

汉军也好不到哪里去，这是整个武帝一朝的诸多战争中最莫名其妙、技战术最低劣的一次。

从双方的战略制定者，再到具体的战术执行人，全都表现得非常业余。

归根结底，是没有一个人，真的重视这场战争。

朝鲜平定后，武帝将其分为真番、乐浪、玄菟、临屯四郡。

左将军荀彘虽然最终平灭朝鲜，但因恃宠争功，相嫉进谗险误大计，斩首弃市；楼船将军杨仆则因不待左将军兵到会攻导致战败，损失惨重，当诛，花钱赎为庶人。

此一战，所有将领都以为是武帝恩典送富贵，但所有人皆未得善终。

兵者，国之大事，存亡之道，不可儿戏！况且无论何时，都要体察上司的心思。让你去，是抖威风去的！你最后连滚带爬地费劲啃下来，成何体统？面子都让你丢光了！哪怕是小事，也要兢兢业业地办好。即便上司都轻视敌方，你仍然要谨慎，因为你身上有责任！

公元前109年的这段时间，有两个接近百年的政权灰飞烟灭了。

两广自此永远地进入了中国的怀抱；朝鲜半岛也暂时性地被大汉政权接管；西南的许多个小部落或被消灭，或被同化，或顽抗到底，但大方向没有变化，以成都为核心的川蜀地区所辐射的范围越来越大，中原的文化渗透得越来越深入。

哪怕武帝一次又一次地奴役天下，但无法否认武帝的历史功绩，他将中华文明的辐射圈扩大了。无论东南西北各个方向，他全都用千古罕见的雄才大略进行了横扫式的征服，中国"雄鸡"的大体轮廓，在他的手上渐渐清晰。

此时此刻，武帝继大位三十多年，汉帝国的疆土已经东到东海、朝鲜半岛；北越阴山直抵大漠；南至南海、大理；西出敦煌，饮马天山脚下。整个帝国的疆域被扩充了一倍！他用了三十年的时间，完成了别人三百年，甚至两三个朝代都无法完成的丰功伟业。

面对如此迅速的领土膨胀，武帝在公元前106年搞出了一个新的行政区，叫作"州"。这个制度，影响了后世两千年。

因为汉朝疆域在武帝一朝扩大了一倍，郡已经变成了一百多个，县变成了一千三百多个，再加上武帝大搞垄断，中央向各地派下去了大量的盐铁官员，配以各种各样的买官卖官政策，使得全国的官员数量达到了惊人的十二万人。

老方法无法解决新问题，武帝发现自己管不过来了。当初秦国二世而亡，很大一部分原因也在于此，过去的制度无法跟上现在的实际情况了。

武帝为了避免越来越多的叫不上名字的官员在他的天下占便宜，于是他将天下划分为"一部十二州"（司隶部，冀州、并州、幽州、兖州、徐州、青州、扬州、荆州、豫州、益州、凉州、交州）。

熟悉三国的朋友看到这里估计该兴奋了。每个州都派出了专门去检查官员的官员，叫刺史。刺史专门负责检查所辖州内的郡守和郡尉，县令和县长。后来，刺史又被更形象地改名为州牧。将一个州当作牧场，州牧拿着鞭子巡视着这帮"喜羊羊"，只不过这帮"喜羊羊"是官员。

开始刺史的品级并不高，俸禄仅仅为六百石。作为中央政府的特派巡查员，所监察的对象是六百石到二千石的官吏，治官不治民，查大不查小，而且权力很有限，只能问责六种问题，超过范围地方官是可以不搭理你的。他们在州里也没有治所，每年八月出京，岁末回朝向武帝汇报。

武帝之所以设立刺史，是为了敲打、震慑天高皇帝远的地方官们，并且时不时地抓几个贪官树典型，就是为了约束在他的英明统治下不断膨胀的官僚体系。

但制度只要被发明出来，只要这个制度具有人性可以释放贪婪的地方，就会产生自我变种，设计者的初衷就会被后期不断的权力博弈所淹没。武帝再次没有想到，自己搞出来的这个小官位，将来会终结自己的刘氏江山。

后来，刺史的权力越来越大，先是管的事越来越多，然后就有了固定的治所，再往后不仅管官，还管民，最后军政一把抓。

自秦到汉武帝年间长达百年的"中央—郡—县"三级制，渐渐地变成了"中央—州—郡—县"四级制。地方的最高长官由小郡守变成了大州牧。州牧变成了下辖几个郡，甚至十几个郡的巨大能量体。诸侯刚刚被武帝消灭干净，却没有想到，它未来会以另一种方式出现。

　　到了东汉末年，因为数十年的羌乱和宗教性质的黄巾起义突然爆发，汉灵帝将军权赋予了州牧。

　　再往后，我们就都知道了，东汉末年天下大乱，三个军阀最终脱颖而出，献帝后来让位曹丕，昭烈帝（刘备）于西川为汉朝再续了半个世纪的命。最终，三分天下归司马，老刘家彻底退出了历史舞台。

　　历史就是如此，你根本看不透此刻涟漪之下的一道道波纹究竟会怎样演化。

　　领地已经一望无尽，汉武大帝是否就此打住了呢？还早呢！一次争议极大的中国古代历史上最长距离的陆军远征，即将上演了。

第九战　定南疆，征朝鲜：万国衣冠，四海宾服

渤海小吏
的封建脉络百战
——之——
两汉风云 中

渤海小吏◎著

开明出版社

图书在版编目（CIP）数据

两汉风云.中/渤海小吏著.—北京：开明出版社，2023.1（2025.1重印）

ISBN 978-7-5131-7785-6

Ⅰ.①两… Ⅱ.①渤… Ⅲ.①中国历史—汉代–通俗读物 Ⅳ.① K234.09

中国版本图书馆 CIP 数据核字（2022）第 220699 号

责任编辑：卓 玥 张慧明

书　　名：	两汉风云（全三册）
出 版 人：	陈滨滨
著　　者：	渤海小吏
出 版 社：	开明出版社（北京市海淀区西三环北路25号青政大厦6层）
印　　刷：	保定市中画美凯印刷有限公司
开　　本：	710mm×1000mm 1/16
成品尺寸：	170mm×240mm
印　　张：	72.75
字　　数：	1020千字
版　　次：	2023年1月 第1版
印　　次：	2025年1月 第9次印刷
定　　价：	168.00元（全三册）

印刷、装订质量问题，出版社负责调换。联系电话：（010）88817647

目录

第十战

征大宛：汗血马的"蝴蝶效应"

一、最深难忘是悲情 ……………………………… 002

二、由汗血马引出的外交事故 …………………… 007

三、"西征梦"的返场 …………………………… 012

四、难以评判的功绩 ……………………………… 016

第十一战

孤愤之战：史家之绝唱，无韵之离骚

一、中国历史的伟大幸运 ………………………… 024

二、一个人的千古之战 …………………………… 029

第十二战

"巫蛊之祸"：生生世世莫生帝王家

一、千古一帝的最终抉择 ………………………… 036

二、妖风阵阵的长安 ……………………………… 042

三、太子宫变 ……………………………………… 048

四、汉武大帝谢幕……057

········ 第十三战 ········

霍光废帝：大司马大将军的反噬

　　一、参赛的代价……066
　　二、如果有可能，尽量少说话……072
　　三、托孤五重臣……079
　　四、昭帝无嗣……086
　　五、黄粱梦一场……092
　　六、宣帝收权……099
　　七、造物主带来的反噬……106

········ 第十四战 ········

王莽篡汉：戏精的艺术人生

　　一、儒家的天选之子……114
　　二、霸王道杂之……119
　　三、苍天示警……125
　　四、惊"天"大逆转……131
　　五、中国史上最传奇的"全民大选"……138

········ 第十五战 ········

王莽复古：陨灭三千万人的"德之贼"表演

　　一、豪族登场……148
　　二、知识分子的怒吼……155
　　三、理想中的复古主义思潮……160
　　四、井田制与废奴……166

五、货币大实验·················173

　　六、百灾之首·················180

　　七、天下大乱·················186

········第十六战········

昆阳大逆转：天选之子的神话之战

　　一、"谶"语预言·················196

　　二、刘縯起兵·················203

　　三、刘縯闹南阳·················210

　　四、黑云压城·················218

　　五、沧海横流显英雄·················227

　　六、刘縯遇害·················238

········第十七战········

河北惊魂记：二十八宿召唤神龙

　　一、谐不谐，在赤眉；得不得，在河北·················248

　　二、云台将首·················255

　　三、河北变天·················262

　　四、惊渡滹沱河·················269

　　五、信都会议·················276

　　六、天下兵王·················284

　　七、二十八宿归位·················291

········第十八战········

两京堵赤眉：汉末最强匪帮退场

　　一、赤眉西进·················302

二、为什么说"光武据河内"呢？ ……………………………309
三、刘秀登基 ………………………………………………317
四、关中易主 ………………………………………………324
五、关中乱战 ………………………………………………332
六、冯异破赤眉 ……………………………………………340
七、为什么是洛阳 …………………………………………347

第十战

征大宛：
汗血马的"蝴蝶效应"

一、最深难忘是悲情

告别了比较神奇的公元前109年，时间来到了公元前104年。这也是个很有意思的年份，发生了两件大事。其中一件事又影响了我们两千年；另一件大事则是一场并不成功的战争，但这场战争的影响再次难以评价。

先说第一件事，武帝时代是全体官僚集团的作为时代。

武将首先迎来了千载难逢的功业时代，这在大一统时期是非常罕见的。然后是历朝历代都口碑欠佳的聚敛之臣们，也纷纷得到了专属舞台，以朝廷的名义施展自己的长袖善舞。酷吏们自不必说，也都是能多狠就多狠。

此时，传统的文人官僚则显得有些落寞。

武帝是要干大事的统治者，政务性、技术性是这个时代的呼唤。不过在了解了武帝的好大喜功后，文人们也纷纷在以各种各样的方式挠着武帝的痒痒，其中，又以西汉文章中"两司马"的表现最为亮眼。

和卓文君私奔出名的司马相如作为汉赋的代言人，一生除了在武帝平西南夷时写过两篇效果不错的《喻巴蜀檄》和《难蜀父老》外交劝降书外，并没有写出什么对政事与时局起到大作用的文章。他将自己所有的华丽辞藻和优美文笔，几乎全部用来为英明神武的武帝歌功颂德。

司马相如在即将离世时仍然不忘再拍一次马屁，不得不说，他的这个马屁是他这辈子拍马屁的巅峰，拍得极其响亮。他用自己的精彩文笔引经据典，通过惊天地泣鬼神的高度升华后，最终得出天地人三界的共同期盼：陛

下，您得去泰山封个禅！（《封禅文》）

在武帝封禅后，另一个司马——太史公司马迁，又联名太中大夫公孙卿向武帝汇报说："在您的英明统领下，我们大汉达到了历史的顶点，所以，在纪年上，岁首最好改为正朔（元旦）。"

在这里，要普及一个小知识，在武帝之前，每年的第一天是十月一日。

岁首是很有象征意义的，这就好比皇帝的年号、孩子的姓，具有着政权归属的属性。夏朝以正月一日为元旦，商朝以十二月一日为元旦，周朝又以十一月一日为元旦，到了秦朝则又改成了以十月一日为元旦。

照这种每换一个朝代往前挪一个月的节奏，汉朝应该改成九月一日，结果可能是刘邦草创大汉时忘了这茬儿了。为了避免将来再被改为八月一日，武帝再次另起一行，直接回到正月初一，将来岁首得永远用我的规矩！最终，岁首被选定为正月初一，并在两汉的巩固下沿用至今。

与此同时，武帝还确定了汉朝的"国色"。由于秦朝尚黑，黑在五行中属水，又由于是高皇帝带着一支小部队稀里糊涂地灭了秦，所以从五行相生相克来讲，土克水，所以汉应该属土，是黄色。（"炎汉火德"是从王莽时代兴起的，刘秀中兴后对此进行了官方认定。）

五行相生是：金、水、木、火、土。（而不是我们传统以为的金、木、水、火、土。）

五行相克是隔一克一：金克木，水克火，木克土，火克金，土克水。

太史公和好朋友们敏锐地挖掘到了这块还没开垦的处女地，再次让武帝高兴了一把。但他没想到，这样的功绩在武帝翻脸时什么也不是。

此时的武帝，应该说达到了前无古人，后无来者的人生高度。因为此时他已在位三十六年，所有在他一朝的金融改革政策、领土拓宽征服、政权符号象征等功业已经全部完成了。这是他人生大盘全线飘红的最高峰。

但我们知道，他仍有十八年的大福报。在这十八年中，他又足足地折腾了十六年。如果说前面三十六年的折腾，还能具备很多千古意义的话，那么后面这十六年，则完全是标准的败家。

不过，在败家的这条道路上，败家子永远不会独行。武帝的诸多败家想法，主要是通过一个人的具体实施转化成败家行为的。这个人，是武帝的小舅子。他不是卫青，此时的卫青已经陪葬在茂陵了。

前面我们说过，为了纪念这位帝国大才，武帝将卫青的坟墓修成了阴山的模样，以彰显他的历史功绩，在他死后，还发出了《求贤诏》。

武帝的一生似乎具有着某种对称之美，成于小舅子，也败于小舅子。帮他败家的这个小舅子，叫李广利。不要误会，他和李广没啥关系。李广的命不好，往前冲了一辈子都没混个军功，但这个加了"利"字的李广利，却真的是命运大利。

这个李广利的功名压根儿就不用求，是从天上掉下来的，这要得益于他有个音乐家哥哥，还有一个会跳舞的美人妹妹。

李广利的大哥名叫李延年，能谱曲弹奏，又会唱歌跳舞，是个全能音乐人。但这位音乐人却犯了法，具体犯了什么事不可考。也许他压根儿就没犯什么事，因为很多武帝朝的犯罪记录都不可考。考虑到武帝时期罪名纷繁，所以犯法很容易，经常是莫名其妙地就被逮起来了。

李延年在过堂后被定罪腐刑，也就是被阉割，音乐人从此变成了李公公。再好的歌声也没能帮助李延年把根留住，不过这并不耽误他继续自己的音乐梦想，他先是去宫里做了太监，然后又利用一身的艺术细胞和专业技能，成为皇室歌舞"导演"。

后来，"李导"就谱写出了那首改变家族命运的歌曲。先来看看歌词吧，很多人一定会很熟悉。

北方有佳人，绝世而独立。
一笑倾人城，再笑倾人国。
宁不知倾城与倾国，佳人难再得！

真美啊！

这也是后来我们广大男同志夸女同志，媒婆向男方提亲时常用的广告语，"倾国倾城"的来源。

老当益壮的武帝听后又兴奋了，觉得这词写得太好了，但这样的姑娘世间真的有吗？这个时候，同样在旁边听曲的专业"公关经理"——武帝的姐姐平阳公主，继卫子夫后再一次扮演了重要的媒婆角色。在听见武帝的感叹后，她小声对武帝说："这李延年有个妹妹，真有倾城倾国之貌。"

浓浓的疑云扑面而来，一个太监的妹妹，堂堂大汉皇帝的姐姐怎么会知道得如此清楚呢？由此让我们再次怀疑，这又是平阳公主设计的一个局。

此时的平阳公主，已经成为"营销大咖"，构思之巧妙，引诱之精准，以及介绍时机的恰到好处，已经远远超过了当年。这也让我们看到了，如果在一个领域深耕几十年，不断地提高自己的业务能力与销售技巧，是能够达到大师级水平的，比如平阳公主。

平阳公主在两千多年前就领悟到了一个销售行业的真谛：最好的销售是卖品牌，而品牌卖的是故事。

武帝听了这么一个好故事后，做出了指示："把这位倾国倾城的姑娘带来吧，我要跟她谈谈。"

李姑娘面见武帝后，武帝觉得很是不错，配上这个美丽的故事，更是大有韵味。而且，武帝没有想到的是，这丫头不仅仅是个花瓶，还会歌舞，和她哥一样，也是个搞艺术的。武帝为其美貌和舞步倾倒，以"面试"高分为由纳为妾，称李夫人。自此武帝专宠于李夫人，一年后，生下一男，封为昌邑王。

红颜美，也在于她们往往薄命。在青春的峰值离去的姑娘，总是让我们念兹在兹。李夫人也是如此，她走时的岁数不大，让武帝难舍难分。

上一个武帝还没有厌倦就过早地离他而去的人，叫霍去病。武帝为了补偿自己的心理落差，将他的弟弟始终带在身边，这个孩子叫霍光，在下个时代他会有大戏份。

李夫人临走前，武帝去看她，这个姑娘蒙住脸不与武帝相见，只想留下最美好的那段回忆，并希望武帝好好地照顾她的兄弟和孩子。武帝也因此任命李延年为协律都尉，李广利为将军。李广利由此踏上了仕途。

李广利的时运非常棒，刚刚被封为将军，趁着武帝对自己妹妹的思念还没过去，就赶上了这么一档子事——武帝要远征遥远的大宛国。

这又源于另一个品牌故事——汗血宝马。

二、由汗血马引出的外交事故

话说旅行外交家张骞碰上了武帝这么个主子，他的每句话都对天下百姓产生了很大的影响。他第二次出使西域归来后，对武帝说他在大宛看到了一种马，这种马日行千里，出汗如血，身形极好，堪称马中之王。此马虽好，却是大宛的国宝，我没能耐给您带几匹回来玩玩。

作为点燃男人激情的"三大件"（土地、美人、宝马），武帝的好奇心再次被话多的张骞点燃了。他派出了百余人的使团，带着一匹用纯金制作的马，前去大宛国进行换购。一方面表现自己家大业大、不差钱的外交诚意，另一方面用这匹大金马向沿途的西域各国抖抖威风。

但武帝的这个热脸却贴了冷屁股，人家大宛对于汗血马的感情要远远超过金子的分量。

大宛的国王对于汗血马是这么考虑的：马万不能给，这是国家的战略资源，让你们带走配了种，就不再是我们国家的独得之秘了。再说了，风闻汉朝很强大，但架不住你离我远啊！我不给你，你能怎么样。

就这样，在张骞当初第一次叫花子般逃出匈奴时给予了雪中送炭帮助的大宛，拒绝了汉使的换马请求。

关于这件事，所有的史料都倾向于大宛王不识抬举，金马换购你都不领情，你要上天啊！这就是比较缺乏同理心了。

战马作为一种特殊的战略物资，是不能单纯从金钱角度进行考量的，只能说这个大宛王是个明白人，人家做得其实没错。但汉使却表现得很没有风度，一听说人家不换购，当场就甩脸子，把那匹金马给砸了，而且话说得很难听，掉头准备回国。这也表现出当时汉朝政府一个非常不好的外交习惯，容易看不起人。

别嫌难听，就是那么回事儿，我们也要时刻正视自己骨子里的那堆臭毛病。用鲁迅先生的话讲："我的确时时解剖别人，然而更多的是更无情面地解剖我自己。"

先来看看我们古代时对于文明落后地区的称呼：东夷、西戎、南蛮、北狄。再看看我们对于北方强大邻居的称呼：匈奴。全都是带有轻蔑的字眼。后来著名的"好人"王莽在复古改革猛改名的时候更搞笑，把人家"匈奴单于"改成了"降奴服于"。

我们虽然号称礼仪之邦，但需要正视的是，这个"礼仪"却非常容易让我们产生一种优越感。我们的文化天生具有包容性，这是我们的浑厚优点，但这种发自内心的优越感，也是我们的大缺点。尤其当你总是处在整个时代的顶点时，就容易更加巩固这种优越感。这种骨子里的傲，成为我们千百年来的外交弱点。

汉使砸马示威后，大宛王觉得太没面子了，于是在沿途伏击了归途的汉朝使团，杀人夺金而去。

大宛王之所以有恃无恐，在于他进行过成本预算。他看到汉朝来过的这么多批"访问团"，每次到他这里时，都说减员一半以上，而且普遍都已经离开大汉一年以上了。在种种推算后，大宛王得出了结论：汉朝不敢拿我怎么样！这么远，他们根本打不过来。

大宛王信心满满。但他不知道在二十年前，北边也有人这么推算过，当年这样推算的人，已经被打得一蹶不振，差点被屠灭了整个种族。五年前，南边和东北边也有人这么推算过，当年这样推算的人，均身死国灭。

消息传回国内，武帝受到了自登基以来最大的一次侮辱。从来都是他欺负别人，这次好不容易摆出了示好的姿态，千里迢迢地送金马过去，"大汉欢迎你"的歌声已经唱响了,谁知道人家却认为"有勇气就会有奇迹",不解风情地扇了武帝的脸。

大宛王其实完全有更艺术的做法,比如送几匹下不了崽儿的劣马,在砸金马后不要和这个汉使一般见识,甚至以礼相待。为什么非得杀了他呢?

这回等死吧!

武帝决定派兵消灭大宛,不买改抢了。

这时候,一些人出来插嘴了,曾经出使过大宛的姚定汉对武帝说:"大宛是个小国,我们只要出三千人就能干掉他们。"武帝深以为然。

为啥武帝会这么估计呢?因为当时所谓的西域三十六国,实际上差不多就是西域三十多村,外加几个大县。

西域那边没有大河流,所赖以生存的水源是北面天山和南面祁连山那一片的青藏高原上融化的雪水,每块地方能化多少雪,也就决定着这个地方能铺多大的摊儿。

每一个所谓的国,实际上就是沙漠中的一点绿洲所养育的松散团体。四年前,楼兰王不听话,赵破奴率领七百骑兵就把楼兰王抓回来了。

七百人就灭国了,我们听起来会觉得太震撼了!实际上就是七百人前去"屠村",然后把人家"村长"逮回来了。

"屠村"是个好差事,风险小,名声好,在当时属于打破脑袋抢的活儿。恰巧李夫人刚刚离去,武帝决定将这个好事送给自己的小舅子,以缓解对李夫人的思念之情。就这样,李广利没有任何过渡地变成了贰师将军(图吉利,据说汗血马都藏在大宛贰师城),远征大宛。

武帝再次满怀蔑视,认为没多久,自己的小舅子就会带着一匹匹骏马来供他驰骋。

但这次这个"村",稍微有点远。有多远?距长安也就七八千里。

考虑到之前征朝鲜时的用人昏聩,再加上这次征大宛的人选与轻敌,可以看出来,此时的武帝虽然依然神武(神经质加武断),却已经不英明了。

很多朋友会问:武帝的前一个小舅子卫青仅仅是个骑奴,不也照样用吗？不一样。卫青在初上战场前，在皇宫中历练了十年，是从皇宫侍卫一步步干起来的。

那霍去病呢？他年仅十八岁，不也上场了吗？霍去病早早地就被武帝当作"门徒"带在身边，并且常常跟着"战神"舅舅，早就耳濡目染。

纵观武帝早年、壮年之用兵，无论是战略构思、将领选用，还是兵力配比，全都堪称上乘手笔。但老年的武帝，却理想化严重，种种决策使他更像一个老小孩。

对于皇帝这个职业，五十岁似乎是一道坎。所有的皇帝，哪怕是有道明君，过了五十岁往往也都不成了。皇权这柄威力巨大的"诛仙剑"有着巨大的反噬效果，使用它的人需要有极高的能力与意志去对抗这时时刻刻的附骨侵髓。人岁数一大，精力、脑力、意志力一旦跟不上，前面这些年被封印的"权力魔鬼"就会跳出来，让你无法再联想到这是当年的那个明君圣主。

当然，武帝的祖宗刘邦人家五十岁刚起步，大半辈子的人生精华都搁那憋着呢，是个例外。大多数皇帝，老了以后往往就没有了闪烁人生的智慧与经验，而是系统性的昏招连连。

武帝忽略了此次的远征其实是个难度极高的作业。出大汉西塞到大宛，此一路四千余里。不仅路远，而且路况极其不佳。

之前我们说过，西域三十六国之所以那么小，在于他们是"丝绸之路"上的一个个小绿洲，绿洲不大，所以养育的人口不多。之所以有这么多国，在于每个绿洲都相隔不近，你打不到我，我也踢不到你，带兵出去可能会渴死在半道上。

由此我们也可以知道，如果出兵，在这样的距离、路况下，想要达成战略目标，需要将领有以下能力：强大的外交沟通能力，强大的行军能力，强大的军事能力。

路途如此遥远，再加上是武帝突来兴致，根本就不可能配给你充足的给养。这也就决定了你沿途要么一路"抢饭"，要么一路"要饭"。"抢饭"需要你能打；"要饭"需要你是外交天才；带着队伍长途跋涉四千余里，需要你有过硬的带队能力与行军能力。

你要不断地沟通、吓唬沿途各国国王；你要有本事轻松地杀鸡给猴看；你要不断地鼓舞士气，不断地观察士卒身体状况，才能将这次四千余里远征圆满完成。

在战国时期，我们说司马错之所以是不世出的名将，在于他能够在蜀地的荒蛮烟瘴之中带十万大军兜了一个大圈，还能保全战斗力并攻占黔中。

总之，如果不是经验丰富的大将，这活儿根本没法干！

在生活中，我们有时也会遇到这种工作，看着轻松无比，根本就不叫个事儿，但真的一上手才发现，事情环环相扣且艰难，干了半天往往出工不出活儿。

武帝以为给自己的小舅子派了个好活儿，实际上根本不是那么回事儿。

武帝是挺够意思的，怕自己这位小舅子第一次带兵紧张没经验，拿不下来大宛，于是派了三万多人的队伍由他指挥。当然这三万人不可能有什么靠谱的战斗力，"灭村"还用得着带精锐吗？其中只有大约六千人是西北驻防部队的，剩下的还是各种罪犯。

李广利就这么两眼一抹黑地带兵去了。一年后，传回了消息。有多大脸，就现多大眼。

三、"西征梦"的返场

此次西征的具体情况是这样的，李广利率军一路往前走，沿途的小国由于弄不明白他这是要干啥，纷纷紧闭城门。

在这种情况下，李广利就无法得到沿途的给养。人家关城门，你也没有本事说服人家相信你，如此一来，想要获得补给就只能走到哪儿打到哪儿。而他又没有本事将沿途的这一座座城都打下来，常常是到了一个地方，打上几天，一看打不下来，就赶紧往下一个地方赶。

给养不足，跋涉疲惫，缺医少药，在这样的不断损耗下，李广利最终到达了大宛，但到了大宛的边境郁成城时，汉军仅仅剩下几千人，而且遭到了摧毁性阻击，死伤狼藉。

李广利只得撤退，在返程中又遇到了一系列不友好与看笑话的待遇。退至敦煌时，几万人仅仅剩下了十之一二。

李广利将这一路的情况汇报给自己的皇帝妹夫，说这一路太遥远了，还没吃的，咱们爷们儿不怕打仗，就怕吃不上饭，咱们能不能先不打了，等准备齐了再去？

皇帝妹夫暴怒，派遣使节飞驰敦煌，下旨：所有西征人员胆敢跨过玉门关一步者，杀无赦。

武帝如此极端的做法，并非没有原因，因为此时的大汉已经禁不起失败的新闻了。并非仅仅是面子问题，在四年前的公元前107年时，关东流民就已经达到惊人的两百万了,所谓"官旷民愁,盗贼公行"。紧接着公元前105年和公元前103年,天下又是大旱又是蝗灾,整个天下现在就像是一点就着的木头,根本禁不起这帮败兵回来宣传这次几乎全军覆没的西征大梦。

汉武宏图载史篇的最关键保证,是国家内部的武力震慑,是你这条汉武大龙能够永远喷射出炙热的火焰,去震慑住你所有的子民!当所有子民认为反抗没有任何希望时,这个几乎不可能持续下去的游戏才能继续下去。

但如果如此巨量的流民突然知道你这条大龙不行了呢?一旦内部的高压震慑失去了威信,被摧残了三十年的海量生命就将自我寻找出路。武帝一个锅盖扣十口锅的游戏,将再次演变成秦末的天下大乱。必须永远是好消息,才能摆得平、镇得住此时满目疮痍、社会弹性已经极低的大汉帝国!

李广利无奈,只得驻扎在敦煌,别看他被扔在那儿了,其实他倒省心了,闹心的是摊子越铺越大的汉武大帝。

堂堂的大汉被大宛一再羞辱,对此国内还是两种论调:一种是别打了,另一种是打死他。

不打了的论据还是老一套,成本不划算,产出不值当。但其实在此时的国际态势下,继续出兵大宛这件事,早已是箭在弦上,不得不发了。因为你西征大宛现眼了,沿途的各国可都瞅着呢!

你说你把匈奴打成"植物人"了,我们咋知道人家匈奴是不是被老天爷打的呢?你堂堂大汉打得匈奴满地跑我们没看见,但你一个劲儿地在大宛现眼,我们可全都看见了。去的时候是一大群"众筹"的,回来的时候却是一小群"要饭"的。

如果不教训大宛,那么汉朝在西北的影响力就会逐渐减弱,匈奴的势力就会再度抬头。那条自西往东的输血管道再次被接通后,匈奴有可能再次缓过劲儿来。

说到底,和刚才不能让这帮败军回国是担心国内震慑力受损一样,这又是个"国际震慑力"的问题。而且,这个"国际震慑力"对于刚刚打通"丝绸之路"的大汉帝国很重要。

武帝再次催动国家机器,下令赦免大量监狱中的囚犯,征召地痞流氓,抽调边塞的骑兵部队,全部给我去敦煌报到!爷又要打大牌了!

为了凑齐远征的物资,武帝再度鞭笞天下,抽取全国的血液,往遥远的大西北调。一年后,敦煌郡驻扎部队六万余人,并汇集了牛十万头,马三万匹,驴、骆驼数万匹,以及大量的武器、给养。

如此手笔,武帝仍怕不保险。为求万无一失,武帝下诏再征调全国各地的正规边防军十八万人,进驻酒泉、张掖以北,作为随时出征的第二梯队。

在这样的大铺张之下,武帝还不忘找了两个"伯乐"(专门相马的),分别担任执马校尉和驱马校尉,主要负责把武帝魂牵梦萦的汗血马保质保量地牵回来。

大宛那帮人,就要见识东亚第一霸主的威猛了。

"西征梦"第二季,正式上演。

李广利的第二次西征,在强大的威慑下,取得了出乎意料的效果。首先是西域各国在看到如此庞大的征剿大军后,终于知道匈奴是怎么死的了,纷纷变得很识时务,热烈欢迎大汉军队去消灭保护主义猖獗的大宛!那么好的马,都让他们闷着,太狠了!大汉朝快去主持正义吧!

除了政治表态外,沿途各国还全力提供了更加实在的东西——大军的给养。这次西征军的待遇和第一次真可谓天差地别。上一次啃着风沙吃闭门羹,这一次却吃着土特产,还有向导带路,巨大的落差让你不得不感叹,人永远都是算账的好手。

这也再次向我们印证了一个道理:大炮打蚊子虽然成本巨大,但是有一个好处,它展示了一种势在必得的态度。这种态度,可以帮你震慑与团结到很多骑墙的力量。

西域各国中,只有一个异类,叫轮台国,这个国家就很不会算账,对李广利的大军闭门不纳,拒不合作。结果,轮台被汉军攻陷。

轮台被攻陷的消息成为警告西域诸国的反面典型,各国听闻后更加配合,李广利的西征军这次以最小的损耗顺利地来到了四千余里外的大宛边界。

两军对阵后，李广利上来就派出了三万先锋部队进行攻击。大宛军迎战后，汉军箭如雨下，大宛军败退入郁成城。

李广利的两次超远征伐，彻底教明白了他一个道理：远征一定不能局限于一城一地的得失，因为你的军需根本就跟不上，而且一座城一座城地打，既损耗力量，又得分兵占领，得不偿失。尤其是大宛国还是平原地貌，我越过你而根本不担心你会抄我的后路，有本事你就出来堵我。

李广利率领汉军绕过了郁成城，直逼大宛国都贵山城。大宛军不敢出战，于是汉军将其四面包围。

包围贵山城后，双方开始僵持。大宛的打算是将汉军耗走，但围城的汉军却发现了贵山城的一个重大缺陷，城内无水源。贵山城的所有城内用水都是由外面的河道引进来的，汉军抓住了这个漏洞，派工程队改变了河道，打算渴死困守的大宛军民。李广利在国外玩了把后世的"张郃困马谡"。

贵山城内储水日渐减少，汉军动不动就搞一搞攻城演练，并顺利地拿下了外城。大宛国都只剩下内城没有陷落，就这样一连又僵持了四十余日。

长时间的困守使贵山城内的忍受力达到了极限，皇族内部发动了政变，大宛高层杀掉了大宛王，并派人把国王的人头呈献给李广利，请求议和。

大宛高层向汉军表示：大宛的所有马你们随便挑，与此同时，还将负担此次汉军的军费，希望大汉退军。如果您拒绝，那么我们大宛就杀死所有的汗血马，咱们还是鱼死网破吧。

此时的汉军，其实也已经到了强弩之末。四千余里的远征前所未有，再加上围城四十余天，军士疲敝。李广利看到大宛已经认怂，"匪首"也已经伏诛，再加上最重要的汗血马也到手了，于是同意休战。

接下来，就该签订条约了。

四、难以评判的功绩

与大宛签订条约后，汉朝的专业相马团队在大宛的汗血马中，挑选了最优良的数十匹骏马，以及次优良的三千余匹骏马作为战争补偿。

不过你可能会问，这么牛的马，如今的我们怎么没看见呢？因为它除了服务统治者之外，根本无法适应市场的需求。

在这里，我要给大家普及一个小知识，真正受战士们欢迎的军马是什么样子。

先来解释一下，为啥汗血马这么受统治者喜欢。因为汗血马的优点非常突出，有三大项：长得好，跑得快，耐力好。

长得好首先就非常契合统治者高层以及将领们的面子需求。当统治者们骑着一匹像精灵一样秀美的汗血马一颠一颠地出现时，那是相当爽。这就好比法拉利矮到你一屁股可以坐到车顶上一样，要的就是这个效果。

此马不仅长得好，另外那两项优点更是直击统治者们的心窝：跑得快，而且跑得远。

这就保证了统治者可以随时完成"超车"，尽显王者风范，以及更重要的一点：逃跑时，没有人追得上。要知道，统治者的安全永远是第一要务。

正因为这些优点，汗血马成为上层人士追捧的宠儿，类似于今天的超跑，非常贵，既拉风，又跑得快。

但是，汗血马有一个巨大的弱点，这个弱点使它无法成为军马的标配马种：太单薄。

这就不适合实战了，战士们呼唤的是截然不同的风格。

虽然汗血马可以远距离地骑乘，具有强大的速度与耐力，但是它的身形单薄，不抗造，这使得它几乎无法应用到大规模的骑兵作战中去。

真正的骑兵作战中，战马的负重能力是很重要的一个指标。我们在讲卫、霍虐匈奴时说到过，骑兵是一种装备非常多的兵种，尤其是长途奔袭，更需要大量的物资给养。这种能力，是汗血马不具备的。

另外一点，汗血马无法进行近身的肉搏战。

汉军骑兵之所以牛，在于他的巨大冲击力。巨大的冲击力要求战马必须壮且稳，才能支撑一场场长戟扎人、马刀互砍的肉搏；必须皮糙肉厚，才能在受伤率极高的骑兵战斗中幸存下来。而汗血马之所以称为"汗血"，最重要的一个原因就是皮肤薄。

据汗血马发源地的养马专家称，汗血马之所以称为"汗血"，是因为它们的皮肤较薄，奔跑时血液在血管中流动容易被看到。马出汗时往往先潮后湿，对于枣红色或栗色毛的马，出汗后局部颜色会显得更加鲜艳，所以给人以"汗血"的错觉。

正因上述两点，汗血马并不适合真正作战的骑兵部队。

统治者们既不用扛东西、背行李，又不用亲自上战场玩命，当然喜欢汗血马，但真让汗血马去拉货，它肯定比不过普通的马匹。比如，后来席卷世界的蒙古马，就是卖相并不好的矮小粗壮型马种。

李广利带回来的这三千多匹马，真正到达汉朝国境时，还剩下不到一千匹。不是李广利不好好伺候，武帝的心头肉他是不敢不尽心的，他就算不给人吃的，也会保证马的喂养。最大的原因还是在于此行路况实在太过于困苦，跨越大漠用的都是骆驼，什么时候也没见过把马当作主力的。

前面讲到长城的时候我们说过，中原民族看马来气，很大一部分原因是马的"排量大"，能吃能拉。这种习性却被安排走没吃没喝的大漠，那真叫遭了罪了。

自然条件太恶劣，不光马死了一大半，六万出征的汉军回来时也仅仅剩下不到一万人，绝大多数都是非战斗减员。

武帝投入了空前国力换来的不到一千匹马，由于上述原因，也并没有成为刚需主流。再加上如果你想骑乘雄性骏马的话，需要进行阉割，没有阉割的成年雄马是无法被人骑的，很多优秀的战马也因此失去了繁殖能力。

如此少量基数的汗血马，在华夏大地岁月的长河中，被慢慢地淹没了。

在金庸先生的《射雕英雄传》中，曾经神乎其神地描写过郭靖的小红马是如何神俊，跑起来连欧阳锋都追不上。在这里我们还是要自豪地说一声，欧阳锋一定是虚构的，但小红马却真实地在我国批量存在过。汗血宝马，并非仅仅是一个传说。

李广利终于在举国之力下立功了，武帝很高兴，封李广利为海西侯，终于圆了对李夫人的承诺。

这场仗从缘起到落幕，活脱脱一场劳民伤财的闹剧，但它再次产生了难以评估的影响。

这次闹剧在西域百姓心中产生了极大的震撼，东边有条"大龙"的气性太大了。

大宛在西域诸国的西边，算是一个非常强大的国家了，又远在葱岭之外，但大汉仍然使命必达地完成了虽远必诛。西域各国也因此慑于汉朝的威力，纷纷归附汉朝。这一次远征大宛，使远东的大汉成为西域乃至中东人们心中的传奇之国。

这种影响一直绵延了几百年，后来东汉的班超曾经完成过以几十个人就镇服西域各国的壮举。班超的超强个人能力自然没得说，不过如果没有祖宗的威名积淀，这种军事奇迹是很难达成的。而且此一战，害怕挨打的西域各国开始从心底倒向大汉，中原与西域的来往也更加密切。慢慢地，开始出现民间的各种商队，穿梭于中亚与中原之间，使东西方的文明开始出现碰撞与交汇。

再到后来，汉朝在西域设立都护府，管辖西域事务，从此新疆正式成为中国不可分割的一部分。霍去病打通的河西走廊，为中华民族彻底地拽回了新疆。

都说玩物丧志，武帝为了几匹马就弄得整个天下民不聊生，却也产生了上述难以评估的影响。人家武帝为了玩马，可也成为新疆那一大片地方的开拓者。

如果从长远来看，是非功过，真的难说。但从眼前来看，却是很好说的，史载"贰师将军征大宛，天下奉其役连年，海内虚耗，天下骚动"。社会的所有弹性基本上已经全部被淹没了。

武帝还不知道等待他的将是什么，但他却明显认为这一套玩法自己还能降得住。

李广利在此次征大宛得胜后，被武帝从此排到了武将的第一序列。在这里，武帝的主观因素很重。

人总是爱在之前的成功中捕风捉影，比如武帝这辈子就迷信娘家舅子，总认为自己和舅子搭配，干活儿就不会累。后来，他还布置了三次以李广利为首的汉匈会战，但战绩乏善可陈。

国手和票友是有着天壤之别的，他的这位舅爷和先前的帝国荣光卫青比起来，实在是提不上台面。

说到了匈奴，先来看看匈奴人这二十年都干了啥吧。

元鼎三年（公元前114年），最强背景帝伊稚斜单于离开了人世，在他的治下，匈奴成了罐里的金鱼，越养越抽抽。

武帝、卫青、霍去病这样的对手都是不世出的人物，不是谁都这么倒霉的，有的是昏天黑地却大享太平的皇帝，只不过恰巧让伊稚斜摊上了。

伊稚斜单于死后，其子乌维继位。乌维继位后很有中兴之主的作为，比如转年就偷渡河西走廊联络西羌，打算夹击汉朝西北的边郡，重新夺回河西走廊。但西羌很不争气，闹了点动作，随后就被汉朝第N梯队的李息（著名的"打酱油"将军，以武装"旅游"从不遇敌而出名）所平定。

乌维的小动作算是给武帝提了醒。武帝在平了西羌后，对河西走廊进行了大反击，然后将河西走廊分为武威、酒泉二郡，又增设了张掖、敦煌二郡。随后，武帝迁徙罪犯与流民充实河西四郡，又派李广的孙子李陵，率五千精兵驻防并兼任教官，教当地的百姓骑射自卫。

一整套组合拳下来，等于向周边不太友好的邻居们宣称，我不是搞搞露水情缘就完了的，而是要踏下心来过日子的，都别瞎琢磨了。

公元前105年，乌维单于岁数不大就死了。其子詹师卢被立为单于，因其年少，又被号为"儿单于"。

此时的匈奴，国力日衰。之前我们分析过，游牧民族的最大弱点就是只要被打趴下了，再缓过来就比较费劲。主少国疑的匈奴开始往西北迁徙，逐渐远离东亚这片伤心地。左贤王部撤至云中以北，右贤王部撤至酒泉、敦煌以北。

燕赵边境终于在紧张了几百年后，得到了安宁。

匈奴在传播着一个信号，惹不起我躲还不行吗？但树欲静，而风是不止的，南边的那位爷刮了几十年的沙尘暴，你想躲，就躲得了吗！

对手是个"儿单于"，武帝是不会放过这个钻空子的机会的，于是对匈奴内部又展开了两次离间，却都失败了。也因此，匈奴与汉之间的关系再度恶化，已经是"植物人"的匈奴虽然腿脚不利索，但仍然时不时地恶心一下大汉。

武帝决定再度出击，给予西迁的匈奴以毁灭性打击。

武帝最后当政的十多年，又北伐了三次匈奴，就是我们刚才所说的李广利北伐，全部无功而返。

当然，虽然无功却也谈不上什么损失，双方死伤大抵相当。不过，这三场战役的过程，可谓风格迥异。

第一战，大标题"配角抢戏"。

公元前99年夏，武帝打算扫灭远迁到天山的匈奴右贤王部，巩固对西域的控制。结果李广利率领三万骑兵主力先胜后败，先是在天山脚下大破右贤王部，但在回军时被赶过来增援的匈奴主力截击，大败而归，损失十之六七。一出一进，李广利算是"惨平"匈奴。

靠着高水平战法，拿着高科技武装，李广利仅仅能和"打剩下的匈奴"打个平手，他和前面"帝国双璧"的差距也就体现出来了。

在这次乏善可陈的汉匈会战中，有一个小将意外地成为万众焦点。他惹来的巨大争议，极其惊险地差点毁掉了华夏历史上千年的珍贵篇幅！

太史公，到您了。

第十一战

孤愤之战：
史家之绝唱，无韵之离骚

一、中国历史的伟大幸运

在历史的长河中，会有极少数的一种人，他们在自己的领域中，在极其有限的能量下，超越了天命的打压与束缚，凭一己之力改变、拯救、定调了后面千年的历史规则。没有他们，历史将变得不再一样。尤其是我们现在要讲的这位。

在上一战中，惹出巨大争议的抢戏小将叫李陵，"飞将军"李广的孙子。他是咋抢戏的呢？

在战局最开始，资历浅的李陵被指派给李广利打掩护。但这位意气风发的少年将军却主动向武帝请战，表示没有困难他创造困难也要上，他要带领五千精兵横绝大漠，扫荡单于王庭。

武帝对他说："没有马给你了。"

李陵说："没问题，我们这都是射击冠军，百步穿杨，不用马也能消灭匈奴人！"

向来听不得这种话的武帝瞬间就回到了青春期，觉得太提气了！于是，他让李陵火速出击，并命令老将路博德出塞接应，给李陵打掩护。

如果说文人相轻，那么武将就可以说是相贱了，这个行当是特别讲究资历与战功的。

路博德是老将，因此对李陵很不当回事。武帝还命令他给李陵打掩护，这让他很没面子。

于是，路博德上奏章说："现在秋季将临，匈奴草长马肥，正是兵力最强之时，不宜攻击，请命李陵稍停，等到明年春天再出发。"

人家说的没问题，本来就是，大秋天的人家那边刚贴上秋膘，这个时候你瞎起什么哄啊！历来都是早春去打狼，过了年再说呗！

路博德认为，明年开春武帝就有别的部署了，我也就不用再给这个小字辈打掩护了。但他的这个办法，让武帝怀疑李陵吹完牛后怂了，找路博德替他说话。武帝大为震怒，你爷爷当年哭着喊着求我让他死在战场上！你这个不争气的东西！武帝命令李陵别再废话！赶紧给我走！

李陵即将为他的年少气盛付出惨痛的代价。他继承了家族的点背命运，他的五千步兵也没能横扫单于王庭，而是遇到了单于亲自率领的匈奴三万主力。双方碰面后展开了悍猛对决，李陵将战车摆成防御阵型，随后开始千弩急射（注意他使用的兵器）。

匈奴兵被迫退走上山，更神奇的是，李陵居然开始追击并杀了数千人。大汉这五千棒小伙子的凶猛进击一度让匈奴高层产生了错误的判断：这是汉军精锐主力！于是，匈奴单于又调了五万骑兵，共八万骑兵，对李陵军团展开了围剿。李陵部边杀边退，根本不落下风。

匈奴认为这支部队是汉军的精锐先头部队，太能打了！他们这是打算引诱我们进入埋伏圈！匈奴一直在犹豫，也不敢逼得太狠。

从这里就看得出来，匈奴的骑射战法对汉军的步军战阵并没有起到多大作用，就是匈奴人在射箭上的传统优势已经不具备了。因为，此时汉军的高科技"弩"，那真是领先时代的威猛兵器，劲儿大还易上手。

汉军不光在骑兵方面具备很大优势，出塞后哪怕步兵也对匈奴有着巨大的威胁。只要弩在手，箭管够，战车布上阵，在我面前你就是活靶子！除非草原民族能够整合出类似中原建制的骑兵团，否则无论是面对汉军骑兵军阵，还是步兵军阵，根本就冲不动。

就这么一路且战且退，五千汉军整整牵制了八万匈奴主力十多天，匈奴高层几乎打算放弃了。因为这个汉军团的箭似乎永远射不完，而且一射一个准，像个刺猬一样，他们根本无从下嘴。眼看离汉境越来越近，眼前的这支部队到底想干什么？

匈奴单于表态不想打了，怕有伏兵，但一向会过日子的诸将却说："单于亲自率八万骑却打不平汉军数千人，今后算是彻底没法混了。有辱国体！必须打！"

在这次高级会议开完后，当天匈奴军队又冲杀了数十次，留下了两千多具尸体。这最后的冲锋，成为压垮匈奴所有高层的最后一根稻草。所有匈奴人都认栽了，准备撤军。

眼瞅着李陵将完成整个两汉外战匈奴最英勇豪气的以少胜多壮举时，李家的坏运气再次出来捣乱了。堡垒在内部被攻破，李陵部有人叛逃了。此时李陵部已经弹尽粮绝的机密被泄露了！

匈奴得知了这支五千人的步兵孤军深入，根本没有援军，而且眼下箭支就要用完了。这个消息传出去还得了！八万人怎么能被区区的五千孤军，这么牵着鼻子走？

匈奴展开了最后的总攻，此时李陵的五千壮士已经射杀了上万匈奴骑兵。李陵所部最终射空了所带的百万支箭，失去所有阻击力量的李陵下令四散突围。此时距离边塞，仅仅还剩百里。

堪称汉武帝末年最壮烈的死战，这五千壮士在十数倍于己的匈奴骑兵围攻下，交出了杀伤数倍于己的成绩单，五千人仅有四百人最终逃脱。

但这段孤胆英雄的故事，最终却有巨大的争议，那四千六百个战死的勇士也没有得到该有的待遇。因为李陵投降了！

关于李陵的投降，一直有很大的争议。一般来说，你都投降了，还有什么话说呢？但有很多人为李陵翻案，说他是身不由己，身在匈奴心在汉。

说法一，他投降后，才有可能牵制匈奴的注意力，让分头突围的弟兄们能多逃出去一些。

说法二，他的投降是假降，他想模仿自己的爷爷，单枪匹马地从匈奴逃回来。

说法三，他想暂时委曲求全，保重自己的有用之躯，他日再回报大汉。

通过他后续在匈奴的这几十年所作所为来看，上述猜测确实有可能是真实的。后来，李陵即便被武帝灭族，他也仍然刺杀了帮助匈奴做内应的降将李绪，还在十年后的那场大战中打输了（较可疑）。

不过，这都是猜测，具体他当时是咋想的，今天的我们不得而知。因为他毕竟没像他的爷爷李广那样单枪匹马地逃回来，也没有像关羽那样千里走单骑。

总之，你没回来。无论你是咋盘算的，人们都是要按事实说话的。古往今来，被冤枉的人向来不是少数。但唯独李陵这个品级不高、履历有限的人，却成了大名人，他的投降变成了争议，太多人为他鸣冤抱不平。这就很神奇了。

就因为他是李广的孙子？比较遗憾，李广还真不算什么大人物。即便帝国"双骄"威名如此，又有谁知道卫青、霍去病的儿子、孙子是谁呢？卫青的儿子后来在"巫蛊"案中被冤杀，又有几个人知道？"流量"这个东西，是传承不了的。

李陵之所以能留名千古，是因为另一个中国历史上的顶级"大V"。

这个人帮李陵说了情，也因李陵而倒了大霉。这个人的影响力实在太过于巨大，有太多的上古尘封因他而重见天日，有太多的英雄豪杰在他笔下定调。这个人的存在，是中国历史、中国文化、中华民族的巨大幸运。他就是太史公司马迁。他写了一部皇皇巨著，只要是中国人基本都会知道，叫作《史记》。

我之所以说他的存在是三个"中国级"的巨大幸运，是因为我们有太多次的可能，会看不到《史记》这部璀璨的史学经典。如果那样，很多上古史将出现无法弥补的断档，自上古时期到汉武帝时期的这段宝贵历史，将很有可能无法梳理得如此顺畅详尽。

司马迁所做的这番事业，准确来讲是伟大的历史拯救！算是真真正正地"前不见古人，后不见来者"！

之所以这么说，是因为《史记》只有司马家的人才能著，也只有司马迁才能写出来。换第二个人，都接不了这个活儿。

这是一段近乎于超级英雄拯救地球般的著史传奇，在一系列的机缘巧合下，《史记》才最终惊险地展现在我们面前。

先来说一下为何《史记》只有司马家才能写得出来。

《史记》是中国历史上非常罕见的一部纪传体通史，它不是局限于一个朝代的断代史，而是记载了上至传说中的黄帝时代，下至汉武帝太初四年（公元前101年），整整三千多年的历史。司马迁父子将华夏大地上，自从有传说开始的所有历史，全部整理了出来。

在那个时代，这几乎是不可能完成的任务。因为在资料保存手段极其落后的年代，著史的最大困难就是原材料。史料要么找不着，要么看不到，要么搞不懂，要么在各种战乱变迁中丢失了。所以，越是远古时期的历史，各种素材就越难找，而且即便是找到，去伪存真等一系列专业工作，也是个大难题。

很多史料都是口传心授代代流传的，很多压根儿就是神话故事，你咋知道是胡说八道，还是确有其事呢？

那个时代没有复印机，很多史料在流传的过程中需要人力进行篆刻、誊写，那么就会涉及流传的版本中出现错字的问题。隔着成百上千年，你如何对眼前的这卷史料进行拆解与还原？

所以，在几千年前搞历史，具有极高的门槛与困难。你得有材料、有能力、有想法、有毅力、有传人。最关键的，还得有运气。

不过，即便这么难，还是有人可以做的，比如司马家。

二、一个人的千古之战

司马迁家祖上自周朝开始，就是世代相传的历史学家和天文学家。虽然后来有过一段时间做武将（司马错），但到了司马迁的父亲司马谈这一代时，又做回了太史令，算是恢复了祖传的手艺。

这份家世首先就帮司马家解决了最困难的原材料问题。由于有一代代积淀的先决条件打底，重拾祖业的司马谈觉得要干点什么，才对得起祖祖辈辈的这份得天独厚的职业。他立了一个志：要整理中华民族数千年的历史，要撰写一部规模空前的史学著作。

世代史官的司马家突然有了一个宏图大志的人，这是中国历史的第一个幸运。

司马谈做回太史令的时候，很年轻，正是长本事的时候。小司马迁跟随父亲回到了世界的中心——长安，开始见大世面。而且，由于老爹是学术型官员的独特优势，小司马迁又得以跟从老博士伏生、大儒孔安国进行学习。

小司马迁受到了当时可以说是世界上最好的教育，在当时世界上最繁华的都城增长了见识。更难得的是，在司马迁形成人生观的这段时间，正是汉王朝国势强盛，卫青、霍去病大破匈奴的年代。司马迁在大国豪气和正规教育的熏染下，形成了他开阔大气、浑厚优美的文风。

功名看气概，作者没有抱负与情怀，写出来的东西就难称格局佳品。

良好的教育与伟大的时代，是第二个幸运。

司马谈在立志后，开始搜集、阅读大量史料，为修这部巨著做准备。但真干起来，他发现这活儿不是自己一个人能干得完的。

由于司马谈立的这个志向太过远大，他要串起有史以来的所有事情，这就要涉及政治、经济、军事、哲学等很多方面的问题，要横跨上千年的历史长河。他在自己的有生之年，怎么也干不完了。

这个时代有很多巨人，太多的肩膀可以站。但那个年代，司马谈四目望去，一片漆黑，自己就是这个时代的最高点了。

司马谈一度消沉，但看到正在看书的儿子，他突然想出了点子，他要找"时间银行"搞一笔"父子接力贷"。

司马谈找到了司马迁，和他进行了深入的沟通，给他讲了家世渊源，父亲的苦心孤诣，以及身上肩负的历史使命，希望他能够发扬风格、肩负使命，早日参与这个宏大的工程。

一般来说，父母将自己的愿望加到孩子身上时，非常容易起到反效。而且，司马谈强加的这个愿望，还是个一眼望不到头的大工程。但在这次关系到史学命运的谈话中，司马迁选择了无怨无悔的子承父业，并迅速地进入了角色。

后继有人，这是第三个幸运。

司马迁在一边读书，一边帮父亲打下手的过程中不断成长。在司马迁二十二岁的时候，司马谈觉得火候到了，叫来了司马迁对他说："你已经读万卷书了，但书中的世界是有局限的，是没有温度的，世界这么大，你应该去看看。"

于是，司马迁开始了行万里路的征程。

带着目标的司马迁进行了一次为期两年多的全国漫游，实打实地搞了一次现场订正考察，获得了许多过去书中看不到的第一手材料。

他来到了汨罗江畔，触景生情地明白了当年屈原的愤懑。

他来到孔子的故里，感受当地的礼仪民风。

他来到江东之地，听到了项羽雄浑的"彼诚可代之"！

他来到易水河畔,体会到了荆轲耳边的风瑟萧萧。

这次的全国调研,为后来《史记》的真实性和科学性做了背书,也陶冶了司马迁的性情,提高了他日后山河大地般的文学表现力。

尝到了甜头的司马迁,日后又跟随武帝去过大西北,自己走过大西南,跨过山河大海,天地在我心间!

有一个懂行的老爹领路,知道纸上得来终觉浅,复杂的世界需要多维度体验,这是第四个幸运。

公元前110年,司马谈逝世,《史记》的重担彻底地交接到了司马迁的肩上。

之后的十多年时间,司马迁继续自己的修史工作。直到发生李陵投降匈奴事件,司马迁不再闷头搞研究,而是在凶险的朝堂上插嘴了。司马谈走之前忘了对司马迁进行最重要的嘱咐:少发表意见!

李陵作为将门之后,尤其还是"飞将军"李广的孙子,居然投降了匈奴,这仿佛一颗炸弹,在汉朝内部炸了。瞬间李陵就臭了街,绝大多数人开始对他口诛笔伐。但有着独立"科研能力"的司马迁,展开了他的分析与论述。

司马迁认为:"李陵对父母孝顺,待士兵有恩信,常奋不顾身,赴国家急难,平日的思想作为,有国士的风范。李陵带去的步兵不满五千,但他深入敌人的腹地,与匈奴主力决战,并歼敌上万。李陵不肯自杀殉国,一定是为了牵制匈奴人好让手下突围。而且,他一定有他的主意,一定还想将功赎罪来报答陛下。"

虽然司马迁通晓古今天下事,却没有研究透人性。大势所趋之下,虽百口尚且莫辩,更何况你一个小小的史官郎!司马迁被判进了监狱,受尽百般折磨。

不久,传言李陵带兵攻打了大汉。武帝大怒,杀李陵全家,司马迁因为错误的分析而被判处死刑。

后来证实,带兵的是另一个降将李绪。李陵得知全家被杀后刺杀了李绪,但没有对大汉动复仇的刀兵。

汉朝的死刑比较具备经济性，并非只有死路一条，还有两个价码，要么交五十万钱，要么接受宫刑（阉割）。这是《史记》问世遇到的最大的一次凶险。

在当时，绝大多数人在面临死刑的时候，都会选择去死，只有极少数人会选择苟且偷生，变成太监。有两个原因：一是辱及祖先，无颜面对世人；二是当时的手术水平和医护手段比较落后，再加上牢中的卫生状况极差，很容易感染，这种灭绝人性的刑罚的死亡率非常高。

这个时候，人们往往就会做权衡。一个是死，另一个是受尽折磨，然后还是很有可能死，即便侥幸活下来，也还不如去死。人们往往会选择来个痛快的。

司马迁面临这场横祸，在他无法凑出五十万钱的情况下，最终他选择了受辱。

人在有信仰时，是不可战胜的。他的信仰就是亲自完成那部"前不见古人"的三千年皇皇巨著！

后来，司马迁在《报任少卿书》中说出了那句千古名言："人固有一死，或重于泰山，或轻于鸿毛。"还有一段话，我们同样很熟悉："盖西伯拘而演《周易》；仲尼厄而著《春秋》；屈原放逐，乃赋《离骚》；左丘失明，厥有《国语》；孙子膑脚，《兵法》修列；不韦迁蜀，世传《吕览》；韩非囚秦，《说难》《孤愤》。《诗》三百篇，大抵圣贤发愤之所为作也！"

这是一股多么伟大的勇气！这是一种多么强大的自我鼓励！忍着不死，只是因为大事未完！活着的目的只有一个，完成自己肩负的历史使命！

这是第五个幸运，也是最大的幸运，司马迁在酷刑下活了下来，并坚定信念，誓要完成此书。

征和二年（公元前91年），即将走到生命终点的司马迁将《史记》全书完成，共得一百三十篇，五十二万六千五百余字。分别为：十表（大事年表）、八书（记礼、乐、音律、历法、天文、封禅、水利、财用）、十二本纪（记历代帝王政绩）、三十世家（记诸侯国和汉诸侯、勋贵兴亡）、七十列传

（重要人物的言行事迹）。《史记》全文雄浑大气，摒弃了学术圈那种艰涩的学究文风，采取了更通俗易懂的著史笔法，言辞优美，内容翔实。

开民智的最好通俗载体，是史录！而史录，是需要让广大人民群众产生兴趣的！

截止到这篇文章，我们前面的所有内容，参考了《史记》中大量既真实又富有血肉的史料与记载。没有《史记》，上古到秦的这段历史就永远谈不上可考与研究。没有《史记》，在本系列中，像"长平之战""巨鹿之战""背水一战""诸吕之变""汉匈系列战"等脍炙人口的战役，全都不会出现在大家的面前。

整个汉初波诡云谲，掩藏着大量见不得人的历史，如果不是太史公，根本不会流传于世。

太史公几乎是写藏头诗般地将种种线索藏于其中，并最终在千年后真相渐渐大白于天下。

班固在《汉书》中为了纪念这位祖师爷般的前辈，专门写了《司马迁传》，在赞语中说道："善序事理，辩而不华，质而不俚，其文直、其事核，不虚美、不隐恶，故谓之实录。"

"其文直、其事核，不虚美、不隐恶"，司马迁的"实录"精神后来成为中国史学的优良传统。

哪怕中国后面两千年的历史走向了专制到牢笼的皇权路线，但在这期间，无论是修前朝的史，还是记本朝的事，大量的史官依然秉笔直书，无愧于苍天！这使得中国历史最终没有变成一部又一部的"虚伪"之作。由此可见，开一个好头是多么的重要。

鲁迅先生在《汉文学史纲要》一书中有专篇介绍司马迁，他认为：司马迁写文章"不拘于史法，不囿于字句，发于情，肆于心而为文"，因而《史记》不失为"史家之绝唱，无韵之离骚"。鲁迅的评价成为诸多《史记》评论中的不朽名言。

毛泽东同志在《为人民服务》一文中说过："人总是要死的，但死的意义有不同。中国古时候有个文学家叫作司马迁的说过:'人固有一死,或重于泰山,或轻于鸿毛。'为人民利益而死,就比泰山还重;替法西斯卖力,替剥削人民和压迫人民的人去死,就比鸿毛还轻。"

对于司马迁的评价,千百年来实在是车载斗量。其中,有一点比较罕见,就是对焦点人物的历史评价向来都是毁誉参半的,但太史公却是一个例外,对他完全是一边倒的赞誉之言。

历史是会说话的,有的人死了,但他永远活在人们心中。

公元前99年的汉匈之战,既成了太史公的人生转折点,同样也是整个武帝一朝的标志性拐点。

这一年,连年的大战输血、酷吏欺榨,使得压抑了三十多年的老百姓终于群起反抗了。关东盗贼民变蜂起,大股数千,小股数百,攻城邑,夺府库,放囚犯,劫乡里。

武帝开始采用铁腕镇压政策,往各地发兵,成功地将大乱平息。后来,武帝又颁布了《沉命法》,规定:"各地凡有盗贼兴起,地方官不能及时发现或平息的,自二千石官以下直至小吏,主事者一律处死。"

从此以后,所有地方官员因为害怕被朝廷追责,开始自动将盗贼的消息屏蔽。小吏不敢上报,大官不听汇报,所有人都开始一致对朝廷欺瞒不报。各地的盗贼、乱民越来越多,社会风气越来越坏。

越来越复杂严峻的气氛,自江湖之远逐渐蔓延到了庙堂之高,促使并最终引爆了大汉朝的宫变第一案。

这场宫变最终打醒了已经狂飙了整整五十年的汉武大帝!无论是怎样的千古一帝,你的终章也要到来了。

轮台罪己,大帝你悔否?

第十二战

"巫蛊之祸"：
生生世世莫生帝王家

一、千古一帝的最终抉择

权力这个东西，是世间最大的诱惑。一旦长久沾染上它，你的所有人格、行为、喜好、习惯，都会被重塑！你会成为权力的傀儡、附庸。你认为自己掌控着一切，实际上是背后的一股力量幽默地控制着你。

武帝在即将终场之际的历史形象，生生地往上拨了好几个台阶，因为那份史上第一的"罪己诏"。人家认错了。这临终前的猛回头，是金子也换不来的。

但是，武帝历史形象的成功洗白，仅仅是因为那份"轮台罪己"吗？你整整折腾了五十年，开启了后面五百年豪族、士族、门阀政治的历史走向，你临终前认个错，就可以获得"终身成就奖"了？

权力的游戏，向来没有那么简单。你需要牺牲掉你的挚爱，去拯救你的千古之名。武帝最后几年做的所有事情的逻辑，都源于自我拯救。他牺牲掉的这个挚爱，是他的太子，他曾深深爱着的儿子，刘据。

我们接下来要请出这位一直不声不响、默默在王的阴影下被笼罩了近四十年的太子。总体上来说，这个孩子特别不容易。

给武帝当接班人，绝对是一个难度极高的工作，因为这位爷精力旺盛，征服欲超强，堪称"东亚第一监护人"。你既不能表现得特别精明强干，这样他会认为你要抢班夺权；也不能表现得太窝囊，这样他会觉得子不类父，配不上他这位最牛的爹。总之，这个度非常难拿捏。

虽然角色属于高难度，但刘据太子生涯的前三十年还是非常平稳的，因为他为人敦厚，而且他的舅舅卫青分量很重。

卫子夫年老色衰后，武帝将恩宠撒向了他方。卫氏曾经对太子位产生过担忧，但武帝在壮年时还是比较明白的，他对卫青说："我大汉统一天下，一切都是草创，如果我不改变传统制度，后世便没有准则；如果不发动战争，天下就不能得到平安。所以，我可劲折腾，使天下百姓受劳受苦，这都是没有办法。但如果后世也像我这么做，那就走上秦朝亡国的老路了（你听听，多明白）。太子稳重安详，必然能使天下安定，不叫我忧虑，是一个最合适的守成之主，你们都放心吧。"

难得一个穷兵黩武者会有如此觉悟，不论他的这番话是否出自真心，他能和卫青这么说，就说明刘据这个长子，在接班人序列上的排位是非常稳固的。

老来得子的武帝，认为刘据是上天的恩赐，对这个孩子的感情是不一样的。再加上卫青功勋卓著，几乎所有的武将都是卫、霍两个将军提拔起来的。霍去病去世后，卫青更是独一无二的帝国柱石，这个时候所有人都不敢对刘据有丝毫的动作。

武帝也是将刘据作为接班人来培养的，他每次出游，总是把政务交给刘据，把后宫之事交给卫子夫。

这不仅是个面子上的事情，关键是皇后母子的所有临政裁决，武帝几乎都没有什么意见。这就很难得了。要知道在武帝眼中是没有完美的，还有我挑不出来的错？刘据与卫子夫的政务能力是一方面，但更重要的还是武帝的信任与厚爱。

但是，刘据的性格以及儒家生根发芽后润物无声的巨大力量，开始让这父子俩渐行渐远。

武帝奔放，太子内敛。武帝骨子里是彻头彻尾的法家派，太子则拿黄老、儒家当信仰。

刘据和自己的父亲，在治国路线上完全是两个相反的方向。武帝要干的事太多，他把天下当成了一箱箱的"红牛"，配上各种各样的"吸管"可劲嘬，然后让自己的能量超乎你想象。

这些"吸管"就是那些酷吏。武帝一朝是出了名的酷吏横行的年代，冤假错案数不胜数，武帝的执政思路纯属刚猛套路，但太过刚猛就有弱点，正所谓"刚则易折"。但折了就折了，我就是说一不二！全都别废话，欺负就欺负了，越废话越倒霉，把嘴都闭上还能少挨几刀。

在武帝的这种刚猛套路下，胖了朝廷，肥了地方，美了官员，倒霉了老百姓。

不过，到了刘据太子监国的时候，却走了和老爹截然相反的一条路，对很多诉讼的判决，他都是从轻发落，甚至洗刷冤狱，这就令很多当权派酷吏官员敢怒而不敢言。你是厚道了，我们怎么搜刮与压榨？再说你这么厚道，不更显得我们残酷了吗？

你动了人家的财路，人家就要动你的生路。而且，很多酷吏害怕将来自己被太子清算，所以还没有执掌大权的刘据在官员的舆论中毁多誉少。但卫家权倾朝野，这股倒太子的势力一直在蛰伏。

权力的平衡点在卫青逝世后被打破，刘据失去了最重要的权力砝码，越来越多的倒太子势力开始抬头。

有一次，刘据去探望卫子夫，进去的时间比较长，武帝身边的宦官苏文就打小报告说太子调戏宫女。武帝听后没有就此表态，而是将太子宫的宫女增加到了二百人。

这种似信任似警告的举措令刘据深感疑惑，又弄那么多丫头来是要干啥呀？后来，他查明缘故，原来是有人使绊子。卫子夫很生气，打算消灭武帝身边总打小报告的这帮近侍，但被刘据拒绝了。刘据的理由是，只要身正就不怕影子斜，老爹英明，是不会听信谗言的。

权力场上永远是你不进一尺，我就进一丈，你退了一步，我就要将你挤下悬崖！

刘据最应该跟他老爹学的一点，就是永远要将主动权握在自己的手中。

如果你不杀鸡，越来越多的猴子就会前蹿后跳。

虽然刘据接受了良好的教育，但他身边缺少真正明白的人。你爹猛，哪怕违背自己的良心，你也要略逊他一筹，绝不能流露出一丁点截然不同的想法，更不要提什么付诸行动！因为这会让所有人都预估到未来会和现在大不一样！皇帝不仅会感到巨大的"身后威胁"，你更会得罪此时皇帝权力机器上的所有零件！

如果说太子前面展现出自己温柔的一面，在武帝执政的前四十年里，仅仅是无伤大雅的小任性。那么，自从时针进入了公元前1世纪，先前武帝微笑着看待的很多可控因素，就全变成夜半梦回失眠后的深深思考了。

公元前99年，贰师将军征匈奴不利，李陵降，关东大暴动，武帝开动国家机器镇压。

公元前98年，天下大旱。

公元前97年春，武帝为了找回上一次的场子，派李广利二征匈奴。这次武帝一共派出了七万骑兵与十三万步兵，和匈奴人搞了次武装对峙。继上一战"配角抢戏"后，此战标题变成了"集体打酱油"，双方皆无所得。

公元前95年，天下大旱。

公元前92年，天下大旱。

各地流民四起，天下户口减半。酷吏当道，流贼横行，天怒人怨！

武帝执政的最后十年，越来越多隐性的力量逐渐聚集在太子身边，一股隐形的思潮开始放大，不能再这样继续下去了！另一边，越来越多的酷吏、佞臣则趁着武帝晚年的最后疯狂，肆意妄为。两股力量渐渐针锋相对，并最终演变成了两个阵营政治符号的巨大碰撞！

我相信武帝本人是认可太子的做法的。他对卫青说的那番明白话，不可能出自一个糊涂人之口。他也知道，未来的这艘国家巨舰必须要留给一个能让万民休息的舵手。老爹战无不胜，开疆拓土；儿子敦厚守成，休息万民。尤其是接班人的思路，还是他任内默许的。

武帝在历史上的地位是前无古人、后无来者的！但是，这有一个前提：

你必须没有任何污点地一直赢下去！当你一直赢时，会消弭掉很多声音。一旦鞭笞天下到达了百姓可承受的临界点，也就是你无法继续赢下去时，所有的问题和反噬将铺天盖地地向你袭来。

武帝的历史地位就将由一个千古一帝的开创者，而转变为穷兵黩武的破坏者。

这最后十年的天怒人怨，这压垮骆驼的一捆捆稻草，打乱了武帝的如意算盘！

谁也别赖，就赖你自己！您这寿命太长了，早走几年不就完了！

武帝在铁腕平乱的过程中，既愤怒，又惶恐，因为各地的乱象超出了他的想象。一种前所未有的控制无力感，让这位英明正确了一辈子的老皇帝变得越来越多疑，越来越狂暴。

早年间"太子敦重好静，必能安天下，不使朕忧"的想法，逐渐演变成了自己的身后之名是否还是千古一帝、永留史册。尤其是太子身边积聚了越来越大的反扑力量，在皇位更替后，是否会对自己前面五十年的执政持巨大的否定态度？太子是否会因此开"历史的倒车"？我一辈子的文治武功是否会成为"始皇二世而亡"的第二个反面典型，成为后人口中的"若后世又如朕所为，是袭武帝亡汉之迹也"？

因为武帝一生刚猛，以及他寿与天齐的好身体，使得历史在这一刻无可避免地拉开了悲剧的大幕。

"敦重好静"的太子最终沦为了武帝必须要打掉的一个政治符号！你和你的所有势力必须全部被清扫出局！所有的父子恩义在权力"魔鬼"的吞噬下，最终引爆成为西汉王朝的宫变第一案。

保住自己的千古之名，成为武帝晚年的最核心问题。废太子，也成为武帝晚年开启最后一次大战的缘由。最终，他将此战再次教科书般地展现给了后世统治者，如何防止下一届朝廷推翻上一届的政令，并思路正确地保住自己的千古之名。

公元前96年（正月），卫青当年的好兄弟公孙敖因受其妻"巫蛊"事件牵连，被腰斩而死，全家被灭。

两年后，公元前94年，钩弋夫人将怀了十四个月的皇子刘弗陵生了出来。武帝说："听说当年尧就是十四个月才出生的，如今这个孩子也是如此。"遂下令将"钩弋宫"宫门改称"尧母门"。尧是谁，只要稍微有点历史常识的人都知道。

玩了一辈子政治行为艺术的武帝，在人生中最后一次甩出了大招！他的"随口"一说，算是拉开了武帝一朝最血雨腥风的政治风暴大幕！所有人都明白了武帝的用意。

二、妖风阵阵的长安

武帝晚年和当年的秦始皇一样，地面上的事基本都干完了，开始迷信升天与修仙。

上行下效，各种各样的方士和女巫开始聚集到长安，他们都希望能够在一顿胡说八道后，改变自己的命运。

这帮"跳大神的"每天神秘诡异，妖言惑众，一些有影响力的"高级"女巫甚至被召入宫廷，教宫中的女眷与宫女避灾求福。避灾求福的方式非常诡异，叫作"巫蛊之术"。

所谓"巫蛊之术"，就是用一套谁也听不懂的咒语，将不喜欢或有威胁的人做成木偶，进行诅咒，并伴以或火烧或针扎或掩埋等方式。

其实"巫蛊"很早之前就有，很傻很天真的阿娇姑娘，当年被废掉的罪名就是这个。武帝修仙后开始上行下效，这股不正之风以惊人的速度在武帝朝晚期裂变到了军备竞赛般的地步。你要是不先把别人搞死，你就该被别人咒死了。

这种活动一开始都是暗地里做，但后来渐渐成了公开的秘密，几乎每个房间里都埋藏有"巫蛊"的木偶。虽然是公开的秘密，但武帝还是不知道此时的宫廷早已是妖风阵阵了。

武帝就想修个仙，谁知道最大的副产品竟然是这个东西。

不过，世上从来没有不透风的墙，最终这个秘密还是被武帝知道了，是被一个叫作朱安世的大侠捅出来的。

公元前91年，丞相公孙贺之子公孙敬声骄横奢侈，吃拿卡要，竟然贪到了武帝的头上。公孙敬声擅自动用了北军军费一千九百万钱，事情败露后被捕入狱。

这个公孙贺，娶了卫君孺，就是卫子夫的姐姐，等于他是武帝的大姐夫。靠着这层关系，公孙贺此时官至丞相。这也是此时卫家，尤其是太子刘据在外朝的最后依靠。

武帝想睡觉就有人给递枕头，公孙敬声这个"官二代"，成为武帝搞掉太子外援的有力突破口。

此时，武帝正诏令各地紧急通缉一个号称"阳陵大侠"的侠客朱安世，此人具体犯了什么罪不可考。但可知其很有能力，因为他在全国通缉下，还能一直逃窜在外。而且，从武帝能亲自过问这件事来看，此人的罪过应该不会小。

尤其是他的称号太过于嚣张，居然敢叫大侠？要疯啊！这种出风头的现象是东南西北四方不败的武帝所不允许的。

眼看着儿子进去了，老爹自然非常着急，公孙贺请求武帝让他来负责追捕朱安世这个头号逃犯，为其子赎罪。武帝批准了他的请求。

后来，公孙贺用尽各种手段，终于将大侠朱安世逮捕。但朱大侠却使尽了最后的力气，与公孙贺同归于尽。

朱安世从狱中上书朝廷，揭发说："公孙敬声与武帝的女儿阳石公主私通，而且两人在武帝的驰道上埋藏木人，诅咒武帝。"

这是一个很有杀伤性的控告，因为公孙敬声是卫家人，是太子党，尤其是在越来越恶劣的朝局之下，诅咒武帝早死，他们好迎接新天地的理由着实充分。

朱安世之所以敢言之凿凿地检举，说明了他肯定知道在御用的驰道下，真有诅咒的木偶。但这个木偶，具体是谁埋的，何时埋下的，我们就不得而知了，答案完全是开放性的，完全是扣谁脑袋上谁死。

大侠就是大侠，路子都这么野，而且自带河豚属性。熊熊烈火燃烧你我，谁都别活了！

经查证，"巫蛊"罪名属实，丞相公孙贺也被逮捕入狱。后来，公孙贺父子二人都死于狱中，被灭族。

不仅丞相被武帝推倒，随后阳石公主和卫子夫所生的诸邑公主，以及卫青的长子卫伉，全都被牵连了进去，悉数被杀。

刀已经砍到太子的亲妹妹这里了。这一大堆的娘家亲戚被杀，使得太子在外朝的所有外援全部被打掉了。这也使得刘据在最后的政变当中，失去了最关键的人力资源。

朱大侠不知道的是，他临死前发出的巨大功力，不仅报了自己的仇，还牵扯出了整个西汉一朝波及人数最多、牵扯范围最广的政治大案，史称"巫蛊之祸"。

未央宫的上空，妖风阵阵。武帝在朱安世一案后彻底地知道了后宫中居然有这种诅咒手段，怪不得自己最近总是头疼脑热、脚后跟疼。

作为全国最大的被诅咒对象，总是心虚的武帝开始恍惚见到各种木偶在对他搞小动作。大怒之下，他下令彻查此事，大量的妃子、宫女、官员被牵扯其中，上百人被处死。

此时的太子，风声鹤唳，头顶悬雷。已经是光杆司令的他，最终没能躲过这一劫。

有一个小人自鸣得意却傻不愣登地当了武帝的那杆好"枪"，并因自己的私欲害死了很多人。这个将太子牵连进来的人，叫江充。

江充原名江齐，因其妹善操琴歌舞被赵国太子刘丹看上了，因此他成为赵王刘彭祖的座上客。后来，江齐与刘丹交恶，江齐逃入长安，更名江充，并向朝廷告发刘丹与赵王嫔妃有奸乱，而且危害赵国百姓。随后，刘丹被判死罪，这是江充搞掉的第一个太子。

事后，武帝召见江充，江充穿了一身奇装异服，具体表现是织丝禅衣，帽上插了一堆鸟羽，走路摇头晃脑，鸟毛乱颤。

年老的武帝审美也不太正常了,觉得这个"鸟人"与众不同,对左右人说:"燕赵真是奇士多啊!"(人上岁数了,喜欢鸟倒也正常。)

江充上前又说了一堆乱七八糟的话,让武帝大为高兴,随后赏了他一个官做。江充的上位,抓准了一个思路:哗众取宠,损人利己。

随后,江充瞄准了武帝一朝最好干的营生——酷吏。江充开始各种弹劾贵戚近臣的不法动作,令他们出钱赎罪,一度靠着开罚单给武帝创收了数千万钱。江充这个官吏是捞钱的好工具,因此得到了武帝的喜欢。

后来,江充越玩越大,越玩越不知自己姓啥,最终将威风抖向了万人踩的太子。

一日,江充随武帝前往甘泉宫,正巧见到太子刘据的家臣坐着车马在驰道上行走,被江充拿下。

刘据得知后,派人向江充求情说:"我并非舍不得车马,只是不想让陛下知道后怪我平日不管教左右,希望您宽恕一次。"

按说太子都说这话了,你就应该顺坡下了,人总得给自己留点后路。但子系中山狼,得志便猖狂。

江充不理睬,要将造型玩出新高度,他要用这件事表明自己的态度:谁也收买不了我!随后他便将此事上奏武帝。

武帝听后每个汗毛孔都舒展开了,表扬江充道:"作为人臣应当如此!"

"人臣"江充在装完大尾巴狼之后开始害怕了,他突然意识到,武帝的岁数不小了,万一哪天嘎嘣一下子歪过去了,人家太子就熬过来了。

这个世界就是这样,你永远无法揣测出人渣的丑恶程度。江充决定利用"巫蛊"之风,抓紧送太子上路,保自己的平安。因为他的这次奸险,整个长安城即将血海滔天!

武帝自"巫蛊"盛行后就一直小毛病不断,江充抓住武帝疑神疑鬼,希望再活五百年的心情,吓唬武帝说:"陛下的病,恐怕仍是'巫蛊'作祟!"

武帝正好也纳闷,自己的身体一直挺硬朗的,这是咋了呢?听到江充的理由后觉得很有可能,于是武帝派江充当使者,专门负责处理"巫蛊"事件。

江充找到很多巫师成立了专案组,"针对性"极强地到各处掘地,寻找诅咒木偶。

很多时候,与其说是找到了证据,倒不如说是创造了证据。他们对被捕之人严刑审讯,逼供认罪,并拾起了武帝当年吃大户时的招数,鼓励百姓互相举报。因"巫蛊"案而牵连被捕的人数迅速扩大,长安、关中乃至各郡、国,因此而死的先后有数万人,太多的莫名其妙被恶意栽赃成了铁证如山。

先前仅仅是涉案规模数百人的"巫蛊"案,被江充胡拉烂扯地搞成了牵扯朝堂内外几万人的超级大案。

此时民间已是一片腥风血雨,江充没有忘记他最大的目标就是太子,于是他将案子办到了皇宫。他先是从失宠妃嫔的房间入手,然后依次搜寻,最终搜到了皇后和太子宫中,并"成功"地搜出了大量证据。

得意忘形的江充扬言道:"太子宫中找出的诅咒木偶最多,还有很多丝帛诅咒文书,内容大逆不道,我们要马上奏闻陛下。"

江充忽略了一件事情,这种构陷相当于明火执仗地对人家动刀子。图穷匕见之下,对方势必和你鱼死网破。他虽然抓到了所谓的证据,但此时的武帝却不在长安,而是在长安以北的甘泉宫。

江充高兴得太早了。善嘚瑟者,必死于嘚瑟之下。

被江充逼到了墙角的刘据和自己的老师少傅石德,开始合计对策。太子并非不知道武帝的打算和当前阴云密布的政治形势,正在刀刀砍向自己。

石德对眼下的形势进行了分析:"眼下这种事,我们已经无法解释清楚了,现在只有假传圣旨,将江充等人逮捕下狱,彻底粉碎他的构陷。况且,现在皇上有病住在甘泉宫,皇后和您派去请安的人都没能见到皇上,现在是否在世都不一定,奸臣竟敢如此,难道您忘了秦太子扶苏的事了吗?"

石德的话中透出了一个非常重要的线索,"皇后及家吏请问皆不报"。是武帝被控制了吗?开玩笑,谁能搞得动他!尤其是从后面的事情发展来看,见武帝似乎是件很轻松的事。但为何皇后、太子这么高级别权限的人却见不到呢?老子不想见你!

当年扶苏被逼自杀的事情点醒了刘据，退无可退的刘据只能按照老师所言，仓促启动了自己无可奈何的最后预案。

政变夺权！

三、太子宫变

继诸吕之乱后，时隔九十年，西汉王朝再次迎来了政变。上一次的政变，西汉功臣集团和刘氏宗亲联手灭了吕家不成器的后生。

在说这一战前，我们先来回顾一下古代政变的优先级。还记得古代政变的优先级排序吗？武器＞截断政令＞政令中枢＞军队。

最重要的是武库。

无论用哪种方式，合法或不合法，都需要第一时间占领这里。这样才能保证自己的军事武装力量，也能阻止别人武装部队。

关键：开源节流。

第二，要占领未央宫的宫门，干掉或拿下此时宿卫宫门的卫尉武装，截断政令。

关键：拿下政治唯一合法性，保证你说的话是唯一算数的！

第三，进去控制郎中令的部队，控制皇帝，拿下全部印符。

关键：占领政治制高点，取得合法文件印章。

第四，是剩下的南军和城外的北军。

关键：兵源并非最重要。

这是理论上古代政变密谋的整体思路，基本上每次讲到政变，都以此为基础。

但是，刘据这次面对的问题复杂化了。除了第一个环节武库外，后面截断宫禁、控制权力中枢、控制南北军的三个环节全变了。

此时武帝并不在皇宫，而在长安城北二百里的甘泉宫。这既是好事，也是坏事。好的是如果此时武帝在长安，刘据根本不可能有任何机会能发动政变。坏的是武帝此时离得有点远，而且身边安保并不空虚。这也就意味着如果刘据此时发动政变，武帝有足够的时间去反应。

但是，武帝有足够的反应时间其实并不意味着什么，因为大部分的核心武装力量仍然在长安内外。他能反应过来不意味着能马上组织起力量平叛成功，因为那些武装力量离刘据更近，甚至他会有因为远离权力中心而被反杀的可能。

武帝居于甘泉宫，是刘据此次政变面临的第一个复杂性。

而第二个复杂性，则在于此时政变比九十年前的"周勃们"的难度又高了一大块。"周勃们"需要拿下的环节和刘据比起来，完全是两个量级的。

因为武帝进行军改了。

过去，长安城的主要力量分为殿军（千余人）、南军（两万人）、北军（五万人）。

你只需要控制住郎中令、卫尉、中尉这三大环节就行了。

但武帝在公元前104年进行了军改，情况复杂了许多。卫尉主管的南军裁撤到了不满万人。殿军则加入了"建章营骑"和"期门骑"两支天子侍卫禁兵，这也就是后来大名鼎鼎的"羽林军"和"虎贲军"的前身。

"建章营骑"守卫建章宫，后更名"羽林骑"。武帝又取阵亡将士子弟于"羽林骑"中抚养，组成了一支"羽林孤儿军"，总数量在千人左右。"期门骑"，是武帝为了各地"旅游"，专门又加的一只"特种兵"保护力量，有五百人左右。

武帝晚年基本上就在新建的建章宫待着了，这两支禁军力量是属于武帝直管的。

北军也得到了加强，在北军的基础上，武帝增设了八校尉。分别为中垒校尉，掌北军门垒内外；虎贲校尉，掌轻车；屯骑校尉，掌骑士，有员吏二十八人，领士七百人；步兵校尉，掌上林苑苑门屯兵，主宿卫，领士七百人；射声校尉，掌宿卫兵，有司马一人，掌待诏射声士，有员吏一百二十九人，领士七百人；胡骑校尉，掌池阳胡骑；越骑校尉，掌越兵，有员吏一百二十七人，领士七百人，取材力超越者为之；长水校尉，掌长水、宣曲胡骑，有司马、胡骑司马各一人，员吏一百五十七人，乌桓胡骑七百三十六人。

这里面除了中垒校尉、虎贲校尉、胡骑校尉编制不详外，每位校尉领兵七八百人，八位校尉领兵总数为六千人左右。

这八校尉互不隶属，官职皆为二千石，统领的军队是从地方或少数民族中挑选出来的常备精兵。

八校尉区别于北军、南军的兵役制兵源，属于职业军人，有常备武装（区别于普通手无寸铁的北军），类似于常备特种兵。这也是中国古代募兵制的开端。

这八支力量，也是属于武帝直管的。

除了驻扎于北军门垒的中垒校尉外，其余七校尉的防区在长安周边，大约是在下页图中的这个黑圈范围内布防。

这就相当于南军的力量被削弱了，武帝手中还多了八千左右的"特种兵"直属部队（羽林、虎贲、八校尉）。而且，更关键的是，长安周边各郡同样有常备武装，叫作"郡兵"，也称"乡兵"。各郡皆设校尉，辅佐太守处理武职工作，见虎符发兵。

由于武帝远离长安，这些郡兵也成为刘据要考虑的因素。所以，这场政变在武帝增强直属力量且远离长安城后，情况变得颇为复杂。

此次刘据政变如果想成功，政变顺序就变成了：

第一，武库。

第二，迅速组织起足够的力量（南北军、囚犯、市民）。

第三，迅速包围甘泉宫，截断武帝与八校尉、各地郡县的联系。

武库依然是最重要的，但随后的次序全变了。中间的变化在于，需要迅速组织起一股力量把老皇帝困在甘泉宫，阻止他的权力向外施展。这和"诸

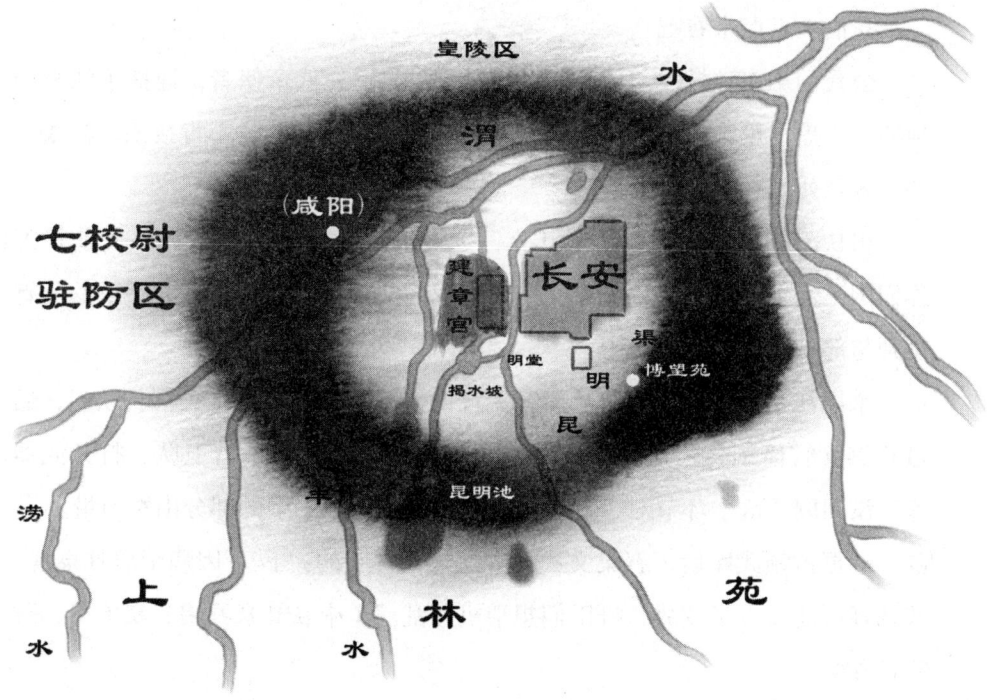

吕之变"中截断司马门的操作是一样的，截断皇帝与外界的联系，保证政令的唯一合法性。

但是，在可操作性上，又有一个极其关键的因素，就是出兵包围甘泉宫的速度。这个速度，决定了此次政变的成败。

武帝身边是有一批"特种兵"保护的（至少有"建章营骑""期门骑"和部分校尉武装），你需要迅速组建好足以消灭武帝亲兵卫队的武装部队，并迅速包围甘泉宫！因为只要让武帝回到长安，这五十年"东亚第一监护人"的气场积淀将粉碎所有的政变者！把亲爹堵在山旮旯的甘泉宫里，是刘据此次政变成功的唯一关键点！

而武帝方面，在破解太子政变时，最关键的一环同样也是速度。你越早现身长安，太子能动员起来的力量就越小。

那么，刘据表现得怎么样呢？

可圈可点，但因自身实力有限，导致翻盘可能性几乎为零。

我们一点点来看吧。

公元前91年（七月壬午日），刘据派门客冒充武帝使者，逮捕了江充和他的"巫蛊"重案组成员。按道侯韩说怀疑使者是假的，不肯接诏，被太子的门客杀死。

很快，刘据亲临，斩杀了江充，骂道："你这个赵国的奴才，先前扰害你们国王父子还嫌不够，如今又来离间我们父子！"随后将江充手下的所有巫师与部下烧死在上林苑中。

杀掉江充后，刘据派侍从门客无且携带符节乘夜进入未央宫长秋门，通过长御女官倚华将一切报告给了卫子夫，然后调发长乐宫卫队，打开武器库。没问题，这个环节对，首先占武库，得到老娘手中的部分南军力量。

刘据占领武库后，召集文武百官是这么宣布的："陛下因病困居甘泉宫，我怀疑可能发生了变故，奸臣们想乘机叛乱。"（帝在甘泉病困，疑有变；奸臣欲作乱。）

在这里，刘据犯了个重大失误。他将此次政变定义成了"皇帝可能被控制了，我们要清君侧救皇帝"。这也就意味着，一旦武帝方面表现出自己没被控制，太子所有言行的合法性就全不在了。

刘据政变的目的，是被逼到悬崖后干掉老爹，先下手为强！一旦政变，就没有任何后路了！此时此刻，刘据必须要斩钉截铁地说："老皇帝已经被奸臣害死了，所有甘泉宫出来的政令无论是不是加盖玉玺的，全都不合法，全都是奸臣在乱政！"这样，晚年多病的武帝就必须在各种场合亲自露面，才能恢复政权的合法性。

这将能给刘据争取到更多的时间和可能性，尤其是现在大家都知道老皇帝病了，驾崩的可能性很大。只有这样，大家才有可能被你裹挟。你这个太子的威力最大化，必须是你爹死了，你就是下一任皇帝！而且，你爹跟普通皇帝还不一样，武帝必须"死透了"，这才是彻底消除武帝五十年深厚威信的唯一办法。

结果就是太子的政变宣言给出后，长安城中一片混乱，纷纷传言"太子造反"。

太子将关在长安狱中的囚徒赦免放出,命少傅石德及门客张光等分别统辖,又派囚犯如侯持符节征调长水校尉的胡人骑兵,全副武装地前来长安会合。

史书上仅给出了刘据调八校尉之一的长水校尉的史料,并没有给另外七校尉的史料,在这里有两种可能:

第一,刘据全都调了,但不好使,因为这一路后来出现剧情了,才被记录下来。

第二,另外几个校尉正在甘泉宫保护武帝的安全,周边仅有长水校尉能争取过来。

我个人倾向于是第二种可能,因为刘据始终在不断地扩大长安城的兵源,而并非率领手中的部分南军和囚犯军直接堵他爹去。比较合理的解释就是,武帝在甘泉宫的力量是刘据此时此刻拿不下的,所以他必须争取更多的力量。

刘据的动作都没问题,释放囚犯增加兵源,将可争取的力量往长安调,减少武帝的直辖力量。但是,这场政变最关键的因素——时间,成为他无论如何也跨不过去的鸿沟。

在卫家的外朝支援被全部打掉后,太子失去了所有的组织型力量,他缺乏军官资源去迅速组织战斗体系。比如,他派去调长水校尉的那个如侯,是一名囚犯,连宾客都不算,他的宾客此时正在指挥刚被释放出来的罪犯群体。这也从侧面说明了刘据此时人手紧张到了什么程度,根本无人可用!

因为巨大的实力差距,这场政变的结局从一开始就注定了,除非武帝方面出现极其重大的失误,否则太子根本不可能赢。

说完这边,再来看看太子刘据发出政变信号后,武帝这边的动静吧。

曾经说过太子坏话的宦官苏文,在刘据政变后逃出了长安,飞奔到甘泉宫(此时用了行进二百里的时间),轻松地见到了皇后和太子死活见不到的武帝,报告道:"太子造反了。"

此时武帝非常明白地说道:"太子肯定是害怕了,又愤恨江充等人,所以才发生这样的变故。"(太子必惧,又忿充等,故有此变。)

所有人物冲突的核心点,他都知道。武帝真英明!随后武帝派使臣召刘据前来。

武帝这个时候也犯了个巨大的错误,太子那边已经占领武库政变了,作为应对,你要迅速调集所有力量保护自己,并前往长安,用存在感镇压政变者。但他选择派人召刘据来,而不是自己迅速回长安平乱。

此时的武帝仍然是自信的,他认为自己的这个戾儿子会前来认错,接受处罚。

江充被你杀了,无所谓,他已经完成任务把大粪泼在你的身上了。但你杀了他,也就坐实了你确实心里有鬼,狗急跳墙。你这个窝囊小子赶紧过来认错,让我办你!

历史没有给刘据出这道艰难的选择题,因为武帝派去召他的使臣成为无意间推动历史进程的小人物。这哥儿们压根就不敢进入长安,只是在长安边上遛了一圈就回去报告武帝,说:"太子已经造反了,要杀我,我逃了回来。"这一来一回又耽误了行进四百里的时间。

武帝终于大怒了。

与此同时,不仅苏文逃出长安向武帝汇报了情况,身在长安的丞相刘屈氂,听到太子政变的消息后,同样第一时间连印都来不及带就逃离了长安,并派长史乘驿站快马奏报了武帝。

这个长史同样"非常轻松"地就见到了武帝。

武帝见长史后问道:"丞相是怎么做的?"

长史回答说:"丞相封锁消息,没敢发兵,请陛下圣断。"

武帝怒道:"事情都到这步了,封锁得住吗?丞相没有周公的遗风,难道周公不杀管叔和蔡叔吗?"

武帝也猜到了刘屈氂的小算盘,于是给他颁赐了印有玺印的诏书,命令他:"捕杀叛逆者,朕自会赏罚分明!用牛车做掩护,不要和叛逆者短兵相接造成过多杀伤，紧守城门，绝不能让叛军冲出长安！"

这个时候，武帝才开始从甘泉宫返回，来到长安城西的建章宫，并颁布诏书征调关中"三辅"附近各县的军队，部署二千石以下官员，归丞相统辖攻伐长安叛军。

"三辅"各地的郡兵武装也被武帝动员起来了。

等武帝回到建章宫的时候，刘据此次的政变基本上就已经宣告失败了。老皇帝在山旮旯里，你没封锁住他。现在老皇帝就在不远处，你的合法性明显不如你爹。

刘据这边不断扩大自己人马的部署，也被步步局限封锁。武帝派遣侍郎莽通前去调集长水校尉的胡人骑兵时，和刘据派去的如侯狭路相逢。勇者胜的莽通砍了如侯，随后带领这支外援部队前往长安参加平叛。（长水校尉军是参加了长安平叛的，这也从侧面印证了另外几个校尉很可能一直在武帝身边，不然不会只想起这支部队来。）

刘据打算武装起北军，他亲自来到北军军营南门外，站在车上，将护北军使者任安召出，颁与符节，命令任安发北军。任安拜受符节后，返回营中，再也没有动静。任安的闭门不出，表明了他不认可太子的政变。

刘据无奈带人离去，将长安四市的市民约数万人强行武装起来。这伙"民兵"刚到长乐宫西阙外，正好遇到丞相刘屈氂率领的军队，双方开始混战。

长乐宫西阙在哪里呢？

刘屈氂从各地临时调来的更远的郡县兵，居然在这个位置截住了太子叛军。此时此刻，离最初发动政变已经过去了四天。只能说成建制的武装，远比松散的囚犯和市民更容易组织调动。

顶着窝囊帽子的刘据，要比太多政变者的水平高多了，他几乎没有走错哪一步，只是输在已经把他拔秃的那个千古一帝的老爹身上了。

双方混战五天，死亡数万人，鲜血将长安染红。与此同时，武帝尚在的消息开始通达四方。刘据的号召力开始大盘跳水，民间都说"太子谋反"，大家不敢再依附太子，太子的队伍开始消融。

此消彼长，平叛的兵力却在不断加强。

七月庚寅，政变仅仅九天，刘据兵败逃亡。

四、汉武大帝谢幕

武帝回到长安后下达诏命：收回皇后的印玺和绶带。卫子夫自杀。

事后清算时，谁也没帮的北军护军使者任安被武帝认为是骑墙派，腰斩；太子的众门客，一律处死；凡是跟随刘据发兵谋反的，一律灭族；各级官吏和兵卒凡非出于本心，而被刘据胁迫的，一律放逐到敦煌郡。

总之只要是掺和太子兵变的，全都没跑了。至此，太子一党，被彻底连根拔除。

太子败后，妻史良娣、长子刘进等家眷皆在长安被杀，刘据向东逃到湖县隐藏。包庇太子的人家境贫寒，只能靠织卖草鞋来奉养他。

有一位与刘据以前相识的富人住在湖县，刘据派人去联系，于是消息泄露。

八月初八，刘据的藏身之地被发现，地方官围捕刘据。刘据闭门自缢，两个随逃的皇孙一同遇害。

武帝终于将自己的爱子干掉了。他是复杂的，但他似乎也没有其他办法，因为他要的太多了。干掉太子是他最后一战的第一个环节。因为他从一开始就知道太子是对的，当年和小舅子卫青聊天时，他就知道。

不过，最后几年武帝玩大了，只能把正确的太子牺牲掉了。国家确实必须要转舵掉头了，但这个过程，必须由武帝自己亲自完成！

太子被牺牲掉后，武帝的下一步计划是什么呢？

平反。

我被蒙蔽了!有坏人挑拨我们的父子之情!

我必须再把太子的形象树起来,不然我无法迅速顺理成章地开启后面的休养生息阶段。

早在刘据兵败逃亡还未死时,已经有不怕死的明白人出来说话了。有一个叫令狐茂的壶关人冒着被雷劈的风险上书武帝,帮武帝捋明白了几件事:

第一,江充是市井奴才,他纠集奸邪小人对太子进行栽赃陷害,使你们爷儿俩的关系阻塞。

第二,太子被陷害后无处申冤,他盗用陛下的部队,不过是为了免受迫害而已。

第三,江充这货有前科,他曾以谗言害死赵太子,天下人无不知晓。今陛下不加调查,就过分地责备太子,发雷霆之怒,征调大军追捕太子,还命丞相亲自指挥,致使智慧之人不敢进言,善辩之士难以张口。

第四,请您平心静气,不要苛求自己的亲人,不要对太子的错误耿耿于怀,结束对太子的征讨吧,不要让太子长期逃亡在外!

第五,我对陛下一片忠心,随时准备献出我短暂的性命,待罪于建章宫外。

这份奏疏递上去后,大杀特杀太子党的武帝并没有劈了令狐茂,而是没有任何表态。按说这是头号太子党啊,应该把他扔敦煌去啊!

没办法扔。因为人家已经帮武帝把罪全推到江充身上了,他们父子完全就是被小人蒙蔽了,这就是武帝后面迅速有台阶下的理由。他要是劈了令狐茂,后面就不会有人再上这种奏疏了。

不过,这篇奏疏上早了,太子还没死,现在我没办法表态。

等太子死后,武帝迅速重启了"巫蛊之祸"的各种罪证调查,并不可思议地发现了很多不真实的情况。这是中国司法史上的又一神奇案例。几乎所有"巫蛊之祸"陷害的被陷害的当事人(好几万人)都被杀掉后,武帝又奇迹般地发现了诸多冤假错案。

此时，一名叫作田千秋的守卫汉高祖祭庙的郎官，嗅到了武帝不同寻常的态度，上疏为刘据鸣冤："做儿子的擅自动用父亲的军队，其罪应受鞭打。天子的儿子误杀了人，又有什么罪呢！我梦见一位白发老翁，教我上此奏章。"

给祖宗守灵的人戳中了自己的心事，这个台阶太好了。于是，汉武帝召见田千秋，说道："我们父子之间的事，外人难以插言，只有你知道其间的误会之处，这是高祖皇帝的神灵派你来指教于我，你应当担任我的辅佐大臣。"

随后，武帝任命奏疏上得恰到好处的田千秋为大鸿胪，并下令将江充满门抄斩，将挑拨的宦官苏文烧死在横桥之上，所有逼死太子的人都被满门抄斩了。

当初参与谋害太子或与太子兵戎相见的人，像丞相刘屈氂等相关人物也以各种理由被杀或自杀，被诛杀牵连者甚广。

后来武帝特地修了一座"思子宫"，又在湖县建了一座"归来望思之台"。武帝再次用杀人如麻的行为艺术，表达了对自己孩子蒙冤而死的痛心，将所有的锅都甩给了曾经用过、此时被抛弃的那群人。

太子刘据的冤，随着田千秋的这封托梦上疏，以及武帝的迁怒清洗，最终画上了句号，只不过这个句号来得有些晚。"巫蛊之祸"波及的范围有些广，最终受牵连者达到了惊人的四十万之众。

太子冤死了，但冤死的又何止太子一个。所有人，都是木偶。所有人，没有赢家，包括后面牵线的那位。

给太子平反的同时，武帝走了第三步。

话说刘据刚死不久，和平了近七年的北疆在公元前90年再起波澜。一月，匈奴突然发动了两路侵袭，一路入侵五原，一路入侵酒泉，杀汉都尉各一人。匈奴人用这种幽默的方式，给正在享受人生三大悲之首的武帝随了份子。

匈奴人唤醒了已经不愿再起干戈的狮子，醒盹儿的武帝于当年三月，调集了十万骑兵、三万步兵，举兵三路向匈奴进攻。

这最后一战的大标题,变成了"赌徒的孤注一掷"。这个赌徒是武帝的舅子,是武帝同样要打掉的外戚隐患,李广利。

太子死后,储君的位置空出来了,事关后面几十年的荣华富贵,所有权力场上的角色都在动着心思。

李广利也不例外,因为当年带给他大富贵的那位倾国倾城的妹妹给武帝生下了一个皇子,后被封为昌邑王。李广利想把自己的外甥拱上皇位,为此他不断地寻求各种同盟。他找到了自己的儿女亲家,丞相刘屈氂。

李广利出征匈奴离开京城时,刘屈氂为李广利饯行。告别时,李广利对刘屈氂说:"咱们是亲戚,你有机会就在皇上面前建议立昌邑王为太子。昌邑王将来要是做了皇帝,你的相位也就可长保无忧了。"刘丞相认可了李将军的提议,这个利益共同体就此绑在了一辆战车上。

这二位在做春秋大梦,他们很傻很天真地认为真的有机会能把昌邑王拱上皇帝的宝座。但他们并不知道,在武帝最后的剧本里,根本没给他们留位置。

李广利出征后不久,后方就传来了消息,他和他的丞相亲家都要完蛋了。内谒者令郭穰密告丞相刘屈氂的妻子,因为刘屈氂曾多次遭武帝责备而心生不满,诅咒皇上早死。与此同时还牵出了刘屈氂与李广利共同向神祈祷,希望昌邑王将来做皇帝。

还是同样的配方,只不过咬人的"狗"又换了一批。

刘屈氂大逆不道,被处以腰斩,尸体游街,灭族;李广利的妻儿老小被逮捕囚禁。

打掉太子党,是武帝怕被翻后账。打掉昌邑王党,是武帝怕外戚势力大,怕军功上台的李广利在他死后专权,并偏离他定下的下一届国策。所有干扰我千古一帝剧本的人,都跟我一起走吧!

刘屈氂已经被灭族了,但李广利全家却暂时还活着,原因不过是因为他手中还有七万骑兵。

得到消息的李广利不知所措,他太知道武帝是什么样的人了,有部下劝他投降，回去也是个死。但他有自己的想法，他想搏一把，以大战功来赎罪。

脑子已经燥热的李广利拿七万好儿郎的性命，开始了人生中最大也是最后一次的豪赌。在并不了解敌情与战略部署的情况下，李广利盲目地挥师北进，深入匈奴腹地，寻找匈奴主力，并最终输掉了全部筹码。

李广利投降匈奴，并在一年后被一个先投降过来的叫卫律的人陷害，被匈奴人像牲口一样杀了祭神，远在家乡的亲属也被武帝灭族。昌邑王一党，也被清洗掉了。

此时的武帝，已经狂飙五十年了。他几乎是在人生的最后时刻，完成了自己人生救赎的所有准备。

"巫蛊之祸"两年后，李广利降匈奴一年后的公元前89年，桑弘羊等人上奏，建议派士卒到西域轮台去戍边屯田，加强对西域的控制。

举朝震惊的事情出现了：这种国防性开支居然被武帝否定了，这是五十年来的第一次。随后武帝下达了历史上著名的《轮台诏》。

> 前有司奏，欲益民赋三十助边用，是重困老弱孤独也。
>
> 匈奴常言："汉极大，然不能饥渴，失一狼，走千羊。"
>
> 乃者贰师败，军士死略离散，悲痛常在朕心。今请远田轮台，欲起亭隧，是扰劳天下，非所以优民也，今朕不忍闻。
>
> 今边塞未正，阑出不禁，障候长吏使卒猎兽，以皮肉为利，卒苦而烽火乏，失亦上集不得，后降者来，若捕生口虏，乃知之。当今务，在禁苛暴，止擅赋，力本农，修马复令，以补缺，毋乏武备而已。

我摘了一部分给大家，大体上的意思就是，认识到了自己多年来的穷兵黩武，对天下伤害极大，挺后悔的，今后禁止苛税与暴政，休养生息吧。

武帝在自己的终场哨响前，再次创下了人生中的最后一个第一次。他是中国历史上第一个下"罪己诏"的皇帝，这个传统一直被后世沿用。

武帝临终前的性情大转变，给自己的历史形象加了很高的分。后世每当皇帝犯了祸国殃民的大错误时，往往会下一道"罪己诏"公开检讨。

回顾武帝的一生，他为后世的统治者留下了一整套的统治系统，几乎所有的帝王之术与执政敛财、征兵手段，全部在武帝一朝草创完成。

最后，武帝还留下了一个服软博同情的大招。后世皇帝采用"罪己诏"时，往往仅能搏个同情，根本没领悟其精髓之处。"罪己诏"的真正威力，在于武帝用这种强烈翻转的行为艺术，彻底奠定了下一任皇帝的执政思路——休养生息！

所有的干戈暴虐，在我这里打住了！是我自己悔的，是爷们儿自己悟明白的！下一任皇帝的思路也是我开启的！任何别有居心的人，都别想着再找我翻五十年的旧账了。后面盛世渐渐开启，厥功至伟的源头，还得找到祖宗我这里！

为了保证自己后续的执政思路，武帝精心选派了处理自己身后事的代理人。

武帝后元二年（公元前87年）春，武帝立八岁的刘弗陵为太子。武帝在死前顺便带走了刘弗陵的母亲，也就是那个"尧母"，理由是为防止子幼母壮再出现吕后当政的事，并命画工画了一幅《周公负成王朝诸侯》赐予了下一章的主角。

武帝选的这个"周公"，是给他当了三十年秘书，没有势力背景，从未出过差错的霍光。

说到底，武帝的最终政治托孤，是让没有派系的霍光（卫家已被灭门），这个用了三十年的踏实秘书，去执行自己布置给下一任皇帝的大政方针。

霍光，你是我培养了三十年的人，我相信你会做好的。

等刘弗陵亲政时，大汉已经休养了十多年，百姓应该已经缓过来了。

多年后，尘归尘、土归土，人们将会淡忘曾经血雨腥风的岁月。未来的人们，只会怀有被给予的感恩。千年后的人们仍然会歌颂武帝的功德。

因为人性是喜欢慷他人之慨的，人们只会在乎自己的手指破没破，肉价为什么涨了三毛钱，然后叉腰说别人对国家的付出是应该的、值得的。曾经付出过无数血泪的那数千万人的感受，后人根本不会懂。

公元前87年（二月丁卯日），汉武大帝驾崩于五柞宫，享年七十岁，在位五十四年。这位千古一帝在安排好一切后，终于离开了大汉百姓。

正如将他引出时，我写的那段文字，他是中国历史上争议性最大的皇帝，几乎没有之一。我们无法给他定性，也无法进行具体评价，因为他太复杂。他的复杂，并非千人千面的刁钻角度，而是一千个人心中，会有五百个人认为他英明、光荣、正确，另外五百个人则会骂他鞭笞万民、好大喜功。

对他的争论，我相信会永远持续下去。因为每当人们翻过这段历史，就会发现：

在他的治下，中国的领土扩大了一倍。

在他的治下，贯穿中国两千多年的盐铁专营制度正式诞生。

在他的治下，儒家的学说正式奠定思想领袖地位，并沿用了整整两千多年。

在他的治下，整个中原大地有史以来第一次全国性的恶性通货膨胀席卷千家万户，民不聊生。

在他的治下，中国的大名第一次响彻世界的各个文明，"丝绸之路"因强汉而耀眼夺目于世界的殿堂。

在他的治下，中国的政权彻底打赢了农耕民族对游牧民族的系列大战。犯强汉者，虽强必戮，虽远必诛！

在他的治下，能臣、酷吏乃至爱子，全都是他剧本中的棋子，为他的千古帝业肝脑涂地，死而后已。

在他的治下，"汉"彻底地成为一个民族的代号，他们开枝散叶、百折不挠、奋勇向前，时至今日成为世界第一大民族，并在这个世界上占据着极其重要的位置！

这个血性到了极致的男人！

这个权谋到了极致的男人！

这个大福大报到了极致的男人！

这个复杂多变、难懂到了极致的男人!

给这片土地,这个民族,留下了如此浓墨重彩的一笔!

这位千古一帝的奇男子,将永远成为一代代华夏子孙,翻开这两千多年封建历史长卷时所无法绕过的丰碑!

第十三战

霍光废帝：
大司马大将军的反噬

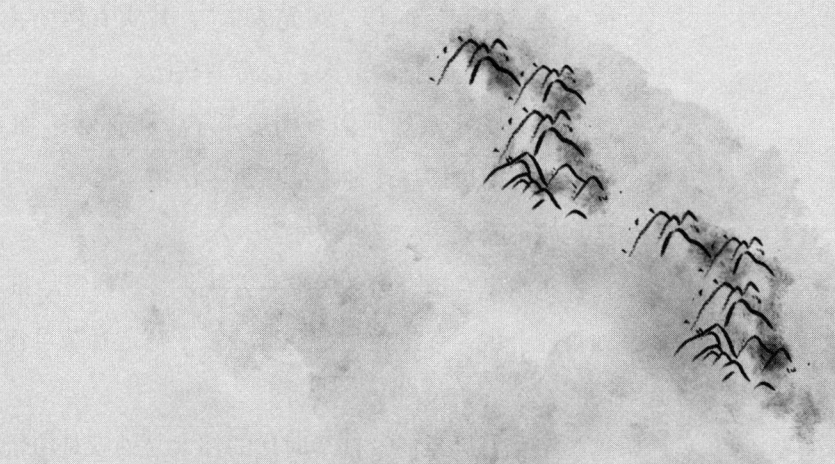

一、参赛的代价

这一战虽然名字叫作"霍光废帝",其实有两个主角。一个是霍大人,一个是冤死的太子刘据的后人,宣帝刘病已。

这两个人如宗师般地向我们展示了,当你势不如人时,你就要一直忍耐、等待,哪怕最终靠死神帮忙赢得了比赛。

这真的不丢人。

在一些魔鬼赛道,通关的唯一方法,就是慢慢地推着车走。

你可能会说,人生苦短,我这一辈子都选择装可怜了,那我这辈子活得有啥劲啊?

这是个很好的反问,这个时代的伟大之处就是给予了每个人不同的机会和选择的权利。

在某些特殊领域,确实不值得蹉跎一生去拼一个很可能竹篮打水的未来。

人这一辈子,离开时觉得自己这辈子值了,那就没白投胎走这一回。

但如果说,你还是义无反顾地选择了某些特殊的领域,某些容错率极低,赢者通吃一切,败者尸骨无存的领域,你就要接受这些特殊领域的规则,比如说选择参与"权力的游戏"。

在"下水"的第一天你就要告诉自己:这辈子很有可能忍到最后,也忍不出个好未来,但为了看看自己是否命里带剧本,这个代价我认了!放弃快意恩仇,扔掉花团锦簇,抛舍天伦之乐,我就为了最终赌一把命运的轮盘!

那么，你就必须忍耐那些你暂时，甚至终身都根本不可能打赢的对手。

任何违反忍耐铁律的参赛者，最终都将受到残酷的惩罚。

武帝死后，霍光正式接受汉武帝遗诏封大司马大将军，为汉昭帝刘弗陵的首席辅政大臣，与车骑将军金日磾、左将军上官桀、丞相田千秋、御史大夫桑弘羊，五人共同辅佐朝政。

从此，霍光掌握了汉朝朝廷的最高权力。"帝年八岁，政事一决于光"。

武帝没有想到，他破坏了权力的结构，他将二元的皇帝与丞相间的平衡关系打破后，却出现了大司马大将军这种权力怪兽。

谁也不会逃脱历史车轮的因果碾压，哪怕你是千古一帝。出来混，总是要还的！

武帝退场后，西汉的最后两场收官之战，没有铁马金戈，但冷酷血腥并不亚于真的战争。

这两战，是顶级的权力之战，是"权力的游戏"能达到的最巅峰级别！

两个顶级权臣纷纷展现了在权力游戏中，一个"外人"所能达到的最高境界。

现在这个"外人"达到的境界是：你是皇帝怎么了？不上道我就废了你！

当年的平阳府小办事员霍仲孺，可以说是中国历史上极其罕见的一位父亲，他的两个儿子分别从一武一文两个方面，各自坐到了中国历史上排名前十的位置。

私生子霍去病，虽然二十三岁就过早地离开了大汉百姓，但丝毫不妨碍他在中国军界的历史排位，能够轻松排在前十名。我在前几章很详细地介绍过这位少年将军，他宛如白起再世以杀星下界的姿态，成了匈奴这个民族的梦魇，一生未逢一败的他和他舅舅两个人将曾经的东方第一军事强国彻底"零落成泥碾作尘"。

正根霍光，比他这位哥哥更了不得。

很多人质疑，霍去病要比他这个弟弟厉害多了，名气也大多了，为啥弟弟比哥哥更了不得？

这是一个权力的"当量"问题。

哥哥是原子弹，弟弟是氢弹。

霍光成了中国历史上，尤其是在"天命"概念下，第一个在皇权政治中做到了极致的文官。而且他所达到的极致，并非简单的外戚把控朝政这么简单，他也为后世的所有文官们做了一个模板。

权臣极致，不过霍光。

权臣善终，不过霍光。

权臣家族结局，大抵不过霍光。

一旦走上了独揽权柄的道路，平安着陆的可能性就几乎为零了，你只能在这条到不了终点的无间道路上，不停地往前走。只要上了这条路，就再也不能回头了！

霍光的人生之路，也无意间给了后面出场的那位感动大汉的道德模范，带来巨大的思考与启发。

极致的权力也意味着极致的责任，这句话穿越千年放之四海而皆准。

我们印象中的那些权臣外戚们大多是不干事的，而且还坏事。但霍光干事，要知道武帝这位爷留下的烂摊子，并非谁都能接得住的。霍光除了权臣的符号外，其实他还是个顶级的能臣。

只不过因为他干过"废帝"这件惊世骇俗的事情，所以就被淹没了。这件事对于霍光的身后名是一个巨大的污点，霍光成了后世皇帝时刻提醒自己的"危险代号"，比如明朝的万历皇帝小时候不好好读书时，他妈妈就打开一本书，翻到的内容"很凑巧"就是《霍光传》，小万历一想起张居正，马上就老实了。

这个符号并不好，所以几千年下来，霍光的口碑自然也就上不去。

不过，客观来说，这个人是大汉帝国的忠臣、能臣，甚至可谓是救世之臣，没有他就开创不了西汉中后期的"昭宣之治"。

武帝轮台罪己后，说转变国策就能转变国策的吗？

武帝刚驾崩，蜀地就有二十二邑三万户反，积攒了五十年的民怨，你怎么平息这股怒气？

让我们看看这位弄权的名臣，是怎样炼成的吧！

公元前119年，横扫了漠北，封狼居胥的霍去病在得胜回朝时，将自己同父异母的弟弟带走了，这个自小背负着私生子称号的大杀星，对于从未尽过义务的父亲一家却有着莫名的好感。有时候就是这样，你把这样的大人物生下来，就已经完成了老天给你的使命了，这就是大功一件，冲这个谁都得高看你一眼。

霍去病不仅给心惊胆战的父亲置办了田产，还对自己同父异母的弟弟小霍光疼爱有加，先是把弟弟安置在了自己的帐下做郎官，后来又提拔为诸曹侍中，参谋军事，然后年纪轻轻的霍光又做了武帝的奉车都尉。

这个官是干啥的呢？出则奉车，入侍左右，负责保卫汉武大帝的安全。

十几岁的孩子，自己都保护不了，还保护武帝？

其实这就好比内供职位，专门用来储备干部的。霍去病给自己弟弟安排的这个职位，特别花心思。

这个官有点类似于贴身保镖和随行秘书，天天在皇帝的身边历练，既长本事，又混脸熟，无论在哪个朝代都是上升的"火箭通道"。不过武帝一朝，这种"火箭通道"却特别容易爆炸，几乎没有几个能最终顺利窜出大气层的。原因无他，主子不好惹，而且他们所处的时代，用句现在比较时髦的话讲：是千年未有的大变局。

武帝为了自己的丰功伟绩搞出的那一系列奠定后世统治框架的改革，之前谁都没见过，打下来的这么大的江山，谁也都没统治过，如此大的全民战争，谁也没组织过，武帝的征途比秦灭六国时要更加复杂与艰难。

因为步兵打步兵和骑兵打骑兵完全是两个维度，这就好比陆军的花费是海军的零头，一辆法拉利顶三万辆自行车。大量牵一发而动全身的改变，眼花缭乱的各种经济改革，无处不在的复杂民生考验，在这种谁也没干过的情况下，大量的错误等着你犯，再加上武帝脾气不好，很容易就完蛋了。武帝的尚书台中，能人像走马灯般的你方唱罢我登场。

霍光这个十几岁的孩子，除了他有个"过硬"的哥哥以外，剩下的什么都不过硬，每天身处武帝的决策圈，看着全天下形形色色的各行业人尖子，霍光谨小慎微地观察与成长着。

伴君如伴虎，更何况伴的这只还是基因突变的老虎。

他们霍家似乎每个人都是带着历史使命的，干完活就下场。

霍光他爹的历史任务就是生出他们哥俩，他哥哥的历史任务就是打残匈奴民族，然后再引出他。

霍光的后台，仅仅硬了两年。谁也没有想到，英武雄壮的霍去病这么早就走了。

武帝很悲痛，将他的墓安在了自己墓的边上，还修成了祁连山的形状，爱屋及乌，武帝对他的这个弟弟也高看一眼。

哥哥的死让霍光彻底明白了，现在他只能靠自己了，他没有任何软弱的理由和犯错的资本了，趁着大老虎对自己哥哥还有点儿热乎劲儿，他要加速成长。

霍光在这千年变局的旋涡中心，摸索出了一种几乎是唯一可行的成长策略——机械般的精准谨慎。

和诸多皇帝不同，武帝的身边全都是帝国大才，一般人是进不了核心圈子的。为了留在这个圈子里，霍光渐渐地进化成了沉稳如水、干事细致、言语得当、举止有分寸的顶级秘书。

霍光精准谨慎到了什么程度呢？

每出入下殿门，止进有常处，郎仆射窃识视之，不失尺寸。

每次出入宫门，上下殿阶，停哪走哪都有固定的位置，每次落步的地方连尺寸都不差。

这个十几岁的孩子就这样陪伴了武帝的后半生，三十年的朝夕相处下，霍光居然从未做过一件让武帝指责批评的事。

霍光也创造了一个记录，就是武帝一朝平安生产无事故的超长待机第一人。霍光的这份谨慎与能干，最终打动了武帝。

霍光这辈子，从来没有多余动作，每一步动作，高效、节能、谨慎，基本上全都有他的意义。

接下来他的所有政治举措，都值得我们反复品味。

武帝在做最终决定前，命人画了一张《周公负成王朝诸侯》的图，并赐给霍光。

这张图大有来头，当年周公代替年幼的成王执政，成王长大后，周公还政成王。霍光自然明白这是啥意思，领导在透露两件事：

第一，我要立少子刘弗陵。

第二，你要做辅政的"周公"。

意思虽然明摆在那里了，但到了后元二年（公元前87年）春天武帝在五柞宫病重的时候，霍光仍然大哭着问武帝："您要是真不行了，谁能继承大统？"

武帝问："你没明白我赐你那幅画的意思？立少子，你行周公之事。"

皇权的交接过程，就好比研制炸药的试验室，存在着巨大的能量与变数，武帝还有很多儿子。

你的那幅画可以是"周公辅成王"，也可以被解读成"大爷带孙子"。

政治声望必须得由前任一把手亲自说出来。

其实这也是武帝的最后一次试探，他想看看霍光看到这幅画后的反应。如果你大手一拍：放心，走您的吧！小不点儿我一定好好带！武帝一定会奋起最后的余烈，带他到地下继续给自己当秘书。

霍光让武帝亲口说出合法性的时候，还连削带打地将自己最大的竞争对手金日磾给挤下去了。

霍光顿首让道："臣不如金日磾。"

二、如果有可能，尽量少说话

在霍光这句话说出口后，旁边的金日磾被逼得马上暴露了自己的政治短板："臣外国人，不如光。"

都是高手，一点就透。

金日磾是当年霍光他哥打服的匈奴休屠部王子，非常传奇地成了武帝死后的帝国二把手，后面我会细讲。

武帝驾崩后，霍光拜大司马大将军领尚书事，成了帝国的舵手，与车骑将军金日磾、左将军上官桀、丞相田千秋、御史大夫桑弘羊等人共同辅佐朝政。

注意上面的次序，很有讲究，一堆将军排在了前面，而丞相已经排到了第四位，因为前面三位都是录尚书事的。

还记得前面几章我们介绍的，武帝要干的宏图伟略太多，丞相已经无法领会武帝那跨时代的思路了，结果武帝不仅仅局限于拍板了，他直接把处理政事的权力拿回到了自己的手中。

武帝在时，我说得比较委婉。现在他不在了，我就不哆嗦了，实际就是把相权彻底夺走了。

领尚书事，意味着把控天下政务的赏罚与方向。

霍光与车骑将军金日磾、左将军上官桀之所以排在了前三位，是因为分别掌管着军权，而且三人都领尚书事。

尚书经武帝一朝后厉害到了什么程度呢？

大臣有罪，由尚书弹劾；州郡官吏入朝奏事，要面见尚书；官吏的功劳评定升迁，要上报到尚书；丞相若有过失，由尚书弹劾，御史大夫选任，由尚书品定高下。

就厉害到这个份上。

当然，其实是武帝厉害，把所有权力都抓到尚书这里后，还得由武帝点头拍板。

但武帝去世后，拍板的就变成了他选的那位"周公"了。霍光之所以能排到第一顺位，除了总领尚书事外，还因为大司马大将军这个官职。

元朔五年（公元前124年），卫青出塞七百里，夜围右贤王。右贤王独与壮骑数百溃围北去。卫青俘虏小王十余人，部族一万五千余人，牲畜百万。

这个功劳太大了，武帝拜卫青为大将军，以统率诸将军，位在三公上，卿以下皆拜。这是在韩信后，时隔八十年再度常置此官职。

但武帝时的大将军，跟"兵仙"的那个大将军概念可不太一样。

武帝朝夺了相权，将奏章的拆读与审议，转归以大将军为首的尚书台，也就是所谓的"内朝"中，大将军为一把手。

元狩四年（公元前119年），漠北决战后，因为卫青、霍去病的官位已经升到头了，武帝创造性地又在大将军前加了个大司马。这个大司马的前身就是太尉，当年周勃叉腰养老的那个武官最高虚衔。太尉是朝廷的最高武职，不常置，而不置太尉时，太尉职是归丞相的。

这相当于武帝又阉了丞相一把。

霍光此时的这个大司马大将军总领尚书事，相当于抓住了整个汉帝国的军权和政权。准确地说，他手中的权力，比当年刘邦和吕后的还要大。因为他手中的是皇权、相权的二合一！

虽然他现在无皇帝之名，但已经有皇帝之实了。

霍光虽然变成了摄政的周公，但此时却面临着一个问题：他并没有政治声望。

他之前那三十年仅仅是大老虎身边不显山不露水的小秘书，没有一件具体的政务和战功是这个秘书干的。如今董事长把公司托付给了秘书，很多人不服。

武帝已经让皇权独占鳌头五十年了，所有的其他势力全都是渣渣，当年谁也惹不起他，好不容易新时代了，凭啥最终让你这个秘书给截和了！

这帮反对派中有武帝的儿子，也有托孤辅政的同僚，涵盖面比较广，不过都被霍光轻松拿下了。

之所以轻松，是因为这帮人的水平跟花了三十年才修炼成仙的霍光比差距过大。

你曾经付出的那些辛苦，永远不会白费。

让我们来看看这场不在一个水平的较量。

最早跳出来的，是武帝正根。这个人叫作刘旦，武帝第三子，确切说，他并非反霍光，而是反昭帝，或者说反他爹。因为上天似乎曾经给他开了一扇窗，但这扇窗让他自己给关上了。

公元前110年，武帝次子齐王刘闳去世，20年后，公元前91年，大哥刘据又身陷"巫蛊之祸"，兵败自杀。眼瞅老爹岁数越来越大，刘旦本来已经没希望的人生突然发生了大变数。

上面俩哥哥都没了，刘老三变成了刘老大，尤其刘老三这个排行在他们刘家是有特殊意义的，刘旦认为剩余兄弟中自己年纪最长，按次序排下来，太子的位置必然归属自己。

他是这么想的，但他爹却一直没照他的剧本走。武帝一直没有再立太子之意。

刘旦能言善辩，广有谋略，喜好招揽游侠武士，名声比较大。不过从后面他的表现来看，这个"广有谋略"可能是个黑色幽默。

他认为自己朝"类父"的方向发展是个好选项，却不知道市场的需求早就调转了方向。

但凡刘旦参透悟明白了武帝的政治动机，他就应该做一百八十度的大转弯，然后人畜无害地忍着。表现得越超脱，越无所谓，越随便被摆布，他的皇位继承权才有可能会出现。

如果说刘旦的"忍功"能有霍光二十岁时的水平，那么这个皇位将有一定可能会落到他的手里，因为都是执行武帝的政治思路，让个成年的窝囊废装门面，还是比让权臣辅佐少主的风险小。

自幼并没有被武帝着重培养的刘旦，并没有他大哥那样的沉稳与得体，凤子龙孙成长起来的大棚环境让他如同温室的花朵，没有受过挫折，从未尝过疾苦，也就注定受不了委屈，扛不住忍耐。

世上并非所有的东西都得围着你转，你又不是你那梦阳入腹的太阳爹。

公元前88年，武帝病重，坐不住了的刘旦派使者来到长安，向武帝上书，请求宿卫宫廷，以备不虞。

刘旦的这封上书，彻底打碎了自己的皇帝梦。

"藩王宿卫宫廷"历朝历代都是要命的罪过，武帝大怒，立斩来使，紧接着又以燕王"藏匿亡命之徒"的罪名，削掉其封国三个县邑，以此给自己这个痴心妄想的傻儿子做出了回答。

武帝因此发出了历史上非常有名的地理偏见感叹："生子应置于齐鲁之地，以感化其礼义；放在燕赵之地，果生争权之心。"

公元前87年（二月），武帝病逝，少子刘弗陵即位。

刘旦很不满，在诏谕玺书抵达燕国时，刘旦居然说文件上的玺封比以往要小，因此不仅不哭丧还对燕国的大臣们说："这次的玺书规格比以前小，恐怕是长安发生了什么变故。"于是派遣心腹前往长安，借问丧礼为名，秘密探听朝中消息。

打听半天没得出个所以然来，刘旦认为小弟得位是朝中大臣操纵的结果，于是派遣中大夫至长安上书，请于各郡国设立武帝宗庙。

宗庙社稷，自古是政权的根本象征，是皇权传承的关键证明。

过去总管子孙后代叫"香火"，就是指必须是正根男丁传人，才有资格去祭祀祖先。断了男丁，祖先们在底下就断供了，太可怜了。

满世界设宗庙你是什么意思？你想祭你爹，你有资格吗？你拿朝廷当什么呢？

要是武帝，直接就让他伺候祖宗去了。

面对这个过火的试探，霍光自然没有同意，不过他给了刘旦一个大台阶：赐钱三千万，增加封邑一万三千户。

霍光的意思很明显，你就踏踏实实地在封国享福吧，别折腾了。

刘旦收到赏赐后却大怒："我本来应当称帝，还需要别人的什么赏赐！"

刘旦开始不知死活地暗地勾结落魄皇族刘泽等，密谋造反。

刘旦开始召集各地亡命之徒，收聚民间铜铁制造兵器，还时不时亲自出外阅兵，出入僭用天子仪仗，左右的近臣全改名为"侍中"（皇帝侍从）。

性格不咋地，智商还有问题。

造反需要极其周密的积累与部署，可刘旦手中啥都没有，找的这几个人每个都是落魄失势的小可怜儿，还天天在那嘚瑟，就怕全世界不知道你要造反一样。

霍光后来将参与密谋的刘泽拿下，录完口供后将所有涉案人员除了匪首刘旦外全部灭族。

留刘旦一条命，霍光给出的理由是：他是先帝的孩子，要给面子。

这有两层含义：

第一，凸显了自己的政治合法性，我是先帝托孤的，我感先帝的恩。

第二，并非一味杀戮与斩草除根才叫巩固权力。

在政治的生态中，任何时候，当人们觉得你是个威胁时，是没有一个人会跟你谈感情的。但如果他跟你差得太远了，根本谈不上算是个威胁时，是可以打一下感情牌的。

有些人，一辈子会犯很多相同的错误。你的政治目的与政治声望，很多时候是需要利用这些人做阶梯的。

这就好比高明的管理者永远会留下一些平庸甚至万人烦的员工，他们存在的目的，就是为了将来在关键时刻，末位淘汰，杀鸡儆猴用的。

侥幸生还的刘旦并没有因此反省，作死的事后面他还干了第二次。

刘旦这位王爷的表现本来是应该被我一笔带过的，因为水平太低。但最终我还是决定把他第一次当傻瓜时的表现写出来，因为他的所作所为很值得延伸出来讲一讲，虽然后面的这段话我犹豫了很久。

刘旦自始至终都把自己的欲望挂在嘴边上。他想当皇帝，他想篡位，他的所有想法都还没干，就都挂在了嘴边上。

他可能认为在大庭广众之下宣扬自己是帝国第一的继承顺位，人们就会拥护他。

他认为他质疑玉玺大小，怀疑权臣密谋拥立，就可以团结封国内的己方实力，使大家冒着诛九族的风险帮自己。

但实际上，未经修饰地表达你的欲望和想法，会让你变得一览无遗。也因此，所有人都不会敬重你、畏惧你。

在人性中有一个巨大的缺憾，就是人们对于外在的表现，有着巨大的相信度。

无论这个人的名声多么臭名远扬，当他对你表现得与众不同的时候，你总会认为，这个人可能被误解了，或者说你具有圣贤的力量让他在你这儿从良了。

因为人们会被外在的表现所欺骗，这也使得欺骗他人并没有想象中那么困难。

正所谓"耳听为虚，眼见为实"。

因为人脑在进化的过程中为了减少能量的损耗，使得自带程序中偏向于默认亲眼所见到的判断作为最后一道闸门。如果人对亲眼所见的事事怀疑，脑子就该炸了。

这也就意味着，你从此刻立志做一个有城府的人，从来都不晚。

千万别跟刘旦一样，把梦里的事天天挂在嘴边。

你说的话，永远要尽可能的少。

当你话少时，你的沉默会让人感到你举重若轻。

人是害怕冷场的动物，他们会为了打破僵局，把自身的弱点全都暴露在你面前。

要时时刻刻训练自己的谈吐，因为贵人话语迟。人们会对你不多的言语多加关注，甚至会揣测你每句话的含义。这都将有助于你创造出更大的权力氛围。

辩论赛的最佳辩手永远不可能是一个好的说服者。

当你闭上嘴的时候，才能让你的追随者诚惶诚恐地拜倒在你的麾下。

你越是小心地控制住你的嘴，身边人就越是无法猜测你的想法和意图，你就越显得是世上最靠谱的那个人。

你的所作所为，会让人觉得跟着你也许真的能成。

千万别像刘旦那样，一张嘴就让人看出来这是个标准的傻蛋。

三、托孤五重臣

七年后，公元前80年，刘旦这个傻蛋再次浮出了水面。他仍然没忘了自己的梦想，这次他的盟友有了些力量。

昭帝的姐姐长公主，三号人物上官桀，御史大夫桑弘羊也跟着掺和了进来。他们的目的是搞掉一号人物霍光，结果这伙人被霍光轻松地一勺烩了。

又是一场高水平者打低水平者的权力斗争，水平差得不是一丁点儿。

我总说水平，你可能会问：什么是水平？

在权力场中，有水平的标配是：有眼光，做事谨慎，有政务能力。

你要能踏实地走好每一步。

你要有眼光看清这风起云涌的潮起潮落，知道什么时候加入，什么时候袖手旁观。

你要能处理好这错综复杂关系万民的国家政策，将坏的零件修好，将这台机器理顺。

这里面，"谨慎"是最前面的那个"1"。

武帝临终之时托孤了辅政的五大臣：霍光、金日磾、上官桀、田千秋、桑弘羊。

武帝认为这个组合搭配得当，互为牵制，却不知此后的任何一个托孤组合，最终都没有达到领导人最初的预期效果，都是在一番搏杀后，最终剩下一个人统一全盘。

唯一例外的那个人，叫刘备，人家明明白白就交给一个人了。（李严在刘备那并没有真正进计划，将来会讲。）这段故事也成为历史上堪称完美的托孤范例。

下面我们来看看，武帝托孤的这帮人都是什么水平。

在这个五人组中，还是有跟霍光一个水平的高手的，他就是二号人物金日䃅。

公元前121年春天，霍光他哥霍去病率领着一万精骑出陇西，过焉支山千余里，一通打，将河西走廊杀得鸡飞狗跳，还缴获了休屠王的祭天金人。

夏天，霍去病再打祁连山浑邪、休屠二王，再次大败二王。

在二王共同降汉时休屠王反悔，被浑邪王所杀。当时仅仅十四岁，贵为休屠王子的金日䃅也因此被带到了汉朝，后来被安置在了黄门署养马。

从王子一落千丈成为了马夫，这种人生的大起大落除了孙悟空以外，很少有人能够理解。但金日䃅却没有像孙悟空那样打出南天门，而是选择把这份带侮辱性的本职工作做好。

一次，武帝在宫中宴游后突然想看看自己的千里马们。

马夫们牵着一匹匹骏马从武帝面前走过，很明显，这群马夫并没有马精神，要么看到宠妃们左顾右盼，要么吓得两腿打哆嗦。

鹤在鸡群中是非常容易凸显出来的。武帝在一堆人马中一眼就看到了和他所牵的马一样精神的人。

一个体型魁伟、容貌威严的小伙子，目不斜视地牵着骏马从殿上走过，这让武帝感到很惊讶。

怎么会有这样的人干这样的工作？

武帝特地询问了这个小伙子，在得知金日䃅为休屠王之子后，就升他做了马监。

芝麻官再小也是官了，金日䃅这个落魄王子踏入了敌国的官场，开始了艰苦的修行。

经过谨慎的考察，后来武帝将他调进了自己的秘书处，提升为驸马都尉、光禄大夫。

驸马都尉是皇家警卫队队长，光禄大夫是帝国决策圈的要员，如果说武帝有心腹的话，他这一辈子大概只有两个：一个是霍光，一个是金日䃅。

武帝对沉稳成熟的金日䃅非常喜爱，各种赏赐让人们看得眼红，有人曾进言武帝："陛下为何重用一胡儿呢？"

武帝为了表明自己胸怀天下，更加重用金日䃅。

金日䃅自己也有两子，武帝很喜爱，时常留在身边嬉戏，由于长子放荡不羁，和宫女乱搞时被金日䃅撞见了，回家老金就把这孩子宰了。

武帝大怒，怨其无情。

金日䃅道："万恶淫为首，此子乱来，如果不杀，臣有负陛下重托。"

有一种论调说金日䃅这个人为了权力，为了表忠心连自己儿子都能杀，还有什么他干不出来的事情！看来武帝眼神也不好，这种人怎么能用呢？

很多人会拿出易牙为了博取齐桓公的欢心，煮自己儿子的例子，来对比金日䃅的事情。

其实这里面有很大的区别。

在易牙听到齐桓公说"寡人尝天下美味未食人肉"的话后，为了讨好齐桓公，就把自己的儿子杀掉煲汤了。这种为了权力而无所不用其极的人，万不可用！

但金日䃅则相反，他杀这个孩子，是为了保全自己的家族。

武帝现在喜欢这个孩子，他干什么都不算啥，但改天要是这个小子上了嫔妃的床呢？不能因为这个行为越来越不可控的孩子而把全族搭进去，这其实是一种巨大的责任感。

反腐打"老虎"、拍"苍蝇"，向来有两大突破点：一个是女人，一个是孩子。

权力场上永远不是拼强点，而是补弱点。你的所有弱点，在过招时都会被无限放大。你可能面面俱到，万无一失，但你身边的人却不一定。

霍光修炼到几十年走路的细节都一样，金日䃅则是几十年从不用目光直视武帝，武帝赏他的宫女，他放那养着不碰，武帝要把他的女儿纳入后宫，金日磾不肯，用顶撞武帝的姿态表示：我无意成为皇亲，拥有更大的权势。金日磾与霍光都有着漫长的修炼道路，两人最大的共同点就是厚重、谨慎。

在最高级别的权力场上，只有厚重才能四平八稳，静对八面来风。最有可能的胜利方式，就是《孙子兵法》中最经典的那句"以己之不可胜而待敌之可胜"。

有些大智慧，是殊途同归跨领域通用的。

但这个和霍光同一水准的金日磾，却在武帝死后仅仅一年便卧病不起，没多久便逝世了。昭帝为他举行了隆重的葬礼，并陪葬茂陵，谥号敬侯。

当这位二号人物随武帝而去后，实际上剩下的三位就应该知天命了，规规矩矩地听霍光的话才是正解，但这里面只有一个明白人参透了这一点。这个明白人是田千秋。

老田这个人很有意思，他这辈子干的事都在遵循着顺势而为的价值观。

田千秋最开始，是个根本就没有品的无名小卒，我们在上一章的末尾时说过他，他时任护卫汉高祖陵寝的郎官。但这个人有眼光，他看准了时机说刘邦托梦给他为刘据鸣冤。

武帝为他的这次豪赌给出了顶级大奖：忠心可嘉啊！你做我的大鸿胪！

田千秋由陵园看坟的，一下子变成了九卿高官，随后没多久又进步成了丞相。

这种飞跃在太平王朝中极其罕见，老田堪称官场史上的升官之最了。

田千秋当丞相后没多久，武帝就崩了，换主子了，老田很明白自己的身份，自己这个投机倒把起家的，绝对不能瞎掺和。

老田秉承着一个态度：在丞相的位置上，自己啥思想也没有，就一件事，听霍大将军的话。

霍光常常对老田说："咱都奉遗照辅佐圣上，你作为百官之首得有作为啊！你得给我提意见啊！你得督促我进步啊！"

田千秋再次给出了顶级观望大势者的回答："您是猎人，臣是猎狗，只要您发号施令，臣一定卖力干活！"

后来田千秋在霍光手下干了十二年丞相，晚年可以坐着小车上朝，最后善终于任上。

人这辈子，千万得明白自己的定位，要像老田一样，干什么事尽量顺势而为。

剩下的两位，就不明白其中的道理。他们总认为霍光不过是因为当了三十年的秘书才排到了前面，这个八棍子打不出来一个屁的人，是可以扒拉到一边去的。他们并不知道，这个面如平湖的白面男人有多么高的内功。

桑弘羊我们之前介绍过，这位帮武帝搭建出"国企"的帝国经济大才，在业务单位干到头后总想着自己当把舵手，但政治和财税完全是两个套路，总扒拉算盘的就是搞不过读了一辈子人的。

武帝给他这位实干家，安排在最后的排位是有用意的，是希望他踏踏实实把事干好，方向上的事情不要瞎掺和。

但最终，他跟最想和霍光唱对台戏的上官桀，还是掺和到一块去了。

上官桀是陇西上邦人，刚入官场时做羽林期门郎，也是武帝护卫队的一个小领导，他的命运飞腾来源于一次大风。

有一次他随武帝去甘泉宫，忽然飞沙走石狂风大作，武帝说："小的们赶紧给我顶住！"上官桀在狂风暴雨中稳住了车盖巨伞。

过去的人，对自然很敬畏，不像现在的人，呵风骂雨，满嘴胡说八道。

武帝觉得在妖风中为他撑起一片天的上官桀，对他有着特殊的意义，于是升他做了未央厩令，就是给武帝看马的总管。

在武帝一朝，看马似乎是个好活儿。

后来武帝身体不太舒服，上官桀就开始消极怠工，但没想到武帝病好了去看马，发现马都瘦了，武帝对上官桀大怒道："你认为我再也见不着这些马了吗？"

机灵的上官桀完成了人生中最华彩的表演："我听说皇上您身体不适，日夜忧伤，光剩哭了，哪里还顾得上看马呀。"一边说还一边哭。

武帝被他的眼泪打动了，升他做了侍中，后来又升为太仆，最终成了托孤五重臣之一。

上官桀比排他前面那两位差的地方有很多，如果是霍光和金日磾，哪怕是武帝死透了，该养的马还是会养得膘肥体壮的。

做人的境界是通过做一件件事，持续不断绵绵不绝地显现出来的。

政治游戏最核心的一点，就是不怕一万，就怕万一。

你一定要厚重、稳健地走好每一步，上官桀最欠缺的就是这一点。

上官桀一直很不服霍光，他想不明白为啥武帝要把霍、金二人排在他的前面。尤其在金日磾死后，他想把金日磾的权力抓到自己手上，跟霍光打擂台，于是他不断地向上争取。

他先是想把自己六岁的孙女送入皇宫当皇后。他的这个孙女其实也是霍光的外孙女，两人是亲家。但霍大亲家却把这门亲给否了。

外孙女无论何时也比不上亲孙女，这丫头怎么也姓上官。

上官桀不甘心，通过昭帝的姐姐、长公主的男宠丁外人的关系，最终将孙女献进去做了婕妤（一等嫔妃），随后不久当上了皇后。

六岁的孩子成为皇后，又是一项纪录，上官桀的儿子上官安因此被封为车骑将军，也就是金日磾之前的职位。

上官安被提拔后，开始不知道自己姓啥，对宾客说：跟他的皇帝姑爷喝酒感觉真不错。喝多了以后天天光屁股在内宅行走，儿子病死了，他仰头敢怒骂苍天，来兴致了和他爹的姬妾侍婢淫乱。

德不配位，必有灾殃。

祖宗留下来的智慧："世间享有盛名而名不副实者必有奇祸。"有些奖你还真敢领，难道你不知道这是要你命去的？更何况是上官安这么个缺德带冒烟的。

当年金日磾害怕自己德不配位的儿子会给家族带来灾祸，亲手宰了他，霍光的儿子霍禹此时是掌宫禁的中郎将，天下第一的霍光并没有让他掺和进高层来。高手都知道，在最高级别的赛场上，千万不能把没做好准备的自己人放进来,那是拖累反杀坑自己的。

上官桀不明白这个道理。

当所有人都看出来你有巨大弱点的时候,你貌似巨大的权势就是纸老虎。这就好比当年吕家的后生们被老狐狸们看穿后一样。

上官桀父子牛起来后,要给鄂邑长公主政治回报。当年帮你办的事并不是白干的,更何况是安排你孙女当皇后。

汉惯例,列侯才够级别与公主配婚。

长公主不想跟丁外人总玩地下情,双方共同使劲想把丁外人封上侯。

侯是这么好封的?没有军功,不是皇亲,你怎么封?

大汉约定俗成的权力规矩开始熠熠生辉,霍光拒绝了上官桀封丁外人为列侯的请求。

上官桀孙女能成皇后,其实最大的原因还是因为她是霍光的外孙女,霍光不拍板,这丫头永远变不成凤凰。而这个丁外人什么都不是。

这次霍光的拒绝,引起了上官桀父子与长公主的极大怨恨。

桑弘羊一直想进决策圈里参与参与,不想总干具体的活,但一直进不去,再加上为其子弟求官也被霍光否了,于是也愤怒了:我为这个国家干了快五十年了!要俩官,你还不给我面子!

于是,他没有走顺从霍光的路,而是要脾气、摆资历,也走到了霍光的对立面上。

一个反霍的联盟组成了。一场拙劣的阴谋,在几个人的筹划中酝酿开来。

第十三战 霍光废帝:大司马大将军的反噬

四、昭帝无嗣

反霍光者联盟出招了。

非常搞笑,这帮人伪造燕王名义上书,内容是三条控诉,一条建议:

第一条控诉,霍光逾制,出外校阅郎官、羽林军时仿佛皇帝出巡。

第二条控诉,霍光乱兵,擅自增选大将军府的校尉。

第三条控诉,霍光擅权,苏武被匈奴扣了二十年不肯投降,回朝后不过给了个典属国的官职,大将军长史杨敞并无功劳,却被任命为搜粟都尉。

还有一句"我愿意交还燕王的印玺,进入宫廷,侍卫在皇上左右,监督奸臣的行动,以防有变"。

先甭说内容有多可笑,就单单说上奏的主体,就很有意思。曾经造过反的燕王刘旦上书,而且最后又不知死活地请求侍卫宫禁。

这封弹劾信是霍光歇班的时候递上去的,上官桀本打算趁着这一天快刀斩乱麻地拿到昭帝批文,做掉霍光。结果上奏后,昭帝扣留不发。

第二天早晨,霍光入朝,停在当年武帝赐《周公负成王朝诸侯》的那个画室中不进殿。

昭帝把霍光请进殿后,霍光脱下官帽,叩头请罪。

昭帝道:"大将军无罪,这是陷害!"

霍光问:"陛下是怎么知道的呢?"

十四岁的昭帝说:"大将军去广明校阅郎官是最近的事,选调校尉也还不到十天，燕王怎么能知道这些事呢？况且将军如要谋反，也用不着选调校尉。"昭帝后来明确表态："大将军是忠臣，先帝托付他辅佐我，谁再胆敢诬蔑大将军，就问他的罪！"

最终，撕破脸的上官桀等密谋由长公主设酒宴邀请霍光，然后埋伏武士将霍光杀死，并乘机废掉汉昭帝，迎立燕王刘旦为皇帝。

刘旦又兴奋了，他将这一计划告诉了他的燕国丞相，结果他的丞相说道："您忘了您上次跟刘泽的密谋了？还没怎么样全世界都知道了。我听说上官桀一向办事不稳重，上官安又年轻骄横，我担心他们跟刘泽一样成不了事，又担心他们事成之后背叛大王。"

远在燕国的丞相都能把时局看得这么明白了，那么上官桀的戏也就演到头了。

长公主有一位舍人的父亲了解到上官桀的阴谋后，就将此事告诉了大司农杨敞。

杨敞为人谨慎怕事，上书称病后，将此事告诉了霍党的谏大夫杜延年。杜延年再将此事正式奏闻朝廷。

九月，昭帝下诏命缉捕孙纵之及上官桀、上官安、桑弘羊、丁外人等人，灭族。

长公主、刘旦自杀。

唯一留下的，是霍光的外孙女上官皇后。

上官桀一党，败得匪夷所思。让人觉得这种弱智怎么能被武帝托孤？这种低级的阴谋怎么可能会作为终极计划去实施？

人在权力高峰久了，会得一种病。这种病会认为一切理所应当，会腐蚀摧垮你的判断力，会让你在无克制的欲望中逐渐沉沦。你早已不是当初那个获得参赛资格的你了。像武帝这种极其高端的政治家，虽然他功过都巨大，但冲这个人当了五十年大拿还没疯，这个人就值得人佩服。

桑弘羊是为了给子弟要俩官做；上官桀的梦想是搞掉霍光，大权独揽；上官安就是个纯二百五，他想当皇帝；而尊贵至极的长公主，初衷不过是为了合法地跟情人过日子。实际上，他们都是自己作的。

桑弘羊你当了那么多年孙子了，再给霍光当下去，就当不了了吗？上官家族你搞掉霍光的想法可以理解，但你真的觉得你跟霍光的差距就是那一步之遥吗？长公主你没有名分就跟你那个小情人过不下去了吗？你以为趁他歇班就能阴谋成功？

皇宫里的大大小小地方全都有霍光的耳目和探子。

皇帝身边的所有要紧宫禁，全是霍光的手下和嫡系，他的儿子霍禹、侄孙霍云是统率宫卫郎官的中郎将，两个女婿分别担任长乐宫、未央宫的卫尉。你以为弹劾挑拨控制皇帝，就能成功把霍光拿下？

皇帝身边的所有近臣，全是霍光安排的，接替你上官家的就是皇帝身边不显山不露水的张安世，十四岁的孩子没人在旁边教，他能说出那番分析？

人家现在掌控一切，人家手中还有先帝辅政的政治招牌，霍光第二天玩造型的时候去的是武帝赐《周公负成王朝诸侯》的那间屋子。你拿啥去推翻人家呢？

要知道霍光这个人做事周密到了什么程度，在搞掉上官桀一党后，为了保证皇帝和自己外孙女生下第一顺位的皇位继承人，霍光以皇帝体弱为由，让御医开药方禁止皇帝和其他嫔妃同房，甚至规定了宫中所有宫女必须穿有裆的裤子，防止皇帝临时起意。他能够周密地控制每一个细节。

这个人在武帝时代能踏踏实实地整整干了三十年的秘书，一点错都不出。当一个人能够控制住自己的所有行为，这是个多么可怕的人物！

无论是恐怖的履历，还是巨大的实力，这都意味着上官桀要像当年的霍光忍武帝那样，一直忍下去。

这个人自己不出问题，你唯一能做的就是等待！没有别的任何办法！

这和秦国能打下长平，灭六国的道理一样。意志品质高，综合实力强，赢是必然。你要等到他年老昏聩，等到他自我膨胀，等到他衰落后时局变得一片混乱。必须水混了之后，你才能去摸鱼！

如果他一直精准到生命的最后时刻，你就得等到他死；如果他死后，他儿子还继续精准能干,那你就得接着等到他儿子死。如果你拼不过人家的寿,只能说命里如此,这就是你玩这局游戏的代价。不过这不能说明你输了。你仅仅是没拿第一名而已,你至少一直在场上,至少家族衣食无忧,总比被挫骨扬灰强。

明白这世上的主角只是极少数的人,是对自己最大的善良。

霍光在扫清一切政敌后,彻底独揽了大权。这个人对于整个大汉帝国来讲,几乎是砥柱之臣,他以一己之力扛起了西汉王朝的后半段。没有他,恐怕武帝的锅会很大。

他在辅政后遵循了武帝晚年的罪己政策,改变了前五十年横征暴敛、赋税无度的政策,减免税负,与民休息,而且在汉企垄断中放出了酒类专营。

放出了酒类专营已经很不容易了,要知道动既得利益群体的蛋糕极其艰难,很多疖子根本没法捅破。

此时的汉企盈利已经占到了整个西汉财政总收入的三分之二。虽然战争少了,但武帝一朝急速膨胀的官僚机构,却成了国家的大负担,没有汉企,朝廷就该破产了。

不折腾,成为霍光执政二十年的最鲜明特点。他安抚了濒临暴动的天下百姓,他剿抚并用地平定各地的边患。多个引擎着火的"大汉飞机",就这样在霍机长的操控下,完成了软着陆。他从侧面再次给武帝长了脸,大帝所托得人,眼光着实厉害。

公元前74年(四月十七日),汉昭帝刘弗陵病死,年仅二十一岁。

很多阴谋论者说这是霍光下的黑手,因为汉昭帝亲政后,霍光就该失去权力了。不能说肯定不是,这个理由看上去合理,但禁不起推敲。因为昭帝没有留下子嗣,而且他已经是武帝最小的儿子了,搞死他,继位的皇帝岁数也小不到哪里去,还是免不了要亲政的。为啥不再过两年等昭帝留下子嗣再展开"阴谋"呢?上官皇后今年仅仅十五岁,再等两年呗。

昭帝死后,霍光面临着辅政以来的最大政治难题——继承人问题。

此时按照继承顺位来讲,武帝一脉还有四子广陵王刘胥尚在,但霍光没法立这位爷。因为有三个问题：

第一个问题，岁数大，此时刘胥已经四十好几了。

第二个问题，出身危险，他和霍光干掉的刘旦是同母兄弟。

第三个问题，性格有问题，刘胥作风不好，行事不检点，而且据说力能扛鼎，能跟野猪、狗熊对打。

当年武帝把老三、老四这哥俩都扔一边去，这说明上一届班子已经做了深刻思考。

但此时儒家礼法已经深入人心，人家是正根而且还是现存的长子，你就得立人家。不过一位郎官再次展现出了历史学得好，能改变命运的能力，上书指出："周太王废弃年长的儿子太伯，立太伯的弟弟王季为继承人；周文王舍弃年长的儿子伯邑考，立伯邑考的弟弟周武王为继承人。这两个事例说明，只要适合继承皇位，即使是废长立幼也完全可以。广陵王不能继位。"

霍光将奏章拿给丞相杨敞等人看，并提这位郎官做九江太守。

为了迅速打消刘胥对继位的念想，霍光在最终斟酌后，选择了孙子辈中时年十八岁的昌邑王刘贺，作为下一任的大汉皇帝。这位昌邑王的舅爷就是著名降将，被匈奴人宰了祭天的李广利。

当年李广利曾阴谋欲立自己的外甥，结果鸡飞蛋打，现在风水转过来了，他的外甥孙子没用啥计谋就当上了皇帝，虽然说时间有点儿短，就只有二十七天而已。

挑刘贺，其实也很无奈。因为这位爷也很不检点，生活作风很差劲，而且当年武帝死时，他就曾在服丧期间四处游猎，但好在岁数小，风闻性格比较软弱。

霍光最终选择他，是被时局所逼后，矮子里拔将军的仓促选择。

事后证明，霍光看走眼了，这是他人生中唯一的一次错误抉择。他没想到，这个刘贺会如此不上道。

这位爷晚上得到了继位诏书，第二天中午就出发了，一口气狂奔一百三十多里，晚上就到了定陶，直到把马都跑死了，才歇了口气。

他的家臣龚遂趁他休息这工夫终于赶上了他，对他说："大王要日夜悲伤，要清心寡欲。"

但刘贺表示：我哭不出来。

按规矩昭帝是他的叔叔，你既然继承人家的遗产，就得把这位叔叔当成爹。你爹死了，你得守三年孝，更别提你继承的是这么大的家产！

您这可是接天命呢，闹着玩呢？就是装也得装成死了爹的样子，还哭不出来？

结果刘贺用实际行动表示：我真的一天都装不了。

刘贺奔到济阳的时候，派人找长鸣鸡玩。到了弘农的时候实在憋不住了，开始让亲信找来了女人。

这件事很严重，朝廷特使知道后责问刘贺，刘贺将锅推到了随从身上，杀了个亲信，把这件事遮过去了。

离都城越来越近了，龚遂说："奔丧看到国都要哭，大王，赶紧哭吧！"

刘贺表示，嗓子疼。

到了城门口，龚遂说："哭吧！"

刘贺表示，嗓子还是疼。

一直到了未央宫的东门，龚遂说："别疼了！哭吧！到地儿了！"

刘贺这才象征性地哭了哭。

连戏都不会演，你能在权力场上待几天？

五、黄粱梦一场

早在刘贺飞奔在路上的时候，昌邑国的中尉王吉就给他写过信，里面有以下要点：

人家国丧你才有机会继位，千万绷住了，别浪。（今大王以丧事征，宜日夜哭泣悲哀而已，慎毋有所发！）

你的领导是大将军，千万要放低姿态。（臣愿大王事之，敬之，政事壹听之，大王垂拱南面而已。）

但刘贺并不当回事。从他这一路的所有表现来看，他就像个孩子。

自六月初一继位，到六月二十八被废，他总共干了二十七天的皇帝。

但最终废他的罪状有多少呢？

一千一百二十七条，平均一天约四十条。

一般来讲，大家的印象是，刘贺这孩子是个不成器的家伙，胡作非为，实在没法要了。但实际上，这其实是一场教科书般的自保案例。霍光在投资亏损后，极其高明地迅速止损了。

有孩子的脾气无所谓，二百五也不要紧，这其实都无伤大雅。只要您的身子骨降得住，您随便折腾，您天天打猎开派对，霍光也不会二十多天就废了您。

作风问题在所有斗争中永远都不是本质核心，但却是杀人利器。

来看一下史书中对于刘贺被废的关键几点：

第一，昌邑王既立，淫戏无度。

第二，昌邑官属皆征至长安，往往超擢拜官。

第三，相安乐迁长乐卫尉。

第四，太仆丞河东张敞上书谏，曰："孝昭皇帝早崩无嗣，大臣忧惧，选贤圣承宗庙，东迎之日，唯恐属车之行迟。今天子以盛年初即位，天下莫不拭目倾耳，观化听风。国辅大臣未褒，而昌邑小辇先迁，此过之大者也。"王不听。

第五，昌邑群臣坐亡辅导之谊，陷王于恶，光悉诛杀二百余人。出死，号呼市中曰："当断不断，反受其乱。"

这分别代表啥呢？

第一，这孩子没规矩，不懂得克制，总胡搞。

第二，这孩子当了皇帝马上就要立山头，把自己的昌邑官署全都带了过来，要破坏长安的官场生态。

第三，国相安乐迅速迁为了长乐卫尉，这小子动了宫禁的人事任命。

第四，继位后不懂感恩没表示，霍光的小弟张敞曾经点过他，说国辅大臣还没褒奖，昌邑小字辈却先升迁，此过之大者也。对刘贺做过政治恐吓，但刘贺没理这茬。

第五，霍光事后诛杀昌邑党羽时，党羽们临终前留下的遗言是"当断不断，反受其乱"。这说明了昌邑群臣劝刘贺要"断"霍光，耳目遍布的霍光选择干掉这两百多人，也是因为得到了这个密谋的消息。

史书上的描述留给后人的印象往往是像第一条描述的那样，但刘贺真正搞丢了皇位的根本原因，却是后面的四条。

我们合起来，看看拼出的是什么样的场景：刘贺不懂感恩，不识进退，听不懂政治暗示，在他这里霍光是不会得到政治回报的。刘贺手下的一群官员有着巨大的政治野心，会扰乱长安的政治生态，而且已经动手了，速度还很快。

还记得当年文帝进长安时的一系列动作吗？

抛开人家进京路上自始至终一直谨慎小心不谈，人家进京后的第一个晚上就展现铁腕了，就表明了爷不好欺负。但人家仅仅把几个心腹安排进了禁军，而不是将二百多个张三李四王二麻子，全从老家带过来。人家第一时间就兑现了拥立功臣们的奖励，并把相权还给了军功集团。

仅仅百年前的故事，但对于这个傻冤家来讲，太遥远了。

嗅了一辈子政治信号的霍光此时自然明白该怎么做了，"当断不断，反受其乱"。

选刘贺是为了迅速摆脱刘胥的政治压力，已经忙中出错了，此时面对一个从上到下都如此二百五的集团，必须止损！

眼前的信号既然已经足够丰富，既然明确了是个大炸弹，那就没必要再等下去了。

他第一个找的是老部下，田延年。

田延年是霍光的亲信，在霍光老家河东郡做出了突出政绩后，被提拔到朝廷，担任位列九卿的大司农，主管全国财政。

虽说乡土观念要不得，但你如果真要是身处大领导籍贯或有特殊情感的地方为官，一定要豁出命干出成绩。这种地方的官员前途非常不一般，一定要珍惜。

霍光之所以选他，原因有三点：忠心，嘴严，手黑。

田延年在听完霍光的打算后没有辜负领导的期望，直接对霍光摊牌："将军是国家的柱石，您觉得这个人不适合做皇帝，那为什么不奏明太后，另立一位贤君？"

这个太后是霍光的外孙女，当年上官桀费了半天劲安排进去的亲孙女，结果成了霍光的大招。

霍光又说："这是谋逆啊！而且不知史上有没有此先例？"

田延年说："伊尹是商朝的宰相，曾经废掉了商王太甲，保全了宗庙社稷，后世都称赞伊尹是忠臣。现在将军如果也能这么做，那您就是汉朝的伊尹啊！"

找到理论支撑后，霍光与自己提拔起来的二把手张安世（张汤之子，堪称霍光的克隆人）开始密谋废掉刘贺。

刘贺自打进了皇宫就一直在折腾，有一天他决定出城散散心，这是霍光动手废刘贺的绝好机会。但在这个时候，发生了一个小插曲。光禄大夫夏侯胜拦在刘贺的旅游团前，说道："天阴了很久，却一滴雨也没有下，这是臣下作乱的凶兆，请陛下不要出游。"

刘贺把扫兴的夏侯胜扔进了监狱。

刘贺开始旅游后，霍光的事情有很多，首先他要解决泄密问题。

事情紧迫，霍光决定亲自密审夏侯胜。

霍光问："臣下作乱的消息，你从哪得来的？"

夏侯胜道："皇之不极，厥罚常阴，时则有下人伐上者。"这是《洪范传》中说的。

霍光一方面觉得知识真是力量，赦免了夏侯胜，派他给外孙女皇太后做老师；另一方面深感甭管是这个夏侯胜反应快，还是苍天真有示警，他必须要马上行动了。

摆平预言家后，霍光派田延年去搞定丞相杨敞。

杨敞胆子小，听说领导要搞这么大的事情后，瞬间精神错乱，汗流浃背，前言不搭后语。

田延年很失望，去了趟厕所。就在这个时候，在隔壁偷听的杨夫人在田延年方便时，站出来大骂杨敞："大将军已经决定废掉皇帝了，你要是不赶紧表态与大将军同心，咱们就死刘贺前面了！"

田延年回来后，杨太太随后对田延年说："您去回禀大将军，丞相一定率领百官支持大将军。"

这个摊上事不怕事、明白权力威胁论的杨太太是司马迁的女儿。家学渊源啊！

但就算前期打了预防针，杨敞终归还是掉链子了。

六月二十八日，霍光将满朝文武召集到未央宫中，召开大会。

霍光一刀见血，说："昌邑王行昏乱，恐危社稷，如何？"

大家都听到了霍光说的这个人是"昌邑王"，而不是"皇帝"。

仅仅几个字的改变，杀气扑面而来，大臣们都吓傻了，面面相觑，不敢说话。

这个时候，杨敞应该立刻站出来，高声呼吁全体官员紧跟霍光的脚步，结果杨敞现场呈现植物人状态。

众人皆醉之时，霍光的"终极保险"田延年登场了。

沧海横流，方显英雄本色，搞大事的时候就得用大耍儿，比如田老大。

田延年站起来，向前跨了一大步，手按剑柄，冲着霍光嚷嚷道："孝武皇帝驾崩前，把孤儿和天下一并托付给将军，是因为将军忠正贤良，能够保障刘氏天下的安全！现在群臣鼎沸，社稷将倾，我朝皇帝的谥号，常带一个'孝'字，就是要让后世子孙明白，靠孝道才能长久地保有天下，使宗庙社稷延续不断！如果现在将军不主持大局，令汉家宗庙绝祀，将军死后，有什么颜面去见先帝？"

田延年的话里有两个意思：当年武帝把国家托付给你，你对这个国家有巨大责任和最终解释权。你现在就是不孝！为了国家和百姓，你赶紧把刘贺废了！

田延年在"怒吼"领导后，又撂下句狠话："今天这件事必须有个结果！谁退缩，我就拿剑砍了他！"

霍光道："田大人骂得太对了！天下被祸害成这样，我霍光责无旁贷！"（九卿责光是也！天下匈匈不安，光当受难。）

群臣们一看，到这一步了，再不表态就完蛋了，而且每个人端的都是霍光的饭碗，于是全票通过废帝，集体表示支持霍光。

随后霍光与群臣一同觐见上官太后，禀告昌邑王刘贺不可以承继宗庙社稷。

紧接着上官太后乘车驾前往未央宫承明殿，下诏命皇宫各门不许放昌邑群臣入内。

刘贺旅游回来后，刚进殿门，禁宫宦官迅速就把殿门关了。

刘贺问道："这是要干啥？"

霍光跪答说："皇太后有诏，不许昌邑国群臣入宫。"

刘贺说："有话好好说呗，弄得这么吓人。"

门外将领将昌邑国群臣随后全部驱赶到金马门之外，车骑将军张安世率领羽林军将被赶出来的昌邑国群臣二百余人逮捕，押送诏狱。

此时的刘贺仍然不知自己即将被废，问身边之人说："我那帮小弟都犯了什么罪？大将军为何将他们都逮走了呢？"

他很快就该明白了。不久，皇太后下诏召刘贺入见。

刘贺听说太后召见，终于意识到要出事了，害怕道："我犯了什么错？太后为何召我？"

等他进入会场，看到太后盛装打扮端坐正中，数百名持戟的期门武士排列于殿下，文武群臣按照品位高低依次上殿，霍光大人面无表情的那张脸后。他终于知道，自己要完蛋了。

大会主持人命昌邑王上前跪拜，大将军霍光与群臣联名奏劾昌邑王，由尚书令宣读奏章。

丞相杨敞等冒死上奏皇太后和陛下：

"第一，昌邑王无礼仪人伦，居丧期间吃肉、搞女人、弄乐曲、玩动物。

"第二，与孝昭皇帝的宫女淫乱。

"第三，召引昌邑群奸二百余人，居宫禁肆意游乐。

"第四，违制祭祀其父昌邑哀王的陵庙，自称'嗣子皇帝'。

"第五，不妥善保管皇帝印玺。妄取朝廷赐予诸侯王、列侯、二千石官员的绶带赏给昌邑国群奸。

"继位以来二十七天的荒唐事共一千一百二十七次，失帝王礼仪，坏大汉制度。杨敞等多次规劝，但并无改正，反而日益加甚，恐怕这样下去将危害国家，使天下不安。《孝经》云：'五刑之罪当中，以不孝之罪最大'，陛下既不能承受天命，侍奉宗庙，爱民如子，应当废黜！"

皇太后下诏:"准奏。"

明明是权力的斗争,但最终盖章的罪名却是道德品质败坏的"淫乱"和"逾制",这对每个有追求的朋友来说,应该是个启发。

程序走完后,霍光命刘贺站起来,拜受皇太后诏书。

刘贺说道:"我听说天子只要有七位耿直敢言的大臣在身边,即使无道也不会失去天下。"(闻天子有争臣七人,虽亡道不失天下。)

到底读过几年书,刘贺同样用《孝经》中的对话,来做最后的反抗。

就在这时候,见识霍光水平的时刻又到了。这个数十年如一日的机器人,居然在这个时刻超乎了所有人的想象,人家亲自操刀上了。

霍光说:"皇太后已经下诏将你废黜,岂能自称天子!"

然后他抓住刘贺的手,将他身上佩戴的玉玺绶带解下,献给皇太后。(乃即持其手,解脱其玺组,奉上太后。)

然后领着刘贺下殿,从金马门一直走出皇宫。(扶王下殿,出金马门。)

这个时候,人家还是皇帝,手中还有印玺,霍光用自己的乾纲独断,彻底摆平了小淘气最后的质疑。这是"天命"被"凡人"拿捏的历史性时刻。

自此之后,"天命"有被禅让的,有要饭的,有被毒死的,有在大街上被捅死的。总之,谁也没想到,当年为了唯我独尊创造出来的天命概念,仅仅过了一代,就同样被当初的那个"造物主"创造出来的"大司马大将军"给打下了神坛。

六、宣帝收权

刘贺出宫后，终于认栽，向西叩拜道："我不是这块料，不能担当汉家大事！"

霍光一路将他送到长安的昌邑王官邸，然后致歉说："大王的行为是自绝于上天，我宁愿对不起大王，不敢对不起社稷！希望大王自爱，我不能再常侍奉于大王的左右了。"说完洒泪而去。就这样刘贺仅做了二十七天的皇帝，就被赶下了台。

刘贺滑稽地在历史的舞台露了一面，后被封为"海昏侯"。

其实比他"昏"的人有的是，只不过他实在是不懂规矩。

虽然说刘贺确实该被废，但你不得不吸口冷气，武帝打破的权力规则终于在他死后抽了他的脸。确实没有了相权威胁，确实没有了周勃、陈平们的"诸吕之变"，但这次的废立却变得比那场惊心动魄的废立轻松太多了。他的子孙被自己的秘书废立，不知他做何感想？

太后在这次"废帝"大戏中的功能性重要角色从此被定义了。

"天命"在人间有了上诉和退货通道，这也成了后面那位大神的王牌杀手锏！

历史的演化之美，精妙无比，令人着迷。

这还没完。让人始料未及的，不仅仅是这个"大司马大将军"。

早在四年前，公元前78年（正月），泰山有大石突然出现，上林苑有柳树枯死复生,有虫食其叶成文,曰"公孙病已立"。

符节令鲁国人眭弘上书言:"大石自立,僵柳复起,这说明当有匹夫庶人为天子者。汉家承尧之后,有传国之运,此时应当求贤人禅帝位,以顺天命。"这哥们儿后来因妖言惑众被宰了。

武帝当初唯我独尊的"天命"论,经过了五十年的自我演化,如"领尚书事"一样,开始出现了始料未及的后果。

民间开始认可并沉浸在了天命论里,所有的自然现象都开始出现了过度解读的情况,所有的矛头又都无形却有力地指向了"天命"的源头。

德不配位,苍天示警!"天命",德者居之。

这股力量最终在八十年后,在刚刚说过的杀手锏的配合下,最终将一位众望所归的道德模范,推上了浪潮之巅。

会自动寻找出路的不止生命,还有权力。

在此次"异象"中,被虫子吃出来的那个树叶内容非常有意思:"公孙病已立"。

很多解读围绕在了"公孙"和"立"上。但实际上,天意却是"公,孙,病已,立"。

四年后,刘贺被废,邴吉推荐,赞扬十八岁的皇孙刘病已"通经术,有美才,行安节和"。经霍光仔细考察后,同意了邴吉的提议。这位刘病已,是武帝的曾孙,当年冤死太子刘据的孙子。

十八岁的刘病已被选立为皇帝,这就是西汉朝的最后一个能配得上祖上威名的皇帝——汉宣帝。

这孩子的命不是一般的大。"巫蛊之祸"案发后,太子全家被杀,当时刘病已尚在襁褓中,冥冥之中他得到了上天眷顾,被扔到了监狱中。

当时的监狱长就是推荐他做皇帝的邴吉。这个邴吉是刘病已命中的恩人兼贵人,他不仅在刘病已人生最重要的那一步推了他一把,还曾经救过他的命。他怜悯刘病已这个无辜的落难皇孙,让忠厚的女囚住在宽敞干净的房间,哺育这个已经落了架的小凤凰。

后来武帝生病,望气者说长安监狱有天子气,于是武帝派遣使者将监狱中人一律处死。

使者夜晚到来,禀明来意,但邴吉紧闭大门,拒不奉诏:"皇曾孙在此!普通人都不能无辜被杀,何况皇上的亲曾孙呢?"

在武帝的那个年代,邴吉以非凡的勇气拒绝了堪称人世间最喜怒无常的男人。

直到天亮,使者不能进,回复武帝。

此时已是后元二年(公元前87年),刘据早已自尽,武帝轮台罪己,田千秋高祖托梦,思子台天下闻名。

武帝听到回禀,叹道"天使之也",随后大赦天下。

邴吉用他的仁厚和超凡眼光保住了刘病已的这条命,政治犯的生死是要讲政治的。随后,邴吉将他送到了他的外祖母史家。

没过多久,武帝在死前下诏将刘病已收养于掖庭(低级别嫔妃居所),上报宗正列入宗室属籍中。

七十古来稀的汉武大帝在生命走到尽头前埋了最后一个伏笔,他是相信那股"天子气"的。

或许是冥冥中的天意,随缘吧。

刘病已虽然得到了身份,但养于掖庭,并没有继承刘据的任何政治遗产,这也相当于失去了所有的政治前途。

刘病已长大后,好学喜游历,在市井徘徊中,他知道了百姓的疾苦,吏治的得失,品尝了人生的苦辣酸甜。他是个接地气的皇族,这使得他拥有着别的亲戚所永远没有的素质:仁厚爱民。这个素质后来带给了老百姓们许多的实惠。

他继位后,先是对霍光表达了百分之百的放心与支持,后来还对霍光的还政试探各种推辞。

吃过苦的孩子往往特明白局面是怎么回事,自己虽然是皇帝,但这个皇帝却是霍光赏给他的。

公元前72年春，论定策安宗庙大功。大将军霍光加封一万七千户；车骑将军张安世以下加封者十人，封侯者五人，赐爵关内侯者八人。

这是份什么级别的赏赐呢？

从数量上，这是大汉立国以来，自高祖开国定功后封侯数最多的一次；从分量上，霍光此时的封侯数为两万户，是大汉开国至今的最大侯国编制。

之前霍光仅仅三千户，刘病已给自己这位恩人翻了近六倍，给所有的拥立功臣，也就是霍党们巨大的政治物质回报。

六月，刘病已想到了自己冤死的家人，诏曰："故皇太子葬于湖县，还没有谥号和陵园，请有关部门考虑一下这件事。"

不久，相关部门回复：从礼法上讲，继承了人家的家产和名号，就是人家的后代，您是昭皇帝后人，承继的是天命祖宗之祀，我们认为故去皇太子的谥号应该叫"戾"，您亲爹的谥号应该叫"悼"。这跟政治骂街差不多。

按《逸周书·谥法解》中的解释是："不悔前过，知而不改"曰"戾"，"恐惧从处"曰"悼"。

都不是什么"美谥"。你爷爷造他爹的反，是"不悔前过"，你爹跟你爷爷一块被杀，是"恐惧从处"。这是谁的意思呢？

霍光面对刘病已递过来的这个试探，非常不给面子地回应：不要在政治方向上有什么想法！你这碗饭是我赏给你的！

刘病已的反应呢？

没问题，爱叫啥叫啥，"戾"这个谥号简直太贴切了。亡人有了谥号能享受祭祀待遇就成，我端的就是亲爸爸昭帝的碗，吃的是大将军霍光给的饭，真香！

刘病已面对霍光时就一个态度，您说啥，就是啥。每次霍光朝见，刘病已谦逊、恭敬、客气，跟伺候老干部一样。

霍光请求归政于皇上，刘病已死活不肯接受，表示朝中各项事务必须都先向霍光报告。

霍光的媳妇霍显霸道惯了，背着霍光派太医淳于衍毒死了刘病已的结发妻许皇后，打算运作小女儿霍成君当皇后。

许皇后死后，刘病已抓了所有为皇后看病的御医。这个时候霍显虚了，跟老头说了。

霍光在司法部门的奏章上最终做出批示，此事与淳于衍无关，别再往下查了。

傻瓜都知道，这事是谁干的，但没关系，死就死了，傀儡是不配谈尊严的，她永远活在我的心中。

两个月后，刘病已立霍光的女儿霍成君为皇后，大赦天下。

没有什么是我不能忍的！这分明又是一个霍光！

公元前68年春，霍光病重，宣帝亲自前往探望，哭得很伤心：你终于要死了！

霍光上书谢恩，表示希望能在自己的封地中分出三千户，封兄长霍去病的孙子奉车都尉霍山为列侯，以祀奉霍去病的香火。这叫事吗？当日，宣帝又任命了霍光的长子霍禹为右将军。

同年三月初八，霍光去世。宣帝与皇太后亲自前往霍光的灵堂祭悼，以帝王规格下葬，谥号为"宣成侯"。

你死了，我仍然在忍。臣子以帝王规格下葬，这是独一份。但这次的"忍"却变成了下手前的障眼法。

宣帝下诏免除霍光后代子孙的赋税、徭役，让他们继承霍光的封爵、食邑，直到海枯石烂。

一个月后，宣帝开始了第一轮温水加热。命张安世为大司马、车骑将军，主管尚书事务，子延寿为光禄勋。霍家的小弟，霍光一手提起来的铁杆张安世，接手了霍光的权力。论资历，论派系，霍家说不出来什么。

这会让霍家产生个假象，张安世仅仅是个过渡，接班的必然是接下来职级最高的右将军霍禹。

但是，霍家没有想到，这位张安世和宣帝的关系并不一般。

张安世领尚书事后，宣帝开始渐渐夺了张安世的权。

过去依惯例，凡上书朝廷，都是一式两份的。其中一份注明为副本，由主管尚书事务的人先打开副本审视，如所奏之事不妥，则不予上奏。宣帝取消了奏章副本，今后所有奏章全部端到皇帝面前，张安世对此无反对意见。宣帝开始把政权逐渐收回到手中。

宣帝彻底读明白了张安世这个人，这是个彻彻底底的安全生产者，这个人虽然几乎克隆了霍光，但又比霍光活得明白。

张安世的后人不配公主，不嫁王孙，主动把孩子往权力旋涡外调，天道永远水满则溢，月盈则亏，何必等人赶下去身死族灭呢？自己的老爹张汤就是个太贴切的例子了。

当年张安世的弟弟张贺是太子党，巫蛊祸后被宫刑，后来掌管掖庭，并一路资助好孩子刘病已。（想想武帝临终的安排，为啥要把刘病已养于掖庭，体会到权术的登峰造极了吧。）

刘病已的成才之路，是由张贺资助的，张安世的少子张彭祖是他的发小好兄弟。多年后，张贺想把闺女嫁给刘病已，张安世大怒："你疯了吗？我现在跟的是霍光，领导是昭皇帝，你把咱家闺女给落魄皇曾孙，你想咱家完蛋吗？你想这孩子被毁掉吗？"

刘病已最后娶的是一个不显眼的许家闺女，但所有花费都是张家出的。张家在冥冥之中跟宣帝有着千丝万缕的联系。

紧接着，开始第二轮温水加热。宣帝将霍光的女婿未央卫尉范明友调任光禄勋，又一女婿中郎将、羽林监任胜调出京师，任安定太守。

又过了几个月，开始第三轮温水加热。宣帝将霍光的姐夫给事中、光禄大夫张塑调任蜀郡太守；将霍光的孙女婿中郎将王汉调任武威太守；将霍光的大女婿长乐卫尉邓广汉调任少府。

这两轮动的都是女婿，霍家人仍然安全。与此同时，霍家全体人员正在享受如刚考上大学没有家长叨叨可劲疯的美好时光，对这一系列的人事动作根本没有反应过来。

同年八月，最后一轮加热，彻底煮熟了霍家这只大青蛙。由张安世为卫将军，未央、长乐两宫卫尉，长安十二门的城门卫尉全部交由张安世统领。任命霍禹为大司马，但不颁给印信、绶带，撤销他右将军统领的屯戍部队和官属，只留了官名和俸禄。女婿范明友的度辽将军被撤，女婿赵平本骑都尉的屯戍部队被撤。羽林军、未央卫尉、长乐卫尉，等等，所有关键位置全部被换血。

至此，在顶级高手霍光死后，宣帝刘病已终于迎来了春天。

七、造物主带来的反噬

刘病已在收回权力后,延续了霍光的执政思路,在不折腾的大纲领下,继续零敲碎打,给老百姓活路。

昭帝和宣帝执政的近四十年,史称"昭宣之治",和"文景之治"并列成为汉朝的两大治世。

被夹在中间的武帝,看到后人的历史评价,不知会做何感想。因为后人并没有给他这个伟大、光荣、正确、动人的五十四年执政来个"啥啥之治"。总之,这两大治世,一个是给他打底的,一个是给他擦屁股的。

祖宗积德,子孙争气,真有福啊!

不光整个天下开始缓了过来,整个西汉一朝的匈奴边患问题,也在宣帝一任彻底完结。匈奴可谓是气数已尽。

宣帝继位没有多久,在公元前72年,霍光发大兵击匈奴,由田广明、范明友、韩增、赵充国、田顺等五将,带十余万骑兵和乌孙国出动的五万余骑兵,由两边共同出击。匈奴不战而逃,损失很重,史载"民众死伤而去者,及畜产远移死亡,不可胜数"。

第二年冬天,匈奴壶衍鞮单于率万骑报复乌孙,但逢天降大雪,雪势一日深丈余,几乎全军覆没。

趁你病,要你命,周围一直被匈奴欺负的邻国丁令攻其北,乌桓入其东,乌孙击其西,三个邻国再杀匈奴数万人。匈奴经过这场灾难,"部众损失十分之三，畜产损失一半"，苟延残喘。

公元前68年，匈奴饥荒，百姓畜产再死十之六七。

公元前60年，汉在乌垒城（今新疆维吾尔自治区轮台县境内），建立西域都护府，正式在西域设官、驻军、推行政令，行使国家主权。自此，西域，也就是新疆正式成为我国领土不可分割的一部分。

公元前55年，匈奴内乱，不仅家底儿仅存不多，还分成了五个单于，互相攻击，再死数万，牲畜损失十之八九。匈奴的国家大盘跳水已经逼近停牌了，无可奈何的匈奴终于认输了。

公元前54年夏，著名的呼韩邪单于遣子入汉为质，对汉称臣。

三年后，公元前51年（正月），在喜气祥和过大年的日子里，呼韩邪单于亲自朝见宣帝于甘泉宫。

呼韩邪的臣服，标志着汉匈百年争霸战最终以汉胜匈败而告终。

值得一提的是，公元前33年（正月），呼韩邪第三次朝见汉朝，自请为婿。当年冒顿致书吕后，现在好青年呼韩邪请求当女婿，风水轮流转啊！

汉朝再也不用派公主了，随便派了个宫女就对付了呼韩邪。这个宫女叫作王昭君，我国古代四大美人之一，号为"宁胡阏氏"。瞅瞅这个名字，搁一百年前哪敢说这种话啊！

此后，西汉一朝与匈奴再无战事。

我极其尊敬的史学家翦伯赞曾赋诗曰："汉武雄图载史篇，长城万里遍烽烟。何如一曲琵琶好，鸣镝无声五十年。"

大意是汉武帝瞎折腾没多大用，王昭君和亲这条思路更经济。

和亲的思路可推敲，但这个例子有待商榷。王昭君其实就是个摆设而已，她能名留青史只是因为赶上了好时代。

此时的汉朝皇帝就算把洗脚水泼呼韩邪脸上，他也不敢怎么样了，毕竟实力决定脾气。当年隔三岔五地送大美女过去，人家照样在冬天来抢你。

匈奴在遭到武帝的毁灭性打击后，又赶上了一连串的天灾人祸，早已谈不上什么实力了。这个词比较贴切：天数使然。最后还是要转回来，转到霍光这里。

霍光死后，霍氏一门就好像被家长拿枪顶脑袋考上大学的低能大学生一样，终于解放了。霍氏一门骄横奢侈，大搞基建，奢华糜烂到了极点。女主人霍显竟与管家淫乱，霍氏子弟也基本不上班，经常为了出游连朝会都请病假不去。

高手们几十年如一日，如履薄冰地泡在权力中心，就为了耳目通达保个平安，你们这帮败家玩意啊！

霍、魏（御史大夫魏相）两家的家奴因争路引起冲突，霍家家奴闯入御史府，魏相堂堂御史要给霍家家奴叩头道歉，这事儿才算完。

"富贵不能淫"，这个"淫"字，有"过分"的意思。

上天欲发其福，必开其慧；每见寒士将达，必有一段谦光可掬。

无慧之福，大祸之始也！

公元前66年，权势熏天又不懂收敛而且缺乏政治智慧的霍氏后人，在兵权政权全部被架空后预谋造反，霍禹打算当皇帝。阴谋被轻松揭穿，霍氏满门被灭。最牛权臣断子绝孙。

权力这个东西就好比少林寺的武功一样，你得有顶级的佛法，才可以降得住这顶级的戾气。

霍光是扫地僧，但他的儿孙却不是，巨大的反噬力量将霍氏一门烧得干干净净。霍光泡了一辈子尚书台，把所有的时间都留给了勤政与谨慎，但妻子儿女却没有从他这里耳濡目染，也就无从修习到《易筋经》这种顶级内功。

凡抉择，必有代价！

每抉择，望深深思量。

虽如此，宣帝并没有忘记霍光的历史功绩，后来宣帝设立的"麒麟阁十一功臣"中，霍光名列榜首。

霍光最终没有逃掉被反噬的命运，他的老领导汉武大帝其实更是如此。霍光在大汉百官的拥护下，在外孙女的肯定中，废掉了武帝的亲孙子。武帝在设立大司马与尚书台时绝对不会想到，在他死后，权臣的力量会有如此之大，他亲手设计出的这个大怪物会最终把他刘家的权力一步步地架空掉。

霍光开了个头，下一章会有一个最终埋葬西汉王朝的人物出场。这个人上台之前，他的家族轮番坐庄了四任大司马领尚书事。武帝不仅仅是破坏了权力的平衡，还亲手带上台了一个能与朝廷分庭抗礼的实力团体，这个实力团体叫作"豪族"。

当年武帝为了扩大财政收入，将资源收归国有并依靠桑弘羊这种有经验的大商人，帮助他建立国有企业体系。"汉企"也因此被创造了出来。汉朝当年建立时只考虑了对军队和官员的防范，但对官商之间的勾结缺乏限制。因为当年朝廷只是仲裁者，而不是市场参与者。

汉企出现后，世道突变。一旦朝廷成为参与者，就会依靠垄断的权力开始大发横财，官商疯狂勾结，巨大的利益链条下，贫富开始迅速分化。地方的官僚与红顶商人开始出现，巨富越来越多，千百年来，中国最值钱的东西被迅速集中瓜分。

这个东西，就是土地。

武帝末年，四海虚耗，户口减半。

虽然武帝穷兵黩武，但整个帝国的人口却从一千五百万增长到了三千六百万。

人口涨上去了，户口数量却下来了。

这就很神奇了，人都哪儿去了？

越来越多的人口由于无法承受"丰功伟绩"下的横征暴敛而卖身为奴，投靠了世家大族。世家大族要么就是官僚家族，要么就是和官僚亲密勾结的巨富家族。地方官压根就看不到新人来报道，人口的红利被越来越粗壮的地头蛇分享了。朝廷的这台"抽水机"马力越来越大，却发现越来越抽不上水来。因为人口都藏匿了，都变成了"家奴"。

当奴隶比在武帝的光荣领导下当平民可轻松多了，伺候好主子就行了，最起码有口饭吃，毕竟好死不如赖活着。

豪族的威力不仅在钱，在土地、人口上也如此，他们还渐渐地把控了人才的流通渠道。

由于汉代属于皇权草创初期，人才的选拔机制还不健全，虽然儒家开始进入官僚集团的血管中造血，但仍然是有钱有势人的敲门砖。因为那时候纸还没有被发明出来，知识的传播成本很高。人才流通机制非常孱弱，富者恒富，穷者恒穷，社会出现了严重的结块，皇帝为了避免阶层的固化，采用察举的办法去发现民间的贤才。不过负责察举的人是一个个官员，察举的"贤才们"，往往也都是有钱人的子弟或者官僚关系户。一旦人才上升的通道逐渐被官僚阶层和巨富阶层所垄断，社会结块、贫富分化问题就更加严重了，这个问题始终没有得到解决。除非造纸术和雕版印刷术出现，否则永远无法解决。

也因此，豪族，从演化的角度上一定会出现。但从正常的演化速度上来看，却并不该如此迅速地出现。豪族之所以如此迅速地诞生，归根到底还是由于斗天斗地的汉武大帝。他删改了一条又一条的规则，最终却也被历史大手，一下又一下地将耳光扇了回来。扇没他汉家江山的，就是他登上历史舞台时的第一项大动作——独尊儒术！

史上最牛的理论指导行动者就要出场了！

独尊儒术、天命理论、汉企豪族、大司马大将军领尚书事，这一项项当初帮助他创下宏图伟业的"伟大创新"，最终又都一项项落入别人手中，给出了终结西汉王朝的最致命一击。

公元前71年，一个叫作王禁的喜好酒色的小官生下了一个女儿，这是他的二女儿。王禁娶了几房妻妾，在生孩子上颇有战果，育有四女八男。他没有想到这个二女儿会让全家鸡犬升天，他的八个儿子中居然出了三个大司马。他的这个女儿，叫作王政君。

公元前54年，十八岁的王政君被选入皇宫，做了一名地位很低的家人子，级别相当于天庭中的弼马温。

王政君入宫二年后，太子刘奭最宠幸的妃子司马良娣病死了，刘奭因悲痛过度而精神颓靡、郁郁寡欢，还迁怒于其他姬妾，导致她们都不敢觐见。

宣帝命皇后从后宫家人子中，选择可以服侍太子的人选，王政君因此被选中送到太子东宫。

太子大怒，咋还敢给我派姑娘呢！一怒之下，批判性地临幸了王政君。结果又是一次伟大的命中，王政君并不被太子喜欢，但架不住命中率高。公元前51年，王政君生下一男婴，宣帝亲自为他取名"刘骜"。这个孩子很得宣帝喜爱，常被带在身边，异常钟爱。

公元前48年，宣帝驾崩，太子刘奭继位，即汉元帝。年仅三岁的皇太孙刘骜被立为太子，母以子贵的王政君被立为皇后。

这个女人，靠着无与伦比的长寿与越来越高的辈分，左右了西汉后期的权力格局，见证并参与创造了王朝的最终结局。波澜壮阔的西汉王朝即将走向终章。

没有之一的、史上最牛的伪君子，就要粉墨登场了。

第十四战

王莽篡汉:
戏精的艺术人生

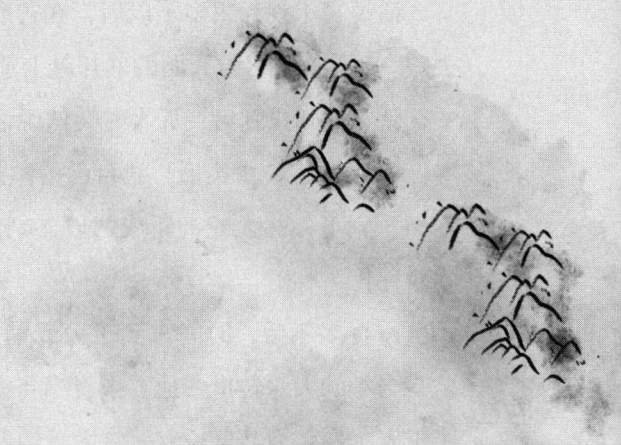

一、儒家的天选之子

话说当年刘邦喝多了以后，在芒砀山中走，突然前面有一条大白蛇拦住去路。于是，酒壮尿人胆的刘邦赶上前去，准备杀它个干干净净。

就在刘邦拔剑后，那大蛇突然说话了："你杀我，我会报复你的子孙。"

刘邦怒道："少废话！我自己的命都快保不住了！"

一剑下去，大蛇被斩成两段。刘邦大笑道："谁说我喝多了！看我砍得多对称！"

一百多年后，时间来到了公元前45年，一个男孩呱呱坠地。这个孩子就是当年的大蛇转世，他要报复当年汉高祖的斩杀之仇。这个孩子，投胎到了王家，取名为莽，长大后将大汉的四百年江山斩成两段。

王莽，倒过来就是蟒王。这是一段传说故事，但因果这东西，还真不好说。咋会这么凑巧？

在这一章中，西汉王朝即将走向终点，这个时间段，史称"王莽篡汉"。

王莽是中华五千年文明中，非常独特的一个人物。

他独特到了什么地步呢？

他是所有权臣中，道德口碑最高的。权臣和道德，这是两个南辕北辙的词，很难绑在一起。

但感动中国的道德模范王莽做到了。

他的道德的影响力大到什么程度呢？

在那个没有微信、微博、互联网的年代，几乎全天下都知道有一个大圣人，叫作王莽，只有这个人才能救这个"烂"得掉渣的时代。

这个"烂"，是标引号的。因为西汉末年比起历代王朝末年来讲，实在是不知道要好到哪里去了。虽然此时豪族大户越来越多，贫富差距越来越大，但西汉末年的人口已经达到了前不见古人，后面来者要再等一千年的六千万之多。整个社会氛围也是温良无比，几乎看不到比较明显的民变和天灾（苍天示警的异象除外）。除了刘家最后的几个皇帝一个赛着一个二百五之外，几乎感受不到王朝末年即将崩塌的末日气象。

王莽的篡位，在这个大背景下，成了中国历史上古往今来唯一的一次全民性运动。经历了几十万人次的民间劝进：王莽不当皇帝，让我们老百姓怎么活呀！

篡位者常有，大家熟悉的有老曹家、司马家、老赵家，但这全都是顶层博弈，胜利者完事通知老百姓们一声就换皇帝了。只有人家王莽，将篡位演绎成了一种艺术行为。他篡位的每一个步骤，都成了今后的教科书。

后世的这帮权臣们，一直在模仿，但从未有过超越。谁都搞不出人家王莽这般闲庭信步，潇洒自如。上中下，无论哪个阶层的百姓，甚至包括老刘家，都在期盼王莽当皇帝。

权力的交替往往都是图穷匕见，刺刀见红，何来优雅之说？但人家王莽，就能搞出这个"范儿"！如果不是后面他十多年浪风抽的复古改革，这个人极有可能从此创造出一种截然不同的权力交接体制。

从来没人想到过，当"天命"概念和儒家道德结合后，会产生如此巨大的、全社会性的、全阶层山呼海啸般的恐怖力量！尤其当这个人拥有皇权最高解释权的太皇太后和总领全局的大司马领尚书事的时候。

当初的造物主创造出来的一个个为自己服务的工具，如今全部因缘际会地附着在了另一个人的身上。历史演化到今天，画面简直不要太幽默。

说了这么多，看看人家王莽是怎么干的吧。

王莽的成功有两个先决条件，缺一不可。

第一，生在了王家。

这个王家为什么有如此高的投胎附加值？这就要从一个女人说起，就是我们在上一章结尾时引出的那个王政君。王政君以极高的命中率生下皇长孙后没有多久，宣帝就驾崩了，公元前48年，元帝继位。母以子贵，王政君成了皇后。

十六年后，公元前33年，元帝也驾崩了，太子刘骜即位，这就是成帝，王政君成了皇太后。

王太后生的这个儿子，具有每个王朝末年败家子的气质，脑子不好使而且沉湎酒色，史上著名的赵飞燕就是他的皇后。很快我们就要说到这个"环肥燕瘦"的"燕"了。

汉成帝在位二十五年，由于他的昏庸，导致西汉王朝的政治气象呈断崖式下跌。前期整个权力场打成了一锅粥，石显、冯野王、王商、王凤互相撕咬。最终，在最强后台的帮助下，王政君的兄弟王凤一统了大汉官场。

斗争彻底胜利后，王凤被任命为大司马大将军领尚书事，王氏兄弟五人同日受封，这就是大名鼎鼎的"王氏五侯"。再后来王家兄弟皆为列侯，其子弟辈也以卿大夫、侍中、诸曹等，分据重要岗位，权势熏天。自此，西汉末年王氏专权的帷幕拉开了。

生在王家，是王莽篡汉的第一个先决条件。你得离权力中心够近，才能最终有机会站在舞台中央，要不就靠这一辈子，时间上赶得慌。

第二个先决条件，爹死得早。

如果把中国的历史捋一捋，我们会发现，历史大多数时候是被孤儿创造的，尤其是没爹的。王莽也不例外。

苦难是每个大人物成功的先决条件，王莽虽然生在了很牛的家族，但他们这一支却比较惨，他爹死得早，他哥也死得早。王太后是他姑姑不假，但他跟王太后之间的那个直接联系没了。

你找你姑借钱的难度和你爸找你姑借钱的难度，是不一样的。

在古时候，孤儿寡母家容易受欺负，尤其在大户中，更是谁也不拿你当个东西，家族的那些核心利益是没有你份儿的。在这样的环境下，王莽早早地就体会到了人情冷暖，年纪轻轻的就知道要努力奋斗。

王莽长大后，抬眼一望，家里已经接连出了四个大司马、八个侯爷，同族的兄弟们一个比一个牛，只有他家这边有点儿寒酸。

寒酸激发了他的志气，拮据让他节俭持家，无依无靠使他发奋学习，地位低下使他谦虚恭敬。

他的母亲本着再穷不能穷教育的态度，让王莽在童年接受了和同族孩子相比唯一没有掉队的教育，也就是从这个时候开始，王莽和他一生中最神秘的一柄双刃剑，结下了不解之缘。

儒家的理念、纲领、希望、理想，等等，一整套的人生乃至世界拯救方案让王莽沉醉。这个好思想给王莽指出了那条"欲变世界，先变自身"的命运之路。

王莽为了改变自己的家庭命运，从小就开始了儒家修行。他的孝顺、成熟、谦逊、恭敬、节俭、高才，使他鹤立于王家之中。

王莽除了自身优秀外，还有一个特别牛的本事。就是他的优秀，不会招来别人的嫉妒。

我们小时候都经历过"别人家孩子"的折磨，尤其是当我们亲眼看到这个"别人家孩子"时，往往会怒火中烧，因为明明那个孩子就那么回事。但有一种特殊的"别人家孩子"，你看到后会产生自愧不如的感觉，并喜欢和他在一起，愿意听他说话，喜欢和他聊天，他的愿望你特想帮他实现。这种孩子有一种特殊的人缘魅力，你会觉得他好，你想成全他。

王莽就是第二种"别人家孩子"。他孝敬老母和寡妇嫂嫂，伺候叔父，团结兄弟，利用家族背景交友显贵，每天都是面带微笑地处理每一件事情。

同族的哪个长辈病了，你永远会看到王莽的身影。王凤病了，王莽不解衣带地伺候了几个月，连脸都没洗过，备受感动的王凤叹道："你胜过了我的亲儿子啊！"

王莽谦恭地答道："家父早逝，您就是我的亲爹。"

王凤死前将他带入官场,成为黄门郎,后迁为射声校尉(八校尉之一)。从此王莽走上了仕途。王莽在当官后依然恭谨谦卑,后来叔父王商病了,王莽又是一通伺候,感动得王商上书成帝,恳请将自己的封地分给王莽一半。

时代走到了这个时候,儒家已经成为"国教"一百年了,孝文化的力量开始闪耀它的伟大光辉。王莽的"大孝"做法,感动了所有家族成员与上流名士。

王家的第二代中,出了一个孝顺、谦逊、恭敬、高才的后起之秀,汉成帝在各种溢美之词中将王莽封爵为新都侯,官至骑都尉兼光禄大夫侍中。这两个岗位,一个是掌羽林骑的禁卫长官,一个是尚书台的办公室主任。王莽已经蹿到帝国前台了。

王莽火爆蹿红后,令人意外的是,他并没有表现出一些"显贵"后的毛病。按理说穷人家孩子富了以后,该放纵放纵欲望了呀?人家王莽虽然是穷人家孩子,但他真的不是个小器量的人物。

很多人说,这货就是个彻彻底底的伪君子,装了好几十年,最终露出了虚伪的嘴脸。这种评价并不客观,一个人怎么能伪装几十年?尤其是王莽在后来的一次关键抉择时,完完全全就是为了理想和理论献身了。这说明这个人本质上就是个君子,就是个道德模范。只不过最终,在某个特殊的节点、特殊的位置,他渐渐地变了。

很多大人物的成长轨迹,都是被此时此刻的自身势能推向了一个远离自己初衷的地方。

曹操在其所作的《让县自明本志令》里曾经说道:"当年我的梦想不过是死时,在碑上刻个征西将军曹侯,就心满意足了。"

谁知道最后爷们儿居然当上了汉相!

王莽,是一个"天助"的理论指导实践者。但这份"天助",最终也会让他迷信到万事万物全方位的"削足适履"。

这柄巨大的双刃剑,会助你起高楼,最终也会助你楼塌了。

二、霸王道杂之

王莽有着远大的抱负。他在工作上极其认真,每天各种加班;做人更加谦恭,见谁都是报以春天般的微笑;工资基本不动,拿出绝大部分收入收养宾客,交流名士,团结家族,甚至卖掉自己的车马赈济穷人。

他的理论指导,是那一部部儒家经典。

我的好思想告诉我,要温、良、恭、俭、让。

王莽的日行N善,让他不仅成了王家二代中的名人,还让他的名气开始渐渐压过了他的诸位伯父叔父。

王莽的亡兄留下了一个孩子,叫王光。王莽经常带着慰问品去看王光的老师,请王光的同学吃饭,但他自己孩子的老师那里却顾不上。都是孩子的老师,你咋不一碗水端平啊?

圣贤无我,先公后私。

王光比王莽的亲儿子小两岁,王莽让自己的儿子等了两年,直到王光到了法定年龄后,哥俩才一起结婚。

在婚宴上,王莽多次离开婚礼现场去给生病的老母亲喂药,所有参加婚礼的人都感受到了人性中那种至善的力量。王莽这个人简直是道德模范!这是圣贤下凡在为我们表法啊!这是夫子再世,教我们怎么做人啊!

渐渐地,王莽变成了一种光芒的符号,一提到他的名字,所有人都沉醉在这芬芳里。

王莽开始了几十年如一日地缔造自己儒家代言人的品牌之路。他在走古往今来谁也没有走过的一条路。从政者，应完完全全地笃行儒家治国之路。书里写的都是对的，是一字不易的！只要选择相信道德的力量，相信圣贤的话是对的，整个世界就会变成美好的人间！

他相信这种力量最终会让他鱼跃龙门，但也最终让他的人生结局如大梦一场。

多年前，同样是吃过苦的刘病已，对自己钟爱儒家的儿子说："咱们大汉自有一套自己的制度，霸道（法家）王道（儒家）杂之，怎么能纯用德教，用周朝那一套呢？"（汉家自有制度，本以霸王道杂之，奈何纯任德教，用周政乎？）

"况且儒生不了解时政，不接地气，还好谈论古今，往往名不副实，怎么能委以重任呢？"（且俗儒不达时宜，好是古非今，使人眩于名实，不知所守，何足委任？）

宣帝的这段话，应该印在每个国家的时政教科书上。因为这段话从最本质上说明了"丰满理想与骨感现实两者之间的中间地带的规则"。

公务员体系成熟的国家，往往会有一整套非常成熟的基层到高层的历练晋升之路。

他们一定是从基层干起来，去基层处理过实际问题的。知道上访群众的苦难，更知道无理取闹的悲哀，同样了解如何把苦难下情上传，把无理取闹低成本平息。

他们一定是给领导起草过上下沟通的文件，明白什么样的文件，能够在五分钟内打动上级领导，支持你们部门的工作；明白什么样的指导型政策，能够快速明确地传导到基层单位。

他们一定是在做好上述工作后，被伯乐们看重培养，在一层层的历练后，到一个高难度的部门去独当一面，或去经营数十亿级别的国企，或去捋顺上千万城市的民生，在千条万绪中做好每一次取舍。

他们一定是在服务千万人或执掌几十亿规模经济体后，仍然能游刃有余，让上述的体量呈螺旋式上升。

直到最终，他们到达了牵一发而动全身的位置，他们会设身处地用一生的经验体会到，自己的每一个决策会产生怎样的蝴蝶效应。

他们修炼了一辈子，不过修的是那句"霸王道杂之"。几分霸道？几分王道？多大力道？怎样的力道与配比，会产生怎样的动荡？你该如何善后，如何平息？其中的细微体会，非国器不能为之。

走完上述人生路的人，他们会明白这个世界上极善和极恶的人都是极少数的，绝大多数人都是裹挟在中间，每一分钟都在摇摆的普罗大众。

自己要用更好的制度设定（法家），把往恶摇摆的百姓越来越多地争取到善的一面；自己要用更好的精神文明建设（儒家），让善的一面自我正循环，不断地产生民族向心力。没有制度，国家最终会被魑魅魍魉攻陷；没有精神，国家最终会成为制度的一片焦土。

走完上述人生路的人，会相信人世间善的力量，但不会相信"人之初，性本善"。

走完上述人生路的人，会相信好的制度会打造出一个和谐的世界，但不会相信"制度可以解决一切问题"。

走完上述人生路的刘病已，在两千多年前就点出了中国乃至整个世界在政治发展上的金句名言——"霸王道杂之"。

在人生给了丧父的王莽苦难童年的同时，却并没有让王莽见到市井上的尔虞我诈；并没有让王莽明白像他这样的人是极少数的；并没有让王莽明白，绝大多数的人永远也不会像他一样完完全全地笃信笃行一种思想和理论，绝大多数人是随波逐流的，你只能"霸王道杂之"地一直控制他们到生命的尽头。

在王莽身上，确实让人们看到了，当德行厚到一定程度时，会产生改天换地的伟大力量。但是他的人生剧本，也最终让人明白，当一个人强迫所有人去执行自己的信仰标准，而忽略制度的落地合理性时，会产生怎样毁天灭地的恐怖结局！不过，王莽这辈子就真的这么一直人畜无害，你好我好大家好吗？

不！他一生中出过两次手，每一次都是一招致命。

他违背了自己的理想理论了吗？

并没有，圣人降魔时会变成怒目金刚，他在四十四岁之前，几乎是无可挑剔的。很快他迎来了自己的第一次出手：他干掉了自己的表兄，王太后的外甥——淳于长。

让王莽出招的这个淳于长，其实他瞄了好多年了，这个人他很熟悉，因为当年伺候叔父王凤时，这位表哥也在场。当年王凤病了以后，不光王莽这个大侄儿让王凤感动，他的这个大外甥淳于长，也让自己眼泪哗哗的，一个侄子、一个外甥像两大护法一样不离床前。

王凤死后，不光王莽进入了官场，之前就是黄门郎的淳于长更是被拜为列校尉诸曹，不久又迁为水衡都尉侍中，后来又升为卫尉掌管了南军。他比王莽升得快的原因不仅仅因为他比王莽年长，参加工作早，而是因为他们俩人的上升轨迹很不一样。用《笑傲江湖》中的华山派作比较，王莽是气宗，练的是内功，开头进境慢，但时间越久越是威力巨大；淳于长就是剑宗，开始进步快，越到后面越费劲。王莽走的是让真气充盈于周天之上，让全世界人民都能雨露均沾地感受到他的光泽。淳于长直接就是将自己的所有花言巧语、伪善笑容对准了成帝刘骜。

"骜"字，是骏马的意思，成帝并没有对得起他爷爷给他起的这个名字。

西汉一朝的皇帝出品质量是相当高的，自高祖出场直到成帝，才出现了一个色中饿鬼。

有一次，成帝微服出宫路过阳阿公主家，然后就顺便去做客。在宴会上，一个叫赵飞燕的侍女让阅遍天下女人的成帝口水满地。赵飞燕勾人的眼神、动人的歌喉、曼妙的舞姿，一下子就拿下了成帝，成帝临走时将她带回了宫。

赵飞燕欲擒故纵，一连拒绝成帝三夜召幸，这让成帝急得百爪挠心。得不到的永远在骚动，终于成帝自此夜夜临幸，专宠于她。后来赵飞燕对成帝说，她还有一个妹妹叫赵合德，连她都自愧不如。成帝哪听得了这个，马上将赵合德又招入宫中。赵氏两姐妹自此将成帝完全拴在了自己的裙子底下，什么女人也看不上了。

家花往往是没有野花香的，"野花"赵飞燕状告"家花"许皇后、班婕妤，用巫蛊术诅咒皇帝。

几十年前的"巫蛊术"依然有效，沾上就完蛋，成帝一怒之下将许皇后废掉，班婕妤被扫地出门。

随后成帝想立赵飞燕为皇后，但老娘王政君站出来了。王政君不是个好太后，或者说根本就不是个好妈妈。她对她这个缺德儿子以往从来没有规劝过，从来没有底线。

成帝偷溜出长安去自驾游，她不管；成帝斗鸡、走马，没有不玩的新鲜东西，她不管；成帝嗜酒，经常喝得放浪形骸，烂醉如泥，她还是不管。这回要把赵飞燕提拔成皇后，王太后终于看不下去了。

老太后表示不同意，瞎胡闹就得了，这种来路不明的女子，如何能够母仪天下！

成帝很不高兴，因为赵飞燕不高兴。

这个时候，淳于长觉得机会来了。因为他当时负责宫廷警卫，办公地点就在皇宫内，总是能够见到自己的太后姨娘，而且老太太还特爱跟这个大外甥聊天。

王大姨在和淳于长聊天时一提赵飞燕就皱着眉头，鄙夷地说她出身卑贱，自己如何对天下人交代。说到底原来是"成分"问题啊！

他将王太后反感的主要原因透露给了成帝，并给出了解决方案。

首先，他在太后面前大谈成分低不是问题，咱自家成分当年也不高，终于说得太后有点儿松动。然后马上通知成帝，立刻封赵飞燕的父亲赵临为成阳侯。自王家后，什么乱七八糟的人都能封侯了。荣誉奖励系统的崩塌，是一个公司、行业乃至王朝永远无法弥补的损失！

你的权威会越来越不值钱！在你这里不值钱后，人们就会去自动寻找那些能够填补荣誉空虚的地方，这就会给其他另起炉灶的后来者，提供巨大的操作空间。

在成分问题解决后，一个多月后，赵飞燕以侯爷之女的高贵身份被正式册立为皇后。淳于长因为有拥立大功，被晋爵为关内侯。几年后，成帝又封淳于长为定陵侯，这个侯是顶级侯，是拥有封国的。

同样都是发达，但淳于长却远远没有王莽那样的内功，催化剂般蹿红的淳于长内心深处的贪欲，急剧膨胀起来，他干了好多极其出格的事。

淳于长作为皇帝的头号宠臣，开始了"和珅"式的扒皮贪污。所有官员，无论京官还是地方官，全都要向他进贡，短短几年的时间，淳于长成了长安首富。有钱有势的淳于长同样也是色中饿鬼，他广蓄姬妾，里外通吃，其中的一个情人是被废许皇后的妹妹。

许皇后被废后，一直希望能够重新挽回成帝的心，于是通过妹妹找到了淳于长。淳于长作为骑驴高手，欺骗许后，答应在成帝面前为其说情，并许诺一定劝成帝立她为"左皇后"，但是嘛，有点儿困难。

许皇后信以为真，于是贿赂淳于长，自己多年积蓄的家底儿，源源不断地流到了淳于长的家里，据史载达"千余万"。小人得志的淳于长已经不知道自己姓什么了。

熟悉这个系列的朋友应该知道后面我要说的话了："德不配位"的淳于长，该"必有灾殃"了。

三、苍天示警

王根病倒了,他已经是王家的第四任大司马了。此时的床边,淳于长这位外甥是不会再来了,他比较忙,忙女人、忙受贿、忙接班。

就当时的政坛来看,接替王根的是淳于长。王莽的资历比淳于长差一些,而且淳于长现在是皇帝的大红人,皇后的好玩伴,上面下面都有人。

长辈病了,外甥虽然不"照旧"了,但床前怎会少了王莽大侄子呢?虽然王莽此时已经是身兼骑都尉、光禄大夫的侯爷了,但依然不舍床前地伺候着叔父。

有一天,坚持了半辈子理论指导的王莽终于看到了最佳时机,对王根说:"淳于长见到将军久病不起,心中十分欢喜,自以为一定会取代你而辅政,暗地里开始给人封官许愿,咱们王家就要凉啦!"

王根听后变色,随后王莽把淳于长长期接受许皇后和百官的贿赂等各种劣行统统都说了出来。

王根问道:"既如此,为何不早说?"

王莽道:"咱都是亲戚,不知您的意思,一直没敢说,结果现在实在太不像话了!"

王根授意王莽,赶快将此事报告王太后,随后王莽跑到了姑姑那里,来了个真相大揭秘。太后听后震怒:"这小子太不是个东西了!"

太后与王根同时对成帝施压,要废了淳于长。

成帝将信将疑，觉得淳于长挺像个好人的啊，帮我多大的忙啊！但迫于太后与舅舅的压力，只好免去淳于长的官职，要他离开京师回到封国去。淳于长赖着不走，找到了另一个舅舅王立，花了血本让王立向太后和皇上求情，并愿意助力王立当大司马。

王立是王太后的小兄弟，王根的弟弟，前面哥哥太多，大司马总是轮不着他当，这让他很郁闷，好不容易要到自己接班了，淳于长又冒出来了，他跟淳于长一直是政敌的关系。结果这回淳于长的名声扑街，主动投靠并用黄金开路，这让他觉得自己有了机会，再加上他的身体好也不得病，体会不到王莽的"金牌护工"待遇，对这个大侄子感情不是很深，所以他同意了淳于长的政治交换，上书为淳于长说话。

但这种一百八十度的大转弯，让成帝这个大傻子都看出有问题了：平时不是尿不到一个壶里去吗，咋现在还穿上一条裤子了？成帝越来越疑惑，于是下令彻查淳于长。

淳于长的那堆烂事实在太好查了，只要领导点头了，底下人效率是很高的。查证下，铁案如山，判决结果如下：淳于长被杀，许皇后自杀，王立被赶回封国。最终的胜利者是大汉道德模范王莽。

公元前8年，王莽代替王根接任大司马之位，时年三十八岁。

这叫捅刀子吗？结合王莽最后的人生结局来看，他这次确确实实是处心积虑，阴谋算计。但从当时的政局来看，却是地地道道的替天行道。为了国家和百姓，淳于长这种人不该搞掉吗？权力是否应该掌握在更合适的人的手中呢？

年仅三十八岁的王莽走向人生巅峰后，并没有开好车、吃大餐，仍然在孜孜不倦地继续打造自己的道德品牌，继续自己的理论指导人生之路。他依然把赏赐和工资用来招贤纳士、赈济百姓；自己则勤俭节约，出行低碳，食谱纯素健康，全家衣服千年不换。

王莽的妈妈虽然一直生病，病了很多年，但可能是因为自己的儿子实在太有德行了，所以一直坚挺地活着。

有一次，老太太又得病了，百官公卿都来探望。出来一个穿着像奴婢样的女人招呼大家，一张嘴说的却是主人公的话，一打听，居然是王夫人。一人之下，万人之上的王莽，夫人却穿得像个老妈子，大司马全家克勤克俭，简直太感人了！

　　给王莽的儒家道德楷模做衬托的，不仅有舆论，还有老天爷。当年儒家提出了天命理论后，为了防止皇帝胡作非为，又一脚将球踢到了天上，给出了"苍天示警"的概念。

　　国之将亡，必有妖孽横行！皇帝无道，必有苍天示警！

　　凑巧的是，到了西汉末年，老天爷开始一次又一次地狂暴示警，配合着儒家越来越深入人心的观念，给王莽打出了巨大的背景光。没有老天爷的一次次"显圣"，王莽就算是孔夫子再世也没戏！

　　自成帝继位，老天爷就从来没给过这货面子。早在王家五人同时封侯之日，就黄雾四起，遮天盖日。当时的知识分子们就提出过理论依据："这是阴气太盛，侵抑阳气的缘故。高祖曾立约，臣属非功臣不得封侯。如今太后诸弟全都无功而封侯，如此施恩外戚，是从未有先例的，这是上天为示警而显现异象。"

　　知识分子们的这些话可以逼得国舅王凤请求退休，可见此时儒家舆论的力量已经很厉害了。

　　然后就是接二连三的老天爷警告：公元前29年（正月），天降陨石；公元前28年夏，天现日食（最高级别示警）；公元前23年，关东大水；公元前17年秋，黄河母亲拉大脸，于勃海、清河、信都泛滥成灾，淹没三十一县、邑，毁官亭、民房四万余所；公元前13年春，长乐宫临华殿和未央宫东司马门都发生火灾；同年夏，霸陵墓园门阙发生火灾；同年秋，再现日食（最高级别示警）；公元前12年春，正月，天现日食（最高级别示警）；同年秋，七月，妖星出现于井宿；公元前10年春，正月，超级大招来了：蜀郡岷山崩，泥石流阻塞长江三日，下流江水竭。

　　大儒刘向对这次山崩给出的解释是："上次有这种情况是周朝末年，岐山发生山崩，三条河川都枯竭了，结果周幽王被杀。岐山是周朝的兴起之地，龙脉都崩了，怎能不亡。我朝本由蜀、汉兴起，而今初兴之地山崩川竭，彗星长尾又扫过摄提、大角，从参宿一直走到辰宿的位置，如今汉朝恐怕一定要亡了。"

公元前9年，两颗陨石又砸到了关东。但就在王莽上台后不久，已经连续示警了二十年的老天爷，开始出现了"祥瑞"。犍为郡有人在水畔得到十六枚古磬。

王莽上台后，第一时间就在长安设立了太学，在地方设立学堂，陈列礼器乐器。可以说是全民大科普，全民搞儒家，全民大议礼。

紧接着王莽又增加了太学的弟子名额，编制扩到了三千人。

任何时代，把钱投到教育上，都是博得全体阶层赞扬的举措。百姓高兴，因为越来越多的孩子有了上升途径；知识分子高兴，因为自己的机会和地位越来越高；官员大族高兴，因为家里的子弟和关系户有了更多的编制可以安排进去。

王莽的光环效应开始如陈年的老酒一样，越发得浓烈香醇，全天下的人都沉醉在这道德的酒缸中无法自拔，越来越多的人成了他的拥趸。人们觉得，在这个时代有这么一个完人，真好！但老百姓们并没有高兴太久，他们的红太阳就落山了。王莽的大司马仅仅当了一年，成帝就崩了。这位爷纵欲了一辈子，却没能留下一个儿子。

公元前7年，成帝的侄子定陶王刘欣继位，这位是史上著名的汉哀帝。听听这谥号，就知道大汉快完了。

一朝天子一朝臣，老王家在成帝死后，失去了自己最大的政治依托，因为哀帝人家也有娘家人，而且娘家人里也有能人，比如哀帝的亲奶奶傅老太太。这个老太太很有些韬略手段，哀帝的这个皇位就是在老太太的多方博弈下得到的。

在孙子即大位后，傅老太特别明白政治斗争的精髓，名正才能言顺，自己虽然是亲奶奶，但啥用都没有，将自己的孙子过继到王太后名下，这才算抢来帝位。又在一系列政治斗争下，哀帝他爹变成了定陶恭皇帝，他妈变成了恭皇后，他奶奶变成了恭皇太后。

傅家的人、丁家的人（哀帝他妈家）开始往上拱，整个大汉政局再次变成了一摊浑水。

穷则独善其身，达则兼济天下，理论告诉我要和这股污浊势力划清界限！道德楷模王莽在这个时候并没有选择和这股看不清的势力对决，他选择了辞官，韬光养晦。

他辞官，但哀帝不同意。你这么大的道德符号，咋能说走就走呢？我一上台，你就撂挑子，这不是砸我的场吗？

王莽知道哀帝不会同意，但他必须走，因为此时暗流汹涌，自己在明处，全部的矛头都是指向自己的，傅家、丁家会因为自己结成统一战线，再不走迟早被人栽赃，自己几十年的品牌就白打造了。如果自己走了，傅家和丁家就会互掐起来，虽然都是亲戚，但一笔到底写不出两个姓来。

在一次皇家宴会上，王莽人生中第一次"发火"了。像王莽这种人，他绝对不会被情绪所支配的，他的每一个举动都是有寓意的。王莽发火的原因是：服务员将王太后和恭皇太后的位置摆在了一起。这是明显的政治信号，两个太后要平起平坐。

王莽怒道："傅太后怎么能跟王太后平起平坐，藩国小妾和正宫太后是一个档次的吗？快把位子弄一边去！"

王莽通过这件事，和新的外戚势力彻底划清了界线，表明了自己的态度：我绝不骑墙！我是孝子，我只认我姑姑！而且赶紧让我走，我可不给你们面子！我的理论纲领最讲究一个"礼"字，什么也不能撼动我的信仰！自幼我就是靠着圣贤的教诲，从一个家族的路人甲，变成了领导的。我靠着我的好思想一路披荆斩棘，哪怕走到山穷水尽，我相信最终冥冥中也会吉人天相，柳暗花明的！我相信，我的思想理论这次一定也可以指导我完成不可能完成的任务！

王莽再次辞职，这次被批准了，卸任后的王莽隐居在封地新都，闭门不出。这是王莽人生中最壮烈的豪赌！他为了自己的理想和理念献出了自己的政治生命！因为此时汉哀帝刚刚十八岁，离死还早着呢！

王莽抽了人家奶奶的脸，基本上也就和新领导班子永远说再见了。而且她的姑姑王太后，此时已经六十四岁了，在那个年代相当于现在的"百岁老人"。哪怕将来哀帝死了，还会有太子继位，到时又会是一波新外戚。自己老王家随着不久王太后的过世，注定要被埋入历史的黄沙。此时的王莽，就是在殉道，就是在捍卫自己的理论理想！

但接下来的剧情，以一种谁也想象不到的方式，出现了几乎不可能发生的反转。这个反转将黄土已经埋到脖子的王莽，最终抬到了时代之巅！

四、惊"天"大逆转

王莽走后,庙堂之上变得极其纷乱,哀帝的外戚集团有两拨:奶奶傅家和妈妈丁家。

一群乡下土包子哪里见过什么大世面,来到"国际大都市"长安后开始了各种作,而且两个集团间还狗咬狗一嘴毛。但让傅家和丁家的人根本想不到的是,笑到最后的并不是他们自己。最终拿下这块"宝玉"的,是个叫董贤的帅小伙。

恭皇太后傅奶奶还没有来得及再跟王老太太斗争一下,就一病不起了,她也许并不明白,人不能和命争,太后的尊位你命里有吗?斗争开始了你坐得住吗?

很明显,坐不住。

哀帝其实挺想有一番作为的,他一继位就下诏罢乐府官(皇家文工团),以求节俭;接着又针对当时豪族势力已经无法无天的情况,准备管管"土地兼并盛行""奴婢数量猛增"的现象,下诏限制民田宅和奴婢数量。

想法挺好,但没啥用,因为他根本管不了!

乱象已经发生,从前是再也回不去了,哀帝明显不是"强龙"。地头蛇又都膘肥体壮,吐着鲜红的大信子,你的每个官员、贵戚脱了朝服都是大蛇,你手上没有第三股力量去制衡他们。"科举制"这种全体阶层的人才选拔机制还要等上几百年才出现,你光有想法又能有什么用呢?形势已经积重难返，由于贵戚官僚们维护既得利益，哀帝的政策根本就推行不下去。

他的谥号曰"哀"，意思是：恭仁短折曰哀，体恭质仁，功未施。他想干点事，无奈命短，死了。这个"哀"字虽然不好听，但后世还算是厚道，毕竟没有追究他那些荒唐的事情。

哀帝在经历一连串号令不出长安的挫折后，觉得活着太没劲了，每个人和自己都是赤裸裸的利益关系。在这个时候，一个男孩走进了他的生活，把他从失望与无聊中解救了出来。这个男孩就是董贤。

哀帝很宠爱董贤，甚至升他为大司马卫将军，纳他的妹妹做昭仪，升其父为光禄大夫。

有一次，哀帝睡醒时董贤尚未醒，董贤压着哀帝的袖子，哀帝命人割裂衣袖起身，以免惊醒董贤，以至于衍生出了一个成语——"断袖之癖"。

皇帝无道天下灾，人家王莽七月刚辞职，老天爷马上就按捺不住了！

公元前7年，秋九月，大地震，自京师到北边郡国三十余处，坏城郭，凡压杀四百余人。

公元前6年，春正月，十六颗大陨石砸到了北地郡。

公元前5年，春正月，有异星现于牵牛星旁。

公元前3年，日食！

公元前2年，日食！！

公元前1年，日食！！！

自哀帝继位后，几乎每一年都有"苍天示警"，而且一次比一次厉害。尤其连续三年的日食，将民间乃至朝堂对于"天命"的讨论演化到了现象级的程度。

皇帝懒政怠政，外戚官员无羞耻、无下限地与民争利，老天爷毫不给面子地天天甩脸子。刘家看来真的要完了。

为了挽回天意，公元前5年，汉哀帝还整了一出"重授天命"，表示我们刘家的两百年经营权已经到期了，我得重新接次"天命"，把费给续上。结果呢？就在"续费"后的第二年，连续三年出现了最高级别的苍天示警——日食！

老天爷啪啪打脸，明摆着告诉你，甭来这套！是你想干啥就能干啥吗？你当是上保险啊？"天命"的名额我就给了你们家一个！不能重授！

在儒家的经典与理论演化下，极罕见的事态出现了。本来太平的国际局势和生存环境，却酝酿出了王朝的末日崩塌气氛。就在这样的气氛笼罩下，传出了这样的消息：感动中国的王莽在回家隐居期间，他的二儿子王获杀死了家奴。但在那个家奴和牲口是一个财产属性的年代，王莽却将这件事上升到了天理的高度。

王莽生生地逼死了自己的儿子王获。世人再次被王莽折服了，天下哪有不爱自己儿子的人呢？

王莽这个人，是来真的！是真的立儒为公，执政为民的！

这个世界完蛋了，皇帝宠信了一个叫董贤的小伙子，居然还赏赐给了他几十亿钱的财产！每个上层人物都在吃喝嫖赌，只有王莽，无论是在庙堂之上，还是江湖之远，人家一直都在坚守自己的道德准则。他是这个可怕世界的唯一指望！

就在王莽杀子后不久，一股非常神奇的力量出现了，数百名官员、文人、贤士为王莽上书，希望王莽回朝。哀帝无奈，调王莽进京。

王莽没有推辞，因为他已经渐渐看出了朝局的终盘走势，进京后他拒绝了哀帝的任命，就一个要求：我要伺候我姑姑。

国人再次震惊了，世上怎么会有这样的人？视权力荣华为粪土，这个人就是孔夫子再现人世间啊！

王莽刚刚回来不久，病了很久的傅太后就死了，傅家失去了靠山，再加上三年前丁太后已经过世，这两家外戚都没能笑到最后。

哀帝的小男友董贤开始疯狂地抓权，他成了大司马领尚书台，董家几乎占据了朝堂的各个要职，这一年董贤二十二岁。

这个小男友实在太可爱了，后来哀帝在一次宴会中笑望董贤，曰："吾欲法尧禅舜，何如？"

崽儿卖爷田不心疼啊！董贤没说话。中常侍王闳义愤填膺，实在没憋住，劝谏哀帝："江山是高祖打下来的，陛下不能把他送人。"

　　哀帝默然不语，几天后王闳被请出了宫廷。

　　山雨欲来，妖风满楼。这个王闳，是王家硕果仅存的还留在哀帝身边的一枚棋子，王闳将此事和王莽汇报后，王莽觉得事态已经十分严重了。

　　王莽道："你知道皇帝禅让这话的分量有多重吗？我们王氏家族会被灭门的！你不该这么早暴露自己，皇帝既然有这个心思了，所有反对派都会被清洗，你必须回去。"

　　王闳纳闷道："人家要干掉我们，为啥还让我回去？"

　　王莽道："你不回去咱家就聋了瞎了。"

　　过了很久他们才找准机会，经太皇太后王政君求情，王闳又回到了哀帝的身边。

　　公元前1年（六月），哀帝驾崩，年二十三岁。

　　蛰伏了八年的王莽迅速出招了，他生平第二次亮出了獠牙。

　　汉哀帝驾崩的当天，很多年没有动静的王太后突然出现了，老太太第一时间就收走了皇帝的玉玺和兵符，然后调董贤进宫。

　　男朋友走了，董贤还顾不上伤心，就被老太后给吓住了："皇帝驾崩了，丧事你打算怎么办？"

　　董贤哪里办过这种事，威严的老太太把眼睛一瞪，董贤就开始腿软，汗流浃背，连话都说不出来，吓得光知道脱下官帽谢罪了。王太后道："王莽见多识广，让他来帮你如何？"

　　董贤点头。

　　王莽迅速现身，王太后下诏：所有征调军队的符节、百官奏事、中黄门和期门武士等，都归王莽掌管。

　　就这样，蛰伏了八年的王莽在短短的半天内，就上演了绝地逆转。这个逆转在于王莽苦心孤诣的一招制胜，更在于他的幸运。

　　幸运一，王莽在打造自己品牌的同时，将唯一也是最大的宝，压在了自己的姑姑身上。他在赌王太后的寿数。他赌对了，她姑姑越活越精神。在长寿太后的排行中，王太后将长寿纪录一直保持了两千年。没有她姑姑，或者说王太后哪怕病了挪不动窝，王莽的政变都搞不成。

幸运二，谁也没想到哀帝、丁太后、傅太皇太后全都死在了前面，而且没有留下儿子。谁也没想到生死簿上，这个组合会在短短的几年间被全部带走，王老太太神奇地再次成为最高的权威。

幸运三，董贤的政治无能。王莽的对手虽然占尽了上风，却并不掌握权力的使用说明。否则，即使王太后在，董贤依然具有十足的胜算。

首先，太后之所以牛，在于她有着法统的权威性。但她所有权威的施展，都是要靠官员的，尤其是内朝官员的。此时董贤早就控制了皇宫内外，他的弟弟此时控制着皇宫卫队，哀帝一死，他当时就应该将玉玺和兵符控制起来。即便太后控制了玉玺兵符，此时你已经在禁宫经营了这么多年，在太后明确翻脸后，你仍然有兵变的实力与机会。太后岁数大了，孙子死了，她情绪激动也跟着走了，这种理由很好整。

哪怕你具有无上的权威，但权力的游戏是拼实力的，身边所有的人都是你的，你就这么容易被拿下了？要知道王氏姑侄远离权力中心已经整整八年了！这说明你压根就不是那块材料，却玩着全天下最危险的游戏，你死得真不算冤！

看看人家王莽的一系列夺权做法，在掌管兵权后，王莽首先把要紧位置上的人都给换了，然后让尚书令弹劾大司马董贤，禁止他进入大司马的办公场所。

此时的董贤已经崩溃了，他去王莽家"免冠徒跣"，请求王莽大人饶他一命，但王莽不久又免了他的大司马职位。短短时间，董贤从权倾天下变成了一无所有，这个从未有过挫折且预知自己下场的年轻人选择了自杀。

死随便死，但确认你是不是真死了，却不能如此随便。王莽将董贤从土里刨了出来，确定他真死了，才彻底踏实。

这才是大宗师的手法，要么不做，要么做绝，而且滴水不漏。这是王莽人生中第二次出招，再次一招毙命。上一次，他消灭了排在他前面的淳于长，这一次他搞掉了差点儿被禅让的董贤。

如果说这样的剧情还不能证明儒家人生纲领是万试万灵的神药，那什么才能证明呢？

满腔的热血已经沸腾，要为了真理而斗争了！从此刻开始，王莽开始相信炎汉的"火德"也许真的到头了，自己就是预言中的下一任天选之子！

在把旧世界砸得落花流水之前，王莽还有很多步骤，搞董贤仅仅是个开头，后面王莽的一连串组合拳，密不透风地使了出来。王莽的绝招，叫作"以退为进"。

安葬完哀帝，王太后封王莽为大司马。王莽说自己没有德行，拒绝，他建议由大臣们推选，多么民主的招数。

结果当然是他高票当选，"勉为其难"地当上了大司马。接着选皇帝，他选出了一个九岁的孩子来接班，这就是西汉的最后一任皇帝——汉平帝刘衎。这个孩子之所以"脱颖而出"，在于岁数小，爹死得早。总之，好摆弄。

平帝即位后，王莽以前面案例太丑陋为由，一纸诏书禁止平帝的娘家人来长安，连老娘卫姬都被封杀在了老家中山。这一次，他的资历和影响力空前绝后了，他姑姑的辈分无与伦比了，他终于不用再像六年前那么被动了。

王莽杜绝了再次有外戚来搞动作，他忍了一辈子，在经历了史诗级逆转后，他终于控制住所有的权力了。

消灭可能的隐患后，王莽展开了前朝余孽大清洗。

皇太后赵飞燕和哀帝的皇后傅氏"被自杀"，宫中只剩下了又长一辈的太皇太后王老太太。前朝的外戚丁家、傅家的官员被全部清洗，董贤一党被全部拿下。值得一提的是，董贤被抄家时抄出了四十三亿钱。

两千年后的和中堂在巨贪的排位上比较孤单，人们没有注意到，其实曾经有个不相伯仲的董司马。董贤跌倒，王莽吃饱，吃饱后的王莽开始动有分量的反对派大臣，在孔光等一系列党羽的弹劾下，反对派纷纷下野，朝中的要职上开始上位王莽的人。

在一系列夺权工作做完后，王莽将目标对准了最后一个隐患，他的叔叔王立。

王立是王政君唯一还活着的兄弟，姐弟俩越老越亲热，毕竟是一个娘肚子里出来的，这股热乎劲是纯天然的。王莽想当"独生子"，不想要王立这个"老二胎"。很快，儒生们开始弹劾王立，说他这么多年一直干坏事，丢王家的脸，让他罢官回封国。

王太后很愤怒，我就这么一个弟弟了，别太过分！

孝子贤孙王莽马上过来劝他姑："叔父确实干了不少烂事，舆论形象很不好，您袒护他，人心就会乱。您现在垂帘听政，不能因为是咱的亲戚就护着呀！先让他回老家吧，等过了风头再让叔父回来。"

王政君认为大侄子的话有道理，于是让她弟弟先回家躲风头。她不知道，这个弟弟再也回不来了。一年之后，远在封国的王立就被王莽找碴儿干掉了。

王莽此刻已经上升到了一个人臣的极致。此时的他，终于要朝着最终的"天意"迈进了。或者说，在修炼了大半辈子后，他终于露出了自己的最终目的——刘氏天下！

五、中国史上最传奇的"全民大选"

王莽比当年的霍光手中的牌可多太多了。他俩都是大司马领尚书事,但王莽手上有三点是霍光比不了的:

第一,王莽的政权合法性是他姑和全民推选。

第二,思想高地上人家有着儒家大棒。

第三,最牛的是,人家还有老天爷撑腰。

公元2年,益州太守上书天降祥瑞,呈上白雉鸡(有白化病的鸡)一只。这只鸡可不一般,上一只白雉鸡现世的时候,是周公辅政之时。

消息传开后,天下震动,盛世终于在王莽大人的治理下开启了。群臣猜到了王莽的意思,王莽想做第二个周公,集体上书,恳请太皇太后为王莽加封"安汉公"。

听听这名字,比周公可牛多了。

王莽并没有叫"汉公",而是前面加了个"安"字。"安"这个字可不得了,这个称号,将超越大司马这种别人搞出来的政治符号,成为一种对最高权威的重新诠释。

想改天换地,首先称呼就得变。王莽开始为后世的篡位者制定规则,他后面的一整套流程变成了"篡位教科书"。称"公",就是第一步。

太皇太后诏令尚书备办此事。王莽上书说:"我与孔光、王舜、甄丰、甄邯共同制定迎立今上的国策,现在我希望仅让孔光等人论功行赏,我王莽不参加此次奖励。"

太皇太后下诏说:"《尚书》说:'不偏向,不结党,圣王之道,宽广坦荡。'你有安定宗庙的大功,不要推辞了。"

王莽又四次上书坚持推让,称病不上朝。后来朝廷下旨,只论功赏赐孔光等人,王莽这才肯起床。但王莽起床后,却没有来上班,表示还是不得劲。群臣又进言:"王莽虽然克己谦让,但朝廷对应当表彰的大臣,还是应及时加以封赏,以表明重视元勋,不要使百官和百姓失望啊!"

于是太皇太后下诏:"任命大司马、新都侯王莽为太傅,主管四辅事务,称'安汉公',增加采邑民户到二万八千户。"

于是王莽惶恐,不得已来上班,不但仍然表示谦让不接受,而且又做了如下工作:

第一,封了宣帝的曾孙刘信等三十六人都为列侯。(拉拢刘氏宗亲。)

第二,又赐太仆王恽等二十五人爵位,均为关内侯。(拉拢高级官员群体。)

第三,又命诸侯王公、列侯、关内侯,凡无儿子,但有孙子或同母兄弟的儿子的,都可作为继承人。(拉拢整体官僚及其接班人集团。)

第四,皇族近亲支系的后裔,因犯罪而被开除宗室谱籍的,恢复原来的身份。(拉拢落魄皇族群体。)

第五,全国秩比二千石以上的官员,年老退休的,以原俸禄的三分之一作为退休金,直到死亡。(拉拢老干部阶层。)

直到完成了全体权贵阶层的收买动作后,王莽才勉为其难地当上了安汉公,但他推辞了两万八千户的待遇,表示老百姓们还在饿肚子。这是第六步,让老百姓心理平衡。

人家王莽摆平了所有阶层,但他雨露均沾的前提是大汉殷实的家底和平静的国际环境。没有家底,就没有钱给你买选票。国内外危机四伏,你就没心情,没群众基础,没闲工夫玩这一遍遍的欲拒还迎。就冲这个,王莽篡汉全民拥护的造型,成为后世权臣们根本无法超越的天花板。

为了避免后面再啰唆，我要先说一下王莽后面的打法套路：

第一，他点头示意，然后党羽就会按他意思上奏为他请愿。

第二，王莽磕头哭泣，坚决推辞，感动太皇太后与天下。

第三，群臣们再上奏。

第四，王莽再哭再推再痛苦，谁再说跟谁急，再次感动世界。

第五，群臣们再上奏。

第六，王莽再痛苦，不过这回就差不多了，该点头了，他勉为其难地为了全世界的喜乐安康，而接受封赏。

三次劝进，从此变成了规矩。后面全是这种套路，我就不总说了，说多了恶心。

王莽在他姑姑那里，的的确确是花了很多心思，连太皇太后身边的下人生病，王莽都亲临慰问。

不仅如此，王莽还给老太太安排任务：无论春夏秋冬，都请太皇太后到长安四郊出巡，慰问孤儿、寡妇和贞妇，所到长安各属县都布施恩惠，赏赐平民钱币、丝织品、牛肉、美酒。被王莽一再折腾的七十多岁的老太后终于厌倦了垂帘听政，表示除了封侯赐爵这种最高级别的，今后鸡毛蒜皮的那些事你别一个劲儿往我这送了，你自己看着办吧！我岁数大了，别折腾我了！

注意，人家王莽没上赶着逼你交权啊！是你烦了，你把权力全部送给王莽了。皇帝还是个小毛孩子，老太后又烦了，终于，全部的皇权都到了王莽的手上。

王莽在完成彻底的软夺权后，马上又封了两个王、六十一个侯爷，整个上层社会全部喜气洋洋。上层摆平后，王莽又开始讨好底层，不过确切地说这也不叫讨好，这件事甭管王莽的动机如何，都是大善事，这是要给予客观评价的。

公元2年，全国大旱，青州灾情最重。在王好人的带头下，二百三十名官民献出土地住宅救济灾民，王好人自己拿出一百万钱捐给灾区。灾区百姓减租减税。皇家在安定郡的呼池苑被撤销，改为安民县，用以安置灾民，连长安城中也为灾民建了一千套安置房。这还没完呢，王好人表示，今后再有天灾，我王莽就吃素！

整个世界再次被感动了，全体国民哭得哇哇的，圣人在世啊！

公元3年，王莽为平帝选妃，为了"公平"，他对姑姑说："咱王家的闺女绝不能参选，不能让人戳咱脊梁骨！"

他姑觉得他这个侄子咋这么大气呢，于是下令避嫌，老王家全体退出选妃活动。

你老王家爱退不退，但王好人的女儿不参选却万万不行！全天下都怒了！社会各个阶层纷纷上书，恳求王好人的闺女当皇后，每天请愿者达数千人之多。注意，这是每天的人次哦！

王好人很生气，对群众说："你们不要这样！"老百姓就是看不得好人客气！请愿大军再次扩编，每天几千人的小队伍是打不住了，长安成了游行胜地，"莽粉"天天拉条幅喊口号，要王莽闺女参加皇后大选。太皇太后没办法，在如此巨大的舆论压力下，派出考察团强行考察王好人的女儿。考察结果火速出炉：母仪天下！

大臣孔光等人找到了国家级算命大师占卜：大吉大利，当为皇后！

这场"闹剧"，最终以王好人的闺女当皇后而结束。

再次注意，人家王莽没有想尽各种办法把自己的闺女安排进去哦！是全天下都哭着喊着让他闺女当皇后的哦！

王莽利用自己的道德影响力将权力的以退为进玩到了化境，后世再无一人能有如此水平，再无一人能搅动起如此巨大的民意。

刀切豆腐两面光的王莽知道同族的姑娘们被自己阴了，结果皇家给的一亿赏钱中，王莽拿出四千三百万堵了全族的嘴。真是会做人！

公元4年，夏季，太保王舜以及官民八千余人上书朝廷，一致请求："请按照大司徒司直陈崇的建议，增加对安汉公王莽的赏赐。"

奏章交给主管官吏，主管官吏奏报："增加安汉公王莽的封地，把召陵、新息二县，跟黄邮聚、新野两地的耕田全都划入。采用伊尹和周公的称号，给安汉公加上'宰衡'的官号，位居上公。三公向安汉公报告工作，要称'冒昧陈词'。封王莽的母亲为功显君，封王莽的两个儿子王安为褒新侯，王临为赏都侯。"

"宰衡"是啥意思呢？

上古俩大神，伊尹为阿衡，周公为太宰。伊尹、周公绑一起各取了一个字，给王莽创造了又一个新称号。

宰衡之后，王莽使出了大招。诸侯、王公、宗室和百姓共四十八万七千五百七十二人上奏请求再次加赏安汉公王莽（注意这个数字，真实有效，班固亲自在档案馆点的。）公卿大臣九百人集体上书，请求为王莽加九锡。

最高规格封赏终于来了，加九锡。

九锡是啥？是九种礼器，是天子赐给诸侯、大臣有殊勋者的九种器用之物，是最高礼遇的表示。

锡，在古代通"赐"字，九锡分别是：车马、衣服、乐县、朱户、纳陛、虎贲、斧钺、弓矢、秬鬯。理论指导是：周礼说"上公九命，九命，九赐也"。

王莽扔出的这个大招，让王太皇太后开始琢磨了，老太太觉得大侄儿有点过了，没有理这个集体上书。

王莽自然知道姑姑是啥意思，他照旧采取了迂回战略，将"贿赂对象"面向了文人团体，因为这帮人往往一瓶子不满半瓶子咣当，一肚子理想不知道咋办，但嘴上还特有能耐。

随后王莽创办"长安国立大学"，建立明堂、辟雍、灵台等礼仪建筑和市（市场）、常满仓（国家仓库），给儒家学者们建了一万套"经济适用房"，网罗了天下学者和有特殊本领的几千人至长安。王莽大力宣扬礼乐教化，于是儒生们开始铆足了劲儿，给自己歌功颂德。王莽又命人去贿赂羌族首领，不计成本地砸钱求人家臣服。

羌人也反了，对外国的政绩也搞出来了，随后诸侯、王公、宗室和百姓全体阶层再次上书请愿，再次请求加赏九锡给乱世的大救星王莽。王太皇太后的压力越来越大,最终选择了妥协。王莽也终于得到了最高荣誉——加九锡。

加九锡后,王莽要证明这个九锡加得货真价实,派出了"特派员"到各地考察民意。考察报告写的是:天下太平,百姓安居,路不拾遗,夜不闭户,安汉公教化有功,民间有三万多首歌谣赞美安汉公。

民间的觉悟丝毫不落后,赛诗会金句频发,伟大的安汉公,指引他们向前进。王莽得到了所有的荣誉加成,下一步他要朝着最终目标进发了。

他要篡汉了!

他开始砸刘家的牌子了。他刨了汉哀帝的祖坟,拆了哀帝给亲爹立的宗庙,刨了他奶奶傅太后和丁皇后的坟,理由是取出他们不应该得到的印章与规格。别跟我提什么恭皇太后乱七八糟的,他们不配!

古往今来,自家政权还在时前任皇帝祖坟被刨的,汉哀帝是独一份。这是一个明显的政治信号,王莽开始和刘家划清界限了。

公元6年,汉平帝驾崩,死因成疑。王莽选了宣帝的玄孙,两岁的刘婴继承皇位。具体原因都知道,上一个八岁,这个两岁,总之岁数越小越好。

同年,武功县长孟通疏浚水井挖得了一块白石头,上头是圆形,下部是四方形,有朱红文字写在石头上,文字是"宣告安汉公王莽为皇帝"。王政君终于感到了彻骨的凛凛寒意,她没有想到,自己的侄子居然是这么个东西!而且更恶心的是,自己成了他一步一步谋划阴谋的最大助推器。

太皇太后说:"这是欺骗天下,这就是胡扯!"

太保王舜告诉太皇太后:"事已如此,无可奈何,木已成舟,您有这心,也没那力了!"到了现在这份上,王大姑渐渐发现,自己真的变成了一个符号,一个必须听侄子话的符号。因为侄子的羽翼早已丰满,现在已经权倾朝野,名满天下。

公元6年,王莽代天子朝政,自号"假皇帝",臣民则称王莽为"摄皇帝",王莽自称"予",改年号"居摄"。这是史上最明目张胆的一个年号。老天爷在这个时候终于看不下去了,也开始给王莽示警了。

公元6年冬，日食。

公元8年春，大地震。

但此时谁也刹不住王莽的车了，而且他还可以将其解释为大汉彻底被老天爷抛弃了。

公元7年，东郡太守翟义及槐里人赵明、霍鸿起兵反王莽，被王莽平息。比较可怜的是，这是养士两百年大汉的唯一一点儿反扑力量。刘家的民心早已被王莽拿走，在王莽几十年的苦心耕耘下，天下人都知道有个大好人叫王莽，现在的皇帝老刘家很缺德。大势已经被王莽鼓动起来，民间开始花样百出。

在巴郡深山中发现了一尊石牛，背上刻着"假皇帝当为真"。齐郡的一个亭长做梦，一个仙人也对他说"假皇帝当为真"，完事眼前冒出了一口井，井深不见底。

各种禅让之说盛行，乱七八糟的祥瑞层出不穷，"求贤让位""汉历中衰，当更受命"的各种符咒也纷纷出现，王莽来者不拒，全部收单，然后大大奖赏献祥瑞者。

在这场创意大赛中，一个叫作哀章的人拿了金奖，他献上了两块铜匮。一块写着"天帝行玺金匮图"，一块写着"赤帝行玺某传予皇帝金策书"。

创意大赛如火如荼，官僚集团火烧火燎，集体上书恳求假皇帝继位真帝位。经过了多次虚情假意的劝进与假模假式的推辞，公元8年腊月，王莽入高祖庙告诉了一下这位高皇帝要换人了，然后戴皇冠继天子位，国号"新"。

公元9年，正月初一，王莽率领公侯卿士捧着新制的皇太后御玺，呈上太皇太后，遵从上天的符命，去汉朝名号。

王莽的篡位，并非顶层设计或是底层造反，而是在得到社会全体阶层的广泛支持下，在几十万人的劝进中，在官僚系统哭死赖命的逼迫下，顺理成章地得到了最高的权位。

天时、地利与人和，这是有史以来的一个孤本案例。

从"大司马"到"安汉公"，到"宰衡"，再到"加九锡"的一整套流程，后来成为权臣篡位的官方流程配置。

自高祖斩白蛇于芒砀，伟大的汉帝国已经滚滚向前走过了两百多年。在这两百多年里，以沛县老小子天团为核心的汉朝廷缝合了满目疮痍的秦末纷乱，蹚过了地狱级难度的楚汉争霸，扫平了异姓诸王历史回潮的逆流。白登山下两位各自民族舞台的胜利者，掂量出了各自的分量，开启了和亲发展之路。吕后、文帝、景帝三代无为而治，为后面的第一次千年大爆发奠定了物质基础和社会弹性。经过汉武大帝五十年的统治，奠定了后世汉民族千年的疆域、国教、政体、国企等框架结构。昭帝、宣帝两代软着陆，将着了火快报废的"大汉飞船"托回了地球。最终，王莽集齐了前面二百年演化到今天的权力（大司马录尚书事）、文化（儒家思想）、理论（天命所归）、民意支持（社会温良、万民拥戴）、国际环境（四夷宾服、匈奴残废）和超越皇权的最终解释权（老太后）。六星齐聚下，完成了有史以来的第一次皇权禅让大戏。篡位的王莽后来给他的姑姑换了封号——"新室文母太皇太后"。

王老太太在痛苦与悔恨中，走完了人生最后的几年，寿终八十四岁。她在王莽篡位后，就彻底与他决裂了，将那块传国玉玺摔在了地上，说出了最后的预言："别以为此物是个好东西！它会让王家灭门的！"

老太太说得没错，王莽开创了中国历史上破纪录的一代而亡的皇权。

每个人的剧本，都有它的定数。老刘家虽然已经被拱下去了，但不必悲伤，此为一大劫。他家命中仍有两百年江山大报。王莽完成了他的历史使命后，就该还政刘家了。他亲手废了刘家，也将亲手将天下给人家还回去。因为曾经让他一往无前的理论，再也无法指导他的改革创新之路了。

开篇说了，王莽倒过来念，是"蟒王"。王莽的姑姑王政君同样不必悲伤，你命该如此，一切冥冥中自有定数。把"王政君"倒过来念，就是"军、政、亡"。

第十五战

王莽复古：
陨灭三千万人的"德之贼"表演

一、豪族登场

这个国号为"新"的朝代,也正式拉开了一个阶层登上历史舞台的序幕。从现在开始,一个强大的、历经时间考验的、经过自我酝酿演化的强大阶层正式出场了!他们"选"出了一位"天选之子",从梦想家的手中夺回了属于自己的舞台。注意这个"选"字,这是这段乱世最核心的字眼。这个阶层,叫作"豪族"。

啥叫豪族呢?说白了就是超级大户家族,有权、有势、有地、有财。他们中的牛人,上能通天,富可敌国,一般水平的也是当地的大地头蛇,手中有着大量可调动的人力、物力、财力。

在此之前,占据豪族角色的,是"贵族"。不过豪族这个族群状态和之前的贵族有很大的不同。之前的贵族,更加像空中楼阁一些。贵族是仰人鼻息的,是从金字塔尖上突然富贵的,他们的生命力和皇权休戚相关,而且也脆弱得多。

外戚集团就是贵族最典型的代表,一大家子因为家里出了个漂亮丫头就都鸡犬升天,土狗变麒麟了。但这丫头一旦失宠,或者来了个更厉害的丫头,这一大家子就马上又全都从天上掉了下来,凤凰变土鸡。

分封到各地的王爷也是贵族的重要代表,听着挺牛的,但某些特殊年代就比较悲催了,成分太高了。皇上没事就想起你来,说废你就废你,赶上武帝这种威猛先生,你就会活得很艰难,比如后来身世成疑的刘备皇叔,他家祖上那个大名鼎鼎的"中山靖王",就是在武帝这一朝因为跟武帝偷奸耍滑而失去了王位。

总体来说,贵族这个群体是缺乏积淀的,他们"贵"来如山倒,"贵"去如山崩,就像烟花一样,就漂亮那么一阵儿。

接下来出场的豪族,就远比贵族要硬气得多!其实他们早就存在了,只是终于到了登场的时刻。在霍光那一章的最后,我简短地介绍过豪族。

豪族之所以会大规模地登上历史舞台,在于它的仇人兼恩人——汉武大帝。豪族在武帝一朝被打压得最惨,但它的蓬勃发展,也是武帝一手创造出来的。还记得《告缗令》吗?武帝跟告发者对半分钱,很多根子不硬的大户因此破产了。除此之外,武帝一朝有着大量刚猛的欺负人政策,说整死你就整死你,没有一丝丝顾虑。

但整个社会阶层中脑子最灵光的这帮人迅速展开了对策。

对策一,就是把钱全换成了地,我没有钱,我没有余粮,全是地。有本事你就把我的地拍卖了!但并非那么容易,地这玩意儿在今天仍然叫不动产。这个思路是正确的,不过不见得你想换就能换得到的。那个时候谁都知道不能留钱和物,就算在灾年,农民兄弟往往也舍不得卖自己的那块地。我卖了地还得给官府钱,我傻啊?这就出现了大规模的地方豪族利用自身权力或武力优势的强买强卖。虽然《告缗令》仅仅持续了三年,但这三年对整个社会造成的损害是不可估量的。社会中的"狼性"被唤醒了。这也为后续豪族势力在武帝老人家死后的大爆发,奠定了土地基础。

对策二,加强了"官、豪"联动。

武帝为了扩大财政收入,将山川资源收归国有,并依靠桑弘羊这种有经验的大商人帮助他建立了"汉企"体系。这突然出现的经济形态,就像密西西比河的亚洲大鲤鱼一样,严重地破坏了生态平衡。

汉初建立制度时,只设立了军队和官场的监察体系,却对官商之间的勾结缺乏限制。因为当年朝廷只是仲裁者,而不是市场参与者。汉企出现后,世道突变。一旦朝廷成为参与者,就会依靠垄断的权力开始大发特发。但官员的汉企分红，主要通过谁完成呢？自然是当地有钱有势有人力的豪族们。官商疯狂勾结，巨大的利益链条下，不仅贫富开始迅速分化，而且地方官和地头蛇间的沟通渠道在"盐铁"的巨利下打通了。

汉武大帝后来根本看不上"告缗"和"卖官"了，因为整个大汉朝三分之二的收入全靠汉企。地方的官僚与红顶商人靠着这前所未有的历史机遇蓬勃发展，成了一个个巨无霸。一旦地方上的官僚势力和豪族势力纠缠在一起，并且体量达到一个临界点时，土地兼并的速度就将不可逆的越来越快！

还记得当年武帝为了玩汗血马而征大宛吗？之所以说那是压垮大汉朝的临界点，是因为转过年来关东就产生了两百万的流民。"流民"的大量产生是什么原因呢？

最直接的关系是官府缺德，不让老百姓活了。但根本原因，是因为豪族阶级无法迅速吸纳海量的破产人口。一次性来得太多，根本吃不下。

这跟豪族有啥关系？

接下来的推演可能会有些费脑子，咱们一步步来。

比如，一个村，一百户人，一百亩地，一个地主。

地主在好几代人的艰苦奋斗后因为资源多、老婆多，整出来的儿子多，他家变成了十户，占了八十亩地。他家这十户就成了初级豪族。

这个时候村里有二十户人家，还有田，剩下七十九户人每年要租地主的地种，就成了佃农。一亩地的产出，自有地农民每年吃五成，交三成苛捐杂税，留两成盈余。一亩地的产出，佃农每年吃五成，交给地主四成，一成交人头税，啥也剩不下。如果要打仗，朝廷征你上前线，你家的地就荒了；找你加军饷，你的盈余就没了。天灾人祸粮食绝收了，你的储备就没了。

武帝朝因为战争加豪族掠夺，自耕农破产了，佃农活不起了。

但是，地主家还有余粮，咋办呢？卖地卖身吧！所以说武帝当年暴虐天下，实际上就是涸泽而渔地把普通农户的人力资源推到了地主的怀里。地卖没了，我就把闺女、媳妇卖给你换口吃的，或者干脆连我在内全家都卖给你当家奴吧。今后我就没有家了，我也省得面对官府一次次没完没了地抽骨扒皮了。但是在全国性狂征暴敛的大环境下，地主家的余粮也无法吸纳如此巨量的"灾民"（天灾或皇灾），只能有选择性地吸纳，比如适龄女人和青壮男人。女人用于消费，壮汉则看家护院，对抗消化不了活不下去的灾民。那些消化不了的灾民，就变成了"流民"。流民活不下去了就会闹事，但结果往往比较悲催。因为他们无见识、无组织、无给养、无兵器。

流民的最终结果，要么被官军消灭，要么经历天灾人祸被饿死，要么在熬过灾年后逐渐被豪族吸收，变成家奴。所以说，汉武大帝光耀千古的最大潜在受益者是豪族。

武帝每次打大牌，都会释放出大量的"人口红利"，让各地的豪族去消化、壮大。豪族在挺过每次大灾后，家中的保镖、院里的女人、地里的免费佃农，都会越来越多。不过要注意，这种"卖身为奴"，已经不是过去那种奴隶制社会的意思了。家奴并非是个物品，你可以随意打杀（虽说很多时候打杀不可避免），但他们仍然是有血有肉有自己情感的人。社会进步了，他们早已不是传统意义上的"奴隶"了，他们的"卖身为奴"往往有着自己的打算与目的。甚至久了，他们会和主人产生巨大的情感认同，他们会因"奴"而荣。

这些人租耕豪族的土地，或者听从主人的生产安排，仅仅面对的是主人的各种命令，而不用再向官府缴纳田赋税、人口税，不用再服徭役，不再是官府在册的编户人口。他们有大哥保护，做这种家奴，远比自己挺直腰杆在这个世界上活着要轻松得多。

时代在发展，人口越来越多，但地方官手中的户口越来越少，人口增长的红利并没有被朝廷看到，而是被越来越强壮的地头蛇分享了。

朝廷的这台"抽水机"马力越来越大，却发现越来越抽不上水来。

看过《红楼梦》的朋友一定会为贾府各种自产自销的锦衣玉食而惊叹，但贾府生产的东西再好，也没有见他们拿出去卖，全都是自己用。整部《红楼梦》其实就是中国几千年"家文化"的最真实的写照。

我们中国人的思维方式，在经历千百年的"天灾""皇灾""胡灾"的演化后，从基因中就缺乏交换的概念。因为世道险恶，只能靠自己！这种无助后的坚强，在"五胡乱华"时达到巅峰！我们永远是希望啥东西都能够自己有，这种自给自足的思维方式，最早是从豪族时代演化而来的。

在豪族的势力范围内，种地、放牧、丝织、工匠，等等，几乎所有的生活要素样样具备。

《红楼梦》中的贾府，已经来到了"士绅经济"的末期。说句实在的，这种级别跟当年的豪族经济体比起来，就是小儿科。"士绅"这个阶层，再过上千年才会出现，因为科举制离此时还很遥远。总之，后面我们看到的"士绅"阶层，脱胎于"豪族"。

但豪族比"士绅"厉害得多，豪族不光有钱有地，人家还有"枪杆子"和"人才梯"。发展到西汉末年，豪族的势力范围内已经开始建有自卫的"坞堡"了。平时农林牧工一应俱全，灾年用以应对流民或土匪强盗。家奴们平时种地做工，主人跟别人闹矛盾时马上就成为私人武装力量，主人指哪打哪，甚至有思想的豪族会定期举行练兵活动。这种私人武装往往是成千上万的规模，远比后来的黑社会要拉风得多。

像之后刘秀的诸位恩客，耿纯能武装起一个旅（两三千人），真定王刘杨能武装起三个军（十万人）。

将来"五胡乱华"时，我们会讲到大量的坞堡经济体，比如大名鼎鼎的河东薛家，那真叫在胡马最混乱最危险前线而屹立百年不倒的顶级大豪族！

这是枪杆子，那么人才梯是啥？

西汉时期由于是皇权草创期，人才的选拔机制还不健全，虽然儒家开始进入官僚的造血系统，但仍然是有钱有势人的敲门砖。因为文明传播的最重要媒介"纸"，还没有被发明出来；哪怕纸被创造出来了，还需要把批量造纸的成本降下来；哪怕纸张成本降下来了，还需要印刷技术的升级换代。"信息传播"能够降到让全民接纳的价格，要到唐宋时期了。

换句话说，西汉时期读得起书的人，都是有钱人。那时候买一本书有点类似于现在买个iPad的价格，想有点文化你就得花几十个iPad的钱。谁家有这么多钱供得起读书？答案还是豪族。

地方上有点文化的人，几乎都是有钱人家的孩子，而且豪族们也在用自己的各种影响力去滋养自己的势力范围。豪族们不仅朝中有人，而且地方的官僚也渐渐都成了地方豪族势力的"点头任命"。你去地方当官，地头蛇不买你的账，你的官就真当不下去，因为你的税收不上来，罪案也结不了。

皇帝也渐渐发现了豪族的胳膊越来越粗，为了避免阶层的固化，企图采用"察举"的办法发现民间的贤才。皇帝的想法很美好，凭啥来回都是你们那窝人啊？老子要看点新鲜面孔！

但正如我们刚才所说，新鲜面孔往往读不起书，而且负责察举的人，还是一个个官员。

最终，所有察举的"贤才们"往往都变成豪族的子弟，人才上升的通道逐渐也被豪族垄断。而且垄断的层级越来越高，大有"三公九卿"的趋势。社会固化、贫富分化开始渐渐坚不可摧。

《西游记》中的很多故事看上去搞笑，实际上也是豪族社会的真实写照。比如金角大王、银角大王、青牛精等，人家在天上都有编制，但人家在地上也是有势力的，有平顶山和金兜山，有很多"小的们"。

总体来说，贵族很脆弱，豪族则很强壮，因为人家是循序渐进靠实力发展出来的。

豪族具有强烈的地头蛇属性，而且是经过了一代代的耕耘经营，"家族"的观念开始生根发芽。

你在我的家谱中，才意味着你有高人一等的特权，你每年才有资格跟着族人们一起祭祖，你才有资格经营家族企业的生意。

在面对"三灾"（天灾、皇灾、胡灾）时，所有族人凝聚在一起共渡难关。"族长"的权威开始越来越多地出现在历史舞台上。在这个家中，族长的话往往比皇帝的话更摄人心魄！

我们中国人"轻家国而重乡土"的思想，也是从这个时候开始发芽的。这一点直到今天也没有变。

西汉末年，历史由贵族时代渐渐地过渡到了豪族时代。豪族的生活，梦幻且美好。这让两个阶层非常不满。这两个阶层，最终导演了西汉末年的惊世大浩劫。

二、知识分子的怒吼

豪族兴起后,第一个张嘴骂街的就是皇帝,因为豪族极大地限制了皇权的威力。人口、土地、财政,在这个零和博弈的"权、利"大饼中,豪族占得份额越多,皇权占的份额就越少。王莽自从成分变了,就叛变了。

另一个阶层,你可能会感到意外,是儒家的这帮知识分子们。并非这帮知识分子看谁都来气,而是豪族的人才梯跟他们产生了无法调和的矛盾。

表面上来看,此时的儒家已经取得伟大胜利了。

公元前124年,武帝设立了太学,规定一定数量的儒家学子在太学学习一年以后进行考试,毕业之后的儒家弟子可以被委以中、下级别的官职。这是最早的文官考试制度,儒家弟子第一次有了一个能够进入官场的系统渠道。这里面有两点很关键:一个是做官的配额人数;另一个是选拔出来的官员品级。

武帝对儒家的偏爱初衷,在于儒家的理论方便统一全天下的思想。

虽然他将儒家推到了国教的地位,但实际上他用的是"王霸之术"的"外儒内法"。武帝言不由衷当校长的这些年,"留学生"定额仅仅给了五十个,而且进入官场当的也仅仅是低级官员。武帝的意思是:意思意思就得了,夸你长得漂亮,但没打算真跟你过。但武帝没有想到的是儒家自己的裂变速度,无论是太学中的"留学生"编制,还是品级,儒家都实现了"野蛮生长"。昭帝时,编制变成了一百名;宣帝时,编制变成了两百名;元帝,编制暴涨到了一千名；成帝时，编制继续暴涨，达到了三千名。

不仅数量上完成了突破，在舆论上更是占领了上层建筑。上一章中我们提到过，汉元帝当太子时就曾经因为劝他爹多用儒生的治国思路，而差点被老爹宣帝拿下。宣帝用"霸王道杂之"教育完孩子后长叹了一声："乱我家者，太子也！"

在苦难中长大的宣帝是西汉的最后一位明君，他很明白在武帝一通大搞之后，法家的"内核驱动"一定不能变！每一代皇帝的政策方针必须要在已有的制度上进行循序渐进地演化，大破大立地转舵肯定完蛋！

制度这东西，想要美好发展必须渐进推动，因为很多关键核心是没法一蹴而就跨过去的。制度本身是没啥了不起的，美国宪法被很多国家照搬过，但这些国家该穷穷，该打打，仍然全都在挣扎。值钱的是在这片土地上形成制度的时间积淀，与处理问题的智慧。这代表着太多的理念和共识。几千万人都认为这是对的，是合理的，是祖祖辈辈处理问题的共识，这些东西你就没法改！

《论语》里说"父为子隐，子为父隐，直在其中矣"，孔老夫子说的，爷俩互相包庇，这件事不仅不是错的，还是正直的！

桓彝为国死难，十五岁的桓温天天枕着刀睡，发誓为父报仇并于三年后在仇人灵堂上将仇人一家灭门，这并不耽误人家继承老爹的爵位，然后娶公主，成为时代楷模。这些事看起来不合理，但它背后蕴藏着的是中国几千年来的血脉亲情，是中华民族的屹立之根！由这句话，还可以延伸出很多没有写在书里，但却一通百通的"制度"，比如"娘俩互相包庇"。

宋朝宰相赵普说的"半部论语治天下"，并非说这部书本身的那堆"法条"就足够用了，而是说这部书蕴含的智慧与理念，能够一通百通地处理天下政务。

武帝那种大破大立而没有造成亡国的史上仅此一例，再无其他，想全盘推翻，回到理想中的模型是办不到的。但是，宣帝是最后一个明白人。

元帝即位后，儒家的地位开始如火箭般蹿升，不仅皇家子弟受的完全是儒家教育，而且大多数高级官员也开始接受儒家教育，中低层官员也都是太学毕业的。

庙堂之上如此，江湖之远也是如此，越来越多的豪族也开始认同儒家学说，因为族长类似于家族中的"皇帝"。皇帝需要儒家巩固统治，族长更需要儒家来统一思想，要不青春期的孩子不服管，张家长李家短地天天找族长评理，也够受的。

儒家在各个阶层全面开花。没办法，时代到来了，儒家思想天生在大一统时代就具有国教属性。不过，现在开始转变了，尊儒并非坏事，坏的是突然爆发的培养数量，开始"供过于求"。

汉朝的官位就这么多，大多数的上层职位仍然被外戚这种关系户把持着，大量的中层职位仍然在地方的豪族手中，虽然帝国的整个风气在朝着"儒"的大方向大踏步前进，但学无所用的虚无感，也开始渐渐地充斥在广大的儒生心中。

皇帝学儒，是为了统治；豪族学儒，是为了巩固自己的势力，他们都达成了自己的目的。但是，太学培养出来的学生越来越多，国家的编制却有限，领导们不仅老而不死，空出来的缺还在某些小圈子中开始世袭罔替。每个学生在读完书后都心怀天下，并不满足于回去当个小吏或者家族的螺丝钉，但国家却没有给出能让他们实现梦想的渠道！利益的大饼该是啥样还是啥样，变化只是豪族的份额越来越多，皇权的越来越少，跟这帮读书人往往没啥关系。

此时的豪族开始往"士族"的方向渐渐过渡，这个士族就是用儒家思想武装起来的豪族，但大量士人的存在感还是幻灭的。

当年宣帝的预言成真了，他的儿孙神经病般扩编儒生的后果开始显现。越来越多"学有所成"的儒家子弟眼睁睁看到儒家已经取得全面胜利了，但为啥他们的日子还是这么惨呢？在一通琢磨后，儒生们一拍大腿：是这个世道有问题！

他们开始幻想这个世界的理想状态。沿着当年孔老夫子"复周礼"的思路，儒生们发现曾经有一个理想时代居然出现过！

什么时候？上古周朝！那个时代没有压迫与痛苦，人人有饭吃，有衣穿。

谁说的？古书之中！儒生们酝酿的渠道，就是上古流传下来的那些传世经典！这些经典，其实并不多，到了汉朝，官方经典是"五经"，所谓"五经"就是《诗经》《尚书》《礼记》《周易》和《春秋》。

"五经"看起来并不多，但随便抽出哪一部，都需要儒生们耗毕生精力去穷其究竟。

真这么难懂吗？难懂仅仅是很小的一方面，更大的原因在于：每一经的各种解释着实不少。

每个混出点儿名堂的大儒，都有自己的一套见解，在他们眼中，古圣先贤的经典，都是字字珠玑的大智慧！

但是再大的智慧，一本书能解读出多少花样来？没错，一本书是不假，但版本是众多的。造成这种恒河沙数般解释的，要拜两个牛人所赐：一个是秦始皇，一个是楚霸王。

在楚汉系列开头时，我们就辟过一次谣了，秦始皇并没有"焚书"，他只是"禁书"，他将诸子百家的几乎所有典籍，全部搬到了阿房宫，并限制民间修学与持有，这些诸子百家的典籍还是有专门的皇家学者来研究的。说到底，秦始皇的目的，是为了统一思想，初衷绝非是灭绝灿烂的文化。

但是在封建时代，每当国家力量参与到文化工程时，尤其是所谓的"修书"时，基本上都会造成巨大的文化浩劫。其中一个原因，就是海量的民间典籍因此被聚拢到国家手中，使得大量的孤本、名篇因为政治原因和人为灾害而永久失传了。主导此次文化灭绝的，是纵火犯项羽。

项羽的一把大火将咸阳烧了个彻底，太多的先秦古籍从此失传，真是灭绝文明啊！从这个角度上来说，最终项羽失去天下，有着很强的因果报应，活该你窝囊死。

不过，天无绝人之路，因为总会有读书的种子，留下文明的火种。很多大学者和爱书的文化人在秦始皇禁天下书的时候，选择将自家的典籍藏起来，很多都藏在了墙壁的夹缝中。他们相信，世道不会总这样，知识与文明的力量是永远不会断绝的。

古往今来，这些读书的种子为中华文明的薪火相传，做出了不可磨灭的贡献与牺牲！所以，无论什么时候，都要尊重文化，尊重知识，尊重一个个的巨人为我们贡献出的那一个个强壮的肩膀！虽如此，但我又要转折了，这次的转折实属无奈。

在秦绝天下书时，有很多读书人秘藏了各种典籍，但真到了改天换地的时候，拿出来一看，傻眼了。很多书都残破了，甚至压根儿就没法看。

那时的文字保存载体是竹简，是禁不起糟糕保存环境下的时间摧残的。这就导致很多流传到汉代的先秦古籍，要么是口传心授下学者们默背出来的，要么就是残本孤卷。换句话说，官方版本根本就没有，民间版本更不可靠。

圣人们的教诲是伟大的，但圣人们说的那些话现在全都"断片儿"了。这就导致了整个有汉一代儒家经典的各种幻想与篡改。

三、理想中的复古主义思潮

现在我们看到的"五经",和当年的那些原著,极有可能是不一样的。以《尚书》为例吧。

《尚书》是我国最早的文学典籍之一,它本身叫作《书》,是夏、商、周三代政府公文的汇集,相当于上古朝代的国家档案。其中最年轻的周代部分,也要比《春秋》《论语》早几百年出现。

时间一久,很多东西就禁不起推敲了,因为那个时代没有复印机,所有文件在传抄的过程中可能会有错字或者曲解。一本书被手抄一百遍后,很有可能跟原版就不一样了。那时候也没有雕版印刷,不能同时出上百部一个版本的书籍留给我们做官方印证。所以说,原书就很有可能和我们看到的有出入,更不要说经历了千年的风霜后,突然被嬴政和项羽两位黄金搭档般地把所有书归拢到一堆,然后一把大火彻底给烧没了。

汉朝天下一统,国家开始了各种文化经典的抢救工作。这时候,朝廷向天下征集《尚书》的原版,但没有一个能应征的。眼看《尚书》就要成为历史的尘埃了,忽然听说济南有一位叫作伏生的老先生,在秦朝曾经当过博士,据说他有"真经"。

这又是一场可歌可泣的文化拯救,在那个平均寿命只有三十多岁的年代,尤其还经历了始皇帝时期和楚汉争霸这段"万物为刍狗"的燃情岁月,这种高寿的老文化工作者可以说是生命的奇迹了。幸天不绝此书,西汉政府派出了去济南求取真经的人。这个人大家很熟悉，是挑起七国之乱的晁错。

晁错到了济南，发现伏生的这部"真经"要打引号，因为伏生这个版本的《尚书》就是当年冒死砌在墙里流传下来的，等到天下大定再取出来时，发现竹简朽烂了不少，大段大段的历史出现了断篇儿。伏生把断简残篇拼凑起来，一共凑成二十八篇，后来伏生就拿着这二十八篇在齐地开班授课传教门徒。

残也比没有强，晁错把这二十八篇抄录下来，带回了长安。这就是最早的官方版本的《尚书》。

后来，民间又从墙里挖出了《尚书》当中叫作《太誓》的一篇，和伏生版本凑在一起，整了个威力加强版。

当时的学术界很有意思，管这"28+1"叫作"天上的星星参北斗哇"（二十八星宿和北斗星）。

说完了它的存世不易，下面说说带来的争议吧。

晁错求来的这个《尚书》实在是太难读，位列"唐宋八大家"之首的韩愈这么形容过它：佶屈聱牙。后来这个成语专门用来形容拗口艰涩压根搞不明白的东西。

别说后人了，就是离得比较近的，写出《史记》的西汉文坛泰斗司马迁，对于这部《尚书》也搞不明白。

再往前倒，看过"真经"的善养浩然之气的大圣人孟子，对于《尚书》也是存疑存惑的，孟圣人有句话流传很广："尽信书则不如无书。"这句话被很多人曲解过，孟圣人不是说让你别全信书里的东西，这里的"书"其实指的是《尚书》。这句话是说，你要是尽信《尚书》，还不如没有这部《尚书》。这句话几百年后差点儿就被纵火犯项羽实现了。

《尚书》在孟子那个年代叫《书》，到了汉朝才叫《尚书》，简单来说就是"上古的书"。孟圣人由于看过原版，再加上自身辈分高，所以有绝对自信可以批判性地看书。但到了西汉一朝，后世学子们的态度则是：你读不明白是你的事，但不能说这部书不伟大！这里可都是先代圣王们，尧舜禹汤们的治国纲领呀！看得懂的要好好用，看不懂的地方也得可劲琢磨，琢磨完后再可劲用！这就导致了西汉一朝的学术大混乱。

单单是伏生的《尚书》版本，后来就分了三大流派，在各种抠字眼上你争我夺。这也就罢了，大体上还都是一个祖宗。但后来没过多久，民间又从墙里搞出来一部《尚书》，这部《尚书》又引起了巨大的波澜。

这部《尚书》文字古奥，是始皇帝统一文字之前的版本，历史更悠久，年份更醇厚。不过在那个年代没有那么多文字学家，所以这一版就更难懂了，当然，可供揣测与遐想的地方也就更多了。

《尚书》由伏生版本的一个祖宗三个流派，变成了两个祖宗的古派和今派。这还没算完呐！后来《尚书》又现世了几个版本。整个学术界随之乱成一锅粥，你说是这个意思，我说是那个意思。

再后来历经战乱，到了"永嘉之乱"时，又差点把这部经典之作变成绝版。一直到了唐太宗时，为了统一学术思想，毕竟要搞科举制度了，教科书不能杂七杂八的，李世民下令为儒家经典作标准注释本。《尚书》用隶书《古文尚书》做底本，让学者卫包用当时通行的楷书再做一次改写。

卫包对千年前的学者们都蒙圈的《尚书》就更不明白了。不过官僚主义的粗暴之美开始引领风骚了。你可以不明白，但皇帝交给你的任务，你必须得完成！少废话，背着指标呢！至于改没改对就不管了，反正你咋说都行，你不懂别人更不懂。

卫包的这一版本，就是我们今天看到的"十三经注疏"版的《尚书》正文部分。

这是《尚书》的动人故事，其他的四经，虽没有《尚书》这么坎坷，但流传的经历也大多可歌可泣。从这个故事中，大家想必也可以了解到，在西汉一朝学术界打成了什么样子。

有人的地方，就有江湖，而且自古就是文无第一，秀才们掐架往往比武夫们动刀更加鲜血淋漓。

这些流传下来的残缺经书或多或少，都经过了汉代儒生们的改动和曲解阐释。之所以会出现大量的"再创作",原因就在于经典说到底仅仅是载体。这个载体它所承载的,是一个个儒生们想要达成的自身理想与抱负。看不惯官员与豪族披金戴银,把控大权的儒生们,由于大量的政治欲望得不到释放,他们开始对这个社会与政治失望,开始出现了大量的消极言论与思潮!这股思潮慢慢地演变成了"今不如古"!

　　复古主义的思潮开始出现,并逐渐占据上风。残缺的古圣先贤经典,为他们提供了最好的幻想弹药,他们将上古的周朝,描述成了一个更加富裕、平等和充满礼教的社会。在那个时代,人们全都知书达理,安守本分。那个年代,是孔夫子所说的"克己复礼"的美好时代。

　　这种说法,现在我们听了会笑笑,因为社会基本的逻辑就是不断前进的,生产力的不断进化就搁那儿摆着呢。

　　周朝再美好,生产力也摆在那里了,你没有铁器,耕作技术也更粗糙,汉朝的一亩地生产出来的粮食绝对要比周朝多得多,这是无法倒退的。但是周朝却被大量失望的汉儒描绘成了人人有饭吃,无人不饱暖,每个人都有着相应的社会等级,每个社会等级都有着符合该等级的着装和消费标准,每个等级的人都安分守己的大同世界。

　　现在我们知道,这种理想中的大同世界,是需要有极其先进的生产力打底的。

　　这种社会理想,放在两千年前,那就是个梦,而且是个不具备操作性的白日梦。梦做完也就完了,我们每个人都做过豪车、大宅的梦,但白日梦和现实的差别就是,你不能来真的。在梦里你可以各种臆想,但醒来后你一定还是要面对现实。可是汉朝儒生们要来真的了。汉朝安排不了大学生就业的恐怖危机,开始出现了。周朝的"乌托邦"熠熠生辉,在每一个"愤儒"的头脑中闪烁着光芒。

　　汉末的这种社会思潮渐渐成了人们深入探讨的话题,并在一些文坛领袖的推动下,甚至开始尝试干涉法律法规的出台了。这个时候,我们今天的主角,好人王莽出现了。他的出现,令所有儒生热泪盈眶,周朝的大同世界真的要在我们这一代实现了！王莽导师具备了一切实践这个理想的条件。

王莽因为爹和哥死得早，所以早年他发奋读书，读的是啥书呢？西汉收尾时我们说了，他读了一肚子儒家经典。不说我们也都知道，儒家经典早就深入了王莽的骨髓与思想中，他一步步的奋斗路线就是遵照儒家的先进指导思想走的。

在这里，我还是要说一下，虽然王莽最后臭大街了，但他前半生的奋斗路线绝对是没问题的。比如他的大孝，比如他的简朴，比如他灾荒时带头戒杀吃素，比如他给老百姓建救灾的房子……不排除他很多作秀的成分，但我们还是要公正地说一句，榜样的力量是无穷的，是能够给迷茫的人们指引方向的。王莽的道德楷模形象，在那个时代是具有明灯意义的，正所谓"周公吐哺，天下归心"，把肉吐出来，而不是咽下去，这也许更费时间，但这展现的是一种恭敬的态度。这些都是儒家具有正面意义的地方，也是我们中华民族几千年来的民族魂魄。

王莽的做法，使他成为古往今来真正的，也是唯一的一次，全阶层都支持的改朝换代。正所谓"有德者居之"。成就王莽的，是儒家思想中闪闪发光的精髓，是我们这个民族的精神魂魄。也就是我们上一章中说的，千百年来这片土地的伟大共识。

孝亲、简朴、扶老、济贫等这些伟大共识由于颠扑不破，所以哪怕"教材"残破，也根本没法篡改！

比如，"见贤思齐焉，见不贤而内自省也""君子欲讷于言而敏于行""父在，观其志；父没，观其行；三年无改于父之道，可谓孝矣"。孔子的这些教诲，是没法篡改的，因为这是千百年来华夏万民的共识，一旦篡改会被看出来肯定是赝品。

但那些伟大的上古时期的生活状态，却是虚无缥缈的，是可以拎出来随便开火的。这就好比洪七公指导郭靖给欧阳锋默写《九阴真经》时采用的方法："你可要写得似是而非，三句真话，夹半句假话，逢到练功的秘诀，却给他增增减减。"

所谓"秘诀",就是那些谁也不知道的东西,谁也没验证过的境界。最终令王莽跌下神坛的,就是"真经"中的那些"秘诀"。既然我的所修所学连皇帝的位置都让我抢过来了,那么经典是不会错的,应该让梦想付诸实践了,应该让梦想中的国度现世了。王莽前半生的修身齐家治国之路,令他无法"取其精华,去其糟粕"。太顺了!搁他那儿,他觉得都是精华!

作为人类历史上唯一的一个神奇剧本,王莽上半辈子的百试百灵,使他义无反顾地把后半辈子投入到了当一个大幻想家的疯狂尝试中。

在王大姑的高寿下,王家由贵族渐渐变成了全天下最大的豪族。作为一路走来的最大既得利益者,王莽深知豪族是怎样打造自己的"独立王国"的。随着他成了皇帝,他对一切的知根知底就成了想要革命的最大动力。

他面临的最大现实问题是,皇权的力量与抓手越来越小。

他面临的最大心理问题是,这个世道和他自幼修习的、理想中的儒家乌托邦相差甚远。

王莽在继皇帝位后,开始迫不及待地"跟往事干杯"。有史以来最大的改革闹剧即将高密度出台,它的力度之大、花样之多、频次之密、后果之严重,都创下了历史之最。在这场闹剧下,仅仅十多年的时间,中华大地的人口至少减少了二分之一,三千多万人损身殒命。(数字多方比对后取自《中国人口史》。)

大幕拉开,丧钟敲响,"德之贼"粉墨登场了!

四、井田制与废奴

我们来看看王莽的旷世改革吧。

王莽的改革波及面非常广，各种动作特别多，主要有三点影响最为恶劣，我们一个个说。

王莽改革的第一刀砍向了土地与奴隶。

王莽要求天下恢复"井田制"，土地收归国有，不准土地自由买卖，而且不允许奴隶买卖，所有奴隶恢复自由身。

王莽被调侃为"穿越之子"的重要材料，就是上面这一条。

王莽的改革从名义上结束了土地私人占有制度，自此天下都是他王莽的土地。家奴与婢女也禁止买卖，全天下都是自由的人。王莽的这一刀，直接砍向了过去的铁杆战友——豪族。

他这一刀，宣布自己与过去几十年的阶级感情一刀两断。他既有理想的目的，同样也有着自私的原因。他不想再出现第二个王莽，而"潜在的王莽"就藏在他过去的阶级中。他打算恢复古书上的"井田制"，但这个"井田制"到底有没有，真的很难说。

通过理性的推断，所谓"井田制"很可能是一个臆想出来的制度。

周朝实行的所谓国有土地所有制，其实是封君所有制，也就是周天子将土地承包给诸侯，诸侯控制土地，再把土地分配给大夫，大夫再让农民耕种，农民在自己那块土地之外还要给国家多种一块土地，这块土地即公田，产出完全归封君所有。但"井田制"太过于理想化了，而且"井田制"的史料仅来自于《孟子》与《周礼》，在《孟子》之前，没有关于井田制度的记载。

所谓标准的"井田制"，是将土地分成一块块九百亩大小的正方形区块，再在每个区块中横画两道，竖画两道，如同一个"井"字，将土地分成大小均等的九块。周边的八块分给八户人家，中间的一块则是公田，公田的收成归属于封君。

听着就不是很靠谱，这种制度太过于理想，从技术上看不太可能实现，哪里找这么一块块九百亩的正方形土地去？再说即便有，在分配与再分配上也存在着巨大的问题，有一户人家劳动力少，种不过来，有一家一大堆儿子，地不够种，怎么办？儿子们长大了，分户口单过后，新地又咋安排？这些都是很现实的问题。

但王莽并没有深究它的具体可操作性，他只知道圣贤们的经典是不会错的，要错了的话自己不会如此传奇地君临天下。而且他这么做，有他自己的目的和动机：

第一，他希望通过把土地重新抓回来，从根源上解除日渐膨胀的豪族势力的威胁。

第二，他希望通过禁止人口买卖，解决豪族的人口红利问题。

他这一刀的方向砍得没错，但他忽略了一点：不是每一刀你说砍，就一定能砍得动的。而且你对人家动刀后，人家是否会跟你就这么算了，万一人家回手一刀，把你给砍了呢？

土地兼并是豪族叫板朝廷的根基，这也是历朝历代都无法回避的一个大问题。

眼睁睁看着问题已经产生了，而且地方的势力已经形成了，你再让他主动吐出来，无异于痴人说梦。王莽忘了，他之所以能够上台，不仅仅是儒生集团在为他摇旗呐喊。那些儒生是小角色，把奶一断，全傻眼。他上台的根基，在于他的广大豪族战友们希望他上台后能够形成一种利益互换：我们当初支持你，是因为你懂事，你各种各样地给我们找个由头就封侯发好处。你是全国最大的豪族，你为我们代言。苟富贵，勿相忘！

王莽之前的表现一直非常好，这起到了极大的迷惑性。他摄政的那些年，封了豪族很多个官位，封了他们很多个侯爷。结果豪族们知人知面不知心，王莽苟富贵后，确实没有相忘，但变成了你们全都滚一边去吧，大刀向地主们的头上砍去。

当年王莽"慷"的都是老刘家的"慨"，角色一转换，很明显拿自己家东西送礼的王莽就不那么大气了。

说到底，私有的力量是无穷的，因为人性使然。土地兼并板结化，可以把它定为一个整治方向，逐步地将它碎化。或者说，往本质上深究，这种社会现象只要出现，基本上就是不可逆的，想解决只能等天下大乱，还得是那种乱出圈的大乱。因为你动的是太多人的"私产"，人家会跟你拼命的，所有地球人聚集起来的"元气弹"总量，是极其吓人的。

你直接生拉硬拽地搞一刀切，后果就很容易预料了，谁家那块地也不是大风刮来的，怎么可能给你退出来。在土地国有的同时，王莽还打着圣人的思想大旗——"天地之性人为贵"，禁止人口买卖。无论王莽的最终目的到底是什么，我们接下来要讨论一个问题，道德力量的使用层面问题。

在我的文章中，很长的篇幅是在描写历史长河中的"现世报"和"子孙报"。我不停地在劝善，在弘扬正气，在描写历史上这帮聪明人是如何一遍又一遍地冒傻气的。这是我写这个系列的初衷，不是为了这个，我就不动笔了。但是，"劝善"是否就可以全维度、无时限、强制性地铺开宣传呢？尤其这个"善"还是那么的毋庸置疑！

答案是否定的。因为所谓的"善"，一旦到达了一个受众巨大的社会层面，就很难判断什么是"善"，什么是"恶"了。比如说王莽的"废奴运动"，当年他因为一个奴仆逼死了自己的儿子，让天下归心。他认为他这次将再次站在道德之巅，获得底层百姓的疯狂推崇。但实际上，当年他之所以能够火起来，不过是因为被逼死的那位少爷是他自己的儿子。别人家的事，你管一个试试？且不说"废奴"这件事能不能实现，就说被解救的奴隶们压根就不会领他的情。

在当时，每个豪族的家奴与婢女并非全都对主子充满着仇恨与抵触，"杨白劳与黄世仁"在当时的中华大地上，并非处处上演。当时的现实是，这些家奴和婢女绝大多数对自己卖身的宗族很有感情，他们感激在这样一个强者为王的社会中，有人能够收留他们，给他们饭吃，给他们活儿做，让他们成为这个宗族的一分子。也许会受到老爷的打骂，也许会受到少爷的调戏，但这和独自在世上顶梁过日子比起来，还是幸福的。自己顶梁过日子，不仅要受到官府各式各样的盘剥，各种名目的徭役，还要自己对抗各种天灾人祸，而且最根本的是，地几乎都被豪门大族兼并完了，哪有你的立锥之地呢？

王莽当年因为一个婢女之死而逼死了自己的儿子，他认为全天下的奴隶都活在水深火热中。

但他没有想到，之所以人口兼并会如此盛行，而且愈演愈烈，自有它的道理。

假如每一个豪族的家奴都处在水深火热中，那么百姓自然会怒喊"王侯将相宁有种乎"，然后又揭竿而起了！事实上，这种情况并没有出现。

人口自汉初以来就一直保持稳定增长，在武帝离开大汉百姓，霍光扛腰软着陆后，汉王朝稳定平静得就像一潭死水。反而是王莽的"利民政策"一搞出来，饥民、盗贼开始遍布横行。

"废奴"听上去，绝对是大善事，还人家以自由嘛！但在当时的社会状态下，真的就值得去大规模推广吗？真的就具备大规模推广的软件条件与硬件条件吗？

具有大能量者，能轻松造福万民，也能轻松为祸天下。当你手中有着"签一字而动万民"的巨大能量时，我们看待问题的角度就不能单纯从"善与恶"的角度去考虑了，而要从社会的"秩序"和"总成本"，去斟酌思量了。

因为社会的秩序牵扯到普通百姓的人心；因为社会的成本牵扯到普通百姓的福祉。

让万民能够踏踏实实安下心来过日子、创造财富是每一个位高权重者所能做到的最大善良。

比如，很多行为属于"私德"，就不宜进行社会范围内的强制推广。因为它会对现有的社会秩序造成巨大的破坏。

"社会秩序"和"社会成本"，如果你们将这百余战看下来，哪怕最后全忘了，我希望你们就记住这俩词。

1920年，在美国妇女组织和宗教组织的大力推动下，为了避免因酗酒所造成的罪恶和大量家庭暴力问题，禁止酿造和发售酒类的《沃尔斯特法令》生效，这就是美国历史上大名鼎鼎的"禁酒令"。但随后是始料未及的全社会范围内的秩序大乱与成本上升。

酒品在正规市场被禁后，酒品黑市开始飞速发展。与此同时，因为私酒的暴利，美国黑社会组织有了经济基础，开始迅速壮大。为了维持治安，国家又不得不在安保层面加大投入，对国家财政造成了巨大消耗，却根本没有产生什么效果。

黑社会和警察因为灰色暴利而狼狈为奸，警察系统的腐败大案层出不穷，总体犯罪率节节攀升。

印度的《房租控制法》规定："一旦房客在一处住房住满一年，那他就有优先购买这处住房的权利，即使不购买他只要交房租就可以无限期居住。"

这是保护穷人的好政策啊！但结果呢？那就每年住十个月就给你轰出去呗，那我就不租房子了呗，省得跟你费那个劲。由此，印度的社会秩序季节性的大混乱，租房的总体交易成本大幅度上升。

很多从善恶的角度出发制定的法律法规，往往都有着事与愿违的后果。

"天下"层面的大善，是井然的社会秩序，是减小的社会总成本。

我认识的一些朋友，在谈到"吸烟"这个问题时总是痛心疾首，说咋就不"全民禁烟"呢？这是百利而无一害啊！买烟的钱可以花在其他地方，刺激消费；国民身体素质全面上升；医疗成本大幅度下降。

其实真要是全民禁烟了，上述那三点没有一项能达成。买烟的钱还是会用来买烟，不仅花费更多，而且这个钱还到不了国家手上。就算烟民的身体素质上升了，但已经吃力的国民养老保险此时会更加捉襟见肘。

烟草这东西简直就是国家保障制度的最伟大战友。它的贴心之处在于，在你青壮年有钱时，能够源源不断地进行消费，它的危害性一般要在六十岁以后才显现。

一个烟民抽一辈子烟，纳一辈子高额的烟草税支援国家建设，然后比非烟民平均少拿八到十年的养老保险，比非烟民一生少消耗大约百分之三十的医保基金（因为寿命和发病时间都较非烟民短）。烟民们都不知道自己为国家做了多少贡献，减掉了多少负担。（为了自己戒烟吧！）

如果全面禁烟，那每年占国家财政总收入百分之六点五的一万亿亏空怎么堵？多出来的那八到十年养老金和百分之三十的医疗资源谁来买单？大量黑市层面的非法烟草要增加，需要多少警力去平这事？

如果突然间"全民禁烟"了，将会是全社会层面的灾难。那是不是涉及到烟的问题就不能碰了？被很多朋友认为形同虚设的"公共场所禁烟"其实就是个很智慧的方法。吸烟人口每年下降百分之二，五十年中国能无烟化，就是伟大的胜利了。

社会的秩序和成本最好的朋友，是时间。

作为个人，我们可以践行多吃素、勤运动、少饮酒、不抽烟，并劝亲戚朋友也这样，但我们无法出台法律强制全民如此。很多"私德"都是无法硬性地、迅速地去普及，去推广的。

横刀立马，怒目申斥，高声疾呼，坚决强硬，这也许并不是善。承认现状，正面丑态，徐图缓进地换零件而不是换机器，反而是最大的善！

王莽的土地和人口改革推出后，社会开始产生剧烈的动荡。在皇权能够触及的关中，很多豪族被打成了反动派，很多根子硬的豪族开启了反抗皇权之路。

出了关中，很多地方势力开始和朝廷顶牛，王莽的那些地方官们根本无计可施，而且更重要的是，很多地方官本身就是当地最大的豪族，更拿你的指令当耳旁风了。

两个阶级间开始充满火药味，大量的主人们本来就不想要的"奴隶"，以国家的名义被轰了出去。整个社会的所有阶级，没有一个人领王莽的情。旧有社会结构被迅速打乱，天下大乱就此被夯实了基础。

五、货币大实验

在王莽的土地人口改革后,接下来他进行了两项很要命的财政改革。

一项财政改革,叫作"五均六筦"之法。这项改革同样大有来头,理论依据着实扎实,这是大儒刘歆以古文经《周礼》《乐语》为依据提出来的,同样是恢复古制。所谓"五均六筦",其本质就是继续加大"新有企业"盘剥,朝廷管控物价,官营贷款业务。

根据儒家理论,"士农工商"这个排位意义重大,农业是天大的事,也是除了读书做官外,最重要的行业。老百姓就应该规规矩矩地种地,经商做工啥的都是"罪恶"的行业,这种罪恶还是让朝廷出头,替百姓去背黑锅吧。王莽为"新企"垄断找了一套极其高大上的说辞。

"六筦"我们好理解,在盐、铁外,已经放还老百姓的"酿酒"和"山泽营生"等行业又被国家收回。"汉企"的故事我们在武帝时就详细讲述过了,总体思路就是让老百姓的收入越来越低,负担越来越重。

接下来我们要详细讲讲"五均"。"五均"全名是"五均赊贷",是朝廷对城市工商业经营和市场物价进行统一管理。除此之外,王莽还出台了官方贷款业务,可谓一竿子插到底。

"五均"主要在六个大城市中施行,当时这六大城市都有哪里呢?

它们分别是长安、洛阳、邯郸、临淄、宛和成都。要牢记住这几个城市,它们还将活跃几百年。而且这里有一点很值得我们注意,除了天府成都外，其他都是北方城市。

整个帝国的中心仍然是关中与关东地区，理解了这个，我们就能对后面"光武中兴"的思路，有一个很清晰的认识。

"五均"规定各市以每年的二、五、八、十一月的商品价格作基础，按商品质量分为上、中、下三等标准价格。市场价格超过标准价时，朝廷按标准价格出售商品，促使价格回落。市场价格低于标准价格时，则自由买卖。对于重要民生产品，如五谷、布帛等，如果价格被砸得太厉害，朝廷则按成本价进行收购，使经营者不至于亏折。

听着挺是那么回事的，但很多这种顶层设计最终落地后，都成了祸国殃民的政策。真到了实施时，就全变了味。

推行"五均六筦"措施的地方官员与豪族们继续轻车熟路地狼狈为奸。他们沆瀣一气，虚设账簿，将政策变为敛财的工具，进行妖魔化的篡改，打着大王的旗号大肆牟取私利。

啥是市场价？

谁去做市场调研？

谁又会做市场调研？

谁又有工夫去给你做市场调研？

我买你东西的时候市场价就是一块钱，我卖你东西的时候，市场价就是一百块钱！你别嫌贵，还不打折！不卖就封你的摊！不买就抄你的家！等市场上没有粮食，你活不下去的时候，价格再高你也得买！最终就变成了官有资本强买强卖。

地方上赚了一大堆钱，往朝廷报数的时候却又是另一套悲天悯人父母官的账本。最终的结局是，官府的钱库没有充实多少，天下百姓被袭扰得苦不堪言。除此之外，贷款方面也很有意思。

王莽是这么规定的：对于非生产性的消费，如祭祀丧葬，就不收利息了，短期内还上就成；对于生产性借贷，收取年息百分之十（也有说月息百分之三）。

按理说这个利息确实不高，很多朋友可能会大骂：年息百分之十，月息百分之三还不高！

真不高。

在古时候，是不存在金融信用体系的，即便放到现代社会，我们的抵押性民企贷款的综合成本都要在百分之八左右，这还是有抵押的，信用型贷款基本上都要在百分之十五以上。在农耕时代，这个利率绝对是良心价，所以，王莽的这项政策从初衷上来说还是好的。但还是那个问题，他这一套顶层设计完全忽略了市场这只看不见的大手。

市场这只手，会自动地调节出合适的利率，配置合适的贷款人，哪怕这个利率看起来很高，但基本上都会物尽其用。

社会运行的重要规则是：一个愿打，一个愿挨。王莽插进来后，就很容易变成了一个愿打，另一个不愿挨，却没法不挨。

地方官员在得到政策后，会让不需要贷款的人也贷款，会让百分之十的年息变成百分之十的月息，反正地方上全都是他说了算。上面的文件官老爷们又不会给你小老百姓看，他咋说都有理，反正上面确实下来贷款的国策了，你不贷就是刁民！

越来越多的贷款由救命的钱变成了要命的钱，最终老百姓骂街时，王莽成了最终的买单者。

"五均六筦"的最终结果就是将民间硕果仅存的工商业者和富农、中农全部挤成了贫农，把贫农彻底挤成了盲流，把各种各样的有产者，变成一模一样的无产者。

传统的豪族人家则趁天下大乱，开始了招兵买马的自我保护。还记得我之前说的吗？每当社会上出现了大量的流民，最终的获利者往往就是各地的豪族。

继武帝千古后，新莽开始再次以一己之力派发人口红利了。比较悲哀的是，王莽这份学费纯属白交，千年后，这堆原话还得再讲一次，那时的主角也是个嘴角扑哧扑哧的道德模范。

这还不算完，王莽的改革还远远没有结束，他还有致命的第三刀。

他的前两刀分别将社会稳定的两项基础，"土地和工商业"砍得一塌糊涂，算是为后面的天下大乱奠定了基础。这最后一刀，则彻底要了这本来太平世道的命。王莽的第三刀，砍向了影响最为广大的一项，货币。

我们还是先来说一下王莽这次胡搞的理论和群众基础。

对于货币，儒家的学者们同样也是有很多看法的，比如有一个叫贡禹的学者，他就提出过建议：要废除货币！理由是国家垄断货币怎么能行？而且钱这东西就是祸害，周朝时候哪有什么货币！太不自然，太不美好了！要回到以物易物的时代才是好时代！贡禹家里可能供着商鞅的画像。

还有一个大儒叫师丹，对此很是赞同，比如在古代，人们曾经使用龟壳和贝壳作为货币，这些东西也很美好嘛！这书算是读进狗肚子里去了。

胡说八道的人越来越多，总之他们摇头晃脑地那么一嘚嘚，就把货币这个全世界最应该谨慎处理，最需要市场来检验真理的东西，变成了一个风风火火亟待改革的问题导向。

可怕的是，王莽又上心了！

王莽在篡位后，不对，是篡位前，就已经把眼光瞄向了货币，这一次他的借口并没有先想着回到美好的古时候，而是赤裸裸地直接改抢了。

当时的流通货币，是已经流通了一百多年的五铢钱。

公元7年，还在当"代理皇帝"，吃饭都吃素食的寡欲王莽，突然意识到缺钱花了，于是他开始搞货币贬值洗劫百姓的那一套。一百多年后，继汉武大帝的一连串货币洗劫的流氓行径后，又一次更为无耻的大清洗活动开始了。"王莽币改"共分为四次。

王莽第一次币改，很有跨时代的创意，他又一次发行了中国历史上的大面额货币。还记得当年武帝时代的"龙币、马币、龟币"吗？这回变成"大钱、契刀、错刀"了。

第一种"大钱"，重十二铢，分量上相当于2.5个五铢钱，但它的面值却被规定为五十个五铢钱。

第二种"契刀"，钥匙的祖宗，面值五百个五铢钱。

还有更值钱的，第三种是"错刀"，也就是大名鼎鼎的"金错刀"。这种钱与契刀类似，但用错金工艺整出了"一刀直五千"的文字，顾名思义，人家值五千个五铢钱。

由于后面那两把刀的面值太过离谱，王莽怕人们动歪心思造假币，于是在铸币时采取了当时最为先进的防伪技术。这也导致王莽一朝的钱币成为后世钱币收藏爱好者赞不绝口的业界良心，中华五千年来工艺之最。

王莽认为，他把工艺调高，就能够防止假币出现了。他太天真了！我八岁就能模仿我爸签字，啥东西能难倒人呢？真好笑。

广大心灵手巧的百姓开始疯狂地熔化原来的五铢钱去铸造"金错刀"，而且假币做出来就能流通，因为难分真假。一百多年后，中原大地再次蜂拥而出如蝗虫过境般的假币犯。赔本的生意没人做，杀头的生意有人做，当利润达到十倍百倍时，全社会都会疯狂起来。

当市场已经真假难辨时，当整个市场上的五铢钱越来越少，当你不认为金错刀值这个价的时候，古老的黄金再次闪烁出璀璨的光芒，如挪亚方舟般出现在人们的视线中。黄金开始起到了保值与交易的作用，在大额交易中，人们开始自动使用黄金进行结算。

生命开始自己寻找出路，但王莽为了让自己的金融改革落地，又强令禁止黄金流通。

堵是堵不死的，但所有的交易成本被放大，全国的金融系统开始瘫痪。王莽感觉到势头不对，紧跟着进行了第二次"币改"。

公元9年，王莽废除了两种大面额刀币，他给自己找的台阶是：汉家的"刘"字就是由"卯金刀"三个字组成的，既然老刘家失去了天命，那么刀币也应该停止使用了。不仅刀币被废，通行了一百多年的五铢钱也被王莽废掉了，新朝新气象，全都换新的。

第二次改革中，王莽发行了一种重量只有一铢的"小钱"作为基本货币，取代五铢钱。

此时市面上流通的货币只剩下两种，分别是重十二铢价值五十文的大钱和重一铢价值一文的小钱。

明明就是十二比一，你非说五十比一，老百姓又不是傻子，不仅熔化掉已经"非法"的五铢钱去私铸大钱，而且还熔化掉新上市的小钱去私铸大钱，十二枚小钱在重铸后就可以当五十文花，你说你王莽糊弄得了谁？

第二次币改后没多久，整个市场上又全都是五十文的大钱了，市面上没有了零钱，零钱一少，毛细血管般渗透在社会各个角落的小交易就全都无法进行了，很多地区真的又回到了以物易物的状态，华夏大地再次一朝回到过去。

第二次币改再次演变成闹剧，导致王莽在转年又一次卷土重来。这次他的脑洞开到了极致，你们不是总在分量上跟我抖机灵吗？我这次非把你们整迷糊了！

纵观整个历史长河，一个国家所能够诞生的最复杂的货币系统现世了。这次王莽的幻想理论来自于上古时代，像龟甲、贝壳啥的全都出来了，再加上后来出现的金、银、铜，以此为基础他发行了六类货币，分别叫：钱货、金货、银货、龟货、贝货和布货。王莽把钱币改名叫了"货"。这六种货中，金、银、龟、贝的原料我们可以明确，钱货和布货则是以铜为原料的。

仅仅发明六种货对于王莽来说是不够的，这六种货又被分成了二十八个品级。有高面额的，有低面额的，每一类货币都有各种面值，每一类货币之间的换算也不尽相同。王莽复杂算法下的货币体系忽略了当时社会上百分之九十五的人都是文盲的现实，人们压根就不会换算。在这种荒诞且复杂算法下的货币，压根就不具有流通的可能性，更不要提龟甲与贝壳的低级防伪属性了。

在王莽的胡搞下，老百姓再次自我寻找出路，私下里用传统的五铢钱进行交易。历经一百多年洗礼的此时已经"非法"的五铢钱，再次成为人们呼唤和拥抱的对象，人们纷纷又开始私铸起了五铢钱。

市场上，百姓们开始拒绝乱七八糟的"莽币"，只认铜钱，尤其五铢钱，是硬通货。

没过多久，王莽就看到他的第三次币改再次被市场抽了大耳光。然后他下令，敢使用五铢钱而不用他那六个货的将被发配边关！在王莽的各种打击下，整个市场彻底崩溃了，应该说是彻底萎缩了。

因为通货紧缩，市场交易变得枯萎，在王莽的三次币改洗劫下，整个社会出现了死一般的气息。

最终，王莽不得不再次妥协，恢复了大钱和小钱两种货币，龟、贝、布货等被停止使用。

公元14年，无奈的王莽进行了最后一次货币改革。这次他认怂了，他废除了大小钱和龟甲、贝壳啥的，发行了货布和货泉两种货币。这次，货泉重五铢，一个货布等于二十五个货泉。终于简单好算不瞎定汇率了。

货泉回归了五铢钱的重量，也为王莽币改画上了句号。但此时此刻，他的幻想家实验基本上也走到尽头了。他已经把全体百姓全部"精准致贫"一遍了。他作到头了！

六、百灾之首

从公元7年到公元14年，不到八年的时间里，王莽在货币上动了四次大手术。其中前三次币改，全部都是要人命的大动作。

王莽这个庸医不负责任地在"天下"身上进行着各种崩溃疗法，一次又一次的胡来严重扰乱了社会和市场的结构与秩序，朝廷的信用彻底破产，社会上人心惶惶、怨气冲天。

土地国有，家奴自由，国企垄断，工商定价，国家贷款，货币试验，一项项荒诞的政策在短短的几年里在中华大地上集中爆破。王莽以超凡的能力在极短的时间内就得罪了全部的社会阶层。

王莽从有口皆碑的人间楷模到人人喊打的乱国昏君，仅仅用了不到十年的时间。如此罕见的超级逆转，不仅空前，而且绝后，王莽堪称世界范围内的孤本。

土地、工商、货币，上述王莽的三大改革，仅仅是他众多荒唐事中的基础三项，也是王莽最终垮台的内核原因。没有这三大荒唐，我们无法理解：为何谈不上盛世但却平稳富庶的西汉末年，会在短短的十多年间就死了上千万人，乱成了那副样子。

其实王莽的荒唐之举远不止于此，他登基后做的每件事，看上去都不太正常。

王莽进行了空前绝后的各种复古，全方位致敬自己的理想国。比如，在改名这件事上他就颇有造诣，不仅奇思妙想，而且精力旺盛。像官名、地名、建筑，没有他不改的。

郡由西汉末年的一百零六个被他扩编成一百一十六个，名字被他改了九十一个，一千五百多个县有七百多个被换名。其中搞笑的我试举一二：南阳郡叫前队，河内郡叫后队，颍川郡叫左队，弘农郡叫右队，河东郡叫兆队，荥阳郡叫祁队，这是豫州六队，听名字是不是像穿越过去的。曲梁改成直梁，曲逆改成顺平，襄阳变成相阳，无锡变成了有锡，辽阳变成了辽阴，亢父变成了顺父，沛县改成了吾符（刘邦听见非从地底下爬出来）。

再来听一些威猛的名字，东面琅琊变填夷；南边长沙变填蛮；西方天水变填戎；北面最猛，填狄（雁门）、厌狄（北地）、仇狄（白狼）各种藐视的地名层出不穷。

王莽在国内一通胡搞完，又去国外一通胡搞，他把新朝幻想和旺盛的精力还用在了国外。

在他眼中，他的这个神圣王朝比他所篡夺的汉朝要伟大得多。因为他的国度是有着神圣纲领的，是依据古圣先贤的教导建立起来的，所以这么伟大的王朝必须从各方面都体现出他超凡脱俗的领导地位。

在国外，王莽是这么干的：他在篡位之前首先强迫羌人献出了青海湖一带的土地，现在这块土地的产值都比较低，更别说在两千年前了。汉武帝看谁家的地都像自家的地，都没动那块地方的心思。但王莽动了，他要在这里设立一个叫作"西海郡"的行政区。为啥？因为北海郡、南海郡、东海郡我都有了，就差一个就组成"四海"了。我可是四海俱全的大咖！

随着"西海"回归新朝的怀抱，王莽为了使这块荒地更像一个郡，开始了强制移民，将很多罪犯和壮丁都移民到青海湖戍边看牦牛去了。那个地方之所以没人去，是因为土地产出低，根本养不活这么多人。你非得派这么多人过去的结果，就是大多数人都死在那里。

如果王莽光欺负欺负羌人也就算了，但他看谁都觉得是野蛮人，恨不得踩人家脑袋上来体现自己的天命优越感。所以，他以超凡的政治天赋在很短的时间内，几乎将所有的邻国全都得罪了。

他觉得周围的这些国家首领压根就配不上"王"的称号，也就算是个"侯"。于是，他收回了原来的"匈奴单于玺"，改授"新匈奴单于章"。他还有给所有人当监护人的欲望，在国内各种改名不过瘾还要给外国改，匈奴单于被他改为"降奴服于"，高句丽被改名"下句丽"。你在我面前还敢称"高"？反正他的宗旨就是，我很牛，你们都不是人。

王莽的幼稚自大，使原本臣服于汉朝已经几十年的匈奴、西域诸国和西南夷等属国全部反叛，拒绝臣服新朝。西汉后期经营了几十年的和平环境被王莽的一套王八拳全部葬送。

首先匈奴就各种不服，就算我们江河日下，也不能这么改着玩儿啊！"匈奴"这个词本来就带有侮辱性，结果现在这样都不行了，得"降奴"，还得"服于"！

公元10年，已经和平几十年的边塞再起烽烟。"降奴服于"遣将十余，兵万骑，入侵朔方郡。虽然现在匈奴的实力是不行了，但恶心人的本事还是有的，作为老牌军事强国，匈奴用行动表达了自己的不满，要用快马弯刀捍卫自己的尊严。

王莽也怒了，咋就给脸不要呢？王莽的捍卫方式是征召天下囚犯、壮丁，加上正规军队，号称三十万人，分六路大军自张掖、西河、五原、云中、代郡、渔阳，沿整个北方边境线大举北征。

王莽的作战意图是待六路大军集结完毕后同时出击，将匈奴一举平定，把他们驱逐到丁令（今贝加尔湖附近地区）。再将那块更加不毛的土地分为十五小块，然后立老女婿呼韩邪的子孙为十五个单于。他来个分而治之，让匈奴人"以夷制夷"。

梦想很美好，但三十万人的后勤动员不得了，再加上六路大军同时出击，当年专业军事筹划者汉武帝都没筹措过这么烧脑的作战计划。再加上士兵素质较低，大都是罪犯和抓来的壮丁，这三十万人在整个北方边境产生了极其恶劣的影响。

首先是几十年没上过战场的将领们根本就不想出征,以各种借口拖着,结果三十万人的庞大部队在绵延上千里的北方国境线上,成为巨大的包袱,给养渐渐出了大问题。再加上军队缺乏纪律,士兵素质不高,北方的老百姓倒了大霉,匈奴人没看见,自家这帮臭流氓就够受的了。

内地各郡为了配合北方作战开始拉壮丁、催税费,苛刻暴敛,没有豪族庇护的老百姓被迫抛弃家园成为流民,有的干脆就沦落为盗贼,成为反官府武装力量的一分子。

原本边郡百姓已经数代不见烽火,近百年下来人丁兴旺、田园茂盛、牛马遍野,可自从王莽与匈奴撕破脸以来,仅仅数年之间,这些成果就毁于一旦,以致整个北方边境一片荒凉,史书记载"缘边大饥,人相食"。汉语的精炼往往会掩盖很多可怕的现象。比如,在我们眼中可能没什么感觉的"人相食",这个事情如果拍成电影,放到银幕上,那就是能拿国际金奖的话题之作。

对匈奴的这次讨伐闹剧前后长达四年之久,整个西汉末年北方还剩的那点家底儿被消耗殆尽。

高句丽自武宣二帝以来就是汉之属国,王莽发兵击匈奴时,向高句丽征兵人家不给,再加上人家好好的"高句丽"让你改成了"下句丽",高句丽也叛乱了!

西南夷的那些部落被武帝打服了之后,名义上是大汉的属国,但他们骨子里却不一定这么认为,但面子上都还过得去,最起码认你这个老大。到了王莽这里,西南夷诸国中,一个叫作"句町"的部落非常强大。王莽"降王为侯"的政策施行后,句町王不服。凭啥这么多年祖上传下来的王位到我这成侯了?忒欺负人了!你这个老大我还不认了!一反全反,于是西南诸部落也乱了。

王莽还朝西南夷下了好几次手,每次都是"士卒疾疫,死者十六七,赋敛民财十取五,益州虚耗而不克"。

王莽对西南夷动兵前后长达七年之久,其损耗之惨重,类似于匈奴之于北方。

王莽一南一北，不偏不向地疲敝天下。国内的种种政策，再加上国际上的种种失智行为，导致王莽用短短的几年时间就将天下折腾得面目全非，民怨沸腾，但这仍然不是压死骆驼的最后一根稻草。新朝作为有史以来唯一一个一代而亡的王朝，它的灭亡除了人祸外，还来自于"天谴"。

你瞅瞅，多全科儿。

下面我们看一下王莽上台后这几年的时间轴吧。

公元8年，各种胡说八道的政策落地。

公元10年，得罪匈奴，三十万大军伐匈奴。

公元11年，继续北伐匈奴，青州、并州盗贼多。黄河改道，蝗虫四起。

公元12年，西南夷、高句丽反叛。

公元13年，西域都护被杀，失去对西域的控制。

公元14年，四月降重霜，草木死，沿海灾重；六月黄雾弥漫。

公元16年，地震，大雪，雪深一丈。关东重灾，王莽继续屯边准备击匈奴。

公元17年，荆州大灾，绿林军诞生。

公元18年，赤眉军诞生。

公元19年，又击匈奴。

公元21年，关东大霜，王莽调谷、帛物资到边郡，备击匈奴。

公元22年，关东大饥，人相食，蝗虫自东而来，遮天蔽日。

这里面，很多地震、蝗灾、大雪的奇异天象被写入了史书。

也确实，国之将亡，必有妖孽，天象不好也是必然。不过在这段时间最可怕的大灾害出现了，成了加速王莽亡国的最剧烈催化剂。

中国古代历史上的"百灾之首"降世！

公元11年，黄河改道！

很多话语我们感受不到它的可怕。

比如刚刚说的短短三字"人相食"。

比如"蝗虫自东而来,遮天蔽日"。

比如刚刚的"黄河改道"。

我们的母亲河一直脾气不好,几乎每年都闹灾,但每次黄河闹灾我们还能扛得住,为啥?

因为河灾的波及面往往不是很大,只要上面不折腾,老百姓还是能缓过来的。

但这次黄河闹灾,叫作"改道"!

啥叫"改道"呢?

就是河流决口后放弃原来的河床,自己又找了一条新道。

从原本没有的河道上自己一路"试错",找出一条新河道奔流入海。你想想这一路会淹多少地方,死多少人,产生多少灾民?

一般来说,改道这种现象是极其罕见的,毕竟旧有的河道是经年累月产生的,多少年都这么默默地流淌着,到了你这咋还就承受不了了?

到王莽这还真就承受不了了。

七、天下大乱

绝大多数的河流，基本上都遵循着旧有的河道向东流，决堤在特殊年份可能会出现，但绝大多数情况下不会改道。

唯一的一个个例是我们的母亲河——黄河。

黄河由于含沙量太高，大量淤泥顺流而下，所以它的流量自带重塑河道效果。

瞅瞅这家伙黄的。

在西北上游还好说，因为水流湍急，劲大，沿河淤泥往往待不住。

但黄河一进入大平原也就是中下游，水流就放缓了，淤泥沉积，越往下走沙土泥石沉积得越多，越容易使河道变浅，旧有的堤岸就越来越起不到约束河流的作用，好多"地上河"就出现了。

经年累月后，忽然一年龙王不开心闹大水，中下游地段就非常容易出现决口，两岸就彻底完犊子了，然后就变成毛主席著名诗句中说的那样"夏日消融，江河横溢，人或为鱼鳖"了。

一般来说，决口隔三岔五地就会发生，黄河在有记载以来决口一千多次，几乎每年都会有可怜的百姓受灾。

但决口的影响往往都是局部的，上游来水量的大部分还是要从旧有的河道去代谢，所以决口属于在生态与社会的自我修复范围内，尚可以接受。

但改道则不同：

1. 改道是原有的河道压根不再走了，不能用了。

2. 出现了超大规模的决口，整条黄河的流量全部冲向了大平原。

3. 然后开始随机选择地形，自我生成新的河道。

决口和改道的区别在于，决口堤有可能会祸害几个县，但改道则往往是几个省受灾。

这种黄河改道所带来的灾害，往往是毁灭性的！

黄河下游曾经有几次重大的改道，基本上有一个规律，黄河只要出了荥阳，就奔放异常。

泰山山脉对于山东人民那真是守护神般的存在，人家是帮山东半岛抵御过黄河泛滥的。

作为五岳之首，祭天圣地，有机会去泰山游玩的时候千万别偷人家石头，整一出到此一游或凭高远眺豪气干云的胡说八道。

这是咱们的民族图腾之一，恭敬地给这座神山鞠俩躬，没坏处。

顶级天灾再配合王莽新政下的一系列祸国政策，导致整个关东地区根本没有能力去承受如此大面积区域的海量灾民的出现。

当无荒可逃时，当方圆千里已无粮时。随之而来的，就是整个关东地区的全面大崩溃！

据《中国人口史》给出的数据，在王莽的各种改革政策下，至少有三千万人损身殒命。（很保守了，按史载来说应该是五千万。）

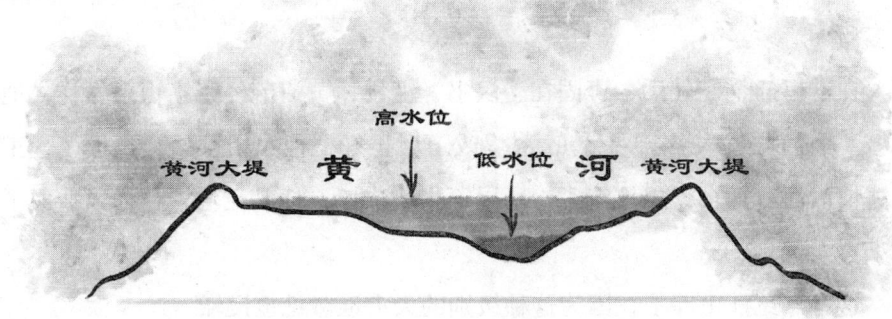

说回黄河，史上有记载的第一次黄河大改道发生于周定王五年（公元前602年），洪水从宿胥口（今淇河、卫河合流处）夺河而走，东行漯川，至长寿津（今河南省滑县东北）又与漯川分流，北合漳河，至章武（今河北省沧县东北）入海。

第二次是汉武帝时代，公元前132年，黄河在今河南濮阳西南瓠子决口向南摆动，决水东南经巨野泽，由泗水入淮河，六七十年后才归故道。

时隔一百四十多年后，黄河再次怒张龙口，出现了有史以来波及最严重、影响范围最广、受灾人口最多的改道。

公元11年，黄河在今河北临漳县西决口，东南冲进漯川故道，经今河南南乐、山东朝城、阳谷、聊城，至禹城别漯川北行，又经山东临清、惠民等地，至利津一带入海。

最早的黄河河道是从现在的河北省沧州地区出海的，而这次改道后的黄河就已经与今天的黄河出海口相距不远了，相当于黄河这次改道生生地冲出了一条五百多公里的河道！

这次并不像武帝时的那次改道，上次改道由泗水入淮河，大量的河道是现成的，所以沿途百姓受灾还不算太过巨大，重大灾区只是两岸局部。

南方河道众多，黄河哪怕出现改道往往也能迅速找到别的河道奔流，这也是为什么在之前的图中我把南方灾区写成了轻灾区。

公元11年的这次黄河大水灾，其泛滥之迅猛、冲毁之严重、受灾地域之广大，超过了历史上的任何一次。

神奇的是，老天爷先后给了好大喜功的王莽两个巨大的"示警"，你说有多巧。

在这里插个题外话，班固在《汉书》上说，黄河流经王家祖宗发祥之地元城（今河北省大名县一带），决堤改道后正好把他家祖坟给让过去了，王莽害怕治河后把自家祖坟淹了，所以不去堵决口，任其泛滥，这样才造成了水灾。

这有点冤枉王莽了，因为这种级别的天灾谁碰见也没辙。

尤其是在封建时代，大江大河这种崩溃型天灾谁也没有办法！

在古代，能抗的"洪"，那都不叫"洪"！

"洪"真来时，你只能看着，然后赶紧跑，并且祈求上苍开恩，等洪灾过去后再进行小修小补，力争在下次大灾前损失小一点，仅此而已。

王莽很冤，但也不冤。

如果你不胡折腾，哪怕是如此天灾，凭着西汉末年的老底子，他的政权还是可以扛过去的。黄河这次改道后安澜了八百余年，下次大改道是在北宋宋仁宗景祐元年（公元1034年），但仁宗就处理得很好，丝毫没耽误人家一代仁君的名声。

王莽在上台后，由内而外没有一刻闲着，每件改革都荒唐至极、劳民伤财，最后弄得天怒人怨，最终这次黄河大改道给了王莽最致命的一击。

决堤的黄河大水所到之处对当地造成了彻底的摧毁！

耕地被冲坏，水源被污染，千里皆泽国！

受灾百姓吃不上饭，庄稼被淹，瘟疫横行，海量的灾民开始逃荒。但外地往往也不比灾区强到哪去，供应的物资不足以救济灾民，根本承接不了海量的灾民涌入。

未受灾的地区在灾民涌入后粮食被抢劫，秩序被破坏，百姓如丧尸传染般的变成了新的灾民。

于是，越来越多的灾民变成了饥民。

大量的饥民为了活下去开始揭竿而起！开始抢劫官府！开始打家劫舍！开始啸聚山林！

越来越多有组织的团伙涌现，自秦末纷争后，时隔二百多年，轰轰烈烈的农民大起义再次上演！

公元11年，黄河改道的同年，由于不堪征匈奴驻军及各种横征暴敛的骚扰，并州东部地区（今山西省东部、河北省西部、内蒙古自治区少部分）大量的百姓相继流亡为盗贼。

公元15年，五原（今属内蒙古自治区巴彦淖尔市）和代郡（今河北省张

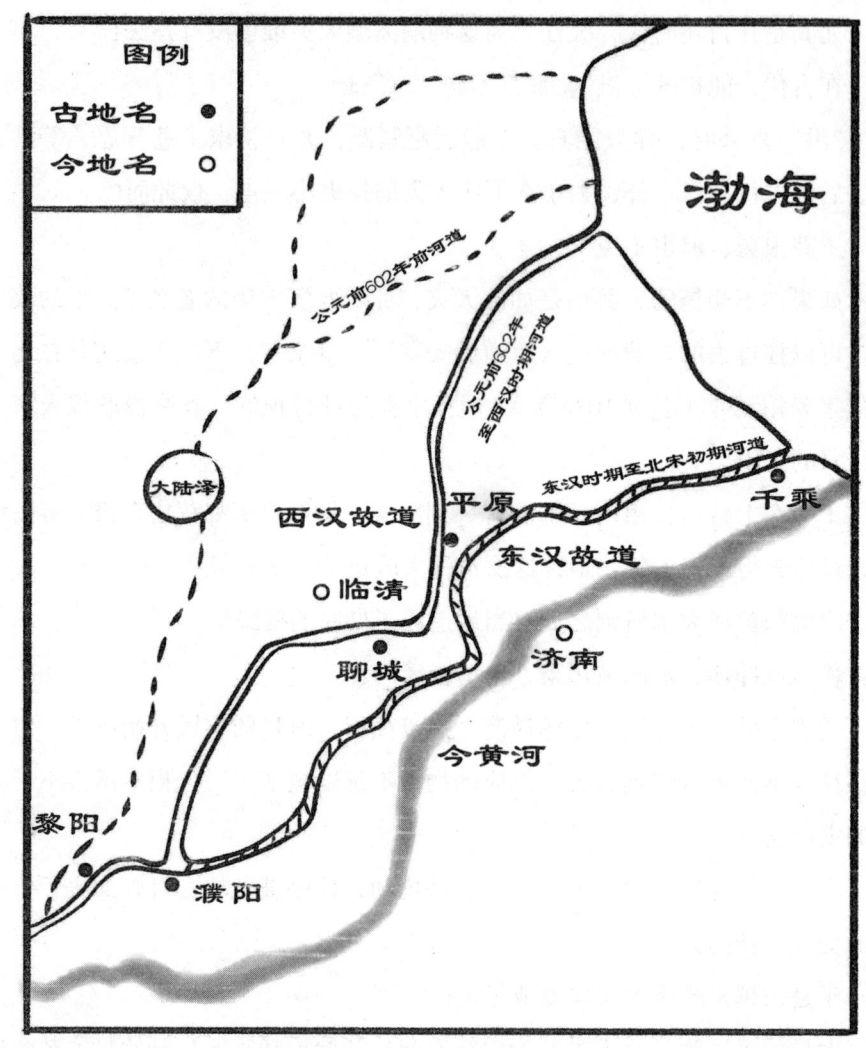

家口市）百姓也不干了，当地人不堪北征匈奴士卒的骚扰，数千人起而造反。

这是王莽篡汉后第一起有组织的反政府武装，就这么一支仅仅几千人的反叛武装，官军经过一年多的围剿才将其平定下去。

公元17年是一个由量变引发质变的年份，整个天下盗贼蜂起，各地百姓纷纷起而反抗。

瓜田仪在会稽长洲（今江苏省苏州市）率众起义，坚持长达数年之久。

琅琊海曲（今山东省日照市）有一个女汉子吕母为被县宰冤杀的儿子报

仇，率众造反，破城杀官，自称"将军"，然后到海上当了海盗，势力迅速发展到数万人。

吕母是中国历史上的第一个女老大。

公元18年，徐州地区，力子都率数万人起义，王莽遣使者发郡国兵击之，不能克。

张霸在南郡起义。

羊牧在江夏起义。

王州公在庐江起义。

遭受黄河水灾最严重的河北地区最乱，出现了数十支起义军，其中较为著名的有铜马部、青犊部、上江部、城头子路部等。

上述的这一大堆起义，都没有产生重大的影响，真正左右整个西汉末年历史走向的力量是两股。

山东的赤眉军和南阳的绿林军。

自秦并天下后，山东老百姓第一次在正式的历史舞台上显示出他们巨大的战斗力。拜王莽和黄河所赐，青州地区变成了水深火热的修罗场，因为山东北部夹在黄河的两条河道之间，所以整个地区都是灾区。

公元18年，琅琊人樊崇起兵于莒，众仅百余人，这伙小武装逃进了泰山，仅仅一年时间，就发展到了一万人。

万人规模的樊崇又得到老乡逄安，东海人徐宣、谢禄、杨音等起义军的支持与拥护，合兵数万成为山东半岛第一大力量，开始攻城略府。

山东盗盛，渐成不可收拾之势。

公元21年，王莽遣更始将军护军王党击赤眉军，无功。

王莽再遣太师王匡、更始将军廉丹率军十余万大举东讨。

樊崇恐混战中与王莽兵无法区分，下令用朱砂涂抹眉毛作为辨别。这也是"赤眉军"的由来。

公元21年秋，王匡军与造型威武的赤眉军战于成昌（今山东省东平县西），王匡逃走，廉丹战死，官军一败涂地。

赤眉军声威大震，增至数十万之众。

赤眉军可以说是整个西汉末年农民起义军中最凶猛的一股力量，山东兄弟们迸发出了让人咋舌的战斗力。

后来队伍渐渐扩大，赤眉军也并没有复杂的组织规章，只是简简单单地约定：杀人者死，伤人者偿创伤；以言辞为约束，没有文书、旌旗、编制、号令。

管事的就是职位最高的三个领导，号为"三老"。

其次为从事，再次为卒吏，一般泛称为"巨人"。

就这么一伙无组织章法的"乌合之众"，居然从东打到西，几乎战无不克，逮谁干谁，成为西汉末年无法忽视的搅局力量。

虽然这么厉害，但"赤眉"这个词并没有成为后世起义的代名词，反而是同时代的"绿林"成了后世啸聚山林的统称和代表。

因为最终把握历史走向的，是绿林军这伙人。

公元17年，南郡、江夏郡闹大饥荒，老百姓为了活命，纷纷来到野泽中挖野荸荠充饥。

乱世中，野菜都不够抢的，饥民多野菜少，大量的纠纷产生，新市（今湖北省京山市东北）人王匡、王凤出面调解，深受饥民的拥护，后来走投无路的流民就推举王匡、王凤做首领，造反起义了。

起义军迅速由数百人发展到七八千人，王匡、王凤带领这支农民军走进了绿林山（今湖北省大洪山），"绿林军"之名也由此而来。

公元21年，绿林军的名头越来越响，王莽派两万官兵围剿绿林山，被绿林军打败。得胜后的绿林军趁势攻占了竟陵（今湖北省天门市）、安陆等几座县城，然后开仓放粮。

绿林军军威大振，大量饥民灾民投奔绿林山，众至五万余，州郡官府不能制。

好汉们开始劫掠大量妇女进入绿林山中压寨，在天灾皇祸下过着没羞没臊的生活。

转过年来，绿林山中发生瘟疫，五万多人死了一半，绿林军不得不撤离绿林山，分作两路，寻找新的根据地。

一路由王常、成丹率领，西入南郡，号称"下江兵"，这部分是小股。

大股由王匡、王凤率领，北上南阳，号称"新市兵"。

在绿林军下山后，平林（今湖北省随州东北）人陈牧、廖湛也聚兵起义，号称"平林兵"响应绿林军。

这就是绿林军的最初三支队伍。

参加革命最早的，绝大多数情况下，不会是最终获得革命果实的，这是一条经历了历史大数据检验后的定理。

这一次，也不例外。

在如此声势浩大的农民起义的影响下，一个已经隐忍了很久的社会阶层也站出来了。

豪族们出手了。

越来越多的地主豪强在看到天下已经彻底乱套后，便趁机起兵，其中有一支地方豪强，是由南阳郡的汉室宗亲刘縯领导的，他策动族人和宾客凑了七八千人起兵于春陵（今湖北省枣阳市），号称"春陵兵"，成为绿林军的第四支队伍。

就在这支绿林军中，出现了一个将彻底改变历史格局走向的人物，并最终延续了汉室的国祚。

非常巧，他也姓刘，而且排行老三。

第十六战

昆阳大逆转：
天选之子的神话之战

一、"谶"语预言

今天的故事,要从一个非常神奇的预言开始。

话说在王莽祸国之前很久,有一本图谶开始横空出世,并渐渐造成了很大的反响。

这本图谶叫作《赤伏符》,里面有这么一句话:"刘秀发兵捕不道,四夷云集龙斗野,四七之际火为主。"

这句话在那个没有互联网的时代居然传得风风火火,民间后来还演绎出了另一个更为精练的版本:"刘秀当为天子!"

这句民谣成了中国历史中一个非常神奇的存在。

因为它太直白了。

像《赤伏符》这种预言类的东西在古代有一个专有名词,叫作"谶"(chèn)。

"谶",就是用隐秘的语言或图案来预测吉凶祸福与天下走向。

有的谶是一句话,有的谶还配有图,其最大的特点就是你当时不知道它在说什么,但这事发生后,你回过头来再仔细一琢磨,一拍大腿,原来早有预言!

也就是说,它虽然能够预言未来,但你当时却搞不明白它说的是啥。

正所谓天机不可泄露。

剧本是不能提前剧透的。

比如有史记载最早的"谶",是方士卢生入海求仙,给秦始皇带回的那句著名的"亡秦者胡也"的谶语。

秦始皇看完后,跟匈奴的快马弯刀和南方的十万大山玩命去了,但谶语的真正指向却并非这一南一北,而是他那不成器的儿子——胡亥。

谶语后来在两汉演化到了极致,最大的推广功臣就是王莽和我们今天的男主人公。

这两人一个是通过谶语营造气氛篡位,另一个则是一战后火遍大江南北的天选之子。

不过谶语后来开始没落,原因到时我们再讲,在唐又开始兴起,后来在民间渐渐发展成了求神问卜,听说当代仍然存在这种现象。

今天我们开篇说的这句谶语,可以说是中国历史上的一个孤例。

因为它直接就摆明了告诉你,有一个叫作刘秀的人要搞事情。

而且他要搞的这事情是占据着高点的,正所谓"捕不道"是也。

在这里我们还是要进行一下普及,谶和一些装神弄鬼的自我标榜还是不一样的。

区别就在于二者预言现世的时间。

谶有前置预言性。而装神弄鬼则都是同步的。

比如"陈胜王,大楚兴",比如"苍天已死,黄天当立"。

这都是造反派起兵后的自我广告,都是或同步或滞后的。

谶则不同,它是提前预言的。

此次《赤伏符》现世的时间比较早,天下那时并没有狼烟滚滚。

这句谶,影响了很多人,比如王莽的国师,大儒刘歆。

刘歆可以说是汉末最大的学术咖,他跟他爹刘向编订了大名鼎鼎的《山海经》,编成了中国第一部综合性的图书——《七略》。

这位天文、儒经各种通的大牛,在看到《赤伏符》后在公元前6年就将自己的名字改成了刘秀。

听听这个时间,王莽那时刚伸开腰。

不过后来认为自己已经被上苍"加持"过的刘歆还没来得及动手,就被王莽发现干掉了。

死前,刘歆仍然相信《赤伏符》,留下的谢幕感言是:"之所以我没有成功,因为我原名不是刘秀,只有原名是刘秀的才是真命天子。"

谶在当时就具有如此大的精神力量!

不过刘歆不愧是高级知识分子,他留下的那句遗言确实挺靠谱的。

纵观后面两千年,所有听到"神仙话"就自己人为往上靠去"攀缘"的,都没有得到什么好下场。

有句话,叫作"福地福人居"。

范仲淹给他母亲看坟地时,选的那块地是"万箭穿心"的绝地,但范母葬后,一夜电闪雷鸣风雨大作,"万箭穿心"变成了"万笏朝天",范家后人直到今天旺了八百年。

将来我们会讲到范仲淹这人牛在哪,总之,是你的,肯定是你的!

不用你瞎琢磨,好好做人,努力奋斗即可。

前提是你得有那德行和道行。

谶达到时代巅峰,是因为当时的皇帝王莽本人就是这种玄之又玄的最大迷恋者,纵观他改的那些地名,任用的那些官名,无不是希望听上去更吉利一点,比如"无锡"被改成了"有锡","长沙"被改成了"镇蛮"。

上行下效,所以种种神奇莫测的"伪谶语"被大量地"创造"了出来。

之所以要加上引号,因为大多数的"伪谶语"都是一点就破的歌功颂德,或者为自己谋私利的"天意"。

一般来说,只有少数的谶会大浪淘沙般地流传出来,其中又以小孩们的歌谣为试金石。

往往被孩子们唱响的,基本上都有些门道。这种歌谣有很多,比如前秦雄主苻坚刚政变上位时,就诞生了预言他一生的童谣:"阿坚连牵三十年,后若欲败时,当在江湖边。"(在位三十年,淝水战败亡。)

你的大运,你的兴与亡,一句歌谣提前三十年就唱响了。

很神奇，是不是？

很多事情就是不可思议的。

比如今天的这句谶，他的主角就真有其人，而且这句谶，刚刚现世的时候，他还没出生。

史上最为神奇，应该说史上最为幸运的开国演出，即将上演。

上一章的最后，我们说到在王莽的一通胡搞下，中原大地遍地起义，越来越多活不下去的老百姓成了流民，随之变为巨大的社会不安定因素。

流民一多，高层就头疼，哪朝哪代都是如此，不过头疼的不仅仅是皇权，地方豪族的利益也受到了巨大的威胁。

虽说流民最终会成为人口红利，但突然超过承受能力的大规模的流民还是让人觉得瘆得慌。

电影《1942》一上来，就是一大群饿极了的流民来到地主的屯子前要吃的，其实就是明明白白地威胁，不给就跟你拼了。

这就是流民对地主威胁的一个写照。

所以说当时摆在豪族面前的现状很艰难，因为他们遇到了比武帝年间更大规模的流民潮！

流年不利，整个社会动荡不安，越来越多的老百姓像饿蓝了眼的狼，越来越多的豪族被迫聚集家奴开始了家族保卫战。

他们面临着的是两头施压。

一方面王莽找你催粮催饷催人手，一方面起义军找你讨吃讨喝讨救济，两面都不好糊弄。

此时的天下已经没有了规则，而在没有规则的乱世中，骑墙求自保是最不现实的一条路。

大量的豪族们面临着站队的问题，要么就帮着王莽剿灭起义军，要么就也趁着乱世造反。

这是个两难的选择。

要是帮着王莽打起义军，那就直接成了当地出头鸟，各地方的乱民火力会向你集中。

要是你也跟着起义了,也就意味着要跟过去的日子说再见了,再没有回头路可以走,人家朝廷万一将来缓过来了呢?

如果不表态,守着你的那一亩三分地,那两边都不拿你当人,然后非常容易地就被消耗没了。

当绿林军中的新市、平林二军开始进入南阳的时候,南阳的豪族们就面临着这样的抉择,而且这个抉择比别的地方难做得多。

因为有家有业的人最难的就是豁出去。

南阳是一块非常肥沃的农业盆地,而且地理位置很重要,东边走就是齐鲁大地,西边走就是武关,北面是洛阳,南面是荆襄。

周围都是山,中间一块大平原,东南西北的交通要道,有钱有粮位置又处于枢纽,全国性的商业大都市宛城就在南阳。

物质丰富的大都会往往是不容易出盗贼的,所以南阳豪族们的日子一直过得都不错。

但树欲静,风却是不止的,当起义烽火烧过来后,豪族们开始挠头,好日子眼睁睁就要到头了,往后的路该咋走呢?

这些豪族中,有一家很特别。

这家顶梁的似乎并不纠结这看似很难的选择题,他抱着一团熊熊烈火等这一天已经很久了。

这个人,可以说是南阳的头号不安定因素。

这个南阳的头号"坏分子",叫作刘縯,字伯升。

刘縯家,从根上算是汉室宗亲,他是刘邦的九世孙,景帝子长沙定王刘发一脉。

话说那是一百多年前,景帝有一个宠妃叫作程姬,有一次景帝和弟弟梁王"哥俩好"时喝多了,随后点名去程姬处"指导工作"。

但程姬当晚不太方便,又不想辜负皇帝期望,推掉领导布置的任务,于是把自己的侍女叫来,顶替她勇担重任去攻坚克难了。

这是一次载入史册的"临时工顶包案"。

因为当晚喝得已经半昏迷的景帝在这神奇的一夜后，不久得子刘发，也就是今天主角的祖宗。

由于成分太低，刘发不被景帝喜爱，被扔到了长沙国。

景帝根本没有想到，他一顿大酒后整出来的刘发这一脉的第五世，会出现两个了不起的时代之光。

不过此时千万不要被刘縯这个"汉室宗亲"吓到，因为武帝一朝后这个群体的大多数也就比平民老百姓要强一点点。

当年武帝的"推恩令"使越来越多的王爷们开始从列侯递降，去平分越来越薄的家产，他老人家时不时地还老洗劫这帮亲戚。

到了公元1世纪，有统计的南阳二十一家大豪族中，唯一的一个还能排上号的汉室宗亲就只剩刘縯家了。

因为他家的爵位一直比较坚挺，直到王莽篡汉后，他家的南阳白水乡的封国才因受针对打击而废除。

刘縯祖为巨鹿都尉刘回，父刘钦是南顿县令，虽然官不是很大，但在地方上也算是个人物了，毕竟一县之司命，哪怕到今天，县长也是地方很有影响力的存在，老百姓看见还是会哆嗦的。

刘钦县长在择偶时，选择了一个同样出身于南阳的富族大户家的女子，再加上当王爷多年盘根错节的经营，他老刘家，是南阳当地非常有影响力的一支豪族。

公元3年，刘钦去世，长子刘縯带着兄弟姐妹回到了祖籍枣阳春陵，投奔了叔父刘良。

一晃就是十多年，刘縯渐渐长大，展现出了与众不同的一面。

首先就是这孩子性子刚毅，而且出手大方，满世界交朋友，有大志向，当听到道德模范王莽篡汉时，很是气愤痛心。

有的人气愤时，仅仅是个愤青，但刘縯却来真的，开始付诸行动。他不踏踏实实地过日子，开始用家里这些年的家底去结交天下雄俊。

太平时代的"雄俊",基本上也都是些和他一样的不安定因素。

其实像刘縯这种人,好听点讲是"黑社会",难听点就是败家子、二流子,但刘縯却自己给自己找了一个非常有来头的榜样与目标。

这个榜样,是他的老祖——刘邦。

当年刘邦也是啥也不干,天天满世界晃悠,一直牢牢占据"沛县头号二流子"的排名长达几十年之久,一直晃悠到死前的十几年,以四十九岁的高龄投入到了秦末大革命中。

刘縯给自己选的这个榜样,让自己觉得很有前途,因为他还年轻,照着高祖的岁数他还可以逛荡好几十年,而且他自认为和高祖简直太像了。

不仅所作所为像,连家属配置都是这么像。

当年刘邦作为刘老三总让老爹刘太公来气,说刘老三不是个东西,整天不干活,不如他哥哥刘老大让自己省心。

刘縯看到自家的兄弟,也是大发感慨,因为他也有俩兄弟,也都光知道干活,尤其是老三,天天扔地里就不出来。

都是刘老三,差距咋就这么大呢?

看来每个干大事的人家里都得有个能干活、话不多的兄弟,刘縯总结出了规律。

冥冥中的历史使命推着刘縯一步一步地往前走着,风云际会中,二百年一遇的天下大乱到来了。

他的感觉没错,他的家族确实是干大事的,但他并没有想到,以高祖自比的他,却并非是终结这个乱世的一锤定音。

天选之子,另有其人。

这个任务,老天交给了另一个刘老三,他的三弟——刘秀。

二、刘縯起兵

刘縯有三个姐妹和两个兄弟，俩兄弟是刘仲和刘秀。

姐妹们和刘仲就不提了，他们很快就将被大哥连累死，大人物的兄弟姐妹们往往都是很倒霉的。

但也有命硬的，比如他三弟——刘秀。

刘秀这辈子的命可以用一个大写的"硬"字来概括，后面我们将逐渐展开他的神奇人生。

公元前5年，刘秀出生于济阳县。

同刘太公在溪边亲眼看到大龙盘了刘大娘一样，这个刘家老三的出生也很不一般，据说他出生的时候，有赤光照耀整个房间，而且当年神迹非凡。

他出生那年，稻禾居然一茎九穗，正所谓"木谓之华，草谓之荣，不荣而实者谓之秀"。

"秀"字作为形容庄稼可劲长的好词汇被老刘先生拿去给老三冠名了。

也因此，后世广大人民群众的集体智慧并没有忘记他，时不时就要拎出来调侃一番。这个由基因突变的稻禾得来的名字伴随着那句史上最直白谶语的主人诞生了。

刘秀长大后，仪表堂堂，身长七尺三寸，美须眉，大口，隆准，日角。

注意这个外形，好胡子、大嘴、高鼻子、奇特额头，和当年的刘邦几乎是一个模子刻出来的。

刘邦和刘秀这两人也为后世的造反派们订制了面相参考。

模样虽像，但性格却是天差地别。刘秀勤于农事，特别会干活，一个好庄稼把式，和他哥刘縯形成了鲜明的对比。

面对哥哥的各种调侃，刘秀很淡定，因为也没法翻脸，家族并不允许出现两个二流子，总得有个从事生产的。

调侃归调侃，但是长兄如父的刘縯还是觉得不能让自己的弟弟跟地干上一辈子，应该让弟弟去见见世面，读读书。

流氓想混大了也得有见识，刘縯就是个有见识的人，所以最早他在老家铺开的一摊比当初瞎混的刘邦大多了。

刘縯知道庄稼地里是不会有未来的，公元14年，刘秀被哥哥送到了长安的太学中学习，专攻《尚书》，一学就是六年。

成果是"略通大义"。

不要以为刘秀这些年啥也没干，读个《尚书》读这么多年还仅仅"略通大义"。

这里的"略"，不是略微的意思，而是大体全面的意思。

我们上一章中说过《尚书》有多么难读，而且分门别类的各种解释也实在是太多，依刘秀的性格，他并没有浪费家中供自己上学的粮食，在这几年中，他大大开阔了自己的见闻与视野，比如他开始有了自己的志向。

"为官当为执金吾，娶妻当得阴丽华"。

两个小目标刘秀其实一直有着，只不过长安深造后，刘秀把牛和地的目标换成了"执金吾"（前身中尉，武帝后被分权，刘秀因其"车骑甚盛"的排场大，所以当成了小目标）。

他的另一个目标却一直没变过。

红颜但不祸水的完美典范。

刘秀要娶的这个阴丽华，是南阳另一个豪族，阴家的闺女。

这个阴家来头不小，祖上是帮助齐桓公成就了一代霸业的管仲。

到了第七代管修的时候，从齐国迁居楚国，被封为阴大夫，以后便以

"阴"氏为姓。

秦末汉初,阴家举族迁到了新野。

新野的阴家随后越混越壮,历经几百年而不倒,到了阴丽华这一辈时,阴氏家族仍然是南阳新野的豪门大户,家里光地就有七百余顷,排场更是可以同当时的诸侯王相比。

七百余顷地是个啥概念呢?

大约相当于三十二个故宫那么大。

就豪到这个份上!

地主家的闺女往往都很好看,尤其是老阴家出来的这个阴丽华,更是当地的著名县花。

刘秀去姐夫邓晨(邓家是官系豪族,世吏两千石)家时,由于邓家和阴家也是亲戚,刘秀有幸见到了阴丽华,一见倾心。

"执金吾"和"阴丽华"的两个人生小目标从此确立。

他和他哥哥不同的是,他哥哥把目标给定大了,他的这目标却真是给定小了。

尤其是第一个。

写到这,前面咱们用了很多举例子的方式,比如说"三十二个故宫",比如说"小目标"。其实都是为了帮助大家理解这个时代的底色的。

每段历史进程都有底色,这跟两百年前刘邦赖账,樊哙屠狗,周勃吹鼓的沛县老小子天团打天下时代真不同了。

从现在开始,除了中间猛男石勒和刘裕这俩天煞孤星插了一杠子和唐末的藩镇割据以外,直到朱洪武上台,整整一千三百年,中国历史的高层建筑基本上都跟中下层人民群众没啥关系了。

公元19年,刘秀从长安毕业回到了家乡,发现世界变化得太快了。

沿途早已不是六年前去长安时的样子,饿殍遍地,百姓们流离失所。自从王莽上台后,老百姓的日子比王小二还惨,不仅一年不如一年,而且生活质量还以指数般的速度逐年坠落。

活下去，现在很成问题。

刘秀回到家后发现，家里的变化也是按指数的速度来的，家宅变成了堂口，哥哥成了黑社会老大。

这些年，看到王莽胡说八道般所作所为还能够高兴的，除了贪官污吏，可能就是刘縯了。

刘縯没有浪费这些年的时光，利用自己的人格魅力和家族势力，结交收揽了一大批社会不安定因素，而且名声越来越大，整个南阳都知道有这么个刘老大，这小子要搞事情，对社会不满的可以去投奔他。

刘秀回家后，觉得这不是他想要的生活，他想当个好人，于是找了个借口去新野投奔姐夫邓晨了。

这有两个好处。

一是离哥哥远点，省得连累自己。另一个是离阴小姐近点。

刘縯和刘秀这哥俩，从性格上是截然相反的两个方向。

刘縯，刚毅果决，意气风发，人格魅力强，确实是个当大哥的材料，但有一个巨大的弱点——锋芒毕露。

从他蓄养宾客搞得全境闻名的这份折腾劲就可以看出来了。

造反向来是个高度保密事件，但冲他还没反就将自己打造成反动派招牌的这股子招摇劲，就可以看出来，刘縯也许有雄才，但他并无大略。

大略是啥？

谨慎明确地对全局的判断。

缺乏谨慎和锋芒太露，为刘縯日后的人生悲剧埋下了伏笔。

因为灯具本身的遮挡，在灯下产生的阴暗区域叫作"灯下黑"，这个词往往用来形容人们对发生在身边的人或事缺乏了解与察觉。

刘縯没有想到，世上最大的"灯下黑"，就发生在他的身边。

他一直调侃的这个弟弟，并非凡品。

胆小的人，不见得干不了大事，要知道，高祖刘邦当年除了喝多了砍过大蛇之外，向来是各种躲藏的，不然也不会和楚霸王对垒了这么多年。

韩信当年受胯下之辱，不仅仅是说这人有多么拎得清，不和二百五一般见识，其实胆子小也是重要一点，动不动就跟人家拼命是很容易就非正常退场的。

他的这个弟弟，有一个他从来没当回事的优点——谨慎。

刘秀在干任何事情前，都会仔细琢磨，细心研究，所以他种地时是种粮能手，拿起书本"略通大意"，后来去新野姐夫那帮忙卖粮食就从来没赔过。

人过一辈子，要牢记一点，不到万不得已时，永远别把自己的赌注全部压上。

刘秀对于造反这个问题，和他哥哥的看法就很不同。

也许这是个造反的美好时代，但要是玩砸了呢？

这可是灭门的罪过啊！我那俩小目标咋办？

所以刘秀很谨慎地和老哥划清着界限，踏踏实实地过着自己的日子。

但是，金子怎样都会发光的。

刘秀在新野和宛城贩粮时，遇到了很多豪族才俊与江湖人物，他们对于刘秀这个粮贩子的态度却惊人的一致：这是个人物！

比如后来最早随刘秀参加革命的宛城豪族李家，就是最早看出刘秀不同寻常的豪族之一。

宛城的李家大有来头，世代经商，高官也出了不少，传到汉末时，族中的李守在长安为官，担任王莽的宗卿师，在后来改名刘秀的刘歆身边办事，一起研究天文历数图谶。

李守后来在图谶的研究中，发现了一句话"刘氏复兴，李氏为辅"（汉末的预言实在是没啥艺术感，忒露骨）。

李守的这个发现，后来深深地影响了自己的家族，因为他的儿子李通从老爹这听到这话后开始了自我暗示，认为这个李家，就是他们宛城李家。

这个李通，靠着老爹的背景干过将军从事，还干过县丞，而且很有点能干的名气，但后来天下大乱后，他辞官回家，开始寻觅真龙天子。

当李通和堂弟李轶在家煮酒论英雄时曾经探讨过：如今天下大乱，王莽就要垮台了，谶中所言"汉当兴起"看来是真的，我看咱南阳，能够有模样干出一番事业的，也就是刘伯升兄弟了。

刘縯固然名声在外，但李家兄弟却并没有见过，他们之所以这么说，是从低调的刘秀身上看出他哥的希望与不凡的。

不要忘了，李家是研究谶言的，谶言中最核心的那句话一直提醒着他们："刘秀发兵捕不道！"

公元22年（十月），刘縯的所有准备工作完成了，绿林三军也闹腾得风生水起，他要趁势干他的大事了。

兄长已经做了决定，刘秀陷入了沉思，干还是不干呢？

其实刘秀根本没有选择，干不干都是个死，说破了天你们也是兄弟，谋逆的大罪，躲到哪里能逃得掉呢？

刘秀曾和姐夫邓晨拜访过图谶大家穰县蔡少公，在说到"刘秀当作天子"时，有人接茬道："这说的是改名的国师刘歆吧？"

一向谨慎的刘秀突然说道："你怎么知道就不是我呢？"

围观群众大笑。

刘秀在仔细地权衡后，下定了决心，天变已成，既然无法做良民，那就做乱世英雄吧！

你咋就知道那不是我呢！

公元22年（十一月），刘秀和李通、李轶率领着宛地的宾客与豪杰回到老家舂陵和大哥刘縯会合，姐夫邓晨从新野率众赶来，聚七八千人，旗号"复高祖之业，定万世之秋"，称"柱天都部"，于舂陵正式起兵造反。

在这里，要额外说一下刘秀的默默光环效应，刘縯虽然给自己起名擎天之柱（柱天都），但他宣布造反起兵时，大多数当地豪族还都是不赞同的。包括自家的刘氏宗亲们也都是极力反对，刘家宗族听说刘縯造反后都骂道"伯升杀我"！

毕竟这是掉脑袋的事，但凡有办法，谁愿意蹚这个浑水？尤其自家是豪门大族，那么多的产业，为啥要去玩这个命！

刘縯这个老大当得并不那么顺利，真到豁出去时发现纸面上盘算的那些助力突然都不稳当了。

是刘秀，在这关键时刻，起到了稳定人心，拉大伙下水的作用。

第十六战 昆阳大逆转：天选之子的神话之战

三、刘縯闹南阳

当族人和大户们看到连平时胆小谨慎的刘秀都扮上行头,旗帜鲜明地站在大哥身边后,大伙渐渐地感觉到,刘縯可能还真有点门道,也许这次举义会成功。

他家老三从来都是不见兔子不撒鹰,这次他都入股了,看来有戏。

刘縯这旗子是扯出去了,下面的问题来了,第一步该咋走。

虽然此时闹得挺大的新市、平林两路起义人马已经进入到了南阳南部,但南阳大部还是在王莽手中的。而且刘縯的这点人马不仅人数可怜,装备更可怜,比如刘秀大将军,创业初期是骑着牛上阵的。

唉!实在是忒没办法了,牛这种动物我们都很熟悉,有以下特点:速度慢,脾气倔。

由此我们也可以看出来,刘秀这人绝对是福大命大,他应该是没有遇到过战场上牛大哥突然撂挑子的尴尬状况。

主将骑牛的实力让刘縯明白,他的这点家底实在是太薄,稍有不慎就会被消灭,虽然说疾风知劲草,但再劲也是草,说到底还是抱着树踏实。

他迅速地联系了大组织,派遣族兄刘嘉前往新市、平林军中联络,表达了伙在一块干的真挚想法。

绿林军中三股力量中的两股,新市军和平林军出现在南阳南部已经好几个月了,一直想往北边打,但南阳由于耕地多、地皮值钱,宛城又是贯通南、北、东、西的大都市，所以南阳的官军力量和本地豪族的保护主义势力一直很强。

如果大家还有印象的话，两百年前大汉第一次创业时，刘邦来到南阳准备接着打游击的时候，张良就是在这个地方摁住了刘邦，告诉他别瞎逛荡了，从这开始就得步步为营了！

时隔两百年，这也是南阳最后一次扮演"天下之腹"的角色了。

好地方的地价、粮食价格都高，也正是这个原因，绿林军才会往南阳运动，跑别的地方就都饿死了。

一直在南阳南部磨磨唧唧的新市、平林两伙人听到大名鼎鼎的南阳第一黑社会——刘伯升大哥找他们参股来了，马上表示出了高度的认同和热烈的欢迎。

在热情洋溢的气氛中，三方就兴复汉室，死磕王莽的问题达成了共识，并充分交换了意见，三方合兵一处，将打一家，目标大城市宛城，正式和官军开战。

前期的几场小规模战斗比较顺利，刘縯率兵西击长聚，然后攻克唐子乡，杀湖阳尉，后又拿下棘阳。

小的顺利，是因为没碰到大的。

刘縯连战连捷，继续率军向宛城进发，但在小长安聚遇到了王莽的"前队"队长——南阳的军政一把手甄阜。

在大雾之中，刘縯被前队队长打得大败，数十个同宗兄弟都死于混战中，亲兄弟老二刘仲和一个妹妹都过早地离开了他。

干大事者的亲戚往往都挺倒霉的，这是个大概率。

有时候别光看贼吃肉，贼挨打的次数比吃肉多。

刘縯收集散卒，退守棘阳。

这个小长安聚在哪呢？

在贯穿南阳郡的主河道上。

之前刘縯这帮人一路挺猛的原因在于是用腿走路，远离主航道。

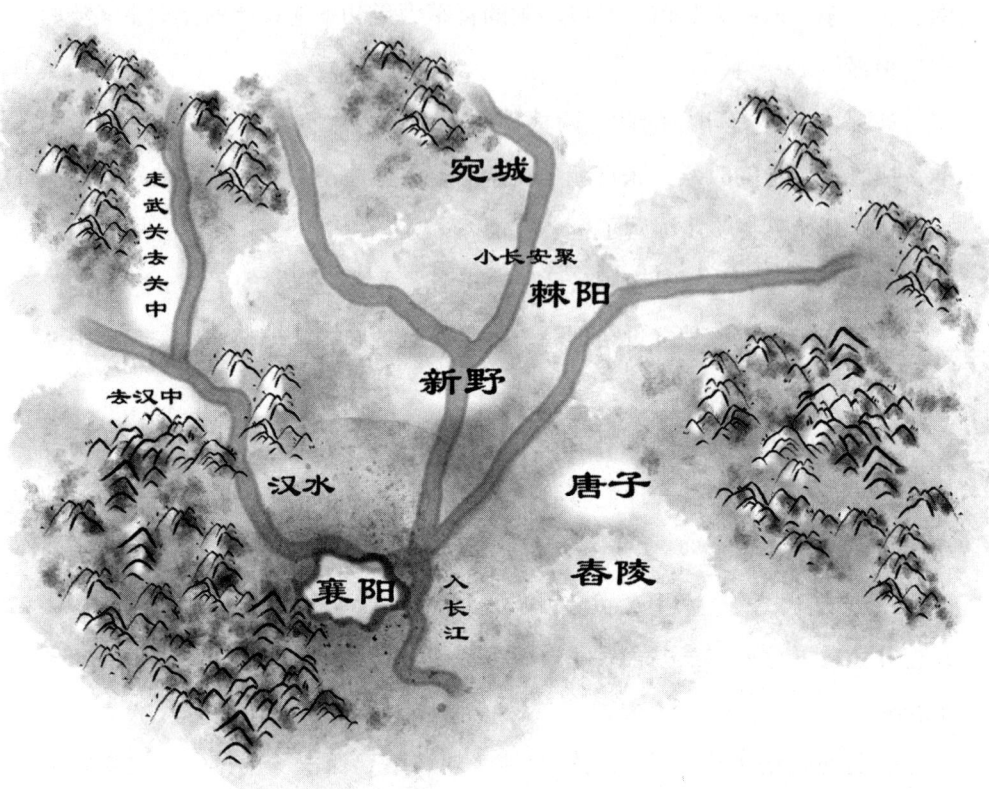

军队的后勤给养不多,再加上没有船,没办法利用最靠谱的物流管道——水运。

一旦触及到了那条贯穿南北的水路物流线,官军的态度和投放能力马上就开始变得不一样了。

还记得我们前面说过的韩信为啥能完成史上唯一的一次自汉中出川?为啥诸葛大丞相死活就入不了关中呢?

跟水路的物流系统有着极大的关系。

必须得靠漕运,才能把运兵的规模提上来,把成本降下来,把可靠性保证起来。

每天五百人报道,自带三天干粮,跟每天投放五万人,配三个月的给养,效果完全是不一样的。

宛城此时的物流中心地位为啥得以确立呢？

在于它是南方水系的北部终点站。

它可以通过一系列水利物流网络将南方各地的物资汇聚到它那，再打包集散到东部的中原去。

反之亦然，它将中原的物资汇聚后，通过水网再散到南方的四面八方。

等到南方越来越重要后，具有国防和物流双重属性的襄阳就成为"天下之腹"了。

说句题外话，知道为啥刘表让刘备在新野当北门保安了吧。

新野总控了两条水路，从南阳北部、东部过来的军队和物流都要经过新野。

新野的阴家为啥能暴富到拥有七百余顷土地，跟新野这种"南阳新加坡"的地理位置有很大关系。

甄阜的这次小长安聚阻击战打出了威名，打出了士气，打出了一系列乐观影响。

南阳的混乱态势似乎渐渐清晰，黑老大刘縯被打残后，过去很多犹豫观望的地方官觉得这帮泥腿子不过如此，开始不再骑墙，行政效率大幅度飙升，大肆围捕和处决造反者及其相关亲属。

甄阜大胜后，决定乘胜追击，将南阳的匪患彻底扼杀，点起全部人马，率十万兵（号称的，有水分）南渡黄淳水，前锋达沘水，在两河之间安营扎寨，同时拆掉架在黄淳水上的桥梁，向偶像楚霸王致敬，表示出了破釜沉舟的坚决态度。

还整不死你了！

一方面信心满满，另一方面开始怀疑人生了。

首先就是绿林军方面的新市、平林两军开始尿了。

这两伙绿林军在被甄阜打懵了之后开始产生畏难情绪，之前一直没经历过大规模战斗，打家劫舍抢一通的事情从来就没吃过亏，谁知道正规军原来这么能整！

无论是兵力还是装备，官军都占据着压倒性优势，眼看着甄阜又撑上来了，新市和平林两伙人准备南逃。

　　你南阳既然这么猛，我们就跑别的地界去讨生活，至于什么拿下宛城这种宏大剧目我们这种草台班子还是不唱了。

　　刘縯的梦想在革命还不到一个月的时间里就面临着分崩离析，强大的实力差距让所有人都感到绝望，另两伙人都已经打铺盖卷了，凭着自己这点人马是绝对赢不了官军的，难道也跟着南逃吗？

　　就在这个时候，绿林三军中的下江兵尴尬地赶到了。

　　下江军的王常、成丹率兵五千北抵宜秋（今河南省唐河东南），本来是听说南阳形势一片大好，赶来分肉吃的，没想到自己刚到这，肉不仅没了，弄不好还让狼给撑上。

　　在一片唱衰的态势下，刘縯显示出了自己的气魄和胆略，刘家人第一次为绿林军续命了。

　　刘老大表示：跑能跑到哪里去呢？谁家造反也不是上来就把政府军打趴下的！老子家都快死绝了我说啥了？

　　咱们必须要跟甄阜再战，必须把场子找回来！老子还得在南阳混呢！话虽如此，但刘縯也知道，此时找新市和平林是没戏了，那两伙人被打尿了，得找还没见过血的下江兵。

　　刘縯和刘秀、李通一起前往宜秋，找到了下江兵的老大王常。

　　刘老大展现出了南阳第一老大哥的风采，对王常描绘出了一幅宏伟蓝图，王常深感汉室将复，成大事者必刘伯升兄弟，当即表示下江兵愿追随刘家兄弟。

　　刘老大对这个结果很满意，但他走后，不知道刚招的这个堂主差点又生变数。

　　王常回去跟副手成丹等人谈这事时，他们极力反对，也认为该跑，开玩笑嘛！对面十多万怎么打？而且哪怕跟官军干，也不能听他刘家的啊！咱得让他跟咱混啊！咱的资格老啊！

面对质疑，王常对下江诸将说：成大事者必须上合天意，下顺民心，今天我看这刘氏兄弟二人，皆是王公之才，我们跟他们干，必成大功，这是老天爷给我们机会！

王常力排众议，将这五千下江兵押上了赌桌，赌的是自己的眼力。

下江兵力挺刘縯的态度又间接影响了新市、平林二军，刘縯随后召开了绿林军大会，四股力量在达成共识后，饱食士卒，休整三天，向官军反击。

公元23年，正月甲子日，被推举为临时盟军总司令的刘縯将全军分为六部，夜袭官军的屯粮之处，尽获其辎重。

二日清晨，刘縯率军自西南方向攻击甄阜，下江兵自东南方向攻击其副将梁丘赐军。

后勤被断的官军军心不稳，在绿林军的奋力攻势下，梁丘赐所部阵脚先乱，军阵被冲垮。

梁部垮后，甄阜部也开始溃不成军，随后刘縯率领全军展开了总追击。

被冲垮的官军逃至黄淳水边，发现桥早就让领导给拆了，欲哭无泪的官军并没有展现出背水一战的英勇，被杀溺水者两万余人，统帅甄阜、梁丘赐被杀。

又一个被"幸存者案例"害惨的人。

之前我们讲过韩信的背水一战，除了背水，人家韩信还有五个步骤呢；破釜沉舟，两千年可就出了一个楚霸王。

千万不要盲目模仿英雄案例，这世道还是凡人多。

此战后，绿林军名头大响，获得了大量物资补充，绿林军也开始鸟枪换炮提升整体装备实力，刘縯的指挥才能获得了绿林军上下的一致认可。

携此战大胜之威，绿林军继续挥师北进，在淯阳（位于今河南省南阳市境内）城下，绿林军遇到了最后的抵抗，与严尤和陈茂所率领的官军展开激战，斩三千人，大破之。

绿林军此战后兵力大增，乘胜追击，兵锋直指南方第一商业时尚大都会宛城。

一般来说，农民起义军的经历往往都有一个比较固定的套路，大约是这几个步骤：

1. 起来不愿做奴隶的人们。

2. 被干死。（如果没被干死侥幸告捷，那么转到3。）

3. 封王称帝。

4. 被剿灭。

基本上，史上的绝大多数流民起义都是这样一个套路，极个别成功的数得上来的也就刘邦、朱元璋这么三两个。

因为啥？

农民自身的局限性。

我们在刘邦入咸阳后详细地阐述过，过自己这一关有多么重要。

今天，我们分析古今多少事，把一个个历史人物犯的一个个错误全都指出来，然后叹道：唉！水平问题啊！这帮没出息的啊！说风凉话是很容易的，真做起来是很难的。

"高筑墙，广积粮，缓称王"，这句造反金句古往今来被很多摇头晃脑的幕僚提了很多次，但真听进去的没有几个。

似乎谁都知道，但就是谁都做不到。

就算你能做到，但现实却是很多起义军中，连能说出这种水平的话的幕僚都没有。

哪怕换到我们今天也是一样，一个小伙子想出人头地，大体会有几个关键环节：

比如尊敬师长，与人为善，终身学习，多做好事，踏实肯干，相信积累，懂得复利，管住裤腰带……

做好了这几项，你有极大概率人生会螺旋形上升，并创下一番事业，或者说打下一番家业。

哪怕所谓的"命"不好，也会在你的改过向上中修正过来。

你的贵人会越来越多，你的霉运会越来越少，你的眼界和前路会越来越宽阔。

但我们也知道，没有多少人能做到。

别说都做到了，能做好上面一项就很不简单了。

"见识格局"很重要，"自我约束"也很重要，缺一不可。

绿林军的这伙流民起义这次也不例外，啥都缺。

不久后，他们也在稚嫩的羽毛还没长齐的时候就称帝建国了。

他们最后也都成了这段历史的陪衬。

当然，如果不是因为一个人，他们可能连当陪衬的机会都没有。

真正的正戏主角刘秀，要登场了。

四、黑云压城

绿林军在接连大胜后，犯了见识格局上的错误，这帮连一个郡的省会还没弄下来的起义军要成立自己的政权了。

所幸大错中蒙对一步，绿林军上下对新皇帝产生的方向还是正确的。

这个皇帝还得是刘家的。

既然兴复汉室，就要立老刘家的后裔，但这个后裔却并非是呼声很高的刘縯。

新市、平林两军，军纪放纵，一直害怕刘縯军严人威，觉得刘縯太过于锋芒毕露，这个人并不好控制，几千人的股份就总以老大自居，如果让他名正言顺了，那我们岂不是更得被架空了。

南阳豪杰和下江军王常那边倒是希望立刘縯，但南阳豪杰此时参加革命的力量不多，份额也不大，而且下江军中也并非王常一个人说了算。

绿林大佬们最终从军中找到了另一个老刘家的后裔，叫刘玄，是刘縯的族兄弟。

这个人早早就在本地混不下去了，投奔了平林军，没有刘縯那么傲然于世，在平林军中地位也不高，性格也软弱，属于能力和实力的双短板。

绿林大佬们认为这个人好控制，而且这个人又有南阳刘家的户口，跟南阳豪族能扯上关系，于是绿林军私下谋定，要立刘玄为帝。

可这事刘縯压根就不知道。

本来也没打算让你同意，就是通知你一下。

此时刘縯在宛城前线，临时被绿林大佬们召回商议大事，刘縯刚刚返回，就被僵在了谈判桌上。

绿林军各首领直接抛出了要拥立刘玄为帝的方案，让他马上表态。

刘縯对这一突如其来的变故根本没有什么准备，但他还是马上提出了一个非常令人信服的方案：灭王莽，降赤眉后再举尊号。

刘縯的理由是，现在刚刚革命，如果我们立了皇帝，赤眉军那里也学我们成立另一个政权，我们就没有办法形成合力了，到时候宗室之间相互攻伐，不利于兴汉大业。

况且咱们离王莽更近，现在仓促间自称皇帝，会成为天下攻击的目标，不如暂且称王以发号施令，称帝之事应暂缓。

这个方案说出来，南阳派将领们纷纷附和，刘縯审时度势地分析了时局，也为自己将来的大宝之位留下了火种。

但决策的最终结果却并非是谁有理听谁的。

由于刘縯被摆了一道，他前来参会并没有带着队伍来，类似于赴了鸿门宴，新市军的张卬充当了宴会爆破手的角色。

看到他们的谋划有可能破产，他拔剑击地，声色俱厉地说："疑事无功！今日之议，不得有二！"

张卬大有谁不同意今天就走不出去了的感觉。

当年霍光废帝时，田延年的造型再次出现了。

这种黑吃黑的戏码刘老大是熟悉的，但在这样的形势下，没有准备，实力不济的刘縯无法为自己投上一票，如果不同意估计今天连门都出不去了。

在这场绿林"鸿门宴"中，刘縯最终选择了妥协。

公元23年（二月初一），在淯水沙坝上，刘玄被拥立为更始皇帝，绿林各大佬皆高官封侯。

新市军成为最大赢家，老大王匡、王凤分别被封为定国上公和成国上公，朱鲔当大司马；平林军老大陈牧为大司空；失败者刘縯被安慰为大司徒，其余诸将皆九卿将军。

在权力分配中，南阳豪族仅仅捞回来了一票，跟着刘縯参加革命的南阳地主们开始大骂不服，绿林军这帮土豹子以为耍阴谋夺了把头筹，就占了多大便宜。

实际上，他们这一步使得这个新生的政权几乎走向了绝路。

第一，绿林军的见识格局问题使他们的灭亡开始了倒计时。

在全国盗贼蜂起的态势下，他们成了最早跳出来的出头鸟，王莽的凶猛火力将集中枪口对准新生的更始政权（我们也可以称之为玄汉政府）。

第二，王莽真正害怕的，是失意的南阳豪族们，尤其是身为汉室宗亲，指挥打赢一系列硬仗的刘縯。

青、徐、河北此时已经有几十万盗贼了，但由于主力是流民军，没有文书、号令、旗帜、军队组织，所以王莽并不担心。

但直到南阳豪族进入天下角逐，最开始的土包子绿林军得到新鲜血液后，这帮上层的豪族力量，有制度、有编制、会传递文书、懂制造舆论的正规军打法出来后，王莽虚了。

不过南阳豪族们组成的这支绿林新军，已经快要和其他绿林三军离心离德了。

更始政权建立后，以"灭新复汉"为旗号，一面遣主力围攻宛城，另一部派平林军南攻新野，东面又分遣二万余人，由王凤率领，与廷尉大将军王常、五威将军李轶、太常偏将军刘秀等向颍川、洛阳进击。

三路人马中，围攻宛城的刘縯陷入了持久战，被绊在了大都会城下，另两路倒是很顺利，尤其是向洛阳挺进的王凤一路顺风，连克昆阳（今河南省叶县）、定陵诸城。

但他们的顺利，也就到此为止了。

因为王莽集中火力要打出头鸟了。

王莽听到南阳的匪患已经闹到建国的级别了，于是他对这个顶级谋逆的举动给出了迅速的反应。

王莽遣司空王邑、司徒王寻等赴洛阳，征发各州郡精兵，平灭南阳之乱，进讨更始政权。

没过多久，夏初时，各州郡到达洛阳集中的精兵已经集结完毕，达四十三万之众，号称百万，还在路上的援兵、旌旗、辎重，千里不绝。

王莽觉得这还不够，还派出了猛兽军团，老虎、犀牛、大象全部出征南阳，由两米多高，腰宽十围的巨毋霸为总驯兽师驱使虎豹犀象等猛兽以助军威。这个巨毋霸由于名字和形象太过于贴切，渐渐地被音译引申为后世很多大块头的形容词，并在今天还成功代言某著名汉堡。

公元23年（五月），王邑、王寻率大军抵达颍川，与先前被刘縯打败的严尤、陈茂会合，随后由颍川向昆阳前进，两三天内便有十余万军队到达昆阳。

东汉开国中最震撼的以少胜多的大戏即将上演。

纵观开国皇帝中，基本上全都是大智，大勇，大幸运，能打仗，会用人的超级人精。

虽然关公战秦琼这种比较比较困难，但对比这十几个大朝代的开国之君，尤其是靠武力打下江山的，刘秀的总体数值是可以排进前几名的。

这个人基本上可以说是在古代皇权中，做皇帝的功业水平和道德水平最高的水准了。

纵观整个历史，每次天下大乱后的分久必合几乎都成了小说家的耕耘土壤。

秦末的楚汉争霸；

汉末的三分天下；

隋末的李世民灭各路反王；

宋和塞北三朝的恩怨纠葛；

元末的朱元璋灭陈友谅、张士诚；

明末的吴三桂领兵南下去，大清一统坐金銮。

基本上熟悉历史脉络的人，都会有印象，能说出个大概。

不光是历史小说层出不穷,像蒙古郭驸马侠之大者守襄阳,元末明教张教主和赵郡主的情感纠葛,李闯手下的胡苗恩怨,这些精彩年份,金庸老先生的武侠小说都以其为时代蓝本,你说知名度有多高。

唯独有三个例外。

东汉开国,八王之乱后的东晋南北朝,唐亡后的五代十国。

这三个例外中有两个是大乱世,太过于混乱,皇帝和政权换得跟走马灯似的。

主角太多就没办法立中心,主线不明确就不容易把角色塑造成关羽、诸葛亮这种天皇巨星来帮你撑场。

其实像石勒、刘裕、慕容垂这些人都是超级大咖,但无奈时代太过混乱,精彩故事全给淹进去了。

这两次大乱世最终没有被人细致地挖掘出来成为脍炙人口的故事还算情有可原。

最后一盘算,唯一的例外,就是王莽灭绝人口后的东汉开国。

大多数人都不知道,东汉咋就稀里糊涂地给搞上市了。

但这并不意味着东汉开国的过程不够精彩。

要知道东汉的开国功臣可是被称为"云台二十八将"的,牛人着实不少,像冯异、岑彭、耿弇这种人物放在哪朝开国都得是天王巨星级别的。

但这二十八将的知名度和李世民的"凌烟阁二十四功臣"一比起来,就显得太单薄了。

像人家秦琼、尉迟恭,那都进了门神编制走进千家万户了。

细分析下来,有三个原因:

第一,东汉这帮开国的功臣宿将全部得到了善终。

这在王朝更替中极其罕见,因为善终的故事是缺乏吸引力的,所以很少会有人说。

反面案例就是第一代刘老三和明代朱重八。

第二,刘秀本人的皇位资格没有任何争议,男女作风问题表现良好。

从这人身上无法营造狗血新闻，没有豪门恩怨，跟初恋情人从一而终，真没劲。

反面案例就是李世民的杀兄灭弟。

第三，刘秀是整个时代最杰出的军事家，没有之一。

咱也不知道他那么能打都是跟谁学的，光知道在长安留学时学的是《尚书》啊！

这是中国历史的罕见案例，皇帝本人居然是整个时代最能打的（当然后面还会出现这种牛人）。

任何困难僵局，只要刘秀去了，全都平。

主上的光芒太过于耀眼，再加上刘秀私德极佳没有槽点，所以整个东汉的开国缺乏戏说的土壤与矛盾的包装。

但这并不意味着这段历史不精彩。

接下来我们来到刘秀人生中堪称最关键的一战。

先来看一下传统印象。

这场大战的最终战报，刘秀以七千人打垮了王邑的四十二万大军和各种野兽，以一比六十的悬殊比例创下了冷兵器战场上的奇迹。

这场奇迹，其实认真论起来，并没有像背水一战、破釜沉舟那样的"高技术含量"。

胜利的核心在于刘秀的大勇和千载难逢的猪对手，而且似乎猪对手的比重要更大一些。

更重要的，不仅仅是猪对手送礼的问题，刘秀面临的挑战，其实并没有像史书中说得那么艰险。

因为他面对的敌军并没有四十二万大军那么的海量。

这个四十二万大军的说法，是《汉书》记载的：定会者四十二万人。

《资治通鉴》虽然也提了四十万人的茬（定会者四十三万人，号百万），但重点却和《后汉书》中是一个口径"时莽军到城下者且十万"。

也就是说，这两部史书中的观点，是到了昆阳城下的莽军只有十万人左右。

《东观汉记》中的说法是"二公兵已五六万到"。

《论衡》中的说法是"光武将五千人,王莽遣二公将三万人战于昆阳"。

刘秀面对的大军从四十二万到十万,再到五六万,再到三万。

一路大跳水。

谁的可信呢?

先从时代来看。

《后汉书》和《资治通鉴》都是非东汉出品,观点也统一。

南朝宋和北宋的学界态度比较明确,刘秀打的是十万人。

《汉书》(四十二万)、《东观汉记》(五六万)、《论衡》(三万)这都是一个时代的,都是在东汉时完成的。

《汉书》"定会者四十二万人"的说法,应该被我们首先否定,这和"号称百万"一样,应该是个噱头。

因为他根本来不及!

更可能的是,王莽拿账本扒拉完算盘,预期能来的总兵力,是四十二万。

刘秀等人三月份拿下昆阳等地,消息传回长安,王莽愤怒,然后五月王邑的大军就已经出颍川了。

这四十二万大军集结需要这三个步骤:

1. 民夫征调需要时间。

2. 粮草辎重需要时间。

3. 军队从各地集结赶到洛阳,去武库拿上兵器同样需要时间。

此时关东已经大乱,公元22年夏天,史载"流民入关者数十万人,乃置养赡官禀食之,使者监领,与小吏共盗其禀,饥死者十七八"。

此时是公元23年夏天。

也就是说,就在去年,还有几十万关东人涌到关中全饿死了。

仅仅过了一年,以洛阳为中心又能组织出来四十二万的军队,还是在短短一个多月的时间里,这根本不可能。

也就是说，东汉学界态度是三到六万。

那么两宋和东汉的说法差距比较大，一个说三五万，一个说十万，谁的可信呢？

其实细想想这并不冲突。

三五万应该是昆阳城下的真正战斗人数。

十万应该是军队的总人数。

按照一个战士配两个民夫的基本公式计算，王邑带出来的这个队伍应该是战斗人员三四万，总人数在十万左右。

这就把所有史料中的材料比较统一地结合起来了。

再具体的，咱就没有继续往下分析的史料支撑了，我们姑且先这么看，大体应该相差不多，也就是王邑带着十万人的队伍，要攻打昆阳了。

王邑自颍川会合诸将后南下，行至汉军据守的第一个城池昆阳，随即下令围城。

将军严尤建言：昆阳城小坚固，而且城池周边地域狭窄，不利于大部队展开，而且无关大局轻重；汉军主力都在宛城苦战，而且宛城还在我们手中，应该直接扑向宛城，和汉军会战，利用兵力和城防优势碾压汉军。

一旦宛城解围，昆阳自然不攻自破。

但王邑压根就没听，而且给出的回答不仅牛气哄哄，还摆足了资历。

王邑道：当年翟义造反（王莽篡汉前的零星忠臣）时，我就因为没有生擒他而被陛下责骂，现在统帅百万大军，这么个小城竟绕道而过，如何显得出威风？如何对得起陛下？

往死里打！尽屠此城！让这帮反贼知道知道我的厉害！

昆阳城中此时有多少人呢？

所有能动弹的拢一块，八九千人。

这可并不是全部的战斗人员，起义军的战斗人数跟总数比起来水分是极大的。

城内，气氛十分凝重。

因为得到的探报是"军陈数百里,不见其后"。

黑云压城城欲摧!

绝大多数的人又准备开始鸟兽散回高老庄了。

但这个时候,一个很少发言的人说话了。

不能跑!

也跑不了了!

五、沧海横流显英雄

战前先来看一下，严尤劝王邑绕过昆阳打宛城的那个建议靠谱吗？

从事后诸葛亮的角度来看很靠谱，因为此时宛城的守将是更靠谱的岑彭，后来的云台二十八将中的老六，溯江灭蜀的云台之光，汉军已经被他从正月到现在整整拖了五个月了，早已师老兵疲。

但岑彭同样坚持不了多久了，宛城内饿得已经快吃人了，打昆阳直接导致损失了救宛城的宝贵时间。

但刨除王邑的玩造型吹牛皮的心态,其实打昆阳并不是错误的选择。

南阳平原被群山环绕,如前页图所示,只要自中原地区进南阳,就得从昆阳方向进来。

但是看到图我们可能会有疑惑,昆阳城明明是探出去的,并不在南阳群山的保护圈内啊?

这么一座城,为啥刘秀要死守?王邑要求必须打呢?

相反,南边的堵阳却很像是兵家必争之地啊?

其实并非虎牢关这种一夫当关的位置才算是险要。

有些大物流的关键枢纽,往往更是兵家必争之地。

我们再上一张图,大家就明白了。

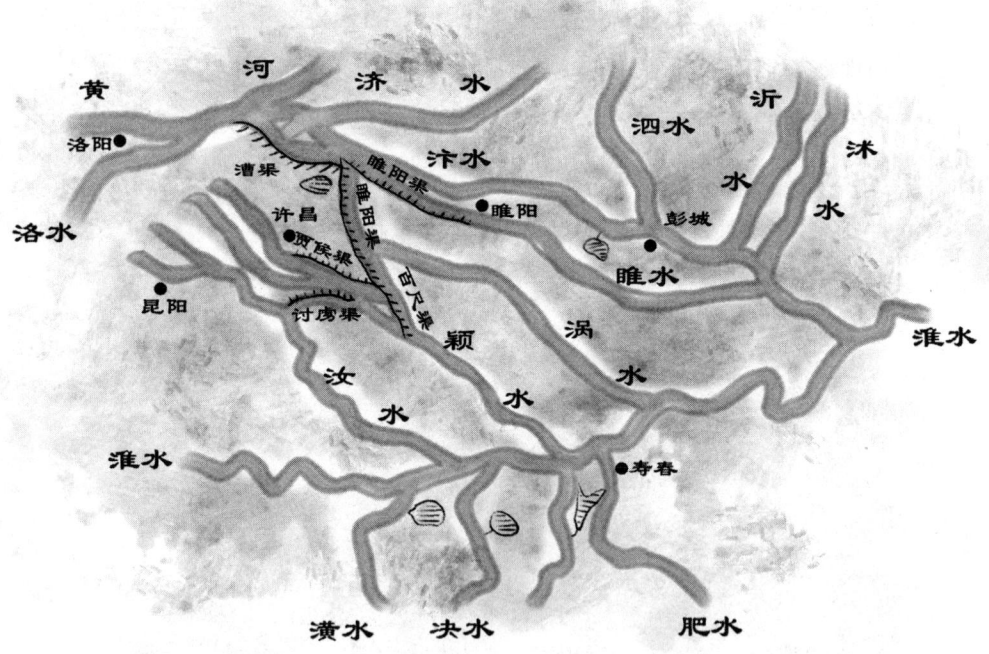

昆阳是整个中原水系入南阳平原的最后一站。

这个位置不拿下来,整个后勤给养就不踏实,无论是中原的粮食,还是敖仓的粮食,全都进不来。

而且自昆阳到宛城,这一路近三百里再无水路可借,后勤给养的成本和难度要成倍地增加,这就意味着昆阳城必须成为最近的物资汇聚地,来保障入南阳的给养。

所以王邑拿下昆阳的这个决策并不能说是错误。

水路物流网对军事征战有多么重要呢?

举个例子吧,后来曹操在给大汉拆房梁、换房本、捞政绩的时候,宁可一次次地走上千里的水路去祸害孙权,也不愿意走这三百里的陆路进南阳南下去找关二爷的麻烦。

昆阳城中此时的最大领导王凤信心严重不足,看到城外扯地连天的兵势,他的第一想法已经不是该不该跑了,而是该怎么跑?

所有的高级官员聚集在一起,开了个心急火燎的会,大家想在会中确定几件事,就是:怎么跑?往哪跑?以及这个临阵脱逃的黑锅决定谁来拍板?

每个人都两腿哆嗦地希望有人冒出来"劝"大伙一把。

就在这个时候,一个平时很少发表意见的人冒出来了,不过发言稿却一点也不正能量,要把大伙往火坑里推。

咱得跟他们干!

大家聚焦到说话的这个人,强大的反差感扑面而来。

说这话的人是平时最惜命的刘秀。

趁着所有人面面相觑都在蒙圈,刘秀紧接着说道:现在虽然大军压境,但昆阳城小坚固还靠着水,他有百万人也只能一万一万地上!

如果我们集中力量拼死抵抗,可能还有我们的活路,如果我们现在四散而去,肯定会被追兵撵上各个击破,更何况现在城外已经围城了,我们跑不出去了!

我们的主力正在围攻宛城,迟迟不能攻下,更不可能现在分兵救我们,如果我们现在放弃,昆阳一旦失守,宛城的主力军也会被王莽的大军赶来吃掉,到时候各部全都会被各个击破!

如果我们把他们拖在昆阳,等宛城拿下,咱们就能合兵来击溃他们!

现在我们要同心协力地去成就功业，而不是贪生怕死地只顾着家里的妻小与财物！

刘秀这番义愤填膺的讲话起到了强烈的效果。

赢得了在场所有将领的大骂：

闭嘴！你小子算什么东西！平时跑得最快的就是你！今倒好还敢教训起我们来了！

刘秀被骂后笑了笑，不再说话。

恰巧此时探马来报：王莽大军已经抵达城北并开始围城，队伍绵延百里，一眼望不到边。

王凤等人一向看不起刘秀，因为这小子很少发表什么意见，也没啥战功，能够混上台面来完全是因为他哥哥的关系，但这个平时不表态的刘秀在这个节骨眼却喊打喊杀，不禁让人怀疑这是刘縯安排他弟弟在借刀杀人。

不过事实也确如刘秀所说，现在不是该讨论往哪逃的时候了，因为压根就跑不了了，人家大军已经撵上来了，你这点人根本就冲不出去。

一众将领你看看我，我看看你，谁也说不出个所以然来，将皮球再次拍回给刘秀：既然你这么能耐，你看现在该咋办吧。

刘秀很快给出了自己的方案：王凤和王常等人坚守昆阳，自己出去搬救兵。

这个方案再次让所有将领骂大街：你小子跑了，让我们在这背黑锅，这也能叫个方案？

刘秀坚定地给出了他的回应：定陵、郾城还有我们的队伍，我不分兵，只带几个兄弟去搬救兵！

当夜，刘秀带着宗佻、李轶等十三骑，从昆阳南门突然溜出，在刚刚合围的王莽大军的缝隙中突围了出去。

刘秀的夜色突围在时间上非常幸运，因为再晚一点儿就连只鸟也飞不出去了，王邑的十万大军很快就将全部集结于昆阳城下。

王邑为了显示自己的排场，将大军以摊煎饼的方式以小小的昆阳城为圆心整整包围了好多层,一百多座军营旌旗遍野,锣鼓声响彻数十里之外。

城外的人想进来,城内的人出不去,这似乎是场根本就不可能打赢的阻击战。

但是,总会有奇迹的,比如,昆阳城的自身城防开始显露出了优势。

昆阳是个很小的城,而且周边地区多水多山,并不适合大部队进行攻击。因为它北可达颖川、伊洛,南可通南阳,又属于水系关键位置,所以城防一直非常坚固。

一是扑上来的人少,二是禁折腾抗造。

这两点,给昆阳的守军提供了巨大的帮助。

合围完成后,王邑下令攻城。

王邑向当时的昆阳守军展示了那个时代高科技的各种攻城手段,多维度的打击向昆阳开始招呼:有工兵挖地道的,有冲车撞墙的,有弓弩齐发的。

城外矢如雨下,城内的人出门都要扛着门板。

陆地版的"草船借箭"在昆阳上演,财大气粗的王邑向昆阳城内释放着自己的大手笔,他的这种震撼打法也确实把昆阳城内的王凤等人吓傻了。

王凤一众在开过会后决定投降。

绿林军使者在王邑营中表达了自己失身于贼,悔过自新,望天兵天将给机会的想法。

但被王邑一口拒绝了!

白日做梦!

晚了!早干什么去了!

就是拿你们当儆猴的鸡来宰的!

别废话!我大军誓屠此城!回家洗脖子去吧!

投降都不招人待见,叛徒都当不了的王凤开始横下一条心,跟他拼了!

此时此刻,他的所有指望就是之前从来没瞧上眼的刘秀。

三爷您一定得回来啊!

此时的刘秀,已经到达了周边的定陵、郾城等地,在调集各地兵马时,绝大多数的将领表达了自己的态度：不去！

在这我还有兵有粮有财宝，去了昆阳大概率是回不来了。

刘秀在这个困难的时刻依旧没有放弃，展开了人生当中最重要的演讲：大家跟我杀回去，财宝军需比现在要多出上万倍！你们知道王邑带来多少财宝吗？如果大伙惦记着自己手里这点东西，昆阳一破，咱们都得完蛋！更别提你眼下这点家当了！

"养生刘秀"突然变成了"拼命刘秀"，刘秀平时的惜言如金所营造的强烈反差感在这个存亡时刻起到了关键作用！

诸将被刘秀拉上了船。

其实除了刘秀的口才和魅力外，还有一个隐形原因，而且这比那演讲重要多了。

先来说一下，为啥刘秀让新市军的王凤和下江军的王常守昆阳，这帮人就真那么听话呢？

因为此时昆阳城里的兵全是绿林军。

王凤带着队伍出昆阳就得被新莽军咬死，所以他只能困守昆阳。

谁的队伍谁控制，他也不可能撇了自己混社会的筹码出来搬救兵，而且他出来也不好使。

因为那两个地方的军队他指挥不动。

刘秀带出来的这十三个人，全都是南阳豪族头领，来搬的救兵，都是南阳豪族的队伍。

再来看看定陵、郾城的位置在哪呢？

在昆阳东边。

他们的老婆孩子家族产业全在南阳，是不可能独立出去发展一摊的，如果人家打破了昆阳就把这帮本地人关外地了。

且不说于公，就算是于私，也只能硬着头皮往昆阳闯！

这要是绿林军驻防这里，刘秀甭管多大魅力肯定死也劝不回来！人家指定往东边的兖州豫州落草为寇去了。

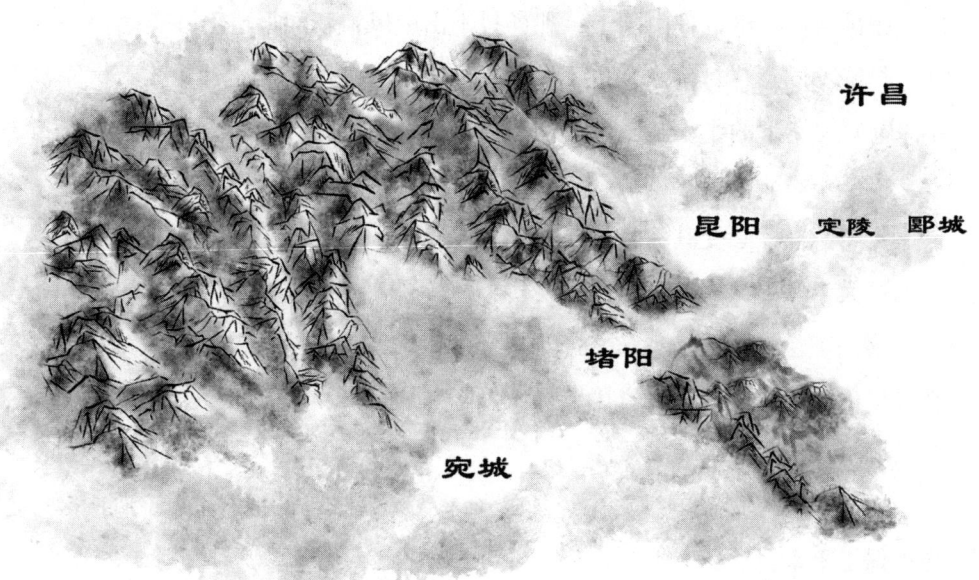

人家流民四海为家，一无所有就不怕倾家荡产，根本不可能跟你蹚这个浑水。

结果就变成了这么个局面：

昆阳的绿林军让王邑围得想跑也跑不了。

东面的南阳军让王邑截得想回却回不去。

战前无意间的部队驻防安排，在某种意义上决定了这场关键决战的胜负手！

就这样，刘秀从各地拢了七千多人，开始赶回昆阳前线。

此时已经十多天过去了，昆阳已经快打得山穷水尽了。

由于不让投降，再加上王邑老早就放出了屠城的风声，所以整个昆阳的军民开始通力合作，拼死抵抗，再加上城小山水多，大部队一股脑抡不上去，所以昆阳城虽然一直看上去晃晃悠悠，但就是踹不倒。

副将严尤再次给王邑提出了建议：眼下昆阳难以攻下，是因为他们困兽之斗，围师必阙，应该散开一座城门让他们逃跑，我们再跟上撵着打，必能一举歼敌，还能把这伙溃兵放给宛城的守军看。

王邑再次拒绝，理由同上，那样抖不出威风，新闻报道不够震撼。

投降不同意，打落水狗也不行，王邑为了玩造型，生生让十多万大军被本来能轻松拿下的小小昆阳城绊住了半个多月。

能赢不赢非得浪！

天予不取，必受其咎！

这大半月中，大势开始剧烈逆转！

第一个逆转，就是整整坚守了半年的南阳省会、全国前五的大都市宛城在弹尽粮绝人吃人的无援窘境下开城投降。

五月二十八日，宛城投降！

守城悍将岑彭被刘縯看中，顶住了一致喊打喊杀的绿林高层们的压力，把他保了下来。

事实证明，英雄相惜的刘縯眼光的确独到，后来岑彭展现将才光芒，为光武开国立下了汗马功劳。

刘縯是个伯乐，他会相将才，却不会看小人。

拿下宛城也成了他短暂闪耀的最后光辉。

此时此刻，他仍不知危险已来得如此之近，只是将眼光望向东北方，老三啊老三，你现在咋样了？

第二个逆转，老天爷开始吓唬人了。

王邑围着昆阳可劲造的时候，老天爷面对这个天予不取的货给出了自己的态度。

一天夜里突然有流星砸军营里了。（夜有流星坠营中。）

这还没完，白天又有大山一样的云彩铺天盖地地朝着王邑军营拍了过来。（昼有云如坏山，当营而陨。）

这也就是所谓大魔导师刘秀召唤陨石的评书出处。

其实跟人家刘秀没关系。

人生就是这样，赢者通吃，胜利者拿走所有的光环。

第三个逆转也来了。

刘縯拿下宛城后的第三天，也就是六月初一，刘秀率领七千人马赶到昆阳战场。

将星闪耀开始放光芒了。

刘秀率领步骑千余自当前锋，离王邑的围城大军四五里时开始对峙。

王邑派出数千部队接阵，但随后被刘秀率军冲垮，刘秀早年干农活时的好底子开始显现，战神附体般大砍大杀，亲手杀了数十人，极大地鼓舞了汉军士气。

汉军将领纷纷表示："刘将军平时看到小股敌人都十分害怕，今天见了大敌，反而很勇猛，真奇怪，老少爷们咱们跟着冲上去帮忙吧！"

我们要再次提到反差，这种关键时刻的反差往往是很唬人的，胆小人大勇，厚道人急眼，这都是自带群众效应的。

榜样的力量是无穷的，刘秀极大地鼓舞了七千援军的士气。队伍冲破王邑前阵后会合后军主力再次整队向王邑大军冲杀过去，斩杀近千人，一直冲到了昆阳城下。

刘秀在昆阳城下开始大撒虚假传单，"宛下兵到"的传单和呼喊声开始传遍昆阳战场。

王邑军团继流星、大云拍脸上后再受巨大打击。

城外汉军越杀越兴奋，胆气雄壮，无不以一当百！

城内绿林军老泪纵横大喊：你们可来了！

刘秀在两次大胜后不休息，选出了三千敢死队，绕到了城西水上，以居高临下之势再冲王邑指挥部！

刘秀此时并不知宛城战况，他喊出的"宛下兵到"的传单攻势也就能管个两三天，宛城战况的真实性很快就会被印证。

他的这点人也根本禁不住王邑消耗，他在赌，赌王邑会被自己唬住，赌他的大军会在这接二连三的冲击下信心崩溃。

很遗憾，刘秀赌错了。

王邑根本没被他唬住。

但刘秀的押宝却产生了戏剧般的效果。

王邑不仅没有被刘秀唬住，反而看穿了刘秀的想法，他为了防止各营出现混乱，下令各营严格管束自己的部队，没有他的命令，不准擅自出兵。

这成为本场战役最关键的一次命令！

刘秀的演出看似将要剧终，但神转折来了！

王邑没有调兵遣将按批次阻击消耗刘秀，而是直接带着司令部跟刘秀单挑来了。

他看穿了刘秀的兵力虚实。

但此时此刻，他的过分傲慢终于杀死了他。

他认为对付刘秀的这点人马，自己的警卫团就够了。

他玩了人生中最后一次造型，带着一万多的警卫部队亲自来迎战刘秀的三千敢死队。

他认为他的警卫团对付刘秀的这点人马算是牛刀宰鸡了。

但没想到，自己才是那只鸡。

新军这半个多月早已兵疲将乏，再加上被刘秀的传单攻势和两战连胜的如虹气势杀没了士气，结果两军刚一接阵，新军的阵型就被刘秀冲破，刘秀的敢死队直奔王邑司令部砍杀而来。

王邑开始慌乱，不断组织队伍进行阻击，但根本拢不住士气已经崩溃的士卒。

世界战争史上最为奇葩的一件事随之出现了。

十万新军由于王邑先前不许帮架的命令，谁也没有出来支援。

史上数量最庞大的十万主场啦啦队在场下眼睁睁地看着三千汉军将一万新军追得屁滚尿流。

那场面颇有当年霸王巨鹿屠王离的既视感啊！

刘秀率军冲至王邑的指挥所，竟然斩杀了副将王寻。

王寻之死终于压垮了这匹傻骆驼。

王邑带头逃跑，整个警卫团开始四散奔逃。

这个时候，被折磨了半个月的昆阳守军也跟着大喊大嚷地杀出来了，震呼声惊天动地！

与此同时，被刘秀感动的老天爷也加入了昆阳战场。

说时迟那时快，一时间风云突变，狂风骤起，雷声阵阵，大雨滂沱如注，滍川水漫敌营。（会大雷、风，屋瓦皆飞，雨下如注，川盛溢。）

在天老爷的帮助下，王邑的十万大军开始全面陷入崩溃。

在刘秀这帮人的驱赶与天灾助攻下，十万新军开始了自我毁灭和自相践踏，结果死伤惨重，甚至滍川都被尸体断流。（走者相腾践，伏尸百余里。）

王邑、严尤等人仅带少量亲兵死命拼杀方得逃离昆阳战场，并留下了自己对刘秀的最后一次助攻。

战后，汉军缴获的各种军需堆积如山，应有尽有，一连搬了一个多月都没搬完，将汉军的硬件彻底升级换代。

刘秀的名字，开始响彻中原大地。

新莽政权的丧钟，从这一刻正式敲响！

六、刘縯遇害

昆阳战后，更始政权正式宣告脱离草创阶段而渐渐变得众望所归，王莽那边则再也没有恢复元气。

狼们早就想扑上去了，只不过还怕你手中的那最后一颗子弹。

结果你这颗子弹不仅打出去了，还是个橡皮的。

那就啥也别说了，咬不死你的！

昆阳一败，彻底敲响了王莽政权的丧钟，他的新朝政权在全国开始土崩瓦解。

朝廷内部开始出现叛乱，那个改名"刘秀"的国师刘歆就是在这个时候密谋造反的。

地方上的官员开始纷纷宣布脱离新朝，效忠更始政权或者自立为王，新朝政府军一败再败。

在西北、四川、汉水下游、长江下游沿线和整个关东地区爆发了各种各样的起义与割据，整个中华大地彻底处于散沙状态。

如果没有昆阳一战，相信王莽政权仍然会被推翻，因为他确实是个非常不靠谱的统治者与改革家，他祸国殃民地将一个好好的盛世搞成了天下大乱，狼烟遍地，民怨沸腾。

哪怕他打赢了昆阳之战，甚至剿灭了更始政权，还是会有另一股力量来推翻他。

因为这是一个豪族时代，哪怕南阳豪族失败了，可全国还有一百多个郡呢！

不能说绿林军不重要，也重要，毕竟想投降没机会怕被屠城，使出吃奶的劲坚守了半个月呢！

但是，真正打败冲垮王莽的，是南阳豪族刘縯的弟弟刘秀带着的七千南阳军武装。

同是大乱，但王莽的情况和秦末很不一样，如果不是项羽横空出世，也许秦国并非二世而亡。

因为秦虽残暴，但他的统治根基都在，尤其军事力量依然强悍，章邯毁天灭地般把六国复国政权几乎全突突了一遍。

但王莽则不同，他早已失去了统治这个帝国的各种依仗：钱、人、兵，他都没戏了。

更始政权的侥幸大胜也是历史中的一个异数，因为几乎从没有一个造反团体刚起兵反抗旧政权的时候就造反成功，绝大多数都被拍在了沙滩上。

原因也很好懂，旧有力量哪怕再腐朽，瘦死的骆驼也比马大，一旦你第一个跳出来造反称帝，那么他必然会集中所有的火力跟你死磕。

所以最后的结局都是后来者捡了大便宜。

昆阳大战，作为目前来看最大的获利者，更始政权要感谢一个人。

不对，是两个人。

首先还是先来感谢幕后的无名英雄王邑吧。

这位爷是绿林军的最大贵人。

整个昆阳之战，王指导以极强的个人能力走错了每一步，他存在的意义就是不断地给刘秀送礼，亲手导演了一场超级大溃败，以一己之力强行改变整个战局。

哪怕整个昆阳之战他做对了一个决策，最后的结果都不是这个样子。

他以一己之力，加速了王莽政权的垮台，彻底把哪儿都虚的王莽给"救"死了。由此可以推测，很有可能王莽上辈子欠了他什么东西，而他又欠了刘秀什么东西。

每个朝代往往都会有个"李景隆"。

水平虽有高低之分，但效果却惊人的一致。

然后，要说说刘秀。

沧海横流方显英雄本色，真正的猛士总是去硬杠惨淡的人生，有的人，注定就是为了大场面而生的。

他们也许平时不显山不露水，但真到了众人皆尿的时刻，他们反而会变得专注无我，头脑灵光，沉着镇静，并靠着必胜的信念和伟大的信仰爆发出自己的所有光芒！

以体育比赛为例，在平常的竞技情况下，很多人能够发挥出百分之八九十的水平，训练赛很多人甚至能发挥出百分之二百的水平，全都是梅西附体。所以很多运动员的日常实力和巨星都是差不多的。

差别出现在赛场上。

绝大多数的运动员，将在大赛中趴窝。大场面将淘汰掉绝大多数平时实力很棒的运动员。

我有个靠体育吃饭的哥们，专业水准非常高，穿上裤衩就是超人。

有时聊天，他会和我说，电视机上某些大放异彩的同行曾经是他的手下败将。

然后话锋突转。

不过很神奇，一到了关键比赛时，这帮人就跟吃了药一样，他却跟喝了酒一样。

这是他的玩笑，他很正色地说了句实在话：这个圈儿说到底是比赛型选手的！

其实哪个圈儿不是呢？

面对训练赛和面对淘汰赛时完全就是两个级别！

面对十个人打比赛和面对一万人打比赛也完全是两个维度！

像乔丹、马拉多纳、费德勒这种级别的运动员，他们天生就是为了大场面而生的！越到生死战，越数据爆表！

某些英雄部队越到关键时刻，越能集体迸发出百分之二百的能量！

星常有，但巨星不常有。

刘秀，就是这样的"大场面巨星"。

在平时，你看他不言不语，从不显山露水，但到了危如累卵的关键时刻，他开始显示出了自己的巨星气质。

昆阳之战中，王邑哪怕再怎么送大礼给助攻，如果不是刘秀做到了以下四个方面，昆阳大胜都是不会发生的：

1. 坚持抵抗到底。（见识+意志）

2. 关键时刻对时局的分析稳住了昆阳守军。（魅力+意志）

3. 在人心惶惶时刻能够稳定军心，并分析退路拉南阳援军下水。（魅力+口才）

4. 身为南阳豪族首领的亲弟弟，身先士卒连续三次率军冲击。（头脑+勇气+武功+魅力+意志+运气）

谁有本事率几千人就敢冲进号称百万大军的军阵中，然后再亲手杀数十个敌军试试？

正史中，三国时期勇烈第一首推关公，就是因为人家在万马丛中刺颜良是真的！

这么看，战场突击手刃数十人的刘三爷跟关二爷的差距很大吗？

更不要说刘三爷一边打着仗，一边还想着撒虚假传单，一边还面对着随时能助战的十万啦啦队，最终带队干死对方副司令。

他不是乔丹，是赢不了这场大战的。

此时的他，还不知道，这一战将对他的人生有多么重大的意义。

某种意义上，刘秀和诸葛亮一样，历史形象都被半仙儿化了。

谈到昆阳大战时，印象最深的是啥呢？

七千破四十二万！

实际上呢？

确实有流星雨落在地球上,但那是刘秀进攻昆阳之前就砸军营里了。

敌军确实不少,但哪里有什么四十二万!

但是,只要你成了最终的赢家,这些传说就都会自我繁衍似的全部变成荣誉包一股脑绑定在你身上。

昆阳大战之后,刘秀七千破百万的光辉事迹以星火燎原的速度迅速传遍了整个中华大地!

不仅仅是扩大了知名度这么简单,这场战役还从此给刘秀披上了"神话"的外衣!

再加上他这个因"刘秀发兵捕不道"而早已很火的名字,越来越多有想法的人开始在他身上"浮想联翩"。

刘秀还不知道,他的这次"一将功成",不仅仅是王莽那边的"万骨枯"。

这次的"血战昆阳"将成为日后自己招兵买马的金字招牌!

最好的广告,就是神话。

刘秀从昆阳开始,渐渐被"神化"。

此战过后,有两个重量级人物下场都很惨。

先来说说好人王莽吧。

昆阳之战后,刘玄的更始政权开始向长安进发,王莽的所有防御动作全部土崩瓦解,汉军一路凯歌猛进,几乎没遇到什么抵抗地一路杀入关中。

不过王莽最终并没有死在汉军手中。

关中几个县的大姓豪族充当了马前卒,他们敏锐地嗅到了王莽此时的虚弱气息,开始发王莽的国难财,垂涎这座国际大都市内的金银财宝,各自率家族武装"无组织无纪律"地开始攻打长安。

六月初一,刘秀抵达昆阳战场狂屠大宝贝儿王邑。

仅仅三个月,九月初一,"关豪"叛军攻破了长安北城门,几小时后,杀至未央宫。

九月初二,城内居民也反了,整个长安变成了无政府城市,乱民放火烧城,闯进了未央宫。

九月初三凌晨，王莽被最后的忠臣们带到渐台，负隅顽抗，但很快被团灭，王莽在傍晚被杀，随后他的首级被当球踢并送到了更始政权的临时国都宛城。

九月初六，更始军团到达长安完成接管，不久，占领洛阳。

天下正式易主。

王莽的一生，算是成也儒家，败也儒家。

儒家的人性光芒让他修身、齐家、治国、篡天下。

儒家汉末学术的复古大乱也让他身败名裂。

再没有一个皇帝像他这样，忠诚于自己的理想，并将其付诸实践哪怕身死国灭。

这个人物，很复杂。

他的一生，起于德，终于作。

在他的上位人生中，他让全天下人沐浴在他的春风里。

在他的复古治理下，天下疮痍满目，割据蜂起，仅仅十几年的时间，中华大地上的人口数量被腰斩，生灵涂炭。

非你所杀，但却因你而死！

你修身一世确实不假。

但临死一清算，你缺了大德！

此时的更始政权，革命几乎成功了一大半，王莽的反动政府被推翻，汉室正式复兴，天下归心，诸多势力开始纷纷前来抱大腿。

但这个政权，却也如王莽一样，昙花一现。

刘秀的逆天表现虽然帮助更始政权强行改命拿下大宝，但有一点是别人帮忙改不了的。

还是那句我说了都嫌烦的词：见识格局！

说到底，更始政权的老底子是绿林军，这伙绿林军骨子里面就是一帮山大王。

见识的问题，谁也帮不了。

正所谓站得越高，摔得越狠，德不配位，必有灾殃。

刘玄的更始政权接下来犯了一个又一个的错误，将一片光明大好的局势拱手送人。

当然，肉烂在锅里，送的这个人，是巨星刘秀。

不过这还遥远，眼下刘秀又迎来了人生的又一次大凶险。

他家刘老大被皇上弄死了。

刘老大刘縯，是昆阳大捷中第二个倒霉的重量级人物。

昆阳之战后，刘縯、刘秀兄弟二人天下闻名，成了汉军的形象代言人。自古功高必震主，再加上刘縯平时锋芒太露，遭到了身边许许多多绿林将领的妒忌与嫉恨，更重要的是，他们兄弟二人威胁到了刘玄的帝位和绿林高层的利益。

很多势力，点名归附刘家兄弟，不理所谓的"皇军"。

昆阳之战后不久，刘玄下诏命诸将会宛城，此时的刘秀已经觉察到了气氛不对，劝刘縯戒备，但刘縯一笑了之，根本没当回事。

刘縯不知道，这次大会刘玄就已动了杀心。

刘玄安排了一次"宛城宴"，设定了暗号：举玉佩为号，诛杀刘縯。

这个致敬鸿门宴的安排，在进程上也致敬了鸿门宴。在宴会上，刘玄并没有下令擒杀刘縯。

原因不详，也许是理亏，也许是老天在给刘縯机会。

刘縯的舅父樊宏在会中看出杀机，会后对他说：今天就是当年的鸿门宴重现！要小心！

不止一个人看出情况已经不对了，并都提醒了刘縯，但被刘縯又给一笑而过了。

此次的宛城大会中，刘秀还看到了诸多不寻常的地方，自家的墙头开始松动，比如南阳派中，当年一起跟着起兵的老兄弟李轶开始和老绿林派的大佬朱鲔等人打成一片。

刘秀再次提醒兄长，不要相信此人。

刘縯依然没有当回事，仍然对李轶推心置腹。

后来就是这个李轶和朱鲔亲手布局，下手干掉了刘縯和南阳派悍将刘稷。

刘稷是南阳派中的第一悍将，也是刘氏兄弟的心腹，当刘玄被立为皇帝时，他正在前线围困宛城，得知这一消息后愤怒异常，大怒道："本起兵图大事者，伯升兄弟也！今更始何为者邪？"

我们都是跟着伯升兄弟混的！那小子算干啥的！

刘稷的话很快传到了刘玄那里，刘玄准备做了刘稷。后来，刘縯力争要保爱将，但刘稷并没有岑彭那样幸运，与刘縯一同被阴，同日遇难。

刘縯性格外向，待人坦诚，侠肝义胆，所以能做南阳的黑社会老大。

但他有雄才，却无大略。

他太过于锋芒毕露，不懂得收敛自己的锋芒，对于权力斗争中的一系列险恶，严重估计不足。

最终木秀于林，被风摧之。

不仅绿林军视他如大患，连自己人都看他不顺眼。

虽扼腕叹息，但客观上来说，他也完成了自己的历史任务。

这个刘老大人生中最重要的一件使命，就是将刘老三带上了道。

刘秀在哥哥被整死后，开始显出了巨星的另一面。

超级人精，搁哪哪行。

刘玄虽已拿下长安、洛阳，但整个天下却仍然分崩离析。

尤其河北地区，不仅豪族各占堂口，还有流民军喧嚣其中。数十股势力犬牙交错，标准的"庙小妖风大，池浅蛤蟆多"。

在一系列暗流涌动中，刘秀从哥哥被杀的被动局面下最终化险为夷，前往河北开辟第二战场。

所谓艺术源于生活，高于生活，但最好的艺术往往原汁原味地源于历史长河。

下一章，整个百战系列中传奇性位列前三的翻转惊悚大剧本即将上演！

大河北，刘秀朝你来了！

第十七战

河北惊魂记：
二十八宿召唤神龙

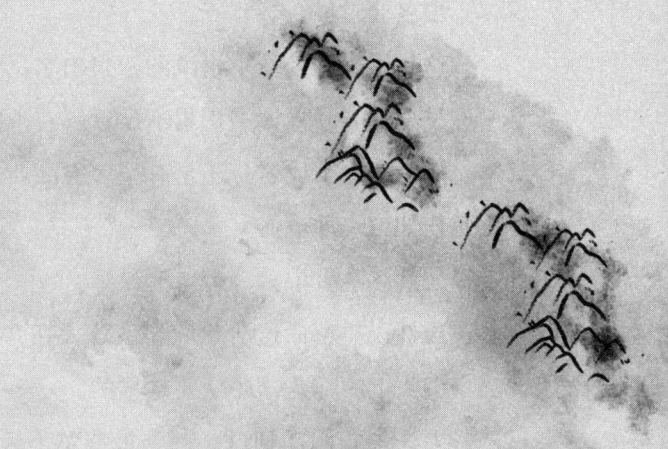

一、谐不谐，在赤眉；得不得，在河北

出名要趁早。

这句话是张爱玲小姐说的，很出名，但很值得商榷。

早早成名的人大多积累不足，鲜有人能保持得住。

但是，除了成名，还是有很多方面要趁早的。

比如，参加革命。

尤其是乱世中。

虽然说搞革命这活儿危险系数太高，完蛋是大概率，但只要你想混出来当个潮头上的腕儿，还是要趁早的。

上一章我们提到过，刘秀最终拿下天下，有二十八个大功臣居功至伟，到汉明帝刘庄即位后，为了纪念这帮开国的叔叔大爷们，他命人画了二十八位开国元勋的画像于南宫云台，史称"云台二十八将"。

刘秀是罕见的厚道人，基本上所有的开国元勋全都富贵荣华，得享天年，后世是这么形容这段君臣感情的："名臣云集，骁将雨聚。君臣同心，始艰危，终克定。"

虽说这帮豪族惹不起是一方面，但人家爷们儿之间还是真有感情的。

这段评语，算是那段风云际会的真实写照。

刘秀这辈子，最危险的时间段有两个。

一个是在昆阳城下，这个我们在上一章说过了，刘秀率七千人杀入乌泱泱号称百万的敌军阵中。

虽危险，但人家刘秀福大命大造化大，还有百年罕见的猪对手送大礼，再加上天老爷又是狂风又是大雨的各种招呼，最终化险为夷成就了大功名。

另一个，是在他出巡河北的路上，也就是我们今天要讲的这段。

他这辈子的各种凄惨经历，将在这个时间段内集中爆发！

多次险象环生眼瞅要死，但最后时刻却又峰回路转被生生拽了回来。

你很难想象这样的剧情居然在历史上真实地发生过。

多读历史，你的灵魂会变得有趣。

再加上数学，对能学精这两门课的人，你千万要保持敬意。

他们在困难时心怀希望，顺风顺水时亦不忘警惕群狼。

更可怕的是，人家能通过千百年来的共通点洞见未来，甚至扭转乾坤。

刘秀的这趟河北之行，整个就是一部跌宕起伏，剧情大反转的悬疑惊悚电影。

刘秀人生的第一次大险，靠的是他自己。

但第二次，他之所以能够反转，还是靠了他手下的这帮将星一个个接连降临，救驾护主。

正是在他平定河北的过程中，后来帮他定鼎四方的云台二十八将全部集齐了，然后召唤出了"神龙"刘秀登基。

革命要趁早，"河北惊魂记"结束，再来的就都排不上号了。

革命要趁早，领导越惨时，你的雪中送炭将来就越能兑换出大股份。

说了这么多，他咋跑河北去了呢？

还得从他哥被杀说起。

刘縯被杀时，刘秀正南下攻城略地，在得知大哥遇害后，刘秀并没有被愤怒冲昏头脑，而是死死地管住了自己的嘴，牢牢地控制住了自己的表情，急忙赶回宛城向刘玄谢罪。

不仅谢罪，刘秀还拒绝和大哥的所有部属有所接触。

既然他哥被杀还没引起哗变，说明内部早就出问题了！

有内鬼!

兄长被杀而喜怒不形于色,这要是被高手知道了,刘秀就死定了。

因为一个人如果能够如此忍辱负重,那他绝非池中之物,金鳞一遇风云是要化龙的!

所以一定要在他还是泥鳅时就扼杀掉!

幸运的是,刘玄这帮人并非高人,看到刘秀愈发谦恭地向自己谢罪,刘玄突然觉得特别对不起这两兄弟。

没有人家哥儿俩,自己这皇帝也许正让王莽的大军追得满世界流窜呢,刘縯是有大威胁,但人家却也对整个更始政权有大恩。

刘玄很惭愧地封了刘秀为武信侯,刘秀在封侯后立刻离开了权力中心,回到了老家。

他要去老家办一件大事。

娶阴丽华。

按说自己哥哥刚被人阴谋处死,自己就忙着张罗媳妇这事很不地道,但刘秀这人一般不多说一句废话,不办一件多余的事。

除了阴丽华太漂亮之外,还有两个原因:

第一,新野阴家是豪门大户,刘秀在搞政治联姻以充实自己的实力。

第二,继续麻痹刘玄等人,树立自己心中压根就没有为哥哥报仇的无大志形象。

刘秀的表现迷惑了很多人,因为他很快得到了一个任命:出巡河北。

这里的河北,并非现在的河北省,而要比现在的河北省范围大,指的是太行山以东、黄河以北,过去的燕赵之地,在行政区上划分为冀、幽二州。

基本上的精华地区就是现在的河北省全境,再加上北京、天津以及河南省的黄河以北部分。

此时的燕赵之地,可以说是整个中原大地最乱的一块地方。

别的地方虽然也有造反的割据势力,但大多数地区的形势都已经渐渐清晰,大流氓们纷纷崭露头角。比如说张步在山东,公孙述在四川,隗嚣在陇

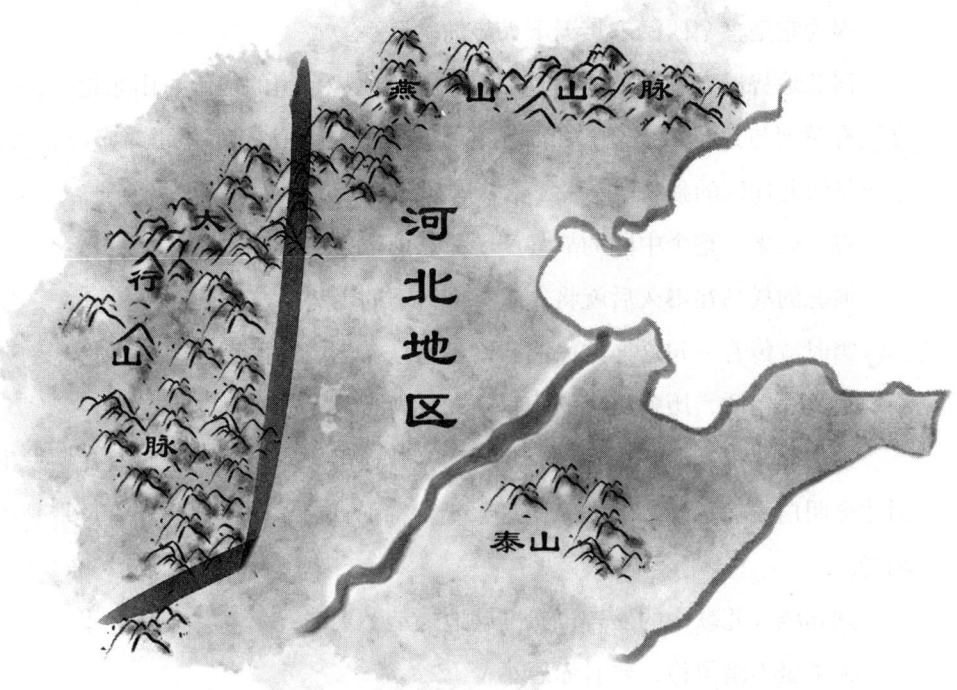

西，刘永在梁地。（这些地方势力后面会逐一介绍。）当地的形势都已经大体明了，唯独河北地区，仍然乱得一塌糊涂。

这要拜王莽所赐，他一个劲地要打匈奴，又是征兵、征役，又是加税，还赶上黄河改道这种顶级天灾，所以河北是最早爆发暴乱的地区。而且燕赵多慷慨悲歌之士，民风彪悍，导致河北地区现在有几十股力量犬牙交错地存在着。

在河北，几乎每个郡的水都很深。

有刘玄政府委派的官员。

有豪门大户守卫着自己的地盘。

有流民大盗占据着打下来的山头。

由于地处东北天高皇帝远，在王莽倒台后，这些人全都在观望着。

天下这么乱，刘玄这位子坐得稳吗？谁才是真龙天子呢？

乱归乱，但谁都要高看一眼。

因为它是整个西汉末年天下大势的胜负手。

河北地势居高临下，进可长驱直入进攻地势平坦的河南、山东地区，退守则有黄河与太行山拱卫；再加上耕地多，经济发达；尤其北部盛产战马，这更是河北地区的独特优势。

自古以来，整个中国的战马产区只有两个，一个东北，一个西北。

河北的战马在不久后就将左右整个天下的走势。

当时流传着一句这样的民谣：谐不谐，在赤眉；得不得，在河北。

还是那句话，历朝历代的谶言中，数西汉末年最为直白。

别的朝代都需要你去琢磨，然后大多数还都琢磨得不对，只有真实发生后才会明白是啥意思，但人家西汉末年就特别直白靠谱，保质保量自带翻译功能。

这句融入儿歌中的谶言再次准确地揭示了未来：

天下坐不坐得稳，要看赤眉军；

天下得不得得到，关键在河北！

很遗憾，此时的更始皇帝刘玄，在这两点上都做错了。

或者说，因为绿林军的内部结构问题，他必然会做错。

刘玄首先得罪了最不该得罪的赤眉军。

绿林军拿下长安、洛阳后，赤眉军的老大樊崇等人亲自来到洛阳拜码头表示愿意归顺合作，但热脸却贴了刘玄的冷屁股。

刘玄很冷漠，只封了樊崇等二十几人为列侯，什么封邑啥的实在东西全都没给，更重要的是后来绿林军还偷袭了赤眉军。

这也不能完全怪刘玄，因为他基本上是没有啥分红权的，尤其是对于绿林军圈子外边的人。

刘玄是绿林军众大佬立的，军权一直在诸将手中，南阳豪族背叛刘縯后，人家也是各自手中攥着队伍。

真正的拍板权一直在各大佬的手里。

绿林军一伙打下了长安、洛阳，突然从山大王摇身一变成了整个帝国名义上的主人。巨大的反差开始让他们不由自主地德不配位。

刘玄并没有祖宗刘老三当年入咸阳时的出息，绿林军中的所有人，全都没能跨过"见识"这一关，进入长安、洛阳后眼珠子全都掉地上了。

刘玄在各种压力下，开始在绿林军内部大量分封王位，绿林军内部也开始钩心斗角。所有的人都松懈下来，夜夜笙歌，享受革命果实。

飘在天上的刘玄等人，压根就没有仔细地衡量过前来投诚的樊崇这伙人是什么成色。

他们没有给予这些山东老大们应有的待遇和尊重，樊崇等人大怒而归。

事实证明，山东老大们在这个时间段比湖北老大们能打得多。

继彭大队长（彭越）身为秦末最强搅屎棍后，时隔两百多年，山东老大们即将再次将这个乱世搅得天翻地覆！

刘玄等人也就痛快了一年，转年冬天，人家赤眉三十万大军分两路朝长安杀过来了。

得罪了赤眉后，刘玄又把刘秀放走了。

更始政权在拿下长安、洛阳后，对旧政权的政策还是很不错的："先降者，复爵位"，樊崇就是被这句话忽悠来的，但很多地区人家是不吃你那套的，依旧该干啥干啥。

比如河北、四川、东南地区，等等。

这就需要你去进行沟通，要么说服人家，要么打服人家。

刘玄等人在醉生梦死的时候却还记得一件重要的事：拿下河北。

一是因为河北战略地位重要；二是因为河北虽乱，却仍能争取。

像四川啥的永远没戏了，蜀地豪族公孙述此时基本快统一全蜀了。

但谁去拿下河北呢？

谁也不愿意去，谁也没本事去，这成了绿林军内部的大难题。

往往越是这种两头堵的活儿，最终在酝酿人选的时候，才越会把真正的英雄筛选出来。

河北问题最终演变成了"刘秀去哪"的问题。

一部分人主张让刘秀去河北，因为别人谁也没这能耐，昆阳时要不是这小伙子咱们就都完蛋了，这小子特别会啃硬骨头！

另一部分人主张不能让他去，因为我们知道这小子会啃硬骨头，但他自己就是根最大的硬骨头！将来谁去啃他？

两拨人虽然吵，但还是有一个共识的，就是刘秀肯定能拿下河北。

是真金子就肯定藏不住，哪怕此时这人仍在装孙子。

刘秀自己这里，内心深处也是想要去河北的。

去虽然危险，但不去更危险。

此时的权力中心太过于乌烟瘴气，自己的根子也不硬，不定哪天就会像老哥那样被阴了。

只要走，就比留在这里强。

但阻力很大，因为好多看出他不俗的人在从中作梗，比如当年联手搞死他哥的朱鲔（新市军大佬）和李轶（宛城豪族）。

都憋着找碴想再把刘秀搞死。

就这个时候，云台二十八将里排行老七的冯异出来帮刘秀了。

二、云台将首

由于云台二十八将太多了,后面我就简要说了,比如冯异排行老七,就说"云台第七将"。

冯异提醒刘秀,左丞相曹竟之子曹诩任尚书之职,现在说话挺管用,应该去巴结他。

冯异,颍川父城人(今河南省宝丰县东),原来是颍川的郡掾,刘縯起兵时奉命监护五县,与父城县长苗萌据城抵抗汉军。

不用问,这是颍川父城的豪族。

冯异在和刘秀打仗时,由于爱岗敬业在前线巡视的时候被汉军捕获了。

被抓后,冯异发现敌营中有好多熟人,比如他的堂兄冯孝,老乡丁綝、吕晏,这帮人都投奔刘秀了。

老乡见老乡,两眼泪汪汪,这帮熟人向刘秀共同保荐冯异,说这是个大才,一定不能错过!刘秀因此马上召见。

见后,刘秀深感这是他听过的最靠谱的推荐。

冯异同样对刘秀一见倾心,表示:"老母现在城中,如能放我回城,愿将辖下五城献上以报大恩。"

刘秀对冯异的孝心表示高度认可,冯异回到父城后守诺投降。

冯异的"下辖五城来献",相当于父城地区的豪族老大站队了。

刘縯遇害后,人家冯异马上就带着五城又反了。

我们南阳、颍川是一家，我参股的是南阳伯升兄弟集团，我投靠的是同阶级的豪族兄弟，跟你们泥腿子的绿林军又有什么关系！

等刘秀政审过关，平安任司隶校尉前往洛阳，经过父城的时候，冯异又立刻开城门摆酒迎接了。

冯异后来又拉来很多颍川豪族入股，比如云台十二将的铫期（颍川郏县豪族，父铫猛为桂阳郡太守），就是这个时间段随刘秀到了洛阳。

后面冯异在刘秀的团队里，一直扮演着救火队员和知心哥哥的角色，一般哪里摆不平了，刘秀就把冯异扔哪去，"异到病除"那是相当好用，老大难的赤眉问题就是在冯异入关后解决的。

在刘縯遇害后，刘秀虽然在外没有什么表现，但独居时常哭泣。在这段孤独的日子里，冯异常去宽慰进言，劝刘秀要鼓起勇气，相信未来，收揽人心，发展自己的势力，巴结曹诩就是这个时候的事。

冯异，是云台将中最核心最重要的几个人之一，下一章里，将有他的大篇幅介绍。

不仅曹诩在帮着使劲，刘秀背后的另一个大贵人刘赐也是他此次最终能顺利北抚河北的关键因素。

刘赐也是汉室宗亲，但家道破落得比较早，是最早跟随刘縯参加革命的一拨人。

这个人属于乱世会做人的那种，人家向来是两边下注。

绿林军秘立刘玄的时候，刘赐官至光禄勋，比同时间刘秀的级别高哦。

刘縯被杀后，刘赐接替刘縯任大司徒。

这次出巡河北，刘赐是刘秀的最铁杆支持者，他反复对刘玄说：宗室各家子弟之中，只有刘秀才有这个能力。

刘赐在反复地给刘玄灌输一个概念：一笔写不出两个刘字，咱们是家族，是宗亲！咱们刘家是自己人！

背后的话语是啥呢？

你这个南阳的刘家皇帝总不能永远被湖北流民军控制一辈子吧！

他自己背后的小九九是啥呢？

刘家老三这我还得再压一注！万一这小子将来真飞鸟化凤了呢？

在南阳派和颍川派的一系列运作下，终于顶住了绿林系的反对，刘秀终于被派往河北代表更始政权收揽各郡。

这是刘秀人生中第一次"被投票"。

他慢慢就该习惯了，因为后面还会有很多次可以搞得他一脸蒙圈的"被投票"。

还是那句话，你是龙不假，但这是个地头蛇说话的时代，你越过龙门的每一票都是靠别人投出来的。

"地头蛇"们帮你"成龙"，你帮人家升级成"地头蟒"。如此而已。

刘玄也很不地道，刘秀只是名义上被封为大司马，给了一根象征身份的节杖，然后出门北走，慢走不送。

刘秀就这样带着几个家将和随从"裸渡"了黄河。

渡河后，行至邺县，迎来了二十八将之首——邓禹的自动归位。

熟读历史后，很多同学会发现，成大事后的论功行赏，最大的封邑与奖赏往往都是皇帝身边的那个人的。

比如刘邦猛将如云，但论功萧何第一。

刘秀的云台二十八将云集河北，最终榜首的是这位邓禹。

刘备把诸葛亮请出来后就一直让人家治理后方，最终托孤时，把一整锅全给端过去了。

李世民的"凌烟阁二十四功臣"之首，是玄武门兵变前，最铁杆的总策划——长孙无忌。

朱元璋驱除鞑虏后，功劳是以李善长居首，而被传说得很神的刘伯温要排得很后。

所以说，做皇帝能够推心置腹的身边人、后勤部长，是非常有前途的。

但是，有前途归有前途，这种级别的干部却并非你树立了理想与目标就能上手干的，这类人有着以下几个必备要素。

第一，眼界。

能作为皇帝谋划战略方向的导师，而不是端茶倒水的秘书，最重要的，就是眼界。

最起码你的眼界要和皇帝是一个水平，不然皇帝和你商量啥呀？

一般来说，你的眼光甚至要比皇帝高出一个等级才行，必须根据变化的时局随时提出一个高屋建瓴、思路清晰、具有可行性的政治纲领。

比如诸葛亮的"隆中对"，长孙无忌的各种密室策划，用太史公的话讲，这是"佐天下"的级别。

第二，政务能力。

光能提出纲领是不够的，你还得能干。

这里的政务能力不是指简单的公文写作及处理能力。你上马能管军最好，如果不行，至少要下马能管民。

像税收、安防、征兵、安抚、城管、粮草调度这些战场外的内功，你必须得是一把好手。

像萧何、诸葛亮、李善长这种顶级政务天才，永远是皇帝打到哪，物资给养就立刻顶到哪。

再以诸葛大丞相为例，刘备刚刚有荆南四郡的时候，就让二十八岁的诸葛亮督令零陵、桂阳、长沙三郡，以负责兵源和物资供应。人家从最开始就是当大国总理培养的。

刘备这辈子最硬气的汉中之战，完完全全就是诸葛亮的川蜀物资动员能力跑赢了曹操的关中物资动员能力，除了法正定军山灵机乍现之外，完全就是蹲点战法。

第三，好出身。

其实这里的好出身有两个含义，你首先得是皇帝信得过的人，在多次站队中要始终坚定不移地站在皇帝身边，一起同过窗，一起扛过枪的人。

另一方面，其实还是我们之前说的，你参加革命得早。

等天下大势清晰时你再来参军就晚了，必须得是皇帝灰头土脸时就过来雪中送炭的。

见识、能力、出身，具备这三点，才能成为开国第一大功臣、帝国二把手，缺一不可。

这个邓禹，就具备了上述三点。

先看出身吧：

首先，邓禹是刘秀的南阳老乡。

其次，人家是新野人，阴丽华小姐的同乡，里外双重背景。

最后，人家和刘秀的姐夫邓晨是同宗，是新野豪族邓家的人。

这是乡土、阶级背景，人家邓禹三件套。

据说邓禹从小就聪明，十三岁时就能读史诵经了（这其实也不算啥），后来家里觉得这孩子新野装不下了，就送长安上学去了。

这次学习经历，改变了邓禹的一生，不是说他学得多好，拿了几个学位，而是他在这碰到了一个学长。

这个学长，就是刘秀。

新野才子邓禹在遇到比他大七岁的南阳老乡刘秀后算是动了真感情，觉得这人将来必定了不起，从此跟在学长后面好几年，直到返乡。

这是同窗背景，人家邓禹是小迷弟。

回到家乡后，天下大势开始剧烈变化，新野成了绿林军造反第一线，好学生邓禹由于没有一个当黑社会老大的哥哥作妖，所以平安地在家中继续学习，等着改变命运。

这期间，有人鼓动他造反，有人鼓动他投奔已经称帝的更始政权，他都没有当回事。

读过书的人都明白一个道理：出头鸟死得都早。

邓禹这只大鸟一直在家等着。

直至听到了闻名天下的那场大战，昔日的学长老大哥威震天下。

邓禹终于等到了自己的那个他，开始收拾铺盖，聚拢家财，前往投奔。

刚要去洛阳，又听到新动态，学长成为大司马，已经过了黄河了，于是他又带着自己的家财和队伍马不停蹄地追赶刘秀，终于在邺城撵上。

这就是全方位的出身好，不仅是老乡、亲戚、铁圈子、老同学，人家还在革命火种时期入伙。

看到小学弟风尘仆仆地来投奔自己，刘秀很感动，笑道："你是想来当个什么官呢？"

邓禹答道："我是来辅佐明公的。"

刘秀对于这个回答很好奇，邓禹接下来说了自己的"隆中对"。

邓禹道："眼下虽然更始政权拿下了关中与洛阳，但山东并没有安定，像赤眉、青犊之流，抄起来就是十几万的队伍，玄汉没有打败他们，他们自然也就不会听你的号令。

"再加上玄汉内部派系林立，都是一帮山大王出身，最大的志向无非是发财与享受，没有人真正地心系天下百姓。

"玄汉最终分崩离析的形势清晰可见，您虽然有辅佐之功，恐怕在这个屋檐下也难成大业。为今之计，不如延揽四方英雄，务必取悦民心，建立高祖的伟业，拯救百姓万民的生命。

"以学长的德才平定天下，肯定没问题！"

邓禹一席话奠定了自己的历史排位。

这就是眼界，站在高处，帮助刘秀分析，眼下你抱的这棵树并不稳当，随时有被拔起来的可能，而且你自己本来就是一棵树，你要自己顶天立地，眼下就是机会！

因为天下大乱，能人不多，你很牛。

刘秀采纳了邓禹的策略，开始走上单干的道路。招募人才，取悦民心，一路向北，废除王莽苛政，恢复汉朝的官名地名，为他今后立足河北奠定了民意基础。

在这过程中，邓禹又渐渐地展现出了他的政务才华，而且还附带伯乐技能。经他看中推荐的人才，像云台二十八将中的吴汉、贾复、陈俊等，后来全都成了大器，威震一方。邓禹后来还单走一路帮刘秀入关中去争地盘。

这是工作能力，人家数值全满，顶级全才。

综上所述，帝国导师，对素质要求是很高的。

云台将首归位后，云台诸将开始星云骤聚。

三、河北变天

公元23年腊月,刘秀到达河北第一大城邯郸。

耿纯,云台第十三将来投。

从此刻始,河北的豪族们就开始靠着自己的眼光进行站队了,耿纯是第一个。

这个耿纯是巨鹿豪族,家族势力不小。父亲耿艾,在王莽时代是济平尹,后来投降刘玄,继续任济南太守。

耿纯作为官二代,也有长安留学背景,而且学成后还得了前朝的官,授官为纳言士。

王莽被推翻后,背叛刘秀兄弟的李轶得势,负责分配官员去各地接管郡县,成了被请客送礼的焦点人物。耿纯因为前途问题一直求见,但他这个河北的官二代一直不被当回事,很久后才见到李轶。

耿纯见了李轶后,并没有珍惜机会各种恭维,而是将自己对这个暴发户的不满倾泻了出来:"大王以龙虎之雄姿,逢风云之际会,迅速拔地而起,一月之间兄弟称王,但老百姓并不知道你有什么德行,你也并没有对万民立下什么功劳。

"恩宠与官位暴兴,这是聪明人所忌讳的。

"有德之人尚且整日兢兢业业、警惕自持,还恐未得善终,何况是您这骤然暴发的!"

耿纯这番话虽然年少气盛，但已经凸显出这个人的见识水平了。

他最终能站队成功，成为少数"河北赢家"的人生算法也展现了出来。

人的德行与能力，是成大事的根本，暴发户是鲜能长久的。

听惯歌功颂德的李轶对于耿纯的这顿嘲讽、告诫感到很奇异，了解了一下他的背景和诉求，知道这位小爷家在巨鹿是大姓豪族后，本着不得罪人的心态拜耿纯为骑都尉，授以符节，让他去巨鹿老家当官去了。

总体来说，李轶属于见风使舵的人，他后来看到更始政权不行了，又早早想其他的出路了。

不过，这就好比耿纯的人生算法大概率会成为人生赢家一样。李轶的人生算法也导致了他这辈子大概率会凄惨落幕。（我说的都是大概率哈。）

你根本不知道你的下一次背叛，是不是踩着龙脑袋上的位。

再看耿家，就属于有规模、有思想已经上了档次的豪族了，老爹在外地当官拓展分公司，儿子在本地当官保护家族势力，各为依靠。

在邯郸，耿纯早就听说过天下闻名的刘秀，此次前来拜见，双方很客气。耿纯在多方面观察后认定真主，决定死心塌地跟刘秀混了。

因为耿纯在退下后看了看刘秀将官带兵的法令和制度，与他之前见过的全都不同。

他从细节的不凡中品出了昆阳奇迹的底色，从刘秀待人接物中读懂了这个人的气量，于是主动求好，献马和绢帛数百匹认刘秀当老大。

刘秀对于耿纯印象同样非常好，令他镇守邯郸。

在邯郸，刘秀还碰到了一个人。

这个人，成了刘秀的人生第一大苦主。

前任赵王之子——刘林。

刘林算是邯郸最大的地头蛇，因为家里祖祖辈辈就是这儿的王爷，大汉光复后，他们这帮前朝遗老是最高兴的。但这位小王爷却并非只想当个享福的王爷。

他有更大的梦想与抱负。

他想趁着天下大乱，立下自己的功业，他见到刘秀后的第一件事，就是建议掘开黄河。

黄河刚消停，这货又要给掘开，这挨千刀的。

为什么要掘河呢？

因为此时赤眉军在黄河对岸休整，刘林希望能借黄河之力，淹灭三十万赤眉军。

这个小伙子张嘴就是大手笔，但被刘秀义正词严地拒绝了。

史书给出的解释是刘秀心系万民，黄河决口必然殃及无辜百姓。

史书外各方面给出的解释则是，刘秀认为赤眉不打算过河打河北，而且赤眉被消灭对于他想浑水摸鱼的计划不利。

我认为，这两方面原因都有。

纵观刘秀的整个开国表现，他算是历代开国之君中，最仁慈的一位了，无论对臣还是对民。

换句话说，这个人很有德行。

掘黄河这种事情绝对是使生灵涂炭的大凶之事，也许正因为他这一念大仁，最终天眷于他，令他处处逢凶化吉，再创下刘家的两百年基业。

在这里，我要插一句题外话。

虽说小民不见得要有执政者的心，但做人还是要有大仁大义的。千万不要有因一己之欲望而去祸害天下的想法，比如刘林的掘开黄河大堤。

这种想法极其可怕！

黄河一旦决口，会有多少家庭流离失所，多少百姓无辜遭殃！

人在做，天在看，兹事体大的事情一定要慎重，"积善之方"中的"十善"有一善，叫作"兴建大利"。

所谓"兴建大利"，就是像修桥铺路、修堤补防的事情，能对人们产生便利与安全的，都是大功德。

千万，千万，千万不要搞破坏！

更不要说脏心烂肺的豆腐渣工程了。

在中国古代，几乎没有人敢在修桥铺路、盖房子上玩豆腐渣工程，因为上至八旬老太，下至三岁顽童，全都知道这跟砸祖先祠堂的级别是一样的。

现在为啥为了挣点钱啥都敢干了呢？

因为没人再提缺德这事了，祖宗的话全成糟粕了。

刘林这个挑事心狠的胚子给刘秀留下了非常不好的印象，并没有对他委以重任。

刘林在被刘秀否了之后，他觉得刘秀"量小非君子，无毒不丈夫"，而他这个大丈夫要搞一件更大的事。

你不是不接我这茬嘛，你这个河南人我还不认了！

掘黄河是A计划。

刘林的B计划，是再创造一个汉室政权。

他比较聪明，没有包装自己，因为他知道，自己的成分不算高，人家河南人那边已经提前称帝了。

这是个玩大牌的主，他要做在背后牵线的那个人。

他很"凑巧"地遇到了一个算命的，叫作王郎。

这个王郎说啊，自己是当年汉成帝的儿子刘子舆。

汉成帝就是那位著名的绿帽子王，被赵飞燕姐妹各种绿帽糊弄，色中饿鬼忙活一辈子也没整出儿子。

这个王郎还说啊，他娘是成帝身边的一个歌女，曾看到一股黄气罩在她身上，然后就怀孕了（比大龙盘刘大娘更神），然后就有了他。赵飞燕打算干掉他，被别的孩子调包顶替才幸免于难。

成帝的遗腹子是否真有这回事，不可考，但是早年确实有人在长安宣称自己是成帝的儿子，叫刘子舆，然后被王莽干掉了。

这个致敬"赵氏孤儿"的王郎是不是真的，更加不可考，但他出现的时机恰到好处，尤其对刘林的胃口。

刘林将这个王郎进行包装与大力宣传，说成帝的孩子终于找到了，还有活的啊！天不绝大汉啊！这才是正根啊！更始政权是伪政权啊！

他的两个计划中,赤眉扮演的角色截然相反。

在B计划里,赤眉不再该死了,而成了刘林借力打力的帮手。他宣传赤眉军也要拥立这个刘子舆,眼下就在黄河对岸蓄势待发!

真是人心思汉,天下归心啊!

狗掀门帘子,全凭那张嘴。

刘秀刚离开邯郸没多久,刘林就联合了赵地的几个大豪族——李育、张参等,率数百人在半夜进入邯郸,接收故赵国王宫,正式拥立王郎为汉朝正统皇帝。随后,他派出各路将领向河北的幽、冀二州招降,文书分送各郡县。

河北大部,纷纷响应。

王郎(刘子舆)被拥立后,这个政权迅速得到了河北各郡县的认可,原因有两个:

第一,刘林策划得好。

他利用刘子舆的这个民间传说解决了继承汉朝大统的血统问题。

第二,更始政权是人家河南人的政府,我们河北人几乎已经没有上升的空间了。

更始政权的高层要么是河南豪族,要么是湖北流民,不会再有咱们河北人什么事了,咱们永远都是外人!

所以河北在刘林推举出一个"纯种"继承人后,就纷纷改换门庭,归附了"邯郸政权"。

在当时的河北官员中,还有一部分人是南阳老革命,是被下派到河北来当官的。

这帮人大多都是路子不硬的,所以给扔到最乱的河北来了,能摆平当地最好,摆不平就自生自灭。

人家跟你本来就不铁,结果邯郸一建立政权,索性也就都随大流了。

当初也正因为整个河北地区是貌合神离的,所以刘玄才会派刘秀来摆平河北。

刘秀当初来河北的任务，是说服、搞定、稳住当地的一个个豪族势力，劝他们同更始政权合作，让他们认清形势，就在河北当好这地头蛇吧！

对于刘秀的机会，则是通过自己的战神光环和气场态度让这帮河北豪族挺他这个河南人，然后再靠着这帮河北人去打那帮河南人和湖北人。

但这个任务却突然升级了。

现在变成了他这个大司马不仅占不了河北的便宜，还要光着屁股推翻一个冉冉升起的赵汉政权。

虽说都是汉，但人家的广告打得好啊！野孩子咋能跟人家正根比呢！

刘秀这只股票瞬间就跌停盘了，本来就是光杆司令，然后一夜之间自己由大司马变成了过街老鼠。

别说巡镇河北了，连命都快保不住了。

在如此窘迫之际，云台第四将来了。

刘秀此时已经北上行至卢奴（今河北省定州市）了，听说后方邯郸已经改弦易辙，全河北现在把他当成了唐僧肉。他正盘算下一步该往哪跑的时候，有一个人对他说："跟我来！接着北上！"

这个人，叫耿弇，刘秀的"韩信"。

耿弇是上谷郡太守耿况之子，本来他是要到长安向更始政权呈送奏章表示效命的，结果刚走到宋子（今属河北省赵县），就听说邯郸又成立了一个新政府，更始政权在河北界内不好使了。

按理说，当时的豪族认皇权，就好比认干爹一样，干爹基本上无法拿一个个边远的干儿子怎么样的，你只要叫我一声爹，我就认可你继续在你的地头上当老大。

既然是认干爹，又不是亲爹，认哪个爹不是认呢，一般哪个爹的胳膊粗、好处大就认哪个爹。

所以河北绝大部分豪族与势力，都认了根子正、离得近的赵汉当干爹。

但耿弇碰上了这件事，却旗帜鲜明地表明了态度：那是个假政权！成不了大气候！我们还得去完成我们的使命，去长安觐见更始政权！

随从耿弇的上谷郡吏孙仓、卫包却根本不听他那套，离开了主子，投奔了赵汉。

人家做得没错，你的那个更始政权远隔上千里，难道舍近而求远吗？

稍微成熟点的人，都会有更稳妥的判断。

但历史很多时候是由不成熟的人书写的。

耿弇今年刚刚二十一岁。

年轻人容易冲动，我还就不认你这个赵汉了！

因为南往长安的道路被全面封锁了，听说更始政权的战斗英雄大司马刘秀在卢奴，于是耿弇北上觐见，在"无请示、无前途、无交情"，大势已去的"三无"情况下，投了刘秀一票。

只能说是缘分啊！

这是刘秀在河北极其关键的一次"被投票"！

这更是一次在没有任何博弈与权衡之下的冲动举措，刘秀完全就是躺中超级大奖！

耿弇跟他没有乡土关系，不知道此时刘秀的心气和打算，不知道刘秀的实力大小，没跟他爹请示就贸然公开表态了。

要知道耿弇的这一票，至关重要！属于一票顶十票的！

因为他的背后势力非常不一般。

他家地处边郡上谷，手里掌握着一支极其凶悍的抗匈铁军。

上谷突骑！

四、惊渡滹沱河

"坑爹"乱投票的小年轻耿弇见到刘秀后,表达了对战斗英雄的仰慕之情与拥护决心,请求回上谷找他爹发兵攻打邯郸。

刘秀对于年纪轻轻的耿弇仅仅是好感与欣慰,他并不知道耿弇背后的上谷力量有多么惊人,但又没有别的办法,因为南面是回不去了,只能继续往北走去幽州碰碰运气。

万一幽州人都像耿弇这么不成熟呢?

刘秀一行继续北上,来到了广阳郡的蓟城(今北京市),这是幽州第一大城。他派心腹王霸去招兵,同时赵汉的招降文告也到了。

结果王霸明显没有人家赵汉的一纸文书好使,玄汉和赵汉一比就是个笑话,王霸在蓟城街头备受嘲笑,当地百姓挖苦他不自量力。

王霸羞愧逃回。

这个王霸,是从龙元臣,云台第二十三将,出身于颍川郡的豪族,其父在颍川郡任职。

王霸年轻时也曾当过监狱官,不过后来干着干着撂挑子了,对他爹表示,不愿做这种芝麻小官,不愿意天天在牢房里对话社会不安定因素。

结果他父亲送他去长安留学(又一个长安留学生)。

长安的留学生中,出了很多大牛,但当时年级制度并不严谨,我们无法得知这些大牛们都是不是一届的,但跟刘秀混出来的这帮将领们,南阳派的心腹基本上都有过长安留学经历。

老师、同学是极其珍贵的资产,一定要珍惜。

知道为啥有些长辈在你报志愿时让你选个好大学,而不是一般大学里的好专业了吧。

除非特别知道自己要啥,从小有梦想爱好干某专业,否则要尽量选个好学校,尤其是经济发达地区的。

王霸在刘秀兄弟闹革命后,毛遂自荐,把自己也变成了社会不安定因素,亲身经历了昆阳大战,也经历了刘縯被杀后的危机。后来,刘秀身边的人越来越少,只有少数的几个铁杆还在,其中就有王霸。

刘秀深情地对王霸说:"颖川跟着我的人大多数都走了,唯独你留下来了,疾风知劲草啊!"

题外话,刘秀创造出了不少的知名成语,像夸奖冯异的"人家爷们儿为我披荆斩棘,拿下了关中";对耿弇说"有志者事竟成,你小子真行"。

几乎每一句"秀成语",都是他和他的将领们的深情写照,历代将星中,西汉末年和唐初是最美好的。(北宋初就算了,分赃太过于赤裸裸。)

君与臣,都够意思。

而且,领导见过世面有文化,真的很重要,千万别跟错了人!

王霸在蓟城受的这份羞辱并没有白受,因为过不了多久,他将亲手报复回去。

王霸回来后,对刘秀说了大概的情况,刘秀了解王霸的能力,他空手而归就已经能说明民心问题了。

此时此刻,几乎所有的人都建议刘秀南下找小路回长安,河北咱算是彻底待不下去了。

但这个时候,小年轻耿弇又站了出来说道:"我们的敌人在南方,正向北攻击,如果南下,岂不自投罗网?渔阳郡守彭宠是您的南阳同乡,上谷郡守是我的老爹,这两郡有天下精兵——幽州铁骑,您根本用不着担心邯郸!"

耿弇的话一直斩钉截铁,但所有人对他都有疑问:

一，你的话可不可信？毕竟你刚刚入伙不久。

二，即便你一往情深，但渔阳、上谷是否真的能够帮我们？

三，即便能帮助我们，可你所谓的"天下精兵"是不是真有你说的这么厉害？

在所有人对耿弇持质疑态度时，刘秀指着耿弇对众将说：别犹豫了，这是我的北道主人！

耿弇血气方刚地投了刘秀一票，刘秀也待之以国士，给予年轻的耿弇足够的尊重。他的这份情义在耿弇心中留下了不可磨灭的印象，这位东汉的"韩信"自此对刘秀死心塌地。

其实此时的刘秀看似惊险异常，但实际上离曙光已经不远了。

因为耿弇他家上谷和刘秀老乡彭宠的渔阳已经近在眼前了。

此时刘秀身在房山（蓟城），眼瞅着离延庆（上谷郡治）和密云（渔阳郡治）就不远了。

但就在这个时候，原广阳王刘嘉的儿子刘接在蓟城发动武装响应赵汉。

人家广阳豪族投票了。

广阳郡作为幽州第一个投票的官方表态了，我们认赵汉！

此时传言，赵汉派出接管蓟城的钦差大臣已经抵达，所有官员都要去迎接。而刘秀一行人正在蓟城招待所。

刘秀听说人家正主来了，一行人慌忙从招待所逃跑。到了城南门，城门已经关闭，河南大侠们匆忙干掉了守城士兵才逃出去，一通狂奔后清点人数，发现关键的北境门票耿弇跑丢了。

那还去不去北边呢？

情急之下，刘秀往路更熟的南边跑了。

一行人昼夜不停地开始狂奔，城是不敢进了，吃喝全都在路上对付，困了就找个背静地方歇会，狼狈困顿到了极点。

当时是一月份，北风凛冽！

天气那个冷啊，这帮人狂奔了五百里后实在走不动了，此时已经一口气跑到了饶阳。

无可奈何下，刘秀决定冒充赵汉使臣去招待所骗吃骗喝。

饶阳招待所官员看到领导们莅临指导，马上高规格招待，但这帮冻了好些天的叫花子们一看见饭就全都疯了，这让招待所所长很是起疑。

所长暗中派人在外面擂起大鼓，大喊道："邯郸将军到！"

一行众人如惊弓之鸟般蹿起来准备继续狂逃，但就在这个时候，刘秀喊道："都别慌！"

刘秀高声道："请邯郸将军相见！"

招待所所长一阵嬉皮笑脸，刘秀等人狠吃了一顿后离开。

吃顿饭差点吓死，真不容易啊！

离开饶阳后，一行人沿途依旧不敢停留，日夜前进，历经风霜雨雪，脸都冻裂了。

老天就是这样，哪怕你是真龙，该你受的罪，该你历的劫，一丁点儿都不会少。

孔夫子万世师表，尚有困于陈蔡之厄。

佛陀无上正等正觉，亦不免前世敲鱼头痛之报。

活着就是修行，无论是谁，都有自己的考卷与剧本，一关一关过吧。

刘秀的这支丐帮小分队在到达曲阳时，遇到了最大的一道坎。

虽然一路变身成叫花子，但他们的行踪还是泄露了，结果人家赵汉的追兵撵上来了。

刘秀等人咬着牙继续跑，但快到滹沱河时，探路的侦察兵回来说：前面有一条大河，但没有船。

这条蓝色滹沱河让所有人都崩溃了。

刘秀拿出在招待所骗吃喝时的淡定，命令王霸再探，结果王霸回来说：结冰了！没问题！根本不用船！咱直接走过去！

刘秀批评前面的侦察兵工作不够细致认真，然后所有人继续前行。

但只有王霸一人知道，他撒了个大谎。

一条大河波浪宽，河面上哪来的冰？

除非出现河北大神龟驮他们，否则就死定了。

但到了河边，奇迹出现了。

只有在《西游记》中才会出现的桥段发生了："一时间，河面结冰上冻人马皆可过。"

一帮人开始迅速过河，等所有人都过去后，河面却开始迅速融化，承担起了殿后的作用，将赵汉的追兵留在了河对岸。

这个神奇的桥段在后世几乎成为所有神魔乃至畅销小说都会用到的艺术借鉴手法。

艺术来源于生活，却真不见得高于生活。

过河后，刘秀意味深长地对王霸说："咱能渡河，都是你的功劳。"

王霸说实话了："是您的恩德，神灵的护佑，跟我没啥关系，其实大伙差点死在我手里。"

"刚才确实波浪宽的，现在咱刚过来又波浪宽了，这家伙咔咔就冻上了，咔咔又解冻了，当年周武王的'白鱼登舟'也比不上咱今天这'大河速冻'啊！"

当年所谓白鱼登舟，是指周武王伐纣，白鱼蹿入王舟，象征必获，后世从此将其作为用兵顺利的预兆。

刘秀感慨地对周围说："王霸的权宜之计成就了大事，这大概是上天的吉祥之兆，看来我们该转运了！"

也确如刘秀所说，天降祥瑞后，又走了二百里，到了下博城西，刘秀一行人又遇到了一位白衣老汉。

老汉说道："诸位别气馁，努力！信都仍然效忠长安，距此仅仅八十里。"

说完，一不留神没影了。

我就问问您这画面觉得熟吗？

除了这种直接模仿的，还有艺术加工的。

你说写小说的不好好学历史行吗？

刘秀手下的云台二十八将，后世常常将他们暗合天上的二十八星宿，说是天神下凡来保刘秀了，刘秀也是历代帝王中跟神话扯上关系最多的几个帝王之一。

一般别的皇帝都是出生时灿烂一下就完了，但刘秀的整个开国过程都充满了玄幻色彩。

相传这个白衣老人也是来仙人指路的，这个真实性不可考。

但却真的让人充满疑惑。

因为这帮人肯定不敢在路边大喊我是大司马刘秀的，而是一路躲躲藏藏甚至假冒赵汉使臣，咋就莫名其妙地来了个老人给他们指出一条路呢？这位老人咋就知道他们是通缉犯的呢？

这位老人实在太过于可疑，再想多问几句又找不着人了，一行人又开始嘀咕，是不是忽悠我们啊？

直到打听到了信都郡守的名字后，刘秀命令众人："错不了！赶紧走，目标信都！"

为什么刘秀会如此肯定？

因为信都守将，叫作任光（云台第二十四将）。

任光是南阳郡宛城人，为人忠厚，豪族地方官。

岑彭投降后，刘縯带队进入宛城，一名汉军士兵看见任光的衣服很拉风，匪心大起，要杀人夺衣。

这个匪兵还是很会过日子的，觉得衣服上溅上血就不好了，命令任光把衣服脱下来！

该着任光命不该绝，就在此时，刘縯的部下刘赐（举荐刘秀那位）经过，看到任光有长者之风，就出面把他救了。

此后，任光就跟了刘赐，后经刘赐推荐，刘玄拜任光为偏将军。

后来昆阳危机，任光的另一次人生转机出现了，刘秀调回来的援军中，就有刘赐所部，任光也因此参与了刘秀的成名大战。

任光的履历非常丰满，任光是少有的和刘縯、刘秀两兄弟都有着深厚渊源的将领。

刘玄到了洛阳后,由于任光并非内部高层,还跟刘家兄弟有关联,结果被扔到了河北信都当太守。

更始政权的这随手一扔,为刘秀的绝地逢生埋下了伏笔。

任光是个人才,作为一个外地人,拿着一纸上任文书来到了人生地不熟、一点根基都没有的信都后,在短短几个月内,就将整个信都的内外大小势力全部团结到了手上。

后来听说刘秀也来到了河北,赵汉又突然变天,任光成了极少数的不妥协者。

他在等刘秀!

因为这个人的本事,他在昆阳见过!

任光把都尉李忠、信都令万修、功曹阮况、五官掾郭唐等人叫来,议定盟约,同心固守,誓死不降。

他杀了前来招降的赵汉使者,派遣精兵加强信都的防守,独卧孤城地等待着刘秀。

当刘秀一行人终于到达信都后,他狂风暴雨般的河北长征终于结束。

任光在给了刘秀一个根据地后,又献上了刘秀人生当中堪称最重要的一个建议。

之所以说最重要,是因为刘秀这辈子的所有决定几乎都是对的。

唯独这一次。

五、信都会议

刘秀在信都的一次大会上发言:"如今信都势单力薄,咱们应该一起投奔城头子路、力子都(山东匪帮集团,规模大,有二十多万人),大家看怎么样呢?"

刘秀对此时自己的处境极不自信,因为信都在冀州诸郡中算是沧海一孤舟了。

为啥说要投奔山东大哥们去呢?

因为信都对面就是黄河。

为啥赵国刘林那货鼓动掘开黄河大堤呢?

因为淹不着他自个儿。

刘秀继"镇河北""奔幽州""渡滹沱"后,即将上演第四季"走山东"。

任光表达了非常坚决的反对:"不怎么样!"

"绝不可以如此!城头子路那帮人是一群土匪,没见识、没文化、没章法,一群乌合之众,咱们这帮外地人去了,被他们干掉怎么办?再说要是投奔山东,我手下这帮信都豪族就不可能再听我的了!"

咱们是豪族,跟他们尿不到一个壶!

刘秀说:"可是咱们现在手下兵少,你说咋办呢?"

任光说:"兵少可以招啊!而且咱要招,就招'奔命之兵',绩效工资高,别人没法比!"

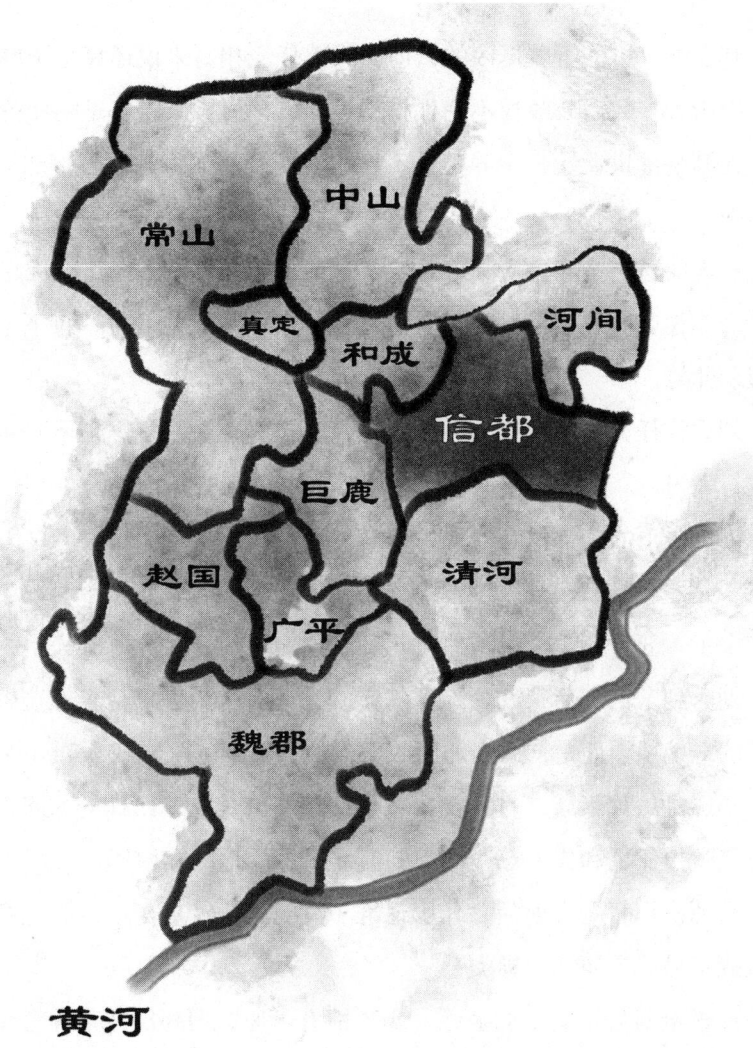

啥叫"奔命兵"呢?

就是赋予士兵无限抢劫权。

我们外出攻击周围不服从我们的各郡县时,先发檄文,告诉各地,投降就接着好好过日子,要是不投降,一旦城破,士兵们随便屠城抢钱。

这样不光兵能招上来,城也能快速拿下来。

刘秀听了之后,终于明白为啥任光这个外地的能在这里立住脚跟了!这家伙搞人性这块,肚子里是真有货啊!

其实吧，可能听着挺凶的，但实际上任光相对来说还算是个厚道人。

因为大多数武装政权不论你投不投降，只要城破全都是随便抢的。

尤其是乱世武装，给养辎重不稳定，所有的战争利润都得从战败方那里抢过来。

任光的这个策略，实际上是给了各地不服郡县一个合作的优惠条件。

合作你就交点租子，我也省得打；不合作我就使劲打，打下来名正言顺地可劲儿抢。

刘秀被任光提醒阶级属性后，不打算投奔山贼去了，但下一步该咋走需要进行大讨论。在前途研讨会上，很多人又觉得应该回长安了。

因为眼下的信都仅是河北一孤舟，还是回大本营徐图大事靠谱。

不是左就是右，刘秀的革命之路又到了关键时刻，这个时候，"药王爷"邳彤来了（云台第二十七将，河北著名神仙、药行保护神）。

刘秀到了信都后得知，除了任光外，还有一个人挺他，但这个人却并非自己的老嫡系，而是初入河北时收服的一个豪族——和成太守邳彤。

邳彤是信都豪族，官二代，他的父亲邳吉曾任辽西郡的太守，邳彤在王莽时代就担任了和成太守，刘秀到河北后，命他继续留任。

在那次短暂的会面后，邳彤认准了刘秀，也变成了"一眼定终身"的一员，成了另一个河北"异类"。

任光挺刘秀是老乡加报恩，属于情有可原，但邳彤在某种意义上，是此时河北的纯粹异类。

第一，他跟刘秀没有任何关系。

第二，在地域层面上，两人一个河南一个河北，有着巨大的地区隔阂。

他纯粹就是看上刘秀这个人了。

这下，和成郡也参股刘秀了。

得知刘秀落脚信都后，邳彤马上赶来会盟，并赶上了这次重要的前途研讨会。

会议上很多人都说"王郎的势力太大，不如由信都派部队护送刘秀西归长安"时，邳彤怒了，慨然道："你们刚才说的都不对！"

所有人都看向邳彤，深感河北人真是直率，先是耿弇，现在又是这个邳彤，全都刚入伙就敢跟所有人叫板。

邳彤道："天下黎民对王莽的暴政深恶痛绝，深受其害，所以各地人心思汉。也因此，更始皇帝一称尊号便天下响应，长安三辅的官吏百姓更是自发地修缮宫殿、维修道路，翘首夹道欢迎，一个人举戟大呼，千里之将无不献城而逃，贼房匍匐请降。

"自从上古以来，从没有感天动地到这个份儿上的！

"但是，并非是个姓刘的就能称帝，现在邯郸不可一世的王郎，他根本不是什么刘子舆，他的底细我很清楚，不过是一个算命的而已！看起来气势汹汹，不过外强中干！"

邳彤再给群雄打气，什么群英荟萃！就是一盘大萝卜！

此贼在河北并没有深厚的根基，大司马只要征调和成、信都两郡的人马，何愁不能讨平他！

一旦西归长安，那么就将痛失好局，空失河北，大事去矣！

邳彤从出身与能力上讽刺贬低了王郎，极度唱衰王郎伪政权，并将手中的筹码描绘得无比强大。

刘秀的南阳老乡们此时对河北人充满了好奇，咋来个人就说能一郡敌一州呢？

他说的有道理吗？

道理是有的，走了就真没戏了！

在关中你立不住脚！去山东你又不住腰！

但靠谱吗？

不靠谱，因为耿弇人家是真没吹牛，但邳彤和任光全都吹大牛了，这两个郡在河北属于欠发达地区，人马也太过毛毛雨，根本无法跟赵汉相抗衡。

不过刘秀最后还是拍板选择了相信邳彤，不走了！

就以此二郡兵马收复河北！

刘秀一行人的"信都会议"落下帷幕。

大会过后,刘秀任命任光为左大将军,封武成侯;邳彤为后大将军,信都都尉李忠为右大将军,信都令万修为偏将军,三人都封为列侯;令四人带领本部人马出城招募"奔命兵"。

在招兵同时,刘秀也学了刘林的招数,打起了背景光,向外界广发檄文:玄汉大司马刘秀亲率城头子路、力子都所部百万大军从东方而来,专门讨伐各路反贼!

但是,眼下这点兵是不足以攻城略地的。

但任光还是有办法。

任光的攻城法,叫作"火焰恐吓",每兵临城下,专门挑晚上出击,将城外的草木丛林全部点燃,在火光冲天的背景下攻城,恐吓城中守军。

靠着这种恐吓做法,任光兵不血刃地拿下了堂阳县、贯县等几个小城镇,玄汉大司马刘秀反扑的新闻开始在河北大地上传开。

随着刘秀的反攻,当年他在昆阳的神话,开始潜移默化地帮助他打开这片没有任何基础的市场。

很快,刘秀又等来了两个星宿的归队。

巨鹿昌城豪族刘植(云台第二十八将)集结族人数千,占据昌城前来响应刘秀;先前留在邯郸的耿纯,在王郎政变后逃离了邯郸,召集族人宾客两千多人,倾家带着棺材前来归附刘秀。

老少爷们儿都太棒了!

随后刘秀继续向北挺进,耿纯进攻下曲阳,下曲阳投降,随后攻陷中山,拿下卢奴,形势开始好转。

耿纯的到来,让刘秀分外感动,因为耿纯为了不让族人有二心,直接把家族的所有房屋圈舍一把火都给烧了,倾家前来投奔。

刘植的到来,除了让刘秀感动外,还给刘秀送上了一份超级投名状。

真定王刘杨!

刘秀和王郎的第一次实力转折,出现在真定。

此时的刘秀除了信都、和成两郡外,招了些兵,拿下了中山,又受降了几个小城镇,再加上上述二位的投诚,兵力也仅仅三万左右。

这点人,算不上雄厚,连稍微大点的土匪组织都比不过。

刘植对刘秀说:在不远的真定,有一股非常强大的力量,当地的老大叫作刘杨,世袭真定王,虽然也归附赵汉王郎了,但我跟他是亲戚,我能说服他。真定为冀北雄镇,刘杨手下有十多万人,如果他站在了我们这边,那么强弱的对比将发生明显改变。

刘秀大喜,对刘植表示,要不惜一切代价搞定真定王。

刘植在跟真定王刘杨讲了刘秀如何拿陨石砸王邑,如何天命所归,如何是个干大事的,以及血统如何纯正,比那个算命的强多了等一堆好话后,终于说动了刘杨。

但人家刘杨有条件。

回来后,刘植把条件向刘秀汇报:真定王要求得跟他家结亲戚,不然人家不帮咱,而且这个亲戚不是认个干爹啥的,干儿子不靠谱,您得给人家当姑爷,人家才认您这半个儿。

通婚作为结盟中最靠谱的保障,再次摆上了历史的台面。

娶个媳妇陪嫁十多万人,虽然刚刚娶了阴丽华小姐,但刘秀根本没犹豫。由于刘杨自己家里并没有适龄的小姐配给刘秀,于是将自己的外甥女郭圣通嫁给了刘秀。

不用问,能和真定王结亲戚,郭圣通的老郭家,也是真定的大姓豪族。

洞房当天,真定刘家、郭家易帜。

拿下真定后,刘秀接连攻陷元氏县、房子县、柏乡县,击斩赵汉的部将李恽。

随后,刘秀进抵柏人(今河北省隆尧县西南),再败赵汉另一部将李育。

李育退回柏人城固守,刘秀围攻不能下。

在此地,刘秀迎来东汉第一号勇,云台第三将——贾复。

贾复,南阳冠军县(今河南省邓州市西北)豪族,勤奋好学,和刘秀学的一样，通晓《尚书》，被所有师长称赞有将相之才。

贾复学成后当了县吏，奉命与同僚到河东运盐，那时已经天下大乱，途中遇到盗贼，同僚们都弃盐逃跑，只有贾复最终把盐运回到县里。

绿林军起义后，贾复辞官聚众数百人在羽山，自称将军。（时，下江、新市兵起，复亦聚众数百人于羽山，自号将军。）

为啥要单独把这句话的原文列出来呢？

因为三百年后，这个句型将在史书中没完没了地出现，在此先来给大家做个小预告。

贾复的造型，类似于一个小规模的豪族在乱世的自保行为，也是后世所有大小豪族们的自保姿势。

大家还记得早期绿林军抢妇女掠地方的黑材料吗？

不想被这帮臭流氓祸害就只能靠自己了。

"聚数百人"是自家宗族；

"羽山"是当地险阻以自保；

"自号将军"是在风云激荡的南阳，保持中立互不得罪。

直到王莽政权被推翻，更始政府定都西安后，贾复才下山归附了汉中王刘嘉，被任命为校尉。

贾复这人是有着大抱负的，因为他并没有走武关去投奔牌子更大的更始政府，而是上溯汉江去了汉中。

因为"汉中王"这个符号是让人浮想联翩的。

没有多久，贾复就劝说刘嘉脱离刘玄，另起炉灶。因为更始政权日趋腐败，政治比较乱套，天天钩心斗角，今天内阁下台，明天首相被炒。

贾复也是属于万人中你看一眼就忘不了的那种，英霸之气太过外露，在乱世就是头号不安定因素。刘嘉觉得这个下属早晚得给自己惹祸，说你是大才，你想干这活儿不是我能接的，于是一纸推荐信，送到了刘秀这。

贾复来到河北后如狼见血，看到河北一团大乱着实兴奋，第一个见的人是邓禹。邓禹见到贾复后马上盖章五星推荐，一路绿灯转到刘秀那里。

推荐书上反复强调：大才！大才！

刘秀作为同样识人的大伯乐，一上来就破格任命贾复为破虏将军，还将自己车驾的马赏赐给他。

老革命们都很不服，要求刘秀将贾复调到基层锻炼，一上来就当将军太不像话。

南阳派和河北帮都明显看贾复不顺眼，因为贾复仅仅是南阳一个排不上号的小豪族，革命参加的也晚，南逃要饭的那段岁月也没跟着一起受罪，凭啥上来就这么受重用！

但领导看人是很少出错的，刘秀道："贾复有击退敌军于千里之外的威风，刚刚任以要职，不得随意撤除。"

有文化是很可怕的，随便抛出来句话就是金句大IP，"退敌千里之威"也成了后世形容超级猛将的专有名词。

这也是刘秀少数几次中否决众人人事任命建议的一次，你就说贾复有多优秀吧。

贾复自此成为刘秀麾下第一猛将，每每征战，必身先士卒，冲锋在前，所向披靡，成为汉军第一先锋大将，刘秀身边第一保镖。

贾复报道后，刘秀开始行军，准备正式和王郎决战，先是攻陷了广阿，然后准备南下攻打著名古战场，邯郸的拱卫——巨鹿。

就在此时，刘秀看到广阿城外烟尘滚滚，大量骑兵呼啸而来。

如此规模的骑兵部队，刘秀从未见过。

不仅刘秀没见过，所有人都没见过！

就在刘秀紧张万分之际，骑军阵中闪出诸将。

刘秀狂喜道：我的北道主人来了！

六、天下兵王

话说几个月前，蓟城混乱逃亡之际，耿弇与刘秀跑丢了，刘秀失去了北境门票向南逃窜。实际上，他不知道，也许直接逃亡北境就不会有后面的那么多狼狈事了。

因为，北境最关键的上谷郡和渔阳郡中，不仅仅只有愣头青耿弇一个人力挺他。

有几个深思熟虑的北境关键人物同样也选择了刘秀，而不是咋咋呼呼的暴发户"假皇帝"王郎。

上谷郡的关键人物叫寇恂，渔阳郡的关键人物叫吴汉。

这二位虎将，云台分列第五和第二。

先说寇恂，任上谷郡功曹，深受太守耿况的器重。

在这里，要专门说说"功曹"这个小官了。

汉旧制，为了防止地方势力做大，郡县长官由朝廷指派外地人担任；为了防止长官变成土皇帝，属吏则由长官从地方选任，只能用本地人，不能用你从原来老家带去的心腹。

当时没有公务员考试系统，地方长官想要控制治理地方就只能用当地根深叶茂的豪族们去做辖区公务员，也就是"功曹"们。

既然是地方的豪族，那么这种"地方吏"往往就有着世袭罔替的潜规则。

地方长官对这帮地头蛇是极其倚重的，甚至说是不敢得罪的。

而且这种长官和豪族之间"珠联璧合"或"狼狈为奸"的勾结，颇有着区域互换的性质。

你提拔我的小弟，我罩着你的亲戚。

举个例子，前面说过的和成郡的郡守邳彤，是旁边信都郡的地方豪族。

他是和成郡的最高长官，但在信都郡同样有着巨大的关系网。

他在刘秀最开始巡镇河北时的一见倾心，很大意义上又左右了老家信都关系网的"都尉李忠、信都令万修、功曹阮况、五官掾郭唐"，这帮人配合任光这个外地长官去支持刘秀。

老家的豪族关系网往往是一荣俱荣、一损俱损的。所以最早的和成郡与信都郡能够结成"挺秀联盟"，和这层你中有我、我中有你的盘根错节的人脉网有着巨大关系。

寇恂这个上谷功曹牛到什么程度呢？

他甚至可以说是上谷真正的幕后老大。

最早建立更始政权时允许"先降者复爵位"，当时就派过一波招降的使者，这个使者到了上谷郡后，当时的郡守耿况就配合地上缴了太守印信并等待重新颁发。

但这个使者拿到印绶后不知是为了凹造型还是要好处，不还给耿况了。

结果寇恂这位功曹大人直接带着兵去找这个不上道的使者了。

使者问："你想威胁我是吗？"

寇恂说："谈不上威胁你，是你考虑问题不周，现在国家信义还没有广为流传，你整这么一出如何取信天下？又谈什么号令别的郡呢？况且耿况在上谷有人望，你要是换了他会生出大乱的。"

结果这个不上道的使者没被吓唬住，还是不给。

寇恂大怒，当场下令派人去以使者的名义喊来了耿况，然后当着那个使者的面，亲手抢来了印绶还给了耿况。

作为上谷当地大姓豪族的功曹，寇恂就能摆出这份教父的范儿！

假皇帝王郎称帝后，派使者到上谷，让耿况归附发兵撺刘秀。

耿弇当初是有点吹牛的成分，因为他爹并不真的说话那么有分量，而且他爹其实是想屈服的。

是寇恂，认为王郎是个来历不明的暴发户，而刘秀"尊贤下士，士多归之"，和同事门下掾闵贡（也是当地豪族公务员）劝说耿况拒绝王郎，而要归顺刘秀。

耿况还比较犹豫，他还不知道儿子早就把他的这点家底儿都许出去了，说道："邯郸势力现在如日中天啊！"

耿况那意思就是"爷们儿咱要不就从了完了"，但寇恂却说："上谷郡疆域完整，控弦万骑，况且咱这可是骑兵！天下兵王！咱爷们儿有资格选择自己的前途！（可详择去就！）我愿前往东方的渔阳，说服彭宠，共谋大事！"

这位烧冷灶打大牌的寇恂之所以有信心能够说服渔阳太守彭宠，因为两个原因：

第一，这个彭宠是更始政权赏的饭。

第二，这个彭宠也是南阳人。

彭宠，南阳首府宛城豪族！（这都多少豪族了。）

彭宠的父亲彭宏在汉哀帝时就担任渔阳太守了，因为对王莽不买账而被杀害了。

但是，老彭的落马丝毫没有影响彭家在南阳的势力，彭宠少年时能继续吃官家饭，做的就是郡吏，在王莽篡汉后还被推荐到长安做了大司空士，然后还跟着刘秀的猪对手，也就是那位大司空王邑去宛城平叛，结果亲眼目睹了昆阳大败。

彭宠跟着王邑逃到洛阳后听说自己老家的胞弟也参加了汉军，彭宠担心受连累，就与同乡小弟吴汉一起逃出洛阳，到渔阳郡投奔父亲彭宏以前的老部下去了。

这就是我们前面说过的，豪族间可以相互依仗，区域互换的网络关系。

彭宠他爹就是个"伟容貌，能饮饭"，擅长公关的高级官员，彭宠也继承了他爹的钻营本事。公元23年（九月），玄汉拿下洛阳后，派遣南阳人韩鸿为招降大使到北方各地宣传"先降者复爵位"的投降政策。

彭宠听说后,立刻喊上吴汉去公关韩鸿。

韩鸿过了黄河,两眼一抹黑,谁也不认识,突然看到温暖笑容,一嘴河南话的彭宠倍感亲切。彭宠拍胸脯地保证渔阳他家已经经营了好几代,没人比他更能代表玄汉在渔阳的利益了,再加上咱们是南阳老乡,两眼泪汪汪的老乡不信你还能信谁?

看到彭宠这么会来事,于是韩鸿大笔一挥,向刘玄举荐他们二人。

不久,刘玄的任命书到了,封彭宠为偏将军,行渔阳太守事,吴汉为渔阳郡的安乐县令。

彭宠靠着这一纸文书和祖上的积累,迅速安定了渔阳,并接手了一支部队,它的名字叫"渔阳突骑"。

这个渔阳突骑和上谷突骑是当时整个中国罕见的成规模建制的骑兵部队,这两支"坦克"部队的归属,将在很大程度上决定北方大势的最终走向。

正因此,耿弇和寇恂才会这么斩钉截铁地要选择自己的前途,因为手里真有家伙。

没过多久,刘秀来河北了,没过几天,王郎又登基了。

渔阳接到了一个又一个始料未及的消息,彭宠再次面临着选择,这次他还能选对吗?

在渔阳讨论会上,几乎所有人都认为应该归附王郎,除了一个人,自己的心腹吴汉。

这个吴汉,虽然是云台将中后来可以排名第二的牛人,但他在这个豪族时代却是一个异类,因为他的出身和这个时代中大部分留名的人比起来实在是比较低。

他家不是豪族,他当的官和"功曹"这种地方实权派也没啥关系,他的工作大家比较熟悉,高祖挥洒青春岁月的亭长,后来跟彭宠逃亡渔阳后贩马的生意干得很大,结交了很多燕蓟豪杰。

这个吴汉属于那种典型的老实人干大事,虽然看上去木讷朴实,实际上勇猛知谋，平时不咋表现，全是拿行动说话，他在这次抉择中也选择了河南老乡刘秀。

因为对于他这种需要在异乡改变命运的"下层人"来讲，最好的办法就是义愤填膺地鼓动别人的资本找风投去入原始股。

他的方式，是偷着造了很多刘秀的征讨檄文，里面历数了王郎的虚假底细，弄得全城沸沸扬扬。

等王郎的身世臭大街后，他再拿着他造的宣传单对彭宠说："你瞅瞅！这人咱咋跟？老百姓也不答应啊！"

吴汉撒假传单时，上谷来人了，寇恂也表示，上谷将力挺刘秀。

在仔细权衡后，彭宠宣布向王郎政权开战。

这是中国的历史，第一次从东北方向开始书写！

东北和西北，这两个"天下金角"从此将在今后的几乎每次重大历史拐点中影响中国的历史进程。

上谷与渔阳两郡，每郡出突骑两千，步兵一千，这六千人组建的东北军就这样粗暴地向南冲杀而来。

"坦克"部队在前进，这支东北军一路南下，连克涿郡、中山、河间、清河、巨鹿等五郡二十二县，一路平推到广阿，碰到了刘秀。

截至此时，东北军已经斩杀了王郎任命的大将、九卿、校尉及以下官员四百余人，共杀了三万余人。

被杀的这四百多领导和三万多人，意味着上谷、渔阳二郡的豪族对河北五郡豪族的碾压和消灭。

这帮河北同行到死都闭不上眼，谁能想到这么稳的队都能站错了啊！

我们之前在"汉帝国双璧"时代仔细分析过，突骑其实并非那么可怕。尤其此时没有马镫的突骑部队拿训练有素的步兵方阵是没有什么办法的。你冲不开阵时往往就是步兵的活靶子。

但是，前提是训练有素。

很遗憾，此时是乱世，没有训练有素这一说，基本上一冲就垮。

也因此，幽州突骑在此次东汉开国的过程中表现出了极其恐怖的统治力和存在感。

苦劳比不上功劳，在后来的排位与分红上，虽然信都、和成等冀州势力最为雪中送炭，但幽州派最终压在了冀州派之上。

刘秀看到东北军来了，大喜过望，耿弇下马，在城下拜见。入城后，耿弇把两郡发兵经过跟刘秀大概说明，然后请出东北诸将。

耿弇、吴汉、寇恂、景丹（云台第十将，关中栎阳豪族，上谷二号长官）、盖延（云台第十一将，渔阳军事豪族）、王梁（云台第十八将，渔阳要阳豪族）等后来天下闻名的东北军将领加入了刘秀阵营。

刘秀大笑道："上谷、渔阳突骑天下闻名，想不到两郡兵马竟然为我而来，我一定会高举发展大旗，和诸位共享革命成果，一定要让幽州兄弟们感受到实实在在的获得感！"

刘秀在封东北军诸将皆为偏将军后，把耿况、彭宠这两个大佬封了大将军，同时封耿况、彭宠、景丹、盖延这四位军事大佬为列侯。

马上就兑现奖励，还没咋地就把最高级别的侯已经扔出去了，刘秀全面认可了上述两郡革命军在自家山头的合法性与自主性！

到底是刘老三的种啊！

你刘家人只要开始分蛋糕，这天下就不费劲了。

随后，上谷、渔阳的幕后大佬耿况和彭宠不仅发兵发将，还源源不断地送来了粮草和补给，成为继信都军和真定军后，刘秀略定河北的第三股力量，也是最犀利的一股力量。

刘秀会合诸军后，南下直奔邯郸拱卫、古战场巨鹿而来。

刘秀开始转运后，玄汉那边也派出了尚书令谢躬率六万军自南往北攻打邯郸，但并无进展。得知刘秀南下后，两军相合，开始同攻巨鹿。

合兵后，刘秀遇到了与王郎对战的第一次停滞，一个多月都没有进展，王郎却趁机偷袭了刘秀的大本营信都。

这比较要命，因为大部分刘秀高层的家属都在信都。

王郎想拿家属当条件要挟刘秀诸将,结果刘秀营中上演了可歌可泣的一幕,诸将纷纷表态家属不要了,跟王郎拼了!

随后,刘秀分兵派谢躬率军反攻信都救家属。谢躬领军走后,王郎突然派遣了数万人增援巨鹿。

刘秀抵挡艰难,眼看就要大败。

但就在刘秀的军阵将垮之际,作为总预备队的景丹率领东北突骑突然杀入战场。

王郎大军大势已去!

平原上,"坦克"部队如砍瓜切菜一般,将王郎大军杀得大败。

再次神奇逆转的刘秀慨叹道:"早就听说两郡的骑兵是天下精锐,今天一见,果然名不虚传!"

此时刘秀在巨鹿城下已经近两个月了,先是围攻不克,又被偷袭后方,后来敌人反扑又差点大败,刘秀渐渐地感受到了当年昆阳城外的气氛。

这个时候,耿纯提了个建议:咱为什么必须要拿下巨鹿啊?留点人继续围巨鹿,然后咱大军直接去打邯郸啊!擒贼先擒王,一旦王郎伏诛,巨鹿不用打,自然就投降了。

这就是去年严尤一次又一次的"舍昆阳攻宛城"建议的翻版。

作为两场战役的最终胜利者,刘秀不像王邑那样,人家刘秀听了。

四月,刘秀留下将军邓满继续围困巨鹿,自己亲率大军向邯郸挺进,连战连胜,兵临邯郸城下。

王郎感到大势已去,派杜威找刘秀谈判。

准确说应该是商量如何投降。

七、二十八宿归位

杜威作为赵汉政权的谈判代表为了把价码标得高一点，反复强调王郎确实是成帝的嫡亲骨肉，打狗要看主人，咱得有个看相。

这是一位比较冒傻气的谈判代表，怎么能跟另一个政权说自己的血统更纯正呢！

尸山血海中走出来的刘秀对这种血统论最为不屑："就是成帝本人复活从棺材里爬出来，皇帝跟他也没关系了，更何况他的冒牌儿子！"

杜威喊出了投降价码：请求封王郎万户侯。

刘秀对这个将他逼得狼狈至极，回忆起来都是人生阴暗的人深恶痛绝，怒道："饶他不死，已经给你们很大面子了！"

价码没谈拢，被伤自尊的杜威大怒告辞，刘秀随后发动猛烈攻击，二十多天后，五月初一，王郎的少傅李立开城投降，邯郸陷落。

王郎逃走后，被王霸连夜追上，就地斩首，王霸也算报了当年蓟城街头受辱之仇。

邯郸陷落后，发生了一件极其影响团结的事，在王郎的大量文书中，发现了很多刘秀这边将领写的投诚信，达数千封之多。

刘秀在得到消息后，一封也没看，集合了所有将领，将王郎的所有信件当全体面都给烧了。（熟悉吗？）

经历过背叛的刘秀知道，人性是禁不起试探的。

所谓的忠诚是奢侈品，可遇不可求，绝大多数人都是墙头草，势利眼，人性的本性就是自私的，所以当你前途渺茫时，别人想要找个好出路是可以理解的。

乱世中，想要获得忠诚，就把自己变成最粗的那条大腿吧。

刘秀的高姿态使所有人都安了心，这种大仁大义的不计前嫌获得了诸将的死心塌地。他刚刚灭掉王郎，团结完内部，发现自己的情况又开始变得不妙了。

前脚搞定王郎，后脚刘玄的封赏就到了。

刘玄封刘秀为萧王，并下令黄河以北所有部队全部复员，命刘秀跟有功官员，一同返回长安受赏。与此同时，另行任命苗曾当幽州牧，韦顺当上谷郡守，蔡充当渔阳郡守，到北方接任。

刘玄用完刘秀，就想把人家扔一边，把人家兄弟两人都当作了自己的人生阶梯。

但是弟弟并非是哥哥。

金鳞岂是池中物，一遇风云便化龙！

此时在河北化龙池脱胎换骨的刘秀已经从光杆司令变成了龙行大海，众多星宿拱卫的他决定把握住自己的人生走向。

面对刘玄的封赏，刘秀的一众干将全都或明或暗地劝他自立家门，刘秀向刘玄回复："黄河以北还没有完全平定，无法抽身返回长安。"

这个回复，标志着双方基本上已经撕破脸了。

只要刘秀不像他哥哥那样大大咧咧地回到大本营，其实刘玄是没什么好办法的，因为河北已经是刘秀的地盘了，人家刘秀可是河北各豪族投票选出来的。

无论是最早的信都、和成两郡，还是后来的真定刘家、郭家，还有上谷、渔阳的突骑支援，背后都是当地豪族的一次次投票站队。

刘秀能在河北最终站住脚，有三次至关重要的转折：

第一，是任光、邳彤坚决留下来的劝谏和立足火种。

第二，是联姻真定王刘杨。

第三，是极其幸运地得到了上谷、渔阳的眷顾。

刘玄的一系列官员任命，根本吓不到刘秀，因为说句实在的，河北各地的官员任命，刘秀自己本人都没办法，只能是豪族自治，他认可既成事实。

他靠着豪族起家，哪个豪族怒了他都得掂量，后来他就在处理彭宠问题时出了纰漏，结果东北乱了三年，去了好几拨人都压不下来。

刘秀这个名义上的老大都没戏，你刘玄能有什么办法呢？你当初要是有办法用得着费劲让刘秀去河北吗？

刘玄的小动作其实并不是大问题，大问题是河北各地尚未解决的土匪流民军。

刘秀先解决的是小问题，他处理了刘玄在幽州的部署。

刘秀命耿弇、吴汉以讨伐铜马、青犊等农民军为名北赴幽州，征发幽州突骑。

玄汉的幽州牧苗曾下令谁也不能配合，但吴汉到达无终（今天津市蓟县）他出城门迎接时，话还没来得及说，直接一刀就让吴汉给砍了。耿弇到上谷时，更是连话都不费直接就把刘玄派来的韦顺、蔡充杀了。

前脚砍完人，后脚幽州地头蛇们就光明正大地进行利益分红。比如彭宠，渔阳的所有矿产和盐业全都变成了彭氏制造。

自此，幽州大定，十郡突骑开始满员南下，随后刘秀将眼光瞄准了河北最大的流寇势力——铜马。

铜马势力有几十万人，在邯郸东北方向的清河县，这个地方有两条大河，一条是黄河，一条是滏阳河。由于刘秀人手不够，于是利用这两条河扎了个口袋，将这几十万人堵在了里面。

口袋收口后，刘秀开始高壁垒，绝粮道。

铜马军开始了一次又一次的突围。

在整个围困过程中，幽州突骑一次又一次地显示了自己的高机动、高打击力的兵王地位，一次又一次地堵上了要破的饺子皮。

铜马军非常郁闷，打又打不过，跑又跑不了，两条大河波浪宽，但却并非风吹稻花香两岸。

　　一个月后，铜马军粮尽，夜遁南逃四散大突围，刘秀率全军急追，在馆陶大破铜马主力，被打服了的铜马诸将请降。

　　这是刘秀军团的第二次变身。

　　第一次，是幽州突骑南下，刘秀军力发生质变。

　　第二次，就是此次的铜马请降，刘秀军力发生了量变。

　　此役后，刘秀收编了数十万铜马军，实力大增，自此开始有"铜马帝"的说法。

　　此次收编无主流民军，本应是刘秀搞定豪族尾大不掉的关键机会，也是老天在他开挂人生中厚赠给他的最大一次机会。

　　但由于他是光着屁股过河北的，本家丁点儿实力都没有，打败铜马的又是各豪族方面军，所以最终英雄气短。

　　受降后，他将这几十万铜马军打散后分拨给了麾下诸将。

　　这也导致了他虽然功业更大，但在关键历史进程的变轨上，最终影响力与曹操相距甚远！

　　记住这个重要不同，两百年后会有关键对照。

　　刘秀在收编最大的流寇集团后，宜将剩勇追穷寇，继续打击各地的土匪和农民军，相继消灭、收编了重连、青犊、尤来、大枪、五幡等各式各样的起义军。

　　在这期间，趁着打山贼的机会，刘秀还调虎离山地干掉了刘玄在河北的最后一颗钉子——谢躬。

　　谢躬在收复信都后，会合刘秀围攻邯郸，消灭王郎后，谢躬移师邺城。刘秀定下先北后南的计划后，为了稳住谢躬，一直假惺惺地和他眉来眼去，背地里却收买谢躬手下。然后在攻打尤来时，请谢躬北上会面。

　　谢躬走后，职业杀手吴汉和岑彭就到了邺城，内应陈康开城门投降，谢躬回师入城时并无防备，被快刀手吴汉一刀砍倒，刘玄在河北的最后势力也被拔除。

平定河北诸乱后，刘秀南略河内，兵不血刃，河内太守韩歆投降。

至此，刘秀将幽、冀二州和河内郡这几个既富且险的大本营收入囊中，牢牢地占住了东北这块天下金角。

云台二十八将至此也全部归位，其中有很多人并没有出现在我们的篇幅里，很多星宿跟流寇农民军打得可歌可泣。

像吴汉，专门就是负责处理农民军问题的，哪里起义扑哪里。

像贾复，打农民军时病危通知书下了好几次，这还是云台的第二、三将，都没有占到很大篇幅。

那几十股流民力量我们无法全都展开写，因为这些农民军并没有对历史起到转折或串联作用，很多剿匪有功的大将们也就没有获得出场机会。

最后一起梳理一下这云台二十八将吧。

云台第一将：邓禹，老同学，追过黄河投奔。（南阳新野豪族）

云台第二将：吴汉，宛城老乡，渔阳投票，有将才。

云台第三将：贾复，刘嘉推荐，邓禹转推荐。（南阳冠军豪族）

云台第四将：耿弇，上谷起义。（上谷军事豪族）

云台第五将：寇恂，上谷起义。（上谷军事豪族）

云台第六将：岑彭，在宛城被刘縯保下，刘秀定河内时岑彭劝太守韩歆归顺刘秀。（南阳棘阳豪族）

云台第七将：冯异，最早颍川派中归顺刘秀，参与昆阳之战。（颍川父城豪族）

云台第八将：朱祐，自幼与刘秀兄弟相识，刘縯家将，后随刘秀渡黄河镇河北。

云台第九将：祭遵，昆阳大战后投奔刘秀。（颍川颍阳豪族）

云台第十将：景丹，渔阳投票。（渔阳军事豪族）

云台第十一将：盖延，渔阳投票。（渔阳军事豪族）

云台第十二将：铫期，经冯异推荐后追随刘秀。（颍川郏县豪族）

云台第十三将：耿纯，刘秀入河北后毁家参加革命，冀州派中最高排位。（巨鹿宋子豪族）

云台第十四将：臧宫，家将，绿林期间入伙。

云台第十五将：马武，云台将中最后归顺，早年参加绿林军，曾随刘秀参加昆阳大战，后跟随谢躬，谢躬死后归顺。

云台第十六将：刘隆，刘氏宗亲，刘秀平农民军时自南阳投奔。（南阳豪族）

云台第十七将：马成，刘秀伐颍川时归顺，后刘秀出巡河北，弃官追随。（南阳棘阳豪族）

云台第十八将：王梁，渔阳投票。（渔阳军事豪族）

云台第十九将：陈俊，随贾复一同经刘嘉推荐投奔。（南阳西鄂豪族）

云台第二十将：杜茂，刘秀初在河北招兵时投奔。

云台第二十一将：傅俊，同刘秀兄弟一同起义，参加昆阳大战，后得知刘秀出巡河北率宾客投奔。（颖川襄城豪族）

云台第二十二将：坚镡，刘秀初在河北招兵时投奔。（颖川襄城豪族）

云台第二十三将：王霸，参加昆阳大战，后随刘秀出巡河北。（颖川颖阳豪族）

云台第二十四将：任光，信都郡守，刘秀逆转的开始。（南阳宛城豪族）

云台第二十五将：李忠，信都官员。（信都豪族）

云台第二十六将：万修，信都官员。（信都豪族）

云台第二十七将：邳彤，和成郡守。（信都豪族）

云台第二十八将：刘植，率族人数千投奔，游说真定王刘杨。（巨鹿昌城豪族）

这二十八将，无一例外全是刘秀在河北期间或者之前参加革命的。

至此星宿编制全满，哪怕后来刘秀统一全国，这期间还有诸多将星闪耀，但也再没有人能够加入到这份"星宿"榜单中。

参加革命要趁早，这是句实在话。

而且上述榜单中，云台二十八将中，豪族占了整整二十三个！这还不包括真定王刘杨、渔阳彭宠、上谷耿况这种超级豪族大佬。

刘秀本人有啥呢？

一个符节、一个好名字、一段军事神话、一个会分红的厚道脑子。

仅此而已。

这是豪族的时代！

顺之者昌！逆之者亡！

再说一些题外话，这云台二十八将中，唯一的一个例外，在时代大潮中真正脱颖而出的底层人，是吴汉。

先来看看吴汉的成分：

1. 家贫，给事县为亭长。（家穷，后来奋斗成小亭长。）

2. 王莽末，以宾客犯法，乃亡命至渔阳。（能混出点小弟来了，然后哥们儿犯法，他亡命渔阳投奔同城大哥彭家去了。）

3. 资用乏，以贩马自业，往来燕、蓟间，所至皆交结豪杰。（能贩马，一边干买卖一边混堂口。）

4. 汉为人质厚少文，造次不能以辞自达。邓禹及诸将多知之。数相荐举，及得召见，遂见亲信，赏居门下。（这人"厚道"没文化，说话不知咋表达，但邓禹相中其才，并攀上了邓禹这个靠山。）

5. 光武将发幽州兵，夜召邓禹，问可使者。禹曰："间数与吴汉言，其人勇鸷有智谋，诸将鲜能及者。"即拜汉大将军，持节北发十郡突骑。（发幽州突骑时，再次被邓禹推荐为总指挥。）

看到这里不知大家感觉熟悉吗？

吴汉类似于东汉的低配版刘邦。

1. 都干上了最基层小官。

2. 都讲义气，结交豪杰。

3. 都有超级贵人看好相助。

4. 都因为自身的低成分反而被推举上了高位。

吴汉最终能成幽州突骑总指挥，是因为三个原因：

1. 最关键，邓禹推荐。

2. 其次，在幽州根子不深，形不成当地一边倒的生态压制，所以幽州豪族们都能认可。

3. 最后，从年轻贩马开始就积攒多年的好人缘。

他是不可复制的，剩下那几位非豪族进编制的星宿全都是刘秀的家将。

从这次东汉开国看，我们应该品出的味道是：在出现社会秩序大动荡，社会规则大变化，人民生活大灾难的大破坏后，随之而来的就是剧烈的社会分层。

这个大破坏，并非指王莽，而是指武帝。

所有在这个大破坏后能够拥抱土地的、靠拢土地的，全都成了百年后的受益者。

豪族门阀一旦形成，除了少数特殊时间段外，强者恒强的这股潮流一直到北宋，再没有被逆转。

别联想，别抱怨，别绝望，北宋之所以会逆转，是因为纸的价格降低和雕版印刷的技术普及。

也就是知识的价格降下来了。

只要今天的知识产权还没有被完全卡死，只要一本高水平教材的价格仍然不到一百块钱，你就永远有机会！

很多好教材一本变成好几千，或者你根本就没听说过的时候，这就是在向你敲警钟了！

想摆脱大气层，没有不找到超级加速度的。

没有不受罪的。

没有在过关渡劫时不舍弃掉原阶层零件的。

但这都是值得你去努力的。

因为高层次的景色，终归是值得去看一看的。

刘秀的此次河北之行，从最初的光杆司令，到后来的战将数十，带甲几十万,这其中经历坎坷,波澜壮阔,也正是由河北、河内为根基,刘秀在东北这个超级金角开始了统一全国之路。

刘秀在黄河以北各种忙乎,另一股可怕的力量却在黄河南岸酝酿大招,刘秀平定河内郡后,这股力量的大招终于憋制成功。

三十万赤眉军兵分两路,西行朝着玄汉首府长安而来,要一雪当年不被当回事之辱。

他们先是横扫了更始政权的老根据地南阳,然后兵分两路,一路走武关,一路走陆浑关,朝着长安扑来。

一方面磨刀霍霍,另一方面,刘玄的政府内部山头林立,分崩离析。

刘秀这位豪族队长,则在这超级大乱世集齐了二十八颗星宿组成了复仇者联盟。

老刘家时隔两百多年,要再度召唤神龙了。

第十八战

两京堵赤眉：
汉末最强匪帮退场

一、赤眉西进

"高筑墙,广积粮,缓称王"这是乱世中的造反金句。

之前,我们在说绿林军有俩村就建国时提过这句话,但当时却没细展开来说。

这是当年朱元璋刚打下南京时,六十岁的老儒朱升给他提的建议,这九个字堪称两千多年来那几个造反成功者的经典浓缩。

这句顺口溜除了字面上的意思外,还是另有深意的。

"高筑墙",并非指要你玩命加固炮楼。指的是你要从内到外地全部扎根把控,不仅别人打不动,别人更加渗透不进来。

大多数的崩盘并非是战场上打败了,而是自家的那支红杏出墙了。

"广积粮",并非单单是储备粮草。指的是你要玩命地将你的根据地打造成一个可持续发展的产兵、产粮、产兵器的金牌奶牛。

千万得全面发展,蒋介石好多方面做得都挺好,但总是被我军指战员亲切地称为运输大队长。

"缓称王",并非指让你最后一个再立政权,而是指在旧有势力还很强大时千万别冒头。总会有憋不住的,等出头鸟们一个个跳出来当炮灰,消耗光对方的子弹后,你再蹦出来摧枯拉朽独占鳌头。

千万别傻不愣登地一直搁那杵着,萝卜拔晚了那就糠了。

可以说,每一个从无到有,靠枪杆子打出来成功上位的王朝,几乎都是这么成功的。

例外也不是没有，比如清军入关，三要素做得全都不咋地人家也把天下打下来了。

"女真不满万，满万不可敌"的强悍战斗力自然是一方面，不过这个案例也确实有太多凑巧的成分。

公元1644年，这个年份太过于神奇，后面我们会详细讲到。

当年孙悟空学了长生不老术后，菩提老祖说的那段话相当高级经典："此乃非常之道，夺天地之造化，侵日月之玄机，丹成之后，鬼神难容。虽驻颜益寿，但到了五百年后，天降雷灾打你；再过五百年，天降火灾烧你；再过五百年，又降风灾吹你。须要见性明心，预先躲避。躲得过寿与天齐，躲不过就此绝命。"

你坐江山的难度跟挨天打雷劈的造化是一样的，"高筑墙、广积粮、缓称王"就是所谓"见性明心"地躲那"天刑三灾"。

但凡乱世打出来的王朝，上述三点基本上做得都很棒，前面我们看到绿林军貌似是个例外，这帮山大王们有俩村就建国了，但人家也活得很滋润，王莽那脑袋都被当球踢了。

这里有天选之子刘秀逆天改命的因素，也要得益于昆阳城下那位千年难得一遇的猪对手成全。

但运气这东西无法帮你一辈子，刘秀帮着续了命，更始政权却并没有逃脱短命的最终宿命。

三金句中的"缓称王"，人家刘秀帮你扛过去了，前面那两项"高筑墙"和"广积粮"完完全全就是拼内功了，你完全没做到。

结果战斗力爆表的山东大哥们一杀过来，再也没有大神帮你扛了。

刘玄的更始政权建立后，先是定都洛阳。但在洛阳时，山头林立的更始政权又分为了两大派，跟两百年前一样，一派坚定地要迁都长安，另一派认定洛阳就挺好。

两派各有各的理由。

长安派认为这是故都，咱们的招牌就是兴复汉室，天下打下来了，祖宗的地方不回你说不过去，再加上"四塞之国"可不是白说的，真打起来时最靠得住。

洛阳派则认为，重打锣鼓另开张，关中让王莽祸害得够呛，已经不是当年的天下第一了，洛阳是东周四百年王气之所在，这地方四通八达，同样很完美。

这是面上的话，这两派的内在语言是这样的。

洛阳派代表在绿林军和南阳系中占大股份的势力，这地方离老家南阳和湖北近，自己的地盘控制起来比较方便。

长安派代表绿林军另一部分股份和一些新投诚的势力，他们想去开拓新地盘，所以离南阳这些存量地越远越好。

啥时候都别听那些明面上的话，那都是糊弄人的。

把利益都摆出来，这才是真正原因。

最终，刘玄使出浑身解数迎合了长安派，将国都迁往了长安。

因为，最大的傀儡是他，要不是威风凛凛的刘縯，他真不一定能被立为皇帝。

最想开拓新地盘并摆脱绿林大佬们的，其实是他。

更始政权在扳倒王莽政权后形势一片大好，华夏各地基本上纷纷响应投靠，但上一章我们说过，他犯了两个大错：一是不该得罪赤眉；二是不该放走刘秀。

他不仅仅犯了错，而是压根一件对的事没干。

他在定都长安后，开始大肆分封诸王。

刘家宗族中，封刘祉当定陶王，刘庆当燕王，刘歙当元氏王，刘嘉当汉中王，刘赐当宛王，刘信当汝阴王。

外姓人中，王匡当比阳王，王凤当宜城王，朱鲔当胶东王，王常当邓王，申屠建当平氏王，陈牧当阴平王，卫尉大将军张卬当淮阳王，执金吾大将军廖湛当穰王，尚书胡殷当随王，柱天大将军李通当西平王，五威中郎将李轶当舞阴王,水衡大将军成丹当襄邑王,骠骑大将军宗佻当颍阴王,尹尊当郾王。

刘玄不仅冒天下之大不韪地违反祖训封了一堆异姓王,而且编制还超级不值钱,连猫带狗的刘玄一口气封了十四个异姓王。

当然,也不能单纯怪刘玄,这就是客观现实,尊严来源于实力,你没有任何威慑力,人家的预期目标也就自然高得离谱。

你何德何能当这个皇帝?我们受点委屈当个王吧。

别看都当了王,一群土匪建国是谈不上啥好思路的,全都是村委会指导市级工作,玄汉内部的每一股势力都没能力励精图治,各兄弟单位也更谈不上铁板一块。

刘玄那边更是你们爱咋地咋地,我也够不着,你名义上拿我当老大就完了,天天声色犬马,把大权扔给了老丈人赵萌。

除了长安直辖的三辅地区,更始政权基本上都汲取不上什么战略资源。

关中之外,刘永(梁王后人)称霸梁地。

洛阳的朱鲔、李轶(阴刘縯二人组),手握三十万兵。

鲍永(上党豪族,持节安抚河东晋中)、田邑(鲍永挚交,上党太守)雄踞并州。

全都是名义上听你号令,背地不鸟你,后来赤眉杀过来后,人家可都没支援你。

朱鲔是老绿林,李轶是老南阳,将洛阳划成了自己的地盘。

鲍永被刘玄派去收复并州,也就是山西地区,结果人家对刘玄和刘秀都有好感。

投诚的梁王后人刘永,被他第一个复封为了梁王,结果别说支援他了,刚有点风吹草动,人家就宣布独立了。

刘秀就更别提了,铜马帝河北王人家跟你从来不是一条心。

更始政权实际上只有长安附近区域能指望得上,而且还得把关中本地豪族的势力给刨出去。更不要说还有张步、秦丰、李宪、公孙述这一大堆的地方军阀不是你的嫡系。

综上所述,看似一片大好的形势下,更始政权实际非常虚弱。

刘玄既没有筑墙,也没有积粮,而是疯狂地开各种庆祝派对,淫乱奢靡之事层出不穷,他那位主政的老丈人把厨子都封了官了。

这也就预示了他被消灭掉的最终结局。

不过比较有意思的是,消灭他的这股力量,也并非什么励精图治的家伙,同样是个"不筑墙,不积粮"的主。

西汉末年拥有最强悍战力的流民军出场。

赤眉军从公元18年就起义了,没过几年就成了山东地区最恐怖的军事力量。

公元22年,赤眉军打残了王莽征剿的十多万大军。

公元23年,以三十万之众投诚更始政权。

这么牛的一股力量,被刘玄等人无视,结果老大樊崇等人一怒回到大本营,再度聚集起了这股庞大力量,驻扎在了黄河南岸,一度把河北地区吓得够呛。

但是,令人费解的地方出现了。

赤眉军在黄河南岸一待就是一年多,地盘也没怎么扩大,影响力也没怎么输出,也没有组织起有效的行政力量,山东老家也被琅琊大豪族张步逐渐吞并了。

他就搁那待着。

与此形成鲜明对比的是,这一年多,刘秀由光杆司令,到头号通缉犯被追得鸡飞狗跳,再到吹起反攻号角,再到逆转伪政权,再到收编了几十万的铜马军成为河北老大。

一年多的时间,居然可以干这么多事。

你说大好的光阴你可不可惜。

但可惜也没用,他就是想干也大概率没法干,因为他没有人才。

之所以说农民起义的成功率是极低的(范围比开篇"造反者"又缩小

了），是因为人才这一关你很难迈过去。

两千多年来就成功了两例，刘邦和朱元璋。

但沛县天团和安徽农民代表队的人才素质是老天爷赏饭的历史第一档，不能作为正常案例。

一般来讲，一个政权武力控制一个地方后，要有三个关键步骤：

1. 想办法摸清楚这个地方的人口、土地、收成、山泽盐业产出。

2. 组织起有效的行政力量，让老百姓踏踏实实地生活与工作，到了日子要规规矩矩地被你压榨拔毛，还不能叫。

3. 不仅交税，适龄的壮丁还要能够被你组织起来去前线打仗。

这一整套下来，每个势力的能量汲取水平就能看出门道来了。

好的政权，物资能够源源不断地供上前线；差的政权，阿兵哥们往往就得喝西北风，战斗力自然就不用提了。

说到底，组织起一个高效的行政体系，最重要的是人才。

这就太难为赤眉军了。

他们自身就是一帮大老粗，今朝有酒今朝醉，能过一天算一天，所以他们每到一个地方，当地就像闹了蝗灾一样。

到了公元25年，估计是黄河南岸被他们祸害干净了，所以赤眉军又开始行动了。

赤眉的目标，瞄准了绿林军起家的地方——南阳。

没办法，谁叫你南阳郡富裕呢！当然报复心肯定也是有的，当年你瞧我不起，今日你高攀不起。

端你老窝打你的脸！

樊崇、逢安的部队，动身后先是攻取了长社（今河南省长葛市），又打下了南阳首府宛城。

徐宣、谢禄的部队，攻陷了阳翟（今河南省禹州市）、梁县（今河南省汝州市）。

宛王刘赐被迅速打跑。

赤眉军一如既往地保持着自己战无不克的恐怖威力，但端完南阳颍川后，赤眉军遇到了大问题。

军心开始动荡。

乡亲们想家了。

我曾经豪情万丈，最后却空空的行囊，出来七八年了，抛家舍业的也没个说法，我得让故乡的风和云抹平爷们儿的创伤。

大量的赤眉士兵对战斗开始厌烦，患上了严重的思乡病，忧愁不安，日夜哭泣，并大规模请愿要回山东老家。

作为大哥的樊崇等赤眉老大们看这个势头一合计，一定不能回山东！

一旦回了山东，这几十万人肯定一哄而散重返乡里，再想聚起这么一帮人就不容易了，咱还领导谁去啊！

商定之后，樊崇等人得出了结论：往西打，往刘玄的老窝长安打！咱给他取而代之了！顺便离山东越远越好！

于是，赤眉大军开始被樊崇、徐宣等人裹挟西行。

赤眉兵分两路，一路由徐宣等人带领，穿过陆浑关往关中打；一路由樊崇、逢安带领，走武关去函谷关会合另一路。

轰轰烈烈的"山东人在陕西"的大戏即将上演。

二、为什么说"光武据河内"呢?

赤眉离开黄河南岸后,刘秀对这股力量的最终方向异常敏感,当得知赤眉开始西行后,刘秀准确地做出了判断。

刘玄完了。

其实刘玄完蛋是早晚的事,这个刘秀看得比较清楚,刘秀更关心的是,刘玄完蛋后,他所占领的两座古都,尤其是关中的归属。

去长安留过学的刘秀知道这座古都的政治分量,再加上关中的沃野千里与四塞之防,占据这块宝地的最终都成了过去几百年的赢家。

这就好比北京、上海的房子永远被人惦记一样。

刘秀对赤眉此去有一个非常精准的判断:刘玄一定完蛋,但赤眉也坐不住这块地方。

刘秀想要"螳螂捕蝉,黄雀在后",加入关中争夺战。

但眼下,自己却没办法去。

因为河北还不太平,上一章中我们说,河北虽然豪族力量都归心了,但仍有几十股的大小匪盗与农民军没有被彻底扫平。

黄河改道后怒放的人口红利实在是太难消化。

这时候,水平的高低差别就看出来了。

刘秀是个过日子的人,他的首要目标,是将自己家的一亩三分地彻底夯实,然后再去琢磨别人家院子的事,他要亲自督阵河北的剿匪工作。

但眼睁睁看着旁边邻居家跳楼大甩卖，自己不去抄底也不是个事，过了这个村就没这个店了。

关中万一要是落在一个本地豪族出身的明白人手里，再想拿回来就费老劲了！

刘秀的办法是两个拳头出击，自己主演河北剿匪记，另一方面成立"黄雀行动专案组"，拨出了两万精兵组成了西征队，由邓禹带队走豫北通道，逮赤眉军这支大螳螂去。

西征的队伍刚走，刘秀又对洛阳方向进行了布置。

他命冯异为孟津将军，驻扎孟津渡，配合早先任命的河内太守寇恂盯住洛阳三十万大军的动向。

冯异和寇恂的就任，成为刘秀最终能够定鼎洛阳的两次最重要的人事任命。

此时的刘秀虽然已经是冀州和幽州的老大了，但后世在形容根据地的重

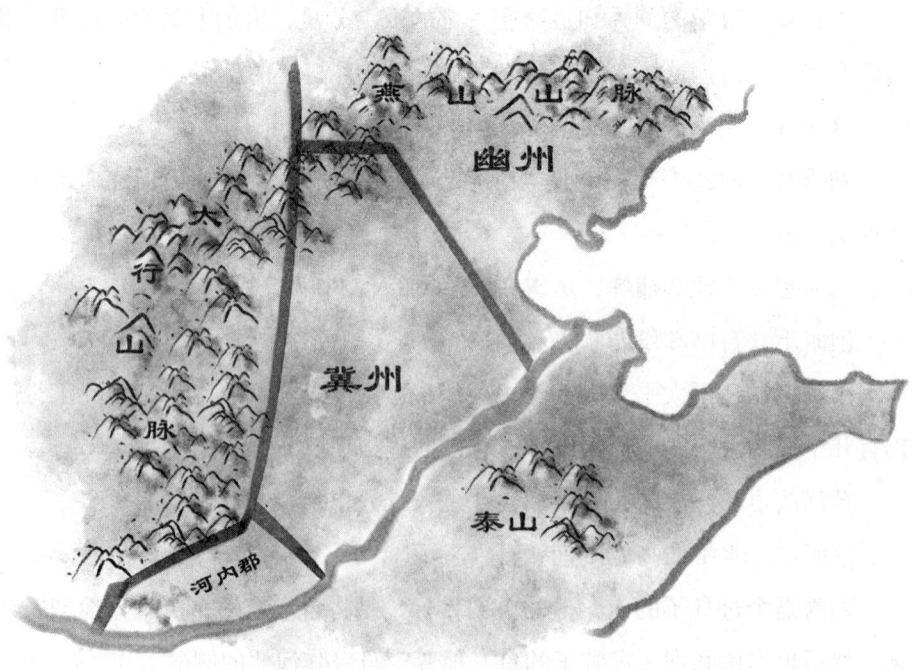

要性时有这么句老话:"昔高祖保关中,光武据河内,皆深根固本以制天下,进足以胜敌,退足以坚守,故虽有困,终济大业。"

论根据地,刘秀那两州的名气反而不如河内一个郡大。

这是为啥呢?

因为河内郡的"战略位置"和"奶牛属性"。

当时的河内郡可谓是群狼环伺,西南就是朱鲔、李轶的三十万洛阳军队,南边是河南郡守武勃,北边是鲍永、田邑驻军的并州。

总体上来说,河内被西、南、北三面包围了。

虽然位置很危险,但也从侧面凸显了这个位置的战略价值,这是进入中原的桥头堡。

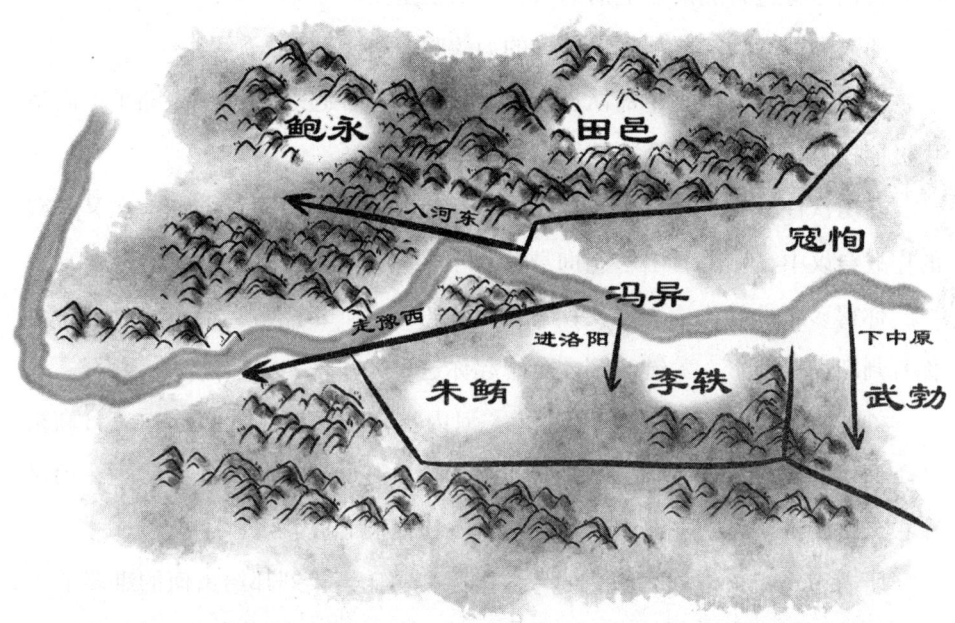

更重要的是,河内郡不仅都是平原,地好有钱是个大奶牛,而且人家还没有受黄河改道和流民军的祸害。

这也让河内郡成了刘秀在河北剿匪工作的稳定大后方。

这个关键位置,刘秀遍观诸将,总觉得都差点意思。

重要事件还得是一把手、二把手开小会，邓禹对刘秀说："寇恂我观察很久了，文武全才，上马能管军，下马能管民，除了他，再没有更合适的人了。"

邓禹在自己推荐寇恂的信上，说了一个令刘秀无法反驳的理由："昔日高祖让萧何守关中，从此没有西顾之忧，得以专心于山东，终于成就大业。今河内傍临黄河，地理坚固，户口殷实，北通上党，南迫洛阳。寇恂文武备足，有治理百姓驾驭民众的才能，非他不能担此重任。"

邓禹第一次将河内比作关中，并把寇恂比作了萧何。

刘秀听后拜寇恂为河内太守，行大将军事。

像吴汉、贾复、寇恂，这帮历史高排位的背后其实都是邓禹的力挺，所以说大领导身边有能说得上话的人，真的很重要。

那人家寇恂为啥能得到大领导的力捧呢？

因为寇恂自打进入革命队伍后，就没有局限在过去的上谷小圈子，而是积极地投身到刘秀的革命大圈子中。

在历次征战中，在多个关键点上就要事同邓禹进行商议，在一次又一次的作战会议中，邓禹看出了寇恂身负大才。

你得多跟领导沟通，多交换意见，你得充分"暴露"自己，领导才会对你有判断，有衡量，关键时刻才会想起你这个大才来。

刘秀任命时，对寇恂交代工作："河内富裕，我将因此兴起，昔日高祖留萧何镇守关中终成大业，我现在也把河内委托给你。你要坚守转运，给足军粮，鼓励士卒，防守遏制其他兵马，不让他们北渡就可以了。"

听着很轻松，但刘秀下达的考核指标其实比当年刘邦给萧何的难多了。

当年萧何身上光背着生产经营性指标，老子被项羽打秃了之后你及时把壮丁和粮草给我顶上来就成。

如今寇恂除了生产外，身上还背着战斗指标。而且河内这地方防守起来并不容易。

因为地处枢纽，别看地方不大，但太行八陉中有三陉都在河内，南边还

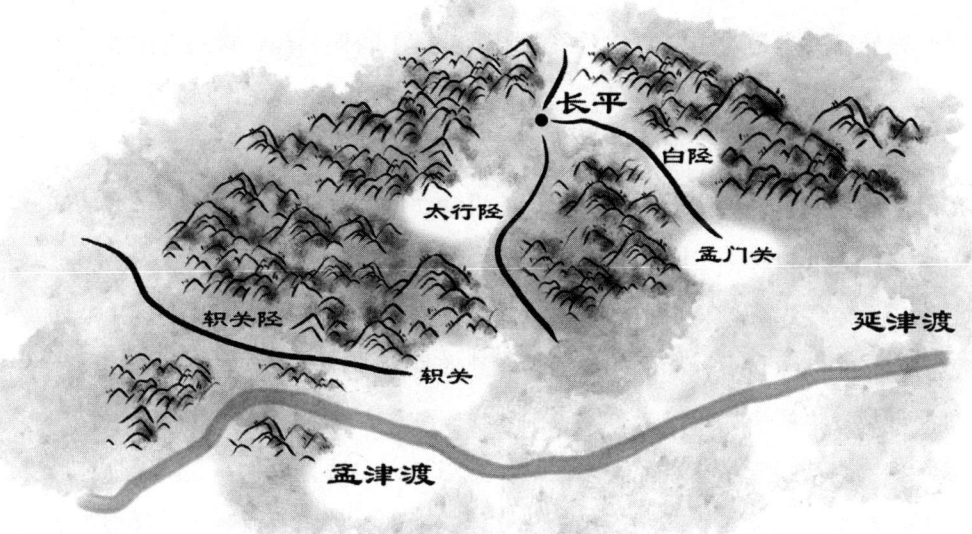

有南下的两个重要大渡口。

不过后面的剧情发展证明邓禹是个好伯乐,寇恂圆满地完成了各项指标考核,拿回了大红花。

寇恂到任后完美地安抚了河内豪族集团,下令所属各县专心生产,讲武习射,我们秀家军是豪族阶级自己的兵!

我们只薅羊毛,从不杀鸡取卵!

我们为了保卫我们豪族的美好生活而战!

河内郡被寇恂变成了刘秀的粮仓、兵工厂,交出了年造箭百余万支,养马两千匹,收租四百万斛的成绩单。

冯异到任孟津后,寇冯这河内二人组一郡挑一州的大戏开始上演。

刘秀在安排冯异守孟津后就扬鞭东北,一路撵农民军去了,冯异和寇恂接到的战斗绩效指标是:守卫河内,不让洛阳军北渡。

刘秀的意思是,你们把家看好了就是大功一件,我收拾完土匪再来收拾李轶这帮洛阳兵。

但好的部门经理是从不局限于领导下的那点指标的,牛人都喜欢给自己加难度,冯异开始主动发挥能动性。

冯异第一步是对主要防范对象洛阳军进行了间谍刺探,将兵力部署、将领任命了解了一遍,然后得到了一个非常有价值的信息。

洛阳的两个大佬,朱鲔、李轶不和。

冯异从这个情报中发现了挖墙脚的机会,他写了一封密信,给曾经的战友,当年和刘秀兄弟一同起义的南阳派代表李轶。

信的大体内容是:现在局势慢慢开始明朗,刘玄那已经危在旦夕了,而刘秀这边却蒸蒸日上,当年的民谣越看越像真的了,刘秀发兵要捕不道了!你要早早觉悟回头!

这一封信唤起了李轶的很多回忆,想当年在宛城,大家一起闹革命,后来刘縯很狂,我又想当南阳最粗的腿,他这个识时务的人就毫不犹豫地朝老首领开枪了。

都说三十年河东,三十年河西,这咋三年还没到,变化就这么大呢?

我当初就看出来刘秀这小子不是一般人,但谁能想到他会这么不一般呢?这小子可是光着屁股去的河北啊!咋现在都武装到牙齿了呢?

更关键的是,他哥哥就是我密谋宰的啊!

李轶这人自带海轮耗子的觉察属性,他对于哪艘船要沉有着极强的洞察力。于是回书冯异,表示亲切友好与悔不当初,希望能够和刘秀恢复旧好,并进行了不寻衅滋事的承诺。

冯异那边趁机北攻天井关,攻取了上党郡的两城,将上党高地南下的屏障拿在了自己手里,然后又南下攻取了河南郡成皋以东十三县,招降了当地豪强十余万人。

河南郡守武勃看到冯异这么大摇大摆地在自己的辖区横冲直撞,还收编了自己的小弟们,于是率兵讨伐归降的这帮豪族。

他没转过这个弯来,人家为啥跟人跑了啊?觉得你不行呗。

连动物都知道必须得把对手打趴下才能获得交配权,你得打那个新干爹去啊!

冯异听说有人找麻烦后马上率军渡黄河救援,与维权的武勃大战于士乡

（今河南省洛阳市东），并在李轶的主场击斩武勃。

李轶信守承诺，闭门不救。

冯异拓展完河南战区后，向刘秀汇报了诱降策略大获成功，并请示下一步方向。

刘秀进行了最高指示："李轶此人，诡计多端，人们看不透他心里到底想些什么。你应该把他的信抄送给各郡郡守、军官进行传阅。各地区要开展警示教育活动，照镜子、正衣冠、红红脸、出出汗，做好批评与自我批评。"

诸将听后纷纷诧异，泄了密后，这条大内线可就用不了了！

看来领导还是记仇，杀兄之仇难忘啊！

不排除刘秀会有这个想法，但方子管不管用，还是要看疗效。

在河南郡大部分已被平定的情况下，冯异的手已经能够直接伸到洛阳城下了，洛阳另一巨头朱鲔在得知李轶背着他投敌后派人刺杀了他。

一、二把手如此内斗，尤其这俩大佬还是两个派别的，洛阳城中人心惶惶，开始有大量的南阳派军官与士兵逃出洛阳投奔河北的南阳人政权。

洛阳的战力与士气双输。

还是领导看得远啊！

洛阳城危，朱鲔为了解决士气问题，开始出兵。

他派苏茂、贾疆率三万余人从巩县（今河南省巩义市）渡过黄河，进攻河内门户温县；朱鲔亲领主力五万人，进攻平阴（属今河南省洛阳市），牵制冯异。

情报传到河内，寇恂立即集结本部出发，而且火速传令所属各县：各部速到温县城下会师！

随行的参谋劝阻寇恂说："现在洛阳大军北渡黄河，前后不绝，声势浩大，我们应该在完成全部力量集结后再迎战，现在到温县集合这是添油战术，容易让人家各个击破啊！"

寇恂道："必须现在就去！温县是河内的屏障，温县一旦陷落，整个河内就守不住了！"

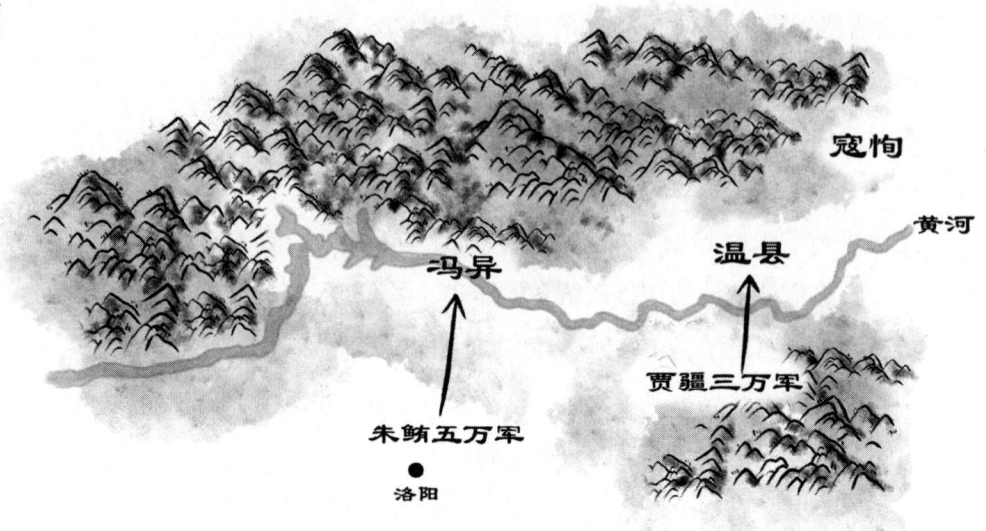

第二天,强行军的寇恂赶到温县城下,迎战洛阳军。

大战中,陆续有周围区县的兄弟部队投入战场,寇恂早有准备,命城上安排的大功率宣传队不断广播:刘公兵到!刘公兵到!

相持中,贾疆的部队看到远处烟尘滚滚,真以为刘秀大军回援,军心大乱,寇恂乘势攻击,锐不可当,大破贾疆兵团。

寇恂赶走敌军后不过瘾,挥军驰援冯异,发现冯异早已解了平阴之围。二人合兵一处继续追击,贾疆战死,数千士兵被追进了黄河,一万余人被俘。二人一直追击到洛阳城下,绕城一周搞了游行大示威才班师。

朱鲔出击不成反被人家攻到了家门口,士气更加低落,自此洛阳城不管白天晚上全城戒严,城门很少再开启。

既怕外面人进来,更怕里面人逃出去,成了大围城。

寇恂和冯异,云台的第五将和第七将,没让刘秀操一点心,把守仓库的活儿眼瞅就要干上市了。

刘秀集团的人才厚度,第一次令西汉末年的各势力瑟瑟发抖。

三、刘秀登基

冯异、寇恂呈报战果，刘秀大笑：我就知道寇子翼没问题！

将领们纷纷向刘秀祝贺，趁此机会第一次集体请求刘秀即皇帝位。

刘秀表示：不行！

马武劝谏道："大王虽然谦退，可是天下社稷托付给谁？请您最好先定尊位，再行征伐，尊号如果不早日确定，咱们这打了半天，到底谁是盗，谁是匪？"

刘秀道："你咋说出这种话，应该杀头！太淘气了！"

这是第一次劝进，搁浅。

这可以理解，这种事哪能第一次我就乐呵呵地点头呢。

话说刘秀的河北剿匪记如火如荼地展开着，在元氏攻击尤来、五幡等匪帮集团，一路打，一路追，一直将各路匪帮往北赶。追到幽州时，各小匪帮基本已经打没了，只剩下了尤来等几个大团伙还在负隅顽抗。

一路太过于摧枯拉朽，导致刘秀也开始犯轻敌冒进的错误。刘秀在顺水北岸与尤来大战，打高兴了乘胜利之威轻敌深入，结果中了埋伏。尤来军反扑，刘秀军乱，开始被人家撵着打。

刘秀在逃跑中被撵到了绝路，眼睁睁就要胜利了，自己却要被这伙匪帮给逼死了。

不愿被俘的刘秀跳下了悬崖。

搁一般人此时此刻也就终章了,胜败乃兵家常事,大侠下辈子再来。

但天选之子是有九条命的,扯别的都没用,跳崖都摔不死,你还有啥不服的。

刘秀不但没摔死,还在一路摸爬滚打后看到了自己的骑兵队战士王丰。

马都给你送来了。

刘秀历经磨难几天后才回到营中,所有人随之都松了一口气,我们在你身上可是下了大注的,你可得好好活着。

尤来虽然大胜,但因为之前被打怕了,慑于刘秀的威名不敢扩大战果,乘夜再次北撤。

刘秀继续展开追击,在安次(属今河北省廊坊市)发动一连串攻击,每次都大破敌军,尤来等继续向北,退入渔阳郡。

在赶着匪帮横穿了整个河北后,陈俊首先看出了门道,向刘秀建议:"这群强盗,本身没有辎重吃饭基本靠抢,所以最好的方法就是让他们抢不到东西,吃不上饭。"

刘秀道:"有理,那咋让他们抢不到呢?"

陈俊道:"他们之所以能一路抢粮是因为各地没有防备,但咱手里有骑兵啊!反正他们也是往北撤,咱们提前派出轻骑兵绕到他们前面,传令沿途人民坚壁清野,他们抢不到粮食,用不着战斗,自己就完了。"

刘秀觉得这个思路很对,随即派陈俊率骑兵绕到前面通知各地坚壁清野,固守待援。

随后,尤来等匪帮集团由于抢不到粮食,开始自我解体溃散。刘秀又派出了吴汉、耿弇等人率突骑沿途追击,彻底扫平了河北的残余流寇。

打了半年的河北剿匪记终于在给匪帮断奶后落下了帷幕。

河北大定后,催着刘秀称帝的呼声再次响起,大军南归到中山时,将领们再次劝进,刘秀又拒绝了。

走到南平棘(今河北省赵县),将领们再次劝进,刘秀再拒绝。

这次刘秀的拒绝,让诸将们开始有微词。

因为这都第三次了。

按理说"三辞三让",刘秀确实是按潜规则来的,但你咋就装得这么像呢?

你最起码跟我挤个眼啊。

你这明显是不按剧本走啊!你还真不想当皇帝吗?我们这天天跟你拼死拼活的为了啥啊?

诸将告辞后,耿纯留了下来,对刘秀说了段知心话:"诸将抛家舍业追随大王于枪林箭雨之中,您知道为啥吗?其实目的只有一个,就是希望攀龙附凤,成就自己的利益。大王您一再推辞会使众人失望,如果不早早确定尊号,恐怕人们不久就会由失望而感到绝望。将领们如果不再忍耐失去信心,恐怕大家一散,就再难聚起来了。"

耿纯把刘秀说动了,当年人家把整个家业都烧了跟你出来干革命,你真以为是为了世界和平啊?不就是看你小子是那块料才把家底都豪赌上了嘛!

刘秀回答耿纯:"容我想一想。"

刘秀走到鄗县,冯异汇报工作,刘秀询问中原动态,冯异说:"刘玄败象已现,兴复汉室的重担在大王身上,您最好接受大家的建议。"

与此同时,儒者强华也从关中拿着当初那部炒得沸沸扬扬、天下皆知的谶书《赤伏符》千里迢迢前来觐见。

刘秀第一次从书上看到了那句话:"刘秀发兵捕不道,四夷云集龙斗野,四七之际火为主。"

大汉是赤火大运,四七是二十八,此时距离当年高祖公元前202年称帝,整整二百二十八年了!

您瞅瞅!尾号都对上了!

领导别犹豫了!我都整上乘法了!此为天命啊!

趁此机会,诸将再次劝进。

刘秀终于点头。

整个河北沸腾了。

全村的希望终于生米煮成熟饭了！

公元25年（六月二十二日），三十岁的刘秀在鄗城千秋亭继皇帝位，建元建武，国号仍为"汉"，史称"东汉"。

至此，在中断了十八年后，"汉"的社稷在第二位天选刘老三的多方团结下，终于续上了。

河北大定，河南形势一片大好，刘秀这边终于腾出手了，看看西边的情况吧。

刘玄在得知赤眉与邓禹分别西进后，进行了以下阻击部署：命比阳王王匡（新市兵老大）、襄邑王成丹（下江兵老大）以及抗威将军刘均等，分别驻防河东与弘农。

刘玄将国运赌在了这两条入关中的要道上。

结果两条道都没堵住。

最早突破的，是势大力沉的赤眉。

前面我们说了，赤眉是计划分兵两路入关的。

比较有意思吧，赤眉军没走豫西通道。

徐宣军自颍川走，绕过了洛阳盆地往函谷关怼。

樊崇这一路更猛，因为道路不好走，而且没有水路，他走的这条路几百年来罕见大部队行进。

那为啥樊崇还要走这条路，而不走徐宣那条自颍川的富裕路呢？

因为他们是流民军，根本就没有给养和后勤这一说，走哪抢哪。

徐宣军先走，能抢的肯定都抢完了，他们要是跟在后面走非饿死不可。

走那条难走的路，胜在出其不意，沿途各地能如蝗虫过境般的轻松祸害一遍。

水路没有也无所谓，本来就没有后勤，咱爷们儿向来走着瞧。

结果还没等樊崇这一路赶到，徐宣军就在公元25年（二月）于枯枞山击溃了屯兵函谷关的苏茂军，突破了函谷天险。

随后刘玄又派李松前去阻击，但到了三月，樊崇军也从崇山峻岭中杀了出来，轻松经过函谷天险，然后迎面撞上了李松代表队。

樊崇军再杀三万，击破李松阻击。

赤眉两路大军胜利会师，连营三十座，一营一万人，三十万大军准备西攻关中。

另一条路，邓禹自河内出发，在箕关击败了更始政权河东都尉的部队，然后穿过轵关陉，包围了河东郡治安邑（今山西省夏县）。

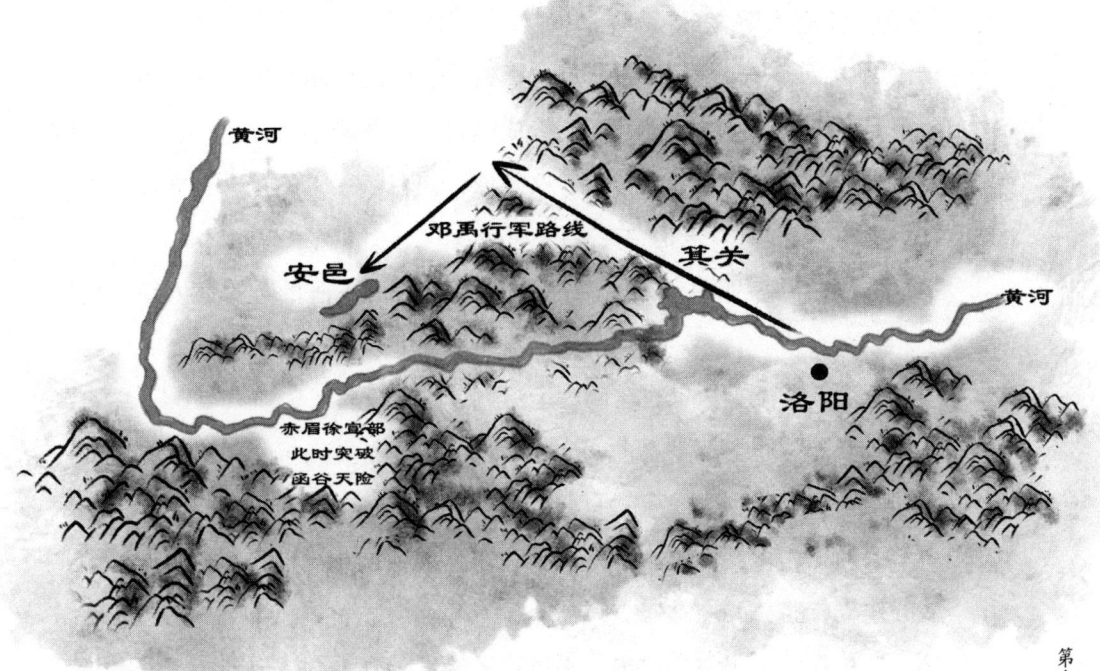

邓禹手中兵少，无法攻坚，结果一围就是几个月，打也打不了，走也走不成，安邑作为河东地区的资源汇总关键点，拿不下来根本没办法继续往关中走。

要佩服更始政权的行政效率和山头文化，安邑被围了几个月后第一波救援才赶到，大将军樊参率本部从大阳渡黄河北上进攻邓禹。

结果邓禹在解县南郊劈头痛击，斩樊参，收编其余部。

在樊参送完人头后，王匡等人的第二波河东阻击部队终于正式到位，十余万大军攻击邓禹。

这次强弱悬殊，邓禹败退。

战败后，黄历帮了邓禹。

邓禹败后的转天，是六月二十六，农历癸亥日。

癸亥日是天干地支六十个日子大排序中的最后一天。"癸"是"天干"最后一字，"亥"是"地支"最后一字，"癸亥"这俩连一块卜书上称为"穷日"，又称"十恶大败之日"。

王匡认为，转过天来的甲子日好，癸亥日不应该妄动刀兵，不吉利。

这就是命理知识在这个时代还不算成熟，八字哪能这么看呢？

著名思想家、军事家、政治家、文学家，离我们最近的圣人王守仁先生的八字里面，"日和时"全是"癸亥"。

生辰八字总共就四对，人家两对"癸亥"，按照王匡的理论这人简直没法要了。

但特殊的八字配上人家自己的大运流年后妙不可言。

从来没有绝对的"坏日子"，天时、地利、人和要三相配，犯太岁年景升大官的自古可不在少数。

穷讲究的王匡留给邓禹宝贵的一天，邓禹利用这一天重整部众并订好了下一战的作战方略。

到了甲子日，王匡发动攻击，不过这天的日子好是好，但却旺了人家邓禹那头。

面对王匡军团的冲锋，邓禹下令全军不可妄动，就像《亮剑》中李云龙在战壕中说的那样：都不许开枪！都不许给老子浪费子弹！

邓禹全军就这样看着王匡军一步步逼近。

李云龙，不对，邓禹喊："再给老子等等！"

全军继续偃旗息鼓地看着王匡军贴近。

当王匡军贴得足够近时，邓禹大喊："冲啊！给老子狠狠地打！"

突然间，锣鼓喧天，鞭炮齐鸣，红旗招展，人山人海，邓禹全军出动。

乱世无军纪啊！草台班子有点风吹草动就全线崩溃了，王匡大军被吓得前队变后队狂奔逃窜。

邓禹全军随即掩杀，大破王匡兵团。

王匡等溃散，刘均被斩，安邑投降，河东全郡自此被邓禹控制，王匡等人逃回长安。

赤眉、邓禹大胜后，关中两道天险已失，长安乱成了一团。

眼看覆灭在即，闲了好几年的绿林军又开上前途研讨会了。

四、关中易主

在研讨大会上,淮阳王张印第一个表达了对前途的看衰,和绿林诸大佬商议说:"赤眉和邓禹随时都会杀过来,咱们在这混不下去了!与其被人家赶走,不如现在就抢掠长安,逃回南阳,如果实在混不下去了,大不了咱们就再上山落草为寇!"

强盗们骨子里的思维一拍即合,张印的方案得到了绿林内部的高票通过,诸将前往觐见刘玄后,刘玄大怒不表态。

绿林诸将一看谈不拢,于是大家不欢而散。

当皇帝是会上瘾的,刘玄不希望自己就这样被历史翻过,做出了最后挣扎,命王匡、陈牧、成丹、赵萌(刘玄的岳父),率军驻扎新丰(属今陕西省西安市临潼区,下页图星标处)。

关中交通图(下页图),看似是一马平川,但也并非哪都能走,将来几乎所有的关中重要战役都要围绕这张图来讲。

刘玄打算在赤眉入长安的必经之路上阻击赤眉。

看到刘玄打算把老底儿押上再赌一把,很多人表示不同意。

你算什么!

打的又不是你的家底!都打光了我们将来还怎么当山大王!

在诸军骂着街开出长安去新丰布防后,留在长安的张印跟廖湛、申屠建、隗嚣(狠角色,后面有大篇幅)等,阴谋于立秋大祭之时,劫持刘玄逃

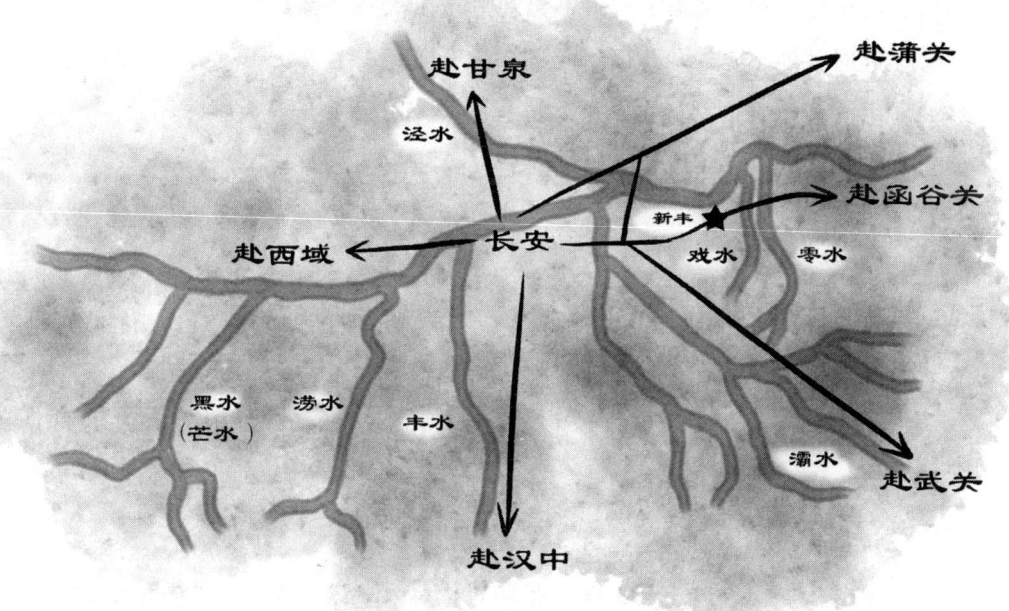

往南阳。

这种多人的密谋似乎保密性都不是很好,刘玄很快就知道了。

到了立秋那天,刘玄突然声称有病,没法大祭了,召唤张卬等人入宫。

最早嗅出风声不对的,是隗嚣,他立马也宣称有病,并下令家将红色警戒,随时观察动态。

剩下那一帮,都跟着去了。

但刘玄当初给刘縯摆鸿门宴时的老毛病又犯了,当初对刘縯下黑手就犹犹豫豫,这次张卬等进宫后,他又犹豫了。

你那犹豫了,人家这帮大土匪可不是吃素的,张卬、廖湛等人一入宫就感觉到情况不对,立即突围出了皇宫。

这个时候,刘玄才反应过来,杀掉了跑得慢的申屠建。

随后,刘玄派执金吾邓晔去擒拿密谋诸将。隗嚣看到有人来抓他,成功突围逃回了天水老家;逃出去的张卬、廖湛、胡殷等人不等你动手人家就召集本部军开始反攻皇宫,火烧了宫门,杀入宫中。

这回轮到刘玄从宫中逃出,跑到了驻扎新丰的老丈人赵萌那里。

此时驻外布防的绿林诸将还不知长安已经发生政变,但刘玄灰头土脸地来了后,开始看谁都怀疑。他疑心王匡、陈牧、成丹等人跟张卬是一伙的,因为当初这帮人是一块找他建议回老家的。

刘玄下令召见诸大佬,陈牧、成丹先到,刘玄这次倒是没再犹豫,直接把二人就地处决。

王匡半路上得到消息,心中大为恐慌,紧急召集本部兵马返回长安跟张卬会合。

刘玄把杀那两位的罪过推到了王匡身上,然后命令宰相李松收编那两位的部队,跟他老丈人赵萌合兵一处反攻长安。

赤眉还没来,玄汉这边自己先火并上了。

在长安城下,刘玄与王匡、张卬攻伐月余,最终王匡等战败逃走,刘玄再入长安,夺回了国都的控制权。

虽如此,严重内耗下的更始政权此时已经行将就木,病入膏肓了。

最后的这张催命符很快就拍来了。

此时的赤眉大军已经深入关中,败了的王匡、张卬等人投降了赤眉成了伪军,带路反攻长安。刘玄做出最后的抵抗,李松率疲惫之师出战,大败,被生擒。

李松之弟、城门校尉李况随后开城投降,刘玄再次出逃。

刘玄在长安被破后不久收到了赤眉的招降信,结果投降赤眉后没多久就被干掉了。

赤眉实在不地道,当初明明说好了投降封王不杀的。

土匪永远是土匪,不过赤眉的最终下场也不会好到哪里去。

杀降不祥,何况你杀的还是个皇帝。

九月,长安再次易主,这次的主人赤眉,此时已经不再是一个单纯的匪帮团伙了,人家也立皇帝了。

赤眉大军走到华阴时,在西岳脚下,谋士方阳对樊崇等建议说:"将军眼下拥有百万大军，向西开往帝国故都，现在连一个称号都没有，天下管咱们叫作赤眉贼，这样绝不是长久之计。不如拥戴一位刘姓皇族，伸大义讨伐绿林，这才师出有名，以此号令，谁敢不从！"

出来干革命八年了，终于有个人提醒赤眉你们仅仅是天下第一大匪帮，而不是个正经政权，连公司都没注册你干个什么啊！

樊崇等人听后觉得有理，随后又咨询了军中大巫师，大巫师也说："我都跟你们说多少遍了，神灵们早就批给你们皇帝编制了！"

于是赤眉军风风火火地开始了皇室大选。

老刘家的后代还真是不少，光在赤眉军中，景王刘章（诸吕之乱中的大明星，封到了齐地）的后代就找出了七十多个。

人数太多，没法挑，首轮海选后紧接着展开了第二轮筛选。

这次筛选后，还剩下三个人。

分别是原式侯刘萌的两个儿子刘茂、刘盆子以及原西安侯刘孝，这三个人从血统上来看是刘章最纯正的后代。

除了这三人没有再靠谱的了，反正立谁都这意思，最终的决赛方式再次体现出了赤眉高层们泥腿子的质朴。

方式是抽签。

在郑县（今陕西省渭南市华州区）北郊，兴建高台，祭祀刘章，赤眉所有大佬全部出席，三位候选人站在中间，依照长幼顺序开始抽签。

结果年纪最幼，最后抽签的刘盆子躺中大奖。

大奖抽出之时，全军几十万人向刘盆子称臣叩头。

此时刘盆子仅仅十五岁，之前的工作是在军中放牛，看到过去天一样的老大们向他磕头吓得差点哭出来。

在这个放牛娃的哆哆嗦嗦中，又一个汉政权建立了，这个就叫"赤眉汉"吧，不能再拿皇帝名字冠名了，叫"盆子汉"太难听了。

刘盆子任命，或者说大佬们进行了自封：徐宣为宰相，樊崇为御史大夫，逢安为左大司马，谢禄为右大司马，诸将皆有封赏。

立完皇帝后的赤眉汉果然是好运连连，听说玄汉内部发生了大内讧，两派打成了一锅粥，于是赤眉大军一路慢慢悠悠地往前走。逼近长安之时，迎来了战败的王匡等人投诚，然后一路兵不血刃地来到长安城下，并如刚才所说，长安正式易主赤眉汉。

赤眉这边打进长安的同时，邓禹也早已经进入关中了。

邓禹在安顿完河东后就从汾阴渡河进入夏阳（今陕西省韩城市），然后打败了公乘歙的十多万（人数比较扯淡）阻击大军，完成"诺曼底登陆"，正式开辟关中战场。

邓禹刚刚开辟第二战场没多久，赤眉那边就攻克长安了，但长安百姓并没有被解放，而是刚出了菜窖，又掉进了萝卜坑。

赤眉比绿林还不是东西！

绿林好歹还有点节制，对自己还有点要求，还算拿自己当个政权，心态是这房子是我租的，最起码还得在这住。

赤眉的心态则是你这房子是我抢来的，我也没打算搁这住。

结果关中陷入了红色恐怖，看到红眉毛的就知道土匪来了，关中变成了炼狱。最后游离豪族外的百姓们纷纷投靠豪族大户寻求自保，各大户们为了防贼备战，也不管能不能吸纳如此巨量流民而照单全收。

只要爷们儿你张嘴能来两句秦腔，那咱就是自己人，这帮赤眉爷爷们太吓人了。

关中的所有豪族全副武装，在各自的营寨村堡中二十四小时站岗，防火防盗防赤眉。

没过多久，关中群众终于看到了曙光。

听说，另一个秀汉政权的邓禹也打到了关中，连战连胜，纪律严明，是仁义之师。

大量的难民和弱势地主开始扶老携幼，望风迎降，每天都有上千人的规模向邓禹归附。

邓禹更是英雄有用武之地，大力发挥自己的治理能力，每到一个地方，一定停下部队，竖起符节，大讲刘秀的部队如何是老百姓和地主阶级自己的部队。

得民心者，民自拥护之，邓禹的汉军声势震动关中。

一般这种情况下，刚刚得到长安的赤眉汉是不会允许自己的势力地盘内有这么一股力量存在的。

尤其对方口碑那么好，过不了多久当地土豪就该合起伙来帮着邓禹跟我分田地了。

但人家赤眉表现得很超脱。

无所谓，爱谁谁。

反正我刚大抢了一通，现在没人打扰我享受胜利果实是最重要的。

打下了长安也是土匪，骨子里的东西是改变不了的。

一边没反应，另一边却喊打喊杀，邓禹的大多数将领都在劝邓禹：趁形势一片大好，打长安吧！

邓禹的态度是：不行！再等等。

后来急得刘秀都来信了：老邓，打吧！长安百姓身处水深火热之中，你得替天行道，把握时机安抚西京，稳定人心啊！

这里要注意刘秀的一个用词：西京。

长安是西京，那东京呢？

肯定是洛阳啊。

就在关中乱局的这段时间里，洛阳已经成为刘秀帝国的国都了。

话说，继四月份寇恂、冯异在洛阳城门口春游示威之后，六月，刘秀称帝了。

七月，刘秀就开始对洛阳动手了。

在这个月份，刘秀先是南下包抄光复了老家南阳和颍川。

在赤眉走后，宗室刘茂成了颍川、汝南的老大。刘秀派耿弇、景丹、陈俊南渡黄河后，识时务的刘茂来降。

随后刘秀命耿弇、陈俊负责侧翼安全，驻扎于五社津（今河南省巩义县西北黄河渡口），监视荥阳以东变化。

令吴汉、贾复、朱祐、岑彭等十一位将军，群殴洛阳。

八月份，刘秀亲自来到洛阳前线指挥，一通作战后，更始政权的廪丘王田立归降，洛阳城中只剩下朱鲔一个人在苦苦支撑。

虽如此，千年古都的硬实力开始显现，哪怕你洛阳城外将星云集，还有开挂男主角亲自督阵，你拿城高池深的洛阳城就是没办法。

得势不得分的刘秀大军围攻洛阳月余，刘秀算了一笔账，觉得不能再拼下去了。虽然里面那人密谋害死了他哥哥，但为了报这个仇的成本太高了，于是决定给朱鲔机会。

他派出了岑彭去招降朱鲔，当年朱鲔曾是岑彭的领导，两人有私交。

岑彭来到城下，对朱鲔晓之以理，分析利害。其实朱鲔早就想投降了，但谁敢投降啊！自己可是弑兄主犯！

岑彭回去后把朱鲔的顾虑告诉了刘秀，刘秀指着黄河道："夫建大事者，不忌小怨，鲔今归降，官爵可保，河水在此，吾不食言！"

岑彭再到洛阳城下喊话，朱鲔在听到刘秀扔出滔滔黄河水这个见证人后大松了一口气，但最后还是进行了试探，从城上垂下软梯说："如果你讲的是真话，请上城。"

岑彭二话没说攀着软梯要上。

朱鲔道："打住！"

洛阳宣布投降。

九月十九日，朱鲔自己五花大绑跟岑彭同到河阳请罪，刘秀展现出了教父的风范，亲手解绳索并让他连夜回归。

次日凌晨，朱鲔跟苏茂等率洛阳军出城归附。刘秀任命朱鲔当平狄将军，封扶沟侯。

刘秀虽然在封侯时这名字给得挺报复性的，但他确实说话算数，人家没找后茬。朱鲔后来官至少府，侯爵世代相传。

许过的愿，一定要去还。

发过的誓，千万得算数。

举头三尺有神明，拿誓言谋来的利，在违誓后必定会遭百倍天谴。

所谓的"不杀降"，就是最高级别的誓言。

冬季，十月十日，刘秀进入洛阳，居住南宫，定洛阳为东汉王朝的国都。

此时的东北王刘秀，已经颇具一统江山的形势了。

关东形势一片大好，关中也是一派归心气象，刘秀觉得邓禹此时应该趁热打铁，定鼎关中。

但邓禹那边却有另一套看法。

五、关中乱战

刘秀那边希望邓禹趁热打铁，但邓禹觉悟比较高，认为现在声势看似很大，人数看似很多，但真正能上战场有战斗力的，还都是从河北带过来的老弟兄们。

人家关中本土是不会帮你的，投奔你的都是过不下去寻求你保护的，真正牛的豪族们都在自己的地盘挺着呢。

而且我们现在的后勤很成问题，粮食军需都不够，相反人家赤眉刚刚攻破长安，刚抢痛快了，吃饱喝足锐不可当。

所以现在只能等待。

再说一群强盗匪徒聚集在一起能有什么长远打算，打他着啥急？等都造完了再打他呗！

现在我们不应该南下打长安，而是应该北上攻三郡。

所谓三郡，是指上郡、北地郡、安定郡三个郡。那里虽然地广人稀，但没被祸害，我们应把三郡作为根据地，休养生息，密切注意长安动态，等到赤眉吃干造完后，再收拾他们。

多么精彩的分析。

市场究竟怎么样，最终还是要听一线经理的，董事长再牛有时也会不接地气犯糊涂。

邓禹这个一线经理能做到精准判断固然可贵，但难得的其实是一把手刘秀能够尊重并支持他的分析抉择，而不是大怒：就你小子能！咋不听师哥指挥呢！

"深执忠孝，与朕谋谟帷幄，决胜千里"，这是三十岁的刘秀对二十四岁的邓禹的评价。

比起黄土埋到腰的西汉诸将，东汉开国主要将领的平均年龄堪称是历朝历代最小的。

君与臣，都有着超越其年龄的见识与气魄。

这段被忽略的历史，何其壮哉！

邓禹随后率军向北，夺取上郡，然后征集各地豪族，囤聚粮草，邓禹自己进驻大要（今甘肃省宁县东南）。

在这期间，还出了点小插曲，积弩将军冯愔和车骑将军宗歆同守栒邑（今陕西省旬邑县），但两人官职相等，还互不隶属，结果谁也不服谁。

领导责任上来讲，这是邓禹的人事安排有问题，结果冯愔有一天因为说话说急眼了直接就把宗歆给杀了，然后一不做二不休索性反了邓禹。

不过他一上来并没有找老领导的麻烦，而是往西打天水，希望在那自己弄块地盘将来等领导招安，但让西北王隗嚣杀得大败，辎重尽失。最终，冯愔被属下生擒。

这里要再次赞叹下邓禹的外交水平。在隗嚣替他清理门户后，他代表刘秀，派人持节任命隗嚣为西州大将军，全权处理凉州和朔方的军政大事。

邓禹拿别人东西请客的这一出，为刘秀争取到了一个可怕对手的好感。这最终成为左右刘秀统一全国的关键。

这个对手后面我们会有专题，因为那道陇山，成了刘秀统一全国中，最难啃的一块骨头。

不出邓禹所料，赤眉军在长安城吃喝半年多，终于快造完了。他们纵火焚烧长安，并展开了最后的疯狂，对火海中的长安城进行了毁灭性的抢劫。

长安变成了一座死城。

一个长安、一个洛阳，这哥俩儿在中国的历史长河中算是倒大霉了。

我觉得这俩城市在高考中完全有资格加分，忒不容易了，两千年来每逢改朝换代必被狂屠。

在冬天里的一把火后，公元26年（正月），赤眉向西流窜，沿着渭水把所经过的所有县城如蝗虫过境般地掳掠一空。

最后，赤眉先后进入了邓禹之前看上的地方，安定郡和北地郡。

邓禹听说赤眉走了，马不停蹄地南下，进入了劫后的长安城。

邓禹进入长安后干的第一件事，就是进入太庙中收拾历代皇帝的牌位，然后一股脑打包快递到洛阳。随后巡视各帝陵，设立守灵官员与卫士。

要不说哪个时代，都是人才最重要呢。

算上下一章要讲的梁地刘永，一度有四个嚷嚷着光复大汉的政权，结果那仨全都没有祖宗的概念。

啥能证明你政权的合法性呢？

你一脉相承的法统！

你秉承的是祖宗的天命！

只要是从中国这片土地出来的政权，祖宗的陵寝永远是政治符号中最核心的关键！

一入国都就想着宗庙社稷，这种觉悟和认识在乱世中是金子，邓禹这种人才，可遇不可求。

至此，邓禹自河北到河东再到关中的所有高光表现到此为止，全部结束了，剩下的就都是眼泪了。

因为他即将正面碰上自己的命中克星，赤眉军。

在乱世中，尤其是针尖对麦芒的战斗中，一线沙场必须得靠顶级将才，差一点都不行。

邓禹并非不能打，是山东爷们儿太厉害了。

没过多久，赤眉军在北边两郡又祸害差不多了，为了下一步给养，他们将枪口转向了西边。

赤眉军撞上了陇山。

由于吃了没文化的亏，赤眉根本不知道，从关中不该往西走。因为那里土地更贫瘠，天气更恶劣，而且海拔更高。

无论你多牛，仰攻总是很费劲的。

更何况不光你山东大汉生猛，人家西北棒小伙同样彪悍。

赤眉西攻陇山，被隗嚣手下大将杨广打得大败，而且人家西北百姓很不好惹，杨广继续追击，在乌氏、泾阳等地接连再度大破赤眉。

这次是无敌的赤眉自出道以来，八年中的第一败。

第一败就真正地被血虐了，大概因为赤眉从山东到长安这一路干了太多缺德事，不是不报的天谴到了。

抵达阳城、番须时，天降大雪，山谷都被大雪填平了，气候骤寒。由于对西北天气准备不足，大量的赤眉军士兵被冻死了。

撞了西墙的赤眉发现原来也有他们打不过的，于是开始往东返。走到长安附近时，再次刷新下限，将刘家的历代皇陵刨坟掘墓抢了一个遍。

史上最讽刺的一幕出现了，好歹您是"盆子汉"啊！您自家的政权把自家的坟给刨了。

刘家先皇们全都非常惨：爱子早亡，宗族被灭的"苦命人"吕后还被拖了出来，受各种侮辱。

我把原文给大家列出来吧："发掘诸陵，取其宝货，遂污辱吕后尸。凡贼所发，有玉匣殓者率皆如生，故赤眉得多行淫秽。"

历史对于女人往往是苛刻的，是不宽容的，很多非常悲惨的事会被看成笑话。但说句题外话，吕后女士，你的苦命是谁造成的呢？

你杀刘邦子孙，结果你儿子壮年夭亡。

你机关算尽，结果你宗族被灭，二世而亡。

你还记得当年被你挖眼、割鼻、拔舌、断四肢虐成人彘的戚夫人吗？人家是山东人哦。

刘如意有必要杀吗？

即便要杀那娘俩，对戚夫人有必要下手这么残忍吗？

何必播下那不善的种子,去等待那一定会盛开的恶之花和一定会成熟的恶之果呢?

对了,还有些事情好神奇,像大风起兮云飞扬的刘邦被刨了,威加海内兮抽四方的武帝被扬了,刘家的这帮皇帝算是倒了大霉,所谓"宗庙园陵皆发掘"。

但是,还是有俩幸免者的。

"唯霸陵、杜陵完"。

这俩陵的主人摆出来后,大家也许会非常感叹。

霸陵的主人是厚道了一辈子的文帝刘恒。

杜陵的主人是刘家的最后一位明白人,苦命皇孙刘病已。

霍家杀妻篡逆,但宣帝仍然没把肝颤了多年的霍光开棺戮尸,挫骨扬灰,打倒批臭;没有像祖宗那样把打天下的功臣剁成肉酱装罐里去送礼,而是在死前两年重新定性,推霍光为"麒麟阁功臣之首",立规矩永祭其墓,承认人家对于社稷的功劳和赏自己皇位的贡献。

一码归一码,过去的就过去了。

斗争可以冷酷,但没必要丑陋。

政治可以无情,但没必要下作。

再多的"身不由己"与"无可奈何",也终归有"尽力"的另一种办法。

选择其实永远有,永远在你的手中,在你那颗高贵的心中。

赤眉东归,邓禹派兵阻击,双方展开了会战。

邓禹大败而归。

邓禹的出兵决策是理论上的完美时机,但他没有想到,在赤眉接连遭遇西北军血虐和狂暴型天灾的情况下,居然还这么能打。

他想摘桃,结果没想到自己差点成了桃,大败后的邓禹信心不足,急撤出长安退至云阳(今陕西省淳化县西北),赤眉再度进入长安。

这是邓禹一败赤眉,后面还会有很多败,我一会就不数了。

在邓禹撤出长安的同时,原更始政权的汉中王刘嘉派出的延岑、李宝前来掺和关中乱局，此时来到杜陵，结果被重返长安的赤眉看到。

赤眉本部主力再度上场，常规性迸发恐怖战斗力，将延岑、李宝杀得大败，杀数万人，李宝被擒投降。

但是对于这次投降，赤眉明显没有仔细考量。

投降后的李宝随后秘密派人告诉延岑回军再战，他将做内应。

打不赢就投降，但又包藏祸心，这似乎是众多玄汉将领的共同属性。

李宝是个小人物，他的这个搭档延岑倒是得好好说说。

两汉特别具有对称之美，两个汉末都各自出了一个著名的反叛小人，而且还都算能搅和。一个沾《三国演义》的光，吕布几百年来一直臭大街；另一个西汉末年的著名小人，由于东汉的正史从来都被人遗忘，所以一直没有被人熟知。

就是这位延岑。

一般来说，对于反复无常的小人，人们的评价是不会很高的，哪怕三国中被演义包装成了外星人的人中龙凤，吕布仍然被人们不屑地骂为"三姓家奴"，死的时候还被人找了一把乐。

而同时代的关二爷则因为忠义无双，结果死后被封神，最终在宋代升格成为国家编制，又被朱重八从武庙中单独请出来享受最高规格，最终于明代"称帝"。不过，别看我们对忠义这么看重，但其实我们的民族对叛徒还是挺宽容的。

谁还没有个扛不住的时候嘛！

但是，哪怕这片土地再宽容，但凡事得有个度。

一般来说当一次叛徒还算有翻身的可能，不过一旦习惯性叛变，那名声绝对就臭大街了。

比如这位延岑。

西汉末年的头号大叛徒。

这位延岑是南阳筑阳人，当年天下大乱时，延岑也乘机拉起了一支队伍，夺取了冠军县城（贾复老家），玩起了割据自守。

后来刘玄被拥立后，更始政府开始平定招降四方，大将军刘嘉率军剿灭南阳匪患地区。

公元23年（六月），昆阳大战后，延岑在冠军县的老巢被刘嘉击败，率残部投降。

这是他人生中的第一次投降。

公元24年（二月），刘玄迁都长安后大封诸王，刘嘉被封为汉中王，于是延岑随刘嘉来到了汉中。说来刘嘉也是个厚道人，给刘秀推荐了贾复等好几个将才，对于延岑这块料一直放在手里，也许是怕这个人跌他的份。

两年后，也就是公元26年，赤眉军大举进攻长安，玄汉内乱，打成了一团。趁这个机会，延岑发难，发动政变，起兵包围了汉中郡府南郑，随后大败刘嘉。

刘嘉率领残部败走，延岑便占据了汉中郡，自称武安王。

偷袭得手的延岑看到更始政府大势已去希望趁火打劫，想要攻打邻居武都郡，不过在进兵途中，被更始的大将军李宝、张忠撞上，双方一场大战。延岑战败，退路被劫，率部向北退到天水郡。

延岑这个想偷鸡的贼不知道，自家的窝其实也早被人盯上了。就在延岑与李宝交战的时候，割据巴蜀的公孙述派手下大将侯丹率军北上袭取了南郑，占领了汉中郡全境。

如丧家之犬的延岑翻越秦岭北逃到了陈仓，但在这里被刘嘉搬来的救兵李宝大军又从后面追来了。

延岑只得在散关一带与刘嘉、李宝又大战一场，再次被虐。

打不过不要紧，人家有独门的脸皮顶着呢，延岑再次一把鼻涕一把泪地向老领导刘嘉投降。

这是他第二次投降。

老窝被人家占了的刘嘉因为珍惜有生力量，再次收编了令他无家可归的延岑。

随后，刘嘉带领绿林军的这点最后力量，命令李宝、延岑率部进驻右扶风，伺机反攻长安。

就是这个时候，碰上了东归的赤眉，汉末两大匪帮再度交手，延岑的绿林余部和赤眉大军干上了。

没悬念，绿林又败了。

但是，这次出现了转机。

六、冯异破赤眉

　　大败后，延岑军士气低落，但李宝那边说得斩钉截铁，你就打你的！我做内应肯定没问题！

　　延岑顶着头皮回军再战，赤眉军中逢安迎击，延岑没讨着丝毫便宜。

　　内奸的力量是可怕的，李宝做了手脚。当赤眉军回营时，看到营中尽树白旗，赤眉军以为后路被抄，随即军心大乱。

　　延岑随即引兵再战，终于趁赤眉军心不稳冲破军阵，赤眉四散奔逃。

　　溃军的自我杀伤力是很可怕的，赤眉军此役死伤失踪十余万。

　　延岑这边大捷，邓禹那边则跟赤眉犯克，一步没赶上，步步赶不上。邓禹趁着逢安与延岑大战，长安空虚，率军奇袭长安。正赶上赤眉大将谢禄领兵来救逢安，没看见延岑先撞上了邓禹，再次把邓禹踢跑。

　　在各种祸害下，关中百姓无力从事生产，自然伴随着大饥荒，再加上之前就已经被一波波流贼祸害完了，长安早就变成了死城，败退回来的赤眉由于没有给养，只得放弃长安，向东撤退。

　　邓禹则再次撤回接手已经站不起来的长安。

　　但没多久，延岑看到赤眉主力东归也来抢长安，邓禹的各种战败成了关中乱战的保留曲目。

　　最后，长安在一通"三国杀"后，神奇地落到了延岑手中。

　　击败赤眉、邓禹的延岑军威大震，关中各军事势力开始纷纷依附于他。

这再次让延岑觉得自己有了资本,于是扔了老领导刘嘉再次反叛自立。

这个臭不要脸的啊!

话说回来,延岑所谓的控制,其实就是各示好势力的各种自治,因为都是带着队伍入股来的,谁管得了谁?

投靠延岑的这帮军阀中,有绿林旧将,有地方匪帮,有赤眉败将。总之,好人不多。

而且谁也不服谁。

这帮臭流氓们没事就互相掐架,而且还时不时地攻伐当地豪族营垒,荼毒一方黎民,关中的老百姓自赤眉走后,噩梦仍然没有结束。

此时此刻,史载"三辅大饥,人相食,城郭皆空,白骨蔽野"。

王莽祸国、更始内战、赤眉暴虐、延岑纵容,在这千年以来关中最黑暗的时刻(比秦末惨多了),刘秀终于出手了。

全村的希望终于自东而来了。

已经到了合适的时机去解决关中问题了,因为东汉已经把西线版图扩展到了司隶中部、并州全境了。

当初更始政府被赤眉消灭后,上党的田邑便派使者向刘秀请求投降,刘秀依旧任命田邑为上党太守。随后,刘秀又派人持符节征召太原的鲍永。

鲍永开始还囚禁了使者,派人去长安打听消息,得知更始政权确实完蛋后,交印投降了,并帮着刘秀劝降各路老兄弟。在刘秀的边打边拉下,司隶部的弘农等郡也被逐一拿下。

关中成为大乱局,豺狼遍地,邓禹又一败再败,刘秀决定换将。

洛阳大战中的头号功臣冯异再次临危受命,前往平定关中乱局。

刘秀亲自给冯异送行,并嘱咐说:"三辅地区一连受到王莽、刘玄带来的灾难,现在更加上赤眉、延岑的暴行,生灵涂炭,民不聊生,将军你要剿灭叛军,保护百姓。

"此去关中,以降为主,以战为辅,把降军首领送到京师,将降军遣散去耕田种桑,将其匪窝营寨摧毁,断了春风吹又生的念想。

"征伐的意义,并不是非夺取土地、屠杀城池不可,主要的目的在于瓦解与安抚。你是大才,应该知道克制自己,别再带给百姓痛苦了。"

临行前,刘秀为冯异补上了一堂政治课,随后又不忘给邓禹送出了一封信:"不要跟走投无路的贼寇较量长短,赤眉没有粮食,自然会向东撤退,以饱食精锐之师堵这帮饥贼饿鬼,我早已在东方布下天罗地网。你切记不可再主动发动攻击。"

刘秀给邓禹留足了面子,用圣旨限定他不要再去打仗,就像《西游记》中过最强关卡狮驼岭时,佛祖给孙悟空留面子,对他说:悟空,引那大鹏鸟出来,许败不许胜。

开玩笑,能胜就不来灵山求佛祖了,孙悟空在狮驼岭输得都哭了,佛爷爷太慈悲了。

但邓禹也有输急眼的时候。

在此人间炼狱下,二十万赤眉大军无法劫掠到给养,一路东归撤离关中无人区。

刘秀在赤眉的东归之路上设下了层层阻截,命破奸将军侯进等驻防新安(汉函谷关),建威大将军耿弇驻防宜阳。

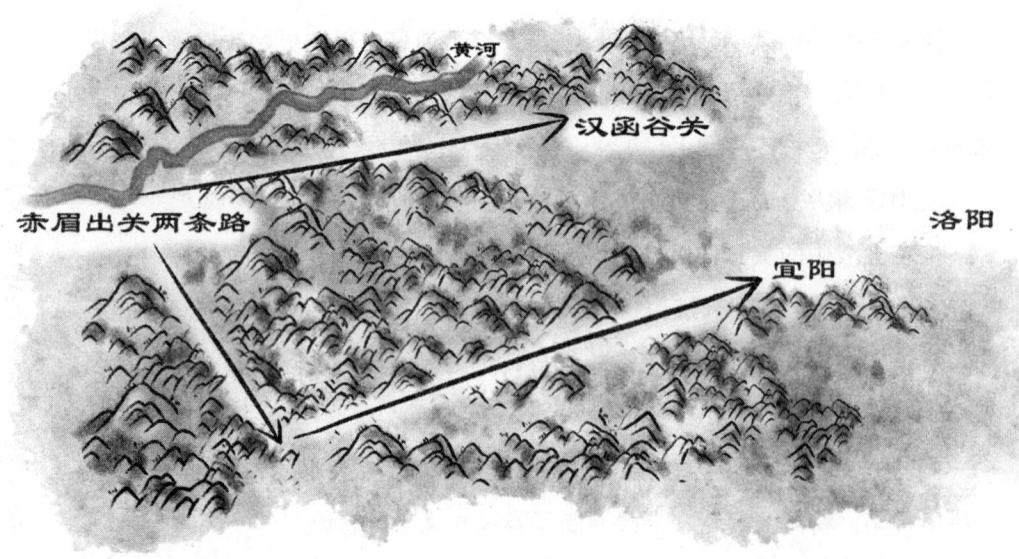

刘秀下严令:"赤眉如果东走,宜阳兵团即往新安会师;赤眉如果南下,新安兵团即往宜阳会师。总之,不惜一切代价!决不能再把赤眉放过去!"

太能祸祸了!

第一波跟赤眉接战的,是救火大队长冯异。

冯异阻击部队将赤眉部众绊在了华山脚下,在华阴接战了六十几日,大小会战数十次,逼降了赤眉五千余人。

冯异的策略是,尽量不跟你打,跟你耗着,等你彻底兵疲师老,再把你往东边赶。

在不断地小胜中,冯异不断东退。

这边思路挺清晰,但邓禹那边已经失去理智了。

被延岑赶出来的邓禹东追老敌人赤眉,不断驱使已经习惯性战败的军队进行攻击,但每次又都被人家打败。

一般来讲,一支队伍在连续两次失败后,就需要整军雪藏了,短时间内不能再上战场了。

再打下去哪怕不被消灭,兵也废了。

因为士气问题。

《孙子兵法》中有一段是这么讲的:"三军可夺气,是故朝气锐,昼气惰,暮气归。故善用兵者,避其锐气,击其惰归,此治气者也。"

打仗最好打掉敌人的士气,会打仗的都是避开对方的锐气,打他的疲惫惰归。

"三军"最关键的就是那口气!

所谓的正规军和土匪军的最大不同在哪里呢?

差距在于"士气"的抗击打和恢复能力。

草台班子往往一次战败后就打算回高老庄了,再碰见正规军时会从骨子里发怵,再看见上回血虐自己的部队番号还没打就尿了。所以当年刘縯主导的绿林反攻才会显得这么可贵,刘秀的血战昆阳才能被传得神乎其神。

赤眉之所以被称为西汉末年第一匪帮,除了其恐怖的战斗力外,最奠定江湖地位的就是人家在被西北军狂虐和暴雪灭顶后，仍然可以回过头来逮谁干谁。

一般土匪早就自我崩溃了。

放在邓禹这，也是这个意思，当初接连失败两三次后，就万不可再出战了，后面的这一系列战败已经不能真实反映其指挥水平和汉军战斗力了。

部队已经被打崩了。

哪怕你是所谓的正规军，士气一旦被打崩了，这个军团再上战场就会集体习惯性崩溃。

整治起来一般三条路：

要么彻底打散了重新整编（最普遍）。

要是有高水平将才就换将重整士气（难度高）。

要么换地方拿软柿子找感觉或者等摘桃的时候再派出去收割。

没别的办法，只要"屡战屡败"演变成了集体性的心理阴影，治起来就跟管一家精神病院的难度差不太多了。

所有新组建的军团往往在出战选择上都会异常慎重，李云龙的"亮剑理论"中，所谓"军队的气质和首任军事首长的性格有着关键传承意义"，其实更是英雄部队头几战打出的战绩和精气神的延伸！

邓禹现在犯了兵家大忌。

专业术语叫作"浪战"。

我姥姥管这叫"打急眼了"。

那边冯异小胜不断，自己这边越打越抽抽，使邓禹更加恼羞成怒。最后，邓禹率车骑将军邓弘等，从河东渡黄河南下，抵达湖县（今河南省灵宝市西），正好迎到从华阴东撤的冯异。

邓禹拐大弯强行超车要抢到冯异的前面，是要指挥这支还没被赤眉打哭的生力军。

《孙子兵法》里面又说了："将军可夺心……以治待乱，以静待哗，此治心者也。"

邓禹已经被赤眉"夺心"了。

邓禹更是已经输得顾不上"治心"了，学长那封热情洋溢许败不许胜的批示也扔一边去了。

结果冯异这辈子最大的一次凶险来了。

邓禹下令冯异跟他一起对赤眉发动总攻。

冯异对邓禹说："我跟赤眉对阵几十天了，虽然俘虏了不少他们的人，但他们的根本并没有被动摇。

"这伙流贼可不是河北匪帮，只可用计，硬打咱们很难胜过他们。

"吾皇已派大军驻屯渑池，阻截了他们的东归要道。我们只需要再耗下去，然后前后夹击便可获胜，这是万无一失的谋略。"

冯异的这番建议被一票否决。跟我打，往死里打。

官大一级压死人呀！

邓禹派邓弘先向赤眉挑战，缠斗一整天，赤眉假装战败，放弃辎重狼狈逃走。

人家土匪不光胳膊粗，这回还会用计了，放弃的辎重粮食都是大土坷垃，就表面一层是粮食。

结果假货把真人给蒙了，一直管人家叫饥贼的，自己其实更没出息。邓弘的士兵也饿了很久了，一看粮食都疯了，各种抢夺。赤眉乘势反击，邓弘军大乱，邓禹、冯异联军急救才没有导致大败。

聚拢败兵后，冯异认为部队又饥又疲，不能再战，应该回军休息，但邓禹已不能控制自己，再次发动攻击。

结果专业削邓禹的赤眉军这次彻底把邓禹打残了，死伤三千余人，所部溃散，连一直稳定的冯异部都被冲垮了。

邓禹仅率二十四骑逃回宜阳；冯异抛弃战马，徒步逃到回溪阪（今河南省洛宁县）。

冯异召集残部，得数万人，坚壁自守。

赤眉大胜后没有走豫西通道去撞函谷关，而是走了来时的路。

又回到最初的起点,这回不再是记忆中输急眼的邓禹了,冯异也终于等到了这一天。

没有邓禹嘚嘚的冯异决定和赤眉展开决战了。

冯异的底气在于他的队伍是常胜之师,河北、洛阳一把抓,战斗力有基础,学霸偶尔考砸一次下回会更认真。冯异估计赤眉并不知道邓禹已经被打跑了,这回骄兵必败。

他跟赤眉玩了一个计。

冯异精心挑选精锐部队,换上赤眉服装,也染红眉,在路旁埋伏。

次日凌晨,会战开始,赤眉先派出一万人,攻击冯异正面,冯异只用少数部队增援。

赤眉发现敌军人少势弱,还以为送礼大户邓禹准备一路护送他们回到山东老家。于是全军发起总攻击,冯异也把全军投入战场,双方大战一日,直到太阳偏西,双方气势全都开始衰退。

这个时候,冯异的伏兵突起,与赤眉的衣服装扮完全相同的他们杀向了赤眉。赤眉突然陷入无法分别敌我的蒙圈窘境,军心大乱。

"李逵们"不怕正面刀斧,只怕背后黑枪,赤眉大军刹那间瓦解,疯狂地向东方流窜逃生。

冯异聚集全军展开追击,直追到崤底(今河南省洛宁县东北崤谷之底),再次大破赤眉残众,一口气迫降赤眉八万余人。

赤眉败于崤底,余众十余万,东走宜阳。

刘秀早已亲率大军严阵以待。

赤眉终于再无抵抗之力。

二月十九日,赤眉帝刘盆子以及宰相以下三十余人,露出臂膀,走到东汉军营,献出传国玉玺。赤眉大军也放下了武器,将之堆积到宜阳城西。

闹腾了八年,横跨中国,从东到西,又从西到东的赤眉大乱自此终于结束。

七、为什么是洛阳

灭掉赤眉之后冯异兵入关中，此时的延岑在关中早已经安排了各堂口分把要冲：

延岑据蓝田，王歆据下邽，芳丹据新丰，蒋震据霸陵，张邯据长安，公孙守据长陵，杨周据谷口，吕鲔据陈仓，汝章据槐里……

前面我们说过，延岑的各堂口不过是一群互不隶属的乌合之众，多的一万人，少的几千人，这些流贼在冯异一路西推的过程中被收编或消灭。三月，冯异军入上林苑。

延岑联合了张邯、任良共击冯异，被冯异打残。在这场西北狼王之战中，更勇猛的冯异成了关中的头狼，先前依附于延岑的地方势力又纷纷转降于冯异。

延岑众叛亲离再难立足，冯异也根本不给延岑喘息的机会，派邓晔、于匡继续追击，延岑不敌复大败，部将苏臣等八千余人投降。

延岑狼狈逃出武关，逃到了南阳郡（此时南阳地区有了新课题）。

后面还有他的戏份，他将一直陪着刘秀的统一之路走到最后一刻。

延岑被扫出关中之时，关中的物价已经高涨到一斤黄金只能换五升豆子了。

兵灾大乱下道路断绝，关东之粮难以运抵，冯异军最后要靠野菜野果充饥。

刘秀紧急下诏派赵匡上任右扶风，协助冯异修复关中物流线，火速运送物资支援关中灾区。

冯异在赶走延岑后并没有什么动作，这个大明白在等粮食，直到关东物资源源不断地充实关中后，冯异开始了一系列堪称教科书式的维稳手段：

1. 摆出政策，限定时限接受招安。

2. 逐步打击、诛杀不听号令的地方匪帮与豪族，奖赏归降、有功、投靠的地方豪族。

3. 鼓励合作的豪族们带领关中百姓开始生产，对弱小势力提供恢复生产的粮食和帮助。

4. 把非豪族的各路土匪老大们快递到洛阳，把小弟们打散、发还家乡去做回正经百姓。

乱世中恢复秩序稳定流民，有三个关键：

1. 你需要把过去造反挑头的匪首除掉或隔离。

流民的前身其实全都是朴实的百姓，远离流氓头子就能渐渐唤起本性中的善良。

而且流民军们往往是没有严密组织架构的，这也使得对顶层权力架构极其依赖，往往只要实施"斩首行动"，匪帮团伙就会变成一盘散沙。

但这个时候流民匪患往往仍会死灰复燃，因为一段时间后会酝酿出一个或者几个新老大。

随后就是要么自相残杀争夺有限资源，要么等待另一拨大匪帮接手收编。

这也就意味着需要打出后面的两个组合拳。

2. 斩首行动后，你需要迅速给流民军和灾民群体找出路。

你需要让流民灾民们塌下心来，不用担惊受怕地去从事农业生产，只要一年地种下来，多野的心都能静下来。

这就需要你是当地的最大军事势力，能够为你辖区的政策稳定落地进行军事背书。

3. 你需要提供给流民们原始起步的农业生产必需品：粮种、农具，至少能完成一个生产循环的口粮。（经验来讲，一般灾区至少要两年才能完成自给自足。）

这就需要你有足够稳定的大后方和强大的经济实力把灾区给养起来。

知道为什么冯异直到关中到洛阳的物流线路畅通后才着手维稳关中的原因了吧。

没钱没粮都是瞎扯，两个月后又都活不下去，啸聚山林了。

骂刘秀始终在洛阳看戏的朋友们是否对这位厚道人的偏见少些了呢？

不是不救，救需要本钱。

时机不成熟的扶贫很容易造成极其恶劣的影响。（刘秀很不容易了，让冯异剿赤眉时正处于三线作战，下一战会细讲。）

在一系列的又打又拉又吓唬中，冯异威震关中，这片千里秦川终于恢复了宁静。自王莽乱国开始，二十年了，关中百姓们终于能喘口气了。

至此，洛阳、长安，这两个标志性的政治符号全部被刘秀收入囊中。

在两京俱全后，刘秀权衡再三选择了腹地更小，回旋余地更弱，防守起来更艰难的洛阳作为了东汉的国都。

为啥这么说洛阳呢？

因为洛阳铅笔盒跟关中大元宝是没法比的。

再来看下防备难度，关中不仅"四塞之固"，而且它三面无强敌，自古号称"据三面而守，独以一面制诸侯"。

洛阳呢？

西面是关中，北面是山西、河北，东面是中原大地，南面是南郡颍川。

全都是能割据称雄独立出政权的地盘。

这也就意味着一旦天下大乱，洛阳四面八方全是前线。

而且千万不要以为洛阳地区小，周围都是山就好防守。

这个小聚宝盆周边的防务并非就真那么瓷实，关隘渡口众多。

当初楚汉争霸时期，由于全部焦点盯在了荥阳，洛阳诸关中我们只记住了一夫当关的虎牢关。

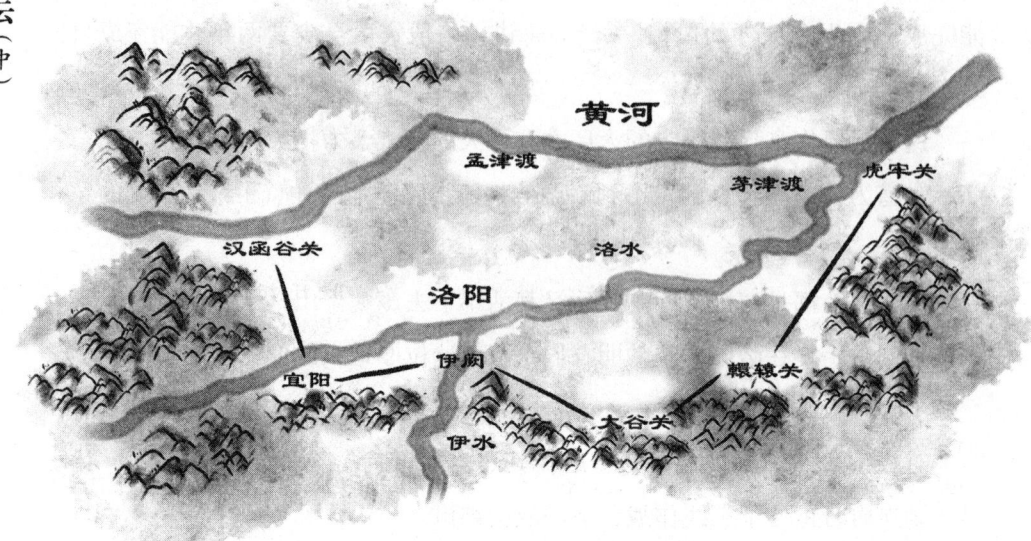

那是因为乱世无粮，敖仓就在不远处，所有的军事行动均要围绕荥阳展开。

等到敖仓后来被逐渐废弃后，洛阳战区就被全方位暴露出来了。

每到乱世，因为四面八方都是狼群，洛阳腹地战争动员能力有限，布防捉襟见肘根本没有重点，往往被各种穿插。

"永嘉之乱"前夕，石勒、王弥这群匪帮过轘辕关、大谷关来回折腾，都快赶上去公共厕所了。

洛阳落后长安那么多身位，最后选择定都洛阳真的仅仅是因为刘秀思想里圈子文化严重，是南阳派和河北派的皇帝，所以就要离着老家和兄弟们近一点吗？

不否认有这方面的原因，但已经不能再单纯那么看了。

其实洛阳超越长安成为这个时代的首选，已经是各方面考量下的最佳选择了。

因为帝国的国都，会成为资源的超级吸附器与奢靡销金窟。

它要承担皇室的巨额开销；它要负担庞大的官僚机构；它要安排全国最有权势群体的别墅与田产，你是别指着这帮人交税的。

总之,财来如小孩尿尿,财去如大海决堤。

没有庞大的资源调动能力,是做不了帝国中心的。

这是华北平原的运河图。

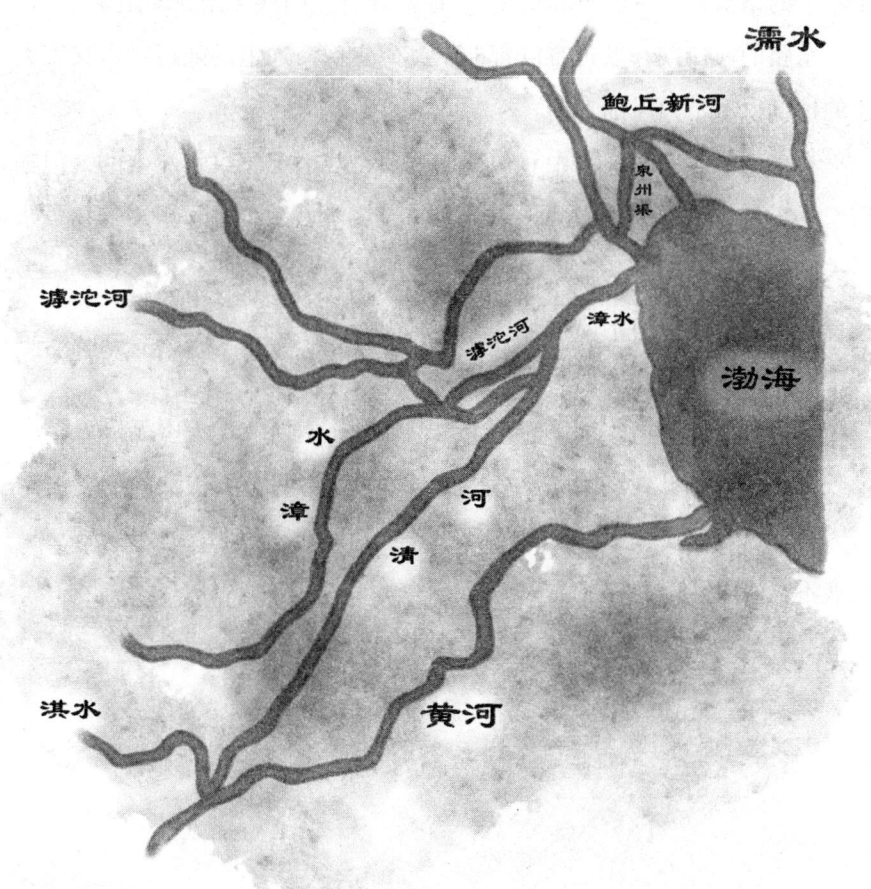

再回忆下第十六战中展示的中原水系图。

综合起来可以这么理解,洛阳不仅地处天下之中,可以肩挑南北,还可以用最小的物流成本完成对中国东部南北方向的资源汇集。

不是说关中的地段不够黄金,也不是因为关中被屠成无人区后缺乏人力资源,而是说关中地区虽然沃野千里,但仍然无法凭借一己之力供养帝都。

而且它的物流漕运成本已经难以承受一个如此庞大帝国的物资消耗了。

关中地区的北面是陕北高原。

西面的凉州地区因为陇山的原因，西渭水指望不上，连小船都走不了。

东面所有的物资，走黄河进关中需要避开汛期（盛夏初秋），避开大船走不了的枯水期（冬、春和初夏），还需要过三门峡（湍急险阻）。

水路的窗口期和航行难度都非常高，走豫西通道的陆运成本又太大，谁家的粮食也不是大风刮来的。

本来南边没问题，汉中和川蜀的物资是能够上溯汉水北上的，但随着高后二年正月，武都地震山崩，天池大泽被震没后，汉中、川蜀的物资永远地对关中关上了大门。

这间接导致了后来诸葛丞相活活被漕运累死在了五丈原。

丞相鞠躬尽瘁，奈何天意难违。

除了东北方的河东地区能帮上点忙外，东南西北，关中无依无靠。

同是作为国都，洛阳每年可以比长安减少数百万石粮食的物流损耗。

可以说自打"高后二年"之后，关中地区对于洛阳的地域优势，就已经彻底不存在了。

失去"天池大泽"后，那道"黄鹤之飞不得过，猿猱欲度愁攀援"的秦岭就永远地断了关中、汉中之间通过开挖运河再度连接在一起的可能。

"大泽"乃天赐，非人力所能为也。

中国东部后来渐渐通过运河将南北整合成了一体，但中国西部则永远地被分为了秦岭南北两个区位。

在随后的历史长河中，除了关陇军事集团一度将古都长安摆在了世界的中央外，帝都一直在不断地东迁。

关中，作为刘家的福地，随着赤眉的刨坟掘墓，从此渐渐地开始远离历史舞台。

赤眉们并不知道，他们把关中祸害成无人区的蝴蝶效应，还远不止于此。

某种意义上，甚至可以说，帝国的梁柱，最终间接崩塌于公元25~26年这两年的关中浩劫。

定都洛阳后，我们还要向一个曾经的兵家必争之地告别。

还记得陪伴了我们整个"楚汉争霸"的敖仓吗？

随着定都洛阳，它也即将完成自己的历史使命。

敖仓当初之所以存在，就在于帝国定都长安，所有的物资要往关中汇聚，但黄河中段航道窄，枯水期和汛期长，所以没办法一路走大船运到关中。

敖仓承担着物资总枢纽的关键职能，所有运往关中的物资要在敖仓中转，换小船或等时机走黄河进关中。

但洛阳成为帝都后，黄河中段的物流属性被完美地略过了。

敖仓再往西走百里，即使不用换船也可以自黄河走洛水进洛阳。

这个"风吹草动据敖仓"的总战略枢纽意义也就不大了。

历史的车轮滚滚向前，在这两汉交界之际，时代的洪流与沙盘上的主角们，与时俱进地选择了天下之中的洛阳作为下一个两百年的焦点。

霸北西定占中央后，无论是综合实力，地理优势，还是人才储备，刘秀大有凌驾于群雄之上的态势。

但是，刘秀此时过得并不顺心。

前面我们说过，刘秀令冯异西定关中之时，他正面临三线作战，战局不可谓不艰难。

河北地区和南阳地区都出现了令他非常伤心的事情。

伤心，往往源于自己人的背叛。

创下古往今来缝合乱世最低成本记录的刘秀，集中迎来了历朝历代开国之君中最罕见的、高密度的各地叛乱。

股东们只要是创业入股，就会有投资回报的要求。

只要做出了蛋糕，股东们也就总会有超出实际贡献的心理期望。

你是天选之子不假，但纵使你长袖再善舞，也难调这股份越来越杂的天下豪族！

渤海小吏
的封建脉络百战
——— 之 ———
两汉风云 下

渤海小吏◎著

开明出版社

图书在版编目（CIP）数据

两汉风云.下/渤海小吏著.—北京：开明出版社，2023.1（2025.1重印）

ISBN 978-7-5131-7785-6

Ⅰ.①两… Ⅱ.①渤… Ⅲ.①中国历史—汉代–通俗读物 Ⅳ.① K234.09

中国版本图书馆 CIP 数据核字（2022）第 220698 号

责任编辑：卓　玥　张慧明

书　　名：两汉风云（全三册）
出 版 人：陈滨滨
著　　者：渤海小吏
出 版 社：开明出版社（北京市海淀区西三环北路25号青政大厦6层）
印　　刷：保定市中画美凯印刷有限公司
开　　本：710mm×1000mm　1/16
成品尺寸：170mm×240mm
印　　张：72.75
字　　数：1020千字
版　　次：2023年1月 第1版
印　　次：2025年1月 第9次印刷
定　　价：168.00元（全三册）

印刷、装订质量问题，出版社负责调换。联系电话：（010）88817647

目录

第十九战

定关东：东南西北，将星闪耀

一、最恐怖的消息传来了 …… 002

二、彭宠袭幽，盖延定梁 …… 010

三、神将叛乱之谜 …… 018

四、神将被杀之谜 …… 027

五、岑彭的走位为何能比"掏心"的白起还风骚？ …… 036

六、岑彭吞南国 …… 046

七、收拢南北剧情线 …… 054

八、耿弇定齐 …… 064

第二十战

得陇望蜀：陇山难，蜀山悲，天下定

一、辅汉之誓 …… 076

二、凉州南北豪族的本质区别 …… 083

三、一战陇山 …… 091

四、诸葛亮为什么要让马谡去守街亭 …… 099

五、三战陇西 …… 107

六、巴东三峡巫峡长，猿鸣三声泪沾裳⋯⋯⋯⋯⋯⋯⋯⋯ 116

七、火攻！神行！溯大江！⋯⋯⋯⋯⋯⋯⋯⋯⋯⋯⋯⋯ 125

八、天下一统⋯⋯⋯⋯⋯⋯⋯⋯⋯⋯⋯⋯⋯⋯⋯⋯⋯⋯ 135

第二十一战

班超通西域：小冰河期汉匈博弈的个人英雄主义巅峰

一、光武对匈奴的改造⋯⋯⋯⋯⋯⋯⋯⋯⋯⋯⋯⋯⋯⋯ 146

二、小冰河期对游牧民族行为逻辑的影响⋯⋯⋯⋯⋯⋯⋯ 155

三、大汉对西域"奶厂"的错误认识⋯⋯⋯⋯⋯⋯⋯⋯⋯ 163

四、窦固战天山⋯⋯⋯⋯⋯⋯⋯⋯⋯⋯⋯⋯⋯⋯⋯⋯⋯ 171

五、班超"空手套南道"⋯⋯⋯⋯⋯⋯⋯⋯⋯⋯⋯⋯⋯⋯ 179

六、十三将士归玉门⋯⋯⋯⋯⋯⋯⋯⋯⋯⋯⋯⋯⋯⋯⋯ 189

七、班超的骁勇与无奈⋯⋯⋯⋯⋯⋯⋯⋯⋯⋯⋯⋯⋯⋯ 197

八、勒石燕然⋯⋯⋯⋯⋯⋯⋯⋯⋯⋯⋯⋯⋯⋯⋯⋯⋯⋯ 205

九、再见匈奴，再无班超⋯⋯⋯⋯⋯⋯⋯⋯⋯⋯⋯⋯⋯ 213

第二十二战

党锢之祸：皇权角逐巅峰战

一、"篡汉"的大司马、大将军⋯⋯⋯⋯⋯⋯⋯⋯⋯⋯⋯ 222

二、刘秀对权力结构的改造⋯⋯⋯⋯⋯⋯⋯⋯⋯⋯⋯⋯ 230

三、东汉"亲小人"的逻辑怪圈⋯⋯⋯⋯⋯⋯⋯⋯⋯⋯⋯ 238

四、东汉豪族由武转文的内在源头⋯⋯⋯⋯⋯⋯⋯⋯⋯ 247

五、东汉"四世三公"的由来⋯⋯⋯⋯⋯⋯⋯⋯⋯⋯⋯⋯ 255

六、士族官僚集团和三万太学生⋯⋯⋯⋯⋯⋯⋯⋯⋯⋯ 264

七、图穷匕见⋯⋯⋯⋯⋯⋯⋯⋯⋯⋯⋯⋯⋯⋯⋯⋯⋯⋯ 275

第二十三战

黄巾起义：大乱四百年的开端

- 一、光武"度田"与东汉的财政内功 ……………… 284
- 二、遍地妖魔 ……………………………………… 292
- 三、东汉末年太平道突然裂变的原因 …………… 300
- 四、州牧登场 ……………………………………… 308

第二十四战

汉末崩塌：顶级谋篇布局下的"为他人作嫁衣裳"

- 一、羌族登场 ……………………………………… 318
- 二、羌乱根源之谜 ………………………………… 325
- 三、凉州三明 ……………………………………… 333
- 四、段颎平羌 ……………………………………… 341
- 五、董卓出场 ……………………………………… 350
- 六、灵帝驾崩 ……………………………………… 358
- 七、"四世三公"的汉末王莽之路 ………………… 368
- 八、袁绍导演的惊天政变 ………………………… 378
- 九、走进三国时代 ………………………………… 389

第十九战

定关东：
东南西北，将星闪耀

一、最恐怖的消息传来了

话说赤眉军投降后,刘秀在洛水边举办了盛大的阅兵式,令赤眉军首领樊崇和士兵共同观礼。

刘秀检阅部队期间还玩了一把"放虎归山",对樊崇等人说:"山东小哥们都服不服啊?不服我放小哥们走,咱接着比划。"

刘秀的一句话吓得樊崇、徐宣这帮人赶紧磕头表态:"不打了不打了,我们自打出长安东门时就打定主意把生命献给国家和百姓了,只是害怕消息泄露被手下人破坏,所以我们跟天兵天将作对是为了跟手下们演戏啊!现在好不容易离开了虎口找到了慈母,您像大海永不干涸,我们要永远紧依着您的心窝,祖国妈妈可别再逗小的们了。"

这种教父般的调侃,刘秀比诸葛亮早使了二百多年,不过这种话其实还是要少说,万一像诸葛亮那样碰上孟获那种需要打七次才认怂的特殊物种,刘秀就很麻烦了。

因为刘秀眼下根本没有像人家诸葛亮那样嘚瑟的资本。

罗贯中先生在搞这段艺术创作时,把剧情背景设置得非常合理,各方面考虑得很充足。

诸葛亮在云南摇扇子时,东边跟孙权和好了;北边把汉中各关口一堵,谁也不愿意来;由于开国那几仗打得相当硬气,蜀汉对曹魏的军事震慑相当强,曹丕一心一意要发展魏国水军力量跟孙权死磕,觉得要得蜀必须得从水路进兵，所以诸葛亮可以专心致志地陪孟获玩。

但刘秀此刻的状况却没有那么乐观。

因为他的大后方出现了顶级叛乱，南阳地区也出现了派谁去也摆不平的大神，曾经扫平的青犊等农民军又一窝蜂起来了。

环顾四周，危机四伏。

刘秀是中国历史上非常具有转折意义的一个人。

这里说的具有转折性意义，指的不是他和传统意义上给历史带来大转折的人一样，而是指这个人阻止了两件本该在这个时代就促成历史转折的超级大事件的发生。

一件事，是儒家的地位受到了冲击。

王莽这位儒家的"死忠粉"几乎是以把当年女娲娘娘补得那块天又给捅破了的节奏让全天下生灵涂炭，人口减半。

你王莽不是总扯"仁义礼智信"吗！

我们全村咋都"儒"进乱葬岗了呢？

更关键的是，物证俱在，当年鼓动这些的那帮儒生的签名都还在呢，根本没法辩白。

没有刘秀，儒家的未来问题将会非常难办，功过虽说由后人评说，但人家当代人是不会就这么轻易被糊弄过去的。

是刘秀，以不可复制的个人神话与大佬话事人的至高地位，艰难地引导全国百姓团结一致向前看了。

如果儒家在那时崩塌了，今天的中国，很有可能会不再是我们看到的这个样子。

另一件事，就是他将中国历史上的第一次"三国时代"继韩信当年一念犹豫后再次推迟了两百年。

三国鼎立之前，中国历史上曾经有两个时间段特别有希望发展成三国分立，甚至群雄割据大乱局的趋势。

第一次，是在楚汉争霸的尾声，韩信拿下了齐地观胜败时。

当年，中国第一次差点出现三国分立的局面，关键人物是韩信。

刘邦、项羽打了好几年，但实际上天下大势的最终走向，是在兵仙手里。

韩信占领了有东秦之称的齐地，刀顶着项羽的腰眼，再加上他的作战水平基本上稳定在"神仙打架"的级别，所以他站在哪一边，对于最终的天下归属具有决定性意义。

别看刘邦根据地硬实力天下无双，但项羽、韩信俩神仙要是组团了，他还是得接着当野兔子去。

韩信如果当初听了项羽和蒯通的，那楚汉争霸的结局大概率就是三国鼎立了。

但架不住人家刘邦命好。

第二次，就是现在了。

这次大乱局中，主角和上次一样还是刘家人，不过是另一个刘老三。

不同的是，这次的主动权掌握在了刘家人自己手上。

刘秀本人，就是这个时代的"兵仙"。

所以说，乱世中破局的关键人物，永远是最能打的那个。

这时如果没有刘秀，历史会有以下推演：

1. 天下很有可能不止三分。

2. 汉王朝很可能会在这个时间段彻底失去西域。

3. 大乘佛法极有可能在公元1世纪这个关键窗口期无法东来；本土的道教很有可能因此无法得到佛教的启发，也无法借鉴其思想；儒释道的融合以及玄学的萌芽都将会乱套，中国人的信仰发展至此，未来将不知何去何从。

所以说历史走到现在，"光武中兴"这块在大众印象中的"鸡肋"，绝非"食之无味，弃之可惜"那么简单。

在与赤眉军作战的过程中，邓禹一再吃瘪，冯异最终成功给他擦了屁股。这一年多的时间里，中原发生了很多事情。

公元25年，也就是赤眉军刚刚打进长安给玄汉销户口的时候，刘秀这边就天天摁倒葫芦起了瓢了。

山东巨寇刁子都被手下部曲干掉了，刁子都的余党和其他势力在檀乡汇集，被称为"檀乡贼"，十余万之众开始渡过黄河往河北祸祸。

这股巨寇的到来，还扰乱了河北南部诸郡大吏的心，魏郡、清河等这帮站队赵汉，没赶上当年刘秀发家红利的当地豪族开始反复。

刘秀让吴汉率王梁等九位将军去平"檀乡贼"之乱，在邺城东边的漳水大破"檀乡贼"，十余万众皆降。随后刘秀又派王梁、杜茂带兵安抚魏郡、清河、东郡三郡。

领略到刘秀强大实力的河北"南豪"们开始再次合作，迅速地"悉平诸营保"，使"三郡清静，边路流通"。

公元26年（正月），刘秀大封功臣。

此时距离刘秀单干不到两年，登基不过半年，天下此时群雄并起，但刘秀罕见地在此时就正式分红了。

当年刘邦出了名地会收买人心，也不过是先开了一堆口头支票，真正的股东分红大会是在统一之后才开的。

刘秀这样急急渴渴地分红，其实有他的苦衷。

在这个豪族时代，将领们有太多的选择，你这个老板要是不抓紧开出合适的价码把将领们的心都安抚住了，指不定他们哪天就让别人高薪挖走了。

这帮功臣全都被封了顶配的列侯，每个人得到的封赏几乎都是历朝历代的受赏之人难以想象的重赏，像邓禹、吴汉，居然被分了四个县。

而且这四个县并非是别人地盘上的"虚封"，比如孙权封周瑜南郡太守，让他跟荆州玩命去。

人家刘秀这是实实在在的辖区内"实封"，而且极其贴心。比如吴汉那四个县就都在刘秀创业发迹的河北地区，邓禹的食邑则在南阳老家，而且寓意非凡，刘秀封邓禹为"酂侯"。

上一个被封酂侯的人是谁呢？

萧何。

云台将首在这时就已经通过潜规则定下来了。

你说有文化多可怕，分红分得都那么细致。

这份分红方案出台后，很多儒家博士就谏言："太多了！古代帝王封诸侯不过百里，强干弱枝国家才能治理！四个县四个县地往外扔不合法治！"

这也正好给了刘秀表明态度的机会："古之亡国，皆以无道，未尝闻功臣地多而灭亡者。"

刘秀表达了本公司的发展理念：兄弟们好好干，我是明白人！

刘秀用自己的高姿态稳住了所有功臣顶梁柱。

不过众口难调，刘秀还是惹怒了一些功劳高却无法再赏的人物。

比如他在河北的几个幕后投资人。

最早闹意见的，是刘秀起家时最早、最重要的投资人，真定王刘杨。

刘秀得到密报，刘杨要造反。

刘杨也不知道从哪儿整了本谶书，上面有这么一句话："赤九之后，瘿杨为主。"

啥意思呢？

"赤"指的是汉。（"汉为火德，故云赤也。"）

刘秀是刘邦的九代孙，这就是"九"。

他这个"杨"的脖子后面长了个瘤，古时候管这叫"瘿"。

"为主"就不用解释了。

综上所述，他认为，刘秀之后，该轮到他了。

于是他开始筹划，整合真定当地势力，还和"绵曼贼"（真定附近的匪帮集团）勾结，为自己接班做准备。

这种事向来是传得很快的，刘秀马上就知道了，于是派特使去传刘杨进京，结果刘杨连城门都没让传令的特使进去。

这是一个政治信号：人家要脱离你的英明领导了。

于是刘秀派了和刘杨有亲戚关系的河北老乡耿纯前去。

这回名义上是前将军耿纯持节巡查幽、冀二州，听取各地王侯的建议，顺便慰劳他们。

打着这个幌子，耿纯这回算是进门了。

串亲戚来的耿纯看起来很厚道，结果把刘杨兄弟们都给蒙过去后，在一次没有一点点防备的宴会上，把没有一丝丝顾虑的刘杨和他的领导层全体诛杀了。

然后耿纯在龙潭虎穴中神色安详地走了出去，整个真定被他给打懵了，没人敢乱动。

刘秀随后迅速跟着发表了朝廷的处理意见和接下来的人事安排：刘杨畏罪自杀，但他的功劳朝廷不会忘记，他的家属在此次事件中立场坚定，因此特封刘杨之子刘德继任真定王，余罪不予追究。

刘秀和耿纯的这出双簧算是把一次大乱扼杀在了摇篮里。

这次算是见机及时，但刘杨的此次谋逆透露出了一个潜在信号：人家对分红不满意！

还是那句话，这是豪族的时代，哪一个阶层安排得不明白，人家都会让你好看。

刘杨为啥不满意呢？

因为人家是拥有十万武装的真定王，县级别的分红我不看在眼里，你刘秀准备给我几个郡呢？

说话啊！都分红了，咋我这儿没动静呢？

我还是接你的班吧。

刘杨谋逆，仅仅是超级豪族的开场秀，没过多久，刘秀就接到了自开国以来最恐怖的报告。

渔阳大佬彭宠反了。

彭宠的反叛，令刘秀感到了前所未有的危机。

因为根本平不了。

从南往北打，向来就费劲，彭宠的渔阳占有幽州地利，而且盐业发达、矿产丰富，军费向来不用愁。

而且，更可怕的是，那个地方有着整个帝国最可怕的军事力量——渔阳突骑。

彭宠是为何而反的呢？

准确说双方都有责任。

刘秀在河北大定后，曾经对河北的各路流寇展开了大清扫，后来为了统一幽州的指挥权，刘秀任命朱浮为幽州牧。

这个任命令很多人都不满，因为这个朱浮并没有有说服力的功劳。

朱浮是史书中比较罕见的没有详细介绍早期背景的中兴将领，只知道他是沛县人，早早就跟着刘秀干了，武将有文才，刘秀偏爱他，而且对他极其信任，于是没有啥战功的朱浮第一批受封时居然拿到了三个县。

他有载的第一个官职是"大司马主簿"，那位大司马，是吴汉。

结合上面的"无战功"+"高封赏"+"吴汉主簿"判断，朱浮很可能是刘秀最早派去盯住大司马吴汉的。

后来又派他去盯住整个幽州。

刘秀当初的想法，是要派一个自己放心，而且在河北并无豪族人脉关系但有政务能力的人来协调幽州事务。

但这让当初出兵、出钱、出粮食，在刘秀最困难时帮了刘秀的彭宠内心很不平衡。而且彭宠在和刘秀会面时，并没有出现刘秀抱着彭宠大哭大喊"没有你就没有我的今天"的感人场景。刘秀是以一种淡淡的，很客气的君臣之礼对待彭宠。

这再次让彭宠心怀不平，总是祥林嫂般叨叨："大王难道忘了我的功劳了吗？"

后来扫平了河北，刘秀在诸将劝谏下即皇帝位，当初彭宠的小弟，像吴汉、王梁都位列三公，而彭宠却没有加升。

彭宠更加愤怒不平，叹道："我的功劳应当封王，陛下难道忘了我吗？"

彭宠比较倒霉，因为按照刘秀的性格，按彭宠做出的贡献，封他为王应该是没啥悬念的。

之所以没给，是因为刘秀是个有底线的明白领袖。

在中兴的整个过程中，刘秀无论遇到多少硬茬，都遵照了当年的祖制。

高官厚禄可以，但"非刘姓不王"！

这样不违祖制，国运肯定会有天佑的。

因为人家从来就没有忘记自己走的是谁的道路。

刘杨确实是个特殊案例，他是刘家人，但已经是王了，真定已经是河北的最雄镇了，再赏就该变成怪物了，但刘秀对彭宠的安排还是很不错的。

因为各种战乱，当时的河北除了上谷和渔阳外，几乎都残破不堪了。渔阳在当时不仅是军事强区，还是经济特区，不仅靠海出盐，还产矿。

我虽没给你王的"名"，但我给了你王的"实"，不升不降、不插手渔阳，其实就是默许你彭宠做有实无名的渔阳王了。

没错，你是跟着我出征四方，做了很大贡献，但你跟着我干其实不就是为的这个吗！

盐你随便卖，矿你随便开，全渔阳都是彭氏制造，你说还能让我咋样开支票呢？

这个道理，人家上谷的耿况懂，但彭宠就没有琢磨明白。

二、彭宠袭幽，盖延定梁

彭宠在渔阳虽然富得流油，但却并不开心，而且还和名义上的上级朱浮很不对付。

朱浮是个知识分子，想要整治风俗教化，收拢士族人心。于是，他征召了幽州一些素有名望的士人以及王莽时代的旧官吏，将他们安置在州府中，然后找幽州各郡要钱，想把这帮人养起来。

面对朱浮扩充势力却让自己买单的行为，彭宠非常不爽，根本就不理这茬，而朱浮因为自己后台硬跟彭宠也顶上牛了。

朱浮忘了领导派自己上这儿来是为了监督并哄着这帮幽州大佬出钱出力的，反而因为自己的面子问题多次给彭宠穿小鞋，向刘秀密奏了一堆捕风捉影的彭宠黑材料。

刘秀那边则故意泄露这些密奏让彭宠听到，表示朱浮告你状了，但我不搭理他，还是咱哥俩好，但你彭宠打狗要看主人，不要再闹小情绪啦。

结果彭宠没有明白刘秀的心思，焦急的心态影响了他的言语和行动。他真的开始给自己留后手，扩充军备，为鸟尽弓藏做准备，还继续大骂朱浮。朱浮这边则各种打小报告，说彭宠集结了大量军队，还储藏粮草，咱也不知他是要干啥。

公元26年春，刘秀下诏征彭宠入京。

刘秀本想敲打敲打他，顺便当面言明自己的良苦用心：爷们儿，你这个侯我可封给你一个郡啊！我已经顶着压力了，王位我确实没法给你，我祖宗都写进祖训里了！

但在这个节骨眼上，刘秀的决策其实出现了重大失误。

因为他刚刚干掉了真定王刘杨，最开始他也是要召人家入京的。

在这个极其敏感的时期，他不应该让彭宠入京，而是应该换一个老成持重的人去替回朱浮，稳住彭宠。

因为这个人刘秀根本得罪不起。

刘秀敢拍板暗杀刘杨，在于刘杨反迹已现，而且哪怕真定地区真被逼反了，刘秀也只会挠头但不至于怵头。

因为真定在地理位置上属于刘秀的国中之国，而且无险可守。

你真定的优势是人多钱多，但我以全国敌一隅。

只要是拼体量的局，那就不难破。

渔阳则不同，地处帝国东北，山势险峻，不仅有钱，还有恐怖武装渔阳突骑。

从更深的层面上讲，彭宠手下的吴汉、盖延等人现在都是前线的领兵大将，如果撕破脸，要考虑的问题就太多了。

如果现在全国大定，你惹了他还好说，你可以集中所有实力跟他一心一意地死磕，但眼下你正在多线作战。

既然是暂时根本输不起的盘子，你就必须先妥善地把他稳住，而不能给一个高度紧张的人做选择的机会。

他只会选择你最害怕的那个选项！

结果就是彭宠在刘杨被杀、自己被召，前途未卜的情况下做出了同样不明智的选择。

彭宠写了好几封信，其中有给老部下吴汉、盖延的，要他们两人在刘秀面前为自己说话；有一封上奏刘秀："陛下要臣去洛阳也可以，但是有前提，朱浮得跟我一起回洛阳对质！"

彭宠在此犯了三个大错。

第一，过去的部下，他不应该再联系了。

这叫拉帮结派搞小团体，尤其还是让前线大将帮他喊冤，政治信号太强烈了。

这明摆着是军事要挟啊！哪个领导都不会忍。

第二，领导只说让你进京，你喊朱浮对质干啥呢？

我就是想你了，想跟你唠唠嗑，谁说跟朱浮有关呢？

你啥都知道得这么详细，难道在我这儿安排了卧底吗？

难道人家朱浮说的是真的，你心里有鬼吗？

第三，你咋还能干预朝廷官员的任命呢！

让人家朱浮扔下手中的工作跟你一块进京，这是你该说的话吗？

也不想想人家领导可能答应吗？

要是真答应了，以后他这个领导说的话谁还听呢？

刘秀看到彭宠的奏章后很不开心，觉得给脸给多了，驳回了彭宠的奏请：少废话，赶紧给我来洛阳！

在接到了刘秀的黑脸诏书之后，彭宠终于意识到了事情的严重性，他开始犹豫了。

婚姻决定命运的典型案例又出现了，刘秀娶了一个又一个好媳妇，然后鱼跃龙门；彭宠精明一世，到最后折在了自己媳妇身上。

他媳妇发话了："现在天下未定，四方豪族全都称雄，你犹豫个啥？渔阳是大郡，兵马最强，因为别人陷害，你就离开老窝，你是不是傻！"

他媳妇说完，彭宠又召集属下开会合计，所有人都力挺彭大嫂：说啥咱也不能去！

眼看彭宠那边迟迟不动身，刘秀又使出了老办法，派亲戚去做彭宠的思想工作。

继真定好亲戚耿纯关门打刘杨后，彭宠的侄子也被派到了渔阳。

彭宠平时是看新闻的，知道刘杨是怎么被干掉的，于是先下手为强，正式举兵反叛。

彭宠反后的第一个目标就是打他黑枪的朱浮，他亲率大军两万，南下对朱浮驻守的蓟城展开了猛烈攻击，将城池围困得如同铁桶一般。

与此同时，彭宠分兵掠取控制了广阳、右北平等郡，拿下了幽州东部，又出使另一个投资人耿况那里，大骂刘秀忘恩负义，劝他一块起兵。

结果人家耿况就比较清醒，我这土皇帝当得多美，还想怎么着！而且我儿子现在前途大好，我可不跟你蹚这浑水！于是耿况多次斩杀彭宠的信使。

朱浮那边让彭宠围得灰头土脸，不停地给刘秀打报告，意思就是"领导您救我呀，我快扛不住了"。

刘秀给朱浮的回答是：救不了，咱现在正在南边打梁王刘永，缺乏给养和军队，你先扛着吧，祝你平安。

到了秋天，刘秀说话算数，凑了支援军，派邓隆去蓟城援救已经被围困了半年多的朱浮。

听到邓隆率援军北上后，朱浮离开了蓟城南逃到雍奴（今天津市武清区西北），邓隆则率军行至潞城之南（今北京市通州区潞城镇南）。

作战计划是两人一南一北，进可与彭宠决战，退可以相互倚为支援。

这个计划除了一个小漏洞外堪称完美。

两人的距离有点远。

相隔百里。

部署完毕后，朱浮依旧早请示晚汇报，将作战计划汇报给刘秀，被刘秀大骂：百里之遥能支援个鬼啊！等你赶去支援时，邓隆早就完蛋了！

果然不出刘秀所料，彭宠迅速吃掉了刘秀攒了大半年的邓隆援救小分队，朱浮压根来不及去救援。

不要忘了，人家彭宠手里的是骑兵。

此时，在东面刘秀跟刘永打到了关键时刻；在西面关中邓禹尊严沦丧，赤眉军眼瞅着就要东进出关，刘秀实在抽不出来兵力去收拾北面的这个烂摊子，只能对朱浮表态：你给我接着等明年秋天吧。

无奈，朱浮与彭宠开始了旷日持久的对峙。

说是对峙,其实就是光挨打,不还手。

这是刘秀刚刚拿下赤眉军时,北面的情况。

再来看东面。

这是东南西北(刘永、邓奉、赤眉、彭宠)四大寇中唯一一个让他比较省心的敌人。

刘秀在四面八方最混乱的公元26年里,除了清扫周边地区频频出现的流民匪患外,主要打击的目标,是梁王刘永。

因为刘秀是公元25年(十月)宣布称帝的,之后不久,梁王刘永也称帝了。

再加上赤眉军抓阄抓来的皇帝刘盆子,等于当时同时有四个刘姓皇帝。

而且比较巧,在刘玄之后的三个皇帝的注册时间非常接近。

这属于天命大统的问题,所以必须死磕。

四位皇帝两两对决展开半决赛,赤眉军和玄汉在关中决出胜者,关东的刘秀和刘永不可避免地开始打擂台。

赤眉军早早就拿到了决赛资格,不过一直到公元26年末,关中战事其实一直都是邓禹在忙活,刘秀基本就是听汇报下命令;北面,刘秀也放任朱浮自生自灭,此时,大部分力量都被集中起来打刘永了。

为什么呢?

因为比起赤眉军来,这个刘永的潜在威胁更大。

最大的威胁在于血统,刘永的父亲是梁王,后来因为得罪王莽被杀,刘永才失去了继位资格。人家在梁地的根基深,而且血统比刘秀这个"黑帮家庭"出身的人纯正。

这就没说的了,得当头号敌人来打。

这个刘永,也算是刘家后代中比较出类拔萃的一个。话说公元23年,王莽被杀,刘玄刚刚移都洛阳时,刘永就迅速跑到洛阳求见刘玄,请求恢复他的王国爵位,结果刘玄复封刘永为梁王,刘永成了玄汉最早的一个王爷。

刘玄后来迁都长安,政治日益腐败,远在梁地的刘永和刘秀一样,也断定刘玄长不了。

当时刘秀在河北开始峰回路转；这边刘永也在梁地开疆拓土，正式收编玄汉的地盘，这两位不仅前后脚称帝，在崛起的时间点上也高度一致。

刘永在梁地收揽诸郡豪族，拿下了济阴郡、山阳郡、沛郡、楚郡、淮阳郡、汝南郡等地，基本上囊括了兖州、豫州两个人口大州。

刘永弄下来的家业就有点类似于当年楚霸王项羽的地盘了，为了扩大势力，刘永还派使者任命占据东海郡的董宪为翼汉大将军、占据齐地的张步为辅汉大将军，将割据山东的势力也拉到了自己这边。

此时刘秀的地盘看上去好大，且连成一片，实际上能使上劲的就是河北北部与河内郡两个地区而已。

在当时看来，其实刘永赢的盘面并不比刘秀小。

因为刘永的地盘受战乱破坏程度更小，受黄河改道的影响更小，综合实力相对来说也更强。

地理条件虽有差别，但人才的差别开始显现出来了。

不可否认的是，在东汉开国的时代，燕赵之士要比梁楚英才能打得多。

风水轮流转啊，当年楚人大爆发，项羽、韩信在河北轮流大杀特杀的时代过去了。

燕赵猛男开始大杀四方。

刘永称帝后，两个当时看起来都很正统的政权开始正式交锋。耿纯年底就率军打过了黄河，拿下了刘永的济阴郡，占据了经济大都会定陶。

公元26年（三月），刘秀命虎牙大将军盖延为主将，以驸马都尉马武、骑都尉刘隆、护军都尉马成、偏将军王霸等四人为副将，率军东征割据睢阳的刘永。

汉军分东西两路进兵，西路攻占了襄邑（今河南省睢县），东路攻占麻乡（今河南省永城市），刘永连吃败仗退守都城睢阳（今河南省商丘市），盖延紧追并围城。

盖延将睢阳围住后出现了小插曲，随军将领中，原来在打洛阳时投降的玄汉旧将苏茂突然反叛，占据了广乐（今河南省虞城县西北）向刘永称臣。刘永激动地任命苏茂为大司马，并封他为淮阳王。

实力不够头衔凑，这是每个将沉的船上必有的传销融资招募书。

不过没啥用，这位淮阳王自保都很艰难，汉军更是一连围了睢阳四个月，盖延还派部队抢收了睢阳的庄稼。

八月，汉军发动总攻，乘夜以云梯攻城攻破睢阳，刘永仅带少数亲信轻骑从东门而出逃到虞县（今河南省虞城县）。

刘永弃军出逃之后，盖延四处收复刘永的地盘，薛地、彭城、扶阳、杼秋、萧县等地望风而降。高祖王气所在倒是有点骨气，沛郡太守拒不投降，兵败被杀。

刘永所在的虞县看汉军势大，决定弑君投降，被刘永看出不对跑得快，只带着几十名亲信逃了出来，投奔谯县（今安徽省亳州市）去了，刘永的家小全部被杀。

刘永到了谯县算是稍微稳住了阵脚，佼强、苏茂、周建等人组成了三万联军来救刘永，联军与盖延大战于沛西（今安徽省宿县西北），再次大败。

刘永再次展开逃亡，往山东跑，退守湖陵（今山东省鱼台县、微山县交界）。苏茂率残军逃回广乐。

随后，沛郡、楚郡、临淮郡等地都被盖延平定了，梁楚之地颇为顺利地被刘秀收入囊中。

公元27年（二月），刘秀宜阳堵赤眉的同时，河北青犊流民军又闹起来了。刘秀赶紧又把盖延调回吴汉那里去剿匪，刘永残军短暂地松了口气，没有被盖延一口气追死。

看完什么感想呢？

这就打完啦？

没错，刘永这儿快收尾了。

为啥盖延能够如此迅猛地把刘永击溃呢？

因为两点：

无险阻，多河流。

没有险阻就方便大部队推进，河流众多运输给养就高效方便，尤其当骑兵部队推进到这片土地时，那就真叫"一马平川"了。

在别的地方有可能会出现孱弱的政权能立足很久的情况，这都是因为险要的地形和艰难的补给线给了弱者生存的空间。

但兖、豫这片土地则容不得半点掺假，千里平原，河流众多，能立住脚的政权战斗力必须极其强悍，如项羽的西楚政权或曹魏政权，否则根本待不住，很快就能让人占领全境。

这片土地其实极其肥沃，养育人口众多，兖州、豫州自古就是人口密度较大的地区之一，但自秦并天下后，除了北宋外，这里再没出现过帝国的中心与都城的原因也在于此。

可做钱袋子，但当不了命根子。

谁的手段硬，谁就能轻轻松松地拿下这个钱袋子。

所以盖延和刘永一动上手，差距就明明白白地体现出来了。

盖延这个河北猛男快把刘永打死了。

在刘秀四面皆战事的公元26年，盖延极其争气地帮领导拿下了必须打掉的梁地，减轻了中央的负担。

而且盖延一年定梁的功绩还远远没有这么简单，这件事带来了伟大的蝴蝶效应。

他成了西面、南面刘秀能够成功解套的关键！

三、神将叛乱之谜

盖延扫平梁地之时，刘秀刚刚在宜阳和冯异联手逼降了赤眉军，梁地的大量物资得以迅速地支援关中的灾后重建。

还记得我们上一章中解释的，为啥只有冯异能够在一拨拨流贼拿长安当公共汽车后重新把千疮百孔的帝国故都扶起来吗？

因为后面刘秀源源不断地运来了粮食。

哪来的呢？

没有"霸道总裁"盖延鲸吞了对面拥有大量现金的刘永公司，刘秀这边是无法解套关中的。

这是刘秀能够在那段时间里征战四方，最关键的一次以战养战！

冯异再能打，再长袖善舞，他这个巧妇也是难为无米之炊的。

如果关中无法被迅速安定，刘秀的西线将面临我们在两京定都选择中说过的极大沉重包袱，大量的战力给养将源源不断地被关中消耗掉。

是盖延保质保量、准时准点地完成了任务，给了刘秀轻描淡写地跟赤眉军吹牛说"不服我放小哥们走，咱接着比划"的底气。

因为帮助冯异在后面成功地为关中摘掉了贫困帽，使冯异在最终盖棺定论时得到了云台将中唯三（岑彭、冯异、耿弇）的顶级评价："中兴将帅立功名者众矣，唯岑彭、冯异建方面之号，自函谷以西，方城以南，两将之功，实为大焉。"

正因为盖延的作为，还使刘秀能够腾出精力去御驾亲征自东汉开国以来最令人头疼的地方。

这个地方，就是帝国的心脏地区——南阳。

南阳是东汉将领的摇篮，云台二十八将中有一半人的老家在这里，这个铁票仓在公元26年时也出了问题。

还是谁也摆不平的大问题。

东汉的第一神将在南阳出现了。

这个神将，叫作邓奉，堪称东汉开国的最大谜团。

他的绝大多数事情，史书上要么一笔带过，要么绝口不提，但这些一笔带过的有限信息却又各个分量十足。

关于他的各种传说和花边新闻还很多，比如昆阳大战中的那个巨毋霸相传就是被他单挑打死的，刘大嫂子阴丽华跟他更是有着种种扯不清的关系。

这些都是野史，没根据的事咱们向来不当事说，还是看一下这个神秘话题人物的史载信息吧。

这个邓奉，跟刘秀家其实还是亲戚，刘秀的二姐夫邓晨是邓奉的叔叔。

邓奉和邓禹也是一家子，他们都出身于新野大户邓家。

在此要说一下，新野邓家实在是个太牛的豪族了，他家这个"世吏两千石"的实力深不可测。

公元22年，邓晨拉了一支队伍跟刘縯兄弟造反去了。

公元23年，邓禹投奔刘秀，又拉走了一部分股份。

没过多久，在兵荒马乱中为求自保，邓奉在新野也正式起兵了，还成了南阳最牛的那支队伍。

邓奉牛到可以充当"田七百余顷""舆马仆隶，比于邦君"（排场堪比诸侯王）的阴家的保护伞。

《后汉书·皇后纪》中有这么一段："及光武为司隶校尉，方西之洛阳，令后归新野。及邓奉起兵，后兄识为之将，后随家属徙淯阳，止于奉舍。"

我来给大家翻译一下：

刘縯被杀后，刘秀在刘玄那儿考查过关去洛阳时，让新婚的阴丽华回新野老家。

邓奉起兵后，阴丽华的哥哥阴识跟着自家亲戚邓老大混，做了邓奉手下的将军。

后来整个阴家干脆都迁到了邓奉的大本营淯阳，而且还住在人家邓奉的家中。

刘、邓、阴，这三家的关系极不一般，堪称刘秀开国最核心的圈子。

因为三家不仅互相通婚，互相入股，还自立结算系统，互相给予了最高级别的信用评级：

阴家在刘縯被杀后能把闺女嫁给刘秀，明确表态他刘家的浑水我们"七百顷阴家"愿意跟着蹚；邓家的邓晨、邓禹分别入股了刘家兄弟当时八字还没一撇的事业，邓禹更是在刘秀唱着"一无所有"时就抛家舍业，渡过黄河来投奔他；阴家在世道乱后合兵前往邓家，双方共抗时艰。

可以看出刘、邓、阴这三家的关系了吧。

这点很重要，只有先交代清楚这一点，才能让我们更好地理解邓奉后面为啥会反。

后来刘秀在河北闹腾得越来越大，被封为萧王后公然脱离玄汉政府，刘玄想到刘秀的家属还在南阳，这上面的文章可以做做，于是封刘秀的大舅子阴识为阴德侯，兼任大将军职务，令他过来做官。

阴识当年都敢顶风嫁妹妹，现在人家妹夫是河北一哥，更是根本就不搭理刘玄了。

再加上当时的宛王刘赐和刘秀关系不一般，前面刘秀过黄河前我们提到过，刘赐和刘秀是亲戚，刘縯曾是刘赐的老大，刘秀去河北还是刘赐再三保荐的，刘赐方面自然也不太配合刘玄。

结果刘秀在河北称了帝，阴丽华也好好的在别人的地盘上无忧无虑地唱着《盼情郎》。

作为此时"铁三角"在南阳老家的话事人，邓奉功不可没。

公元25年，刘秀称帝后，派遣侍中傅俊来迎接阴丽华，邓奉完璧归赵，同时率部加入汉军，此后累功升为破虏将军。

这个"破虏将军"是啥呢？

当年刘秀巡镇河北的名号是"破虏将军行大司马事"。

皇帝曾经干过的官向来是不能轻易给人的。

除非这人是铁得不能再铁的自己人。

看到这里，一切都很美好。

邓禹封的是萧何干过的"酂侯"。

邓奉当的是皇帝跃龙门前的"破虏将军"。

邓禹有追随刘秀四方征战之功，邓奉有护乡之力。

邓家堪称拥有东汉开国最大红利原始股。

但之后，刘秀一次失败的人事任命，或者说一步错步步错的人事举措，惹怒了这位神将。

宛王刘赐在赤眉军刚刚西进的时候就被打跑了，后来归顺了建都洛阳的刘秀，南阳在赤眉军走后就被刘秀光复了。

但是，这片土地并非传统意义上的梦开始的地方。

因为南阳不光是刘秀的老家，也是玄汉政府的龙兴之地。

刘秀手下这帮南阳兄弟们火了以后，很多并没有搭上车的南阳将领们心中是很不甘心的。

公元26年（八月），南阳堵乡（今河南省方城县）人董訢聚众作乱，甚至活捉了南阳太守据宛城反叛，复阳县人（今河南省桐柏县）许邯也起兵于杏聚，以声援董訢。

这些作乱的豪族就是没有搭上车的。

这个时间段，全国各地是啥形势呢？

西面的邓禹在关中一败再败，北面的彭宠在幽州把朱浮快围死了，东面的盖延围刘永于睢阳。

南面也终于闹腾了起来，四面皆有战事。

南阳出了问题马虎不得，刘秀急令剿匪一哥大司马吴汉为主将，扬化将军坚镡、右将军万修为副将，率领汉军十万南下平叛。

吴汉不负众望，连续收复宛城、涅阳、郦县、穰城、新野等地，但他在平叛过程中却纵容部下掠夺百姓，搞得民怨沸腾。

之所以说刘秀的这次任命有问题，是因为他的考虑有三点欠妥：

1. 南阳这个地方很不寻常。

2. 吴汉能打，但并非处理复杂局面的全才。

3. 最重要的是吴汉并非本乡守本土的好选择，他是个假南阳人。

南阳是秀汉政府、玄汉政府的龙兴之地，当年的绿林军就是从这里闹腾大的，刘秀的云台二十八将中有半数都是南阳人，这个龙兴之地总结来说就一句话——水太深。

所以，这种地方往往就需要老成持重的人去安抚。

最好还得是个本地人。

吴汉是个将才，但也是一糙哥。

他在战场上品行一向不好，挺能打也特能祸祸。

不过决定上层建筑的是经济基础，吃相好看那是需要雄厚的产业与存款打底的。

眼下全国各地都是前线，大军出征在外，很多吃饭、打赏、装备的现实问题都要无可避免地摆在台面上。

能做到冻死不拆屋，饿死不掳抢的毕竟是极少数，很多将领都是不干净的。吴汉这位爷打出道就一直在跟各地的流民军打交道，这帮没背景没后台的妖怪属于可以随便消灭的类型。没背景没后台的，收编了能当炮灰使，打没了对当地治安是好事，所以吴汉军向来比较粗暴，刘秀用他处理流民问题也算是用对了人。

但是，这次南阳平叛，刘秀大意了。

这和普通的流民造反不同，投鼠忌器，大军所过之处一定要妥善处理地方关系。

这既需要军纪严明，还需要方面军大将是南阳的自己人。

这两点吴汉都不具备。

他不仅走哪儿祸祸哪儿，还是个假南阳人。

别看他籍贯宛城，但这哥们儿家里没地没势力，并不属于南阳豪族圈的人，所以才背井离乡跟彭宠去了渔阳。

这位"南阳人"回到老家根本品不出故乡风和云的味道，反而满脑子都是当年酸楚的泪，吴汉所率大军因此一路平叛一路祸害，南阳被屠戮得鸡飞狗跳。

这就惹怒了一个人。

这个人，就是邓奉。

当时，邓奉正好从洛阳请假回新野探亲，结果见到吴汉军暴行，大怒，率乡民起义，击败吴汉军队，尽获辎重，屯据老家淯阳。

这不是一次简简单单的起义，史书中是这样说的："破虏将军邓奉谒归新野，怒汉掠其乡里，遂反，击破汉军，屯据淯阳，与诸贼合从。"话虽短，但背后的信息量惊人。

我们可以从中挑出两个重点：

1. 邓奉怒了之后迅速就在老家集结出了一批精兵。

2. 邓奉击败了十万能征善战的吴汉河北军。

这透露出了很多信息。

第一，邓奉在新野的队伍属于他的铁势力，而且规模不小，所以招之即来，邓奉一怒就吹响集结号了。别看他也去刘秀那儿报道了，他邓家在新野仍然有强大势力。

第二，邓奉的作战能力超强，新野军很凶猛。

势力和实力都强大到可怕的新野邓氏。

吴汉在云台二十八将中排名第二，综合战力是能进前五的，基本上没怎么打过败仗，数得上的大败，就是这次了。

邓奉的这次造反，成了很多野史与小说的发挥对象，很多人将邓奉比作吴三桂，冲冠一怒为阴丽华；也有很多人将他说成维权斗士、糜烂世界中的一股清流。

但实际上，种种分析后，第一种说法根本就不靠谱，第二种说法可能沾点边。

最大的可能，反倒是从没有被演绎出来的第三种！

最大的原因是，几乎付出了所有的邓奉在短时间内受到了极大的背叛，有很大的心理落差！

先来说邓奉和阴丽华的那些段子，阴丽华住邓奉家这两年日子是怎么过的我们无法得知，但要知道，老阴家一大家子那阵子都住那儿，邓奉要是看上了阴丽华，人家在家就直接抢走了，根本不会后来费半天劲给刘秀送回去，要翻脸早就翻脸了。

再来说第二种说法，吴汉的这一通祸祸直接触犯了邓家及许多南阳大户的核心利益，怎么能如此对待我们南阳人呢！邓奉冲冠一怒为百姓。

这算一个很大的原因，但不会是主要原因。

因为邓奉如果仅仅是为了保护老家百姓的利益，完全可以召集队伍把吴汉打一顿，然后把情况报告给领导嘛！

吴汉整个一祸害，我替天行道了，领导您看着办。

谁和领导的关系能有你的近呢！

而不是"屯据淯阳，与诸贼合从"，从此就造上反了。

所以说吴汉虐南阳这件事只是邓奉造反的导火索，而不是主要原因。

最大的原因，要从利益集团和心理落差的角度出发。

我们来捋一个时间轴，看完后就豁然开朗了。

公元22年，冬，邓晨随刘縯起兵，祖坟被烧。

公元23年，夏，阴家顶风嫁女。

公元23年，冬，邓禹抛家舍业渡黄河投奔刘秀。

公元24年，春，刘秀娶真定郭圣通。

公元24年，夏，阴家投奔邓奉，玄汉政府收买阴家被无视。

公元26年，春，真定王刘杨欲反，耿纯杀刘杨。

公元26年，春，彭宠反。

公元26年，夏（六月），立贵人郭氏为皇后，以其子强为皇太子；大赦。

公元26年，夏（八月），吴汉徇南阳诸县，所过多侵暴。邓奉反。

这条时间轴中包含着这样的潜台词：

当年我邓家放着好日子不过跟你刘家造反，把祖坟都豁出去了。

咱们的亲戚阴家为了拥护你多大的风险都不在乎。

在你光着屁股去河北时我们派出去了最好的苗子相助。

你在河北为了活命娶了郭圣通，当时可根本没拿咱们自己人的姑娘阴丽华当回事。

玄汉政府来收买我们，我们为了你继续跟刘玄划清界限。

刘杨要反，你杀了刘杨。

紧接着彭宠反了，河北悬了。

你为了安抚真定，防止被彭宠争取走，选择了再次忽视已经为你付出了所有的邓家和阴家，放弃了咱们自己人的姑娘阴丽华，立了那个河北人郭圣通当皇后。

这标志着我们这些年在你身上如此倾家投资的感情被彻彻底底地伤害了，在最关键的外戚大选中，被河北人摘了桃！

紧跟着假河南人吴汉带着河北人在咱老家肆无忌惮地瞎祸祸，你连个说法都没有！

我们这个"铁三角"在最困难的时候不忘初心，但你刘秀混出来后明显不想我们方得始终了！

无论多艰难，我们始终给你撑着脸面，但你到了关键时刻就拿我们当鞋垫子！

我们付出了全村的力量供你小子考上了大学，结果人家外地人咋摆布你都成，你这个道貌岸然的伪君子在碰见事时只知道牺牲老家人的利益！

老家只是你前进路上随时可以牺牲的垫脚石！

我们为你付出了这么多,最后就换来这个?

哀,莫大于心死!

你无情,也就别怪我不认你这个忘恩负义的刘老三了!

四、神将被杀之谜

刘杨、彭宠、邓奉三个大股东相继造反，我们先来整整队，讨论下为啥刘秀的这次光武中兴会出现这么多的背叛。

纵观几千年来的改朝换代，只要是打下来的天下，很少见到像刘秀这种一边打前面扩张领土，一边平后面没完没了层出不穷的叛乱的。而且叛乱的人包括一方大员、地方豪族、本家心腹、贼寇流民，多阶层全方位囊括，可谓品种齐全。

别的开国之君们打下来的地方基本上就都成大后方了。

偶尔会有叛乱，但没见过这么炸锅的。

这里有一个很重要的原因，在于历代开国之君们手下都有超强的政务人才，能够吃掉并消化新的占领地。

但这并不意味着刘秀就没有。

刘秀手下的各类人才冠绝当时的整个时代，他可以西边派邓禹、冯异堵赤眉军，东边派盖延五将击刘永，中间让吴汉带队扫平各种流贼。

邓禹能稳住西北王隗嚣，冯异能安定关中豪族，寇恂在理顺河内各项事务后，又被派到了令人挠头的颍川去协调地方关系。

这种多线作战、多线安抚的局面，最关键的支撑点就是一个个独当一面的将才。

没有刘秀和他拢起来的这帮云台将，这个时代极大概率会像此章开篇说的那样，早就分崩离析，不知要打上多少年了。

即使如此，大小叛乱仍然不休的原因有两个方面：

第一，起点太低。

刘秀当年是一穷二白进的河北，因为他哥刘縯被杀，刘秀几乎一点没继承他家的家底。

第二，阶层已经固化。

这是这个时代的内涵，这是个豪族入股分红的时代。

刘秀当年在河北，在收编几十万铜马农民军之前，说话一直是很没底气的，跟谁都特客气。

即便后来收编了铜马军，还记得他是怎么处理的吗？

根本没敢成立"直属军队"，而是规规矩矩地分给诸将了。

他收河北的过程，就是河北北部豪族投票归心，然后消灭河北南部豪族的过程。

如果没有真定和上谷、渔阳的鼎力相助，他有多大能耐都掀不起风浪。

所以哪怕刘秀就差把真定和渔阳的房本过户出去了，刘杨仍然觉得刘秀称帝后该他当领导了，彭宠总觉得刘秀欠了他的。

他们全都非常不平衡。

最根本的原因就是，当初没有他们时，刘秀什么都不是！

这里面绝大多数的豪族支持刘秀，都是带着队伍来的。而且基本都属于家里的地盘还经营着，家里最厉害的那个人出来跟着刘秀打江山，比如上谷耿家，比如新野邓家。绝大多数豪族全都有一套备份的操作系统，外面出问题，老家必雄起。

人家永远留有余地。

这种游刃有余的"理性投资"，又极大区别于很多后世浪潮翻涌、天下大乱时，豪族们投奔一方势力时的孤注一掷。

所以彭宠派出的诸将成为云台将的台柱子后，彭宠仍然能够把东北攥在手里好多年，到最后都不是被打败的。

所以邓奉在翻脸后，可以孙猴子吹毫毛般迅速变出一支能打垮吴汉的军队。

人家最开始就没把鸡蛋都放在一个篮子里。

前面我们说过，刘秀定都洛阳后，第一件事就是大封功臣。

不仅封得早，而且封得多。

邓禹、吴汉四县开路，所有功臣创下历代功臣的封赏之最。

不是刘秀不明白应该大定天下后再赏，不是刘秀不明白封赏不宜过多。

而是他没办法。

刘秀自身没有股本，当这个家就终究不硬气。

豪族们跟他打天下，说白了也就是看他是块料为了跟他分蛋糕，刘秀的这个总公司就是个门面，楼都是人家底下分包盖的。

所以豪族们得到好处了，地方的土皇帝们得到官方认可了，才会跟着刘秀接着干。

人家觉得政策不行，觉得自己的分红不够，或者觉得受到了侮辱，人家不爽自然就反了。

因为人家不仅手头有部队，在老家还仍然有地、有兵、有钱、有势力！

刘秀的半路大封赏，稳住了大部分的豪族。

但金字塔顶端的那几个，他确确实实是有心无力。

刘杨功高无可赏。

彭宠想封王却撞了刘秀他祖宗布下的封印。

一步错步步错，刘秀又牺牲了南阳"铁三角"的核心利益去安抚真定。

那些豪族都是地头蛇。

这仨则是地头眼镜王蛇。

刘秀玩了一招图穷匕见，打了一条蛇的七寸，但终究没躲过另外两条蛇的袭击。

打败吴汉后，邓奉洗劫了汉军的物资、粮草，吴汉大军被割裂成两段阻断了归路。

邓奉强大的战斗力让吴汉根本打不通北归的道路，只得率残部南撤，万修病死军中，北面只剩下坚镡困守宛城。

邓奉则分兵四处，陆续击破汉军其他各部，迅速控制了南阳大部，然后还与周边的董䜣流民军、南边南郡的楚黎王秦丰等结成了联盟。

邓奉闹腾大了以后，犹如一把尖刀插进了刘秀的心脏。

南阳的地理位置太重要，往北走没两步就是洛阳，而且邓奉打残吴汉的十万大军这件事也大大出乎刘秀的预料。

别看北边彭宠那儿可以派一万人去糊弄朱浮，邓奉这儿却一丁点也不敢马虎。

距离太近了，还是龙兴之地南阳，稍微处理不好，所有不服刘秀、伺机而动的势力就会群起响应！

公元26年（十一月），刘秀派出了超豪华阵容，以征南大将军岑彭为主将，率领贾复、耿弇、朱祐、王常、郭守、刘宏、刘嘉、耿植八员大将共击邓奉等南阳乱军。

云台将的第三、第四、第六、第八全部出战！

结果再次令刘秀大惊。

岑彭、耿弇大败，贾复重伤，朱祐被俘。

豪华阵容再次被邓奉打残。

其实这次刘秀的人事任命很是费了一番心思的。

总司令岑彭老成持重，是南阳曾经的最高长官，出身还是离新野不远的棘阳豪族；最猛的突击队长贾复是离新野不远的冠军县豪族；刘秀的心腹朱祐是宛城人，跟邓奉还有交情；再加上拥有上谷突骑的最年轻的特种兵大将耿弇。

这套阵容堪称完美了。

但就是打不过。

自昆阳入南阳后，汉军击败了杏聚的许邯，随后挥师进兵堵乡，前去围攻董䜣。

邓奉知道后亲率一万精兵来救，双方激战于堵乡城下。

昆阳是入南阳的关键物流战略点，堵乡则是入南阳的关键险要战略点。

在这次南阳门户锁钥之战中，邓奉所率的一万精兵打败了汉军主力，朱祐被俘，贾复重伤。我也不知道邓奉是咋操作的，这一战在史书上被一笔带过了。

邓奉在三个月内几乎将刘秀的手下干将打了个遍，刘秀集团内部罕见地出现了一个谁也搞不定的难题。

此时时间已经来到公元26年底，二十万赤眉军即将出关，被冯异在华阴艰难地绊住，刘秀又面临两瓶毒药选一瓶的艰难抉择。

刘秀最终选择了喝下邓奉这瓶，他下令抽调耿弇部回军驻守宜阳，去堵赤眉。

岑彭你在堵乡一定给我顶住！决不能让邓奉冲出南阳！

一个多月后，冯异终于大发神威逼降赤眉军，刘秀终于解下了四战危机的第一柄达摩克利斯之剑！

这个时候全国各地是个啥状况呢？

北面的彭宠越闹越凶，朱浮不死不活。

东面的刘永虽然被打垮，但张步、董宪割据山东正式宣布挺刘永。

西面的冯异开始挺进关中，但凉州的隗嚣和得了汉中的公孙述也开始蠢蠢欲动，觊觎关中。

南面更不用说了，岑彭正在和神将邓奉僵持。

这就是刘秀此时面对的棘手局面。

此时刘秀的地盘虽然最大，但他现在这个天下之中变成了一个非常被动的四战之地。

没有一个方向是安全的，没有一个方向可以称为后方。

面对这个现状，刘秀是这么制定公元27年的工作计划的。

西和，北据，主打东、南。

南为首选。

因为眼下最大的危机，就是已成肘腋之患的南阳乱局。

面对南阳乱局，刘秀还是有一个最大优势的。

这个优势，就是他自己。

他是这个王朝的真龙，这个时代的兵仙。

眼看邓奉那儿谁也摁不住了，刚从赤眉军那边拔出腿来，刘秀就亲自南下出征了。

在叶县，刘秀在山内险道被叛军数千人阻击，车骑不能进，刘秀令岑彭不惜一切代价强力冲击，才艰难地打通了道路。

兵仙出马后，神将开始遇到克星。大军在堵乡大战后，邓奉战败，逃到淯阳，董䜣投降。

在淯阳，邓奉再败，退至小长安聚，刘秀率诸军紧追。

四月，在小长安聚，刘秀第三次击败邓奉，大势已去的邓奉决定投降。

他请之前被俘的朱祐做中间人，赤裸上身由朱祐押着他一起来到刘秀大营中请罪。

我很想写写邓奉的作战过程，但无论始与终，无论胜与败，关于邓奉的所有战斗记录大部分都是地名，没有丁点儿详细的过程，所有关于他的记载都讳莫如深。所以很遗憾，史书没写的我也不能编。

为什么会这样呢？

因为邓家的后人在整个东汉时期都满门荣耀，祖宗前辈有这么一段造反的历史终归不好听。

不光对邓奉的所有记载讳莫如深，他的下场也让人深感意外。

邓奉由朱祐做中间人投降后，史载刘秀想放他，但岑彭和耿弇却站出来表示不同意。

理由是应该以此事警示其他蠢蠢欲动的人，邓奉要是不杀，后面那些人全都要造反试试自己的道行了，反正败了也没成本。大军劳师远征近一年，直到陛下御驾亲征他才投降，不杀不足以平愤！

因此刘秀最终杀掉了邓奉。

从理论上来讲，谁也没想到邓奉会被杀，因为刘秀是出了名的重感情的厚道人，更何况刘家、邓家、阴家这三家的关系实在不一般。

邓家满门从龙勋重，他邓奉保护阴家有大功，叛乱的起因是吴汉纵兵劫掠，理亏在前，而且邓奉在败后是由顶级中间人——领导的司机朱祐带着来请降的。

他是预测到自己会没事，才会这样来请降的。

他不是没有退路，他完全可以直接掉头南下投奔秦丰，守南郡的汉水防线去。

这种造型的请降在刘秀开国过程中没有被宽恕的只有邓奉一例。

要知道刨他祖坟的赤眉军刘秀都给投降机会了；天无二日，曾经当过皇帝的刘盆子都被他善待、得了善终了，独独这个自己人邓奉他怎么就过不去了呢？

是岑彭和耿弇劝谏的原因吗？

他们只是幌子，邓奉这个分量的人绝不是他俩能杀得动的。

是刘秀下的决心。

为什么呢？

其实再仔细想想他这一生，就能品出刘秀这个人不是一味地瞎厚道了。

他这个人有着极强的底线思维！

这个人极讲原则！

他遵祖制定下了"非刘姓不王"的原则，然后在整个中兴过程中，无论多么惊险，就算四敌环绕，他都没有拿这个当作底牌去做交换搞什么"买他三年太平"。

多大的事来了，我也咬着牙顶着！不行就是不行！

复的是祖宗之业，高祖、武帝当年啥原则，我就也要啥原则！这事没得商量！

他宽恕了太多罪大恶极的人，却唯独没宽恕过背叛他的人。

因为背叛的成本极高，带来的示范效应和影响极坏，他从最早就算明白这个账了!

既往不咎没问题,但忠诚是我的底线!

每个人,有且只有一次机会!

朱鲔和李轶杀了他哥哥,朱鲔可以得到他拿黄河发誓的宽恕,但李轶就不行。

因为朱鲔是新市军的,并非刘秀自己人,人家杀他兄长虽然可恨但可以理解。

李轶是刘秀自己人,背叛不可原谅。

真定王刘杨是刘秀的第一个大金主,但他决定背叛刘秀了,刘秀可以迅速下手派耿纯杀了刘杨。

彭宠起兵造反了,整个公元26年无论刘秀打得多么艰难,他也始终没有放话要去谈判,去处理朱浮了事,去招安抚平这位东北王,而是跟对方打到底。

"背叛"对刘秀来说是原则问题,根本就容不得商量!

其实从邓奉俘虏朱祐后待其为上宾,最终肉袒出降而不是继续南逃,也可以看出,他是存着被招安的心的。

邓奉想的是,我这么能打,又是被逼上的梁山,打你一顿,你明白我价值了吧,掂量出咱老家的分量了吧。

但他没有想到他这位出身"铁三角"之一邓家的"自己人",其实也是刘秀立规矩的最好材料。

邓奉是整个光武中兴时代极其特殊的存在。

史料中对他的记载不多,但他这个人分量极重。

邓奉被杀后,终光武一朝,刘秀手下重臣再无叛逆者。

邓奉被杀后,由于这位自己人太过让刘秀刻骨铭心,受了极大委屈、做出了极大贡献的阴家与邓家不仅没受连累,反而最终笑到了最后。

公元29年,彭宠被干掉后,郭圣通就被刘秀逐渐疏远了。

公元39年,刘秀封皇子为公,阴丽华长子刘阳封东海公,辖二十三县,为诸子之首。

公元41年，郭圣通被废，阴丽华被立为皇后。

公元43年，阴丽华长子刘阳被立为太子，改名庄，即汉明帝。

阴氏一门四侯，满门显贵，并在汉和帝时期又出了一次皇后。

"铁三角"之一的邓家同样显赫，邓家的姑娘在后面更是两次拿下皇后之位。

邓晨此后历任地方，人尽其才，极受尊崇。

邓禹在天下大定、刘秀杯酒释兵权后成了少数的在朝之人，终光武一朝位极人臣。刘庄继位后拜邓禹为太傅，邓禹卧病刘庄亲临问候，后定为云台二十八将中兴第一。

如果邓奉不暴脾气地闹一通，后面两家的命运会怎样呢？

我们很难推测。

但穿透浓浓的历史迷雾，他似乎是在用短暂却传奇的人生向后世传递着一个信息：

会哭的孩子有奶吃。

面对"身不由己"的"负心人"时，是成全大局更好，还是翻脸亮剑更好，在这里我们不做评判。

对得起与对不起，是人世间最难掰拆清楚的深刻问题。

辜负与不辜负，也是人世间最在一念之间的永恒话题。

神将陨落后，刘秀留了三万兵给岑彭，令他向南扫荡南郡的秦丰。刚刚长舒一口气的刘秀这时又听到了坏消息，盖延配合吴汉去平青犊军后不久，之前打下来的睢阳又倒戈了。

都说刘秀是天选之子，一路躺赢，其实全程细看下来，他容易吗？

古之立大事者，不惟有超世之才，亦必有坚忍不拔之志……惟能前知其当然，事至不惧，而徐为之图，是以得至于成功。

五、岑彭的走位为何能比"掏心"的白起还风骚?

刘秀南定邓奉后,光武中兴三天王(西冯异、南岑彭、东耿弇)之一的岑彭,这位东汉的南军总司令终于正式出场了。

邓奉被平定后,刘秀就给岑彭留了三万人,让他去灭掉在南郡自立为王的秦丰。

为啥就给这么点人?

因为瞧不上。

去年邓奉反了之后,吴汉被打残,部队被撕裂成两半,往北穿越不过火线的吴汉只得率残部逃往南阳南部。秦丰作为邓奉的友军马上率军大举北上,与邓奉一起对"扰民团"吴汉军形成了南北夹击之势。

结果吴汉这支士气与给养都不乐观,被邓奉打得满地找牙的孤军在与秦丰交战后重新放飞自我,秦丰所谓的精锐部队被吴汉的残军打败,人家"扰民团"吴汉军夺路而走,再次找回打流民军的美好感觉。

所以刘秀对秦丰大体有了一个判断:不是啥硬骨头。

秦丰,南郡邵县(今湖北省宜城县北)豪族,和刘秀一样,当年也是长安留学生,学成后回老家当县吏,是新莽末黎丘起义军的领袖。

公元21年天下大乱时,秦丰在黎丘起兵造反,随后攻占了邵县、宜城、邓县等十二县,成了南郡的最大势力。

公元24年,秦丰自立为王,号称"楚黎王"。

秦丰称王后没多久，刘秀就收回南阳老家了，这让秦丰很不高兴。

因为南阳的南边，就是南郡了。

邓奉突然造反，让秦丰看到了希望，邓奉这位神将完美地帮助秦丰挡住了北边的刘秀，而且挡的效果还特别好。

但没多久，神将被真龙干掉了，北边的保护罩没有了。

由于吴汉的残军都把自己脸打成鞋垫子了，明白双方强大差距的秦丰开始抓壮丁找人手。

恰巧此时，延岑从关中也被冯异赶出来了。

延岑进南阳后在穰县杜弘的帮助下又打下了几个县，召集了不少流民军残部，但没几天又被派到南阳剿匪的耿弇骑兵打残了。延岑一看形势不对，赶紧继续祭出了他最擅长的认爹大法，投靠了秦丰。

秦丰收留了从关中逃窜来的延岑，还拉拢了在自己南边的田戎，并为了这个联盟付出了大价码，把两个闺女都送人了。

他希望这两个姑爷能够帮助他顶住北面越来越大的压力。

但是，大姑爷延岑明显没顶上这半个儿的作用，延岑在被耿弇打残后帮助秦丰驻守最北边的前线据点东阳聚（今河南省邓州市穰东乡），但被刘秀南下派去支援岑彭的朱祐、祭遵又一次击败。延岑南逃，南阳的残部被扫清，战线最终聚焦到了南阳郡和南郡交界的汉水一线。

让我们把目光放到大名鼎鼎的襄阳。

襄阳所属的南郡地区，继白起掏心楚国，在沉寂了三百多年后终于又回到了人们的视野中。

这个特殊的郡，在这个时代仍然属于开胃菜，但再过两百年，这个郡将成为三国时期浓墨重彩的荆州问题的主战场，四大三国转折之战中（官渡之战、赤壁之战、襄樊会战、夷陵之战），发生在南郡的战争独占其三。

南郡最北端的襄阳，作为中国南部的重镇，也在今后的诸多历史节点中，成了决定历史走向的关键之地。

让我们先来看下襄阳地区的地理形势吧：

1. 汉水自上游下来时，在襄阳向南拐弯，水势湍急，襄阳扼守了汉水南下的关键航道。

2. 南阳盆地的所有河流最后全都神奇地汇集在了襄阳并进入汉水，只要大军想要南下，因为后勤给养的运输问题就永远绕不开襄阳，襄阳变成了"水上函谷关"。

3. 周围的武当山、绿林山、桐柏山等一系列山脉使秦岭、淮河这条南北地理分界线在襄阳地区完全合上了口子，只留下了非常狭小的南下通道，襄阳又变成了"陆上函谷关"。

襄阳几乎成了南下的唯一关口。

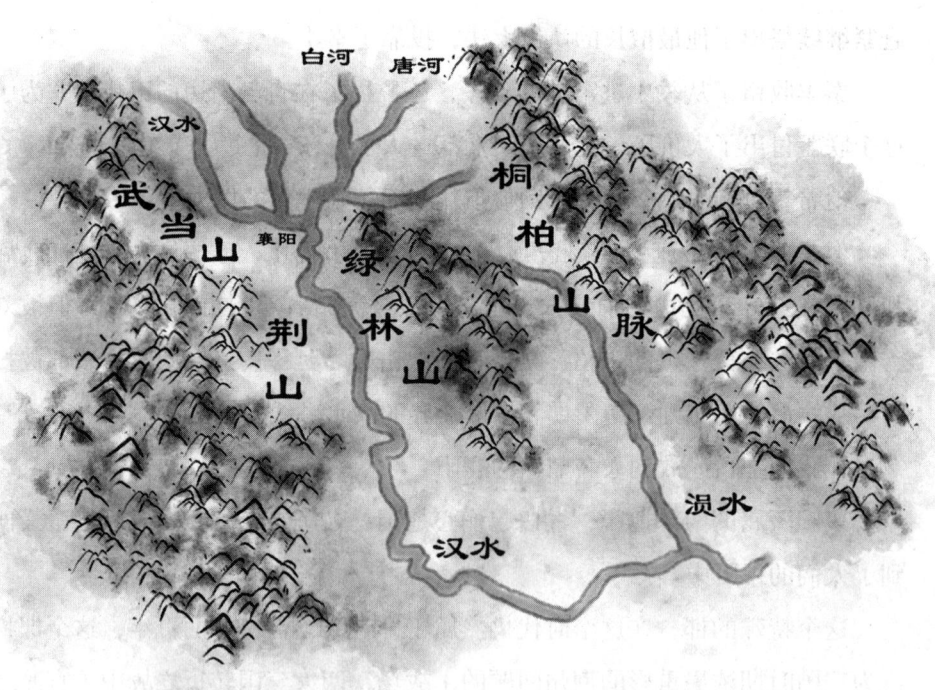

没把话说这么绝对，是因为自古从南阳盆地南下还是有一条路的。

那就是夹在绿林山脉和桐柏山脉之间的"随枣通道"。

但是这条通道有两个弊端：

第一，自枣阳到随州有一段道路无水路可借，军队给养只能靠陆运。

第二，如果襄阳在敌人手上，人家在你走了随枣通道后随时可以走水路去威胁枣阳，断了你的粮道。

走这条路不仅不如直接沿汉水南下经济实惠，还得需要已经把襄阳抓在手上为前提。

所以说，一切问题的核心，又都回到了天下之腹的关键锁钥——襄阳。

自古自南阳盆地南下，必争襄阳。

但是，从春秋至今，襄阳尚未受到如此巨大的重视，我们上一次提到这个汉水关键路段，还是在白起攻楚的鄢郢之战中。

当时这个汉水关键路段在史册中留名的地名是楚国的重镇——邓城。

这个邓城，在汉水之北。

为什么说当时的重镇在汉水之北而不在更关键的汉水之南呢？

因为当时南方的人口太少，经济不发达，政治无影响，北方大佬们并没有太看得上南方地区，而且南方政治势力也更希望去北方发展。

所以襄阳这个进入中国南部的巨防屏障当时并没有被写进时代篇章。

并非说襄阳不重要，楚国很早就在襄阳地区设立了要塞"北津戍"，取"楚之北津"之意，但汉水之北的落脚点，此时显得更为重要。

尤其是对于想要自南向北有突破作为的政权来说。

时间来到此时，南北发展极度不平均的情况仍未改善，有梦想的秦丰在岑彭南下后就亲率大将蔡宏把住了汉水北的最关键据点——邓城。

如果北军大举攻击邓城，襄阳则成为总后勤部，直接从背后输送给养。

如果北军大举进攻襄阳，邓城方面则能随时掐断不远处南阳东边剩下的白河、唐河等汇入汉水的水道，完成背后夹击。

所以说邓城和襄阳这两个点组成了一个非常坚固的阻击阵型。

秦丰依靠这个防御体系成功地阻击了汉军，一绊就是三个月。

刘秀很愤怒，下旨斥责岑彭，你也忒不争气了，难道让我挨个御驾亲征才行吗！

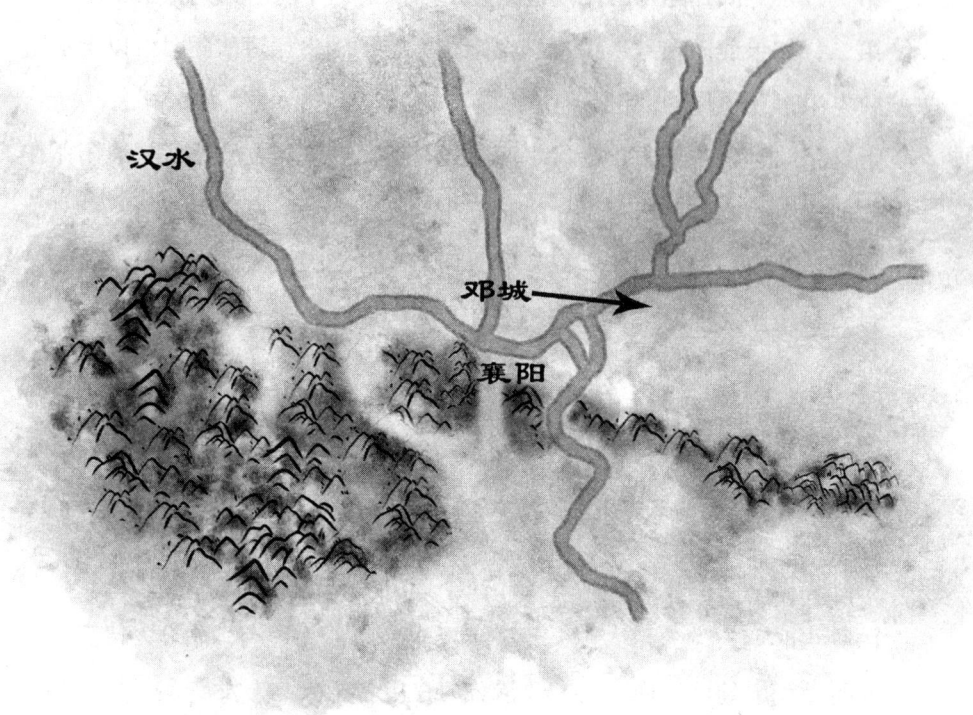

七月,被骂后的岑彭计上心头,使出了调虎离山之计。

一天夜里,岑彭召开全体会议,宣布明早开拔,邓城不打了,打西面相距百里的汉水上游重镇山都县(今湖北省老河口市)。

宣布后,他放松了对战俘的看管,于是几个士兵"顺利"地趁着汉营士兵打铺盖卷乱哄哄的时候摸黑逃回,然后成功地把这一情报汇报给了秦丰。

这个消息把秦丰吓了一跳,因为他是读过历史的,上一次邓城被屠就是白起走汉水上游顺江而下,从背后一刀捅死了邓城楚军。

如果岑彭拿下了上游的山都县,邓城防守起来就太困难了。

因为襄阳在邓城下游,邓城在汉水背后。

水军速度快,动静小,人家要是想偷袭邓城,你襄阳很难来得及支援,邓城将被前后夹击。

邓城丢了,基本上就等于宣布南阳平原跟他秦丰永远绝缘了,他就必须退守襄阳去死保汉水南岸了。

秦丰是很有抱负的，他不愿就这样被挤出北方的花花世界，于是连夜决定精锐齐出，西进截击岑彭，偷袭汉军。

这就掉入了岑彭的圈套。

不过，岑彭使诈调走秦丰的精锐并非想要乘虚而入拿下邓城，秦丰的战略重点并没有被打大牌的岑彭看上眼。

这个东汉最强风骚走位男玩了一个更邪的套路。

比当年的白起还飘逸。

岑彭派出了小部队做诱饵大张旗鼓地往山都县走，自己则领着全军衔枚疾走，率军偷偷渡过了汉水。

然而，他并没有去出其不意地攻打襄阳守军，而是攻占了秦丰守将张杨防守的阿头山。

张杨根本没想到岑彭会来找他的麻烦，结果被轻易拿下。

拿下这座山是为了啥？

怕邓城、襄阳短时间内偷袭不下来被秦丰驰援，所以捡这个软柿子去开辟滩头阵地？

都不是，因为紧接着更令人意想不到的操作出现了。

拿下制高点后，岑彭并没有以阿头山为汉水南岸的据点去等秦丰来夺，也没有稳定阵线后去找襄阳的麻烦以打通南下通路，而是令士兵在山谷中伐木开道，开辟出了一条小路，又放弃阿头山扑向了秦丰的大本营黎丘。

兵不厌诈，岑彭一路虚虚实实地晃折了秦丰的腰，然后一竿子猛地插入了对方的大本营黎丘。

厉害吗？

确实厉害。

但岑彭这个神奇战例也是咱们书中又一个需要辟谣的重点。

因为他这次的操作在后世根本就不具备可复制性，学他保准变成又一个背水一战的失败模仿者。

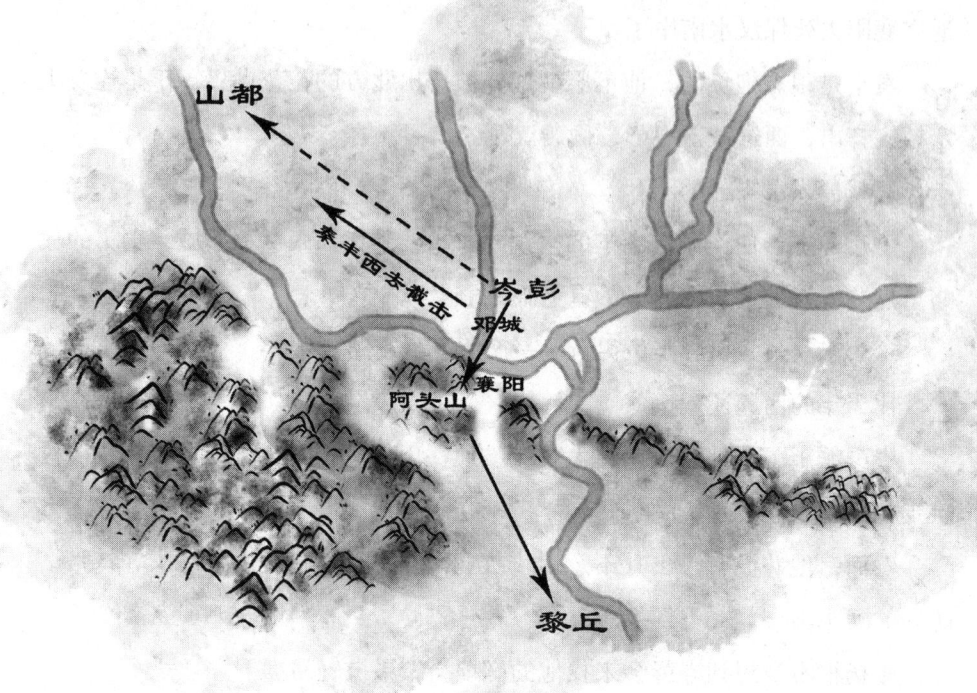

一路万物皆空全都不要地撕裂秦丰的防守阵线，看上去走位风骚、帅气无比的岑彭实际上犯了两个兵家大忌。

第一，他放弃了所有退路。

邓城和襄阳现在仍是铁板一块，人家现在高度警觉，不会再给汉军偷袭的机会，把门一关，汉军再想打出去可千难万难了。

第二，他失去了稳定的给养。

之所以说邓城和襄阳这个防守阵线必须要拿下来才能往南推，是因为这两个地方如果拿不下来的话，大军后面的所有给养就全都没有指望了。

汉军的给养运输队南下，可没办法像岑彭这样抽冷子搞个偷袭，还从山里面劈山开路地钻出来。

军需给养的运输环节向来是实打实的，差一点都过不去。

那时没有战舰护航，给养运输队向来脆弱，再加上成本小获利巨大，只要前进路上有没扫清的雷，就随时有被伏击的可能，敌人守着你的运输线各种得吃得喝。

但问题又来了，为啥岑彭敢这样风骚走位呢？

因为具体问题要具体分析。

搁别的朝代都没戏的操作，在这个特殊时间段却产生了非常完美的破局效果。

岑彭看似找死的攻击方式，实际上捅了秦丰的死穴。

秦丰的死穴，在于他"定都"的地方有问题。

这是秦丰的地盘和他大本营黎丘的位置。

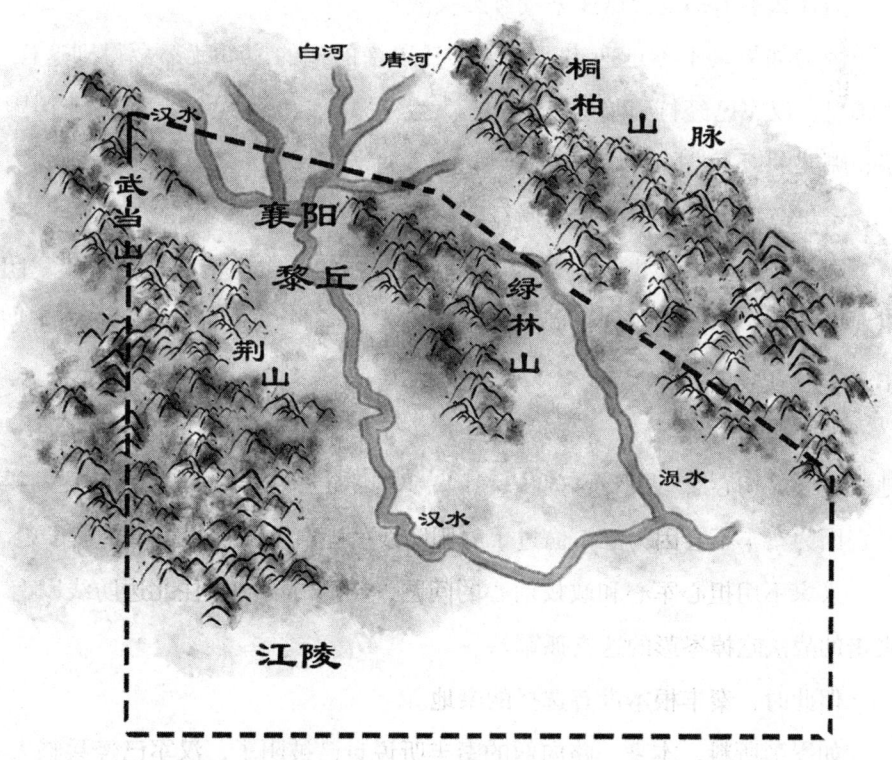

"定都"黎丘既有当地豪族的原因，也可以看出秦丰意图北上逐鹿中原的想法。

但基本上，后面几百上千年，荆州地区的政权如果想要挺得长久，必须把政治中心定在江陵，把军事重镇定在襄阳。

这两个中心必须分开。

除去江陵扼守长江，总辖江汉平原的地理、经济属性外，将政治中心定在江陵，会使荆州地区的政权拥有长达四百里的战略纵深长度，致使北方政权不敢偷过襄阳。

但秦丰把政治中心定在离襄阳不远的黎丘，就给了岑彭千载难逢的"掏心"机会。

岑彭根本不用担心给养不够的问题，因为秦丰肯定会被他牵着鼻子走，迅速找他来决战，胜负很快就能见分晓。

为什么秦丰一定会迅速来找岑彭决战？

因为如果秦丰不迅速出现，自黎丘以南的他的地盘就都会得到这样一个消息：汉军已经打到咱老窝了，老大生死未卜，汉军已经占领大半个中国了，哪儿的饭不是吃啊！咱快换个老板吧。

秦丰政权的信心很可能土崩瓦解。

在这个豪族遍地走的时代，岑彭可以迅速收编、拿下南郡的豪族集团，事实上很快秦丰的丞相就投诚了并迅速进入角色，参与到包围前老板的战役中去了。

如果秦丰定都江陵，岑彭再怎么风骚走位，也只能像白起那样一步一步地去"黑虎掏心"，去不断打通、稳固、理顺自己的后方给养线路再往前拱。

因为秦丰不会因为汉军偷过了襄阳防线就会慌神到被岑彭牵着鼻子走。

人家不用担心军心和政权信心的问题，反而可以巩固住北边防线以南北夹击的战法吃掉岑彭的这支孤军。

但此时，秦丰根本没有选择的余地。

如岑彭所料，本来一路向西的秦丰听说自己被阴了，汉军已经兵临大本营，就马上掉头驰援黎丘。

还记得当年长平之战的垫场赛阏与之战中为啥赵奢能灭十万秦军吗？

别看赵奢前期一路急行军，但选好了战场后，他就开始以逸待劳地等着五十里外的秦军跑过来了。

还记得华阳之战中我们拆解白起神话时引的那段孙子兵法吗?

百里而争利,则擒三将军,劲者先,疲者后,其法十一而至;五十里而争利,则蹶上将军,其法半至。

跑百里去赶场,您的司令部都被人家端了,只有十分之一能先到战场;跑五十里去赶场,去了就得让人打败,只有半数能赶到战场。

岑彭给秦丰留的距离,是只能赶到十分之一的"百里而争利"。

此时此刻,岑彭站在黎丘城东高高的东山上,静静地等待着不久后远方将扬起的滚滚烟尘,以及烟尘下被累成傻狗般的秦丰大军。

六、岑彭吞南国

秦丰鸡飞狗跳地跑到黎丘城外之后，发现汉军早已抢占了东山制高点，黎丘城内的所有状况人家都看得一清二楚。

秦丰大老远赶回家发现媳妇被人看光后佯装镇定，满脸不在乎地在山下摆开阵势，大有不慌不乱堵着你小子看我怎么收拾你的态势。

但到了后半夜，事实证明秦丰还是很在乎的，因为他没再给已经跑了上百里的部队多一些休息的时间，开始夜袭东山。

岑彭知道自己严重践踏了秦丰的情感和尊严，早就率领睡足了午觉的汉军严阵以待，然后居高临下大败秦丰军。秦丰大将蔡宏被杀于乱军之中，秦丰率残部逃入黎丘城内。

公元27年（七月），岑彭围城黎丘。

得知秦丰败守黎丘后，秦丰的丞相、宜城守将赵京举城出降，然后马不停蹄地率宜城军参加了围攻黎丘的战斗。

一看到二把手都跟秦丰划清界限了，秦丰的手下开始迅速归心岑彭，精心构建的汉水防线不攻自破，汉军南下突破口被敲开，秦丰被岑彭围在城里，开始耗时间。

双方展开了漫长的对峙，黎丘已成孤城，南郡大部分都被岑彭蛇吞象般平定了。

不仅如此，岑彭还派积弩将军傅俊领兵顺长江而下巡镇扬州，江东被招抚平定。

江东，这个两百年后北方最难过的关卡，在这个时代，成了不值一提、一笔略过的一个小墨点。

是这个时代江东的综合实力太弱吗？

其实并非如此，两百年后的那个家族手中拿的牌并不比现在强到哪里去，和历朝历代的江东政权相比都是很寒酸的。

但并不影响人家兄弟二人几乎打出了江东政权的史上最强存在感。

说到底，还是得靠人才。

秦丰被围半年后，他的两个女婿也被岑彭收拾利索了。

先说大姑爷延岑吧。

这个扫把星去哪儿哪儿黄，秦丰在当了他的老丈人后与日俱衰，被岑彭围得生不如死。

延岑在南逃后虽然与秦丰会师，但汉军势大，黎丘必然不保，见过世面的延岑决定离开这艘要沉的船另寻出路。

公元28年（二月），汉中、关中、南阳、南郡四地流窜犯延岑再次拿出了压箱底的绝招。

跑！

他出人意料地一路北上流窜，直奔西北方向的南阳郡顺阳县（今湖北省十堰市均县镇），企图取道武关，再次窜入曾经让他感觉美好的关中。

刘秀得报，令邓禹率邓晔、于匡出宛城去拦截。

在顺阳，双方展开一场遭遇战，邓禹终于一雪前耻，将延岑的流窜部队击败。

西北无路，延岑再次被逼南下，不久双方再战于武当，邓禹神奇地体会到了连胜的美好感觉，但最终还是被延岑率残部突破包围圈。延岑及其残部沿汉水上溯逃去了汉中。

此时的汉中，是当初公孙述从他手里抢来的，不过这并不重要，延岑再次使用投诚大法，改换门庭接受了公孙述授予的汝宁王的封号。

两叛刘嘉，再叛秦丰，算下来这是他第四次改换门庭了。

秦老板您对我确实不薄，但您还是自己加油吧。

秦丰的另一个女婿田戎是割据夷陵的老大，公元23年起义攻下夷陵，自称"扫地大将军"。

秦丰这两个女婿选得都比较走眼，这个田戎还不如延岑，延岑好歹当初还算出工出力了，田戎直接就打算投降了。

人要是不仗义了，喝水就容易塞牙，老丈人你都不管了，很多更神奇的事情就会发生。

听到田戎要投降后，他原来的大舅子辛臣就劝田戎说："如今彭宠、张步、董宪、公孙述四方豪杰各据郡国，洛阳巴掌大的一块地，投什么降，不如静观其变。"

田戎比较明白，都打家门口了还观个什么啊！我老丈人这么牛的人现在都快被岑彭围死了，我不观了，我要投降。

田戎命辛臣防守夷陵，自己率军自水路入汉水，前往黎丘的汉军营地，准备找个好日子请降。

田戎这个安排算是犯了大忌，你咋能留下明确表态劝你抵抗的人看守大本营呢？

他劝你玩命抵抗结果你扭头就投降了，这不明显将来他会被新政府当成反动派打倒吗！

事关身家性命时，千万把人性算进去。

结果田戎前脚刚走，辛臣就把田戎家抄了，然后率剩下的夷陵守军走小路，也不挑日子直接火烧火燎地跑到岑彭那儿投降了。

这位说洛阳巴掌大的"反秀斗士"拿了投降的首功。

岑彭那边不知道他们内部居然有这么无厘头的事，还让辛臣写信去劝降田戎。

田戎那边看到辛臣的亲笔信马上就懵了。

什么情况？这货不是在守夷陵吗？这货不是说洛阳巴掌大的一块地不叫

个东西，让我静观其变吗？

闹半天观的这个变是这老小子投降的变！

得知辛臣变脸跑他前头后田戎大怒，知道这货现在肯定在岑彭那边败坏自己呢！

他肯定变成了说洛阳巴掌大的那个人了。

此时投降不仅卖不出好价钱了，弄不好还会被这位大舅子害死。

左右为难的田戎决定搞一把封建迷信。

在一个烧出大凶裂纹的龟甲指引下，田戎变了主意不再投降，开始攻击岑彭。

事实证明田戎还是很有一套的，在大本营被抄家的情况下仍然和岑彭过招了几个月才被彻底击败。

田戎的大将伍公投降汉军，田戎率残部逃归夷陵。

公元28年（十一月），刘秀亲临黎丘劳军，大封有功者一百余人，此时岑彭已累计消灭秦丰军团九万余人，黎丘城内仅剩几千士卒，粮食日渐枯竭，黎丘守军已陷入绝境。

黎丘这边即将收尾，刘秀下令岑彭率军南下征讨田戎，改由朱祐率军围困黎丘。

公元29年（三月），岑彭与田戎在津乡展开会战，田戎主力被岑彭击败，岑彭顺势攻克夷陵，一路将战线推进到了秭归。两军交战，田戎再败，军力彻底被岑彭打散，最后田戎只带着数十骑西逃奔蜀，妻子、宗族及部属数万全部被岑彭俘获。

田戎完蛋后，最远的交趾和荆南四郡等势力也纷纷投入了祖国的怀抱拿到了列侯编制，与此同时，秦丰终于撑不住了。

其实去年年底刘秀亲至黎丘时曾经进行过招降，但已至绝境的秦丰却口出恶言，大骂刘秀。

这就有点说过不去了，你都成要饭的了，人家仍然愿意给你个编制饭票，这么厚道的人你也敢骂？

但更神奇的是，要硬你就硬到底呀，半年后你秦丰又投降了。

刘秀当然没再给他机会，到了洛阳就将其斩首了。

至此，岑彭几乎是以一己之力就完成了对中国南部的鲸吞。

不过说句实在话，此时的岑彭还并没有到名垂青史的地步。

因为除了秦丰外，此时平定南方各地真的算不上有难度。

不过，如果你以为黑虎掏心爆破秦丰就是他的巅峰之作，那就大错而特错了。

真正令他永载史册的一战要等到下一章再说了。

这位征南总司令将在不远的未来溯江入蜀，上演史诗级的风骚走位。

南方平定后，再回头看一下一年多前，刘秀焦头烂额时制定的战略方针：西和，北据，主打东、南。

在说最后收官的东面之前，我们要来看一下被刘秀已经放下很久的西面和北面。

刘秀最开始定战略时西面要以和为贵，为啥呢？

因为地势和刘秀对隗嚣的判断。

关中的地势再次在两百年后护佑刘家，秦岭的物流噩梦使得冯异能够集中有限的兵力去堵公孙述的北伐军；而对关中威胁最大的陇地隗嚣，虽说情报显示他蠢蠢欲动，但刘秀判断，这是个能争取的人。

这要感谢当年邓禹的外交手腕了。当年邓禹做了个顺水人情，派遣专使持节命隗嚣为西州大将军，专制凉州、朔方政事，开了个空头授权书，官方认定了隗嚣当地老大的资格。

邓禹的这次先斩后奏，是他入关所做的两个功劳之一（另一个是快递刘家祖宗牌位）。

隗嚣对这个授权是很看重的，他骨子里还是认可刘姓复国的，之前在刘玄称帝后他就前去谋官职，后来玄汉政府垮台，他还参与了最终引起绿林军内讧的政变密谋，失败后才逃回老家继续当老大。

隗嚣接受邓禹给的封号后，开始多次与刘秀通使，刘秀则借着这个机会，把隗嚣捧上了天，将隗嚣说成了冯异能够坐住关中的最关键人物。

刘秀还说自己和隗嚣是管鲍之交，两人今后的所有书信都要亲自手书，让隗嚣别听别人的挑拨离间。

除了耍心眼没封隗嚣为王之外，刘秀对隗嚣的恩礼几乎隆重到了最高规格，隗嚣几乎被捧成了西北的又一个皇帝！

隗嚣也因此飘飘然地帮助冯异打退了多次关中的叛军和南边公孙述的北征军。

其实，公孙述也一直在争取隗嚣，还遣使以大司空、扶安王印绶授予隗嚣。

在公孙述和刘秀的示好争取下，有一个至关重要的人为刘秀争取到了宝贵的几年时间，这个人，就是大名鼎鼎的伏波将军马援。

关于这段故事，下一章中我们再详细讲，眼下隗嚣还能消停几年。

西和看完再来看北据。

公元27年初，彭宠又找来了外援，跟匈奴玩起了和亲，匈奴派七八千骑来为彭宠助阵。彭宠向南又结交了齐地的军阀张步等各路势力并终于打下了蓟城，而且在邓奉逮谁干谁的时候，涿郡太守张丰也反了，自称"无上大将军"呼应彭宠。

彭宠越混越壮，自立为燕王。

唯一一个还算比较好的消息就是刘秀把郭圣通扶成皇后之后真定地区被安抚得很好，再加上上谷耿家始终没被拉下水，渔阳跟周边最大的两股力量并没有拧成一股。

对于越来越嚣张的北方，刘秀无可奈何。

无奈还是那两点。

距离远，打不动。

派一般的部队过去根本就不够人家彭宠手下的渔阳突骑打的，想灭他就只能派精锐大部队北上。

但距离远的问题又来了，眼下狼烟四起，刘秀根本不可能抽出大部队走这么远的路北上平叛。

因为万一中央出事了大部队根本来不及回援，回军时还会被人家的骑兵给追死。

即便后来刘秀挺过艰难期，腾出手来想御驾亲征北方时，仍然被大臣们劝阻。

领导您可得坐镇中央，别满世界乱跑了，您要是走远了，这江山可就要晃悠了。（今兖、豫、青、冀，中国之都，而寇贼从横，未及从化，渔阳边外荒耗，岂足先图。）

所谓"北据"，实际上在当时别无选择。

但是，随着刘秀平定邓奉拔出胸口一刀，岑彭围黎丘平定南郡，时间来到了公元28年，解决北境问题的好时机终于出现了。

刘秀自己虽然去不了，但他可以调主力军队去慰问下已经快被打傻的朱浮了。

而且他也终于等来了上谷军团的全力加盟。

不久前，在天下局势基本大定的公元27年冬，刘秀回到老家舂陵祭祖，上谷公子耿弇在这个时候提出了增资扩股的要求。

耿弇对刘秀说："请领导批准我北上抽调上谷的库存兵马，定彭宠于渔阳，取张丰于涿郡，讨富平、获索二贼于平原，东攻张步平齐地。"

刘秀并没有问对方咋不在自己打得那么难时加大投入，也没有谴责眼下谁都知道他这一定能上市的时候对方玩命入股的行为，而是表示只要来了的都是好同志，夸了一通后为其壮行，"爷们儿你可是我的北道主人，北面还得是你来"。

时间来到公元28年。

在彭宠造反两年后，刘秀派出了建威大将军耿弇、建义大将军朱祐、征虏将军祭遵、骁骑将军刘喜北上讨灭彭宠张丰集团。

刘秀对此次的人选安排得很用心。

刘秀并没有搞那种划清界限表忠心、对垒老领导的丑陋作战安排，所有和渔阳派有瓜葛的将领全都没有被安排北上。

主力就三个方面：

耿弇代表上谷派，统帅上谷骑兵对战渔阳突骑。

朱祐代表刘秀，统帅步兵北上前线。

祭遵出了名的纪律严明（敢杀违抗命令的刘秀族侄），做补充并严肃前线纪律。

随着汉军北上，兵对兵、将对将的解放东北战役即将打响。

七、收拢南北剧情线

北伐的第一站涿郡无险可守，祭遵率本部人马抢先赶到并对张丰开战，这位无上大将军张丰被迅速生擒干掉。

大军随后继续北上，耿弇还假惺惺地表示我还是回洛阳吧，因为我爹和彭宠当年有同样的功劳，我北上了没有兄弟在洛阳当人质，不敢单独行军。

耿弇这孩子就是年轻，不会说话，因为像"兄弟无在京师者"这种话从来都是潜规则，根本不能说出来。

这就太不顾及君臣的"体面"了。

你只要出征，你的家属就必须在皇帝那儿做人质。

皇帝去你家门口哭你，你多近的关系也必须乖乖自杀。

很多话千万别挑明了，那样再见面会很尴尬，伴君如伴虎，你让皇帝尴尬，他会对你做出啥事呢？

刘秀对耿弇说："将军出身举宗为国，所向陷敌，功效尤著，何嫌何疑，而欲求征？且与王常共屯涿郡，勉思方略。"

翻译下，"你是国之栋梁，全家为国，所到之处，攻陷敌阵，耿家的功勋很大，有什么嫌疑，还用得着怀疑自己吗？快去涿郡想想怎么打仗吧"。

看上去是在夸耿弇是吧。

再解读一下就觉不出是夸了。

刘秀夸铁杆贾复时说的是"贾君之功，我自知之"；夸王霸时说的是"颖川从我者皆逝,而子独留,疾风知劲草",但说耿家时是"举宗为国"而不是"为我"。

意思就是,咱俩就是工作关系,没啥私人交情了,北道主人这茬儿以后就别再提了。

说"何嫌何疑,而欲求征"之前,刘秀根本没提忠诚的事,而是说耿家"所向陷敌,功效尤著",说白了就是,你耿家现在有军功我不过是不想动你罢了。

紧接着刘秀让耿弇"且与王常共屯涿郡,勉思方略",表示他现在不高兴不想跟耿弇说话了,让耿弇赶紧给他干活去。

耿况那边听说大儿子胡说八道后吓得赶紧把老三耿国派洛阳挂职锻炼去了。

彭宠听说耿家大儿子领上谷军和汉军来了,觉得要坏,遣使连夜北上匈奴,携重金请外援。

匈奴对此很重视,派了两个王率两千多骑兵南下助战。

结果这事被耿况知道了。

耿家自打耿弇嚷嚷着要增资扩股后就火力全开,匈奴二王南下后就被耿况的二儿子耿舒带领上谷突骑给袭击了,援军还没赶到战场就被干掉了,军中两个匈奴王都被杀了。

结果汉军主力尚未开战,涿郡张丰和匈奴援军就都被干掉了,耿弇还扫平了十多营望都、故安西山贼。看情形不对的彭宠迅速放弃了蓟城,率主力退保渔阳。

彭寨主心想"风紧,扯呼",然后钻进了燕山山脉当"座山雕"死活不出来,北方再次陷入了僵局。

看到彭宠进山做了寨主,刘秀抽调回了朱祐部去帮助岑彭为之后入蜀做准备,耿弇则继续在本地区对彭宠继续进行全方位封锁。

半年多过去了,时间来到了公元29年。

一开春,散乱多处的东汉开国剧情线开始收尾,岑彭就是在此时完成了对中国南部的平定。

令人倍感意外的是，比南方更早搞定的，是原本可能会抵抗到世界尽头的彭宠。

彭宠在二月被平。

在各剧情线中，平彭宠的难度是最高的，因为他的主力几乎没损失，而且主动进山避免和汉军开战。

其实彭宠和邓奉很像，都是闹腾得很大，但希望被前老板招安。

但等啊等，等了三年多，前老板就是不说招安的话。

刘秀那边很坚决，你从别人那儿跑过来投奔我没问题，但背叛过我的就坚决不能要了。

彭宠这位自封的燕王最终死于内乱。

仗越打越久，彭宠开始患上了严重的心理疾病，他请看相的占卜，人家说王府中隐隐有杀气。

于是彭宠开始闭门谢客，除了极少数负责生活起居的贴身奴仆之外，其他人一律不得入内，就连当年鼓动他做威猛先生的知心爱人也很难见到他。

估计是越想越来气不想见这败家娘们儿了。

人家看相的说得还是很准的，确实有身边人要杀他，但这个人，就是他防来防去却漏掉的家奴。

他的家奴子密，联合另外两个家奴，将彭宠杀害，带着财宝和脑袋跑出去一天后，人们才发现大王已经成了无首之尸，随后诸将拥立彭宠之子彭午为燕王。

没过几天，国师韩利发动政变，砍了彭午的头带给祭遵，向汉军请降，祭遵立刻灭了彭家满门。

刘秀很幽默地封了那位弑主的子密为"不义侯"，继封朱鲔"扶沟侯"之后再创讽刺新高度。

至此，北方终于平定。

此时此刻，在南北全部平定的形势下，谁也没想到，当年打擂台的四位刘家皇帝之一,刘永仍在半死不活地挺着,还得到了山东势力的帮助。

当年赤眉军那边归降后,刘秀就决定彻底扫平刘永,但刘永逃到了山东交界处。于是刘秀派遣光禄大夫伏隆持节到齐郡,拜山东王张步为东莱太守,希望争取到这股势力。

赤眉军就是从这里诞生的,山东子弟兵的恐怖战力刘秀是知道的,而且刘秀还非常有诚意地喊出了"十万户侯"的超级概念,实在是不想再跟山东兄弟们兵戎相见了。

但刘永听说后也马上派人飞马赶赴张步的驻地剧县劝说对方:咱可别搭理他!山东有百万户,本来就都是你的,我立你张步为齐王!

刘秀那边比较有原则,听祖宗的话,非刘姓不王,刘永那边输得早就拿张步当祖宗了。两边政策一比较,张步觉得刘永这边政策好,于是杀了伏隆宣布效忠刘永。

随后刘永又遣使立琅琊的大势力董宪为海西王。

山东势力至此宣布挺刘永这个小可怜。

"东秦"成了刘秀无法免修的学分。

不过万幸的是,刘永没走进山东当傀儡皇帝。

这就好办,东边剿灭刘永这个政治符号依旧成了公元27年的重点工作。

公元27年(四月),岑彭南下和秦丰对峙邓城不久,睢阳倒戈,政变成功迎接刘永归来。

刘秀命吴汉、盖延等共七位将军领兵九万,南下彻底剿灭刘永。

在超一流的邓奉那儿吃瘪的一流吴汉面对二流梁军开始大发神威,首先进攻苏茂于广乐,周建率军十万前来支援苏茂,局势开始僵持,吴汉还堕马伤了膝盖,汉军军心不稳。

不想被扣上只能打流民军帽子的吴汉裹伤跳起,亲自扮演大厨杀牛宰羊给将士们加餐,展开动员演讲,复振军心。汉军出营再战后大破周建、苏茂联军,苏茂退守湖陵,周建退保睢阳。

不到一个月,吴汉与盖延再次打到刘永刚刚光复的故都,又一次围住了城高池深的睢阳。

上一次盖延围了四个月,这回没用那么久。

七月,睢阳粮尽,刘永、周建再次突围,这次盖延终于没有再让专业流窜犯刘永逃脱,一直紧追不舍。

刘永手下将领庆吾弑君投降。

周建成功逃脱,与苏茂合军垂惠(今安徽省蒙城县北),立了刘永之子刘纡为梁王。

刘永已死,这个最正的根子终于拔掉,刘秀感到梁地余势将竭,于是调回了大部队,派马武、王霸二将去做扫尾工作,围刘纡于垂惠;东边派盖延对刘永残余势力进行围剿。

公元28年春,盖延再败苏茂、周建,拿下彭城,苏茂等人逃到董宪处,汉军开始和山东南部军阀董宪交战。

当年天下大乱时,这个董宪也拉起了一支队伍响应赤眉军,号称赤眉别部,后来占据了东海郡,然后他在两个刘家皇帝中,选择了那个空头支票开得大的。

这个选择其实很不应该。

因为张步是有资格硬一下的,但董宪却没这样的资本。

为啥这么说呢?

因为董宪的地盘无险可守。

来看看张步的地盘:

1. 黄河、济水在北方。

2. 拥有泰、鲁、沂三山,加上五莲山的整体山势防御。

3. 中原水系连接的沂水、沭水流不进齐地核心区,这也就意味着外来势力无法迅速染指齐地。

山东所有的自然防御屏障全在张步手上。

董宪的地盘不仅没有占到啥地理优势,还被沂水、沭水两条大动脉贯穿南北。

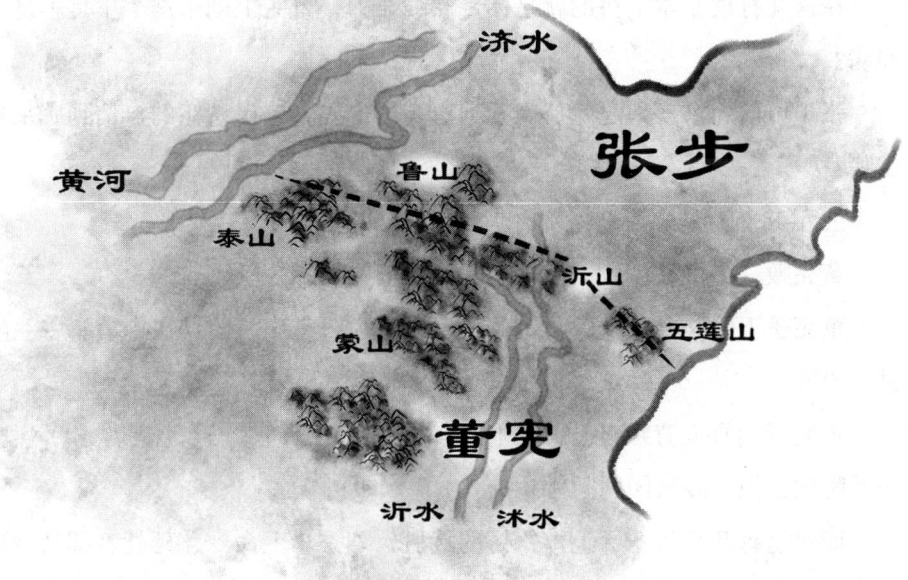

南面有淮河，西面有泗水，配合上面说的沂水、沭水两条河，汉军能方便地把中原物资调运进来打大规模会战。

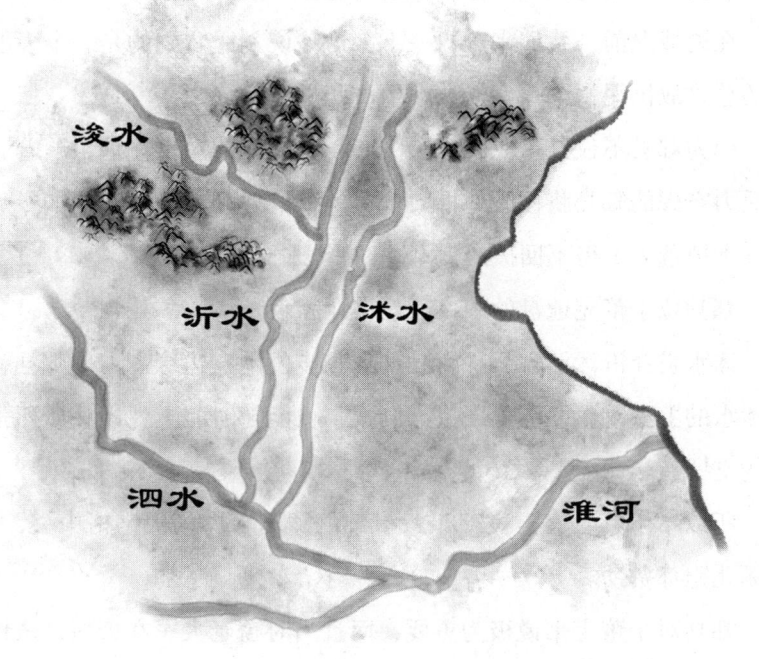

在这儿打仗基本上拼的就是体量和战斗力，董宪上刘永这个车是不是神经病？

张步可以凭借齐地之险从而要到更高的价码，但是董宪的自信到底来自于啥？

公元28年春，盖延与董宪在留县展开了第一次交锋。

董宪败。

董宪手下驻守兰陵的大将贲休见汉军势大，献出兰陵城（今山东省兰陵县）投降。

董宪听到有人背叛自己，马上亲自率军从郯县（今山东省郯城县）疾驰至兰陵城，把兰陵城团团围住。

面对这种几乎等于天上掉馅饼的战机，刘秀马上命令盖延趁着郯县空虚先打郯县，围魏救赵，一举搞定董宪。

但盖延认为这个战略安排不妥，因为现在兰陵城出现危机，不能伤了降者的心，于是举兵直奔兰陵城解围。

很快，现实将证明，普通明星和超级明星间有着战略级别的差距。

在说战况前，我们来分析一下，为啥说刘秀看到的是一个天上掉馅饼级别的总攻战机呢？

因为郯县不仅是董宪的政治中心，也是他的军事重地，趁着这个机会拿下兵力空虚的郯县将极大地摧毁董宪的抵抗心理，而且还能如岑彭偷袭黎丘一样干掉董宪不得不回援的大军。

郯县位于董宪地盘的中央而且贯穿沭水。

沭水贯穿沂沭河谷，一直延伸到张步的地盘边缘。占领郯县就等于控制了沭水的上下游，既能南下进入泗水，也能随时北上，出兵堵死张步来自齐地的支援。

所以拿下郯县有点类似于象棋中的"车"占领田字格中央，那个"帅"往哪儿跑都费劲。

郯县对于董宪来说极为重要，而且当时盖延大军在彭城，从地理角度来讲也是打郯县合适。

因为彭城、郯县之间由泗水和沭水相连,走水路明显更快,后续给养也更充足;相反,如果要是去救兰陵,盖延大军就只能走陆路,而且董宪从郯县到兰陵城要比盖延从彭城到兰陵城近得多。

这也就意味着,走水路打郯县,董宪就会疲于奔命地去找盖延;走陆路救兰陵则会被以逸待劳、等在兰陵的董宪收拾。

《孙子兵法》中有这么一段能够完美阐明刘秀的想法:"故三军可夺气,将军可夺心。是故朝气锐,昼气惰,暮气归。故善用兵者,避其锐气,击其惰归,此治气者也。以治待乱,以静待哗,此治心者也。以近待远,以逸待劳,以饱待饥,此治力者也。"

咱们一句句来分析:

"三军可夺气,将军可夺心"。

你拿下了他的老窝,这就是夺了他的士气,夺了他的信心。

"是故朝气锐,昼气惰,暮气归。故善用兵者,避其锐气,击其惰归,此治气者也"。

他现在去讨伐背叛他的贲休,怒火中烧,锐气正盛,要避其锐气;他听说老窝被端,军心必然不稳,士气大减,将士们已经围了兰陵城,此时突然下令回援,走到郯县时,士气已经衰竭,正是你摧毁他的好机会;这是你在治你的"气",灭他的"气"。

"以治待乱,以静待哗,此治心者也"。

你打他的老窝,让他军心大乱,然后你有准备地对待内心慌乱的他的军队,以安静整肃对喧哗杂乱;这是治你的"心",乱他的"心"。

"以近待远,以逸待劳,以饱待饥,此治力者也"。

你攻其必救,这是等着他赶来跟你决战,以近待远跑死他,以逸待劳累死他,以饱待饥饿死他;这是治你的"力",弱他的"力"。

刘秀的思路就是打仗永远要掌握主动权,你得押着他!你得调动他!让他围在你屁股后面转!你绝对不能让他把你调动了!

你追他和他追你最后完全就成了俩结果。

董宪见盖延军到,便派少量军队诈败将盖延放入兰陵,次日再将兰陵围死。

盖延一进城就后悔了,城外从哪儿突然冒出来这么老些人呢?

围城本是汉军的常用招数,所以盖延明白不能困守于此,再加上看到城外董宪的兵马甚重,于是拼死杀出重围。

突围之后,盖延再去转攻郯县,本就师老兵疲,结果又跑了一圈长途,郯县那边则以逸待劳,盖延没能攻下。

那边的董宪则顺利拿下了兰陵,将叛徒贲休明正典刑。

盖延失去了一举拿下董宪势力的机会,此后,盖延开始和董宪在彭城、郯县、下邳一带展开拉锯战,双方互有胜负。

公元28年底,一条条剧情线开始收尾,但收尾方式基本相同,除盖延和董宪还在拉锯外,全是围城战。

岑彭围田戎,朱祐围秦丰,马成围李宪,马武、王霸围刘纡,再加上北边的耿弇围彭宠于渔阳。

在刘秀挺过最艰难的时期后,赤眉军作乱、刘永割据、邓奉造反一个个解套,关东乱局开始渐渐理清,几条分支都在以同样的方式慢慢地朝着一个方向合拢。

说到底,还是因为刘秀手下的人才真的很多。

四五个方向都能抽出独当一面的将才。

公元29年(二月),马武、王霸在垂惠将刘永集团最后的据点攻破,周建被杀,苏茂率领残部护着刘纡逃到下邳,投奔和盖延正在拉锯的董宪。

三月,刘秀率吴汉等将御驾亲征,董宪见战斗英雄来了,放弃下邳,会合刘纡退守兰陵。

接着,董宪在蒙山、尼山山区继续顽强抵抗汉军。

董宪随后被一步一步地打出"鲁地",后来还病急乱投医,花钱请五校流民军的数千骑兵部队支援。但没过多久,五校流民军粮尽退去,刘秀亲临董宪所在的昌虑（今山东省滕县东南），指挥汉军四面围攻。

真龙督阵就不用围好几个月了，董宪仅仅坚守了三日就被攻破了城门。部众四散奔逃，佼强投降，苏茂北上投奔张步，董宪逃回了大本营郯县。

八月，吴汉率军追到郯县，郯县失守，刘纡被杀，刘永的根子终于被拔掉。董宪、庞萌又逃往了朐县。

当时海岸线比现在往西很多，朐县已经快到海边了。

又挺了半年多，公元30年（二月），董宪终于挺不下去了，秘密率军离开朐县，被琅琊郡太守陈俊率军迎击并再次兵败。随后吴汉攻克朐县，俘虏了董宪的妻子、宗族。

董宪在全家被抓后终于决定投降，于是率领数十骑兵乘夜走小道去见刘秀，但他已经没有投降的机会了。走到方舆，董宪被吴汉的追兵截住，校尉韩湛将董宪斩首。

自此，东海大定。

自公元26年到公元30年，五年时间，山东赤眉、梁地刘永、幽州彭宠、南阳邓奉、南郡秦丰、夷陵田戎、东海董宪终于被全部平定。

关东地区只剩下最后一个对手——齐地张步。

齐地是很特别的存在，每到天下大乱时，割据这个地方的政权往往能够坚持很久。

因为这块地方富庶，民悍，易守难攻。

秦灭六国，最后一个收拾齐国。

楚汉争霸时，韩信最后一个收拾齐地，然后得了齐地后自己又开始待价而沽。

到了两汉交际，齐地同样也成为刘秀在关东的最后一道大题。

八、耿弇定齐

齐的地理位置适合割据，因为东西南北四面皆有屏障，而且产盐、有矿，腹地是平原，所以跟关中平原齐名，号称"东秦"。

齐地条件好，适合割据，但却并不具备一统天下的底蕴和实力，古往今来，没有一个全国性政权是以齐为根据地打出去的。

因为一旦走出齐地，无论哪个方向都是大平原，打倒是可以随便打，但打下来基本守不住。

啥都产的齐地，唯一产不出能够驰骋中原的马。

正因地理条件优越，所有守在这里的政权似乎都没啥进取之心。齐地这道大题虽然难解，但它就搁那儿等着让人来做，它不会特别恶心地变种，提升难度。

所以，这道大题一般都是大神们通关的压轴题。

张步这次也不例外。

张步起义的时间也很早，和刘秀兄弟造反前后脚，他拉起了一票人，自号"武威将军"，打下了琅琊郡。

刘玄称帝后，派官员王闳前去接收琅琊郡，张步连城门都没让进。王闳收了周围六个县，带着几千人来跟张步作战，但被兵力强盛的张步打跑。

刘玄忽视了地头蛇张步，可当了梁王的刘永却早早示好，任命张步为辅汉大将军，加封忠节侯，总督青、徐二州。

跟了刘永老板的张步随后整军，先后攻取了泰山郡、东莱郡、城阳郡、胶东郡、北海郡、济南郡、齐郡。

齐地大部分都被张步拿下。

后来刘秀、刘永先后称帝，两人都对张步抛出了橄榄枝。张步并没有往长远看，当了刘永的齐王，杀掉了刘秀的使者，然后趁着刘秀在东南西北作战、手忙脚乱的工夫过了好几年的好日子。

张步自从成了山东老大后，就自我封神登上人生巅峰了。

他虽然做了刘永的齐王，但即便刘永都被追死了，他也始终没派过一兵一卒。

河北南部的豪族由于底子黑、无红利始终不服刘秀，但面对这么容易争取的势力，张步始终没过黄河去看看。

他也没把南边的董宪整合进来，从而进入泗水、淮河水系，向中原伸出触角。

他就跟多年前的那个齐国一样，眼睁睁地看着秦国一个一个吞并了本可以属于他的地盘。

他甚至还不如当年被饿死的齐王田建，至少人家是被秦国用甜言蜜语的忽悠，张步连人家刘秀派来的使者都杀了，却从头到尾搁那儿看着这么多铁杆的秀黑被一个个招降、灭掉，也不说过去联合一下。

张步在山东春风得意，但刘秀不会永远手忙脚乱。

公元28年时，形势开始大好的刘秀就已经派陈俊去试探张步了。初次交手，陈俊打败了张步守将，拿下了泰山郡。

一年后，腾出手来的刘秀终于准备对关东的最后一个对手张步动手了。

动手之前，刘秀在选将时想起了一个人——耿弇。

因为耿弇当年曾经对刘秀许下诺言："请北收上谷兵未发者，定彭宠于渔阳，取张丰于涿郡，还收富平、获索，东攻张步，以平齐地。"

对于年纪轻轻、说话很"坦率"的耿弇和上市前要求增资扩股的上谷耿家，刘秀并没有说啥，而是摇扇子搭台子，你行就你上。

耿家在平灭彭宠中承担了最大分量，耿弇又在僵持中等到了彭宠内乱，北疆得平，耿弇功劳居首，随后刘秀开始了第一波杯酒释兵权。

彭宠被灭当月，刘秀派舅舅光禄大夫樊宏持节到上谷，说："边郡苦寒之地，老耿同志快跟我到洛阳享福来吧。"

一直被忽视的东汉开国幕后人物耿况，其实才像是真正穿越过去的人，他在每一个家族壮大的节点上都没有选错。

耿况在这个家族面临重大选择的重要时刻，毅然决然地迅速带领全族迁居洛阳，表示"我没有一丁点二心，我家已经倾其所有，您看着办吧"。

耿况明白，既然自己永远当不了王，那上谷这个强兵之地就永远是个烫手的山芋，耿家最好的未来其实就是到政治、经济中心去发展。

耿况拿到了首都户口和刘秀的顶级封赏，老二耿舒也被加封为牟平侯，耿家因为家族势力大，迁居洛阳早，成了为数不多的最后留在政治中心的云台将家族之一。

耿家在东汉的影响力也因此比原来的河北战友们要持久得多。

虽说耿况如此选择，有耿弇手握上谷突骑在外，耿国被刘秀当人质的因素影响，但不可否认的是，这几乎是势大力沉的耿家为了避免兔死狗烹的最好结局了。

定东北后，耿弇被刘秀派去执行他的下一个诺言：收富平、获索流民军。

当时专打流民军的大将军吴汉正在临平征讨五校流民军，刘秀令耿弇、王常等率兵与吴汉合击富平、获索。

耿弇击富平、获索九万之众于平原，大破之，降者四万余。

耿弇再次完成他的承诺，随后他和吴汉分开，继续追击流民军余党，吴汉则在这个时候被调入南击董宪的作战队伍当中。

完成任务的耿弇随后开始原地休整，并干了一件非常重要的事。

整编。

耿弇将富平、获索的四万降卒整编到自己麾下，为实现最后一个承诺做准备。

公元29年（十月），耿弇得到命令，率军东平张步。

耿弇麾下的由三万多上谷突骑和四万降卒组成的整编军，共七万多人，扑张步而来。

张步听说耿弇攻来，封大将费邑为济南王，令他屯兵历下（今山东省济南市历城区西南），又分兵防守祝阿（今山东省济南市长清区东北），以为犄角之势，又在钟城（今山东省禹城市东南）列营数十座，严防济水前线。

耿弇率领汉军迅速突破济水兵临祝阿城下，仅用一日就攻下了祝阿。

养精蓄锐多时的汉军威猛无比。

耿弇并没有赶尽杀绝，而是故意放张步的残兵败将逃回钟城。

结果钟城守军听说河北猛男光马就有七八万匹，一天就攻破了祝阿城，吓得弃城东逃，耿弇又兵不血刃地拿下了钟城。

费邑得报，急忙派弟弟费敢镇守巨里（今山东省章丘区西），拱卫历下，不让耿弇东进。

结果耿弇并没有去围历下，而是绕了过去，直奔巨里。

当时的巨里附近交通状况不好，并不适合大部队攻城，但耿弇到了巨里城外就开始大张旗鼓地派兵伐树，表示要填上城外这些坑堑，准备攻城，然后命令军中修整攻城器材，宣布三日后攻巨里城。

随后，耿弇放松对战俘的看管，使战俘顺利逃脱向费邑报告汉军的攻城日期。

费邑听后，自历下率三万精兵救巨里，准备从背后偷袭正在攻打历城的耿弇。

结果，当费邑掐时间赶到巨里时发现汉军根本没有攻城，巨里城只是被稳稳当当地围着，静静地矗立在那。

费邑还在愣神，几万骑兵突然从旁边的山坡上冲了下来。

两军交战，耿弇打得费邑那三万精锐溃不成军，费邑被杀。

随后耿弇拿着费邑首级到巨里城中展览，费敢当夜率守军弃巨里城逃走,去剧县投张步。

耿弇笑纳费邑的给养和器械,荡平剩下的不服力量,拿下济南全郡,完美地做到了以战养战。

费邑被杀之后,张步马上构筑第二道防线,派他弟弟张蓝率领精兵二万人镇守西安(今山东省淄博市临淄区西北),手下诸郡太守攒了一万多人守卫临淄。

这两座城相距四十里,耿弇做了考察后发现西安城小而坚,张蓝的守军都是精锐,临淄虽然名为大城,实际上人却很少,于是开大会说:"五天后攻西安城!"

张蓝那边得到消息后开始高度紧张地日夜备战,到了第五天夜里,耿弇命士兵们半夜开饭,然后往临淄扑去。

护军荀梁比较纳闷:"不是说攻西安吗?"

耿弇说:"你傻啊!他们布防有问题,西安城小兵精,不好打;临淄好打,咱放出风去说要打西安,临淄那边一定没准备,咱去了就能打下来。

"如果先打西安,一定不会顺利,在防守坚固的城下围攻,死伤必多,就算能打下来,张蓝还可以去临淄,第二次阻击咱们。在敌国境内,一旦仗打起来没完没了,咱们的士气会迅速委顿下去。

"如果打下了临淄,咱们就从中间切断了西安和剧县的联系,张蓝一定会放弃西安退保剧县,咱们打一得二,这买卖不干你傻啊!"

要不怎么说耿弇事先看了剧本呢,结果如他所料,汉军半日就攻下临淄,张蓝听说后大惊,带着队伍撤回了剧县。

耿弇就这样低能耗地将阵线向前推,而且即将推进到张步的大本营了。

眼看汉军就要打过来了,张步终于决定亲自上了。不过此时他仍然不把耿弇当回事,对麾下诸将道:"想当初尤来、大彤有十余万之众,那是何等剽悍!但本王率军一到营前,他们就四散奔逃。现如今,耿弇之兵少于我,又是疲劳之师,有何惧哉!"

张步这么一对比,确实显示出了他的辉煌战绩,但他夸下海口之前并没有打听打听对面的这位耿弇是什么来头。

短短三四年，耿弇走南闯北纵横了半个中国，你却一直在齐地做井底之蛙，而且更重要的是，人家手下有特种部队，你有吗？

张步倾起大军，带领三个弟弟张弘、张蓝、张寿与重异共四将，领十余万精锐（号称二十万）直奔临淄而来。

耿弇出兵，在淄水边与张步的先锋重异相遇。耿弇担心突骑放出去后张步就尿了，对方固守不出可就发挥不出骑兵的优势了。于是耿弇撤退，用骄兵战术引诱张步大军前进。

耿弇随后将突骑精兵隐藏于临淄城之中，令刘歆、陈俊分兵列于城下作为第二梯队，另拨出了一部分作为第一梯队。

耿弇命第一梯队与张步军交战后示弱退败，将张步大军引来，然后让第二梯队在城下与张步交战。

咱不守城！老子没工夫跟他扯淡！一战打秃他！

张步的前锋重异在两军初战于淄水边后便一路狂推，汉军的颓势也印证了张步的想法，于是张步下令全军跟上，直扑临淄城而来。

在城下，张步的先锋大军被刘歆、陈俊的第二梯队截住，双方激烈厮杀起来。

汉军在城下列阵，这让张步看到了巨大的希望，还就怕汉军缩在城里不出来呢，于是他下令全军投入战斗。

耿弇在城中登上高台注意着战况，等到双方都厮杀到兵疲之时，耿弇亲自带队率突骑从侧面杀出突击张步大军。

高维打低维，以精锐之师打疲惫之军，张步军阵被冲垮，死伤甚众，大败回营。

这次大战中还出现了意外，耿弇在战斗中被飞矢射中大腿，但耿弇毫不在乎，次日早晨再度勒兵出战。

陈俊对耿弇说："贼兵强盛，可暂时闭营让士卒休养，等主上带着大兵与我们会合。"

这个时候，汉军已经得到消息，刘秀要亲援齐地战场。

耿弇说："天子将到，臣子应杀牛备酒以等待百官的到来，难道把这伙贼虏留着来麻烦主上吗？"

点将出兵！

那边大败后的张步还是不信邪，认为自己只是被耿弇算计了，真打起来耿弇不见得行，看到耿弇挑战，立刻整军再战。

这次正面硬碰硬，从日出干到日落，张步把老本都输进去了。

主力军被耿弇的上谷突骑砍瓜切菜般击败，尸横遍野！

大败后，张步连夜撤回大本营剧县。

但撤退途中，又被不爱睡觉的耿弇埋伏击杀。张步再次大败，残部彻底溃散。耿弇依然穷追不舍，前后八九十里路上，到处都是死尸。

至此，临淄之战结束，耿弇遣散张步余部十万人，缴获辎重无数，仅仅是押送辎重的马车就缴获了二千多辆，张步苟延残喘，逃回了剧县。

张步逃回去后，耿弇仍然不给他任何喘息之机，继续挥师东进，直取剧县，张步无力再战，再次搬家南逃。

刘秀率军亲临齐地后，对耿弇深情地说道："昔韩信破历下以开基，今将军攻祝阿以发迹，此皆齐之西界，功足相方。而韩信袭击已降，将军独拔勍敌，其功乃难于信也。

"又田横烹郦生，及田横降，高帝诏卫尉，不听为仇。张步前亦杀伏隆，若步来归命，吾当诏大司徒释其怨，又事尤相类也。

"将军前在南阳建此大策，常以为落落难合，有志者事竟成也！"

刘老板表达了三个意思：

1. 你跟韩信都是定齐功臣，但韩信打的是已经投降的敌人，你打的是憋着劲有防备的敌人，你比他强。

2. 当年田横烹杀了去齐国劝降的郦食其，高祖最后宽恕了他，还下诏给卫尉郦商，让他不许再去找田衡报仇；之前张步杀了我的使者伏隆，但如果张步来投降，我会找来伏隆他爹大司徒伏湛去解开这段冤仇。

3. 你此前在南阳跟我发誓的时候，我以为这是根本不可能的事，男人的嘴哪能信啊，如今却发生此等奇迹，看来是有志者事竟成啊！

刘秀把耿弇比作韩信，是从战功的角度说的，但耿弇从整编流民军变成自己的军队起，就颇有韩信带兵的风格，他的整个灭齐操作：围师必阙、散布恐惧、虚张声势、设套埋伏、以逸待劳等，这一整套的打法其实都是深得韩兵仙心理战之精髓。

不仅功同，神韵亦似。

随后刘秀表示：耿弇，咱既然这么牛，那还是继续追击吧。

耿弇接着带骑兵部队继续南下，一直将张步赶到了平寿。

在平寿，张步遇到了前来救援的苏茂。苏茂本来是他邀来一块打临淄的，但张步一狂就没忍住，自己先打了，结果被苏茂一通埋怨："既然叫我来助阵，为啥不等我就进军呢？"

看到苏茂和张步合军，刘秀马上下令：别追了，不费劲了。然后分别派遣使者去张步、苏茂军营：谁能斩了对方来投降，就封谁为侯。

看上去刘秀给了双方均等的机会，其实怎么可能，苏茂是从他那儿叛变的，早就站在杀无赦的队列里了。

此时，张步在齐地还有约十万人马，苏茂怎么杀得了他？希望不战而屈人之兵的刘秀早就在对耿弇的夸奖中表态缴枪不杀了，这是刘秀给张步留下的最后台阶。

十月，地头蛇张步斩了外地人苏茂投降。

短短一个月，齐地被耿弇平定。

至此，关东地区的所有割据军阀被刘秀全部扫平。

自王莽祸国天下崩后，刘玄失道，赤眉西向，群雄并起，中原大地出现了大乱局，但在刘秀的运筹帷幄下，在云台二十八将的鼎力相助下，第一次"三国时代"被推迟了。

再次要感叹下刘秀的人才储备。

冯异、耿弇、岑彭、吴汉、盖延、朱祐等一个个将才在分别平叛时英勇无比，除了邓奉外，基本是所到之处攻无不克，战无不胜。

当然，还有刘秀这个兵仙级别的人才。

自公元25年（六月）刘秀称帝，到公元29年（十月）张步投降，刘秀从仅有幽、冀二州，到最终囊括关东全境，用了四年的时间。

再来回顾下这定关东的四年吧。

让人忍不住大喊"我的天啊"的建武二年（公元26年）。

正月，刘秀大封群臣。

二月，真定王刘杨反。

三月，渔阳彭宠反。

四月，盖延围刘永于睢阳。

六月，刘秀封郭圣通为皇后，稳定河北乱局。

八月，刘秀亲征五校流民军；盖延破睢阳；邓隆的北上救援队被彭宠吃掉，朱浮快成鲁滨孙了。

九月，盖延定沛、楚、临淮；南阳堵乡人董䜣反叛，吴汉镇南阳诸县，所过多侵暴，神将邓奉反，大败吴汉十万军，屯据阳，与诸贼合从。

十一月，刘秀以廷尉岑彭为征南大将军，率建义大将军朱祐等七将军讨邓奉，大败而回，朱祐被生擒，南阳成困局。

十二月，邓禹战无不败，赤眉军就要出关。

柳暗花明的建武三年（公元27年）。

正月，刘秀以冯异为征西大将军堵赤眉军于华阴。

闰正月，邓禹彻底被打秃，冯异先败后胜，大破赤眉军于崤底，降八万人；同月，刘秀亲率大军严阵以待，逼降赤眉军。

二月，刘永立张步为齐王，董宪为海西王，山东正式表态支持刘永，与刘秀对立。

三月，涿郡太守张丰反，东北祸乱扩大；刘秀亲征邓奉。

四月，邓奉三败，投降被杀；冯异且战且行，上林苑会战后赶跑延岑，拿下关中。

五月，吴汉、盖延再围刘永；岑彭开始南征。

六月，延岑被耿弇打秃，投奔秦丰。

七月，岑彭靠风骚走位掏心秦丰，包围黎丘。

八月，刘永被杀。

十月，耿弇提出"定彭宠于渔阳，取张丰于涿郡，还收富平、获索，东攻张步，以平齐地"的宏大构想，要去上谷搬兵。

四面围城的建武四年（公元28年）。

二月，延岑投奔公孙述；田戎投降不成，被辛臣抢先，无奈之下与岑彭开战。

五月，耿弇、朱祐带队北上平叛彭宠、张丰；祭遵斩张丰；耿舒杀匈奴二王；彭宠退入燕山。

七月，盖延、董宪在兰陵开战。

十二月，朱祐围黎丘，岑彭战田戎；冯异于关中击退公孙述北伐。

关东大定的建武五年（公元29年）。

二月，彭宠被不义侯所杀；耿家搬家到洛阳。

三月，岑彭拿下夷陵，田戎入蜀投奔公孙述。

四月，耿弇击富平、获索，降四万人。

六月，秦丰穷困出降，至洛阳被杀。

七月，刘永子刘纡被杀，董宪坚持不下去了。

十月，耿弇只用一月就拿下山东，平定了张步。

用了整整四年的时间，志在天下的刘秀终于可以将放在东边的目光收回来了。

此时此刻，西边的形式看起来要乐观许多，现存的势力仅仅还有据陇右的隗嚣，据河西的窦融，据朔方的卢芳，据两川的公孙述。

其中隗嚣和窦融都是亲刘派的。

打起来可能费点劲的，只剩下匈奴支持的卢芳和占据两川的公孙述了。

所以看起来，刘秀一统天下的梦想似乎即将要实现了。

但刘秀并没有想到，在西边用的时间最终要比平关东群雄要长得多。

下一章的两场灭国之战，对后世的人才们来说，具有巨大的参考和借鉴价值。

其中的一场关键之战直接影响了两百年后一位大神的关键布置，并间接催生出了陇西地区千年来最脍炙人口的"超级IP"。

东汉开国之战即将迎来尾声。

诸多下界的星宿也即将完成使命上天复命。

位面之子长叹："人苦不知足，既得陇，复望蜀。"

殊不知，陇山难，蜀山悲。

第二十战

得陇望蜀：
陇山难，蜀山悲，天下定

一、辅汉之誓

我们将历史串起来看，会发现很多神奇的规律，绝大多数的治乱兴衰都是有迹可循的。

比如每次的王朝更迭，基本上都是从两个天下金角开始的，一个西北，一个东北。

再说得具体点，西北是凉州，东北是幽州，这两地成了两千多年来的兴衰源头。

这其中，往往又以西北角的破坏力为强。

凉州安，则关中稳，则天下定。

强秦定天下，刘邦据关中，董卓进洛阳，苻坚统北方，关陇创隋唐，李闯祸天下……太多次历史大变动，都是在西北这片土地上萌芽迸发的。

所谓天下十三州：司，冀，幽，并，凉，益，荆，交，扬，豫，徐，青，兖。这其中，真正能称之为历史兴衰焦点的，不过"凉，幽，司，荆，扬"五州而已。

现在，我们来详细地说一下天下第一金角，凉州。

凉州这地方的经济实力，古往今来都不是太强，养活的人口算不上很多，物产谈不上丰富，但只要一上升到军事和文化层面，凉州就成了中华民族两千多年的历史上最重要的一个地方。

凉州下辖八郡：安定、陇西、天水、金城、武威、张掖、酒泉、敦煌。

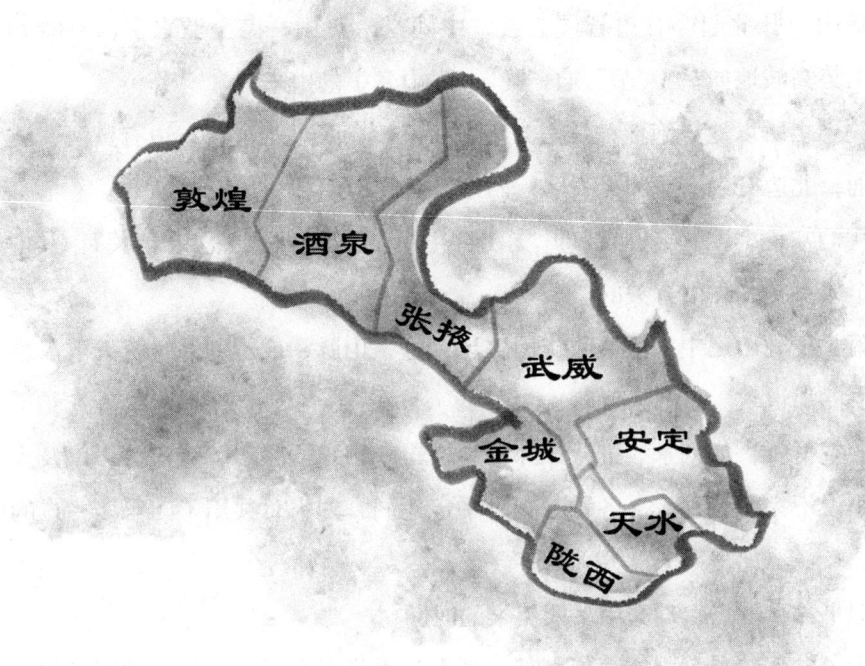

这八郡自西北向东南形成了一条长长的细条带，北阻匈奴，南隔羌戎。

凉州东边，陇山俯瞰关中，势若猛虎。

今天这个故事的主角，隗嚣，之所以能成为刘秀一统天下的最难啃的一块骨头，是因为他的根据地是凉州最具军事意义的安定、天水、陇西三郡，其中又以安定和天水为重中之重。

我们分别来说一下。

天水郡，古西戎地，也是秦国的龙兴之地，当年秦始皇的老祖宗受封于此。此地原属陇西郡，后汉朝划为天水郡，位置上来说，属于陇山之中，介雍梁之间，是凉州第一枢纽。

安定郡，名字比较直白，内当陇口，关中安定，系于此郡，原属北地郡，也是后来单独划出来的。

这两个郡，又常常以陇西概括。

原因就是长长的陇山山脉。

陇山山脉北起今甘肃省同心县，中间是六盘山，南至渭水，与秦岭相接，山势高峻地如垄（"垄"通"陇"，陇山名字的由来）。

关中之所以地势绝佳，是因为南边有秦岭，飞鸟难过；东边有黄河，波涛汹涌；北边有大高原和无人区；西边则有陇山山脉。

我们常说"四塞之固"，即"东函谷、南武关、西散关、北萧关"，其中有两个雄关是和陇山有关的。

萧关扼陇山之中，散关收陇山之尾，这条山脉，成了刘秀一统天下最难迈过去的那道坎。

关东群雄，如刘永、彭宠、邓奉、秦丰、田戎、张步、董宪等，以及大大小小说不完的各种人、各种起义，平定他们，刘秀总共用了四年多一点的时间。

但平一个隗嚣，刘秀用了四年半的时间。

为了拿下隗嚣盘踞的凉州南部，刘秀几乎是以全国敌一隅，动用了超豪华阵容。

这期间，刘秀两次御驾亲征，专治流民军的大将军吴汉，平张步、彭宠的耿弇，定两京降赤眉的冯异，鲸吞中国南部的岑彭，东平刘永的盖延……几乎所有"云台之光"悉数登场。

此外，还有东汉第一大耍儿（天津方言，指市井奇人）来歙和顶级降将马援多次招降，就这样，刘秀打了四年半才拿下陇山四郡。

之所以说，历史要串起来看，就是因为以史为鉴可以知兴替，咱们准备考试时要做之前考过的题去摸底，人家古人打仗前也是要翻前朝的史书去琢磨战术的。

比如后世非常著名的公案：诸葛亮出岐山。诸葛亮为啥总要执着地绕远出岐山，而不是直接去打长安？为啥不尝试一下魏延的"子午谷奇谋"？

刨除国力和武都地震、汉水改道的原因，还有一个很重要的原因，在于诸葛丞相是个大战略家。

当初他在隆中给刘备提出的计划是跨荆益二州，关羽失荆州后，诸葛亮将当初的计划调整成了跨凉益二州。

之所以这样调整，是因为诸葛丞相知道，两百多年前，凉州这块土地曾经迸发出了多么强悍的阻击力量，作为武庙十哲的他更知道，西南是坤位，而西北是乾位。

两川适合割据，想以此为根据地统一天下基本就是个梦。

从大势来讲，位于西南坤位的四川做天府之国有余，却不足于做大后方开拓进取。

如果换一个角度，从位于西北乾位的凉州泰山压顶地一路从陇山杀下来，却是非常有可能拿下关中半壁的。

从卦位上讲，乾卦就是主开拓的。

乾，元亨利贞。（元：始祖开端；亨：通达无碍；利：和谐顺利；贞：美好贞固）

全是皇帝们爱看的词儿。

得到凉州这个超级金角，就是所谓"得天时与地利"，所以诸葛大丞相才会对出祁山情有独钟。

他的故事，我们后面会细讲，先说回两百多年前这片土地的主人隗嚣。

隗嚣曾经有过两次关键选择的机会。

但由于他的出身，最后选错了。

无论手里拿着什么牌，到最后，都是选择。

选错了，很多时候就意味着永远地错过了。

隗嚣，老家就是天水，出身陇西豪族，小伙子学习好，年纪轻轻就以知书通经而闻名陇西。

后来隗嚣受王莽的国师刘歆（给自己改名刘秀，要造反的那个人）推荐，去长安做官，刘歆被杀后，隗嚣回到老家。

此时已是王莽颓势初现了，公元23年，隗嚣的叔父隗崔和哥哥隗义作为陇西的两位黑老大联合了上邽（今甘肃省天水市）人杨广、周宗等密谋起兵。

都是家里人要造反，隗嚣和刘秀一样，同是作为弟弟，隗嚣也制止说："夫，兵凶事也。宗族何辜！"

隗崔不听，聚众数千人，攻占了平襄（今甘肃省通渭县），杀了王莽的镇守大尹正式宣布造反。

揭竿而起后，隗嚣因为名气大、通儒经（素有名，好经书）而神奇地被陇西黑社会共推为上将军。

准确来讲，这是他那黑老大叔叔和哥哥很不地道地一个拉他下水和把他当挡箭牌的伎俩。

从后面发生的事来看，隗嚣这位上将军其实说话并没有那么好使。

隗嚣看到木已成舟，对拿着刀逼他当大旗的好汉们说：承蒙诸位长辈和兄弟们看得起我，我干，但你们一定得听我的，这上将军我才能干。

陇西的黑老大一致同意隗嚣开堂口、当大哥，从此，隗嚣踏上了征途。

公元23年（七月），隗嚣拜平陵人方望为军师，方望向隗嚣建议：你们这帮人想要承天命，顺民心，辅汉起事，但现在王莽还在长安，口说无凭，你得赶快建立汉帝宗庙，称臣奉祀啊！既向百姓表态，又能请列位先帝之灵护佑。

方望为隗嚣设计了一个总体纲领：辅汉。

隗嚣认可了。

隗嚣不久立汉帝宗庙，祭祀高祖、文帝、武帝三位大咖，随后告神盟誓："盟誓共三十一将，一十六姓，允承天道，兴兵辅佐汉室。如有谁心怀不轨，神灵灭之。高祖、文帝、武帝，使他殒命、宗室遭到血洗、族类灭亡。"

在这次陇西盟誓事件的背后，透露出了陇西豪族两个有别于关东豪族起事的特点：

第一，这个集团的军师智囊是关中人方望。

这事看起来并不算什么，但在当时是一个很罕见的现象，因为各地豪族造反起事后，在做高级决策时，外地人往往是插不上手的。

第二，隗嚣刚起兵时手下的股份就很杂了，像天水周边就有十六个姓氏的三十一名将领进行盟誓，大概率说明当时至少有十多个豪族参股。

像集体盟誓这种情况什么时候会出现呢？

在好多势力的实力全都差不多的时候，才会通过这种再造一个"上级领导"或"假托神灵"的方式去统一思想。

这两个特点透露出来一个信号：凉州南部豪族化的程度并不深，单个豪族的规模并不大，文化见识程度并不高。（注意这个"凉州南部"，凉州南北是两片截然不同的豪族土壤。）

出现上述两点的最大原因，在于地理位置。

在陇西这片千沟万壑的土地上，可用耕地不多，交通较为闭塞，这也最终决定了陇西豪族在这个时代的特殊性：单个家族规模不大；文化见识程度不高。

这超级关键的特殊性，是陇西问题一切逻辑的总开关。

祭祀发誓完毕，隗嚣向各州牧、部监、郡国发布檄文，列举王莽罪状，共同谋伐。

这三十一将也许并没有严肃地对待自己曾经许下的誓言，但鬼神不可欺骗，誓言不可乱说，当初你既然在神庙前说出了辅汉的大誓，你就应该兑现你的诺言。

如此的宏誓大愿，随着时间的静静流淌，最终成了陇西豪族的终极诅咒。

随后，隗嚣先后拿下了安定、陇西、天水、金城、武威、张掖、酒泉、敦煌等郡县，囊括了凉州全境。

没过多久，刘玄打进长安，刘玄遣使征召隗嚣及隗崔、隗义等人。方望认为刘玄前途不可知，劝隗嚣再等等，但隗氏家族没听，早早地就跳进了越来越浑浊的长安。

这是隗嚣第一次在人生选择中出错。

自始至终，陇西豪族们面临与见识问题相关的选择时，就没有选对过。

同年冬，到了长安的隗崔、隗义发现自己上错船了，合谋反叛刘玄，隗嚣一箭三雕，把俩亲戚的反心告密了。

他这么做有三个结果：

第一，避免自己被祸及。

第二，表忠心得到了好处，他因此被提拔成了御史大夫。

第三，结束了自己的傀儡生涯。

在这之前，隗嚣这个一把手根本就是个摆设，至少在隗家，那爷俩没把他当个东西，啥事都最后一个通知他，而且根本不考虑他的想法，人家内部开完小会这事就定了。这次隗嚣借刘玄的手，拿到了对隗家内部的控制权。

不能说他不是个东西，毕竟此时此刻他还在信守自己辅汉的承诺，隗崔、隗义只不过是背盟受戮而已。

但没过多久，他也背盟了。

公元25年夏，赤眉军入关，刘秀登基于河北，隗嚣便向刘玄建议把政权移交给刘秀的叔父刘良，那刘玄哪儿能干呀。

后来诸将又想劫持刘玄东归，隗嚣也参与谋划了此次行动。

后来我们知道了，事情暴露，玄汉内乱，隗嚣逃回天水，再次当上了西北王，自称西州上将军。

不过再回到陇西之后，他发现，曾经效忠于他的河西五郡（酒泉、张掖、敦煌、武威、金城）已经被另一个军阀割走了。

人生是很有意思的，就在他当年啥也没看明白就从陇山上下来投奔玄汉政府的同时，另一个人仿佛洞悉未来一般从截然相反的方向马不停蹄地远离了长安。

就在这个恰到好处的时间段，凉州南北的命运开始调头，发生巨变。

二、凉州南北豪族的本质区别

那位和隗嚣擦肩而过的人叫窦融,出身扶风平陵豪族。

窦融来头很大,七世祖窦广国是文帝妻、大名鼎鼎的黄老培训班校长窦太后之弟,封章武侯。

窦融家世代为官,到了王莽摄政的时候,窦家成功转舵拥抱新时代。

窦融立场坚定,拥护王莽政权,然后作为强弩将军司马东击反莽义军翟义,以军功封侯。

他妹妹还嫁给了王莽手下的高层官员、刘秀这辈子最大的贵人王邑当小老婆,所以窦融也有幸在昆阳见识了妹夫神仙般的操作。

王邑、窦融败回长安后,王邑又提拔窦融为波水将军,命他引兵至新丰做阻击。

结果窦融眼看王邑这条船不行了,马上又带着队伍当股本投奔了刘玄的老丈人赵萌,并攀上了这个高枝。

后来刘玄喝酒,赵萌执政,把厨子都封了官的时候,窦融被派去巨鹿当太守。

那时候河北是全国知名的修罗场,窦融听说当年昆阳城下的男神正在河北灰头土脸地待着,于是很知趣地说那地方不是人待的,您老要不给我批个去河西的文书吧。

窦融的高祖父是张掖太守,从祖父为护羌校尉,从弟是武威太守,他家托武帝开疆拓土的福成了河西地区的地头蛇。

窦融在和兄弟们开家族前途碰头会时说:"天下的走向此时根本看不出来,河西殷实,黄河天险,张掖属国有精兵万骑(武帝置'属国都尉',以主蛮夷降者,管军管民,张掖属国与张掖郡平级,领五城),一旦出事,封闭黄河渡口足以自守,这是咱家在这乱世的最好归宿啊!"

窦家兄弟们全部认同他的说法,窦融也因此拿到了张掖属国都尉的上任书,随后窦家举家迁往河西。

窦融知道自己去哪里更有优势(祖上世官河西),有看出天下局势不明确的眼光(天下未可知),并最终靠着自己的判断得出共识去指导了家族的未来。

这种眼光与见识,决定了凉州南北的最终结局。

窦融前往河西的时机非常好,因为此时隗嚣开始东去长安上班,以天水隗家为主导的凉州第一任黑老大刚刚辞职走人了。

到了河西后,窦融开始跑关系,去各豪族拜码头,联络、安抚羌人,恢复了当年自家在河西的人际关系网。

后来玄汉政府大乱,隗嚣还在长安搞密谋的时候,窦融的河西内部圈子就召开了前途讨论大会。

与会的有酒泉太守梁统、酒泉都尉竺曾、金城太守厍钧、张掖都尉史苞和敦煌都尉辛肜等人。

大会上,众人得出共识:天下大乱,前途未知,河西夹在羌胡中间,咱们不同心就不能自守,应当推一人为大将军,号令五郡,以观时局变动。

决定要怎么应对乱世后,各家互相谦让,最终因为窦家世官河西,所以众人将窦融推举为大哥,"行河西五郡大将军事"。

开会后,原武威太守马期、张掖太守任仲因为孤立无党,被踢出分红圈。

原酒泉太守梁统调任武威太守,张掖都尉史苞被提拔为张掖太守,酒泉都尉竺曾被提拔为酒泉太守,敦煌都尉辛肜被提拔为敦煌太守。

库钧和窦融则继续干着原来金城太守和张掖属国都尉的活。

人家凉州北部在这个时间段，自己联合起来了。

以黄河为界，凉州北部此时已经团结一致共同面对动荡的局势了，人家河西地区的"刘秀"都选出来了。

与前面说过的凉州南部豪族单个规模有限和文化见识程度不高的特点相比，凉州北部豪族展现出了完全不同的另一种特性。

人家单个家族的规模较大，且文化见识程度较高。

还是地理位置的原因。

乌鞘岭作为平均海拔四千米的天险，既保证河西地区能够随时独立，也使得东亚季风最后那口气吹到这儿就打住了。

自乌鞘岭往西，降水量就太可怜了，所以一眼望不到边的沙漠开始出现。

但是，伟大的祁连山脉靠着雪山融雪流淌出了一条条河流，滋养了山下的一个个绿洲带。

当时河西走廊不像今天秃得这么厉害，宜农宜牧，有"金张掖""银武威"的说法。

在祁连山脉、北面沙漠以及阻断南北的乌鞘岭的包围下，河西地区这片狭长的绿洲带在内部连成了一片，产粮产马的实力可观。

因为内部无险阻，土壤较肥沃，所以河西地区内部相对来说很容易出现几个大规模的豪族，而不是陇西高原上那种一沟壑一老大的情况。

而且，由于河西走廊直到武帝时代才纳入中华版图，这个地区豪族的第二个特点就是文化见识程度高。

这片土地的豪族不是原地萌发的，他们全是当年中央空降过去的官员，居民也是各地征调过去的倒霉蛋和服役军人。

这也就导致这个地区的豪族和中央政权连接得更紧密，眼界也更开阔。

所以人家在开会时能得出"今天下扰乱，未知所归。河西斗绝在羌胡中，不同心戮力则不能自守；权钧力齐，复无以相率。当推一人为大将军，共全五郡，观时变动"的共识。

人家没有早早就进行政治表态去"辅汉"，人家只说了"今天下扰乱，未知所归"；人家根据自身的内部情况提出了"不同心戮力则不能自守；权钧力齐，复无以相率"。

人家很明白地提出了未来发展的规划：观时变动。

凉州南北的分裂，在某种意义上说，是一群明白人放弃了另一群看不明白的人。

隗嚣去长安大梦一场回来后，留给他的蛋糕，只剩下凉州南部三郡了。

刘玄被赤眉军推翻后，关中成为炼狱，隗嚣的天水成了乐土，再加上隗嚣素有谦恭爱士之名，大量关中人才投奔隗嚣寻求庇护。

隗嚣随后搭建的班子的人员构成很有意思："前王莽平河大尹长安谷恭为掌野大夫，平陵范逡为师友，赵秉、苏衡、郑兴为祭酒，申屠刚、杜林为持书，杨广、王遵、周宗及平襄人行巡、阿阳人王捷、长陵人王元为大将军，杜陵、金丹之属为宾客。"

总体上来讲，文官大部分是关中人，武将大部分是陇西人。

武将都是陇西人，这很好理解，陇西各地的入股豪族基本都有军队，且能打。

但文官中有大量外地人，是这帮外地人在帮隗嚣出谋划策。

这种奇葩的官员结构的产生，是因为陇西本土实在难找出几个能跟隗嚣商量大事的人才。

一旦本地找不出军师与智囊，本地发展要靠外地人支着时，这个地方被人家卖了的概率就被无限放大了。

隗嚣回天水后，刘秀、刘永、刘盆子、公孙述四个人先后称帝，隗嚣对于在自己南部割据两川的公孙述进行了考察。

派的考察团团长比较牛，马革裹尸精神的创造者——马援。

还记得长平之战中，我们说过赵括他爹赵奢被封马服君吗？后来他们这一支就姓马了。再后来，知子莫若母，赵括他妈在他出战前为全家上了免责保险，马姓得以流传下来。

马援的先祖，在汉代为官很多代。巫蛊之乱后，马援的曾祖父马通参与刺杀武帝，结果被金日䃅慧眼发现，当场拿下。后来马通被杀，马家被打入谷底。

马援的爷爷马实在宣帝时又当上了小官。

后来马实生了马仲，官职再度有些起色了，做了玄武司马。

到了马援这辈时，马家再次崛起，马仲生了四个儿子，马援是最小的儿子，马援的三个哥哥全都得到俸禄两千石以上的官位。

这是个很有意思的家族跃迁史，马援他爹的官职并不算高，祖辈又有谋反的黑历史，三个儿子咋会全都窜上了俸禄两千石的高位呢？

这个时代比较特殊，此时王莽正要篡汉。

在此先埋下一个伏笔。

马援自小有大志，三个大官哥哥对这个弟弟的评价是"汝大才，当晚成"。十二岁时父亲去世，小马援守孝，没过多久，长兄马况也去世了，马援又为兄长守孝。马援的青春期就是在守孝中度过的。

马援是个大孝子，敬寡嫂，振家门，年纪轻轻的马援为自己积了大阴德，随后的人生，老天开始慢慢给他兑现奖励。

马援后来当官，因私纵囚犯而逃亡到北地郡。等到天下大赦后，马援在北地郡当起了农场主，成了养羊能手。时间一久，很多人来依附马场主，但马场主志向比较大，对于物质上的东西很不当回事，所有家财挣多少散多少，自己过得很朴实。

王莽末年，四方兵起，马援被选拔为新城大尹（汉中太守）。

这个时候，史书上写的就比较明确了，马援能够一跃成为太守这种高官，是因为走了王莽从弟卫将军王林的门路（莽从弟卫将军林广招雄俊，乃辟援及同县原涉为掾，荐之于莽）。

通过上文所述的马援和马家的背景，我们可以大致猜测出来，这一家子的政治嗅觉和判断，绝对不简单。

公元24年，马援和哥哥马员逃至凉州避难。

公元25年，马援被西北老大隗嚣看中，任命为绥德将军，参与谋划隗嚣的军政策略。

这一年，隗嚣开始与刘秀集团有了交集。同时，蜀地的公孙述也称帝了。隗嚣听说马援和公孙述是老乡，于是派马援去公孙述处看看情况。

马援到了成都，发现公孙述摆足了谱，大摆仪仗队，举手投足全是暴发户的姿态，这让马援觉得这位爷应该混不长久。

公孙述对马援不薄，开出了高待遇，又要封侯，又要授大将军的，结果马援没领情，回到了天水，对隗嚣说："不咋地，天下还没分出胜负，他不吐哺迎接国士谋图成败，却像井底之蛙，妄自尊大，不如专心臣服东方那位皇帝（不如专意东方）。"

一般来讲，人们看到这段历史时总会把公孙述的自我感觉良好当作其失败的前兆。

但其实马援这话后面是有背景的。

当初马援的兄长马员是上郡太守，和他同避于凉州。刘秀继位后马员就先去洛阳要求官复原职去了，而马援则留在陇西，继续待价而沽，并成功挤进了隗嚣的决策圈。

他此时根本没见过剩下那几位皇帝，就因为公孙述没光着脚丫子跑来接见他就说该力挺东方？

从他后面对刘秀的态度以及他的一生经历来看，此人城府极深，而且思路极其明确。

他确确实实如他哥哥所说"有大志"，对于眼前的蝇头小利和物质享受根本不当回事，所以做农场主时他能够散尽家财，公孙述给他封侯拜将他也都不当回事。

他哥哥的那句"当晚成"，并不是说他得一把年纪才能混出来，而是说自己的这位弟弟是个投巨资、设大局的人，他的眼光在立功业、传后世。

这种志向并非是他们哥仁的官位是俸禄两千石就能满足的了。

马援这位关中的扶风茂陵豪族,这位兄弟四人全部是做过高官的人,在公元26年这个关键时期对隗嚣的影响非常关键。

从这个时候开始,马援这位外地人就已经开始朝对自己和家族有利的方向去影响隗嚣这支陇西大船的走向了。

兄长马员在刘秀称帝、邓禹光复上郡后,第一时间就回去投诚接收老地盘了,马援则继续留在隗嚣那儿待价而沽,而且他在隗嚣那儿充分利用了说话的艺术,"不如专意东方"。

此时刘秀和刘永一个河北帝,一个梁帝,人家可没明确表态"意"哪个"东方"哦。

马援通过自己的见识和判断,早早就框定了未来的投诚合作对象。

选择关东的刘氏王族,而不是没有底蕴的公孙述。

他这位军师的话,很大程度上影响了隗嚣的最终决策。

即便公孙述后来要封隗嚣为王,隗嚣也仍然去帮刘秀打公孙述,这是明显不合陇西发展的决定。

隗嚣作为陇西豪族,文化见识有限,他自身思想的局限性使他在这个波诡云谲的混乱迷雾中劣势尽显,他根本看不清历史的走向和自己的未来。

摆在隗嚣面前的无非三条路:

第一,开拓领土,拿下关中参与争霸。

第二,裂土为王,割陇西自治。

第三,早早投诚换个好前程。

如果说隗嚣也想在乱世称帝,那么他就应该在冯异后来打败赤眉军、赶走延岑极度虚弱时拿下关中。

因为此时他的集团里有大量的关中人士,他可以用关中新地盘去安抚团结他们。

如果说他想裂土为王,割陇西自治,那他之后根本没必要因为刘秀的几封信就去帮冯异打北上的公孙述。

因为局势越混乱,他这个陇西王的位置越稳固。

如果说他想早早投诚换个好前程，那就应该在冯异定鼎关中后像人家耿家一样，带着陇西的人马去参加刘秀的定关东之战。

但是隗嚣没有坚定地选择任何一个选项，表现得如云里雾里，拿不准主意。

当年关中人方望让他辅汉建庙，他就组织起大伙去发毒誓。

关中人马援去了趟四川，他就堵死了跟公孙述的关系。

河南人刘秀实在东西一点没给，一通忽悠，他就不辞辛苦地给刘秀当了西大门保安。

在每一次面临选择之时，他都不能跳出自己固有的圈子，站在高处审视此时的状况，思考到底怎样做才是对自己的陇西集团最有利的，而是自始至终被一帮不属于陇西的外地人忽忽悠悠地牵着鼻子走。

结果就是，他回到陇西的这三年中，地盘一点没扩大；而人家刘秀平刘永和邓奉，剿秦丰和田戎，定张步和董宪，灭彭宠和李宪，天下十三州，已经拿下十个半了。

对手还剩下益州的公孙述，共分凉州的他和窦融，以及占据并州少部分的卢芳。

留给隗嚣拿不准的时间，越来越少了。

三、一战陇山

在刘秀给隗嚣送手写"情书"两年后,公元28年冬,马援作为信使来到洛阳,第一次见到了刘秀。

刘秀并没有像公孙述那样摆谱,而是亲切地对马援说:你邀游于两个皇帝之间辛苦了,今天见到你,真好。

马援在此时说出了那句光武开国时代最牛的一句话:"当今之世,非独君择臣也,臣亦择君矣。"

然后马援又问:"我去公孙述那儿,那位爷穿着防弹衣带着一大群保镖来见我。今天来见您,您咋知道我不是刺客呢?"

刘秀笑道:"卿非刺客,而是说客。"

马援说:"天下大乱后,裂地称王者不可胜数,早就听说陛下有高祖之风,今日一见,果然传言非虚,我这个无神论者都被您震撼了,看来天命当真存在啊!"

刘秀非常明白马援"臣亦择君"这句话的分量,非大器者难有大言,于是对马援关怀备至,令他随驾出巡黎丘和东海。也是在这个时候,马援目睹了刘秀坐镇平叛的气势,看到了秦丰、董宪等人如何一个个被刘秀拿下。

关东巡游后,马援要回天水了,刘秀再令西凉首席外交官太中大夫来歙一路持节相送,尊重有加。

马援回陇西后,又一次给出了皇帝鉴定报告:"我去洛阳时,发现刘秀能一对好几十人地处理政务，从早到晚都在忙，身体好，才能勇略非常人能及，胸怀真诚豁达，有高祖之风，经学政务能力自古无人能出其右。"

隗嚣听完这份三A鉴定报告后，问了一句："陛下既然这么厉害，比高祖怎样呢？"

马援的回答很有意思："那哪比得过！高祖咋做咋有理，当今的皇帝陛下勤政，做事知道克制，还不喜欢饮酒，跟高祖差得太远了。"

这属于高级黑了。

马援的话可以这么理解：刘邦美得超凡脱俗，咱也看不出来哪漂亮，反正就是一大帮人追，最终还打败史上第一美女拿到选美冠军了，人家的美，人间领略不了。刘秀，眼大鼻子挺樱桃小口白美人，哪哪都极品，但这种美意境没那么高，只是人间的美人，跟刘邦那种天女没法比。

瞅见没有，没文化行吗？对面扔过来一个这么难回答的政治问题，马援以已入化境的拍马屁功夫轻描淡写地就化解了。

隗嚣那儿不得罪，刘秀听了肯定超级舒爽，这句话还能被后人无数次引用，不怕被扣上指摘祖宗的帽子而被人直接从史书中删除。

这次从洛阳回来后，马援成功地灌下迷魂药，把隗嚣的大儿子隗恂带到洛阳去当人质了。马援作为隗嚣的送子大使，在上林苑干起了屯田养殖的老本行，不再回陇西了。

刘永、彭宠、秦丰全都完了，关东的局势已定，是时候划清界限了。

公元30年，关东大定。

这五年来，刘秀心力交瘁，打仗打烦了。

面对西方的割据势力，刘秀开始劝降，他想省省心，但说一溜够，发现白费嘴皮子，还得打。

南边的公孙述回怼得比较直接，说我也是天上挂号在编的，我的天命也是在谶言中预言的。刘秀说你那预言是胡说八道盗版的，你还是别逆天而行了吧。

两个人各执一词，上面都有天撑腰。隗嚣那边则比较委婉，刘秀让他南下灭蜀，隗嚣说现在关中防御力量还很薄弱，北面还有卢芳虎视眈眈，不宜伐蜀。

如今刘秀已经真龙大现其身了，按说隗嚣你当初既然帮了龙这么一大把，现在飞龙在天了，你应该顺势抱住龙身上九天啊！你应该顺势领兵南下为领导分忧啊！

东边老耿家那么好的榜样你咋就不跟着学学呢？

西北王当久了，隗嚣对这片土地爱得比较深沉，不愿撒手了。

关于以后怎么办，隗嚣开过好几次讨论会，手下的文官普遍赞成归降，武将普遍赞成割据。

其中，出身特殊的关中豪族大将王元的话透露出了第三种意思。

他表达出了这几年积攒的不满。

王元说："今天水完富，兵马最强，应该北收西河、上郡，东收三辅之地，按照秦旧迹，表里河山。我请求以一丸泥为大王东封函谷关，此万世一时也，即使图王不成，退一步也足以称霸一方。"

王元表达出了自己的愤懑，你得有作为啊！你天天搁这儿待着到底是想干啥啊！这不是浪费大好时机吗！

听关中文人的，就是投降，快别耽误我们去新老板那儿上班。

听陇西豪族的，就是割据，咱也别外面折腾，守住咱老家就挺好。

听关中武人的，就是打出去，要不我们天天跟你图的是个啥！

隗嚣仍然在犹豫。

当年归附他的关中人才，开始大量东归，谁都能看出来现在是个啥形势了，您还犹豫，咋这么逗呢！

随着越来越多的关中人才离开他的阵营，隗嚣越来越倾向于每天听到的"乡土声音"，他忘记了当年自己辅汉的毒誓，下定决心要对抗刘秀了。

但此时此刻，他已经失去成龙的机会了。

他自己亲手放过了那宝贵的三年。

当年刘秀四面楚歌之时，你当人家的西大门保安，现在人家早已不是当

第二十战 得陇望蜀：陇山难，蜀山悲，天下定

年的铜马帝了,你却仍然以为此时此地是当年那梦开始的地方。

公元30年春,公孙述派遣被刘秀打跑的田戎出江关,至夷陵间,招其故众,侵犯南郡。刘秀再次下诏,令隗嚣南下伐蜀。

隗嚣再次推诿:白水地势险阻,山路悬险,栈木为道,伐蜀实不可行。

刘秀终于拉下脸来,准备收拾隗嚣了。

在打隗嚣之前,刘秀首先得到了占据凉州半壁的窦融集团的支持。

窦融是个明白人,虽然地处偏远,对刘秀集团没有尺寸之功,但人家河西集团在隗嚣这个傻冤家的衬托下,迎来了光武开国的最后一波上车红利。

这帮当年从王莽时代混出来的人多灵啊,马上大表忠心,坚决拥护刘秀,大骂隗嚣不是个东西。

当年我们说要观的这个变终于等到了,赶紧入股!

河西集团在这个关键时间点入局,自此平步青云,集团中的姑娘包揽了后世近半数的皇后之位,成为贯穿东汉一朝、势力极其庞大的外戚集团,像臭名昭著的混蛋外戚窦宪、梁冀就都是窦融、梁统的后人,窦家的后人后来还把在漠北高原做最后挣扎的匈奴挖坑埋了土。

在准备工作做完后,公元30年(四月),刘秀亲至长安,调集建威大将军耿弇、征虏将军祭遵、虎牙大将军盖延、捕虏将军马武、汉忠将军王常、骁骑将军刘歆、武威将军刘尚共七位将军,率精兵七万余人,以借道天水南下伐公孙述的名义讨伐隗嚣,大军压境。

刘秀很重视隗嚣,上来就派出了高规格阵容,正式撕破脸之前,刘秀再一次手书隗嚣,令来歙前去说降。

来歙去后先是大说曾经的那些美好的过往,然后突然变脸,对隗嚣现在的犹豫叛主很是不屑:"到底归不归顺,今天你必须给个痛快话!"

隗嚣继续沉吟,来歙见状,悄悄走近隗嚣,突然拿出暗器刺杀隗嚣。

结果被保安阻止了。

来使突变刺客,被阻止后又瞬间恢复外交状态,来歙不慌不忙,出门登车而去。

被刺杀的隗嚣震怒，将大耍儿来歙拿下。大将王元要隗嚣杀来歙立威，但来歙这些年外交事务干下来，在西北人缘是比较好的，很多人都把来歙当作新老板的引荐人，所以好多人都来说情。

最终，隗嚣放走了刺客来歙并正式和刘秀撕破脸皮，命诸将阻塞关陇要道，严防汉军。

第一次陇西之战开打。

刘秀以祭遵为前锋，沿渭北平原开始向陇坻进攻，王元率军接战，祭遵军将王元军的前锋击退。

汉军将阵线推进至陇山脚下。

耿弇随后率大军赶到，与王元主力接战。幽州突骑第一次碰到了对手，王元率领西凉突骑在地形优势下俯冲而至，两军主力展开大战，耿弇败退。

各军东退之时，王元追击急迫，汉军一度有溃散的趋势，幸亏马武率手中精骑殿后力战，杀追兵数千，汉军才能顺利退出战场。

这是云台诸将与神将邓奉交手后，再次吃亏被击败。

是因为两军在战斗力上有巨大差距吗？

其实并不是。

论精锐程度，成建制的正规军幽州突骑应该是这个时代战斗力最强的军队。

汉军被击败是因为陇山的地形。

第一，自关中平原往陇山打，海拔徒升了大约一千五百米，打这种仰攻，本来就很艰难。

第二，真爬上了陇西高原后，又要面临六盘山多峡谷、悬崖的地貌环境，山势迅速达到了400米以上的落差，峡谷处悬崖峭壁极为险峻。

第三，陇山东坡陡峭，西坡平缓。

这有点像珠穆朗玛峰的北坡与南坡。

从咱们这边爬珠穆朗玛峰和从印度那边爬珠穆朗玛峰完全是两个级别的难度。

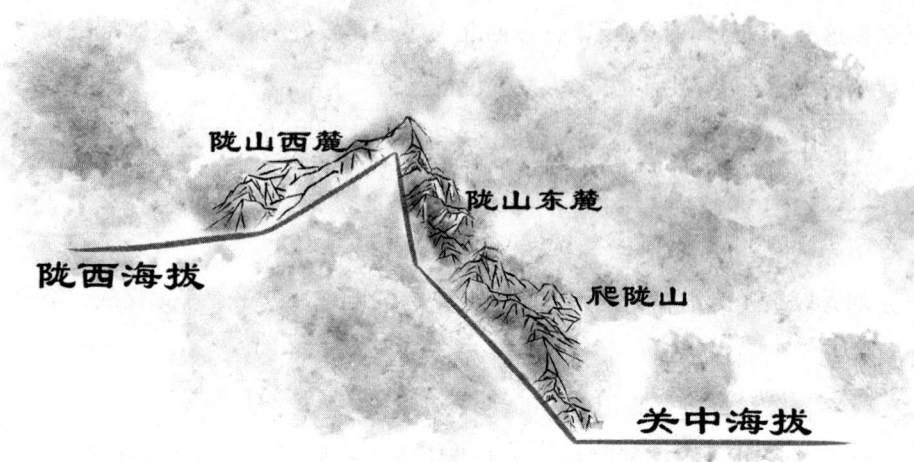

光是率大军走到陇山脚下，都已经类似于高强度拉练了，更不要说再接着攻上直上直下、沟壑遍野的陇山了。

而且不光地势是魔鬼级别的，气候也是魔鬼级别的。

六盘山山脉春天低温少雨，夏天短暂多雹，秋天阴涝霜早，冬天严寒漫长。

这样的气候条件意味着客军在耗费极大体力去仰攻的同时，还需要面对残酷的风霜雨打，几乎全年都不适合征战。

知道为啥孔明先生要跟凉州玩命了吧。

刘秀的豪华阵容，偏师定张步的耿弇，东南平刘永的盖延等人，到了西北高原却被王元追着打，这令刘秀突然感到不安，生怕隗嚣趁机东进，于是下令全军后撤保关中。

吴汉部被紧急西调守长安，耿弇退守漆县（今陕西省彬县），以冯异守栒邑（今陕西省旬邑县东北），祭遵顶在最前沿，驻守汧县，在入关中的各要道上严阵以待。

刘秀的谨慎是没错的，隗嚣果然派王元、行巡下陇山东进了。

冯异要据守的栒邑情况非常惊险，因为他在往栒邑行军时得到情报，行巡也在向栒邑强行军，诸将劝冯异："虏兵盛而新乘胜，不可与争，宜止军便地，徐思方略。"

众人的意思是，别抢了，咱歇会想想办法。

但冯异和耿弇分守泾水东西两面，战略位置突出，冯异对大伙说："栒邑要是丢了，长安就悬了，现在哪里有工夫慢慢想啊！咱们一定得先把城抢下来，然后以逸待劳，打他这个后到的。"

将军发话了，没办法，全军继续火速驰援栒邑，终于在行巡军赶来前，先入栒邑。

冯异悄悄进城，偃旗息鼓，紧闭城门，封锁消息，全军闭目养神，静待行巡长跑队的到来。

行巡长跑队在冯异长跑队抵达不久后也赶到了，正气喘吁吁的准备进城时，突然城门大开，冯异率军冲杀出来，行巡军惊慌失措，后队改前队，原方向大踏步返回。

冯异率军猛追数十里，大败行巡军，阻住了北军南下之势。

西边顶在最前沿的祭遵军也顺利地击败了王元军，关中威胁解除。

这次阻击也客观证明了一件事情，并不是刘秀手下的豪华阵容比不上隗嚣的西北狼们，隗嚣诸将一旦下了陇山，战斗力就失去了地势加成，云台将们还是很争气的。但问题是，人家要是不下来，你基本上也没啥办法。

刘秀稳住关中阵线后，觉得仗不能这么打了，这个滩头阵地要想抢下来，伤亡就太大了，于是刘秀召来马援共同商议对策。

马援主动请缨，领了五千突骑，开始往来游说隗嚣大将高峻、任禹等人和羌人豪族，说明未来的局势和弃暗投明的待遇，离间隗嚣党羽。

不久，北地、安定的豪族纷纷叛嚣归汉，冯异又趁此机会北攻义渠，大破据守北部的卢芳守将贾览，在关中北部取得了巨大的舆论影响。

与此同时，凉州北部的窦融也出兵金城，恶心隗嚣，并杀了隗嚣示好的来使，在黄河边上列阵示威。

隗嚣的形势急转直下。

安定叛羌起义，自高平第一城（今宁夏回族自治区固原市）由乌水入黄河再进河西的道路打通了，刘秀和窦融接上头了。

看上去隗嚣是不是就要被打沉了？

并没有，因为陇山天险仍然被隗嚣把在手里。

两百年多后，诸葛亮出祁山，魏国朝野大惊，天水、南安、安定三郡叛乱响应，形势比今天似乎更有利。

但是，陇西郡太守游楚在蜀军杀过来之后，在城上淡定地对蜀将说了这个时代陇西得失的关键点："卿能断陇，使东兵不上，一月之中，则陇西吏人不攻自服；卿若不能，虚自疲弊耳。"

快别在我这儿费劲了，你只要断了陇道，我们马上投降；你断不了，那纯属瞎折腾。

围绕着陇山，双方进入了第一阶段：僵持。

围绕着陇道，双方即将展开第二阶段：你争我夺。

四、诸葛亮为什么要让马谡去守街亭

隗嚣在多方叛变的颓势下上书刘秀，说这次交战是误会，大军突至，诸将有点蒙圈，惊慌失措下自救，我管不了这帮人，大哥您别生气。

刘秀表现得很大度，不仅没听诸臣要杀掉他人质儿子的劝谏，还令"刺客外交官"来歙致书隗嚣，并再谈归降政策：只要投降，必定恢复官位、名号！

刘秀还加了一个补充条款：把你二儿子也给我送过来。

隗嚣一看，糊弄不过去了，总共就俩儿子，再搭一个进去这辈子就白忙活了，于是拉下脸，向据守南部、自己曾经虐过多次的公孙述求援。

公元31年（三月），隗嚣接受了公孙述给的朔宁王封号。

公元30年夏天，第一轮会战结束；秋天，各地叛嚣起义，这之后，刘秀并没有继续围攻陇山，给隗嚣施压。

他突然间有一件更严峻的事要去处理：老天爷警告他了。

秋九月丙寅，日有食之。

"发兵捕不道"的天选之子看到如此天象马上就哆嗦了，立刻开始自省，而且马上到冬天了，陇西严冬残酷，伐隗嚣之事暂缓。

三个月后，建武六年（公元30年）十二月癸巳日（大年二十九），刘秀下令：过去这些年一直在打仗，军费不足，所以收百分之十的税，现在军队屯田补差价，不再给百姓添负担，各郡国恢复三十税一，如旧制。

建武七年（公元31年）春正月丙申日，下令：大赦天下。

建武七年（公元31年）三月丁酉日，下令：裁军，一部分轻车、骑士、材官、楼船士的技术型兵种还复民伍。

刘秀三次下令后，老天爷给了他第二次警告。

三月癸亥，日有食之。

刘秀集团再次陷入恐慌，痛定思痛，又酝酿一月后，刘秀一把手揽全责，昭告天下罪己！

"阴阳错谬，日月薄食。百姓有过，在我一人，大赦天下。"

这一年，西面战线上的诸将都不敢有动作。

公元31年秋天，隗嚣反攻，亲率三万步骑兵进攻安定、北地两郡，成功收回部分地盘，随后隗嚣进至阴槃（今陕西省长武县）准备再下关中时，被冯异阻击。

隗嚣派遣的另一支部队进攻驻守汧县的祭遵，双方战成平手，隗嚣部引军而还。

还是老样子，我上不去，你也下不来。

刘秀还没来得及二次伐隗，第一次的所有战略成果就都被隗嚣夺回去了。

隗嚣阻碍神州一统，再动刀兵，刘秀终于找到了理由去替天行道。

打之前，刘秀再次令外交队先行，派马援和来歙去进行招降游说。

马援那边继续往来游说隗嚣手下的将领，反复陈述祸福利害：陇西弹丸之地如何能对抗大半个天下呢？

不过马援在老伙计们那儿明显没啥面子，闹腾得挺欢，但并没有做出什么成果，倒是来歙那边搞出了大成果，隗嚣大将王遵被劝降，刘秀开出高价，封王遵为向义侯。

来歙不光当了把高级猎头，还搂草打兔子，得到了一个非常关键的机密情报：隗嚣现在把所有兵力都布置在陇山前线，内部极其空虚。

随后，公元32年（正月），敢在人家的营帐里搞刺杀的大耍儿来歙演出了东汉开国中最具孤胆英雄气概的一出戏。

来歙独自带领着两千本部人马开始了孤胆之旅，一路穿山越谷，伐林开道，绕过番须（今陕西省陇县西北）等陇坻诸要隘，突然出现在战略要冲略阳城下。

来歙在这次突袭中表现得很好，躲过了所有防守部队，抽冷子挥军窜入城中，斩杀守将金梁，成功夺占了陇西的心脏——略阳城。

在得知来歙成功偷袭后，汉军全体沸腾了，诸将纷纷摩拳擦掌准备攻向略阳，想要彻底突破陇山防线。但刘秀得知后却下令：都给我老实待着！

着什么急！现在是正月，你们上了陇山不怕冻死吗？略阳是陇西的心脏，隗嚣肯定会调大军去争，来歙那小子守上几个月肯定没问题，等隗嚣被拖得兵老困顿，春暖花开之际，我们再攻上陇山。

刘秀把来歙豁出去了。

正如刘秀所料，隗嚣得知略阳被来歙奇袭后大惊，感叹"何其神也"，随后急令王元率军防守陇坻，行巡防守番须口，王孟塞鸡头道（今宁夏回族自治区隆德县东），牛邯防守瓦亭（今宁夏回族自治区固原市南）。在部署完防线后，隗嚣亲率数万大军反攻略阳。

刘秀没有看错，来歙确实值得信赖。隗嚣围城后，攻城几轮都没打动，公孙述派来了五千援军一块帮着打也不好使。

隗嚣见强攻难以奏效，便劈山筑堤，截断河水，引水淹城。

东汉第一大耍儿则水来土掩，拼死固守略阳，打到后面箭都用光了，便拆毁房屋，造箭接着打。

就这样，来歙的两千孤军在略阳坚守了四个月，略阳城岿然不动。

这次壮烈传奇的独卧孤城，给了之后中国历史上堪称最伟大的丞相巨大的信心，极具借鉴的价值。

两百多年后，略阳这个地方，被称为街亭。

略阳，就是今天的甘肃省天水市秦安县陇城镇，地理位置并未在陇山隘口上。

可能会出乎大家的意料，在大家的印象中，街亭是在陇山上的一个关隘，堵住了这个口子就把陇山封上了。

其实并不是。

那这又不是陇山被突破了，为啥这个位置如此关键，需要隗嚣兴师动众地亲自去夺回呢？

为啥诸葛丞相要把阻击点放在这里呢？为啥不再往东走直接堵在陇山口上呢？

因为它是陇山诸道南下的关键交汇点！

走关陇道、番须道、鸡头道、瓦亭道南下全都会经过略阳城。

分析此次的隗嚣围略阳之战，我们可以得出以下两个关键点：

第一，陇山有诸多要塞关隘，陇道众多。

在上述陇山四道上，隗嚣全都布置了干将把守。

前面我们提到，游楚说过，想拿下陇西的必要条件是"断陇"。

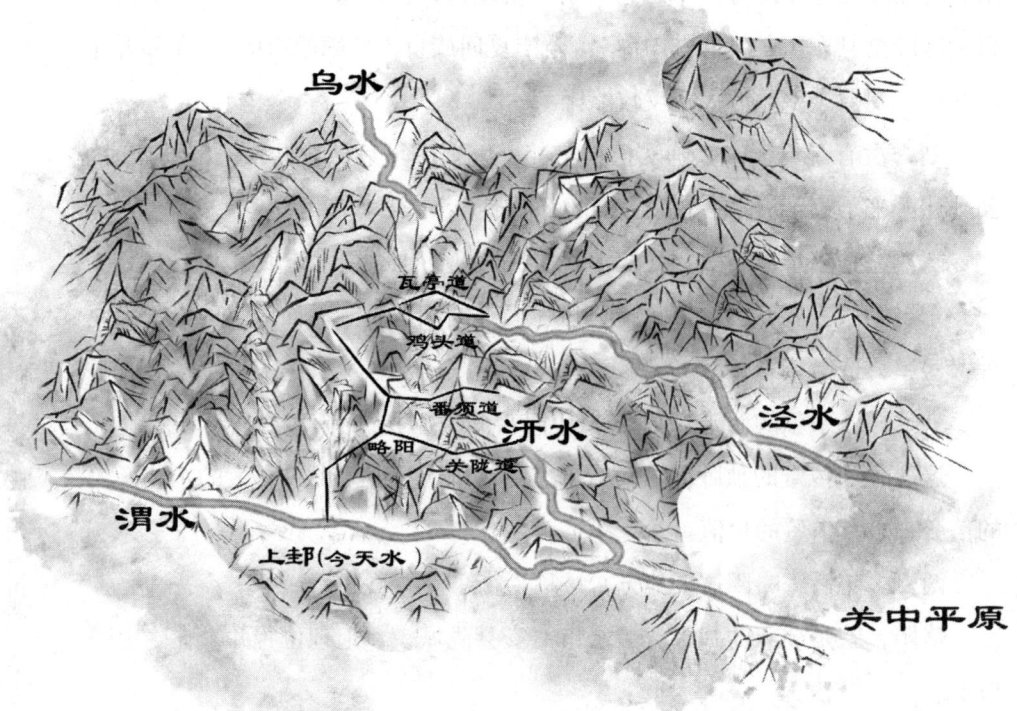

从战略层面上看，要是想彻底"断陇"，就必须把上述陇道全部守住。

但以诸葛丞相当时手中的兵力，是无法完成既包围上邽的郭淮和祁山的高刚，又去堵住这么多的陇山诸隘口的。

所以他才会把最关键的那个点，退而求其次地选在了南下汇总点略阳，也就是街亭！

第二，略阳城小且坚。

城大的话两千人根本没法守，不坚固的话根本扛不住打。

略阳城并非堵死交通的那种超级大城，它的职能从来就不是拦住大军的去路。略阳是所有陇道的最终汇总点，钉在这个地方能断大军的粮道！敌军因此不敢南下偷过去。

东面的大军上陇后，来到略阳，会面临四种选择：

1. 不搭理这座城，直接迈过去。

那你的后续给养路线肯定就会被略阳守军破坏，大军会被饿死。

2. 留少部分兵围住略阳，大部队偷渡过去。

那样略阳城守军很可能会把你的围城军吃掉。

即便吃不掉，你的少量围城军也很难达到保护漫长的粮道的作用。

3. 留大量士兵围城，少部分先锋军南下支援。

确实是不用担心略阳了，但先锋去了南边就被打死了。

4. 老老实实把略阳城攻下来，保证粮道通畅后再踏踏实实南下。

但凡打过仗的将领，都会选择第四种。

如果时间足，兵力众，"断陇"实际上还是以阻塞陇山诸道为上。

但如果时间紧，任务重，在抢时间、兵力不足的情况下，守住这座城，实际上也起到了把敌军的援军堵在略阳的效果。

令贼兵不能偷过！

两百多年前，有个大耍儿仅仅带着两千人，就在这个城上，在全陇西的围攻下，整整守了四个月！

这地方是经历过历史考验的！

这是丞相的关键布局。

丞相千叮咛万嘱咐,别浪!别浪!千万别浪!这局的任务是当乌龟!而不是出风头!我说啥你就给我执行啥!

结果,唉!

最终杀马谡的理由是:"谡违亮节度,举措烦扰,舍水上山,不下据城。"

都给你明明白白布置完了!

我让你给我守城!守城!

谁让你上山了!

有时候,老天只会给你一次机会。

闯过去了,成龙,脱胎换骨受天封;

没闯过去,属于你的时代也就过去了。

很多事情,错过了,也就错过了。

闰四月,歇完了长假的刘秀觉得差不多了,御驾亲征。

这次带去了更豪华的阵容。

刘秀自己御驾亲征,吴汉、耿弇、岑彭、冯异、祭遵、盖延;马武、王常、刘歆、刘尚诸将军领兵再征陇山。

云台之光,所有能独当一面的大将几乎齐聚陇山战场,东汉开国时期的最多将星之战正式开打。

超豪华阵容进至漆县(今陕西省彬县)时,发现跟设想的不一样,陇道层层设防,仰攻还是没戏。

当初我们想趁热打铁你不打,现在你傻了吧,诸将开始劝刘秀回军。

在刘秀进退维谷之际,来歙的救命恩人出来说话了。

最强降将马援再度大摆造型,这位战争史上的行为艺术者夜入刘秀大营,在帐中大喊:"拿米来!要生的!"

就在众将以为他要表演吃生米的绝技时,马援开始拿大米作画,用几袋大米将陇山的山川地形和行军进退路线全都堆出来了,然后激动地说:"隗嚣已渐有土崩瓦解之势,不能走!咱得接着打!往死里打!照着这米画出的图打!"

刘秀大喜,兴奋地说:"虏在吾目中矣!"

马援给刘秀指的路,并非让他打陇山,而是北上走"回中古道"(路过陇山诸道),打通与河西的通路。刘秀随即西北而上,按照马援的"米地图"出其不意地攻克了陇北要塞——高平第一城。

攻克高平后,窦融也率五郡太守及羌、小月氏等部落组成的联合战队,步骑数万人前来会师,一同向陇地进攻。

大军压境,刘秀的劝降政策再次绽放光芒,当初来歙招降过来的王遵又把守瓦亭道的牛邯给招降了。

到最后陇山也不是刘秀打下来的,是挖墙脚收购的。

瓦亭道一失,汉军成功登上陇山,这也就意味着鸡头、番须两道也失去了阻击意义,汉军可以东西两路夹击陇道。

随后,汉军迅速推进到了略阳。

由于猛男来歙依然坚持着,汉军赶到略阳后也就像后来的张郃一样,完成了上陇支援的任务。

陇山防御系统被整体攻破了。

至此,天水各地开始失去抵抗意志,隗嚣的十三员大将和天水郡的十六个县邑,十多万吏民反水投降刘秀,隗嚣的丧钟进入了倒计时。

失去陇山之险的隗嚣见大势已去,命王元入蜀求救,自己投奔西城(今甘肃省天水市西南)杨广处,田弇、李育率军南走,退保上邽,略阳之围得解,西北王隗嚣手中仅仅剩下两个孤城。

在这个时候,刘秀给了隗嚣最后一次机会:投降仍然不晚,待遇依然优厚!

真厚道啊。

但西北硬汉隗嚣选择了拒绝,既然上了路,就没打算回头!

刘秀好话说尽后杀了他的人质长子,令吴汉与岑彭包围西城,耿弇与盖延包围上邽。

剩下就是时间问题了。

但就在这即将终场破门之际，突然出现了变数。

刘秀这大半年不在中央坐镇，八月，颍川河东突起叛乱，威胁洛阳。

刘秀不得不亲自回军平叛。

兵仙离场后，隗嚣这匹打不死的西北狼，靠着自己最后的倔强，在终场哨即将吹响之前，将比赛拖入了加时赛。

五、三战陇西

刘秀在临走前嘱咐了两件事。

第一,隗嚣这就要死,拿下陇西后,带兵南击蜀虏。人苦不知足,既平陇,复望蜀。每一发兵,头须为白。

这就是著名的"得陇望蜀"的由来。

刘秀的意思是,我承认我欲望大,得了陇,就赶紧给我打蜀去。

两百多年后,曹老板在拿下汉中后,面对新生的刘备政权,并没有趁热打铁,而是说:"得陇望蜀,咋不知足呢!"

虽说曹老板有他的不得已,但两种态度,最终就会导致两种结局。

第二,吴汉,你要赶快精简部队。

按理说眼下正是用人之际,兵力应该多多益善才好,但刘秀这么说,自有兵仙的道理。

陇西高原已经养不起这么多的军队了。

陇西地广人稀,土地贫瘠,再加上常年战争,当地的物资已经基本耗尽,大军无法就地得到补给。

由于渭水自陈仓到上邽的航段湍急险阻无法行船,关中的物资只能走陆运,硬翻这六盘山方得到这陇山。

能运到陇西前线的物资仅是十中一二,大部分物资都在运输过程中被消耗掉了。

刘秀对吴汉说:"现在围这两座城,用不了太多人,新收编的赶紧都遣散了,人多起不到作用,只会多费粮食,如果后面出现大规模逃亡,你在客场将面临巨大的士气危机。"

但刘秀走后,吴汉就把领导的嘱咐扔一边去了。

打仗还嫌兵多?我要的就是城内看到城外乌泱乌泱的大军的绝望气氛,我必须给他们整崩溃了!

吴汉继续率大军围城,但西城就是打不动。

他忽略了陇西汉子们的坚毅与决心。

随着作战时间的推移,如刘兵仙所料,粮食日渐减少,吏士疲惫,逃亡者众多。

汉军的士气开始大幅度滑坡。

汉军这边士气低落,隗嚣那边则已经濒临绝境了,大将杨广病死,隗嚣据守的西城在数月围城中已极度困难。

隗嚣大将王捷把守戎丘城(在西城西北),在战斗最激烈时,他登上城楼向汉军高呼:"为隗王城守者,皆必死无二心!愿诸军亟罢,请自杀以明之!"

说罢拔剑自刎。

守城战士们在这种"爷死给你们看"的壮烈鼓舞下,奋起余勇打退了一次又一次汉军的进攻。

看到围攻始终不克,在南边玩惯了水的岑彭又扔出了水攻技能包,引出谷水淹灌西城。西城还剩一丈多就要被淹没,当年三家分晋总决赛的水灌晋阳景观时隔五百年再度上演!

但隗嚣和当年的赵无恤一样,仍坚持抵抗。

终于,陇西恐怖的冬天到了。

汉军既没想到仗能打到冬天,也没想到这里的冬天有这么冷。

汉军在陇西自春四月苦战至冬十一月,在风雪下,汉军实际上已经是强弩之末。

倔强的隗嚣也终于等来了救兵，王元、行巡、周宗率领五千蜀军突然杀至西城，边冲杀边高喊："百万众至！百万众至！"

汉军大惊，在严寒、粮匮、疲劳等诸多影响下，开始溃散。

大败后的吴汉、岑彭粮食已尽，士气低迷，于是烧毁辎重，引军退下陇山。耿弇、盖延随后也相继退兵。

被围了小半年的隗嚣开始率军追击汉军，但岑彭殿后，隗嚣没有占到什么便宜。

隗嚣很快再次收复了安定、北地、天水、陇西等郡，本已将胜利装进兜里的汉军只能眼睁睁地看着隗嚣翻盘。

双方又一次进入加时赛。

一年的苦战，刘秀再次回到原点。

这一次唯一可喜的，是祭遵在被隗嚣反攻时坚守不退，守住了陇道，下次不用再硬打这巍峨耸立的陇山了。

由于吴汉不听话痛失好局，刘秀远在洛阳估计踢着桌子隔空大骂这人不听话。

这么恶心的陇山，因为你吴汉，我还得再上一次！

别着急，这人还得让你骂好几次。

虽然又一次回到最初的起点，但有了上回的经验，刘秀的优势开始越来越明显。

近三年的战斗中，隗嚣多年的战略物资储备被消耗殆尽，陇西本就不是物资丰富之地，根本禁不起如此剧烈的消耗。

再加上安定、北地两次易帜叛变，十多员大将十余万众投降变成了汉军，隗嚣实际上变得十分虚弱。

刘秀毕竟是以全国敌一隅，隗嚣的败象已经越来越明显了。

刘秀开始筹备第三次伐隗。

在三战陇山之前，双方均有关键人物退场了。

公元33年（正月），常年顶在最西方汧水一线死战不退，守陇道要塞的云台第九将祭遵死于军中。

祭遵一生廉洁奉公,谨慎小心,治军严格,从不扰民,所在郡县百姓甚至不知有军队存在。他临终要求薄葬,没有任何要求。

祭遵丧至河南,刘秀素服亲迎大哭。

丧车至城门,刘秀已经哭得快抽过去了。

丧礼完成后,刘秀再亲自以"太牢"之礼祭祀。

下葬时,刘秀再次亲自去墓地,葬完后,又去祭家慰问祭遵的遗孀。

最终评价他说:"安得忧国奉公如祭征虏者乎!"

再找这么好的部下不容易了。

祭遵最后的这几年,一直顶在最西边的陇山前线,身体一直不好,但从来轻伤不下火线。

在诸军皆退下陇山之时,只有祭遵,顶住了反扑的隗嚣军,帮刘秀始终将入陇山的主动权拿在手中,避免了再伐陇西时还要再打一遍天险。

对这种功绩突出的好将领,刘秀几乎是用空前绝后之礼,在所有兄弟们面前表了态:好好干,我看在眼里,我全都看在眼里。

祭遵死后没两天,同样是正月里,老无所依的隗嚣也被埋葬在这春天里了。

隗嚣饿了半年多,他在打跑汉军后发现连自己这位陇西王都只能吃点馊饭了。

陇西没有希望了。

隗嚣悲愤而死。

让汉军围了大半年,天天高度紧张,又是打又是放水泡,身体能好那算怪了。

隗嚣这辈子,历史留名的关键词是"拧巴"。

这辈子活了一个糊里糊涂。

隗嚣死后,大将军王元、周宗等人拥立隗嚣之子隗纯为主。刘秀三伐隗嚣之前,也战前易将,不听话的吴汉边儿待着了,大耍儿来歙为总指挥,马援做来歙的副手，这对最了解西北的组合成了第三次西征的大脑。

来歙在成为总指挥后便向刘秀上书：公孙述以天水、陇西为其屏障，故能够苟延残喘，待此两郡平定，公孙述便黔驴技穷了。此战我不担心打不赢，而担心赢了之后怎么办。陇西破败，军民饥饿，只有拿出真金白银和粮食给养去维稳，才能真正解决陇西难题。现在陇西百姓拿我们当侵略者，而不是救世主，隗嚣之所以能够一再春风吹又生，不过是因为我们未得陇西民心，咱们现在不光要筹军粮，更要筹措赈济之粮。

刘秀听到这种体现宏大格局之言后深感认同，下令各地沿渭水于汧县积谷六万斛，并调集大量物资和牲畜，源源不断地输送到前线为第三次西征做物质准备。

整整又准备了半年多，公元33年秋（八月），汉军再次西征。

来歙兵分两路，自己亲率冯异、盖延等五位将军率大军沿着祭遵死守的陇道再上陇山；一路令耿弇率两万军北上攻打高平第一城。

隗嚣死后，陇西士气早已进入低谷，汉军入陇山后势如破竹。

眼看隗家要完，公孙述派遣部将赵匡等北救隗纯，随后隗氏在蜀军的帮助下在陇西高原上又和汉军僵持了近一年。

公元34年（七月），一把年纪仍常为诸军先锋的冯异，终于彻底击垮了西蜀的援军，阵前斩蜀将赵匡。

汉军推进至隗氏最后的根据地落门（今甘肃省武山县洛门镇）。

隗氏大势已去。

同月，在即将功成之时，冯异病逝军中。

这位帝国大才、西北定鼎者，在曲终之际，也没能看到西北大戏的最终落幕。

他和祭遵一样，鞠躬尽瘁，死在了征战的第一线，这帮云台将中的老兄弟们，全都有着马革裹尸还的精神。

这种精神，其实并非马援所创，它更是这个时代所有伟大将领的将魂。

这位擎天西北柱，架海紫金梁，定两京、降赤眉、稳关中、征陇西的西方无冕之王，完成了他的使命，也要上天听封复命了。

来歙虽是总指挥，但汉军军魂其实是冯异。

因为刘秀得到冯异病逝的消息后，第一时间赶到关中，并到陇山前线去稳定军心。

同时，刘秀还带来了云台将中最后一位没到过陇西的大神级别的将领，让他去解决已经阻挡耿弇一年的高平第一城。

耿弇那路军队只有两万人，而高平第一城的守将高峻率领着一万精兵坚守此地。

耿弇用尽了一切办法，但高峻不像张步那么冲动，说啥就是不出来。

人家不出来，耿弇仅靠这点人是没法攻坚去打高平第一城的。

东汉的萧何——寇恂受命前往高平第一城去招降高峻。

寇恂这些年在干啥呢？

在给刘秀当战斗版的萧何。

最开始在河内，早期的各地粮运给养甚至百官的工资全是寇恂一手承办的。

公元26年，刘秀过得最不易的那一年，颍川骚动，出现起义，寇恂又被刘秀安排到颍川救火，寇恂刚到位就平叛成功，随后又把颍川治理为第二个河内。

公元27年，梁地骚动，刘永余孽总是死灰复燃，寇恂又成了汝南太守，一边平贼一边接着抓生产。

刘秀定关东那些年的后勤给养都是哪来的呢？

除了缴获外，大部分都是寇恂这儿顶上来的。

而且说句实在话，寇恂干的活儿比萧何干的活儿艰难。

萧何只需安心管理粮食的生产。寇恂是一边杀贼平叛、威慑当地反叛势力；一边要理顺与各地豪族的关系，让他们定时把粮食交上来。

刘秀作为明白人，继洛阳封侯后，仅仅一年多就再次增加了寇恂的封邑，让他成了万户侯。

上次刘秀在拿下隗嚣前,颍川突生叛乱,刘秀一边往洛阳赶,一边命刚刚调回中央当执金吾的寇恂去平叛。

你是那儿的老长官了,现在只有你能平定那儿的叛乱。

寇恂到了颍川,还没打叛军就全都归降了。刘秀来到颍川后,颍川百姓求他留下寇恂当颍川太守。

寇恂因此又留任颍川一年。

冯异死后,刘秀无可奈何,只能拿出压箱底的存货:"老冯走了,老寇,你跟我去趟陇西压压场子吧。"

西汉开国,三杰自成一档。

东汉中兴,耿弇、寇恂、岑彭、冯异四将并驾齐驱。

至于邓禹、吴汉、贾复这三公,首先别跟人家比关系,其次别跟人家比命长。

刘秀在比赛僵局时的换人再次发挥巨大作用。寇恂兵马未动,间谍先行,将高平第一城这条钢铁防线的人员部署全部摸清楚了。

到了高平后,寇恂招降高平第一城守将高峻。高峻派出军师皇甫文出城了解情况,皇甫文进入汉军大营,刚说我们不打算投降,寇恂就一改平日和气的面孔,直接就把皇甫文砍了。

诸将大惊道:"这不是您风格啊!再说高峻拥有精兵万人,全是神射手,此城坚固,我们一年都打不下来。既然要招降高峻,这杀了人家的使者还咋招降?"

寇恂说:"我自有分寸!"

随后寇恂命皇甫文的副使回城向高峻报告,跟高峻说:"你家军师无礼,我已经砍了,打算投降你就赶紧的,不降就接着打!"

高峻当日投降。

诸将十分诧异,寇恂道:"这个高峻之所以能跟咱挺一年,就是因为这个皇甫文!此人不仅是他的心腹军师,还是他的精神支柱,来这儿之前我就打听好了,把他一杀,高峻往后就没主意了,肯定得降。"

众将拜服。

有多年处理豪族关系和平贼经验的寇恂明白，攻心为上，高效地拔除了陇北最后一个关键据点，他的进球也使这场漫长的加时赛终于进入了倒计时阶段。

十月，汉军攻破隗氏的最后据点落门城。隗纯率将军周宗、行巡、苟宇、赵恢等投降，大将王元南逃投奔公孙述。

击灭隗嚣集团尚不意味着陇西彻底太平。由于隗嚣让羌人自治，所以双方关系一直非常好，隗氏集团被扫平后，五溪、先零等羌人部落屡次抢劫、袭扰汉军。

来歙在平了隗嚣后又率领盖延、马援平定了羌人中不服的部落，缴获了大量羌人的余粮。

靠着刘秀之前运到前线的粮食和羌人的余粮，来歙大开府库，运送粮草给陇西各县，既缓解了近五年大战后的凋敝状况，也稳定了陇西的民心。

肚子吃饱了，陇西终于安定了下来。

这辈子不想再看到陇山的刘秀终于放心，回到了洛阳。

至此，刘秀一统天下的最艰难战役——平定隗嚣集团，从公元30年（五月）起，至公元34年（十月）止，历经四年半的时间，终于彻底取得胜利。

在光武中兴诸战中，三战陇西的重要程度仅次于当初略定河北。

陇地不仅居高临下俯瞰关中，而且还隔绝着匈奴和西羌。

此地使两个彪悍的民族无法形成合力，也成了让帝国西北长治久安的最大保障。

还是那句话，凉州定，天下安。

此次陇西会战，刘秀几乎用上了他的全部战将和精锐之师，如吴汉、耿弇、岑彭、冯异、寇恂、盖延、祭遵、马武等，以及没入云台但同样厉害的大耍儿来歙和最强降将马援悉数登场。就这阵容尚且两次功败垂成。

最终，凡三往，乃下。

足见陇山之险，凉州之悍，冠绝天下矣！

正如此章开篇所说，凉州这处天下金角，后面还将多次迎来历史的转折点，影响天下大势的进程。一百年后，这片土地将再度打破封印。

凉州之乱将不断透支掏空东汉帝国的躯体。

在大乱半个世纪后，一个胖子（董卓）带着西凉兵马闯进了洛阳。

大象进入瓷器店，天下四百年大乱就此开启。

陇山终于被攻克，这意味着入蜀的通道打开了。

与此同时，东汉最强走位神将也已经就位于夷陵。

最后的战役，就要来了。

第二十战 得陇望蜀：陇山难，蜀山悲，天下定

六、巴东三峡巫峡长，猿鸣三声泪沾裳

蜀道难，难于上青天。

上一次蜀地被占领，还是三百多年前司马错无障碍地越过了蜀道天险。

如果刘秀此时翻开"大西南历史课本"，他会惊讶地发现，在蜀地险要之地被敌方完全掌控而且敌方坚决抵抗时，这片土地被征服的次数是零。

提到蜀道难，人们印象中往往是"黄鹤之飞不得过，猿猱欲度愁攀援"的北路。

其实蜀道的难是四面八方全方位的。

中原入蜀，除了北路外，还有一条路。

就是自东向西的逆江上行的江路。

不要以为江路比北路好走，这俩都是一个级别的天险。

在这光武中兴压轴的最后一战中，东汉最强走位神将一路溯江而上，像一把尖刀捅进了蜀地的心脏。

这最后的绚烂独舞为光武中兴这个波澜壮阔的时代献上了最华美壮丽的谢幕篇章！

来介绍一下刘秀的最后一个对手吧。

公孙述，扶风茂陵豪族，马援的老乡，他爹公孙仁官至河南都尉。官二代公孙述长大后任职清水（今甘肃省清水县）县长，走上了仕途。

公孙仁怕年纪轻轻的儿子干不好，派了自己的手下去教公孙述咋当官，

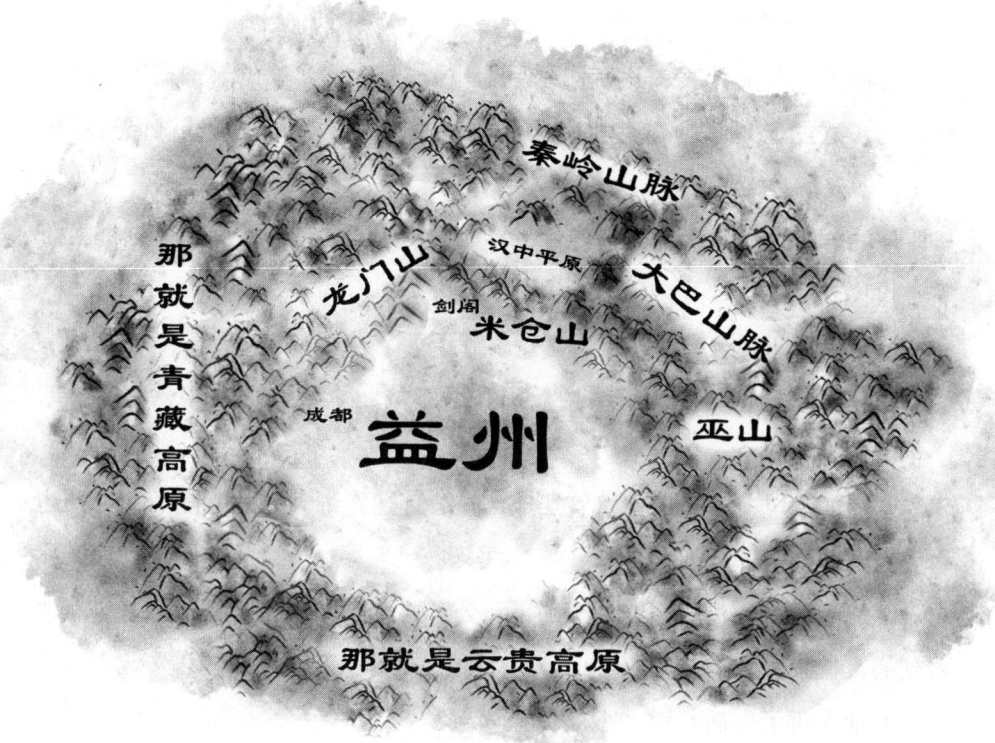

但手下没有一个月就回来了，对他说："你儿子用不着人教，比你都牛。"

没过多久，公孙述的上级一看这小子可以啊，于是拨给他五个县让他治理，结果五个县都被公孙述安排得明明白白的。

王莽上台后，公孙述得到了人生中最重要的一次职位调整，被封为了导江卒正（蜀郡太守，"导江"指蜀郡，"卒正"指太守，都是王莽改的名字）。

公孙述因此入蜀。

入蜀后的公孙述不断进步，影响力越来越大。没过几年，天下大乱，公孙述请来了一伙打着兴汉旗号的起义军到自己的地盘来当保安团，但结果是引狼入室，蜀中百姓被这帮人祸害得够呛。公孙述一看，还是我自己来吧。

在这之前，公孙述对蜀郡豪族们说："我打算保全蜀地自守等候真正天子的到来，大家想跟我一起干的就留下，不想干的现在就可以走了。"

蜀地豪族们对公孙述表态：太守咱快自己来吧，我们愿效死力。

公孙述这位四川"刘秀"也被推举出来了。

公孙述这人就属于脑子特别灵活的,像彭宠,张步啥的,都得等个政权给自己正式的册封才师出有名,人家公孙述就不用,找俩演员就把这事解决了。

他的群演扮成玄汉使者来传旨,将他包装成了代理辅汉将军、蜀郡太守兼益州牧。

册封书,印绶全齐。

公孙述靠着这一套假行头招兵买马平盗贼,并于公元24年秋率军打败了正牌货。

玄汉的李宝、张忠率军接管蜀地,被公孙述在绵竹打败。随后,公孙述自立为蜀王,定都成都。

等流贼们都扫没了,统一全蜀了,公孙述开始装模作样地说一些只有他看到的奇特景象。

其他人听了之后,说:"您得当皇帝啊!"

公孙述惶恐道:"当皇帝是要靠命的,我何德何能啊!"

其他人说:"天命无常,能者居之,您太能了!别废话,就是您了!"

公孙述犹豫说:"是这样啊,那我考虑考虑。"

不久,公孙述又做梦了,他跟别人讨论,说他梦见有人跟他说"八厶子系,十二为期",这是啥意思呢?

有文化的人就跟他讲:"'八厶'上下一拼就是个'公'字;'子系'左右一拼就是个'孙'字;梦里那人说您有十二年的天子命啊。"

公孙述后来还跟他媳妇说这事:"唉,我咋才有十二年的皇帝命呢!"

他媳妇说:"快别不知足了!过去人说'朝闻道,夕死可矣',你都能当十二年皇帝了还不知足,赶紧登基,我要母仪天下!"

作为当年王莽的好手下,公孙述很快就把前领导的那套打法全搬出来用了。

他发现大龙在他家里住,半夜自带路灯效果给他家省电钱,他还给其他人展示他的手掌,上面刻着"公孙帝",也不嫌疼。

公元25年是个批发称帝的年份，刘秀、刘永、公孙述纷纷称帝，专门为自己代言的营销大咖公孙述还是拔头筹的那个。公孙述四月份开春就称帝了，国号"成家"，尚白色，建元"龙兴"。

当年，公孙述彻底掌控蜀地全境，并随后偷袭了叛主的延岑，又将汉中拿在了手中，统一了益州全境。

后来刘备豁一辈子命干成的事，被公孙述在短短三年内搞定。

但也就这样了。

拿下汉中的公孙述曾经想北入关中，一度大作营垒，广造车骑，演习战射，聚兵甲数十万人，又在汉中广积粮草，在南郑筑建北宫。与此同时，把天下各地的牧守印章都提前刻出来了，准备随时犒赏天下，引八方来归。

结果被当时还在跟刘秀眉来眼去的西北猛男隗嚣和关中大梁冯异暴揍好几通，出来几次打几次。

隗嚣的这次关键站队，成了天平最终倾向刘秀的最重要砝码。

因为如果公孙述趁乱拿下了关中，他将变成乞丐版的刘邦据关中，中国西部将被连为一体，关中和四川将同时具有向中国东部开战的战略优势和物质基础。

就这样，公孙述被西北傻冤家怼了三年。公元30年，刘秀在关东腾出手来了，大势开始不可逆转。

刘秀的一封封劝降信开始传到蜀地，不断表明一个态度：要承认大汉只有我刘秀一个皇帝，不要妄想搞割据，剩下的咱好商量。

但公孙述认为自己也是天命所归，开始跟刘秀掰扯天意。

两个文化人展开了学术大战。

公孙述教授首先给出了学术依据：

孔老夫子作《春秋》，里面说"为赤制而断十二公"，说明高帝至平帝整整十二代，气数已尽，没你刘家的事了。

《录运法》中说"废昌帝，立公孙"，听见没，该我公孙家了。

《括地象》中说"帝轩辕受命，公孙氏握"，再次表达了公孙家掌权的上天安排。

《援神契》曰"西太守，乙卯金"，意思是我这个西方太守将灭绝卯金刘家。

五德之运，水（秦）、火（汉）、土（莽）、金（我）、木。金据西方为白德，土德的王莽灭了你刘家的火德，现在我金德公孙氏取代王莽，继承顺位毋庸置疑。

最后，你还没看过我掌纹呢！那叫一个牛啊！

随后，关东学术泰斗刘秀先生给出了自己的回应：

没错，王莽篡汉是"断十二公"，但爷又给接上了。

"废昌帝，立公孙"是指霍光废昌邑王，立的落魄王孙刘病已，历史没学好吧。

刘家不会千秋万代不假，但"代汉者，当涂高"，就你那小挫个，你家祖祖辈辈有长得高的吗？

离刘家气数尽还早着呢！你要不也过来看看我这掌纹，纯天然无刀刻，绝对吓死你！

刘秀还是比较厚道的，对公孙述说："你不是我的乱臣贼子，你当年反的是王莽，打的是刘玄。仓促时人人都想当皇帝，可以理解。你岁数大了，孩子又都小，天子的位置是不可力争的，应当三思。"

公孙述不服，但无法再给出有理有据的回应，尤其那句"代汉者当涂高，君岂高之身邪"太伤人自尊了，不理这文化大流氓了，于是结束了跟刘秀的天命论战。

刘秀也没继续搭理他，建设大西北去了。

两位文化人在隔空开炮时，市场其实也给出了自己的预期和反映。

公孙述登基后废掉了铜钱，自己铸铁钱去搞金融洗劫，当时的蜀地童谣是这么唱的："黄牛白腹，五铢当复。"

王莽自称土德黄帝，是"黄牛"；公孙述自称金德白帝，是"白腹"，我们老百姓认为你们俩都是狗屁。

刘家的五铢钱是一定会重新货通天下的。

公元31年，被打得够呛的隗嚣向公孙述称臣。公孙述手下荆邯说："那大傻子想明白了，咱得继续往北打了，天下的一大半都是刘秀的了，再不拿下关中，咱就没戏了。"

投降过来的延岑和田戎作为受害者也多次请求出兵，你再不打他他就真打你了，我们就是这么一路被打到你这儿的。

随后公孙述扩大讨论范围，正式集会讨论北伐事宜，他手下的吴柱说："没有听到过无左右之助，而要出师千里之外扩大地盘的。"

弟弟公孙况同样不赞同空国千里之外，决成败于一举。

公孙述最终没往北打，这也就让隗嚣的称臣失去了意义。

西北王隗嚣虽然悍猛，但在刘秀一次次的消耗下，最终彻底被吃掉了。

公孙述在这四年多的时间里，彻底放弃了北上的第二次机会。刘秀的整个西北大战中，公孙述就派了可怜的五千人、一万人去解围，除了最终在隗家要死的时候下了点本，几乎就是坐看北方长城轰然倒塌。

这就是战略上的失智了。

公孙述的种种举动，都在传达一个信号：四川很好，我没打算出去，你们也都别进来。

因为在这四年多里，他也不是啥都没干。公元33年春天时，公孙述就趁着长江夷陵段汉军兵力薄弱，派田戎、任满等人东进，夺占了巫山、夷陵等沿江城邑。

在扼守夷陵口后，公孙述在荆门山和虎牙山间架设了横跨大江的浮桥，并在浮桥上修筑箭楼，在水中放入攒柱（阻碍水军前进的木栅），还跨山结营，阻塞陆上通道。

在两千年前的科技条件下，能在长江上架起浮桥，还在上面修建了箭楼，不得不说，咱中国人就是厉害。

浮桥建好了，公孙述的潜台词也就出来了：我不出去了，你也别打算进来了。

公孙述想用两川天险，将益州永远分离出去。

但刘秀明显不答应，二次西征隗嚣后，岑彭被调回津乡（今湖北省枝江市），做走水路灭蜀准备。

公元34年（十月），陇西大定。

公元35年初，岑彭开始率水军进行试探性攻击，收效不大。

随后，没有任何后顾之忧的刘秀开始调集各地资源猛砸公孙述，命吴汉率刘隆等人调发荆州诸军共步兵六万、骑兵五千，与岑彭会师于夷陵前线。

到了荆门山，吴汉一看到大江和岑彭的数千艘战舰就表达了自己的看法："你这两年造了这么多船，招了这么多水手，得耗费多少粮食？这不多余吗！赶紧裁水军！"

岑彭说："你现在觉得人多了，当年要不是你死活不裁军，陇西两年前就拿下来了，现在你有能耐了，我坚决不同意。"

两人杠上了。

最终闹到了刘秀那儿，刘秀多明白的一个人啊，立刻下令："大司马习用步骑，不晓水战，荆门之事，一由征南公拍板决定。"

岑彭成了灭蜀一把手。

刘秀的这次判断再次正确，陆路入蜀辗转千里，山峡众多，层层山川阻隔下，何时才能打到成都？

遥望之后的历史，北方政权入蜀往往都是自北往南打，很少有从长江上溯而进的。

因为北路虽险，但好歹是在地面上解决。

水路不仅同样多险阻，还要搭配水军才能攻克。

像晋一统天下，蜀虽然是天险，但司马昭还是要先拿下蜀，再把顺江而下的吴给儿子留着。

蒙古人当初这么牛，仍然免不了在四川北路玩命，还赔上了一条大汗的命。

这帮人之所以会做出如下选择，是因为自东向西是要逆长江而上的，而

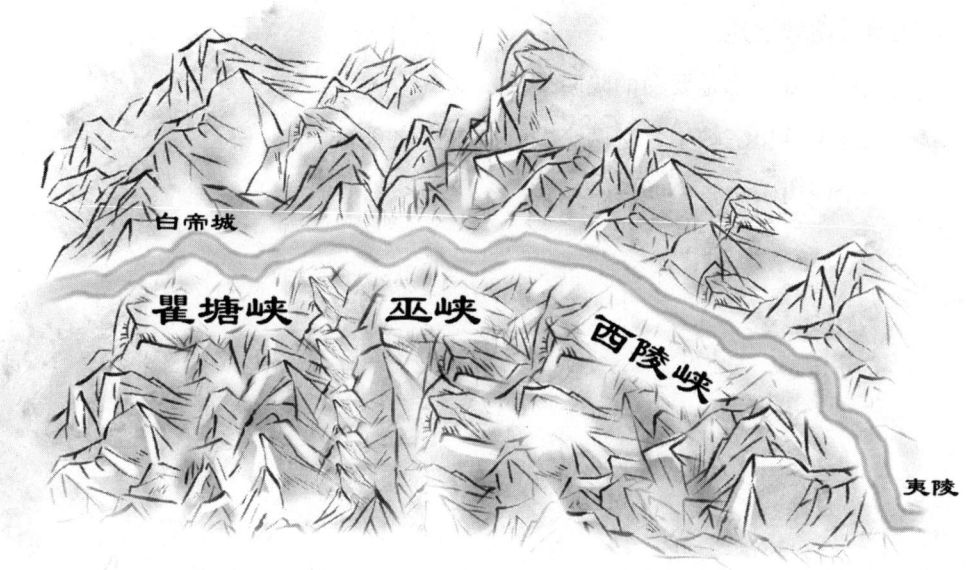

且要过那魔鬼三道峡。

三峡,是瞿塘峡、巫峡、西陵峡的总称。

郦道元在《三峡》中贴切地写道:"自三峡七百里中,两岸连山,略无阙处。重岩叠嶂,隐天蔽日,自非亭午夜分,不见曦月。"

这七百里并不都是三峡,瞿塘峡、巫峡、西陵峡各有分段,最短的瞿塘峡只有八公里。

不过自奉节到夷陵这七百里航道,虽非处处如此三道峡一般险峻,但情况大体相同。

在此七百里航道中,长江受山势所限而河床狭窄,激流奔腾,险滩间步,江中航行蔚为艰难,两岸道路崎岖难行。

西边的瞿塘峡为三峡险峻之首,《读史方舆纪要》里面说:"自瞿唐而下谓之峡江,夏秋水泛,两崖扼束,数百里间,滩如竹节,波涛汹涌,舟楫惊骇。"

夏秋时节,这段航道几乎就是死路。

东边的西陵峡险峻次之,峡长二十里,层岩万仞,有黄牛滩、狼尾滩、流头滩等险峻之地。

　　这些"滩"都是要命的陷阱。

　　在这七百里三峡中,有两个关隘属重中之重。

　　一个叫夷陵,一个叫白帝城。

七、火攻！神行！溯大江！

让我们来系统地看一下，三峡的两道天险是什么状况。

先来看一下对四川来说不容有失的最关键隘口，白帝城。

长江流经中国西部，汇集了岷江、沱江、嘉陵江等众多水系，至奉节县境进入堪称三峡险峻之冠的瞿塘峡。

然后，两岸峭壁耸立，江面突然变窄。在著名的瞿塘峡名片夔门，河宽只能达到百余米，最窄处不过几十米，长江被紧束成了一条沟，此时的水流量达到了惊人的每秒五万立方米。

今天我们看到的三峡已经非常温顺了，因为咱筑上坝了。当年，这里的情况则是"连崖千丈，奔流电激，舟人为之恐惧"。

不是很有经验的船把式根本走不了这个航道。

不光江水激荡，瞿塘峡口附近还有天然巨险滟滪堆和黄龙滩，礁石密布，恶浪翻滚。

滟滪堆和黄龙滩的滩石在冬天水浅时会露出江水百余尺，夏天水涨时又全部被淹没。

不熟悉航道的船把式根本不知道哪片平静的水面下是要命的礁石。

两岸陆路崎岖，航道艰险，狭小的地势与狭窄的航道使得军力根本无法展开。

无论是兵还是船，只能排好队一个一个上，此地设的关隘堪称天绝了。

比如白帝城。

瞿塘峡这片区域堪称长江最险航道。

自古自东入瞿塘峡,往往要每一舟入峡数里,后舟才能续发。因为水势怒急,船只操控往往非人力所能及,船和船离得太近的话非常容易追尾。

自奉节往西,江面变得开阔,安全驾驶不再是梦。白帝城是四川的最后一道天险,所以被烧得没脸见人的刘备退到此地后就说啥也不往后退了。

再来看一下陆逊死活不肯让一步的荆州西大门夷陵。

夷陵的地理位置正处于西陵峡的东口,自夷陵向东,过荆门、虎牙两山,江面豁然宽广,水流减缓,船只行驶不再危险重重,两岸地势也开始缓和,一马平川。

出夷陵之前,就像过白帝城之前一样,不论是水军还是陆军,都会受到狭小航道与沿岸崎岖山路的束缚,只能列为纵队依次前进,大规模的兵力无法展开。

所以后来刘备联营七百里,不是他爱凹造型,而是放弃了水军的刘备没

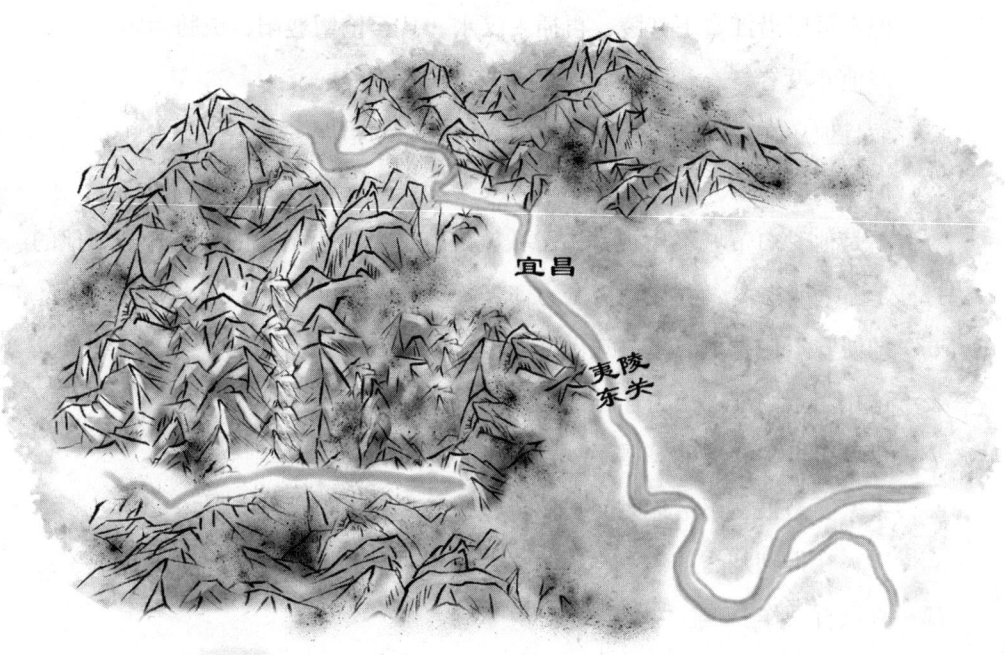

法不摆一字长蛇阵。

而且由于自西而来要穿越长达数百里的三峡,入荆州的队伍需要面临巨大的后勤包袱。

一旦过了夷陵,四川的军队就能够龙入大海般进入荆州腹地,想咋穿插就咋穿插了。

所以陆逊退到夷陵就死活不再退一步了,因为只有在此地才能把刘备憋在峡内。

一旦刘备突破夷陵,蜀军憋了这么老些日子,荆州就悬了。

看完这三峡的东西两道门,我们可以得出什么结论呢?

白帝城对四川的政权来说不容有失。

夷陵对荆州的政权来说不容有失。

介绍完这个,我们才好继续往下说岑彭有多猛。

按理来讲,公孙述把战线又推进到了夷陵,应该以取荆州为上的。

因为他手中握着后来成为刘备这辈子最大遗憾的战略优势。

他本可以沿江拿下江陵，再插入汉水，甚至抢回襄阳，威胁南阳。

但他并没有。

而且他还在兵力部署上犯了个微小但致命的错误。

他把东面的重兵全部集结在了夷陵一线。

不是他对白帝城不重视，白帝城就是他这个自诩金德的白帝建的，他的打算是：表明态度，孤注一掷全力守夷陵！

即便守不住，再回军去守白帝城也可以。

这相当于用全部兵力连扛两道天险雄关。

盘算得挺好，但他算错了一点。

人家要是根本不给你时间去白帝城布防呢？

岑彭在得到刘秀的命令，成为灭蜀一把手后，时间一天一天流逝，岑彭却一直没有动作。

此时是三月，留给岑彭的时间越来越少了。

一旦进入夏秋两季，汉军就要再等半年，因为丰水期很难上溯长江入蜀，长江航道的凶险环境，使汉军不具备大规模的行船可能。

那为啥岑彭还没有动作呢？

岑彭在等一个关键点。

闰三月，东风大起。

岑彭终于公布了夷陵之战的方案：火攻夷陵浮桥！

硬攻那道浮桥，伤亡太大，而且用时太长，会耽误后面更关键的第二环节。

只能靠火才能迅速烧毁浮桥，而只有大风吹起，才能让火势迅速蔓延，使桥上守军根本来不及救火。

岑彭下令事先选出的先锋队火烧浮桥，先登桥者重赏！

汉军先锋开始沿江逆流而上，直冲夷陵浮桥箭楼处。

但当先锋队靠近浮桥后，发现出问题了。

重点区域已经布下了攒柱，攒柱上的钩子把船都钩住了，汉军先锋队在江中定住了。

就在先锋队即将成为靶子之时，队长鲁奇临机应变，不等船只搭桥再放火了，把事先准备的火攻器具直接扔向敌楼。

在大风的助力下，火枪、火柱被一个个扔到了箭楼上。火开始越烧越猛，并蔓延到了整个夷陵浮桥。

桥下就是滚滚长江，但长江水却扑不灭这桥上的火势。蜀军根本就没有想到，隔着老远在水上汉军敢这么玩火攻，准备工作严重不足，救火器具几乎没有。

没多久，浮桥崩塌，公孙述苦心建造的锁江浮桥被岑彭突破。

蜀兵大乱，溺死者数千人，蜀将王政斩杀任满，向岑彭投降，汉军还俘虏了公孙述的南郡太守程汎。

如果说，东风是岑彭火攻夷陵的第一个关键，那么岑彭想的显然比仅仅攻破夷陵更加深远。

在蜀军慌乱时，岑彭开始乘风势率领主力船队绕过攒柱，乘风破浪沿江一路猛突。

岑彭终于透露了终极目标：我要白帝城！

岑彭和田戎的败军展开了赛艇比赛。

还记得之前说过的，因为水势凶险，自古自东入瞿塘峡，往往要每一舟入峡数里，后舟才能续发，否则非常容易追尾吗？

田戎一路跑，岑彭在后面一路不要命地紧紧追，导致田戎仓促间根本没机会去白帝城进行二次布防。

之前全部主力都被公孙述放在了夷陵，导致此时白帝城防御空虚。也无法形成有效阻击，守城军看到岑彭赛艇队冲过来后就直接开城投降了。

田戎一路退到江州（今重庆市嘉陵江北岸）才重新稳住阵线。岑彭则在拿下白帝城后徐徐前进，一路军纪严明，严禁劫掠，树立汉军的好口碑。

在这场东风下，大智大勇的岑彭一口气突破了三峡中的两座天险。

丢了白帝城，就好比北面的剑阁天险被突破，蜀中门户已经洞开。

夷陵之战结束，汉军整整向前狂推了七百里，公孙述精心打造的长江防线已失了半壁。岑彭奏请刘秀任命刘隆为南郡太守，自己则率领辅威将军臧宫、骁骑将军刘歆长驱直入四川。

刘秀在岑彭一路向西后再下诏书，任命岑彭代理益州牧，攻下哪郡就兼任哪郡的太守，如果离开哪郡，可以自行挑选官吏去代替他做当地的太守。

刘秀把所有入蜀的人事军政大权全部授予岑彭，既再次明确阻止吴汉瞎掺和，也强烈地表明了他的态度：老岑我就知道你行！你放手去干！你的所有决策我都支持！

这道任命，使得东汉最强风骚走位男没有任何后顾之忧地开启了他最后神乎其神的"凌波微步"。

岑彭继续一路西进，率军进至江州后，战事进入僵持阶段。江州是秦朝时巴郡的治所，这个地方汇巴蜀众水，是成都在东方的最后一道天险重镇。田戎驻防江州，城坚池深，粮草充足。

岑彭看到江州城险，料到无法攻下该城，于是留冯骏之军困守江州，然后自己率主力乘胜沿嘉陵江逆流而上。

田戎已经被打崩溃了，根本不敢派水军追出来。

这也使得岑彭在北面轻松就攻取了垫江（今重庆市合川区）和平曲（今四川省武胜县），缴获蜀军粮食数十万石。

岑彭连胜，在凉州的汉军也南下了。

夷陵之战大胜后，刘秀双管齐下，命令来歙率西北军团动身，南下攻取武都郡，加入伐蜀序列，与岑彭会合。

两路汉军准备在成都会师。

公元35年（六月），来歙率领盖延、马成等将领自陇山南下，向河池、下辨进击，大破王元、环安军，随后乘胜急进。

打不过汉军的环安随后派刺客刺杀来歙。

所有的军事刺杀，成功的必要时机几乎都是对方已经胜局在握的时候。

因为这个时候人的警戒性更低，而且会有大量战俘混进对方的军营。

刺客成功伤到了来歙，但并没有一击致命。

来歙并未当场毙命，迅速派人去召盖延前来。

盖延进帐，看到来歙身上插着刀，一起在陇西并肩沙场多年的老兄弟悲从中来，伏地大哭。

来歙挣扎坐起，怒道："盖延你怎敢如此！我被刺客暗杀无法再报国尽忠了才喊你前来交接，你哭什么哭！我身上虽然插着刀，难道就不能拿刀杀你了吗！"

盖延收泪强起，接受兵权。

来歙临终给刘秀写信一封，硬汉生死之时不忘国事宗族：

臣夜人定后，为何人所贼伤，中臣要害。（大哥，我不行了。）

臣不敢自惜，诚恨奉职不称，以为朝廷羞。（我死了不可惜，只是恨这些年报国不够，让您蒙羞了。）

夫理国以得贤为本，太中大夫段襄，骨鲠可任，愿陛下裁察。（我手下的太中大夫段襄是块材料，他日可当大任。）

又臣兄弟不肖，终恐被罪，陛下哀怜，数赐教督。（我的兄弟们都不着调，将来恐怕会获罪，如果真是这样，请您看在我的面子上，放他们一马吧。）

书罢投笔抽刃气绝。

刘秀看到来歙绝笔，大哭，如祭遵故事，缟素临吊送葬。

七月，办完丧事的刘秀亲临长安，坐镇西北督战。

十月，马成率北军扫平了武都郡的蜀军势力，随后开始准备南下入蜀，与岑彭军会攻成都。

此时此刻，公孙述已经不太顾得上大军压境的北面了，因为岑彭已经快打到家门口了。

他听到岑彭舍江州而上溯嘉陵江拿下平曲的战报，认为岑彭不按套路来,给你准备江州这么一个大防盗门,你却跳窗户进来;田戎你也不争气,倒是截住他啊!

看来还得多备几套锁。

公孙述急令延岑率本部军回防广汉(今射洪市与遂宁市之间),防守涪江一路;令公孙恢率军驻防资中(今四川省资阳市),防守沱江一路;令侯丹率两万多人驻防黄石(今四川省泸州市西),防守岷江一路。

公孙述在成都外围的三条江上设了三道大锁,静等岑彭这把万能钥匙的到来。

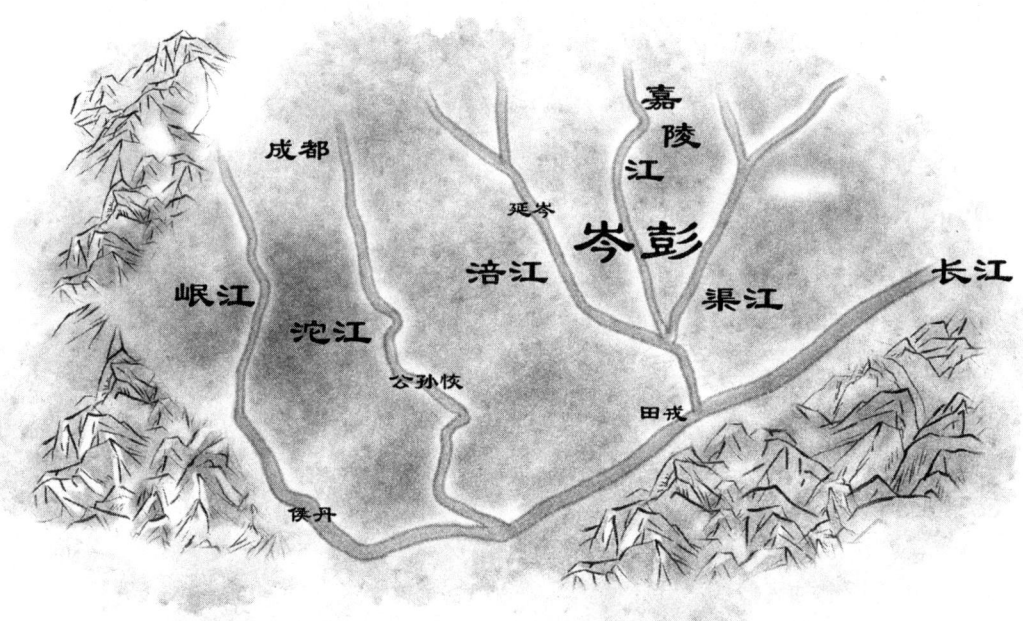

但实际上这个布局已经没啥意义了。

因为岑彭的水军精悍,公孙述水战打不过人家,只能被人牵着鼻子走,再加上白帝城已失,公孙述失去了战略先手,蜀地水路众多,对岑彭这种超级走位狂魔来说那就太得吃得喝了。

面对这三把锁,岑彭是这么布置的:凭尔几路来,我只两路去。

留臧宫率本部兵马再加上五万降卒,从涪水上溯忽悠延岑;自己再次率精锐主力军溜号,沿江退还江州。

在江州露了一面后,岑彭又跳窗户了,再次绕路走,田戎这货一如既往,为缩头乌龟代言。

岑彭沿岷江而上,突袭了据守黄石的侯丹军,一举攻灭侯丹军。

然后岑彭没休息,乘胜昼夜兼程行军两千里,绕到另外两把大锁的背后,突然攻陷了大后方武阳(今四川省眉山市彭山区)。

拿下武阳后,岑彭继续不休息,马上又以精骑疾驰广都(今四川省成都市天府新区)。

此时,岑彭距离成都,仅仅数十里之遥。

岑彭一路势若风雨,雷霆万钧,蜀军丢盔弃甲,四散奔逃。

公孙述上一次收到战报,岑彭还在平曲,但下一份战报说的却是敌军主力出现在成都南门了。

到处都是汉军主力,岑彭你到底变的啥戏法,公孙述彻底懵了,以杖击地曰:"是何神也!"

兵者诡道。

兵贵神速。

兵重行军。

兵胜于避实而击虚。

岑彭在中国地势最险峻的客场上,将上述这些描写神将的词语通通秀了一遍。

冯异定两京、耿弇平山东、岑彭下荆蜀,这是云台将中的三大高光时刻。

其中又以岑彭下荆蜀为最。

公孙述不仅实力最强,而且地利最优。

岑彭突破夷陵浮桥后,全程疾风骤雨,打得蜀军晕头转向,根本没有还手之力。

岑彭率军如外科手术般切割蜀地,使得二十多万蜀军军心惶惶,蜀中民心大乱。

此时此刻，公孙述的"成家"政权也即将走向崩溃。

但是，岑征南的伟大演出，至此，也即将落幕了。

《后汉书》论曰："昔高祖忌柏人之名，违之以全福；征南恶彭亡之地，留之以生灾。岂几虑自有明惑，将期数使之然乎？"

所谓"将期数使之然乎"，如他的老战友冯异一样，即将功成之时，岑彭也走到了人生最后的时刻。

凡征伐者，山川地名必小心之。

岑彭拿下武阳后驻军的地点叫作"彭亡"。

部营完毕后，岑彭得知当地地名时已经大呼不好，准备转天搬离此地。

但当晚，这位神将就被扮作投降战俘的蜀中刺客刺杀，没能看到自己亲手打下来的蜀地彻底落入刘氏之手的那一天。

岑彭回天复命，公孙述亲手葬送了他本该"幸存"的家族未来。

因为，他刺杀的那位，是"岑公之义信，乃足以感三军而怀敌人，故能克成远业，终全其庆也"、仁义之至的岑征南。

而接替岑彭的人，则是"所过多侵暴"的东汉第一快刀手吴汉。

古之兴废，大抵不过天数使然。

国祚存续，岂因一人而颠倒哉？

你杀的其实并非你王朝覆灭的元凶债主，而是你宗族后嗣的保护神。

八、天下一统

岑彭死后,太中大夫监军郑兴暂时统领全军,等待着伐蜀二把手吴汉的到来。

与此同时,当初岑彭留在平曲的臧宫在东部取得了大突破。

臧宫统率本部兵马与延岑军对峙,在即将断粮之际扣下了刘秀派往岑彭处的七百骑兵。随后,他命令部队星夜进兵,多张旗帜,登山击鼓,大造声势。

右路步兵,左路骑兵,中间水军,三兵种两栖作战的汉军呼声震动山谷,向延岑军突击。

延岑大败。

自从被冯异撵出关中开始,延岑就被耿弇、岑彭、臧宫等各路云台将狂虐,这次战役所部被杀和溺水者一万多人,江水为之变浊。

延岑率残部逃往成都,汉军乘胜北追,尽获蜀军的兵马辎重,投降汉军的蜀军达十几万人。

臧宫军至阳乡(今四川省三台县西北),当年隗嚣大将王元见大势已去,也终于举众降汉。

公孙述的东部防线被汉军攻破。

公元35年(十二月),吴汉自夷陵率三万大军沿江向武阳进军。

公元36年(正月),吴汉军与蜀将魏党、公孙永交战于鱼腹津(今四川

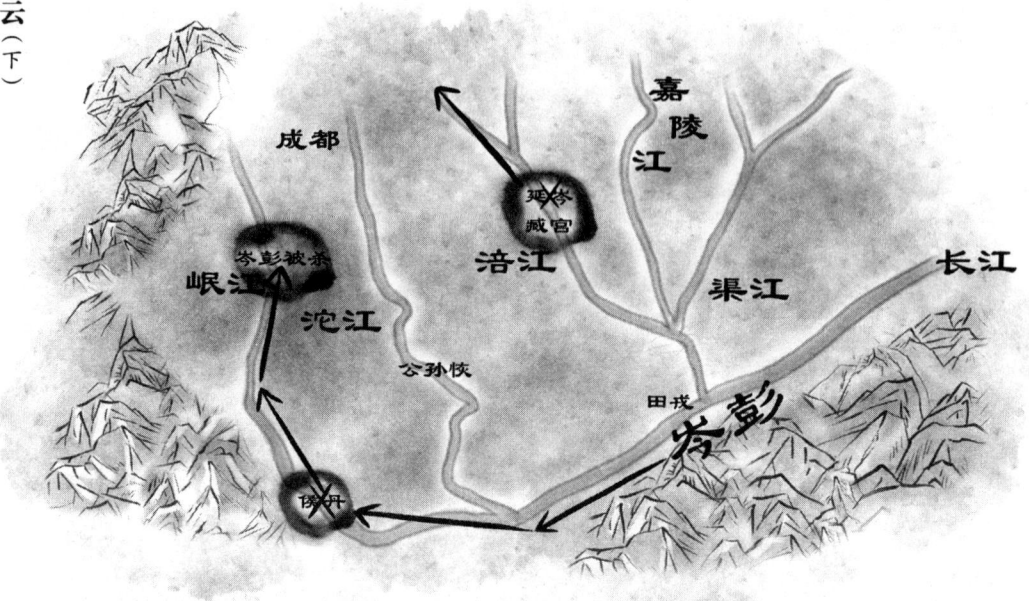

省乐山市北），将蜀军击破，进军至武阳。

刘秀命令吴汉径直夺取广都，占据敌人心腹。

于是吴汉进军广都，击破史兴的五千援军占领该地，又派遣轻骑烧毁成都桥示威。

成都南部防线也被突破。

公元36年（七月），冯骏在一年多的围攻下终于拿下巴郡第一重镇、川水汇聚地江州，生擒田戎。冯骏军也开始参与成都的最终包围战。

此时此刻，公孙述外围守军全部被扫清，败象大现。

公孙述手下的将领十分恐惧，日夜逃离，武阳以东诸城皆已降汉。

在这个时刻，刘秀再一次下诏给公孙述："不要因来歙、岑彭两个人被害的事而害怕，现在投降仍然不晚，家族仍可保全，这是我最后的恩赐了，我的诏书和亲笔信不是总能得到的。"

"朕不食言！"

刘秀真的是古往今来罕见的，将"勿谓言之不预也"做到极致的厚道皇帝，刘秀平灭每个势力，基本上都要给三次投降机会。

打之前给一次，打到一半给一次，最后灭你前给一次。

但打算用整个蜀地给自己陪葬的公孙述看信长叹："废兴命也，岂有降天子哉！"

公孙述不降后，刘秀做了成都围攻战的战前部署，特地下诏告诫吴汉："成都还有十几万人，困兽犹斗，不可轻敌。你要坚守广都，等他打你，他要是不来，你就一点点地推进战线，直到给他拖垮，再最后发起总攻。"

继围困隗嚣后，吴汉再一次没把兵仙的告诫当回事。

吴汉觉得成都已经是瓮中之鳖，我不过是去受降而已。于是命副将刘尚率万余人屯驻于江南，自己率兵马两万多人进逼成都，在距成都十余里的江北扎营，架设浮桥，这就准备打成都了。

消息传回来，刘秀火速派令官传旨："说不让你轻敌冒进你不听，既然冒进了为何还分兵扎营！如果蜀军缠住你，再以重兵猛击刘尚，待刘尚败后再回师收拾你，你军心早就垮了！赶紧给我引军回广都！"

吴汉与刘秀此时相隔数千里，但自打吴汉入川，刘秀就一直频繁地对战局进行指导。

这说明一个问题：

对这位云台第二将的军事能力，他是不放心的。

对岑彭、冯异、寇恂这种帅才，他是从不进行具体军事指导的，每次都是交印大撒把。我下指令就是束缚，肯定没有你们的临场感觉好。

对于吴汉、邓禹、盖延这种将才，则往往耐心指导，信使一趟趟地穿梭往来。

这些人确实还差些火候。

识将如此，得天下仅仅是靠开了挂一样的运气吗？

诏书还没到，兵仙所预料的事就都发生了。公孙述命大司徒谢丰、执金吾袁吉率成都的最后十万大军，分为二十多营接连向吴汉猛攻；同时，另命一万多人缠住了刘尚军。

蜀、汉两军大战一日，吴汉兵少势孤，退入营垒坚守，谢丰重兵包围了吴汉军。

吴汉看到自己就要现眼了，赶紧进行战前演讲："我与诸君共历艰难险阻，转战千里，节节胜利。现已深入敌人腹地，兵至成都城下。如今被敌人分割包围于两地，形势危急，现在我们要打出这包围圈与刘尚合军于江南，摆脱险地，成败在此一举！愿与诸君战后同富贵！"

动员完，吴汉就洗洗睡了。

吴汉在危急时刻，想起了老战友岑彭在汉水赚秦丰的那招虚张声势，并没有跟他说的那样玩命冲出去。在演讲后就歇了，闭营三天休养士卒。

蜀军在得到探报后则提心吊胆了好几天。

三天后的夜里，吴汉留下一部分兵力守卫营垒，亲率大部兵马一路小跑，成功地逃离了谢丰的包围圈。然后，部队衔枚渡江，与二十里外的刘尚军会合。

谢丰在被吴汉放了三天鸽子后放松了警惕，没有发觉吴汉已经溜号。天亮后，谢丰决定以部分兵力继续围困吴汉营垒，自率主力进攻兵力薄弱的刘尚。

结果到了刘尚营垒前，谢丰才发现吴汉也在。两军再次大战一天，这次汉军斩杀了谢丰、袁吉，歼灭蜀军五千余人，吴汉成功撤回广都，留刘尚继续固守江南营垒。

将吴汉围在江北，是公孙述的最后一次机会，随后吴汉八战八捷，终于将战线推到了成都城下。

公元36年秋，臧宫拿下了成都北部重镇绵竹，随后破涪城（今四川省绵阳市），成都北门洞开。臧宫部迅速推进，与吴汉军会师于成都城下。

公孙述拿出最后一点家底，招募了五千人组成的敢死队，由延岑率领冲击吴汉军。

延岑在成都桥前伪树旌旗，鸣鼓挑战，随后率敢死队溜到吴汉军后发动突然袭击。

吴汉被偷袭，大败，自己堕入江中，拽着马尾巴才逃上岸。

咱也不知是咋拽的，马咋没踢死他。

仗打到这份儿上，双方都已是强弩之末，公孙述已近油尽灯枯，吴汉军也快没粮了。

汉军仅剩七日之粮。

吴汉准备撤军，开始暗中命人准备船只，蜀郡太守张堪听说后急驰至吴汉军营，大呼："不可！此次撤军后，再打回来不知要等到何年何月了！我们应该示弱引公孙述出战，最后再搏一次！"

吴汉采纳了张堪的建议。

公元36年（十一月十八日），最终大战开打，臧宫率军攻打成都的成阳门。

公孙述最后一次做了占卜，卦象显示"虏死城下"。

公孙述大喜，御驾亲征。

事已至此，可叹他依旧不知谁是"虏"，谁为"君"。

延岑最后小宇宙爆发，三战三捷成功挡住了臧宫。

公孙述带着亲兵卫队与吴汉交战，自天明战至日中，公孙述兵疲乏食。

凡战者，以正合，出奇胜。

吴汉放出了最后的预备队。

护军高午、唐邯率最后的汉军精锐加入战场。

汉军精锐突然出现，向蜀军猛烈冲击，公孙述军阵大乱。

乱军中，高午乘势冲入蜀军阵内，将公孙述刺于马下！

蜀军大败，公孙述被其部下抬入城内，将后事托付给延岑后当夜死去。

次日，延岑投降。

十一月二十一日，吴汉诛灭公孙氏宗族，长幼不留，并将从开始抵抗到最后的延岑灭族。然后焚烧宫室，纵兵大肆掳掠。

你公孙述君王死社稷足够爷们儿，贵族精神也好，自私透顶也罢，孰对孰错在此不做评价。

但以岑彭之"感三军而怀敌人"，本可避免你子孙遭戮；以岑彭之"军无所掳民无扰"，本可免除蜀中百姓这无妄之灾！

呜呼哀哉，可悲可叹。

天下十三州的最后一州，至此终于平定。

刘秀以落魄皇族的身份，在如此纷乱的形势中，从头开挂到尾，一路神灵护佑般从一个南阳的小豪族，最终成为继大汉天命的天选之子。

这其中，除了他的命运好到爆的因素外，还有着这个时代的永恒关键点：他御人有方，待人有术，成了每一个地区豪族势力的代言人。

王莽作为豪族势力的最大得利者，在篡汉后，却妄图剥夺自己阶层的利益，结果一系列昏着频出，最终天怒人怨，一世而亡，成了现世现报的典型例子。

刘秀则在大哥刘縯死后，先是成了东北豪族的代表，又兼任了老家南阳的豪族代表，随后在四年定关东的战争中成为关东豪族的代表，再后来又囊括了西北豪族的势力，最终成为全国豪族推举出来的总代表。

地盘越来越大，各地豪族们对刘秀也越来越信任。

因为跟这个人干有奔头，这个人的承诺可以实现，这个人连敌人都至少给三次免死金牌，更何况兄弟们。

他的所有功臣，只要是不作死的，就全都不会死，得享高官厚禄，善始善终。

公元37年夏（四月），吴汉军至洛阳，刘秀大赏三军，再调封邑，功臣增封者三百六十五人，外戚加恩者四十五人，亡者将门加封于子孙，无嫡嗣者改封其宗族旁支。

刘秀将一统天下后取得的果实兑现给了每一个百战余生的将领和每一位在天之灵。

这份尊贵到极致的贵族精神，其实在两千年前的华夏土地上，曾经异常光彩夺目！

这位天选之子从一而终，对得起每一个跟他风雨相随的老弟兄们。

不仅现在对得起，而且未来更加对得起。

可同甘苦却不可同富贵的兔死狗烹，大抵不过出于两种可能：

要么龙被屠尽了，屠龙刀变成了龙。

要么屠龙勇士变成了龙。

这位洞悉万事万物的天选之子，随后再次用他的手腕和见识，成全了这段中国历史上可贵、罕见的君臣两相宜。

灭蜀后，邓禹、贾复两位贴身心腹率先交出军权，刘秀批准。

随后功臣们明白邓、贾两人的意思，纷纷交枪挂印，回到了封邑家乡。

刘秀杯酒释兵权后，依然一如既往地厚待当年出生入死，绝境渡河的老兄弟们，小过不追究，大过轻敲打，远方进贡珍品，必先赐老兄弟们。终光武一朝，诸将"皆保其福禄，无诛谴者"。

一面在出，一面在入，云台将荣归故里后，刘秀又拉进了最晚投诚，根子最浅，路远山高不能放回去的河西豪族。作为搬离河西走廊的交换条件，窦融、梁统纷纷入朝，做了大官。

也因此，云台诸将未逝之人中，并非全部解甲归田，作为铁杆三心腹的邓禹、贾复、朱祐虽无兵权，但仍然留在朝中参与高级决策。

帝王之术，大抵不过平衡。

自公元8年（十二月）王莽篡汉开始胡搞，到公元36年（十一月）吴汉攻破成都，整整二十八年后，天下再次归于平静。

这大乱的二十八年，华夏大地生灵涂炭，黄河改道泛滥，蝗灾人祸不断，天下割据起义蜂起，人口从两汉末年的七千万下降到了三千万不到，始作俑者是王莽，终结乱世的是刘秀。

自公元8年末王莽篡汉到绿林出山，十四年的时间中，平静的天下被搅得一塌糊涂。

没有王莽这位"德之贼"，天下不会乱到这个程度。

自刘秀于公元23年昆阳大战震惊天下，到吴汉攻蜀暴虐收官，也是用了十四年的时间，光武大帝再次将纷乱的天下缝合在了一起。

没有刘秀这位"德之主"，天下不会如此快地又归为一统。

两个十四年，多么对称。

两个"德之极致"，多么对称。

西汉东汉各十二帝，两汉各二百年，也是如此对称。

当年高祖芒砀斩白蛇，一刀两断，很多事情，难说是否真是巧合。

全国人口减半级别的天下大乱，中国历史上出现过五次：

东汉末年分三国，大乱了一百年。

西晋永嘉之乱，大乱了三百年。

唐末藩镇遍布，黄巢祸乱天下，又大乱了近百年。

蒙古人鞭笞世界，那就不提了，人家全世界逮谁灭谁，全世界人口都在断崖式下跌。

只有西汉末年的王莽之祸，最终并没有蔓延开来。

东汉的人口、经济、文化等都在大乱后迅速得到了恢复，老百姓们并没有遇到那种望不到头的乱世灾年。

无论他在中国历史的排位榜上多么不明显！

无论他在中国历史的存在感上多么欠发掘！

永远无法掩盖的是：他是当世文治第一人；他是当世武功第一人；从他所建立的功业和他所弥平的灾难，综合来看，堪称古代国史第一人。

岑彭、冯异、寇恂、耿弇、邓禹、吴汉、来歙、祭遵、盖延、贾复，这一颗颗将星璀璨……

赤眉军、邓奉、彭宠、隗嚣、公孙述、王朗、张步、秦丰、绿林军、更始帝、刘永、董宪，这一方方俊杰雄才……

这轰轰烈烈的群雄并起；这你方唱罢我登场的四方叛乱；这横扫六合八荒却能宽恕仇敌、恩泽天下万邦的帝王之心。

随着这滚滚向前的时代车轮，最终在轰轰烈烈大战一场后，通通化为了历史的尘埃。

天下大势，浩浩荡荡，顺之者昌，逆之者亡。

历史的胜利者最终升华凝练为之前说的那四个字：豪族登场！

再回到梦开始的地方：

公元前6年（十二月甲子夜），一男婴生于济阳县。

当夜赤光照于屋内。

其父济阳县令刘钦找来卜者王长占卜。

王长屏去左右，对刘钦言："此子贵不可言。"

当年济阳有嘉禾生，一茎九穗，此子故得名"秀"。

秀生转年，方士进言哀帝，云汉家气数历运衰竭，应重授天命。哀帝于是改年号为"太初元年"，取意"其气广大，能为万物之始本"。

天命确有重授，秀降世即东汉之"太初"。

后王莽篡汉，因钱币为金刀暗合刘姓，故改"刀币"为"货泉"，"货泉"字文为"白水真人"。

同年，白水乡人刘秀研学赴长安。

后望气者苏伯阿为王莽特使行至南阳，遥望舂陵白水乡道："气佳哉！郁郁葱葱然。"

及光武宛城举兵，时年二十八岁（四七之际），将兵还舂陵会兄长伯升，远望家舍，火光赫然冲天，过久方不见。

狼烟蜂起，群雄逐鹿。

四方皆称己为真命之主。

然天命有授，祚由天裁。

真龙乘时而御九天之运，非人力所能及哉！

第二十战 得陇望蜀：陇山难，蜀山悲，天下定

第二十一战

班超通西域：
小冰河期汉匈博弈的个人英雄主义巅峰

一、光武对匈奴的改造

在这篇文章过后,匈奴人最终让出了塞北草原的这片高光T台,在匈奴人江河日下的大背景下,遥远的西域上演了大汉个人英雄主义的巅峰之作,甚至也可以说是中国历史上的个人英雄主义巅峰之作。

开篇,还是要再夸刘秀一次。

这位大神几乎是以一己之力把东汉的血槽顶到了头。

他不仅仅是给那个时代兜底的人,还是给整个东汉王朝兜底的人。

从最开始的昆阳大战,到后来的出巡河北,再到后来的讨平邓奉和解决各地难题,刘秀永远是东汉解疑难大题的最后一圣手。谁造反了都没关系,有老大呢!

我们之前说过,他收拾的这一大烂摊子事,古往今来没有第二个成功解决的,王莽在十多年的时间内,创纪录地把天下大盘崩了个粉碎。

刘秀顺应了这个时代,能力越大责任越大,他以最小的代价,在最短的时间内将这艘已经千疮百孔要沉的船又给推上路了。

而且更牛的是,这位兜底之神不仅兜国内的,还兜国外的。

前面的很多章,我们基本上都在说刘秀是怎样将国内的一个个割据势力最终统一的。除此之外,还是有很多少数民族正在磨刀霍霍的。

刘秀在驾崩前几年的最后一个神级操作,让东汉在一百多年后的最终崩盘时并没有出现"永嘉之乱式"的结局。

这位每天早晨上朝，中午才歇，然后还要引公卿讲经论政到半夜且"乐此不疲"（没错，这词是他创的）的勤政皇帝，无论生前还是身后，对于他国号下的这个民族，几乎是倾其所有。

还记得王莽把人家少数民族又是改名，又是由王降成侯那一通折腾吗，像降奴服于和下句丽这一大帮少数民族提到中原都是很来气的。

趁你病，要你命。"刘秀发兵捕不道"的时候，趁着你"龙斗野"，少数民族们很有些想法并付诸了行动。

但随后，刘秀的寿命又站出来为大汉撑腰了。

从公元25年到公元57年，刘秀当了三十二年皇帝。

在这三十二年中：北面，刘秀派祭遵的弟弟祭肜在东北剿抚结合，安定了鲜卑、乌桓、高句丽；剩下的所有方向，刘秀又派哪里不服平哪里的马援摆平了陇地抬头的羌族、交趾闹事的南蛮和西南夷的各种部落。

马援最终死在了平蛮的一线战场上，为后世做出了"马革裹尸"的榜样。

所有当初被王莽惹急眼的少数民族，刘秀又都一个一个地给他们安排明白了。

当然，还有最后一个老对手——匈奴。

这个对手势力比较大，属于历史遗留问题。

总得给孩子们找点事干，刘秀将匈奴留给了儿孙。

但是，所谓的"留"，也是给出了政策，留下了锦囊妙计然后才走人的。

阴丽华不仅温文尔雅，还为刘秀生了个好儿子。

刘秀死后，东汉迎来了唯一的一段治世，"明章之治"。

在明、章二帝治下，我们终于要送别在塞北草原上做主人已做了三百年的匈奴了。

这片神奇的塞北草原，要易主了。

王莽当年的无厘头政策，其实给了匈奴一次很大的机会。

整个中原乱成一团，当时的匈奴单于呼都而尸道皋若鞮也是个人物（后文简称呼都），趁这个时间段又恢复了对临近民族比如乌桓的统治，还立了冒充武帝曾孙的卢芳当中原的皇帝。

不过卢芳自己不争气，后来被手下政变散了摊子，最终死在了匈奴。

呼都的立帝理由是，当年呼韩邪找大汉帮忙时当上女婿了，现在这卢芳前来归顺说是武帝的后裔，他也应当受到当年汉朝女婿呼韩邪的待遇。

刘秀的目标是光大武帝，呼都的目标则是致敬冒顿单于。

呼都认为自己会重现冒顿单于当年挤兑汉朝时的荣光，但比较遗憾的是，无论是立卢芳还是支援彭宠，匈奴都被刘秀的云台将们打得很没面子，经常被团灭在长城以南。

不过刘秀对匈奴还是比较客气，"卑辞厚币，以待来使"，目的其实就一个，休养生息，我挺好的日子跟你犯不上较劲。

但树欲静而风不止，呼都认为刘秀比较尿，于是对汉朝的骚扰日渐嚣张，匈奴人的入侵队伍后来甚至渐渐到达了中山、上党、扶风、天水等内部郡县。

匈奴日渐猖獗，刘秀的应对办法是加强修建边塞防御工事，顺便组织边塞百姓往内地迁移。

刘秀并没有重燃对草原的战火，你跟这种死缠烂打的游牧民族是耗不起的，国内摆平后你就可以踏实过日子，再打草原上的这帮飞车党你就是大炮打蚊子了。

天下已经大乱三十年了，现在需要的是恢复。

想恢复，就得克制。

王莽这当初浪丢了汉匈两族的和谐外交关系，刘秀可是给他擦了好几十年屁股。

不过就在刘秀头痛琢磨应对方法的时候，汉族人民突然就守得云开见月明了。

匈奴最终自我毁灭了。

对面的呼都在死前变成了乞丐版王莽。

公元46年，呼都带着他的梦想去世了。在恶心了刘秀十多年后，他并没有完成自己偶像冒顿单于那样的丰功伟绩，而且还没有熬过自己的南方对手刘秀，死后还给汉朝送上了大礼。

匈奴自呼韩邪开始，就定下了兄弟相继的原则。

为啥呢？

因为草原民族就得是这一套继承秩序。

草原民族的继承人必须能够在前任领导死后迅速接手整个部落的各项事务，无论是打仗还是抢劫，无论是抗灾还是迁徙，你指着孩子都没戏。

所以必须兄终弟及。

之前，这事属于潜规则，因为还是有特殊情况的。

比如说要是老单于是个老而不死的，继承人指派儿子往往也没啥异议。因为老单于要是八十四了，他弟弟估计最小也得七十三岁了，哥俩都在坎儿上太悬乎，抢劫这事还是由年富力强的人指挥比较符合本团伙，不，本民族的发展利益。

但是，呼韩邪自从把这事给制度化后，这就没有弹性了。

到了呼都这儿，他不按规矩来了，废了下一任接班人右谷蠡王伊屠知牙斯并最终杀了他，指定由自己的儿子左贤王乌达鞮侯继位。

匈奴的发展不可避免地在刚刚上升的势头中戛然而止。

因为挑战甚至破坏继承人的规则会产生内耗极其严重的权力角逐大战。

呼都并没有冒顿那样的权威，也没有真正整合整个匈奴的势力。

随后就是侄子、叔叔上演的一大通乱哄哄的遗产伦理片，最终南边的一位没抢上单于的实权派非常生气。

这位实权派是右奥鞬日逐王比（后文简称日逐王），统领南边八大部落，早就在草原南部建立了牢固的权力基础。

匈奴的新任单于对南边的情况感到不爽，于是派去了两名使者，日逐王感到了巨大威胁，于是寻出路找大哥，秘密派遣汉人郭衡去会见西河太守并献上匈奴地图，请求归附东汉。

这事很快就被那两位使者发现了，于是在一年一度的五月龙城祭祀时，这二位劝单于杀了日逐王。

结果日逐王的弟弟当时在单于帐中,听见后马上去报告他哥哥,于是日逐王召集了麾下八个部落的兵马,有四五万人。

过了一会儿,匈奴本部派的万人军团到了,结果带队领导一看对方阵容过于强大,于是说我们就是来跑跑马,这就走。

没过多久,公元48年,呼都过世两年后,南部的八个匈奴部落宣布日逐王是他们的单于。

匈奴南北分裂了。

匈奴迎来了最后的北匈奴、南匈奴时期。

北边是北匈奴,南边是汉,这让南匈奴夹在中间感到非常危险,缺乏安全感的南匈奴再次走了祖宗走的那条道路。

公元50年,南匈奴效仿呼韩邪,对汉称臣。

南匈奴派使者前往五原塞,表示誓愿永远做汉王朝的藩属屏障,抵御北方敌人。

刘秀将此事摆在了朝堂上讨论,大家都说:"天下初定,中原空虚,这帮蛮夷真假难辨,千万不能搭理他们。"

唯独在北境待过的耿国(耿弇弟)是个明白人,他对刘秀说:"应当依照宣帝当年的先例,接受归附,命他们在东面抵御鲜卑,在北面抗拒匈奴,做这帮蛮夷的表率啊!"

刘秀最终听从了耿国的意见。

这俩都是明白人。

游牧民族之所以总南下来抢,是因为草原环境艰险恶劣,经常活不下去,但中原政权往往又不是吃素的,那道长城也实在太吓人。

那么对付这种代价极高但又为了生存的抢劫,最好的办法就是让一部分人不劳而获,让另一部分人眼红跳脚,然后让这两部分人同室操戈争个你死我活。

这还变成了他们草原民族的内部矛盾。

这是一次历史性的机遇，不用任何外交谈判和妥协，对面的游牧民族主动投靠了。

刘秀随后利用此次南匈奴归顺的大好历史机遇，发出了人生中的最后一个大招。

他不是简简单单地像对呼韩邪那样，认个女婿就完了，而是对南匈奴进行了体系化的渗透与改造。

这次改造影响极其深远。

刘秀针对南匈奴制定了以下三个政策：

第一，南匈奴定期交换质子。

不是汉匈互换人质，而是南匈奴每年把王子轮流送过来感受大汉文化。

每年南匈奴上中央送贡品的时候，南匈奴都得派一个新的王子跟使者来洛阳，来年这个质子再跟着下一波使者回去，这么往返交替。

这样做有一个对东方政权非常有利的结果，南匈奴的未来继任者和高层都是见识过中原文化的。

而高级的绑定，就是文化与情感的认同。

第二，中央政权对南匈奴的监督与政务参与更加严密，刘秀设立了一个管理南匈奴事务的新官职——使匈奴中郎将。

这个官员不仅要监督南匈奴的动向，还参与其司法裁定。

拿了我的钱，就得听我的话。在南匈奴内部安插官员，这是两百多年来，中央政权在对匈奴管理上的最大突破。

第三，将南匈奴移入长城内，让他们定居于北方边境八郡。

这个决定对后世产生的影响分歧很大。

先来说说好处吧，这件事，客观上减轻了东汉的运营成本，从而延长了东汉的国祚。

南匈奴南迁，成了东汉抵御北方游牧民族袭扰的第一道防火墙。从此，东汉只需要每年给予南匈奴一定量的岁赐，就基本杜绝了北方边境被打劫的情况。

南单于移民西河郡以后,依旧设立诸部落王,协助东汉朝廷戍守北地、朔方、五原、云中、定襄、雁门、代郡等地。这帮南匈奴的部落王全都承担着边防责任,率领部众为郡县巡逻保安。

这就好比花钱请保镖。

但可能有朋友会问,要是请保镖为啥不让他还在草原上待着啊?为啥要给他放进来呢?

因为我给了钱,万一你不干活不听话了咋办呢?万一你又跟北匈奴和好了呢?

游牧民族对汉族的最大优势就是居无定所,机动性强,你在草原上我逮不着你,但你只要定居在了长城以南,甭管你战斗力多强,我大军压过去就是灭你的族。

你如果想跑,此时塞外就是北匈奴,多少年没回草原了,你觉得还回得去吗?

刘秀将南匈奴迁进长城以南的最大原因,是要同化这个民族。

公元50年,南匈奴刚一称臣,刘秀就命令其在西河郡建立王庭,随后又调来了大量汉族人移居北方边郡,迫使汉匈杂居。

任何民族,只要在长城以南待久了,他们都会渐渐变成汉民族。

因为汉民族的文化、汉民族的文字、汉民族的农耕技术更先进,更利于你在长城以南生存下去。

从此,东汉朝廷对于南匈奴的控制达到了前所未有的水平。公元143年,一次叛乱导致南匈奴单于之位空缺了三年,东汉朝廷甚至能够安排继位的单于人选。

南匈奴不仅作为高级雇佣兵帮着东汉挡住了北边的侵扰,还被刘秀潜移默化地改造了。

虽然摩擦和武装冲突还是会时有发生,甚至还出现过短暂的造反,但从长远来讲,东汉对南匈奴的改造还是产生了深远的影响。

它在很大程度上削弱了整个匈奴民族作为一个游牧民族的民族活力。

是的，包括北匈奴。

因为南边生活好，气候棒，不用天天怼天怼地地跟恶劣的自然环境拼命，大量的北匈奴部落变成了"叛逃者"。

这是好处，该说坏处了。

你是请了一个外国保镖，但这保镖没事总是脑子短路给你捅出点娄子。

北部边境在一种非常复杂的民族关系中渐渐发展起来了，时间越久，复杂程度越大，所产生的民族问题就越大。

汉文化的融合能力虽然举世无双，但融合却需要两个重要的载体：纸和雕版印刷术。

只有知识的价格开始批量下降，我们的经史典籍才能在游牧民族中产生核弹爆炸般的效果。

目前"孝悌忠信礼义廉耻"对于游牧民族的文化影响还不能达到指数级的改造级别，这也就导致南匈奴那边始终没有被汉民族彻底同化。

哪怕他们的高层后来全都变成了"中国通"，但人家部落编制没改，民族魂魄不散，这就导致了那些学贯中匈的头领们可以别有用心地利用民族矛盾去谋取私利。

两百多年后，到了西晋末年，北部边境的异族骚乱成了一个不可忽视也无法忽视的时局问题。

公元304年，在汉化且能干的刘渊的领导下，南匈奴的后裔起兵，五胡乱华的序幕拉开。南匈奴成功地在中原大地上建立起了中国历史上的第一个异族王朝，并拉开了后面大乱三百年的序幕。

这也是古往今来刘秀被很多人诟病的地方。

不过实际上，如果没有刘秀令南匈奴迁居内地的关键政策，东汉王朝能否挺过公元一世纪其实比较难说。

东汉的内核是豪族自治，这也就意味着你根本不具备跟北方长期作战的国力。

但整个北境的游牧民族会走投无路地南下，跟中原民族展开你死我活的战争!

因为天命难违。

自战国后期开始,持续近四百年的地球温度上升期停止了。

我们讲述的这两千三百年中,持续时间长达六百年的小冰河期即将到来。

凛冬将至!

二、小冰河期对游牧民族行为逻辑的影响

由于受到太阳活动的减弱等一系列复杂原因的影响，自东汉开国到西晋末年，整个世界的温度大约降了1.5摄氏度左右。

这段小冰河期的跨度为东汉、三国、两晋和南北朝。

这段时间的中华大地上刚好很神奇地出现了第一次异族大入侵和民族大融合。

再往后面的朝代看。

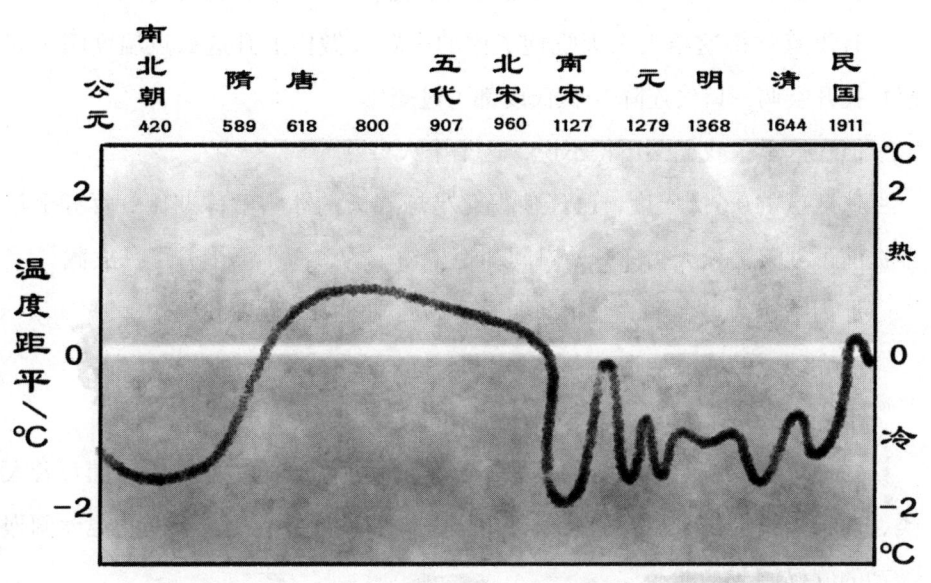

北宋后期，南宋后期和公元1644年，这些都是温度下降了大约1摄氏度的历史时间段，对应的历史大事件是金灭辽、宋，蒙古人纵横世界和清军入关。

在温度剧烈下滑的小冰河期，唯独在东汉的这个时间段，中原政权一直挺到了西晋末年。

即便中间经历了三国鼎立的超级大乱世，中原政权仍然有实力碾压各种北方蛮族。曹老板不仅能分匈奴为五部，甚至还收编了乌桓骑兵去帮他满世界打仗。

直到温度即将跌到有史以来最低点的时候中原才最终被异族入侵。

而且还是中原政权自己把地盘浪丢的成分居多。

看出刘秀的价值了吗？

那么，这降低的1.5摄氏度是个什么概念呢？

像今天又是北极熊掉海里了，又是企鹅宝宝活不下去了，一大堆闹闹哄哄的全球变暖问题，看着挺凶吧？

这么凶的国际性气候难题到底是气温上升了多少度导致的呢？

整个20世纪的全世界平均温度比19世纪高了大约0.6摄氏度。

有没有觉得这帮人天天吃饱了撑的小题大做！上升这么点温度叫事儿吗！我开空调一口气连降10摄氏度都不过瘾。

但在这里，我们又不得不说，这是个大事。

这区区的0.6摄氏度，已经使得北半球春天的冰雪解冻期比一百五十年前提前了九天，秋天霜冻开始时间却晚了约十天，海平面上升了一大截。

那为啥这么点温度的变化却会导致如此剧烈的气候变化呢？

因为地球的成分构造。

不光女人是水做的，地球也是水做的。

占地球表面积绝大部分的是海洋、湖泊和河流，这些水体不仅哺育着人类，还给人类提供了生存必要条件里面关键的一项：它们具有防止温度剧烈波动的气候调节功能。

一个星球如果中午80摄氏度,半夜零下80摄氏度,那什么生命都不可能在这里诞生。

啥生命体都得让这温差给玩死。

下面要引出初中物理时的一个概念。

比热容。

比热容就是每千克该物质上升1摄氏度所需要消耗的能量。

物质	比热容/J/(kg.°C)	物质	比热容/J/(kg.°C)
水	4.2×10^3	冰	2.1×10^3
酒精	2.4×10^3	铝	0.88×10^3
水银	0.14×10^3	铜	0.39×10^3

让水上升1摄氏度的能量,足以让相同质量的铜上升10摄氏度。

这意味着水上升1摄氏度所吸收的能量是非常高的,相应的,水下降1摄氏度所放出的能量也是非常高的。

地球这个水球的伟大之处也就体现出来了,无论太阳升起还是降下,地球上的温度并不会出现多么巨大的落差。

你升起,我吸热降温;你落下,我释放温暖。

太阳在与不在,我就在那里,不冷不热。

所谓"水善利万物而不争",这句话放在很多维度去品都是极有味道的。

全球气温下降1摄氏度的时候,说明整个地球上的水体已经释放出了极其巨大的能量去平衡世界的温度。

小冰河期的到来让地球的能量储备被挖走了一大块。

再仔细分析,这背后还有一个被忽视的、非常恐怖的巨大隐性问题。

全球气温降低1摄氏度里,沿海地区和南方的感觉很可能并不明显;但到了内陆草原却有可能是温度降低高达十几摄氏度,带来地狱般的恐怖严冬!

因为内陆和草原是远离湖泊和海洋的,并没有巨大的水体去调节温度。

一般来讲,在白天沿海地区比内陆地区温度上升得要慢,夜晚温度降低也要慢,温差的变化也要小很多。

因为旁边守着大海,巨大的水体无形间调节了沿海的气候与温度。

到了草原,由于没有巨大水体,小冰河期所导致的降温会非常显著、剧烈,整体降温甚至会高达十几度。

这也就会导致草原本就脆弱的生态因此变得更加令人绝望。

下面是整个小冰河期的草原崩溃链条:

1. 温度降低首先会使得草原上的冻土、冻冰增多,水蒸气大量减少。

2. 这会导致降雨量减少。

3. 降雨量减少和温度降低又将影响植物的生长与存活。

4. 植物的减少随后进一步加剧了降水量的减少。

草原的生态系统开始陷入恶性循环。

5. 随后就是旱灾。

6. 植被与水继续灾难式减少。

7. 牛这种耗水量大的动物养起来就费劲了,马这种耗草量巨大的动物养起来就更费劲了。

这两种动物是游牧民族抵抗冬季雪灾时最关键的战略物资(牛能踏雪开路,马能快速转移),于是游牧民族的抗灾能力进一步弱化了。

旱灾同时还将带来另一群魔鬼。

8. 蝗灾!

所谓"久旱必蝗"!

然后就是千里无生机。

为啥干旱会让蝗灾爆发呢?

因为蝗虫在产卵时有一个关键的成活条件,就是土地干燥。

当土壤坚实,含水量在10% ~ 20%的时候最适合蝗虫产卵。

旱灾所带来的最恐怖衍生效应就是这种让人色变的魔鬼昆虫被批量放出来了。

铺天盖地的东亚飞蝗！

这货不仅能吃，还能飞！

人家可以组团飞过来，吃完这边吃那边。

飞蝗过境，寸草不生！千里赤地！饿殍千里！

小冰河期的到来对中原政权来说还算过得去，粮食减产往往还能活，即便出了大灾往往还能逃荒；但草原上的政权却根本禁不住巨大的环境变化带来的打击。

因为草原上的生存模式就是粗放型的、效率极低的，游牧民族其实就是利用光合作用去进行能量转化的经济体。

太阳能转化为草，草转化为牛羊，牛羊被人吃。

现在太阳一不好好上班，草就变少，能转化的牛羊就变少，人就吃不饱肚子，与此同时还出现了各种各样的灾害。

旱灾又使得光合作用中的另一个要素：水变少，从而进一步导致可利用的能量降低。

随后蝗灾四起，仅有的草和作物大规模被吃，草原上的民族遇到了恐怖的绝收。

一方面草原民族的能量收入极剧变少，另一方面维持生存所需的能量却急剧飙升。

过去冬天零下20摄氏度，两件羊皮袄，现在零下30摄氏度，需要三件羊皮袄。

过去一天吃一条羊腿就够了，现在天冷了，一天需要吃两条羊腿才能维持生存。

这一进一出，草原民族就彻底完犊子了。

这回是真真正正的完犊子了，养的犊子全完了。

当无论怎样努力都活不下去的时候，草原上的民族就只能往南面跑去拼命了。

长城再吓人我也得跟你死磕。

因为横竖都是死，死也得当个饱死鬼！

爷跟你拼了！

刘秀的移民政策，就是在这个大趋势下颁布执行的。

它争取了一部分即将活不下去的南匈奴人，去对抗死活要往南冲的北匈奴人。

南匈奴为了保证自己的生存又不得不拼死抵抗北匈奴侵略者。

双方在火并之后，实力都会下降，北匈奴在活不下去又冲不进来之后会示好东汉，会依附南匈奴，会放弃尊严寻求活命的机会。

与此同时，内迁的南匈奴的实力会渐渐壮大，但武力随着南迁至内地却会渐渐减弱，不过又足够继续去对抗人口越来越少的北匈奴。

在这种此消彼长的状况持续一段时间后，匈奴人最终自己阉割了自己。

草原回不去了。

也不想再回去受罪了。

南匈奴人在失去了辽阔草原提供的机动性这个最关键优势后，拼体量又打不过汉族人，南下的路因此被堵死了。

如果不是中原自己崩盘大乱，如果不是在中原的汉族政权实力彻底被掏空和地方豪族内斗，以及骑兵装备战术突然升级同时发生，内迁的南匈奴是根本不可能有机会颠覆中原政权的！

最终的发展路线，就是在为东汉守边防的过程中渐渐被同化。

如果没有刘秀的南匈奴迁内地政策，整个匈奴最终会在小冰河期带来的恐怖天灾下抱团取暖，然后跟东汉拼了。

他们会在漫长的边境线上跟汉军死战到底，会不断地抢夺汉族的生产和生活资料，他们甚至会打得汉族政权的北部边境线越来越往南。

东汉这个豪族政治体能否挺过这样的边患压力呢？

很难说。

因为之后，东汉就是在长达八十年西北羌乱的不断袭扰下，走向了入不敷出的恶性循环并最终崩盘的。

如果没有南匈奴在北面帮东汉扛着北匈奴和鲜卑等游牧民族，东汉的最终结局真的很难说。

其实就在呼都死后不久，北方草原已经开始连年发生旱灾、蝗灾，经常出现数千里无生机的恐怖景象，乌桓部甚至趁着闹灾的节骨眼攻打北匈奴。

这其实就是草原民族在互相抢夺越来越有限的生存资源。

北匈奴大败，向北迁徙了数千里。

这大哥还往北迁呢！还没觉出来此时已经不是遇到武帝时的一百多年前了，北边已经没活路了！

南匈奴归降后，北匈奴过得一年不如一年。

北方越来越寒冷，草原上越来越多的地方开始出现饥荒与黑白灾（旱灾、雪灾），大量的天灾使得北匈奴元气大伤。

北匈奴在南下找生路时，突然发现本是同根生的南匈奴现在拿着五险一金给宿敌当上保安了！

这帮匈奸太可恨了！

人性永远是不患寡却患不均的。

凭什么你就好了呢？

北匈奴开始跟南匈奴发生剧烈冲突。

与此同时，北匈奴又不得不低头，希望与东汉和解，希望东汉政府能给他们也来份五险一金的工作。北匈奴单于送回了大量被掠走的汉民表示悔改，然后在南下跟南匈奴干仗抢夺资源时经常对东汉的边塞致歉："我们只是讨伐叛徒日逐王而已，可不敢侵犯天朝子民。"

大汉的上国姿态再次显露了出来。

公元51年、公元52年、公元55年，北匈奴连续三次向东汉示好，甚至舰着脸派使者到东汉请求和亲。

对于这个请求，刘秀再次拿到了朝堂上议了一下，底下大臣又是七嘴八舌提了一大堆建议。

最终，太子刘庄表示："南单于新近归附，北匈奴害怕遭到讨伐，所以倾耳听命，争着要归顺汉朝。如今我们没能为南匈奴出兵，却反与北匈奴交往，我担心南匈奴将生二心，而想要投降的北匈奴也不会再来了。"

说刘秀心坎里去了，本来就是"二桃杀三士"，让你们自我毁灭，咋可能都给你们养起来？

刘秀传旨，令武威太守不要接待北匈奴使者。

刘秀在走人之前很欣慰，因为接班人刘庄的思路很清晰，知道这套帝王术是如何进行削弱与平衡的。

刘秀驾崩后，明帝继位，北匈奴遇到了强硬派皇帝。

实在是太不给活路了！

眼瞅北匈奴就快咽气了，但是十多年后，却出现了很不寻常的事件。

公元62年（十一月），北匈奴侵犯五原郡；十二月，侵犯云中郡，被南匈奴单于率军击退。

自公元63年起，河西诸郡接连向洛阳奏报，匈奴开始猖獗劫掠，整个河西地区风声鹤唳，所有河西城镇甚至白天都要紧闭城门。

按说匈奴都快让老天灭了，咋又嘚瑟起来了呢？

原来是一个看似无足轻重，却至关重要的地方出了大问题。

刘秀当年终归还是犯下了一个小小的外交错误。

西域出问题了。

西域开始给北匈奴提供无偿援助了。

三、大汉对西域"奶厂"的错误认识

自王莽篡汉后,西域就脱离中原政权被匈奴重新控制了,但自从刘秀把天命给续上后,又有些西域小国提出了重建都护府的请求。

匈奴总找我们要钱,人家汉朝总给我们赏钱。

还是汉朝好。

但西域的热烈投诚牵扯到了一个比较费钱的制度——纳贡制度。

西域诸属国认可大汉的领导,每年带着土特产来朝贡,但大汉得给赏钱。

给赏钱其实并不算啥,真正的大头是没完没了的军费开支。

重建都护府,拾起对西域的领导需要驻军,需要千里输送一系列物资,毕竟你得面对被抛弃的匈奴人不爽的问题。

这就需要大笔的钱。

刘秀对这个请求的态度很明确:西域我不要了,慢走,谢谢。

这个决定在当时来看不能算是错的,因为这就是大赔本买卖。天下已经大乱三十年了,你们西域没见过王莽想象不到我们这儿的困难,眼下王朝初建,百废待兴,不能因为万里之外的事情把国家拖垮了。

刘秀在此犯了两个错误:

其一,刘秀没有意识到西域对于匈奴的奶源价值,认为只要把河西走廊抓在手里,匈奴就被斩断右臂,隔绝羌胡了。

其二，给西域零花钱是不假，但谁说统治那块地方一定需要驻军呢？

第一个错误，确确实实是刘秀出纰漏了。

第二个错误其实并不能算错误，因为谁也想不到将来会出现一位跟他一样空手套白狼的大神。

刘秀紧接着进行了一次错误的外交任命。

西域诸国此时已经由最开始的三十六国变成现在的五十五国了，还是那句话，其实就是西域五十五县。

西域大国不过几万人，小国连县都算不上，顶多是村。

有的县，慢慢发展成了强县，恃强凌弱的事开始发生。

东汉初期，西域的第一个强县叫作莎车，国王叫作康。

康是一名坚定的抗匈亲汉者，坚决不给匈奴交租子并主动投诚大汉，这让他在公元29年得到了刘秀赐予的"西域大都尉"的称号。

公元33年，康的兄弟贤继位，哥俩的"康贤盛世"将莎车推向了一个小高峰，使周边几乎所有村镇都从属于自己。

公元38年，莎车王贤、鄯善王安派使者进贡东汉，控诉这些年西域各国被匈奴大量扒皮征敛的痛苦，表示都愿重归大汉，希望东汉重新设置西域都护府保护他们。

因为中原刚刚平定，刘秀表示我们管不了这事，第一次回绝了西域的请求。

公元41年，莎车王贤看到刘秀对自己这块宝地没兴趣，便请求刘秀给他"西域都护"的称号，小地方不值得您费心，我替您管这些村镇。

这个称号可不得了，在西汉时，西域都护是西域诸国的大总管，是地区最高长官。

前面说刘秀的那个外交任命错误，就是这个。

刘秀同意了这个请求。

由此可以看出，刘秀以夷制夷的思路其实早就在酝酿之中了。

但是，理论草创之初，总会有多种考虑不周之处，西域都护刚封出去没多久，敦煌太守裴遵就上书说："西域问题很复杂，不可以授给莎车大权，这样做会使其他各国失望。"

西域是有很多国家的，你封了一个就得罪了很多个，而且封了的那个还会仗着你的势力狐假虎威。

刘秀猛然想起来要坏，莎车这只狐狸会利用大汉这只老虎百年来的影响力来为自己谋利。

刘秀急派敦煌太守裴遵追回了"西域都护"的印绶，改封贤为"汉大将军"，莎车使者开始还不肯交换，被裴遵强行夺回。

你是我的将，而不是我的代言人，你是没有外交签字权的！

但已经晚了，贤把大汉西域都护的声音已经喊出去了，向西域各国发送文书，各国因此开始服从归附。莎车随后开始剥削、统治西域诸国，征收了非常重的保护费。

这就失去西域各国所盼望的"都护"的意义了。

我们希望的"都护"是保护我们不被匈奴人袭扰、让各国和平发展的，但现在不光匈奴那边时不时抢我们，这还又来了个本土的抽血狂魔。公元45年，在忍了四年后，车师前国、鄯善国、焉耆国等十八个西域国家商量好后同时派出他们的王子到洛阳当人质。

各国都希望大汉主持公道，别让这混蛋在我们这么好的地方祸祸了，派个大汉本国的西域都护去做话事人吧。

刘秀仍然婉言拒绝了西域各国的请求，赏了一大堆礼物，别白来一趟，随后让各国的王子们全都回国。

西域各国听说大汉不肯派出西域都护，让人质全都返回后非常失望，担心遭到莎车的报复，于是又给敦煌太守裴遵呈送了公文，说要不先让王子们在敦煌待着，吓唬莎车说汉朝的都护就要出关了。

裴遵将这个诉求上报后，刘秀同意了。

西域各国的人质王子在敦煌没多久就因思乡逃回本国了，莎车也因为摸准了东汉的态度而开始肆无忌惮地报复西域各国。

转过年来，公元46年，莎车就出兵击败鄯善等国，还杀了龟兹国王。

鄯善王被暴打后，伤心地再次给刘秀上书说："我们愿意再派王子到洛阳去做人质，最后一次请求大汉派出都护，如果仍不同意，我们将归附匈奴。"

刘秀表示："现在使节和军队确实过不去，如果西域各国感到力不从心，东西南北，何去何从，你们自己选择。"

于是鄯善、车师等西域北道诸国归附匈奴。

压迫久了，就会有反抗，尤其是西域各国都已经派人去过洛阳，知道莎车这个冒牌货的底细了，于是在匈奴的名义撑腰下开始反抗。一个包括龟慈、于阗、吐鲁番、车尔成等国在内的复仇联盟开始与莎车国展开抗争。

在这场西域村镇混战中，过去传说中的两大势力全都没有出现，东汉本来就执行全盘"脱西"政策，生怕扯上关系；匈奴那边则因气候危机以及闹南北分裂而自顾不暇。

在随后战战停停的十多年中，双方互有胜负，但各国本就不大的体量在互相消耗中越打越小。到了公元60年时，莎车达到了帝国的巅峰，已经拿下了于阗、大宛、妫塞等三国，并派出了军队在这三地镇守。

也是在这一年，于阗的军队杀了莎车守将，拥立了本国首领休莫霸为王复国成功。

公元61年，莎车兴兵再至，但已经穷兵黩武多年的莎车一战而溃。御驾亲征的贤率残兵逃回莎车，随后在被于阗包围攻打时中流箭而死，莎车随后被于阗吞并。

也就在这个时候，已经在背后藏了很多年的北匈奴突然出现，倾全力并调发了之前名义上归附他的西域诸国军队包围了于阗，逼降控制了此时刚刚吞并莎车的于阗，由此掌控了西域南道，继而拿下了整个西域。

北匈奴渔翁得利，成为西域多年混战的最终胜利者。

在西域各国都互相消耗得差不多后，北匈奴此时清盘进场并表示：今后都别打了，还是听我的话吧。随后将西域各国统一在自己麾下。

自从控制了西域，获得每年西域资源输血的北匈奴缓过劲来，逐渐将族群中心向奶源西域的方向迁移，并开始不断袭扰东汉最薄弱，也是鞭长莫及的河西走廊。

只要打通了河西走廊，匈奴将再次将曾经是祖祖辈辈生命之源的这片土地握在手中，还可以和羌人再次取得联系，你大汉请那匈奸保镖想困死我大匈奴的邪恶阴谋就将被彻底粉碎。

从公元63年开始，北匈奴扰河西的问题被摆上桌面的次数越来越多。

公元64年，北匈奴提条件了。

我不抢你了，但你得跟我互市。

我不想杀害，我只想买卖，牛羊肉你不缺，可盐碗盆铲我全都缺，你别逼我啊！

明帝刘庄没有想到河西地区会突然出现巨大问题，在西域变成奶妈这个背景下，他决定暂时安抚北匈奴，因为眼下不能出兵河西跟北匈奴开战，他还有更重要的事情要干。

明帝同意和北匈奴互市，都是老牌政治家，北匈奴在挺过差点被东汉搞死的那几年后，也开始跟东汉博弈。

北匈奴一面互市，一面遣使入贡，一面根本不停歇地袭扰东汉边郡，还在舆论上张扬要与东汉和亲。

总之，在实现自己利益最大化的同时，还要让西域胆寒，让南匈奴狐疑。

西域隔得远，听说汉匈两个大老虎都和亲了，于是更加温顺地给匈奴提供无息贷款，由西域奶店自动升级为西域奶厂。

南匈奴也在犹豫，大汉又和北匈奴好上了？那我们夹在中间是不是就危险了？

面对北匈奴的这些把戏，明帝在忍耐。

因为他的全部精力，此时都在我们的母亲河上。

别看北匈奴现在闹得欢，跟黄河妈妈一比根本不叫个东西。

黄河自王莽篡国时期改道后,已经泛滥了五十多年,三年一小闹,五年一大闹,小水小灾,大水大灾。

东汉政府朝堂讨论的最终结果总是希望黄河妈妈可以自己寻找出路消停下来,事实上也确如他们希望那样,黄河妈妈每年都在寻找出路,但每年找出来的出路都不太一样。

大小决堤频发,沿岸百姓常为鱼鳖。

当时中央的钱袋子还在北方,尤其在中原地区,也就是黄河中下游地区。但黄河年年闹腾,这就相当于在钱包上戳了个大窟窿。

黄河问题成了必须要攻克的难题。

此时治理黄河需要两个关键:一个是钱,一个是人才。

此时正值王朝初年,国家机器运转还好,闹灾地区的豪族们更是积极配合,出钱出力,所以钱的问题尚不算艰难。

真正困难的是人才。

这条年年闹腾的母亲河咱到底该咋办!到底怎样才能使之长治久安!

谁能担此重任给我一个方案!

就在明帝天天因为黄河脑袋疼的时候,公元64年的一天夜里,明帝做了一个梦。

梦中一个身形高大,顶有日光的金人在空中飞行,最后落到自己的殿庭之前,随后飘然西去。

夜梦金人,明帝觉得此梦大不一般,次日召集群臣解梦。

太学闻人傅毅听后说:"周昭王时,西方有佛出世,其身高大,遍体金色,您梦中所见的金人,或许就是佛吧!"

接着他搬出了理论依据,说道《周书异记》中对佛曾有记载:

"周昭王二十四年,甲寅岁四月八日,江河泉池,忽然泛涨,井水溢出。山川大地,咸悉震动,夜五色光气,入贯太微星,遍于西方,尽青红色。

"昭王问太史苏由:'此何祥瑞?'

"苏由说:'有大圣人,生于西方,故现此瑞。'

"昭王问：'于天下何如？'

"苏由说：'即时无他，一千年外，声教被及此土。'

"此时已经整整过去千年了，想必是佛无疑！"

于是明帝派人上西方寻佛取经，希望佛祖能给黄河指条明路。

中国历史上最早的取经团队就此上路，团队有中郎将蔡愔，博士秦景、王遵等十八人，这个取经团队穿越了此时已经非常不友好的西域诸国后，西行到月氏国，终于遇见了正在当地弘扬佛法的天竺沙门摄摩腾和竺法兰。

丝绸之路这条世界文化的交融汇聚之路，在中国文化层面做出了第一次巨大的贡献。

两位高僧大德决定随取经团队来到东土，于公元67年回到洛阳。

摄摩腾大师带来的佛像，是优填王（释迦牟尼佛护法）造的第四个佛像，形貌与明帝梦中见到的金人一样。

明帝见后大喜，下令把佛像安放在南宫清凉台供养，佛经收藏在兰台石室里，将两位沙门安顿在招待外国人的鸿胪寺中。

公元68年，明帝下诏书，在城西雍门外建造精舍，作为两位高僧居住、译经的场所。

这就是中国的第一座寺庙，白马寺。

寺名"白马"，是感恩白马驮经入东土之功。

白马的护法之功也影响了后世的很多文化创作，比如吴承恩先生笔下的白龙马。

佛法由此开枝散叶。

自此，佛教这种"无上甚深微妙法"开始在广大出家和在家弟子的弘法下于华夏大地上广为传播，渐渐成了华夏思想与文化领域中一条极其重要的精神脉络，影响了中华文化两千多年，直至今日，仍在熠熠生辉。

儒、释、道这三家思想，有一门不了解，都难以体会到中华文化的精髓。

此时是佛教在东土的初传阶段，想梳理佛教在中国的发展历程及影响，我们要再等等，我们还要等一个人。

我们要等待三百多年后的丝绸之路上，那位堪称中国历史上最伟大的译经法师前来东土。

佛经中说过，"护持正法，功德不可思议"，此语虽无法证伪，但很多事情却相当凑巧、神奇。

因为将佛法首次恭迎到中华大地的明帝在仅仅一年后，就遇到了让他名垂青史的那个大才。

所谓"明章之治"，这爷俩之所以能在历史上留下号的最重大原因，并不是把匈奴快踢死了，也不是班超后来在西域的神级演出，而是有一个人把我们泛滥了很多年的母亲河给劝消停了。

注意哦，我用的是"劝"这个字眼。

对自然要心存敬畏，大江大河根本无法"治"，只能对症下药在旁边"劝"，人家要是不听你的，你啥治也没有！你工程方案再对，一场暴雨就能把你一整年的工程冲塌！

一个叫王景的帝国大才，以超凡的眼界与技术水平使肆虐了成百上千年的黄河水稳定了下来，并安澜后世长达八百多年。

这个人为华夏大地做出的贡献无法形容。

你无法计算这近千年来他挽救了多少家庭，拯救了多少人命，多产了多少粮食，节省了多少民力！

总之，此人兴建大利之功，多少溢美之词都难以赞美衡量。

在收拾匈奴之前，公元69年，黄河治理工程正式开工。

王景这位"工程版刘秀"开始了他的开挂式表演。

四、窦固战天山

治理黄河这件事，可以说是中国古代历史上最重要的事之一。

所谓的"中国史"也可以说是一部"治水史"，中国之所以在几千年前就组织起了一个如此庞大的国家，就是因为最早的中原土地虽然肥沃，但黄河水却总是怒号滔滔，太多人因此流离失所，部落、村庄一朝回到解放前。

如果说残酷的气候对草原民族来说是上帝之鞭，那么怒号的黄河就是时刻悬在中原民族头顶上的达摩克利斯之剑。

对抗黄河水患，没有几十万人根本不用想。

历朝历代，即使只是对黄河进行小修小补，也都得是十几万人起步的，每当汛期来临，整个黄河沿岸所有能动弹的人全都要上大堤。

什么时候扛麻袋堵口子，什么时候牺牲个别村子泄洪，这都不是小打小闹的事，往往需要最有经验的首领和长老当机立断！到了关键时刻，是牺牲一个村子泄洪还是大家抱着一块死，根本不会有任何让你商量沟通的时间和余地。说把洪水泄到你们村马上就得执行，知道你家不容易，咱们这里面谁家容易？

所以，因为这条黄河，中国早早地就在冥冥中注定要走向大一统。

小国寡民难当此千钧之任！

最早的治水大事件，我们很熟悉，是不回家的大禹干的。大禹的治水思想是"黄河在疏不在堵"，他改变了他爹的堵河方针，历经十三年，终于把黄河比较顺畅地通海里去了。

他家老爷子之前之所以治水不利，是因为一直想着堵。

这也不能怪他，"堵"和"疏"其实都是治水的良药，需要根据具体情况来开方子，而且堵是常备药，洪水一来基本上就很猛，当时往往先要把决口处堵上，不能说堵就一定不对。

但黄河这条河比较特殊。

它堵不住。

它有两个特点，一是含沙量太大，二是汛期流量太猛。

第一个特点，含沙量大，就导致下游比较倒霉，大量的沙子使下游河道淤塞，河道越来越浅、越来越窄。再配合另一个特点，汛期大潮一来，整个黄河下游两岸就处于崩溃边缘。

此时就不是"堵"能解决的了，因为全面崩溃了，整条河堤不够高！除非能将堤坝整体再加高来容纳突增的水量，否则根本没戏。

大禹根据这个特点，十三年来专注挖沟，当年没有挖掘机，可以想到当年我们的祖先有多么不易。

大禹要把那些黄河主干道上的"地上河"挖成"地下河"，还凭空挖出了很多分洪渠。

有些读者可能还记得，敖仓之所以设在荥阳，是因为黄河到了荥阳后就开始分流成很多河流，中原之所以成为鱼米之乡不仅是因为土壤肥沃，也因为水网纵横。

这些纵横的水网，很多都是当年我们的祖先在分洪的初衷下，在原有的河川地貌基础上挖通拓宽的，甚至就是生生挖出来的。

说完了大禹疏通黄河，我们继续说春秋战国，治水思路又由需要日常挖沙、不能偷懒的疏通黄河转变成了粗暴的堵黄河。

原因在于地盘问题。

黄河沿岸土壤肥沃，而且周朝最开始分封时每个国家的幅员都不大，这就导致上游国家根本没心思去干疏通黄河这费劲事，而是把自己下游的国家当成了泄洪区。

都给我听好了！咱境内的堤坝都给我守住了！实在顶不住了就给我把水放别人家去！

这就坑了下游国家。

比如著名的下游大国魏国。

魏王就经常看着遍地大水骂上游的韩、赵二国。

你骂也没用，谁让你住的靠东边呢！人家秦国就在黄金地段，从来就不愁黄河问题。

以邻为壑的问题直到天下一统才算是重新被提到了国家层面，但问题又来了，咋治？

咱们现在可以站在上帝视角说："你挖沟啊！你分洪啊！你巩固堤坝啊！"

这其实都是废话。

因为你只要一站上黄河大堤，立马就傻眼。

从哪挖沟？哪分洪？哪部分河堤需要巩固？

你不是专门的人才根本就不知道怎么处理，而且面对各种人提出的各种方案，你根本不知道哪个方案更适合眼下这条嗷嗷乱叫的黄河。

著名牛人汉武帝这辈子唯一没搞定的就是黄河水。公元前132年，黄河改道了，武帝除了跳脚大骂以外一点辙也没有。

后来王莽也遭了天谴，史上最大规模的黄河改道出现，山东、河北处处泽国，中原大地盗贼蜂起。

王莽时期的这次黄河大改道，又折腾了东汉五十年。

直到公元69年，该当华夏出高人，王景被明帝发现了。

这位帝国东边乐浪郡（今朝鲜平壤地区）出品的东汉"欧巴"，祖籍山东琅琊，自幼"广窥众书"，知道的课外知识比较多，会的比较多，尤其水利工程搞得好。有一年浚仪渠（汴渠的一段）被黄河水冲毁，王景作为工程师助理建议采用"堰流法"，果然快速修好了浚仪渠。

所谓"堰流法",就是挖渠分流。

后来整条汴渠没完没了地闹灾,黄河更猛,多次决口,被淹的区域逐年扩大,兖、豫二州成了重灾区。

公元69年,明帝听说有个治水厉害的小伙子叫王景,叫来考察了一下工作,然后就慧眼识人地拍板命王景为解决黄河问题的总工程师了。

当年四月,王景就率领数十万兵民开始了黄河治理工作。

王景的思路主要有两条:

第一个是挖掘新河道。

王景认为,过去的下游河道太长而且弯弯绕太多,本来黄河水到了下游劲就小了,弯越多越容易淤积,这么长的河道就很不科学了。

于是王景经过精准的选址和测算,自荥阳开始到千乘海口(今山东省高青县东北),选址开辟出了一条新的黄河河道。

这条新的河道就非常科学。

首先它比原河道缩短了一大截,没有那么多弯弯绕,河水的力量也就更大,泥沙也就不容易淤积。

其次王景选址的新河道地势比较低,使得黄河最危险的地上悬河危机被解除。

谁说处理"地上河"的办法一定就是挖掉淤积的泥沙呢?我换条新路走不行吗?

很多时候,换一个思路处理问题,整个事情的成本就大大下降了。

第二条思路,是理清黄河与汴渠间的关系。

汴渠是联系黄河与淮河两大水系的关键渠道,王景认为,这些大河不能连在一起,一条就已经搞不明白了。

王景将黄河、汴渠与淮河间的关系捋清了,黄河自己单过,汴渠不再被黄河纠缠后,泥沙量和水量都降了下来。

分而治之,大洪峰来临时一淹全淹的问题就解决了,同时保证了汴渠这条非常关键的自中原至洛阳的漕运血管的通畅运行。

除了这两大思路外，王景还进行了一次技术创新："水门"。

王景在黄河和沿途的濮水、济水、汴水等危险地段每隔十里就筑一个"水门"。我们可以把"水门"理解成一种排泄淤积物的设施，沿途不断地清理黄河从上游带下来的泥沙，减少黄河主干道的泥沙淤积，当地的问题当地办！不要搞推诿扯皮！

这就从根源上解决了黄河难治的问题，黄河的泥沙祸害不到下游了，"地上河"也就不存在了，再来大洪峰也好抗洪了，而不是洪峰一来就决堤，大水满世界蹿。

王景此次治理黄河，工程量极其巨大：黄河千余里，汴渠八百里，耗资百余亿。

这么大的工程干了多久呢？

仅仅干了一年，公元70年（四月）就正式竣工了。

这位神人在这么短的时间内就完成了选址、沟通、布置、施工、引流、验收这一系列专业性极强的水利工程，为明帝干成了别的朝代往往千亿规模用时数年、数十年才能竣工的传世工程。

听着耗资百亿好像挑费挺大，但和疗效一比，那简直就太不叫个事了。

王景不仅熄灭了自公元11年黄河改道以来持续了近六十年的黄河肆虐问题，还让黄河就此踏实了八百多年，跨越了东汉、三国、两晋、南北朝、隋、唐、五代等七个朝代级的岁月。在此期间，黄河流域没有再发生过重大的水灾。

过去大量的危险土地成了"常种耕地"，祖祖辈辈的中原人民因此得以安居，过上了幸福的生活。

王景是上天对华夏的恩赐，还是如引出他时我们说的那句话：我们无法计算这近千年来他挽救了多少家庭，拯救了多少人命，多产了多少粮食，节省了多少民力。

"王景治河，千载无患"。耕地扩大，连年丰收，国内再无后顾之忧，明帝终于在忍了十年后，爆发了。

公元73年，耿秉上书请击北匈奴。

明帝允准！

明帝在准备伐北匈奴之前，召集手下将领集会，所有高层将领都指出了北匈奴日渐嘚瑟的根本原因——西域奶厂。

欲败北匈奴，必须先断他的奶，掐死他的资金链。

考虑到南匈奴、鲜卑、羌此时都在自己的统治范围内，明帝此次伐北匈奴还创意性地搞了个国际联队，将几乎所有的北方少数民族全部联络了一遍，相约共击北匈奴。

最终，明帝派出了北方诸郡的全部战力，和各国组成了四组远征军北伐北匈奴。

公元73年（二月），汉军出征讨伐北匈奴。

来苗与文穆，率太原、雁门、代郡、上谷、渔阳、右北平诸郡边防军和乌桓、鲜卑兵，共一万一千骑，出平城塞（今山西省大同市），向匈河水（今蒙古国翁金河）进击。

祭肜与吴棠，率河东、西河、北地诸郡兵和羌胡、南匈奴兵，共一万一千骑，以五原为策源，出高阙，向涿邪山（今阿尔泰山东脉）进击。

耿秉与秦彭，率领陇西、天水、武威诸郡兵和羌胡兵，共万骑，以张掖、酒泉为策源，出居延塞（今内蒙古自治区额济纳旗东），向居延和三木楼山进击。

窦固与耿忠，率张掖、酒泉、敦煌诸郡兵和卢水、羌胡兵，共一万两千骑，以酒泉、敦煌为策源，出酒泉，向天山进击。

四路军中，最重要的一路，就是窦固的西路军，没看多给了一千外援吗。

这一路最重要的任务，就是切断北匈奴和西域奶厂的联系。

前面的三路军全无进展，你这一路追，北匈奴一路跑，最后没追上，只能回国。

唯独第四路取得了突破性战果。

因为这里的匈奴人没法像那三路一样逃跑，西域是他们丢不起的地方。

窦固和耿忠抵达天山，进攻北匈奴呼衍王，斩杀一千余人，随后又追击到蒲类海（今巴里坤湖），夺取伊吾卢地区（今新疆维吾尔自治区哈密市伊吾县）。

窦固成功拿下哈密，不仅成功得到了一块土地肥沃的地区，成为后面屯田作战的策源地。更重要的是，哈密地区是沟通天山南北的关键枢纽，窦固成功迈出了重返西域的第一步。

自东方入西域有三条路：

一条是走南边的河西四郡经罗布泊。

一条是经天山山脉自哈密走吐鲁番。

一条是自北疆由乌鲁木齐南下吐鲁番。

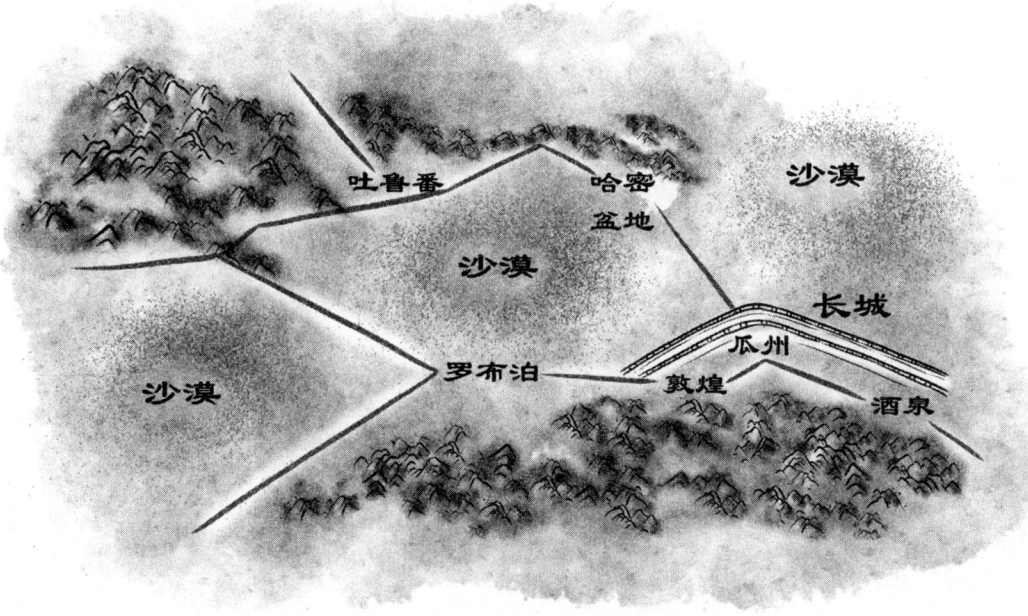

南面有长城，随时会被汉军打埋伏，不好惹。

所以匈奴基本上都是走北路，拿下了哈密，就可以进而去威胁西边的吐鲁番盆地，然后彻底切断北匈奴与西域的联系。

在窦固这次出征西域的战斗过程中,有一个年轻将领表现得很突出,率先头部队攻打伊吾卢地区,在蒲类海大战中,英勇作战,杀敌甚多。

窦固觉得这个小伙子是块材料,于是给了他三十六个人,令他出使西域诸国,告诉西域各奶厂的厂长们,奶厂换了厂长了,法人姓刘了。

这个年轻人,叫班超。

在大国崛起的宏大背景下,西域史上最精彩的个人演出,就要上演了。

五、班超"空手套南道"

话说当年王莽篡汉后天下大乱,有一个才子叫作班彪,出身于扶风安陵豪族。

作为关中豪族避难路线的首选,班彪来到了天水隗嚣处。

和广大关中豪族的前途诉求一样,当更粗的大腿刘秀那边中兴气质大显后,班彪做了思汉命题作文《王命论》来感化隗嚣。

没成功。

班彪随后出门北走,来到了嚷嚷要回归母亲怀抱的窦融处。

这次及时跳船使班彪也成了西北派中跟随窦家在关键历史节点套利得手的一员,刘秀一统天下后当上了徐县县令。

其实班彪这辈子并不算出彩,但这个人的史学功底很高,敢给《史记》做续,写成了《后传》六十余篇,还生了两个非常牛的儿子。

这个人堪称东汉版的低配霍仲孺。

这两个儿子分别在"文武之名"这两个方向做到了东汉巅峰。

先说文的,他的大儿子班固。

《汉书》的作者,咱们《两汉风云》这本书的第二赞助人,咱们自打武帝时代开始就没离开过这本书。

班固在《汉书》中的治史思想非常严谨,引用了大量当时的诏令、奏议等原始材料,比如王莽当初被"民选上台"时的黑材料,有零有整的

"四十八万七千五百七十二人"的请愿书数量,就是班固细致考证出来的。

《汉书》不仅在正史上用料考究,还包罗万象。比如,《五行志》中记录了当年的灾情、自然状况;《天文志》中保存了上古至哀帝元寿年间的大量星宿运行、日食、月食等天文资料,这都为咱们书写王莽时代的故事提供了巨大帮助;《刑法志》写了历代刑法;《食货志》写了历代经济发展状况,等等。

最早是班彪有修史的打算并进行了初步创作,班固二十三岁时开始整理父亲的遗稿,正式撰写《汉书》。著书过程中曾被构陷进过监狱,后来被平反放出。六十一岁时因靠山窦宪倒台死于狱中,当时的《汉书》仍未完成,续作由妹妹班昭和马续(马援侄孙)补修完成。

历经整整半个多世纪,《汉书》在班彪、班固、班昭,班家两代三人的不懈努力下终于收尾完工,为后世做出了顶级贡献。

古代修史书,其实是一件活着的时候投入产出比极低的事业。

你被误解、被伤害的概率太高了,所有的奖励兑现,要等到千百年后。

班彪和班固的名字注定不属于这个时代的头条。

他班家"当世之名"的传扬,要靠班彪的二儿子。

东汉的"定远侯"——班超。

班彪死后,班固在老家待了八年,求仕受挫后在家一心修订《汉书》,结果被人告发私修国史。

班固被逮走,书稿被查抄,眼瞅要完蛋。

因为"私修国史"这事很有可能被捕风捉影的人扣上大逆不道的帽子。

在兄长被抓走,班家一团乱麻之时,班超人生中第一次显英豪,他展现出了后来在他一生中多次闪光的判断力和决断力。

不能等着!必须主动出击掌控命运!班超以最快的速度从关中骑马赶到洛阳为兄申冤,一路找关系闹得挺大,最终惊动了明帝,并被明帝叫来亲自询问修订《汉书》的详细始末。

班超讲完班家两代人自掏腰包为国家修史的经历后,明帝看了《汉书》的手稿,然后把受了委屈的班固放了出来,并给了班固校书郎的官职,救兄的班超也因此跟着来到洛阳，开始做抄书员的工作。

此时班超三十岁。

抄着抄着，班超就撂挑子了，掷笔叹息道："大丈夫应该学张骞在国外立业建功，封侯晋爵，怎么能老干这笔墨营生呢！"

班超比较苦闷，他认为自己生晚了，出生时刘秀已经建国了，懂事时已经天下太平了，没有什么战功轮得到他了。

虽如此，但从他抱怨的这句话中，却透露出了此人有着极其敏锐的眼光和对时局的准确判断力。

因为他说出了榜样。

他的目标是张骞。

班超并没有说品种齐全、兵种多样的云台二十八将，更没有说一统天下后守边防的马援。班超知道，在这个时代，如果他还想在军功上有所建树的话，突破点一定在西域。

机会总是留给有准备的人的，你得知道往哪个方向靠拢。

周围的所有人听了都在笑他，班超比较不屑：你们这帮书呆子怎么可能知道壮士的情怀！

可能是班超的强烈磁场使明帝得到了感召，明帝有一天突然想起了这个一身英气为兄鸣冤的班超，让他做了兰台令史（俸禄六百石，属于高官了）。

但没多久班超因犯错被罢官了。

很多人都会说大话，但心比天高，命比纸薄，真到了工作岗位上干得根本不咋地，眼看班超就将加入到这个行列中了。

但班超没有死心。

他认为自己肯定不会老于窗下。

有一天在街边，一个相士看到他后突然拉住他说："你虽是书生打扮，但日后定当封侯于万里之外。"

班超被这个封建迷信大糟粕感动哭了，激动地问道："咋看出来的？"

相士说："你有燕子一样的下巴（'燕颔'，指双下巴），老虎一样的头颈

（粗脖子），燕子会飞，虎要食肉，这是万里封侯的命相。"

双下巴、粗脖子的面相配上自己的理想，班超越等越绝望。

因为他已经四十岁了。

明帝您老也该让我当回威猛先生了，张骞在我这岁数时都转一圈回来了。

终于，黄河安澜，再无后顾之忧，东汉帝国在光武帝、明帝两代皇帝的励精图治下，达到了最完美状态。

公元73年，班超的机会到了。窦固奉命出征天山，班超作为西北派家属，找到了如今西北派的掌舵人，进入了西征大军，并一路向西开始了他的开挂之旅。

班超出使西域后，选的方向是西域南道（自罗布泊往南），而不是西域北道。

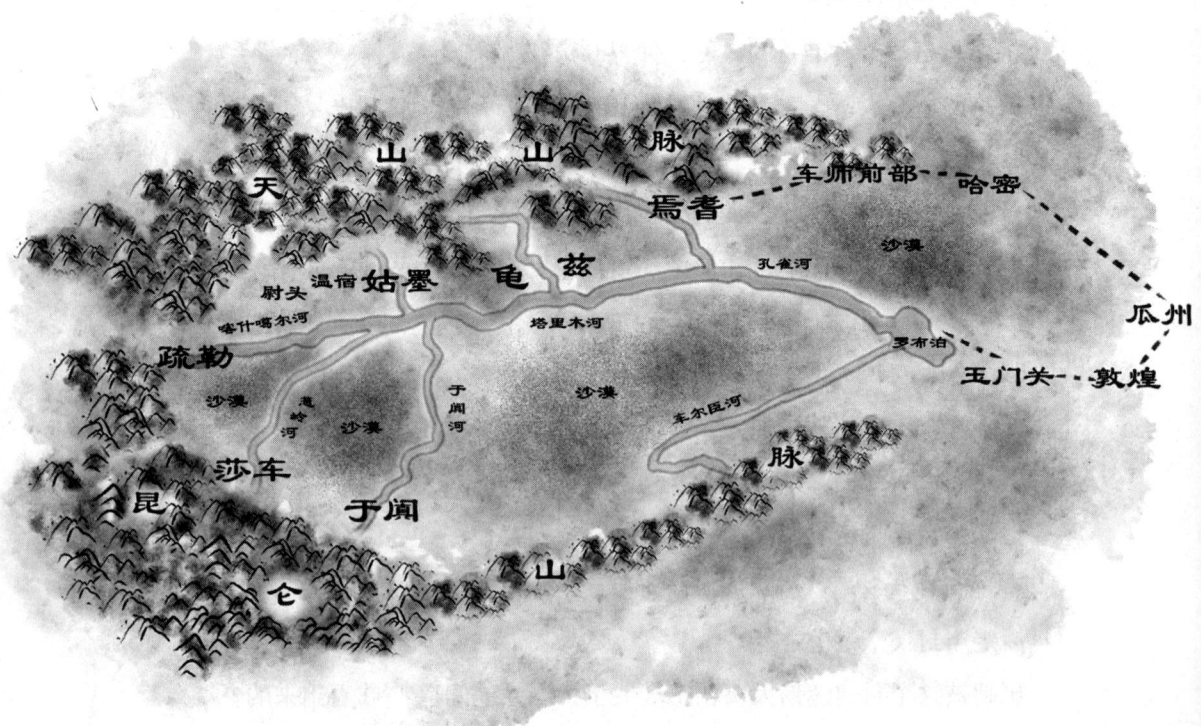

车师是匈奴进入西域的关键枢纽,北道因此也离匈奴更近,所以历来匈奴在此的根基也最深。

虽然南道有于阗河与葱岭河作为两条主干道,能自北向南地插下去,但沿途千里黄沙,走这条路无比艰难,所以匈奴在此并无实际驻军。

外交劝降这事关键是个信心,一上来就去北道劝降很容易失败。

头炮必须打响!

班超来到的第一个南道大国是鄯善国。

就是当年含泪给刘秀写信说,你要是不救我我就跟匈奴过了的那个国家。

时隔数十年后,西域终于再次见到活生生的汉使了。鄯善王不计前嫌,用上宾之礼接待了班超,因为西域早就传遍了汉军再度雄起把北匈奴打跑的新闻。

但没多久,班超就感到待遇开始下降,五星变三星。

哥哥被抓的时候知道平反文字狱的关键人物是皇帝,抄书的时候知道奋斗方向在西域,推理鬼才班超再次展现出了他察一叶而知秋的判断力。

班超开始和他的随行们商量:"你们没觉得咱待遇下降了吗?鄯善王也不总来串门了,知道为啥吗?"

众人问:"为啥啊?"

班超道:"肯定是匈奴也派人来了!待遇下降说明他不想得罪匈奴,咱们现在还安然无恙则说明了鄯善王还是害怕咱大汉!"

大汉第一神探班超在一通推理后找到了他们的侍者,突然厉声诈问道:"北匈奴的人来好多天了!现在住哪儿呢?"

侍者一慌就都秃噜了,随后班超扣押了这个侍者,然后召集了自己的三十六位勇士。

大门一关,三十七个人坐齐了先喝酒,喝得差不多了,班超说:"大家同处边地异域,都想要立功、享富贵荣华,现在北匈奴的使者刚来几天,鄯善王就拿咱不当回事了!如果把咱捆北匈奴去,咱就更甭提富贵的事了!你们说，咱该怎么办？"

三十六人齐声道："危亡之地，是生是死，我们就听司马的了！"

班超随后说出了那句怂恿人作死的千古名言："不入虎穴，焉得虎子！咱今天晚上就把匈奴人端了！让鄯善王断了念想！"

估计勇士们也没完全喝多，因为还都会算数，疑问道："咱也不知道人家多少人啊，万一人家人多咱不就让人家端了吗？"

班超说："咱夜里用火攻，他们不知道咱人有多少，趁他们害怕，咱们跟他们拼了！"

勇士们说："咱要不再合计合计？"

班超大怒："过了今夜势必泄密，咱到时也是个死！连个名都落不下，爷们儿这辈子岂不是白活了！"

勇士们说："我们说啥也没用，你说成就成。"

天一黑，班超带三十六位勇士偷偷前往北匈奴使者驻地。当夜，老天爷帮忙，大风凛冽。

月黑风高杀人夜。

班超先令十人拿军鼓在屋后待命，一旦火起立刻擂鼓呐喊；剩下的二十六人埋伏在大门两旁，出来一个砍一个。

布置完毕后，班超亲自点火。

班超点火后，鼓声喧天，大火弥漫，三十多人出门被砍，一百多人被烧死，北匈奴的大代表团被团灭。

不仅得了虎子还把虎穴炸了的班超团队无一人损伤。

转过天来，班超把鄯善王请来，把一百多个脑袋摆在鄯善王面前，大讲历史渊源和今天汉军大败匈奴的形势，又说了附汉政策，希望贵国朝闻天下，开启全新一天。

鄯善王当场就被吓得连连表态一定归降大汉，并派儿子去洛阳留学。

拿下鄯善国后，班超向窦固汇报来龙去脉。窦固大喜，上书朝廷举荐班超的功劳，并请求朝廷正式派遣使者出使西域，恢复与西域诸国的关系。

明帝听说当年那个令他印象深刻的小伙子于千里外再展国威，回复说："有班超这样的人才，还派什么别人，就他了！"

班超由此得到了军司马的职位，正式被任命去镇抚西域诸国。窦固随后想要给他多派些人马，班超说："用不着，就我麾下这三十六人就行，如果出现意外，人多了反而累赘。"

班超展现了超强的自信，既帮朝廷省了国力也点出了西域之行的关键点：以夷制夷。

这些年的史书不是白抄的，透过张骞当年的记载与留下的文献，他非常明白西域的情况与现状：

西域体量有限，养不了太多人。

汉朝在西域受欢迎，这帮西域小国抢着往洛阳派人质的最核心原因就是这些年一直被匈奴人的抽血所困扰。

这其实和汉朝的诉求是一样的。

冲这个，西域和大汉就有着天然的利益共同点。

之前汉朝一定要大量驻军西域的原因在于匈奴太强大，西域各国与之相比并非一个量级的对手。

但现在情况变了，北匈奴要是没有西域各国就快活不下去了。

如果有一个人能够团结起西域各国去对抗北匈奴的勒索，此时是有一战之力的。

而且东汉虽然此时是治世，但也已经远不是当年那个为了汗血马就能派出去好几万人远征的强汉了。上一章末尾，我们说过东汉的国力结构，这是一个豪族板结化的社会，朝廷实在是抽不出多少资源去进行这种千里征伐了。

带的人多，物资给养压力就大。

压力一大，反而就需要西域各国去配合解决给养问题。

西域各国压力一大，就容易急眼，这就也走到了西域各国的对立面上去了，大汉在人家西域眼里就变成了另一个北匈奴。

我来是帮他们自己站起来的,讲师团人数没必要太多,有个大汉的名声就够了!

班超随后继续在西域南道上外交前进,不久来到了当时西域南道的第一大国——于阗。

于阗就是终止莎车霸权的那国,雄霸西域南道,班超觉得擒贼要先擒王,要先拿下这个大国。

班超到达后,于阗王态度比较冷漠,因为于阗有北匈奴的常驻大使。不久于阗王还派人对班超说:"听说你有匹嘴黑毛黄的好马,你把它送过来吧。"

班超一打听,原来是于阗王的巫师在散布天谴论,说汉使来了,天神都怒了,得拿他那匹马祭祀天神!

班超说没问题,但这匹马道行比较深,必须得大巫师本人来才牵得走。

巫师来到后,班超刚确认完身份就手起刀落砍了他的脑袋,然后带着脑袋去见于阗王,并厉声谴责于阗王。

于阗王也听说汉在天山大败匈奴,这位班超更是个狠角色,在鄯善国团灭了北匈奴使者团,看到他神威凛凛地拿着脑袋申斥自己,当场就服了。

汉军的大胜是班超借的第一个力;在鄯善半夜烧烤匈奴使者团的战绩是班超借的第二个力;此时斩杀啥都能算出来却唯独算不出自己命的巫师,是班超展现自己神威的第三次借力。

随后于阗王杀了北匈奴的常驻使者,归降东汉,班超再次空手套白狼,拿下西域南道第一大国于阗。

随着于阗的表态,南道诸国相继归附大汉。

班超在拿下于阗后开始重新整理南道各国的关系,并开始了解打探西域北道各国的内政与人物。

歇了半年,班超发现了下一个能撬动西域北道诸国的支点。

疏勒。

疏勒在今新疆喀什,拥有两万户人,共有兵三万,算是个大县了,地处南北两道的会合点,时至今日都是从西方进出西域的咽喉要冲,战略地位十分重要。

班超决定拿下这个战略要冲。

但班超发现这可能有些难度，用之前征服鄯善、于阗两国的套路可能够呛了，因为这是个彻底的亲北匈奴政权。

西域北道大国龟兹的国王是在北匈奴支持下上台的。作为北匈奴的附庸，龟兹王又依靠其力量，将势力范围延伸到了西域南道，攻破了疏勒，斩疏勒王而立龟兹人兜题为王。

但班超同样也得到了很多有用的情报，比如疏勒人并不满兜题的统治。

班超这条鲨鱼嗅到了猎物伤口的血腥味，觉得可以从这点上做文章。

转过年开春，班超带领自己的三十六人特种部队取道小路来到疏勒国，在离国都盘橐城只有九十里时停住，班超预先派部下田虑带几个人去劝兜题降汉。

班超在田虑出发前说："兜题本非疏勒人，疏勒国民一定不会为他尽忠效命的，估计他不肯投降，你要找机会把他绑起来，疏勒人其实早就想弄死他了，但害怕得罪匈奴，咱去当那只黑手去！"

听听，多横啊，一言不合就要绑人家国王。

由此也可以看出，班超对自己的特种部队是多么有信心。

当初人家为啥带三十六个人就敢出来杀人绑票？

因为这三十六个人都是高手！

受投笔从戎一词的影响，后世往往以为班超是个文化型外交官。

实际上，人家有文化确实不假，但整个两汉时代，华夏文人大部分是尚武精神极强的文武双全之士。

这个时代，读得起书的人自然也练得起武，国家层面"非战功不侯"的价值观的引导也使得两汉文人的血性勇悍尽显无疑。

武将不一定有文化，但有文化的大多很能打。

著名文化人刘秀在昆阳城下能手刃数十人，大儒陈蕃七十多岁还能拔刀带着徒弟们去火拼，这种画面想想就很壮观。

武将干政，国运大多不会好，因为难免不知进退。

文人尚武，国运大多不会差，因为精英有血性。

田虑到达后，在陈述归降建议后，不出班超所料，兜题并没有归降的意思。但高手田虑实现了在王宫中擒拿国王的壮举，或者说在县衙中擒拿县长的壮举，将兜题直接绑了拿下。

国王被抓，手下的人纷纷吓傻，缓过神来后都跑了。田虑派人飞马报告队长班超，班超随即开赴城中，召齐疏勒文武众将，历数伪政权兜题的条条罪状，然后兴灭继绝，立了原来疏勒王的侄子做疏勒国王，表示今后就放心吧，我大汉罩着你们！

疏勒也宣布归汉。

班超一路西行的事迹，更像是一个拥有人类学、心理学双学位的大耍儿帮主带领一群长老吞并西域各堂口的故事。

疏勒归汉后没多久，局势开始变化。

但不是往好的方向变。

因为明帝不行了。

所谓"危机"，就是危险的机会。

新帝即位，国家西线战略变化，班超最终能在历史上光耀千古的"大危机"出现了。

与此同时，在西域北道的汉匈核心交锋区，发生了一系列极其壮烈的喋血孤城之战！

生为汉将，死为汉魂。

十三将士归玉门！

六、十三将士归玉门

继公元73年早春,窦固拿下哈密,班超开始南巡各国后,汉匈相安无事一年多。

因为匈奴人并没有被割离西域,北道仍在其手中,双方也没到玩命的时候。

公元74年冬(十一月),东汉开启了第二波封锁西域的行动。

明帝派奉车都尉窦固、驸马都尉耿秉、骑都尉刘张出敦煌昆仑塞,率一万四千人攻打北匈奴进入西域的关键枢纽吐鲁番盆地。

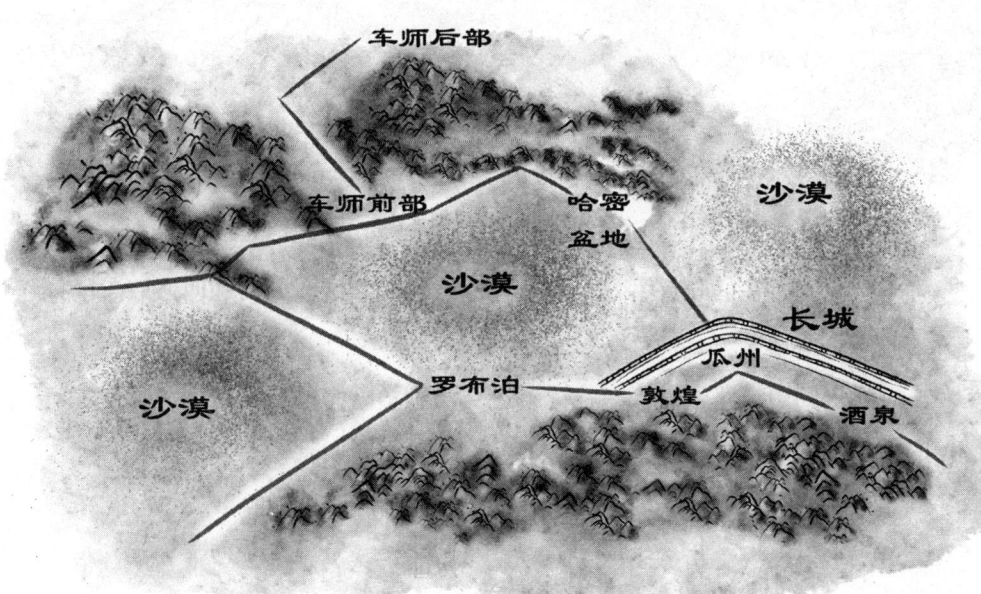

当时占据这片土地的是车师国前部。

车师根据天山南北的地理特点分前后两个部分,车师前王是车师后王的儿子,两个王庭相距五百余里。

窦固认为后王之地路远,山谷深险,天气又冷,于是打算进攻前王。

耿秉则认为应当先去打后王,因为打儿子没用,得打老子,把老子打服了,他儿子将不战自降。

窦固比较踌躇,因为明显打前王比较稳妥,而且匈奴入西域无非就是走下图中的1号路或2号路,2号路由于有长城,又靠近敦煌,匈奴基本不敢走,所以一直仰仗的都是1号路。

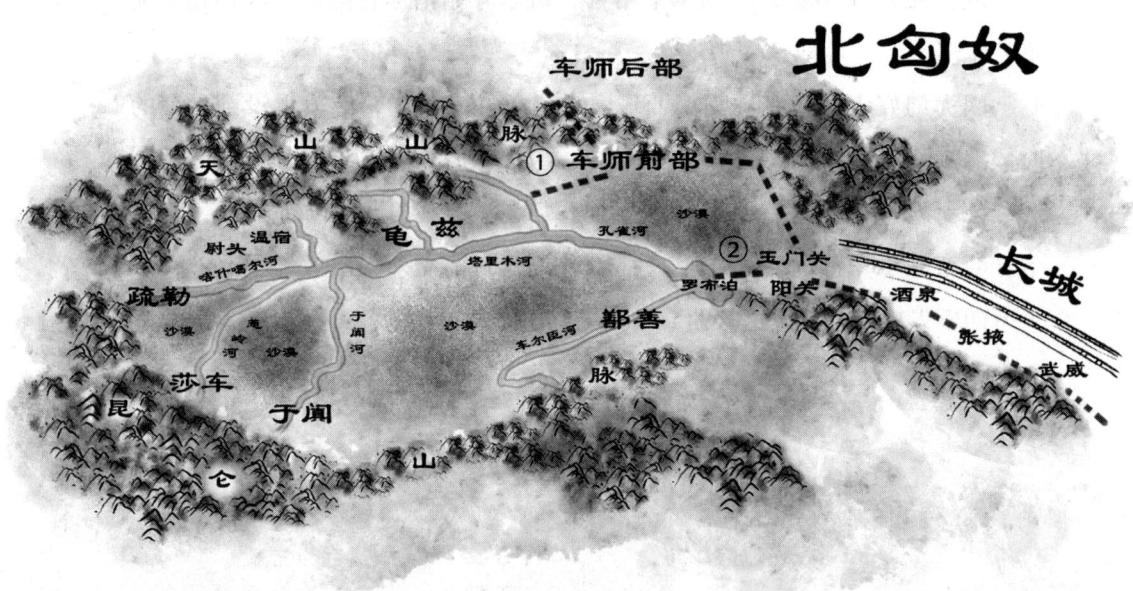

拿下前王所在的吐鲁番盆地就已经完成彻底断绝北匈奴和西域联系的任务了。

打后王则山高路远、天寒地冻,还要面临被人家前后夹击的危险,不可控因素太多。

结果就在窦固还琢磨的时候,耿秉干了件临阵该枪毙的事。

耿秉根本没等总指挥窦融下命令就带着本部兵马走了,撂下句话"老大我去打先锋啦!"然后开始不管不顾地向北挺进。

耿秉跟窦固本是平级的官,但战前明帝特别指示耿秉、刘张都归上一战独自建功的窦固统领。

这让耿秉非常不爽。

去年你侥幸成功而已,我耿家定齐扫羌,你家还有什么战功啊?凭啥让你个西北派统领我啊?

然后这位耿国的儿子、耿弇的侄子,军功派在洛阳的代表开始以英勇的名义裹挟主帅的军事行动了。

李云龙的资历这么老,战场上这么能打,为啥一直是个团长呢?

因为他老临阵抗命。

打仗考虑的不仅仅是局部的胜利,不谋全局者,不足谋一域,全局的胜利才叫胜利!每个战斗单位都是为了整体的目标布局的!不能说你想干啥就能干啥!

耿秉的临阵分兵让窦固非常尴尬,因为兵力很有限,只有一万四千人。

在权衡后,窦固决定跟这不听话的军二代蹚这次浑水,既因为耿家得罪不起,也因为出国远征最忌分兵,窦固只得率领剩下部队随耿秉一同进军车师后部。

汉军很幸运,车师前王眼睁睁看着汉军打他爹不伸手,车师后王不玩固守跟汉军野战一路被杀数千人。

考虑战况后,车师后王决定赶紧投降。

随后受降时再起争端,车师后王本想向先锋耿秉投降,但后来听说最大的官是窦固,于是不理耿秉了,结果耿秉大怒,再次不听指挥,带兵要打车师后部国都,窦固又没拦住。

汉军再次幸运,车师后王并没有吓得变主意去固守城池跟汉军玩持久战,而是出城摘王冠抱着耿秉的马腿投降。

车师的军事无能与无知是此次耿秉浪进成功的关键。

这也从侧面反映出来一件事,就是你当车师的靠山如此轻松,将来匈奴人打回来时同样也能把他再次轻松推倒。

此战后,窦固上书建议重设西域都护及校尉,明帝任命陈睦为西域都护,任命司马耿恭为戊校尉,屯驻车师后部金蒲城(今新疆维吾尔自治区吉木萨尔县北庭乡);将谒者关宠任命为己校尉,屯驻车师前部柳中城,各设置驻军数百人。

耿秉不知道,自己牛哄哄的,看似很威风,实际上差点把自己的兄弟给坑了。

因为他耿家的耿恭被安排在了孤悬天山以北的车师后部驻扎,而且驻军仅有几百人。

你耿家既然那么牛,我相信匈奴人来了以后你家会风采依旧。

三个月后,公元75年(二月),明帝命窦固还军,一万多人赶紧回来,天天在外面太花钱了。

就在窦固撤军后不久,公元75年(三月),北匈奴派左谷蠡王率领两万骑兵攻打车师。

耿恭派司马领兵三百人前往援救车师,途中遭遇北匈奴大军,寡不敌众,全军覆没。北匈奴毫无悬念地大败车师军队,杀掉了车师后王,然后攻打耿恭驻防的金蒲城。

耿恭带着最后的几百汉军固守金蒲城,随后展现了汉军举世无双的守城技术和北匈奴贫乏的攻城能力。

北匈奴连打了三个月,根本打不动。

耿恭还拿毒药改造出来的生化武器去杀伤匈奴人,只要被射中,伤口就无法愈合,只能等死。暴风雨来后耿恭还带着汉军去偷袭匈奴军,把北匈奴吓得退了军。

六月,耿恭在北匈奴退军后聚敛兵众,退军到了更小更易守的疏勒城(非疏勒国,今新疆维吾尔自治区奇台县半截沟镇石城子遗址)。

疏勒城背靠天山,南临深涧,地势险绝,易守难攻。

七月,北匈奴再来进攻耿恭,堵绝了城前的溪流,打算渴死汉军。

耿恭在城中掘井十五丈仍不出水，汉军已经到了挤榨马粪里的汁水来饮用的地步。

极度困难的情况下，耿恭跪求苍天，随后亲自挖井运土。

不久，泉水涌出，数百汉军齐呼万岁！

耿恭随后把井水泼给外面匈奴人看，匈奴人认为汉军有神助，于是再度退军。

继一年前班超在疏勒国展现了特种大队成功"斩首"的神奇战绩后，耿恭两次让北匈奴无功而返，再次向西域各国展现了汉军的强大战力和不屈意志。

但汉军一比一百撬动西域的神话终归缺乏实实在在的军力支撑，一虎终难敌群狼，公元75年秋天，汉军的颓势显现了出来。

八月，明帝病故。

不久，趁东汉国丧，北匈奴再度兴兵，北道各国也开始反叛。焉耆乘机叛汉，攻歼了西域都护陈睦之军，北匈奴在柳中城包围了在此地驻防的汉军校尉关宠，车师后部再度倒戈，同北匈奴一道进攻耿恭。

耿恭遭遇到了更凶猛的攻城和最要命的后勤问题。

车师叛汉，导致耿恭的粮食和武器供应不上了。

到了年底，汉军粮食早已经耗尽，开始用水煮铠甲和弓弩，吃上面的兽筋和皮革。

坚守至此，"李陵之问"再次无数次叩响着汉军的心弦。

已经山穷水尽，是否出城投降？

耿恭随后和众将士讨论前途，最终得出结论：

百年国仇！不共戴天！

生为汉将！死为汉魂！

九死无悔！绝不投降！

城下的匈奴人永远也无法理解，为什么城上的这帮汉军会变成一群"精神病患者"。

在他们的习俗中,"利则进,不利则退,不羞遁走,见敌则逐利,如鸟之集;其困败,则瓦解云散"。

打仗不过是为了图个利,你们明明已经断掉所有退路了,明明已经失去了所有给养,垂死挣扎有什么用呢?给你封王难道还不够收买你的吗?

何为"人格"?

何为"国体"?

何为"名垂青史"?

何为"百世流芳"?

很多精神,没在那片土地上生活过的民族是永远不会明白的。

其实每一个活明白的华夏子孙,都会做出那艰难的反人性的选择。

因为每一个中国人活着都不是为了自己一个人。

你的国家会将你记录在册,你的家人会被地方优待,你的后人会在祖庙里以你为荣,因为祭祀祖宗和英烈的汉民族,早已经创造性地将家族的过去、现在、未来融为一体。

在这片土地上,一个人要为祖宗威名和子孙后代而活。

你代表的不仅仅是你一个人,你代表的是你们家族。

你行事要为乡里起表率,为子孙做榜样,给祖宗扬威名。

一旦上升到国家民族层面上,每个这片土地的人总会莫名热血沸腾。

因为汉文明会永存!

因为史官永远会秉笔直书!

因为军中永远会飘扬你的传说!

因为这片土地永远会将这辈子无法兑现给你的奖励平摊分给后世千百年。

华夏不可辱!中华不可欺!

精忠长耀史册上,万丈光芒!

饥饿随后开始不断地杀死汉军,耿恭手下最终只剩下数十人还在坚守。

北匈奴单于知道耿恭已身陷绝境,决定闹个大新闻好好打下大汉的脸,派使者招降耿恭，表示投降就封王！

结果耿恭诱使者登城后亲手杀之，还在城头把使者做成了"烤全人"。

北匈奴单于大怒，再派援兵攻城，但依旧无法奈何耿恭及数十名汉军勇士，疏勒城固若金汤！

此时，在天山南面固守柳中城的关宠的求救上书已经到了洛阳，刚刚上任的十八岁的章帝下令朝堂会商。

以司空第五伦为首的放弃派认为没救了，那么点人早就让人打死了，去了就是添油战术。

以司徒鲍昱为首的拯救派认为必须救，不救今后就再也没有人愿意卖命了，原文着实精彩："今使人于危难之地，急而弃之，外则纵蛮夷之暴，内则伤死难之臣。诚令权时后无边事可也，匈奴如复犯塞为寇，陛下将何以使将？"

有些账是拿算盘算的，有些账却根本没办法计算与衡量！

鲍昱随后给出了自己的方案：咱们那么点人守城，匈奴都拿不下来，说明匈奴战斗力实在不值得一提，可命敦煌、酒泉两郡太守各率领精骑二千，多带旗帜，日夜兼行去救二将，四十天内必定回塞！

章帝最终决定救援。

酒泉太守段彭征发张掖、酒泉、敦煌三郡郡兵和鄯善的军队共七千余人前往天山救援。

段彭七千军先是在吐鲁番斩杀了驻军车师前部的北匈奴军三千八百人，俘虏了三千人，北匈奴远逃。车师前部再度投降，但关宠守军此时已全部被杀。

赶跑了北匈奴军，杀了好几千人，救援军准备东归。

耿恭被抛弃了。

耿恭所在为天山北部，走车师后部去面对北匈奴大军风险太高，再加上由于之前耿秉实在是太牛了，所有的将领都不愿意为了盛气凌人的耿家豁出自己的命。

但此时耿恭的一位老部下范羌在救援军中,坚持要求去救耿恭。

最终在范羌的强烈坚持下,段彭分了两千救兵前去救援耿恭。

由于人数太少,范羌没有实力去闯大路,只能带领两千援军去翻越这已入深冬的天山!

范羌一行跨越重峦险阻,沿途积雪最深处厚达一丈,掉下去就再也出不来了。

我们一起戎马征战过,我范羌跟你耿恭的这份战友情我永远记得,等我,一定等我!耿恭你千万要坚持住!

无论多么困难,我一定会来!

范羌一行极其艰苦地穿越了大雪天山来到了疏勒城下。

疏勒城此时已被一片死气笼罩。

耿恭军已经到了全军覆没的边缘,仅仅还剩下二十六人。

又听到兵马之声,耿恭以为匈奴又来援军了,这帮人在准备殉国之时,听到了远处传来的乡音:"我是范羌!大汉来迎接校尉和兄弟们来了!"

城中最后的勇士们打开城门,迎接援军入城,汉军千人痛哭不已!

次日,汉军开始沿原路返程,但被北匈奴一路追击。

到三月汉军抵达玉门关时,疏勒城的数百勇士最终只剩下了形容枯槁的十三人。

十三将士归玉门。

耿恭因为凿山打井,煮弓食甲,杀敌数十倍,忠勇扬名西域,随后被任命提拔。但他回来的两个月之前,章帝在一大堆说西域花钱的三公九卿和史官的建议下下令:

召还西域驻军,放弃西域,将西域都护,戊、己校尉(西域特殊军事官职)等一并撤销。

整个西域北道再次变成了窦固远征之前的局势。

唯一的不同,是西域南道还有班超。

七、班超的骁勇与无奈

　　章帝的"全盘弃西"计划使得此时本来干得得心应手的班超比较头疼，形成鲜明对比的是人家北匈奴胡汉三又回来了。虽然这位胡汉三比较掉价，只要东汉一出来就交出被狂屠的成绩单，但问题是东汉表态往后不出来了。

　　此时已经失去了北方屏障，班超在孤立无援的境地下蔚为艰难。

　　龟兹、姑墨两国在去年耿恭被围的时候就开始在北匈奴的授意下数次发兵攻打疏勒，班超同耿恭、关宠一样，守卫疏勒国都盘橐城近一年。

　　虽然龟兹实力并不如北匈奴老牌专业，但比较遗憾的是班超手下的疏勒军队实力也不咋地。

　　而且疏勒军的人数明显不如那两个国家，局势已经相当困难。

　　北道耿恭喋血孤城神仙守城，南道班超怂恿疏勒菜鸡互啄。

　　各有各的不容易。

　　公元76年春，班超收到了章帝撤军西域的调令，然后开始收拾行李。

　　疏勒全国听说班超即将撤走后举国惊恐悲鸣，就差骂大街了！

　　这些年你让我们玩命跟龟兹人打，结果你咋跑了呢？你走了我们不就全都交待进去了吗？匈奴、龟兹那帮人不知会怎么收拾我们呢！

　　疏勒都尉黎弁悲愤道："汉使弃我，我必复为龟兹所灭耳，诚不忍见汉使去！"

　　说罢自刎。

班超一边走一边哭："添麻烦了，实在不好意思。"

班超行至于阗国，王侯以下皆痛哭不已："依汉使如父母，诚不可去！"

于阗国组成了阻拦大军，抱住班超的马腿，不让班超走。

于阗这个民意和阵势让班超的大脑再次高速运转。

这位爷堪称东汉推理之神，疏勒国那边已经死给他看了，但班超该走还是走，因为单单一个疏勒不够。

而此时于阗表态铁心跟他混了，形势不一样了。

于阗是南道第一大国，此时态度坚决，就和匈奴与北道站到了对立面，整个南道就有信心了。大漠南北黄沙滚滚，匈奴人未必就能拿南道怎样，形势也许尚有逆转的可能！

班超宣布："爷们儿别抱我马啦，别踢着，我不走啦！"

随后，班超并没有将大本营安扎在更安全的于阗，而是调转马头，返回疏勒。

疏勒是北道第一线，更是连接乌孙、康居等大国的关键枢纽，如果还想在西域闹出大动静，疏勒就绝不能弃！

班超回到疏勒，发现自己前脚刚走，后脚就有两座城池向龟兹投降了，还与尉头国联兵叛汉。

于是班超调集未叛的疏勒部队杀了叛降者，又击破尉头国，杀了六百余人，重新安定了差点被他抛弃的疏勒国。

班超在于阗主动出赌本让他赌一把的前提下，靠着自己对地理条件的判断（南北两道之间有千里黄沙、疏勒地理位置特殊）、甘冒矢石守边防的勇气以及安抚降国的手腕与技巧，表达出了对西域主权寸土不让的坚决态度。

这次非常侥幸的"再试一次"，也使得北匈奴的最后一次雄起变成了死前的回光返照。

因为北匈奴不仅再也无力跨越大漠染指西域南道了，而且班超占据着疏勒也使得北匈奴的外交关系无法再向西拓展。

北匈奴被憋到了大漠北边，但附近西边的乌孙也是游牧民族，跟北匈奴是竞争关系，而且乌孙体量大，北匈奴惹不起。

北匈奴只剩下西域北道。

公元76年，十三壮士归玉门后不久，北匈奴皋林温禺犊王率领部众返回涿邪山居住，但被汉边境军和南匈奴、乌桓联军再度出击打跑（刚上任的度辽将军、守北方边塞的耿秉挑头干的，给他兄弟报仇出气）。

也是在这一年，恶劣的小冰河期已经给撤入塞内的南匈奴带来了饥荒，更不要说在又冷了十多度的阴山北面的北匈奴的处境了。

但南匈奴现在有了编制，章帝下诏为好保安南匈奴提供物资度过灾年。

塞外漠北高原的北匈奴只能在瑟瑟寒风中苦挨苦受，盘剥唯一能控制的西域北道，西域北道也因此渐渐失去了恶心班超的能力。

班超在平乱疏勒后在西域一待就是两年多，西域诸国渐渐安定，南边在班超的治理下抱成一团，北面还是北匈奴的傀儡，但南北各国的生活质量与舆论差距开始显著拉大。

在这两年中，班超也和西域外的周边大国搞了外交，月氏、乌孙、康居等国均对班超示好，想要归顺，与大汉建交。

公元78年，班超居然腾出力量开始了战略反攻，统率疏勒、康居、于阗、拘弥等国联军一万多人，攻占了龟兹的重要属国姑墨（今新疆维吾尔自治区温宿县），斩杀七百多人。

班超攻占姑墨后，就已经和北道老大龟兹（今新疆维吾尔自治区拜城、库车、轮台等地区）接壤了。

班超打算继续往前拱，彻底干掉龟兹等北匈奴扶植的势力。于是他上书章帝，提出进一步统一西域的战略。

班超说："经过这几年的开拓，西域诸国纷纷归汉，只有北道的龟兹、焉耆尚未归服。

"通过臣下的观察，西域民心向汉，再次统一西域绝对不是问题，现在龟兹在咱洛阳有一个王子，您可以封这个王子为龟兹国王，再派几百人送过来。

"现在臣看到莎车、疏勒两国土地肥沃,不同于敦煌、鄯善,我保证不给国家添负担就能自给自足,养活您派来的援军。"

"臣靠着这个王子与诸国联兵进攻龟兹,一定能够将其平定,到时咱也弄个亲汉的龟兹政权。"

班超自公元78年(四月)上书,一直到公元80年初,东汉那边的援军还没到,没办法,关山遥远、朝中吵架、援军整军出发,来来去去都要时间,结果班超还没打龟兹,南道先起变化了。

之前名义上归顺的南道大国莎车倒向了龟兹,疏勒都尉番辰也趁机起兵叛汉。

由此我们看出了一个问题。

班超在西域工作开展得很艰难,刚外出打了一仗,就有大国跳出来不配合了。

而且人家疏勒心中还是很介意的!

我们的兄弟自杀都留不住你,于阗那帮人一句话你这货就回心转意了!拿我们当什么了?

但这帮人叛汉叛早了,班超的援军并不是不来,只是迟到了。

班超看到自家援军到来时无比激动,等一看花名册差点吐血,原来是一千多犯罪分子组团来到了西域。

章帝那边看到班超的真挚来信后,觉得班超这三十六个人就已经在西域折腾出这么大动静了,应该给班超来一些实在的帮助,更何况班超多会说话啊,西域那地皮好不给朝廷添负担,于是命班超的同乡徐干为假司马,率领一千多吃牢饭的服刑人员前往西域。

班超的西域成了东汉国内不安定因素的完美接收点。

情况就是那么个情况,能派到你这儿的肯定不是啥善男信女,不过这仍然难不倒班超。

他的"韩信属性"开始展现无遗,啥兵源到了他这儿都好使。班超带着这支犯罪分子千人队击败了造反的疏勒校尉番辰,斩杀一千多人,再次安定了疏勒。

太神奇了，班超是咋带兵的呢？

史书无载。

不过她妹妹班昭怀念他哥哥的一段话比较有意思："超以一身转侧绝域，晓譬诸国，因其兵众，每有攻战，辄为先登，身被金夷，不避死亡。"

把班姑娘的话翻译一下，意思就是：我哥哥一个人就教育了西域诸国，他带兵打仗时一言不合就"先登"，身上都是伤，从来不怕死。

四五十岁的班大爷每次打仗时动不动就"先登"，拿着武器说兄弟跟我上，这种将领确实是会让人效死力的。

不过，以班超那脑子，他会真的不好好想想就玩命冲吗？

之前我们说过，战场上"先登"和"夺旗"都是要重奖的。

因为死亡率极高。

古代打仗都看旗子打，旗子折了基本上对方士兵就开始跑了，本方士兵就开始猛攻了。

所以护旗的人往往都是全军的战神，你要杀得了他还能把旗砍了那实在是太牛了。

"先登"比"夺旗"更难，"夺旗"最起码是在平地上。

首先，古代攻城的死亡率本身就高，你还得第一个登上去，这意味着所有守城的士兵会第一时间扑向你，然后你得自己砍出一片天并成功活下来，实在太高难度了。

再回头来看看班超的"每有攻战，辄为先登"是不是就太厉害了？

再联想下他四十岁才出道的高龄，是不是就觉得更不可思议了？

能够把数十个国家的关系或拉或打或哄或骂掂量清楚的大明白人，绝对不会不知道爱惜自己的有用之躯。

之所以一把年纪玩"先登"，不过是因为没办法而已！

一大群犯罪分子被发配到西域，全都是蒸不熟、煮不烂、生无可恋的人，这世上基本上所有的激励和恐吓办法都没用。

你不"登",这帮犯罪分子更不"登",到动真格的时候跑得比谁都快。

你只有把命扔出去做榜样才能把这帮人感召起来!

班超,年轻时锻炼身体练武读经抄书,到了四十岁开始大爆发,空手套白狼,一个国一套打法,把西域诸国挨个攻克,真打起来时能操刀做特种部队先登大队长。

年轻人不见得有这脑子和手腕,这必须岁月和阅历的锤炼。

老同志不见得有这身手和健康,从来也没见过教练打得过运动员的。

所谓"班超之后,再无班超",实在是因为再也找不到如此文武双全命还这么大的人了。

安定疏勒后,班超又想起来一件事,再次派徐干回国沟通:"乌孙大国,控弦十万,当年宣帝曾与其修好,联兵进击匈奴,如今若遣使与其联合,那咱胜算更大了。"

章帝再次同意班超的请求,公元83年,封班超为将兵长史,准其使用大将的旗鼓,以徐干为军司马;卫侯李邑护送乌孙质子带着修好的各种礼物回乌孙。

但班超的这个借力乌孙的想法最终搁浅了,败在了自己人的手里。

这个护送乌孙质子的李邑刚刚走到于阗,就又赶上龟兹攻打班超所在的疏勒,他吓得不敢走了,于是上书找理由,说西域根本没班超说的那么好,我来了才知道班超在这边贪图享乐,根本无意为国效忠。

章帝虽然从未见过班超,但班超这位西域大区经理的业绩他是知道的,啥也不用就让这么多西域国家送人质听册封,那一千多犯罪分子都被调教成善战的士兵了,这会是个光知道贪图享乐的人干得出来的吗?

章帝下令让打小报告的李邑火速到班超那儿报到,听从班超的指挥调遣。

章帝把小人送过去了,表示对班超的认可,所以很多小人在搞小动作时一定要掂量对手。

班超比较大度,没有杀掉坑人的李邑,而是派李邑带着乌孙国的质子还归京城，表明自己心无杂念天地宽。

公元84年，章帝命假司马和恭等率领八百吏卒前往西域支援班超。于是班超征发于阗、疏勒两国军队进攻之前叛汉的莎车，打算统一西域南道。

班超的最大赞助人于阗曾经和莎车相恨相杀很多年，这也是莎车这次叛汉的一个重要原因。为了抗击班超的联军，莎车又以重金贿赂了疏勒王，结果疏勒王也叛汉了，临阵率兵西走，固守乌即城。

即便长袖善舞如班超，也已经让疏勒内部不满、两度出现叛变了。

吃着人家，放弃过人家，还得指挥着人家，这种异国他乡的钢丝，班超一踩就是十几年，实在是不容易。

情急之下，班超只能暂时撂下莎车，去平疏勒内乱。

疏勒王带兵跑了，于是班超改立疏勒的府丞为新王，并调发未曾反叛的疏勒兵向乌即城进攻。

班超攻城半年，没能拿下。不久，疏勒王请来的外援康居国又派遣精兵来救，班超更打不进去了。

面对如此复杂的乱象，班超又转变思路，通过和康居结姻亲的月氏国王去做康居王的工作。班超拿出大量财宝给月氏国王去公关，结果明显班超的价出得高，康居王撤走了救援疏勒王的救兵，同时还把疏勒王绑到了康居，疏勒之乱被意外平定。

两年后，公元86年（九月），被绑的疏勒王又说服了康居王，想要借兵复国，康居王同意了。

疏勒王屯兵于损中，秘密与龟兹合谋，然后派遣使者诈降班超，说自己当初如何被钱蒙了心，悔不当初。

班超心想你也不想想我是谁，你这套把戏能蒙得了我？于是表态：既往不咎，赶快回来吧，我想见见你。

疏勒王大喜，亲率轻骑火速至班超营帐，结果在接风宴上就被班超给砍了。随后班超又挥军击破了疏勒王所借的康居军，斩杀七百多人。

疏勒内乱的根源被班超彻底平定。

班超手中的牌少，虽然他长袖善舞，但西域各国国情不同，利益各有需求，导致许多国家反反复复，班超多年来剿抚结合，又打又拉，思想工作做了一箩筐，但仍然进展缓慢。

　　质变在班超来到西域的第十五个年头出现。

　　公元87年冬（十月），班超再次说服已经被他搞定的股东们去帮他彻底解决西域南道的统一问题，打算一举拿下南道第一大钉子莎车。

　　这次班超调集于阗等南道诸国兵共两万五千人进击莎车。

　　听说莎车被围后，龟兹王则发本国兵和温宿、姑墨、尉头等北道兵共五万多人急救莎车。

　　再算上莎车本国兵力，此次参战的军队加起来接近十万人。

　　有史以来，西域各国的最大规模群殴，不对，最大规模战役即将开打。

八、勒石燕然

于阗王作为此战班超的最大股东比较焦虑,强弱太过于悬殊,人家光是援军就比咱多一倍,这仗可咋打?

班超比较淡定,差一倍根本就不是问题,这些年你看见我哪次人多了?

人再多也得看跟着谁,咱这两万多人灭他们够够的了!

咱先佯装撤退,你往东撤,我往西撤,让他们以为咱们撤军回国了,诱使龟兹分兵埋伏咱,等到夜间我们再回军突然袭击莎车。

班超定计后,开始满世界散布撤军计划,然后跟他那帮云台大爷一样放松了对俘虏的看管。

套路就是那些套路,但永远有人上当,更不要说几百年从来没咋打过仗的西域诸国了。龟兹王听到班超即将撤兵的消息后,命温宿王率领八千骑兵往东截击于阗军,亲率一万多骑兵往西截击班超。

班超探知敌军分兵后命令各部秘密集中,并在鸡鸣之时疾驰至莎车军营,莎车军根本没有防备,大乱。班超挥军追杀,斩杀五千多人,缴获大量辎重财物,莎车战败而降。

莎车投降后,扑了个空的龟兹等军也不敢再来跟班超比划比划,各自退走了。

此战后,班超在到西域的第十五个年头再次一统西域南道。

但这次和上一次拿嘴统一不同,这次是打下来的,以寡击众地击败了西域北道的联军。

班超声名威震西域诸国。

汉朝的威名日盛，各国开始巴结班超，但也有个别做得比较过分的，月氏王张嘴就求娶汉朝的公主。

这个要求班超连请示都不用就给回绝了，他还遣返了月氏派来的使者，那么多军功豪族我们的公主都不够自产自销的，没工夫玩出口，再说你算老几啊？

月氏王因此心怀怨恨，公元90年，月氏派副王率兵七万人进攻班超。

月氏横刀杀出，再一次让班超的大招白憋了。

来看下这些年班超主动出兵的作战时间表：

公元78年，班超率疏勒、康居、于阗、拘弥等国联军一万多人攻占姑墨，斩杀七百多人。

公元80年，班超写信让东汉朝廷派军支援自己，结果莎车反水，疏勒校尉叛乱，班超平乱。

公元84年，班超征发于阗、疏勒两国兵进攻莎车，被莎车内部瓦解，疏勒王叛汉，班超用半年多时间艰难平叛。

公元87年冬（十月），班超再次兴兵两万五千人伐莎车，成功拿下，龟兹等国援军撤军。

班超准备一场两万人规模的战役是需要三四年的时间的。

摆在班超面前的是一场容错率极低的高难度游戏。

他需要祈祷南道没有灾荒，一口一口地从牙缝里挤出军需，一国一国地和国王谈判出资与募捐。

中间只要出现了叛乱和别人打你，你就得拿着这些年微薄的储蓄去平事，然后你再想有动作就得接着等，等丰收、等募捐，要是赶上坏年景还得再全搭进去。

而且这里面还有一个前提：

你绝对不能输！

你一次也不能输！

输一次就不是等的问题了，问题就突然升级成能不能在这儿活下去了。

太多的环节不能出错，班超完成的事业确实有点像电影中才会出现的"不可能完成的任务"。

班超统一了西域南道后本想北上攻伐龟兹等北道国，但月氏横插一杠，再次打乱了班超的计划，不过也使得西域总决赛提前到来了。

班超当时驻军疏勒，能调集来的南道诸国联军大约三万人。

面对月氏的举国远征，班超的手下们再次惶恐不安，但再次被班超淡定地安抚：你们咋又害怕了，这些年在我这奇迹还没见证够？他这是给咱送礼来了。

兵多怕啥，他们千里而来还要越过葱岭，给养一定跟不上！

当年我大汉千里远征大宛，能回国的都不过十之一二，他来了咱非得打啊？你咋那么听话呢？我们坚壁清野，饿死他不就完了？

汉朝人的守城技术是历经考验的，月氏副王率兵至疏勒后猛攻几十天打不下来。因为疏勒周围让班超收拾打扫得比较荒凉，班超估算其粮草将尽，月氏必定向西域第一"班黑"龟兹求援，于是暗中派了数百人埋伏在去龟兹的必经之路上，结果这几百人连财宝带月氏使者的脑袋全带回来了。

班超将求援使者的脑袋送给月氏副王，这位副王也服了，遣使到班超帐前请罪，表示我们不打了，知错要回家了，求班超让他们安心西去，别跟在后面踢他们。

班超放还了月氏远征军，没有在他们的归路上截击，月氏也由此降服，开始定期入贡。

再次见证奇迹的南道联合军从此义无反顾地团结在了班超周围，然后班超继续接着攒钱，等着打北道。

但是，之所以说这场战役是西域的总决赛，是因为本打算决战天山脚下的南北巅峰之战以另一种没有想到的方式消弭于无形了。

有一个老朋友终于要退出历史舞台了。

北匈奴快活不下去了。

公元77年（三月），东汉撤出哈密，北匈奴再次占据西域北道，那是北匈奴最后一次雄起，算是回光返照。

之后，北匈奴开始不可阻挡地走向没落。

小冰河期使蒙古高原的气候变得越来越恶劣，一场白毛风也许就能把一个部落的人马牛羊全部冻死；一场蚊灾带来的传染病，也许就能使整个种族遭受灭顶之灾；一场蝗灾荒千里，也许就能让所有部落绝收，越来越糟糕的生存环境使得北匈奴中产生了大量的反叛者。

公元83年（六月），北匈奴三木楼訾大人稽留斯等率三万八千人、马两万匹、牛羊十余万头，至五原塞向东汉投降。

公元84年（十二月），武威太守孟云奉诏与北匈奴互通关市，北单于遣将驱赶牛马万余头与汉客商交易，南匈奴听说此事，秘密派遣兵马出上郡，抢劫了北匈奴的牛马。

公元85年（正月），北匈奴车利、涿兵等率部降汉，前后降者七十三批。

当年冬，南匈奴再度发兵，同北匈奴皋林温禺犊王在涿邪山交战，南匈奴杀皋林温禺犊王，俘虏其人口牲畜回塞。

不仅南匈奴打北匈奴，由于北匈奴的综合实力越来越差，对周边民族无法再形成压制，北匈奴遭到了几百年来对周边民族欺压后的报应反噬。

南匈奴攻其前，丁零寇其后，鲜卑击其左，乌孙侵其右。

公元87年，在班超拿下莎车的同时，鲜卑人给了北匈奴巨大打击，北匈奴大败亏输，连单于都让鲜卑人干掉了，还被扒了皮。

此战大败后，北匈奴下属屈兰、储卑、胡都须等五十八部共二十八万余人至五原、朔方、北地郡向东汉王朝投降，北匈奴基本上濒临破产。

面对这个千载难逢的机会，东汉这边开始筹划可称为终结一个时代的灭匈之战。

公元88年（二月），章帝病故，太子刘肇继位，也就是汉和帝。

和帝当时只有十岁，其母窦太后执政，东汉自此开始陷入外戚掌权的乱局，国力开始掉头向下，再也没有缓过来。

不过东汉在不行之前，还是送走了老冤家。

公元88年（七月），南匈奴单于上书说北匈奴大乱，连遭灾荒，此时宜出兵讨伐，破北成南并为一国，令汉家长无北念。臣等生长在汉地，开口仰大汉之食，每年赏给我们亿万的生活费，我们实在是不知道该咋报答大汉的恩德啊！

说得多客气，管咱大汉叫家长。

南匈奴单于表态，我们愿发南匈奴国中精兵，三万人分三路由三个王领兵，互相配合出击北匈奴。

东汉接到南匈奴上书后，高层分成了两派，以耿秉为首的主战派认为机不可失，失不再来，如今天时地利人和俱在，必须得灭了北匈奴；尚书宋意则持反对意见，认为还是给北匈奴留口气好，现在这个局面就很棒，适合互相牵制。

经过抉择，窦太后还是决定要打，总觉得北匈奴还是威胁大，还是整死了好，于是以窦宪为车骑将军，统率汉匈联军，戴罪出征。

注意，这位窦宪是戴罪出征的。他是中国古代风评极差、口碑极烂的外戚大坏蛋，心胸极其狭隘。他之所以获罪，是因为仗着娘家人得势，逮谁欺负谁，杀了好多人，连公主的地都敢抢，过去得罪过他的、跟他爹有过节的、有可能分他权的，他几乎一个没放过。

这次获罪，是因为章帝死后，都乡侯刘畅来吊丧，窦太后比较喜欢他，数次召见，窦宪怕刘畅分了他权，居然派刺客杀了刘畅，还诬陷刘畅的弟弟刘刚杀兄。

后来真相大白，窦太后大怒，把窦宪关了禁闭。

这么一个顶级大坏蛋，却有一个优点，这哥们儿会打仗。

窦宪被关禁闭后知道自己这回玩大了，于是请求出击北匈奴，愿以赎死罪。

再混蛋也是娘家人，窦太后给了窦宪这次机会，任命窦宪为车骑将军，执金吾耿秉为副手，发北军五校、黎阳、雍营等十二郡骑兵，及羌胡联军出塞。

公元89年，窦宪与耿秉各率四千骑、南匈奴左谷蠡王率万骑，一起从朔方鸡鹿塞（今内蒙古自治区磴口县西北）出兵。

南匈奴单于屯屠何率领万余骑从满夷谷（今内蒙古自治区固阳县）出兵。

邓鸿和边境归降的羌胡八千骑、左贤王安国一万骑从翩阳塞（今内蒙古自治区固阳县境内）出兵。

三路大军定在涿邪山会师。

目标，扫灭北匈奴！

战争之初，窦宪派副校尉阎盘率领骑兵二千余人袭击北匈奴在伊吾卢的守军，重新占领哈密地区，并再度招降车师前后两部，斩断了匈奴和西域北道的联系。

夏六月，窦宪主力与北单于在稽落山（今蒙古国境内杭爱山）会战，大破敌军，北单于逃走，窦宪紧追不放，猛追猛打，继续在追击中歼灭敌人，一直追到私渠比鞮海（今蒙古国乌布苏湖）。

此役，汉军共斩杀一万三千多人，俘获马、牛、羊、驼百余万头，来降者八十一部，前后二十多万人。

这几乎是北匈奴最后的家底了。

窦宪、耿秉登燕然山，去塞三千余里，勒石刻铭，纪汉威德，令班固写了大名鼎鼎的《封燕然山铭》。

选取后半段的两句让大家感受感受班超他哥这文笔和气概：

遂逾涿邪，跨安侯，乘燕然，蹑冒顿之区落，焚老上之龙庭。上以摅高、文之宿愤，光祖宗之玄灵；下以安固后嗣，恢拓境宇，振大汉之天声。

我大汉将士越过涿邪山脉，跨过安侯河，登上燕然之巅，脚踏冒顿的部落，焚烧老上的龙庭（这爷俩堪称匈奴最高光的俩老大）。上以告慰高帝、文帝之宿愤（当年咱们汉朝让匈奴人恶心的俩老大），光耀祖宗神灵；下以安固后人，扫清边疆，振扬我大汉之天威。

窦宪班师驻扎五原，派吴汜、梁讽做使者招降北匈奴，再次劝说万余人归降，两人还在北海西北方的西海追上了北单于，劝说其仿效当年呼韩邪归汉，保国安民。

单于叩首接受，立即率领部众同梁讽一道南归。

北单于先是派出了他弟弟来到洛阳，但窦宪认为北单于本人没来，缺乏诚意，裁他的面子，把他弟弟又送回去了，奏请再次出征。

北单于见其弟被送回，知道大汉不满。于是准备亲自入朝，并派出使者入塞通告。

但已经晚了。

南匈奴那边等不及了。

南匈奴再次上书请求出兵北匈奴，并迅速派出了左谷蠡王师子等率领左右两部共八千骑兵出鸡鹿塞，进至涿邪山后留下辎重，轻兵疾进奔袭北单于王庭。

南匈奴根本不想给北匈奴认怂的机会。

在这次匈奴的南北内战中，北单于负伤落马，仅率轻骑数十人逃走。南匈奴军缴获了北单于的玉玺，斩杀八千人，俘虏数千人。

北匈奴祸不单行，几乎成为丧家之犬。

公元91年，鉴于北匈奴已经极度虚弱，窦宪于二月再次率军出塞，这次将北单于部包围于金微山（今蒙古国境内阿尔泰山地区），再次大破北匈奴军，连北单于他妈都给逮回来了，再杀五千多人，北单于再次逃走，不知所踪。

这次窦宪把北匈奴的所有家底全打没了。

北单于之弟右谷蠡王于除鞬自立为单于，率领最后的几千人驻于蒲类海地区，遣使者入塞，表示咱们别打了，真服了。

后东汉授北单于玺绶，同时以中郎将任尚持节护卫，屯驻于伊吾卢，与南单于同等对待，但转年北匈奴再反，结果长史王辅仅率骑兵千人与中郎将任尚就将北单于于除鞬斩杀并尽歼其部落。

至此，各地虽仍有零星残部，但和大汉打擂长达三百年的匈奴主力，在塞北高原及西域地区被彻底扫荡干净了。

公元91年，龟兹、姑墨、温宿三国看到北匈奴已亡，不战而降。

凛冬已至。

匈奴亦死。

属于匈奴的时代，落幕了。

九、再见匈奴，再无班超

公元91年（十二月），东汉朝廷重新设置西域都护、骑都尉和戊校尉、己校尉等官职，将班超任命为西域都护，徐干为长史。

班超受降龟兹后废掉了身为匈奴傀儡的原国王，将其打包发回洛阳养老，改立曾入朝的龟兹质子白霸为新国王。

班超的西域都护府随后设在龟兹的它乾城，徐干则驻扎西面咽喉疏勒。

此时只有焉耆、危须、尉犁三国，因十多年前曾经杀死过汉朝都护和将士，所以不敢归降，仍在抵抗。西域其他各国已经全部降服。

公元94年（七月），班超调集了龟兹、鄯善等八国联军共七万人向北道仍未臣服的焉耆、危须、尉犁三国进攻。

用兵、识人和耍心眼都已入化境的班超比较轻松地搞定了西域北道最后三个未臣服的小国，具体过程不表，手里没人时班超都耍得风生水起，手里有七万人那绝对上天了。

至此，西域五十余国全部归附大汉王朝，当年武帝为了完成这个壮举，耗资亿万，几十万人成了丝绸之路上的累累白骨。

班超办成这事，总投资多少呢？

最开始的三十六位勇士，和后来象征性的两批共一千八百人犯罪分子代表团。

当然，账不能这么简简单单地算。

没有武帝当年勇烈的大手笔；没有西汉百年的西域驻军都护；没有刘秀当年批准南匈奴内迁；没有小冰河期带来的惨烈天灾；没有窦固第一次远征打出的大国背景光；没有窦宪最终一锤定音锤死北匈奴；班超是不可能以堪称中国历史上最神奇的投入产出比收降西域诸国的。

实事求是地讲，将西域南北道比较而言，北道的实力和战略意义远重于南道。

因为北道和匈奴接壤，而且背靠天山，物产丰饶。

在西域北道，班超最终也是在窦宪打死北匈奴后才等来龟兹等国归降；位于关键位置吐鲁番的车师前后部也是窦宪北征时再度投降的。

没有强大的国家做后盾，任何个人的威风都不会抖起来！

班超更像是西域各国这些年的内耗者和周边大国的金牌外交官。

他利用北匈奴这些年的恐怖抽血统治和汉军祖上的威名，团结起西域南道各国去抵抗北匈奴统治的西域北道各国。

西域南北两道的实力这些年全都被不断内耗，匈奴自始至终只能薅越来越虚的北道的羊毛。

西域周边的各大国如乌孙、康居、月氏等也因为班超的存在并没有跟匈奴结成战略联盟。

班超和东汉的开国之君一样，都是将自身所蕴含的品牌做到极致然后空手套白狼的大神。

当然，古往今来，也有很多威名赫赫的祖宗被子孙败了家。

背景光打得再亮，祖宗的名号再响，人没本事，给啥都白给。

班超"孤身定远"，客观来讲，是在特殊国际时代背景下（西域仇苦匈奴，南北匈奴内战），在特殊的地理环境中（西域南道沙漠多，地理防御优势明显，疏勒堵死匈奴西部外交联系），受特殊的东亚气候影响（残酷的小冰河期），在特殊的身体条件下（命大、武功高、身体好），所创下的不可复制的传奇神话。

但是，当命运来敲门时，你做好准备了吗？

非得人力，知人情，爱人心，制人性之将，不能为之；非省天时之机，察地理之要，顺人和之情，详安危之势之将，不能成此大功矣！

说说班超再次统一西域的历史意义吧。

让新疆这片土地最后成为我们中华民族的一部分，其实难度是非常高的。

因为狭长的河西走廊，因为漫长艰险的丝绸之路和那片一望无际的塔克拉玛干大沙漠都成了一个文明想要最终囊括它的极难问题。

前面的文章我们说过，从地理上来讲，新疆其实离中亚更近。

这片土地，从古至今，都非常危险。

我们有很多次，差点就永远地失去了新疆。

但又有很多次，在两地联系即将中断的时候再次连接。

班超一统西域，使得中断了百年的贡纳制度再次恢复。

所谓贡纳，其实就是汉朝变着法地赏西域各国，当然，这带来了巨大的财政负担。据史料记载，每年给贡纳国的正式支出总数为七千四百八十万钱，这也导致后来西域一有风吹草动，就总有大臣建议关闭玉门关。

但是，有很多衍生的、意想不到的好处，绝非那七千多万钱所能衡量。

贡纳制度产生了伟大的蝴蝶效应。

首先，一个和平的、统一的西域，使大量的商品得以再次开始从这条连接世界的道路上出发，古老的中国再次开始扮演全世界的奢侈品提供国，大量货物、金银被用于与世界进行贸易，同时伴随着文化的交流，古代中国不仅连接了世界，也牢牢地拉住了新疆。

其次，贡纳制度中有一项就是人质来华，直到东汉王朝崩塌为止，近百年的时间，大批的人质王子从贡纳诸国被送到东汉。

他们在洛阳见识到了中原灿烂的汉文化，渐渐融入了汉文化，这帮王子很多又都回国继承了王位，在西域将见闻与心得用在自己国家的建设上。

汉文化就这样一代代地在商人的贸易和王子的留学中在西域扎根，古往今来将西域拽回到中华大地上的伟帝名将，功莫大焉。

没有他们，一旦中间的文化与连接断掉几百年，这片土地就将永远离开中华大地了。

再想恢复，难上加难。

班超事业的伟大意义，也在于此。

他在汉民族已经走下坡路时，在显出颓势的东汉下半场，以超凡的个人能力，空手套白狼地完成了与西域的再次联通！

于民族、于华夏，班超都功莫大焉！

公元102年，在西域生活了三十一年的班超回到故土，一个月后落叶归根，享年七十一岁。

班超回国之前，朝廷命任尚接替班超。走之前，班超语重心长地对他说："塞外吏士，本非孝子顺孙，皆以罪过徙补边屯；而蛮夷怀鸟兽之心，难养易败。今君性严急，水清无大鱼，察政不得下和。宜荡佚简易，宽小过，总大纲而已。"

你身边的自己人，基本都是人渣；你面对的外国人，基本都是动物；你千万别跟这帮人置气论理，要约法三章而不是严刑峻法。小过不追究，大过树典型，只要不触碰原则，就全都是咱们的好兄弟。

班超将自己一生的外交技巧总结成一句话传授给了任尚。

但大智慧的领悟，有时候既需要天赋，也需要时间，更需要经历。

没有人能随随便便成功。

班超走后，任尚就非常不屑地说："我以为班公有什么高明计策，结果就说了这么句废话。"

但任尚在西域仅仅几年，就已经坐不住这片土地了，西域动乱纷起，任尚也被朝廷调回治罪。

后来成渣的匈奴残部和西域诸国又搞了些动作，朝廷喊"闭玉门"的声音依然有很多，但群臣还是被班超的儿子班勇说服，并再次出军平定，总体上并没有出什么大乱子。具体过程比较散乱，但远没有父辈那么艰难，在这里就不赘述了。

有一个老对手，还是要最后交代一下，就是塞北草原上的匈奴人的最后归宿。

北匈奴附汉后不久，公元94年，南匈奴立新单于，结果前几年被打服投降的北匈奴部众又不服了，十五个部落二十几万人叛变，胁迫前南单于屯屠何之子逢侯为单于，南匈奴内部又分裂了。

东汉派遣大军及乌桓、鲜卑联军共四万人大败逢侯，逢侯兵败率众出塞，这一战成了匈奴在塞北草原的谢幕演出。

公元107年，逢侯再次扰乱西域，胁迫诸国共同骚扰东汉边疆。

公元118年，逢侯被鲜卑人击败，穷途末路下最终率领百余人投降东汉。

公元119年，匈奴残存余部攻陷哈密地区，杀死了汉将索班。

公元124年和公元126年，班勇两次大败匈奴，西域的局势开始稳定。

公元137年，汉将裴岑率军击毙匈奴呼衍王于蒲类海。

公元151年，汉将司马达率汉军至蒲类海，击败匈奴新的呼衍王，呼衍王率部众向西撤退。

公元160年左右，草原上的匈奴人的最后残部中的一部分也开始了西迁，后不知所踪。

没有西迁的那一部分匈奴人留居在了鄂尔浑河流域，后被鲜卑吞并，匈奴与鲜卑、乌桓的混血后代铁弗人后来在河套地区建立起了胡夏（五胡十六国之一）。

总之，这片塞北草原，再没有匈奴什么事了。

这是匈奴在塞北草原上的最终归宿，再来说说内迁的南匈奴。

刘秀当年把南匈奴迁入长城，既降低了成本，也造成了很多后世之患，比如南匈奴越来越往南移，在东汉末年，甚至趁着黄巾起义的大乱之风一度流窜到黄河沿岸郡县。

但后来南匈奴再次遇到了一个狠人，曹操。

曹操把南匈奴又安排得明明白白。

公元202年，南匈奴单于归降曹操。曹操将南匈奴分为五个部分，立匈奴人为帅，派汉人监督，同时，曹操将并州的中下层匈奴人彻底打散编入了汉族。

如果照此顺利地发展下去，再过几百年，南匈奴结局就是变成汉族人。

但无奈，上天最终选择了司马家。

冥冥中自有天意，上天注定要让这片土地历经更多风霜，变得更加多元。

公元304年，已经汉化到极致的南匈奴领袖刘渊在八王之乱后第一个站了出来，在马镫被发明并大批量出现，骑兵冲击战法终于成型的大背景下，带领半汉化的五部屠各建立了少数民族政权，给五胡乱华拉开了序幕。

匈奴在草原和内地的两个分支，最终还是都在后面的中华第一大乱世中占下了自己的一席之地。

但也仅此而已。

这两个政权都如烟花般稍纵即逝，并没有再在中国历史上留下什么浓墨重彩。

真正在中国大地上闹出大动作的，反而是后起的鲜卑。

鲜卑的祖先是当年找冒顿要马、要女人、要土地，最终被反杀的东胡人，忍了三百年，随着这可怕的小冰河期的到来，摇身一变，成为真正的夜王出现了。

人口更少、更落后的鲜卑继承了匈奴退出来的塞北草原，小冰河期的草原养不起百万级人口的匈奴了，但却还是能盛下十万级人口的鲜卑的。

鲜卑在此环境下艰难地挺了过来，也开始慢慢向南逼近，并在五胡乱华的后半程登场。

鲜卑人在前面匈、羯、氐等民族一系列的试错后终场清盘，成了后面天下大乱三百年中，整个中华民族的重要衔接点。

但是，他们的故事，还是要等到很久以后才会说起。

匈奴，这个陪伴了大汉帝国三百多年的对手，就这样消失在了历史的尘埃中。

这个民族曾经如此骁勇，也曾经如此强大，但最终没有胜过大汉这个一生之敌。

大汉此时也已经开始显现颓势，炎汉在小冰河期的侵逼下逐渐失去了炽热与光芒。

但在它调头坠下之前，却仍然留下了击败匈奴的一剑之力。

当初续汉国祚的天选之子刘秀设计出了一个极度贴合时代的、几乎是无与伦比的权力体系，它帮助武、明、章三代明君将东汉推向了又一个高峰。

北境平定、黄河安澜、人口增长、万民安乐。

太上者，下不知有之。

这祖孙三代，在中国历史上无智名、无勇功的这六十年，算是这句评语的完美写照。

但所有权力体系总会随着时代的演化出现渐渐无法调和的问题。

原因无他，自古无不灭之朝，亦无万世之祚。

天道既然有始，自然亦会有终。

国运如此，国教亦如此。

儒家在两汉的四百年巅峰后即将走向八百年的低潮。

这八百年低潮的开端，在于东汉的第一政治大案。

整个三国两晋风骨的内在思想源头，也在这个时间段渐渐形成了。

豪族在一系列朝廷政策与时代大潮的引导下开始自我进化。

豪族的更高层级进化体出现了。

士族悄然间出现在了历史的舞台上。

他们比豪族更有文化，比豪族更阶级固化。

最可怕的是，豪族间因为儒学结成了互联共通的强韧纽带！

皇权长达七百年的强大敌人出现了。

第二十二战

党锢之祸：
皇权角逐巅峰战

一、"篡汉"的大司马、大将军

关于长生不老这个问题，古往今来讨论了几千年。

讨论了几千年后，普遍得出了这个结论：精神也许可能长存，肉身则一点戏没有。

生物学家在谈到延长人类寿命时，用过这样一个恰当的解释：人老了，很多时候是系统性的崩溃，是大量的基因开始集体出错，各种器官开始综合性衰竭，不仅仅是哪里得病治哪里，治好了就继续开启美好明天了。

总结起来就一句话：太老了，回天乏力。

你注意保养，也许能活到一百三十岁，玩命造，也许三十岁就闭眼了。

但都改变不了你终究要闭眼的结局。

因为这是天道。

太阳东升西落，海水潮起潮落，万物既然有始，也就会有终。

王朝也是如此。

王朝的基因崩溃往往体现在哪儿呢？

皇帝的寿命和皇子的成活率。

这也是在继军事、外交相继开挂后，又在权力结构改造上进行神操作的刘秀唯一帮不上忙的地方。

大汉这买卖自刘邦揭牌开张后，历经了四百年的风雨，在历任董事长的励精图治和胡搞乱搞后，也即将走向终点。

自秦始皇一统天下后，两千一百年的天子御江山，总要给别人家留些精彩。

刘邦应该感到非常欣慰，因为他始创的这个王朝，在内政、国防、外交综合水平上，在中国历史上的历任封建王朝中的排名，都稳居前三。

他得了天下后，媳妇和儿子、孙子继承黄老学说，文景之治给了天下难得的六十年休息时间。随后曾孙子成为中国历史上第一大折腾，将大汉的版图扩大了一倍，把北方强邻打趴下，还创建了整个封建王朝的基本国企敛财制度，五十多年如烈火般将整个天下燃烧得通通透透。

而且这个国家居然还没有亡。

老天是多么厚爱你刘家。

在武帝死后，他亲自选出来的封建史上第一个独揽大权的权臣霍光并没有对不起他刘家的天下，反而扛起了昭宣之治，在宣帝死后，西汉才开始缓慢地掉头向下，直到王莽篡权。

王莽篡汉后进行了前无古人后无来者的胡搞，在十多年间将一个中国历史上罕见的太平末世搅了个天翻地覆。

但随后，又有一个史上最强没落皇族开挂般在十多年间将支离破碎的中华大地再次缝合起来，又续上了大汉的国祚。

比较神奇的是，上一章的开头说的是光武帝对匈奴的改造。

这一章的开头，则是光武帝对权力结构的改造。

东汉眼瞅着就快完了，还有这位爷的事。

还是那句话，不说他就讲不明白这段历史。

不讲刘秀是如何将权力结构进行改造的，就不清楚宦官为何能在东汉末年站到历史前台。

都说东汉是亡于"桓、灵二帝"，说东汉是"亲小人，远贤臣"。

真的那么简单吗？

为啥单单要拉出来"桓、灵"这爷俩去背这个锅呢？

那所谓的"小人"和"贤臣"又是谁呢？

刘秀这辈子四处征战，明白了两件事：

第一，皇权是咋被人拱没的。

第二，豪族有多大的能量和破坏力。

基于这两个问题，刘秀的后半辈子，都在干两件事：

一是用自己极高的政治智慧去改造权力结构，为子孙后代保驾护航。

二是潜移默化地通过儒学教育对豪族的破坏力进行约束与绑定。

这也是本章我们详细分析东汉的光荣与没落的两条主线。

先来回顾一下，皇权是咋没的呢？

让王莽同志这位大司马领尚书事的外戚抢走的。

从这句话中，我们能够提取出两个要点：

1. 大司马握军权，领尚书事握政权。

2. 外戚的身份使得王莽能够得到这两个官位。

针对这两点，刘秀分别做出了对策。

刘秀先是对军、政两方面进行了系统性改造。

西汉的第一次皇权实质性失去是武帝托孤霍光。

由此，我们再来回顾下西汉的政权实施形势是怎样的。

汉初，国家分为皇权和相权。

粗略来分，是皇权掌握军权、高级官员任命、普通官员任命与政务的审批权；相权掌握天下政务的运作和官员任命的推荐权。

相权是三公九卿这个整套官僚机构的统称。

所谓"三公"，是丞相、太尉、御史大夫。

名义上三公是有的，但实际上三公基本上只有两公，就是丞相和御史大夫。

太尉这个军事岗位基本上不长设，皇帝本人就是三军总司令。

九卿里面像光禄卿、卫尉这种掌管禁军的长官往往也都是被皇帝直接控制，比如吕家的人总控禁卫，文帝继位那天命宋昌为"卫将军"，掌管南北军。

皇帝在军权上死不松手，在政权上往往是文官往上报啥文件，他就看啥文件，大体上就是提出修改意见或者不同意。

比如说最近匈奴总袭扰边关，丞相府听了边郡太守汇报和财务分析汇总等多方面信息后，把这事的情况和对策写成公文，内容要包括以下几项：

1. 现状：匈奴最近总打咱，又抢了好多东西。

2. 原因：我们分析完，觉得是因为这帮人又过不下去了。

3. 建议：下次和亲时多给点，与此同时增强边防力量。

4. 方案：我打算多给多少东西，从哪个部门那儿出这个钱；增强边防方面，我是这么打算的……

5. 实施：您同意的话我这就去安排。

6. 监督：后面再出问题咱就不忍了，打他们。

这一大堆，草拟完，报入宫内。

到了宫中，由御史大夫寺进行核查，看看写的是否合法合理，然后再经尚书送交皇帝审批。

尚书此时仅仅是给皇帝把公文呈上来的那么一个职位。

皇帝看到丞相的报告后进行审批，觉得丞相这方案不行，那就打回去重新拟；如果觉得行，就盖章审批通过回复给相府，丞相再跟着自己这报告去落实。

如果文书中涉及要下达正式诏令，由御史大夫寺起草，再经尚书送皇帝审批，皇帝盖章通过后由尚书登记，再下达御史大夫寺发往全国。

具体咋干，谁去干，干成啥样，花多少钱全都是丞相该考虑的事；此时皇帝掌握的是绝对的军权，政务上则只负责决定这事该不该干。

萧何给刘邦报告，说：大哥，我觉得咱得盖个宫殿，给您弄个窝。

刘邦说："你办事我放心，批了。"

萧何盖完，刘邦假装很痛心，咋盖得这么奢靡，全国都尚在恢复阶段，你这是置我于不义。

萧何说："宫殿盖小了显不出皇家气派，这钱必须花！"

刘邦说："说得好。"

刘邦自始至终主要干两件事：带着队伍不让项羽打死；萧何说想干啥，他考虑下是同意还是不同意。

他的皇宫盖成啥样、谁盖的、哪个部门掏钱、哪个部门找民工、哪个部门找地皮，他都不用管，这些全都是萧何带着百官干的。

为啥说相权对军功派来说很重要呢！

因为你们皇家只掌握我们的生死、判断这事该不该干。所有事怎么干、用谁的人，都得是我们这帮军功派内部的事。这里面的弹性全都是我们的红利。

注意，此时尚书的工作仅仅是传递个文书，再加上汉初几十年，自打刘邦死了就开始无为而治，所以根本没啥太多的政务，这个跑腿的岗更是无足轻重。

到了武帝时，事情开始变化。

武帝他老人家这辈子满世界开战，然后为了开战满世界琢磨钱，这使得政务量指数级增长。

从打匈奴的前线那儿汇总敌情，然后丞相那儿的奏报和对策基本上没有武帝能通过的。

都什么脑袋瓜子啊？朕养你们这帮废物干吗用的啊？

匈奴再来的时候，武帝开始收集所有信息，然后自己给出决定：

打，往死里打。

卫青，你拿着我的虎符去调兵，然后给我往死里打。

丞相，给我去大司农那儿要来十个亿去给这场战争买单。

丞相，给我去太仆那儿整来十万匹马，给卫青装上腿。

丞相，给我去把盐铁收归国有，每地设一个国企，各地年底给我交一个亿的利润。

都给我好好干，干不好杀头。

干不好不想杀头也行，给我交一个亿，免死。

盖上章，下发丞相府去执行。

到了这个年代，此时相权原来手中的"干不干的建议权""决定怎么干的布置权""推荐谁干的建议权"都被武帝拿走了，只剩下"拿图纸干事的实施权"和"看看干没干好的监督权"。

丞相光剩下撅着屁股干活了，皇帝让你咋干你咋干。

当然，丞相此时仍然是很牛的，"实施权"和"监督权"仍然是很厉害的权力，现在老百姓们日常接触到的基本上仍然是这两个职能的政府机构，包括大多数的政府人员任事和对接的也是这种工作岗位。

但是，这都是毛细血管，对国家的方向基本上没有啥导向意义，牛人们是看不上的。税务系统每年将税款征收上来，用了99%的税务人员，完成了99%的活，然后这钱划归国库后去干啥、建设啥、往哪拨这1%的活，属于牛人要干的。

更通俗点来讲，就是武帝不仅干着原来皇帝的活，还把丞相府中的大量的"高级活"全给抢过来了。

但是，就算武帝浑身是铁也打不了几根钉子，那堆"高级活"指着他一个人是干不过来的，他的建立宏图伟业的想法与实施的可行性需要牛人们帮他参谋。

像卫青、霍去病这种军事大牛，桑弘羊这种经济大牛天天跟武帝坐屋里琢磨：咱又该打哪了，咱该咋打，我觉得用多少兵，哪个将用得顺手，我又琢磨出个来钱的办法，咱祭祖时把那鹿皮起个名字叫鹿皮币，一个四十万钱，不买就抄他的家……

这个时候，"内朝官"这种武帝身边的亲信就开始碾压"外朝官"的丞相了。

这也是"内阁"的雏形。

这个时候，"干不干""怎么干""由谁干"这些问题的决策权被武帝拿了回来，要处理的公文也随之多了起来，此时的尚书也开始重要起来，因为大量过去由丞相府负责的文书处理工作都到了他这儿。

但真正牛的还是武帝的亲信卫青、霍光、桑弘羊等那帮内朝官。

最终丞相府收到的文件基本上就写了政策是啥，工作重点是啥，责任主体是谁，皇帝强调了啥。

但是此时，由于武帝聪明不好糊弄，所有决策都基本靠谱，这帮中朝官们牛也牛不到哪去。

卫青、霍去病死后，武帝岁数越来越大，梦想跟冲动仍然是有的，但身体却渐渐跟不上了，于是出现了"领尚书事"这个官职。

这个官职仍然是武帝的亲信内朝官担任的。

所有内朝官讨论后，由领尚书事的内朝官向武帝汇报大家提出的意见，由武帝拿主意。

决策权仍然在他这儿。

但是，此时的"内阁"决策权已经开始出现集中的趋势了。

武帝死后，皇权通过"大司马大将军领尚书事"这串长长的头衔，过渡到了霍光手上。

过去武帝在时，领尚书事这个岗往往是就"怎么干"和"谁去干"这两个问题提出建议。

年幼的昭帝继位，霍光搞死了那几个作死的辅政大臣后变成隐形皇帝，总握军权和"干不干""怎么干""谁去干"的决策权（即政权）。

比武帝之前的那几位刘家领导实在是牛太多了。

虽然霍光死后，最后一个明白人刘病已废除了领尚书事这一兼职，把政权拿了回来，但武帝这一整套的打法获得的甜头还是太大了。

丞相的权力被皇帝拿走后，就再也拿不回来了。

也因此，当宣帝死后，皇帝不靠谱、不理政的情况出现后，西汉末年的王家外戚们就把武帝从丞相那儿拿过来的权力揣自己口袋里了。

最终王莽篡汉，也正因为如此。

武帝搞出来的这个制度是伟大的，但有个前提。

皇帝要牛，这个制度就是你立丰功伟业的放大器。

皇帝要是不行，皇权很容易被德不配位的人操控，国家会迅速完蛋，皇权有很大可能被人窃取。

不过到了王莽篡汉时，他的权力基础又更上了一层楼。

通俗来讲，就是名分又高了一些。

霍光这个大司马大将军领尚书事当初在辅政的二号人物金日磾死前一天给他俩都弄来了"侯"的位置。

为啥呢？

就是大司马大将军这个官职虽然总领一切，但级别上最大的官还是丞相。

别看丞相说话不好使，但地位还是高。

到了王莽时，大司马不再是大将军前面的加官了，大将军这个名称反而从大司马后面取消了。

大司马由"内"走向"外"，位压丞相，变成了级别最高的官。

三公被改成了大司马、大司徒（原丞相，级别在大司马之下）、大司空（原御史大夫，级别在大司徒之下）。

过去是内朝官系统辅政，大司马大将军领尚书事总领军、政；外朝官丞相为百官之长，和御史大夫总领百官，听从内朝调遣。

现在大司马从"内"走向"外"，变成了总领军权的外朝最高级别的百官之长，与此同时还总领尚书事，控制着政权。

此时的大司马领尚书事相当于最高级别官位加上军权和政权。

因此王莽比霍光又尊贵了很多。

根据这位国贼留下的这套"篡权模板"，刘秀给出了非常高端的权力防范与拆解方案。

二、刘秀对权力结构的改造

刘秀针对王莽这套篡权模板是咋办的呢?

1. 对外,三公鼎立进一步分权。

2. 对内,不再培养亲信让他们做内朝官,不再设领尚书事这个岗。

刘秀首先对三公中的大司马、大司徒、大司空这三个官的职责进行了改造。

总体来讲就是进行了平均分配。

大司马的名字被改回了原不长设的太尉,职能上"掌四方兵事功课,岁尽,即奏其殿最而行赏罚"。

太尉主要分管军事方面的各项日常事务和军事官吏的考察、监督。

此外,太尉还负责监督九卿中的太常卿(掌礼仪祭祀)、光禄卿(掌内廷兵事)和卫尉卿(掌宫卫兵事)。不过这属于名义上的监督,那仨直接对口服务皇室,基本上都是皇帝自己管。

司徒,职能上"掌人民事……凡四方民事功课,岁尽,则奏其殿最而行赏罚"。

司徒主要分管民事方面的各项事务,比如各地每年的户口增减,盗贼、民生情况,负责对各地郡国官吏的考察、监督;此外分管监督太仆卿(主管皇帝车马和兵器制作)、廷尉卿(主管司法)和大鸿胪卿(主管诸侯及藩国事务)。

司空，主要是"掌水土事，凡四方水土功课，岁尽，则奏其殿最而行赏罚"。

司空主要分管修堤、筑城等水土工程方面的各项事务以及相关官吏的考察、监督，就是王景治河时的上级领导部门；此外分管监督宗正卿（主管皇族事务）、大司农卿（主管天下财政）、少府卿（主管皇宫后勤）。

这与西汉中后期的外朝官职有啥区别呢？

第一，削弱了大司马的权力。

大司马改成太尉后不再有军事指挥权和调动权，只有军事监察权，与此同时跟内朝官再无瓜葛。

打谁，谁去打，边关大将的人事任免全被刘秀拿回了手中，太尉只能判断这仗打得好不好、军官尽不尽职、军备是否靠谱，然后定期向刘秀汇报。

第二，进一步削弱了丞相的职能。

丞相过去虽然啥都得听内朝指示，但名义上仍然总领百官，负责民事、税收、基建等一系列综合事务的实施和监察。

现在土地人口和财务基建一分两半，丞相被司空拿走了财权。

第三，削弱了御史大夫的百官监察权。

过去御史大夫是监察弹劾百官的，但现在监察弹劾权被分散到三公每个人的手上去各自监管了。

监察权被拆分了。

总体来讲，刘秀对外朝的权力进行了进一步的分权，每个人都管一摊事。

太尉的军事行动需要司徒提供兵役、制造兵器进行配合，需要司空提供军饷、给养配合。

司徒掌管人口和土地还监督司法，但啥子弹都没有。

司空手里有钱却跟将领扯不上关系，主要干的都是配合太尉的军事行动以及配合司徒的百姓生产建设。

在外朝中，这三公就不可能再出现一家独大的情况了。

这是一次伟大的权力改革。

刘秀将原来丞相总领政务实施、御史大夫总领监察弹劾的权力汇总体变成了权力分散牵制体。

而且刘秀不仅拆分了三公的职能，还在待遇上做了新规定。

刘秀不仅不再任命功臣宿将做三公去掺和政务，还不给三公封侯，降低了三公的政治地位，还时时刻刻紧盯三公是否结党营私。

曾经做过刘秀尚书令的侯霸有一次推荐阎杨为官，但这位被推荐的阎杨名声很差，刘秀听后大怒，大骂"欲以身试法邪"。

三公手中是有推荐人才的权力的，后面会讲，但如果三公推荐的人有问题，在刘秀这个审批人那里看来就是结党的趋势，当年王莽就是这么一步步拉拢人的，你敢跟我来这招，信不信我立刻斩了你？

连外臣都防成这样，更不要说内朝了。

尚书机构在刘秀一朝还进行了扩大，变成了尚书台。

但实质上恢复了当年武帝时期的样子，皇权独大。

这个尚书机构当初被拉到前台本身就是为了皇帝服务的。

刘秀不再让大臣领尚书事，不再弄一帮亲信搞小圈子，设内朝官，把所有的权力都牢牢地抓在了自己的手上。

整个尚书台恢复了当年所有人给武帝出谋划策，然后武帝决定咋干，外朝官去执行和监督的状态。

但是，和过去相比有变化的是，尚书台中的官员们有了建议权和评议权，就是他们可以说说觉得这事该咋干、流程应该怎么拟。

这活过去是归霍光、桑弘羊这些内朝官的。

但是尚书台中的这帮人级别不高，跟过去那种威风凛凛的大司马大将军，大司马骠骑将军是根本不可同日而语的。

此时刘秀身边的尚书台官员们起草公文要在行，具体处理一件事时要知道咋干，所谓"明习故事，长于吏职"。

但是，商议该往哪个方向干和该让谁来干时，尚书台的官员们却又基本上没啥插嘴的份儿，除了权力有限外，也因为他们级别低，宏观上的把握欠妥，缺乏大局意识。

在大政方针上，刘秀又会和三公等高级官员去商议，然后由他决定总揽，恢复了外朝官对大政方针的建议权，而不是像武帝那样跟内朝官自己就定了。

尚书台官员们级别低，所以努力的方向是奋斗到外朝当大官，而且刘秀在发现有些尚书台官员是大才后，也会给他转为外朝官，比如前面被刘秀吓唬的"欲以身试法邪"的侯霸，就是由尚书令转隶大司徒的。

真正高屋建瓴的人才都在外朝，刘秀会亲自跟他们议事，但绝对不会让他们这帮牛人进内朝来操控尚书台官员们。

也就是说，刘秀抹去了内朝官这个中间人的存在。

刘秀将权力结构进行了如下的调整：

1. "该不该干"由我和三公等高级官员讨论，我决定。

2. "怎么干"由尚书台写方案，"谁去干"我给意见，最终由尚书台发文批准。

3. "好好干"和"干得好不好"，即最后实施与监督环节由三公九卿等高级官员进行分级处理。

总之，三项大变化：

1. 内朝官这个位高权重的中间商被取缔。

2. 承担"内朝"属性的尚书台有一部分权力，但其官员局限于为服务皇帝、代理执行三公部分职能的属吏，有能力的尚书台官员会被转为外朝的高级别官员。

3. 外朝的三公职能被进一步平均化和牵制。

再汇总起来就是一个宗旨：人才流动方向因"内低外高"而"由内向外"，但"外高"又高不到哪去。

高的就是刘秀一个人。

刘秀手握军权、大政方针的决策权、政事实务指导权、诏令的草拟发布权,以及要紧位置的人事任免权。

这个权力结构在刘秀看来,确确实实没办法再完美了。

我提出的大政方针会拿去跟有经验的三公九卿商议,然后我拿主意。

谁去干,咋样干由尚书台按我的想法出方案,我批准后三公去执行。

所有要紧官职的人选要我直接任命,谁也走不了后门。

刘秀通过改革权力结构,使得内朝无高位,外朝无重权。

都是一群干活的人了。

完美吧?

你刘秀活着的时候绝对完美。

这个权力结构仍然有一个致命的问题。

皇帝的角色太重要了。

你刘秀干的活和武帝一样,太多了。

而且你比他还要累。

比如为了防范内朝权重,大政方针你要跟三公定,就总得跟外朝官见面,然后刘秀惊人地达到了"每旦视朝,日仄乃罢"的勤政地步。

每天都上朝!

一般来讲,过去五日一朝的皇帝那就是劳模好皇帝了。

你说这位大神有多厉害。

可万一后面的皇帝只有七八岁,没办法像你一样干这么多活可咋办呢?

权力结构中永远不存在真空。

当你的后来人接不住这么多的权力时,你拿回来的权力总会以另一种方式被交到另一个群体手上。

没有内朝官了,尚书台官员们的品级很低,这就不会出现内朝弄权的现象。

但从另一个角度来讲,内朝虽然自身无法产出会分权的能人了,却容易被皇权的延伸所控制。

比如外戚和宦官。

先说外戚问题，刘秀在牛起来后搞掉了郭家，但并没有整阴家。

按他对外戚深恶痛绝的程度，他应该为后世树立一个"打倒外戚"的标杆的。

之所以没整阴家，除了怕邓奉晚上给他托梦，把他带走之外，主要原因在于阴家非常懂得明哲保身。

阴丽华本人就是中国著名的贤后，她的哥哥更是那种没事就教育她要知足的主。

刘秀在打算给阴兴增封时，阴兴坚决不受，当时阴丽华还没当皇后，仅仅是个贵人，问她哥为啥高风亮节。

阴兴对他妹妹说："你这些年书白读了吗？不知道越在高位越容易遭灾难吗？外戚之家往往不知进退，嫁女要配诸侯，娶亲盼娶公主，富贵总有个头！人得知足懂进退！"

阴丽华在他哥的教育下自始至终没有替娘家人求过官和爵。

阴家人始终明白月盈则亏的道理，刘秀也因此能够厚待阴家，使其"一门四侯"，几乎堪比当年王家的"一门五侯"，但刘秀厚待阴氏的同时却始终没给阴家太大的施展空间，阴兴干过侍中和卫尉，阴识最终病逝于执金吾的任上。

只给了舅子们些禁卫军权，起到保卫自己人的效果，剩下的大政方针决策权与人事任命权力，全在刘秀自己手上。

与此同时，在刘秀的任期内，还将吕后的牌位从太庙搬了出来，理由是"吕后贼害三赵，专王吕氏"。

人家当事人文帝都没说啥，结果你这位著名厚道人找了二百年前的碴儿。

啥意思？

表态呗：外戚都给我老实点。

到了明帝时，明帝开始明确保持"后宫之家，不得封侯与政"的原则，我爹跟我妈不好意思，我可啥也不欠你们这帮外姓人的！馆陶公主想走后门谋个官，最终明帝赐了外甥一千万钱意思了一下，根本不搭理安排工作这个事。

别看老丈人马援这辈子都在为国戍边疆，但最终明帝可一点面子都没给马氏后人。

名义上是皇亲避嫌，实际上潜台词是外戚得不到任何的政治优待。

刘秀对王莽恨得刻骨铭心，明帝也仍对当年汉家江山是咋丢的有着深刻认识，但到了章帝时，当年的那些血的教训已经没有那么深刻了。

老人说西汉江山就是亡于外戚，他王家不是个东西，轮流把控了尚书和军权，但我看我这舅子们都挺可爱的啊！

到了章帝时，外戚窦家就已经开始渐渐牛起来了。

比如窦宪就是在章帝的治下抢公主的地的。

不过，此时章帝办他还是很简单的，窦后吓得"毁服"（降低衣服等级）去给兄弟求情。

老天很够意思，给了刘秀好儿子和好孙子，在这两位皇帝治下，各路人才重新安澜了黄河并厘定了西域问题，但在给了北方邻居最后一击后，东汉的国运开始不可逆转地掉头向下，回天乏力。

这就要再次说一下王朝的寿命了。

汉王朝已经太老了。

开篇我们说过，一个王朝不可逆转的衰败下去，一开始往往体现在皇帝的寿命和子嗣的多少上。

刘秀算是东汉皇帝中寿命的巅峰了，享年六十二岁，由此也可见勤劳绝不是短寿的原因。

累心才是，比如诸葛丞相。

明帝活了四十八岁，这就已经是东汉第二了。

到了章帝这儿，只活到三十三岁。

这个岁数就比较尴尬了，因为三十三岁去世，注定孩子还不大。

和帝继位时十岁。

孩子不大，所以只能由太后行使皇权。

但是，刘秀留下的这个权力大饼太大了，即便是吕后又活过来估计也接不住，又得会见三公去定大政方针，又得指导尚书台给出方案意见，又得在干部任免上细心考量，一个妇道人家知道啥呢？

太后只能找些靠得住的人来帮她行使这些权力。

那太后掌权后信得过谁呢？

只能是自己的这帮兄弟。于是一个个外戚就都占据了重要官位，比如窦宪，史书记载"太后临朝，宪以侍中，内干机密，出宣诰命"。

太后兼职皇帝，除了信兄弟外，为了商议国家大事没事就去见尚书台这一大帮老爷们儿也总归不合适，于是太监群体作为为太后传递汇报信息的工具人也渐渐走上了历史舞台。

三、东汉"亲小人"的逻辑怪圈

在刘秀对权力结构进行改造后，虽然没有绝对权威的内朝官了，但是在小皇帝不懂事、太后代为行使皇权的情况下，作为"太后皇权"的延伸，外戚自然而然就会权重干政。

公元89年，窦宪打秃北匈奴的时候，和帝封了窦宪为大将军，领大军镇凉州，然后外朝中大将军的级别和待遇一跃到了三公之上。

不过刘家的皇帝到了和帝这时依然威猛，十三岁的和帝在公元92年的时候就利用三公中袁安、任隗和丁鸿对窦家专权的不满，通过身边的宦官作为谋事和传话的臂膀搞政变扳倒了窦宪，政权又回到了刘家手上。

大体说下政变过程，政变前窦宪彻底搞死了北匈奴，意得志满地带兵回洛阳，和帝在不久前令司徒丁鸿行太尉事并兼任了卫尉的官职。

卫尉是统领南军保卫宫门安全的，本由窦宪心腹邓叠担任，但邓叠此时跟窦宪出征在外。

窦宪到洛阳时已经天黑，和帝命他次日入朝。当天晚上，和帝突然驾临北宫收了符印，然后命中常侍郑众带着诏书和兵符令此时兼卫尉的丁鸿率兵封闭城门，堵住了窦宪和城外武装的联系。

在部署完毕后，和帝开始捉拿窦氏一党。

还记得前面我们说过的政变四要素吗？

再复习一遍，按重要程度排列，依次是武库＞司马门＞皇帝＞军队。

首要因素，武库。有武器才能武装起大量的军队，并能阻止别的反对力量武装军队。皇宫里的人除了保护宫殿的郎卫军和部分保护宫门的卫尉军外，都是没有兵器的。

第二关键的是司马门。控制司马门就截断了皇宫内外的联系，保证你从皇宫里传出来的政令的合法性与唯一性。

第三，拿下皇帝和玉玺、虎符等合法性印鉴。

最后，拿着合法诏书，正式武装国家军队，源源不断地壮大自己的实力并占领政治制高点，令反对派放弃抵抗。

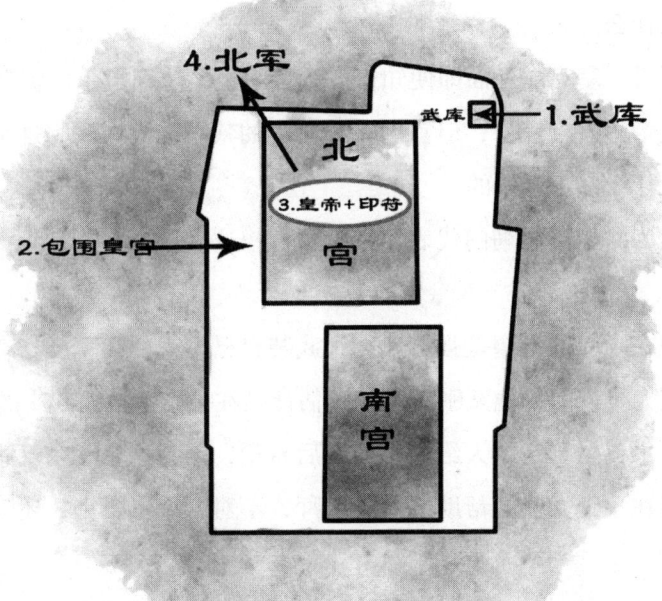

到了和帝发动政变要整权臣时，我们发现这个十三岁的孩子有惊人的政治天赋，或者说给他出谋划策的宦官郑众有着极其厉害的头脑与嗅觉。

窦家其实是控制了皇宫内廷的很多重要禁卫军的，也就是宫廷内的郎卫环节（现在叫虎贲了），太后和玉玺、虎符等重要信物全在北宫。

和帝平时是居南宫的。

结果，窦宪回来当夜和帝突然夜赴北宫，然后偷袭拿到符印给早就准备好的诏书盖了章。

就算窦家掌握着禁军，人家皇帝大半夜的来拿玉玺盖个章你是没法说啥的，而且窦家的禁军领导们此时很可能根本没在值夜班。

窦家已经狂到"侵陵小人，强夺财货，篡取罪人，妻略妇女"了，奢靡骄纵，估计是不会再有面对权力危机应有的警觉性了。

和帝随后马上令郑众持诏令命丁鸿封锁了北宫、南宫。

这也就意味着，宫内窦家控制的禁军无法得到外面窦宪的指示，因此会变得群龙无首，而且由于宫门封锁，信息来源被封闭，里面的人根本不知道外面发生了什么。

与此同时，窦宪在外面即便知道发生了啥也无法把指令传到宫内。

即便皇帝只有十三岁，但宫内一群小小的禁军在没有窦宪这个权臣指示的情况下是什么都不敢做的。

这也是为啥控制司马门代表的宫门所有权这么重要，能排到仅次于武库的第二位。

窦宪现在唯一的指望是强打武库，武装自己手里的兵丁反扑夺回北宫控制权，但这大半夜的，他又刚刚回家，估计是在被窝里被抓起来的。

和帝这个孩子算是老天给刘家的最后希望，因为这个"东汉康熙"不仅年纪轻轻就在一个太监的帮助下擒了鳌拜，不对，擒了窦宪，还随后开创了"永元之隆"。

对内减税慰民，整顿吏治，对外四夷宾服，设立西域都护（没错，此时六十多的班大爷仍然在事业的上升期，瞅瞅人家这寿命）。

但是，没多久，东汉皇族的自我造血功能彻底崩溃了。

此后几十年中，外戚干政就再也没断过。

因为后面这些任皇帝，有一个算一个，除了最后心惊胆战了一辈子的献帝外，都活不长。

而且再也没有和帝这种天纵英才了。

和帝十岁继位，公元105年冬（十二月）驾崩，享年二十七岁。

东汉的这帮皇帝不仅开始如同甩完籽就死的大马哈鱼一样过早驾崩，连皇子都开始养不大了。

和帝生了十多个儿子，生下来就接二连三地夭折，弄到最后，出生的皇子需要秘密地放到民间去养。

理由是皇子的身份太尊贵，小孩子扛不住。

时至今日，我们看到有些电影中会有这么一句话，给孩子起名字时，孩子他爹会说"叫狗剩，名字贱点好养活"。

大家不要觉得可笑，这其实是古代中国人对自然规律非常深刻地认识与思考。

古代中国人认为一个人是一个"福寿综合体"，人活着有自己的"寿命"，消耗的是自己的"福气"。

寿是上限，福是下限。

寿尽了，哪怕福没尽，也得走人。

寿数也并非是改不了，缺大德就折寿，你要是有救人无数、教化万民的大功德，老天爷又会给你延寿。

福气尽了，哪怕寿没尽，这人也得走，所谓"禄尽人亡"。

因为你虽然还有寿命，但是没有支撑你这寿命的福气了，你吃的每口饭，穿的每件衣，滋养你生命的每份助力都是福气。

所以老话总说"人要惜福"。

古人认为，你要是叫"天赐"呀、"宝玉"呀，这名就太尊贵了，这名字就好比飞机的耗油量，你命里就十升油，这种名字早早就把你的福气都给耗没了。

所以要叫狗剩，这名字虽贱点但不消耗福气，这孩子就容易活到大，然后抓紧时间生孩子把香火传下去，你儿子还叫"狗剩"，然后给我接着生"狗剩"。

"不孝有三，无后为大"，是古人都怕生不出男丁，断了祖先在地下的香火。

我们中国人通过祭祀的方式将"过去、现在、未来"串成一个整体，只要祖先们能在地下享受到香火，我这辈子的终极任务就完成了。

所以爱叫啥叫啥。

到了皇家这儿，实在没辙时，也是这样。

孩子身体弱，做皇子要消耗的福气太大，担不住，所以活不长。

于是东汉皇家非常有创意地想出了把皇子养在民间这种"起名叫狗剩"的养法。

但是，往深层次再说一点就没人敢提了。

为啥要把皇子当"狗剩"贱养呢？

因为没福气担不住皇子这天底下最大的富贵了呗。

人家刘彘改名叫刘彻后为啥能狂造五十年呢？

皇位是天下至尊至贵，皇子活不长，说明你刘家已经坐不住这皇位了。

和帝死的时候，民间还养着俩孩子，长子刘胜也跟他爹一样啥也没干就得病不行了，只有刚刚"百天"的幼子刘隆还没进抢救室。

邓皇后无可奈何地将刘隆接回宫中，立为皇帝。

结果半年后，这位一岁的殇帝刘隆也驾崩了。

随后邓太后和她哥哥车骑将军邓骘、虎贲中郎将邓悝又决定立清河王十三岁的儿子刘祜为下一任皇帝。

为啥选了这个孩子做皇帝呢？

因为年龄小，容易控制。

也因为年龄不太小，活到十多岁的孩子基本上就比较皮实了，就像活过幼年期的大马哈鱼，在甩籽之前大概率是死不了了。

从此时开始，东汉陷入了外戚长期揽政的政治循环。

自公元106年继位，直到公元121年邓太后去世，已经二十七岁的汉安帝才开始亲政。

跟邓家没有血缘关系的安帝在憋了很多年，玉玺终于还回来后利用身边的中黄门李闰、江京为首的宦官集团开始整邓家。

安帝政变成功后废掉了西平侯邓广宗、叶侯邓广德、西华侯邓忠、阳安侯邓珍、都乡侯邓甫德的爵位，邓氏宗亲一律免职，遣返原郡；邓骘、邓凤、邓豹、邓广宗、邓忠、邓遵、邓畅等这一大堆身居要职的邓家外戚全部自杀。

安帝亲政后，并未大权独揽，而是将嫡母耿家、祖母宋家、皇后阎家这帮外戚又提拔了起来。

光武帝、明帝、章帝、和帝，前面四人乾纲独断、大权独揽的光辉形象从此在东汉政坛上再也看不见了。

祖宗废了老大劲把权力从官僚集团那儿抢过来，是让你们这帮后人好好干一番事业的！

你们这帮不肖子孙把这权力又都散给娘家人和太监了。

刘秀在地下估计会长叹，暴殄天物啊！

安帝抢来皇权四年后，在三十二岁的时候又崩了。

都说七十三和八十四是坎儿，到了东汉这帮皇帝这儿，三十三和三十四变成了坎儿。

所有东汉皇帝中，活过三十四岁的只有四个人。

光武帝、明帝、桓帝（勉强挺到了三十六岁）、献帝。

然后，安帝的皇后生不出孩子了。

所有东汉皇帝中，皇后的儿子继位的只有一位。

没错，您没看错，一位。

汉明帝刘庄。

还真没啥腥风血雨的宫斗，只要活下来就能继位，但就是生不出来、养不大。

看到这里，客观来讲刘秀这还真不能赖这帮后人。

因为皇子生不出来，生出来又养不大，养大的基本上都不是皇后的孩子，而且自幼养于民间，或者就是过继来的外支皇族。

这种皇位继承人缺乏老皇帝在政务上的指导以及从小系统的"帝王术"的教育。

更可怕的是,由于皇后往往生不出孩子或养不活孩子,立的小皇帝跟新太后还没有血缘关系。

太后对不是自己儿子的皇帝始终是防范状态,更不会让小皇帝在政治和教育上有所历练,只会把住权力不撒手。

这也就导致东汉后面的皇帝不仅寿命上开始崩塌,连素质上同样也开始崩塌。

皇帝长大后就一定要夺回政权。

夺回政权只能依靠身边的宦官去和外戚们火并。

拿回皇权后的皇帝其实和年纪轻轻就守了寡的太后一样,不会治国,只能再依靠信得过的外戚和宦官去帮助他处理祖宗抢回来的这么大的权力大饼。

东汉之所以会出现"亲小人,远贤臣"的现象,是因为皇帝的生命力凋谢了。

给安帝发丧那天,阎太后临朝主政,年轻的太后为了致敬前面的榜样——把持朝政近二十年的邓太后,忽略了此时安帝尚存的儿子刘保(阎太后逼死了刘保的亲妈李氏),迎立了济北惠王的儿子——北乡侯刘懿。

结果这位刘懿继位仅二百零六天,又崩了。

十月,刘懿驾崩时,跟阎家外戚很不对付的宦官集团又与安帝亲子刘保的亲卫官员们发动政变,闯入了太后所在的北宫,抢到了传国玉玺,随后迎立了汉顺帝刘保。

宦官集团作为政变时出力最多的拥立者,随后得到了重大奖励,像首功孙程这种人居然被封了浮阳侯,食邑万户,算是由此开创了太监封侯之最,宦官集团十九人皆被封侯。

不过,这帮宦官由于和顺帝的感情并不深,而且政治投机心理较重,所以不久就被顺帝以"争功"为罪名全部罢免了。

这位顺帝随后继续不出意料地在三十岁"高龄"走人，皇后一如既往地生不出孩子，一如既往地从外面找来个一岁的孩子当皇帝，然后一如既往地主政掌权，变成了太后梁氏。

臭名昭著的外戚梁家上台了。

梁后主政后，发生了一件看似不重要的事。

公元144年，梁后为了扩大自己的影响力，下令太学扩招。

太学后来愈发兴旺，入学人数最多时达到了惊人的三万人。

此事配合着十二年前顺帝时代的一个政策，最终成了二十年后的那场政治大风暴的源头。

公元132年，尚书令左雄建议改革察举之制，郡国所举孝廉"年不满四十，不得察举"，在三公那里笔试通过后，需要再到端门由尚书台进行复试面试。

太学的学生数量激增，但是朝廷却人为地把当高级官员的年龄限制到了四十岁后。

大量文化人聚集在了一起，但又没有官方出路可寻。

这个情形熟悉吗？

还记得王莽上台前的复古大思潮吗？

是咋兴起来的呢？

太学扩招，董贤得宠，政治腐败，天上陨石、日食不停歇。

文化人群体由此开始了复古思潮。

还是那句话，教育扩招绝对是件好事，但得有一个度。

你绝对不能把社会上的文化人拢到一块，却又不给官职和任务去消磨掉他们的精力。

文化人星散各地，因自己不能人尽其才而痛苦并不可怕。

最可怕的就是文化人聚一块儿抱怨自己生不逢时，这种牢骚会产生巨大的共鸣，然后这种个人的痛苦情感就会演化为对时政的巨大愤怒！

上一章中讲到了蝗灾，这种局面与蝗灾很像。

少量蝗虫的攻击意愿并不强,非常温顺,而且飞行方向也混乱无序。

一旦大量的蝗虫聚在一起,单位面积的蝗虫达到一定数量,蝗虫间的肢体接触增多后,蝗虫就会变得非常凶猛暴躁,而且开始组团狂飞。

这种突破临界点之后产生巨大裂变的现象,在很多群体和领域中都会出现。

比如说犯罪率,比如说失业率,甚至是城市的卫生状况。

电影《小丑》中为啥在开篇要反复强调城市的垃圾没人收了呢?

1. 因为城市遍布垃圾,破窗效应就会出现。

2. 当城市全是垃圾时,人们会认为自己随地扔垃圾也没什么。

3. 人们会潜移默化地放松对自己文明的要求与约束,人性中的恶会渐渐被唤醒。

4. 小偷小摸开始大行其道,渐渐地就会演化为打砸抢烧。

有些特殊群体,必须被特殊对待。

刘秀不是没对文化人做安排,他很熟悉这股子强大汹涌的力量。

我们终于要说这位天选之子的最后一个"百年大计"了。

通过儒家对豪族进行的绑定与改造。

四、东汉豪族由武转文的内在源头

在刘秀开国之时,他面对的情况是这样的:

王莽脑袋当球踢;天下群雄并起、四分五裂;儒家跌下神坛。

当年强秦二世而亡后,法家成了替罪羊,随后西汉开启了七十年黄老之治,成了时至今日人们仍记得的几段少有的好日子。

无论是"乱世用法"还是"休养学道",在天下大乱、满目疮痍之时,再竖起儒家的大旗似乎都不是一个好选择。

尤其是,天下被祸害成这个样子,就是数以万计的儒家弟子对"复古改制"鼓吹呐喊后的结果。

但是,这个问题到了刘秀这儿其实又没有啥别的选择。

无论他愿不愿意,他都需要再次扛起儒家的大旗。

因为儒家的衍生学术"谶纬"是他脱颖而出的巨大助力,更是兴复汉室这个"天命"所不得不仰仗的思想。

而且他刘秀本人就是儒家的高才生,所谓"西汉功臣多无赖,东汉功臣多近儒",他手下的云台将领们绝大多数也都是下马学儒、上马杀敌的文武全才。

云台将的伯乐邓禹,当年是刘秀在太学中的小迷弟。

寇恂,当年也是在长安留过学的。

西北的顶梁柱冯异,同样也是在长安留过学的。

像祭遵、耿纯这帮人，全都是在长安留过学的。

儒家并不是异端邪说，它只是有它的局限性而已。

在宗法社会下的中国，它可以极大地从思想源头上降低皇帝和豪族们的统治成本。

最终，刘秀用自身的成功将所有的屎盆子都扣在王莽身上了。

这是世界上最好的思想，我就是这么中兴起来的，在我这儿儒家弟子们全都是忠臣良将，错都是王莽的，可怜的儒家弟子们被他蛊惑带偏了。

罪有千万，悉因王莽。

匪首已伏诛，该向前看了。

公元25年，刘秀定都洛阳后不久，就开始营建太学，收罗天下儒经，广招天下大儒，甚至车驾亲临寻找大儒为太学讲师，表现出了对拥抱儒家的态度。

公元29年，关东还没平利索呢，太学已经复课了。

不得不说，这个态度相当重要，因为当年惹祸的那帮关中文化人全都是往西面逃跑的。

这帮文化人不仅在冯异偏师定关中时没咋添麻烦，还在后面瓦解傻大黑粗的隗嚣时起了不小的作用，比如说班超他爹班彪先生，那思汉小作文一篇篇的，着实撩动着陇西豪族们的心弦。

前面我们说过，像马援啊、窦融啊，这帮东汉英烈们在王莽时代也很会站队，也是依附过新莽政权的。

刘秀在全天下如此高调地对儒家弟子表达了既往不咎的态度，这一举动实际上是有着极强的政治效果的。

德之贼没了，德之主还在。

不要担心，不要彷徨，让我再次带你飞翔。

统一天下后，刘秀也没有把儒家用完就扔，而是继续独尊儒术，把儒家摆到了正统地位。

在朝堂上，刘秀在谈完国事之后还经常与群臣讲论圣道，就是史书记载的"数引公卿讲论经理,夜分乃寐"。

刘秀明白,跟大臣探讨儒学经典有一个巨大的衍生好处:你的后世之名会非常棒。

因为你是在"亲贤臣"。

刘秀开创、倡导的这种儒家的向学之风不仅得到了当时大儒们的支持,对后面的接班人也产生了巨大的影响。

到了明帝时期,刘庄不仅继承了他老爹在朝上坐而论道的传统,还亲自去太学讲课,"雉射礼毕,帝正坐而讲",效果简直不要太轰动,"圜桥而观听者盖亿万计"。

你听听,皇帝讲经能得到这样的后世记载,你说这种政治动作是不是要经常搞一下?

刘秀不仅进行引领潮流的顶层设计,还在国家的教育机构太学上下了大功夫。

西汉太学的博士(教师)多由名流充当,并无选试之法,但到了刘秀这儿,博士有非常苛刻的选拔条件要求:

1. 皇帝要考试和面试,强调"德行高妙,志节清白,经明行修"。

2. 要有朝廷高级官员的保举状,要写明被举人的品行、礼法、学识、身体状况及族属行为是否合乎太学博士的要求。

3. 岁数上有要求,要五十岁以上。

有考试,就能看出来你是否真有东西,由皇帝亲自面试,就能进行最高级别政审,让你规规矩矩教书,不要蛊惑人心。

由高官保举,就方便将来连带奖励与追责,出了教授算你的政绩,出了邪师你这个保举人也要负连带责任。

五十岁以上人往往已"性如灰",没有那么多野心和血性,讲的往往是人生的智慧,少有人生的抱怨。

相应的,博士们可以进入仕途,得到较高补偿的经济和政治待遇,表现好的还能得到巨大的回报与优待。

博士转岗后一般先任尚书、谏议大夫等，日久可致公卿。像明帝的老师桓荣，六十多岁时被刘秀分配工作，老爷子最终官至九卿之首——太常，封侯达到五千户，门徒也多至公卿。

之后，刘秀开始吸取太学人数太多造成骚乱的经验，将人数大量缩减，再不搞王莽时代那种上万人太学弟子的规模了。

一般进入太学有两个途径：

1. 六百石以上级别的官员的孩子可以直接进太学去学习。

2. 没有这种天生的优势，你要是想上太学，需要先在各郡的教育机构脱颖而出，经推荐后才有资格进入洛阳的太学去学习。

不是所有人都有资格去太学的，人多了就没心思学习，就成蝗灾了。

来太学上学有啥好处呢？

主要来讲两点：

1. 从太学中拿到前几名，可以当官，但名额较少，上太学并非东汉进入仕途的主要途径。

2. 在太学深造学习，能够亲和当时的最高学术思想，为将来走察举制进入仕途做准备。

因为后面走仕途无论是"选茂才"还是"察孝廉"，想出人头地是需要过皇帝这一关的，皇帝在公卿中搞儒家论坛，你脑子里没有儒学是不行的。

但是，我们细看下可以发现，王莽将太学打造成了推动影响时政的前沿阵地，刘秀则将太学变回了纯粹的学术最高殿堂。

对学生人数有控制，人选需要层层选拔；老师要经过政审，偏激狂浪者不得为之。

对知识分子有层级的分而治之，基本上就不容易出现大乱子。

总体来讲，刘秀算是很地道地将儒家提升到了原本的地位，又把知识分子的潜在破坏力进行了有效控制。

而且刘秀的这套太学入学规则中，能考上"东汉清华"的往往是各地有头有脸的后生。

比如六百石以上官员的孩子，和各地推荐上来的豪族子弟。

中下层群体基本进不来。

六百石以上官员的孩子条件自然不必说，能得到各地官员的推荐书的学生家庭阶级和人脉也都是各地顶级的水准。

这种官二代、豪二代的孩子们的前途往往也会比较光明，这都是属于既得利益者的群体，往往也就没有意愿去造反搞变革。

刘秀尊儒的一系列举措远不止拆雷那么局限、那么简单。

时尚和思想往往都是由皇帝引导的，尤其在朝廷更要努力学习，防备刘秀时不时考你，豪二代们进入太学深造学成返乡后，各地豪族开始将"入则孝，出则悌，谨而信，泛爱众，而亲仁"的思想准则用于修身齐家治乡里上。

与西汉相比，东汉的豪族整体上出现了巨大的由"武"向"文"的逐步转变。

西汉时代，史书中对豪族的描写往往都是"横行乡里""侵渔小民""武断乡曲""兼并役使""豪强""豪纵"这种贬义词。

但是，到了东汉时代，由于刘家皇帝依然将儒家的地位摆得非常崇高，豪族集团，尤其是关东的豪族集团，在经过太学长期的儒家教育和熏染后，开始表现出来相当君子的伦理文化和道德水准。

原先在地方上鱼肉乡里、胡作非为的暴发户豪族们开始大批量蜕变成崇文守礼，轻财重义，为世人推崇的社会榜样。

儒学虽然在王莽的手中展现出了巨大的破坏力，但在东汉继续推崇儒家思想两百年不动摇后，儒学开始展现出对华夏大地的绵绵温度。

像"赈赡宗族""赈济贫乏""好施周急""著姓""豪贤""名族""名士"等描述豪族的褒义词也开始在史书中大量出现。

当然，这也和各地豪族基本上已经将本乡本土打造为本家地盘有着很大的关系。

豪族把控地方，通过选举。

我们来简要看一下，东汉的仕途大概要通过怎样的途径。

东汉官员分六百石以上和六百石以下的两个系统。

六百石以下，属于东汉的低级官员，这种低级官员基本上是进入官场的起点，主要是各郡县的一把手每年去自行招募"廉吏"上报国家，然后任免官员。

比如说，一个郡守下面有功曹、五官掾、督邮、主簿等低级官员，这部分官员的任免，朝廷是不插手的，基本上地方报啥中央就批啥。

换句话说，这也是刘秀对当地豪族把持地方的默许。

东汉在西汉本地人不能当最高长官的规则下又进一步出台了"三互法"，不仅你本人不能在本地当郡守，你还不能去跟你有姻亲的地方做最高长官。

这个条令导致东汉初年甚至一度出现了"幽冀二州，久缺不补"的局面。

你就说河北输出了多少官员和多少太太吧。

朝廷派过去的地方官是外地人，你没有当地的社会基础，也不熟悉当地的风俗人情，想搞明白本地事就只能任用本地的豪族。

所以这些低品级的地方官就全都是当地大姓豪族的附庸。

而且有些地方往往不只有一个豪族，会有很多个豪族，在这帮豪族之间，往往也形成一系列的潜规则。

比如说，在地方官中，最重要的一个官职是功曹，就是当年寇恂干的那个，告诉耿况"今上谷完实，控弦万骑，举大郡之资，可以详择去就"，然后帮他做决定的那个岗。

在西汉时期，寇恂这种威猛型功曹还并不常见，但到了东汉时，基本上遍地都是寇恂了。

功曹这个官职也成了实际意义上的地方老大，不仅统领诸曹，负责当地的各项政务，还掌管选举、赏罚、罢黜等人事实权。

此时的地方人事任命，郡守基本上已经掺和不上了。

事实上，郡守们往往也不想掺和。

因为地方官就是人家当地豪族自己内部轮流做。

今年你家上，明年我家上，功曹你家干了十年，你今年该"举孝廉"进朝廷深造了，这个位置该换我家干十年了。

咱们都是地方上的体面人，基本上还都结着亲，所以轮流上位这种人事排序的潜规则是静水深流的。

你这位外地官员上任后敢干涉人家当地自我生态系统的人事任命，是不是不想活了？

你这个外地官有你自己的上升轨道。

你当郡守，能分到当地给你的上贡红利，然后哄着豪族们把地方治理好，朝廷考核时你政绩突出就接着往上走了。

再说你的老家也是你们家人说的算，这个潜规则一定要懂。

通过世代把控地方官的任命，各地豪族也完成了对本地各方面利益的完整收割。

利益分割清楚了，人们也就自然而然地有了出现长远的眼光和高标准的自我约束力。

这几个县世世代代都是我家的地盘，税是我家收，灾是我家救，贼是我家抓，人是我家用，我当然希望这片地越来越值钱，那种涸泽而渔式的贪污暴敛自然而然也会逐渐绝迹。

而且更重要的是，由于我家祖祖辈辈都得在这儿混，我家的名声也就非常重要，因为这个名声不仅仅是好听的问题，它还关系着税收的成本。

提起你家，大家乖乖躺那儿不动和提起你家拿起刀跟你拼了，那对于日常治理来讲完全就是两个成本。

也因此，各地豪族开始变得"富而好礼"，再加上国家一旦和平百年，像当初东汉开国时期的那种以坞堡为军事经济体的地方豪族就开始渐渐趋向于武力弱化。

但是，豪族自身所具有的尚武属性虽然随着儒学的熏染和世代垄断乡里而逐渐弱化，但这也并不是不存在了。

因为人家的统治根基一直在。

一旦"躺着挣钱"的世代垄断和地方官员的上升渠道被打破，儒化豪族的尚武属性就会重新被激发出来。

　　这也成了后面那场知识分子和太监集团大火并的根本源头。

五、东汉"四世三公"的由来

前面我们把朝廷派到地方的一把手说的跟二傻子似的,那是不是这光杆司令就不重要了呢?

绝对不是。

地方上会很尊重这个花架子长官。

因为很有可能你家出息的大官在你现在这个长官的老家当地方官呢,你们都是一个圈里的。

一般来讲,圈里的人往往是互相捧的。

因为利益互相牵扯,而且总会有用到对方的一天。

即便是闹翻了,往往也是点到为止。

而底层民众往往才会互相撕扯和踩踏。

在这里,没有贬低谁的意思,这只是一个非常现实而且身不由己的社会现象。

因为资源稀缺,而且每件事几乎都是单次博弈。

以前看书的时候看到过一个现象:人一旦陷入"稀缺"的状态,就会产生一种"管窥效应",人看东西不再是全视野的全图状态,而是只能看到一根管子里的风景。

人会不自觉地将注意力集中到眼下最关键的几件事。

比如说"下一顿饭""孩子的学费""下个月的房租"等很现实的问题,

在这种情况下，人们会很自然地忽略掉其实很重要的、需要你去规划的路线与未来。

稀缺除了会让你"短视"之外，还将消磨掉你大量的精力和意志力。

当每个月只挣两千块钱时，人在买每件东西的时候就总会权衡，买还是不买？去哪里买更便宜？下个月的份子钱随还是不随？这东西买完就降价了，我得找他退我钱……

在这种锱铢必较、每件事都需要你去计算与博弈的情况下，人会活得非常累。

人往往很难再有精力去琢磨能产生高附加值的工作与事业，从而难以使生活走入"正循环"。

如果你一个月能挣两万块钱，还没有房贷压力，这些问题就绝对不是问题。

这东西买还是不买？不用琢磨，买。

这东西哪里便宜？爱哪便宜哪便宜，能差多少钱啊，有那工夫不如想想咋挣钱。

这种省下来的大量时间和精力，会被"有心人"和知道"价值规律"的人进一步投入到自己感兴趣的人或者事上，而往往高收益性的工作是需要大量精力去规划和投入的。

凭啥你去赚这么高的附加值呢？

因为人无我有啊！

为啥人无你有呢？

因为某个技术或者某个关系或者某个领域，大牛们投入了上万个小时专注耕耘，普通人则往往是只投入几百个小时，浅尝辄止。

阶层跃迁往往需要很多代，因为这需要有一到两辈人帮助下一代走出"底层稀缺"的陷阱，供养并引导后辈去忽略那些"精力陷阱"和"意志力大坑"，将时间和资源投入到能产生更大附加值的地方。

豪族集团们在常年的互利互惠后会形成默契，当地豪族与地方官间的关系往往会很好。

因为咱们都不是在"稀缺"状态中的人，咱们的"长期关系"不仅属于高附加值的未来投资，现在同样荣辱与共，你的政绩需要我出力，我家再往上跃迁需要你推荐。

咱们得互相捧，而不是互相踩。当然总会有坑爹和败家的后人们，这里咱们就不讨论了，不过是否"和气生财，与人为善"对于判断这个家族前途是上升还是下降还是有着巨大参考价值的。

满招损，谦受益。

郡守在中央能说上话，手里还有每年推荐"孝廉"的名额资格。

到了高级官员选拔时，我们才会发现刘秀真正厉害的地方。

刘秀这位给儒家狂打广告的光武帝，其实和一百多年前的那个武帝一样，用的是"霸王道杂之"的汉家正牌内功。

因为到了高级官员选拔的时候，我们就会发现儒家弟子在刘秀设计的高级官僚体系中其实占不到什么便宜。

态度上极其尊重，利用儒家降低统治成本，内里用法家那套去巩固政权统治。

孝武和光武，这两位方方面面都真像。

在东汉中想要获得六百石以上官职主要有两个途径：

一个是举茂才，一个是举孝廉。

茂才，原叫秀才，为了避刘秀的讳改的名，当时的秀才并不像后来的秀才那么不值钱，属于入门级别的最高官员，每年由三公、光禄卿、刺史等高官推荐，每位高官手中有一定的名额。

这种人才在被推荐之后，一般会被皇帝面试，然后直接被委派到各县为官，皇帝一般要考察你的儒学功底和一些时政对策，没有学问和基层见识肯定是不行的。

随后的修行就在个人了，三公每年都会考核地方治理的状况，然后由县升郡再进入中央朝廷。

孝廉，由郡守级官员推荐，东汉有一百多个郡，孝廉每年的名额相对来说就比较多了，到了和帝时人数设置开始更加科学，凡满二十万人的郡国每年举一人，不满二十万人的两年举一人，不满十万人的三年举一人；边境地区郡国人少，十万人以上则可以岁举一人。

举孝廉的流程大体上是这样的：

郡国每年推荐的孝廉要先由三公考试，考试通过后，孝廉们统一拜为郎官，然后入宫宿卫给皇帝站岗。

这帮郎官不仅担任着保安职能，还会经常被皇帝看到，方便皇帝考察，其中的人才会被派到地方做官或进入尚书台工作，接受进一步考察与培养。

前面我们说过，尚书台的工作需要"明习故事，长于吏职"，你需要知道这活到底是咋干的。

这往往是儒家经典帮不上忙的。

举个例子，太学中学的四书五经那种儒家经典类似于咱们的课本，但真到了治理地方的时候，你需要了解的则是课本中没有的各种法律法规和税收知识。

孝廉们无论是当郎官还是入尚书台，都是需要跟皇帝朝夕相处的，当你进入尚书台去历练时，光会"孔曰成仁，孟曰取义"是不行的。

你必须在帮皇帝草拟的诏令中，知道啥样的内容才能让地方有可行性地去"成仁取义"。

这就考到了大量的法律法规和税收民事知识，光会儒家经典是根本不够用的。

这种政治生态下，地方也是不敢乱推荐人才的。

无论是茂才还是孝廉，都需要饱读诗书去应对学霸领导的随时抽查；而且光会读书是远远不够的，书呆子同样也不会被往上推荐。

基本上得到推荐的都是各地响当当的高水平功曹或其他属吏，所谓"光武承王莽之余，颇以严猛为政，后代因之，遂成风化，郡国所举，类多辩职俗吏"。

光会四书五经不好使了。

到了章帝、和帝时期，更是非常明确地对人才提出了"授试以职"的要求，就是推荐上来的茂才和孝廉必须要在地方上有丰富的工作经验。

孝廉们推荐到了中央就能用；茂才们到了地方就知道一个县咋治理，别给我推荐一堆天天放空炮的！

因为推荐人才有着巨大的连带责任，"有非其人，临计过署，不便习官事，书疏不端正，不如诏书，有司奏罪名，并正举者"，这人要是不行，不仅砸了自己的招牌，还会被上级追责，所以郡守每年在往上推荐孝廉时，往往非常慎重。

两汉大部分官员的综合素质普遍非常高，其原因在于他的高级官员选拔机制。

豪族把控地方没问题，只要交税、不起义，爱咋咋地。

但是你只要想被提拔到六百石以上的高级官员，就必须是"儒、法、武"的全才，至少不能有明显的短板。

所以我们看到班超既能够帮他哥修史，又满西域"先登"，还是与西域诸国博弈的高手，原因在于这位爷当年是跟他哥在明帝眼皮底下混的。

你首先儒家经典上要过硬，因为你进三公府时要考试，在当郎官时会被皇帝时不时地抽过来考察，皇帝要是哪天问你咋去处理地方关系，你蹦出来句"君子喻于义，小人喻于利"，皇帝会对你青眼有加的。

你的身体素质和武艺还要过硬，因为你被推举孝廉后是要去宿卫皇宫的，你要是连载都端不住那直接就让皇帝踢跑了，哪来的窝囊废，趁早给我滚蛋！

你在地方治理上同样要有经验，因为万一真让你去尚书台帮两天忙，你要是没在基层干过，迅速就露馅了。

所以各地郡守推荐的人才往往是儒家经典、身体条件和法律税收的三料人才。

东汉这套高级官员选拔机制给了天下文人一个什么信号呢？

要全面发展，要接地气。

理论结合实际后，这个人往往就不爱扯淡了。

在面对社会问题时往往就会多搞些实际建设工作，少一些王莽式的胡说八道改革。

王莽这货就是西汉皇帝不行后，从小没下过基层的幻想家。

东汉的察举制此时在世界范围内来看都是非常先进的选拔机制。

虽然它没办法像科举制那样雨露均沾，使全体阶层的群众都参与进来，能进来的基本上都是豪族集团，但它基本上保证了人才的"德位相配"。

不过，这套听上去很美好的高级官员晋升机制同样有个非常关键的点：对皇帝的要求非常高。

皇帝要是牛，被推荐上来的人才往往也都是大牛。

在这里强调一点，并非说皇帝要是不牛了，有能耐的人就都上不去了。

更大的原因是皇帝要是不牛，所有的豪族就都没必要玩命逼自己孩子全面发展了。

武帝时期，想出人头地你必须有关系，还得有真本事。

像汉武帝、光武帝这种皇帝在位时，三公高官和地方郡守往往让那推荐名额浪费了也不敢瞎推荐，这两个皇帝的任期都出现了地方汇报实在没给国家找到靠谱人才，很遗憾的情况。

就是因为茂才面试和孝廉宿卫这两个环节躲不过皇帝的考察，皇帝又是人精，是骡子是马不用遛就能看明白。

单纯的关系户根本不敢往上报，报上去对咱俩都不好。

但皇帝要是小孩子了呢？

懂行的要是不在了呢？

面试、笔试环节要是不再可怕了呢？

那就全看关系了。

地方上的豪族想要进一步光耀自家门楣时会咋办呢？

在"武、明、章、和"时代，要做高级官员，往往会先在地方当一个有料的金牌功曹，然后两条路：

1. 要么走地方举孝廉的道路。
2. 要么进一步通过关系和名气成为三公的属吏，然后努力获得茂才的名额。

由于茂才不用走宿卫郎官那些环节就可以直接进入官僚系统，所以这种高级别的公府辟召也被众多公卿子弟和高级豪族大姓视为当官的快车道。

而且抱上了最粗的腿，今后在升迁时也有更好的机遇和保障，因为三公等高官手中是有"监察权"的。

比如和帝刚继位时，窦宪权倾朝野，"宪府贵重，掾属三十人，皆故刺史二千石"。

从窦宪这儿推荐入仕的掾属，有三十个最终做到两千石级别的高官。

窦宪被干掉后，和帝的"永元之隆"算是东汉官场生态的回光返照，自打和帝死后，东汉政坛开始由原来的全体豪族都能推荐人才分一杯羹，渐渐变成了只有最高级别的豪族们互利互惠的舞台。

豪族们也分层了，最顶尖的豪族家中都有人在朝廷做高官，这样一来，他们就拿到了更多的人才推荐名额。

和帝时期开始变成三公级高官的豪族都处在一个非常关键的时间点。

因为和帝之后就没有明白皇帝了。

袁绍背后的汝南袁家牛起来，是因为跟窦宪不对付的司徒袁安。袁家因为这次站队成功，在和帝亲政后占据了有利身位，从此在最高级别的舞台上就再也没下去过。

后面被梁冀整死的太尉李固，他爹李郃在和帝时代入仕，当上了尚书令后官至司徒，李固的太尉府里面出息了四十九个，出品成分为："至于表举荐达，例皆门徒；及所辟召，靡非先旧。或富室财赂，或子婿婚属。"

这堆经他显达的人中，大部分会来自哪个群体呢？

姻亲和老乡。

虽然在东汉皇帝批量性变成大马哈鱼后外戚间接取代了皇帝的位置，成了"人才推荐权"和"官员晋升权"的最大赢家，但外戚家族的人根本不可能填满整个高级官员编制。

大量的高官人事圈往往还是由那少量的最顶尖豪族把持，外戚掌权者进行经济分红。

东汉的高级官员在一代代的官僚系统演化中，因为互为姻亲、互为乡里，渐渐出现了互相提携的聚集效应。

他们往往集中出现在南阳、颖川、汝南等几个少数州郡。

也因此，特殊地区豪族的官僚中央化在东汉后期达到了前所未有的程度，像"家世州郡""世仕州郡""家世二千石""世为二千石""世吏二千石""累世二千石""五世二千石"这种词语充斥着魏晋史书。

门阀政治的雏形在这个时间段也开始慢慢被勾勒了出来。

公元159年，是很特殊的一个年份。

因为东汉最臭名昭著的跋扈外戚梁冀，被忍了十三年的二十七岁的汉桓帝干掉了。

看上去很美好。

但随后，受牵连的公卿、州刺史、二千石官员被诛杀者数十人，被免官的则有三百余人。

整个朝廷为之一空。

每一个高级官员，其实都代表着一个地方豪族的巨大利益。

而这次大规模地诛杀、罢免官员，损害的是少数几个地区的共同利益！

你知道我们家走关系砸出一个高级官员要付出多少真金白银吗？

断人财路，如杀人父母。

而且还是那句话，权力是没有真空地带的。

一方面退场，就会有另一方面进场。

在桓帝眼中，帮他夺回皇权的并非是狼狈为奸的官僚集团，而是可爱的太监。

与此同时，在这次的政治大清洗和后面的权力再分配之外，还有一个环节加入了进来。

十五年前,梁太后对太学进行扩招,取消人数推荐和限制要求,太学人数爆棚到了史无前例的三万人!

而这三万人中,绝大部分也是家距离洛阳较近,且朝里有关系的颍川、南阳、汝南等地的人。

当权力大厦倾覆时太监为打手,当参与权力大饼分配的人变成了太监,尤其当太监的手脚甚至伸到了祖祖辈辈当家自主的地方,巨大的阶级仇恨和乡土愤怒被激发了出来!

皇帝亲的是"小人"!远的是"贤臣"!

东汉第一政治大案随着所有爆破筒的齐聚,即将轰轰烈烈上演。

第二十二战 党锢之祸:皇权角逐巅峰战

六、士族官僚集团和三万太学生

顺帝死后半年，公元145年（正月），两岁的冲帝又驾崩了。

梁太后与兄弟梁冀随后立了七岁的刘缵为帝，这是汉质帝。

质帝是章帝玄孙，渤海孝王刘鸿之子，估计是之前在家听大人说过这位梁冀干的坏事，有一次在群臣朝会时，质帝居然童言无忌地指着梁冀说道"你这个跋扈将军啊"。

孩子能懂啥啊，知道啥叫跋扈啊，但梁冀听后觉得这孩子是个祸患，还是弄死吧，就把质帝毒死了。

毒死质帝后，梁冀又独立专断地立了刘志为帝，这就是"所谓"的"汉亡之始"，汉桓帝。

桓帝继位时十四岁，随后开始了长达十三年的傀儡生涯。

这十三年，也是梁冀"封神"的十三年。

梁冀的园林采土筑山，仿效东西崤山做成十里九池，还在里面开了动物园，饲养各种飞禽走兽。他家的林苑规模和皇家的规制相同，西至弘农，东至荥阳，南通鲁阳，北达黄河，方圆近千里。

梁氏前后共七侯，三皇后，六贵人，两个大将军，夫人和女儿称君者七人，梁家娶公主为妻者三人，梁氏为卿、将、尹、校者五十七人，四方进贡先入梁府；百官升迁，先要去梁冀府上谢恩，然后才敢去尚书台走程序。

大汉这买卖几乎就是他梁家开的了。

公元159年秋（七月），梁后去世，桓帝准备动手。

桓帝在观察了十几年后，单独招呼觉得最靠谱的小黄门史唐衡在厕所讨论灭梁大事，问："左右侍卫中，与梁家不合的有谁？"

唐衡琢磨半天说："中常侍单超、徐璜、黄门令具瑗、左悺和梁家有仇。"

所有"正常人"的人事任命都要经过梁冀之手，只有"不正常的人"才有可能和梁家不对付。

桓帝最终利用五位宦官把梁冀扳倒了。

作为回报，桓帝将单超、徐璜、具瑗、左悺、唐衡这五位太监都封为县侯，单超食邑二万户，徐璜等四人各一万余户。

梁冀的封邑不过三万户，单超已经两万户了。

桓帝对这哥儿五个发自内心的感激，因为自打他上位，恐惧的阴云就没有一天不笼罩在头顶上，上一个皇帝是咋没的，他很清楚；他这个皇帝是咋被人一句话就扶立上位的，他同样很清楚。

桓帝在和五个太监密谋时咬破了单超的手臂歃血盟誓。

刘邦、刘彻、刘秀如果在天有灵估计会哭出来，自己的子孙居然沦落到了要跟太监谋事为盟的地步。

没办法啊！大汉无人可用了啊！就剩下太监了！

这五位太监在砸碎了梁氏的锁链后，得到了整个世界，被当世称为"五侯"，把控了内朝的权力，并开始从亲人那儿过继或者买普通人的孩子当自己的继承人，为将来"传国袭封"做准备。

只要继承人有了，摊子就铺开了，与此同时也要布置自己的人和关系进入官场了。

这帮宦官几乎都是关东人，其子弟也都被安排在了关东各郡县。单超的弟弟单迁、单安和侄子单匡分别任山阳太守、河东太守和济阴太守；左悺的弟弟左敏任陈留太守；具瑗的哥哥具恭任沛国相；徐璜的哥哥徐曾任平原国相，侄子徐宣任下邳令，等等。

而且宦官集团不光是对地方长官伸出了手，他们把地方小官的任命权也握在手中，史书记载："时属县令长率多中官子弟，百姓患之。"

百姓是否受损，其实不一定。

但可以确定的是，祖祖辈辈把控地方的豪族受了大损失。

太监掌权后不久，东郡白马县县令李云第一个站出来弹劾宦官。

桓帝比较愤怒，我让梁冀吓得跟孙子似的时候你哪去了！于是下令逮捕李云，严加拷问。

弘农郡五官掾杜众上书桓帝："让我跟李云一块去死吧。"

杜众也被逮捕。

随后，以太常杨秉（弘农杨氏，父太尉杨震）、大鸿胪陈蕃（汝南豪族，祖父河东太守，老师胡广历任三公）为首的一群官员开始上书请求赦免李云、杜众。

桓帝下诏，杨秉、陈蕃免职滚蛋，起哄的官降两级，挑事的李云和杜众可以死了，指使人都蹦出来了。

不久，兖州刺史第五种（司空第五伦曾孙）派人抓了单超的侄子——济阴郡太守单匡，理由是贪污，证据是五六千钱，随后弹劾奏章传到中央，告发单匡并弹劾单超。

第五种被罢黜，放逐到了朔方郡。

又没过多久，济北国相滕延没请示就诛杀了中常侍侯览在济北国封邑上的数十个下人，还把尸首放在路口示众，理由是侯览的奴仆宾客公开抢劫来往旅客。

结果滕延被召回洛阳，送往廷尉治罪免官。

没不久，灭梁的最大功臣单超死了，桓帝非常讲义气，赐单超东园秘器、玉具做陪葬，令将作大匠（掌管宫室修建之官）给他修坟墓，还发五营骑士送葬。

如此巨大的排场让剩下的四个大太监吃了定心丸，开始比着建宅子、搞经济、安排人，江湖传言："左回天，具独坐，徐卧虎，唐雨堕。"

啥意思呢？

左悺有回天之力，具瑗唯我独尊，徐璜威猛如虎，唐衡势如大雨滂沱。

这文化人要是编排你啊，人家骂你你都听不出来。

随着单超的死，第一回合结束，宦官无悬念大胜，桓帝跟宦官真挚的情谊坚不可摧。

官僚集团进入到了短暂的平静之中。

两年后，官僚集团开始了第二次反攻。

公元162年冬，司空周景和又一次被豪族推上来的弘农"火枪手"太尉杨秉再度上书，发动了对宦官的新一轮攻势："现在各地官吏大多不称职，按照祖宗之法，宦官子弟不许担任官职，但现在宦官子弟遍布各地官府，什么乱七八糟的人都能当官，致使天怒人怨。

"请求陛下命司隶校尉、中二千石官员、城门和五营校尉、北军中候各部门清查自己的部属，把应当斥退和罢黜的人的情况呈报给太尉、司徒、司空三府。"

这次桓帝批准了。

为啥呢？

因为刚刚过去的两年里，出现了各种各样的"天灾示警"。

延熹四年（公元161年）正月，南宫嘉德殿和丙署相继失火；二月壬辰，武库失火。

这接二连三的皇宫失火，导致司徒盛允和太尉黄琼被桓帝免官。

五月，有异星出现；丁卯，光武帝原陵着火。

六月，京兆、扶风、凉州地震；岱山、尤来山崩。

六月二十二日，桓帝大赦天下；司空虞放被免官。

不到半年，三公全部被罢免，这在历史上极其罕见。

桓帝将罪过扔给了三公，认为是大臣无德，弄得灾异遍地，老天爷都生气了。

延熹五年（公元162年）正月，大过年的还是同样配方，南宫丙署失火；安帝恭陵东阙失火；虎贲掖门失火。

正月里的三把火之后，桓帝明显没招了。

五月，洛阳发生地震；然后紧跟着殇帝的康陵失火；中藏府丞掌管的俸禄署失火。

官僚集团不断给桓帝施压，是老天在说您不能再任由宦官胡搞了，您把我们三公全罢免了显然不好使，该降罪还是降罪。

年底，杨秉反攻得到桓帝同意，于是开始上书逐条弹劾、诛杀、罢免了青州刺史羊亮等州牧、郡守高官五十余人。

这段时间的"天灾"很有意思。

除了地震外，基本上都是火灾。

这个火灾的可操作性就太强了，历来皇宫、皇陵防火一般都做得非常好，咋就这么巧呢？

在官僚集团第一波反扑成功后，公元164年（十二月），"五侯"中的唐衡、徐璜二人相继病故。

公元165年（正月），发生日食。

紧跟着又是非常巧，千秋万岁殿失火。

颇有点趁着打雷砸东西的既视感。

公元165年初，在五侯已死三位的重要时间点，官僚集团再次出击，还是太尉杨秉作为大炮，弹劾中常侍侯览的弟弟侯参在益州刺史任期内贪污赃款多达一个亿。

侯参在押解回京过程中"自杀"了。

杨秉随后又上书弹劾说："我查了咱大汉的规章典籍后惊讶地发现，宦官本来就是个看门干杂活的，现在咋都掌握了朝廷大权呢！

"凡是依附宦官的，都做了大官了；凡是违背冒犯宦官的，都回家待着去了。

"侯参已经知法伏法，现在我觉得他哥哥中常侍侯览不该再侍奉陛下左右了。"

面对咄咄逼人的杨秉，桓帝派尚书去质问："三公历来管外面的事，啥时候也没有掺和内朝的规矩，太尉是何居心！"

杨秉压根都没出面，派了一个属吏回答："《春秋左氏传》里面说为君主铲除奸恶要拼尽全力，邓通（文帝梦郎）当年不是东西，相国申屠嘉把邓通抓进相府，要是没有文帝求情差点就把他杀了！汉朝传统，三公，无一事不可过问！"

要是两位武帝听见这话，当时就会说："把杨秉给我绑了抓起来，这货在偷换概念，拿三百年前的事跟我扯淡！如此猖狂的越权还有理了！"

但是，桓帝在听到这话后，召集大臣们商议，发现还不了嘴，最终迫于压力罢免了侯览。

司隶校尉韩縯随后开炮，弹劾左悺和左悺的哥哥南乡侯左称，左悺、左称相继自杀。

随后韩縯弹劾五侯中的最后一位，中常侍具瑗的哥哥沛国相具恭贪赃枉法，具恭被召回廷尉狱治罪，具瑗主动认罪，被贬封为都乡侯。单超及徐璜、唐衡的封爵继承人都被贬为乡侯，子弟得到分封的，全部取消封爵和食邑。

至此，仅仅过了五年多，"五侯"中除了具瑗还活着，剩下的都死了，他们的"子孙"也受到牵连。

豪族官僚集团在"神奇天谴"后大反扑成功。

整个官僚集团在对宦官集团的斗争中展示出了极高的战术素养：

1. 抓住桓帝最担忧的"天谴"做文章。
2. 弹劾时引经据典，占据道德制高点，然后偷换概念。
3. 背地里收集对手的黑材料，发力时有理有据，一击毙命。

"五侯"集团被铲除后不久，桓帝明显感觉到自己的一切都受到控制，越来越被官僚集团牵着走。

桓帝比较喜欢一个叫田圣的采女（宫女的一个级别），打算立她为皇后，这个提议被官僚集团极力反对。

司隶校尉应奉上书说："皇后关系国家兴废，赵飞燕当皇后之后汉家绝嗣，咋能乱立民间之女，您最好看看《关雎》里面咋找媳妇的，远离'五禁'所忌啊！"

太尉陈蕃上书："田圣出身卑微，郎中窦武之女此时为贵人，是良家，最好立她。"

桓帝此时三十了还生不出孩子，但应奉敢理直气壮地提出给另一个生不出孩子的汉成帝戴绿帽子的赵飞燕作为历史借鉴，还劝皇帝多读书，你说这有多猖狂。

窦武是窦融的玄孙，是豪族圈里的自己人；外戚要是变成了贫民，那和那帮太监有什么区别？

都是一群不懂规矩想分我们蛋糕的圈外人！

在强大的、各种引经据典的炮轰下，桓帝最终立窦贵人为皇后，升窦武为城门校尉，封槐里侯。

小黄门张让的弟弟张朔在野王县令的任上被司隶校尉李膺抓到了把柄，逃到了张让家中。

李膺带吏卒闯入张让家逮捕张朔，立即处决。

桓帝召见李膺问："我这儿还没批准，你咋就把人杀了？"

李膺说："从前孔子担任鲁国的大司寇，七天便把少正卯处决了，而我到职已经十天了才把坏人抓到，没想到因为这事还犯法了！请陛下让我再干五天，让我彻底扫平奸佞一党，然后再来领死！"

明明是他越权办事、目无国家法令，却又把孔子搬出来偷换概念，但关键是桓帝又没话去反驳。

从小没咋受过高等教育的桓帝基本上一路都被官僚集团牵着走。

面对这帮文化流氓，你说东，他给你往西，你让抓狗，他给你撵鸡，但是，你往往还没有办法。

因为人家咋说咋有理。

他面对的对手，已经变成了士族集团。

他们有文化，有地盘，有话语权，更关键的是，他们有如蛛网般盘根错节的姻亲和门第关系。

皇帝根本不怕豪族，因为他再豪也豪不过皇帝；但有文化的士族们却可以光明正大地批评皇帝，然后义正词严地扯着淡去达到自己的目的。

人家满世界旅游，管那叫"游学雄辩"，你皇帝出去玩一圈就会有人跟你说这是"玩物丧志"！

人家纳好几个小妾那叫"阴阳和合"，你皇帝养一屋子宫女就是"阴盛阳衰"。

人家目无国法那叫"为了正义"，你皇帝任命俩官员那叫"宠信奸佞"。

而且不仅是人家骂你你都不知咋还嘴的问题，桓帝发现自己对于官僚集团的失控是全方位的。

他已经渐渐地失去了所谓的"民心"。

当皇帝做任何事情都被官僚集团强烈干涉，还被舆论去批评裹挟的时候，其实是政权已经相当危险的信号了。

当皇帝在所有人眼中就是个二傻子；当皇帝说的话别人不再当回事；相反他的大臣们一个个都是君子和斗士，夸一个人几句这个人就会身价倍增，皇权就已经到了最危险的时刻。

宦官即便再贪，再不是东西，他们的依附对象永远是我这个皇帝，他们看到我会尊敬，会跟我哭泣，他们的子弟当了官，最起码知道上我这儿磕头拜谢，知道皇恩浩荡。

但是豪族官员们现在拿着我给的官位，还骂我，还合起伙来摇旗呐喊，占领道德制高点，还自己评上三好学生了！

比如说李膺这位目无法纪、擅自抓宦官的斗士，在读书人看来形象实在是太崇高了，去他家中拜见在读书人口中叫"登龙门"。

哪朝哪代的人敢说拜见臣子是去"登龙门"？

东汉末年的舆论风气已经肆无忌惮到了这个程度。

在当年武、明两帝打造的向学之风的影响下，教授经学是非常崇高的，东汉的很多官僚家庭在经学上甚至还占有学术制高点，上至三公九卿等高级官员，下至二千石俸秩的郡守、王国相，很多官员还日常兼职教授经学。

大风起于青萍之末，官员一边执政，一边私人办学，这其实是一个政权要审慎关注的。

太学扩招后，数以万计的读书人涌入洛阳，很多学生在太学学不到东西，于是就加入到洛阳高官们的门下去学习。

其实也好理解，高官们手上有人才推荐的名额。

大量涌入洛阳的读书人以关东地区的人为绝对主力，主力中的主力又是离着洛阳比较近的颍川、南阳等郡县人。

既因为离着近，也因为老乡楷模们普遍混得比较好。

如此一来，这些士族高官们就以官僚世家、地方名门的号召优势，依仗着各家族之间交织的姻亲、世交、门生故吏的关系结成舆论网络，通过学生首领对学生群体进行遥控，将数以万计的底层学生的摇旗呐喊变成自己强大的舆论力量。

当时以贾彪、郭泰为首的三万多太学生开始在"某些授意"下自我创造意识形态，如"天下模楷，李元礼；不畏强御，陈仲举；天下俊秀，王叔茂"。

"国家荣誉称号"被这种民间学生会组织鼓噪喊出。

过去刘秀编个成语夸人一句能让这人把命豁出去。

现在只要不是士族集团推荐的官员就全都是奸官与佞臣，因为皇帝是大傻子，皇帝只信宦官，无论是皇帝还是宦官，他们看上的人都不是好东西。

只有我们阵营里出品的那才叫"人才"！我们的人那才叫"清流"。

在学生们的口中，还有极其威武的"清流天皇巨星编制"，有"三君""八俊""八顾""八及""八厨"等称号。

"三君"指窦武、刘淑、陈蕃三人，为"一世之所宗"，这是最受尊崇的三个人。

"八俊"以李膺为首的八位"人中俊杰"。

"八顾"指范滂等八位"能以德行引人者"的榜样。

"八及"指刘表等八位"能导人追宗者",即可以引导其他人学习"三君"的人。

"八厨"是学生会资助人,指张邈等八位"能以财救人者"。

通过自创名号、尊称,洛阳学生会初具一个"组织"的形态了。

当"士族圈"的所有门徒互通有无、"同气连枝",当人数大到了一个数量级后,洗脑和控制开始变得更加轻松,领导者会要求门徒做一些"自愿"的、随大流的事情。

比如,你要参与示威游行;你要在集体上书时签名;你要为士族们无偿奔走……

一次又一次这样的行动后,团体里的个体就有了纪律意识,开始对"学生会"产生敬畏,对"学生会"的决定产生无条件服从的意识。

这好几万人随后开始进一步"融合",他们开始读一样的书,谈论同一个人的学问观点,辩论一样的话题,组织起来去同一个山郊游,渐渐产生了巨大的协同组织效应。

当一个有纪律意识和归属感的数万人"学生会"凝聚意志后,他们就会开始自我衍生发展。

他们开始品评公卿,在意见领袖的宣讲和数万人旗帜鲜明的鼓噪下形成强大舆论效应,他们带来了一种新的风气,清议。

被我们称作好的官员,才是好官员;皇宫里出来的决议都是狗屁。

在某些暗示和布置下,"洛阳学生会"开始一次又一次探讨时政。

这帮学生会想起,这些年走宦官门路的官员干涉他们家乡躺着挣钱的事;想起底层豪族开始不安分,走宦官门路,然后抢上层豪族的利益份额,种种祸患全都是皇帝昏庸和宦官当道造成的!

讨论时政会让"洛阳学生会"陷入愤怒,继而丧失个人意识。

所有书生开始变得攻击性极强;变得认为一件事不是对,就是错;变得会草率归因,"造成现在这种局面的是谁谁谁";变得没有人再去思考前因后果,反而认为法不责众,轻易做出过火的行动。

所有人，都会在领袖的指引下，将所有的矛头对准自己这个高贵组织的敌人。

不是你死，就是我活！

整个洛阳的舆论开始越来越不可控，每一个士族的自己人都是英烈模范，每一个走宦官门路的人都是该杀该剐的坏人，在数万读书人的强烈声援下，站在潮头浪尖的士大夫们也做得一次比一次过分！

什么是"法"？

我就是"法"！

走过宦官门路的河南尹张成之子，杀人后不久正好赶上朝廷大赦天下，之前已经多次先斩后奏的李膺再次置国家法度于不顾，不经任何司法程序，私自就把张成之子和张成这个朝廷命官抓来杀了！

你还认识你自己吗？

此时的你，真的还是你标榜的那个通晓圣人之道的儒家弟子吗？

你们到底是想"为世作则"，还是想颠覆政权？

这股风潮，开始越来越像当年那位道德模范（王莽）的"低配露骨版"。

在"天下楷模"李膺大君子黑社会般弄死张成父子后，张成的徒弟牢修上书，控告"膺等养太学游士，交结诸郡生徒，更相驱驰，共为部党，诽讪朝廷，疑乱风俗"。

字字捅在桓帝这几年最疼的伤口上！

已经忍了好几年、吃了太多次哑巴亏的桓帝终于爆发了！

七、图穷匕见

桓帝盛怒,下诏各郡、各封国,逮捕士族党人,布告天下,令天下一致讨贼。

结果公文到太尉、司徒、司空三府那儿就被挡回来了,三公联名拒绝执行。

大家如果还记得,之前我们说过,外朝官是负责执行和监督的。太尉陈蕃将诏书退回,说:"现在要抓的人都是'海内人誉,忧国忠公之臣',就算有罪也应当宽恕,更何况现在没有罪名就要抓人家!"

皇帝的话都不好使了,而且连理由都已经如此肆无忌惮,还"海内人誉",还有罪也得宽恕,这是你一个臣子该说的话吗?

桓帝直接绕过三公,令禁卫军逮捕李膺等猖狂的官员,囚禁在黄门北寺监,令人狠狠拷问。

"硬汉"李膺明显没扛住,同党的供词牵连出了太仆杜密、御史中丞陈翔及太学学生等二百多人。

桓帝下严令抓捕李膺一党,陈蕃再次上书说桓帝你这是昏庸无道,桓帝以陈蕃所荐官员不称职为由将其下诏罢免。

陈蕃被打掉后,桓帝的老丈人、"三君"之一的窦武上阵救场,上书为李膺等人求情,在奏章呈上后,窦武称病辞职,并缴还城门校尉、槐里侯的印信。

李膺等人在琢磨过来后，开始将交代党羽的矛头转向宦官子弟和关系户那儿，将这水搅得越来越浑。

六月庚申，桓帝最终将李膺一党共二百余人遣回乡里，将姓名编写成册，分送太尉、司徒、司空三府，永不录用，随后大赦天下、改年号，表示此事翻篇。

桓帝最终没有选择将事态继续扩大，他仍然希望宦官、士族两方权力达到某种平衡。

无论是天灾示警灭太监，还是士族过火搞党锢，他都是在搞平衡；两边都不弄死，也是因为两边都不可或缺。

但比较遗憾的是，此时他已经是三十六岁的"高寿"了，东汉皇帝近百年来一直维持的大限是三十三岁，他已经严重超纲了。

半年后，十二月丁丑，桓帝在德阳前殿驾崩。

士族集团喜迎新时代，因为太后变成了窦氏，外戚变成了"三君之首"的窦武。

公元168年（正月初三），经过"三君"中窦武和陈藩考察的十二岁的刘宏继位，也就是汉灵帝了。灵帝即位后，升城门校尉窦武为大将军，任命前太尉陈蕃为太傅，和窦武及司徒胡广共同负责尚书台事宜。

注意这个关键转变，外朝的三公已经开始入内朝直接领尚书事了。

士族集团终于将由"内"到"外"的任督二脉打通了。

窦武和陈蕃将"天下闻名"的贤才李膺、杜密、尹勋、刘瑜等人再度全部召入朝中，参与朝廷政事。

窦武这位"三君之首"的外戚大将军把控了尚书台、手握舆论这一利器，东汉走上王莽老路的所有阻碍已经扫清了。

还记得王莽篡位时的地位是啥吗？

外戚，大司马领尚书事，救世主。

此时的窦武呢？

外戚，大将军领尚书事，"三君"之首，麾下三万"键盘侠"。

古往今来，人们谈到"党锢之祸"无不扼腕叹息，但王莽当年上台之前难道不是这份光景吗？

为啥历史不能单独看，因为历史根本就是串在一起怎么也拆不开的超级大电影。

西汉皇族昏庸无道，董贤宵小可恨误国，王莽以外戚身份入尚书台升大司马，孔光等三公大儒们推波助澜拥立王莽……

王莽在祸国之前，难道不也是这帮"君子"口中的黑暗世道的唯一救世主吗？

无论这帮清流君子们是否最终会变成王莽，但对于东汉皇权来讲，"万幸"，东汉比西汉还多出了拱卫皇权的太监。

好讽刺啊好讽刺。

陈蕃、窦武在掌控内外朝后不久决定彻底搞死宦官集团。

陈蕃对窦武说："曹节、王甫等宦官从先帝时期就操纵国家大权，祸乱天下，咱们必须彻底给这帮祸害连锅端了！"

窦武深感赞同，从内到外都是自己人了，宦官是现在唯一能够对我们产生阻碍的，必须趁现在彻底斩草除根！

窦武开始和尚书令尹勋等大将军府内部成员共同制定计策。

八月，日有食之。

天象有变，陈蕃对窦武说："过去萧望之困在一个石显手里，何况今天有数十个石显！我今年已经八十岁了，趁着这把老骨头还没死，我只想彻底弄死这帮混蛋！"

窦武开始和闺女通气，说："按旧日的典章制度，黄门、常侍只是负责看门管账的，现在却掌控权力，简直荒唐！宦官子弟遍布天下，专横暴虐，天下沸腾，现在应该将他们全部诛杀，肃清朝廷！"（天下匈匈，正以此故，宜悉诛废以清朝廷。）

窦太后对他爹的极端想法很意外："自有汉以来，世代都有宦官，把有罪的杀了就可以了，咋能全杀呢？都杀了以后我用谁呢？"

窦武比较坚决，作为妥协，窦太后批准了窦武诛杀中常侍管霸和苏康的请求。

窦武随后又多次劝他闺女下诏诛杀曹节等剩下的宦官，窦太后不批，事情陷入僵局。

陈蕃看窦武那儿没进展，上书窦太后："现在洛阳人心不安，道路喧哗啊！世上传言侯览、曹节、公乘昕、王甫、郑飒等共同扰乱天下。"（今京师嚣嚣、道路喧哗，言侯览、曹节……并乱天下。）

"凡是依附他们的就升官晋爵，违背和抗拒他们的就被中伤陷害，满朝文武现在全是墙头草，如果不诛杀这帮祸根，将来一定会天下大乱！"

还是吓唬人的老一套，窦太后不搭理。

一看窦太后还不搭理，同月，又有人观天象后反映，金星又侵犯房宿上将星，已经深入太微星座了，眼瞅就要救不回来了。

侍中刘瑜对窦太后说："天上有此星象，宫门应当关闭，恐对将相不利，奸人近在咫尺，应该紧急防备！"

急急渴渴的东汉王莽们开始如一百六十年前一样，一遍又一遍地使出上至天文下至万民的强大舆论攻势。

一边打星象牌，窦武和陈蕃一边开始紧锣密鼓地筹备政变的前期布置，任命朱寓为司隶校尉；虞祁为洛阳县令；将黄门令魏彪免官，任命他们的亲信小黄门山冰接替（武奏免黄门令魏彪，以所亲小黄门山冰代之），然后又由山冰出面，弹劾逮捕了前朝宦官派的长乐尚书郑飒并送往监狱拷问。

看到这里，你有什么感觉呢？

不是所有宦官都是祸害吗？

咋那位小黄门山冰就是好人呢？

因为山冰是"三君"窦武所"亲"之人，所以也是君子，哪怕是太监，哪怕功能不健全，也是该名留青史的君子太监。

八十岁的陈蕃此时已经天天十八岁，对窦武说："应该当场诛杀这帮家伙，审什么审！"（此曹子便当收杀，何复考为！）

这就是位列"三君"的"一世之所宗",这种目无国法、党同伐异却口口声声说自己是"清流"的大儒君子,我是真没看出他跟强盗头子有啥区别。

窦武本着做戏做全套的想法,还是命山冰、尹勋、史祝共同审问郑飒。

郑飒在供词中顺利牵连出了曹节、王甫等坏太监。好太监山冰根据郑飒的口供准备立即奏请窦太后准予逮捕曹节等人,奏章写完后递到了此时总控尚书台的窦武办公室。

此时时间来到了九月辛亥日。

这是改变历史的一天。

因为在这本该一锤定音的日子,窦武休假出宫了。

窦武这帮人连着一个月都在劝太后下诛杀令,干掉了管霸和苏康、罢免审问了郑飒,宦官集团早已经风声鹤唳,此时两个集团已经到了你死我活的边缘。

窦武认为大势已定,回家休假的这一天,成了东汉结局转舵的一天。

东汉在这一天后没有如西汉一样被同样的剧本夺走性命,而是开始朝着中国历史上最精彩的剧本一路狂奔!

历史之神他老人家爱看戏啊!

窦武出宫后,长乐五官史朱瑀通过卧底的告密随后盗来了那封致命的奏章,朱瑀看后大骂:"宦官犯罪,自然可以诛杀,我们又有何罪过应当遭到灭族!"

你要是早早跪舔窦武,自然就跟山冰一样现在也跟着审人去了。

朱瑀连夜召集所有"非窦党",有曹节等共十七名宦官,歃血为盟,决定诛杀窦武等人。

曹节向灵帝报告:"窦武要造反,外面情况紧急,请陛下赶快登德阳前殿,拔出佩剑号令禁卫保护宫廷!"

曹节随后安排奶妈赵娆等在灵帝左右保护,随后去尚书台上抢夺了符信,关闭宫门,带兵拿刀威胁值班的尚书台官属,命他们撰写诏书任命王甫为黄门令。

王甫随后持节到北寺监狱逮捕并杀掉了山冰、尹勋，然后将被拷问的郑飒放出。

救回郑飒之后，王甫率卫士回宫劫持了窦太后，夺取了传国玉玺，命中谒者守卫南宫，紧闭宫门，切断通往北宫的复道。

随后被救出狱的郑飒持节率领侍御史、谒者出宫逮捕窦武等人。

窦武看到宫变，迅速逃到步兵校尉军营，跟他的侄儿、步兵校尉窦绍射杀使者，召集会合北军五校尉营将士数千人，进屯都亭，对军士下令说："太监谋反，死战者封侯、重赏！"

八十岁还在青春期的陈蕃听到事变，迅速率领他的部属官员和学生门徒八十余人拔出刀剑勇闯承明门（并拔刃突入承明门），一直闯到尚书台门前大声呼喊道："大将军忠心卫国，黄门反叛，为何反说大将军大逆不道？"

看到这里，你不得不佩服当时读书人的身体素质，几十个人能勇闯皇宫，还能闯进去，还能一直杀到内宫的尚书台门前。

王甫站出来大骂陈蕃："先帝刚刚去世，坟墓尚未完工，他窦武有何功劳，兄弟父子三人同时家富巨万！这不是大逆不道是什么？你个宰辅大臣跟他勾结为党，还跟我在这儿贼喊捉贼！"

左右武士围住陈蕃一行人，陈蕃恶战被俘，当日被打死于狱中。

这时，护匈奴中郎将张奂正好平完羌乱回到洛阳。曹节假传圣旨，升少府周靖为行车骑将军，和张奂一起率领五校尉营中没来得及被窦武控制的屯骑、越骑、长水、射声四营将士前往讨伐窦武。

此时，天已微亮，王甫再亲自率领虎贲武士、羽林军等一千余禁卫军出朱雀掖门布防，跟张奂等会合。

至此，宦官集团在兵力上占据了绝对优势。

日明，双方开战，王甫令士兵向窦武军队大喊："窦武谋反，你们都是大汉的军队，应当保卫皇宫，为什么追随谋反的人攻打皇宫？先投降的人有赏！"

没过多久，窦武部下星散，窦武、窦绍逃走不成，自杀身亡，后被枭首挂于洛阳都亭示众。

随后窦武的亲族、宾客、姻戚全部被搜捕诛杀；窦太后被迁到南宫；三公九卿以下，凡是陈蕃、窦武所推荐的官员、他们的学生门徒以及过去的部属全都免官，终身不得入仕。

曹节等宦官十七人封侯，"于是群小得志，士大夫皆丧气"。

八年之后的公元176年（闰五月），永昌太守曹鸾上书为"党人"鸣冤，要求解除禁锢。

此时已经二十岁的汉灵帝已经明白事了，这位皇帝虽然是昏君，但并不是傻子。

这位昏君每天胡作非为，很自由，深感得来不易，再回首八年前的那场腥风血雨，觉得当时太监们下手的力度太轻了！

灵帝下诏命司隶和益州官府逮捕曹鸾，押到洛阳拷打至死，又下诏各州、郡官府，重新调查党人的学生门徒、旧时部属、父亲、儿子、兄弟，看是否还有漏网之鱼。

此次"党锢之祸"，影响空前。

因为皇帝和宦官恨透了士族官僚集团，而窦武一党的关系又几乎遍布整个朝廷角落，朝堂几乎再度为之一空。

这比当年灭梁冀一党的规模大太多了。

当年只灭跟梁冀有瓜葛的；这次却灭了跟所有士族集团有瓜葛的人。

士族集团党同伐异，纵有千般不对，有一点却是毋庸置疑的。

他们确实是国家的顶梁柱。

没有他们，官僚系统是运转不动的，从庙堂之高，到江湖之远，从三公到功曹，东汉的统治根基，无论承不承认，都是已经进化到同气连枝的士族。

还是那句话，权力是没有真空的。

肯定会有走宦官门路的"浊流"们冲上来，但重新冲上来的这帮"浊流"们却没有士族集团的那百年积淀与治世经验。

更何况百足之虫死而不僵，百年豪族积淀而成的士族在被打成"党人"后开始由东汉的合作者转变为破坏者。

已经垂垂老矣的东汉政权在不断的内耗和吏治崩塌后迅速走向终点。

皇帝太监觉得党人是王莽，党人觉得皇帝太监是妖孽。

东汉名亡于"桓灵"，实亡于"党锢"。

皇帝、太监、士族，似乎每一个都不得已。

其实，东汉皇帝的诅咒性短命和这四百年皇皇大汉演化到最终的权力结构，导致这架国家机器里的每一个人，通通德不配位！

回到开头那句话，大汉已经太老了。

既然有始，就会有终。

十六年后，时间推进到了公元184年。

这一年，天下传出了世界华人都耳熟能详的十六个字：

苍天已死，黄天当立，岁在甲子，天下大吉！

接下来的时代，是中国历史上最精彩的时代之一。

浪花淘尽英雄的三国时代要来了。

传统意义上，三国时代是自黄巾起义开始的。

但从正史角度上，三国其实要从东汉皇权彻底崩塌时才算真正入场。

十六年后，迫于国难压力，灵帝无可奈何地向党人们妥协，允许他们重新入仕，原因是担心党人们和声势浩大的黄巾军掺和到一块。

党人们再次回到了历史的舞台，并在东汉第一导演的惊悚剧本中，在一场权力的核爆下轰轰烈烈地连滚带爬地进入了新的历史阶段。

将党人们再度拉回前台，逼出三国的最初根源，是中国历史上的第一次打着宗教旗号颠覆政权的行为。

张角，该你上场了。

第二十三战

黄巾起义:
大乱四百年的开端

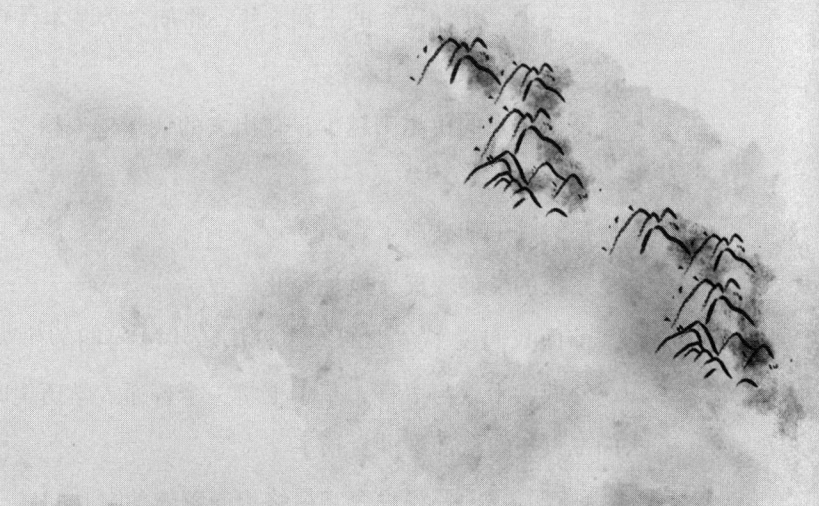

一、光武"度田"与东汉的财政内功

每一个"非禅让"的王朝末年,将崩之势基本体现在哪儿呢?

基本体现在财政上。

能征上来的税越来越少,花出去的钱却越来越多,消耗国力的势力越来越多。

最终,王朝破产了。

东汉的最终覆灭,也是如此。

前面我们说了东汉的军事开国、小冰河期的作为和外交、官僚仕途组织、外戚、士族与宦官,基本上将一个普通人学历史时非常容易一句话略过去的二百年的全部维度囊括了。

现在,我们要说说令它最终走向解体的财政问题了。

之前我们说过刘秀版的"杯酒释兵权",刘秀给了云台将等开国将领们丰厚的物质回报,兑现了他们的原始股份。

一个个星宿回到了自己的地盘,成了当地最粗的大腿,也成为当地最大的"割据"势力。

他们把控了当地的仕途,进而把控了当地的方方面面。

这个把控,其实有别于西汉后期的豪族把控地方。

西汉后期的豪族势力,着重于通过隐匿土地和人口壮大势力。

东汉后期的士族势力,着重于通过把控地方仕途和地方盐铁分红、宗族土地进化为门阀。

总体来讲，最大的区别在于东汉豪族比西汉豪族更有钱，但东汉政府对人口账本更较真，也更严苛。

上一章中，我们详细地阐释了刘秀对皇权不下郡的地方官僚机构的大撒把：

生在中央士族家庭的孩子，你将来就是中央的官。

生在地方豪族家庭的孩子，你将来是地方的官。

生在平民老百姓家，你就干一辈子活吧。

豪族阶级垄断了各种资源渐渐变成了士族，但他们对于国家的影响不止于此。

总体来讲，士族集团对东汉政权来说犹如逍遥派的内功。

士族集团在，则东汉在。

一旦士族集团（内功）被太监集团一刀砍下历史舞台，东汉政权这个肉身也就迅速"功散人亡"了。

成于斯，亦败于斯。

皇帝与士族都没有想到，自己对对方来说有多么重要。

刘秀是个非常有福的皇帝，他不仅走到哪都受到拥护，他在位时，还赶上了中国科技的又一次阶段性大发展。

还是在冶铁上出现的技术革新。

刘秀老家的南阳太守杜诗发明了冶铁用的"水排"。

这个"水排"可以简要理解为利用水利进行冶铁鼓风的工具，它通过利用水力转动鼓风设备向铸铁炉里压送空气。这样的鼓风机劲儿更大，因此炉缸和炉身也能变得更大，能批量冶制的金属也远远比过去用"人力鼓风"和"畜力鼓风"时多得多。

过去"马排"用马一百匹冶铁一百二十斤；改用水排，在同样的时间内，可以冶铁三百六十斤，效率提高了三倍。

一百匹马费半天劲才相当于这个水利机器的三分之一。

这是咱们中国公元1世纪时就在南阳平原开始大批量推广使用的技术了,而欧洲到了14世纪时才大规模推广使用水利设施。

极其重要的核心行业——冶铁业再次出现技术升级,使得铁器的质量和产量开始攀升,与此同时成本大幅下降,由此各行各业开始绵延受惠。

最大的惠及对象就是农业,农具的质量和产量开始再上新台阶,农地被越来越好地精耕细作。

与此同时,黄河百年难见的改道泛滥和农民起义也改变了原有的人口分布,四川、湖北、湖南、江浙一带的人口开始变得密集。

人们不再局限在黄河这条母亲河周边,人们发现长江流域的空地更多,而且这条河的脾气明显好很多。

原有的人口大州压力下降,南方开始了大开荒,耕作技术也开始普及与提升。上一次冶铁技术的大升级使春秋时代转为战国时代,推动了历史的发展,但这次宏观的一切利好变成报到刘秀那的最终报表时却并不好看。

这次听到的都是好消息,那红利呢?

公元39年,刘秀决定对自己打下来的这份家业摸次底,下令"度田",即核实户籍、丈量田地。

天下大乱了几十年,许多户籍土地记录已经损毁,再加上之前的豪族社会一百年,天下的户籍和土地已经完全变了样。他家本身就是南阳豪族,他最清楚他们家是怎样把地都摁下来的,他下令做一次严格的土地和户籍清查工作。

注意,他只是想要心中有数,他没敢实质性地咋地。

但他得到的回答是:"非有数干吗?稀里糊涂挺好!"

一般来说,刚刚开国的时候,皇帝在推政策时都是比较顺畅的。

但东汉开国却成了例外。

刘秀没想到,这项工作竟会遇到如此大的阻力,要么政策推下去就石沉大海,要么报上来的数据根本不能信。

比如,时代发展了好几百年了,为啥许多郡县报上来的土地比秦初统计出的土地还少呢？

而且之前的土地记录中还有好多高产量地，咋到了今天就都是盐碱地呢？那里也没有黄河呀。

不可能越过越回去啊！

地都哪去了呢？

后来，刘秀无意中发现了一个书牍，由此拉开了光武朝唯一一次内部矛盾运动的序幕。

一个陈留郡的小官员的书牍上写着：颍川、弘农的情况可以查，河南、南阳的不能查。

刘秀很好奇，查问那个官员，结果得到的回答是书牍是在街上捡到的。

刘秀作为人精是明显不认可这个回答的，后来的明帝，此时还是东海王的十二岁小朋友刘阳在旁边对刘秀说："这是郡里面的官员给丈量土地的办事员的命令，河南是都城所在地，陛下的近臣都在这儿，南阳是咱老家，同样都是陛下的近亲。

"这两个地方肯定问题大，但这两个地方的人谁也惹不起，所以肯定不能查。"

这哪像个十二岁的孩子，要不人家将来能接住他爹留给他的那么一大摊活呢。

刘秀大怒，连忙派人严查，渐渐发现了"度田"带来的诸多问题。

比如隐瞒不报的，比如把好地说成坏地的，比如说藏匿人口不上报的，土地问题使刘秀处理了十多个高官，比如八世为博士，世授《尚书》的司徒欧阳歙，他就因为以权谋私，测量田亩时作弊被刘秀明正典刑，处死了。

比较有意思的是，此时就已经出现诸生千余人为欧阳歙老师求情的情况了，刘秀铁腕坚决，没有理会，但却没有想到一百年后士族集团会发展成多么汹涌的一股力量。

在刘秀度田的过程中，河南尹张伋及诸郡守等十余人被先后处死。

但是，刘秀干掉的基本上都是京官，在洛阳地区看上去很牛，但到了地方，对这些官员的惩罚却并没有那么顺利。

后世在谈论"光武度田"时有两个论断：

第一种论断是没成功，刘秀怂了。

因为后面史料显示，大量的地方豪族结成联盟，抵抗地方郡守和朝廷下派的官员，甚至组建了当地的武装力量。朝廷的人一来就被这个地方联盟暗杀；郡守派军队来清扫武装力量，又全都变成良民，军队一走，马上再次变成铁板一块。

情况最严重的是青、徐、幽、冀这四州，河北、山东豪族们的反抗力尤其强大。

刘秀渐渐感到，这与当年王莽的那些潜在威胁很像，当年王莽动了自己人的蛋糕，结果被刘秀带着豪族把自己命要了。

公元40年冬（十月），刘秀在推行"度田"政策后一年，派使者下到各个郡国，宣布允许抵抗"度田"作乱的盗贼们互相检举揭发，盗贼中五人共同杀一人的，剩下四人免罪。

州郡县的牧、守、令、长等长官在自己的管理范围内发现盗贼作乱而没有抓捕、本该论罪的，现在都不作失职论处；官吏中所有拖延、回避甚至放纵盗贼的都不予以追究；仅仅以捕获盗贼的多少来作为考核优劣的依据，只给隐瞒、窝藏盗贼的官员定罪。

这个政策出台后，各地迅速安定下来，然后出现了"自是牛马放牧不收，邑门不闭"的太平景象。

有一些解读是光武对地方官僚妥协了，"度田"这事从此黄了，所以各地迅速歌舞升平了。

第二种解读是光武度田成功了，刘秀宣布的抓捕盗贼的命令使得豪族内部开始互相猜疑，地方豪族看到刘秀来真的、下狠手后怂了。

因为《后汉书·郡国志》中记载了东汉自光武帝到质帝时期详细的户口数，比如顺帝时期"至于孝顺，凡郡、国百五，县、邑、道、侯国千一百八十，民户九百六十九万八千六百三十，口四千九百一十五万二百二十"。

户数和人口数非常详细，比较有理由相信，东汉在对土地，尤其是人口方面把控得还是比较严的。

而且对东汉历代的人口、土地资料的记录也比较详细，并没有明显出现断档。

如果东汉的人口土地统计自刘秀开始就大撒把了，后世的政府账本上应该是不会出现人口的继续增长的。

虽然自和帝后土地出现了大规模减少，但随后的几届儿皇帝时期，全国土地亩数却基本上保持不变，梁冀时代甚至出现了人口猛增的现象。

由此基本可以推测，刘秀将"度田"变成了一项每年都要进行的日常工作，并将其纳入到了官僚的考核阶段。

到了明帝时期，由于明帝沿袭了老爹严酷吏治的刚猛套路，甚至出现了官员为了防止自己被扣上不尽职的帽子而在"牛疫、水旱，垦田多减"的灾年仍然按照曾经的账本申报土地亩数的现象。（而吏举度田，欲令多前，至于不种之处，亦通为租。）

刘秀对土地和人口的执着，在于他对豪族看得比较通透。

豪族最可怕的地方在于他们会通过大量藏匿人口形成私人武装。

你豪族可以享受地方上的土地佃租，但你该交的税是要交的；地方上的人口该服的徭役和兵役还是要服，我四个县四个县地封给你们，你们今后不能就完完全全跟我脱离关系了。

那豪族们是怎么被刘秀乖乖按躺下的呢？

刘秀主要用了三个办法：分红有渠道；升官有考核；不服有军队。

1. 分红方面：刘秀从中兴开始，就非常大方地将真正来钱多、来钱快的盐铁专营都下放给各郡县了。（郡国盐官、铁官本属司农，中兴皆属郡县。）

2. 升官方面：度田得到的数据和每年相应上缴的赋税作为地方官和功曹属吏的重要政绩考核项。

3. 强制力方面：各地方郡国太守掌地方军权，太守不是本地人，刘秀在急眼后可以派外地太守对当地进行武力镇压。

刘秀取消了郡国都尉这个地方军职，将军权给了太守，由于当地的实际政权是归属于以功曹为主的地方豪族的，所以地方上的军、政双方之间相对制衡。

对盐铁等真正来钱的渠道，光武选择了闭上双眼，但每年对人口和土地的账本以及该交的赋税敏感异常。

和汉武帝相比，刘秀走了一条相反且看似受累不讨好的路。

武帝在搞了一大堆财政创新后最终在"货币"和"国企"上加大了抽血力度，民不加赋而国用饶，自己各种宏图伟业马上开始安排。

但这实际上也是"天下户口减半"的真正原因。

老百姓们活不下去了，投奔了地方豪族，而你在大搞"国企"和金融后却渐渐开始瞧不上费劲不讨好的农业税，继而哪怕各地土地人口的数量开始萎缩，中央也并不着急。

因为"国企"和"货币"来钱足够多。

西汉后期的大规模豪族化也跟地方的人口、土地账本丢了有巨大关系。

等你再想要土地、人口的时候，各地的豪族都已经变成了能拉出队伍的地头蛇，你根本组织不起如此巨大的力量。

到了刘秀这儿，他似乎活得更傻，因为他并不纠结更来钱的"国企"和"货币"。

这些好挣的钱，他给地方豪族分了，但他对土地和人口的态度异常坚决。

刘秀放弃了对金融工具的追求，而是夯实了封建王朝实体经济的基础。

只要土地和人口始终被国家抓在手里，地方豪族再有钱，朝廷在想平他们的时候，永远能够把人员集中调动起来，以全国敌一隅。

度田之所以能够成功在于三个方面：

1. 国家太平日久，无战乱，不需要保护家宅；

2. 豪族每年分得的利润巨大，来钱比较容易，看不上藏匿人口这种小打小闹；

3. 人口、土地清晰地跟晋升挂钩，外地出身的郡守每年更新土地和人口账本、上缴赋税作为升官的政绩考核；地方功曹如果想举茂才和孝廉，需要在吏治上有成绩，要不面试的时候不好看。

无压力、挣钱多，所以各地豪族藏匿人口和土地的意愿也就并不强烈。

光武帝、明帝两届政府铁腕执政，皇帝总控人才选拔机制，三公依制进行政绩考核，地方郡守和豪族默契配合且有序晋升、分红后，基本可以判断"光武度田"算是比较成功的。

也正因为前期对帝国的土地和人口进行了计算与丈量，明帝才能派出王景，只用一年便安澜了黄河。

没有对土地的详细摸底、了解，没有各地郡县的徭役动员，王景是很难在一年内完成如此浩大、高达百亿的工程的。

通过"度田"和"官员晋升机制"这两条线，东汉的地方势力，逐渐由通过藏匿土地和人口发家的豪族转型成了重视仕途发展和国企分红的士族。

二、遍地妖魔

"度田"制度和官员选拔制度作为东汉的两条统治主线,其实在对皇帝的要求上有着很大区别。

这套"度田"制度对皇帝的要求并不高,它对官僚机构的正常运转要求倒是挺高的。

由于人口、土地是国家唯一指望得上的财政来源,所以国家对这块肉盯得非常紧。

尤其当士族集团开始逐渐站稳脚跟并开始自我运转,他们实际上和东汉政府是一荣俱荣的,那些维护这个政权的钱都要从土地和人口上来出,所以各地每年对与地方人口和土地相关的监督与考核也并没有堕政到哪里去。

由于每年都要报账本,所以每年的变化不能太大,这也客观上导致人口与土地数量不会出现断崖式下跌,已经手握盐铁之利的地方因此并不会做得很过分。

自和帝后,基本上每朝的土地和人口数量都稳定持平,由此也看出"度田"的好处,即便你地方上吃掉了盐铁红利,但你最起码得说得过去,不能让人口、土地的账本越来越薄,所以,盐铁在你手里,你也得好好经营,不能只顾着捞油水。

倒是公元157年,桓帝时,人口居然比十年前多出来了一千万,而那时当政的是著名大混蛋外戚梁冀。

好幽默啊。

我特地查了查,这十几年间,像"秋,七月,郡、国三十二蝗,河水溢,百姓饥穷流冗者数十万户,冀州尤甚""夏,蝗""二月,司隶、冀州饥,人相食"这类的大规模天灾并不少。

这种大环境下,十年是不可能突然蹦出来一千万人的。

唯一可能的解释就是梁冀这位威猛外戚不光忙着给自己捞了,他也没少帮国家捞。

他代言的皇权当政时,清查出了自和帝之后近五十年的隐匿人口。

所以某种意义上这位顶级混蛋上对东汉政权还做出了"中兴"之功,你说士大夫集团书写的史书是不是得辩证地看呢?

与每年"度田"的顺利进行形成对比的是,如果朝廷想动盐铁,地方上就会极其坚决地抵抗。

章帝时期,大汉基本解决了北匈奴带来的边患问题,不过此时的财政困境已经让章帝很难受了。

因为跟游牧民族打仗要用钱,但家底变得只剩下土地、人口税了,王朝财政的弹性严重不足,没有办法的章帝想起了祖宗的国营套路,为了解决战争经费,章帝试图恢复国家盐铁专营制度。

但是,章帝根本推不动这个政策。(而吏多不良,动失其便,以违上意,先帝恨之。)

最终灭掉北匈奴的计划,通过小冰河期的帮助和民族雇佣兵政策奇迹般地完成了,但是章帝一死,窦太后马上将盐铁专营制度废除了。(故遗戒郡国罢盐铁之禁,纵民煮铸,入税县官如故事。)

自和帝开始,东汉陷入了长达八十年的儿皇帝怪圈,在和帝一朝搞定北匈奴后,东汉同时又出现了长达六十多年的羌乱,最终总花费达到了五百六十亿钱。

这已经是天文数字了,这笔军费相当于东汉近十年的财政总收入。

东汉的财政收入每年大概是六十亿钱,因为抄梁冀家拍卖而收了三十亿税,然后史载:"用减天下税租之半。"

这六十年中,即便面对一波波的羌乱,东汉政府也没再动得了盐铁的这块蛋糕。

你打的是"国仗",跟地方有什么关系!

东汉政府只能在"死工资"之外,干了很多卖官、减工资、借田租、卖"国债"这类饮鸩止渴的事。

到了公元163年,最后一次羌乱爆发的时候,桓帝再次给百官降工资(减公卿以下奉),再次从王侯手中借一半的田租(贷王侯半租),再次开口子售卖官职(占卖关内侯、虎贲、羽林、缇骑营士、五大夫钱各有差)。

但是,连续六十年大乱后,东汉还没有破产,桓帝还可以这么干,是因为祖宗时的国家账本拿到现在基本上还能用,这百年来士族集团的吏治并没有大幅度滑坡,所以东汉在打了一针又一针杜冷丁之后,还能站起来把一系列敌人扫平。

公元168年,桓帝驾崩后,最终要两汉命的灵帝继位了。

"桓灵二帝"虽然在历史上是能挂上号的败家组合,但说实在的,桓帝只能算一般昏庸,虽然他好女色,打击骂他卖官用太监的党派,但他也确实是没办法。

他不用太监就不能从梁冀那里抢回权力,他卖官加税弄来的钱大半都用在了国事上,羌族百姓没完没了各种折腾,最终长达六十年的羌患也是在他死后不久就彻底剿平了。

没有桓帝一朝的回光返照,就不会有公元169年段颎终定羌乱,羌乱在段颎高达一百八十余战的屠杀后终于被平定,灵帝上台时,按说天下的形势已经比他的上一任好太多了。

公元168年是东汉的转折点。

因为党锢之祸在这年彻底爆发并被扩大化了。

如果桓帝不死,第一次党锢之祸处理二百多人后,士族集团和皇权会再次归于平衡,东汉这架破车也许还能再坚持个几十年。

但他死后,士族集团在权力角逐战中整体被打倒,宦官子弟和各种关系户们开始下放到地方,东汉政权在财政上赖以生存的"地方吏治"彻底崩塌掉了。

由于士族集团树大根深,很多地方官员也被牵连,免去了公职。

因此,像"度田"这种专业性非常强的工作被大规模地忽略、荒废了。

由于地方士族突然间失去了走上仕途的通道,地方上的一系列生态系统失去了祖祖辈辈的保护人,持续了一个半世纪的"地方良性自治"戛然而止了。

越来越多的阉党变成妖魔鬼怪下放到地方,然后开始了涸泽而渔的横征暴敛。

这就好比在牧民上百年的管理下生生不息的草原,突然被承包给农民,然后几年就被啃秃了。

草原被祸害得失去自我再生能力后将陷入沙化循环,经历数十甚至上百年都无法再恢复。

所有既得利益者的想法永远都是"我死以后,哪管它洪水滔天"!

大汉这个四百年的老先生曾经被龙珠救活一次。

时隔一百五十年后,终于在又一次内部崩溃后,被彻底轰塌了。

宦官集团如癌细胞一般,开始由东汉的中枢器官迅速扩散到身体的每一个角落。

刘老汉终于回天乏力了。

地球的龙珠毕竟只能救活他一次。

每到王朝末年,都会有一个现象出现,就是大规模的贪污腐败。

这个腐败问题,甚至会形成一套明码标价的潜规则。

好的王朝政治是:派你去当什么样的官,然后每年往各个环节去打点多少人,每个环节打点多少钱,都有一定之规。

坏的王朝政治是:我当什么官大概多少钱,我把这官承包后,每年挣多少钱自负盈亏。

不要笑，前者真的是好的王朝了。

因为前者有底线，后者无底线。

比如说，东汉前期，皇帝和大臣经过充分考虑，派你去南阳当官，好地方，有钱有人有粮，你走的时候要去三公府拜别、送礼；每年要定期给三公和相关官员送礼；要定期给宫里太监送礼；要定期给尚书台官员送礼。

少一个环节，你就容易遇到飞来横祸。

好的王朝政治，是三方都体面：

1. 皇帝收大头，然后用到国家建设和皇族开销上。

2. 官僚机构分红一部分，官员都过着体面的生活；高级士大夫不用为钱发愁，天天有工夫忧心国家百姓。

3. 地方官每年都有固定的较高收入，年年有今日，岁岁有今朝，可以把地方治理好。

国家这架大机器在顶层、中层、基层的全部体面下顺利运转起来，抵御天灾和兵祸，让王朝良性延续，让百姓安居乐业。

啥时候看到高级官员拿钱就能买了，这个王朝的官僚结构基本上就已经朽塌了。

因为这预示着，皇帝对国家财政已经彻底失去控制力了。

自打党锢之祸，士族集团被宦官集团彻底打倒后，东汉这架老爷车就彻底完蛋了。

因为，不仅仅是宦官子弟们开始横行天下，更重要的是，钱成了唯一的标准。

士族集团在的时候，所有的官僚体系是错综复杂但又井井有条的。

你家的老家是哪的；你是谁的关系；你才能如何，岁数多大；你是否有资格被当成高级官员培养；你这人是否上道，将来我的后代能否托付给你，让你带他进入官场……

整个官僚体系会对人进行非常综合的评价与排名。总体来讲，由于士族集团有家底，有未来，往往就会比较规矩，不会涸泽而渔。

我们追求的是"四世三公",是"世代两千石",才不是给羊薅秃了的暴发户!

相反,谁要是敢破坏士族集团的规矩,谁就会被整个士族圈子所不容,仕途堪忧,回老家也会受排挤,甚至会被扫出这个圈。

但是到了太监这儿,规矩就变了。

我本身就没有未来,即便属于立功的大牛太监,过继了后裔,往往在地方上也没有关系。

太监们在未来的论资排辈上是没有什么指望的,因此他们不会看重官场上的潜规则,再加上天天在皇帝边上,身边都是阴险毒辣到极致的"刑余之人",所以太监们普遍是"短视"的。

太监们往往是今朝得势今朝捞,只做一锤子买卖,只认钱。

在皇帝很牛或者成年、健全时,太监们往往在官僚系统中兴不起什么风浪。

因为他们本身依附于皇权,皇帝控股后就没他们什么份了,而且外面会有官僚集团制约着他们,比如太监的关系户们总归要被官僚系统监督跟年底考核。

但如果皇帝还小,而且官僚集团还被彻底清盘了,太监们基本上就无法无天了,东汉的官僚系统开始迅速走向不可逆的崩溃。

我的关系户要下界去鱼肉百姓,所有走我门路的官僚每年要跟我定期分红。

因为官僚系统中的所有人都开始在太监的规则下搞承包制。

每个人都开始将暗中的事摊在明面上,堂而皇之、肆无忌惮地做贪官,贪够了地方的,交够了太监的,剩下都是自己的。我不洗劫下一任地方官也会洗劫,有便宜不占白不占……

当国家的监察系统最终由太监拍板时;当这个国家的各个官僚机构再也起不到制衡的作用时,这个政权基本上也就到头了。

公元176年,当永昌太守曹鸾上书为党人鸣冤,要求解除禁锢时,灵帝选择了推波助澜。

曹鸾被处死，与此同时，灵帝下诏再次清查党人，凡是党人门生、故吏、父子、兄弟中任官的一律罢免、禁锢终身并牵连五族。

东汉的末代皇帝选择了继续放飞自我：爷不活了。

此时此刻，放眼望去，神州大地遍地吸血蚂蟥，"破窗效应"使得东汉政权开始迅速崩塌。

公元178年，长大后的灵帝开始眼红太监，然后创造性地在这一年开设了"西邸"，官方公开出售官爵，按照官位高低收钱多少不等：二千石的官卖二千万钱，四百石的官卖四百万钱，哪怕是有德行、有才能当选的官也要出一半钱，或者至少出三分之一的钱。

不仅明码标价，买官方式还进行了"创新"。

很多靠才能当官的人如果家里出不起这钱，可以上任后分期付款，但钱数要加倍。

灵帝不仅卖官收入场费，还定期收会员费，逼着各郡、国向朝廷进贡，帮他收集天下的各种奇珍异宝。

到后来中常侍吕强看不下去了，对灵帝说："普天之下的财富，都归陛下所有，难道有公私之分吗？现在，中尚方广敛各郡的珍宝，中御府堆满天下的丝品，西园里收藏着理应由大司农管理的钱物，骥厩中饲养着本该归太仆管理的马匹，征调越来越多，百姓越来越少，这不是长久之计啊！"

灵帝表示你快哪凉快哪待着去。

公元180年，灵帝下令兴建圭苑、灵昆苑，在后宫中搞商业街，让宫女们行商贩卖，他自己穿上商人的服装，与行商的宫女们一起饮酒作乐，玩角色扮演，遛的狗头上戴着文官的帽子，身上披着绶带。

国之将亡，必有妖孽。

很多末代之君，都是妖孽。

灵帝这个大汉的末代皇帝就是顶级妖孽。

灵帝作为整个大汉政权的最后一个毁灭者，通过对官僚系统的明码标价和玩命压榨使得国家机器几乎停转。

现在，只差压死骆驼的最后那一根稻草了。

公元184年，这根最终导致东汉政权倾覆的稻草压上来了。

这根稻草，史称"黄巾之乱"。

第二十三战　黄巾起义：大乱四百年的开端

三、东汉末年太平道突然裂变的原因

公元183年,天下各地开始流传一句朗朗上口的歌谣:"苍天已死,黄天当立。岁在甲子,天下大吉。"

秉承着东汉自开国时就如此直白的谶语风格,这句话非常好懂。

五行中的相生关系本是"金水木火土",而不是我们常说的"金木水火土"。

苍为木,黄为土。

木完了之后是火,火完了之后是土。

众所周知,当时的大汉是火运。

这句话比较机灵地避开了有争议的字眼,而是说:木德完了,现在土德要立摊子了。

言外之意,你火德该一边待着去了。

这是上半句,下半句更好懂,"岁在甲子,天下大吉",甲子年天下就该大吉、太平了。

此时的公元183年是癸亥年,六十个天干的最后一个。

转年就是甲子年。

这句话连起来,就是土运将在明年大放光芒!

中国历史上,首个宗教性质的反政府武装上场,这个宗教我们很熟悉,是道教。

东汉是个在宗教上综合发展的朝代，在思想发展史上极具里程碑意义，儒学开始了阶段性的反思，后来另外两个贯穿中国两千年的主体思想也全部在东汉登陆生成。

它们就是"儒释道"中的"释"和"道"。

前面我们说过，佛教在公元67年东渡中国，神州大地首次佛光普照。

佛教的出现产生了巨大的借鉴意义：

当一种思想变成宗教，在传播和日常维持上就可以极大地将成本降下来。

如何将一种思想变成宗教呢？

明帝时登陆东汉的佛教告诉世人，宗教需要有创始人、教义理论、信徒组织、信仰仪式和最高智慧。

比如释迦牟尼佛，佛法理论，佛教信徒与佛寺，拜佛诵经坐禅和大彻大悟。

创始人为教徒提供信心与榜样。

教义理论为教徒们提供做人准则和行为规范。

道场组织令教徒们相互认同并形成信仰合力。

信仰仪式帮助教徒们增强正向反馈和世俗地位。

最高智慧是教徒们的终极目标。

其实此时的儒家，也已变成儒教了，只是被包装得比较隐晦。

创始人是"高祖"，现任教主叫作皇帝；教义理论是天命和三纲五常乃至"刘秀发兵补不道"的谶纬学说；信徒组织是官僚集团；信仰仪式是文谏、武战、征税、基建；最高智慧是"修身齐家治国平天下"。

发于本土的道教在"儒"和"释"的连续刺激下开始融会贯通。

教主是老子，阴阳五行是理论，百姓是未来的信徒，练功、画符、念咒是信仰仪式，最高智慧是《易经》和《道德经》。

道家学说，因此也在东汉中晚期完成了巨大蜕变。

它由道家，变成了道教，成为我们华夏本土的自生型宗教。

你可能会问,道家和道教有啥区别呢?

道家是理论,是指导思想。

道教则加上了修炼属性,修了道教你就可以成仙了。

道家最早是春秋战国时期的诸子百家之一,著名道家大宗师老子写出了《道德经》,短短五千言说透了人与天地的关系。

好的思想是禁得起历史的推敲与考验的,道家学说就是这样的,西汉初期的盛世就是在黄老思想的主导下诞生的。

到了东汉,道家学说渐渐发展演变成了以"道"作为最高信仰,奉太上老君(老子)为教主,大量神仙搭建起内部结构,以《道德经》等为修仙经典,追求修炼成为神仙的本土宗教。

具体成仙的方法有服食仙药与外丹,炼气与导引,内丹修炼,积累功德,等等。

在儒、释、道三家相互借鉴发展的过程中,很多内在的核心被互相共通地认可了。

道教教导人成仙最重要的,是积累功德,也就是做好事、做好人。(欲求天仙者,当立一千三百善,欲求地仙者,当立三百善。)

这和佛教的"慈悲"、儒家"仁爱"都是一样的。

道家在逐渐演变成道教的过程中,有一本书扮演着至关重要的角色。

这本书叫作《太平经》,也就是《三国演义》中大名鼎鼎的《太平要术》。

《太平经》,又名《太平清领书》,相传是由神人授予方士于吉(被孙策所杀)的东汉道教太平道典籍,成书于东汉中晚期,共170卷。

《太平经》内容博大,涉及天地、阴阳、五行、十支、灾异、神仙等,堪称道教的百科全书。

这部经以问答形式写成,这和佛经很像。

佛经一般是弟子请法,佛陀回答,这部《太平经》也是如此。

它的内容大致可以分为四个方面:

第一,主要构筑了道教的思想与体系,确定了太上老君的教主地位和各种各样的神仙构成。

第二，是提出了治国的方法，这是全书的主要内容，以阴阳五行学说为理论基础，以"无为而无不为"的黄老学说为治国方针。

书中提出了"天人一体"，人的所作所为是可以影响老天的，皇帝、官员在底下胡来，老天是会降灾的，乱来得病，胡来天灾，胡搞亡国。

而且在这里，道教开始高度提倡儒家的伦理道德，并通过神的权威劝诫警告昏君和贪官，提出了以建立平等社会为目标的太平思想，这也是《太平经》的名称由来。

第三，是劝善思想与报应理论，提出了"承负"的善恶观。

祖宗没完没了地胡来，后辈子孙就会受灾，前人为"承"，后人为"负"；如果前人各种各样的积福，那么后人就各种各样的享福。

在这里我们可以明确感到"儒释道"三种文化的相互融合：

比如行文方式类佛经的"问答体"。

比如《太平经》中对于儒家伦理道德的提倡。

比如佛教讲"三世因果"，道教讲"三代承负"。

佛教的"三世因果"告诉你做好人会影响自己的今生后世，道教的"三代承负"告诉你做好人会泽被子孙。

总之，这部书的大部分内容是劝人向善的好思想。

那它后来咋和张角的黄巾起义扯上关系了呢？

在于它的第四个方面。

第四个方面，教你咋修炼。

总思想是通过修炼将"形"化为"神"，提出了辟谷、食气、服药、养性、返神、针灸、占卜、堪舆等辅助修炼手段。书中还有丰富的中医中药知识，并把符咒当成了治疗疾病的一种重要手段，服符诵咒能够驱邪求福、治病长生。

这第四个方面，其实也是好思想、好工具。

尤其是它有一个重大功效，能治病救人。

东汉末年的最大规模的农民起义，也是由此而来。

顺帝时期，有个名叫宫崇的人，第一次献出了《太平经》，他说这是从他老师于吉处得到的。

但政府高层看到那么多神仙后无法接受，于是并未公开。

不过后来，民间也出现了这部书，并彻底活学活用了书里的思想，当时有两个道教门派靠着这本书获得了巨大的影响力。

一个是张角的太平道，直接就拿书名命名教派了。

另一个，是汉中的五斗米教，名字比较直白，入教要交五斗米，拿会费当教派名称。

这个五斗米教眼下绝对比不上太平道的风风火火，但这个教派成了继孔家后，中国第二个传了好几十代而不断的教派家族。

它还有个名字，天师道。

张天师的事后面再说，他在历史上第一次出场是因为第三代传人张鲁在三国时期的汉中闹过割据，后来汉中张教主被曹操收编后就一心办教了，我们现在来说太平道。

自从公元168年之后，天下就逐渐失去了秩序。

本来大环境就很艰难，小冰河期下的降温和干旱导致粮食产量开始大规模滑坡，各地又在士族集团崩溃后陷入失去保护者的混乱状态。

面对越来越严酷的盘剥，越来越多的底层百姓活不下去了。

此时儒家的"天人感应"已经开始深入人心，东汉晚期的各种天灾中还有没完没了的地震，很多年份还有瘟疫、日食、地震、蝗灾组成的天灾套餐：

公元171年，二月，地震；三月，日有食之。

公元173年，正月，大疫；六月，北海地震；十二月，日有食之。

公元175年，六月，弘农、三辅螟。

公元177年，夏，四月，大旱，七州蝗；冬，十月，日有食之；辛丑，京师地震。

公元178年，二月，日有食之，地震；夏，四月，地震；八月，有星孛于天市，日有食之。

公元179年，春，大疫，京兆地震；四月，日有食之。

公元180年，春，大疫。

公元181年，九月，日有食之。

公元182年，二月，大疫；夏，大旱；秋，七月，有星孛于太微。

公元183年，夏，大旱。

这十多年，在士族保护伞消失后，朝中妖孽纵横，越来越多的底层百姓在被伤害后看到天上地下日月无光、妖气漫漫，内心产生了强烈的感受：刘家皇帝失德，汉家国祚将尽。

这个时候，巨鹿人张角就利用这股突然爆发出来的巨大民怨登上了历史舞台。

张教主创办的"太平道"最开始是东汉最大的民营医院。

这十多年中，有近半数的年头都有"大疫"，张院长这位"大贤良师"，带着两个"大医"张梁和张宝把法术和咒语传授给门徒，这帮毕业的门徒大夫再把张院长念过咒语的咒符做成符水给病人们治病。

治病的过程比较特殊。

病人先要下跪，把自己犯的错误说出来，然后忏悔，之后喝下符水。

在当时来看，这更像是激发自愈力的治病方式。

那些身体更强壮、体内抗体更强大的病人在大疫后自我疗愈成功。这些在张院长的带领下重获新生的人加入到太平道这个大家庭中，开始学习这背后神奇的理论。

从未有过的信仰使得人们的思想有了寄托，越来越多的病人从此变成了太平道的教徒。

党锢之祸后的十多年，是太平道不断膨胀扩大的十多年，因为党锢之祸推倒了一系列多米诺骨牌：

连年的蝗灾和人祸，使得越来越多失去士族保护的底层百姓变成流民。

连年的全国性的大瘟疫,使得太平道这家民营连锁医院的招牌逐渐享誉全国。

连年的地震和日食,让张角改天换地的思想成为越来越多百姓心中的共识。

太平道,让越来越多的底层百姓在活不下去的时候看到了希望。

有这样一个组织,他不仅给你治病,还告诉你道理:是那些朱门酒肉臭的上层人物在祸害这个时代,老天会降灾惩罚他们的。

这个社会可以是一个太平盛世。

我们每一个人,就是这个太平世道的缔造者。

一起推翻这个腐朽的时代吧!

你说老百姓会不会大批量入教呢?

太平道成了整个关东地区流民的接收处,教徒在十年的时间内膨胀达数十万,遍布青、徐、幽、冀、荆、扬、兖、豫八州,甚至有大量信徒卖掉自己的家产去投奔张角。

最早有人发现张角这个民营医院已经有颠覆政权的趋势是在公元181年。

当时任司徒的杨赐给灵帝上书说:"有一个民营医院的院长叫张角,他欺骗百姓,势力逐渐蔓延扩张。现在的规模已经到了如果命州、郡突然进行镇压会逼反这家连锁民营医院的地步了,几十万患者和医护人员会跟咱拼命。现在应该命令刺史、郡守清查这些流民患者,将他们分别护送回本郡,以削弱张角党徒的力量,然后再诛杀那些首领。"(简别流民,各护归本郡,以孤弱其党,然后诛其渠帅,可不劳而定。)

杨赐已经非常清醒地将问题点到"流民"上了。

不过恰在此时,杨赐被免职,他的奏章没来得及发出去,但他的司徒掾刘陶再次上书重提了杨赐的这项建议,并汇报了更可怕的信息:

据四方秘密传言,张角党羽已经偷偷潜入洛阳,开始窥探朝廷的动静了,其各地的党徒也暗自遥相呼应。州郡官员怕如实呈报会受到朝廷的处分，所以都憋着不说，现在已经到了非常危险的时候，请陛下下诏悬重赏捉拿张角一党。

灵帝对这事继续没感觉，认为刘陶工作不繁忙，又给他派了个编书的活把他打发了。

灭秦的是贵族项羽，灭王莽的是我老祖贵族刘秀，千年里所有干成事的全都是贵族阶级，你啥时候听过一个民营医院院长能掀起风浪？

灵帝忽略了最后一次预警。

没错，摘桃的确实是贵族，但他忽略了每次挑事的其实都是流民大潮。

经过多年的蓄力，张教主在癸亥年做好了全部准备，利用他在民众中的绝对威望，将青、徐、幽、冀、荆、扬、兖、豫八州的信众分为了三十六方，大方万余人，小方六七千人，每方设一渠帅，由他统一指挥。

举义之日，定在了光和七年（公元184年）的三月初五。

四、州牧登场

张角的这次农民起义,在爆发阶段的波及范围堪称历朝历代之最。

几乎所有的起义全都是在局部滚雪球从小到大的,唯独黄巾起义,上来就遍及关东,好几十万人同时发难。

但这次起义,却在短短九个月内就被平定了。

原因不少,先来看过程。

张角在造反约定日前进行了如下部署:

1. 派人用白土在各地政府机关门上写上"甲子"二字作为记号。
2. 派亲信马元义到荆州、扬州召集数万人到邺城准备。
3. 数次派人到洛阳勾结宦官封谞、徐奉,准备里应外合。

第一次准备规模这么大的反政府行动,张教主破绽较多:你们就这么不认识衙门口在哪吗?好几万人横跨南北上千里来会合,是否太过嚣张?

总之,最初的计划落空了。

原因在于派往京城负责联络的门徒叛变了。

二月中旬,张角的一名叫作唐周的弟子告密,供出了联络南北的马元义。马元义在河内山阳被逮捕、车裂,随后官兵开始大力捕杀太平道信徒,千余人被杀。朝廷下令冀州方面逮捕匪首张角。

事出突然,张院长决定当即变身张教主,提前一个月发难,连夜通知各方立刻起义。

所有太平道弟子头绑黄巾，张角自称"天公将军"，两个弟弟张宝、张梁分别为"地公将军""人公将军"，轰轰烈烈的黄巾起义爆发了。

张教主振臂一呼，七州二十八郡同时爆破，各地黄巾军势如破竹，州郡失守，洛阳震动。

灵帝召集群臣商议对策。

北地郡太守皇甫嵩对灵帝说："别的都可以缓，现在唯一一刻也不能缓的是陛下要解除'党锢'的禁令！党人在各地仍然有非常庞大的势力，如果他们趁机跟黄巾贼联合起来，各地叛乱就再难扑灭了！"

三月壬子（初七），灵帝大赦天下党人，允许他们再度入仕；已经被流放的党人及其家属都可以重返故乡；各公卿推举众将领子孙及民间能人到公车署接受面试；各地迅速招兵平叛剿贼。

这些政策，使得后来三国时代的大量重要人物出现在了历史舞台上。

曹操、袁绍、董卓、孙坚、刘备……各阶层，或官员，或士族，或豪强（低级别士族和地方人口强宗），或民间的各种势力全部加入到了这场平叛大潮中。

灵帝拜外戚何进为大将军，率左右羽林五营士屯于都亭，镇守京师，并严把函谷关、伊阙、孟津等洛阳盆地关口；征调全国各地的精兵，派遣北军中郎将卢植率北军五校士负责北方战线，与张角主力周旋；左中郎将皇甫嵩、右中郎将朱儁控制五校、三河骑士及刚募来的精兵勇士共四万多人，征讨在颍川地区活动的黄巾军。

准确来讲，黄巾军的势头就利好了两个月。

三月，张曼成攻杀南阳郡守褚贡。

四月，朱儁军被黄巾军战败，皇甫嵩被围城；汝南黄巾军在邵陵打败太守赵谦；广阳黄巾军杀死幽州刺史郭勋及太守刘卫。

从五月开始，汉军就开始战略反扑了。

五月，皇甫嵩火攻黄巾军主力，随后和朱儁、曹操三面夹击，斩杀数万人。

六月，北面的卢植数破张角，杀万人；南阳太守秦颉斩杀黄巾大将张曼成；猛男孙坚先登破十万黄巾军据守的宛城；豫州地区扫清黄巾军。

随后几月，各地平叛均获突破，不久，张角病死。

十月，皇甫嵩斩杀张梁，屠杀三万黄巾军，淹死五万黄巾军，张角被破棺戮尸，首级送回洛阳。

十一月，皇甫嵩与巨鹿太守郭典攻下曲阳，斩杀张宝，俘虏十多万人。

黄巾三巨头全部伏法，黄巾之乱就此平息。

黄巾之乱如此迅速地被扑灭，有汉军将领得力的原因，有农民自身素质局限的原因，有士族和豪强出力的原因。总体来讲，农民起义在此时此刻，仍然上不了历史的大台面。

此次平叛，很多大仗虽然是汉军打的，如皇甫嵩和卢植的朝廷军队是中流砥柱，但仍然不能否认，黄巾起义之所以这么快就被扑灭，和各地方士族豪强出手有很大关系。

黄巾军的主体是流民，张角在起义之前也没有划分过敌人和自己人，各地黄巾军不光攻打官府，还普遍攻打地方的士族与豪强。

本来这应该是和你们合起伙来的自己人，结果还没咋地就都让你们给推走了。

士族与豪强很无奈地在两个混蛋之中，选了向自己投怀送抱的那个黑历史渣男。

没错，对手是三十六方遍及天下的几十万起义军。

听上去很吓人。

但分到每个郡其实不过万把来人嘛！

各地士族和豪强其实才是振臂一呼就能将本土的各种脉络重组起来的群体。

他们知道本地的盐铁之利在哪里，知道本地的粮仓和土地有多少，知道本地的人口与驻军是多少，知道本地的其他士族在哪里。

这个群体才是能在短时间内迅速接管地方的最关键力量。

只有这个群体才能将粮食生产、兵器制造、兵源整编、盐铁军饷等可持续发展工作全抓起来。

而流民军明显没有这个本事。

但是，这并不意味着黄巾起义没有影响历史的进程。

首先，它重开了各地高级士族的仕途之路。

一系列顶级士族在大赦后迅速重新回到朝廷：十八路诸侯的张邈"辟公府，以高第拜骑都尉，迁陈留太守"；曹老板合伙人荀彧"永汉元年，举孝廉，拜守宫令"；顶级文官智囊团的荀攸、华歆，"灵帝崩，何进辅政，征河南郑泰、颍川荀攸及华歆等。攸到，拜黄门侍郎。歆到，为尚书郎"。

与此同时，黄巾起义还推动了各地士族和强宗向豪族的转化。

前面我们说过，东汉政权用了一个半世纪使得地方势力由重藏匿土地和人口的豪族转变为了重仕途和金钱的士族。

党锢之祸后，士族就已经开始有转化回豪族的趋势了。

因为仕途和仕途所带来的稳定地方分红都已经不存在了。

各地的士族已经开始利用祖祖辈辈的积淀和强大的经济实力囤积土地、吸纳人口。

但是，由于士族是突然间失去社会资源和垄断地位的，重新在中央和地方上当权的官员往往又对他们并不友好，所以他们很警惕，时刻防备，这个进程进展得很慢。

黄巾起义使得各地的监管和秩序通通乱套，黄巾军在各地祸害，客观上逼迫各地士族豪强们整军自卫，各地士族以及强宗大族从而开始迅速向豪族化演变。

演变方式基本上是以自家宗族为核心，拓展吸纳老乡，花钱招募或收留流民：曹仁，"后豪杰并起，仁亦阴结少年，得千余人"；曹洪，"洪将家兵千余人，就温募兵，得庐江上甲二千人，东到丹杨复得数千人，与太祖会龙亢"；李典，"有雄气，合宾客数千家在乘氏"；吕虔，"太祖在兖州，闻虔有胆策。以为从事，将家兵守湖陆"；许褚，"聚少年及宗族数千家，共坚壁以御寇"；田畴，"畴得北归，率举宗族他附从数百人"。

这些恢复了豪族性质的地方军阀成了后面主公们极其重要的军事力量来源。

黄巾军的本质，是流民军。

这意味着他们没有稳定的后勤给养做支撑，没有枪没有炮要靠敌人给他们造。

流民军的本质，是越滚越大的一个社会毒瘤。

因为他们没有重新组织各地生产关系的能力。

他们往往走到哪里，抢到哪里，在当地祸害完之后就转向下一个地方；随后被祸害的地方的百姓也变成流民跟着这个队伍走。

流民军在遇到能将它重新带上生产正轨的军事、民政双料大神之前是不会停下脚步的。

但黄巾军又不是普通的流民军。

因为它是有宗教作为信仰支撑的。

"行大顺之道，救世赈民，天下太平"的太平道思想已经在广大中下层百姓心中埋下了种子，后面只要出现了活不下去的情况，各地就会一次次自发搞出"黄巾起义"去实现他们梦想中的天下大同。

它的韧性要远比普通的流民军要强。

还是那句话，因为宗教整合起社会组织的成本非常低。

黄巾军的领导者被灭后没有多久，在灵帝继续保质保量的各种浪催下，全国各地的黄巾起义再度上演。

再来看看这位末代皇帝的最后浪演吧。

公元185年（正月），又一次天下大疫，紧接着，二月，洛阳南宫云台和乐城门发生火灾。

中常侍张让、赵忠向灵帝建议："咱还是得找地方弄钱去啊！我们觉得应该把天下田地每亩再征十钱来修房子。"

灵帝的眼光聚焦到了自己的房地产问题上，丝毫不顾自己摇摇欲坠的统治大厦，又把钱都用在了宫廷建筑。

国家都乱成这个样子了，你还想着盖房子！

为了自己的房子，灵帝又下诏让各州、郡向朝廷进献木材及石料，太监们在验收过程中扒一层皮，各地的刺史、太守更乘机以皇帝的名义给百姓加税吃差价。

后来征税卖官收上来的钱已经不够了，连调动工作都得要钱了。

灵帝发明了一个名目，叫作"助治宫室钱"，不管是刺史还是太守，只要工作调动就得交钱。

此时失望的不仅仅是中下层的百姓，连上层的官员们也开始生气了。

原因不言而喻，朝廷的份子钱要得太频繁了！

已经超出我的贪污能力了！

就算我是臭流氓你也不能总是朝我要钱！

当时一个郡守要交的份子钱在两千万左右，这回最缺德的来了，灵帝疯狂地玩起了调动。

只要一调动，你就得拿钱，全国一通大轮换就等于全国薅一通羊毛，羊毛还没长起来，下一波薅羊毛就又来了。

羊再温顺也容易被薅急眼，更何况很多羊已经被薅秃了，很多地方还是在薅狼毛，地方上的士族和豪强是大灰狼，有那么容易让你下手？

大量官员提出辞职，消极怠工不去上任。

著名清官司马直就因为不愿面对这种丑陋行径辞官不做，但得到的批复是：不批！这官你必须当！

中国历史上又一个罕见的场面出现了：逼着你当官去。

灵帝给他打了个九折，可以少交三百万份子钱。

司马直上任走到孟津，悲愤上书，在陈述了这个末世的各种弊政后服毒自杀。

大汉已无药可救，我先一步下去等你。

公元187年，前泰山郡太守张举自称皇帝，和乌桓部落首领丘力居等联盟洗劫了蓟县，杀死护乌桓校尉公綦稠、右北平郡太守刘政、辽东郡太守阳终等人，部众风起云涌，聚集到十余万。

十月，长沙贼区星自称将军，众万余人。

十二月，匈奴屠各胡部落反叛，不久攻杀并州刺史张懿。

短短两年时间中，各地小叛乱层出不穷，黑山、白波、黄龙、左校、青牛角、五鹿等流民势力于西汉末年的王莽乱象后再次出现，势力大的几万人，小的六七千，著名的如张燕的黑山贼，号称百万之众。

公元188年，太原、河东、汝南各郡黄巾余部蜂起。到了年末时，青、徐等地的黄巾军已经铺天盖地了。

总之，中原的匪患已经成了不可抑制的巨大问题，而且散乱的流民、饥民开始渐渐抱团，成为组织，对抗各地官府，并和各地方豪强争抢资源。

已经平静一个半世纪的关东地区被彻底打散了，绝大多数的人口脱离了政府的"编户齐民"：要么被官府抓了壮丁（形成各地官府军事力量）；要么被吸纳入了士族与豪强自保（形成各地军阀军事力量）；要么加入了各地土匪山贼或者变成了黄巾军的一员（形成各地流民军力量）；要么拖家带口，举家往荆州、扬州躲灾避难（荆、扬迅速膨胀的实力来源）。

天下各地土崩瓦解，这也为后面的群雄逐鹿夯实了土壤。

士族和百姓说完，但黄巾之乱的影响仍然远不限于此。

它催生出了最终为三国奠基的制度基础——州牧。

时间来到历史中极其重要的公元188年。

在这年三月，灵帝接受太常刘焉的建议，将部分刺史改为州牧，由宗室或重臣担任，将一个州的军、政、财三项大权集于一人手中，以便加强地方沟通，杜绝推诿扯皮，有效剿灭各州黄巾余孽。

皇帝自此只需问责每个州的州牧，州里面的事再也别来烦我了！让你们剿个匪，你给我各种部门推诿，各种洪水民患的推托，各种资源争抢！没有想着怎么剿灭流民军，都只是往别的郡上赶！今后都找州牧吧！我就听汇报、收调动费就可以了。

可问题来了，你要是再也调不动了呢？

黄巾军、流民军的一系列起义，终于使灵帝亲手批准了地方割据。

刺史，这个武帝时期最初负责监察地方的官员，终于随着军、政、财的三权批发变成了一个个土皇帝——州牧，东汉末年回到了战国时代。

每个人都是带着历史任务来的，灵帝也不例外。

他的历史任务就是将东汉的最后一口气折腾干净，并把东汉拆分打包送人。

任务完成了，他也该走人了。

公元189年，灵帝在祖传的三十三岁大坎儿上"高龄"驾崩，东汉随之也走到了最后关头。

从名义上来讲，后面大汉仍有三十一年国祚。

但从实际意义上来说，公元189年，是大汉还算有点尊严的最后一年。

灵帝一死，这国马上就亡了。

名义上，还叫汉。

根子里早却就变成一个个主公之间的打打杀杀了。

造成东汉政府迅速崩盘的，有三个关键人物：

一个叫何进。

一个叫袁绍。

一个叫董卓。

这三个关键人物中，有一个是总导演，是他一手导演了这场汉末崩塌的末日大剧。

烽火连天，群雄逐鹿——中国最璀璨的剧本，谁也没有想到，这么快就要来了。

第二十四战

汉末崩塌：
顶级谋篇布局下的"为他人作嫁衣裳"

一、羌族登场

东汉末年的一系列大事，戏剧性非常强。

总体上，用一句话可以概括：为他人作嫁衣裳。

开篇有三句话，分别送给三个人。

有句话叫"人算不如天算"，这句话，送给袁绍先生。

在这里，我们要提前给袁绍辟个谣，拜《三国演义》所赐，这位爷被描写成了一个优柔寡断、成事不足、败事有余的漂亮草包。

实际上，人家根本不是山炮！

袁绍在三国这帮主公中可以位列前三，要不是碰到了三国最强、天生英才、引领时代的曹操，他老袁家在汉末能整出什么样的局面还真不好说。

他这辈子都是个做局的顶级高手，登台之初就做了个超大的局，而且这个局差点成功了，但谁也没想到，中间出的那一点点纰漏居然会如此致命。

当所谋过于逆天，布局过于宏达，无论个体的实力有多么强悍，成败终归要在天的。

人算不如天算，很多东西都有定数，强求不得反而会造下无边罪业！

没错，说的就是袁绍。

有句话叫"坏秩序也比没秩序强"。

这句话，送给古往今来的嘴炮历史评论家。

一代代的仁人志士在读史时，往往对外戚和宦官的祸国乱民痛心疾首，欲除之而后快，但今天的故事告诉我们，所谓的祸害一旦被迅速根除，迎接你的将是天崩地裂的秩序倒塌。

李鸿章有句名言，说他是大清这破屋子的裱糊匠。

一句话就看出道行来了，这是活到极致的大明白。

老中堂打太平军、搞洋务、忙外交，一辈子没闲着，但人家对自己的定位就是个修窗户的。

日拱一卒，一步步推着走，能走到哪算哪。

眼瞅就要死了，再下猛药非诈了尸不可。

原有秩序再差，那也叫个秩序。

还有一句话，叫"国之将亡，必有妖孽"。

这句话送给即将走人的汉灵帝。

这位爷是个彻头彻尾的亡国之君，昏君的所有特征与爱好这位爷一点没落下。

东汉的亡，一半算在党锢之祸上，一半要算在他的头上。

王朝末年往往乾坤既倒，大厦将倾；亡国之君往往有各种悲壮，但这位爷的死让人总觉得"该！总算死了！"

在他的胡作非为下，老天召唤出了一个更大的妖孽为祸世间，没有这个顶级大魔王，三国时代不会这么快开启，黎民百姓不会遭遇这么大的灾难，天在不会生灵涂炭。

他的所作所为，绝对不是人能干出来的。

这个妖孽，就是大名鼎鼎的董卓。

董卓这个西北军阀之所以能够赶上汉末这趟乱哄哄的末班车，并最终将司机踢一边去了，除了袁绍导演一手为他扫除了所有障碍外，还有一个最初的原因，就是羌人又叛乱了。

羌族这个民族，憋了整个东汉，终于在今天上场了，他们终于要开始影响中国历史了。

这份影响，并非如匈奴那样，大汉树欲静但他们风不止，人家羌族百姓其实非常心酸无奈。

"弱国无外交"永远是句真理。

当暴行成本特别低、收益相当高，还没啥远期追责机制时，甭管是啥信仰开道，普遍还是禽兽居多。

羌族在整个两汉时期都是让大汉朝廷踩在脚下来回蹂躏的，但最后在历史中留下的记录却是"西戎作逆"。而且后世读书人提起"煌煌炎汉"时，还总咬牙瞪眼地叹息：羌人这帮野蛮人。

羌族的祖先是活跃在华夏中央的，最早出现在现代的山西、陕西甚至河南等地，但后来被商人打败而西迁。后来，秦国强人秦穆公又将羌人再次往西赶，这个民族最终大部定居在了青藏高原上，个别部落则分布在如今的甘肃、云南和四川等地。

总体来说，就是在中国整个西南、西北沿线上。

随着时代的发展，到了西汉时，这个民族又一次出现在中原统治者的视野里。

因为它的规模变大了。

到了东汉时，已经存在着近百个规模大小不等的羌人部落了，根据公元94年"内附"时的统计，有的大部落（大牂夷）的人口已经超过五十万了。

顺帝时期（公元125—144年），反叛羌人中能打仗的人手合起来已经突破二十万了。

总体估算，羌族人口上百万总是有的。

同是少数民族，那边匈奴那么大的地盘，全盛时期整个部族也不过号称百万，羌族在条件那么艰苦的青海高原上是咋养出来这么多人的呢？

别因为"羌"这个字是从"羊"脱胎出来就判断羌族是游牧民族，早在公元前1世纪，将军赵充国就已经提到过在临羌（青海）一带发现了大量的"羌虏故田"。

人家羌族人是会种地的。

到了东汉晚期，羌族的游牧性质已经大减，民族特性已经变成了半农半牧，大多数的羌人部落掌握了耕作技术，开始了半耕半牧的定居生活。

之前我们说过，农耕对游牧的最大优势就是总能量产出上的巨大碾压，单靠游牧，那么小的地方养不了如此庞大的人口。

对于中原王朝来讲，你只要定居，一切就都好办，匈奴之所以成为两汉的心腹之患，除了爆表的战斗力外，最大的因素就是人家居无定所，跑起来还飞快，你找不着他。

打起仗来，每多走一百公里，战争成本就将呈几何级速度增长，只要你找不着我，只要你凑不齐足够的马队，只要你训练不出大量的骑兵，你拿我就没辙。

而一旦你选择了定居，那么这巨大的战争成本就减下来了。

中原民族的人口优势将凸显出来。

你那点人和我几千万一比就太可怜了。

这是羌族虽然人数比匈奴多得多，但却一直没怎么闹起来的一个原因。

另一个原因，是各羌族部落之间，心不齐。

和匈奴不一样，羌人从未结合成一个统一的部落联盟，自己内部就因为抢地抢牲口而内斗不休。

这也正常，因为部落形式的统一往往需要出一个不世出的天才才能完成。

比如冒顿统一匈奴，铁木真统一蒙古，努尔哈赤统一女真。

只有这种天才，才能有机会将一个所谓的"民族各部落"团结成一个"民族共同体"。

外界管人家叫"羌"，是根据习性和地理位置而对这近百个部落进行的统称。

人家内部其实不知道自己是一个民族，人家内部并没有整出来什么左贤王、右贤王、龙城大会这种民族认同与架构。

能统一羌族的天才始终不出世，这也就客观减轻了中原政权在面对羌族各部落时的压力。

不光如此，中原政权对羌人还恨人不死地总玩挑拨离间。

今天挑唆甲抽乙，明天带着乙去烧丙的房，然后再赖到甲身上。

论阴险，不对，论博弈，中原政权是有着悠久历史与天赋的。

日子就这么一天天过着，直到武帝时代。

之前我们说过，武帝之所以要打通河西走廊，除了要断匈奴右臂，斩断其与西域的联系之外，还有一个重要原因，是武帝要隔断匈奴和羌族间的勾勾搭搭。

武帝比较担心羌族这个还算省心的孩子被不良少年匈奴带坏了。

羌族在武帝一朝也没少挨收拾，不过"全世界"在当时都挨刘猛男的欺负，你还算一般啦，所以这段故事我基本上没咋写，在武帝版块大家也就没看着。

不过武帝当年没有料到的是，羌这个看似省心的孩子，最终会以另一种方式"毁灭"他的王朝。

这个方式，就是内附。

内附这词比较好听，其实说白了就是投降，跟你大汉说，我服从你领导了，我给你戍边，你让我进你的边郡生活吧。

羌人内附，对汉来讲，最开始似乎只有好处，就像后来刘秀对南匈奴的态度一样，给你块地，然后以夷制夷，那边再有抢劫的你们跟他们打去吧，大幅减轻了边患压力。

更美好的是，相比匈奴与西域需要大汉给大量岁币赏赐不同，羌族什么都不用给，甚至连技术帮助都不用。你只要让给他们块地，他们就帮你守边疆，还不给你惹事。

这种低成本的异族军屯边防军让大汉在羌族内附问题上开了口子。

最早在西汉景帝时期，羌族部落的酋长就第一次提出了允许他们守卫陇西边塞的请求。

这个请求最终得到了批准，这个部落最终被安置在了陇西郡的五个县。

但后来，羌人内附的趋势刹不住车了，王莽祸害中原时，趁着边境无人管理，羌人开始大规模地迁到西北边境诸郡了。

土地肯定是越往内地越肥沃，谁不盼着自家地段越来越好啊！

公元34年，到东汉了，刘秀从隗嚣手中接收陇地时发现，这一地区已经存在着大量的汉羌杂居的情况了。

隗嚣作为枭雄在陇地长期盘踞的时候，妥善处理好了汉羌共处问题，人家两族百姓凝结的友谊长青了十几年，结果他一被灭，羌人没多久就反了。

公元35年，猛男来歙和西北元老马援镇压了陇西的羌族叛乱，并继续将叛乱部落安置在天水郡和陇西郡，但有少量的羌人被安置在了扶风地区。

对于汉王朝来说这是个并不乐观的信号，因为羌人已经进入关中了。

王莽、赤眉、延岑相继祸害关中后，三辅沃野千里，却出现了巨大的人口亏空，而人家羌人在陇西高原，根本没掺和到这乱哄哄的局势之中，因此人口不减。

此消彼长，你刘家的龙兴之地没有那么多人口保证绝对优势了。

到了公元94年，蜀郡边界的大牂夷种羌首领率领同部族五十多万人归附朝廷，和帝任命造头为邑君长，赐给印绶。

公元107年，蜀郡边界外的羌人龙桥等六个部族共一万七千二百八十人归附东汉。

公元108年，蜀郡边界外的羌人薄申等八个部族共三万六千九百人又归附东汉。

羌人的不断内附，透露出两个信号：

一个信号，是在小冰河期的影响下，塞外边陲的生存条件在恶化，越来越多的部落选择了走下高原去端汉人的饭碗。

另一个信号，就是羌人的人数已经超过固有生存地盘的承载能力了。

对越来越往关中靠拢的羌族人，东汉设立了两个专门的都尉府（一在京兆，一在扶风）进行管理。

其实羌人内附，如果处理好的话，是有好处的。

因为只要他们走进关中平原，进入农耕区，那他们脱牧入农就是必然的，几代之后，羌族的尚武与骁勇就将不复存在。

到时候，你就不再是威胁而是当地的人口红利。

东汉的算盘打得响，但却忽略了两点：

第一，你不能歧视人家，你得开放包容，让人融入进来。

第二，儒家文化必须渗透进去，换句话说，你要从生活、习惯、习俗等诸多方面影响羌族。

这两点，东汉全没做到。

东汉对人家羌族很不厚道。

汉朝的边防官员以及行政官员不拿人家羌族百姓当人，各种欺压、贪污、扰民，极大地激起了羌族人的仇恨。

人家羌人其实并非狼子野心，前文中我们提到的规模极大的五十多万羌人内附就并没有给东汉造成多大麻烦。

因为内附的地方是蜀郡，四川当地对于羌人的骚扰和歧视并不严重。

所以整个东汉末年，蜀地的羌乱一直并不严重。

真正出问题的是那个天下金角。

大汉这买卖，起于东南，亡于西北。

光武中兴，兴于幽冀，衰于乾凉。

造成这一切的时代底色，正是关东士族集团对西北地区的长期蔑视与践踏。

二、羌乱根源之谜

公元101年，班超落叶归根。

接替班超的是邓皇后父亲邓训的门下弟子任尚。

任尚问班超："君侯在西域三十余年，临行前给小辈一个建议吧。"

班超说："咱们的手下全都不是孝子贤孙，好人是不会来这儿的，这些人全都是因罪给发配到这儿的；你打交道的这帮蛮夷则跟野生动物一样，养不熟、爱咬人。你性子严格疾恶如仇，这是我比较担心的，水清就养不出大鱼，管严了就得不到底下人的拥戴，建议少立规矩，宽小过，只要不过底线就千万别太较真。"

这位七十岁的将魂说出来的"西域真经"，任尚应该执着地天天揣怀里昼夜思索。

但班超走后，任尚对左右讥笑蔑之曰"平平耳"。

没几年，西域大乱。

任尚这个纸上谈兵、大言不惭的人推倒了羌乱的第一块多米诺骨牌。

公元102年，隃麋国相（关中扶风地区）曹凤上书说："自从本朝挂牌开张以来，西羌人每次犯法作乱，基本上都是烧当羌这个部落发起的。

"主要是由于烧当部所占据的大、小榆谷（今青海省贵德县东河曲一带）土地肥沃还享有西海（青海湖）的渔、盐之利，有黄河做其屏障。

"这帮蛮夷离中央远，所以他们能够强大起来，称雄于其他部落，然后凭借地利招揽、引诱羌、胡的其他部落跟咱天朝作对！

"如今烧当部被咱打跑，仓皇逃亡，我认为应当乘这个时机重建王莽时代的西海郡，控制大、小榆谷，广设屯田，减轻由内地往边塞运粮的负担，堵死羌人恶心人的老窝。"

和帝批准，下令恢复原西海郡的统治建设，命金城西部都尉府迁往该地戍守，扩大垦田面积，在黄河西岸屯兵，共计三十四部。

东汉的上半页，实际上也有大大小小的羌乱，但有能耐挑头的烧当羌在公元1世纪被东汉基本削平，大部分羌人也在越来越残酷的自然环境下开始走内附的道路，归降的羌人诸部分散于陇西各郡，眼瞅这个异族就要被逐渐融合。

但是，羌人们放下武器后才发现，自己当初应该选择有尊严地和汉人死磕到底。

变成了顺民，被剥夺武装安插到各郡的羌人们成了当地的底层百姓。

种最烂的地，干最苦的徭役，承担着几乎所有的兵役。

无论是汉官还是豪强，全都没拿羌人当人看。

羌族人的悲愤日益深重。

此次曹凤上书建议建设西海郡，从战略层面英明正确，这块地区确实一定要占领。

但在真正实施的过程当中，变了味道。

这次重建西海郡成为压在内附羌人们身上的大山，这些建设的徭役和屯兵的指标，大部分落在了各地羌人头上。

那些年，无论是凉州的官员们还是凉州的豪族们，都因为羌奴的存在过得非常悠哉。

但这是羌乱的第二块多米诺骨牌。

公元107年，随着第一块多米诺骨牌被推倒，西域乱象越来越严重，东汉政府只能不断地加大在西域的投入。

本着就近原则，援兵和给养要从凉州出。

凉州政府又照惯例派遣骑都尉王弘发金城、陇西、汉阳各地羌兵数千骑远征西域。

注意，此时连罪犯军咱汉人都不出了。

第三块多米诺骨牌被推倒。

汉军将领仍然认为，这次会如从前一样，踩着羌人的脑袋拿鞭子抽着就送他们当炮灰去了，但此次却和从前不同。

所征的羌人们手中有了兵器，人家有能力去思考这些年的血海深仇了。

羌人们不愿死于异乡，到酒泉的时候已有不少人做了逃兵。

消息传来，西域诸郡一如既往地粗暴对待，各郡派郡兵阻拦羌兵，更有甚者将羌人的家园烧为灰烬，残暴侮辱羌人的妻女。

陇西诸羌，当煎、滇零、钟羌等部落愤而反抗。

我们内附后，不期待朝廷能给我们正式户口和厚待，但朝廷却连最基本的活路都不给我们。

仗由我们打，赏由你们领；徭役我们出，给我们的土地却最贫瘠；我们的族群越来越虚弱，但我们头上的压迫却越来越沉重！

你们汉人想一步步灭绝我们这个民族！

羌人们普遍没有文化，没人能整出个羌人版的《兵车行》和《无向辽东浪死歌》；没人能喊出"生女犹得嫁比邻，生男埋没随百草"和"忽闻官军至，提刀向前荡，譬如辽东死，斩头何所伤"之类的口号，但仍然耽误不了羌族各部相继揭竿而起。

压抑了多年的陇西羌族高压锅终于爆炸了，即便大部分羌人此时附汉已久，并无铁器，但羌人们以竹、木替戈、矛；拿木板桌案当作盾牌开始了反汉暴动，并一举断了陇道。

事出突然，这些年的仗都是羌奴廉价兵打的，凉州汉人养尊处优日久，面对暴乱，陇西各郡县官府不能压制。

自此，轰轰烈烈的六十年羌乱拉开序幕。

公元107年，诸羌起义，到了公元108年底的时候，东汉的官军已经被人打死一万多了。

最可怕的是，实力最大的滇零羌部开始自称"天子"于北地，并召集武都、参狼、上郡、西河诸杂种羌，众遂大盛，东犯赵、魏，南犯益州，杀汉中太守董炳，遂寇抄三辅，断陇道。

公元108年，东汉关东军战无不败，但万幸于西域驻军的梁慬受诏回屯金城，引兵击羌，转战武功、美阳，连破乱兵，羌势稍减。

这个时候，由于兵乱，连位于陇西富庶肥沃地段的湟中诸县都已经达到了一石小米要万钱的地步，凉州变成人间炼狱，在此次羌族暴动中，陇西汉人被杀者不可胜数，当地政府已经不能控制局面。

仗打到公元110年，主政的外戚邓骘已经打算放弃凉州，大多数官员纷纷鼓掌赞同。

明面上的原因是财政与后勤给养困难：那地方消耗太大，还不太平，养不起。

其实深层的原因是汉朝的"回避法"以及凉州派朝中没人。

关于回避法前面我们介绍过，为了避免本地利益集团做大，官员不能被指派到自己的老家去任职。

这其实没什么，但是关东士族集团为了防范关西豪族，在凉州乃至整个关西地区（函谷关以西）的官员任职指派上面犯下了巨大的失误。

效果确实非常好，关西豪族确实被防死了，但关东士族集团也逼出了一个更可怕的魔鬼。

因为西北豪族尚武，所以关东派一直对这个群体异常防范。（烈士武臣，多出凉州，西北豪勇，实过诸州。）

整个关西推荐上来的"茂才"和"孝廉"因此基本上都没有回到关西任职，而是被调到东北去做边官抵御鲜卑，或者在关东找个地安排了。在关西当官的全是关东士族。

关东士族以此来压制西北豪族，目的是防止他们结党成派，并获得了良好效果。

比如东汉的凉州有敦煌、酒泉、张掖、武威、金城、陇西、汉阳、武都、安定、北地十个郡，这十个郡的"孝廉"和"茂才"在分配工作时基本上不会被放回函谷关以西，而是被分散到了关东各地。

但关东士族们分配工作时，却可以把南阳的人放到颍川，把颍川的关系户放在汝南。

名义上确实都回避了，但在最终效果上却变成了，关东各地官员由于老家离着不远，关系上有渊源，渐渐通婚、互收学徒，结成士族集团；而关西的代表被推荐上来后就被扔到了关东的汪洋大海中。

到了和帝时期，关东士族规模初现，促使朝廷出台了一个"更科学"的政策：满二十万人的郡国每年举一人，不满二十万人的两年举一人，不满十万人的三年举一人；边境地区郡国人少，十万人以上则可以岁举一人。

这其实是关东士族对关西豪族做出的官场限制。

关西本来人口就少，但自此同样是郡国，关东的郡因为人口多所以比关西的"茂才"和"孝廉"指标多。

再加上关东的郡县数量占了全国的70%，所以对关西地区来说，每年关东地区推荐上来的储备官员在数量上都是碾压级别的多。

最终，在东汉的帝国官场演化上，关东由于在官员数量和州郡密集程度上的优势，渐渐演化出了士族集团，关西仍然是各地孤岛的豪族社会。

这用在防范西北"金气悍猛"上确实是制度上的妙招，但在羌人内附的大背景下，其实变成了一味制度上的毒药。

隗嚣在陇西时，跟上百个羌人部落关系处得非常棒；马援在初期扫平叛乱后入驻陇西六年，当地歌舞升平。

但只要换了关东的官员主政凉州，凉州的大小叛乱就层出不穷。

很多民族性的问题，非本地人往往是无法体察到其中的病症关键的；

非本地人也根本不会在乎当地人的长久利益。

再回到上一章中我们说到的东汉地方良性的官场生态。

基层功曹自治，地方官吏和谐。

还记得原因是啥吗？

因为老家离得不远，因为有姻亲和门徒关系，咱们都是一个圈子的，所以你好我好大家好，咱们是能长期博弈的群体，所以大家能耐下性子来享受长期投资、互惠互利赢得的红利。

但到了凉州，官场生态就变了。

首先，我这个郡守长官往往看不上你们地方豪族，你们落后，你们人少，你们在朝中没有话语权，你们连推荐高级官员的名额都少得可怜，我跟你们不仅没有长期的利益合作关系，而且我这个关东的士族来你们这儿当官完全就是耽误了自己经营关系的事业上升期。

其次，关东考核内容往往是经营指标，关西，尤其是凉州考核的内容往往是稳定指标，所以关西长官们手上的兵权重，这也进一步削弱了关西功曹们的权重。

当关东士族作为凉州长官发自内心地看不起所治地区，不耐烦，缺乏长远预期，权力还非常大的时候，对凉州本土的粗暴型治理就不可避免了。

在这个治理模式下，应该是关东长官和凉州豪族间的关系开始日益尖锐，但是羌人的内附却成了两者之间的缓冲。

长官们下达各种粗暴型政治指令，地方豪族们拿羌族人民当出气筒。

实际上此次声势浩大的羌乱，根源在于在防范西北豪族做大的前提下，大量的外地人主政西北官场，导致整个关西地区终东汉一朝也没有打造出"正循环"，即地方官与地方的互惠模式。

羌人最终变成了关西、关东博弈下的惨痛买单者。

在这次凉州留弃大会上，代理皇帝邓骘说："凉州该扔了，这就好比衣服破了，要是拿另一件衣服去补，那两件就都完蛋了，现在就应该彻底放弃凉州，全力保住关中。"

但这时，当年刘秀留下的权力框架开始熠熠生辉：皇帝在国家大事上是要和三公进行商议的。

在关东的三公商讨此事时，有一个关东的明白人起到了最终保卫关西的作用。

郎中虞诩对太尉李修提出了凉州不可弃的三个原因：

1. 当年先帝费了这么半天劲才拿下了陇西，现在有点困难就不要了，对不起列祖列宗。

当时安定出身的官员王符的著作《潜夫论》中对于弃凉行为有过一段非常有意思的反讽："地无边，无边亡国。是故失凉州则三辅为边，三辅内入则弘农为边，弘农内入则洛阳为边。推此以相况，虽尽东海犹有边也。"

大意是：你就退吧，人家早晚给你赶海里面去。

退你能退到哪去？陇地是多么重要！当年云台将全部出动，费了四年劲才收回来的帝国屏障，被你们说扔就扔了！真是崽卖爷田不心疼。

2. 凉州要是弃了，三辅就是边塞了，咱大汉的祖陵都在那儿，咱不能让列祖列宗戍边去。

3. 自古向来关西出将，关东出相，自中兴之后，烈士武臣，多出自凉州。现在羌乱三年，但羌、胡仍然不敢入据三辅为心腹之害者，是因为凉州本土仍然被当地豪族掌握在手中。

羌乱后，凉州士、民披坚执锐，冒矢石拼杀；父死于前，子战于后，义无反顾，不过是仍然心向大汉。

如果割而弃之，因为百姓向来安土重迁，一定会抱怨"我们被祖国像蛮夷一样地抛弃了"！

到了那个局面时，就算是忠义之士，心中也不可能不愤恨！

一旦凉州豪族趁着天下饥敝，海内空虚，与羌人豪雄相聚，量材立帅，驱氐、羌以为前锋，挥杀东来，即便贲、育为卒，姜太公为将，咱也顶不住人家了。

关东多少年没打仗了，心里没点数吗！

函谷关以西，园陵旧京不仅不再归我大汉所有，而且这哪里是补破衣服的事，这是病魔最终要人命的节奏！

李修说："你要是不说我都没你这觉悟，依你之见该咋办呢？"

虞诩说:"现在应该广收凉州豪族子弟入朝,给人家鼓励,给人家希望。"最后,虞诩说出了一句实在话作为总结"内以拘致防其邪计"。

防止他们想邪的歪的。

太尉李修是颍川人,虞诩是陈国武平人,这二人都是地地道道的关东士族。

这两位算是关西的恩人了。虞诩其实也并不是为了关西豪族说话,而是基于如果人家关西反了,咱打不过人家的考虑。

无论怎样,在东汉仕途体系下愈发壮大的关东士族对函谷关以西的态度始终更像是把那里当作利用区和缓冲区,而并非自己人。

三、凉州三明

太尉李修在虞诩提出建议后,集中三公商讨,最终决定不弃凉,在给邓骘怼回去的同时,开始辟西州豪杰为掾属,拜长吏子弟为郎,以此安慰关西豪族。

虞诩利用三公的力量完成了对大将军邓骘的制衡,不仅保住了凉州,还将大量的凉州豪族子弟特招入朝,这等于变相肯定并鼓励了西凉豪族们对羌人的暴行。

他的此次建议在某种意义上几乎拯救了东汉。

因为转过年后,凉州诸郡长官表示,咱不弃凉州,但能让我们往安全点的地方挪挪窝吗?(二千石、令、长多内郡人,并无守战意,皆争上徙郡县,以避寇难。)

在三公那儿没面子的邓骘同意了其中四个郡的请求,之后四郡治所开始迁徙。

陇西徙襄武(今甘肃省陇西县),安定徙美阳(今陕西省扶风县),北地徙池阳(今陕西省泾阳县西北),上郡徙衙县(今陕西省白水县)。

这跟弃凉有什么区别!

上述四郡的凉州豪族和百姓根本不愿意离开故土,但身为内斗内行、手中还有兵权的各郡长官开始强迫凉州百姓跟他一块搬家。

各郡长官毁了人家的庄稼,拆了人家豪族的壁垒,烧了凉州多年积聚的辎重，名义上不给羌贼们留下东西，实际上是断了凉州百姓的退路。

人祸又赶上了大蝗灾，上述四郡百姓流离失散，死伤大半，大量的凉州百姓因这项政策彻底破产变成流民。

如果没有前面对凉州大豪族的政治示好与收买，这个浪催政策就会彻底逼反凉州豪族。

即便如此，到了这年秋天时，汉阳人杜季贡、王信等人已经开始与羌人共谋了。

不过这几个通羌的汉人只是小角色，因为杜季贡做了羌人的将军。

但凡是个西凉的大豪族，就应该领导羌人造反。

朝廷自始至终担心的都是西北豪族去挑头，即"豪雄相聚，量材立帅，驱氐、羌以为前锋，席卷而东"。

像黄巾起义，像西北羌乱，统治集团所担心的永远是混的不好的地方豪族。

此次羌乱绵延了十多年，直到公元116年，度辽将军邓遵率南匈奴万骑击羌人匪首零昌于灵州，任尚击破先零羌，局面才算开始出现转机。

主要原因还是凉州在长期的战乱中变成了死地，陇西本土豪族据坞自守，羌人背后受敌，没有足够的实力与给养支持他们冲下陇山去攻打关中，更没有足够的人才去成立一个稳固的政权。最终，这次羌乱算是在把凉州饿死后平定的。

公元117年春，任尚招募当阗种羌的榆鬼等五人刺杀了杜季贡，榆鬼被封为破羌侯。秋天，任尚又派出效功种羌的内奸号封刺杀了叛羌首领零昌，号封被封为羌王。

公元118年，邓遵募上郡的全无种羌的雕何等人刺杀了狼莫，雕何被封为羌侯。

终结羌乱的其实是羌人自己。

在十年大乱中，凉州几乎不再有正常的生产活动，活下去成了所有羌人的目标。

东汉政府开条件了，以后不拿咱当下等公民了，条件是交出匪首。

要不咱还是把挑头的宰了吧。

在造反时，一旦造反事业出现挫折和不可持续的趋势，当初挑头的人和势力基本上都难以逃过被同伙出卖的结局。

当你挑头撕破脸的博弈对象开始展现出巨大优势的时候，记得千万做第一个投降的人。

在东汉朝廷给出政策后，各羌就把前面挑头的那伙人给内部火并了。零昌、狼莫等人死后，诸羌瓦解，长达十二年的羌乱落幕。

此次羌乱，用军费二百四十余亿。

边民死者不可胜数，凉、并二州，彻底被掏空。

随后的几年，大小的羌乱仍时有发生，烧当羌仍然是最大祸头，但被护羌校尉马贤带着羌军打打拉拉，羌乱始终没有扩大化。

二十年后，第二次大规模羌乱再次爆发。

公元139年，西北官员大调动，干了多年护羌校尉的马贤被调动为弘农太守，来机为并州刺史，刘秉为凉州刺史。

此时的大将军梁商在来机上任前特地嘱咐："羌族那帮蛮夷行为乖张，说话着三不着两，咱们的统领之道也要跟着变化，因地制宜，根据当地风俗而变，你们几位向来疾恶如仇，干啥都要黑白分明，孔子他老人家说过，对不仁的人逼得太紧会出祸乱，更何况统御的是戎狄，各位到任后务必安抚羌胡，防其大故，忍其小过。"

梁冀他爹说的这话简直是当年班超的话的翻版，但来机等人跟当年的任尚一样，到任就"多所扰发"。

他在关东，绝对不敢嘚瑟，因为关东各地朝里基本都有人，你要是做得过分了，人家各地在朝廷的话事人会找你麻烦，你后面还混不混了？

但是关东的官员只要到了关西，尤其是到了凉州，普遍马上就开始贪污、行暴政。

因为关西地区的底层状况基本上没有办法上达天听，三公九卿级别的官员基本上都是关东人，下派到凉州的关东官员们根本不必担心被追责。

某种意义上，他们甚至故意去逼反羌族。

因为战争打起来时，来钱的速度更快。

官员大轮换后不到一年，公元140年夏，且冻、傅难种羌等再次造反，攻金城，与西塞及湟中杂种羌胡又一次寇三辅、杀害长吏。

朝廷紧急拜马贤为征西将军，以骑都尉耿叔为副将，率领左右羽林、五校士及诸州郡兵十万人入屯汉阳。

凉州豪族内部再次开始结坞自保。（扶风、汉阳、陇道作坞壁三百所，置屯兵，以保聚百姓。）

公元141年春，马贤在射姑山被羌人打败，马贤及两个儿子皆殉国。随后，巩唐种羌三千余骑甚至杀下了高原，烧了关中的汉家皇陵。

秋天时，羌人诸种八九千骑开始入寇武威，河西震恐，安定郡和北地郡再次把治所迁到三辅地区遥控办公。

在形势最不利的这一年，著名的"凉州三明"中的第一个"明"上场了。

皇甫规，字威明，安定郡朝那县豪族。

马贤遇难后，安定郡守任皇甫规为功曹，皇甫规率甲士八百击退来犯羌敌。打了胜仗后，皇甫规给朝廷上了奏折，这个奏折堪比一个小炸弹，他讲明白了两件事：

1. 朝廷平羌乱动辄百亿的军费拨款，大部分被军官和恶吏贪污了。

官军小胜就虚张声势报首功，战败就隐匿压根不报，不仅军饷发不下来，底下的将士们甚至连饱饭都吃不上。

2. 羌人之所以反叛，全是因为守边将帅不懂安抚治理。

凉州各郡经常骚扰虐待安分守己的羌人，天天薅人家羊毛，给人家弄急眼了，最终招致大祸。

最后，皇甫规主动请缨将扶风雍营、京兆虎牙营以及安定、陇西两郡暂时没有战斗任务的五千士兵拨给他，去偷袭羌人。

陇地我素来熟悉，用兵上也有经验，年龄岁数刚刚好，请朝廷给机会。

这篇大实话后来被关东权臣们否了。

想立功可以,但你咋能把羌乱的根子源于我们关东士族的这个事给捅出来呢!

作乱的是蛮夷,跟我们这帮文明人有什么关系?

就你明白!要是让你掌了兵权还了得?

皇甫规随后进入了十几年的沉寂期。

最终的解决办法,还是跟二十年前一样,给凉州豪族仕途优待,对羌人以招抚为主,等羌人们自己断奶。

只要关中豪族们不造反,羌人们就永远不可怕。

公元142年,护羌校尉赵冲招降罕种羌率五千余户。

公元143年,赵冲一年共斩羌六千余,得牛、羊、驴十八万头,叛羌诸种前后三万余户到凉州刺史处投降。

公元144年,赵冲战死,但杀羌人颇多,得牛、马、羊二十余万头。

公元145年,左冯翊梁并以恩信招诱叛羌,狐奴等五万余户投降,陇右复平。

这第二次羌乱,没有上次那么邪乎,但仍然花了八十多亿。

前面两次羌乱,其实并没有根治。

因为主政的是关东人,平叛的也是关东人,在凉州内部搞的焦土政策也客观上掐灭了羌人做大做强的可能。

每一次的平叛招降,实际上都是为期二十年的休战协议。

关东士族集团一方面温水煮青蛙地给好待遇、给官员名额,紧紧拉住凉州豪族;一方面对羌人死活的习惯性忽视,结果最终承担汉羌矛盾的基本上还是凉州本土豪族。

因为羌人闹暴动的时候仇恨的是你们本地汉人,而不会仇恨千里之外的关东人。

这样一举三得:

1. 挑拨西北地区汉、羌民族矛盾。

2. 每次羌乱都大幅消耗了凉州的实力，本质上阉割了凉州豪族的战争潜力。

3. 每次平叛时还能发笔战争财。

十五年后，公元159年，第三次羌乱轰轰烈烈地爆发了，烧当、烧何、当煎、勒姐等八部种羌侵犯陇西金城塞。

这些年凉州其实还是老样子，因为主政的是梁冀。不过，五年前，凉州豪族自己争气，其实已经在这个世道做出本土人的努力与抗争了。

公元155年秋季，南匈奴一部起兵反叛，攻打美稷，东羌诸种响应，此时安定属国都尉、敦煌郡人张奂刚刚到任。

凉州三明中的第二位登场。

张奂，字然明，敦煌渊泉豪族。

张奂年少时曾遨游三辅，拜太尉朱宠为师，后于梁冀的大将军府征辟入仕。

因为是梁冀的人，张奂这个敦煌人很罕见地回到了羌乱地做官，领导本来是想让小张去发笔财的，结果张奂到任后展现出了一个凉州本土官员的责任与良心。

张奂到任安定属国后听说南匈奴叛汉，但此时仅有二百官军，张奂冒死进兵屯守长城要塞，然后派部将王卫去招降东羌。

条件谈好后，东羌诸种降服，然后张奂带着东羌诸种的豪帅们（部落首领，咱给人家收编后叫"豪帅"）一块进击南匈奴，南匈奴且渠伯德部投降，此次兵乱平息。

战后，东羌诸种豪帅照例给张奂上贡战马二十匹、金耳环八枚作为见面礼。

张奂在东羌诸豪帅面前发誓："即使马匹像羊群那样便宜，我也绝不会牵入马棚；即使黄金像小米那样常见，我也绝不会装进自己的腰包，你们都拿回去吧。"

东羌诸种被张奂感动了。

东羌豪帅们对张奂说:"您前面的八任都尉都是大贪官,拿我们都当提款机,我们不服从就带着羌人中别的部落欺负我们,我们一次次地被他们洗劫,您来了可千万别再走了。"

张奂确实不是说说而已,他到任后清廉克己,东羌诸种无不心悦诚服,张奂的政令和教化畅通无阻,羌汉联欢搞得有声有色。

结果羌人的好日子就三年,公元158年,张奂因为政绩突出被调走,东羌地区再次失去了希望。

公元159年,羌乱再起。

同年八月,桓帝政变成功,梁冀被诛杀,梁冀的故吏、宾客被免黜者有三百余人,张奂由于梁冀属吏的身份被暂时牵连罢官。

但是,随着所谓的"汉亡之始汉桓帝"上台,终东汉一朝的羌乱被终结了。

桓帝和宦官集团开始跟关东士族展开了声势浩大、拳拳见血的斗争,凉州问题的真正底色终于显现了出来。

凉州终于在皇帝新衣被揭穿后,回归到了凉州人自己的手上。

人家本地豪族的问题,你关东瞎掺和什么!

在这最后一次东汉羌乱中,后世大名鼎鼎的凉州三明悉数登场!

皇甫规,字威明,安定郡朝那县人。

张奂,字然明,敦煌郡渊泉县人。

以及最后登场,也最凶的一"明"。

段颎,字纪明,武威姑臧人。

段颎自幼学武习文全面发展,举孝廉后为宪陵园丞、阳陵令,后迁辽东属国都尉。

在守辽东的任上,段颎名动朝堂。

他为了打胜仗竟敢假传圣旨。

话说鲜卑率军侵犯边塞,段颎带队围剿,这位爷从来就没打算把这帮鲜卑轰走了事,而是准备把这一伙彻底搞死。

他害怕这伙鲜卑军被吓跑，居然令驿站拿着伪造的玺书大张旗鼓地给他下令，让他回军。

段颎假装退军后埋伏了起来。

然后信以为真、准备踏踏实实抢劫边郡的鲜卑人就被老段包了饺子。

谁知道你们汉人竟然兵不厌诈到能拿圣旨当道具啊！

事后，段颎因为行为特别恶劣，虽然有功，仍然被罚去戍边，但这样的人才是不会被忘记的，没多久，山东闹贼，聚众三万人，郡兵不能克。

桓帝诏公卿选将，司徒尹颂推荐段颎，段颎被拜为中郎将去山东剿匪。

段颎去了就斩杀万余人，余党降散，段颎以军功被封为列侯。

公元159年，由于梁冀被打倒，桓帝开始改变过去关东士族压制关西豪族的人事政策，命武威人段颎做了护羌校尉。

半个多世纪以来，凉州人第一次拿回了这个本土关键职位，羌族的梦魇也就位登场了。

四、段颎平羌

公元159年,段颎刚刚上任,就带着护羌校尉本部军和湟中义从羌共一万二千骑出征了。

在这里,要着笔墨说下这些年平羌的战役都是啥兵种打的了。

比如说段颎这回带的"湟中义从羌"是个啥?

湟中,是地名。

义从,是指少数民族雇佣兵。

羌,是指民族。

这个部队最早是叫"湟中义从胡"的,当年大月氏被匈奴打跑后,有一小部分月氏人并没有走,而是上了青海高原和羌人当邻居。后来霍去病破匈奴,取河西,将势力蔓延到湟中地区,月氏部来降,开始与汉人打交道。

从那时开始,月氏人就跟随汉军一起战斗。

当时咱大汉士兵天下无敌,这伙月氏人类似于咱的属军,咱厉害时就跟着猛打,咱要是打不过他跑得比咱快,当时这伙月氏人在湟中、令居(今甘肃省永登县西北)以及张掖定居,号曰"义从胡"。

后来随着各种战斗以及人口的变迁、消耗,这支雇佣军的民族成分也在不断变化,比如现在,湟中地区的主要人口变成了羌人,史书中也就写成了"湟中义从羌"。

这支军队需要特殊关注的是"义从"两字。

大汉出军官和军吏,少数民族出兵,然后战争分成,这叫"义从"。

在西北,仗都是这种"义从"军打的吗?

并没有,汉军的军制很杂。

"鹭使任尚及从事中郎司马钧率诸郡兵",这个就是各郡的汉人武装,当时基本以充军罪犯和屯田军为主。

"侯霸、马贤将湟中吏人及降羌胡于枹罕击之",这个就是主将调来了湟中的军吏,组织起新投降的羌胡军去作战。

"贤将先零种赴击之",这个就是汉将直接带领着成建制的先零羌人部队出征了,只有最高级的军官是汉军的,对方则是有豪帅、成建制的少数民族武装。

对方没有族群领导,被汉军组织起来,就是"义从"。

对方有豪帅,跟咱去打仗,基本上咱就直接说民族,比如:

"度辽将军耿夔将诸郡兵及乌桓骑赴",这个的意思就是带着郡兵和乌桓军团出征。

"阳嘉四年,马贤将湟中义从兵及羌胡万余骑",这个就是马贤带着咱出军官、军吏的湟中义从部队和羌胡人自成建制的部队去打仗。

东汉中后期,剿北匈奴、平羌乱的这种战斗,基本上都是以羌胡雇佣军为主体去打的。

这往往需要军事主官有极大的能力与水平,要不你很难使得动他们。

比如前面的两次大羌乱,官军基本上没在陇西高原上打多少漂亮仗,最终全都是靠招降、靠刺杀去平叛的。

这回段颎上了陇山后,羌胡雇佣兵们爆发出了罕见的战斗力。

因为段颎是本地人,他尊重我们,还骁勇能打胜仗,我们都能见着好处。

段颎出湟谷,击破叛羌,然后追讨南度河,派军吏田晏、夏育全军征募敢死队,先登敢死队以悬索相引,全军渡河后与叛羌再战于罗亭,大破之,斩酋豪以下二千级,俘虏万余人,余羌皆奔走。

公元160年(闰正月),叛羌余众再度与烧何种的大豪帅联合攻打张掖郡，一度逼近段颎军营。

段颎神威凛凛下马大战，从早晨杀到中午，刀断箭尽，将诸羌击退，然后段颎换了兵器，开始追击。

段颎昼夜不停地边杀边追，不给叛羌一点喘息的机会，饿了吃马肉，渴了喝雪水，连杀四十余天，追出塞外二千余里，在积石山斩杀了烧何种的大豪帅，又分兵出击石城羌部，斩首、溺死一千六百人，然后又杀死了屯聚白石的杂种羌三千余人，随后班师而还。

公元161年冬，先零、沈氐羌和其他诸种羌人攻打并、凉二州，段颎这回连郡兵都不带了，直接带着湟中义从部出征。（将湟中义从讨之。）

凉州刺史郭闳看段颎的军功眼热，扣住段颎的湟中义从部不让出发。结果时间久了，湟中义从的这帮雇佣兵看见没奔头、没分红就一哄而散了，段颎因此被扣上贻误战机、坐视叛羌为祸的罪名。

段颎被调回洛阳，扔到左校营罚苦役。老段认下了所有罪名，没有反咬郭闳一口。

老段懂规矩、会办事，开始被看重，很快就起复拜议郎，不久又官升为并州刺史。

在并州刺史的任上，段颎推荐了一个他看上的小伙子去三公府做属吏。

前面我们说过，到三公府去做属吏，仕途就等于进入快车道了。

这个被段颎看上的小伙子，曾经在凉州刺史成就处做从事，在凉州捕盗剿匪颇有威名，这个小伙子叫董卓。

段颎推荐董卓去的地方是司徒府，当时的司徒是袁隗。（并州刺史段颎荐卓公府，司徒袁隗辟为掾。）

千万要记住前面这句话，咱这摊子铺得这么大，费这么多笔墨写羌乱都是有原因的。

老段走后，济南国相胡闳接任护羌校尉，但胡闳根本接不了这活，诸羌气焰嚣张，凉州羌乱愈加严重。

这个时候，已经蹉跎了大半生的泰山郡守皇甫规请战："我自幼生长在陇地,曾任安定郡吏,历经两次羌人叛乱,我曾事先预见羌乱并筹划平乱,不幸言中,今年我已经五十九岁了,希望朝廷给我机会。"

桓帝下诏,任命皇甫规为中郎将,持节督关西诸军讨伐叛羌。

公元161年(十一月),皇甫规赶到凉州战场率军进击羌军,斩敌八百。

先零等叛乱诸羌一听说皇甫规大人来了,那是二十年前给咱们老少爷们儿申过冤的大德之人,没多久就归降了十余万人。

公元162年(三月),沈氏种羌攻打张掖、酒泉二郡,皇甫规征发前面投降的先零诸羌前往陇右平叛。

一路道路断绝,军中瘟疫,羌军的死亡率达到了40%,一般这个时候就又该哗变了,但皇甫规亲自到各军营巡视和安抚将士,整个羌人军队心悦诚服,不仅没有暴动,整个东羌的所有叛羌因此全部投降。

皇甫规此次入凉平叛的经过,其实体现出了非常关键的羌人和汉人间的情感纽带。

羌人这个族群在情感上其实跟汉人的仇恨并没有这么大,只是对汉人的地方官普遍有着强烈仇恨。

一旦地方官变成了本地汉人,一旦本地的地方官表达出了对当地羌人这些年来苦难的强烈理解,大部分的羌人是愿意不计前嫌地与汉人合作的。

皇甫规此次平叛如此,前面的张奂在公元155年安定东羌时也是如此,东羌迅速就投降了,然后帮着张奂揍南匈奴。

本土官员在表现出了对当地羌人的巨大悲悯并清正廉洁地治理地方后,羌人们不仅不反叛,还帮着他们打仗,即便为了汉人打仗死了一半的人都在所不惜。

关东士族在凉州长达近百年的对羌人的暴政,实际上也为凉州本土官员重掌凉州提供了巨大的情感红利。

皇甫规到了凉州后不仅平叛取得成功,而且还自此开始整肃告发整个凉州官场。

结果皇甫规开始被士族集团以各种理由弹劾,说他养寇自重,收买叛羌假降。

当时桓帝接连下诏责令他写说明。

皇甫规上奏硬怼：

1. 臣到任以后，羌乱就平了，羌人诸种叩头归服，为咱大汉节省了数以亿计的军费，跟之前平羌损兵折将比，臣只费千万，怀柔叛羌，这都负了什么罪呢？

2. 臣被弹劾，因为我上奏告发了凉州刺史郭闳、汉阳太守赵熹等五臣，他们的支党遍及凉州，数以百计，这帮党人说臣私自收买诸羌，如果我是私财相送，那请陛下看看我那空空如也的家，如果送的东西是公家的，那有文书簿籍可以查考，随时欢迎使者来查。

3. 自永初羌乱以来（公元107年），大将出了不少，征伐不可谓不多，花了数百亿的军费，还师的时候却车载大量珍宝，送往大小权门，然后这帮人就功成名就，大加爵封。我回督本土，检举劾察诸郡，与亲戚朋友断绝往来，杀辱故旧，大家诽谤臣、暗害臣，这是理所当然的，请陛下明察。

皇甫规过关。

但同年冬，皇甫规在论功封侯时得罪人了。

他被中常侍徐璜、左悺（就是那又卧虎、又堕雨的五侯）勒索封侯的回扣，皇甫规不搭理，结果被太监们给阴了要治罪，最终皇甫规在诸位公卿和太学生张凤等三百余人的上书救援下才赦免归家。

皇甫规被赦免后，转过年来，凉州就再次叛乱。

公元163年，寇势转盛，凉州几亡。

冬，段颎再任为护羌校尉，中央命令段颎沿路乘驿马，不能停歇，迅速前往凉州救火。

皇甫规和张奂的历史意义，在于证明了羌人中大部分人还是能跟咱汉人一起好好过日子的，甚至能同心协力地一块往前冲，两人还招降了很大一部分羌人。

段颎的历史使命，就是彻底消灭那些根本不会跟咱好好过日子的羌人，那些一有风吹草动就暴动造反的羌人。

公元164春，羌封僇、良多、滇那等豪帅三百五十五人率三千落向段颎投降。

冬，段颎率万人击破死不投降的当煎、勒姐部，斩其豪帅，杀四千人。

公元165春，段颎再击勒姐羌，杀四百人，二千人降。

夏，段颎击当煎羌于湟中，先败后胜，杀数千人，随后又展开了没完没了的追击。

段颎到任两年时间，共斩首二万三千级，俘虏数万人，降者万余落。

公元167春（正月），东羌先零部劫掠云阳县，西羌当煎等诸部羌民再度起兵反叛，四千多人攻打武威。

段颎击当煎于鸾鸟，大破之，杀其渠帅，斩杀三千人，彻底给总是挑头的当煎羌断了根。

至此，西羌的所有有造反劣迹的豪帅和挑头者已全部被段颎剿灭，西羌被平定。

西羌被灭，东羌也在这个时候被张奂搞定。

张奂在被梁冀案牵连四年后起复，时任护匈奴中郎将。

公元167年夏（四月），东羌先零部大举进犯三辅，攻灭京兆虎牙营和扶风雍营，杀一千余人。

冬，十月，东羌先零部再攻三辅地区，张奂派司马尹端、董卓（董太师人生经历很丰富，还跟张奂的并州军混过）率军阻击，大败羌民，斩杀酋长、豪帅及以下共一万余人。

东羌之乱被平灭。

就是在这次战役后，张奂回京复命，刚到洛阳就赶上了轰轰烈烈的士族宦官大火并，张奂稀里糊涂地再次接到圣旨去平窦武，结果再立新功。

但是张奂走后不久，东羌又闹腾起来了。

在此之前，桓帝曾经下诏问过段颎应如何应对这种情况。

段颎说："东羌诸部虽然数度反叛，但向皇甫规投降的已有二万余落，善恶已经分明。又闹起来的叛羌狼子野心，难用恩德感化，当他们势穷力屈时就降服，咱一走就又闹起来，这帮羌人是当地的不安定因素，对汉人、对羌人其实都是祸害，虽然可以归服，但朝廷军队一旦撤退，他们就又重新起兵反叛，搁我那意思就彻底干死完了。

"现在我算算东羌还有三万余落，我申请骑兵五千、步兵一万、战车三千辆，用三冬两夏必定彻底整死他们，再也不会出现羌乱，军费大约五十四亿，请陛下批准。"

在党锢时代，段颎凭借敏锐的政治嗅觉和宦官集团走到了一起，随后他的提议顺利得到批准，段颎开始了他灭绝东羌叛军的脚步。

大体过程不讲了，总之到了公元168年秋（七月），段颎已经杀得东羌叛军还剩四千余落了。

这个时候，张奂向朝廷上书说："东羌虽然被击破，但是残余羌民很难全部消灭，最好是以恩德招降。"

朝廷下诏将灭窦首功的张奂的建议转告段颎。

段颎则回怼："他张奂身为武将，到任两年仍不能扫平贼寇，结果需要我去擦屁股，两百年前，先零羌众就侵犯边塞，赵充国把他们招抚了；一百年前，煎当羌众扰乱边塞，马援把他们迁移到三辅。

"结果到今天我还在跟他们打仗。

"现在沿边各郡汉人户口稀少，常受这些有叛汉历史的羌人毒害，现在不到一年，残余的叛羌已像灰烬一样濒临灭绝。

"我每次拜读陛下诏书，朝廷都对军事行动并不干预，希望陛下继续给我机会，让我扫灭东羌叛军。"

张奂是大功臣，面子不能不给，刚刚上位的灵帝还是下诏派谒者冯禅前往汉阳郡去劝降，冯禅也顺利招降了四千人。

这四千人算是从鬼门关逃出来的。

因为段颎再次上书："现在是春天，羌人现在就算投降凉州也没有粮食养着这帮乱贼了，到时候他们活不下去还是得反，还是让我宰了他们吧。"

最终，段颎再出征。

在凡亭山，段颎击破叛羌大营，叛羌向东撤退，重新聚集在射虎谷，老段在这个地方又把东羌包了饺子，多面围攻，斩杀叛羌一万九千余人，这回全都没跑了。

至此，东羌被彻底平定。

在灭羌战役中，段颎先后共出战一百八十余次，共斩三万八千余叛羌首脑和骨干分子，俘获各种家畜四十二万七千余头，用费四十四亿，汉军军吏、士兵仅损失四百余人。

这并非是指段颎的战损比高达38000∶400。

死的那四百人是汉人，大量为咱死难的羌人雇佣兵并没有计算在内。

至此，长达六十年的东汉羌乱被彻底平定。

随着此次羌乱被平和党锢之祸后关东士族集团的彻底崩溃，终东汉一朝的凉州枷锁被放开了。

由于凉州土地贫瘠，民族矛盾的历史复杂，所以在太监掌权、灵帝一切向钱看的情况下，这片土地被忽视了。

很多凉州本土的汉人官员回到了这片没啥油水可捞的地方当官，这段时间恰巧就成了凉州地方在整个东汉一朝中堪称最美好的十多年。

不过，凉州豪族们在上升通道上却也基本失去了对未来的指望。

因为过去关东士族集团再不是东西，他们至少还有远见，要温水煮青蛙地防着凉州豪族，要给他们些甜头与征辟优待。

但是太监们却并没有这远见。

不过渐渐地，凉州豪族们发现，身边有一大笔巨大的、宝贵的人力资源财富。

很多本地的异族人，比起关东的那帮同文同种倒更像是兄弟。

陇地环境艰苦，上百年胡汉杂居使得当地民风彪悍。

在百年血与火的淬炼下，在常年汉、羌、胡多民族兵制体系下，这片土地越来越展现出天下金角的乾龙刚猛之气。

终于，时间来到了公元184年。

张角率黄巾军起义，朝廷在一地鸡毛时又收到了一份报告。

时隔十五年，又一次羌乱爆发了。

看上去，历史又重演了。

但这次的"羌乱"，却要打引号了。

第二十四战　汉末崩塌：顶级谋篇布局下的"为他人作嫁衣裳"

五、董卓出场

时间来到公元184年。

在这个遍地大乱的年份,不仅整个中原让张角彻底搅和乱了,安静了整整十五年的西北边陲也跟着反了。

史载"北地先零羌及枹罕、河关群盗反,共立湟中义从胡北宫伯玉、李文侯为将军,杀护羌校尉泠征",看上去,又是"先零羌"挑头了,而且"湟中义从胡"也掺和上了,还杀了护羌校尉泠征。

但是,这次的羌叛和前面几次非常不一样。

前面我们交代过,"湟中义从"是一支由咱们的军官和军吏统领的少数民族雇佣军,直属于护羌校尉。

护羌校尉这个职位是由朝廷任命,部队中的军官、军吏则全都是当地的汉人豪族。

北宫伯玉和李文侯,这是汉人名字,基本可推测是"湟中义从"的部队军吏。

这两人被羌人推举为将军后,杀掉了名义上的老大泠征,随后这批乱军在短短几周内又围攻了金城郡。

然后非常有意思的情况出现了。

这伙"叛羌"又"胁迫"了金城的两个大户豪族。

之所以要给"胁迫"加引号,是因为如果没有这帮大户,这次的西北叛乱不会绵延长达三十多年。

金城大户中，有两个人非常有名，一个人叫边允，一个叫韩约。

然后又一个线索浮现了出来："凉州义从宋建、王国等反，诈金城郡降，求见凉州大人故新安令边允、从事韩约。"

这帮最初造反的"枹罕、河关群盗"中还有"凉州义从"的事，挑头的叫宋建和王国，是这两个汉人军吏求见联络了边允、韩约。

宋建和王国这俩人后面也是大人物。

在所谓的被"群盗诱而劫之"后，边允和韩约这两人非常"委屈"地被羌人叛军"胁迫"成了领袖。（使专任军政。）

边允、韩约俩人刚被劫上山就"专任军政"了。

然后呢，金城太守陈懿就被杀了。

随后"羌乱势大，攻烧州郡"。

"羌乱"轰轰烈烈，又闹起来了。

此次的羌人叛乱，其实有点类似于明朝后期的倭寇之乱。

明代的倭寇之乱，听着是一堆倭寇在我们的土地上烧杀淫掠，实质上则是明朝东南沿海走私武装集团外加零星倭寇对大明禁海国策的武装对抗。

此次的凉州之乱，罪过看上去都是外族的，实际上根源的祸头全都是汉人，本质上是凉州豪族组织起了本地汉人，大量雇佣羌、胡人组成叛军来割据国家的西北边陲。

还是那句话，高层全是汉人。

谏议大夫刘陶在给灵帝上书对策时已经写得非常明白了："窃见天下前遇张角之乱，后遭边章之寇……今西羌逆类，私署将帅，皆多段颎时吏，晓习战陈，识知山川，变诈万端。"

西羌叛乱的这帮人，自己就都封上将军了，这帮闹事的都是当年段颎平羌时的军官们，都是从血海里杀出来的，很厉害，这帮豪族军官在二十年的作战与生活中和羌、胡兄弟们积累了深厚的感情。

然后这伙被忽略了很多年的军官们又找来了名气更大、势力更强的西凉豪族，说："韩老大，边老大，我们要造反抢劫去了，你得当我们老大，领着我们去抢！要不我们这号召力不够，蛇无头不行啊！"

然后被"胁迫"的边允和韩约就勉为其难地"专任军政"了。

在政府通缉令传来后，这哥儿俩非常幽默地给自己改了名字。

一个改名边章，一个改名韩遂。

这回就认识了吧。

为啥要劫这个韩遂当老大呢？

因为韩遂是金城豪族，一直在金城郡当郡吏，在凉州名气非常大，甚至就在这一年代表金城去洛阳时，还因为名气大得到了大将军何进的接见。

综上概括一下，这次羌叛是凉州汉人军官领着少数民族兄弟们去搏富贵，选出了凉州大豪族做代言人，是一次以汉人为核心的反朝廷的行动。

在长达一百年冰与火的淬炼以及汉羌的杂居融合后，西凉的大户豪族渐渐摸索到和羌人们好好相处的办法了。

咱们才是一家子！

咱们得一块发家致富！

琢磨明白的凉州豪族，都成了此次羌乱的暂时受益者；没琢磨明白的凉州豪族都成了此次羌乱的受害者。

西凉大乱没俩月，到了公元185年春天，叛军已经滚到好几万人，开始往长安进军了。

连年的叛乱，再加上上一章里我们说的，灵帝的花园又出问题了，灵帝的钱要先用在自家的"房地产项目"上，国家都快被打成破烂了这事不是最要紧的，没看我都没地方春游了吗！

值此危急存亡花钱之秋，司徒崔烈建议放弃凉州。

灵帝下诏让公卿百官商议这件事，议郎傅燮（北地灵州人）正颜厉色说道："斩了司徒，天下才能安定！"

西北汉子什么时候都是这么硬气，然后弹劾猛男傅燮在宫殿上公开斥责司徒有罪。

灵帝命傅燮给出一个骂街的理由，傅燮回答说："当年樊哙作为元老皇亲，喝多了扬言要灭匈奴时还被季布说'樊哙当斩'，更不要说如今司徒这如此荒诞的建议。

"凉州为天下要道，高祖刚入关中时就让郦商去占陇右；武帝开拓疆土，设立了陇西四郡，至今仍被夸赞断匈奴右臂。现在崔烈身为司徒，不为国家考虑如何平叛，反而要舍弃这块广袤万里的国土，我就很费解了！

"胡人若得此地，兵强马壮，一定作乱，天下就完了！

"崔烈如果不懂这点，说明他愚；如果他揣着明白装糊涂，就是对朝廷不忠。

"无论是蠢还是奸，这货都该杀！"

其实客观来讲，这次也不能全怪崔烈败家，弃凉的说法由来已久，而且巧妇难为无米之炊，我倒是想占领全世界，陛下你倒是把修花园那钱给我用啊！

傅燮的演讲打动了灵帝，你行你上，傅燮被任命为汉阳太守（治所在今甘肃省天水市）赶赴前线。

灵帝随后派出去年打黄巾时各种灵的皇甫嵩防御长安，皇甫嵩到了长安后看到此次凉州叛乱规模宏大，准备以防守反击为主。结果防了四个月，还没来得及反击，就让宦官诽谤了，说他消极怠工，有辱大汉国体。

皇甫嵩是当年凉州三明之一皇甫规的侄子，跟他叔叔一样，也跟太监不对付。

当个能干事的忠臣要比单纯当个忠臣难得多，能力上的要求也高得多。

尤其在王朝末年。

这架国家机器快完蛋了，他的每个环节全都在冒烟，就像《红楼梦》中柳湘莲的那句名言"你们东府里除了那两个石头狮子干净，只怕连猫儿狗儿都不干净"。

哪会有什么公平与正义。

在五浊恶世，要是想当忠臣，就尽己所能，团结一切力量帮你去做这个破屋子的裱糊匠，让黎民百姓因为你的存在少受点罪；要么就归隐山林把自己的实力保护好，等着明君重新出来的那天，别去跟那些明摆着就是混蛋的人和规则去玩命，没必要。

戚继光满世界送了一辈子礼，人家稳稳当当地手掌兵权大半生，所在辖区那真叫是"保国安民"，死后清点家产，发现他一生两袖清风。

人想要为自己活很容易；人想要为大多数人活其实非常困难。

怎么活都是一辈子，但希望我们能够想好这条路要面临的挑战以及未来是否会后悔。

它是否真的值得你去选择？

为自己活不丢人，留个好名声，睡个踏实觉；

为别人活不容易，别因那些打掉牙咽肚子里的委屈和无可奈何自污的交易后悔。

所谓读史明智，是通过历史中一个个鲜活人物选择后的结果，判断出当前你眼前事物的发展趋势，然后问自己即将做出的选择值不值。

皇甫嵩看太监不顺眼，跟张角打仗时看见邺城中宦官赵忠的房子超了规制，于是他上书向灵帝打小报告；张让说你出去这趟肯定没少捞，赶紧给我随份子，他不搭理。

太监的房子超标好几十年了，你管得了吗？你惹他干啥？

张让这辈子就棺材里伸手死要钱，嫌要得太多你不会少给吗？你一分钱不掏还给他甩脸子，你犯得上吗？

结果就是被太监找碴免职。

你是反太监的斗士，然后你边儿待着去了，总会有那不反太监的魔鬼顶你的缺。

八月，司空张温被任为车骑将军代替"消极怠工"的皇甫嵩，率领执金吾袁滂、荡寇将军周慎与破虏将军董卓汇合，率步、骑兵共十余万屯据美阳，护卫园陵。

当时所有被派往西北前线的官员几乎都在骂娘，唯独一个人是唱着歌上任的。

这个人就是董卓。

董卓在去年灭黄巾军的时候办砸了，结果这次西北羌乱使他咸鱼翻了身。他最开始拜中郎将是作为皇甫嵩的副手上前线的，结果皇甫嵩因为跟太监的关系没搞好被调回去了，董卓则因为会来事，不仅继续领军，还官升为破虏将军。

终于来到董太师的专场了，看一下他的出身吧。

董卓是陇西临洮豪强，他们老家是汉羌杂居很普遍的地方。

董卓从小就性格粗猛、有心眼，由于家里有钱，自己还爱满世界逛荡，渐渐地就和当地的诸多羌人首领混熟了，董卓经常杀耕牛招待羌族首领。

不仅和羌人混熟了，董卓还经常去羌族的地盘里搞自助游，羌人首领还经常给董卓送牛羊搞礼尚往来。

家庭条件在一个人起步时确实是非常重要的，你让刘备和羌族首领混一个试试？你卖一百双鞋都请人家喝不了一顿酒，你咋跟人家结交？

董卓长到壮年时，身壮体大、双臂有力，当时还没有资料显示他很胖，估计应该不是很臃肿。

因为董卓上马飞驰去战斗是把好手，而且这位大哥擅长的还是技术含量非常高的骑射，左右开弓都没问题。

即使他是灵活的死胖子的话，像骑射这种活也是玩不转的，就算董太师行，他骑的那马也受不了。

有钱能打的董卓后来成了羌人又爱又怕的角色，爱是因为董卓大方，总杀牛宰羊地请客；怕是因为这位大哥喜怒无常还特别能打，吃生肉的主，比我们这帮野蛮人还野蛮。

渐渐地，董卓这个汉人混成了当地的羌人老大，很多羌人部落都来归附他。不仅如此，他还收敛了一批地痞无赖，干起了黑社会的买卖。

再后来，董卓又走上了官场，出任州兵马掾一职，负责带兵巡守边塞，维护地方治安。

由董老大的发展过程也可以看出，甭管所谓的民族问题有多难搞，当你尊重当地自我演化下来达成的那个平衡、找准那个演化出来的关键点时，民族矛盾问题就将变得大不相同。

这是董卓的第一条人生履历：他武功好，善骑射，从小跟羌人打交道，羌人很买他的账，而且有威名。

没多久，段颎上任护羌校尉，把叛羌一通秃噜，然后就回朝写检查去了。

段颎后来在公元162年任并州刺史时，把这位在陇西看上的小伙子推荐到了司徒袁隗那儿，董卓被辟为了掾属。

但是，董卓在袁隗那儿干了四五年，没有什么动静。

原因为啥不知道，估计是袁隗那儿门路太硬、关系户太多，反正董卓在袁隗那儿没有干出什么成绩。

直到桓帝末年，董卓在仕途上转了向，他不再在袁隗那里等了，他以"六郡良家子"的名额入禁卫做了羽林郎。

汉武帝时的传统，六郡的男儿英勇忠义，六郡是"陇西、天水、安定、北地、上郡、西河"；良家子是"非医、巫、商贾、百工"的家庭。

别人是动铁为凶，搁董卓这儿则根本吃不了拿笔的饭，他这辈子只要是骑着马刀口舔血，就无往不利；只要他停下来歇着，倒霉的事就来。

入禁卫没多久，公元167年，董卓跟着张奂去关中消灭东羌了，这回"大破之，斩其酋豪，杀万余人，三州定"。

董卓作为军司马在这一战中终于立了军功，从而官升郎中。

董卓因军功得赐丝绢九千匹，结果董老大继续按当年跟羌人打交道的规矩，给弟兄们都分了。

后来董太师还任过广武令、蜀郡北部都尉、西域戊己校尉、并州刺史、河东太守等职。

来看下董太师丰富的官场履历。

基本上是战乱一线的武职。

广武令跟匈奴人打交道；蜀郡北部都尉和蜀羌打交道；西域戊己校尉和西域打交道；并州刺史常统并州军，作战时跟羌、胡打交道。

这是董卓的第二条人生履历：这些年为官，一直在一线作战（卓数讨羌、胡，前后百余战），而且跟并州军有着很深的渊源，深得士兵之心。

能把九千匹丝绢赏赐都分了的人是不会处不好跟士兵的关系的。

再然后，张角就起义了。

卢植在跟张角开干的时候被太监阴了，董卓被临时调去救火。

很遗憾，董卓到任后被打败了。

这个倒不能完全赖董卓无能，因为卢植跟张角打得其实并不差，一路给张角包围到了广宗城，随后筑墙、挖壕沟、造云梯，这就要拿下广宗城了，结果被灵帝派的小黄门监军左丰勒索，卢植不肯，然后太监回去就说卢植天天全军大犒息，搁那儿杵着啥也不干。

卢植被阴了以后全军群情激奋，认为新来的董卓是个大坏蛋；再加上卢植带的兵又是北军五校的中央军，之前跟董卓没有任何隶属关系，董卓指挥了十几年以羌胡兵为主的西北兵，所以董卓接的活干起来就很艰难。

董卓到任就让张角给打了，恰巧皇甫嵩这时腾出了手来，结果董卓连再来一次的机会都没有，朝廷就派皇甫嵩接管董卓的部队打张角去了。

总体来讲，董卓挺委屈。

不过董卓还是有办法，很快听说西羌作乱了，放眼朝廷还有比我更合适去平羌的吗？

董卓不光资历合适，钱包也合适，他在河东太守的任上干过，从来不缺钱，又走了太监的门路，搭上了平羌的这趟车。

每一个时代的底层大乱，都必然会诞生日后成为少数高层人物的最终获利者。

董太师的人生，因为这次西北羌乱走上了巅峰之路，开始起步腾飞了。

六、灵帝驾崩

　　公元185年（九月），韩遂、边章带着队伍杀下了陇山，张温率领诸郡兵步骑十余万人在美阳遭到西凉军的迎头痛击。

　　羌兵悍猛，上来就给政府军弄得很没面子，张温比较忧愁，心急如焚，董卓则比较淡定地劝道："甭担心，羌人就这样，上来挺猛，你看过两天的，我们现在需要等待时机，一定能平了他们。"

　　结果到了十一月的一天夜里，他们等来了流星雨。

　　流星划破天际，半边天空火光如柱，战马嘶鸣，叛军和官军都看呆了。

　　本来挺浪漫的一个事，但这温柔的星空没能让叛军感动，西凉叛军看到这种天象后产生了强烈的内部反响，一通大骚乱后，军中私下里得出了一个结论：不祥之兆，得赶紧回老家去。

　　第二天，董卓得到了这个情报，点起部队将西凉叛军杀得大败，边章、韩遂败走榆中（今属甘肃省兰州市）。

　　大胜后的张温在董卓的怂恿下犯了轻敌冒进的错误，兵分两路追击叛军，周慎率军三万攻榆中；董卓率军三万追击先零诸羌，结果两路军都被人家包了饺子。

　　最终只有人家董卓带着全部人马逃回来了。

　　因为董卓率队平安归来，前期还大败叛军，表现突出，朝廷特予嘉奖，董卓被封台乡侯，食邑千户。

别看先胜后败,此次的长安阻击战还是达到了战略目的的。

朝廷保住了关中半壁,以陇山为界,政府军开始和叛军再次对峙起来。

虽说这回名义上没有放弃凉州,但实际上已经是关中不丢就烧高香了,凉州的几个大城市成了炮楼,出去就是遍地的民兵游击队。

公元186年冬,凉州叛军势力内部完成了整合,选出了最能代表凉州豪族和羌胡兄弟们利益的领导干部,韩遂干掉了边章和最开始起事的北宫伯玉和李文侯,拥兵十余万。

公元187年,凉州刺史耿鄙率领属下六郡新招募的军队前去与韩遂决战,结果半路凉州别驾叛变杀了耿鄙,并包围了前面说司徒该斩的汉阳太守傅燮。

傅燮是北地豪族,在围城中出现了非常感人的一幕,数千北地胡骑一齐在城外叩头,请求护送傅燮返回家乡北地郡。

前面起义的"凉州义从"狄道人王国又派了前酒泉太守黄衍来劝说傅燮:"汉已失天命,您在朝中为咱凉州说的那些话兄弟们都知道,都盼着您当咱的大哥。"

不仅酒泉太守上山入伙了,这一年陇西太守李参在被韩遂围城后也宣布跟韩遂一块干。

"都是咱自己人,何必给那已经朽烂到极致的刘家去卖命?"

傅燮不从后大战殉国。

傅燮死后,耿鄙属下司马马腾也率军造反,与韩遂等人共同推举王国为首领。

公元188年(十一月),叛军卷土重来,劫掠关中。

朝廷拿下了没啥作为的张温,叛军打到重塞陈仓时,平黄巾军的名将皇甫嵩被再次启用,拜左将军督前将军董卓合兵四万人解围。

皇甫嵩又一次成了董卓的上级,起复的皇甫嵩依然用老思路,凭坚城据守,打防守反击,这次太监们没再捣乱,老将军成功拖垮了西凉军。

这期间皇甫嵩和董卓还闹出了很多不愉快,皇甫嵩要凭城坚守,董卓要打，结果人家皇甫嵩不仅拖垮了叛军，临了在敌军粮尽撤退时还杀了一万多人。

陈仓败后，王国又被韩遂、马腾拿下了，西凉叛军又推出来一个叫阎忠的傀儡，没多久，阎忠病死，西凉的叛军最终分成了三大势力：金城势力的韩遂集团、以凉州州郡兵为主体的马腾集团、河关群盗势力的宋建集团。

至此，后面割据西北二十多年的军阀集团基本成型。

宋建后来在最西面的枹罕当了三十年的平汉王，没有卷入到汉末纷争之中，韩遂和马腾则随后卷入三国大乱，且各有剧本，但最终都败在了曹操手里。

汉末这绵延三十年的所谓"羌乱"，也在之后正式退出了历史舞台。

当然，这次消停也只是暂时的，在后面的剧本中，羌人不再独行，一大群少数民族全加入到了波澜壮阔的历史大势中，并最终在三百年的高压大锅里，被融合锻造成了一家。

这是后话了，董卓这位政府军头后来跟韩遂、马腾这二位匪首和解了，咱爷们儿别闹了。

原因是他有了更大的舞台。

他要感谢凉州叛军，没有人家，他就不会在这个珍贵的时间段里握有兵权，此时的他并不知道，自己将要成为这大乱天下的主角了。

不过就在他走到舞台中央前，很多人就已经看出这个人无节操、无下限了。

在皇甫嵩理清手关中乱局后，公元189年初，董卓被朝廷调为属于九卿之一的少府，要他回朝廷任职。

这是让他董卓交出兵权。

自公元184年底羌乱爆发以来，直到公元188年底，整整四年的时间，董卓就没离开关中地区，一直带着西北军搁这儿看场子。

关中也一直没出啥大乱子，但是董卓在这四年中，已经尾大不掉了。

上司张温以灵帝的诏书征召董卓，董卓却拖延很久才前去见张温。

张温责问董卓，董卓反怼张温。

此时张温带过去的悍将孙坚说："宰了这货吧！按军法'受召不至'斩！"

张温比较心虚，说道："董卓在黄河、陇山威望甚高，杀了他咱赢不了。"

张温用黄河代表并州，用陇山代表凉州，其实已经非常客观地说明了董卓此时在关西的威望了。

孙坚说："将军率王师威震天下，何必依赖于董卓！再说不是有我吗！古代名将出征不杀这种军贼立威是不会成功的！"

张温最终没同意。

像孙坚这种牛人没有一个是好应付的，全都是唯恐天下不乱然后自己往上闯的豪雄！

杀了董卓后会是什么样呢？

你手下的西北兵都是他招的、他训练的，你手下的羌胡兵都是看他的面子凝聚在麾下的，杀了他你还出得去关中吗？

在这四年中，董太师手下在后世名震天下的各位将领也全部就位：李傕、郭汜、徐荣、杨定、张济、胡轸、段煨……

除了徐荣是辽东人外，清一色的凉州人。

而且全都是非常接地气的凉州人。

李傕，"边鄙之人，习于夷风"；郭汜，"盗马虏"；樊稠、杨定，"卓故部曲"；段煨，"段颎同宗"。

吕布在董卓手下的将领中能力根本排不进前三。

董卓在征他回京的回复上书中写道：我率领的"湟中义从及秦胡兵"全都死皮赖脸地不让我走，我怕我突然走了这伙人会闹起来啊！

"秦胡兵"我们可以理解，大致就是三辅地区的郡兵和各种胡兵。

比较意外的是，连最初发起羌乱的那伙"湟中义从"此时也已经在这四年的西北征战中被董太师收编过来了。

少数民族是比较实在的，董太师的威望和价码明显比凉州本土还要高。

这对朝廷来讲，其实是个变相的威胁，因为董卓不仅敢违抗朝廷的任命，还拿胡兵来吓唬朝廷。

董卓哪来的这么大的胆子呢？

因为此时匈奴屠各反杀并州刺史，中原黄巾余孽再度铺天盖地。

这大汉王朝泥菩萨过江的趋势已经非常明显了。

最终也如董卓所料，朝廷对董卓的拒绝任命没有下文了。

朝廷非常害怕将董卓逼反。

董卓的军队组成，是董卓拿着朝廷的政策与任命在当地招的羌胡武装与西北郡兵，其实和韩遂、马腾的兵源成分很像。

董卓现在已经变成了观望局势的军阀。

朝廷怕他成为第二个马腾，也跑到韩遂那儿入伙去。

观望的董卓没过多久就再次得到了任命，这次任命更加不同寻常。

公元189年夏，灵帝不行了。

灵帝病重时亲笔玺书要召董卓见驾，拜他为并州牧，让他将军队交给皇甫嵩去上任。

董卓对这个指派比较满意，但是他却只享受了权力，没搭理灵帝派给他的任务。

董卓说："天恩误加让我这个粗人掌兵十年，现在士卒们跟我久了，都感我的恩，全都是能为我赴汤蹈火的傻孩子，求陛下准我带着他们去并州效力。"（士卒大小相狎弥久，恋臣畜养之恩，为臣奋一旦之命。）

准确来讲，从这个时候起，董卓就有了自立的野心。

古往今来，带兵者跟皇帝说这帮兵是吃我的饭，靠我的"蓄养之恩"养活着，能够为我"奋一旦之命"的时候，基本上就算是半独立了。

而且，他并没有去并州牧的治所太原！

他渡过黄河，将部队带进自己曾经任职过的河东驻扎了下来。

董卓不上任有两个原因：

1. 此时虽然州牧已经总揽军、政、财的三项大权，但是并州刚刚被匈奴屠各祸害完，上一任并州刺史还被匈奴人杀了，此时的并州形势非常乱。当年的南匈奴经过不断地南迁与上百年地演变，已经把并州的北部、西部当自治地区了。

2. 他得到了很靠谱的消息，灵帝快不行了。

董卓在洛阳做人质的弟弟董旻时任奉车都尉，是灵帝身边的人。

这位董旻在后面那场政变中的角色非常关键。

灵帝死后，时局将发生巨大的变化，他此时手握着整个东汉政权战斗力最靠谱、士兵最忠诚的一支部队。

他有资格待价而沽。

他相信，会有比并州更大的价码。

终于，他等到了。

灵帝驾崩后两个月，董卓得到诏书，大将军何进召他带兵进京铲除宦官集团。

面对这个征召，面对曾经的太监恩主们，董卓二话没说就点兵南下了。

他要掺和这场大乱局去了。

他预感到洛阳大乱了，但他根本没想到最后居然乱成了那个样子。

此时的京城，山雨欲来。

灵帝死后，短短几十天，洛阳城中乌云密布，有三派势力在各自布局，积聚着力量。

他们要在这权力的游戏中为自己搏得最大的那块蛋糕。

这三派势力分别是：宦官、外戚、士族。

放董卓进京的这个始作俑者，其实并非何进，而是一个年轻的士族翘楚，他的名字，叫袁绍。

是这个人，几乎以一己之力，导演了汉末皇权崩塌的大戏。

时间来到公元189年（四月），灵帝病重。

灵帝直到死前，才最终下定决心，要立次子刘协为下一任大汉帝国的皇帝。

为什么？

因为长子刘辩和刘协比起来,实在是差得太远了。

这个次子刘协,就是著名的汉献帝了。

灵帝死前,越看刘辩这个太子越来气是有原因的,因为这个太子虽然是皇后生的,但举止轻浮,气质浅陋,没有丝毫人君之象。

相比之下,老二刘协虽然只有九岁,却聪明伶俐,看着哪哪都特顺眼。

哥俩反差这么大并不是因为老大天生就是白痴,而是另有原因。

原因还是在灵帝这个当爹的这儿。

灵帝之前有过几个儿子,但都没保住,莫名其妙地就都夭折了。

结果按东汉老规矩,有明白人说,您皇家的孩子养着都挺费劲,再生了孩子不能放在宫中养了,容易养不活,还是得放到别人家隐姓埋名地养才有可能长大。

还是那句潜台词:你这货太缺德,不配有孩子,儿子得跟别人姓。

灵帝觉得这话说得太对了。

于是他把刘辩寄养在了一个姓史的道人家里,结果刘辩确实长大了,但你想想,在民间教育出来的孩子有什么帝王之气?

相反,刘协出生后就被董太后收养了(他妈王美人被嫉妒心超强的何皇后杀掉了,董太后和何皇后婆媳关系不太好)。

太后养出来的孩子那能和民间道士养出来的一样吗?

这也给我们提了一个醒:孩子一定要亲自带!

人这辈子最大的成功,其实就是在于对下一代的培养上。

像后面我们要说的,人家曹操生了一大群优秀的儿子,司马懿对两个接班人堪称处处用心的教育,都是自己很牛、儿子同样很牛的代表。

想要孩子出息,和你自己付出的时间与心血是分不开的。

如果你很牛,你不仅要花钱让孩子接受最好的教育,你还要让孩子有足够多的时间去参观与感受你是怎么变得这么牛的。

气概、性格、眼光等很多隐性财富,都是父母给的。

尤其是爹!

咋给的？

你要天天跟儿子吃晚饭，跟他谈心，观察他的心理动态和朋友关系，带他去你的公司、参观你的工作，跟他谈论他的兴趣、人生与未来……

都是言传身教，拿时间与心血堆出来的。

没有任何捷径！

你千万不要把孩子扔给保姆或者老人们，然后一心扑在赚钱和升职上，我们最宝贵的财富是孩子，别的都是假的。

到了"汉亡之实"的灵帝这儿，也是这意思。

你给他披上龙袍，他也不是太子！

你这个当年河间国捡来皇位的半吊子，最终登顶大位就是天下万民最大的悲哀！

灵帝最终决定立刘协为皇帝是个明智的想法，但他应该在前几年身体还行的时候就行动，他现在已经没有能力为他这个小儿子的接班铺平道路了。

何太后正当年，娘家兄弟何进是大将军，刘辩再怎么轻浮，人家也有巨大的权力砝码，你这小儿子啥也没有，你凭啥让他登大位呢？

最后一刻活明白的灵帝琢磨半天，最终将希望寄托在了自己最信任的一个太监手上，然后蹬腿走人。

这个太监，是西园军首领宦官，蹇硕。

灵帝这个大顽主也并不算糊涂蛋，他知道如果想让小儿子继位，只能托孤给蹇硕。

有俩原因：

第一，蹇硕和何进内斗得很厉害。

蹇硕在去年就与诸常侍共同劝说灵帝派遣何进西征韩遂，灵帝也同意了，但何进则上奏派袁绍到徐州和兖州去调集军队，声称要等到袁绍回来再西征。

这一拖二拖就拖过去了。

事过去了，但不意味着两人的争斗就这么完了。

第二，蹇硕手上有兵权。

还是去年的事，公元188年（八月），为讨伐黄巾贼，灵帝在洛阳西园招募壮丁，成立了一支战时能赴外出征的禁军。因为担任着外出战斗的任务，所以西园军在诸禁军中实力最强，胳膊最粗。

灵帝任命蹇硕、袁绍、曹操等八人为西园军的八个指挥官，总指挥官是蹇硕，而且在从属关系上，凡涉及军事问题时，大将军何进也要听从蹇硕的指挥。

相当于蹇硕这个西园军的上军校尉是整个东汉军事上的最高首领。

所以说，在立刘协、打击外戚上，蹇硕是既有意愿，又有能力的。

四月丙辰十一日，汉灵帝在南宫嘉德殿逝世，随后蹇硕就要下手了。

他的时间比较紧，因为何进的势力很强大，而且刘辩是名义上的太子。

他要迅速杀掉大将军何进，此时最大的优势就是信息的不对称。

皇帝驾崩时他在身边，随后蹇硕派人召何进入宫商讨国丧后事，何进听宣后迅速飞车前往。

人在着急忙慌的时候，往往是没有防备的。

按理说何进的命马上就要走到尽头了，没想到蹇硕这边出了叛徒。

蹇硕的司马潘隐与何进关系非常好，蹇硕忽略了这个关键。

在这个关键的时刻并没有做到重点关系的重点排查。

潘隐知道蹇硕的阴谋，结果在迎接何进时用眼神示意有变。

确认过眼神后的何进知道宫中有变，于是又调头飞车抄近道跑回了自己控制的军营，声称"我有病"，然后开始备战。

两天后，四月十三日，一击不成的蹇硕选择了妥协，按照继位的正常顺序，太子刘辩即帝位，其母何皇后被尊为皇太后。

何太后随后临朝主政，大赦天下，后将军袁隗升为太傅，与大将军何进共同辅政，参录尚书事。

要仔细注意这个人事任命。

何进是一把手，录尚书事。

袁隗是参录尚书事，也入了台阁辅政了，何进要是不在就是他说的算了，有拍板权，是二把手。

这个袁隗是目前袁家的掌门人，袁绍的伯父。

看到这里，我们才能理解，后面袁绍的那一大堆预谋政变的后手都是什么。

在取得首回合胜利后，何进非常清楚蹇硕当初想要干什么，这是一场你死我活的战斗，对方是一股非常汹涌的势力，人家想要把你扳倒，独站权力中央。

他的大旗是二皇子刘协，这杆旗什么时候会起作用呢？

只有你外甥死了以后才会有用。

但现在他在暗，你在明，你外甥的起居生活都在太监手中，万一哪天你外甥"天有不测风云"了呢？

所以何进必须要跟这个蹇硕拼个你死我活。

就是在这个时候，袁绍导演掺和进来了。

七、"四世三公"的汉末王莽之路

终于要好好说说袁绍了。

更具体地说，要说说他老袁家了。

当时提到他老袁家，有一个非常厉害的词："四世三公"。

啥叫"四世三公"呢？

就是说袁家连着四辈都当到了三公这个位置的高官。

国家决策和军事任用这两条大动脉虽然在皇权、外戚、宦官这三股势力手下，但让整个帝国运行起来的那些毛细血管却都在各官员手中。

每有外戚得势，普遍的做法是在要紧部位换上自己人。

比如内朝的尚书令、中常侍，比如禁军的虎贲中郎将，这都是关键的岗位。

对了，此时虎贲中郎将是袁术！

原来的虎贲中郎将是袁绍，此时的袁绍去当西园八校尉的二把手中军校尉去了。

此时袁家的阵容非常有意思。

袁隗作为大族长，任太傅参录尚书事，朝中二把手。

袁绍、袁术分别在禁军中担任极其重要的岗位。

对了，袁家现在"是"何进的人。

反正何进是这么认为的。

所以袁家在何进的朝廷扎得非常深。

袁家在自己"四世三公"的第四、五世时,走上了仕途上的最高峰。

与此同时,他家的朋党在这"四世三公"的奋斗过程中也编织了极其庞大的人脉关系网。

你当一任三公,你的门生都会形成巨大的势力与网络,比如前面说的窦宪的"掾属三十人,皆故刺史二千石","两世三公"的李固家"其列在官牒者凡四十九人",结果你家"四世三公",这个网络得有多大呢?

一群官员见面唠嗑:你老家是哪的啊,你是啥时候当官的啊,你恩师是谁啊?

结果聊了一溜够,全都是师兄弟。

因为他们的恩师出自同一个家族,袁家。

没有他老袁家的提拔和引路,很多人是出不了头的,这种提携关系,后面成了两千年来中国文官系统中非常重要的一种关系,"师生之谊"。

到了科举时代,如果你先人积德,祖坟给力,青烟直冒,你中功名了,你考试时的那一届主考官就是你的老师,你要拜码头,磕头认老师,听老师的话,当老师的枪,一生不能背叛老师,否则你就是个不忠不孝的畜生。

你没听错,后来的文官生态甭管乱成什么样,比如宋代和明代,这两个朝代的党争和文化流氓就特别多,口水乱飞、胡撕乱咬的情况层出不穷,但甭管这帮人咬成啥样,被人利诱成啥样,面对自己的老师时都是要磕头做乖宝宝的。

原因不仅是孝文化在后来越来越根深蒂固,这其实还有一个很深的道理:没有人家,当初你就是个屁。

得了人家的恩,要知道回报。

说了半天,要说一下他袁家的势力是咋起来的了。

袁家的发家史,还是印证了一个古老的道理:高位乃德者居之,有五世大德者,必有五世富贵保之。

袁氏发源于汝南,汉平帝朝,袁家老祖袁良入仕,袁良师从大儒孟喜,以孟氏《易经》为其传家之学。后来,刘秀复国后做了成武令。

袁良官不大,到了其孙袁安这一辈,袁家爆发了。

由于袁家是当地豪族,所以袁安非常顺利地做了当地的功曹,后来被举荐为孝廉进入仕途。

有一年,洛阳暴雪,整个洛阳一夜变成哈尔滨,大雪把屋都压塌了。

大雪无情人有情,洛阳令下令赈灾,大街上全都是乞食求救的人,洛阳令巡街时发现袁安家已经成了雪雕,估计是全家埋里头了。

按说该救幸存者去了,但洛阳令冥冥之中下达了一个命令:给他家门扒开收尸吧。

结果扒开大雪后发现,虽然袁安躺在屋里冻成棍了,但还剩一口气。

洛阳令救下了袁安,问道:"你咋不扒开雪逃出去求救啊?"

袁安哆哆嗦嗦地说:"如此大灾之下,百姓全都遭灾受饿,我不能再去麻烦别人,我是读书人!"

这个故事后来成了儒家文化中教育孩子的经典故事"袁安困雪"。

后来,袁安先后担任阴平县长和任城县令,任职所在之处民意甚高。公元71年,袁安被调去楚郡任太守,解决一件事。

当时是明帝时期,当地刚经历楚王刘英谋逆案,办案官员为了邀功,将案件扩大化,牵连了数千人。

这种为了自己的政绩,无辜牵连他人蒙冤的官员极其卑劣。

在这里要特别说一下,这种做法是缺大德的。

袁安后来拯救了这些无辜之人,从此官运亨通。

袁安到楚郡后连衙门都没来得及进就直接去大牢了,因为来的时候沿途听说楚王谋逆案有大冤情。

袁太守在当了好久的袁牢头后捋清了一大批冤假错案,并最终整理出了一大批重审材料。

楚郡的府丞掾史都向袁安叩头力争,说这是大逆之案,咱犯不上替他们翻这个案,惹火上身!

袁安表示：如实上报，如果不合律例，出了问题我负全责！

明帝最终被袁安条理清晰的二审打动了，因此被释放出狱的人有四百多家。

袁安治下无冤案，袁太守名动官场。

一年后，袁安调京畿担任河南尹。

这个位置不简单，在天子脚下当地方大员。

袁安在任十年，辖区"政令严明，京师肃然，名重朝廷"。

明帝将这样的大才留给了儿子。章帝登基后，袁安进入中央，相继担任太仆、司空、司徒。

积了一辈子德的袁安后来又熬走了章帝。到了和帝时期，袁安看到著名的丑陋外戚窦宪实在不是个东西，于是弹劾了当时气焰嚣张的窦宪。

别看窦宪嘚瑟到了连公主的地都敢抢的地步，对于袁安他却一点辙都没有，他只能默默地听着袁安对他的申斥。

袁安的浩然正气已经到了自带防弹衣的效果，群魔见之退避三舍。

袁安去世后，窦宪也迅速完蛋了，和帝成功将权力抓了回来，由于当年袁家抗窦有功，和帝给予袁安诸子封赏，袁氏因此一门荣达。

袁安长子袁裳官至骑都尉，次子袁京官至蜀郡太守，三子袁敞官至司空。

袁敞是他家的第二任三公。

后来，袁京之子袁汤在桓帝时当上了太尉，封安国亭侯，这是他家的第三任三公。

袁汤有三子，袁成、袁逢、袁隗。

袁成官至左中郎将，袁逢与袁隗在灵帝一朝皆位列三公，这是他家的第四辈三公，袁隗又娶了当时的经学大师马融的女儿，由此还掌握了舆论开火权。

袁家的这帮子弟后来并没有秉承当年老祖宗的道德标杆，而是开发出了多面下注的另一条发展道路。

袁家本身是士族集团的代言人，但人家又同时和外戚、宦官全都保持着非常密切的联系。

到了袁家第四辈时，袁成与大魔王梁冀私交甚厚，梁冀甚至对他达到了言听计从的程度，洛阳潜规则是"事不谐，问文开"。

袁成，字文开。

这绝对是高难度，这个梁冀可不是什么好相处的，他是东汉外戚的跋扈之首，还鸩杀过皇帝。

梁冀倒台后，受牵连者非常多，但袁家平安渡劫。

因为袁家同时还抱着太监的大腿，当时的中常侍袁赦是汝南袁氏的宗族成员，深得皇帝宠信，袁家跟太监说咱们是实在亲戚，可得互相照应。

袁逢、袁隗这两个三公又和太监袁赦一荣俱荣了。后来爆发了两次党锢之祸，诸多世家大族、清流名士被掀翻在地，但袁家却因此稳坐朝廷要位。

在最大的政治风暴中没有被踢下牌局，这也成了袁家最终在第五世大爆发的关键点。

袁家始终没下牌局，筹码还越来越大！

袁家第五辈时出了两个翘楚，一个叫袁绍，一个叫袁术，这二位我们就很熟悉了。

这俩人都是袁逢的儿子，正根嫡子是袁术，但名声比较大的是袁绍。

袁绍，字本初，比袁术岁数大。

岁数大并不是袁绍牛的原因，他的先天条件其实不好，他是袁逢的庶子，母亲还是婢女。

在那个时代，嫡子跟庶子有着天差地别，可以参考《红楼梦》里贾宝玉和贾环的待遇。

不过袁绍后来却满世界嘚瑟，大有第五辈接班人的势头。

是袁绍的能力很强吗？

其实能力在出身面前就是个屁，有能力的人多了去了，你连在史书中留个路人甲名字的资格都没有。

袁绍真正要感谢的，是他大爷袁成生不出儿子还死得早，结果袁逢就把袁绍过继给了袁成这一支为嗣。

袁绍因此野鸡变凤凰。

在宗法关系上，袁绍与袁术今后成了堂兄弟。

虽然在袁逢那一支上，袁绍的血缘是"低劣"的，但人家现在却是袁成这一支的掌门人了。

后来总有人拿袁绍的出身说事，说他是个丫鬟生的，不能叫个东西，公孙瓒、曹操等这些竞争对手都没少埋汰人家，甚至连他的亲兄弟袁术都这么说过，我家的那个家奴咋这么受欢迎？

大多数史书说他能混出来是因为他天赋异禀，仪表堂堂，广交朋友，有领袖之风。

没错，个人素质很重要，但还是那句话，时代已经来到东汉末年了，很多儒家的不成文的规定已经默认成型了。你要真是个丫鬟生的，你袁绍的人生真的也就没啥大蹦头了。

母以子贵这话其实很少能用到。

更多的时候是子以母贵。

所以袁绍人生的最大背景光，就是他亲爹当年把他过继给他那早死的大爷了。

别看你是个丫鬟生的，但你过继到了高门继承人的位置上，在宗法时代，人们又该迅速忘记你可怜的身份了。

袁绍在土狗变麒麟后，开始不断地利用他袁家"四世三公"形成的"门生故吏遍天下"的士族网络，以增强自己的实力。

袁家此时不光和宦官集团关系密切，人家还是倒台士族中的重要领袖，袁绍在党锢之祸后参与了不少次营救与秘密集会。

看出这个家族的复杂性了吧。

这其实是非常具有借鉴意义的家族发展史。

袁家错了吗？

谈不上错。

小孩子才谈对错，大人只看利弊，家族只看未来。

在最凶险的舞台上，谁知道明天会是什么样呢？

全都投上票其实非常明智。

袁家是股非常强大的势力，强大到了足以左右历史的走向。

袁家四世站在浪潮之巅，但却一直没有走到历史的前台，原因就在于最关键的那两样权力还没得到。

一个是最高拍板权，一个是军权。

一旦得到了这两样权力，他家的下一步其实就比较好预测了。

二十年前毕竟有那么一个失败的例子；

二百年前毕竟有那么一个成功的例子。

虽然袁家在玩道德上不能与好人王莽同日而语，在权力的欲推还就上棋差N着，但他家和王莽的共同点是——声望。

他家掌权是士族的众望所归。

因为此时士族的最大门楣、最大粗腿，就是自一百年前就已站在三公殿堂上从来没下去过的袁家。

到了第五世的时候，袁家开始朝王莽的方向进发了。

搭台子布局的，就是这个年纪轻轻的袁绍！

过继了的袁绍算得上是位尽其才，他没有辱没家族的名声，很上进，大量结交才俊，扩大自己的影响力，把自己打造成了袁家下一代的标杆。

这个标杆的意义是非常不寻常的，要知道，他袁绍是老袁家的希望之星，也许就是三公的第五世，这也导致大量有能耐没能耐的人全想跟他扯上关系，去他家送礼求接见的人都需要排长队。

洛阳城袁绍家门口的交通经常大拥堵，令洛阳交管部门非常头疼，结果后来袁绍自己慢慢提高门槛，筛选高档会员，"非海内知名不得相见"。

你没点腕儿是见不到我袁本初的！

袁绍的高调让很多大佬很不满，太监头子赵忠就曾批评道："袁绍这小子养了一大堆死士,这小子想要干什么?"

他的想法是对的,袁绍真的是想干些什么。

黄巾之乱爆发后,何进被封为大将军,掌控洛阳周边布防从而拿到了帝国军权。袁绍看准了何进,上门应聘,被何进召进幕府。

袁绍选择拜入何进门下,完成了阴谋的第一步。

何进出身屠户,是东汉有史以来最寒微的外戚,他需要袁绍的声望加成,这是可以理解的,但袁绍需要他的什么呢?

我们后面会慢慢得到答案。

何进随后将袁绍升为虎贲中郎将,把他当作心腹。后来又把他安排为中军校尉,令其族弟袁术做虎贲中郎将。

在蹇硕对何进下手后,袁绍第一时间派了张津去试探口风,劝何进弄死全体宦官。(袁绍因进亲客张津,劝进悉诛诸宦官。)

何进此时还算是比较冷静的,想对我下手的只有蹇硕,我为何要对全体宦官开战?

这边何进在着手布置对付蹇硕,蹇硕那边也琢磨着要把何进弄死。

毕竟他已经朝人家动过刀子了,撕破脸了你咋缝回去?

但蹇硕已经失去了最开始的偷袭便利,他要找盟友,他找了与他同是一个阶层的太监大佬们。

剩下的这堆太监大佬,有十二个人,位居中常侍,史称"十常侍",领头的有两人,张让、赵忠。

这里面没有蹇硕,《三国演义》中把蹇硕给加进去了。

这些人当年都深得灵帝的喜爱,是内廷的另一组势力,灵帝曾经非常缺心眼地说过那句名言"张让是我父,赵忠是我母"。

刘邦、刘彻、刘秀要是听到自己的子孙能说出太监是他爹这种话,不知会不会从地底下爬上来抽他大嘴巴。

蹇硕抓住了袁绍的那个建议,给赵忠等人写信说:"大将军兄弟执政专权,现在又听从士族建议打算全部消灭我们这些内臣(今与天下党人谋诛先帝左右，扫灭我曹），只因为我统领禁兵，所以他还没有动手，现在咱们应当赶紧干掉他。"

蹇硕说的没问题，但是他选对了阶级却选错了背景，他忽略了当年人家何家是咋发迹的。

当年何皇后之所以能够得宠，就是走了太监的门路，中常侍中的郭胜是何进的同郡老乡，当初何太后与何进的贵幸，郭胜是出了大力的。

何进家本是屠户，他妹当初就是走郭胜的关系才进的掖庭，因业务能力过硬而被灵帝宠幸，后来当上了皇后。

灵帝宠妃王美人生下刘协后，被嫉妒的何皇后干掉了，灵帝很生气，刘辩眼瞅也要没妈了，在最关键的时刻，是张让等人花钱求情帮着把何皇后保下来的。

总之，何家其实是被宦官集团选出来的外戚。

既然无可避免总要有外戚出现，那外戚最好就是由我们太监扶植起来的、没有士族关系的草包。

何进的这个大将军能上台其实是因为这个。

这个集团的最好状态就是外戚、宦官共同保卫着太子，然后结成利益共同体去继续对汉王朝的统治。

立二子刘协其实是灵帝死前突然加入的变量。

这位掌兵权的蹇硕其实挡了所有人的道。

最终，根据蹇硕的提议，十常侍讨论了一下，同类蹇硕被放弃了。

十常侍集团非常明白他们与何家才是一伙的，蹇硕写给他们的信随后被交给了何进。

这也表明了一个态度：我们是站在你这边的。

何进得到信后很兴奋，因为他对蹇硕的另一层顾忌，其实也在于他身边的宦官集团。

之前他拿不准的一件事就是，当初蹇硕阴谋要杀他是不是整个宦官集团的一致决策。

现在知道了,那帮人跟他还是同一伙的。

但是,这同样有一个永远也打不开的心结。

你们是扔出蹇硕当替死鬼呢?还是真的从头到尾不知道呢?

庚午(二十五日),失去了所有盟友支持的蹇硕最终被何进串通黄门令阴谋暗杀了。

随后,何进收了蹇硕手中的兵权。

干死蹇硕后,何进开始将矛头瞄准到下一个对手,灵帝生母董太后背后的董家。

刘协是这个老太太带大的,而且老太太还与儿媳妇何太后有着很深的婆媳矛盾,灵帝在位时,何皇后就和董太后打得很厉害。

没办法,她俩位置重叠,都属于外戚势力,你家牛起来就意味着我家要吃亏,那个时候婆媳间就总爆发矛盾,董太后一生气就总威胁儿媳妇,要让自己的兄弟骠骑将军董重砍了何进的脑袋。

叫的狗往往都不咬人,结果灵帝刚走人半个月,何进就与三公共同弹劾董家,命其回到封国;初六逮捕董重,董重自杀;又过了一个月,董太后不明原因死亡。

董家就此被铲除出了权力中心。

这个时候,何进已经完成了对帝国军权的全部整合。

按说在这个时候,此次所谓的外戚与宦官的争斗就该落下帷幕了,因为本来就是一伙的。小皇帝现在十四岁,按照惯例大约还有二十年的活头,后面可以踏踏实实地过日子了。

但变化,却在这个时候出现了。

太监集团栽培起来的草包何进,被一个棒小伙给意外拐走了。

这个棒小伙,是袁绍。

八、袁绍导演的惊天政变

干掉蹇硕和外戚董家后,袁绍在这个该放下一切过往的关口劝说何进:"上一任外戚和宦官发生权力斗争时,窦武占据着明显优势却最终被害,是因为啥?"

"他的密谋漏泄出去了,真到了关键时刻,北军五校的将士们更怕的是太监们!

"现在将军好不容易拿下如此优势的地位,你兄弟何苗又和你一条心统率劲兵,部下将吏又都是尽力效命的英俊名士,这是天助的时机啊!

"将军应当为天下除害,名垂后世,彻底干掉这帮祸国的死太监!"

这个建议很无厘头。

这一次的权力斗争其实是非常明了的,何家兄妹正在壮年,皇帝是个小孩子,宦官大佬们还在当年何家上市的时候投了原始股,所以刘辩的最终地位稳固,是符合所有集团的利益需求的。

何进眼下根本没有继续斗争的理由,因为所有人的荣华富贵都是绑定在刘辩这个小皇帝身上的,而且你掌握全部兵权,太监们已经投诚服软,将来的权力大饼你何家多吃点,太监们少吃点,这还不行吗?

但袁绍的意思,是要把太监们彻底踢跑!

这是袁绍阴谋的开始。

下面我们来分析下袁绍的动机,他为啥要把太监们踢跑呢?

他的直接动机，是太监们手中的权力。

因为何进干倒太监后，肯定是吃不下这么大的一张权力大饼的，吃不了谁吃呢？

肯定是他喊打喊杀的袁本初吃呀，不要忘了，他叔叔袁隗也录尚书事哦。

但是，袁绍的目标真的是太监手中的权力吗？

从后面的表现来看，他的胃口远比这要大得多。

何进的脑子在这个时候短路了，他让袁绍忽悠了。

他也觉得这帮太监比较讨厌。

他为什么会被袁绍忽悠呢？

第一，那个信任的伤疤开始隐隐作痛，真的仅仅是蹇硕一个人想置我于死地吗？这帮太监会不会最终抛出蹇硕以弃车保帅呢？

第二，当年灵帝上台时也是外戚窦武和宦官曹节等共同拥立的，按说他们也是利益共同体，不过确实如袁绍所说，最后宦官还是把窦武一党给弄死了。

但是，这里袁绍跟他藏了奸。

当年的宦官集团是没得选，是窦武一党制造舆论、抢班夺权，已经极其露骨地向第二个王莽狂奔时非要把挡路的太监全宰了，人家才跟他拼命的。

此时的宦官集团却把蹇硕写的密谋信都给你看了。

但袁绍仅仅说了上一届外戚的例子有多惨，并劝何进先下手为强，却根本不提前面的来龙去脉。

当年没有报纸新闻，二十年前的事情，屠户出身的何进是不可能知道完整的原貌的。

但知道并亲历整个党锢之祸的袁家此时却不可能告诉他真相。

袁绍只会挑能够达到自己目的的东西让何进知道。

纵观两千年，类似于"背水一战"的故事其实年年都有啊。

阴谋家只让你知道背水大胜，却从不告诉你那人是万中无一的兵仙。

何进从此开始一步步掉入了袁绍的圈套中。

何进开始向太后妹妹建议，请求全部撤换中常侍及以下的宦官，委派三署郎官代替他们的职务。

何太后听完就给否了，她比他哥要多点脑子，她说："宦官统领禁省，自古到今这都是汉家老规矩，不可废，况且先帝刚走人，太监都打跑了，你让我这寡妇直接面对那帮小伙子？"

何进让妹妹怼了回来，袁绍又在旁边拱火，咱现在不干死他们，这帮人天天在皇帝边上出入号令，今后一定是祸患！（绍以为中官亲近至尊，出纳号令，今不悉废，后必为患。）

袁绍在挑事方面堪称教科书级的鼻祖，这位爷知道人们对隐患的恐慌会引起巨大的焦虑，然后他就开始无极限放大、贩卖这份焦虑。

袁绍那边一个劲点火，何进自己家这边则在旁边开始灭火，何进他妈舞阳君、弟弟何苗多次收到宦官们的献礼，然后对何进说："差不多得了，人家都认怂了，您大将军还想怎么样啊？"

何家全体，除了何进都比较明白，咱和太监其实是一家子，咱和他们是一荣俱荣的。

太监之所以会和外戚发生斗争，其实最根本的原因是小皇帝长大后要握权，眼下小皇帝这么小，太监手中的兵权又都没了，能有啥威胁呢？

不断给何家送礼的宦官集团其实也是有潜台词的：你家当年是咋上来的你忘了吗？欠了人情是要还的！咋还恩将仇报了呢？

在多方博弈下何进蒙圈了，停下脚步开始琢磨。

怎么可能给你时间让你思考！袁绍又对何进展开游说："我知道您犹豫啥，您是怕自己实力不够，咱一下子扳不动他们，咱们现在多方召集四方猛将及大批豪杰，命他们都引兵向京城，威胁清君侧造声势吓唬太后！"（绍等又为画策，多召四方猛将及诸豪杰，使并引兵向京城，以胁太后。）

何进同意了。

看见没有，袁绍在自己的阴谋进入到了僵局后又高明地引入新的变量来继续搅和，而且有句话说得非常高端。

袁绍对何进说："以胁太后。"

厉害吗？人家是兄妹！但袁绍开始挑唆内讧了！

袁绍开始将何进和太后，人为地通过语言划分为两个阵营！

他开始给何进洗脑，让他产生自己跟太后不是一个阵营的意识。

这个时候，我们已经比较清楚地明白袁绍的意图了。

他大张旗鼓地令外兵入京，最大的目的，就是公开矛盾，让宦官与何进彻底撕破脸，然后互相搏杀。

他的最终目的，是一死一伤，甚至是两股势力同归于尽！

这是袁绍阴谋的第二步。

他的叔叔袁隗，此时是与何进共领尚书事的；他袁绍，是何进手下第一战将；他族弟袁术控制着皇宫中最重要的虎贲军。

在这两股势力完蛋后，天下就是袁家的天下了。

事实上，他最终如了意，这两股势力最终都被消灭了，但是，这桃子轮着他来摘了吗？

公开矛盾的方法有很多种，他选择了最不可控的一种：外兵入京。

在袁绍布的局里，其实这一点他算进去了。

他是有把握可以吓唬住这帮外兵的，而且他盘算了一下，将两股势力一网打尽后他是有办法掌控住局面的。

但是，最终他并没有。

其实真的就差了一点点。

何进招外兵后，很多明白人就发表了预测与见解，比如著名奸雄此时的典军校尉曹操先生就说："宦官古今都有，只是君王不应该给予大权和宠信，让他们发展到现在这个程度，既然要惩治他们，除去首恶就可以了，而且这活只要一个狱吏去干就足够了。你现在征召各地部队，就是让宦官们提高警觉，肯定会失败！"

著名笔骂陈琳先生（官渡之战时把曹操一家骂得都刨祖坟里去了）说：

"大将军现在总控全局,要想杀太监你就赶紧杀(速发雷霆,行权立断,则天人顺之),《易经》中说,鹿放走了,就逮不着了,你现在是传说中的干戈倒拿,把柄给别人,不仅成不了功,还将给乱徒作恶的机会。"

不愧是第一笔骂,陈琳不仅看到了何进不会成功,还看到了后面将会有大乱子。

还有卢植、郑泰等好多人劝何进,你杀太监真犯不上弄这么大动静,一大堆明白人分析清楚了,奈何何进的水平实在成问题。

何进根本算不明白这盘棋将会走向何处。

你让一个屠户突然进朝廷去搞权力斗争,他要是能算明白就怪了。

最开始,袁绍说杀太监的原因是窦武走漏了消息被太监杀了。

咋没两天就又让你把消息搞得全世界都知道了呢?

这不就是让太监来杀你这个大将军嘛!

董卓、王匡、桥瑁、丁原等一系列有实力的地方大员开始向洛阳跑步靠拢。东郡太守桥瑁屯成皋,丁原还火烧孟津造声势,要诛杀宦官。

董卓则一边跑一边上书:"从前赵鞅统率晋阳的军队来清除君王身边的恶人,如今我则敲响钟鼓到洛阳来,请求逮捕张让等人,以清除奸邪!"

一看董卓就是个没文化的人,他举例的这个赵鞅就是三家分晋的前传导演。

这就好比一个姑娘大张旗鼓地声称我要向"好太太"潘金莲学习,给丈夫熬药治病一样,太搞笑了。

没等太监急眼,何家内部看到这个情况就开始跟何进动真格的了。他弟弟何苗对何进说:"我们当初从南阳来,出身贫贱,都是依靠宦官的扶助,才有今天的富贵。国家大事,谈何容易,大哥,覆水难收啊!你再想想吧!"

是何进不明白这个事吗?

是何苗更明事理吗?

其实并不是!

只是何进身边的那个坏蛋段位太高,释放的能量太强了,他被人洗脑控制了。

这种人我见过。

他跟大家说话时,大瞎话经他的嘴一说出来,气场动人心魄,魅力瞬间控场,全场集体高潮。

他跟你单独聊天时,你恨不得把闺女嫁给他。

你说碰见这种人时咋办呢?

当你跟他不是一个能量级别时,基本没办法。

当你碰见这种你咋看咋顺眼,他让你干啥你都想帮他的人时,尽量不要当时做决定,回过头来仔细想想。

何进现在就被"姿貌威容,折节下士,士多附之"的袁绍给蛊惑了。

两头太多的话语灌到了何进脑子里,已经搅在一块成糨糊了。董卓这时已经从河东跑到渑池了,他派人去阻止董卓,你先别来这么快!让我再琢磨琢磨!

但董卓已经不听诏命了,开始率军前至河南。

何进随后派谏议大夫种邵宣诏,让董卓打住回军!

董卓疑心洛阳政局已发生变动,威胁种邵询问到底咋了!

种邵大怒,当面硬怼董卓:"你是疯了吗?这是天子脚下,你再跟我说一遍!"

董卓也含糊了,暂时退军到了夕阳亭。

董卓的表现明显也是个投机派,但何进派人让董卓打住让袁绍很紧张(绍惧进变计),威胁何进说(胁之曰):"现在矛盾已成,迹象已经显露,将军还想等待什么?咱回不去啦!窦武被害的惨剧要重演啦!大哥,咱干吧(交构已成,形势已露……事久变生,复为窦氏矣)!"

听见了吗?老窦家作为受害人又今日说法来了。

但是谁让何进突然变成窦武的呢?

于是,何进下定了决心,准备动手了,令袁绍为"司隶校尉,假节,专命击断"。

这是一次非常重要的人事任命。

司隶校尉，相当于帝国都城七郡的刺史，手中有千人左右的军队；上监朝堂，下监司隶七郡，后勤上人家比禁军的弹性更大，起着监控京畿要害的作用。

啥叫"假节"呢？

就是可以自己做主杀犯军令者。

也就是说，袁绍的军令下达后，谁要是执行不利他当时就能砍人。

司隶校尉可以监控京畿；"假节"保证军事行动的执行力；"专命击断"表示袁绍可以相时而动。

袁绍后来就是靠着这个重要任命合法乱杀人的。

袁绍这边拿下"司隶校尉假节"后，命小弟去侦察宦官动静（绍使洛阳方略武吏司察宦者），然后又催促董卓等人继续上书（而促董卓等使驰驿上奏），扩大事态，但没批准他们进兵。

看见没有，自始至终，都是袁导在控制节奏！

外兵又开始闹闹哄哄地吓唬人。

最终，何太后虚了，把中常侍、小黄门等宦官都下诏罢免了。

诸常侍、小黄门也彻底认怂，向何进请罪，表示一切听从他的处置。

何进对他们说："天下动荡不定，是因为你们太缺德，老天爷生气了，如今董卓他们马上要来了，你们为什么还不早日各自回到自己的封国去！"

看到何进要放宦官们了，袁绍再次拱火，大哥不能让他们走！必须斩草除根！（袁绍劝进便于此决之，至于再三。）

这次何进没同意。

因为何进已经得到了所有的胜利果实，太监们要滚蛋了。

既然要滚蛋了，杀不杀就两可了。

但是，这并不符合袁绍的最终利益需求。

袁绍露出了最后的獠牙，你何进这个大傻子才是我真正的目标！

袁绍在何进准备放宦官返乡的重要关头，用公文通知各州、郡官府，假借何进的名义,要各地逮捕宦官们的亲属。(绍又为书靠诸州郡,诈宣进意,使捕按中官亲属。)

由此看来,袁绍还控制了何进的文书处理部门,很可能袁绍草拟的文书何进根本就不看,甚至根本就不知道!

袁绍靠着何进心腹之一关键角色,把宦官们返乡的最后道路堵死了。

你不是要放太监们回家吗!

我安排给太监的剧情是让他们杀了你!

你说的不算!我才是导演!

袁绍的终极目标终于露出来了。

张让的儿媳妇是何太后的妹妹,你就说何家跟太监们的关系有多好吧,由此也可以看出来袁绍的手腕有多么高端!

张让让儿媳妇去太后那儿哭,希望再服侍一次太后,死也认了!

太后心软了,再次下诏令诸常侍回宫。

八月,狗急要跳墙了!

被逼到墙角的宦官们同仇敌忾,密谋要跟何进拼命。

你何进欺人太甚了!

八月,戊辰,何进人生中最后一次进入长乐宫觐见太后讨论太监问题,还是那件事,我得杀了那帮死太监(白太后,请尽诛诸常侍)。

这个傻冤家啊!

太监们派了耳朵去刺探,发现何进还是要杀他们!

张让带领常侍段珪、毕岚等几十人,拿着兵器悄悄地自侧门进,埋伏在禁门门前。

太监们在内宫终于把何进堵住了。

张让等责问何进:"天下大乱,就因为我们吗?当年先帝曾经与太后不和,几乎要把太后废了,我们哭泣解救,各人拿出家财千万作为礼物,才最终保下太后,我们只想依托你何氏的门户而已!(先帝尝与太后不快,几至成败,我曹涕泣救解,各出家财千万为礼,和悦上意,但欲托卿门户耳。)

- 385 -

"你现在却要杀灭我们,太不是东西了!你说宫中污秽肮脏,那公卿里面忠诚廉洁的是谁呢!"

太监们的中心思想就一条:你何进恩将仇报,太不讲究了!

说完何进被杀,张让、段珪等矫诏,令原来的太尉樊陵为司隶校尉,少府许相为河南尹。

尚书台得诏,怀疑有假,说:"请大将军出来共同商议。"

中黄门把何进的脑袋扔了出来,说:"何进谋反,已经被杀了。"

这个时候,在何进大意入宫后,其实太监已经完成了局势的逆转。

匪首被诛,人家太监手里还有皇帝与太后,你们能咋办呢?

但是,袁绍最后出手了。

何进被太监杀了,他终于完成了这幕大戏的所有布局。

该收官了。

袁绍手中有当初何进给予的权力,人家"司隶校尉,假节,专命击断"。

袁绍下达了总攻的指示,对太监的血洗开始了。

何进的部曲吴匡、张璋听说何进被害,欲引兵入宫,结果宫门关闭。

不要紧,我虎贲中郎将袁术来啦!

袁术对吴匡说,爷们儿咱得开干啦!咱跟太监们拼啦!

袁术与吴匡等开始进攻皇宫,用刀劈砍宫门,威胁宫中交出张让等人。(虎贲中郎将袁术与匡共研攻之。)

袁绍与他叔父袁隗假传圣旨,召来樊陵、许相,将他们处斩。(袁绍与叔父隗矫诏召樊陵、许相,斩之。)

看见没有,人家袁家每个人都有角色,每个步骤都安排得精妙无比!

这部东汉版《教父》堪称两千年中国封建史上的政变巅峰之作!

袁绍又带着司隶校尉武装与何进的弟弟何苗率兵驻扎在朱誉门下,捉住赵忠等人处斩。

然后呢,何进的弟弟何苗现在掌兵,也得死。

何进的手下吴匡等人一向怨恨何苗不与何进同心,被人挑唆说是何苗想搞死他哥哥自己上位。

谁挑唆的呢？

谁刚才跟吴匡攻打宫门呢？

袁术啊！

吴匡号令全军："杀死大将军的人是车骑将军何苗，将士们能为大将军报仇吗？"

全体将士们哭着说："愿致死！"

吴匡率兵与董卓的弟弟奉车都尉董旻一起又杀了何苗，将何家的宫外势力连根拔起。（匡遂引兵与董卓弟奉车都尉攻杀苗。）

注意，这个时候袁家可没掺和，这点很关键，我们放在后文中说。

太监们裹胁着何太后、少帝刘辩、陈留王刘协，并劫持宫内的其他官员从天桥阁道逃向北宫。

袁绍关上北宫门开始派兵捉拿宦官，不论老少，一律杀死，共二千余人毙命，甚至有人因为未长胡须也被误杀了。

八月二十七日，张让、段珪等被困宫中，无计可施，只好带着刘辩、刘协等数十人逃出皇宫。

夜里，到达小平津，皇帝所用的六颗御玺都没有带上。

尚书卢植、河南中部掾闵贡夜里到达黄河岸边，闵贡厉声斥责张让等人："还不快死吗？"随后又杀数名宦官。

张让等最终向刘辩叩头辞别："我们这就死了，请陛下自己保重！"

说罢，投河而死。

最后告别时，太监其实还挺有人情味的，还知道叩头让少帝保重。

太监可恨归可恨，但人家说到底还是保皇的。

就这样，一夜间，保卫皇权最重要的两股力量，太监和外戚，全部灰飞烟灭了。

袁绍完成了自己的构想，他们家马上就要一统天下了。

他叔叔袁隗是太傅录尚书事。

他是司隶校尉，假节。

他兄弟袁术是虎贲中郎将。

现在大权在握，天下我有！

但是，袁家一统天下还差几天。

再过几天，袁隗这个文担当和袁绍这个武担当将完成对政权和军权的消化与控制，刘家天下将改姓袁。

但历史并没有给他这几天。

董卓在这个极其凑巧的时间段率兵赶到了洛阳！

他怎么来了？

袁绍的头脑突然开始飞速运转。

我没下令让他来啊！

九、走进三国时代

使袁绍最终崩盘的第一个环节,是董卓没有任何官方指令就率军赶到了洛阳。

是谁在给董卓传递信息呢?

极大概率,是看似不起眼,但在整场政变中极其关键的董卓之弟,奉车都尉董旻。

"奉车都尉"是个啥官呢?

"掌御乘舆车,出则陪乘,入则侍从",皇帝的身边人,霍光和窦固当年都干过。

还记得灵帝病重时让董卓去并州上任,但董卓去了河东就不动了吗?

他为啥敢抗旨呢?

可能性最大的就是他弟弟,这位灵帝的身边人把所有情报源源不断地传递给了哥哥。

在袁绍政变开始后,董旻估计就再次给董卓报信了。

随后董旻主动掺和到了政变中,冒着极大的政治风险跟吴匡等军官联手弄死了何苗。

这个环节甚至可以算是董卓最终掀翻袁绍的关键!

袁绍千算万算漏了董旻这个关键人物,谁也没有想到他居然会去掺和杀何进!

不过董卓仅仅三千人，袁绍仍然有办法搞定他。

董卓率军赶到显阳苑时（洛阳西郊），远望洛阳大火冲天，知道洛阳已经发生大乱，遂不顾黑夜，不休整部队，全军奔袭，于黎明时刻赶到洛阳城西。

董卓到达城西后一打听，乐大发了。

太监们全死了，顶头上司何进连脑袋都找不到了，整个洛阳城一片大乱，皇帝正在北郊避难。

于是董卓率领精锐部队赶往洛阳北郊，在邙山北与少帝刘辩相遇。

小皇帝看到董卓带兵来后已经快哭昏过去了，十四岁的孩子哪见过这个，刚刚经历了如此凶悍的兵变，再加上从小没见过世面，已经接近半昏迷状态了。

护驾官员告诉董卓："天子有令，你的军队向后撤！"

董卓说："快拉倒吧！你们这帮完蛋玩意不能匡扶社稷，让君王流亡在外，还有脸让我的军队撤退！"

董卓上前参见刘辩，刘辩在惊恐中根本无法正常交流，语无伦次，连整话都说不出来。

董卓比较失望，天子咋是这么个东西啊，再跟皇弟刘协谈话，询问事变经过，结果九岁的刘协对答如流，逻辑缜密清楚无所遗漏。

这是后来窝囊了一辈子的汉献帝第一次登台亮相。

献帝虽然后来提心吊胆了一辈子，但有一点要说明，献帝其实很英明，是个好皇帝的材料，很无奈赶上了这世道。

献帝这个谥号，并不是他把天下献出去了，所以就叫献帝，那可都是好寓意："博闻多能，聪明睿智，圣哲有谋，智质有礼"，曰"献"。

曹操挟他刘协号令了诸侯一辈子，但是，他曹操让刘协也折腾得心惊胆战。

后面我们会详细说，这是个有脑子的好青年。第一个识货的，是董卓。

董卓起了废皇帝的心。

要声明一点，董卓这么想，不是因为刘协素质高，最重要的原因是刘协身后没背景，好控制，而且他还是董太后养大的。

虽然董卓与董太后没有实际的亲戚关系，但都姓董，董卓这是在以此攀高枝搭关系，他要当新的外戚。

董卓废帝的计划还在谋划阶段，眼下，他还有关键的几步要走。

当天（八月二十八日），刘辩返回皇宫，发现传国玉玺丢了。

亡国之兆啊！

法人大印都丢了，你还玩个屁啊！

此时洛阳城内有三股兵力，袁家、董卓以及何进死后留下的军队。

董卓此时最弱，因为他此时手中只有三千人。

当初何进不让他进洛阳，后来袁绍又让他上书进兵，只是拿他当逼迫太监杀掉何进的棋子。

他当时的想法，也只是挺袁绍的决策然后顺便分大饼。

所以他并没有带大部队赶来，只带了三千人。

这点兵力，只能掺和，没法搅局。

董卓当初也没想到，到了这儿居然发大财了，一大堆手握实权的势力一夜间全完蛋了。

眼下他的对手变成了导演这出戏的袁家。

他是咋完成扮猪吃虎的呢？

他出现在了一个关键的时机，他弟弟也做出了关键抉择。

董卓入京后，先是马上派人回去征召大部队来洛阳，还每隔四五天就命他的三千人悄悄溜出洛阳，第二天早上再战鼓震天、战旗招展地敲锣打鼓入城。

这一招造声势，吓唬住了很多人。

比如袁绍。

此时的骑都尉鲍信也恰巧自泰山募兵回来，对总导演袁绍说："董卓现在手握强兵，马上就要有走邪路的打算，赶紧先下手为强，要不你就白忙活了！趁他刚刚入京昼夜疲劳，赶紧下手必能擒之！"

但袁绍在这个关头犹豫了。

他打算再缓一下，确定自己优势巨大时再搞定董卓，因为此时董卓并没有变脸，而且还是袁家的故吏。

这个选择不能说是错的，但是这个"正解"却使他错过了唯一一次干掉董卓的机会。

他此时手握司隶校尉军，他兄弟此时手握虎贲军，还有一群鲍信这种挺他的帮手，偷袭灭掉董卓的先锋部队是有很大可能的。

鲍信看到这个情况预判出了结局，于是引兵回泰山了，这个鲍信眼光极为高明，他后来在曹老板腾飞时入的原始股。汉末货真价实的英杰实在是太多了，要不怎么这么好看呢！

他这一缓，人家董卓却在几天内以霹雳手段完成了对所有中央军权的抢班夺权。

此时此刻，最关键的军事力量是谁呢？

是皇宫禁军、北军五校军和西园校尉军，董卓那三千人根本不够看。

禁军基本上在袁家手上，但是北军五校和西园校尉都是在何进手上的。

袁绍本来是西园军的二把手，但后来被何进调走干监督京畿、有主动开火权的司隶校尉去了。

何进死后，上述两股军事力量由何进的军官吴匡、张璋等暂时统领。

袁绍对鲍信说再等等，也是因为袁绍要控制这股势力后再跟董卓开撕。

但是，最终输就输在这儿了！

昨天我们说过，何进被杀后，他的部将吴匡等第一时间带队去攻打宫门，当时一块攻打宫门的军队是哪支呢？

是虎贲军。

领导是虎贲中郎将袁术。

在跟袁术攻打宫门后不久，吴匡等得出了一个结论：是何进的弟弟何苗与宦官勾结才导致何进被杀。

吴匡等军官早有这个感觉，但在这个时候突然想起来这么一件事，是何原因呢？

是不是袁术在蛊惑呢？有很大概率。

这个不深究了，人家袁家的最终目的达到了。

结果吴匡带兵去和何苗火并，这个时候吴匡找了个盟友，是谁呢？

董卓的弟弟董旻。

当然，袁家人不可能跟吴匡掺和杀何苗这事，因为袁家后面有安排，手必须要干净。

但跟吴匡这些军官们更铁的明显是董旻，而且董旻是隶属于光禄勋的，并不是何进的直属军，这就是友情价蹚天大的浑水了！

这可是谋杀军界二把手啊！

在何苗被杀后，形势突然又有了变化。

因为袁绍下令杀的是太监（勒兵捕诸宦者），而被杀的何苗则是朝廷的车骑将军。

你们说何苗是阉党，证据呢？

我袁绍可从来没说何苗有罪！

堂堂的朝廷一等武职，仅次于大将军和骠骑将军的车骑将军让你们说杀就杀了，将来必须要有人为此负责。

军队向来要控制在和自己关系最铁的人手里。

吴匡等是何进的人，不是他袁绍的人，将来势必要全部被换掉。

为了控制何进的军队，何家作为"宦官集团的受害人"极有可能在事后会被平反。

吴匡等军官的命运就是被此时当政的袁家以"谋杀朝廷命官"的名义做掉。

然后何进的兵权被袁绍的人控制，袁绍彻底完成抢班夺权的最后一步。

所以，跟着吴匡一块攻打宫门的袁术根本就没掺和后面杀何苗的事。

吴匡这帮傻大哥们在当完袁家的枪后，在这混乱的一夜尘埃落定后，终于能想明白自己的冲动有多不值钱了。

谁给你的权力去杀的何苗？瞅给你能的！有诏令吗？

本来吴匡这帮人在这一夜后就该被迅速逮捕归案，然后军权通通归他袁家了。

但是，在这个关键时刻，董卓来了。

董卓给了吴匡这些军官唯一的一条生路。

在董旻这个友军好兄弟的穿针引线和顺水推舟下，吴匡等军官为了自己的未来迅速表态加盟了董卓。

如果没有董旻那一夜的坚决表态，袁绍很有可能会因为董卓的存在而改变方案：靠着自己巨大的政治魅力招抚吴匡等军官。

咱们原来可是自己人啊！你们干掉了太监们的外援，简直奇功一件！全部升官！

现在朝廷有个大任务要交给你们。

董卓这厮要造反，咱们要干掉他！

但是董旻冒着巨大风险蹚了浑水，使得袁绍根本没有了这个机会！

咱们在危难时刻结交，兄弟们得跟我董家干，那袁绍就是拿你们当枪使啊！

董卓因此坐收渔翁之利，迅速收编吞并了何进、何苗的部队。

当初袁绍一系列精妙的善后安排，随着董卓这个变量的加入，故而风云突变。

何进部队被董卓拿到手中后，董卓开始将目光投向了此时驻军孟津的并州军。

并州军也是被何进招进来的，并州刺史丁原甚至烧了孟津示威。

但是丁原在政变过后就被调为"执金吾"了。（帝还宫，赦天下……以丁原为执金吾。）

此时的执金吾已经没啥权力了，大部分兵权都归此时身为司隶校尉的袁绍所有。

这个指令是谁下达的呢？

此时的二号人物，参录尚书事的袁隗。

这是啥意思呢？

袁家早在政变后的转天就布局，要抢夺在洛阳北面不远处的丁原并州军了。

丁原是否会就范呢？

不知道，因为他还没来得及表态就又被董卓捷足先登了。

董卓的人生履历开始闪闪放光芒，还记得他曾经当了很多年的并州刺史吗？

而且，人家董太师可是在并州刺史的任上"数讨羌、胡，前后百余战"。

董卓利诱了丁原的主簿吕布。

吕布是并州五原郡人，是否跟当年的董卓有过从属关系，史书无载，但是吕布名气很大，所谓"以骁武给并州"，董卓离开并州并没有多长时间，应该不会是短短几年时间内就火起来的。

有可能人家爷俩早就认识。

吕布随后杀了丁原，带着并州军投奔了董卓。

并州军和董卓的西北军其实人员构成也相似，都是以羌胡和边郡汉人为主。

吕布带着并州军去投靠当年动不动就把赏赐全分给兄弟们的董卓，其实是众望所归的事。

在并州军眼里，西北军的董卓跟他们是自己人。

跟你袁家却没啥交情。

没等你袁家派新的人来接管，我们直接就奔向我们分钱实在的董大人了。

至此董卓手握着，这几年打造出的西北军，前些年有恩情的并州军，何进留下的北军五校和灵帝打造的西园军。

袁绍手中仅有兄弟袁术的虎贲军和自己的司隶校尉军。

强弱已判。

洛阳在短短几天内，姓董了。

袁绍机关算尽，为他人做了嫁衣。

董卓手握军权后，开始露出自己的丑陋嘴脸，他免除了司空刘弘的职务，自己取而代之。

接着，他要废帝了。

在废帝会议上，董卓肆无忌惮地说："少帝愚昧懦弱，不能敬奉宗庙，没有资格担任天下的君主。为了国家和汉室江山着想，我想效法伊尹放太甲，霍光废昌邑的故事，废掉少帝，改立陈留王刘协为天子！"

袁绍反对说："汉家君天下四百年，恩泽深厚，兆民爱戴，现在的皇帝春秋正盛，没看见哪里不善于治理天下，你董公想废嫡立庶，恐怕众公不从你的建议啊。"

在正常的政治博弈中，这事往往会再推几圈牌，然后在充分博弈后最终决出胜负。

但是董卓并不是跟你按套路来的那一个。

我这几十年干的都是武职，不是生就是死，不是胜就是败，给士兵们的奖励都是当时兑现，哪有工夫跟你扯淡！

现在我胳膊粗，都给我滚一边去！

董卓按剑对袁绍怒吼："天下之事，岂不在我！我欲为之，谁敢不从？你认为我董卓的刀不锋利吗！"

袁绍到底是大导演，没被这流氓瘪三吓住，也怒道："天底下强大的人，难道只有你董卓一个吗！"

袁导横握佩刀，说完扬长而去。

袁绍放完狠话后就逃奔冀州了。董卓因为袁绍名气太大也没敢追究，随后废掉少帝，将其贬为弘农王，另立陈留王刘协继皇帝位。

两汉的最后一个皇帝，汉献帝，出场了。

机关算尽的袁绍最终将权力大饼打包送到了董卓的手里。

谋事在人，成事在天，正如之前所说，国之将亡，必有妖孽。董卓随后祸国，也正是因两汉气数已尽，天降此妖，皆是定数。

回首这两百年东汉，"光武中兴"四字乃实至名归。

一切兴于光武，一切成于光武，一切亦终于光武。

那济阳县舍呱呱坠地的男婴；

那白水乡赫然冲天的熊熊火光；

那个兜底时代横扫六合的天下军神；

那个封地释兵权的天下豪族总代表；

那个小冰河期天灾下阉割北境的算无遗策者；

那个三公鼎立、废置内朝官的皇权独揽者；

那个外儒、内法、度田、重吏、勤政不怠的帝王楷模；

他兴复了大汉，维持了大汉，亦最终推演出了大汉的结局。

在刘家皇帝被诅咒般短命后，百年后的颍川、南阳、汝南三地核心士族朝着第二个王莽之路上狂奔之时，太监们横刀杀出，保卫了刘家天下。

但也最终朽烂了刘家天下。

无论怎样，不必悲伤。

刘家人在中国封建历史长河上的这四百年已经足够宏伟，足够璀璨，足够令后世赞叹自豪。

当年一个喝多了的老头子斩白蛇于芒砀。谁也没有想到，历史由他掀开的这一页，会是这么漫长，这么精彩，这么跌宕起伏，这么肝肠寸断，催人泪下。

这四百年煌煌炎汉，无论是它的出生，还是它的老去，剧本都是中国历史上第一档的存在。

"楚汉争霸"与"三足鼎立"的故事贯穿于世界华人的精神内核与灿烂文化，且无远弗届。

在党锢之祸，灵帝祸国，黄巾起义以及这轰轰烈烈的公元189年东汉皇权大崩塌后，权力的舞台彻底空出来了！

此时此刻，放眼望去，

无论中原，还是西北，

无论关东，还是荆扬，

满目疮痍！满目匪乱！满目豪强！

群雄逐鹿，轰轰烈烈地开始了！

汉末第一导演袁绍在挥鞭河北之时心中万分不甘。

其实大可不必，是金子在哪都会发光，后面仍然有非常精彩的剧本在等待袁绍，他也确实创下了袁家五世以来，最大的家业。

但是，汉末，像他这样的金子有很多。

有一个他的一生之敌几乎是在同一时间也离开了洛阳。

他回到了老家沛国谯县，开始了自己跌宕起伏的传奇人生。

这个人，成了这个最著名的中国乱世中的最璀璨主角。

历史滚滚向前，来到了三国时代。

这是中国历史上，堪称最好看的时代。

最传奇的乱世奸雄；

最传奇的个体工商户；

最传奇的守成少年；

最传奇的人才招聘；

最传奇的忠义无双；

最传奇的以弱胜强；

最传奇的背盟偷袭；

最传奇的功败垂成；

最传奇的丞相之光；

最传奇的隐忍夺权；

最传奇的天险偷袭；

最传奇的无力回天。

中国史上的诸多"最传奇"，

在这短短的几十年间，轮番登场！

滚滚长江东逝水。

浪花开始淘英雄了。

第二十四战　汉末崩塌：顶级谋篇布局下的「为他人作嫁衣裳」